中国年鉴精品工程
High Quality Project of China's Yearbook

北京丰台年鉴

BEIJING FENGTAI YEARBOOK

·2023·

北京市丰台区地方志编纂委员会　编

方志出版社
Publishing House of Local Records

图书在版编目（CIP）数据

北京丰台年鉴．2023 / 北京市丰台区地方志编纂委员会编．—北京：方志出版社，2023.12
ISBN 978-7-5144-6054-4

Ⅰ．①北… Ⅱ．①北… Ⅲ．①丰台区— 2023 —年鉴
Ⅳ．① Z521.3

中国国家版本馆 CIP 数据核字（2023）第 253081 号

责任编辑：范锐超
责任校对：张玉霞
责任印制：梅中英
出 版 者：方志出版社
地　　址：北京市朝阳区潘家园东里 9 号（国家方志馆 4 层）
邮　　编：100021
网　　址：http：//www.zgfzcb.cn
发　　行：方志出版社图书营销中心（010-67110500）
印　　刷：北京中科印刷有限公司
开　　本：889 毫米 ×1194 毫米　1/16
印　　张：31.75　插页：2 印张　地图：3 幅
字　　数：1312 千字
版　　次：2023 年 12 月第 1 版
印　　次：2023 年 12 月第 1 次印刷
定　　价：338.00 元

北京市丰台区地方志编纂委员会

《北京丰台年鉴》编辑部

序

国务院办公厅2015年8月印发的《全国地方志事业发展规划纲要（2015—2020年）》（以下简称《规划纲要》）要求，到2020年要做到地方综合年鉴一年一鉴，公开出版，实现省、市、县三级综合年鉴全覆盖。《规划纲要》还要求，坚持存真求实，正确处理质量与进度的关系，将精品意识贯穿于年鉴编纂出版工作全过程。2015年12月，中国地方志指导小组办公室启动中国年鉴精品工程，将其与先期实施的中国志书精品工程视为姊妹工程，一道作为加强地方志质量建设的重要抓手。

实施中国年鉴精品工程有助于推动中华优秀传统文化传承发展。近年来，在党中央、国务院的高度重视和关心支持下，全国地方志事业发展迎来最好的发展时期。年鉴编纂发端于欧洲，鸦片战争后被引入我国，在我国走过了100多年的发展历史。在长期的编纂中，年鉴在内容和形式上不断发展，逐渐演变成为适合反映中国国情、具有鲜明中国特色的一种文化载体，并在改革开放后出现了快速发展的局面。2006年5月，国务院《地方志工作条例》颁布施行，明确将地方综合年鉴纳入地方志工作范畴，年鉴工作走上了有法可依的轨道。《规划纲要》出台，为从依法编鉴转变到依法治鉴指明了方向。2016年12月，中国地方志指导小组印发《全国年鉴事业发展规划（2016—2020年）》，更进一步明确了到2020年全国年鉴事业的任务书、时间表、路线图。经过多年的发展，年鉴工作已经成为地方志工作的重要组成部分，成为中华民族优秀文化传统的有机组成部分，其存史、育人、资政作用日益彰显。实施中国年鉴精品工程，是年鉴工作者紧扣时代脉搏、坚持创新发展的一项重要举措，对于坚定文化自信，传承弘扬好中华优秀传统文化意义重大。

实施中国年鉴精品工程有助于为全面建成小康社会提供更多智力支持和历史借鉴。党的十八大作出全面建成小康社会的战略部署。党的十八届五中全会提出到2020年如期实现全面建成小康社会的目标要求。完成《规划纲要》确定的目标任务是年鉴工作者的神圣使命，更是年鉴工作者以自身力量为全面建成小康社会献上的厚礼。一方面，可以更好地利用年鉴这种年度资料性文献，及时记录各地区在全面建成小康社会伟大征程中每年取得的新成绩和新经验、出现的新情况和新问题、涌现的优秀人物和典型事迹等；另一方面，可以更好地积累地情、国情资料，为推动经济社会发展和深化改革提供智力支持，为推进国家治理体系和治理能力现代化提供历史借鉴。

实施中国年鉴精品工程有助于全面推进地方志事业转型升级。地方志不是单纯修志编鉴工作，而是全体方志人“修志问道，以启未来”的一项事业，这项事业包含着巨大的时代担当与使命追求。地方志工作要在“五大建设”总体布局和“四个全面”战略布局中发挥与其自身价值、功能相匹配的作用，就要因时而谋、乘势而上、顺势而为，全面推进地方志事业转型升级。转型升级，当下最重要的目标就是完成“两全”目标，包括“年鉴全覆盖”目标；长远的目标就是基本形成地方志编修体系、理论研究和学科建设体系、质量保障体系、资源开发利用体系、工作保障体系“五位一体”的地方志事业发展综合体系，包括“五位一体”的年鉴事业发展综合体系。中国年鉴精品工程是一项探索工程，也是一项创新工程，是推进地方志事业转型升级的重要内容。通过实施中国年鉴精品工程，不仅有助于确保年鉴质量，不断编纂出版具有鲜明时代特征、年度特点和地域特色的精品年鉴，也有助于推动年鉴工作适应经济社会发展形势和时代需要，不断改革创新，与时俱进。

多年来，在中国地方志指导小组办公室的指导和全国各级地方志工作机构的共同努力下，年鉴种类数量快速增长，年鉴成果粲然可观，为实施中国年鉴精品工程奠定了坚实的基础。实施中国年鉴精品工程，就是要在全国地方志系统起到示范作用，进一步培育精品意识，打造精品年鉴，以点带面，在提高年鉴质量方面探索出一条切实可行之路，使这项探索工程和创新工程能够积累经验，发挥引领作用。

“万山磅礴，必有主峰；龙衮九章，但挈一领。”实施中国年鉴精品工程，是筑牢地方志事业特别是年鉴事业发展根基之举，其意义与价值不言而喻。但编修出年鉴精品佳作，绝非朝夕之功，需要付出长期艰辛的努力。希望通过实施中国年鉴精品工程，能够进一步推进年鉴质量建设，使年鉴真正成为传承中华民族优秀传统文化的重要载体，成为展示中国国情、地情的重要窗口，成为“为当代提供资政辅治之参考、为后世留下堪存堪鉴之记述”的资源宝库，在全面建成小康社会过程中作出更大贡献。

是为序。

中国社会科学院原副院长
原中国地方志指导小组常务副组长 李培林

编辑说明

一、《北京丰台年鉴》是由北京市丰台区地方志编纂委员会编纂的年度资料性文献，创办于2001年，每年出版一卷。《北京丰台年鉴（2023）》为第二十三卷。

二、《北京丰台年鉴（2023）》以马克思列宁主义、毛泽东思想、邓小平理论、“三个代表”重要思想、科学发展观、习近平新时代中国特色社会主义思想为指导，坚持辩证唯物主义和历史唯物主义的立场、观点和方法，系统记述2022年丰台区自然、经济、政治、文化、社会和生态文明等方面的基本情况以及各行各业取得的新进展、新经验、新成就，旨在为社会各界了解丰台、研究丰台、建设丰台提供基本资料。

三、本卷年鉴记述起讫时间原则上为2022年1月1日至2022年12月31日。为保证内容资料的完整性、连续性，根据记述需要，个别内容时间适当上溯或下延。

四、本卷年鉴采用分类编辑法，全书主体内容分为类目、分目、条目3个层次，个别分目下设次分目。条目为基本记述单元，其标题用黑体字加【 】表示。卷首设特载、专文、大事记，全书主体内容设区情概览、中国共产党丰台区委员会、丰台区人民代表大会、丰台区人民政府、中国人民政治协商会议北京市丰台区委员会、中国共产党丰台区纪律检查委员会 丰台区监察委员会、民主党派 工商联、人民团体、法治、军事、北京丽泽金融商务区、中关村科技园区丰台园、经济管理、金融业、农业、商贸服务业、房地产业、交通邮政电信、旅游业、生态环境保护、城乡规划与建设、城乡管理、城乡融合发展、应急管理、科技、教育、文化、卫生健康、体育、社会生活、街道 镇、人物荣誉32个类目，下设257个分目（32个次分目）2136个条目。卷尾设统计资料、附录等。另有卷首专题图片48幅、随文图片142幅、表格53个。

五、与2022卷年鉴相比，本卷年鉴在框架结构和内容上作了适当调整：新设专文，专题收录丰台大红门地区的转型发展；对2022卷的7个类目进行撤并、分拆或名称调整，撤销“工业”类目，拆分“农业 农村”“城乡规划与建设”类目，新设“金融业”“房地产业”“城乡融合发展”类目，调整“农业 农村”“生态环境”“交通 邮政 通信”类目名称，分别为“农业”“生态环境保护”“交通 邮政 电信”；在卷首设置喜迎党的二十大，助力北京冬奥会、冬残奥会，纪念全民族抗战爆发85周年，北京丰台站开通运营，功能区建设，街镇新貌图片专题。

六、本卷年鉴条目内容由区各部门（单位），部、市属在丰台单位和各街镇专人提供并经其主管领导审核。书内涉及的主要数据以《北京丰台统计年鉴（2023）》为准，但个别数据由于统计口径和方法不同而有些许差异，请读者在引用时加以注意。全书中提及的“增长”或“下降”数据，除非特殊说明外，均指“比上年增长”或“比上年下降”数据。

七、本卷年鉴记述内容除“民主党派 工商联”类目外，未标明党派的“市委”均指“中共北京市委”，“区委”均指“中共北京市丰台区委”，“党的”均指“中国共产党”，“党员”均指“中共党员”，“党建”工作均指“中国共产党建设”工作。

八、为方便读者使用，本卷“街道 镇”类目内容，按照国家行政区划代码顺序排序。

九、本卷年鉴数字用法、标点符号用法分别采用国家标准《出版物上数字用法》（GB/T 15835—2011）、《标点符号用法》（GB/T 15834—2011），计量单位采用国家技术监督局1993年12月发布的《量和单位》系列国家标准。

十、本卷年鉴配备双重检索系统，书前刊有中文目录，书后备有主题分析索引，范围涉及条目、图片和表格。

数字丰台

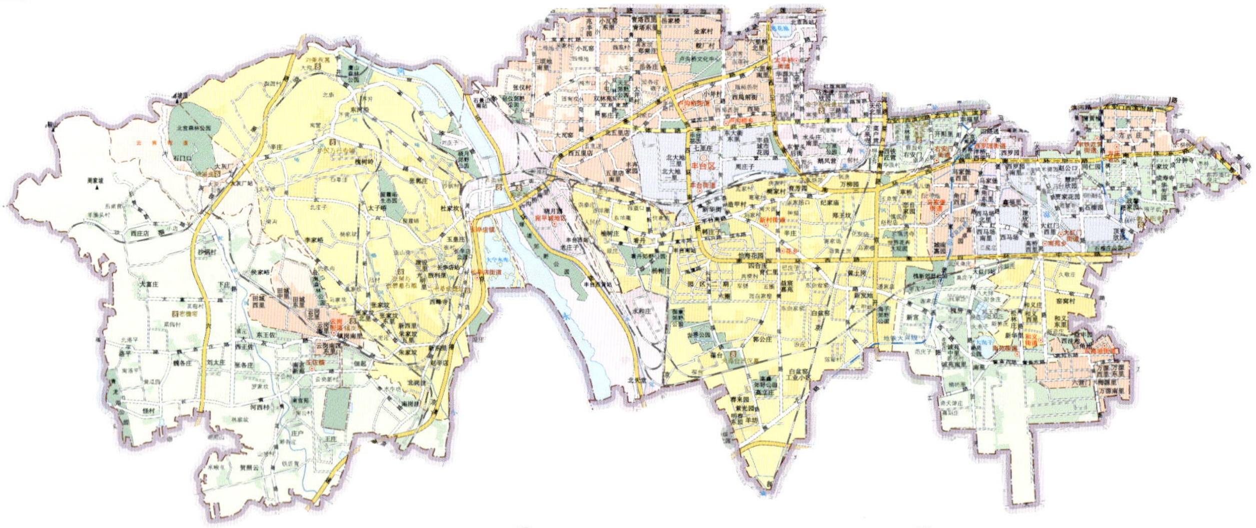

区域总面积：305.53平方千米

常住人口201.2万人

城镇人口199.9万人

户籍人口119.42万人

地区生产总值**2061.8**亿元

（按不变价计算同比增长 1%）

金融机构各项存款余额9676.5亿元，同比增长8.8%

居民人均住房建筑面积30.93平方米，同比增加0.41平方米

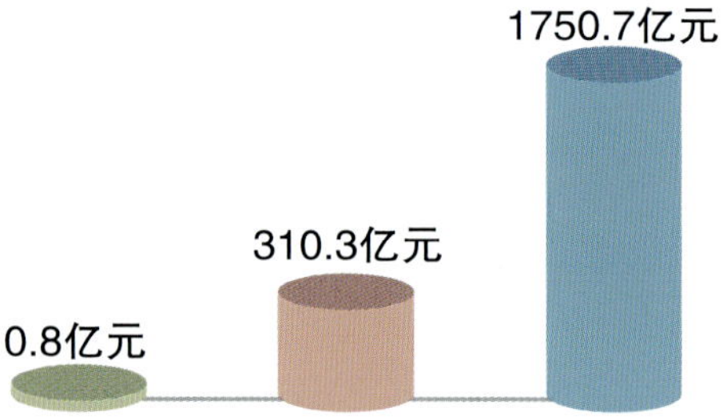

第一产业、第二产业、第三产业

第三产业增加值1750.7亿元

一般公共财政预算收入
137.6 亿元

一般公共预算支出
278.7亿元

社会消费品零售额
1328.8亿元

农林牧渔业生产总值
1.8亿元

居民人均可支配收入
74365元
同比增长3%

居民人均消费支出
44516元
同比增长2.7%

城镇登记失业率3.67%
城镇登记失业人员
就业率65.57%

学校（幼儿园、小学、中学）：

幼儿园147所
在园幼儿数
45939人

小学70所
在校学生数
68750人

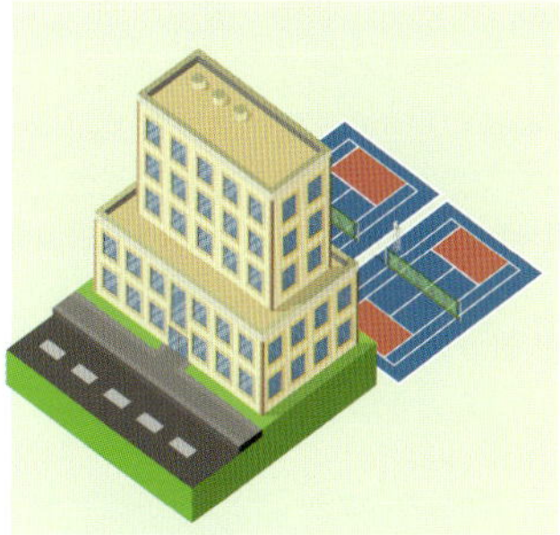

普通中学49所
在校学生数
31407人

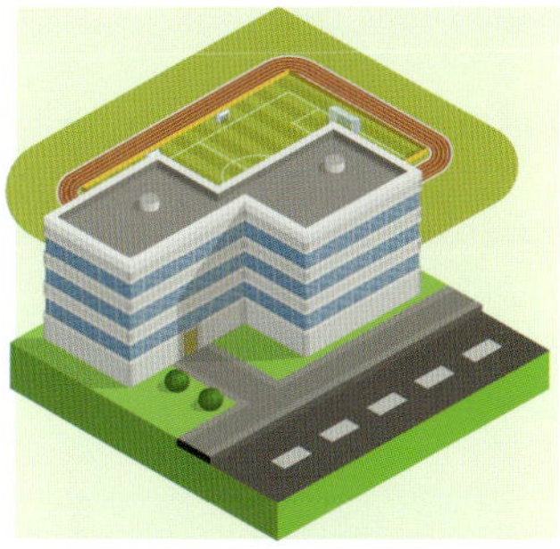

中等职业学校5所
在校学生数
1932人

文化馆（站）22个
文化广场26个
全民健身工程577个

卫生机构563个
卫生技术人员
26253人

科技专利授权量16756件
同比增长15.5%

喜迎党的二十大

2022 年，丰台区营造喜迎党的二十大浓厚氛围。研究制定学习宣传工作方案，广泛开展系列专题学习和教育培训，开展“非凡十年”“奋进新征程 · 建功新时代”等系列主题宣传，掀起学习宣传贯彻热潮。坚持学深悟透、实干笃行，把学习成效持续转化为推动全区经济社会发展的实际行动，确保党的二十大精神在丰台落地生根、开花结果。

▲ 4 月 15 日，丰台区举办“喜迎二十大 永远跟党走 奋进新征程”“奋斗有我”教育系统演讲活动 （原梓峰 摄）

▲ 9 月 22 日，“侨心向党喜迎二十大 汇聚侨力奋进新时代”系列活动在“示范侨之家”——丰台区新村街道怡海花园社区举行 （新村街道 供图）

▲ 10 月 16 日，宛平街道组织党员在党群服务中心观看党的二十大开幕会直播 （曹言湖 摄）

▲ 10 月 28 日，丰台职业教育中心学校京绣系列作品《江山千里绣》在北京工艺美术博物馆首次展出，庆祝党的二十大召开 （徐 伟 摄）

▲ 京绣作品《江山千里绣》 （徐 伟 摄）

▲ 10 月，丰台区南苑街道组织居民开展“庆祝党的二十大胜利召开”剪纸活动，献礼党的二十大（南苑街道　供图）

▲ 11 月起，丰台区委宣传部联动丰台邮政将 60 个精神文明宣传栏升级改造成“学习宣传贯彻党的二十大精神导读栏”。图为草桥欣园社区居民正在导读栏前学习（徐　伟　摄）

助力北京冬奥会、冬残奥会

2022 年，丰台区全力以赴服务保障北京冬奥会、冬残奥会。二七厂国家冰雪运动训练科研基地为中国短道速滑队的长期驻训地。丰台区村集体企业北京榆构有限公司承接国家速滑馆看台板和相关附属建筑。在北京冬奥会、冬残奥会举办期间，丰台区通过监测新发地、岳各庄等农产品批发市场主要农产品供求和价格变动情况，协调做好保障供应服务。北京花乡花木集团成立冬奥会鲜花保障工作小组保障鲜花供应，在张家口村、北京村、延庆村 3 个冬奥村和冬残奥村设立鲜花服务站。全区举办文化活动，营造浓厚冬奥氛围，为冬奥会、冬残奥会贡献丰台力量。

▲ 1 月，丰台区集体企业北京榆构有限公司完成国家速滑馆 6000 平方米座椅看台板的深化设计和预制建设安装

（北京榆构有限公司　供图）

▲ 1 月至 3 月，丰台区对北京冬奥训练场——二七厂国家冰雪运动训练科研基地提供运行保障　（区体育局　供图）

▲ 2 月初至 3 月底，北京花乡花木集团在冬奥村和冬残奥村设立鲜花服务站，提供服务　（草桥村　供图）

▲ 2 月初至 3 月底，丰台供电公司组建的冬奥主媒体中心电力保障团队参与保障工作　（杨淑瑶　摄）

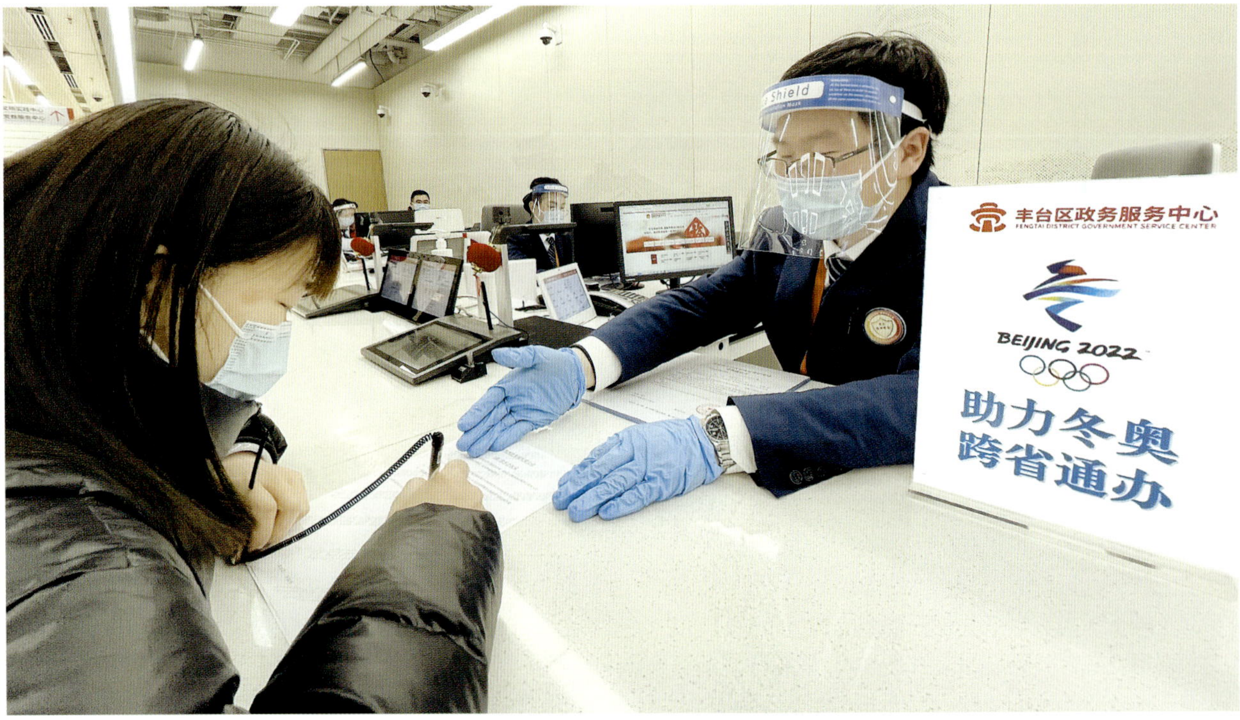

▲ 2 月初至 3 月底，丰台区政务服务中心开设“助力冬奥 跨省通办”窗口，为交通运输服务保障工作人员、观赛群众等提供针对性服务　（林　瑶　摄）

▲ 2 月至 3 月，北京冬奥会、冬残奥会丰台区文化广场正式开放。图为非物质文化遗产节目展演

（曹言湖　摄）

▲ 3 月 13 日，北京冬残奥会闭幕式上，志愿者代表举起的花束为和义街道职康站残疾学员制作的丝网花

（区融媒体中心　供图）

纪念全民族抗战爆发 85 周年

7 月 7 日上午，纪念全民族抗战爆发 85 周年仪式在中国人民抗日战争纪念馆举行。当晚，首都各界群众纪念活动以主题交响合唱音乐会形式呈现，并在北京卫视频道播出。丰台区各委办局、街道（镇）、驻区单位以各种形式开展纪念活动。区园林绿化局以“战地黄花”为主题在宛平城、卢沟桥等地布置 6 处花卉景观 2000 平方米。区文旅局举办“铭记历史、缅怀先烈、珍爱和平、开创未来”读书季活动。区委党史办（区地方志办）策划“抗战中的丰台”专题展，在区政务服务中心、丰台花园等地进行巡展。宛平街道在宛平城党群活动中心策划组织“丰台抗战英杰纪念展”。

▲ 7 月 7 日，纪念全民族抗战爆发 85 周年仪式在中国人民抗日战争纪念馆举行（抗战馆　供图）

助推区域发展

▲ 1 月 17 日，丰台区首家民营企业楼宇新联会——太平桥街道首科大厦新的社会阶层人士联谊会成立大会在新村街道举办（新村街道　供图）

▲ 8 月 19 日，北京花卉交易中心—昆明花拍中心北京分中心启动，打造产业链、供应链、价值链三链融合的可持续发展复合花卉生态圈（玉泉营街道　供图）

街区服务交流

▲ 9 月 5 日，石榴庄街道在街道综合文化中心打造全市首个慈善义工之家，为慈善义工交流分享、放松减压提供场所。图为义工们进行手工制作 （石榴庄街道　供图）

▲ 11 月，东铁匠营街道打造何所有街区会客厅，设置非物质文化遗产作坊，发挥文化资源吸引力作用，促进健康、文化、娱乐等融合消费链条。图为工作人员在会客厅交流沟通 （东铁匠营街道　供图）

党建创新引领

▲ 2022 年，南苑街道完善“小憩 · 港湾”党群服务中心教育服务功能，为 4000 余名网约车司机、2000 余名滴滴代驾司机及 50 名司机党员打造网约车司机“党课研发基地”（南苑街道　供图）

▲ 12 月，和义街道“小哥之家”经验做法《融入 融合 融洽 将快递小哥纳入城市基层党建格局》获评全国“2022 年度百个两新党建创新案例”。图为不同单位的快递小哥在“小哥之家”学习交流（和义街道　供图）

街镇新貌

2022 年，丰台区各街道、镇争先创优，发挥各自优势，打造街道党建、文化品牌，建设美丽乡村、发展休闲农业。王佐镇佃起村将传统与现代、艺术和农业结合，推动生态、经济融合发展。北宫镇中华名枣园以长辛店白枣为招牌，采取野生酸枣嫁接种植技术，收集和保护全国各地名优枣种 100 余种，使优质枣种的遗传多样性得以保留，对枣类种质资源的保护和利用作出贡献。东铁匠营街道挖掘区域文化资源，打造特色街区会客厅。南苑街道、和义街道发挥党建引领作用，为新业态和新群体提供服务。太平桥街道成立新的社会阶层人士联谊会，凝聚新的社会阶层人士，助推区域发展。玉泉营街道传承花卉特色，成立北京首个花卉拍卖中心，共享昆明花拍中心花卉交易、供应链、大数据、金融保险、标准现代化花卉产业园服务。

休闲观光农业

▲ 7 月，王佐镇佃起村用四色水稻勾勒出“乡村振兴”“美丽王佐”和融合佃起村元素的村徽图案，组成彩色稻田创意画（王佐镇　供图）

▲ 11 月，北宫镇中华名枣园入选全国“两山”理论转化的典型实践案例，将原来野草丛生、荆棘遍布的荒山野岭打造成观光采摘景区（北宫镇　供图）

南中轴科技文化园

▲ 2022 年，南中轴地区生态环境持续改善。图为穿过大红门街道的凉水河　　（南中轴办　供图）

▲ 12 月 30 日，南中轴国际文化科技园一期正式开园　　（南中轴办　供图）

中关村科技园区丰台园

▲ 7 月 29 日，北京园博数字经济产业园入园企业座谈会暨签约仪式在丰台区园博数字经济产业园招商中心举行

（唐　琪　摄）

▲ 9 月，中关村科技园区丰台园最大的运动健身场馆——栋能魔王运动空间启用，改储煤用房为运动空间

（原梓峰　摄）

▲ 9 月 8 日，在 2022 中国（北京）数字金融论坛上，参会嘉宾体验数字人民币　　（原梓峰　摄）

▲ 9 月 8 日，中国邮政储蓄银行参会代表展示丽泽数币一卡通，首创通过多项行业应用叠加，将“金融 + 工作 + 生活”融合，实现“一卡通行，一卡通付”　　（原梓峰　摄）

功能区建设

2022 年，丰台区功能区建设提质增效。北京丽泽金融商务区影响力提升，全年实现留区税收 18.9 亿元，地铁 16 号线南段开通运营，南区道路全部建成通车，丽泽城市航站楼综合交通枢纽一体化项目主体开工，国家金融信息大厦实现封顶，通用时代中心竣工入驻，累计释放产业空间 190 万平方米。中关村科技园区丰台园创新引领作用增强，全年总收入 7600 亿元，轨道交通、航天航空两大主导产业规模均超过 3500 亿元，全年新引进亿元以上企业 58 家，高精尖及规模以上企业 198 家。南中轴地区发展步伐加快，博物馆群及配套服务区规划设计方案完成，中央芭蕾舞团项目开工建设，南中轴国际文化科技园一期正式开园，52 家高质量企业落地，南苑森林湿地公园集中连片开放面积达到 99.53 万平方米。

北京丽泽金融商务区

▲ 9 月 8 日，2022 中国（北京）数字金融论坛在北京丽泽金融商务区举办　（原梓峰　摄）

▲ 北京丰台站站台 （徐 伟 摄）

▲ 7 月 8 日，融传统国粹、民族音乐及经典红歌的主题快闪活动在北京丰台站上演 （区文创中心 供图）

▲ 北京丰台站站内接待台　（徐　伟　摄）

▲ 北京丰台站地下出站连廊内的传统壁画　（原梓峰　摄）

▲ 北京丰台站　　（原梓峰　摄）

▲ 北京丰台站电子时刻表和老站牌混搭，体现火车站厚重的历史　　（原梓峰　摄）

北京丰台站开通运营

丰台站是北京最早的火车站，始建于清光绪二十一年（1895）。1996 年，北京西站开通运营，分流丰台站客运和货运任务；2010 年，丰台站停止客运业务。丰台站 2018 年 9 月，实施改扩建工程并于 2022 年 6 月 20 日，改名“北京丰台站”，正式开通运营。北京丰台站是亚洲最大铁路客运枢纽站，承担京广高铁、京石城际、京九客专以及丰沙、京原、京沪线及市郊铁路的始发终到作业。站房建筑面积约 40 万平方米，每小时最高可容纳 1.4 万人同时候车，是国内首座采用高铁、普铁双层车场重叠设计的车站。站场规模为 17 台 32 线，其中高架高速场设 6 台 12 线，地面普速场设 11 台 20 线，形成“顶层高铁、地面普铁、地下地铁”的立体交通模式。至年底发送旅客 234.89 万人次，暑运期间发送旅客 135.9 万人次。

▲ 6 月 20 日 7 时 26 分，北京丰台站 32 号站台首发高铁列车 G601 次，标志着北京丰台站以全新面貌正式开通运营

（原梓峰　摄）

▲ 7 月 7 日至 10 月 31 日，“烽火印记——北京抗日战争主题片区巡礼”在中国人民抗日战争纪念馆展出

（抗战馆　供图）

▲ 10 月 18 日，宛平街道策划组织的纪念全民族抗战爆发 85 周年“抗战英杰纪念展”在党群服务中心展出

（宛平街道　供图）

▲ 6月28日，区园林绿化局在宛平城内广场布置的“战地黄花”花卉景观 （区园林绿化局　供图）

▲ 7月7日晚，以主题交响合唱音乐会形式呈现的全民族抗战爆发85周年首都各界群众纪念活动“为了正义与和平”主题交响合唱音乐会在中国人民抗日战争纪念馆举行 （抗战馆　供图）

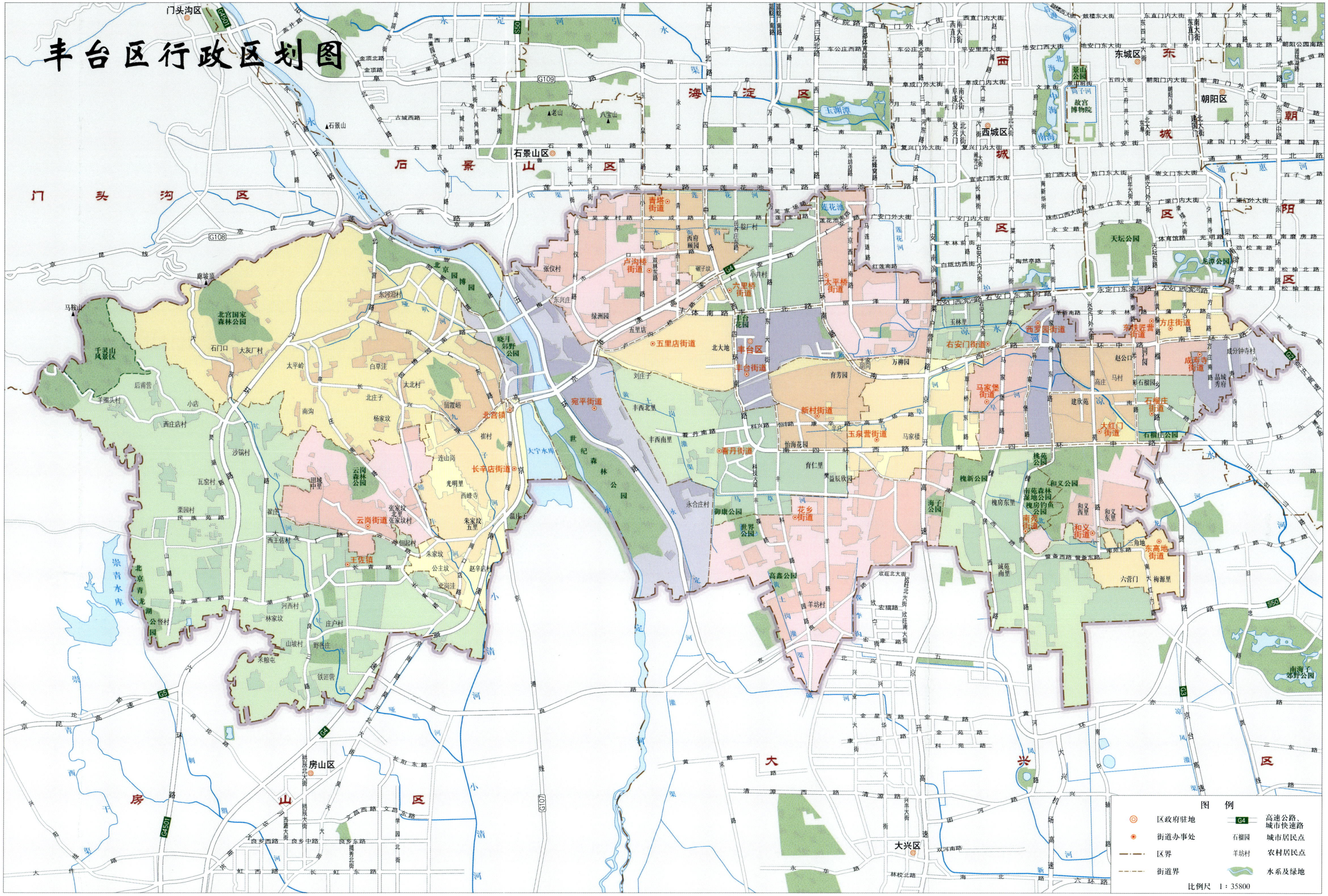

审图号：京 S（2023）024 号

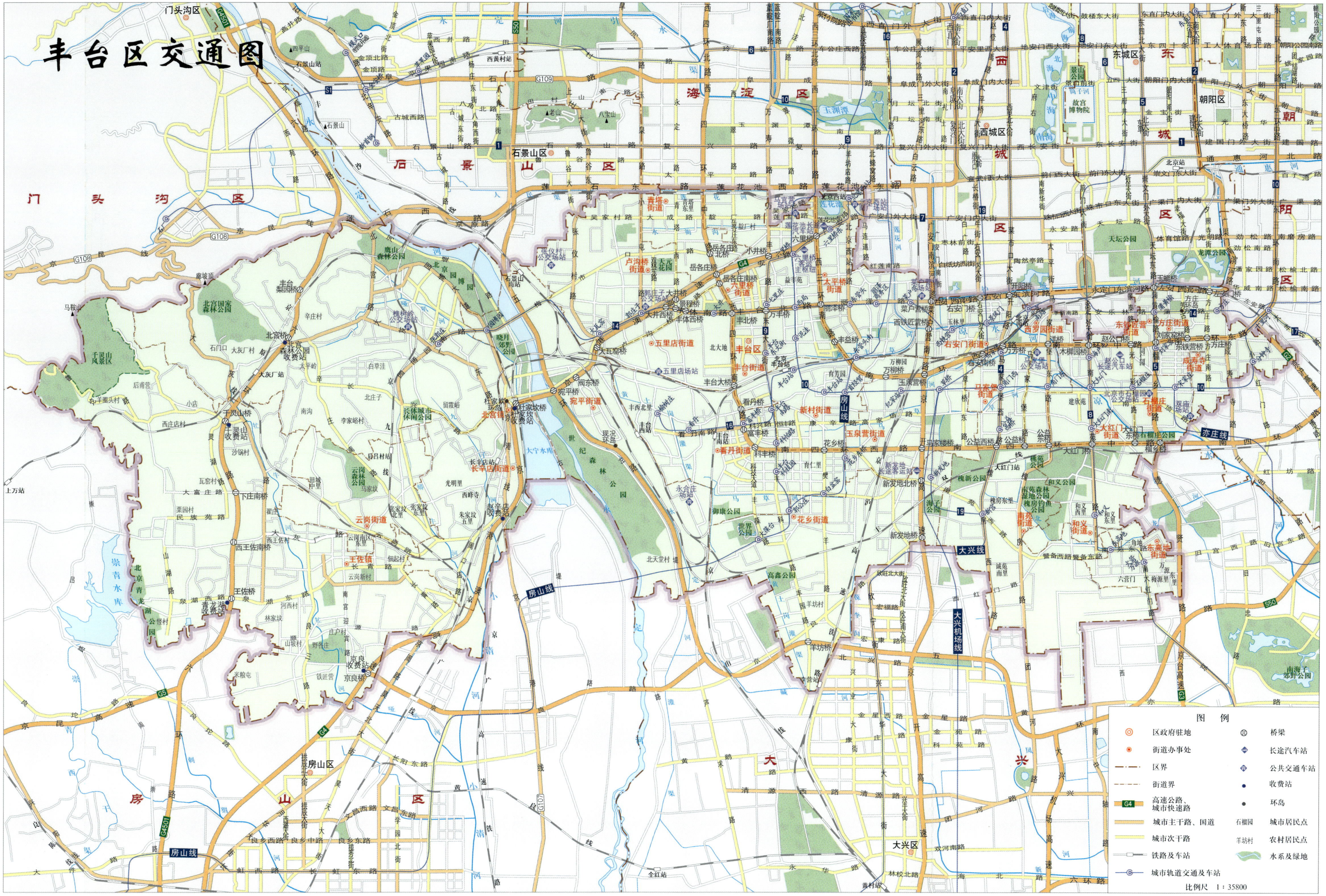

审图号：京 S（2023）024 号

丰台区水系图

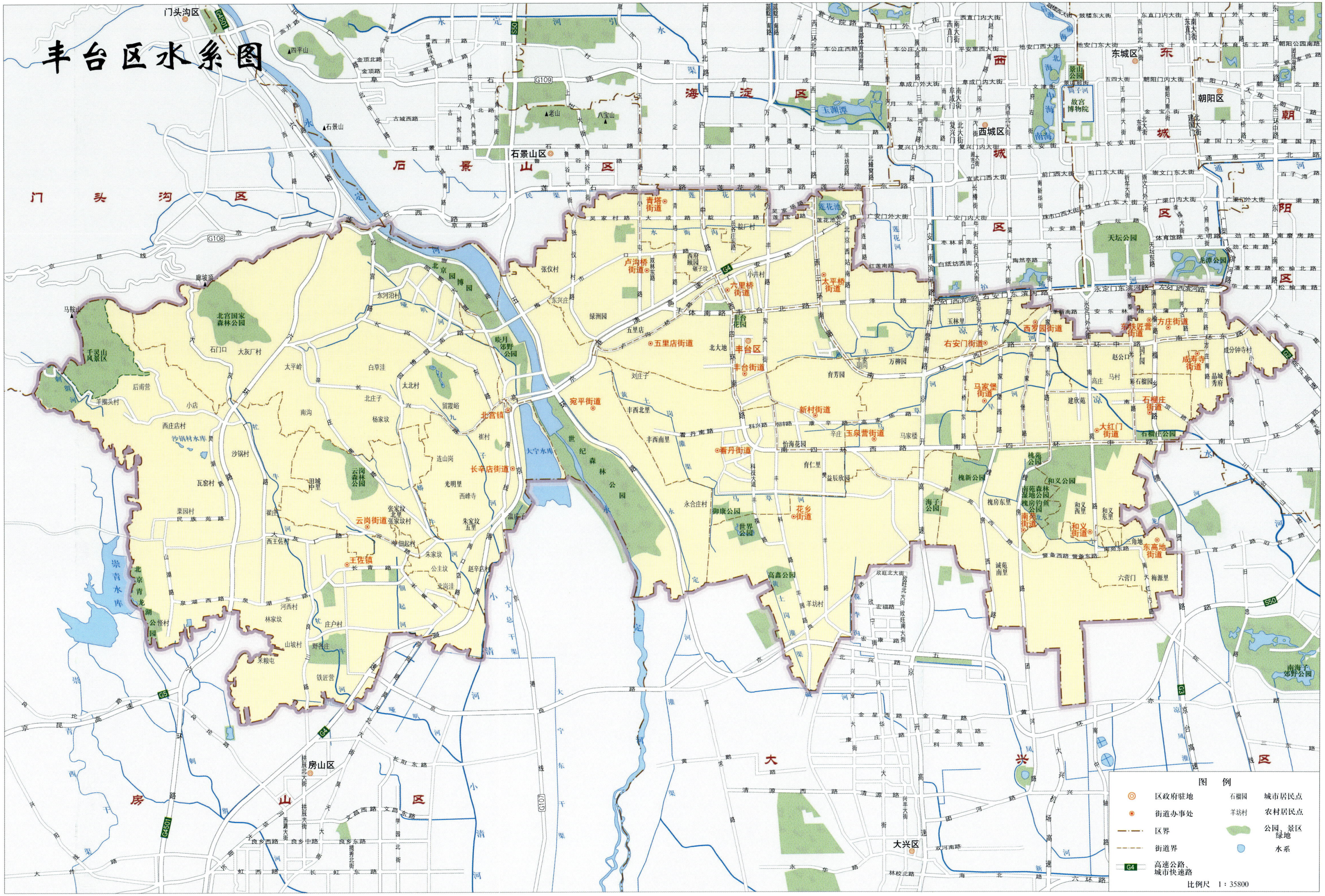

审图号：京S（2023）024号

目 录

特 载

专 文

大事记

区情概览

中国共产党丰台区委员会

丰台区人民代表大会

丰台区人民政府

中国人民政治协商会议北京市丰台区委员会

人民团体

法 治

军　事

北京丽泽金融商务区

中关村科技园区丰台园

经济管理

金融业

农　业

商贸服务业

房地产业

交通 邮政 通信

旅游业

生态环境

城乡规划与建设

城乡管理

城乡融合发展

应急管理

科 技

教　育

文 化

卫生健康

体 育

社会生活

街道 镇

人物　荣誉

统计资料

附　录

索　引

特 载

区委常委会工作报告

——在区委十三届五次全会第一次全体会议上

区委书记　王少峰

（2022 年 12 月 29 日）

一、关于 2022 年工作总结

2022 年是党的二十大胜利召开之年，是北京市第十三次党代会擘画新时代首都发展蓝图之年，是丰台发展历史上极不平凡、极为关键的一年。一年来，区委常委会坚持以习近平新时代中国特色社会主义思想为指导，深入学习贯彻党的二十大精神和市第十三次党代会精神，坚决落实党中央“疫情要防住、经济要稳住、发展要安全”的工作要求，不折不扣落实市委各项决策部署，科学高效统筹疫情防控和经济社会发展，统筹发展和安全，先后召开 3 次区委全会和 46 次区委常委会会议，团结带领全区广大党员干部群众，砥砺奋进、真抓实干，全区各项事业都取得了新进展新成效。突出抓了以下 4 件大事：

一是紧扣主题主线，深入学习宣传贯彻党的二十大精神。坚持把学习宣传贯彻党的二十大精神作为全区头等大事和首要政治任务，突出首善标准、服务工作大局，全力做好大会保障，狠抓学习宣传，推进贯彻落实。第一时间召开全区领导干部大会，传达学习党的二十大精神。研究制定学习宣传工作方案，广泛开展全方位、全覆盖系列专题学习和教育培训，开展“非凡十年”“奋进新征程 建功新时代”等系列主题宣传，全面掀起学习宣传贯彻热潮。坚持学深悟透、实干笃行，把学习成效持续转化为推动全区经济社会发展的实际行动，确保党的二十大精神在丰台落地生根、开花结果。

二是坚持人民至上、生命至上，全区“一盘棋、一股劲、一条心”全力抗击新冠疫情。坚持党建引领，全面打好疫情防控总体战。区疫情防控工作领导小组统筹指挥、科学决策；区级四套班子领导包片负责、现场调度；“一办、一指、十九组”及各专班高效运转、协同作战；各街镇、各单位分秒必争、夜以继日；各级党员干部上下同心、冲锋在前；全区上下同舟共济、团结一致，坚决果断处置了多轮疫情，最大程度守护了人民群众生命安全和身体健康，党心民心更加凝聚。

坚持科学精准，因时因势调整优化防控策略。区街两级 8 小时指挥部 24 小时运转、快速应急处置，建立“3823”涉疫风险快速管控机制，构建常态化防控“15511”工作体系，编制“7+9+3”规模性疫情防控工作方案库；推进区、街镇、社区村三级公共卫生委员会建设，在全区 693 个商务楼宇建立健康委员会，形成具有丰台特色、科学应对突发公共卫生事件的工作体系。编纂《抗疫辞典》，在全市率先探索实施核酸自采，首创“智慧家医”服务模式。全力保障群众用药需求，加强医疗救治，落实“国十条”“京十条”要求的“十六条”政策措施被国务院联防联控机制在全国推广。

坚决扛起首都保供重任，坚持新发地市场防疫与保供“两手抓”，托稳首都市民的“菜篮子”“果盘子”。围绕“车、人、货、地”四大要素，构建科学防疫体系，将市场及周边划分为 36 个网格，形成覆盖 4.16 平方公里“大新发地地区”网格化联防联控体系，确保市场平稳运行，量足价稳，展现了丰台担当。新发地市场防疫保供经验向全国推广。

用心用情用力做好群众服务工作。及时回应解决群众诉求，发挥“三分三群一支部”作用，成立 2535 支社区网格志愿服务队，建立老弱病残孕等特殊群体专人对接服务机制，深入社区就近就便服务群众，党群干群关系进一步密切，群众邻里守望、互帮互助精神进一步激发。

三是全力保障北京丰台站顺利开通运营，开启百年老站新篇章。北京丰台站于6月20日顺利开通运营，成为首都迎宾新地标，实现了从“北京最早”到“亚洲最大”的华丽转身。全面提速站城一体化进程，丰台站地区街区控规获批，四合庄西路等周边11条道路建成通车，近万平方米绿色空间惠及辖区群众，周边交通环境秩序明显改善。

四是坚持首善标准，圆满完成重大活动服务保障任务。以高度政治责任感、使命感，扎实做好党的二十大安保维稳各项工作，营造喜迎党的二十大浓厚氛围。按照“精精益求精、万万无一失”的工作标准，全力以赴服务保障冬奥盛会，完成国家冰雪运动训练科研基地周边环境整治等重点任务，为北京成为“双奥之城”贡献丰台力量。抓好纪念全民族抗战爆发85周年服务保障，确保纪念活动圆满举办。

一年来，区委常委会系统谋划、突出重点，统筹推进全区经济社会高质量发展，主要做了以下工作：

（一）突出重点带动，经济高质量发展成效显著

全区经济运行稳中提质。聚焦“五子”联动，主动服务和融入新发展格局，全力稳住经济基本盘。有力有序有效推进复工复产，制定实施稳经济“1+3+N”一揽子政策和助企纾困16条措施，及时畅通供应链、产业链，新增减税降费政策红利70亿元，惠及8.1万户市场主体，助力企业渡难关。全年主要经济指标稳中向好，预计实现地区生产总值增长1.5%左右，区级一般公共预算收入137.6亿元，地区经济展现强大韧性和活力。“两区”建设步伐加快，新增入库项目375个，完成全年任务的288%；实际利用外资1.8亿美元，同比增长35%。数字经济量质齐升，深入实施数字经济创新发展三年行动计划，成立数字金融创新发展联盟，举办2022中国（北京）数字金融论坛。深入实施“1511”产业发展提质工程，培育和引进上市企业6家、外资企业51家、高成长性企业122家、规模税源企业116家，国高新企业总量超过2000家，国家级孵化器数量全市第二。加快国际消费中心城市培育建设，丽泽—首都商务新区成为全市4个国际消费体验区之一。

南中轴地区首都功能承载不断增强。围绕生态轴文化轴发展轴定位，制定实施南中轴地区三年发展行动计划。中央芭蕾舞团业务用房开工建设。大红门服装商贸城转型为南中轴国际文化科技园，引进国家级专精特新“小巨人”、国高新等企业52家。南苑森林湿地公园集中连片开放1493亩，大尺度绿色空间初现。

丽泽金融商务区高品质国际化发展提速增效。丽泽国际金融城加快规划建设，丽泽城市航站楼项目顺利推进，南区整体交通路网基本形成。金融产业聚集效应进一步凸显，全年引进中国物流集团、建信金科等优质企业218家，留区税收增长36%。环境品质持续提升，滨水文化公园、城市运动休闲公园对外开放。

中关村丰台园开放创新活力显著提升。持续做大做强轨道交通、航空航天两大优势产业和新一代信息技术、新材料、智能制造、医药健康四个特色产业，深化北交大轨道交通创新基地建设，举办首届中关村商业航天大会，推动产业链、供应链、创新链融合发展。全年新引进亿元以上企业51家、高精尖及规模以上企业183家，8家泛独角兽企业入驻看丹独角兽创新基地。

区域协调发展新格局加速形成。加快实施河西地区高质量发展专项行动计划，全年完成投资超60亿元。着力补齐基础设施短板，云岗路西延、芦井路等道路启动建设，河西第二水厂规划建设加快推进。推动园博数字经济产业园规划建设，吸引数字经济类企业35家，创新中心项目实现开工。促进特色文旅产业发展，推动长辛店老镇有机更新。

（二）强化统筹治理，城市环境品质全面提升

规划编制稳步推进。加快重点区域控规编制，大红门、南苑森林湿地公园、五里店等街区控规正式获批，长辛店老镇街区控规通过市级联审，分钟寺、东铁匠营等街区控规形成初步成果。完成全区城市体检和“三区三线”划定。

城市更新有序开展。“疏整促”专项行动扎实推进，年度量化任务全部完成。推动老旧厂房和低效楼宇升级改造，首汇健康科技园获评北京城市更新“最佳实践”项目。推进老旧小区综合整治，新开工31个、竣工20个，为老楼加装电梯120部。完成67条背街小巷整治提升，玉皇庄路入选“北京最美街巷”。

基础设施建设进程加快。积极推进第四轮城南行动计划，65个重点项目完成投资278亿元。地铁16号线南段建成投运，丽金线、1号线支线、11号线、19号线二期纳入全市轨道交通第三期建设规划，通久路等5条主次干路建设加快。强化智慧城市建设，领导驾驶舱投入运行，实现5G信号全覆盖。

“七创”联动成效显著。统筹推动全国文明城区、国家卫生区创建，打造创城“样板间”社区26个，实现北京市卫生街镇全覆盖。圆满完成基本无违法建设区创建任务，拆除违建270万平方米。获得全国首个超大城市中心城区“两山”实践创新基地称号，实现“生态进城”。创建国家森林城市基本达到国家标准。全国双拥模范城创建工作持续推进。

生态底色更加靓丽。狠抓“一微克”行动，全区$PM_{2.5}$累计浓度31微克/立方米，创监测以来最好水平。加强水环境治理，实施河西水生态提升一期项目。启动“点靓凉水河”行动，规划打造“一廊、五区、多景”空间格局。新一轮百万亩造林任务超额收官，全年造林3010亩，累计造林1.61万亩。全力配合做好第二轮市级生态环保督察。

基层社会治理固本强基。做好行政区划调整“后半篇文章”，建立全区“一图五册”网格基础台账。推进交界地区共建共治，深化与房山区结对协作，19个街镇

与邻区街乡镇建立拉手结对、协作共建机制。抓好垃圾分类、物业管理两个“关键小事”，23个小区被授予北京市生活垃圾分类示范小区。

（三）聚焦“七有”“五性”，民生福祉更加殷实

“接诉即办”质量显著提高。成立区级“接诉即办”指挥部，出台主动治理未诉先办实施意见，强化高位统筹调度，压实“一把手”办件责任，集中办好21个“每月一题”。制定治理类街镇专项工作方案，六里桥、新村、东铁匠营、西罗园等街道退出治理类行列。创新建立“治理书记”工作机制，选派26名机关干部到问题突出的社区蹲点攻坚。9月份以来，全区“三率”水平、全市排名实现“双提升”，全区万人诉求比、进入全市后60名街镇数量“双下降”。

民生保障体系更加完善。加大稳就业力度，城镇登记失业率控制在指标以内。提升养老服务水平，新增养老机构和驿站19家。加快保障房建设，超额完成年度任务。教育发展更加优质均衡，中央民族大学丰台校区全面启用，北京第五实验学校等一批优质校实现开学，学前教育普惠率保持在90%以上。健康丰台体系更加完善，社区卫生服务中心医联体实现全覆盖，构建“三级医疗保障服务网络”，在全市率先实现跨省异地就医备案事项全程网办。新建便民商业网点40个，基本便民服务社区全覆盖。持续开展支援合作结对帮扶工作，巩固拓展脱贫攻坚成果。

文化体育事业蓬勃发展。成功举办第六届中国戏曲文化周，开展公共文化活动1800余场。深挖红色文化资源，打造宛平城、长辛店特色文化街区新地标。创新推出“共创丰台之美”品牌，培育时代新风貌。加快区档案馆新馆建设，推进区文化中心和卢沟桥历史博物馆提升改造。中国国际出版交流中心项目开工建设。举办醒狮越野跑、北京龙舟大赛等赛事活动，新村街道、北宫镇成功创建“北京市全民健身示范街道”及“北京市体育特色乡镇”，北京市第十六届运动会我区群众项目比赛奖牌数位列全市第一。

（四）全面深化改革，区域发展动能大幅增强

营商环境改革持续优化。深化落实5.0版营商环境改革任务，率先开设“证照联办”服务专窗，区级政务服务事项100%实现“全程网办”。成立街镇合作发展办公室，构建部门、属地联动服务企业、支撑发展的工作架构。深化“服务包”机制，为企业解难题办实事，办结率、满意率均达100%。实施“丰泽计划”，为区域高质量发展聚才引智。

国资国企改革纵深推进。优化区域国有资本布局，推动国有资产保值增值。全民所有制企业公司改革完成率达99.7%。推进全区经营性国有资产集中统一监管，推动国有企业工资总额预算管理改革，以“管资本”为主的国资监管体系逐步完善。

农村改革全面深化。推进乡村振兴战略全面实施，草桥村、张仪村入选全市首批抓党建促乡村振兴示范村。严格落实“村地区管”，区、街镇审核项目近800个。强化农村集体“三资”监管，深化农村集体产权制度改革，依托产权交易平台成交项目13宗。释放产业用地10.1公顷，9宗商品住宅用地入市成交369亿元。全面推行“田长制”，粮食作物播种面积超额完成任务。持续抓好农村人居环境整治。

（五）树牢底线思维，社会大局保持和谐稳定

坚决维护首都政治安全，严密防范化解各类风险隐患。开展市域社会治理现代化试点，典型经验在全国工作会上交流推广。强化重点区域“雪亮工程”和“智慧平安小区”建设，推进常态化扫黑除恶。开展安全隐患集中整治，重点地区隐患有效削减。开展三级领导干部大接访活动，大力治理重复访，化解信访积案521件。扎实推进安全生产工作督察问题整改，开展安全生产整治“百日行动”，全年生产安全事故起数和死亡人数实现“双下降”。推进全域无隐性债务试点工作，完成政府隐债清零任务。落实粮食安全责任制，保障区级储备粮安全。

（六）勇于自我革命，全面从严治党向纵深推进

始终把党的政治建设摆在首位。牢记“看北京首先要从政治上看”，教育引导全体党员干部更加自觉坚持和捍卫“两个确立”，增强“四个意识”、坚定“四个自信”、做到“两个维护”，始终同以习近平同志为核心的党中央保持高度一致。坚决扛起管党治党政治责任，区委常委会研究党建议题占比57%，定期研究区人大常委会、政府、政协、法院、检察院“五个党组”党建工作情况。从严落实《党委（党组）落实全面从严治党主体责任规定》，建立区级考核体系。落实意识形态工作责任制，狠抓意识形态阵地管理。落实重大事项请示报告制度，以区委名义向市委（及部门）请示报告45件次。

强化思想理论武装。坚持用习近平新时代中国特色社会主义思想武装头脑、指导实践、推动工作。建立区委常委会第一议题学习制度，发挥区委理论学习中心组领学促学作用，安排集中学习50次。开设习近平新时代中国特色社会主义思想读书班，组织党员干部走进党校接受系统性理论教育。开设“首都发展大讲堂”，提升干部能力素质。

加强干部队伍建设。注重在急难险重任务中考察、培养、使用干部，着力打造一支学习型、服务型、创新型、实干型、专业化、法治化、国际化、现代化的“四型四化”干部队伍。对全区113家处级单位开展全覆盖调研，谈话考察干部2000余名。举办各类主体班次15期，培训党员干部3000余名。出台《领导干部治理能力提升三年行动计划》，实施干部队伍建设“六大工

程”。北京丽泽商务区管委会获全国“人民满意的公务员集体”表彰。

树立大抓基层鲜明导向。实施“一线工作法”，推动工作重心下移，做到力量到基层、人才到基层、资源到基层。成立全市首个专业市场行业党委，统筹全区专业市场党建工作。发挥党建协调委员会平台作用，累计成立三级党建工作协调委员会400余个。推动“两新”党建扩面提质，打造“小憩港湾”“移动网格员”“小哥之家”等特色品牌。

坚持以严的基调正风肃纪反腐。驰而不息纠治“四风”，查处违反中央八项规定精神问题13人。针对全面从严治党考核发现问题，约谈处级“一把手”26人。坚持有腐必反、有案必查，全区纪检监察组织共立案122件，给予党纪政务处分98人，移送司法机关16人。高质量规划实施新一届区委巡察工作。

全面加强对民主法治建设工作的领导。召开区委第六次人大工作会议，制定以首善标准做好新时代人大工作的意见，支持区人大及其常委会依法对国有资产管理、分区规划实施等开展审议和监督。发挥人民政协作为协商民主重要渠道和专门协商机构作用，制定加强和改进新时代政协工作的实施方案，围绕数字金融、轨道交通产业发展等议题开展协商议政。巩固和发展爱国统一战线，制定推进新时代民族、宗教工作的实施方案，组织动员社会各界人士同心抗疫、共谋发展。发挥工青妇等群团组织作用，圆满完成团区委换届工作。全面推进依法治区，深化法院、检察院司法体制改革，《打造基层综合行政执法规范化建设“丰台样本”》成功入选“全国法治政府建设示范项目”，区法院被评为“全国优秀法院”。

区委常委会高度重视自身建设。修订实施区委常委会工作规则。各位常委带头坚持和捍卫“两个确立”，增强“四个意识”、坚定“四个自信”、做到“两个维护”。带头履行管党治党主体责任，严格廉洁自律。带头大抓基层，做好分管领域和联系街镇工作。

二、深入学习宣传贯彻党的二十大精神，准确把握丰台的历史方位和使命要求

党的二十大是在全党全国各族人民迈上全面建设社会主义现代化国家新征程、向第二个百年奋斗目标进军的关键时刻召开的一次十分重要的大会。全区上下要坚决贯彻落实习近平总书记“五个牢牢把握”重要指示精神，在全面学习、全面把握、全面落实上下功夫，以实际行动持续推动党的二十大精神在丰台进一步形成生动实践。

要深刻领悟“两个确立”的决定性意义。坚持从党和国家有效应对接踵而至的巨大风险挑战中、从新时代举世瞩目的重大成就中、从马克思主义中国化时代化新的飞跃中，进一步深刻领悟“两个确立”的决定性意义，坚决做到“两个维护”，始终在思想上政治上行动上同以习近平同志为核心的党中央保持高度一致，确保丰台各项工作始终沿着习近平总书记指引的方向风雨无阻向前进。

要深刻领会习近平新时代中国特色社会主义思想的世界观和方法论。牢牢把握“两个结合”“六个必须坚持”，在学思用贯通、知信行统一上下功夫，坚持好运用好贯穿其中的立场观点方法，自觉把习近平新时代中国特色社会主义思想作为一切工作的根本遵循和行动指南，自觉以习近平总书记对北京一系列重要讲话精神来指导推动工作，不断开创丰台事业发展的新局面。

要深刻领会以中国式现代化推进中华民族伟大复兴的使命任务。全面把握中国式现代化的中国特色、本质要求和重大原则，深刻认识全面建设社会主义现代化国家战略布局，学思践悟蕴含其中的重要思想、重要观点、重大战略、重大举措，深入贯彻党和国家事业发展的战略部署，在新征程上奋力谱写中国式现代化的丰台篇章。

要深刻领会坚持党的全面领导和全面从严治党的重大部署。认真贯彻落实党的二十大关于党的建设的部署要求，持之以恒推进全面从严治党，深入推进新时代党的建设新的伟大工程，弘扬伟大建党精神，牢记“三个务必”，把握团结奋斗的时代要求，以党的自我革命引领社会革命，切实为丰台各项工作提供坚强的政治、思想和组织保证。

新时代新征程新伟业全面开启，首都北京以首善担当，一马当先、走在前列，力争率先基本实现社会主义现代化。丰台作为首都功能的拓展区、中心城区的增长带、城南行动的引领区，肩负着服务首都功能、支持中心城区、带动城南发展的重要任务和历史使命，迎来了关键的战略机遇期、高质量发展的重要窗口期。我们要进一步认清历史方位，把握功能定位，充分发挥优势，争取发展主动，实现更大作为，走出一条把握时代大势、服务首都发展、体现丰台特色的现代化之路。

经过多年积累，丰台的发展韧性逐步增强，发展空间逐步释放，发展共识逐步形成，具备了迈向发展强区的基础和条件。同时也应该清醒地看到，地区的发展还是大而不优、大而不强，转型发展任务依然艰巨，新业态新动能还不强劲，区域发展还不平衡不充分，基础设施、公共服务、民生保障领域存在短板，全面从严治党还有弱项，必须把加快发展作为应对难题、解决问题的“总钥匙”，综合施策、系统推进。

站在新征程新起点上，摆在我们面前的重要任务就是倍增追赶、合作发展，在新时代首都发展赛道上跑出“丰台速度、丰台效率、丰台质量”，让丰台的驻区单位和市民群众更加自信自强，更有获得感、归属感、荣誉感。这不仅是区四套班子、各单位各部门各街镇以及广大党员干部的职责使命，更是驻区单位和市民群众的目

标愿望。要重点把握6个方面：

——坚决服务保障首都功能。更加自觉地站在党和国家事业全局的高度来想问题、作决策、办事情，凡事在首都大局下考量，深刻把握新时代首都发展全部要义，大力加强“四个中心”功能建设，提高“四个服务”水平，围绕实现“都”的功能来布局和推进“城”和“产”的发展，积极在首都功能拓展中扛重任、作贡献。

——抓牢高质量发展首要任务。深刻把握丰台发展规律、阶段特征和战略机遇，坚持以经济建设为中心，以产兴城、以城促产、产城融合，打造具有核心竞争力的现代产业体系，壮大经济实力，提高发展质效，提升发展能级，力争全市贡献排名前列，推动高质量发展取得新成效。

——大力实施创新驱动发展。坚持创新在现代化建设全局中的核心地位，围绕全市国际科技创新中心建设、“两区”建设、全球数字经济标杆城市建设、以供给侧结构性改革创造新需求、以疏解北京非首都功能为“牛鼻子”推动京津冀协同发展的“五子”联动，推动以科技创新为核心的全面创新，形成“五子”叠加效应，激发地区发展活力。

——自觉践行以人民为中心的发展思想。坚持发展为了人民、发展依靠人民、发展成果由人民共享，始终同人民想在一起、干在一起，以更大力度、更实举措，加快补齐民生短板，持续增进民生福祉，扎实推进共同富裕，让发展成果更多更公平地惠及广大人民群众。

——凝聚合作发展团结奋斗强大合力。坚持市场主导、政府引导、多元协同、共享普惠，创新实施发展伙伴计划，集各方之智，汇各方之力，共同建设丰台美好家园，形成共谋共建共治共享新局面，切实让干部敢为、企业敢干、群众敢首创成为丰台的靓丽风景。

——坚持和加强党的全面领导。充分发挥党总揽全局、协调各方的领导核心作用，充分发挥基层党组织战斗堡垒作用和广大党员先锋模范作用，团结带领全区上下，秉着无愧历史、无愧人民的担当使命，以昂扬向上的朝气、敢为人先的锐气，抢抓历史发展机遇，以超常的努力推动经济社会倍增追赶、跨越发展。

三、关于2023年工作安排

2023年是全面贯彻落实党的二十大精神的开局之年，做好各项工作意义重大。全年工作总要求是，以习近平新时代中国特色社会主义思想为指导，全面贯彻落实党的二十大和中央经济工作会议精神，落实市第十三次党代会和市委十三届二次全会部署，坚持稳中求进工作总基调，完整、准确、全面贯彻新发展理念，主动服务和融入新发展格局，更好统筹疫情防控和经济社会发展，更好统筹发展和安全，坚持以新时代首都发展为统领，以高质量党建引领高质量发展、高品质生活、高水平治理，倍增追赶、合作发展、走在前列，在新征程上奋力谱写中国式现代化的丰台篇章，为北京率先基本实现社会主义现代化贡献丰台力量。

（一）坚持服务大局，着力拓展首都功能新承载

结合自身功能定位，服务保障好首都功能，更好担负起首都赋予的职责使命。

一是高标准规划建设南中轴首都商务新区。推动大红门地区功能重塑、产业升级和品质提升，积极承载国家文化展示、国际交往等首都功能。加快博物馆群及周边地区规划实施，推动北京自然博物馆新馆落地建设，服务保障中央芭蕾舞团业务用房扩建、“三办”迁建等项目建设。推动腾退空间转型升级和楼宇更新，实现南中轴国际文化科技园全面开园。深化御道商业区规划研究，打造国际化活力街区。推进分钟寺新国贸项目建设，构建高质量发展重要功能节点。优化提升南中轴环境水平，推动南苑森林湿地公园更大范围、更高水平集中连片开放。

二是高水平推进北京丰台站站城一体化发展。强化与丽泽、丰台园协同联动，构建金融科技融合创新发展带，打造“轨道上的京津冀”重要节点、京雄产业交互关键节点。深入实施街区控规，推动站前综合一体化开发，加快综合交通枢纽工程、城市绿谷等项目建设，推动周边建成区城市更新。开展交通及环境综合整治，打造展现丰台魅力的南城新地标。

三是高起点打造西山永定河文化带精华区。承载历史、面向未来，促进建党、抗战、新中国成立三大红色文化主题片区协同发展。推进卢沟桥—宛平城地区整体保护提升工程，服务保障好国家重大纪念活动。保护传承利用好长辛店革命旧址，加快长辛店老镇有机更新，实现城市景观设计和区域文化底蕴相得益彰。

（二）坚持产业强区，着力壮大倍增追赶新动能

围绕倍增追赶、跨越发展，强产业、扩内需、优环境、谋合作、促发展，推动丰台经济实力全面跃升。

一是全面增强优势产业核心竞争力。围绕金融、科技、商务、文化等现代产业体系，明确产业方向、细分产业领域，做大做强轨道交通、航空航天等主导产业，培育壮大新兴金融、高端商务、智能制造、数字经济等特色产业，积极布局智能建造、商用密码、综合能源管理、新材料、都市智慧农业、智慧医疗等新兴产业。建立强链建圈工作机制，绘制产业图谱、瞄准重点领域、找准链主企业，建立倍增计划重点企业梯度培育库，靶向招商、补链延链、产业筑基，完善产业生态，实现大中小企业融通发展。抓住政策创新关键推进“两区”建设，实施“两区”重点园区（组团）发展提升专项行动，推动更多优质项目落地实施。

二是全面提升重点功能区发展能级。全面建设国际化现代化丽泽金融商务区，加快丽泽城市航站楼、数字金融科技示范园等项目建设，推动国际金融城项目落地。发展以数字金融为支撑的信息金融、绿色金融、普惠金融等新兴金融业，办好数字金融论坛。把好产业准入关，加强楼宇招商，壮大金融产业规模。拓展绿色空间，推进金中都城遗址公园等建设。深入推进中关村丰台园管理体制改革，激发园区创新活力。发挥主导产业引领作用，培育壮大特色产业，加快看丹独角兽创新基地、园博数字经济产业园建设发展，打通“创新园区＋智造基地”实施路径，构建园区产业 IP，保持园区人均、地均产出率位居全市前列。

三是全面加快消费扩容升级。围绕培育建设国际消费中心城市，高水平建设活力中心，推动丽泽—首都商务新区国际消费体验区建设，引进国内外知名品牌首店、旗舰店、定制店。打造国潮街区、网红时尚商业街区，办好北京国际花潮节。提升平台经济消费能级，发展直播电商基地。升级“丰台消费季”品牌，提升汽车、餐饮等传统消费，促进文旅体商等服务消费融合升级。推动新发地市场转型发展，编制实施区域控规及市场升级方案，打造全国领先的农产品交易市场、现代化农产品流通企业。

四是全面扩大有效投资。深入实施第四轮城南行动计划，推进重点功能性项目建设。优化产业用地供给，加快高精尖产业项目引进落地。激发社会资本投资活力，引导参与重点区域、重点领域项目规划建设运营。稳步推进政府投资项目建设，合理安排水电气热、路网、轨道交通等基础设施和公共服务设施项目，加大新基建投资力度，推进基础设施 REITs 试点。提升土地供给水平，保持经营性用地供应规模稳定增长，做好项目储备。

五是全面激发市场主体活力。实施发展伙伴计划，推动各类主体合作共建丰台。深入推进区属国企改革和战略重组，培育做强区属国企城市建设、产业发展、园区开发、城市服务等板块。稳步推进集体经济组织改革，引导集体经济融入区域发展大局。鼓励支持民营经济和民营企业发展壮大，依法保护民营企业产权和企业家权益。制定实施外资高质量发展三年行动计划，推进外资项目培育引进。高质量开展第五次经济普查，强化经济运行监测分析。

六是全面优化营商环境。打响“丰台服务”营商环境品牌，完善企业全生命周期发展服务机制，构建促签约、促落地、促拿地、促开工、促竣工、促投产、促达产、促研发、促公益的“九促”服务体系，提升产业感知力、政策应用力、决策执行力、为企服务力。发挥好产业促进部门、街镇合作办作用，用好“服务包”制度，开展企业大走访，为企业送政策、送市场、送信息、送服务、送温暖，当好“有求必应、无事不扰”的服务管家。提供优质政策环境，提升政务服务环境，营造公平竞争环境，优化法治营商环境，全力打造市场化、便利化、法治化、国际化一流营商环境。

（三）坚持规划引领，着力提升城市建设新水平

坚持全域规划理念，统筹城市更新和城乡一体化，构建产城融合、职住平衡、宜居宜业的城市新形态。

一是加快推进规划编制。发挥北京城市总规和丰台分区规划引领作用，全力抓好宛平城、分钟寺、东铁匠营等重点地区街区控规编制，深化河西重点街区控规，力争实现街区控规全覆盖。落实全区城乡建设用地减量实施计划，促进城乡建设用地减量提质。编制全区国土空间生态修复规划，更大力度保护非建设空间。

二是加快推进城市化进程。统筹推进城乡一体化，加大在途项目滞留户搬迁力度，年内力争完成 9 个棚改项目和 10 个土地一级开发项目。推进“一绿”地区城市化建设，加快在建街区单元改造项目收尾。推动原花乡中部组团、五里店地区等项目实施，尽快启动卢沟桥村、时村、东罗园村等项目规划综合方案编制实施。

三是加快推进城市更新。做好疏解腾退空间再利用，统筹产业导入和空间释放，鼓励国有企业自有用地高效利用，持续优化存量发展空间。加快推进“工业上楼”，通过对现有综合用地和老旧厂房的再开发再利用，推动制造业安全化、自动化转型升级。引入社会资本参与，加快老旧小区改造，整体规划、分片研究推动五环内平房区改造。

四是加快推进河西地区发展。全面实施河西地区高质量发展专项行动计划，发挥生态、科技、文化优势，建设生态科技城。完成河西轨道交通一体化方案，加快路网建设，推进河西第二水厂建设，提升地区基础设施水平。探索“二绿”地区减量提质发展新路径，推进原长辛店镇统筹利用集体产业用地试点，加快王佐全域旅游小镇建设。

五是加快推进超级 TOD 示范区规划建设。立足“高水平对外综合交通枢纽”定位，按照“站产城人”融合、首都功能优先、城市形态完善、智慧绿色低碳、科学运营管理的理念，推动 TOD 与产业化、城市更新和新型城镇化相结合。以北京丰台站为牵引，联动北京南站、北京西站，构建丰台超级 TOD 示范中心区。结合轨道交通站点、长途客运站等重要交通节点布局，打造全域多元微中心 TOD 群。

（四）坚持科教兴区，着力塑造创新发展新优势

聚焦自立自强，坚持教育优先、科技赋能、人才引领，发挥好教育、科技、人才的基础性战略性支撑作用。

一是扎实办好人民满意的教育。全面启动基础教育强基工程，着力构建丰台基础教育“十强校”格局，建设首都教育新高地。推进党组织领导的校长负责制，持续深化教育教学改革，巩固深化“双减”，五育并

举，全面提升教育教学质量。优化教育发展布局，加快推进北京十一学校中堂学校、北京第五实验学校科技园校区等重点工程建设。突出教师主体地位，鼓励教师聚焦教育主业抓改革、搞创新，加大教师交流轮岗力度，努力培养一支名师引领、结构合理、充满活力的教师队伍。

二是全面提升科技创新能力。壮大科技创新主体，开展高成长性企业引进培育“丰帆行动”。建设高水平创新平台，推进重点实验室、工程技术研究中心、产业协同创新平台建设，深化与驻区大院大所的合作共建。打造城市创新场景，围绕高新技术、数字经济、智能建造等创新领域，开展运用场景建设，推动创新技术成果就地转化。优化区域创新生态，培育创新文化，弘扬科学家精神，营造创新氛围。

三是聚力打造高水平人才高地。坚持人才工作与产业发展一体推进，构建高层次人才“蓄水池”。实施“慧聚英才·筑梦丰台”优秀青年人才引进计划，开展“丰泽计划”高层次人才评选和“百名优秀青年人才引进储备”工作。深入实施“人才服务包”制度，打造青年人才创新社区，营造“近悦远来”人才生态。

（五）坚持人民至上，着力书写民生幸福新答卷

牢记让人民生活幸福是“国之大者”，围绕“七有”要求和“五性”需求，扎实办好民生实事，打造全龄友好城区。

一是持续推动健康丰台建设。平稳有序推进疫情防控优化转段，围绕“保健康、防重症”，强化医疗救治，推动疫苗接种，做好重点人群防护和服务，更好回应群众关切。完善公共卫生体系，做实做强区、街镇、社区村公共卫生委员会，推动企业健康委员会建设。实施卫生系统强基工程，补齐7家社区卫生服务中心缺口，实现街镇全覆盖。加强紧密型医联体建设和全科医生培养，打造“百名村医”，深化智慧家医、互联网医院服务。优化医疗资源布局，实现丰台医院新院区开诊，服务保障北京口腔医院建成。更加有针对性地开展爱国卫生运动，全力创建国家卫生区。扩大居家养老服务供给，加快实现街镇养老照料中心、社区养老服务驿站全覆盖。

二是持续增进民生福祉。积极稳就业促增收，提高重点产业就业吸纳能力，做好高校毕业生、农村劳动力等重点群体就业工作。扩大社会保险和社会救助覆盖面，做好困难群体救助帮扶，保障妇女儿童、青少年、残疾人合法权益。加快保障性租赁住房、共有产权房等项目建成投用，满足群众合理住房需求。开展一刻钟便民生活圈建设，精准补建便民商业网点。全面落实粮食安全责任制，抓好高标准农田建设和成品粮储备。持续做好对口支援和南水北调对口协作，深化与房山区的生态涵养区结对协作。

三是持续深化党建引领“接诉即办”改革。完善“接诉即办”综合评价机制，推动工作下抓一级、责任到人。全力解决群众急难愁盼问题，有一办一、办就办好。强化主动治理、未诉先办，集中破解高频共性难题，办好“每月一题”和街镇主动治理项目，推动大红门街道退出治理类行列。继续选派“治理书记”。推动数字化转型，加快“接诉即办”统计分析系统建设。办好“您说我办”栏目，用情搭建政府与百姓间的“连心桥”。

（六）坚持文化润区，着力丰富文化发展新内涵

自觉用社会主义先进文化、革命文化、中华优秀传统文化培根铸魂、滋养城市、熏陶市民，努力把丰台建设成为更有温度更有魅力的现代人文之区。

一是全力打造文明丰台。以首善标准推进全国文明城区创建，实施文明培育、文明创建、文明实践三大工程，引导社会各界力量和广大群众参与创建，全面提升市民文明素质和城市文明程度。广泛践行社会主义核心价值观，进一步凝聚人心、汇聚民力。推进新时代文明实践站标准化建设，打造一批有影响、有特色的实践基地。发扬邻里守望相助精神，塑造“丰台好邻居”品牌。

二是全力推动文体事业繁荣发展。深入推进新时代书香丰台建设，扶持实体书店发展，建成方庄文化艺术中心。承接金中都建都870周年北京纪念活动，举办金中都文化论坛。加强与文艺院团、院校深度合作，推出一批丰台原创文艺作品。积极承接“大戏看北京”任务，办好中国戏曲文化周。打造“卢沟晓月”“花开丰台”等特色文化品牌，举办市民系列文化活动。完善榆树庄国家数字出版基地产业布局，推动右安门中国国际出版交流中心建设，打造“丰台出版”新名片。开展全民健身体育活动，打造“15分钟健身圈”。

三是全力塑造丰台特色鲜明城市品牌形象。加强顶层设计、系统策划，扩大“共创丰台之美”活动品牌效应，讲好丰台故事。构建“融媒体中心＋媒体矩阵＋网络大V”传播网，强化与主流媒体、行业媒体联动，策划推出一批精品新闻报道，展现丰台创新发展成效。强化典型引领，开展“北京榜样”“丰台好人”等榜样模范选树活动，激扬自信自强的精神力量。

（七）坚持和谐共生，着力打造城市环境新形态

深入贯彻习近平生态文明思想，践行“两山”理念，坚持天清地清、山清水清、人清政清“六清”理念，推动实现生产发展、生活富裕、生态良好“三生融合”。

一是全面推进绿色低碳循环发展。深入打好污染防治攻坚战，协同推进大气污染防治，统筹“三水”融合治理，推进地下水污染防治试验区建设，强化土壤污染风险管理和生态修复，让绿水青山蓝天净土成为丰台生态底色。深化“两山”实践创新基地建设，探索转化新

路径。积极稳妥推进碳达峰碳中和，推动经济社会发展绿色转型。扎实做好第二轮市级生态环境保护督察反馈问题整改。

二是全面厚植绿色生态本底。以森林绕城、绿道连城、碧水穿城、湿地润城、公园遍城、农田留城、花果香城、生物汇城、景观靓城的“绿城九法”为实施路径，统筹开展城市生态环境系统治理。深化国家森林城市创建，高品质建设一道绿隔城市公园环，统筹实施二道绿隔郊野公园环，全面打造城市精品公园。推进口袋公园、小微绿地和道路林荫化建设，让群众隔窗透绿、开门见绿、移步进绿。全面实施“点靓凉水河”行动，完成右安门段、大红门段、石榴庄段工程建设。提升永定河丰台段、丰草河、旱河等重点河湖水生态空间品质，打造更多优美河湖。开展生物多样性本底调查与生态环境质量评估，提升生态系统多样性、稳定性、持续性。

三是全面开展丰台城市环境提升工程。深入实施疏解整治促提升，巩固“创无”工作成果。推进绿道、碧道、秀道“三道”工程，改善城市交通干道、河道、铁道两侧生态环境。开展城市环境“金角银边”工程，挖掘整合空闲区域、边角用地，塑造城市“微景观”。巩固拓展背街小巷整治提升成果，打造靓丽街巷。推进农村人居环境提升工程，实现村容村貌整体改善。

（八）坚持共治法治，着力构建基层治理新体系

坚持党的领导、人民当家作主、依法治国有机统一，坚定不移推进民主法治建设，完善基层治理体系，以高水平治理保障高质量发展。

一是大力发展全过程人民民主。坚持和完善人民代表大会制度，支持和保证人大及其常委会依法行使职权，坚持和完善党领导的多党合作和政治协商制度，推进政协协商民主建设，办好人大代表建议和政协委员提案。积极发展基层民主，扩大人民有序政治参与，民生工作民意立项。巩固和发展最广泛的爱国统一战线，健全同各民主党派、工商联和无党派人士的合作共事机制，开展铸牢中华民族共同体意识示范创建，以推进我国宗教中国化为重点做好宗教工作，深入细致做好港澳、对台和侨务工作，加强和改进群团工作。加强党管武装和双拥共建，推进军民融合深度发展。

二是大力推进全面依法治区。发挥法治固根本、稳预期、利长远的保障作用，服务经济社会高质量发展。坚持依法行政，推进科学民主依法决策，加大关系群众切身利益的重点领域执法力度，提高党员干部运用法治思维和法治方式的能力。深化政法领域改革，巩固政法队伍教育整顿工作成果，着力建设公正高效权威司法。加快法治社会建设，广泛开展法治宣传教育，讲好丰台法治故事。

三是大力提升基层社会治理水平。完善城乡管理一体化及街道管理农村工作机制，优化调整社区规模，加快新社区组建，建强社工队伍。发挥网格化管理在基层治理中的基础性作用，建立健全专兼职相结合的网格员队伍，完善志愿服务体系。支持社会力量参与基层治理，推动社区协商议事厅示范点和农村社区协商机制建设。持续抓好两个“关键小事”，加强生活垃圾全流程精细化管理，狠抓物业管理突出问题和“治理类小区”治理。统筹推进智慧城市、智慧小区建设，让城市更聪明更智慧。

四是大力建设更高水平的平安丰台。把维护首都政治安全摆在首要位置，坚决守住不发生暴恐活动底线。严格落实意识形态工作责任制，加强互联网等各类阵地建设管理。坚持和发展新时代“枫桥经验”，着力解决信访积案和突出问题。推进常态化扫黑除恶，加强社会面治安防控，依法严厉打击违法犯罪活动和治安秩序类问题，争创全国市域社会治理现代化试点合格城市。严格落实安全生产责任制，狠抓消防安全、生产安全，开展安全生产监督检查，抓好市委市政府安全生产督察反馈问题整改，强化食品药品安全监管，坚决防范和遏制重特大事故发生。

四、纵深推进全面从严治党，为丰台各项事业发展提供坚强保证

落实新时代党的建设总要求，坚持和加强党的全面领导，坚持党要管党、全面从严治党，不断提高党的建设质量。

一是全面落实管党治党政治责任。坚定维护党中央权威和集中统一领导，把党的全面领导落实到工作的各领域各方面各环节。以党的政治建设为统领，坚持和捍卫“两个确立”，增强“四个意识”、坚定“四个自信”、做到“两个维护”。强化政治监督，严守党的政治纪律和政治规矩。压紧压实党委（党组）责任、书记第一责任人责任、班子成员“一岗双责”、纪委监委监督专责，健全各负其责、统一协调的管党治党责任格局。

二是全面强化思想理论武装。坚持用习近平新时代中国特色社会主义思想统一思想、统一意志、统一行动，落实区委常委会第一议题学习制度。组织开展宣贯二十大主题教育活动，开展多形式、分层次、全覆盖的全员培训。推进党史学习教育常态化长效化。抓好各级党委（党组）理论学习中心组学习，办好“首都发展大讲堂”。

三是全面建设堪当地区发展重任的高素质干部队伍。坚持党管干部原则，落实新时代好干部标准，着力培养忠诚干净担当的高素质专业化干部，选优配强各级领导班子。实施“倍增追赶干部赋能”培训计划，打造一支满眼是活、勇挑重担的建设者队伍。大力实施一线工作法，当好“施工队长”。切实增强斗争精神、斗争本领，引导干部当先锋、打头阵、作表率，注重在重大

任务、重点工作中发现、锻炼、使用干部。完善干部考核评价体系，健全领导干部能上能下机制。

四是全面增强基层党组织服务发展服务群众的能力。坚持大抓基层鲜明导向，建立完善各领域基层党建工作指引，深化党建引领基层治理。加强社区党建工作，实施村级组织分类提升计划，深入推进抓党建促乡村振兴。加强社区村党组织带头人队伍建设，切实把德才兼备、作风硬朗的优秀基层干部选出来、派下去。统筹提升机关、学校、医院、国企等领域党建工作质量，深入推进新业态、新就业群体党的建设，探索党建引领行业治理有效途径。严格党的组织生活制度，提升党支部标准化规范化水平。

五是全面加强党风廉政建设和反腐败斗争。锲而不舍落实中央八项规定精神，持之以恒纠“四风”树新风，持续为基层减负。加强廉政风险防控体系建设，一体推进不敢腐、不能腐、不想腐，以零容忍态度反腐惩恶。构建亲清统一的新型政商关系，建立政商交往“正面清单”“负面清单”。紧盯重点领域和关键环节，有针对性地整治背后的作风问题、腐败问题。加强对民生保障等领域监督，深入整治群众身边的腐败问题。扎实开展区委巡察工作，推动巡察、整改、治理有机贯通。科学精准问责，为担当者担当。坚持常态化开展警示教育，推进新时代廉洁文化建设，营造风清气正的政治生态。

名词解释

1. “五子联动”：“国际科技创新中心建设、两区建设、全球数字经济标杆城市建设、以供给侧结构性改革创造新需求、疏解北京非首都功能为牛鼻子推动京津冀协同发展”五大举措联动推进，形成叠加效应，形成推动高质量发展的强大动力。

2. “1+3+N”政策支撑体系：6月，丰台区结合区域实际和群众需求，公布统筹新冠疫情防控和稳定经济增长“1+3+N”政策支撑体系。“1”是指《丰台区统筹疫情防控和稳定经济增长实施方案》，“3”是指包括《丰台区加快经济恢复和重振若干措施》《丰台区关于继续加大中小微企业帮扶力度加快困难企业恢复发展的若干措施》等政策在内的区级自选政策和纾困措施，“N”是指具体实施细则，由丰台区各牵头部门研究制定，结合实际适时发布，帮助市场主体及时享受政策红利。

3. “七创”：全面推进全国文明城区、国家卫生区、国家森林城市、全国双拥模范城、“两山”实践创新基地、基本无违法建设区、无疫社区（村）创建。

政府工作报告

——在丰台区第十七届人民代表大会第三次会议上

区长　初军威

（2023年1月5日）

一、2022年工作回顾

2022年是丰台发展进程中极不平凡的一年。面对新冠疫情多轮冲击的严峻考验和经济下行压力加大的复杂局面，在市委市政府和区委的坚强领导下，在区人大及其常委会和区政协的监督支持下，我们坚持以习近平新时代中国特色社会主义思想为指导，深入学习贯彻党的二十大和市第十三次党代会精神，全面落实党中央“疫情要防住、经济要稳住、发展要安全”的要求，坚持人民至上、生命至上，团结带领全区广大党员干部群众，担当作为、实干进取，统筹抓好疫情防控和经济社会发展，推动各项事业稳步前行。

一年来，我们有效做好疫情防控工作，全力守护人民生命安全和身体健康，有序推动复工复产、复商复市，群众生产生活逐步回归正常轨道。我们圆满完成北京冬奥会、冬残奥会、党的二十大、纪念全民族抗战爆发85周年等重大活动服务保障任务，以实际行动贡献丰台力量。我们千方百计稳住经济基本盘，全年实现地区生产总值2061.8亿元，同比增长1%；区级一般公共预算收入实现137.6亿元，同口径增长2.1%；居民收入增长与经济增长基本同步；社会消费品零售总额实现1328.8亿元。

主要做了以下工作：

（一）坚持科学精准，疫情应对有力有效

全力以赴打赢多轮战“疫”。坚持党建引领，始终把疫情防控作为当务之急、头等大事，高效处置西南郊冷库、岳各庄批发市场、政馨园—红狮家园等多轮次规模性疫情。严格落实“快、严、准、实、细”工作要求，坚持高位高频调度，统筹抓好筛查、救治等关键环节，压紧压实“四方责任”，在全市率先实现区、街镇“8小时指挥部”24小时实体化运作，率先探索实施核酸自采模式，建立健全涉疫风险快速管控、涉疫诉求快速办理等丰台特色防控体系，奋力把疫情对丰台区的影响降到最低。

坚决扛起首都保供重任。坚持防疫保供“两手抓、两加强”，确保新发地市场全年不关停，切实托稳首都市民的“菜篮子”“果盘子”。围绕“车、人、货、地”四大要素，构建科学防疫体系，实施预约进场、闭环管理、中转服务等防控机制，形成覆盖4.16平方公里“大新发地地区”网格化联防联控体系，有效保障了新发地市场平稳运行，确保了首都市场供应货足价稳，充分展现了丰台的责任担当。新发地市场防疫保供经验被国务院联防联控机制在全国推广。

因时因势优化防控策略。全面落实“国十条”“京十条”，出台的“丰台16条”具体措施被纳入全国典型经验做法。聚焦群众最迫切的购药、就医需求，组建药物采购应急专班，持续加大医药物资供给；成立院前应急转运工作组，建立区级急救转运调度平台，畅通就医绿色通道；科学合理配置医疗资源，优化发热门诊设置，扩容救治空间，确保基层医疗机构应接尽接，急危重症患者第一时间转运、第一时间救治。

扎实有效推进助企纾困。精准服务企业需求，出台实施“1+3+N”一揽子解危纾困政策。减税降费72.5亿元，惠及市场主体8.2万户；区属国有房屋减租1.68亿元、科技型孵化器减租超过980万元，惠及企业1800余户；为3005家企业办理社保缓缴7.17亿元。加大金融支持力度，协助企业获批贷款4.6亿元。提前启动“丰九条”贡献奖励兑现，实现“免申即享、资金直达”。

凝聚同心抗疫磅礴力量。面对疫情，17.3 万名党员干部闻令而动、冲锋在前，让党旗在抗疫一线高高飘扬。2 万余名医务工作者白衣执甲、尽锐出战，生动诠释着医者仁心、大爱无疆。广大公安干警、社区工作者、志愿者不避寒暑、昼夜奋战，共同构筑起疫情防控坚强防线。城管环卫、交通运输、商贸快递等各条战线各司其职、协同作战，全力保障了城市运转正常。202 万人民守望相助、众志成城，合力书写了全民抗疫的丰台篇章。

（二）坚持“五子”联动，稳增长动力持续释放

产业能级持续提升。深入实施“1511”产业发展提质工程，培育引进上市企业 6 家、高质量外资企业 51 家、高成长性企业 122 家、规模税源企业 116 家；新设立注册资本 5000 万元以上企业 386 家；新增规上企业 480 家，创历史新高。高精尖产业支撑有力，金融业、科技服务业、商务服务业对全区 GDP 增长贡献率超过 80%。国高新企业总量突破 2000 家，同比增长 10%；专精特新中小企业达到 344 家，同比增长 178%；累计建成国家级孵化器 11 家。

“两区”建设持续加快。成功纳入市级“离岸贸易创新发展集聚区”。率先完成年度“两区”招商引资任务，新增入库项目 375 个，完成任务的 288%。金融、通信、能源等领域多个项目亮相服贸会、京港洽谈会，现场签单超过 121 亿元。实际利用外资 1.8 亿美元，同比增长 34.5%，伦交所路孚特中国、亚马逊中国等多家外资头部企业签约入驻。

数字经济持续发力。加快数字经济标杆城市建设，发布数字经济创新发展三年行动计划。核心产业企业超万家，规上企业 374 家。依文、中鼎昊硕入选全国首批百家中小企业数字化转型试点平台，飞天云动成为港股“元宇宙第一股”。全市首个鲜花拍卖中心开拍运营，打造数字化复合花卉生态圈。园博数字经济产业园实现开园，吸引数字经济类企业 35 家。

内需动力持续增强。“丽泽 × 首都商务新区”成为全市 4 个国际消费体验区之一，方庄、马家堡等 10 个区域活力中心建设加快，丽泽天地、平安幸福汇等大型商业综合体开业运营，49 家北京首店落户丰台。与国贸集团签订战略合作协议，在分钟寺地区规划建设高端商务综合体。第四轮城南行动计划完成投资 283 亿元。146 个区级重点工程超额完成年度计划。深入挖掘投资潜量，年内新增储备项目 61 个，总投资超过 2000 亿元。

营商环境持续优化。完成 5.0 版营商环境改革任务 103 项，率先开设“证照联办”服务专窗，实现区级依申请政务服务事项 100% 全程网办。精准服务企业发展，扩充“服务包”企业至 944 家，办结服务事项 1671 个，企业满意率 100%。在 24 个街道建立经济合作发展专班，强化两镇经济发展办公室功能，全面提升街镇服务经济发展能力。扎实推进“丰泽计划”，全年引进各类人才 3900 余人，为区域发展聚才引智。

（三）坚持重点带动，功能区支撑作用更加凸显

丽泽金融商务区影响力全面提升。备受瞩目的地铁 16 号线南段开通运营，南区道路全部建成通车，丽泽城市航站楼综合交通枢纽一体化项目主体开工，丽泽国际金融城项目启动建设手续，国家金融信息大厦实现封顶，通用时代中心竣工入驻，城市云客厅投入使用。累计释放产业空间 190 万平方米，出租率达到 81%。成功举办 2022 中国（北京）数字金融论坛、第十一届领航中国年会，发行“丽泽数币一卡通”，成立数字金融创新发展联盟。全年新引进中铁资本、华电海外投资等 218 家企业。建成高品质绿地近千亩，楼宇景观照明成为京城新夜景。企业家联合会吸引力不断增强，有效扩大丽泽“朋友圈”。全年实现留区税收 18.9 亿元，同比增长 20%。

中关村丰台园创新引领作用持续增强。全年总收入达到 7600 亿元，同比增长 4%。轨道交通、航天航空两大主导产业创新发展，产业规模超过 3500 亿元。75 个项目团队入驻北交大轨道交通创新基地，“列车自主运行智能控制铁路工程研究中心”揭牌运行。成功举办首届中关村商业航天大会、中关村轨道交通国际创新创业大赛、独角兽企业发展论坛等系列活动。傲林科技、智云悟飞等 8 家泛独角兽企业入驻看丹独角兽创新基地。园博数字经济产业园创新中心项目开工建设。全年新引进通号财务、航天氢能等亿元以上企业 58 家，高精尖及规模以上企业 198 家。

南中轴地区发展步伐不断加快。完成博物馆群及配套服务区规划设计方案，加速推进博物馆群一期土地整理。中央芭蕾舞团项目开工建设。大红门一期棚改项目加快实施，北木南厂地块挂牌入市。南中轴国际文化科技园一期正式开园，墨宇宙、中服数智等 52 家高质量企业实现落地。南苑森林湿地公园集中连片开放面积达到 1493 亩，推动地区生态水平全面跃升。

（四）坚持规划引领，城市环境品质稳步提高

规划编制实施全面开展。完成北京城市总体规划首次五年评估。落实“三区三线”划定成果，修改完善分区规划。大红门、南苑森林湿地公园、五里店等地区街区控规正式获批，长辛店老镇地区街区控规通过市级联审，分钟寺、东铁匠营等地区街区控规形成初步方案，新发地等地区街区控规启动编制，宛平城地区功能定位和用地布局进一步优化。完成全区城市体检，促进城市健康发展。

基础设施建设有力推进。亚洲最大铁路枢纽客站——北京丰台站正式运营，完成拆迁腾退 98 万平方米，周边配套市政设施全部竣工投用，近万平方米绿色空间惠及辖区群众，周边环境秩序显著提升，获得广泛

赞誉。地铁1号线支线、丽金线等4条线路纳入全市轨道交通三期建设规划，完成10条道路疏堵和2个重点片区交通治理，打通断头路5条，推进通久路等5条主、次干路建设，西站南路南延、四合庄西路建成通车。渗沥液处理厂二期试运行。提前实现生活垃圾“零填埋”目标。强化智慧城市建设，领导驾驶舱投入运行，新建5G基站220处，实现5G网络连续覆盖。

生态环境质量明显改善。全区$PM_{2.5}$累计浓度31微克/立方米，同比下降8.8%，达到历史最优。加强水环境治理，推进地下水污染防治试验区建设，启动河西水生态提升一期项目。实施“点靓凉水河”行动，11公里河岸逐步营造“一廊、五区、多景”空间格局，丰草河、旱河、马草河流域实现全年通水。新一轮百万亩造林任务超额收官，增绿3010亩，累计造林1.61万亩。完善碳达峰碳中和发展路径及规划，持续巩固“无煤化”成果。

城市更新建设提质增效。有序推进疏解整治促提升一体化实施，提前超额完成19项量化任务。持续推动蒲黄榆一、四里等棚改项目，完成签约1071户。开展老旧小区综合整治，新开工31个、竣工20个。改造“水黄”小区6个，惠及群众3500户。完成67条背街小巷环境提升，玉皇庄路入选“北京最美街巷”。首汇健康科技园、大红门福成大厦项目分别获评北京城市更新“最佳实践”和“优秀案例”。

城乡区域发展更加均衡。深入实施河西高质量发展行动计划，实现投资62亿元，超额完成全年任务。河西再生水厂京周路段配套管线进场施工，河西第三水厂具备调蓄通水能力，云岗路西延、芦井路等道路启动建设。强化“村地区管”，深化农村集体产权制度改革，严格落实农村集体资产监管联席会议制度，区、街镇审核项目近800个。草桥村、张仪村入选全市首批抓党建促乡村振兴示范村。

（五）坚持共治共享，城市治理现代化水平不断提升

“接诉即办”扎实推进。出台主动治理“未诉先办”实施意见，成立“接诉即办”专项指挥部，强化“一把手”办件，在全市创新建立“治理书记”工作机制。全年受理群众诉求74万件，在提质降量上取得突破，解决率、满意率同比提升8.9%、5.6%，六里桥等4个街道退出治理类街镇行列。开展“每月一题、每月一办”，完成20条道路路灯补建，为老楼加装电梯120部，解决1.5万套房屋“办证难”问题。

“七创”联动有序开展。圆满完成“基本无违法建设区”创建任务，拆除违建270万平方米。成为全市首个成功创建“两山”实践创新基地的非生态涵养区。扎实推动全国文明城区创建，厚植文明理念，提升城市魅力。推进国家卫生区创建，实现北京市卫生街镇全覆盖。国家森林城市创建指标基本达到国家标准。持续做好全国双拥模范城创建工作。

基层治理持续深化。深入推进市域社会治理现代化试点。细化全区网格管理，健全“一图五册”基础台账。建立社区网格志愿服务队，实现社区书记工作室示范点街镇全覆盖。加强跨区域治理协同，18个街镇与邻区街乡镇拉手结对、协作共建。继续抓好两个“关键小事”，探索建立物业企业信用管理机制，23个小区被授予北京市生活垃圾分类示范小区。

安全形势不断巩固。持续深化平安丰台建设，扎实抓好常态化扫黑除恶斗争，开展治安、公共安全风险集中整治，消除隐患8900余处。积极开展矛盾纠纷排查，化解信访积案521件。落实经营性自建房100%管控；为18万燃气用户更换、加装安全型配件；新建电动自行车充电接口3.7万个，超额完成年度任务。安全生产整治百日行动顺利收官。食品、药品抽检合格率分别达到98.5%、99.6%。加快韧性城市建设，创建区级应急防汛系统。坚决防范化解各领域重大金融风险，完成政府隐性债“清零”任务。切实守好群众“米袋子”，粮食安全考核成绩列城六区首位。

（六）坚持厚植福祉，群众获得感进一步增强

社会保障更加坚实有力。发布10条促就业措施，加大农村劳动力、高校毕业生等重点群体就业援助。做好困难群体帮扶救助，累计发放社会救助金1.54亿元。持续扩大养老服务供给，新增养老机构和驿站23家、养老床位933张。加快推进保障房建设，各类政策性住房新开工1.16万套、竣工1.03万套。继续开展支援合作、结对帮扶工作，脱贫攻坚成果进一步巩固拓展。

教育服务水平大幅提升。中央民族大学丰台校区全面启用，北京第五实验学校、北京丽泽国际学校等一批优质校实现开学。聚焦幼有所育，促进托育服务健康发展，创评4家市级示范托育机构；新增普惠性学前学位1560个，普惠率超过90%。推进集团化办学改革。严格落实“双减”要求，未经审批学科类校外培训机构实现动态清零。

健康丰台建设成效显著。织密织牢公共卫生防控网，推进各级公共卫生委员会建设。北京口腔医院、丰台医院提质改建工程完成二次结构施工，区妇幼保健院获评三级医院，南苑医院成功转型为中医医院。率先构建“三级医疗保障服务网络”，社区卫生服务中心实现医联体全覆盖。深化“智慧家医”模式，重点人群签约率达到99.2%，最大限度为群众提供身边的健康守护。

文化体育事业蓬勃发展。开展冬奥主题展演80场次，举办第七届欢乐冰雪季。出色备战北京市第十六届运动会，获得群众项目比赛奖牌53枚。设立全市首个全民健身水上运动基地，成功举办2022年北京市龙舟大赛。加快区档案馆新馆建设，推进区文化中心和卢沟桥历史博物馆提升改造。办好第六届中国戏曲文化周，开展“我的丰台我的家”等系列文化活动1800场。

一年来，区政府全面加强自身建设，坚持把全面从

严治党贯穿政府工作各领域、全过程，不折不扣贯彻落实市委市政府和区委各项决策部署。坚持过“紧日子”思想，加强预算绩效管理和审计监督。强化政务公开，完善重大政策意见征集机制，提高行政决策科学性透明度。加强依法行政，扎实开展“八五”普法工作。积极践行全过程人民民主，自觉接受区人大及其常委会法律监督、工作监督和区政协民主监督，高质高效办复市区两级人大代表和政协委员建议、提案309件。认真做好民族宗教、外事侨务、对台、工商联、文联、科协等工作，工会、青少年、妇女儿童、红十字会等事业取得新进步。

各位代表！回望过去这一年，工作难中求成，成绩来之不易。这些成绩，是在抗疫工作贯穿全年始终的情况下，全区上下锚定目标、苦干实干得来的，是社会各界与广大人民群众共克时艰、同舟共济得来的。在此，我代表丰台区政府，向全区人民，向各位代表、委员，向各民主党派、各人民团体和各界人士，表示衷心的感谢和诚挚的敬意！

在总结成绩的同时，我们也清醒地看到：全区承载首都功能的能力水平还需进一步提高；区域产业核心竞争力还不显著，创新能力还不能很好适应发展要求；地区发展不平衡、不充分问题依然突出，乡村振兴水平有待提升；优质公共服务供给与群众期待还有差距。对此，我们将凝心聚力、攻坚克难，在今后工作中采取有力有效措施加以改进。

二、2023年工作安排

2023年是全面贯彻党的二十大精神的开局之年，也是“十四五”规划承上启下的关键一年，做好今年工作意义重大。作为首都功能拓展区、中心城区增长带、城南行动引领区，丰台在首都发展建设中的地位越发突出，迎来了重大发展机遇：一是“开新局”目标更加坚定。党的二十大为新时代首都发展指明了方向，市第十三次党代会对丰台提出了明确要求，区委十三届五次全会对全区重点工作进行了系统部署，让丰台发展方向更精准、路径更清晰、措施更有力。二是“稳经济”动能更加强劲。“五子”联动助推全区高质量发展迈出坚实步伐，经济调度服务机制高效运转，“丰九条”“独角兽八条”等惠企政策效应逐步释放，全区经济运行呈现持续回稳、长期向好的态势。三是“促发展”后劲更加充足。区位优势越发彰显，城市功能日趋完善，生态品质持续提升，产业结构更加优化，超过1300万平方米的广阔产业空间有序开发，推动丰台发展优势加速转化为发展胜势。四是“优治理”基础更加牢固。历经三年抗疫斗争，全区上下空前团结，党建引领作用充分展现，基层治理体系倍加扎实，各部门工作衔接越发顺畅，奠定了后疫情时代基层治理向精准、精细、精致转向的坚实基础。五是“敢拼搏”斗志更加饱满。一次次风险挑战，一轮轮艰难险阻，为丰台锻造了一支能担重任、能打硬仗的干部队伍，激发了全区争先进位的昂扬锐气，为丰台崛起凝聚起更加磅礴的发展力量。新的一年里，我们要坚定信心、保持定力、主动作为，用扎实的工作业绩，不断开创丰台高质量发展新局面！

今年政府工作的总体要求是：以习近平新时代中国特色社会主义思想为指导，全面贯彻落实党的二十大和中央经济工作会议精神，坚持稳中求进工作总基调，完整、准确、全面贯彻新发展理念，主动服务和融入新发展格局，认真落实市委市政府和区委决策部署，更好统筹疫情防控和经济社会发展，更好统筹发展和安全，全面深化改革开放，大力提振市场信心，着力推动高质量发展，持续保障和改善民生，为北京率先基本实现社会主义现代化贡献丰台力量。

全区经济社会发展主要预期目标是：地区生产总值增长5%以上，一般公共预算收入增长5.5%，城镇登记失业率控制在目标之内，居民收入增长与经济增长基本同步。生态环境质量、能源、水资源等指标达到市级要求。

2023年将重点抓好以下六个方面工作：

（一）持续提升经济发展韧性，增强高质量发展实力

全面实施倍增计划、追赶行动。加强特色产业集群培育，推动金融业、科技服务业增加值在全区合计占比超过30%。以“1511”产业发展提质工程为抓手，构建全员招商工作体系和精准培育政策体系，做大做强新兴金融、数字经济等优势产业，做精做细商用密码、智慧医疗等新兴产业。实施“8848”存量企业梯度培育攻坚行动，重点培育一批金刚、领军、瞪羚、雏鹰企业，新增规模以上企业500家、国高新企业300家。加强产业协同创新平台建设，打造独角兽、“小巨人”企业发展快车道。

不断积蓄经济发展新动能。持续优化投资结构，产业项目投资在全区投资总额占比超过20%。推动新一轮城南行动计划、河西地区高质量发展行动计划，实现投资340亿元。贯彻实施“两区”重点园区组团发展提升专项行动，构建更具竞争力的开放高地。落实新一轮营商环境改革任务，鼓励支持民营企业发展。扎实做好第五次全国经济普查，开展丽泽金融指数研究，构建科技园区创新发展指数体系。实施发展伙伴计划，推动各类市场主体和智力资源共同参与创新生态建设，纳入链长单位50家、发展伙伴500家。

推动消费提质升级。加快国际消费中心城市培育建设，围绕丽泽、方庄等区域构筑高水平活力中心，推动三联书店旗舰店等一批示范项目正式开业，完成2个传统商圈改造提升。推动消费模式数字化转型，全年线上消费占社零额比重力争达到35%。办好北京国际花潮节，打造特色消费品牌。推动“点靓凉水河”项目分段落地，实现石榴庄段开工建设，完成右安门段主体工

程，沿河打造国潮文化街区，发展沉浸式特色消费空间，构建水岸经济带、产业带、消费带。

纵深推进国资国企改革。实施人才强企战略，围绕企业主责塑造主业团队，选优配强企业领导班子，提升企业活力。健全市场化经营机制，构建有竞争力吸引力的考核激励体系。深化内部资源整合，推进区属国有资产资源战略重组。培育做强城市建设、产业发展、园区开发、城市服务等业务板块，推动区属国有资产增速不低于7%。

（二）持续加快重点功能区建设，提升高质量发展能级

建设国际化现代化的丽泽金融商务区。加快丽泽城市航站楼等重点项目建设，丽泽国际金融城全面开工，数字金融科技示范园项目加快推进，京能天泰项目正式竣工，湖南投资大厦、开创金润项目建设完成，新增产业空间17万平方米。规划建设滨水文化公园二期、金中都城遗址公园，城市运动休闲公园二期投入使用，累计建成绿地面积超过1000亩。持续优化配套服务，引进国内一流物业管理平台，探索创新政府公共服务市场化模式。大力构建以新兴金融为主的产业体系，重点引进持牌金融机构和央企金融板块，金融类企业数量新增40家。打造数字货币技术和应用生态圈，激发金融、数字、科技创新融合发展，推动丽泽区级综合贡献增速达到30%。

加速释放中关村丰台园创新活力。实现园区同口径总收入增长10%，人均、地均产出排名保持全市前三。持续巩固主导产业优势，建设全市首家轨道交通垂直领域前沿技术创新中心，举办全球性轨道交通产业发展论坛；以航天航空产业创新中心为载体，布局卫星通信、导航、遥感等赛道，加快构建具有国际影响力的航天航空产业集群。建立租金作价入股、区属平台公司直投、产业基金股权投资等新模式，提升看丹独角兽创新基地集聚能级。推动园博数字经济产业园创新中心结构封顶，拓展产业发展新空间。联合社会资本，围绕丰台创新中心，打造绿色、生态、智能的国际高端产业社区。

加快推动南中轴地区华丽转身。高站位、高标准落实地区规划，加快博物馆群一期土地整理收尾工作，积极承接国家级文化设施，着力打造承载“大国梦想”的首都商务新区。启动TOD、北木南厂住宅区征拆，做好中央芭蕾舞团项目及“三办”迁建项目服务保障工作，积极推进东时科技大厦项目。加快推进楼宇更新，推动福海国际大厦等腾退空间向高品质产业空间转型，实现南中轴国际文化科技园全面开园，入驻企业数量达到100家。深化御道商业区规划研究，全力打造高品质活力街区和转型升级典范。

（三）持续提高城市建设水平，强化高质量发展支撑

不断突出规划引领作用。深入落实北京城市总体规划和丰台分区规划，全力抓好宛平城、分钟寺、东铁匠营等重点地区街区控规编制，继续深化河西重点街区控规，力争实现街区控规全覆盖。落实城乡建设用地减量实施计划，完成国土空间生态修复规划编制，组织落实拆违腾退后修复工作。立足规划定位，编制新发地市场升级综合实施方案，进一步提高市场现代化、精细化管理水平。

推进城乡区域均衡发展。完成河西轨道交通一体化方案，在河西规划建设一批现代物流、智能制造等重点项目，打造低密度、自然化、生态宜居的河西生态科技城。有序实施“一绿”地区城市化统筹试点规划，加快原花乡中部组团等项目进度，探索“二绿”地区减量提质发展新路径，加快王佐全域旅游小镇建设。严格落实“村地区管”，做实区级集体资产资源流转交易平台，持续提升“三资”监管水平。开展全区征收、拆迁、腾退在途项目清理，完成北甲地等9个棚改项目和石榴庄等10个土地一级开发项目。

进一步彰显“轨道上的京津冀”节点作用。加快北京丰台站站城一体化建设，深化实施街区控规。促进“四网融合”，打造层级合理、高效快捷、均衡一体的轨道交通网络体系。加快推动站前综合一体化开发，扎实推进南、北广场综合交通枢纽有序施工。密切联动北京西站、北京南站，系统整合区域内商业、产业、公共服务等多元要素，打造高水平枢纽新城。坚持生态融合发展，规划建设城市绿谷，充分展现丰台魅力形象。

着力抓好基础设施建设。进一步织密交通网络，新建、优化微循环道路2.58公里，实现通久路、六圈路改造通车；持续推进地铁1号线支线规划建设，实现8号线大红门站换乘通道开工、16号线宛平站投入运营。加快建设丽泽220千伏变电站及调度指挥中心。完成京周路3公里中水、污水管线建设，启动青龙湖再生水厂二期前期工作，持续推进河西第二水厂建设，河西第三水厂实现供水，提高全区供水安全保障能力。

加快推进城市更新。深入实施疏整促专项行动，推动丽泽、南中轴等重点区域综合整治提升。完善城市更新政策支持体系，优化“一办、一院、一平台、多伙伴”工作机制，推动城市更新集中连片实施。引入社会资本参与老旧小区整治，启动3个“水黄”小区改造。开工建设长辛店老镇有机更新项目示范区，打造文化、商务新地标。推进分钟寺新国贸项目建设，完成地上物腾退及二期土地上市。持续推进宛平城三期解危行动。扎实开展“两拆一增”工程，不断巩固“创无”工作成果。提升区域便利性，建设不少于5个高品质“一刻钟便民生活圈”。

（四）持续增强城市治理效能，夯实高质量发展基础

不断改善生态环境品质。巩固“一微克”行动成果，推进减污降碳协同增效。坚持“三水统筹”，纵深推进地下水污染防治试验区建设，建成地下水研究中

心，深入实施河西水生态提升项目。实施“三道工程”，挖掘“金角银边”开展精准绿化，新建城市绿地16.57公顷，留白增绿23.54公顷，建设2处全龄友好型公园，改造提升6个郊野公园。南苑森林湿地公园新增集中连片开放面积2037亩。做好“创森”国家级考核验收工作。

不断提高基层治理能力。持续抓好“七有”“五性”监测，增强民生工作指向性。提升“接诉即办”服务水平，建成诉求统计分析系统，推动大红门街道退出治理类街镇行列。强化大数据赋能网格化管理，健全城市运行调度指挥体系，探索领导驾驶舱、智慧城市等多平台融合。规范开展街镇驻地迁移工作，健全街道管理农村工作机制，优化调整社区规模，夯实基层治理根基。

不断提升城市精细化管理水平。精心推进市容提质工程，着力治危、治乱、治脏、治破，扎实开展“四场四部”“五线五面”专项治理。推进城市慢行系统与滨水道路、园林绿道连通融合。优化静态交通，新增人防、路侧停车位600个，推进有偿错时共享停车。持续抓好两个“关键小事”，建立物业管理与综合执法工作衔接机制，进一步规范生活垃圾全流程管理。

不断深化平安丰台建设。完善公共安全和消防组织体系，全面压实“三管三必须”，推动公共安全治理模式向事前预防转型。推进医保行业自律管理，建立医保基金安全员队伍。加强食品药品安全监管，开展食品监督抽检6600批次，药品、医疗器械抽检250批次。坚决防范化解各类金融风险，稳步降低政府债务率。健全多元纠纷调解机制，大力解决信访积案和突出问题。坚决把维护政治安全摆在首位，推进常态化扫黑除恶，严厉打击各类违法犯罪活动，切实保障地区安全稳定。

（五）持续提升民生福祉水平，共享高质量发展成果

牢牢守住民生保障底线。扎实推动共同富裕，在发展中保障和改善民生。精准实施就业帮扶援助，组建区级就业创业联盟，推进人力资源产业园建设。加大住房保障力度，推动右安门集租房、东河沿公租房等项目开工，竣工各类政策性住房6000套、新建4000套。持续扩大社会保险和救助覆盖面，推行全面参保计划，试行个人养老金制度，开工建设残疾人职业康复中心。加强养老服务设施建设，新建街镇养老照料中心3家，新增家庭养老照顾床位200张，发展培育养老助餐点30个。全面落实粮食安全责任制，完成成品粮储备任务，建设高标准农田300亩。

促进教育优质均衡发展。巩固“双减”工作成效，实施基础教育强基工程。加快推进第五实验学校科技园校区等重点工程建设，启动北京十一学校中堂实验学校、长辛店铁路中学等一批学校办学。持续推进教学改革，深化“行走的思政课”等特色教育品牌建设。加快构建普惠托育服务体系，增强学前教育服务能力。深入实施“六航”培训工程，扩大干部教师交流轮岗、跨校任教比例，进一步优化教育资源配置。做好“义务教育优质均衡发展区”创建工作。

推进健康丰台建设。完善公共卫生体系，做实做强三级公共卫生委员会。实施卫生系统强基工程，新增20家医保定点机构，动态补齐7家街镇社区卫生服务中心缺口，为农村卫生服务站培养百名高水平村医。统筹优化医疗资源布局，推动北京口腔医院建成、丰台医院新院区开诊、丰台中西医结合医院二期工程开工。全力以赴做好“创卫”国家级评估迎检工作。

推动文体事业繁荣发展。举办丰台区第十四届全民健身体育节，在河西地区探索建设越野摩托车、山地自行车赛道，新建2个水上运动中心，丰富全民健身形式。建成方庄文化艺术中心，建设中国国际出版交流中心。深入推进新时代书香丰台建设，加大阅读空间扶持力度。继续办好中国戏曲文化周，承接金中都建都870周年纪念活动，全年开展文化活动不少于1800场。

（六）持续加强政府自身建设，为高质量发展保驾护航

全面加强政治建设。深入学习贯彻党的二十大精神，深刻领悟“两个确立”的决定性意义，增强“四个意识”、坚定“四个自信”、做到“两个维护”，切实把党的创新理论贯彻落实到政府工作的各方面全过程，转化为推动丰台高质量发展的强大动力和创造力。时刻牢记“三个务必”，保持“永远在路上”的清醒坚定，坚决贯彻中央、市委市政府和区委决策部署，认真履行全面从严治党主体责任，大力推进党风廉政建设和反腐败斗争，不断提高政府效能。

深入推进依法行政。坚决贯彻习近平法治思想，抓好新时代法治政府建设，进一步规范重大行政决策程序，严格落实“八五”普法规划，把政府工作全面纳入法治轨道。深化行政执法体制改革，强化法治思维，全面推进严格、规范、公正、文明执法，加强基层综合执法队伍规范化建设。自觉接受人大法律监督、政协民主监督，全面推进政务公开，切实让权力在阳光下运行。

持续深化作风建设。进一步精文简会，深入推动基层减负，提高政府办事效率和服务水平。激励广大干部解放思想、开拓创新，弘扬敢于担当、敢于碰硬的精神，增强补位意识，确保工作不断档、责任不缺位。坚持过“紧日子”，抓好全成本预算绩效管理，做到“减支不减事”。充分发挥审计监督作用，督促审计发现问题整改落实。始终把中央八项规定精神作为长期有效的铁规矩，深化纠治“四风”，持续营造风清气正的政治生态。

各位代表！时代浪潮奔腾向前，责任使命催人奋进。让我们更加紧密地团结在以习近平同志为核心的党中央周围，深入贯彻落实党的二十大精神，在市委市政府和区委坚强领导下，始终保持昂扬的精神状态、务实的工作作风，抢抓机遇、勇毅前行，为北京率先基本实现社会主义现代化贡献丰台力量！

专　文

丰台大红门地区华丽“转身”

大红门地区服贸商圈形成于20世纪80—90年代，在改革开放和市场经济发展的大潮中强势崛起，发展为我国北方地区最大，也是北京同类市场中业态最集中、体量最大的服装纺织品集散地。随着首都功能的重新定位、非首都功能的疏解和京津冀协同发展战略的不断推进，大红门地区蝶变重生，转型发展，首都商务新区正在加速形成。

商圈形成

大红门原指明清两朝京城最大的皇家苑囿南苑的正门。1848年第一次鸦片战争后，昔日的皇家园林走向荒芜。新中国成立后至改革开放之前，这里的经济依旧以农业为主，主要从事粮食和蔬菜生产，保持着农村、田野的风貌，虽然紧邻北京南城地区，但城市发展仍然缓慢。

这一地区的悄然改变发生在改革开放之初，是随着一批浙江温州人来此创业而逐步发展起来。1983年，在内蒙古包头做服装生意的温州乐清人卢毕泽到北京进布料，发现首都北京并没有想象中那么拒人千里之外，大街小巷有不少敞开嗓子叫卖短裤袜子、针头线脑之类的商贩，而且买的人不少。卢毕泽在丰台区海户屯33号安顿下来之后，迅速拉开架势，18平方米的地方既是卧室也是车间，放了三台缝纫机、一台锁边机、两张熨衣板，开起一家专门生产“时髦的温州服装”的小作坊。那时市场上货品短缺，不管服装样子做得如何，只要质量过得去，就一定有销路。仅仅一年多，卢毕泽的生意已经初具规模，产品供不应求，他请几个工人帮忙加工，也不需要他自己扛着大包上街卖裤子，把做好的裤子拿出去给别人做代销，或者批发给老乡卖。很快，乐清人在北京做服装成“万元户”的消息一传十、十传百，越来越多的温州老乡闻风而来。这些人在大红门一带居住下来，就地经营，安家落户，逐渐形成聚落群体，且规模不断扩大，成为远近闻名的“浙江村”。

最初一批“浙江村”的经营户有不少摆地摊的经历，后发展到在中心城区商场“包柜台”，一种新型的经营关系——服装代销开始出现。在“包柜台”行为中，经营户通过与商店简明的租赁关系，把北京的商店推到接受政府管理的前台。而“浙江村”则隐身其后，不仅壮大了自己，而且开始直接影响部分地区，改变城市社会经济体系。

1994年，首都第一家大型专业服装批发市场——京温服装批发中心建成使用。它的建成，标志着大红门地区的商业环境发生一次重大升级，原先粗放散乱的集贸市场形式逐步让位于精细规范的现代商业形态。它使区域内的市场走上规模化发展的道路，为之后大红门地区的区域改造和产业升级指明方向。然而，当时仅一家服装批发中心尚不足以满足数以万计的服装经营者的需求。由于外来务工经商人员数量远远超出当地公共设施的承载能力，且形成越聚越多的趋势，“浙江村”的环境日益恶化。

1995年，北京市、丰台区根据国务院的批示对大红门地区进行大规模清理整顿，并取得明显成效。在此基础上，大红门地区清理整顿小组召开会议，研究提出在大红门地区建设大型服装城的规划。1996年5月，大红门服装商贸城举行奠基仪式。1998年2月，大红门服装商贸城落成开业，标志着大红门商圈的正式成型，成为带动北京城南区域发展的发动机。

服贸日盛

大红门服装商贸城开业之初，便吸引全国众多服装生产企业、知名品牌和商家入驻。到21世纪初，短短十几年间，大红门服装商贸城就发展成为以经营高、中、低档各类服装、鞋帽和小百货等为主的大型专业批发兼零售市场。日客流量达数万人，日货运吞吐量达千余吨，批发销售辐射面遍及全国各省、自治区、直辖市，并远销俄罗斯、乌克兰、朝鲜、西亚等国家和地区。在随后的几年里，北京南苑路形成一条两公里长的服装商业街。随着北京新世纪服装商贸城等二十多个大型服装批发交易市场的相继建成使用，一座座高楼鳞次栉比，各式各样的服装广告牌林立其间，散发着大都市浓郁的时尚气息。大红门商圈的服贸业有力带动北京城南区域的发展。2002年，丰台区委区政府提出“一五五”发展战略，确定打造大红门特色商业街的发展思路，并推出木樨园购物广场、鑫福海大厦等八项重点建设项目。在2006年出台的丰台区“十一五”规划纲要中，进一步将大红门服装商贸区定位于南中轴路两侧，区域面积约5平方公里。

2006年，大红门区域已建成项目有京温大厦、大红门服装城、福成布艺大厦等23家大型服装服饰、布艺面料批发市场，营业规模58万平方米；正在推进的项目有北京国际轻纺城、木樨园购物广场、鑫福海大厦等六项工程，规划建设规模达到260万平方米。大红门服装商贸区年交易额超过30亿元，达到全市同类商品交易额的54.5%。为提升大红门服装市场的竞争力，丰台区引入服装商业核心区（CBC）的概念。服装商业核心区是以服装产业为灵魂，结合相关配套产业（物流、贸易、教育、营销服务等）形成的特色商业区域。服装商业核心区对其辐射领域内的服装文化、服装商业模式等的发展具备一定的影响力。2007年10月，“北京大红门国际会展中心”正式挂牌成立，该中心占地面积39960平方米，建筑面积24000平方米，与北京著名的大红门服装商贸区服装贸易核心区隔路相望。中心拥有可容纳1000人的设施先进的展览大厅，可以举办大中型演出、展览展示、新闻发布会等活动。2008年3月，由北京大红门服装协会冠名的大红门杯第五十八届世界小姐北京大赛成功举办。

经过多年发展，大红门地区从经营低档服装、小商品的“浙江村”逐步成为享誉京城乃至全国的服装特色商业区。到2014年，大红门地区有45家市场，是北京市同类市场中业态最集中、体量最大的服装市场。直接从业人员约8万人，年交易规模约500亿元，税收2.6亿元左右。商业区内集中众多销售企业，聚集大批以提供服装面料为主的服装生产、加工企业，从面料供应、成衣加工至批发零售各个环节一应俱全，形成产、供、销相对完整的服装产业链条。服装特色产业的形成，产生较大的聚集效应，促进区域繁荣和发展。

疏解攻坚

大红门地区服装产业的聚集与扩张，虽然在一定程度上带动经济社会繁荣，但产业定位及人员的大量聚集也导致这一地区“大城市病”凸显。大红门地区的服装批发业态与首都功能格格不入，产业形态以服务京外为主。据抽样调查，所经营商品30%来自浙江，20%来自广东，其余来自福建、江苏等地；40%销往河北，30%销往东北地区，其余销往内蒙古、天津等地。80%以上商户以服装批发为主，交易总量约占北京地区服装交易总量的70%，市场总体批零比例约为7∶3。每天平均2000多吨的吞吐量，造成较为严重的交通拥挤，也存在大量消防、治安和管理问题。随着北京“四个中心”城市战略定位的明确，大红门地区的疏解整治促提升成为历史的必然。

党的十八大以来，习近平总书记先后多次考察北京，并发表重要讲话，深刻地阐述“建设一个什么样的首都、怎样建设首都”这一重大时代课题，为北京“四个中心”的城市战略定位和京津冀协同发展指明方向。南苑—大红门地区是党中央和北京市高度关注的非首都功能疏解的重点地区之一，是北京疏解非首都功能的标志性主战场。抓好南苑—大红门地区市场疏解，高标准谋划“南中轴”建设，在全市非首都功能疏解中具有标志性作用，对首都未来城市发展至关重要。

按照习近平总书记考察北京“2·26”讲话中“调整疏解非首都功能，推动京津冀协同发展”的重要指示精神，大红门地区疏解自2014年开始，经过全面启动、集中发力、深化攻坚、深化疏解四个阶段，45家市场关停18家，拆除19家，转型3家，升级4家，累计疏解商户2.9万户，减少从业人员8.7万人。市场关停拆除率达82%，商户疏解率达到87%，从业人员疏解率达到90%。2021年底，最后4家服装市场全面闭市，有着23年历史的北方地区最大服装批发集散地退出历史舞台，标志着大红门地区疏解任务彻底完成。疏解后的大红门地区“大城市病”有效缓解、区域环境品质显著提升、城市更新成效初显、协同发展取得实效、规划建设全面启动。

转型发展

疏解整治的目的在于腾笼换鸟，实现转型发展，打造城市更新样本。在疏解的同时，大红门地区规划建设全面启动。随着一批更新项目的落地、升级改造的完成，大红门地区“华丽转身”，首都商务新区正在加速形成。

服装商贸城变身南中轴文化科技园。项目所在地前身为大红门服装商贸城，于1998年创办，是大红门地区45家服装批发市场之一，2021年10月底腾退关停。《南中轴国际文化科技园功能规划方案》中明确，南中轴国际文化科技园将围绕科技、文化、国际商务等产业，建设独角兽企业的加速器，前瞻性谋划布局一批依托新科技、引领新需求、创造新动力的未来产业，营造具有国际竞争力和吸引力的创新发展生态，建设国际一流“科技＋文化”的新地标和数字经济新高地。园区分两期进行更新改造，一期（西楼）建筑面积约7.4万平方米；二期（东楼、北楼、中楼、南1楼、南2楼）建筑面积约12.1万平方米。2022年12月30日，南中轴国际文化科技园一期正式开园，引进国家级专精特新“小巨人”、国高新等52家高精尖企业同步入驻，按下高精尖产业向南中轴地区集聚发展的“加速键”。南中轴国际文化科技园正式亮相，是丰台区成功疏解非首都功能，添加服务首都功能的又一妙笔，标志着昔日的大红门服装商贸城实现脱胎换骨，也标志着推动大红门地区“华丽转身”迈出坚实的一步，对南中轴地区加快产业转型升级、建设首都商务新区意义重大。

福成服装大厦升级为区政务服务中心和图书新馆。原福成服装大厦主要从事服装批发业态，2018年完成疏解。2019年，丰台区采用“定制改造＋政府租用”的方式对其升级改造，建设南中轴地区首个“疏整促”升级试点项目——丰台区政务服务中心新址及区级图书馆，打造集党群服务、政务服务、文化服务、法律服务、公共服务、综合宣传于一体的综合城市空间。项目于2019年3月开工，经过两年多设计施工完成建设，2021年4月7日，丰台区政务服务中心新址正式开厅运行，全区医保、社保、不动产、税务、出入境、婚登等各专业分中心分批进驻，逐步运转，向企业、群众提供智能化、一站式多维融合、绿色温馨，部门及事项聚合度最高的区级政务服务。项目总建筑面积超过7万余平方米，一层为综合政务服务中心；二层为不动产中心；三层为户政、出入境、婚登、婚孕检受理中心；四层为税务中心；五层为社保、医保中心；六层为公共法律服务、公共资源交易中心；七层为机关办公区和其他公共区域。截至2022年底，丰台区政务服务中心整合汇聚全区45个部门的1300余名审批及窗口人员、1700多个政务服务事项驻厅办理。区党群服务中心、新时代文明实践中心、图书馆与政务服务空间深度融合，实现功能叠加，多维服务。创新建设丰台区智慧政务数据中心，汇聚分析全区三级政务服务体系全量数据，呈现“5G引领、精准服务、智慧赋能”的政务服务新平台。中心还高标准建设无障碍设施、母婴室、阶梯式休闲阅览区等共享设施，实现各入驻单位文化共建、资源共享。施工全部选用绿色环保材料，室内广布绿植，采光适度，营造温馨氛围。设置“e服务”大厅、政务服务、银行等24小时自助服务专区，对外提供英语、西班牙语等多语种服务。2022年大红门福成大厦项目获评北京城市更新“优秀案例”。

2021年6月28日，丰台区图书馆新馆试运行，使用面积约7200平方米，设计藏书36万册，读者座席约430位。截至2022年底，接待读者70123人次，借阅图书11329册次，办理读者证1021张，平均日接待读者1300余人次，日借阅图书200余册次，成为市民文化“打卡地”。图书馆结合南中轴历史文化，拓展周边阅读群体，借助新馆信息化服务手段，深度融合文化和旅游资源，充分展现“政务+文化”的服务理念，致力打造南中轴上的文化新地标。

欣雅汇服装批发市场转型为社区型购物中心。北京合生广场项目位于丰台区大红门街道永外果园8号，转型前为北京欣雅汇服装批发市场，属大红门地区大型区域性市场之一，经营业态以服装批发为主，销售范围辐射东北、华北等大部分省市。以前的经营业态造成客流、车流、物流聚集，使周边交通拥堵、环境卫生问题突出，严重影响周边居民的日常生活。为适应城市发展及居民品质生活提升需求，2016年5月原经营方撤出，由合生商业负责项目运营管理，根据市区非首都功能疏解工作要求，清退原有商户及从业人员，引进零售、餐饮、儿童教育、家艺课堂、超市、娱乐、影院等综合经营业态，建立立体多维的市民休闲、购物、娱乐生活新空间，将原批发市场转型为一站式社区型购物中心。2019年5月19日，4万平方米的大型综合购物中心合生广场开业，实现线上线下、个性化与大众化多元需求，满足周边20多个社区近25万名居民的体验、休闲、购物、娱乐等一站式日常生活需求。

正天兴市场开辟为久敬庄公园。2021年，久敬庄公园开始接待市民。公园所在地原为正天兴市场，位于规划建设的南苑森林湿地公园范围内，疏解腾退后采用“建筑垃圾原位处置+就地再生应用”的模式，对场内18万立方米建筑垃圾进行资源化处理，通过多级破碎、分筛及除杂工序，得到不同粒径规格的再生骨料，并充分利用到各项园建当中。久敬庄公园以中轴界面展现南苑风貌，主题是云林芳歌，分为云林浓荫、彩林花溪、缀化草甸3个功能区。建设篮球场、乒乓球场等多种活动场地，以满足周边居民活动需求。通过塑造局部微地形，形成四周高、中部低的山水环境，并利用拆除建筑的坑底恢复地块内的历史水系——老丁乾泡子，为逐步恢复南苑历史一河一泉三泡子的水系景观“打底儿”，重现南苑水草丰美的水淀景观，摇身成为“网红打卡”公园。

中央芭蕾舞团项目建设落地。2022年9月8日，中央芭蕾舞团业务用房开工建设。项目位于首都南中轴延长线丰台区大红门地区，紧邻南四环。建筑外观庄重典雅，呈长方形，取意“芭蕾之翼”。建筑功能包括舞蹈、交响乐团、舞美等业务和后勤保障用房。项目扩建完成后，将建成一座大型综合性文化建筑，成为展示国家和首都文化气象的亮丽风景。

治理经验

八年疏解的艰辛历程留下了宝贵的治理经验，归纳起来有以下几点：一是统一思想，行动一致，用习近平总书记“2·26”北京重要讲话精神统一思想，抓落实，见行动；二是市区联动，高位统筹，市委、市政府领导亲临现场调研，指挥调度，相关职能部门给予大力支持；三是调研先行，决策随后，由区委书记领衔进行调研，摸清底数，形成思路，制定计划，细化方案，成立机构；四是政策衔接，协同发力，注重国家、区域、市和区的政策配套和落实，形成强大协同力；五是沟通为主，执法为辅，通过发公开信、接待商户、登门拜访等多种途径，加强沟通，听取意见，平衡利益，化解纠纷，同时辅之以一定执法手段，进行支持，使疏解平稳有序；六是党建引领，助力疏解，成立疏解临时支部委员会，发挥商户党员模范带头、沟通商户、凝聚人心、带动群众的作用，最大限度减少疏解阻力；七是跨区合作，对接沧州，基于北京服装批发产业链的现实，丰台区和大兴区成立“丰台—大兴”服装产业链疏解工作组，与河北沧州签署服装产业链对接协议，全面引导北京服装批发产业链整体外迁；八是规划引领，立破并举，一手抓疏解，一手抓规划，根据北京城市总体规划和南中轴地区规划要求，落实落细功能定位和空间布局，统筹谋划大红门地区规划建设，积极谋划市场转型发展。

年鉴编辑部　万鹏飞（北京大学政府管理学院副教授）

丰台区“绿水青山就是金山银山”实践创新基地建设典型事迹

丰台区位于北京西南方，自古作为北京城西南陆路交通的咽喉要地，地理位置重要，历史底蕴深厚，具有丰富文化内涵，不仅是北京建都起源见证地、红色革命文化传承地，还是古都生态文化涵养地、中国航天事业孕育地、传统戏曲文化传播地。多年来，丰台区牢固树立“绿水青山就是金山银山”理念，立足“四个中心”功能的集中承载区、南中轴上重要生态屏障功能区、首都南北均衡发展战略和城南行动计划的“主战场”等发展定位，紧紧围绕“妙笔生花看丰台”美好愿景，以前所未有的力度推进平原生态林网“织补”，浅山地区“增绿”、生态廊道“查漏补缺”、城市低效产业“拆迁建绿”、国家森林城市创建、百万亩造林建设工程、污染防治攻坚战等一系列举措，补齐民生和环境短板，腾退空间补充完善城市功能，促进生态环境全面改善。在筑牢生态环境基础的同时，积极探索生态优先、绿色发展丰台道路，涌现出生态园林拉动区域绿色崛起、山水林田湖草综合治理打造大型城市“生态绿肺”、废弃矿山修复带动“农文旅”产业融合发展、“红＋绿”特色旅游、金融商务区走出绿色低碳高质量发展新路径、生态保护与产业发展良性互动、灰色基础设施绿色化等“两山”转化模式，形成森林绕城、绿道连城、碧水穿城、湿地润城、公园遍城、农田留城、花果香城、生物汇城、景观靓城的“绿城九法”的“两山”转化路径。2022 年 11 月 19 日，丰台区被生态环境部授予全国首个超大城市中心城区“绿水青山就是金山银山”实践创新基地称号，成为北京市首个成功创建“两山”实践创新基地的非生态涵养区，实现了北京“两山”创建由生态涵养区辐射至中心城区的跨越，为全国超大城市地区践行“绿水青山就是金山银山”贡献了“丰台”路径、丰台“模式”和“丰台”智慧。

近年来，丰台区紧紧围绕“妙笔生花看丰台”美好愿景，多措并举深化污染防治攻坚战，补齐民生和环境短板，腾退空间补充完善城市功能，解放思想推动绿色经济发展提质增速，2021 年 $PM_{2.5}$ 年均浓度为 34 微克 / 立方米，全区空气质量实现全面达标。永定河丰台段全线通水，建成园博湖、晓月湖、宛平湖、园博园湿地“三湖一湿地”水生态体系，百万亩平原造林，增加绿色空间近 130 公顷，废弃矿山生态修复面积达 70.35 公顷，震旦鸦雀、星头啄木鸟等近 150 种鸟类翱翔在丰台天空，黑斑侧褶蛙等 110 余种野生动物在丰台安家，点亮了美丽丰台生态底色，中关村丰台园形成轨道交通、航空航天两大千亿级产业集群，丽泽金融商务区新兴金融产业加速聚集，紫谷伊甸园、二七厂 1897 科创城、绿野仙踪郊野乐园、北京汽车博物馆等 4 家单位被评为北京市首批“网红打卡地”，生态产品供给能力和“两山”转化能力逐步提升。

丰台区立足丰台资源禀赋特点，牢牢把握首都发展大局，统筹经济发展和生态环境保护建设关系，探索生态优先、绿色发展丰台道路，以废弃矿山修复带动“农文旅”产业融合发展、山水林田湖草综合治理打造大型城市“生态绿肺”、生态园林拉动区域绿色崛起、生态保护与产业发展良性互动、“红＋绿”特色旅游、灰色基础设施绿色化、金融商务区走出绿色低碳高质量发展新路径等方面取得显著成效，形成一些可复制、可推广的“绿水青山就是金山银山”转化典型案例。

一、王佐镇开展矿山生态修复，带动“农文旅”产业融合发展

王佐镇地处丰台区西部。境内千灵山在元、明、清时期一直为营造北京城供应石灰，中华人民共和国成立后，该地逐渐成为赫赫有名的石灰产地。附近的羊圈头村、后甫营村村民自古靠采集山石、烧制石灰为生，村里基本上是捧着“灰饭碗”靠山吃山。历代采挖石灰岩蚕食绿水青山，使青翠的山体变成了斑驳的峭壁，惨白的石灰岩创面像是悬挂于山间巨大的伤疤，区域自然生态系统退化和受损严重。随着丰台区西北丘陵浅山区治理小散乱污、腾退低端产业、拆违还绿等工作的推进，王佐镇加大环境保护力度，关闭了数十家石灰厂、采石场，实施千灵山山体修复工程，安置了当地村民就业，栽植了上千亩树木与花卉，开发建设了千灵山旅游风景区，建成全市首家灰窑遗址公园，再现了石灰工业的变迁。经过多年努力，千灵山已经成为京西著名的风景旅游区，青山绿水引来了八方来客。王佐镇从落后的旧工业转型到可持续发展的旅游业，通过产业结构调整实现了经济发展和改善环境的双赢，走上可持续发展道路。

1. 主要做法

持之以恒护生态，治理和修复矿山生态环境。1999 年开始，王佐镇先后关闭了 70 多个非煤矿山，实施千灵山山体修复工程，由靠山吃山到护山养山。每到适合植树的时候，王佐镇人就和老天抢时间，踩着羊肠小道上山，从外面运土到山脚，从几千米的山下挑着、抬着水

一步步蹭上去，在裸露的岩石上，爆破出一道道沟，往沟里填土，好几百人在山上铺开，背着一两米高的侧柏苗见缝植绿。2015年，王佐镇在千灵山实施彩叶林种植，包括金叶国槐、紫叶红栌、红叶海棠等树种，种植面积达20公顷，使景区色彩更丰满，颜色更艳丽。自2018年以来，共实施了王佐镇千灵山页岩矿治理区项目、千灵山采石场治理区项目、原浩丰石灰厂石灰岩矿治理区项目等6个废弃矿山修复治理项目，治理面积约69.84公顷，市、区财政投入资金总计约4000万元。多年的艰苦努力、多年的持之以恒，换来了千灵山的盈盈绿色、漫山的浓浓绿意。同时，为了更好地做大做强旅游产业，王佐镇党委政府高度重视千灵山旅游开发，按照国家AAAAA级旅游景区标准进行建设，致力打造北京市一流的旅游景区，努力加强旅游硬件设施建设及服务设施建设，增添景区内的娱乐休闲项目。重修后的千灵山，集自然和人文景观于一身，以佛教洞窟为特色，并种植40多公顷彩叶林，风景秀美，春夏秋冬，景色各异，打造成为首都居民休闲健身和探幽览胜的理想目的地。

有机融入石灰工业发展历史，打好“工业旅游”牌。在千灵山修复改造过程中还特意保留了灰窑遗址，通过搜集大量的历史文献资料和各时期的生产工具，依托千灵山下特意保留的石灰开采断面，还原了工棚、灰窑及工作场景，建立了北京市第一家灰窑遗址公园。公园占地面积1.3公顷，绿化面积达70%以上，在公园的半山腰分散设置多处窑工雕塑、烧制石灰的笨窑以及石料垒成的工具房，还可以看到明代石碑和军寨遗址，展示了从清朝到新中国成立前和1960年后，两个时期窑工开采石料、运送石料、填窑和休息、收工的场景，以及烧制石灰的工艺流程，让游人了解传统的石灰烧制。千灵山灰窑遗址公园宛若一部生动的教科书、活教材，再现了王佐镇石灰烧制工业历史文化，展示了“绿水青山就是金山银山”的奋斗历程，被丰台区科协确定为科普教育基地。

深挖文化资源，打造千灵山旅游产品体系。千灵山山谷间布满大小若干个洞窟，是隋唐以来佛教僧人隐修的处所，并留下许多佛像、碑刻、佛塔和石井等遗迹遗物，是北京最大的石窟寺群。此外，千灵山风景区有丹参、灵芝、黄芪等各种野生植物270余种，动物50余种，是以自然生态与人文精神完美结合的经典巨作，有深厚的佛教文化底蕴和很高的文物保护价值，有“佛古、洞奇、山幽、路近”的开发优势。根据千灵山独特的皇家文化（包括陵寝文化、石灰文化及砂锅文化）、宗教文化等文化资源，面向不同群体，开展以生命的力量、民族文化以及养生文化为主题的文化活动，开发包装多姿多彩的旅游商品，力求体现出文化味、民俗味、历史味，在体现人与自然和谐统一的同时，弘扬本地历史文化。深入挖掘千灵山佛教及道教文化，在参观朝拜模式的基础上，逐步开发宗教圣地朝觐游、宗教文化学习体验游和修心养性度假游等系列产品。以日常参观朝觐服务和法事活动为基础，积极开发“新年第一钟”“新年第一香”、印经书、放生等服务；建设香客精舍，提供讲经授法、吃斋念佛、居住修行等“参与体验型”项目。同时，开展与戒台寺、潭柘寺的区域合作，合力打造京西南宗教旅游热点地区。依托千灵山风景区（区级青少年科普教育基地），通过增加和更新场馆科普内容、参观设施休闲化改造、扩建场馆面积、引进先进设备、兴建和创办相关产业，为青少年群体、专业人士提供科普教育产品。

农文旅产业融合，壮大王佐镇集体经济。王佐镇西庄店村位于千灵山脚下，村域1200公顷土地中林地约933公顷，规划主要为林业用地及耕地，无建设用地及产业用地。在“绿水青山就是金山银山”发展理念指引下，西庄店村加强林地养护管理，坚决守护好区域绿色生态空间，发挥紧邻千灵山的生态优势和区位优势，在充分保障村民利益的基础上，盘活和利用农村土地空间资源，将绿色资源与乡村发展结合起来，打造出适合西庄店村的生态旅游产业。利用流转土地建立起绿野仙踪郊野乐园，占地面积12公顷，以自然景观为特色，以童话元素为主题，与各种游乐设施完美结合，集游览、娱乐、益智、拓展等功能于一体。设置有各种功能区和

千灵山前后对比照

（区生态环境局　供图）

超多游乐项目，打造旅游休闲、野外露营、家庭娱乐、朋友小聚、遛娃打卡、亲近大自然的好去处，连续两年成为北京市网红打卡地。2016年，西庄店村开始绿野仙踪郊野乐园建设，对原有河道进行治理改造，并对园区内基础设施进行建设。该乐园于2020年开始运营，每年接待游客约20万人次，每年营业额达1500万元，为本村村民提供了就业，有效利用了土地资源、增加了集体收入。在绿野仙踪郊野乐园旁有6.67公顷基本农田，在不改变土地属性的情况下，因地制宜建立了向阳花公社农事体验园。以打谷场为中心设置玉米、高粱、谷子、黄豆、绿豆、红薯、花生、萝卜等种植区，还有特色种植棉花、芝麻、向日葵、林下蘑菇及各种时令蔬菜。以中国农业标志化的“人民公社”为主题场景，以生产大队、生产任务、工分制等劳动模式，游客当社员、田野作教室、庄稼为教材，从耕种到收获，再到各种农产品的加工，全程自己动手，用劳动换取工分，再用工分自由消费。向阳花公社创新的农事体验模式，让游客接触实际的农业生产、农耕文化和特殊的乡土气息，不仅可以收获多种农作物，还能利用农作物制作各种产品，更可以收获丰富的农业知识、体验农耕乐趣。

2. 取得成效

生态环境质量持续优化。通过矿山环境修复，有效地改善了千灵山山体及区域生态环境，因采矿造成的地形地貌破坏、植被破坏和环境恶化等问题得到了有效恢复，因采矿造成的崩塌等地质灾害隐患进一步减轻。森林覆盖率由1999年的5%增加到目前的95%，让村民们告别“灰头土脸”，拥抱“青山绿水”，成功地将灰窑废墟建设成为山清水秀的生态景区，为周边30多万人提供了源源不断的高质量生态产品。

推动废弃矿区转型发展。在矿山关闭后政府鼓励支持的环保型企业得以兴起。通过“工业旅游”，促进了工业经济结构调整，提升了工业企业的社会形象，为工业企业产品的销售注入了新活力。通过将千灵山皇家文化、宗教文化、养生文化与旅游相结合，开发出丰富多样的旅游产品，完善了千灵山风景区旅游产业体系，扩大了千灵山风景区的知名度、影响力。

生态旅游业带动村民脱贫致富。千灵山灰窑矿区修复后开发的特色产业，无论是千灵山风景区还是绿野仙踪郊野乐园、向阳花公社，都带动了周边村镇的村民就业，产业融合变为当地脱贫致富的核心支柱，带动了全镇经济发展。以西庄店村为例，自绿野仙踪郊野乐园及向阳花公社两个主题公园开园以来，村集体每年增加收入100余万元，解决村民就业，企业现有正式员工106人，西庄店本村就业人数61人，最高时解决村民就业100余人（包括兼职人员）就近就业，提高家庭稳定收入，提高生活质量，家庭的幸福感不断增加。除了方便本村就业，同时还辐射惠王佐镇及周边的村民就业。

3. 经验总结

从“靠山吃山”到守护“绿水青山”，再到转化为“金山银山”。“绿水青山就是金山银山”的发展理念深入人心，王佐镇绿色发展的道路越走越宽广。王佐镇在“两山”理念指引下，发动全民持之以恒恢复灰窑矿区生态环境，推动产业结构调整，促进农文旅融合发展，将矿坑废墟转变为优良景区，从落后的旧工业成功转型为可持续发展的旅游业，开发出千灵山风景区、灰窑遗址公园、绿野仙踪郊野乐园、向阳花公社等特色景点，带动了周边村庄和社区的繁荣发展，实现了生态效益、经济效益和社会效益的良性循环，逐渐形成具有王佐特色的“两山”转化模式。

二、北宫镇紧抓园博园建设，化环保压力为绿色发展机遇

北京园博园位于丰台区北宫镇域内。北京园博会开创历届园博会之先河，首次选址城市建筑垃圾场，创造性地将飞沙走石的风沙源、危险源变成鸟语花香的大花园、生态园，随着环境品质的提升，区域生物多样性有效恢复，锦雉、白鹭、松鼠等动物在此繁衍生息。北京园博园的建设，不仅推动区域经济发展，而且园林建筑、规划设计等方面均体现了绿色低碳、生态自然等设计理念，向人们传达着美丽家园的全新感受，引领着新生活潮流和方向。

1. 主要做法

匠心独运，“败景”变风景。锦绣谷景观区为北京园博会“两区”之一，原为永定河河床的一部分，曾作为采砂场，后又作为建筑垃圾填埋场，至园博会筹建仍留有一个面积为10公顷、深达30米的大沙坑。如何将一块废弃地变为一处精品园林，锦绣谷的景观设计师因地就势，匠心独运，将一个大沙坑改造成一个下沉式景观花园，取传统的“燕京八景”之精髓，内设燕台大观、风篁清听、云台叠翠、云飞霞起、绿屿花洲、林天霞影、采芳云径等景区和大型山石叠水、花卉瀑布等景观，是生态文明建设的具体实践，也是北京园博会生态修复的新亮点，完美诠释“化腐朽为神奇”的生态理念。锦绣谷里实现“精准灌溉”。锦绣谷中花木密布，浇灌它们需要耗费大量的水，通过运用智能技术，将每一棵树木的情况录入计算机系统，系统根据树种、树龄等数据，判断出每棵树的“饮水量”，同时电脑上的监测系统测算出每棵树周围的降雨量，形成基于互联网的智能控制浇灌系统，使得水的利用率超过85%，节约灌溉水50%以上。雨洪利用也是锦绣谷的一大特色。收集雨水的蓄水池、截洪设施将从天而降的甘露“收入囊中”。收集雨水的花屋将落下的雨水经收集槽流入，再经过滤后加压打上去，实现房屋的垂直绿化供水。同时展示花屋收集雨水和循环利用的方法，也向参观的游客传递了循环利用、生态环保等理念。

由“浊”变“清”，湿地公园实现绿色循环。湿地公园位于园博园东南角，永定河园博湖右岸，北起园博

锦绣谷景区前后对比照　　（区生态环境局　供图）

园航天园，西至京石高铁，东至永定河新右堤，南接园博园南路，总占地面积约35.5公顷，包括复合填料床人工湿地28.1公顷，表流湿地约1.3公顷，景观绿化5.3公顷，是利用最深达23米的砂石垃圾回填坑为场址，以再生水净化为核心功能，采用复合垂直流为主要工艺的复合型人工湿地生态公园，是目前亚洲最大的功能性潜流型人工湿地。

湿地公园拥有令人惊叹的水体净化能力，凭借着面积广阔的复合填料床人工湿地和表流湿地，每天将8万立方米的近Ⅳ类再生水，转化为Ⅲ类地表水标准的净水。这些水根据需要进入园博湖，或输往园博园的核心区供展园水景使用。在雨季，从园博园排出的雨水会经过湿地的净化，再进入园博湖，最终汇入永定河水系之中。湿地公园成为了园博园与外界之间的双向“水资源过滤器”。湿地公园履行净水“职责”，不仅有赖于湿地内的环境，还有赖于生活在湿地内的众多动植物。在湿地公园里，种植有各类乔木、灌木和地被植物30余种、水生植物30余种，并放养有多种鱼类和水生底栖动物，这些生物共同承担着净化水体和美化湿地景观的重任。

会后再利用，推动园林文化产业健康发展。北京园博会采取“政府主导、市场运作”的方式，与社会广泛交流合作，将宣传、推广、网站、票务、接待等工作分切交由社会服务机构承担，政府采取购买服务方式参与其中，调动各方积极性，也将园博园打造成一个新的人文景区，吸引大批游客纷至沓来、留恋其中。

作为一座集园林艺术、文化景观、生态休闲、科普教育于一体的大型城市公园，北京园博园以其独有的区位优势和体量优势，受到各类活动青睐。秉承“风景中的生活”理念，已成功承办大型活动百余场，参与人数达50余万人次。中国戏曲文化周作为国家级戏曲嘉年华，形成“园林中的戏曲”与“戏曲中的园林”情境互相编织的独有特色，让古老文化传统与良好的自然生态相映生辉。风筝节、国际铁人三项赛、彩色跑、泡泡跑、为爱麦跑等已逐步成为品牌活动，传播爱护自然、保护自然、人与自然和谐共生的健康生活理念。借助助残日活动为残疾人提供绿色通道，开展免费讲解、免费观光等便利服务，积极倡导“全域旅游，美好生活”。开展品牌赞助、特许产品、场地经营、视频产品、形象景观等系列市场服务活动，通过灵活的市场运作方式，为园博园良好的、长期的运行提供了保障，为国内园林文化产业的健康发展提供了可借鉴的模板。

产城融合，带动城市新型发展。北宫镇按照区委区政府“保园博、保环境、保稳定”的工作要求，对园博园周边环境进行了全面整治，拆迁腾退大量非宅，累计整治拆除224.77万平方米，其中自行拆除建筑面积约101万平方米。同时在东河沿村、张郭庄村、辛庄村、张家坟村等周边地区引进园博园推荐项目，其中西博园文化创意产业园、远通越洋长辛店项目、如家快捷酒店项目、北汇宫科技园、渡业大厦、辛庄便民市场、张家坟商业综合体等7个绿地退建项目，引入注册公司246家，其中亿元企业19家，业态以医疗技术、能源科技、商业综合服务等为主。把握北京建设全球数字经济标杆城市和新一轮城南行动计划实施的重大机遇，引进北京园博数字经济产业园项目，项目规划总面积约134万平方米，按照数字创新、城市活力、生态低碳三大理念，规划近70万平方米数字科技企业群落。同时，产业园将建设数字产业开放平台，形成特色协同创新体系，助力创业企业快速成长，全面赋能数字经济企业创新发展。此外，产业园规划22万平方米的居住空间及33万平方米的商业配套，以实现产城共融，并配有医疗与教育设施用地，为区域及园区人才提供一流服务。

2. 取得成效

园博园成为休闲旅游新亮点。自第九届中国（北京）国际园林博览会开幕至年底闭园，园博园共接待游客610多万人次，日均接待量3.3万余人次，单日最高游客接待量达到10.6万人次，均创历届园博会之最。园博园以自身高水平的园林造景艺术，吸引着国内外游客前来参观，在国内乃至国际上成为北京的新名片。

区域生态环境得到有效改善。园博园过去是永定河旁边的砂石坑，后来又变成建筑垃圾的填埋场，是北京一个非常严重的环境污染源。通过园博园的建设，种植了各种树木和花卉，绿化面积348公顷，水面和湿地150公顷，每年吸收烟尘10万吨，释放氧气9万吨，空气细微颗粒物浓度平均下降60%以上，使原来的大沙坑变成了四季常绿，三季有花，国内外园林艺术精品为一体的生态休闲旅游胜地，生态环境实现质的飞跃。如此大规模的生态修复建园，不仅减少了京西风沙源，修复了永定河功能湿地及水系统，而且提升了地区生态环境品质，改善了永定河水岸经济带的发展条件。

区域基础设施整体水平提升。园博会的举办使城市基础设施建设，尤其是交通基础设施建设飞速发展，园博园周边京周新线（园博大道）、北宫路、梅市口路西延等城市主干路和次干路全部贯通，并配建辅路、人行道和公交港湾，将地区规划提前了5—10年，地铁14号线丰台段提前2年通车；镇域内道路新增里程数主干道17.96公里，次干路为9.26公里，现状道路密度提升至0.51公里/平方公里。设施建设方面，园区开辟了九个停车场，设置了上万个停车位，周边建设了高压变电站、再生水厂等设施。交通设施的完善大大增进了北京西南片区与中心城区的联系，极大地提升了区域综合实力，展现出了交通便捷、功能完善、环境优美、整洁有序的新面貌，对区域的发展打下了良好的基础。

区域民生福祉得到有效改善。在老有所养方面，建立3家养老机构。在病有所医方面，为保障残疾人康复，建立2个残疾人温馨家园。在幼有所育方面，建立1家村级幼儿园。在住有所居方面，2012年至今申请住房保障业务有效户数1209户，其中已受理待配租793户，已完成配租户数416户。北宫镇区划后发放住房补贴共计340万元，其中公租房补贴110万元，市场租房补贴230万元。在居民收入方面，北宫镇农民人均纯收入由2014年的16891元增长至2020年的27460元，增长62.6%。园博园辐射周边区域，年人均纯收入明显提升，东河沿村从2014年的17383元增长至2020年的25476元，张郭庄村从2014年的14892元增长至2020年的29403元，辛庄村从2014年的11689元增长至2020年的34159元。此外，集租房建设盘活农村资产，带动农民增收，2021年东河沿村集体房屋租赁收入为665万元，张郭庄村集体房屋租赁收入为289.7万元。相关举措织密织牢了民生保障网，不断提高广大群众获得感、幸福感。

区域高质量发展实现绿色崛起。通过园博会的聚合效应，加快了生态城、科技园西区等一批重大产业项目开发建设，带动周边片区的发展，提升土地价值，发展房地产业、商业、服务业等，从2014年开始连续两年北宫镇生产总值同比增长超过5%，最高达到10.1%。目前，正在建设的园博西一区、西二区将吸引中直机关相关单位进行居住工作，有效吸引人才发展北宫镇镇域相关发展。同时整合相关的水系、绿色开放空间等景观资源提升城市形象。北京园博园将园区规划设计与河道治理相结合，有效改善了永定河沿岸生态环境，同时为城市增加了滨水公共绿色空间，促进了城市绿色生态网络向外延伸，也为首都百姓提供了新的生态休闲场所。未来园博园将成为全国生态文明和园林科普教育基地，辐射带动永定河流域发展。

3. 经验总结

园博园是充分依托首都优势、高标准规划、高起点设计、高品质建设，利用绿色科技在建筑垃圾填埋场上建成的生态园林，现已成为永定河绿色生态发展带上一颗璀璨明珠。北宫镇紧抓园博园建设契机，加快改善区域生态环境，加速市政基础设施建设，优化提升服务功能设施，引进新业态，凭借园博园“脱胎换骨”，推动自身实现高质量发展。

三、宛平街道厚植生态底色用活卢沟桥金字招牌，探索“红+绿”特色旅游模式

宛平街道处于西山永定河文化带核心区，有着珍贵的文化和自然生态资源。境内卢沟桥坐落在永定河之上，已有800多年的历史，卢沟桥上有数不清的石狮子，陪伴着夜晚美丽的卢沟晓月。卢沟桥东的宛平城也已经过了380多个春秋，宛平城作为中国人民抗日战争全面爆发的纪念地，在抗战的历史中具有特殊的地位和作用，承载了厚重的历史记忆。目前，卢沟桥—宛平城已经成为颇具影响力的国家重大活动纪念地和爱国主义教育基地。近年来，丰台区和宛平街道坚持落实“绿水青山就是金山银山”理念，多举措推进区域环境整治和永定河生态修复，推动生态廊道建设，厚植生态底色，以绿色崛起为前提，用好用活卢沟桥宛平城等红色金字招牌，探索“红+绿”特色旅游发展模式，让卢沟桥宛平城“半日游”变宛平“深度游”，做到生态效益和经济效益的“双丰收”。

1. 主要做法

坚持红色文化宣传推动，持续提升卢沟桥景区旅游服务水平。一是全力打造精品线路。积极向市文旅局推荐“卢沟桥—宛平城—中国人民抗日战争纪念馆”红色旅游线路，将其纳入京津冀一体化旅游推广中，提升影响力。并积极推荐卢沟桥、宛平城参与2020年度北京网红打卡地评选活动，有效地提高了景区的知名度和影响力。二是积极开展卢沟桥、宛平城旅游基础设施改造提升工作。近两年文旅局支持项目资金共计191万元，先后开展了4座旅游厕所提升改造项目、5种语言文字标识系统项目、监控硬件设备购置项目等，有效地提升了旅游基础服务配套设施水平。三是提升“智慧旅游”水平。景区与美团开展门票销售合作，实施线上购票，便捷游客购票，避免现场排队聚集。同时改造了景区入口刷码闸机，使购票码和身份证都能够刷码进入景区。并且提供“自助式讲解导览”服务。游客通过微信“扫一扫”扫码，在景区内随时随地都可以获取专业的讲解服务。

“红色宛平”现场教学基地建设。充分发掘红色资源具有的文化传承、思想教育等时代价值，将宛平城地区辖区内抗日战争纪念馆、卢沟桥、宛平城等爱国主义

教育资源和宛平城地区社会治理创新成果成效进行深度挖掘，积极邀请与辖区单位中国人民抗日战争纪念馆、卢沟桥文化旅游区办事处共同参与，打造内容丰富、课程设置合理的现场教学基地。在现场教学基地建设基础上，针对不同群体需求，开设一批抗战历史文化、绿色生态文化、基层党建文化和党建引领基层治理成果等特色培训班次。制作形成《“红色宛平”现场教学基地学习资料》《全民族抗战从这里打响》党课资料等，以专家教授、历史见证人、专业讲解员、清华大学学生志愿者和优秀青年干部组建优质宣讲队伍，严把质量关，让现场变课堂、特色变教材、干部变讲师。精心挖掘整理和开发设计了“红色宛平”主题党日活动特色课程，通过集中聆听主题党课，现场学习社会治理创新实践成果，使广大党员干部从中国共产党百年发展的视角，深刻感悟中国共产党在抗日战争时期发挥中流砥柱作用，看基层发展变化，多角度、多形式展示首都改革发展历程及辉煌成就。

厚植生态底色，提升旅游特色。永定河是北京的“母亲河”，是海河流域的主要水系之一，永定河丰台段14.3公里，其中宛平段10.1公里。然而，由于生态恶化，植被遭破坏，几十年前，永定河断流，每到春秋季风起时，黄沙漫天，燕京八景之一的“卢沟晓月”也消失了。近年来，宛平街道在北京市全面开展永定河综合治理与生态修复、持续推进生态调水补水工作的同时，全力做好河长制工作，一方面成立管理机构，建立责任制度，设置管理人员，落实河湖治理和管护资金，建立河道管理台账，做好卫生保洁、河道岸边拆违、日常巡查、排污口源头排查及治理工作。一方面依据“三查”“三清”“三治”机制定期开展河湖排污口调查，发现违法排污行为立即上报处理；加强环境卫生作业，减少污染物进入城乡排水系统；加强河岸湖岸用途管控，全面清理河湖管理保护范围以内的低端业态。极大改善了永定河流域的生态环境质量，提升了永定河整体景观。在进一步修复改善永定河的环境状态的同时，为恢复“卢沟晓月”这一承载着浑厚历史的人文景观，合理打造了晓月湖、宛平湖等系列人工蓄水湖。同时永定河在沿线增加休闲服务设施，开展各类特色滨河公园建设，为市民休闲打造新去处。北天堂滨河公园以沙生植物景观为核心特色，提升生态效益，将永定河的历史文化与公园景观相结合，融入休闲健身等功能；绿堤公园为市民提供了生态环境良好、布局合理、功能齐全的休闲、娱乐、教育、健身的活动场所；晓月郊野公园建设了突出保护特色的“地域文化区”、突出因地制宜特色的“生态修复区”、突出生物多样性特色的“森林科教区”和突出健康特色的“运动健身区”。红色与绿色交织，历史与生态的相融，提高游人休闲体验感，为宛平红色旅游注入新动能，增添新活力。

2. 取得成效

卢沟桥宛平城及周边生态环境改善。通过生态补水，永定河北京段实现25年来首次全线通水，极大地改善了永定河流域的生态环境质量，提升了永定河整体景观，使“燕京八景”之一的“卢沟晓月”美景重现。宛平湖湿地内植被繁茂，生态环境良好，生物多样性不断丰富，成为“鸟中大熊猫”的震旦鸦雀等各种昆虫鸟类的乐园。

红色文化宣传教育效益持续深化。宛平街道利用全新的载体与红色文化相结合，为观展人员提供更加形象生动的感官体验。“发现新丰台”平台发布知识类、政策类和工作动态类信息累计7553篇，同比增长14.4%；传播量达4186余万次，同比增长325%。“红色宛平”基地目前已初步建成，试运行已累计接待现场教学活动50余场次、3000余人。卢沟桥、宛平城入选2020年人文景观类北京网红打卡地，成为为市民提供具有时代气息点的爱国主义教育基地。

旅游产业资源效益愈发明显。通过深挖宛平优势红色文化与生态文化“红绿交织”资源，逐步形成了区域内“多点”开花的文旅节点局面，为丰台区的旅游产业做出积极贡献。除2020年受疫情影响卢沟桥景区接待人次有所减少外，2016—2019年，接待人次和旅游收入呈现逐年增加趋势，由2016年的45万人次、633万元增加到2019年的52万人次、660万元。

良好生态成为最普惠的民生福祉。通过永定河生态修复建设和开展各类特色滨河公园，永定河的历史文化与公园景观得以巧妙融合，区域生态效益显著提升，为市民提供了生态环境良好、布局合理、功能齐全的休闲、娱乐、教育、健身的活动场所。

3. 经验总结

宛平街道作为国家抗战纪念活动承载地，以地区特色项目为依托，积极打造红色文化展示平台，开展周边环境整治，持续推进宛平城及周边地区综合环境整治提升。同时，将宛平街道的历史文化、山水文化与城乡发展相融合，打造地区特色文化，形成历史文化街区。坚持文化驱动，以文化软实力提升综合竞争力，书写“中轴永定承古韵，蓝脉绿廊绕今城”的新时代城市篇章。通过文化景观引领文化体验，带动区域文化的系统传播，以文彰旅，以旅促文，实现文化旅游的可持续发展。

四、依托“创森”建设南苑森林湿地公园，着力提升南苑地区综合功能和品质

南苑地区曾是村镇工厂、批发市场、物流仓储聚集的地带，交通拥堵，环境杂乱。2018年，丰台区深入贯彻落实“绿水青山就是金山银山”发展理念，以创建国家森林城市为目标，依托新一轮百万亩造林任务，特别提出了“一轴一廊一屏障，百路百园百社区”的森林城市建设空间布局，在中轴两侧充分利用疏解腾退空间，整合沿线成规模的公园绿地，在关键节点建设南苑森林

湿地公园，成为首都中心城区最大的绿色开放空间。南苑森林湿地公园规划面积17.5平方公里，其中丰台区面积15.6平方公里，在构建首都南部结构性生态绿肺的同时，深入挖掘南苑历史文化内涵，再现“南囿秋风”历史风貌，形成南苑地区高质量发展的绿色引擎，引领南苑地区功能和品质的全面跃升。

1. 主要做法

规划引领、科学谋划，着力提升公园服务效能。以构建“一轴两带、两核六区”的空间整体结构为目标，统筹协调城绿关系，以中轴为统领，以蓝绿生态空间为基底，组团式布局城市功能，促进城园融合，结合文化功能植入，补齐公共服务设施短板，完善市政交通基础设施。同时，规划布局了泡子湿地、海子森林、槐新森林、一亩古泉、高台望迴、槐房清源、御道文苑、飞放森林等八大特色景区，提供湿地游览、森林运动、科普教育等多元功能，最大限度满足游人需求，布局健康绿道。结合“无界自然”的设计理念，塑造“大自然、真野趣”的景观风貌，即坚持城市与公园无界，城在园中，园在城中；人与自然无界，自然体验，和谐共生；人与人无界，充分交流，世界大同。通过一系列科学的顶层设计，建成后的南苑森林湿地公园可为市民提供亲近自然、全龄友好的活动场所，促进人与自然和谐共生，满足人民美好生活需要，充分发挥地区生态服务价值，同时全面提升地区环境品质，促进高质量发展。

深入挖掘南苑地区历史文化遗存，形成大南苑复兴的文化引擎。“让城市留住记忆，让人们记住乡愁。”乡愁，是中国人对故土山水人文的悠长眷恋。南苑地区历史文化悠久，既诉说着“近在眼前的过去”，又承载着南苑百姓对美好生活的期盼和憧憬。保护南苑深厚的历史文化底蕴，有利于为南苑区域发展注入历史文化元素。将南三环木樨园桥东南，一块夹在南苑路和大红门路之间曾被周边商户用于停车的闲置边角地，改造成御道入口公园展示古御道历史文化，设计布置清代皇家御道秋行图、巨幅清代南苑地图地雕等，让南中轴闲置边角重现御道入口。南中轴在定位上着重突出“生态轴”“文化轴”和“未来轴”理念，着力打造历史厚重感的绿美中轴线，北接永外“恢弘气势”、南承南苑“千年绿苑”，绿化景观提升以市树、市花、银杏为主，辅以绿篱、草坪，在种植形式上强调皇家文化的庄重、大气、简洁、仪式感，用列植、树阵、林荫等方式，着力打造历史厚重感的绿美中轴线。

推动地区业态转型升级，适度转化湿地公园的旅游休闲、科普教育、科学研究等多种价值。计划构建了“一轴、两廊、两带、多点”空间布局与产业发展格局。其中，一轴为南中轴生态文化发展轴；两带为南部科技创新成果转化带和西山永定河文化带。沿南中轴发挥区域优势，发展商务服务、科技文化、时尚创意等现代服务业和高品质生活性服务业，培育消费新热点，引导符合首都功能的企业总部集聚，推动地区业态转型升级。结合民众休闲场景和消费需求，合理安排商业业态，满足人们多元化需求增长，适度转化湿地公园的旅游休闲、科普教育、科学研究等多种价值，通过市场化经营来解决湿地公园保护和可持续利用的资金投入问题。

2. 取得成效

区域生态效应日益体现。南苑森林湿地公园的建设其生态效应体现在防风、固沙、保持水位，吸附粉尘，吸收二氧化碳释放氧气，隔离削减噪声等诸多方面。B地块园林建设及南苑公园改造提升工程共33.83公顷，目前已经完工。结合空地和林地更新，昔日村庄拆迁、建筑垃圾堆积的渣土山，恢复了溪流浅滩、草甸林地景观，再现南苑沼泽水淀、天然野趣、鸥鹭翔集的风貌，使城市“绿肺”增加，也提升了区域生物多样性和生态系统稳定性。

南苑地区民生福祉巩固提升。南苑森林湿地公园作为城市公共空间的一部分，增加了南苑地区游人、民众均受益的城市公共空间，丰富了南苑城市生活。目前，南苑森林湿地公园初具服务周边市民群众游览条件，2021年十一国庆期间，公园被花草树木装扮成为一个色彩斑斓的世界，周边市民群众共计入园超过24600余人次，市民群众或在公园遛弯、或广场走秀、或打卡拍照、或悠闲地吹着萨克斯，形成一片温馨和谐的景象。

南苑地区综合功能和品质提升。通过南苑森林湿地公园建设，植入了文化功能，补齐了公共服务设施短板，完善了市政交通基础设施，全面提升了地区环境品质和综合功能。另外，南苑森林湿地公园可以极大地融合周边绿色资源，通过美化和改善城市对外窗口，创造良好的投资环境，形成品牌效应，提高丰台区对旅游者、科研教育者和投资者的吸引力，促进绿水青山和金山银山的转化。

南苑森林湿地公园观景台　　（南苑森林湿地公园　供图）

3. 经验总结

绿色优美的环境是现代化城市的重要标志，也是城市竞争力的重要体现。丰台区紧紧围绕“妙笔生花看丰台”美好愿景，全面推进城市南部地区加快发展行动计划，统筹规划，分步实施，积极依托森林城市创建工作，通过南苑森林湿地公园先行启动区建设、平原造林、留白增绿建设等重点项目的实施，改善生态环境，厚植区域绿色生态资源，丰富生态文化内容，提升城市品位和知名度，不断提升南苑地区民生福祉，为百姓提供更多直接和间接的生态福利，促进了城乡森林文化、生态旅游业的全方位可持续发展，加快了“森林城市，宜居丰台”的实现步伐。

五、槐房再生水厂再现“一亩泉”景观，为市政灰色基础设施提供绿色发展样板

槐房再生水厂位于丰台区南四环公益西桥东南侧槐房村，是一座使用国际先进技术、功能齐全、绿色低耗、自然友好的全地下再生水厂生态水厂，是为缓解北京西南地区的污水压力，改善凉水河流域水质实施的2013年北京“三年行动”重点工程。日处理能力达60万立方米，服务面积137平方公里。创新性地在水生产车间顶板上建成18公顷人工湿地，与大型地下再生水灰色基础设施融为一体，形成新的南城湿地景观，恢复18世纪30年代的“一亩泉”湿地旧景观，实现水的再生利用及水生态修复，也为市政灰色基础设施提供了绿色发展样板。

1. 主要做法

全地下设计，减少周边环境影响。槐房再生水厂全地下设计，节约了土地资源，减少了对周边环境的影响。在运营管理上，采用MBR工艺为流域水环境提供高品质再生水，改善流域生态环境；采用“热水解＋消化”工艺处理污泥，生产沼气发电利用，能源回收并实现土地资源化利用；利用侧流厌氧氨氧化工艺处理消化脱水滤液，解决由滤液直接回流带来的水区氮负荷及处理成本增加问题。出水水质主要指标达国家地表环境Ⅳ标准，主要用于工业用水以及地上湿地公园等。

丰台槐房再生水厂上建造的人工湿地恢复“一亩泉”湿地景观（徐伟　摄）

与地下再生水基础设施融为一体设计构建屋顶湿地公园。湿地生态公园作为槐房再生水厂的配套项目，位于槐房再生水厂内，占地16公顷，其中13公顷处于再生水厂屋顶之上。公园设计过程中引入湿地概念，利用再生水厂所产再生水，构建人工湿地，结合雨洪蓄滞，在再生水厂上创造一个水清草碧、鸟栖鱼藏的充满生机和活力的湿地公园，成为国内首次屋顶湿地景观与大型地下再生水基础设施融为一体的设计尝试，是国内最大的屋顶湿地公园。

节水——再生水回用，构建湿地公园。槐房再生水厂利用其生产的部分再生水，作为巨型屋顶湿地公园的水源，形成4公顷水域面积，建设溪流、洲岛、湖区等丰富多样水态的湿地水景，为游人带来不同的湿地游赏体验。

渗水——绿地退台式设计，截留雨水。公园绿地采用石笼挡墙围筑的多层退台式地形，结合陆生和湿生植物，最大限度地截留雨水，减少地表径流，沉淀泥沙。同时，放弃常规屋顶花园采用的轻质土，而回归使用普通土作为种植介质，避免水土流失，确保湿地水质不受雨洪污染。

蓄水——湿地存蓄雨水，滞后排放。公园水系设计模拟河漫滩形式，形成两级蓄洪方案。一级蓄洪方案是在湿地末端设有调节堰，暴雨时上移堰板，可升高湿地存蓄水位，总共可存蓄雨水1.9万立方米，比平时增长55%的蓄存能力，水漫区控制在近岸3米范围内。而二级蓄洪方案是应对极端特大暴雨，水位暴涨可浸漫整个公园，从而延缓雨洪排放，可缓解京城市政管网巨大的排水压力。

净水——湿地植物深度净化水质。再生水厂所产再生水由公园东北部进入湿地，流经种有20多种湿地植物的潜流湿地和表流湿地，通过湿地植物的再次净化，从西南部排出公园，补给京城水系——小龙河。

生境构建——营建多样生境，丰富物种多样性。公园引入“城中湿地——动植物天堂”的设计理念，通过选用103种北京乡土植物，模拟自然群落结构，营造林地、灌草丛、河道溪流和湖滨滩涂等多样的陆生湿生生境；运用27种食源植物和65种蜜源植物，设计了除臭风塔上的木质鸟巢、无人岛、灌草丛内庇护所，以及昆虫栖息的小微生境，目标吸引56种鸟类、7种兽类和74种昆虫，前来觅食、栖息和繁殖，从而丰富当地物种多样性。

面向社会公众，开展水情教育。水厂综合运用工程实物、模型、展板、手册、多媒体、知识讲座等多种形式，面向社会公众，开展具有北京特色的水情教育，为市民提供环保教育场所。在公园东部主入口区设置科普

木屋，用于展示污水治理、中水回用成效，宣传节能环保、绿色发展理念。湿地公园全园利用架空栈道和平台，有序引导游客游赏和户外观察，并降低对湿地内生态环境和动物的干扰。

2. 取得成效

还清京城水系，补给市政杂用。处理后的Ⅳ类水用于还清小龙河，改善下游凉水河的生态环境。同时为园林绿化、工业冷却、市政杂用等领域提供补水，有力缓解西南地区的污水处理压力以及水资源紧缺状况，改善西南地区水生态。

改善生态环境，提升居民生活幸福感。槐房再生水厂恢复了18世纪30年代的“一亩泉”湿地旧景观，有效提高了周边的绿化水平，改善了生态环境，丰富了物种多样性，全面提升了周围居民生活幸福感。

构建绿色基础设施，获取高度评价。2017年被环境保护部、住房和城乡建设部评为“第一批环保设施和城市污水垃圾处理设施向公众开放单位”；2018年被北京市生态环境局、北京市教育委员会、共青团北京市委员会评为“北京市生态环境教育基地”；2018年5月被首都精神文明建设委员会评为“首都文明单位”；2018年5月被北京市总工会授予“首都劳动奖状”；2018年9月获得“国际水协全球项目创新奖金奖”；2019年被水利部办公厅、共青团中央办公厅、中国科协办公厅评为“第三批国家水情教育基地”。特别是2018年参加国际水协（IWA）每两年一届被誉为水届“诺贝尔”奖的大型全球评比，在来自世界50多个国家、700多个参评项目的角逐中，槐房生态水厂项目获得国际水协全球项目创新奖金奖。

3. 经验总结

槐房再生水厂，清水环绕，绿荫掩映，鸟语花香，听不到机器的轰鸣，闻不到污水异味。人工湿地通过对自然群落结构的模拟，有效恢复了该地区“一亩泉”的湿地景观，实现了水的再生利用及水生态修复。人工湿地不仅是水厂的后花园和科普基地，更是动植物的家园，是人与自然和谐共生的见证。槐房再生水厂所呈现的美好景象为今后灰色基础设施的建设开发和土地集约化使用，提供了一个全新的绿色发展思路。

六、中华名枣园酸枣变“金”果，实现生态保护与产业发展良性互动

中华名枣园位于北京市丰台区北宫镇太子峪环岛西侧，占地面积51.47公顷，均为山坡丘陵地，始建于2005年3月，是北宫镇的镇办企业。园内大枣面积约16.67公顷，其中约13.33公顷已完成无公害认证，其内收集和保护的枣类多达100余种，种类齐全，资源完整。经过近20年的建设，中华名枣园已成为集生态资源保护、现代生态农业、生态科普旅游于一体的现代农业生态观光园。

1. 主要做法

致力生物多样性保护和生态环境改善，构建现代农业生态观光园。长辛店白枣又名长辛店脆枣，起源于元代，距今已有近700年历史，丰台长辛店镇（现北宫镇）为其原产地。1998年，在农技专家的指导下，长辛店镇（现北宫镇）利用荒山酸枣资源嫁接大枣成功，果农开始在低山荒坡的野生酸枣上嫁接种植长辛店白枣树，历史悠久的长辛店白枣得以传承与发扬。经过嫁接和矮化选育的长辛店白枣长势不高，却密密实实，生命力极强。中华名枣园以长辛店白枣为招牌，采取野生酸枣嫁接种植的技术，收集和保护全国各地名优枣种100余种，既有口感甘甜、酥脆的长辛店白枣、冬枣、尖枣、蜜罐、孔府枣、英不落、马牙枣、老虎眼、尜尜枣、郎家园枣、金芒果、京39、梨枣，又有葫芦枣、磨盘枣等多个观赏性枣类，使这些优质枣种的遗传多样性得以保留，对北京市乃至全国枣类种质资源的保护和利用作出了突出贡献。除严格对枣类种质资源进行保护外，园中还种植有樱桃、苹果、杏、石榴等优质果品10余个品种，从5月中下旬开始园内的樱桃、杏、桃、李子等陆续成熟，到9月大枣成熟，10月苹果成熟。形成每年5月至10月长达半年的最佳观光游览期。中华名枣园建设过程中还变荒山为果园，以山坡丘陵造景，营造风车木屋、绿色休闲长廊、湿地公园等生态风光，将原先野草丛生、荆棘遍布的荒山野岭打造成为远近闻名的观光采摘景区，实现了巨大的生态环境效益。

在保护中挖掘产业发展潜力，实现白枣惠农和文化传承。长辛店镇（现北宫镇）自1998年利用荒山酸枣资源嫁接大枣成功后，通过政府搭台、合作社组织、农民承包的形式，开始在全镇发展大枣产业，利用荒山野生酸枣丰富资源嫁接大枣，建立大枣产业化基地，为农业种植结构调整、农业增效、农民致富找到一条有效途径。同时，发挥中华名枣园在环境保护、生物多样性保护、农业种植、科普教育、乡村旅游等方面示范性强的

中华名枣园是集生态资源保护、现代生态农业、生态科普旅游功能于一体的现代农业生态观光园 （北宫镇 供图）

优势，快速发展生态旅游业，吸引大量游客慕名前来观光采摘。2012年，长辛店白枣地理标志证明商标成功注册，成为北京市第七件地理标志商标，是当时北京市城六区唯一的地理标志商标，带动了长辛店白枣产业发展。中华名枣园也建设了长辛店白枣地理标志广场，长辛店白枣成为长辛店镇（现北宫镇）生态休闲绿色产业的一张名片，在文化传承、产品开发、乡村振兴中蕴含着巨大价值。随着长辛店白枣品牌影响力逐年增强，进一步辐射带动了整个丰台区品牌经济的发展。

发扬枣园优势，积极推动科研、科普功能一体化发展。中华名枣园还承担着科普教育的职能。长辛店镇（现北宫镇）成立大枣产业协会，以中华名枣园为点位，从2003年起连续举办大枣采摘节超过十届，为大枣产业打造发展平台，加大大枣产业的宣传力度。积极开展面向农民的社会科学普及和宣传工作，聘请枣树专家、技术员为农民进行了针对性培训，引导农民更新观念，提高了大枣嫁接技术、栽植管理技术的普及和应用效果。与北京市农林科学院、北京农学院等科研院所建立合作关系，通过产学研模式，邀请教授专家指导枣树培育和枣产业发展，带动院校学生对枣类等水果的热爱和研究。丰台区中小学校组织学生在中华名枣园开展参观学习，让青少年学生感受大自然的魅力。

2. 取得成效

长辛店白枣地标产品硕果累累。中华名枣园的大枣以其浓郁的果味、纯正的口感、丰富的营养和奇特的形态，赢得了广大消费者的喜爱。2006年取得了农业部颁发的无公害农产品证书，在第二届、第三届、第四届北京国际农产品展销会上获得“最受消费者欢迎奖”和“畅销产品奖”。特别是长辛店白枣，在2006年参加北京市奥运果品评比赛中，被评为国家级“中华名果”称号，获得了奥运会果品推荐一等奖，并在2012年取得了国家地理标志证明商标权。中华名枣园也被北京市农委、监督局评为北京市农业生产标准化示范基地，北京市果树协会定点采摘基地，北京市优秀标准化基地，北京市十佳观光果园。

枣类种质资源保护成果丰硕。中华名枣园始终坚持尊重自然的理念，坚信保育品种比盈利创收更为重要。在保护长辛店白枣这一为数不多的北京本地品种基础上，还种植了来自北京、山东、河南、河北、山西等地的名优大枣多达100余个品种，保育品种之多国内罕见，为许多濒临灭绝的本地良种提供了栖息地，以实际行动推动了种质资源保护与利用。

大枣产业富民增收效果卓著。北宫镇以中华名枣园为示范推动大枣产业快速发展，以枣树栽培嫁接技术促进惠农富农，取得了显著的成效，提高了枣农的收入水平，枣农年人均纯收入从2011年的3万元，增加到2014年的6万元、2016年的9万元，短短6年内翻了两番，基本实现了商标富农的预期目标。对农民就业、贫困户产业增收脱贫起到了很大的促进推动作用，也为大枣产业和生态休闲农业的发展壮大奠定了扎实的基础。

3. 经验总结

中华名枣园集生态资源保护、现代生态农业、生态科普旅游功能于一体，展现了“人与自然和谐共处”的美好，印证了“绿水青山就是金山银山”，取得了良好的示范作用。北宫镇以地方特色生态产品——长辛店白枣为抓手，充分整合辖区内自然生态优势，扩大生态品牌影响力，全面推动全镇生态旅游产品提质增效，为首都人民提供了生态旅游的后花园。

（丰台生态环境局　供稿）

大事记

1月

14日　区政府办公室制发《北京市丰台区数字经济创新发展三年行动计划（2021—2023年）》，围绕数字基础设施建设、数字产业化、产业数字化、数字生活、数字治理等，布局全区数字经济创新发展行动。

15日至31日　2022年北京迎春年宵花展在位于玉泉营街道草桥村的北京花卉交易中心举办。

17日　丰台区首家民营企业楼宇新联会——太平桥街道首科大厦新的社会阶层人士联谊会成立。

26日　丰台区开展新时代文明实践推动日线上活动，为北京冬奥会、冬残奥会加油助力。

29日　区政府制发《丰台区"绿水青山就是金山银山"实践创新基地建设工作方案》，丰台区依托区域生态资源，探索"绿水青山就是金山银山"转化路径，树立生态文明建设的标杆样板，开展"绿水青山就是金山银山"实践创新基地建设工作。

30日　丰台区开展"携手抗疫、相约冬奥，我们一起过大年"送温暖活动，区商务局等10余家单位和部门联合推出"暖心十条"50余项举措，为居民群众和工作人员提供服务保障。

2月

11日　丰台区召开党史学习教育总结会议，传达学习习近平总书记重要指示和中央、市委党史学习教育总结会议精神，总结全区党史学习教育成效和经验，对巩固拓展党史学习教育成果进行安排部署。

15日至3月13日　丰台区在莲花池公园冬奥文化广场，通过文体演出、运动体验、展览展示、赛事直播等形式，引导市民了解冬奥知识、关注冬奥赛事、体验冰雪运动、为奥运健儿加油喝彩，展现丰台特色城市文化。

16日　区政府制发《"十四五"时期丰台区高精尖产业发展规划》，从高精尖产业新体系、空间格局、重点任务和保障措施方面进行布局。

17日　中共丰台区第十三届纪律检查委员会第二次全体会议召开，对推进全面从严治党和推动纪检监察工作高质量发展进行部署。

3月

1日至31日　丰台消费季与北京消费季同步进行，开展覆盖百姓衣食住行领域、融合多种消费业态的100余项特色主题活动。

5日　丰台区"3·5"学雷锋志愿服务主题推动日暨志愿服务月仪式在北京汽车博物馆举行。

9日　区爱卫（创卫）办联合区创城办、区创森办在丰台花园北门广场开展"四创联动'共筑健康丰台"主题日宣传活动。

10日　丰台区召开深化"疏解整治促提升"创建"基本无违法建设区"促进生态文明与城乡环境建设推动高质量发展动员大会。

22日　区水务局联合右安门街道办事处、区创森办在凉水河畔举办"世界水日""中国水周"宣传活动启动仪式，现场同步进行创建国家森林城市主题宣传。

23日　万寿路南延、四合庄西路2条主干路通车，北京丰台站周边交通循环能力增强。

是日　区退役军人事务局发出2022·奋进·网上祭英烈活动倡议书。

25日　区政协十一届常委会召开第一次会议。

是日　区政府办公室制发《丰台区深入打好污染防治攻坚战2022年行动计划》，以继续打好污染防治攻坚战，持续巩固提升全区生态环境质量。

31日　区双拥工作领导小组和区委退役军人事务工作领导小组研究谋划2022年双拥工作及退役军人工作，做好军人军属、退役军人各项工作。

4月

14日　丰台区总结2021年支援合作工作完成情况，部署2022年工作要点。

15日　区教育系统在全区中小学开展国家安全教育日主题活动。

20日　区政务服务局与区融媒体中心联合打造的"融媒体创新工作室"揭牌成立，双方立足南中轴，以"北京丰台"政务新媒体为主平台，共同打造"有事儿您说话——政务服务面对面"品牌直播活动。

22日　丰台区成立全市首家消防救援支队政府专职消防队伍"流动团总支"，标志着专职消防员拥有自己的"青年之家"。

24日　丰台区部署2022年农业和农村工作，要求坚守粮食安全底线和耕地保护红线，加强耕地保护和质量建设，深化改革激发乡村振兴活力，完善区划调整后街道管理村集体经济组织的体制机制，严格落实"村地区管"要求。

是日　第一届中关村商业航天大会暨2022年中国航天日主题活动以线上线下相结合的方式在丰台区举办。

30日　丰台区制发《丰台区2022年义务教育阶段入学工作实施意见》《丰台区2022年非本市户籍适龄儿童少年接受义务教育材料审核实施细则》《丰台区2022年本市户籍无房家庭适龄儿童接受义务教育材料审核实施细则》，对2022年丰台区义务教育阶段入学工作进行安排。

5月

16日　市委副书记、市长陈吉宁到丰台区听取新冠疫情处置情况汇报，研究调度相关处置工作。

20日　陈吉宁到丰台区实地检查防疫措施落实情况，召开现场会研究调度新冠疫情防控工作，督促各单位履行主体责任。

24日　市委书记、市新冠疫情防控工作领导小组组长蔡奇到丰台区检查新冠疫情处置工作，看望慰问坚守防疫一线的工作人员。

30 日　蔡奇到丰台区检查新冠疫情处置工作，看望慰问坚守防疫一线的工作人员。

6 月

1 日至 30 日　丰台区举办共创丰台之美——丰台区首届文明促进月活动，聚焦未成年人群体开展系列活动。

2 日　蔡奇到丰台区检查新冠疫情处置工作，看望慰问坚守在防疫一线的工作人员。

13 日　区政府制发《丰台区统筹疫情防控和稳定经济增长实施方案》，涉及助企纾困优化营商环境、推动产业链供应链安全稳定运行、提升高精尖产业发展能级、推进重大项目建设挖掘消费潜力、兜住社会民生五大领域。

20 日　亚洲第一大铁路客运枢纽——北京丰台站开通运营。

是日　丰台区公布统筹新冠疫情防控和稳定经济增长政策支撑体系，帮助市场主体及时充分享受政策红利。

21 日　丰台区国家农作物品种展示评价基地机播三亩试验田，开展全市首例旱稻直播水管技术试验示范。

28 日　区委书记、市第十三次党代会代表王少峰做客《北京日报》客户端“一把手访谈”演播室，介绍丰台区服务新时代首都发展。

7 月

1 日　丰台区召开学习贯彻市第十三次党代会精神领导干部大会，要求全区上下主动找位、知位、定位，统筹谋划、精准发力、重点突破，推动全区各项工作发展。

6 日　区政府制发《丰台区关于进一步做好稳就业保就业工作若干措施》，从保障重点群体。稳定就业规模。鼓励自主创业。拓展就业渠道。优化技能培训。增强就业能力方面推进稳就业保就业各项工作开展。

7 日　纪念全民族抗战爆发 85 周年仪式在中国人民抗日战争纪念馆举行，中共中央政治局常委、中央书记处书记王沪宁出席仪式并讲话。

12 日　丰台区分析上半年“接诉即办”、民生保障和社会建设、“七有”“五性”工作情况以及存在问题，研究提出下一步工作建议。

14 日　丰台区组建学习宣传落实市第十三次党代会精神宣讲团，成员 16 人。

18 日　区融媒体中心策划推出民生新闻节目《您说我办》，聚焦百姓诉求，反映社情民意。

19 日　市应急管理局、区应急管理局联合主办的应急志愿服务活动在丰台区银座和谐广场开展。市红箭救援队、蓝天救援队等多支应急志愿者队伍参与应急科普宣教活动。

是日　丰台区与内蒙古自治区赤峰市围绕京蒙协作工作座谈，就产业合作、人才培训、消费帮扶、乡村振兴等交流，推进两地协同发展。

20 日　丰台区强国复兴有我——乡村振兴理论宣讲活动在王佐镇佃起村开启。

20 日至 26 日　2022 数字经济体验周举行，作为全球数字经济大会的重要组成部分和前置预热活动。

22 日　2022 丰台区支持高新技术企业发展的若干措施主题发布会在丰台创新中心举行。

是日　正义与和平主题公益影院落户宛平街道新时代文明实践所。

25 日　学习宣传落实北京市第十三次党代会精神市委宣讲团丰台区报告会举办。

28 日　中国共产党北京市丰台区第十三届委员会第四次全体会议召开，对上半年全区工作进行总结，对下半年全区工作进行部署。

31 日　国家二级重点保护野生动物——棉凫首次现身永定河丰台段，丰台区鸟种类记录累计为 145 种。

8 月

1 日　丰台区以“花园——北京世界花卉大观园”“花街——北京花卉交易中心”为核心地点，策划开展 20 余项“花 +”特色活动，丰富市民“赏花”“买花”体验，促进花卉产品消费。

2 日　丰台区第一所国际学校——北京丽泽国际学校举行启动仪式。

是日　走进森林城市绽放社区之美创森与融媒体百日公益行动在丰台花街活力中心启动，分别从社区、街区、城区 3 个层面倡导共建共享“国家森林城市”。

4 日　国家知识产权局发布国家知识产权强市建设试点示范城市名单，丰台区入选首批国家知识产权强市建设试点城市。

6 日　中国助残志愿者协会公布全国首批 10 个阳光助残志愿者服务基地，丰台区残联入选。

7 日　丰台区“8 · 8”全民健身日主题活动暨首届丰台区卢沟桥龙舟邀请赛在北京卢沟桥晓月湖公园举行。

8 日　市生态环境局发布实施规划环境影响评价与建设项目环境影响评价联动的产业园区名单，中关村科技园区丰台园东区、西区Ⅰ、西区Ⅱ 3 个片区入选。

9 日至 12 日　喜迎二十大 一起向未来——第六届京津冀校园足球夏令营邀请赛在北京园博园公园足球场进行。

10 日　丰台区启动文明礼让月，联手 18 家快递外卖企业成立“文明联盟”，联合公共文明引导员、热心市民组成“文明观察团”，通过政府引导、企业加入、百姓参与的方式，助力丰台区全国文明城区创建。

11 日　区生态环境局、区委统战部联合区社会主义学院共同举办丰华正茂　同心讲台——“两山”论转化在丰台专题活动。

15 日 强国复兴有我——北京冬奥精神宣讲团在丰台区委党校举办专场报告。

19 日 北京花卉交易中心－昆明花拍中心北京分中心启动仪式在丰台区草桥举行，该中心为北京首个花卉拍卖中心、全国首个销地鲜花拍卖中心。

19 日至 25 日 丰台区开展 2022 年全区科技活动周活动。

23 日 丰台区举办志愿服务人才（社区新闻发声人骨干）实训交流活动。

24 日 丰台区参加 2022 年服贸会主题发布活动在北京汽车博物馆举办，参展单位介绍参与服贸会亮点。

是日 丰台区专业市场行业党委及新发地市场党群服务中心成立。专业市场行业党委负责统筹、指导、推进全区专业市场党的建设工作，性质为功能性党组织，受区市场监督管理局党组领导，在区委“两新”工委指导下开展工作。

25 日 地铁 16 号线南段（玉渊潭东门—榆树庄）实现“长轨通”和“电通”。

27 日 北京首家青少年社区公益实践基地启动仪式举行，基地位于卢沟桥街道广安康馨家园南区。

9 月

1 日至 5 日 2022 年中国国际服务贸易交易会举办。丰台区携金融、信息、科技、文化、旅游、商业服务等创新成果参加金融服务和文旅服务 2 个专题展，超过 200 家企业线上线下参展。在“北京日”暨“投资北京”峰会活动中，丰台区现场总签约额 91 亿元。

2 日 区政府网站完成适老化和无障碍功能的优化升级，保障老年人、视力障碍和听力障碍人士等特殊群体通过政府网站获取政务信息。

3 日 全市首个慈善义工之家在丰台区石榴庄街道揭幕。

6 日 为纪念中国人民抗日战争暨世界反法西斯战争胜利 77 周年，北京第三十六届卢沟桥醒狮越野跑活动在中国人民抗日战争纪念馆举行。

8 日 区政府联合北京市地方金融监督管理局、中国人民银行数字货币研究所、中国邮政储蓄银行在北京丽泽金融商务区举办 2022 中国（北京）数字金融论坛，宣布成立首批 20 余家重要金融机构和企业加入的“数字金融创新发展联盟”，发布数字人民币智能合约等研发成果，启动“丽泽数币一卡通”。

是日 由市科协、区政府主办的北京市“千人进千企”专项行动启动仪式暨北京市科学技术协会、北京市丰台区政府战略合作协议签约仪式举办。丰台区是“千人进千企”专项行动起点。

是日 东高地街道航天园艺驿站揭牌成立，是全市第一家以航天为主题的园艺驿站，全区园艺驿站达到 7 家。

10 日 马家堡街道时代风帆商务楼宇党委推出政务服务自助区，为群众提供医保卡随时就诊买药、驾驶证快速年检等服务。

14 日 北京地铁 16 号线南段（榆树庄地铁站至东管头南地铁站 6 座地铁站位于丰台区）进入为期 3 个月的空载试运行阶段。

15 日 区农业农村局组织旱插示范现场测产验收会，开启北京优质稻 2022 年丰收第一镰。

17 日 丰台区代表团在北京市第十六届运动会群众组比赛中获奖牌 53 枚。其中，金牌 25 枚，银牌 15 枚，铜牌 13 枚，金牌总数位列全市第一名。

是日 由市社会体育管理中心和区体育局联合主办的第十四届北京市龙舟大赛在丰台区卢沟桥晓月湖公园举行，来自北京市各区的 23 支代表队近 400 名运动员参赛。

18 日 中国人民抗日战争纪念馆与国内多家纪念馆联动，举行“铭记历史 勿忘九一八”主题活动。

19 日 区医疗保障局在全市率先利用区块链技术实现“基本医疗保险异地就医特殊病种备案”“参保人员转外就医备案”两项跨省就医备案事项全程网办。

22 日 丰台区“遇见丰台·发现京彩”系列发布会举行首场丰台企业创新成果专场发布会，多个高新技术企业携创新成果集体出现。

23 日至 10 月 7 日 丰台区第三十三届北京农民艺术节在王佐镇怪村太平广场举办。

24 日 区文化和旅游局携手北京世界花卉大观园、北京世界公园、北京南宫旅游景区等 13 家文旅单位推出 2022 丰台金秋文化旅游季系列活动，涵盖多彩游园、乡村之旅、文艺演出、文化体验等。

27 日 2022 年北京阅读季“领读者”计划启动仪式暨首届“宛平夜话”文化论坛活动启动仪式和首期培训在丰台区宛平城举办。

29 日 市政协新闻舆论民主监督组围绕“构建全媒体传播格局”赴丰台区调研，丰台区社区新闻发声人典型事例在 2021 年 4 月 21 日被《光明日报》整版报道。

是日 2022 年首届“京台青创谷”京台青年创业技能赛启动仪式暨职教专家论坛在丰台职教中心学校、河北容城县职业技术教育中心、台湾高雄大荣高级中学同步举办，邀请两岸职校学生参加主题技能比赛，并进行研讨交流。

29 日至 11 月 30 日 丰台区开展“引领文化消费·品味魅力丰台”第十届丰台惠民文化消费季活动。

30 日 丰台区在二七烈士墓举行第九次烈士公祭活动。

10 月

11 日 北京市丰台区总工会第十三届委员会第三次全体会议在丰台工人俱乐部召开。

14 日 丰台、房山两区签订交界地带联合执法协议。组织两区发展改革委、水务局、生态环境局、城市管理委和交界街道（镇）共同研究推进联合执法工作，明确工作机制、任务、目标和保障措施。

24日 国家卫生健康委、全国老龄办发布2022年全国示范性老年友好型社区名单，长辛店街道朱家坟南区社区入选。

25日 丰台企业数字消费专场发布会在丰台创新中心举行。丰台区值得买科技、依文集团、亿邦动力3家数字消费代表型企业向广大媒体记者和消费者展示数字消费领域的最新成果。

是日 丰台园知识产权服务管家项目航天航空领域关键技术交流与应用研讨会举办。

26日 中关村丰台园企业北京金橙子科技股份有限公司（股票简称：金橙子，股票代码:688291）在上交所科创板上市。

是日 2022年丰台区新时代好少年先进典型发布活动在北京教育学院丰台分院举行，评选和提名丰台区新时代好少年各20名。

28日 北京市丰台职业教育中心学校京绣系列作品《江山千里绣》在北京工艺美术博物馆首次亮相，献礼党的二十大。

28日至11月1日 第一届“睿宸杯”卫星遥感大数据创新应用大赛决赛在中关村丰台园举办。

30日 由区文化和旅游局主办、区文化馆承办的2022年丰台区主题音乐会在区文化馆剧场举办，在线观众点击量突破27万人次。

31日 第六届北京文化创意大赛丰台分赛区暨2022丰台文化创意大赛决赛举办，北京飞影科技有限公司CAMbolt智能拍摄机器人项目夺得冠军。

11月

2日 通用时代中心项目完成竣工验收。项目总建筑面积317372.5平方米，为中国通用技术（集团）控股有限责任公司总部及下属18家企业办公楼宇。

3日 丰台区启动学习宣传贯彻党的二十大精神主题宣讲，部署各项活动，集中开展理论学习、教育培训、主题宣讲、新闻宣传。

是日 丰台区总结安全生产整治百日行动，安排部署市委、市政府安全生产督察反馈报告整改各项工作。

4日 区协商议政会在丽泽金融商务区召开，主题为“‘学习贯彻二十大精神 共谋丰台高质量发展’推进丽泽数字金融产业发展”，区各民主党派、工商联、人民团体负责人和各界人士参会建言献策。

5日 丰台区和义街道和义科创产业园内企业——北京天兵科技有限公司的天兵科技天龙二号液体运载火箭一级动力系统试车在天兵巩义综合试验中心取得成功。

5日至30日 2022北京菊花文化节——北京第十三届菊花擂台赛在北京世界花卉大观园举办。

6日至10日 第六届中国戏曲文化周在北京园博园举行。以和合共美为主题，在形式、空间以及传播方式等方面进行拓展，以演出、论坛、展览、游戏、市集、装置艺术等多种形式，推动戏曲艺术普及。

7日 丰台区上线全市首个区级企业用户空间，初步实现政策精准推送，企业通过用户空间可以获取匹配惠企政策、查询税务、社保、证照等内容。

10日 由丰台区企业墨宇宙自主研发的元宇宙底层技术搭建而成的全国首个元宇宙城市体验馆虚拟馆在浙江乌镇开馆。

13日 丰台区北京联合大学特殊教育学院志愿服务团队“吾声有声”手语推广志愿服务项目、汽车博物馆绿丝带志愿服务队“托起星星的梦想点亮璀璨的人生”志愿服务项目获第六届中国青年志愿服务项目大赛北京赛区金奖。

14日 北京市学习贯彻党的二十大精神宣讲团丰台区报告会举行。

16日 由中关村丰台园企业中国中铁及下属的中铁电气化局、中国通号等参建的雅万高铁试验运行。

19日 丰台区被生态环境部授予全国第六批“绿水青山就是金山银山”实践创新基地奖牌，成为北京市第6个“绿水青山就是金山银山”实践创新基地，也是全市首个创建“两山”实践基地的非生态涵养区。

24日 丰台区学习贯彻党的二十大精神宣讲报告会暨“习近平新时代中国特色社会主义思想读书班”开班，王少峰作宣讲报告。

12月

6日至7日 丰台区召开国有企业工作会议，区综投集团、丰贸公司、国资公司等13家企业先后报告企业基本情况、发展需求及工作建议。

8日 丰台区召开高精尖领域企业座谈，旭阳集团、北京谊安医疗系统股份有限公司等8家驻区企业参与座谈，交流企业发展需求和建议。

9日 “丰台少年二号暨少年梦想二号”科普卫星（代号CAS-5A）搭载捷龙三号遥一运载火箭在位于黄海海域的海上发射平台成功发射，进入预定轨道。

是日 丰台区玉皇庄路入选2022年北京最美街巷。

9日至12日 王少峰带领丰台区党政代表团赴内蒙古自治区赤峰市林西县、兴安盟扎赉特旗对接东西部协作工作。

10日 丰台区21家社区卫生服务中心在全市率先将发热哨点转型成为发热门诊，利用现有资源增加医疗救治的职能。140个社区卫生服务站诊疗空间整合，规划出接诊发热等11类症状患者就诊专区，形成“发热诊室”。

是日 丰台区成立医药物资应急保障专班，由区领导24小时指挥调度，组建5人应急团队，统筹安排全区药品接收、领取、分发、配送、销售等各环节工作。

12日 2022首届D12数字经济价值投资论坛年会在北京国家数字出版基地举行。

是日 2023年丰台区面向重点

高校英才选聘计划线下首场校园招聘会在北京理工大学举办。

14日 第二十五届北京·香港经济合作研讨洽谈会在国家会议中心和香港湾仔万丽海景酒店分别设立会场。丰台区携24个重点项目亮相第二十五届北京·香港经济合作研讨洽谈会，总投资额1500亿元，涵盖丽泽、园博数字经济产业园、南中轴国际文化科技园等重点区域项目，投资规模30亿元的国际贸易中心项目由香港中建致远签约建设。

16日 丰台首个面向毕业大学生的保租房青年公寓发布配租公告。

22日至23日 丰台区举办倍增追赶、跨越发展，推动高质量发展能力提升专题培训班。

23日 2022中关村轨道交通国际创新创业大赛总决赛在丰台创新中心进行，清华大学电磁行星齿轮团队“电磁行星齿轮技术研发及产业化项目”获创新组一等奖，北京全路通信信号研究设计院集团有限公司团队“铁路信号基础装备智能综合运维平台研究项目”获企业组一等奖。

是日 北京市首家孕产妇心理健康工作站落户位于丰台区的北京嘉禾妇儿医院。

24日 丰台区召开政党协商会，各民主党派、无党派人士代表及工商联负责人汇报工作开展情况。

是日 辖区21家社区卫生服务中心完成社区医院加挂牌，并在48小时内增设第一批床位248张，保障居民得到医疗健康服务。

25日 位于北京四环路外环、科丰桥至怡丰桥之间的四环路（外环）怡丰桥出口疏堵工程完工开通。

29日 中国共产党北京市丰台区第十三届委员会第五次全体会议召开。

是日 《丰台区加快实施倍增计划、追赶行动推进高质量发展实施意见（2023—2025年）》发布，丰台区将从产业、创新、空间、服务、城建和改革6个方面实施40项重点任务，全方位打造高质量发展沃土。

区情概览

建置区划

【位置面积】 丰台区是北京市城六区之一。地处北京城区西南部，位于北纬39°46′～39°54′、东经116°04′～116°28′。北与石景山区、海淀区、西城区、东城区相连，东与朝阳区接壤，东南与大兴区毗邻，西南与西北分别与房山区、门头沟区交界，区域总面积305.53平方千米。根据《北京城市总体规划（2016—2035年）》，丰台区属于首都中心城区和首都核心功能主承载区，功能定位是首都高品质生活服务供给的重要保障区，首都商务新区，科技创新和金融服务的融合发展区，高水平对外综合交通枢纽，历史文化和绿色生态引领的新型城镇化发展区。 （陈　亮）

【建置沿革】 历史上丰台区现辖地区没有设置单独的行政建置，分属不同的行政区划。商周时代，丰台地区属古北京蓟城郊野。秦时属广阳郡蓟县地。西汉属广阳国蓟县、阴乡县、广阳县地。唐建中二年（781），析蓟县西境为幽都县，今丰台区中部属幽都县；东部属蓟县。辽会同元年（938），改蓟县为蓟北县，开泰元年（1012），改幽都、蓟北为宛平和析津。辽宋时分属析津县、宛平县、良乡县。金海陵王完颜亮迁都燕京并改名为中都，丰台部分地区在中都城内，大部分区域属宛平县、大兴县（金代改析津的大兴）、良乡县。元代，丰台东部属大兴县，西部北宫以南属良乡县，中间大部分地区属宛平县。明代，丰台东半部成为京城南郊和西南郊，今右安门以东部分区域属大兴县，西部王佐镇北部及大灰厂一带属房山，王庄—怪村以南属良乡县。清末东半部丰台镇以东、大红门以北划为城属区，西半部属宛平、良乡、房山县。民国初，分属京兆宛平、大兴、良乡、房山县。1928年6月，丰台区东部属北平市南郊区，丰台、大井以西分属河北省宛平、良乡、房山县。1945年后东部右安门外以东、北大红门以北为北平市郊三区之西部，右安门外以西、丰台以东为北平市郊四区之南部。民国时期，丰台开始作为行政区划，属宛平县特区，辖丰台镇及看丹乡、永和庄乡和小屯乡。1949年1月，丰台、长辛店、南苑及附近地区划归北平市，并相继建立区级人民政府。同年4月，北平市统一划区，全市划分32个区，南苑区为第二十三区，丰台区为第二十五区，长辛店为第二十六区。同年6月，北平市调整区划，将32个区改划为26个区，其中第十四区（原第十五区与第二十三区合并，驻南苑）、第十五区（原第十六区南部并入第二十五区合并，驻丰台）、第十八区（原第二十六区改，驻长辛店）的一部分在今丰台境内，西南部仍属河北省良乡、房山县。1950年6月，北京市撤销第十八区（长辛店）并入第十五区。同年8月，北京市决定郊区名称与城区衔接，原第十四区（南苑）改为第十一区，第十五区（丰台）改为第十二区。1952年，撤销宛平县，成立丰台区、南苑区、石景山区，隶属于北京市。后经历多次区划调整，区名沿用至今。1958年，南苑区、石景山区大部并入丰台区。1963年7月，北辛安、金顶街、苹果园、广宁坟、新古城等街道由丰台区划归石景山办事处。1967年8月，石景山区建制恢复，石景山公社划出丰台区。1999年2月，大兴区所辖和义街道划归丰台区，形成现辖域。 （陈　亮）

【行政区划】 2022年，丰台区撤销时村村。全区有24个街道、2个镇，下辖383个社区、56个行政村。 （陈　亮）

2022年丰台区街道、镇社区居委会、农村基层组织情况一览表

表1　　单位：个

序号	街道、镇名称	社区居委会	农村基层组织
1	右安门街道	18	2
2	太平桥街道	17	4
3	西罗园街道	24	0
4	大红门街道	19	2
5	南苑街道	17	2
6	东高地街道	12	0
7	东铁匠营街道	22	1
8	六里桥街道	16	3
9	丰台街道	17	1
10	新村街道	18	1
11	长辛店街道	18	2

续表 1

序号	街道、镇名称	社区居委会	农村基层组织
12	云岗街道	12	1
13	方庄街道	17	0
14	宛平街道	11	3
15	马家堡街道	17	0
16	和义街道	11	0
17	卢沟桥街道	14	6
18	花乡街道	12	5
19	成寿寺街道	7	1
20	石榴庄街道	15	0
21	玉泉营街道	9	3
22	看丹街道	16	3
23	五里店街道	16	0
24	青塔街道	14	2
25	北宫镇	10	6
26	王佐镇	4	8
总计		383	56

自然环境

【自然环境地貌】 2022年，丰台区面积305.5平方千米，位于北京市区西南部、华北平原北部边缘与太行山余脉西山山脉交会地带，地形西北高、东南低，兼有山陵与平原，阶梯状下降。西部为低山、丘陵和台地，低山分布在羊圈头—后甫营以北，面积800公顷，其中石灰岩区占2/3；丘陵分布于梨园村、大沟村，海拔350米至120米，其北部为碎屑沉积岩丘陵，南部为石灰岩质丘陵；台地位于永定河以西、八宝山断裂和良乡—前门断裂之间。东部为平原，占区域面积的3/4，分为高位平原和低位平原两类，海拔从60米向东南降到35米，平均坡降1‰，永定河以西东河沿、张郭庄、长辛店、赵辛店村等属高位平原；永定河以东属低位平原。马家堡以南至槐房及小龙河流域属永定河冲积扇间洼地。全区最高点在区界最西端马鞍山，海拔654米，最低点在区界东南部分钟寺，海拔35米。轮廓东西长，最长约35.3千米；南北窄，最窄约15千米。（陈　亮）

【气候】 丰台区地处暖温带半湿润半干旱大陆性季风气候区，四季分明。春季风大，湿度低；夏季炎热，降雨集中；秋季凉爽，光照足；冬季寒冷，雨雪少。冬季最长，夏季次之，春、秋季较短。夏季多刮偏南风，春、秋、冬季盛行偏北风。3月至5月为大风集中季节，夏季有短时雷雨大风出现。2022年，全区平均气温13.3摄氏度，比常年平均值（13.2摄氏度）偏高0.1摄氏度。年极端最高气温为39.1摄氏度，极端最低气温为零下11.4摄氏度。降水受季风气候影响，年季变化较大，多集中在夏季。年降水量489.5毫米，比常年（547.1毫米）少10.5%，比上年（897.2毫米）少45.4%。日照时数2333.2小时，比常年同期（2347.8小时）少0.6%。（陈　亮）

【水文】 2022年，丰台区境内有46条河道，其中市管河道5条，区属河道41条，总长度约187千米。分属永定河、北运河、大清河水系。永定河水系包括永定河干流、大兴灌渠2条河道，河道总长度21.6千米；永定河以东为北运河水系，包括莲花河—凉水河、水衙沟、丰草河、马草河、旱河、小龙河、葆李沟、黄土岗灌渠等19条河道，河道总长度79.3千米；永定河以西属大清河水系，包括小清河、九子河、牤牛河、佃起河、蟒牛河等25条河道，河道总长度86.1千米。有丰台花园湖、丰台科技园生态主题公园湖、世界公园湖、莲花池公园湖、花卉大观园湖、北宫国家森林公园湖、海子公园湖、榆园湖8处主要湖泊，水面面积31.9万平方米。湿地资源面积1473.8公顷，重点湿地为永定河湿地、大宁水库湿地、莲花池公园湿地。（陈　亮）

【土壤】 2022年，根据土壤普查，丰台区土壤有4个土类、10个亚类、15个土属、46个土种。从西北低山、丘陵、台地到东南洪冲积平

原，依次分布为褐土类土、潮土类土和水稻土；永定河河道两侧为风沙土。（陈　亮）

自然灾害

【概况】 丰台区历史上未发生过破坏性地震，周围地区发生的波及北京城区、烈度6度以上的地震，清代以前记录有11次，8次有破坏记录。1920年以后对北京影响较大的地震有6次。丰台区的气象灾害从汉代开始有文献记录，主要为大雨、洪水、雨雹、风霾、黑雾、旱灾、大风等。丰台区的病虫灾从西晋时开始有文献记录，中华人民共和国成立前主要为蝗灾、黏虫害。中华人民共和国成立后有粮田虫害和蔬菜病虫害，包括钻心虫、黑盖虫、蚜虫、麦叶蜂、火蜘蛛、金针虫、土象子、小麦黑疸病、蝗虫、黏虫、菜青虫、地老虎等，造成青枯病、大斑病、霜霉病、轻度炭疽病、角斑病、病毒病、软腐病、黑腐病、黑斑病等灾害。（陈　亮）

【地质灾害】 2022年，全区发生2次地震活动，分别是5月11日ML（地震体波）0.9级地震、8月24日ML0.8级地震。根据北京市震灾风险防治中心资料，断裂在本区内区段的活动时代均为早中更新世，全年区内地震活动较上一年度稍高，未发生破坏性地震灾害，未受到北京市其他区地震活动波及影响。全区以地质灾害低易发区为主，小部分区域为中易发区，集中在河西王佐镇、北宫镇北部的浅山丘陵地带。全区有突发地质灾害隐患点44处，其中崩塌36处、滑坡5处、泥石流3处；险户1户6人。全年未发生地质灾害。（丰鉴编）

【气象灾害】 2022年，全区出现灾害性天气4次，分别为6月12日冰雹天气、6月30日至7月1日暴雨天气、7月27日至28日暴雨天气、9月22日大风天气。（丰鉴编）

【病虫灾】 2022年，全区林木有害生物成灾率为0，松材线虫病监测普查松林资源覆盖率100%，敏感地区美国白蛾等食叶害虫平均寄主叶片保存率95%以上。完成美国白蛾、松墨天牛、草履蚧、双条杉天牛、国槐尺蠖、斑衣蜡蝉等林业有害生物监测预报。监测到美国白蛾成虫8415头，发现幼虫受害树3941株；监测到橘小实蝇成虫456头；悬铃木方翅网蝽发生面积0.39平方千米，国槐尺蠖发生面积0.37平方千米，草履蚧发生面积0.76平方千米，全部完成除治；松科植物采样送检样本中未检测出松材线虫，未监测到媒介昆虫松墨天牛。（丰鉴编）

自然资源

【矿产资源】 全区矿产资源主要有冶金用白云岩、制灰用石灰岩、建筑用砂、水泥配料用页岩、砖瓦用黏土5种；7处矿产地，所有固体矿产开发开采全部停止。2022年无新增矿产地和新查明重要矿产资源储量。开发利用的矿产有地热资源1种，主要用于供暖、洗浴温泉入户。（陈　亮）

【土地资源】 2022年，全区土地资源总量为30552.83公顷，其中国有土地总面积为17340.77公顷，占全区总面积的56.76%。全区耕地面积为515.27公顷，耕地保护目标为440.3公顷。（陈　亮）

【水资源】 2022年，全区水资源总量多年平均值为11925万立方米。多年平均地表水资源量为5963万立方米，多年平均地下水资源量为5962万立方米（扣除重复计算量）。（陈　亮）

【野生动植物资源】 2022年，丰台区有野生植物2门57科152属212种，其中国家二级保护植物1种，北京市二级保护植物1种。有野生动物1门（亚门）4纲25目59科158种。其中，国家二级保护动物18种，北京市一级保护动物13种，北京市二级保护动物68种。（陈　亮）

人口·民族·宗教

【人口】 历史上丰台区正式建置时间较晚（1952年7月）。按1990年区划范围，丰台区辖域1949年时的常住人口约17.27万人，多为近代陆续来自外地经商、务工或垦荒的移民。中华人民共和国成立初期，随着工业和科技事业的发展，大批迁入人口汇集在丰台东高地、云岗等新居民区。改革开放后，大量城区人口外迁，在靠近城区的南苑乡北部发展出一个更大的人口密集带。1990年第四次全国人口普查资料显示，全区常住人口为78.91万人。1990年后，丰台区作为北京市的城市功能拓展区之一，兼有中心城区旧城拆迁改造，吸引更多外来人口迁入。2010年第六次全国人口普查结果显示，全区常住人口为211.21万人。2020年第七次全国人口普查结果显示，全区常住人口约为201.97万人，比第六次普查时下降4.4%。

2022年，全区常住人口201.2万人，比上年末减少0.3万人。其中，常住外来人口62.8万人，比上年末减少0.8万人，占常住人口的比例为31.2%，比上年末下降0.4个百分点。常住人口中，城镇人口199.9万人，占比99.4%；乡村人口1.3万人，占比0.6%。从性别构成看，男性人口99.5万人，女性人口101.7万人。从年龄构成看，0～14岁人口22.6万人，15～64岁人口142.8万人，65岁及以上人口35.8万人。全区常住人口出生率为5.47‰，死亡率为6.81‰，自然增长率-1.34‰。（陈　亮）

【民族】 历史上北京地区是汉族与其他民族交会接触区。随着北京地区政治归属的变迁，曾有多种民族移居京城。宋、元以前杂居的各民族已是水乳交融，不易区分。丰台地区为古蓟城及辽金京都城郊，汉族及各少数民族早有交往。元朝建立之后，西域回民迁居丰台、长辛店两镇日多。清朝入关定都北京后，拱卫京师的满族八旗兵在南苑一带建营房，家属随军居住。清末，南苑镇有1万余名满族八旗子弟驻扎定居，其他地方也有少数满族人散居。1954年经人口普查，丰台区有少数民族人口2590人。其中，回族2080人、满族484人、蒙古族23人、朝鲜族3人，占全区人口总数的1.87%。到1964年第二次全国人口普查，少数民族增加到16个，人口增至9374人，其中，千人以上的有回族和满族、百人以上的有蒙古族，其他少数民族均在百人以下。1990年第四次全国人口普查，全区有31个民族，其中少数民族人口2.16万人，占总人口的2.74%。2010年第六次全国人口普查结果显示，全区有52个民族，少数民族人口前5位分别为满族30009人、回族25069人、蒙古族7187人、土家族2181人、朝鲜族1871人。2020年第七次全国人口普查结果显示，全区有55个少数民族约8.4万人。

常住少数民族人口中，人口较多的为满族、回族。（陈　亮）

【宗教】 1948年12月前，丰台地区主要有伊斯兰教、天主教和基督教，信教群众1000余人。丰台镇有清真寺1座，史传该寺建于元、明时期，原在大井村南侧，清光绪二十一年（1895）丰台火车站落成后，移至丰台镇杨家园子17号。清代所建长辛店清真寺位于大寺口胡同，光绪二十六年（1900）重修。南苑镇亦建有清真寺。历史上有东管头、长辛店两处天主教堂。1984年，建立丰台区伊斯兰教协会；1985年11月建立丰台区天主教爱国委员会。1997年，成立丰台区基督教三自（自治、自养、自传）爱国会筹备小组。2000年成立丰台区基督教三自爱国运动委员会，下属南苑堂、丰台堂两所宗教场所。（陈　亮）

2022年，全区有道教、伊斯兰教、天主教、基督教信徒约1.64万人。有宗教团体3个，即丰台区伊斯兰教协会、丰台区天主教爱国会、丰台区基督教三自爱国运动委员会。有教职人员27人，其中道教2人、伊斯兰教11人、天主教2人、基督教12人。有依法登记的宗教活动场所8处，包括道教庙宇1座、伊斯兰教清真寺3座、天主教教堂2座、基督教教堂2座，有依法批准的基督教固定活动处所12处。（陈　亮）

历史文化

【文化底蕴】 丰台区历史文化底蕴丰厚。域内有金中都的水源莲花池。金中都是北京建都史的起点。有建于金代的卢沟桥，“卢沟晓月”是燕京八景之一。右安门外至丰台一带是元代私家园林集中分布区，留下大量诗词和故事。丰台自古即是花乡，从元朝开始“居民多以种花为业”，因花卉种植之盛而衍生出的丰台十八村花会享誉京城。南苑地区曾是辽、金、元、明、清五朝皇家苑囿地区。丰台戏曲文化资源丰富，中国评剧院、中国京剧院、中国戏曲学院、北京戏曲艺术职业学院、北京京剧院等众多专业院团和戏曲学校聚集于此。（陈　亮）

【文物遗存】 丰台区有卢沟桥（包括宛平城）、镇岗塔、金中都水关遗址、长辛店工人俱乐部旧址、劳动补习学校旧址、长辛店留法勤工俭学预备班旧址、二七机车厂近代建筑遗存、工人夜班通俗学校旧址、警察局驻地旧址、二七烈士墓10处全国重点文物保护单位；有南苑兵营司令部旧址、莲花池、大葆台西汉墓遗址、丰台药王庙、福生寺、丰台娘娘庙、金中都城遗迹、南岗洼桥、赵登禹将军墓9处市级文物保护单位。（陈　亮）

【非物质文化遗产】 2022年，丰台区有非物质文化遗产46项。其中，国家级4项，分别为传统戏剧——京剧、传统戏剧——评剧、传统舞蹈——怪村太平鼓、民间文学——卢沟桥传说；市级3项，分别为传统舞蹈——米粮屯高跷、传统舞蹈——西铁营花钹挎鼓、传统技艺——鸟笼制作技艺，区级39项。（陈　亮）

【近代北方工人运动策源地】 长辛店铁路机厂是近代中国工人革命运动的摇篮，毛泽东曾说“中国工人运动还是从长辛店铁路工厂开始的”。中国共产党的创始人李大钊、邓中夏、毛泽东等都曾到长辛店工人中开展调查，进行宣传教育，组织工人开始斗争。1923年，京汉铁路工人举行罢工，长辛店铁路工人积极参与。长辛店为实现马克思主义同工人运动相结合，为中国共产党的创建，推动党领导第一次工人运动的高潮发挥独特作用，被誉为“北方的红星”。（陈　亮）

【全民族抗战爆发地】 1937年7月7日夜，日本军队在北平西南卢沟桥以北举行军事演习，借口士兵失踪，要求进入宛平县城搜查，遭到拒绝后，立即炮轰宛平城，攻击卢沟桥。中国军队奋起抵抗，这就是“卢沟桥事变”，又称“七七事变”。丰台卢沟桥和宛平城是全民族抗战爆发地。“七七事变”后，抗击侵略、救亡图存成为中国各党派、各民族、各阶级、各阶层、各团体以及海外华侨华人的共同意志和行动，中国由此进入全民族抗战阶段，并开辟世界反法西斯战争的东方主战场。（陈　亮）

【名人与丰台】 历史上，有很多名人在丰台留下事迹，《北京丰台区志》立传古今人物有54人，分别为行均、刘伸、廉希宪、张九思、张辅、张懋、沈榜、无瑕禅师、方从哲、于弈正、方国栋、高裔、王熙、王崇简、王源、刘士铭、刘峨、桑春荣、陆钟琦、郭瑞、吴祯、葛树贵、杨诗田、辛克洪、佟麟阁、赵登禹、沈忠明、王俊、史文彬、刘启才、张同新、齐久荣、王冷斋、孟凡章、郭兴模、修复良、邱洁信、高东丽、王佐力、常子久、申伯纯、石九言、孙俊朝、吴春、李宗和、张德水、钟铧、申仲义、宋凤和、唐宁、张建伟、魏文举、刘翔（排列以卒年为序）。现撷取其中部分人物介绍其事迹。

廉希宪，字善甫，元代畏兀儿人。在忽必烈朝官至北京行省平章政事、行省荆南。晚年在大都城南郊外（今丰台区草桥一带）建园亭别墅万柳堂、廉园居住，直至病卒。

张九思，字子有，元大都宛平人。曾得太子真金赏识。历忽必烈和成宗朝，历任资德大夫、中书左丞、中书平章政事，加封大司徒，掌宰相之权，并主持修纂世祖、裕宗实录，晚年在今丰台草桥一带建遂初堂别墅居住，直至病逝。

张辅、张懋，为父子，张辅字文弼，明代祥符人。建文元年（1399），随父张玉参加靖难之役，屡立战功。后袭父职。参与夹河、藁城、彰德、灵璧诸地之战，为朱棣夺得帝位屡立战功。建文四年（1402），封信安伯，后封新城侯。此后历事成祖、仁宗、宣宗、英宗四朝，辅政20余年。永乐四年（1406），成祖用兵安南，张辅挂帅出征，三平叛乱，名震海外，因此被封为英国公。正统十四年（1449），随英宗出征，战死于土木堡战役，后追封后定兴王。其子张懋九岁时袭英国公，掌握兵权40年，性格豪放，一生备受尊崇，死后追封为宁阳王。两人墓地位于丰台长辛店连山岗上，张家坟成为当地的重要地名。

葛树贵，山东德平人。在1923年2月京汉铁路工人大罢工中，葛树贵等带领3000多名工人去长辛店警察所营救工友，遭到反动军警开枪镇压，葛树贵带领纠察队队员冲在最前面，头部中弹，重伤身亡。

佟麟阁，河北高阳人。华北事变后，佟麟阁任第二十九军副军长兼军事训练团团长，在丰台南苑代理军长，直接负军事指挥之责。“七七事变”爆发后，7月28日，日军向北平南苑发起进攻，佟麟阁部遭遇伏击，壮烈殉国，时年45岁，是抗日战争中殉国的第一位高级将领。1938年3月12日，中国共产党举办追悼抗战阵亡将士大会，毛泽东称佟麟阁等人“给了全中国人以崇高伟大的模范”。2009年被评为“100位为新中国成立作出突出贡献的英雄模范人物之一”。2014年9月，名列第一批300名著名抗日英烈和英雄群体名录。

赵登禹，山东菏泽人。1933年3月，在长城抗战喜峰口战役中名声大振。“七七事变”爆发后，7月26日，赵登禹奉军长宋哲元之命，赶赴丰台南苑，和副军长佟麟阁共同负责北平防务。7月28日凌晨，日军向南苑进攻。赵登禹率部与日军血战，不幸被日军击中胸部，壮烈殉国，年仅39岁。中华人民共和国成立后，确认赵登禹为抗日烈士。2009年被评为“100位为新中国成立作出突出贡献的英雄模范人物之一”。2014年9月，名列第一批300名著名抗日英烈和英雄群体名录。

（陈　亮）

区位优势

【铁路交通枢纽】 丰台区分布有北京西站、北京南站、北京丰台站3个铁路交通枢纽。北京丰台站是亚洲最大铁路枢纽客站，有京九铁路、京广铁路、京沪铁路、京哈铁路、丰沙铁路、南环铁路、京原铁路7条线在此交会，有铁路专用线53条。（陈　亮）

【首都生活消费品供应枢纽】 丰台区是北京重要的商品交易市场集散地，聚集有新发地批发市场、大红门京深海鲜批发市场、北水嘉伦水产品市场、西南郊肉类水产品市场、农产品中央批发市场、岳各庄批发市场6家大中型农产品批发市场，以及花卉、家居、汽车等众多生活消费品市场；承担全市“衣食住行游”全方位生活消费品供给，涵盖农副产品、花卉、家居、汽车等领域，有效保障首都居民日常生活正常运转；承担首都党政机关重大会议活动食品、生活用品、花卉等方面供应保障功能，代表市场、龙头企业在历年全国两会、奥运会、亚太经合组织领导人非正式会议、北京冬奥会等重大活动中发挥重要保障作用。同时承担首都重要农产品应急储备功能，在新冠疫情、冰冻灾害等突发事件中发挥重要稳定供应保障作用。2022年，新发地市场和岳各庄批发市场共承担首都蔬菜78%、水果75.6%、鸡肉41.2%、猪肉44.9%、鸡蛋40.3%、牛肉48.8%、羊肉26.4%、淡水鱼39.5%的供应量。新发地市场在全国农产品主产区累计投资建设15家分级市场和200多万亩基地，在北京市区成立200多家便民菜站、300多辆便民直通车，新发地农产品指数是中国农产品市场价格的风向标。（陈　亮）

【航天事业发祥地】 丰台区是中国航天事业的发祥地。中国运载火箭技术研究院（航天一院）、中国航天科工飞航技术研究院（航天三院）、中国航天空气动力技术研究院（航天十一院）、中国航天推进技术研究院（航天六院）101所等位于丰台区南部和西部。军工科技资源带动区域经济发展，丰台区航空航天产业总产值占全区工业总产值的1/4。

（陈　亮）

2022年经济社会发展

【政治建设】 2022年，丰台区始终把党的政治建设摆在首位。牢记“看北京首先要从政治上看”，教育引导全体党员干部更加自觉坚持和捍卫“两个确立”，增强“四个意识”、坚定“四个自信”、做到“两个维护”，始终同以习近平同志为核心的党中央保持高度一致。坚决扛起管党治党政治责任，区委常委会研究党建议题占比57%，定期研究区人大常委会、政府、政协、法院、检察院“五个党组”党建工作情况。从严落实《党委（党组）落实全面从严治党主体责任规定》，建立区级考核体系。落实意识形态工作责任制，狠抓意识形态阵地管理。落实重大事项请示报告制度，以区委名义向市委（及部门）请示报告45件次。召开区委第六次人大工作会议，制定以首善标准做好新时代人大工作的意见，支持区人大及其常委会依法对国有资产管理、分区规划实施等开展审议和监督。发挥人民政协作为协商民主重要渠道和专门协商机构作用，制定加强和改进新时代政协工作的实施方案，围绕数字金融、轨道交通产业发展等议题开展协商议政。巩固和发展爱国统一战线，制定推进新时代民族、宗教工作的实施方案，组织动员社会各界人士同心抗疫、共谋发展。发挥工青妇等群团组织作用，完成团区委换届工作。全面推进依法治区，深化法院、检察院司法体制改革，《打造基层综合行政执法规范化建设“丰台样本”》成功入选“全国法治政府建设示范项目”，区法院被评为“全国优秀法院”。（陈　亮）

【经济建设】2022年，全区实现地区生产总值2061.8亿元，按不变价格计算，比上年增长1%。其中，第一产业增加值0.8亿元，增长6%；第二产业增加值310.3亿元，下降6.3%；第三产业增加值1750.7亿元，增长2.4%。三次产业结构为0.04∶15.0∶84.9。按常住人口计算，人均地区生产总值为10.2万元，比上年增长2.1%。实施“1511”（培育引进10家上市公司、50家高质量外资企业、100家高成长企业、100家区域贡献超千万的规模企业）产业发展提质工程，培育引进上市企业6家、高质量外资企业51家、高成长性企业122家、规模税源企业116家；新设立注册资本5000万元以上企业401家；新增规模以上企业480家。金融业、科技服务业、商务服务业对全区生产总值增长贡献率超过80%。国家高新技术企业总量突破2000家，同比增长10%；专精特新中小企业达到344家，同比增长178%；累计建成国家级孵化器11家。全年实现留区税收18.3亿元，同比增长35.7%。成功纳入市级“离岸贸易创新发展集聚区”，率先完成年度“两区”招商引资任务，新增入库项目375个。中国国际服务贸易交易会、京港洽谈会上金融、通信、能源等领域多个项目现场签单超过121亿元。全年实际利用外资1.8亿美元，比上年增长34.5%。数字经济标杆城市建设加快，发布数字经济创新发展三年行动计划，规模以上企业374家。域内企业依文、中鼎昊硕入选全国首批百家中小企业数字化转型试点平台，飞天云动成为港股“元宇宙第一股”。全市首个鲜花拍卖中心开拍运营。北京园博数字经济产业园开园吸引数字经济类企业35家。“丽泽×首都商务新区”成为全市4个国际消费体验区之一，方庄、马家堡等10个区域活力中心建设加快，丽泽天地、平安幸福汇等大型商业综合体开业运营，29家北京首店落户丰台。与国贸集团签订战略合作协议，在分钟寺地区规划建设高端商务综合体。第四轮城南行动计划完成投资278亿元；146个区级重点工程超额完成年度计划。全年新增储备项目61个，总投资超过2000亿元。优化营商环境，完成5.0版营商环境改革任务103项，率先开设“证照联办”服务专窗，实现区级依申请政务服务事项100%全程网办。精准服务企业发展，扩充“服务包”企业至944家，办结服务事项1671个，企业满意率100%。在24个街道建立经济合作发展专班，强化两镇经济发展办公室功能，全面提升街镇服务经济发展能力。推进“丰泽计划”，全年引进各类人才3900余人。（陈　亮）

【文化建设】2022年，全区有托幼园144所、小学70所、普通中学46所、中等职业学校5所、各级各类成人学校9所、社会力量办学单位192家、普通高等院校5所。中央民族大学丰台校区全面启用。北京第五实验学校、北京丽泽国际学校等一批优质校实现开学。创评4家市级示范托育机构；新增普惠性学前学位1560个，普惠率超过90%。严格落实“双减”要求，未经审批学科类校外培训机构实现动态清零。全区有公共图书馆2个、档案馆1个、文化馆（站）22个、文化广场26个、各类群众文化团体1426个。全区有卫生机构556家，其中医院77家。北京口腔医院、丰台医院提质改建工程完成二次结构施工，区妇幼保健院获评三级医院，南苑医院成功转型为中医医院。率先构建“三级医疗保障服务网络”，社区卫生服务中心实现医联体全覆盖。深化“智慧家医”模式，重点人群签约率达到98.8%。全区有体育项目经营单位463家。开展冬奥主题展演80场次，举办第七届欢乐冰雪季。出色备战北京市第十六届运动会，获得群众项目比赛奖牌53枚，位列全市第一。设立全市首个全民健身水上运动基地，成功举办2022年北京市龙舟大赛。新村街道、北宫镇成功创建“北京市全民健身示范街道”及“北京市体育特色乡镇”。区档案馆新馆建设加快推进，区文化中心和卢沟桥历史博物馆提升改造。办好第六届中国戏曲文化周，组织“我的丰台我的家”等系列文化活动1800场。（陈　亮）

【社会建设】2022年，全区居民人均可支配收入74365元，比上年增长3%。居民人均消费支出44516元，比上年增长2.7%；恩格尔系数为22.0%，比上年上升0.8个百分点。居民人均住房建筑面积30.93平方米，比上年增加0.41平方米。年末城镇登记失业率3.67%，比上年末提高0.57个百分点。城镇登记失业人员就业率65.57%，比上年末下降1.67个百分点。参加基本养老、失业和工伤保险人数分别为

115.7万人、81.7万人和74.8万人，分别比上年末增加4.5万人、2.8万人和1.8万人。参加职工基本医疗和生育保险人数分别为109.5万人和68.6万人。全区享受城市居民最低生活保障8944人，享受农村居民最低生活保障102人。城乡居民最低生活保障标准1320元/月，职工最低工资标准2320元/月。全区有各类提供住宿福利机构52家，床位10572张，在院人数3603人。发布10条促就业措施，累计发放社会救助金1.54亿元。新增养老机构和驿站23家、养老床位933张。各类政策性住房新开工1.16万套、竣工1.03万套。（陈　亮）

【生态文明建设】 2022年，全区$PM_{2.5}$累计浓度31微克/立方米，比上年下降5.9%，达到历史最优。开展2022年水生态状况调查评估，国市考断面优良水体比例为100%。建成全市首个区级水生态实验室，统筹推进地下水污染防治试验区建设，完成地下水研究中心一期施工建设。强化水资源保护，完善地表水考核评价办法，加强饮用水保护，开展全区农村集中式、分散式饮用水水源地环境状况调查评估，实现水源地“一源一档”（以一个水源地为基本单元建立档案信息，包括水源地基础信息和动态信息档案）动态管理。实施“点靓凉水河”行动，11千米河岸逐步营造“一廊、五区、多景”（“一廊”指整体的水域河道；“五区”为金融商务区段、活力社区区段、枢纽门户区段、文化博览区段、生态休闲区段；“多景”指多个景观）空间格局，丰草河、旱河、马草河流域实现全年通水。污染地块安全利用率动态达到100%。新一轮百万亩造林任务超额收官，增绿3010亩，累计造林1.61万亩。完善碳达峰碳中和发展路径及规划，持续巩固“无煤化”成果。编制《丰台区生物多样性保护工作方案（2021—2035年）》，推进生物多样性保护状况初步调查。在全市率先开展水生态环境和生物多样性保护现状初步调查，累计监测到鱼类等水生动植物293种。国家二级重点保护野生动物——棉凫首次现身丰台，清洁河流指示物种宽鳍鱲、马口鱼重现。（陈　亮）

中国共产党丰台区委员会

综　述

【全面加强党的领导】 2022年，丰台区委坚持党的领导，加强党的政治建设和坚持党要管党、从严治党。区委常委会研究党建议题占57%，定期研究区人大常委会、政府、政协、法院、检察院“五个党组”党建工作情况。从严落实《党委（党组）落实全面从严治党主体责任规定》，建立区级考核体系。狠抓意识形态阵地管理，落实重大事项请示报告制度，以区委名义向市委（及部门）请示报告45件次。坚持以习近平新时代中国特色社会主义思想武装头脑、指导实践、推动工作，建立区委常委会第一议题学习制度，发挥区委理论学习中心组领学促学作用，安排集中学习50次。开设习近平新时代中国特色社会主义思想读书班，组织党员干部走进党校接受系统性理论教育，开设“首都发展大讲堂”，提升干部能力素质。组织开展全区113家处级单位全覆盖调研，谈话考察干部2000余名。举办各类主体班次15期，培训党员干部3000余名。出台《领导干部治理能力提升三年行动计划》，实施干部队伍建设“六大工程”（即政治建设“领航工程”、党建引领“强基工程”、干部专业素质“聚能工程”、青年干部“青苗工程”、实践锻炼“淬火工程”、干事创业“聚力工程”）。着力打造“四型四化”（“四型”即学习型、服务型、创新型、实干型，“四化”即专业化、法治化、国际化、现代化）干部队伍，创办《丰宜学台》刊物。北京丽泽金融商务区管委会获全国“人民满意的公务员集体”表彰。实施“一线工作法”，推动工作重心下移，成立全市首个专业市场行业党委，统筹全区专业市场党建工作。发挥党建协调委员会平台作用，累计成立三级党建工作协调委员会400余个，推动“两新”党建扩面提质，打造“小憩港湾”“移动网格员”“小哥之家”等特色品牌。坚持以严的基调正风肃纪反腐，驰而不息纠治“四风”，查处违反中央八项规定精神问题13人。针对全面从严治党考核发现问题，约谈处级“一把手”26人。坚持有腐必反、有案必查，区纪检监察组织立案122件，给予党纪政务处分98人，移送司法机关16人。落实和整改市委巡视和其他专项巡视反馈问题，高质量规划实施新一届区委巡察工作。全面加强对民主法治建设工作的领导。召开区委第六次人大工作会议，制定以首善标准做好新时代人大工作的意见，支持区人大及其常委会依法对国有资产管理、分区规划实施等开展审议和监督。发挥人民政协作为协商民主重要渠道和专门协商机构作用，制定加强和改进新时代政协工作实施方案，开展协商议政。巩固和发展爱国统一战线，制定推进新时代民族、宗教工作实施方案，组织动员社会各界人士同心抗疫、共谋发展。发挥工青妇等群团组织作用，完成团区委换届工作。全面推进依法治区，深化法院、检察院司法体制改革，区法院被评为“全国优秀法院”。区委常委会高度重视自身建设。修订实施区委常委会工作规则。（王　涛）

【经济运行稳中提质推动】 2022年，区委推动经济运行稳中提质，聚焦“五子”（即建设国际科技创新中心、推进‘两区’建设、打造全球数字经济标杆城市、以供给侧结构性改革创造新需求、推动京津冀协同发展）联动，主动服务和融入新发展格局，全力稳住经济基本盘，有力有序有效推进复工复产，制定实施稳经济“1+3+N”（“1”指《丰台区统筹新冠疫情防控和稳定经济增长实施方案》，“3”指包括《丰台区加快经济恢复和重振若干措施》《丰台区关于继续加大中小微企业帮扶力度加快困难企业恢复发展的若干措施》等政策在内的区级自选政策和纾困措施，“N”指具体实施细则）一揽子政策和助企纾困16条措施［包括加大房屋租金减缓支持力度、提供创业场地租赁补助、降低重点功能区企业办公成本、全面落实税费缓缴减免政策、加大中小微企业融资担保支持力度、对小微企业贷款实施延期还本付息政策、进一步拓宽企业融资渠道、拓宽一次性扩岗补助政策范围、支持多渠道灵活就业、鼓励企业创新发展、支持创新平台建设和知识产权保护、支持新技术在区内示范应用、助力企业做大做强、支持先进制造业和软件信息服务业企业加快发展、支持企业对设备购置与更新申请贷款贴息、切实做好重点企业（项目）服务保障］，及时畅通供应链、产业链，新增减税降费政策红利70亿元，惠及8.1万户市场主体，助力企业渡难关。全区国有房屋租金减免政策惠及1476家小微企业，减免金额约1.6亿元，“融资纾困直通车”向140家企业发放融资贷款4.6亿元。全区实现国内生产总值2061.8亿元，比上年增长1%；区级一般公共预算收入实现137.6亿元，同口径增长2.1%；居民收入增长与经济增长基本同步。（王　涛）

【统筹协调区域发展】 2022年，区委统筹协调区域发展，加快实施河西地区高质量发展专项行动计划，全年完成投资超60亿元，完善河西地区基础设施，启动云岗路西延、芦井路等道路建设，加快推进河西第二水厂规划建设。规划建设园博数字经济产业园，推动长辛店老镇有机更新，促进特色文旅产业发展。推动河西地区教育发展，布局5所重点中小学、幼儿园。落实城南行动计划，立足功能定位，发挥优势，释放创新发展活力；中关村科技园区丰台园持续做大做强轨道交通、航空航天两大优势产业和新一代信息技术、新材料、智能制造、医药健康4个特色产业，全年新引进亿元以上企业51家、高精尖及规模以上企业183家；北京丽泽金融商务区加快规划建设，金融产业聚集效应进一步凸显，全年引进中国物流集团、建信金科等优质企业218家；南中轴地区首都功能承载增强，推进大红门地区转型发展，巩固疏解成果，用好腾退空间，布局新兴业态，指导制定实施南中轴地区三年发展行动计划；推动国家级博物馆群等重要文化设施群落地，中央芭蕾舞团业务用房开工，大红门服装商贸城转型为南中轴国际文化科技园，引进国家级专精特新“小巨人”、国高新等企业52家，南苑森林湿地公园集中连片开放99.53公顷，大尺度绿色空间初现。（王　涛）

【全面深化改革】2022年，区委改革办完成11个重点领域33项改革任务、9项重点督察任务和5项重点推进的改革事项。召开丰台区深化改革委员会会议，研究成立街道合作发展办公室（专班）、深化“接诉即办”改革推动主动治理“未诉先办”等议题，重点领域和关键环节改革取得突破。总结和宣传丰台经验，丰台区“双专员”和“双进入”机制经验做法、产业和劳动力就业结构分析报告等4篇信息在《北京改革情况交流》《北京改革调研报告》刊登，“社区治理书记”等2个案例入选市级“双微”典型案例。营商环境改革持续优化，深化落实5.0版营商环境改革任务，区级政务服务事项100%实现“全程网办”。成立街镇合作发展办公室，构建部门、属地联动服务企业、支撑发展的工作架构。深化“服务包”机制，为企业解难题办实事，办结率、满意率均达100%。实施“丰泽计划”，为区域高质量发展聚才引智。国资国企改革纵深推进，区域国有资本布局优化，国有资产保值增值。全民所有制企业公司改革完成率99.7%。推进全区经营性国有资产集中统一监管，推动国有企业工资总额预算管理改革，以“管资本”为主的国资监管体系逐步完善。农村改革全面深化，推进乡村振兴战略全面实施，严格落实“村地区管”，深化农村集体产权制度改革，全面推行“田长制”，粮食作物播种面积超额完成任务。持续抓好农村人居环境整治。（许　晨）

【市政基础设施建设和城市更新加快】2022年，丰台区制定“十四五”时期城市治理发展规划，加快重点区域控规编制，大红门、南苑森林湿地公园、五里店等街区控规正式获批，长辛店老镇街区控规通过市级联审，分钟寺、东铁匠营等街区控规形成初步成果。完成全区城市体检和“三区三线”划定。“疏整促”专项行动扎实推进，年度量化任务全部完成。推动老旧厂房和低效楼宇升级改造，首汇健康科技园获评北京城市更新“最佳实践”项目。加快基础设施建设进程。积极推进第四轮城南行动计划，65个重点项目完成投资278亿元。北京丰台站正式运营，周边配套设施全部竣工投入使用。丽泽城市航站楼综合交通枢纽一体化项目主体开工。公共轨道交通建设加快，地铁16号线南段投运，丽金线、1号线支线、11号线、19号线二期纳入全市轨道交通第三期建设规划，通久路等5条主次干路建设加快，完成10处疏堵改造工程，路网结构进一步优化。强化智慧城市建设，领导驾驶舱投入运行，实现5G信号全覆盖。推动国家卫生区创建，实现北京市卫生街镇全覆盖。完成基本无违法建设区创建任务，拆除违建270万平方米。获得全国首个超大城市中心城区“两山”实践创新基地称号。创建国家森林城市基本达到国家标准。全区$PM_{2.5}$累计浓度32微克/立方米，比上年下降5.9%，创监测以来最好水平。加强水环境治理，实施河西水生态提升一期项目。启动“点靓凉水河”行动，规划打造“一廊、五区、多景”空间格局。新一轮百万亩造林任务超额收官，累计造林1073.33公顷，森林覆盖率27.89%。全区城市绿化覆盖率47.85%，比上年提高0.42%，人均公园绿地面积12.2平方米，比上年增加0.1平方米，城区公园绿地500米服务半径覆盖率80%，初步形成“一轴一廊一屏障，百路百园百社区”森林城市建设空间布局（“一轴”指北京市南中轴沿线森林及南苑森林湿地公园；“一廊”指永定河水岸森林；“一屏障”指丰台区西北部浅山绿屏。“百路”针对贯穿全区各环路及十多条主要高快速路，开展道路绿化美化景观化工程建设；“百园”指在现有98个公园的基础上，通过新建和改建公园绿地，构建100多个覆盖全区的公园体系；“百社区”针对重点园区、居住区和机关、企事业单位，提高绿地服务半径覆盖率，优化城区绿化格局）。全力配合做好第二轮市级生态环保督察。普惠性幼儿园覆盖率超过90%。严格落实“双减”要求。推进各级公共卫生委员会建设，率先构建“三级医疗保障服务网络”，社区卫生服务中心实现医联体全覆盖。深化“智慧家医”模式，重点人群签约率98.8%。（丰鉴编）

【社会治理体制机制创新】2022年，全区基层治理持续深化，实现社区书记工作室示范点街镇全覆盖。继续抓好垃圾分类、物业管理2个“关键小事”，探索建立物业企业信用管理机制，23个小区被授予北京市生活垃圾分类示范小区。推进交界地区共建共治，19个街道（镇）与邻区街乡镇建立拉手结对、协作共建机制。推进乡村振兴战略全面实施，2个村入选全市首批抓党建促乡村振兴示范村。成立全市首个专业市场行业党委，统筹全区专业市场党建工作。推动全国文明城区建设，推进全国双拥模范城创建工作。深化党建引领“接诉即办”改革，强化主动治理、“未诉先办”，办理市民诉求74.1万余件。出台主动治理“未诉先办”实施意见，强化高位统筹调度，压实“一把手”办件责任，集中办好21个“每月一题”，制定治理类街道（镇）专项工作方案，创新建立“治理书记”工作机制。（丰鉴编）

【平安丰台建设深化】2022年，全区持续深化平安丰台建设，抓好扫黑除恶工作，开展治安、公共安全风险集中整治，消除隐患8900余处。开展矛盾纠纷排查，化解信访积案521件。落实经营性自建房100%管控。深入推进市域社会治理现代化试点。细化全区网格管理，健全“一图五册”基础台账。三级领导干部大接访，治理重复访，区级接访人次比上年下降6.28%。推进全域无隐性债务试点工作，完成政府隐债清零任务。落实粮食安全责任制，保障区级储备粮安全。加快韧性城市建设，创建区级应急防汛系统。防范化解各领域重大金融风险。守好群众“米袋子”，粮食安全考核成绩列城六区首位。

（丰鉴编）

区委综合事务

【概况】 2022年，区委办公室深入学习贯彻党的二十大精神，按照市区党代会统一部署，发挥统筹协调、参谋助手、督查落实、综合保障等职能作用，为区委高效抓好“双统筹”提供坚实保障。制定落实《丰台区委办公室党的二十大精神学习宣传贯彻方案》，开展理论专题学习、组织参加干部教育培训等3个方面11项任务。制定2022年区委办理论学习中心组学习计划，全年开展中心组学习13次，下发每季度政治理论学习清单，组织学习《习近平谈治国理政》第一卷至第四卷。召开领导班子党史学习教育专题民主生活会和全办党史学习教育总结大会，巩固党史学习教育成果。落实“三重一大”制度，全年召开全体会12次、室务会18次，研究议题79个。

（王　涛）

【服务区委落实党建主体责任】 2022年，区委办发挥“两组一委一办”职能作用，组织实施2021年度区级考核综合评价工作，制定年度区委党建工作要点和区委常委会全面从严治党任务安排；高标准做好市级全面从严治党检查迎检，制定整改方案，抓好反馈问题整改；服务提醒党员区领导落实“一岗双责”，开展处级单位“一把手”约谈、抓基层党建述职评议等工作；制发区委党务公开目录，推动全区局、处级党组织全部制定报备目录。召开区委党建领导小组会议3次，研究重点议题8项，修订制度文件3项，刊发党建参阅11期、交流做法59篇；牵头起草区委党建工作报告、党员干部直接联系群众报告，参与制定新发地地区党建工作指引。

（王　涛）

【安排保障调研活动】 2022年，区委办围绕全区中心工作，安排专题调研、一线调研，服务保障中央、市、区领导调研活动261次，其中中央和市领导69次、区领导192次，同比增长1.5倍。组织“四不两直”检查101次，同比增长1.8倍。

（王　涛）

【区委会议服务】 2022年，区委办统筹做好区委全会、区委常委会、区委书记专题会、新冠疫情防控调度会等全流程组织服务，细化人员组织、材料准备、会场布置、纪要撰写各环节。服务保障各类会议861次，同比增长85.5%。其中，区委常委会46次、书记专题会28次、其他市区会议282次，撰写纪要300期。

（王　涛）

【以文辅政作用发挥】 2022年，区委办对标对表党中央决策部署和市委工作要求，熟悉掌握基本理论政策和基层工作动态，提升文稿理论高度、思想深度，起草各类文稿近600篇，同比增长1.1倍。加强收发文办理审核，精准研提拟办意见，优化批示件转办流程，协同推进办文办事，向市委请示报告45件，办理各类文件5469件，同比增长53%，转办领导批示件1850件，同比增长1.5倍。聚焦区域发展重点工作、民生领域突出问题，上报市委信息976篇，采用刊登343篇，同比增长1.8倍，在全市各区中排名第三；编撰印发《丰台信息》普刊97期、专刊8期、调研与参阅4期，《丰宜学台》39期；获市领导批示24条、区领导批示18条。

（王　涛）

【督查落实】 2022年，区委办围绕市委主要领导调研指示精神制定分工方案，专题立项、持续跟踪；做好市委、区委主要领导批示指示办理，建立台账，动态更新；督促相关部门加快重点工作进度，协调解决重点难点问题；围绕新闻媒体和市委办公厅《信息专报》《今日舆情》等反映问题，及时摸清情况、厘清责任，督促承办单位按时办理、逐项整改。督办市委、区委主要领导批示指示精神落实598件，形成报告218篇，同比增长47.3%；督办市委、区委重要会议精神落实1302件，同比增长2倍；督办舆情反映问题207条，形成简报78期；办理政协提案31件。

（王　涛）

重要会议

【概况】 2022年，中共北京市丰台区委员会召开全会4次、常委会会议46次，召开区政党协商会、农村工作会议等重要会议传达学习和贯彻落实习近平总书记重要讲话，中央、市委重大决策和重要会议精神，研究、部署和安排全区各项工作。

（王　涛）

【区委全会】 2022年，中共北京市丰台区委全体会议召开4次。

1月28日，区委十三届二次全体会议召开。区委常委会主持。会议表决通过丰台区推荐提名北京市出席党的二十大代表候选人建议人选名单，审议通过《中国共产党北京市丰台区第十三届委员会第二次全体会议决议（草案）》。

4月22日，区委十三届三次全体会议召开。区委常委会主持。会议投票确定丰台区出席中国共产党北京市第十三次代表大会代表候选人预备人选，表决通过《中国共产党北京市丰台区第十三届委员会第三次全体会议关于召开中国共产党北京市丰台区代表会议的决议（草案）》。

7月28日，区委十三届四次全体会议召开。区委常委会主持。区委书记王少峰代表区委常委会作工作报告并讲话，从切实解放思想、实施倍增追赶、实现共同发展、加强统筹协调、勇于争先创优、深入一线工作6个方面，要求落实好区委全会精神，抓好下半年各项工作。会议审议通过《中国共产党北京市丰台区第十三届委员会第四次全体会议决议（草案）》。

12月29日，区委十三届五次全体会议召开。区委常委会主持。王少峰代表区委常委会作工作报告并讲话。全会学习贯彻党的二十大和中央经济工作会议精神，贯彻落实市第十三次党代会和市委十三届二次全会精神，总结2022年工作，研究部署2023年各项任务。全会审议通过《丰台区加快实施倍增计划追赶行动推进高质量发展实施意见（2023—2025年）》《关于实施发展伙伴计划合作共建丰台的意见》，审议区委常委会2022年落实全面从严治党主体责任（党建工作）情况报告，讨论全区经济社会发展工作报告。（王　涛）

【区委常委会会议】2022年，区委常委会会议召开46次，传达习近平总书记重要讲话、中央和市委重大决策、重要会议精神，研究《区委常委会2022年工作要点》《区委常委会2022年议题计划》《市、区“十四五”规划纲要主要目标与任务分工方案》《北京市丰台区城市更新行动计划（2021—2025）》《2022年丰台区“接诉即办”“每月一题”推动解决重点民生诉求工作方案》《丰台区2022年“疏解整治促提升”专项行动工作计划》《丰台区创建“基本无违法建设区”工作推进方案》《丰台区对中共北京市委北京市政府安全生产第一督察组督察反馈意见的整改方案》、全面从严治党（党建）工作考核和政治生态分析研判工作相关事宜、党务公开、十三届区委巡察工作规划、与房山区结对协作推动生态涵养区建设年度任务分解方案、区国有资产管理和审计情况等议题231个。（王　涛）

【区委议事协调机构会议】2022年，区委召开议事协调机构会议11次。3月18日，区委生态文明建设委员会召开会议，传达学习《中央生态环境保护督察工作办法》，审议通过区委生态文明委2022年工作要点和2021年工作总结。3月21日，丰台区建设国家服务业扩大开放综合示范区工作领导小组第二次会议召开，听取“两区”建设工作情况汇报，审议通过“两区”建设2022年重点任务安排、《北京市丰台区建设国家服务业扩大开放综合示范区工作领导小组下设机构调整方案》。3月25日，区委党的建设工作领导小组全体会议召开，审议通过领导小组2021年工作要点完成情况和2022年工作要点，会议听取并原则同意全区“两新”党建工作、农村基层党建工作情况及下一步工作安排建议汇报。3月30日，区委审计委员会第十次会议召开，传达学习全国审计工作会议和市委审计委员会第十一次会议精神，审议通过区委审计委员会2022年工作要点和2021年工作总结。3月31日，区委统战工作领导小组2022年第一次全体会议召开，传达学习全国统战部长会议、市委统战工作领导小组会议、全市统战部长会议精神，审议通过区委统战工作领导小组2022年工作要点。4月14日，区支援合作工作联席会2022年第一次会议召开，传达近期国家和北京市关于支援合作工作相关会议精神，听取研究区支援合作工作联席会议制度修订，审议通过2022年支援合作工作要点。4月22日，区委农村工作领导小组2022年第一次全体会议召开，审议通过区委农村工作领导小组2022年工作要点、《丰台区党委和政府负责同志乡村振兴基层联系点》《丰台区各涉农街镇党政领导班子和领导干部推进乡村振兴战略2021年度实绩考核情况及2022年度考核安排》。7月30日，区委城市工作委员会2022年第一次会议召开，听取区委城工委2021年工作完成情况，审议通过《区委城市工作委员会2022年工作要点》《丰台区2022年城市更新工作要点》《丰台区城乡结合部建设2022年工作要点》。8月20日，区委财经委员会第六次会议召开，传达学习中共中央政治局会议、市委财经委员会第十二次、十三次、十四次会议精神，听取并研究主要经济指标情况和下一步工作安排，审议通过区委财经委员会2022年工作要点。8月23日，区委教育工作领导小组2022年第一次会议召开，传达学习市委教育工作领导小组2022年第一次全体会议精神，通报领导小组组成人员名单调整，审议通过区委教育工作领导小组2022年工作要点、全面加强新时代中小学劳动教育实施方案、推进义务教育学校教师交流轮岗工作实施方案等。9月13日，区委网络安全和信息化委员会第四次会议召开，传达学习市委网络安全和信息化委员会第四次会议精神，听取区委网信委2021年工作完成情况，审议通过2022年网信工作要点。9月24日，区委巡视工作领导小组会召开，听取区委巡察组对区委老干部局、区体育局、区人防办等12家单位党组织的巡察情况汇报。（王　涛）

重大决策

【城市更新五年行动计划】3月3日，区委办公室、区政府办公室制发《北京市丰台区城市更新行动计划（2021—2025年）》，明确按照北京市城市更新行动计划要求，实施城市更新行动，聚焦城乡结合部存量空间资源提质增效，不搞大拆大建，除城镇棚户区改造外，原则上不包括房屋征收、土地征收、土地储备、房地产一级开发等项目。城市更新行动与“疏解整治促提升”专项行动进行有效衔接，规划利用好疏解腾退的空间资源，分别为老旧小区改造、危旧楼房改建和简易楼腾退改造、旧楼宇与传统商圈升级改建、低效产业园区“腾笼换鸟”、老旧厂房更新改造、城镇棚户区更新改造。项目实施路径分为依据北京市城市更新行动计划，加强统筹片区单元更新与分项更新，统筹城市更新与疏解整治促提升，统筹地上和地下更新，统筹重点项目建设与周边地区更新，统筹政府支持与社会资本参与，推进城市更新行动高效有序开展。

（丰鉴编　钟松臻）

【创建“基本无违建区”】 3月11日，区委办公室、区政府办公室制发《丰台区创建“基本无违法建设区”工作推进方案》，提出按照“集中拆除+持续治理”相结合的模式，实现从整治型拆违向规划引领精细化治违的转变。在图斑精准分类基础上，集中对限期整治类、重点区域和非建设空间内图斑进行拆除，并做好拆后规划利用；制定持续治理类图斑整改方案，实现拟保留项目的闭环管控。（钟松臻）

【部署“十四五”规划时期和2035年远景目标丰台区经济社会发展任务】 4月11日，区委办公室印发《区委关于“十四五”规划和二〇三五年远景目标建议的重要任务清单》，对全区“十四五”时期和以后一个时期经济社会发展作出全面部署，包括10大类126项内容。10大类分别为立足首都发展大局，提升服务保障首都功能的能力和水平；抓住疏解非首都功能这个“牛鼻子”，融入京津冀协同发展；落实构建新发展格局要求，推动地区高质量发展；深入落实城市总体规划，提高城市规划建设和治理水平；坚持把保障人民健康放在优先发展战略位置，着力建设健康丰台；聚焦“七有”“五性”，在更高水平上保障和改善民生；把文化建设摆在更加突出位置，着力提高区域文化软实力；加快推动绿色发展，持续改善城市人居环境；防范化解各类风险隐患，维护社会和谐稳定；坚持和加强党的全面领导，为实现“十四五”规划和二〇三五年远景目标提供坚强保证。4月20日，区委办公室、区政府办公室制发《〈北京市国民经济和社会发展第十四个五年规划和二〇三五年远景目标纲要〉涉及丰台区任务分工方案》《〈北京市丰台区国民经济和社会发展第十四个五年规划和二〇三五年远景目标纲要〉主要目标与任务分工方案》。《〈北京市国民经济和社会发展第十四个五年规划和二〇三五年远景目标纲要〉涉及丰台区任务分工方案》包含39项。《北京市丰台区国民经济和社会发展第十四个五年规划和二〇三五年远景目标纲要》主要目标与任务分工方案涉及302项。（钟松臻）

【推进公共卫生委员会建设】 11月22日，区委制发《丰台区推进各级公共卫生委员会建设工作的实施方案（试行）》，总结新冠疫情防控工作经验，全面提升全区应对重大新冠疫情和公共卫生安全事件能力，加强区、街镇（园区）、居（村）委会三级公共卫生委员会建设，经区委常委会研究决定，成立区、街道（镇）（园区）两级公共卫生委员会，完善居（村）委会公共卫生委员会职能，形成政府指导、专业支撑、部门协同、社会参与的三级公共卫生委员会管理体系。（钟松臻）

组织工作

【概况】 2022年，区委组织部坚持以习近平新时代中国特色社会主义思想为指导，学习贯彻党的二十大精神，把握组织路线服务政治路线的根本定位，落实党中央“疫情要防住、经济要稳住、发展要安全”重大要求，强党建促发展、抓班子建队伍、聚人才激活力，完成各项工作任务。强化完善机关领域组织体系建设，以新冠疫情防控、创卫创城等重点任务为契机，推动党建和业务工作深度融合。开展国企党建工作会议精神贯彻落实“回头看”，查找问题85个，提出改进措施116项。制定党组织领导的校长负责制改革实施方案，举办中小学校级领导干部专题培训班，推进5所试点学校完成改革。探索公立医院党支部参与科室重大问题决策内容、程序、路径，加强党对公立医院工作领导。差额选举产生25名丰台区出席北京市第十三次党代会代表；向市委推荐提名党的二十大代表人选6人。开展党内帮扶慰问工作，走访慰问市、区两级生活困难党员1219人次、党务专职工作者41人次、中华人民共和国成立前老党员10人次、因公牺牲党员干部家属30人次、第一书记8人次、市级及以上党内表彰获得者58人次。

（曹益凡　谢　超　王大命）

【党组织和党员队伍】 2022年，全区有基层党组织6286个。其中，党委431个、党总支249个、党支部5606个；机关党组织636个、事业单位党组织752个、国有企业党组织59个、集体企业党组织163个；社区级党组织382个，其中城市社区党组织368个、镇社区党组织14个；村级党组织54个，其中党委4个、党总支47个，党支部3个。党员176018名。其中，在岗职工党员39392名、农牧渔民党员5385名、离退休党员114656名（占65.14%）、其他党员16585名，女党员75615名、占42.96%，少数民族党员6653名、占3.78%；新增党员7277名，比上年增长4.31%。发展党员850名，其中女性499人，占58.7%；35岁及以下482人，占56.7%；少数民族43人，占5.1%；发展农牧渔民59人，占6.9%；在非公企业和社会组织发展166人，占19.5%。

（曹益凡　谢　超　王大命）

【党建引领基层治理】 2022年，全区深化“治理书记”工作机制，解决一批小区配套、物业服务、停车管理等急愁难盼问题，发挥党建协调委员会和在职党员“双报到”机制优势，推动2900余家成员单位3.4万余名在职党员参与新冠疫情防控、社区治理。深化网格化工作机制，组建网格志愿服务队2535支，打通联系服务群众“最后一百米”。加强农村基层党组织建设，安排17名党员区领导对54个村党组织集中“回头看”。开展村党组织分类提升行动，玉泉营街道草桥村、卢沟桥街道张仪村入选首批市级乡村振兴示范村，北宫镇李家峪村软弱涣散村突出问题得到解决，提前“摘帽”。完善村干部待遇保障制度，解决村干部职工社会保险问题。落实村（社区）书记区级备案机制，选派9名街镇机关干部担任社区书记，开展村书记个人重大事项报告申报、抽查核实24人。指导社会工委、农工委举办社区（村）书记培训，提升履职能力。开展面向优秀社区书记招录公务员工作，全区383个社区359名社区书记中37人符合报考条件，最终6个街道7名优秀社区书记进入公务员队伍。

（赫龙震　张　勋）

【党群服务中心建设】 2022年，全区推进商务楼宇党群服务中心建设，推动街镇园区新建商务楼宇党群服务中心（站）13个，批复13个，全部投入使用。选取14个党群服务中心为新就业群体提供免费充电、饮水配餐、临时休息等保障性服务。强化政务服务资源导入，协调市场监管、税务、商务、科信等11个政府职能部门，梳理制定惠企30条政策礼包，做实“三项清单”。

（王大命）

【“两新”党建】 2022年，辖区有专业市场60家，场内有经营主体1.4万余家、从业人员2.7万人，组建有非公党组织23个，党员480余人。成立全市首个专业市场行业党委。打造“小哥之家”“小憩·港湾”“盈坤世纪”等党群服务中心，依托社区（村）、非公企业等设置“小哥加油站”“先锋骑手服务站”，向新就业群体提供特色化服务254次，服务新就业群体10763人次。“小哥之家”经验做法《融入 融合 融洽 将快递小哥纳入城市基层党建格局》获评全国“2022年度百个两新党建创新案例”。组建新就业群体党支部16个，全部纳入属地党建协调委员会，开展议事协商30余次，收集意见诉求515个，解决499个。成立新就业群体党员志愿服务队21支，新就业群体参加各类志愿服务12238小时，246人担任网格员等各类员、门长，上报、发现治理类问题387件。

（吴建纲）

【干部队伍建设】 2022年，区委组织部修订《区管干部选拔任用工作流程（试行）》，规范干部选任程序。调整处级干部333人次，晋升职级133人。调整的干部中，提拔和进一步使用127人，平级交流83人，兼职免职等123人；提拔正处级领导干部31人、副处级领导干部60人。提拔女干部28人，少数民族干部7人，非中共党员干部1人。围绕全区中心工作，抽调600余名干部参与新冠疫情防控、“七创”联动、“城南行动”“两区”建设、巡视巡察等专班工作，选派9名干部参与对口帮扶、对口协作、首都干部治理能力专项挂职等工作。创新“贯通式”干部培养模式，选派26名机关干部到“接诉即办”排名靠后的社区（村）担任“治理书记”，提升干部破解基层治理难题能力。聚焦干部治理能力提升，制定出台《丰台区关于落实〈北京市领导干部治理能力提升三年行动计划（2022—2024年）〉的措施》。组织开展区级重点培训班次17期，培训区管干部、年轻干部、党组织书记等重点群体2300余人次。举办处级领导干部学习贯彻党的十九届六中全会精神专题研讨班，集中轮训处级干部1100余人次。以“三级党校”负责人和青年干部为重点，选派干部参加习近平新时代中国特色社会主义思想读书班，推动理论学习常态化。围绕区域中心工作和“四型四化”干部队伍建设需要，制定实施“倍增追赶干部赋能”培训计划，举办推动高质量发展能力提升研修班，开设“四型四化”干部讲堂，提升干部推动区域高质量倍增发展的素质和能力。

（亓吉亮）

【公务员管理】 2022年，全区招录公务员321人。其中，硕士研究生及以上学历的217人，占总招录人数的67.6%；“双一流”院校毕业生60人，占录用人数的18.7%。安排新录用试用期满、完成转正定级的公务员以及新任职无街镇工作经历的科级领导干部350余人，分批次到社区村基层一线和新冠疫情防控、“接诉即办”等工作中开展为期3至6个月服务锻炼，提升年轻干部综合能力素质，促进基层治理创新。对全区71家单位科级干部选拔任用工作和新选拔任用的科级干部开展“一报告两评议”测评及统计分析，加强评议结果数据分析及运用，通过各单位评议结果横向对比，以及同一单位多年度评议结果纵向对比，定位问题单位，分层分类督促整改，提升选人用人工作质效。审核46家单位科级领导干部选拔任用工作方案，完成科级干部任免备案674人次。改进、完善调任、调动等工作程序，审批办理调动和系统外转任干部175人次。推进职务、职级并行制度落实，审核晋升职数43批次，完成晋升人员备案290人次，其中一至四级主任科员分别晋升68人、60人、109人、53人。开展全国、北京市“人民满意的公务员”“人民满意的公务员集体”推荐评选工作，北京丽泽商务区管委会被表彰为全国“人民满意的公务员集体”，北宫镇政府经济发展办公室副科级干部1人被表彰为北京市“人民满意的公务员”，区卫生健康监督所被表彰为北京市“人民满意的公务员集体”。完成2021年度全区科级及以下4433名公务员年度考核和奖励备案工作。其中，972人确定为优秀等次；1519人获

得奖励，其中获三等功奖励361人、获嘉奖1158人。（张　勋）

【人才工作】2022年，丰台区制发《丰台区“十四五”时期人才发展规划（2021—2025年）》，谋划全区人才工作。修订《丰台区实施“丰泽计划”引才聚才暂行办法》，在项目资助、后续培养、安居保障等方面提出针对性支持举措。建立区级领导联系专家制度，扩大人才覆盖面，将驻区两院院士、著名教授、高技能人才等纳入区领导联系走访名录，增强党在专家群体中的影响力和号召力。举办“2022中国（北京）数字金融论坛”“创客北京2022”创新创业大赛丰台区赛、第六届北京文化创意大赛丰台分赛区暨2022丰台文化创意大赛，承办中关村轨道交通产业发展论坛暨国际创新创业大赛，参展“HICOOL全球创业者峰会暨创业大赛”，中欧数字经济高峰论坛、中芬（北欧）科技人才与产业技术合作对接会，吸引外资企业、海外人才和创新要素集聚，推动重点产业优质项目落地。推荐符合条件的优秀人才担任知联会、留联会、青联理事和委员，凝聚各方面优秀人才。通过“直播带岗”网络招聘形式，为全区党政机关和重点企事业单位延揽人才。落实《丰台区区属国有企业优秀青年人才三年培养计划》，为国企优秀青年人才成长发展提供平台。开展大学生暑期社会实践活动，组织近200名大学生参与新冠疫情防控、政务实践、社区服务、公益服务等多方面实践活动。（张　倩）

【领导干部个人事项报告】2022年，丰台区专题部署2022年处级干部报告个人有关事项工作，所有填报对象及组织人事部门负责人1100余人分两批参加集中专题培训。通报2021年全区各处级单位个人有关事项查核一致率排名情况；编印易错易漏问题实例解析宣传折页并逐人发放；制作填报确认单，重点提示易错易漏问题，采取填报人及各单位组织人事干部“双签字”措施。（崔泽宁）

【市首个专业市场行业党委成立】8月24日，丰台区专业市场行业党委及新发地市场党群服务中心正式成立，负责统筹、指导、推进全区专业市场党的建设工作。全区有专业市场60家，涵盖农贸市场、家居建材市场、汽车贸易市场等多类型，在北京8家大型农产品集中交易市场中，丰台拥有5家。为贯彻落实北京市第十三次党代会部署的“探索党建引领行业治理有效途径”，全区将党建引领作为有效抓手，力图破解专业市场行业管理难题。该党委性质为功能性党组织，受区市场监督管理局党组领导，在区委“两新”工委指导下开展工作。主要职责包括严把政治方向、加强思想建设、健全组织建设、助推行业发展、融入区域治理、选树先进典型等。党委成员为11人。其中，党委书记1人，由区市场监管局主要领导兼任；副书记2人，由区市场监管局、区商务局分管领导担任；委员8人，由区市场监管局、部分街道相关领导、部分专业市场党员代表兼职担任。新发地市场党群服务中心的成立也标志着党建赋能市场发展治理工作打通“最后一米”。该中心服务大厅、活动室、货车司机休息驿站等“有形”阵地已经打造完成，正式运行后将汇集各类党建资源和便民服务资源，带动市场党建工作和治理工作走上新台阶。王少峰，市委组织部副部长、“两新”工委书记，国家市场监督管理总局“小个专”党建工作领导小组办公室副主任，市市场监督管理局党组成员、副局长，区委常委、组织部部长等出席成立大会并参加授牌仪式。（丰鉴编）

【《丰台组工参阅》创刊】10月，区委组织部创办《丰台组工参阅》，贯彻落实新时代党的建设总要求和新时代党的组织路线，总结宣传全区组织工作新经验、新成效，搭建党员干部人才学习交流平台，刊发普刊6期、专刊3期。（卿　伟）

宣传工作

【概况】2022年，中共北京市丰台区委宣传部（简称区委宣传部）突出迎接宣传贯彻党的二十大精神工作主线，统筹推进宣传思想文化各项工作。创新开设“首都发展大讲堂”，组织开展“遇见丰台·众汇京彩”丰台创新发布，推动全国文明城区创建实现新突破，打造“共创丰台之美”群众性精神文明创建宣传活动品牌，开展金中都、“卢沟晓月”等历史文化内涵挖掘，推进全国文化中心建设，为推动市委“妙笔生花看丰台”指示要求加快形成生动实践、奋力谱写现代化首都中心城区新篇章提供坚强思想保证和强大精神力量。（肖　双）

【党的创新理论传播】2022年，区委宣传部建立“区级统筹、委办局和街镇联动、社区村延伸”三级宣讲架构，将“专家讲理论、干部讲政策、百姓讲故事”宣讲模式覆盖到最基层，运用“点单式”“互动式”宣讲方式，推动党的创新理论走入基层。运用北京丰台“两微一端”以及抖音、快手等新媒体资源，搭建“云宣讲”平台，线上线下组建美好生活讲师团、强国复兴有我、学习宣传落实北京市第十三次党代会精神、学习贯彻党的二十大精神宣讲等专题宣讲团8个，在“北京丰台”App开设宣讲主题6个，宣讲1000余场，受众35万余人次。在第十六届北京市思想政治工作优秀单位、优秀思想政治工作者评选表彰活动中，按照评选标准和程序组织推荐工作。丰台区4家单位被授予第十六届北京市思想政治工作优秀单位称号，2人被授予第十六届北京市优秀思想政治工作者称号。（肖　双）

【意识形态工作】2022年，区委宣传部以《丰台区党委（党组）意识形态工作责任制实施细则》为纲，抓好全区意识形态工作责任制落实。围绕党的二十大期间意识形态领域安全服务保障，召开专题会议部署，研究制定国庆和重大会议期间意识形态领域安全工作方案，实行日报制度，会同有关部门及各街镇、北京重点地区管委会，梳理研判意识形态领域风险；提请区委常委会专题研究意识形态工作2次，每季度组织召开意识形态工作联席会，签订年度意识形态工作责任书；加强阵地管理，开展专项排查4次，每季度开展全区公共空间艺术品巡查；健全意识形态工作责任制检查考核机制，完成103家单位意识形态专项考核。（肖　双）

【主题宣传】2022年，区委宣传部以迎接、宣传、贯彻党的二十大为主线，组织北京冬奥会和冬残奥会、高质量发展、解危纾困、民生实事、社会治理等主题宣传，中央、市属、境外等媒体刊发丰台原创报道1.7万余篇。开展“奋进新征程 建功新时代”重大主题宣传工作，在《北京日报》推出连版报道《妙笔生花看丰台 谱写首都中心城区新篇章》等，区委书记王少峰在《前线》杂志刊发《妙笔生花看丰台，谱写发展新篇章》，宣传展示丰台经济社会发展成就。结合北京冬奥会、冬残奥会、数字金融论坛、2022服贸会、中国戏曲文化周、“十四五”规划建设落地、“五子”联动、国际消费中心城市建设、解危纾困、丰台站开通等重点活动和工作开展主题宣传。其中，中国戏曲文化周全网全媒总浏览量超过3亿次；《人民日报》海外版头版、新华社、《北京日报》头版头条、长安街知事等权威媒体刊发《北京丰台，快藏不住了！》《丰台这份“成绩单”含“金”量十足》《永定河畔闪耀“生态明珠”》等重点报道，扩大金融、科技、文旅品牌影响力。（肖　双）

【创新理论学习中心组学习】2022年，区委宣传部结合中央、市委重要会议精神，通过专题辅导报告、交流研讨、实地研学等形式，创新区委理论学习中心组学习。开设“首都发展大讲堂”，围绕党的二十大精神、市第十三次党代会精神和中央、全市有关部署安排，邀请市级部门有关负责人、专家到丰台区作辅导报告，学习范围扩大至全区各单位领导班子成员。制定印发《关于进一步加强党委（党组）理论学习中心组学习的通知》，从组织领导、制度落实、巡听旁听3个方面对各单位理论学习中心组学习加强督促指导；通报26个街镇2021年度理论学习中心组学习情况，组织开展网上培训3期，编发《中心组学习参考》13期，提供讲课师资支持，推荐学习书目，以多种方式提高学习质效。（肖　双）

【新冠疫情常态化防控宣传】2022年，区委宣传部加强新冠疫情防控宣传及舆论引导工作，统筹推进正面宣传、舆情处置、新闻应急、政策解读、防控知识宣传等各项工作。参加市新冠疫情防控新闻发布会54场、通过北京发布线上发布18次。中央、市级媒体推出丰台区新冠疫情防控原创新闻报道7000余篇，“新华社”公众号头条报道《除夕夜，一栋楼突然喊话楼下大白！》；新华社《医院开到家门口 购药专班代跑腿》等6篇报道浏览量破100万次；中央电视台《新闻联播》栏目播发丰台区防疫服务保障工作；丰台区一线抗疫人员和百姓登上北京电视台春节联欢晚会。（肖　双）

【组织文化活动】2022年，区委宣传部组织召开丰台区推进全国文化中心建设领导小组会议和办公室例会，参展2022年中国国际服务贸易交易会文旅服务专题展。举办中国戏曲文化周等大型文化活动，服务保障纪念全民族抗战爆发85周年、抗战胜利77周年纪念活动。支持区内文化产业园区参与北京市各项申报工作，3家企业获评版权保护示范基地，4家企业入选北京市文化产业园区。制定《关于深入推进新时代书香丰台建设的实施意见》，组织“悦享新时代 书香润丰台”2022年丰台区全民阅读推广活动，打造“书香丰台”全民阅读品牌。在第十二届书香中国·北京阅读季书香京城系列评选中，辖区一家庭获评“书香家庭”；宛平街道宛平城社区获评“书香社区”；视觉峰尚文化产业（北京）有限公司获评“书香企业”；富博洋、郭秀芝获评“金牌阅读推广人”；汇爱大厦公益阅读空间“无障碍公益阅读空间”建设案例获评“全民阅读优秀案例”。（肖　双）

【“遇见丰台·众汇京彩”——丰台创新发布活动】2022年，丰台区开展“遇见丰台·众汇京彩”——丰台创新发布活动，制定《创新发布工作机制》，推动创新发布活动常态化。发布活动针对垂直细分领域，为驻区企业搭建宣传展示推介平台，建立企业需求服务清单，展示企业创新产品、前沿技术、动态成果，寻求获得政府应用场景、投融资对接、科研院所和大型企业资源、科技服务机构合作机会；创新发布涵盖区级重大部署决策、重要规划、重点项目及重大活动等发展成就，打造集“新闻发布”“形象展示”“信息共享”“合作交流”“发现机遇”“创新开放”全新平台。举办“高新八条”、消费GO、丰台区参加2022年服贸会、丰台企业创新成果、数字消费企业、助企纾困16条等6期发布活动，全网全媒转载报道4000余篇，直播观看量突破30万人次。（肖　双）

【丰台形象海外传播】2022年，丰台区开展“双奥之城新气象——2022中外媒体北京行”活动，组织26家中外媒体37名记者实地探访南宫国际冰上运动中心；与环球网合作，开展“国外媒体丰台行”主题宣传活动，组织27个国家40名外国记者实地探访丽泽金融商务区和北京丰台站，近距离感受丰台区

在产业转型、城市更新等方面的发展成就，拓展海外传播效能，强化城市形象塑造与传播。（肖　双）

【精神文明创建】 2022年，丰台区制定《丰台区创建全国文明城区工作方案》，建立检查、通报、约谈等制度机制，统筹推进各项创城工作。开展“两区两楼一小巷”“十乱六清”“共创文明城 喜迎二十大”等系列专项整治，拆除违法建设270万平方米，清除堆物堆料、卫生死角、小广告3.74万处，完成15051个停车位规范管理，完成50条达标类、17条精制类背街小巷提升任务。打造创城“样板间”社区26个，覆盖辖区所有街镇。创新打造“共创丰台之美”群众性精神文明创建宣传活动品牌。举办丰台区首届“文明促进月”，组织“云端唱响文明之歌”等系列活动，活动覆盖人数17万人次，点赞数突破205万。以“小手拉大手”为主题，征集全区83所中小学学生、幼儿园幼儿创城绘画作品600余幅，获奖作品以1万张“饿了么”外卖送餐箱贴、1.3万份“青桔单车”宣传板等形式在全区范围内投放，组织1000万辆青桔单车录制播放文明交通提示语音，打造流动的“文明风景线”。试点开展以党史、抗战、戏曲为特色的主题文化街区建设工作，建成主题文化街区3条。（肖　双）

【思想道德建设】 2022年，区委宣传部围绕迎接学习宣传党的二十大这条主线，开展“强国复兴有我”7类52项群众性主题宣传教育活动，紧抓重要节日节点，组织开展“爱满丰台”学雷锋志愿服务、清明祭英烈、参加“奋进新征程”主题成就展等系列活动。组织开展丰台区2021—2022年度“首都精神文明奖”评选表彰工作，7人获首都精神文明奖。9人上“北京榜样”周榜，4人上月榜，1人上年榜，2人上特别榜；北京航天试验技术研究所副总工程师姜联东上第三季度“中国好人榜”。（肖　双）

【“扫黄打非”工作会】 3月10日，全区召开2022年“扫黄打非”工作会，传达全国“扫黄打非”电视电话会议和北京市2022年“扫黄打非”工作会议精神；总结丰台区2021年“扫黄打非”工作，部署2022年工作。区委常委、宣传部部长韩新星出席并讲话。全区53个成员单位主管领导参会。（肖　双）

【宣传思想文化工作会】 3月17日，丰台区2022年宣传思想文化工作会召开，传达全国、全市2022年宣传部长会议精神，总结回顾2021年全区宣传思想文化工作取得的成效，分析宣传思想文化工作面临的新形势新要求新任务，部署2022年宣传思想文化工作任务。韩新星出席并讲话。会议以视频形式召开，辖区宣传思想文化系统单位、各委办局、街镇、企事业单位主管宣传思想文化工作的领导及科室负责人参会。（肖　双）

【学习贯彻党的二十大精神宣讲报告会】 11月24日，学习贯彻党的二十大精神宣讲报告会暨“习近平新时代中国特色社会主义思想读书班”开班式在区委党校举行。区委副书记底志欣主持报告会。区委书记王少峰，从深刻领会中共二十大主题、主要成果，深刻领会过去5年的工作和新时代10年的伟大变革等7个方面作宣讲报告宣讲解读党的二十大精神，对全区下一步学习宣传贯彻工作提出思路、举措和要求。宣讲报告会也是“习近平新时代中国特色社会主义思想读书班”的“开班第一课”。“读书班”第一期学员，“三级党校”相关负责人，区委组织部、区委宣传部及全区政法系统干部代表聆听宣讲报告。（丰鉴编）

统一战线工作

【概况】 2022年，丰台区统一战线系统坚持以习近平新时代中国特色社会主义思想为指导，组织全区统一战线学习中共二十大精神和习近平总书记关于做好新时代党的统一战线工作的重要思想，凝聚“两个确立”“两个维护”政治共识。落实中央、市委统战工作会议部署，加强大统战工作格局建设，服务保障国家重大活动，开展民营企业助企纾困，深化民族宗教及港澳台等统一战线工作。区委书记带领班子成员与企业家座谈交流；召开“共创丰台之美”大V座谈会，与党外人士谈心谈话，倾听代表人士心声。围绕“喜迎二十大·奋进新时代”主题，开展中共二十大精神宣传动员部署会和宣讲会；各党派团体开展各类主题教育活动18场。支持各民主党派开展“矢志不渝跟党走、携手奋进新时代”政治交接主题教育，巩固共同思想政治基础。开展“丰华正茂　同心讲台”系列活动5场。深化“丰知”系列、“新动丰台”品牌建设，开展“名师大讲堂”及读书分享活动，组织开展“丰台宗教界中国宗教故事会”主题活动。开设“喜庆二十大”“条例书记说”等微信公众号专栏，制作抗疫宣传视频、录制MV（音乐视频）《一起向未来》。（耿博昊）

【大统战工作格局建设】 2022年，丰台区召开9次区委常委会会议专题研究统战工作，将政治协商条例、中央和市委统战工作会议精神等内容列入区委常委会第一议题，研究部署各领域统战工作。召开统战工作领导小组全体会议、专项联席会议5次，修订完善统战工作领导小组工作规则、办公室工作细则和新的社会阶层专项联席会议工作规则。修订《关于加强和改进新时代街道社区统战工作的意见》，建立基层统战工作例会制度；修订统战工作制度汇编，编写《新时代丰台区基层统战工作操作手册》，开展大走访大调研，巩固统战工作基础。（耿博昊）

【助力北京冬奥会、冬残奥会相关活动】 2022年，全区成立北京冬奥会、冬残奥会丰台区观众组织专项工作组，完成7场次、1766名观众观赛任务，到位率100%。遴选代表人士参与北京冬奥会开幕式国旗传递和火炬传递。区委统战部获“2022年冬奥会、冬残奥会北京市先进集体”称号。（耿博昊）

【组织开展建言资政活动】2022年，区委统战部制定实施年度政党协商计划，召开政党协商会议4次，形成建言成果19篇。围绕防疫工作提出建言156篇，其中42篇被中央、市委、区委相关部门采纳。完成民建市委专项民主监督服务保障工作。完善各党派团体与街镇对口服务共建机制，参与基层社会治理。（耿博昊）

【助力民营企业发展】2022年，区主要领导深入重点企业开展为企服务专题调研，协调解决企业发展诉求。开展民营企业助企纾困，落实丰台区“1+3+N”为企服务政策，设置民营企业大讲堂、创业人才工作室、“吹哨报到”服务厅，惠及企业1000余家。举办轨道交通前沿技术研讨会，搭建产学研对接平台。（耿博昊）

【民族宗教工作】2022年，全区构建街镇民族工作三级网络两级责任制，推动各社区教育实践中心建设，中央音乐学院附中获“第十批全国民族团结进步示范区示范单位”称号。完成基督教丰台堂周边环境整治等工作。（耿博昊）

【党外知识分子和新的社会阶层人士工作】2022年，区委统战部加强知联会组织建设，成立读书小组并设立“流动图书馆”。开展新阶层人士和归国留学人员摸底调研，建立代表人士信息库。物色文化艺术领域自由职业人员，择优重点培养；推动楼宇园区新的社会阶层人士统战工作常态化、特色化发展，打造永乐文智园自由职业人员实践创新项目。完成新的社会阶层人士联谊会调整增补。（耿博昊）

【海外统战工作】2022年，区委统战部完成区侨联换届工作。开展全区困难侨眷调查摸底工作，为23名困难侨眷发放救助金。完成2022年北京网上夏令营丰台营建设，深化与海外华裔青少年沟通交流。（耿博昊）

【对港统战工作】2022年，区委统战部筹集60万元援助香港结对社区、屋邨抗疫，举办庆香港回归系列特色活动。（耿博昊）

【对台统战工作】2022年，区委统战部组织纪念台湾光复77周年学术座谈会、“感知新丰台 共谋新发展”台商服务日活动等。深化与高雄市三民区基层对口交流，开展“情满中秋两河缘 诗情画意一家亲”中秋诗会、“绽放社区之美 乐享花样生活”京台社区连线活动、“京台携手筑梦青创”青年创新创意研讨沙龙、“同心追梦 聚力圆梦”创意技能赛暨职教交流活动、“感知新丰台 共谋新发展”台商服务日活动，提升京台交流实效。处理涉台求助事件，做好台胞服务工作。（耿博昊）

【统一战线队伍建设】2022年，区委统战部推进党外代表人士队伍建设，结合市级人大、政协、民主党派、工商联换届，物色推荐优秀人才。开展全区党外干部摸底调查，注重发现和培养金融、科技、文化、商务等领域优秀干部。加强区社会主义学院建设，使之成为统战人才教育培养的主阵地。加强各级统战干部能力建设，注重在急难险重任务中考察、锻炼、使用干部。强化统战干部业务培训，打造“四型四化”干部队伍。（耿博昊）

机构编制工作

【概况】2022年，区委编办结合区领导任职及分工调整情况，对区属议事协调机构及领导成员进行调整，设立区委国防教育工作领导小组、区碳达峰碳中和工作领导小组，调整后，全区有议事协调机构69个。将北京重点站区管理机构纳入“平安丰台”建设、应急、防汛、安全生产等议事协调管理体系，提升区域应急处突能力。实行政府权责清单制度，动态调整13个职能部门的97个行政职权事项并在区政府网站公示。以市级政府部门权力清单为基础，梳理形成丰台区政府部门权力清单，按照相关要求，编制形成丰台区行政检查事项清单，并在区政府网站向社会公示。深化应急管理综合行政执法体制改革，调整执法队伍名称和规格，明确机构职能编制规定，从根源上解决多头执法、重复执法问题。根据保密需要，明确区委办公室专用通讯职能，优化内设机构设置。推进创城工作与城市管理、人居环境等城市中心工作有机融合，明确区文明促进中心机构职能编制规定。推进房管经营中心改革转企改制工作，收回冻结空编。强化街道经济服务职能，会同区委组织部联合推动成立街道合作发展办公室（专班），明确组成人员、主要职责和工作机制。（张冠麒）

【机构编制资源配置优化】2022年，区委编办按照“严控总量、统筹使用、有减有增、动态平衡、保证重点、服务发展”原则，在守住编制总量红线的同时，加大挖潜力度，提高编制资源使用效益。管好用活教育系统“周转池”，实现动态调整关口前移，将各学校超编名额纳入“周转池”，“周转池”储备编制扩大到300名，依托“周转池”解决教育系统政策性超编和结构性缺编问题。加强重大疾病防控和突发公共卫生事件应急体系与队伍建设，为区疾控中心一次性核增事业编制138名，并明确编制使用遵循平战结合原则，为应对重大疫情和公共卫生安全事件留足空间。结合区划调整、新冠疫情防控、社区卫生服务中心建设等工作，探索建立区级事业和卫健系统“周转池”，寻求

破解编制总量控制与刚性需求矛盾的新方向、新路径，盘活现有编制资源。（张冠麒）

【教育服务保障】2022年，区委编办研究设立北京钱学森中学，完成丽泽国际学校登记备案工作。将铁营医院、精神病防治院分别转型升级为康复专科医院、区心理卫生中心；针对基层社区卫生机构街道空白点较多、人力不足问题，作现状分析，并在机构、编制、人员招录、人才激励等方面提出问题及意见建议。理顺网格化管理和“接诉即办”工作机制，重新规范区城指中心机构职能编制，明确职能部门承担“接诉即办”职责的内设机构。（张冠麒）

【重点功能区机构编制管理】2022年，区委编办加强金融统计调查工作，设立丰台区统计局丽泽金融商务区统计所，服务丽泽金融商务区发展，为领导决策部署提供数据支撑。落实中关村科技园区丰台园各项改革要求，聚焦优化营商环境，整合丰台园、看丹街道各项职责和工作力量，剥离丰台园社会事务管理职责，完成职责划转后的机构编制调整工作。强化丰台园党建工作职能、明确经济发展功能定位、提升投资环境，修订丰台园“三定”规定。聚焦南中轴地区规划建设，前往南中轴地区建设办开展调研，梳理南中轴地区的机构编制现状、各项重点工作进展、存在困难情况，推动成立南中轴地区正式管理机构。（张冠麒）

【事业单位法人登记管理】2022年，区委编办加强事业单位法人登记管理，办理事业单位法人设立登记8家、变更登记74家、规范清理“僵尸单位”272家，督促近500家事业单位法人按期开展年度报告。落实“双减”政策，清理校外教育培训机构22家。（张冠麒）

【镇机构改革评估】2022年，区委编办对北宫镇、王佐镇机构改革工作开展评估。通过单位自评、查阅资料、数据比对、问卷调查等方式综合分析改革任务完成情况、实际运行情况和改革成效。优化评估流程，以评估指标的针对性、精准性、适用性确保评估工作的科学性、有效性、权威性，推动改革任务落实落地，助力基层治理体系和治理能力提升。（张冠麒）

政策研究

【概况】2022年，中共北京市丰台区委北京市丰台区人民政府研究室（简称区委区政府研究室）坚持以习近平新时代中国特色社会主义思想为指导，学习贯彻中共二十大精神和市第十三次党代会精神、区委全会精神，围绕市区中心工作，发挥参谋助手作用，推进文稿起草、调查研究、深化改革等重点工作，完成各项任务。多项成果获得区委区政府主要领导批示肯定，2个案例入选市级“双微”典型案例。（许　晨）

【文稿起草】2022年，区委区政府研究室服务保障全区重要会议，撰写区委全会报告、二次全会讲话、政府工作报告、传达中共二十大和市党代会精神讲话、月度工作点评会讲话等重要文稿50余篇。服务保障市级部门需求，结合市委主要领导来丰台调研、市月度点评会、市政府主要领导课题等工作安排，向市委研究室、市政府研究室、市委改革办提供文字数据材料10余份。服务保障区委区政府各部门重点任务，参与起草“首都发展大讲堂”专题辅导报告、区委财经委全体会议上的讲话等文稿40余篇。（许　晨）

【调查研究】2022年，区委区政府研究室开展市级重点课题研究，集中安排“一把手”访谈、部门走访、座谈研讨、书面访谈等活动20余次，收集整理材料100余份，形成《首都发展视域下丰台城市形态研究》《丰台区数字经济产业发展研究》课题成果。其中，《丰台区数字经济产业发展研究》在核心期刊《前线》发表。组织协调全区调查研究工作，收集2021年度区领导及全区各处级单位调研成果80余篇，选定68篇优质报告编入《丰台区调研报告选编2021—2022》，报送区四套班子并面向全区各处级单位发放。（许　晨）

网络安全和信息化

【概况】2022年，丰台区网络安全和信息化工作坚持以习近平新时代中国特色社会主义思想特别是习近平总书记关于网络强国的重要思想为指导，结合区委网信办工作实际，推进全面从严治党各项要求落细落实；强化网络意识形态管理，开展网络主题宣传，抓好互联网行业党建工作，完成网络安全和信息化工作，筑牢全区网络安全屏障。围绕加快推进数字基础设施建设，实现全区5G网络连续覆盖，助力数据要素资源汇聚，丰富智慧城市应用场景，全方位激发信息化大数据在支撑区域经济社会高质量发展方面的新动能、新活力。全区有5G基站4171个，占全市总数的9.56%。（陈茜　钟澎）

【网络文明建设宣传】2022年，区委网信办围绕网络文明建设等工作，制作短视频进行主题网络宣传推广。组织“共创丰台之美——网络大V丰台行”活动，邀请30余名网络大V走访丽泽金融商务区、丽泽国际学校以及北京园博园等标志性点位，体验丰台近年来发展成果，为丰台发展凝聚网络智慧，活动话题阅读量超5000万人次。组织网络大V 20余人体验第六届戏曲文化周特色活动，以图文、短视频等形式进行推广，提升活动网络声量。联合区委统战部开展“源起中都 水生丽泽”主题活动，组织网络知名人士感受金中都历史变迁和丰台文化底

蕴，扩大丰台知名度和美誉度，话题阅读量超1.1亿人次。（陈　茜）

【互联网行业党建】2022年，全区互联网企业学习宣传贯彻中共二十大精神，通过聆听宣讲、举行学习分享会等形式，领会精神实质和内涵。组织“习近平新时代中国特色社会主义思想进网站”活动4次，邀请区委党校教师、互联网企业党支部书记线上授课。创新建立企业线上党建学习平台，邀请互联网企业上传、分享优秀党建经验。

（陈　茜）

【网络安全管理】2022年，区委网信办落实《丰台区贯彻落实党委（党组）网络安全工作责任制实施细则》，制订《丰台区网络安全事件应急预案》，对重点单位、属地重点网站开展安全检查，做好重大活动、重要会议的网络安全保障。开展“4·29”首都网络安全日和2022年国家网络安全宣传周宣传工作。制作“丰丰说法微动漫”公益宣传片、网络安全宣讲视频，发布、转载相关报道及视频300余条次，总阅读量12万余人次。结合《丰台区政务新媒体备案管理办法（试行）》，建立日巡看制度，对区属政务新媒体、网站发布内容管理和风险加强排查，发布风险提示，指导有关部门整改发现的问题，排查整改信息1774条。（陈　茜）

【5G基站建设】2022年，全区加快在丽泽金融商务区、中关村丰台园、南中轴丰台段等重点区域建设5G基站。全区建成5G基站220个，建成4块5G+8K超高清大屏，实现全区5G网络连续覆盖。下发《丰台区2022年5G基础设施建设工作方案》，聚焦“三区”“四环”“百点”，在全区开展“341”5G网络攻坚行动，年度计划建设任务全部完成。针对区划调整等实际情况，调整增加《丰台区5G基础设施建设联席会议制度》中相关成员单位。（钟　澍）

【智慧城市建设】2022年，区科学技术和信息化局完成智慧城市绩效任务和全区智慧城市年终报告，迭代打造“一屏观全局”领导驾驶舱，构建专题体系，汇聚27个委办局1.4亿条具体数据，成为全市5个试点建设领导驾驶舱的区县之一。加强平台建设，政务服务局建成“互联网+政务服务”一体化平台；区智能融媒体实验室实现全息AI（人工智能）与5G远程融媒体运营平台；丰台医院“信用+医疗”试点项目建设启动。（张　驰）

区直机关党建

【概况】2022年，中共丰台区委区直属机关工作委员会（简称区直机关工委）所辖基层党组织74个，其中，机关党委24个、党总支16个、党支部34个；党员23542人。其中，在职党员6736人、两新党员2799人、离退休党员14007人。基层团组织14个，专兼职团干部39人，团员155名（含保留团籍党员53人）。区直机关工会分管机关工会组织44家，会员1600人。区直机关系统推荐提名北京市出席党的二十大代表1人、丰台区出席北京市第十三次党代会代表25人。6854名党员、92名其他党派人士及群众献爱心捐款1933475.36元。春节和“七一”期间走访慰问困难党员、市级党内表彰获得者、驻村第一书记61人次，发放慰问金17.5万元。完成北京冬奥会、冬残奥会服务保障工作，组织3家单位40人观看6个场次冬奥会、冬残奥会开闭幕式演练及正式活动，组织66家单位1350人观看冬奥会比赛、62家单位767人观看冬残奥会比赛。

（汪如峰）

【基层党组织建设】2022年，区直机关工委完成党组织调整62个，指导党组织换届选举110个，调整任命党组织书记53人、副书记8人，转接党组织关系5328人次，新发展党员145名，完成预备党员转正333名。加强党建阵地建设，拨付建设经费2.9万元。利用“党支部云课堂”完成入党积极分子、新发展党员、党务知识实操培训约3752人次。（吴怡真）

【志愿者服务】4月至6月，区直机关工委围绕“急难险重新”工作，成立10支青年突击队和职工志愿者队伍，涵盖团员青年近200人，在社区新冠疫情防控、应急值守、垃圾分类等重要任务中发挥生力军和突击队作用。12月5日，围绕“12·5”国际志愿日重要活动服务保障工作，完成44家区直机关单位2000人政审上报，协调区疾控完成核酸检测3230人次，组织1546人参加“12·5”国际志愿日重要活动保障。（汪如峰）

老干部工作

【概况】2022年，区老干部工作坚持以习近平新时代中国特色社会主义思想为指导，围绕学习宣传贯彻中共二十大精神，落实全市老干部工作会议、区第十三次党代会部署要求，一体推进新冠疫情防控和离退休干部党的建设、作用发挥、服务管理，完成各项工作任务。全区有区属离休干部152人，处级以上退休干部1492人，离退休干部党组织79个，老党员先锋队161支。推进离退休干部党支部规范化建设，加强党建骨干队伍建设，举办全区离退休干部党支部书记线上培训班。全区各单位离退休干部党支部开展“丹心永向党·喜迎二十大”主题党日活动。进行《党建引领聚合力·融合联动促发展》专题调研，总结经验做法，推动工作从“做了”向“做好”转变。与市直机关工委、部分驻区市直机关、航天系统等单位分别开展面对面交流研讨，对接党建引领老干部工作向基层延伸相关工作，构建长效化常态化工作联系机制。完成社区“四就近”经费和离休干部助老员经费拨付工作。（项　南）

【“喜迎二十大”主题活动】 2022年，区委老干部局围绕“喜迎二十大·共筑中国梦”主题，组织全区离退休干部参加“建言二十大”和“我看中国特色社会主义新时代”专题调研活动，鼓励老干部建言献策；开展“喜迎二十大·诗歌颂党恩”诗词征集活动、“喜迎二十大·奋进新征程”书画艺术作品展、“喜迎二十大·诗歌抒情怀”朗诵会等文艺创作及展示活动为二十大献礼。（项 南）

【党的二十大精神学习宣传】 2022年，区委老干部局组织老干部理论学习组、老干部宣讲团、老干部写作组分别召开“学习贯彻党的二十大精神”座谈会，贯彻市委组织部、市委老干部局联合下发《关于认真做好全市离退休干部学习宣传贯彻党的二十大精神工作的通知》，统筹安排学习宣讲和贯彻落实工作。通过支部专题学习、交流研讨、撰写文章等形式，组织引导老干部学习会议精神、谈感悟收获。（项 南）

【离退休干部思想政治建设】 2022年，区委老干部局学习贯彻习近平新时代中国特色社会主义思想，学习贯彻中央《关于加强新时代离退休干部党的建设工作的意见》和北京市实施意见，加强离退休干部政治建设，引导离退休干部领悟“两个确立”决定性意义，增强“四个意识”、坚定“四个自信”、做到“两个维护”，在思想上政治上行动上同以习近平同志为核心的党中央保持高度一致。举办全区离退休干部庆祝建党101周年座谈会、区第十三次党代会精神情况通报会。打造老干部党校“云课堂”和“红色课堂”，组织全区离退休干部通过“北京老干部”App收看老干部宣讲团、市委讲师团宣讲视频。（项 南）

【主题实践活动】 2022年，区委老干部局开展“‘骥’续奋斗·同心筑梦”主题实践活动。全区离退休干部参与宣传值守、新冠疫情防控、垃圾分类和社区治理等各类志愿服务6.5万余人次，参与“百师进百村”、进机关、进校园、进社区，举办“初心讲堂”等各类主题宣讲160余场。（项 南）

【党建推动关工委工作新发展】 2022年，区委老干部局贯彻落实中央《关于加强新时代关心下一代工作委员会工作的意见》和北京市实施意见，完善区、街镇、社区（村）关工组织体系建设，实现基层组织全覆盖。“五老”（老干部、老战士、老专家、老教师、老劳模）队伍扩展到500余人，“法官爷爷”董华获“全国青少年普法教育优秀辅导员”称号。搭建传承红色基因、家庭教育、文体活动新平台，以“老少同声颂党恩·携手喜迎二十大”为主题，开展“五老”进军博讲军史、进校园宣讲党的二十大以及“对党说句心里话”短视频征集等教育活动；开展弘扬好家教好家风活动，推荐辖区中小学生参加全国“中华魂”主题演讲比赛，并获评北京市三等奖及优秀奖；推选丰台一小学生参加“我们爱诗词”诗词大会。（项 南）

【老干部生活待遇落实】 2022年，区委老干部局坚持以信息化推动精准化、规范化建设，全区各相关单位为离休干部提供“一对一”精准服务，提升日常服务管理实效。与区人力资源和社会保障局、区财政协同配合，将离休干部离休费、离休补贴增发补发落实到位。与区卫生健康委协作完成离休和处级以上退休干部健康体检，共同推动离休干部社区居家健康服务落实落细，离休干部签约率100%。全区各单位在春节、国庆节等重大时间节点走访慰问离休干部，解困帮扶有特殊困难的离退休干部。（项 南）

【老干部精神文化生活建设】 2022年，区委老干部局围绕北京冬奥会、全国两会以及重大节庆活动，组织老干部在老干部活动中心和老干部大学开展学习教育和文体活动。晓月诗社创作诗词楹联3100余首（幅），老干部金秋艺术团、老年书画研究院、老干部摄影组参与“庆祝重阳节·喜迎二十大”系列文化活动。老干部大学利用网络平台开设书法、美术、声乐等5个专业7个班级，开展直播课程180余次，参加线上学习学员1万余人次。（项 南）

【老干部工作会议】 8月26日，丰台区召开2022年老干部工作会议，研究部署下一步重点任务，区委组

9月28日，区委老干部局组织开展“庆祝重阳节 喜迎二十大”文艺演出活动
（区委老干部局 供图）

织部副部长、老干部局局长李海秋主持会议。区委组织部部长田涛参加会议并讲话，肯定全区老干部工作在主动融入首都、丰台发展大局，持续加强离退休干部“三项建设”，用心用情为老服务，引导老同志发挥优势作用等方面取得的新成效。并就继续做好全区老干部工作提出要求。李海秋代表区委老干部工作领导小组就进一步做好老干部工作作出具体安排。会议以视频会形式召开，全区各单位老干部工作分管领导及老干部工作部门负责人100余人参加会议。（项　南）

关心下一代工作

【概况】2022年，丰台区关心下一代工作委员会（简称区关工委）以习近平总书记对关心下一代工作重要指示精神为根本遵循，坚持服务青少年正确方向和“急党政所急、想青少年所需、尽关工委所能”工作方针，贯彻落实中办、国办《关于加强新时代关心下一代工作委员会工作的意见》和北京市《关于加强新时代关心下一代工作委员会工作的实施意见》，推进组织建设，发挥老干部、老战士、老专家、老教师、老模范（简称“五老”）优势作用，搭建平台助力青少年成长成才。在26个街镇成立由主任、副主任及工作人员各一名组成的街镇关工委机构，在社区（村）成立由组长、副组长组成的关工小组，实现基层关工组织100%覆盖。（杜艳明）

【“五老”队伍建设】2022年，区关工委依托街镇关工委及社区、村关工小组，动员政治素质高、热心公益事业、具有奉献精神“五老”参加关心下一代工作。建立完善关心下一代“五老信息库”，组建500余人“五老”队伍。推选常年致力于青少年普法、推广诗词文化、推动科普进校园的丰台区法院原院长“法官爷爷”董华获“全国青少年普法教育优秀辅导员”称号。国庆前夕，慰问区“五老”代表、“全国关心下一代工作先进工作者”郑福来，询问身体和生活起居情况，听取对关心下一代工作意见和建议。（杜艳明）

【家校社共育平台搭建】2022年，区关工委贯彻落实习近平总书记关于注重家庭、注重家教、注重家风的要求，推进家校社共育工程。同区教工委联合推荐区内中小学生参加全国“中华魂”（中华好家风）主题教育演讲比赛。丰台一小卜子凡《有一种传承叫坚守》获三等奖，首经贸附中高明赫《好家风代代传 中国梦人人筑》获优秀奖。同区教工委、区卫生健康委、团区委、区妇联推进丰益花园社区、北京市十二中学、方庄第三幼儿园、丰台第一小学、东高地第一小学、长辛店七小、教工幼儿园、丰台区实验学校、丽泽中学、东高地街道万源东里社区10个“家校社共育”（家庭、学校、社会共同教育）咨询室试点，覆盖从社区、幼儿园、小学到中学。（杜艳明）

【关心下一代工作宣传】2022年，区关工委利用区委老干部局“一报两微”（《丰台报》、微信、微博）融媒体平台开展宣传工作，借助丰台区融媒体矩阵、市关工委“一起长大”微信公众号向外宣传丰台关心下一代工作。在市关工委“一起长大”微信公众号刊发信息20余篇，在“丰台老干部”微信公众号刊发信息16篇。其中《丰台关工委“五老”代表进军博讲军史》《丰台关工委召开学习贯彻北京市〈实施意见〉》精神座谈会被“北京日报”App、“北京丰台”微信公众号、搜狐等媒体转载。（杜艳明）

【“携手喜迎二十大”主题教育实践活动】2022年，区关工委围绕宣传贯彻党的二十大这条主线，以“老少同声颂党恩、携手喜迎二十大”为主题，发挥“五老”作用，组织开展主题教育实践活动。组织“五老”收听收看党的二十大，收集整理感想感言。同时开展“老少同声颂党恩 对党说句心里话”活动，组织动员广大“五老”携手中小学生以老少合影照片配短文或短视频形式，表达对党和祖国美好祝愿。收到作品50余个，参与人数200余人。区关工委对选送作品进行评选，将优秀作品通过“丰台老干部”微信公众号进行线上展播。组织动员中小学生撰写反映祖国发展变化的宣讲稿，以线上线下相结合方式宣讲，并录制宣讲视频。（杜艳明）

【“我为冬奥加油”系列主题活动】2022年，区关工委组织中小学生为北京冬奥会加油助力。组织来自东高地二小、东高地四小20名学生参加由北京市关工委和北京冬奥组委新闻宣传部联合举办的“相约北京·我为冬奥加油——青少年迷你冬奥会绘画作品征集活动”，3名学生获优胜奖，17名学生获参与奖。在市关工委举办的“我为冬奥加油”青少年迷你冬奥会冬奥知识竞赛活动中，首都师范大学附属丽泽中学学生参赛，并在全校师生中营造学习冬奥知识的氛围，获优秀组织奖。（杜艳明）

保密管理

【概况】中共北京市丰台区委保密委员会办公室（北京市丰台区国家保密局）[简称区委保密办（区保密局）] 设在区委办公室。2022年，区保密工作坚持以习近平新时代中国特色社会主义思想为指导，学习贯彻中共十九大和十九届历次全会精神，贯彻落实党中央关于保密工作决策部署和市委、区委关于保密工作要求，坚持总体国家安全观，坚持首善标准，围绕区委区政府中心工作，加强“三大管理”、依法治密、风险防范和科技支撑，加固保密防线，服务首都发展。区委保密办公室和区纪律检查委员会区监察委员会办公室被评为市保密工作先进集体，区财政局、东高地街道办事处、区税务局的3人被评

为市保密工作先进个人。区保密局获北京市保密知识竞答活动优秀组织奖。（贾京霞）

【涉密载体集中销毁】 2022年，区保密局与国家销毁中心安排专人到区政府机关回收涉密载体10余吨，分别于3月15日和8月22日组织全区各单位集中销毁。（贾京霞）

【保密工作会议】 2月10日，丰台区召开区委保密委全体会议，听取关于区委保密委员会成员调整情况的说明和关于2022年保密工作要点制定情况的说明；审议通过《丰台区委保密委员会工作要点》。随后召开2022年丰台区保密工作会议，传达学习全国、北京市保密工作会议精神，总结全区2021年保密工作，部署2022年工作任务。（贾京霞）

【专项保密督查】 2月21日至28日、9月10日至30日，区委保密办两次深入辖内50余家单位，针对文件材料、涉密人员、信息公开、微信社交媒体使用等保密管理情况开展实地督查，为北京冬奥会、冬残奥会、党的二十大和市第十三次党代会提供安全保障，检查结果全部合格。（贾京霞）

【保密宣传教育】 4月中旬至5月中旬，区委保密办在全区范围内开展保密宣传教育月活动。以“树牢总体国家安全观，感悟新时代国家安全成就，为迎接党的二十大胜利召开营造良好氛围”为主题开展“4·15”普法宣传教育活动，通过发放保密宣传材料、播放保密公益视频宣传片、现场讲解保密常识等方式宣传保密知识；开展“保密故事大家讲”主题讲述活动，全区各单位围绕弘扬保密工作优良传统、宣传保密法治观念、传播保密工作先进事迹报送保密故事讲述视频作品15部，其中区税务局《李白的保密故事》被国家保密局在“保密观”App展播，浏览量8000余人次；组织参加“保密观”App和中国保密在线网站开设的线上保密业务培训，全区机关干部、涉密人员、保密干部3000余人参与。（贾京霞）

【保密资质（资格）单位抽查】 8月，区委保密办开展保密资质（资格）检查工作。随机抽查单位10家，主要检查保密工作责任制落实情况、涉密人员管理、定密管理、涉密载体管理、涉密项目管理、保密资质（资格）证书管理等方面内容，合格率100%。（贾京霞）

党校工作

【概况】 2022年，中共北京市丰台区委党校（简称区委党校）学习贯彻习近平总书记关于办学治校系列重要指示精神、《中国共产党党校（行政学院）工作条例》等要求，以建设“首善一流区委党校”为目标，将“以优异成绩迎接党的二十大胜利召开”作为贯穿全年工作主线，统筹抓好新冠疫情防控和干部教育培训工作，推进“从严治校、质量立校、人才强校、学术兴校”建设，完成年度工作任务。承接培训班次、会议等24期（次）3749人次。其中，主体班次8期726人次、其他班次5期475人次，承担会议、面试等任务11次2548人次。获得立项科研（咨政）课题9项，其中市级课题4项、校级课题5项。完成区级合作课题3项，出版专著1部，课题、文章获奖4项。（张明飞）

【“三级党校”建设】 2022年，区委党校《关于全面推进三级党校建设实施方案》系列文件经十三届区委第36次常委会审议通过印发全区。召开全面推进区、街镇、社区（村）三级党校建设工作部署会，举办丰台区推进三级党校建设专题培训班，推动党校向基层延伸。挂牌成立分校70个。其中，街镇分校26个、园区分校2个、社区（村）分校4个、北宫“两新”分校1个、其他社区（村）分校37个。（张明飞）

【宣传阵地建设】 2022年，区委党校构建“一路一廊一室一墙一区一馆”的“六个一”宣传阵地，即校园主路、学苑文化长廊、党性教育主题教室、学苑文化墙、习近平新时代中国特色社会主义思想图书专区、校史简馆，发挥党校“宣传宣讲、干部培训、党史研究”作用，推动党史学习教育常态化长效化。（张明飞）

【科研成果】 2022年，区委党校开展党史党建、基层治理、统一战线、高质量发展等方面研究。在社科类核心期刊等平台发表理论文章5篇，出版专著1部。关于长辛店的研究报告入选北京市党建研究会优秀调研报告，相关论文入选《北京市情

9月22日，丰台区举办三级党校规范化建设专题培训班（区委党校 供图）

研究文辑》。统战研究成果获2022年度北京市侨联课题研究优秀成果三等奖。3篇丰台区基层社区治理党建创新案例，在市委党校“关于新时代首都基层党建创新实践案例”征集活动中获奖，并由中央党校出版社出版。课程《“五社联动”推动超大型社区治理——丰台区新村街道怡海花园社区》研究成果，被选入市委党校第六期全市街乡镇正职专题培训班进行现场教学指定课程。（张明飞）

【教师工作室成立四周年活动】2022年，区委党校开展“同心共迎二十大、奋楫扬帆谱新篇——丰台区委党校庆祝教师节暨教师工作室成立四周年主题活动”，总结5个教师工作室成立4周年取得的成绩和经验，制作《千磨万砺“室”见金、奋楫扬帆向未来》宣传片，介绍支持学科建设、推动学术交流、扶持青年教师成长、打造专业学术团队等方面经验做法，推动形成教师工作室2.0版本模式。（张明飞）

【宣传宣讲】2022年，区委党校围绕习近平新时代中国特色社会主义思想、十九届六中全会精神、北京市第十三次党代会精神等内容开展基层宣讲培训200余场。其中，完成区委宣传部开展学习贯彻习近平新时代中国特色社会主义思想、“四史”、乡村振兴主题宣讲100余场。专职老师参与区委宣传部2022年“美好生活讲师团”宣讲，报送课程29讲；围绕“十九届六中全会精神”和“习近平新时代中国特色社会主义思想”分两批录制专题课12讲，在“北京丰台”App上刊播。加入区委党的二十大精神宣讲团，完成宣讲任务8讲。（张明飞）

【课程库建设】2022年，区委党校以《学习贯彻习近平新时代中国特色社会主义思想课程体系和教学大纲》为指导，建立习近平新时代中国特色社会主义思想核心课程库。通过梳理习近平新时代中国特色社会主义思想总论及习近平新时代中国特色社会主义经济思想、习近平关于总体国家安全观重要论述、习近平法治思想、习近平生态文明思想等内容，以“总论+分论+专论”形式设置核心课程22门。其中，总论课程5门、分论课程10门、专论课程7门。（张明飞）

【校园文化墙建设】2022年，区委党校校园文化墙项目建设工程开工。校园文化墙项目是以校内墙壁作为党建宣传阵地，为党校教职工和学员提供红色教育平台。项目南墙为前言部分，介绍文化墙重点内容；西墙以中国共产党百年光辉历程为主线，以图文形式展示党史文化；北墙设有党的二十大精神宣传栏目和结束语两部分。（张明飞）

【科级正职公务员培训班】7月25日至8月9日，区委党校举办2022年第一期科级正职公务员培训班。区委主要领导作专题辅导报告。学员围绕学习贯彻市十三次党代会精神，聚焦丰台发展机遇和面临挑战，围绕“接诉即办”、党建引领基层治理、中关村丰台园升级、“四型四化”干部队伍建设、“七个显著提升”、服务首都担当6个领域，通过专题报告、案例教学、分组研讨等形式为全区发展建言献策。（张明飞）

【习近平新时代中国特色社会主义思想读书班】11月24日，区委党校举办学习贯彻党的二十大精神宣讲报告会暨习近平新时代中国特色社会主义思想读书班。区委主要领导作宣讲报告。读书班聚焦党的二十大精神、《习近平谈治国理政》第一至第四卷、习近平经济思想等系列思想论述以及《习近平的七年知青岁月》等8部采访实录，采取读书会、专题辅导授课、分组研讨等形式展开教学。（张明飞）

2022年丰台区委党校主体培训班一览表

表2

序号	时间	班次名称	参训人数（人）
1	7月18日至8月2日	第一期副科级领导干部任职培训班	92
2	7月25日至8月9日	第一期正科级领导干部任职培训班	92
3	8月4日至19日	第一期初任公务员培训班	102
4	8月29日至9月4日	丰台区处级任职培训班	149
5	9月1日至16日	第二期初任公务员培训班	106
6	9月7日至16日	丰台区选调生能力素质提升专题培训班	23
7	9月13日	丰台区领导干部统计知识专题培训班	92
8	9月22日	丰台区三级党校规范化建设专题培训班	70

党史工作

【概况】 中共北京市丰台区委党史工作办公室（简称区委党史办）负责本地区党史资料征编、编研、宣教等工作。2022年，区委党史办坚持以存史、资政、育人为根本任务，围绕全区中心工作落实年度工作部署，完成《中国共产党北京市丰台区历次代表大会资料汇编（1956年4月—2021年12月）》《丰台党建资料（2019—2020）》《中国共产党北京市丰台区历史大事记（2021年度）》。编印《丰台史志》期刊2期，结合史志“七进”及史志宣传月等活动扩大史志教育覆盖面，推动党史工作创新发展。 （张尚美）

【“喜迎二十大”征文活动】 2022年，区委党史办开展“喜迎二十大 奋进新征程”主题征文活动。征集红色基因传承与教育，新时代的奋斗与实践，广大党员干部在党史学习教育、脱贫攻坚、新冠疫情防控、北京冬奥服务保障及其他重点工作中的先进事迹，丰台区经济建设和社会发展所取得新成就等方面内容稿件182篇，其中80篇入选优秀征文，区城管委等10家单位获得“优秀组织奖”。优秀征文在“北京丰台”客户端、“丰台史志”网站刊发。 （张尚美）

【党史主题图片展】 2022年，区委党史办与区图书馆联合开展“奋进新征程 建功新时代”党史主题图片展活动。展览将党史宣传教育与党的二十大精神学习相结合，就中国共产党早期组织在丰台开展革命活动及党的二十大精神互动问答两方面内容进行展出。展区设在区图书馆北大地馆，同时以电子展形式在大红门馆播放。 （张尚美）

【村级史志园地示范点建设】 2022年，区委党史办与王佐镇合作开展村级史志园地示范点建设，在王佐镇西王佐村建设史志园地，向农民推广史志知识，并向园地提供《文献中的百年党史》《中国共产党100年100事》《中国共产党北京市丰台区历史》《丰台史话》等书籍500余册。（张尚美）

【“抗战中的丰台”专栏上线】 2022年，区委党史办在“北京丰台”客户端、微信公众号以及“学习强国”学习平台开设“抗战中的丰台”专栏，其中10篇与丰台有关的抗战故事在各平台连载。 （张尚美）

【“纪念全民族抗战爆发85周年”读书季活动】 7月4日，区委党史办与区文旅局联合举办“纪念全民族抗战爆发85周年”读书季活动在区图书馆（大红门馆）启动。活动以“铭记历史、缅怀先烈、珍爱和平、开创未来”为主题，展出《北平抗战简史》《烽火中的青春》等抗战主题书籍，以及《北大红楼与中国共产党创建历史丛书》《文献中的百年党史》等党史文化类图书500余册。活动持续到9月底。

（张尚美）

丰台区人民代表大会

综　述

【人大代表构成】2022年，区人民代表大会有市人大代表68名，其中女性代表32名。区人大代表382名，其中女性代表162名，中共党员代表246名，少数民族代表37名。（徐　佳）

【人大常委会自身建设】2022年，区人大常委会适应新时代人大工作要求，聚焦“四个机关”建设任务目标，全面加强自身建设，不断提高履职水平。落实全面从严治党主体责任，进一步健全完善党组书记负总责、党组成员“一岗双责”、机关党委牵头统筹、党支部具体落实的工作格局，落实“三会一课”制度，加强党风廉政、严守新冠疫情防控纪律规矩等方面的教育管理；召开人大常委会党组会议17次，研究各类事项59项，其中党建类议题31项，占全部议题的53%；开展区委巡察反馈问题整改工作，对照巡察组提出的22项问题，逐一制定整改措施，持续抓好问题整改解决，22项问题全部完成整改。加强制度机制建设，修改完善常委会、主任会、专门委员会议事规则、常委会党组工作规则等制度规定28项，编制常委会组成人员联系区人大代表工作办法，制定各委室月度重点监督计划。强化宣传发动，落实意识形态工作主体责任，把握人大宣传工作正确方向；依托信息专刊、官网、微信公众号等渠道宣传人民代表大会制度，报道人大工作和代表履职成效；发布区人民代表大会、区人大常委会、人大代表履职、人大监督、代表议案建议、机关干部支援一线防疫等内容60余篇。（徐　佳）

重要会议

【区第十七届人民代表大会第二次会议】11月14日至16日，区第十七届人民代表大会第二次会议召开，依照《中华人民共和国全国人民代表大会和地方各级人民代表大会选举法》《北京市区、县、乡、民族乡、镇人民代表大会代表选举实施细则》的相关规定，选举出丰台区出席北京市第十六届人民代表大会代表68名，报北京市人大常委会依法进行代表资格审查。（徐　佳）

11月14日至16日，北京市丰台区第十七届人民代表大会第二次会议召开
（区人大常委会　供图）

2022年丰台区十七届人大常委会会议一览表

表3

序号	次别	时间	会议内容
1	第二次	3月22日	传达学习《中共北京市委关于贯彻落实中央人大会议精神以首善标准做好新时代人大工作的意见》，审议通过《北京市丰台区第十七届人民代表大会常务委员会关于任命国家机关工作人员法律知识考评领导小组名单》，决定人事任免事项，通报《北京市丰台区第十七届人民代表大会常务委员会主任、副主任工作分工》，审议通过《北京市丰台区第十七届人民代表大会常务委员会代表资格审查委员会主任委员、副主任委员、委员名单》，审议通过区人大常委会2022年工作要点，听取和审议区人大常委会关于2022年代表建议、批评和意见办理工作的意见，听取和审议区政府关于2022年重要民生实事项目安排情况的报告，听取和审议区政府关于2021年环境状况和环境保护目标完成情况的报告，听取区政府关于2021年法治政府建设年度情况报告，组织新任命的国家机关工作人员进行宪法宣誓
2	第三次	7月14日	传达学习中共北京市第十三次代表大会精神，决定人事任免事项，审议通过《北京市丰台区人民代表大会常务委员会关于接受曲峰辞去北京市丰台区第十七届人民代表大会常务委员会委员职务请求的决定》；听取区人民检察院关于充分发挥法律监督职能，护航未成年人健康成长情况的报告；听取和审议区政府关于丰台区2022年区级预算调整方案的报告，审查和批准丰台区2022年区级预算调整方案；听取和审议区政府关于落实“双减”政策，推进区域教育教学质量提升情况的报告，组织新任命的国家机关工作人员进行宪法宣誓

续表 3

序号	次别	时间	会议内容
3	第四次	8月25日	传达学习北京市委书记蔡奇在丰台调研时的指示精神和区委十三届四次全会精神，决定人事任免事项，听取和审议区人大常委会代表资格审查委员会关于个别代表的代表资格的报告，审议通过《北京市丰台区人民代表大会常务委员会关于补选丰台区第十七届人民代表大会代表的决定》，听取和审议区政府关于2022年国民经济和社会发展计划上半年执行情况的报告，审查2022年国民经济和社会发展计划上半年执行情况，听取和审议区政府关于2021年决算草案的报告，审查和批准丰台区2021年决算，听取和审议区政府关于2022年预算上半年执行情况的报告，审查2022年预算上半年执行情况，听取和审议区政府关于丰台区2022年区级预算调整方案的报告，审查和批准了丰台区2022年区级预算调整方案，听取和审议区政府关于2021年本级预算执行情况和其他财政收支审计工作报告，组织新任命的国家机关工作人员进行宪法宣誓
4	第五次	9月27日	传达学习中共中央政治局会议精神，决定人事任免事项，听取和审议区人大常委会代表资格审查委员会关于个别代表的代表资格的报告，听取和审议区政府关于2021年国有资产管理情况综合报告、2021年国有资产管理情况的审计报告（书面），听取区政府关于丰台区中小企业扶持政策落实情况的报告（书面），听取区政府关于《丰台分区规划（国土空间规划）（2017年—2035年）》实施情况暨重点地区控规编制实施情况的报告，听取和审议区人民法院关于为“两区”建设提供司法服务保障情况的报告，听取和审议区政府关于以全面实施乡村振兴战略为抓手，加快推进城乡统筹融合发展情况的报告，组织新任命的国家机关工作人员进行宪法宣誓
5	第六次	10月27日	传达学习中共二十大精神，听取区政府关于全域无隐性债务试点工作完成情况的报告，决定召开区第十七届人民代表大会第二次会议有关事项
6	第七次	12月22日	决定人事任免事项，听取和审议区政府关于“发挥重点功能区引领作用助推丰台区经济实现高质量发展”议案办理情况的报告，听取和审议区政府关于丰台区加快实施倍增计划、追赶行动推进高质量发展的议案，听取和审议区政府关于2022年国民经济和社会发展计划执行情况与2023年国民经济和社会发展计划草案的报告，初步审查丰台区2023年国民经济和社会发展计划草案，听取和审议区政府关于2022年区级预算调整方案的报告，听取和审议区政府关于2022年预算执行情况与2023年预算草案的报告，初步审查丰台区2023年预算草案；听取和审议区政府关于2021年预算执行情况和其他财政收支审计工作报告提出问题整改情况的报告，听取和审议区政府关于2022年代表建议、批评和意见办理情况的报告，听取和审议区人大常委会关于2022年代表建议、批评和意见督办情况的报告，书面听取审议《丰台分区规划（国土空间规划）（2017年—2035年）》修改方案和《第九届中国（北京）国际园林博览会园区绿化景观及相关设施建设项目分区规划修改方案》，决定召开区第十七届人民代表大会第三次会议有关事项，组织新任命的国家机关工作人员进行宪法宣誓

2022年丰台区第十七届人大常委会主任会议一览表

表 4

序号	次别	时间	会议内容
1	第二次	3月11日	研究决定区第十七届人大常委会第二次会议的建议议题和开会时间、区人大常委会2022年重点监督工作计划，研究通过区第十六届人大常委会第三十七次会议关于“区政府关于‘以创建国家卫生区为契机，打造卫生、洁净、健康、宜居的生产生活环境’议案办理情况报告”审议意见书
2	第三次	7月7日	研究决定区第十七届人大常委会第三次会议的审议议题和开会时间、丰台区人大常委会关于“发挥重点功能区引领作用，助推丰台区经济实现高质量发展”议案的督办方案，研究通过区第十七届人大常委会第二次会议的审议意见书
3	第四次	8月18日	研究决定区第十七届人大常委会第四次会议的审议议题和开会时间，研究决定区第十七届人大常委会第三次会议的审议意见书，研究决定区第十六届人大常委会第三十四次会议审议意见落实情况的报告；研究决定区人大常委会对2021年审计查出突出问题整改情况跟踪监督工作方案
4	第五次	9月15日	会议听取区政府关于进一步规范行政执法与刑事司法衔接工作情况报告、关于建立健全丰台区高成长企业引进培育机制情况报告、关于人防工程整治和利用情况的工作报告、关于农村集体土地收益专户监管情况的报告，研究通过区第十七届人大常委会第四次会议的审议意见书

续表 4

序号	次别	时间	会议内容
5	第六次	9 月 20 日	研究决定区第十七届人大常委会第五次会议的审议议题和开会时间、研究区人大各专委会关于 2022 年部门预算执行和 2023 年预算编制情况调研工作方案
6	第七次	10 月 20 日	听取区政府关于“八五”普法工作推进情况的报告、关于优化营商环境政策落实情况的报告、关于政府债务管理情况的报告；研究决定区第十七届人大常委会第六次会议审议议题和开会时间、《丰台区第十七届人大常委会法律顾问建议人选名单》；研究通过区第十七届人大常委会第五次会议审议意见书
7	第八次	12 月 21 日	研究决定区第十七届人大常委会第七次会议建议议题和开会时间，听取区第十六届人大常委会第三十六、三十七次会议审议意见落实情况报告（2021 年议案办理情况、区划调整对集体产业带来的影响及解决问题措施办法、2020 年度国有自然资源资产管理情况、2020 年审计查出问题整改情况）

7 月 14 日，新任命的国家机关工作人员宪法宣誓举行　　（区人大常委会　供图）

【区十七届人大常委会会议】2022 年，区第十七届人大共召开常委会会议 6 次。

监督工作

【概况】2022 年，区人大常委会把握依照法定职责、遵守法定程序工作原则，坚持依法监督，聚焦中央决策部署和市委、区委工作要求，行使宪法和法律赋予的监督权。（徐　佳）

【法治监督】2022 年，区人大常委会听取区政府 2021 年法治政府建设年度情况报告、贯彻落实区第十七届人大第一次会议关于开展第八个五年法治宣传教育决议情况报告、进一步规范行政执法与刑事司法衔接工作情况报告，听取和审议区法院关于为“两区”建设提供司法服务保障情况报告，听取区检察院关于“充分发挥法律监督职能，护航未成年人健康成长”情况报告，备案审查《丰台区政府投资建设项目管理办法（试行）》《丰台区 2022 年义务教育阶段入学工作实施意见》等规范性文件 10 件，为法律法规实施提供保障。（徐　佳）

【预算审查监督】2022 年，区人大常委会结合年初确定的丰台区经济社会发展年度目标任务开展监督。每半年听取审议国民经济和社会发展计划执行情况报告，跟踪监督经济运行情况，推动各项目标任务和工作落实。强化计划和预算、决算审查监督，审议预算调整草案 3 次，分别听取区政府关于债务规模结构、资金投向、管理情况和审计的报告。完善国有资产监督职能，首次听取审议国有资产管理情况综合报告和审计报告。监督审计整改落实情况，组织各专委会跟踪监督审计查出的突出问题。围绕规划实施、企业发展、农村经济等重点领域，先后听取审议分区规划实施情况报告、全区中小企业发展情况报告、高成长企业引进培育机制建立情况报告、城乡统筹融合发展情况报告。（徐　佳）

【民生实事监督】2022 年，区人大常委会围绕区委、区政府确定的民生实事开展监督。听取和审议区政府关于 2022 年重要民生实事项目安排情况的报告并作出决议，对政府投资计划涉及“七有”“五性”方面项目开展专题询问。对养老、人防工程利用、文物保护利用、学前教育等工作开展专项视察，对《北京市物业管理条例》实施情况开展专题询问，对《北京市生活垃圾管理条例》《北京市全民健身条例》实施情况开展执法检查，形成问题清单，交政府研究整改。以落实“双减”政策、提升教育教学质量为主题，听取和审议区政府专题报告并提出优化教育布局、丰富课后服务供给等意见建议。围绕环境保护、污染防治等方面工作，深入驻区企业检查环保措施落实情况，听取审议年度环境状况和环境保护目标完成情况报告。（徐　佳）

【社会治理情况监督】2022 年，区人大常委会围绕《北京市“接诉即办”工作条例》实施监督。针对诉求分类是否清晰、派单是否准确、接单单位是否落实责任等工作环节，深入职能部门、街道、社区、基层一线开展执法检查。以“执法检查+专题询问”方式监督《北京市非机动车管理条例》实施情况，形成书面报告交区政府整改。围绕“全面实施乡村振兴战略”，在农村地区基础设施、人居环境方面加大检查督导力度。（徐　佳）

重大决定和人事任免

【重大决定】 2022年，区第十七届人大常委会依法作出重大决议决定7项。即关于丰台区2022年重要民生实事项目决议、关于接受曲峰辞去区第十七届人民代表大会常务委员会委员职务请求决定、关于批准丰台区2022年区级预算调整方案决议、关于补选区第十七届人民代表大会代表决定、关于批准丰台区2021年决算决议、关于批准丰台区2022年区级预算调整方案决议、关于批准丰台区2022年区级预算调整方案决议。（徐　佳）

【依法人事任免】 2022年，区人大常委会依法行使人事任免权，依法任免国家机关工作人员200人次。其中，任免区政府工作人员166人次，任免区法院、区检察院工作人员34人次。

3月22日，区第十七届人大常委会第二次会议。决定任命：王东波为区人民政府办公室主任；戴伟明为区发展和改革委员会主任；杨晓辉为区教育委员会主任；刘博涵为区科学技术和信息化局局长；马士有为区民族宗教事务办公室主任；杨云为区民政局局长；廉峰为区司法局局长；陈燃为区财政局局长；曲峰为区人力资源和社会保障局局长；马林涛为北京市规划和自然资源委员会丰台分局局长；芮元鹏为区生态环境局局长；李国龙为区住房和城乡建设委员会主任；纪亚辉为区城市管理委员会主任；陈阳为区农业农村局局长；凌佩利为区商务局局长；樊维为区文化和旅游局局长；刘婉莹为区卫生健康委员会主任；刘淑钰为区退役军人事务局局长；王峰为区应急管理局局长；刘月梅为区审计局局长；李大维为区人民政府国有资产监督管理委员会主任；李伟为区体育局局长；陈丽为区统计局局长；刘立宏为区园林绿化局局长；游海为区金融服务办公室主任；刘楣为区政务服务管理局局长；刘涛为区人民防空办公室主任；王凯为区信访办公室主任；李云鸿为区医疗保障局局长；张小玲为区房屋管理局局长；张涛为区监察委员会副主任，免去其区监察委员会委员职务；陈志红、王亚宁、艾丹、张静、曹猛建为区监察委员会委员。李蕊、李南璇、吕慧、江冉、焦焜、梁海龙、武玥、李慎海为区人民检察院检察员；肖斌为区人大常委会丰台街道工作委员会主任；苏爱军为区人大常委会五里店街道工作委员会主任；李春生为区人大常委会卢沟桥街道工作委员会主任；郭新占为区人大常委会青塔街道工作委员会主任；李岩为区人大常委会六里桥街道工作委员会主任；王世义为区人大常委会玉泉营街道工作委员会主任；熊柏华为区人大常委会新村街道工作委员会主任；卢英博为区人大常委会看丹街道工作委员会主任；高松为区人大常委会花乡街道工作委员会主任；赵长河为区人大常委会右安门街道工作委员会主任；李振国为区人大常委会西罗园街道工作委员会主任；王涛为区人大常委会马家堡街道工作委员会主任；赵胜利为区人大常委会大红门街道工作委员会主任；李雪松为区人大常委会东铁匠营街道工作委员会主任；邹凌为区人大常委会方庄街道工作委员会主任；张晓东为区人大常委会成寿寺街道工作委员会主任；张晓光为区人大常委会南苑街道工作委员会主任；孙晖为区人大常委会和义街道工作委员会主任；孙绪勇为区人大常委会东高地街道工作委员会主任；彭松涛为区人大常委会长辛店街道工作委员会主任；李忠为区人大常委会云岗街道工作委员会主任。决定免去：马若怡区监察委员会副主任职务；穆健区监察委员会委员职务；张英婷区人民法院立案庭（诉讼服务中心）庭长职务；刘军区人民法院王佐人民法庭庭长、审判员职务；陆宋宁区人民法院民事审判一庭副庭长、审判员职务；石冬芬区人民检察院检察员职务。

7月14日，区第十七届人大常委会第三次会议。决定任命：张晓光为区住房和城乡建设委员会主任；赵长河为区水务局局长；高松为区市场监督管理局局长；高文娟为区人民政府国有资产监督管理委员会主任；王艳华为区人民法院立案庭（诉讼服务中心）庭长；李冬冬为区人民法院民事审判一庭庭长，免去其区人民法院方庄人民法庭庭长职务；张立楠为区人民法院行政审判庭庭长，免去其区人民法院长辛店人民法庭庭长职务；韩文川为区人民法院卢沟桥人民法庭庭长，免去其区人民法院右安门人民法庭庭长职务。吕慧敏为区人民法院方庄人民法庭庭长，免去其区人民法院立案庭（诉讼服务中心）副庭长职务；周生辉为区人民法院长辛店人民法庭庭长，免去其区人民法院民事审判二庭副庭长职务；赵昭为区人民法院王佐人民法庭庭长，免去其区人民法院民事审判三庭副庭长职务；郭爽为区人民法院民事审判一庭副庭长，免去其花乡人民法庭副庭长职务；郑娟为区人民法院民事审判一庭副庭长，免去其南苑人民法庭副庭长职务；刘晔为区人民法院民事审判二庭副庭长，免去其王佐人民法庭副庭长职务；郑文静为区人民法院卢沟桥人民法庭副庭长，免去其行政审判庭副庭长职务；魏洪杰为区人民法院南苑人民法庭副庭长，免去其民事审判一庭副庭长职务；郭丽丽为区人民法院立案庭（诉讼服务中心）副庭长；郭聪聪为区人民法院立案庭（诉讼服务中心）副庭长；王静（刑事审判庭）为区人民法院刑事审判庭副庭长；梁艳为区人民法院民事审判三庭副庭长；俞凯欣为区人民法院民事审判四庭（知识产权审判庭）副庭长；杨堃为区人民法院综合审判庭副庭长；张习文为区人民法院卢沟桥人民法庭副庭长；刘琳琳为区人民法院花乡人民法庭副庭长；聂然为区人民法院王佐人民法庭副庭长；李晓慧为区人民法院南苑人民法庭副庭长；何蕾、营森为区人民检察院检察委员会委员；戚煜珩为区人民检察院检察员；卢英博为区人大常委会花乡街道工作委员会主任，免去其区人大常委会看丹街道工作委员会主任职务；李雪松为区人大常委会南苑街道工作委员会主任，免去其区人大常委会东铁匠营街道工作委员会主任职务。决定免去：李国龙区住房和城乡建设委员会主任职务；李大维区人民政府国有资产监督管理委员会主任职务；赵旭东区人民法院民事审判一庭庭长职务；王静［审判管理办公室（研究室）］区人民法院民事审判三庭副庭长职务；万迪区人民法院民事审判四庭（知识产权审判庭）副庭长职务；韩伟区人大常委会财政经济办公室主任职务；李万海区人大常委会财政经济办公室副主任职务；刘兵区人大常委会教科文体办公室副主任职务；高松区人大常委会花乡街道工作委员会主任职务；赵长河区人大常委会右安门街道工作委员会主任职务；张晓光区人大常委会南苑街道工作委员会主任职务；彭松涛区人大常委会长辛店街道工作委员会主任职务。

8月25日，区第十七届人大常委会第四次会议。决定任命：朱晓昕为区生态环境局局长；李忠为区人大常委会长辛店街道工作委员会主任，免去其区人大常委会云岗街道工作委员会主任职务；付国锎为区人大常委会云岗街道工作委员会主任；杨勇为区人大常委会宛平街道工作委员会主任；芮元鹏为区人大常委会太平桥街道工作委员会主任；王晓莉为区人大常委会石榴庄街道工作委员会主任。决定免去：芮元鹏的区生态环境局局长职务；樊维区文化和旅游局局长职务；邹凌区人大常委会方庄街道工作委员会主任职务。

9月27日，区第十七届人大常委会第五次会议。决定任命：赵岩林为区人民政府副区长；沈越为区人民政府外事办公室主任；张晓东为区人大常委会方庄街道工作委员会主任，免去其区人大常委会成寿寺街道工作委员会主任职务；孙绪勇为区人大常委会成寿寺街道工作委员会主任，免去其区人大常委会东高地街道工作委员会主任职务；刘建为区人大常委会看丹街道工作委员会主任；孟丹为区人大常委会东铁匠营街道工作委员会主任。

12月22日，区第十七届人大常委会第七次会议。决定任命：许渊源为区商务局局长；李世琪为区文化和旅游局局长；齐蕊为区信访办公室主任；李楠为区人大常委会教科文卫体办公室（社会建设办公室）副主任，免去其区人大常委会代表联络室副主任职务；王晓轶为区人大常委会教科文卫体办公室（社会建设办公室）副主任，免去其区人大常委会代表联络室副主任职务；刘毅为区人大常委会代表联络室副主任，免去其区人大常委会办公室副主任职务；王少军为区人大常委会办公室副主任，免去其区人大常委会法制办公室副主任职务；王宏崑为区人大常委会法制办公室副主任，免去其区人大常委会城建环保办公室副主任职务；崔好民为区人大常委会代表联络室副主任，免去其区人大常委会教科文卫体办公室（社会建设办公室）副主任职务；李俊辰为区人大常委会城建环保办公室副主任，免去其区人大常委会农村办公室副主任职务；吴英为区人大常委会农村办公室副主任，免去其区人大常委会办公室信访室主任职务；孙永文为区人大常委会东高地街道工作委员会主任；李斐然为区人大常委会右安门街道工作委员会主任。决定免去：凌佩利区商务局局长职务；王凯区信访办公室主任职务；张兴海、周永平、张华区人民检察院检察员职务；张兴海区人民检察院检察委员会委员职务。

（徐　佳）

议案建议

【概况】 2022年，区人大常委会坚持把提出高质量议案、建议及落实作为发挥人大作用的重要抓手，区人大代表围绕中心工作、民生等重点领域，提出议案1件，即“发挥重点功能区引领作用，助推丰台区经济实现高质量发展”；提出建议96件，其中区第十七届人大第一次会议期间提出94件、闭会期间提出2件。通过建议内容看，城市规划、建设和管理方面62件；教育、科技、文化、卫生、体育方面12件；公安、交通和消防方面6件；民生改善方面5件；财政经济方面5件；农业、农村方面3件；社会保障方面2件；其他1件。针对议案、建议，人大常委会领导牵头，代表联络室统筹，各专委会分类对口进行督办，形成人大街工委、镇人大、代表联组参与督办的格局。区人大制定下发《关于2022年代表建议、批评和意见办理工作的意见》，采取召开建议办理推进会、视察检查、建立督办台账等形式，突出对口督办，增强办理实效。区人大代表提出的建议全部按时限办结，其中签署同意86件、基本同意10件。

（徐　佳）

【议案督办】 2022年，区人大常委会本着“统筹规划、突出重点、加强督办、务求实效”原则，对“发挥重点功能区引领作用，助推丰台区经济实现高质量发展”议案办理工作进行督办并审议。多次与区政府相关部门召开工作协调会，研究制定议案督办工作方案，第一时间组织召开议案交办会，对议案办理工作进行动员部署。多次组织常委会委员、财经委员、议案代表进行专题调研，组织召开综合情况分析座谈会，形成4个方面意见和建议，即规划引领统筹协调，加快推进重点功能区建设；整体谋划精准施策，持续加大招商引资力度；创造良好政务环境，为企业提供优质高效的服务；强化政策集成与宣传，营造通透稳定的政策环境。根据审议意见形成《审议意见书》，交区政府研究处理。

（徐　佳）

【关于五里店南路进行路侧停车收费管理建议】 五里店南路（五里店街道办事处门前路）南北长约400米，路东侧施划路侧停车位约40个，因未执行停车收费管理被社会车辆长期占据，加剧周边居民和到街道办事车辆停车难。据此，区人大代表李广民在区第十七届人大第一次会议期间提出“关于五里店南路进行路侧停车收费管理的建议”。5月18日，区城市管理委员会答复：“对五里店南路路侧35个停车位实施电子收费管理，同时安排停车协管员加强道路秩序管理工作”。7月12日，李广民对此建议办理结果表示同意。（徐　佳）

【关于消防人员进小区执法建议】针对居民消防意识淡薄、居民小区违反消防法问题突出，“12345”消防安全投诉热线数量大、解决难度大，物业、产权、社区、街道等社会管理单位处置难，执法部门不愿进小区、对个人处罚少，敬畏、遵守消防法的社会氛围不高等问题，区人大代表施颖秀、郭京在区第十七届人大第一次会议期间提出“关于消防执法人员进小区，针对居民个人违法行为开展执法的建议”。6月16日，区消防救援支队就此建议作出答复，涉及居民个人执法现行相关消防法律法规6部，执法相关条款共7条，其中涉及居民个人执法方式有警告、罚款、临时查封、拘留4种，区消防救援支队2019—2021年对个人开展执法697起，个人执法数据大幅度提高。针对居民社区消防车通道被占用堵塞、电动自行车违规充电停放、楼道阳台堆放可燃物等方面消防安全问题，区消防救援支队联合相关部门，推动街道和社区全面开展相关专项火灾隐患整治工作，消除一批火灾安全风险隐患。7月19日，施颖秀、郭京对此建议办理结果表示同意。（徐　佳）

2022年丰台区第十七届人民代表大会议案建议一览表

表5

序号	标题	提议单位
议案001	关于加快青塔街道春园等7个社区老旧小区改造进度的议案	青塔街道
议案002	关于发挥政策优势加快打造独角兽企业聚集区的议案	看丹街道
议案003	关于加快推进丽泽金融商务区建设发展的议案	太平桥街道
议案004	关于进一步提升河西地区综合承载能力，高标准建设北京园博数字经济产业园区的议案	北宫镇
议案005	关于规划建设好南中轴地区、打造城市更新样板的议案	大红门街道
建议001	关于解决大成路部分路段未设置果皮箱问题的建议	青塔街道
建议002	关于调整珠江紫台社区红绿灯位置的建议	青塔街道
建议003	关于加快青塔街道春园等7个社区老旧小区改造进度的建议	青塔街道
建议004	关于加快推进丰台区花乡街道郭公庄区域教育基础设施建设的建议	花乡街道
建议005	关于加快推进花乡街道社区卫生服务中心建设的建议	花乡街道
建议006	关于五里店南路进行路侧停车收费管理的建议	丰台街道
建议007	关于我区看守所在疫情期间保障律师会见权的建议	丰台街道
建议008	关于建立电动自行车充电示范小区的建议	丰台街道
建议009	关于对横七条第二社区两处公厕改造的建议	东铁匠营街道
建议011	关于在丰台中片地区建立特殊儿童干预中心的建议	看丹街道
建议012	关于尽快启动蒲黄榆一里、四里危改项目的建议	东铁匠营街道
建议013	关于加快推进东铁营棚户区改造的建议	东铁匠营街道
建议014	关于快速提升完善丰台区“民情图”品牌服务的建议	丰台街道
建议015	关于加快西木樨园平房区危房改造的建议	东铁匠营街道
建议016	关于对同仁社区平房区拆迁改造的建议	东铁匠营街道
建议017	关于小铁匠营平房区、刘家窑南里平房区尽快拆迁的建议	东铁匠营街道
建议018	关于消防执法人员进小区，针对居民个人违法行为开展执法的建议	东铁匠营街道
建议019	关于丽泽景园7号楼、14号楼房屋产权证迟迟未办理问题的建议	丰台街道
建议020	关于为公共卫生间增加无障碍抓杆的建议	东铁匠营街道
建议021	关于对安乐林路8号公厕改造的建议	东铁匠营街道

续表 5

序号	标题	提议单位
建议 022	关于对横七条第三社区 5 处公厕进行改造的建议	东铁匠营街道
建议 023	关于优先将水黄小区纳入到老旧小区改造计划的建议	丰台街道
建议 024	关于对横五条 2 号院公厕改造的建议	东铁匠营街道
建议 025	关于对刘家窑南里公厕改造的建议	东铁匠营街道
建议 026	关于丰台镇区域合理施划路侧停车位的建议	丰台街道
建议 027	关于对西木樨园平房区 6 处公厕改造的建议	东铁匠营街道
建议 028	关于对宋庄路甲 12 号院进行老旧小区改造的建议	东铁匠营街道
建议 029	关于丰台街道桥南棚改地区丰台区桥南棚户区改造项目的建议	丰台街道
建议 030	关于对东铁营 251 号院公厕改造的建议	东铁匠营街道
建议 031	关于加强丰台区农业农村社会化服务，促进都市农业发展的建议	西罗园街道
建议 032	关于打通晓月东路道路，缓解区域拥堵的建议	宛平街道
建议 033	关于优化晓月中路道路，缓解区域拥堵的建议	宛平街道
建议 035	关于尽快完善莲花池公园北广场主体景观的建议	太平桥街道
建议 037	关于为街道专职安全员增加年度体检的建议	右安门街道
建议 038	关于大力推进丰台区特殊（融合）教育的建议	右安门街道
建议 039	关于加强对人防工程使用监管的建议	右安门街道
建议 040	关于改善西南郊冷冻食品服务园区周边交通问题的建议	玉泉营街道
建议 041	关于打通京开东路断头路的建议	玉泉营街道
建议 042	关于加快北师大实验中学丰台学校建设工程（原北京师范大学第四附属中学改扩建工程）施工的建议	右安门街道
建议 043	关于开展居民小区内树木安全普查并设立枯死危树治理专项资金的建议	和义街道
建议 047	关于扩大中关村丰台园惠企政策辐射范围的建议	卢沟桥街道
建议 048	关于对槐树岭四号院运动场塑胶跑道改造的建议	北宫镇
建议 049	关于加快推进中国北方车辆研究所职工周转房建设的建议	北宫镇
建议 050	关于加快北宫路 2 期（大灰厂东路）建设的建议	北宫镇
建议 051	关于改善北宫镇大灰厂（石门口至大灰厂桥头）路段雨季道路积水的建议	北宫镇
建议 052	关于统筹规划文化旅游线路周边泊车问题的建议	北宫镇
建议 053	关于河西地区工业用地建设写字楼的建议	北宫镇
建议 054	关于解决长馨园小区居民正常用水问题的建议	长辛店街道
建议 055	关于在长辛店改造规划中将建造《长辛店古镇博物馆》列入首期实施项目之一的建议	长辛店街道
建议 056	关于加快社区办公用房移交的建议	长辛店街道
建议 058	关于加快推进河西再生水厂配套管线工程京周路段项目的建议	长辛店街道
建议 061	关于将长辛店东山坡区域纳入棚改计划的建议	长辛店街道
建议 062	关于加快推进长辛店村村域规划的建议	长辛店街道
建议 063	关于长辛店 E 地块南侧建设绿地公园的建议	长辛店街道
建议 064	关于将朱家坟社区局部空间改造提升项目纳入园林绿化管护的建议	长辛店街道
建议 065	关于继续对东南街社区、合成公社区、陈庄社区环境基础较差胡同街巷开展背街小巷环境整治的建议	长辛店街道

续表 5

序号	标题	提议单位
建议 067	关于在西局西路设置公共厕所的建议	六里桥街道
建议 068	关于对京周路沿线架空线梳理工作的建议	长辛店街道
建议 069	关于在原玉皇庄社区办公用房建设养老驿站的建议	长辛店街道
建议 070	关于加快解决老旧小区未通天然气问题的建议	长辛店街道
建议 071	关于将长辛店二七纪念馆等 8 处红色革命旧址纳入区级专业部门统一开发经营管理的建议	长辛店街道
建议 072	关于社区建立“城市书房”的建议	宛平街道
建议 073	关于在卢沟桥地区引入公办幼儿园的建议	卢沟桥街道
建议 074	关于王佐镇道路移交的建议	王佐镇
建议 075	关于王佐镇新建道路的建议	王佐镇
建议 076	关于耕地基本农田保护和利用的建议	王佐镇
建议 077	关于尽快完善乡村建设指导意见促进我区都市农业发展的建议	王佐镇
建议 078	关于进一步加快推进成寿寺公共服务配套设施工作的建议	成寿寺街道
建议 079	关于加快推进方于路整修工作的建议	成寿寺街道
建议 080	海户屯社区与区政务中心相邻道路交通秩序规范问题	大红门街道
建议 081	关于尽快完成万源北路拓宽工程大兴段的建议	东高地街道
建议 082	丰台区教委住宅楼规范化管理问题	大红门街道
建议 083	关于优化调整梅市口路与二通西路交叉口道路交通标识的建议	卢沟桥街道
建议 084	关于优化北京园博园便民运营方式的建议	卢沟桥街道
建议 085	关于进一步提升天元地区环境质量的建议	卢沟桥街道
建议 086	关于将马家堡街道晨光小区更换路灯的建议	马家堡街道
建议 087	关于将马家堡街道双晨社区两个小区纳入丰台区老旧小区改造的建议	马家堡街道
建议 088	关于将马家堡街道嘉园二里社区纳入老旧小区改造的建议	马家堡街道
建议 089	关于对东安街平房区进行拆迁的建议	五里店街道
建议 090	关于五里店南路七号院自备井改造引用自来水管道的建议	五里店街道
建议 092	关于保持对社会组织财政支持政策连贯性鼓励支持社会组织推进社会治理的建议	长辛店街道
建议 093	关于尽快完成丰台区城乡一体化石榴庄村旧村改造项目结案的建议	石榴庄街道
建议 094	关于挖掘石榴庄地区历史文化、提升城市文化内涵的建议	石榴庄街道
建议 095	关于进一步加快推进大红门社区卫生服务中心整体搬迁工作的建议	石榴庄街道
建议 096	关于调研和明确各街道区域经济定位、支撑重点区域发展的建议	五里店街道
建议 097	关于加快推进北宫南路（二七厂路和长兴路连线道路）建设的建议	丰台驻军
建议 098	关于加强央地合作高质量推进河西地区航天产业发展的建议	云岗街道
建议 99	关于调整中国航天科工集团七三一医院院区内市政待征道路规划的建议	云岗街道
建议 100	关于缓解十二中附小西门和南门前道路拥堵的建议	卢沟桥街道
建议 101	关于加强云岗地区交通整治建议	云岗街道
建议 102	关于加强云岗地区绿色公共空间改造提升环境的建议	云岗街道
建议 103	关于加强云岗地区背街小巷整治的建议	云岗街道
建议 104	关于中国航天博物馆落户南中轴地区的建议	航天一院

代表工作

【概况】 2022年，区人大常委会坚持“尊重代表权利就是尊重人民权利、保障代表依法履职就是保障人民当家作主”工作理念，把支持保障代表履职作为发展全过程人民民主重要措施，完成区人大代表补选工作，推进人大代表之家和代表联络站建设，搭建人民群众与人大代表的沟通联系平台，组织开展新一届区、镇人大代表初任培训班、履职培训班，参与“万名代表下基层”等活动。通过搭建履职平台、强化服务保障、完善履职机制，推进代表主体作用发挥。（徐　佳）

【人大代表补选】 2022年，区人大常委会依法开展人大代表补选工作。设立选举投票站17个，流动票箱26个，登记选民18575人，在太平桥街道地区第38选区、石榴庄街道地区第106选区、南苑街道地区第117选区、宛平街道地区第134选区补选区人大代表4名。（徐　佳）

【密切代表与选民联系】 2022年，区人大常委会推进人大代表之家和代表联络站建设，搭建人民群众与人大代表的沟通联系平台。全区建设代表之家26个、代表联络站163个，实现代表家站全覆盖。落实“月进站、季回家、年述职”工作要求，组织市、区、镇三级人大代表808人次回选区、进家站、参与“三边”（身边、路边、周边）检查，提交各类反馈检查意见建议660份。依托“万名代表下基层”征求立法意见活动，组织市、区、镇三级人大代表走进家站，围绕《北京市城市更新条例》《北京市节水条例》《北京市传染病防治条例》等法规草案征求意见建议320余条。健全完善基层代表列席常委会工作制度，全年邀请24名区、镇人大代表列席常委会。（徐　佳）

【代表履职服务保障强化】 2022年，区人大常委会组织开展新一届区、镇人大代表初任培训班、政治培训班、半年经济形势通报会，通过集中授课、“网上课堂”等方式，组织各级代表965人次参加学习。举办区人大常委会组成人员、专门委员会委员履职培训班，就提升代表履职能力、加强专委会自身建设等开展专题培训。落实代表述职制度，听取代表履职情况报告，指导各街镇完成代表向选民述职工作。（徐　佳）

【参与“万名代表下基层”活动】 2022年，根据市人大常委会“万名代表下基层”立法征求意见活动的统一参与要求，区人大常委会组织市人大丰台团代表、区镇人大代表370人和群众代表400余人走进代表家站，向群众宣讲《北京市城市更新条例（草案）》《北京市节水条例（草案）》制定背景、立法工作情况和法规主要内容，听取群众意见建议，并结合自身工作，对2个条例（草案）提出意见建议。市领导陈健、孙军民，区领导王少峰、高峰等均以人大代表身份到各街镇代表家站参加活动。活动中，征求到关于《北京市城市更新条例（草案）》意见建议181条，关于《北京市节水条例（草案）》意见建议113条。（徐　佳）

【代表履职培训会】 8月15日，区人大常委会召开2022年上半年经济和社会发展情况通报暨代表履职培训会，区代表282人、镇代表31人以视频形式在各街镇参加会议。区委常委、区政府常务副区长周新春从新冠疫情防控、稳经济促增长、强产业提品质、统筹区域发展、提升城市精细化管理、保民生增福祉等6个方面通报丰台区上半年经济和社会发展情况，提出下半年主要工作举措。北京市人大制度理论研究会原副会长席文启结合习近平总书记关于坚持和完善人民代表大会制度的重要思想、中央人大工作会议精神等内容，重点围绕代表职务和代表履职、代表在会议期间的工作、代表在闭会期间的活动等方面，就提高代表履职能力进行授课讲解。（徐　佳）

【代表履职培训班】 9月7日至9日，区人大常委会举办2022年区人大代表履职培训班。培训班以坚持和完善人民代表大会制度、学习贯彻中央人大工作会议精神、加强地方人大常委会和专委会建设、提高代表建议写作水平、当前宏观经济形势与政策展望为主要内容。区人大常委会组成人员、各专门委员会组成人员、部分区人大代表和人大机关干部近80人在全国人大北京培训基地参加学习。（徐　佳）

专门委员会工作

【法制委员会】 2022年，区人大常委会法制委员会听取区法院“关于为‘两区’建设提供司法服务保障情况的报告”，区检察院“充分发挥法律监督职能，护航未成年人健康成长情况的报告”，区人民政府“关于加强法治政府建设工作情况的报告”“关于进一步规范行政执法与刑事司法衔接工作情况的报告”，并对相关情况开展调研。听取区检察院“关于公益诉讼议题审议意见落实情况的报告”，并对相关情况开展跟踪监督。召开第一次法制委委员例会，讨论并支持区政府关于加强法治政府建设工作情况报告的征求意见稿。监督“八五”普法规划决议落实情况。参与《北京市非机动车管理条例》落实情况执法检查。听取7家责任单位情况汇报并开展座谈询问，提出8条意见交区政府整改，形成执法检查、解决情况报告及执法检查问题清单上报市人大；开展规范性文件备案审查工作，加强备案审查制度和能力建设。（徐　佳）

【财政经济委员会】 2022年，区人大常委会财政经济委员会完成区人大常委会和区人大常委会主任会议议题调研和初步审查，组织14个政府相关部门开展议题审议工作沟通会。调查区政府13个部门相关情况并听取汇报。组织部分财经委员走访6家企业，听取区政府相关部门管理情况、工作推进情况汇报。完成政府债务管理情况调研工作并形成调研报告。完成审计查出问题整改情况报告的前期调研工作，制定整改情况跟踪监督工作方案。听取区政府5个单位预算编制情况的汇报，形成专项审查意见和建议。组织会议8次，预先审查相关议题。落实“年审+季审”监督方式，开展季审4次。（徐　佳）

9月1日，区人大常委会组织代表到区法院调研　（区人大常委会　供图）

【教育科技文化卫生体育委员会】2022年，区人大常委会教育科技文化卫生体育委员会听取和审议区人民政府“关于落实‘双减’政策的报告”，收集有效调查问卷2800余份，征求群众意见建议50余条，召开座谈会3次，听取“双减”工作落实情况和意见建议。组织区人大常委会部分委员、教科文卫体委委员、区人大代表，检查区政府贯彻落实《北京市全民健身条例》情况，提出加大全民健身专业指导力度、体育场馆布局均衡、体育场馆悬挂国旗等建议和意见。听取辖区高成长企业引进培育机制情况，提出加强企校联合，让科技成果进学校进课堂等意见建议。检查文物保护及利用工作并提出建议。调研辖区学前教育普惠发展情况，听取学前教育开展情况报告。（徐　佳）

【城市建设环境保护委员会】2022年，区人大常委会城市建设环境保护委员会完成专项议题办理、对口监督、建议件督办、配合市人大立法调研等重点工作。组织调研活动7次，执法检查3次。监督环境保护工作。组织城建环保委委员、部分区人大代表专题调研重点功能区和重点项目建设情况，监督部门依法履职实效。受托开展《北京市城市更新条例》立法调研，确定“站城融合更新模式”为调研选题，市、区、镇三级人大代表就《条例（草案）》征求意见184条，形成专题报告报市人大常委会。配合完成相关立法意见征询工作，汇总整理意见建议6大类16条报市人大常委会。（徐　佳）

【农村委员会】2022年，区人大常委会农村委员会召开区第十七届人民代表大会农村委员会第一次农村委会议。结合“创卫”工作，听取北宫镇和王佐镇关于美丽乡村建设情况汇报。调研农村集体土地收益专户监管工作，听取农村合作经济经营管理站关于监管情况报告。监督检查“区划调整对农村集体产业发展带来的影响及解决问题措施办法审议意见”整改落实情况。（徐　佳）

【社会建设委员会】2022年，区人大常委会社会建设委员会开展执法检查1项，听取专项工作报告2项，开展工作调研2项，配合市人大建设委开展工作调研3项。协助完成市级立法意见征求工作。开展落实《北京市“接诉即办”工作条例》（简称《条例》）执法检查工作，组织专题培训40余场，26个街镇、68个委办局开展落实《条例》情况自查，30余名人大代表通过听取汇报、实地检查、会议座谈等方式提出意见建议。组织部分常委会组成人员和专委会委员调研区政府人防工程整治和利用情况，提出强化人防工程公益化利用，面向社会、补充城市功能需求，推进腾退人防工程公益使用，完善长效管理体制机制，巩固“疏解整治促提升”整治成果，满足群众需求等意见建议。调研养老服务工作，提出推动养老事业和产业协同发展，加强统筹规划，推进医养有机融合，补齐养老服务短板，加强人才队伍建设，提高照护高龄和失能残障老年人能力等意见和建议。（徐　佳）

丰台区人民政府

综 述

【北京冬奥会、冬残奥会赛事保障】2022年，全区协调保障二七厂冰雪项目训练基地，做好区内冬奥住宿、餐饮、交通、医疗、气象等赛会服务保障工作；加强食品供应企业全流程监管，确保食品供应安全，落实冬奥服务保障酒店管理流程和措施。加强城市志愿者管理调度，协助做好赛会志愿者服务保障工作。组织观众观演观赛。组织表彰突出贡献集体和个人，为北京冬奥会、冬残奥会举办贡献丰台力量。（付小娴）

【稳定经济增长】2022年，全区聚焦金融、科技、文化、商务四大产业方向，发挥“丰九条”“独角兽八条”等政策激励作用，继续实施“1511”产业发展提质工程，培育和引进更多高质量项目和企业。统筹全区楼宇资源，提升空间使用质量和产出效益，“丽泽—首都商务新区”成为全市4个国际消费体验区之一，方庄、马家堡等10个区域活力中心建设加快，丽泽天地、平安幸福汇等大型商业综合体开业运营，29家北京首店落户丰台。与国贸集团签订战略合作协议，在分钟寺地区规划建设高端商务综合体。落实新一轮城南行动计划，统筹实施相关项目和工程，扩大有效投资，第四轮城南行动计划完成投资278亿元，146个区级重点工程超额完成年度计划，新增储备项目61个，总投资超过2000亿元。落实国企改革三年行动方案，支持国企积极参与全区经济社会发展建设，促进国企做大做强做优。落实优化营商环境5.0版改革政策，打通政策落地“最后一公里”。推动金融科技创新示范区、法定数字货币试验区建设，举办2022中国（北京）数字金融论坛。发挥“城市会客厅”窗口作用和丽泽企业家联合会纽带作用，吸引和凝聚更多国内外金融科技头部企业入驻，构建现代金融生态圈。推进丽泽金融商务区国金大厦、中国证券大厦等项目实施，加快南区数字金融科技示范园建设，启动北区国际金融城供地，加快推进丽泽城市航站楼和北区地下空间一体化项目实施。做优做强轨道交通、航空航天两大主导产业集群，建好丰台“独角兽”企业集聚区，发挥看丹“独角兽”创新基地引领作用，引进“独角兽”企业；加快园博数字经济产业园建设，引进高质量数字经济企业；持续培育新型研发机构和产业协同创新平台，建设央地、军地、高校科技成果转化基地，深化与天坛医院和首都医科大学合作；立足未来首都功能发展布局，推动南中轴地区规划实施，落实大红门地区街区控规和城市导则，南中轴国际文化科技园一期开园，南中轴区域河道景观提升。南苑森林湿地公园建设113.33公顷，实现启动区集中连片开放。在24个街道建立经济合作发展专班，强化两镇经济发展办公室功能，提升街镇服务经济发展能力。推进“丰泽计划”，引进各类人才3900余人。全年完成税费收入442.1亿元，社会消费品零售总额1328.8亿元。（付小娴）

【推动城市建设】2022年，全区坚持规划引领，提高城市建设水平，加快落实总规实施第二阶段任务，完成城市首次五年评估。推进城乡建设用地减量工作，切实发挥规划刚性管控作用。加快重点地区和街区单元控规编制实施，完成丰台站地区控规编制，优化宛平城地区功能定位和用地布局，推进分钟寺地区控规研究。完成北京丰台站配套市政工程腾退97.78平方千米。加快土地供应，全年达到供地条件商品住宅用地40公顷、商服用地8公顷。推动保障房、集租房供地，统筹规划和完善交通路网建设，启动云岗路西延、芦井路等道路建设和改造升级。研究确定河西轨道交通一体化和地铁14号线西延方案。河西第三水厂实现通水，推进河西第二水厂前期工作，实施河西再生水厂京周路段管线工程。加快长辛店老镇有机更新，传承历史文化记忆，植入现代时尚元素，打造老镇复兴新地标、文化休闲消费新引擎。深化赵辛店等地区控规研究，启动棚改方案编制。提升整治中央民族大学（丰台校区），航天三院、十一院等高校科研院所周边环境。实施北宫镇集体产业用地试点项目，引入高端数字智造产业。挖掘北京园博园、千灵山、北宫森林公园等生态休闲旅游资源，优化提升服务功能设施。加快南苑地区、王佐青龙湖、花乡中部组团等棚改和一级开发项目实施。高标准开展老旧小区综合整治。推动老旧厂房和低效楼宇升级改造，加快产业转型和商业更新。继续实施宛平城解危和整体保护提升工程，挖掘老城历史文脉，规划植入文博等产业项目。推进东铁匠营地区城市更新和环境整治。

（付小娴）

【疏解整治促提升一体化实施】2022年，全区推进疏解整治促提升一体化实施，完成19项量化任务，其中6项超额完成。建成郭庄子公园、“邓亚萍”体育馆，推进资和信百货、银泰百货传统商场改造。完成一般制造业企业疏解退出3家、转型提质3家。大红门服装商贸城转型为南中轴国际文化科技园，一期实现开园，52家企业在园区落地。完成“基本无违法建设区”创建工作，拆除违法建设239.95万平方米，腾退土地204.26公顷。完成重点项目征拆收尾20户，代征道路用地移交5.9公顷。完成桥下空间治理94处，无证无照经营整治31处，地下空间环境恢复5处，施工围挡治理458处，临时建筑清理6处。通过拆违腾退土地实现“留白增绿”32.29公顷，战略留白32.25公顷，实现揭网见绿980.62公顷。新建及规范便民服务网点40个，发展老年餐桌30个。完成铁路沿线隐患治理180处，销账市级挂账整治地块4个，完成市级绿化地块工作指标12个。5个治理类街镇中，六里桥街道、新村街道、东铁匠营街道、西罗园街道退出市级治理类街乡镇督导范围。六里桥街道京铁家园小区被市委组织部、市委党校作为基层联络点，新村街道怡海花园社区治理经验被市级采纳。完成丽泽金融商务区景观照明提升工程。完成宛平文化广场改建和岱王庙局部修缮风貌提升项目。推动方庄、马家堡、花乡奥莱、丰台科技园区、王佐南宫活力中心等区域城市活力中心建设。草桥世界花卉大观园入选“北京市网红打卡地”，科技园区打造诺德—华夏幸福慢行区域特色商业街区。整治提升后的玉皇庄路被评为十大“北京最美街巷”之一。推动蒲黄榆一、四里等棚改项目，签约1071户。改造“水黄”小区6个，惠及群众3500户。完成67条背街小巷环境提升。强化“村地区管”，深化农村集体产权制度改革，落实农村集体资产监管联席会议制度，区、街镇审核项目近800个。（孟凡静）

【民生实事办理】2022年，丰台区出台主动治理“未诉先办”实施意见，成立“接诉即办”专项指挥部，受理群众诉求74.1万件，解决率、满意率比上年分别提升9.2%、5.9%，4个街道退出治理类街镇行列。完成区管道路中10处疏堵改造，新增停车位1.35万个。完成20条道路路灯补建，解决1.5万套房屋“办证难”问题。细化全区网格管理，建立社区网格志愿服务队，实现社区书记工作室示范点街镇全覆盖。探索建立物业企业信用管理机制，23个小区被评为北京市生活垃圾分类示范小区。开展治安、公共安全风险集中整治，消除隐患8900余处。落实经营性自建房100%管控；为18万燃气用户更换、加装安全型配件；新建电动自行车充电接口3.7万个。发布10条促就业措施，加大农村劳动力、高校毕业生等重点群体就业援助。向困难群体发放社会救助金1.54亿元。新增养老机构和驿站23家、养老床位933张。各类政策性住房新开工1.16万套、竣工1.03万套。中央民族大学丰台校区启用，北京第五实验学校、北京丽泽国际学校等一批优质校实现开学。创评4家市级示范托育机构；新增普惠性学前学位1560个，普惠率超过90%。推进集团化办学改革，未经审批学科类校外培训机构实现动态清零。北京口腔医院、丰台医院提质改建工程完成二次结构施工，区妇幼保健院获评三级医院，南苑医院转型为中医医院。构建“三级医疗保障服务网络”，社区卫生服务中心实现医联体全覆盖。深化“智慧家医”模式，重点人群签约率98.8%。加快区档案馆新馆建设，推进区文化中心和卢沟桥历史博物馆提升改造。举办第六届中国戏曲文化周，开展“我的丰台我的家”等系列文化活动1800场。（付小娴）

【政府服务效能提升】2022年，全区抓好新时代法治政府建设，进一步规范重大行政决策程序。强化政府工作人员法治思维，严格规范公正文明执法，提高依法行政能力。全面启动“八五”普法工作，开展各项活动。做好人大代表议案和政协委员提案办理。推进政务公开标准化建设。落实中央八项规定精神，持续整治形式主义、官僚主义，不断健全基层减负常态化机制。优化财政支出结构，一般性支出只减不增。强化各领域审计监督，建立健全审计整改长效机制。全面加强绩效管理，完善督查考核体系，弘扬敢于担当、敢于碰硬、敢于创新的精神，激励广大干部解放思想、开拓创新、锐意进取。（付小娴）

重要会议

【区政府全体会议】1月15日，丰台区人民政府2022年第一次全体（扩大）会议召开。区委副书记、区长初军威主持并讲话，周新春通报区人大十七届一次会议和区政协十一届一次会议相关情况。副区长崔旭龙、刘禹锡、高崇耀、高志庆、孔钢城、薄澜，区人大常委会副主任李春滨，区政协副主席、城指中心主任姜东升参加会议。（王　珅）

【区政府常务会议】2022年，区政府召开常务会议33次，会议主要是传达党中央、国务院和市委、市政府重大决策部署、重要会议精神，围绕全区经济高质量发展、城市精细化治理、保障和改善民生、平安丰台建设等领域的重大工作进行研究、部署和安排。（王　珅）

2022年丰台区政府常务会议一览表

表6

序号	次别	时间	研究议题
1	第三次	1月15日	《2022年区政府工作报告重点任务分工方案》《市、区“十四五”规划纲要主要目标与任务分工方案》《“十四五”时期丰台区高精尖产业发展规划》《丰台区2021年生态环境保护工作完成情况的报告》和其他事项
2	第四次	1月19日	《“十四五”时期中关村科技园区丰台园发展建设规划》《“十四五”时期丰台区轨道交通产业发展规划》和其他事项
3	第五次	2月10日	《丰台区2022年重要民生实事项目》《2022年丰台区“接诉即办”“每月一题”推动解决重点民生诉求工作方案》和其他事项

续表 6

序号	次别	时间	研究议题
4	第六次	2 月 18 日	《丰台区 2022 年“疏解整治促提升”专项行动工作计划》《丰台区创建“基本无违法建设区”工作推进方案》和其他事项
5	第七次	2 月 23 日	听取关于丰台区 2021 年安全生产工作情况和 2022 年重点工作的汇报，研究其他事项
6	第十一次	4 月 8 日	《“十四五”时期打造首都高品质生活服务供给重要保障区发展建设规划》《“十四五”时期丰台区园林绿化发展规划》《“十四五”时期丽泽金融商务区发展建设规划》和其他事项
7	第十六次	6 月 24 日	《北京市丰台区突发事件总体应急预案（2022 年修订版）》《丰台区 2022 年政务服务行动计划》和其他事项
8	第十八次	7 月 13 日	会前传达市第十三次党代会精神、市委主要领导调研指示精神、全国安全生产电视电话会议暨本市贯彻会议精神，听取关于丰台区 2022 上半年安全生产工作情况和下半年重点工作的汇报，研究其他事项
9	第二十次	7 月 22 日	会前学习《习近平法治思想学习纲要》，研究丰台区 2022 年国民经济和社会发展计划上半年执行情况、《丰台区 2022 年食品药品安全重点工作安排》，听取关于丰台区创建全国双拥模范城“八连冠”工作情况的汇报，研究其他事项
10	第二十一次	8 月 2 日	会前学习《信访工作条例》，听取关于丰台区 2022 年信访工作进展情况及下一步工作安排的汇报、关于丰台区 2022 年“疏解整治促提升”专项行动进展情况及下一步工作建议的汇报，研究其他事项
11	第二十二次	8 月 12 日	《丰台区党政机关办公用房管理实施办法（试行）》和其他事项
12	第二十四次	8 月 25 日	学习《北京市安全生产条例》，研究其他事项
13	第二十六次	9 月 16 日	《丰台区人民政府关于 2021 年度国有资产管理情况的综合报告》《丰台区人民政府关于丰台区国有资产管理审计情况的工作报告》《关于丰台区全面实施乡村振兴战略 加快推进城乡统筹融合发展的报告》和其他事项
14	第二十九次	10 月 18 日	会前通报关于国家自然资源督察相关工作情况，研究启动丰台区地下水“双源”监管体系建设有关事宜、《丰台站周边交通及环境综合整治工作方案》和其他事项
15	第三十次	11 月 12 日	丰台区 2022 年前三季度经济形势、《丰台区安全生产督察工作方案（2022 年修订版）》《北京市丰台区国家知识产权强市建设试点城市工作方案》和其他事项
16	第三十三次	12 月 8 日	《北京市丰台区人民政府工作报告》《全区冬春火灾防控工作方案》和其他事项
17	第三十四次	12 月 23 日	会前学习《中华人民共和国市场主体登记管理条例》，研究《丰台区 2022 年食品药品安全工作情况报告》《丰台区积极应对疫情影响助企纾困若干措施》《关于实施“丰台发展伙伴计划”合作共建丰台的意见》《丰台区关于全面实行行政许可事项清单管理的工作方案》和其他事项
18	第三十五次	12 月 28 日	《丰台区 2022 年生态环境保护工作完成情况的报告》《丰台区关于落实 2022 年北京市委市政府安全生产第一督察组反馈意见的整改报告》和其他事项

【专题会议】 2022 年，区人民政府主要领导召开专题会议 156 次，研究各类议题事项 230 项，涉及提升经济发展韧性、加快重点功能区建设、突出规划引领性作用、抓好基础设施建设、提高民生福祉水平等内容事项，为破解区域发展瓶颈、加快各项工作进程、推动区域倍增追赶、跨越发展夯实基础。（王 珅）

重大施政与重大活动

【概况】 2022 年，区人民政府坚决落实党中央“疫情要防住、经济要稳住、发展要安全”要求，坚持人民至上、生命至上，统筹抓好新冠疫情防控和经济社会发展，围绕北京市分区规划和“十四五”规划要求，结合全区经济社会发展情况，发布实施和推动落实《丰台区“十四五”时期生态环境保护规划》《丰台区“十四五”时期应急管理规划》《“十四五”时期丰台区水务发展规划》《“十四五”时期丰台区高精尖产业发展规划》《“十四五”时期丰台区轨道交通产业发展规划》《“十四五”时期中关村科技园区丰台园发展建设规划》《“十四五”时期丽泽金融商务区发展建设规划》《“十四五”时期打造首都高品质生活服务供给重要保障区发展建设规划》等，制定《丰台区关于〈北京市积极应对新冠疫情影响助企纾困若干措施〉的落实指引》统筹新冠疫情防控和全区经济稳定增长，进一步做好稳就业保就业各项工作。这些规划、办法的落实，推动复工复产、复商复市，群众生产生活逐步回归正常轨道。（丰鉴编）

【助企纾困措施落实】 2022年，全区落实《北京市积极应对新冠疫情影响助企纾困的若干措施》，制定实施稳经济“1+3+N”一揽子政策和助企纾困16条措施，统筹新冠疫情防控和经济社会发展。衔接已有助企纾困措施，采取进一步降低企业经营成本，包含税收优惠、缓缴社保、延长公积金缓缴期限、缓缴涉企保证金、防范和化解拖欠中小企业账款，为8.1万家市场主体减税降费70亿元，为1800余家企业减租2.58亿元，为2838家企业办理社保缓缴6.3亿元；加大金融支持力度，包括对设备购置与更新改造给予贷款贴息支持、对小微企业贷款实施延期还本付息、支持开发贷款信托贷款等存量融资合理展期；稳定产业链供应链，包括完善企业“白名单”、完善交通物流保通保畅；加力稳就业保民生，采取助企纾困相关措施，包括拓宽一次性扩岗补助政策范围、做好“接诉即办”服务等措施，帮助市场主体纾困解难，并明确15个责任单位。（丰鉴编）

【丰台区数字经济创新发展三年行动计划印发实施】 1月14日，丰台区《北京市丰台区数字经济创新发展三年行动计划（2021—2023年）》印发实施，提出打造数字经济创新园区，中关村丰台园东区、丽泽金融商务区形成具有影响力的数字经济标杆园区，北京园博数字经济产业园、首都商务新区初步形成数字经济集群发展态势。培育数字经济标杆企业，在数字金融、智能制造、卫星互联网、数字文化、数字消费等细分领域培育15～20家数字经济标杆企业，孕育3～5家独角兽企业。健全数字经济基础设施，基本实现5G网络重点区域全覆盖，“四通八达四底座”信息化体系加速构建，初步建成“云网边端完备、体系架构先进”数字基础设施。拓宽数字经济应用场景，在交通、政务、教育、健康医疗、环保、城市治理等领域培育形成一批典型应用示范场景，基本形成良性运转的数字社会生态。《行动计划》通过实施九大行动，加快数字经济的快速成长。具体包括：数字基础设施筑底行动，加快5G、千兆固网等网络设施覆盖，推进各类算力设施建设布局，构建立体化数字安全防护设施；数字产业化培育强基行动，加快培育数字前沿产业，全面布局空天信息产业；产业数智化升级打造行动，加速轨道交通产业数字化转型，培育智能制造，工业互联网等数字融合型产业；数字金融创新示范行动，推进数字金融和实体经济深度融合，集聚一批金融科技平台与企业；数字文化融合拓展行动，大力发展数字内容产业，挖掘文化旅游数字化潜能；数字生活互联共享行动，推动商业消费场景数字化升级，挖掘文化旅游数字化潜能；数字生活互联共享行动，推动商业消费场景数字化升级，壮大新型数字消费供给，提升教育和医疗服务智慧化水平；数字治理高效赋能行动，协同打造智慧城市治理体系，提升电子政务服务能级，加快开放城市应用场景；数字生态要素优化行动，开发利用数据资源价值，加强数字经济企业引育，完善人才储备和培养机制。（丰鉴编）

【首都高品质生活服务供给重要保障区发展规划实施】 7月4日，《“十四五”时期打造首都高品质生活服务供给重要保障区发展建设规划》（简称《规划》）印发实施。《规划》围绕北京加强“四个中心”功能建设和提升“四个服务”水平总体要求，落实丰台区新时期功能定位，立足“满足首都人民群众追求美好生活愿望”战略基点，聚焦“保障首都高效运行”与“满足区域消费升级需求”两大主线，优先做好“农产品供给、交通出行、生态休闲”三大事关首都城市运行品质核心保障，着力做好“文化休闲、花卉园艺、时尚家居、商业消费”四大服务区域民生诉求提升特色保障，全面提升“吃住行游购娱”多领域服务供给能力，树立高品质保障理念，培育一批高能级保障主体，打造安全、高效、优质、便利的保障体系，在服务保障首都市民需求中形成区域消费新的增长点，打造布局合理、功能完善、运转高效的首都高品质生活服务供给重要保障区。（丰鉴编）

【营商环境优化】 2022年，区政府完成北京市营商环境5.0版改革任务103项，开设“证照联办”服务专窗，实现区级依申请政务服务事项100%全程网办。服务企业发展，扩充“服务包”企业至944家，办结服务事项1671个，企业满意率100%。在24个街道建立经济合作发展专班。推进“丰泽计划”，引进各类人才3900余人。（付小娴）

【功能区建设】 2022年，丽泽金融商务区基础设施加快建设，地铁16号线南段（含丽泽金融商务区站）开通运营，南区道路全部建成通车，丽泽城市航站楼综合交通枢纽一体化项目主体开工。重大项目启动建设，丽泽国际金融城项目启动建设手续，国家金融信息大厦实现封顶，通用时代中心竣工入驻，城市云客厅投入使用，释放产业空间190万平方米，出租率81%。扩大丽泽金融商务区影响力，举办2022中国（北京）数字金融论坛、第十一届领航中国年会，发行“丽泽数币一卡通”，成立数字金融创新发展联盟。绿色金融园区建设初显成效，建成高品质绿地近66.67公顷，楼宇景观照明成为京城新夜景。

中关村丰台园全年总收入7600亿元，人均、地均产出居中关村示范区第三。轨道交通、航天航空两大主导产业创新发展。举办首届中关村商业航天大会、中关村轨道交通国际创新创业大赛、独角兽企业发展论坛等活动。园博数字经济产业园创新中心项目开工建设。新引进通号财务、航天氢能等亿元以上企业51家，高精尖及规模以上企业183家。

南中轴地区完成博物馆群及配套服务区规划设计方案，博物馆群一期土地整理加速推进。中央芭蕾舞团项目开工建设。大红门一期棚改项目加快实施，北木南厂地块挂牌入市。南中轴国际文化科技园一期开园，墨宇宙、中服数智等52家高质量企业实现落地。南苑森林湿地公园集中连片开放面积99.53公顷。（付小娴）

【“接诉即办”办理】2022年，丰台区出台主动治理“未诉先办”实施意见，成立“接诉即办”专项指挥部，强化“一把手”办件，在全市创新建立“治理书记”工作机制。全年受理群众诉求74.1万件，在提质降量上取得突破，解决率、满意率比上年分别提升9.2%、5.9%，开展“每月一题、每月一办”办理。（丰鉴编）

【“两区”建设】2022年，丰台区纳入市级“离岸贸易创新发展集聚区”。完成年度“两区”［建设国家服务业扩大开放综合示范区、中国（北京）自由贸易试验区］招商引资任务，新增入库项目375个，完成任务的288%，居全市第三、城六区首位。金融、通信、能源等领域多个项目亮相服贸会、京港洽谈会，现场签单超过121亿元。实际利用外资1.8亿美元，同比增长34.5%，伦交所路孚特中国、亚马逊中国等多家外资头部企业签约入驻。（付小娴）

【支援合作】2022年，丰台区开展与内蒙古自治区赤峰市林西县、兴安盟扎赉特旗东西部协作工作，加强与青海省玉树州治多县对口支援，开展与湖北省十堰市张湾区结对协作工作，深化支援合作，巩固脱贫攻坚成果，全面推进乡村振兴。区委、区政府主要领导先后赴受援地区调研对接，发挥支援合作工作联席会议机制作用，共同谋划推动重点工作。编制《丰台区2022年度支援合作工作要点》《2022年支援合作项目计划》等政策文件，明确重点帮扶方向及主要工作任务。强化资金人才支持，投入市区两级财政资金1.38亿元，谋划实施50个项目，选派挂职支援干部80人。加强产业合作，引导8家企业实际投资约5.07亿元，带动社会各界捐款捐物680万元。深化“产供销全链条”消费扶贫模式，实现消费帮扶金额13.17亿元。加强劳务协作，推动农村劳动力实现就业4495人。（杜伟光）

【结对协作】2022年，丰台区统筹与房山区生态涵养区结对协作工作，编制《丰台区与房山区结对协作推动生态涵养区建设年度任务分解方案》。两区聚焦水务、环境、城市治理等跨区治理难题，建立联动执法协作机制，利用结对资金，联合推进生态环境治理，重点提升基础设施和公共服务水平。医疗卫生方面，派出支援220人次，门诊474人次，健康查体875人次，学术讲座21场，业务培训518人次，义诊202人次，捐赠物品价值5000元。教育方面，开展学科培训、联动教研、教学交流200余次。就业合作方面，两区共同举办多场招聘活动，房山区2000余人通过丰台区提供的城市公共服务类岗位实现稳定就业。人才培养方面，两区深化互派挂职干部工作，年内接收房山区5人分别到区委社会工委、区发展改革委、街道等部门挂职锻炼，邀请专家对30名生态涵养区村党支部书记就推动乡村旅游发展进行专题培训。两区结对的10个集体经济薄弱村经营性收入全部超过10万元。（杜伟光）

【“七创”工作】2022年，全区开展“七创”［创建全国文明城区、国家卫生区、国家森林城市、全国双拥模范城、“两山”实践创新基地、基本无违法建设区、无疫社区（村）］联动，形成工作合力，完成“基本无违法建设区”创建任务，拆除违建270万平方米。丰台区成为全市首个成功创建“两山”实践创新基地的非生态涵养区。推动全国文明城区创建，厚植文明理念，提升城市魅力，打造创城“样板间”社区26个。推进国家卫生区创建，实现北京市卫生街镇全覆盖。国家森林城市创建指标基本达到国家标准。持续做好全国双拥模范城创建工作。（付小娴）

【参与主办“创客北京”大赛】7月6日，第七届“创客中国”北京市中小企业创新创业大赛暨“创客北京2022”创新创业大赛（简称“创客北京”大赛）新闻发布会在丰台召开。大赛由工业和信息化部、财政部指导，北京市经济和信息化局、北京市财政局、丰台区人民政府主办，北京市中小企业服务中心、北京市中小企业公共服务平台、丰台区科学技术和信息化局、中关村科技园区丰台园管委会、北京创业投资创新服务联盟承办。大赛由区域赛和龙头企业专项赛构成。区域赛设初赛、复赛、决赛3个环节，设立200个初赛点、17个分赛区，面向高精尖产业、文化创意产业、新型便民服务业征集和遴选优秀项目。丰台区有230个项目报名参赛，征集总量位列全市第二。龙头企业专项赛结合“龙头企业保链稳链工程”，联合阿里云、百度飞桨等13家龙头企业设立专项赛道，重点围绕人工智能、企业数字化转型、节能减排、创新医药、轨道交通等产业链条，通过“头部企业出题、中小企业答题、市场判卷收题”方式，以大带小、以小托大，推动大中小融通发展。8月16日，两大龙头企业赛——京东企业服务专项赛、中国通号轨道交通专项赛决赛在中关村科技园区丰台园华夏幸福创新中心、北京盈坤维景酒店分别举行。丰台区分赛区10个项目入围“创客北京2022”TOP150，包括“极高时钟精度计量MCU的研发项目”和“大推力振动台系统”等5个项目获得市级企业组等奖项，其中既有世界领先的航天航空高端实验装置，也有综合能源管理产业领域的智能电网MCU（微控制单元）芯片。此外，天浚元生团队“阿尔茨海默病外周血检测/早期筛查/干预”项目获得市级创客组奖项。

（丰鉴编）

【2022中国（北京）数字金融论坛】 9月8日，2022中国（北京）数字金融论坛在北京丽泽金融商务区举行。论坛以“汇聚创新力量：规范与开放”为主题，围绕数字金融发展趋势、数字技术赋能实体经济、数字人民币生态建设及数字人民币助力普惠金融等话题进行交流探讨。论坛上宣布成立“数字金融创新发展联盟”，同时发布数字人民币智能合约等研发成果，启动“丽泽数币一卡通”，释放一系列数字金融领域发展信号。

（王　涛）

【“千人进千企”专项行动启动】 9月8日，北京市“千人进千企”专项行动启动仪式暨北京市科学技术协会、北京市丰台区人民政府战略合作协议签约仪式举办。“千人进千企”专项行动由北京市科学技术协会、丰台区人民政府主办，为科创服务新模式。行动旨在以“强匹配”“精服务”“赋能量”等组合拳，动员学会、高校科协、园区科协、企业科协和区科协积极团结、动员、凝聚、引领专家智力资源投身北京国际科技创新中心建设，为服务高新技术企业创新发展搭平台、献良策。启动仪式上，市科协主席、中国科学院院士李静海，区委书记王少峰共同为丰台区院士专家服务中心揭牌。区委副书记、区长初军威在仪式上致辞，并代表区政府与市科协签订战略合作协议。（丰鉴编）

【交界地带联合执法协议签订】 10月14日，为全面贯彻落实市委、市政府《关于推动生态涵养区生态保护和绿色发展的实施意见》文件精神，进一步深化两地生态保护和绿色发展结对协作工作，丰台、房山两区签订交界地带联合执法协议。丰台区发展改革委会同房山区发展改革委组织两区水务局、生态环境局、城市管理委和交界街镇共同研究推进联合执法工作，明确工作机制、工作任务、工作目标和保障措施。建立联动执法协作机制，共同推动解决交界地区的生态环境治理难题。（丰鉴编）

北京园博园锦绣谷将垃圾坑设计为下沉式花谷景区，图为2022年7月的锦绣谷

（原梓峰　摄）

【“两山”实践创新基地挂牌】 11月19日，丰台区被生态环境部授予全国第六批“绿水青山就是金山银山”实践创新基地牌匾，成为北京市第6个“绿水青山就是金山银山”实践创新基地，也是全市首个创建“两山”实践基地的非生态涵养区。丰台区深入贯彻落实习近平生态文明思想，牢固树立“绿水青山就是金山银山”理念，厚植生态优势，坚持山水林田湖草沙一体化保护和系统治理，厚植超大规模城市生态底色。探索“生态优先、绿色发展”丰台道路，以森林绕城、绿道连城、碧水穿城、湿地润城、公园遍城、农田留城、花果香城、生物汇城、景观靓城的“绿城九法”为路径，保障生态优先、打造蓝脉绿网，形成7个“两山”理论转化的典型实践案例。案例涵盖废弃矿山修复、山水林田湖草综合治理、生态园林带动产业发展等方面，是丰台区践行“两山”理念的成果，为探索绿色低碳高质量发展提供丰台路径。

（丰鉴编）

政务服务

【概况】 2022年，丰台区政务服务管理局（简称区政务服务管理局）坚持党建引领、依法行政，推进“放管服”改革、优化服务改革和行政审批制度改革；推进政务服务体系建设；负责全区“互联网+政务服务”工作、公开政务信息，负责纳入区政务服务中心集中受理、办理政务服务事项的组织协调和监督管理；强化“四个服务”，助力区域营商环境优化和经济社会发展。成立区级重要会议期间服务保障专班，摸排驻京办情况，落实相关防疫政策，实现重要会议期间无新冠疫情突发情况发生。建立“规范化”服务事项登记管理台账与“动态化”服务名录，制定“特色化”服务事项清单，梳理区级服务事项43个、街镇服务事项44个、特色服务事项9个。拓展外联服务渠道，开通“7天+24小时”服务专线，在区、街镇政务服务中心开设服务专窗19个，接待受理业务273件，办结率100%。与天津滨海新区、河北雄安新区等6个地区签订框架合作协议，推行“全程网办+异地代收代办”模式，实现“跨省通办”政务服务事项落地办理。（谢宏星）

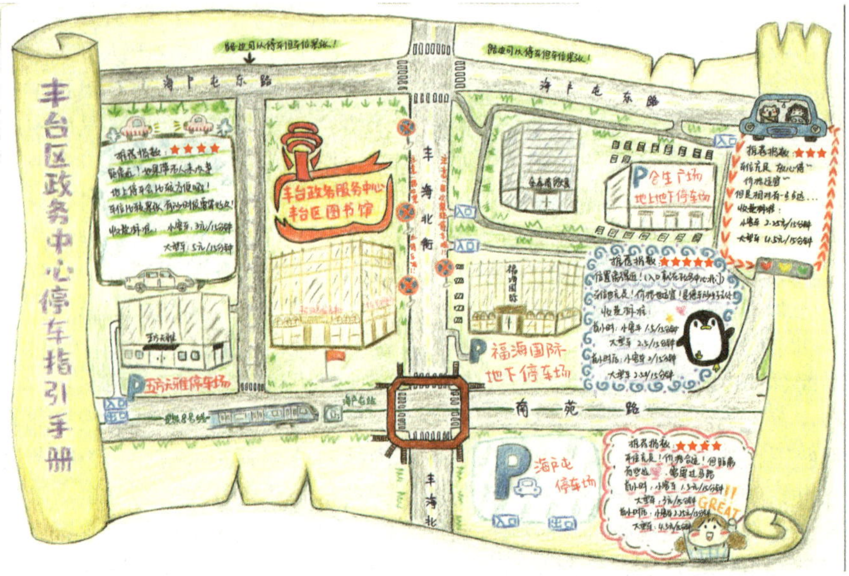

9月15日，区政务服务管理局推出首款“手绘停车地图”指引手册
（区政务服务管理局　供图）

【深化“放管服”改革】2022年，区政务服务管理局以落实国家营商环境创新试点城市和营商环境改革5.0版政策为主线，突出政策落地深化、数字政务建设。作为全市唯一试点，建设“审管联动”事中事后监管新场景；推出77项“一照（证）通办”事项；在首都之窗丰台区政务服务网上线区级企业用户空间。编制全区248项行政许可事项清单，压减43项，规范157项。除涉密和法律法规要求等特殊情形外，实现区级政务服务事项100%“全程网办”。推出道路运输从业人员服务单位变更（上岗）等“区块链+”应用场景11个。（谢宏星）

【政务服务体系建设】2022年，区政务服务管理局强化政务服务体系建设，形成“上下联动、层级清晰、就近覆盖”服务架构，实现政务服务“就近办、家门口办”。巩固街镇政务服务中心“一窗受理、集成服务”改革成果，实现街镇政务服务中心进驻事项100%委托受理，政务服务事项统一清单化管理，政务服务自助机全覆盖。通过联通“一张政务网”、推行“网络小课堂”、组织“社工大练兵”等方式，完成411个社区（村）规范化建设任务，建成“一刻钟政务服务圈”。选定丽泽SOHO党群服务中心等8个市、区级试点，推行“党务+政务”智能服务模式，为企业提供“帮办代办”“自助办”“上门办”等服务。（谢宏星）

【政务公开】2022年，区政务服务管理局推出“政务服务面对面”政策解读直播，关注量62.1万人次；以一图读懂、简明问答、H5（互动）动画等形式，推出“1+3+N政策支撑体系”等重点政策解读43条。依托网站及政务新媒体平台，开展“十四五”规划、“助企纾困”、“优化营商环境”、“创城”等专题专栏，创新推出街镇“政府信息公开便民名片”。受理办理信息公开申请555件，办理复议30件、诉讼13件，实现区政府信息公开案件“零败诉”。（谢宏星）

【政务服务大厅建设】2022年，区政务服务管理局成立新冠疫情防控应急指挥体系，依托智慧数据中心及安全服务机器人，掌握大厅运行情况，实现中心工作人员和办事群众“零感染”。以创城工作为契机，完善实体大厅志愿服务设施，完成外语标识规范化设置，增设周边停车指引，推进服务环境再提升。推出“六办”特色服务包，以“轮岗+培训+考核”方式提升窗口人员业务能力。收到表扬信480封、锦旗59面。（谢宏星）

4月14日，区政务服务管理局在“北京丰台”客户端《有事儿您说话—政务服务面对面》栏目直播
（区政务服务管理局　供图）

外　事

【概况】 2022年，丰台区外事工作贯彻执行党和国家的对外方针、政策和涉外法规以及市委、市政府和区委、区政府关于外事工作指示和决定，组织开展外事工作重大问题的调查研究；负责与外国地方政府间的交流，组织和管理与国际友好城市的交往活动；统筹安排区领导的外事活动和出访事宜，牵头协调在区外籍人员的管理和服务。（高　瑞）

【与首尔市江东区国际友好交流活动】 2022年是中韩建交30周年暨中韩文化交流年。7月25日至29日，丰台区与韩国首尔市江东区青少年开展线上交流活动，丰台区副区长崔旭龙、江东区区长李秀姬在活动开幕式致辞。在交流活动中，来自两区34名青少年通过视频对话、分组讨论、汇报展示等方式，围绕名胜古迹保护传承、“我的梦想”等主题展开交流，增进了解、友谊与互信。（高　瑞）

【区外事工作委员会第四次全体会议】 8月1日，区委外事工作委员会第四次全体会议暨2022年丰台区推进国际交往中心功能建设工作组全体会议召开。会议落实市委外事工作委员会第四次全体会议和北京推进国际交往中心功能建设领导小组第五次全体会议精神，就推进丰台区国际交往中心功能建设、推动南中轴地区规划实施，加快南中轴国际文化科技园一期建设；加快丽泽城市航站楼等重大项目建设，推进丽泽金融商务区高品质国际化发展；推动对外交往，培育卢沟桥特色品牌，打造更多“小而精”国际化特色商铺、商圈；创新国际友城交流方式，以线上线下相结合方式推动对外交流交往等事项进行研究。区委书记、区委外事委主任、区推进国际交往中心功能建设工作组组长王少峰主持会议。（丰鉴编）

【外语标识规范检查】 8月11日，区外事办检查《北京市国际交往语言环境建设条例》落实情况，对区域内五星级酒店、国家AAAA级旅游景区及重要交通枢纽等外语标识开展规范工作，检查发现改正南宫旅游景区、北京世界公园、北京园博园、中国园林博物馆、北京汽车博物馆、北宫国家森林公园等旅游景区；北京西站、地铁9号线等交通枢纽；莲花池公园，东铁营街道怡心公园、怡馨花园等惠民公园20个点位数百条外语错误标识。（高　瑞）

【与东京都葛饰区国际友好交流活动】 12月30日，丰台区与日本东京都葛饰区缔结友好关系30周年青少年绘画作品展在丰台青少年剧场开展。两地交换展览双方青少年创作的绘画作品，丰台区展出葛饰区青少年画作96幅。展览为期30天。（高　瑞）

信访工作

【概况】 2022年，丰台区信访办（简称区信访办）受理群众来信来访1万余件次，比上年下降7.51%。接收信访复查申请95件次141人

7月25日至29日，丰台区与韩国首尔市江东区开展青少年线上交流活动　（区外事办　供图）

次，其中立案83件次，结案60件次（通过调解主动撤销3件次）。完成市政府信访复核案件答辩26件次，全部结案。信访及时受理率100%，按时办结率99.98%，群众参评率93.41%，满意率98.56%。推进“重复信访治理、化解信访积案”专项工作，交办重复信访审核化解率99.04%，重复信访件数比上年下降1.97%。通过联席会议解决疑难复杂信访问题14件。办理区领导批示人民来信100余件。（梁　涛）

【矛盾排查化解】2022年，区信访办坚持和发展新时代“枫桥经验”，探索建立信访预警机制，深化信访代理制度，建立初访联办机制，分类约访办理制度，通过建立制度，化解社会矛盾。开展矛盾纠纷排查6次，排查出各类社会矛盾纠纷500余件，化解率98.98%。（梁　涛）

【领导干部接访】2022年，区信访办落实区领导信访接待日92个。开展领导干部大接访活动，接待344批次1201人次，解决246批次。其中，区领导接待39批次77人次，解决18批次；街镇、社区（村）领导接待305批次1124人次，解决228批次。（梁　涛）

政府综合事务

【政务信息】2022年，区政府办健全信息报送机制，拓展信息来源，提高信息质量，着力在典型性、综合性、创新性、时效性上下功夫，为政府决策提供信息服务，展示经济社会发展成效亮点。编发《丰台政务》等各类信息刊物123期，其中专刊、特刊24期，采用基层信息1312条，获区领导批示55条次；报送市政府办公厅政务、舆情信息500余条，采用145条，获市领导批示19条次，市政府办公厅通报表彰2次。（丰鉴编）

【电子政务】2022年，区政务管理局推进电子政务建设。建立区级电子证照分发中心，完成与北京市电子证照库对接，通过人脸识别、授权码等授权方式，可调取电子证照116类。先后两批开展政务服务领域电子印章刻制工作，辖区43个区级单位和26个街镇刻制电子印章115枚，应用率100%，累计签章52万次。完成使用市、区审批系统1103个事项电子文件全流程归档配置。完善“丰政通”微信公众号掌上办事大厅建设，实现398个事项“掌上办”。在区级、各街镇政务服务中心，时代风帆、丽泽金融商务区等重点楼宇布设政务自助机，提供就业、社保等15个高频个人事项“自助办”服务，累计办件160余件。依托人工智能、区块链等技术，推出智能预审、智能审批、智能复制等“智能办”服务。（谢宏星）

【绩效管理】2022年，区政府印发《2022年度丰台区政府绩效考评实施方案》，确定考评对象79个。其中，区级行政机关41个、事业单位12个、街镇26个；围绕行政机关、事业单位所承担的市区重大决策部署、年度重点工作以及专项任务制作《2022年度重点工作绩效任务书》，形成“一单位一表”，明确具体考核指标考点；制定绩效管理考评细则，根据体系中的考评指标，明确具体考评重点及方式；组织召开区政府绩效管理考评培训会，指导开展全区绩效管理工作，解读考评内容、方式；12月中旬启动年终绩效考评工作。（田　萌）

【政务督察督办】2022年，区政府办办理市、区领导批示指示事项277件；完成市、区两级决策专项督查15件，督办市、区重大决策任务217项。其中，市政府工作报告重点工作18项、市重要民生实事25项，区政府工作报告重点工作146项、区重要民生实事28项；重点督办区领导批示指示交办重点工作，印发《督查与反馈》64期。（曹　蕾）

【建议和提案办理】2022年，区政府办理市、区人大代表和政协委员提案329件。其中，市件30件、区人大建议96件、区政协提案203件，全部建议提案依法按期答复，代表委员对办理情况满意和基本满意率100%。办理人大议案“发挥重点功能区引领作用，助推丰台区经济实现高质量发展”。办理政协十一届一次会议期间委员对政府工作意见建议及推进丰台经济高质量发展专题协商座谈会委员对政府工作意见建议。组织区政府各承办部门参加区人大、政协调研、视察8次。现场督办建议、提案2次，联系代表委员协调政府部门20余次。向代表委员征集实事线索，组织第三方座谈，为政府部门接受监督、依法履职奠定基础。（王　鹏）

机关事务管理

【概况】2022年，丰台区政府机关事务管理服务中心（简称区机关事务管理服务中心）围绕“管理、服务、保障”核心职能，履行9个办公区管理和服务保障职责，创新服务理念，深耕主责主业，加强队伍建设，完成机关财务、机要通信、公务用车、就餐服务、会务收发、医疗保健、安全保卫、物资采购、办公用房管理、固定资产管理等机关事务工作。（丁　垚）

【公车管理】2022年，区机关事务管理服务中心制定下发《丰台区党政机关公务用车管理办法》。落实平台公务车辆定点维修、定点加油和定点保险制度，不定期抽查平台所属公务车辆管理日常使用情况及节假日停驶情况。分别在3月、7月检查全区党政机关公务用车使用管理情况，查出四方面十类问题，予以通报。对统管车辆建立一车一档，包括车辆基本档案及日常管理档案，指定专人负责，对车辆证件资料、基本信息、维修加油保险记录、派车审批数据等情况登记入账，整理归档。全区公务车辆信息化管理实现全覆盖。公车平台统管车辆449辆，为基层单位配备或调剂车辆33辆，报废更新车辆18辆，其中购置新能源车辆6辆。保障实物用车、应急用车、调研用车和老干部用车派出67960车次，行政综合执法用车派出59160车次，安全行车210万千米。车辆运行保障费用节约30%。完成保障市级环保督察组用车、创卫检查、垃圾分类专班、文创督导、北京冬奥会、冬残奥会用车保障等15项重大任务活动保障工作，派遣工作用车13660车次。（智　翔）

【机要交换】 2022年，132个区属机要交换单位实现“一卡通”自助交换功能。机要信件收发交换3.91万件。机要交换员参加国家交换站组织的培训，提升专业知识和业务能力。丰台区被中央国家机关交换站评为交换工作先进单位。（智　翔）

【办公电话维护】 2022年，区机关事务管理服务中心对9个集中办公区4120部办公电话及线路开展大检修3次，排除各种故障隐患；电话总机受理电话查询业务8360次；新增大院5号楼通信设备一套，新装电话76部；移机、查修电话1510部；办理登记、变更业务46件。（智　翔）

【区档案馆主体结构开始施工】 2022年，区档案馆建设工程项目进入主体结构施工阶段，8月主体结构出正负零，年底封顶。该项目坐落于丰台区南苑乡新宫村NY-056地块，总投资23107.66万元，总建筑面积24000平方米。（王存德）

【餐饮服务管理】 2022年，区机关事务管理服务中心制定下发《丰台区机关食堂反食品浪费工作成效评估和通报制度实施方案》。制定食堂服务提升方案，从改善就餐环境、加强人员培训、增加饭菜品种、扩大服务范围4个方面提升食堂服务品质。保障所辖办公区及市场防疫工作组、防控办、创卫办、创城办等临时机构用餐143.5万余人次。完成融媒体食堂设备安装调试工作。（闻顺海）

【消费扶贫】 2022年，区机关事务管理服务中心完成消费帮扶1180.7万元（线上采购868.06万元），超额完成580.57万元。其中，采购扎赉特旗大米28.8万元、涞源鸡肉制品181.5万元、曲阳县猪肉制品595.5万元、太仆寺旗粮油制品82.1万元、张北县牛羊肉制品292.8万元。（闻顺海）

【固定资产管理】 2022年，区机关事务管理服务中心建立健全信息化资产账簿体系，9个办公区44家单位账面资产总值53535.31万元。其中，通用设备15984件，折合22071.88万元；专用设备4840件，折合1176.63万元；家具类30360件，折合3539.84万元；土地房屋类折合21968万元；无形资产折合4778.97万元。新增2792.28万元资产。（郑亚媚）

【参与国家级卫生区创建】 2022年，区机关事务管理服务中心制定《创建国家卫生区实施方案》《生活垃圾分类工作实施方案》《健康教育与健康促进工作计划》等，将宣传教育工作作为创卫工作的主线贯穿始终。制作展示教育宣传栏6期，张贴健康教育、健康促进及控烟宣传材料320余份，增加禁烟标识12处，更新24处。开展病媒生物孳生地治理活动，清理卫生死角18处、疏通沟渠及下水道200余米、翻盆倒罐清除各类积水44处、清理乱堆放杂物8处、封堵鼠洞和建筑漏洞25处，开展病媒生物消杀防治12轮次。（甄春红）

中国人民政治协商会议
北京市丰台区委员会

综　述

【政协委员构成】2022年，区政协第十一届委员会有委员378人。其中，男委员232人、占61.4%，女委员146人、占38.6%，少数民族委员51人、占13.5%，中共党员委员157人、占41.5%，非中共党员委员221人、占58.5%。由24个界别构成，包括中共界别15人、民革界别10人、民盟界别12人、民建界别14人、民进界别11人、农工界别11人、致公界别8人、九三界别12人、无党派界别9人，共青团、青联界别8人，工会界别10人、妇联界别9人、工商联界别14人、科协界别8人、侨联界别8人、文艺体育界别21人、科学技术界别48人、经济界别56人、农业界别11人、教育界别22人、医药卫生界别21人、社会福利界别12人、少数民族宗教界别11人、特邀界别17人。（张树波）

【政协自身建设】2022年，区政协组织"深入学习贯彻落实中共二十大精神，全面加强和改进新时代丰台政协工作"专题学习会，举办新任委员培训班、暑期学习班、委员读书班和"政协讲坛"系列报告会。围绕发挥专门协商机构作用、把政协制度优势转化为治理效能等专题召开交流研讨会。组织集中学习28次、学习研讨51次，专题研讨13次，向北京市政协推荐优秀理论研究成果25篇。开展委员读书活动，推进"书香政协"建设。完善同区各民主党派和工商联协同联动机制。邀请有关领导和专家介绍、解读民族政策和宗教工作。区政协班子成员带队走访宗教活动场所，看望宗教界代表人士；专题协商长辛店基督教堂规划与建设工作。落实区政协班子成员联系常委、常委联系委员制度，做到委员联系联络全覆盖。班子成员分别带队走访区各党派团体负责人、委员所在单位和各界委员63次，开展多种形式谈心谈话200余人次。利用丰台政协网站、《丰台时报》、丰台融媒体等渠道，发布各类履职信息、履职成果和优秀委员履职风采80期（次），征集北京"双奥之城"文史资料12篇，编发《咨议建言集》，组织第三十六届卢沟桥醒狮越野云上跑活动。落实委员履职制度，建立委员履职档案，健全委员履职考核评价机制，收集汇总委员履职数据5200余条，评选表彰优秀委员43人、优秀信息委员12人、优秀提案委员52人和优秀提案集体8个，树立鲜明委员责任导向。（张树波）

【书香政协】2022年，区政协完善13个线上读书群，建立"云悦读"领学和周末学习日常态化学习机制。打造"悦读书屋"品牌，明确"建好一个资源库、坚持四有标准、聚焦四个模块、抓住六个领域试点带动"建设思路，搭建28个委员"悦读书屋"，线上学习交流86次，带动界别群众2500余人参与读书活动。（张树波）

【委员工作站】2022年，区政协分别在界别、重点领域、楼宇街区等建立27个委员工作站。各委员工作站开展理论政策宣传90余次，法律、医疗等专业服务1300余次，服务基层群众5万人次；受邀参与基层协商100余次，收集提交提案和社情民意信息130余篇。（张树波）

【政协讲坛】4月24日，区政协举办"政协讲坛"集中学习活动。区政协常委、区教委主任杨晓辉围绕"优化资源配置，提升教育质量，做好'双减'后半篇文章"和"完善制度机制，加强中小学教师队伍建设"工作开展专题讲座。区政协副主席及部分区政协委员和机关干部参加集中学习活动。（张树波）

重要会议

【概况】2022年，丰台区制定《关于加强和改进新时代丰台区政协工作的实施方案》，把加强和改进区政协工作纳入全区工作总体布局，区政协召开常务委员会议4次、议政性常委会1次，主席会议7次。

（张树波）

【区政协常委会会议】2022年，政协丰台区第十一届委员会常务委员会会议召开4次。

3月25日，政协丰台区第十一届委员会常务委员第一次会议召开，传达学习全国两会精神，中共中央办公厅《关于加强和改进新时代市县政协工作的意见》和市政协主席魏小东在"贯彻全国两会精神，加强和改进区政协工作"区政协主席座谈会上讲话精神；通报丰台区2022年重要民生实事有关安排，区政协领导班子成员分工，区政协2022年协商工作计划，各专门委员会组成情况以及《政协北京市丰台区第十一届委员会主席会议关于调整各专项民主监督小组组成人员的决定》；审议通过《政协北京市丰台区第十一届委员会常务委员会2022年工作要点》，民族宗教政策贯彻落实情况专项民主监督小组成员名单及工作办法，《政协北京市丰台区第十一届委员会主席、副主席、秘书长联系常委；常委联系委员分工》《政协北京市丰台区第十一届委员会常务委员会关于任命专门委员会主任、副主任的决定》。

7月14日，政协丰台区第十一届委员会常务委员第二次会议召开，学习传达中共中央印发《中国共产党政治协商工作条例》、北京市第十三次党代会精神、市委办公厅印发《关于加强和改进新时代区政协工作的实施意见》；通报2022年上半年新冠疫情防控工作情况、2022年重点提案及督办分工安排、落实"书香政协"工作方案及"悦读书屋"实施方案情况。

10月13日，政协丰台区第十一届委员会常务委员第三次会议召开，学习传达《台湾问题与新时代中国统一事业》；学习传达市委统战工作会议精神；通报丰台区创建工作情况；通报并审议人事事项。

12月30日，政协丰台区第

12月30日，政协北京市丰台区第十一届委员会常务委员会第四次会议召开

（区政协　供图）

十一届委员会常务委员第四次会议召开，传达学习《中共中央关于认真学习宣传贯彻党的二十大精神的决定》《中共北京市委关于认真学习宣传贯彻党的二十大精神的实施意见》；听取区委办、区政府办关于2022年提案办理情况通报；审议调整政协委员，补选政协常委、秘书长事宜；通报并审议人事事项；协商区政协十一届二次会议时间、地点；审议十一届二次会议议程（草案）、十一届二次会议日程、十一届二次会议委员分组情况及各组召集人建议名单、十一届二次会议各次会议主持人报告人建议名单、十一届二次会议副秘书长建议名单、十一届二次会议秘书处职责及人员分工、十一届委员会常务委员会工作报告、十一届二次会议大会发言题目及发言人、十一届委员会常务委员会关于提案工作情况报告、2022年度优秀提案52件、十一届二次会议选举办法（草案）、十一届二次会议监票人总监票人建议名单（草案）、《政协北京市丰台区第十一届委员会常务委员会关于加强自身建设的意见》《政协北京市丰台区委员会协商工作规则》《政协北京市丰台区委员会关于加强和改进专门委员会工作的实施意见》以及《政协北京市丰台区委员会专门委员会工作通则（修订）》；通报优秀委员43人、优秀信息委员12人和优秀提案委员52人、优秀提案集体8个；区政协各专委会就2022年工作情况作书面报告。（张树波）

重要活动

【概况】 2022年，区政协综合运用多种履职平台，组织调研座谈、视察考察等各类协商活动63次。围绕民生改善和社会发展开展各项活动，举办政协暑期学习班，组织纪念中国人民抗日战争暨世界反法西斯战争胜利77周年活动和抗战卢沟桥醒狮越野跑活动，其中卢沟桥醒狮越野跑活动已连续举办36年。聚焦重点产业举办“2022年政协圆桌下午茶”活动。（张树波）

【悦读书屋活动】 7月12日，区政协召开“悦读书屋”委员读书分享会。连宇出席会议。区政协机关年轻干部参加会议。会上，专委会工作人员介绍区政协开展“悦读书屋”活动相关情况，汇报区政协机关开展“悦读书屋”活动试点计划安排。连宇就“读书分享”和如何开展好“悦读书屋”活动与机关年轻干部进行讨论。7月21日，李岚带队调研平爱国主义教育主题“悦读书屋”、方庄民革界委员“不忘合作初心、共担时代使命”主题“悦读书屋”建设情况。10月14日，李岚带队调研城市书房“悦读书屋”建设情况。（张树波）

【暑期读书班】 8月23日至24日，区政协和区委统战部联合举办2022年暑期学习班暨委员读书班。读书班采取线上线下相结合方式，集中开展学习培训和交流研讨。区政协、区委统战部领导班子成员，区政协常委代表，区各民主党派、工商联、知联会、新联会负责人，区政协、区委统战部机关工作人员线下学习，300余名区政协委员线上学习，李岚作开班动员。中共丰台区委统战部部长郭晓一主持开班式。学习班期间，组织传达学习北京市第十三次党代会精神，集中学习《习近平谈治国理政》第四卷、统一战线和人民政协理论知识。邀请北京市政协副秘书长李亚兰、北京市政协提案委员会副主任阮培颖、北京市政协研究室副主任薄茹，分别就做一名责任委员、关于提案和社情民意信息工作作辅导报告；区发展改革委、区教委负责人分别就全区经济社会发展情况、教育改革发展情况作专题通报。（张树波）

【纪念抗战胜利77周年活动】 9月6日，为纪念中国人民抗日战争暨世界反法西斯战争胜利77周年，由市政协、市体育总会、丰台区人民政府联合举办，民革北京市委、丰台区政协、中国人民抗日战争纪念馆（简称抗战馆）协办的北京第三十六届卢沟桥醒狮越野跑活动线下启动仪式在抗战馆举行。市政协副主席王宁、王红、燕瑛，市政府副秘书长尹培彦，市体育局局长、市体育总会主席赵文，抗战馆馆长罗存康出席。李岚主持启动仪式。市、区政协委员，民革党员及丰台区统战人士、中小学生等近200人参加。（张树波）

【圆桌下午茶活动】 9月15日，区政协聚焦金融、科技、文化、商务四大重点产业，整合政协委员、专家学者、企业家资源，在北京园博园举办主题为“加强企业合作，促进轨道交通产业协同发展”“2022年政协圆桌下午茶”活动。围绕如何构建并完善轨道交通产业链、创新链和供应链，提出12条高质量、建设性意见建议。活动邀请轨道交通领域政协委员、北京交通大学教授等专家学者，中国通号、交控科技等重点轨交企业负责人参加。区领导王少峰，李岚，副区长崔旭龙，区政协副主席连宇、冯晓光、姜东升等出席。（张树波）

参政议政

【概况】 2022年，区政协向区各民主党派、工商联和各专委会征集协商议题，设定6个方面议题，包括5个方面专项议题、1个方面综合议题。其中，专项议题包括议政会议题1项，议政性常务委员会会议议题2项，协商恳谈会议题4项，常委会专题视察监督活动2项，专项民主监督工作议题5项。形成专项报告16项，提出意见建议308条。（张树波）

【数字金融议政会】 7月15日，区政协、区委统战部召开“聚焦数字金融新蓝海 提升数字金融论坛影响力 打造丽泽数字金融科技示范园”协商议政工作启动会。李岚出席会议并讲话。区人大常委会副主任张婕，区政协副主席樊维、韩如泉，区各民主党派、工商联、知联会、新联会负责人、课题主笔人，专家学者、部分区政协委员、区金融办、丽泽管委会及区委统战部、区政协机关相关部门负责人参加会议。9月28日，区政协召开“聚焦数字金融新蓝海 提升数字金融论坛影响力 打造丽泽数字金融科技示范园”议政会筹备会，区政协经科委副主任申东介绍课题总报告撰写情况，区各民主党派、工商联、知联会、新联会围绕分课题介绍报告撰写情况。11月4日，区政协召开“学习贯彻二十大精神 共谋丰台高质量发展”推进丽泽数字金融产业发展协商议政会。冯晓光作协商议政工作情况说明；区政协经科委副主任申东介绍课题总报告核心内容；区各民主党派、工商联负责人，无党派人士、新的社会阶层人士发言。（张树波）

【专题议政性常委会会议】 10月13日，区政协围绕“加强住宅小区物业管理规范化建设，提升社会治理效能”议题召开议政性常委会。专委会就调研情况做总体汇报。副区长高志庆就当前情况及下一步工作安排与区政协常委、委员开展协商交流，政协常委、受邀委员分别围绕议题积极建言献策提出意见建议。李岚出席会议并讲话，区政府有关部门负责人应邀参加会议。（张树波）

9月15日，区政协在北京园博园举办“2022年政协圆桌下午茶”活动
（区政协　供图）

【协商恳谈会】 9月15日，区政协围绕“聚焦市政基础设施建设，有效提升河西地区综合承载力”议题召开协商恳谈会。副区长周新春听取意见并与委员进行面对面交流。会议由连宇主持，区政府相关部门负责人、区政协部分委员参加会议。

9月21日，区政协围绕“加快发展社区养老就餐服务，满足居家养老需求”召开协商恳谈会。区政协社会法制委员会副主任、调研组副组长蔺熠委员就“加快发展社区养老就餐服务，满足居家养老需求”调研情况做总体说明。参会政协委员结合前期调研，针对发展社区养老就餐服务机构良性发展、养老助餐服务机构培育加强养老助餐志愿者队伍专业化建设、餐饮行业补充养老助餐服务和满足老年人居家养老需求等方面进行交流发言，并提出相关意见建议。区民政局社工委、区商委、区市场监管局围绕全区开展“加快发展社区养老就餐服务，满足居家养老需求”工作实际情况，结合委员发言进行情况介绍和沟通交流。副区长高崇耀听取意见并与委员交流。

9月22日，区政协围绕“完善制度机制，加强中小学教师队伍建设”召开协商恳谈会。区教委副主任杨联文通报丰台区中小学教师队伍建设工作情况。区委编办、区财政局、区人力资源和社会保障局对相关工作情况进行介绍。参会政协委员结合前期调研考察情况和自身岗位优势，分别从完善制度机制、提升教师专业化水平、加强新教师培养、树立师德师风以及强化教师培训等方面提出建设性意见和建议。区政府副区长薄澜听取意见并围绕“完善制度机制、提升教师专业化水平、加强新教师培养、树立师德师风以及强化教师培训”等方面与部分政协委员协商交流。（张树波）

【区政党协商会】 12月24日，区政党协商会召开。区委书记王少峰主持。会议听取区各民主党派、无党派人士代表及工商联负责人工作开展情况汇报，征求《区委全会工作报告》《丰台区加快实施倍增计划、追赶行动推进高质量发展实施意见（2023—2025）》，以及区委、区政府下一年度工作意见建议。民革丰台区工委主委樊维、民盟丰台区工委主委史卫东、民建丰台区工委主委张婕、民进丰台区工委主委徐朝辉、农工党丰台区工委主委韩秀娟、致公党丰台区工委主委廖春迎、九三学社丰台区工委主委韩如泉、无党派人士郭媛媛、区工商联副主席关超进行交流发言。

（丰鉴编）

提案工作

【概况】 2022年，区政协提高提案办理协商效能和提案工作质量，制定提案审查工作细则、重点提案遴选与督办办法。面向社会广泛征集提案线索，扩大提案覆盖面。采取区政协主席会议成员领衔督办、重点督办召开提案办理协商会8次，使提案成果及时转化。围绕“接诉即办”组织“委员对话一把手提案办理面对面”全媒体直播，提案工作影响力扩大。开展提案质量和办理质量双向评议，提案办复率100%。收到提案295件（其中大会提案256件、平时提案39件）。审查立案235件（其中党派提案11件、界别提案2件、小组提案1件、委员提案221件），因违反提案工作条例未立案60件。转为社情民意信息提案10件，超出区事权范围、转化为全国政协、北京市政协提案8件，遴选优秀提案52件。（张树波）

【优秀提案】 2022年，区政协评选优秀提案52件。其中，党派、团体提案7件，委员提案44件，界别提案1件。

（张树波）

【打造营商环境“丰台样板”助推经济高质量发展】 2022年，民革丰台区工委提出“关于打造营商环境‘丰台样板’助推经济高质量发展”，主要内容为：提升“互联网+政务服务”应用为第一要务，尽快实现“一网通办”；以企业获得感有效改善为引领，加快形成更具特色的区域吸引力；以体制机制创新为突破点，积极转变政府职能，打造高效政务服务高地；以市场主体和人民群众满意为宗旨，营造创优营商环境的浓厚氛围；以走在全市前列为目标，结合区位优势和产业基础增强综合配套服务能力。（张树波）

【进一步推动创新应用落地加快数字金融示范区建设】 2022年，民建丰台区工委提出“关于进一步推动创新应用落地加快数字金融示范区建设”，主要内容为：以“助推”方式，实现数字人民币应用全域落地。运用价值观和从众心理，提升公众认知；为日常消费提供便利，让数字货币应用随处可见；优化“默认选项”，改变消费者和企业收支习惯；智能合约、配比奖励，高效引导消费行为。用试点创新鼓励政策，吸引企业聚集丰台。政策鼓励先行先试、创新突破；鼓励服务运营创新模式；鼓励高成长潜力的创新企业；协调推动“中国数字金融协会”和“北京市数字金融协会”落地丰台。

（张树波）

【加强丰台区中小学心理健康教育保障力度】 2022年，民进丰台区工委提出“关于加强丰台区中小学心理健康教育保障力度”，主要内容为：配齐建强骨干队伍并加大保障力度；建立全区统一的心理健康测评服务平台；建设高质量区级中小学生心理健康辅导站；引入社会专业机构助力心理健康发展；提供心理疾病转介绿色通道并规范流程；加强宣传，引导社会关注和重视学生心理健康教育。

（张树波）

【推进卢沟桥—宛平城—长辛店文化片区建设】 2022年，委员罗存康提出“关于充分利用独特历史文化推进卢沟桥—宛平城—长辛店文化片区建设”，主要内容为：建立固定工作协调机制；讲好卢沟桥、宛平城文化历史故事；加强遗址遗迹保护传承利用；深入做好文化片区综合利用；加强交通基础建设。

（张树波）

【推进教育综合体建设建议督办】 9月19日，徐朝辉对区政协2022年度重点提案——致公党丰台区工委提出的《关于加快落实“双减”政策、推进教育综合体建设在丰台区试点建设的建议》进行督办。致公党丰台区工委领导班子成员，承办单位区教委、区体育局、区文化和旅游局负责人，区委办公室、区委统战部和区政协提案委员会负责人参加会议。承办单位负责人介绍丰台区“双减”工作和校外教育发展情况，以及教育综合体发展的基本情况，针对提案提出的建议，从加强调研和理论探索、提高有组织的教育教学水平、推进校内外教育资源融合、完善校外教育治理机制、巩固学科类校外培训治理成果、进一步优化营商环境等方面提出下一步工作设想。致公党丰台区工委领导班子成员对区委、区政府的高度重视和办理部门的工作给予肯定，对办理工作表示满意，同时围绕减量与提质增效、校外资源整合监管等问题提出意见和建议。（丰鉴编）

【加强全区中小学心理健康保障力度建议督办】 9月19日，樊维对区政协2022年度重点提案——民进丰台区工委提出的《关于加强丰台区中小学心理健康保障力度的工作建议》进行督办。民进丰台区工委领导班子成员，承办单位区教委、区卫健委、区委宣传部负责人，区委办公室、区委统战部和区政协提案委员会负责人参加会议。承办单位负责人从制度、师资、教研机制、教师支持、场地和经费等方面介绍全区中小学心理健康保障的情况，并针对提案提出的建议，从配齐建强骨干队伍并加大保障力度、建立全区统一的心理健康测评服务平台、建设高质量的区级心理健康研究与服务中心、引入社会专业机构助力心理健康发展、积极争取专业机构协作支持、引导社会关注和重视学生心理健康等方面提出加强丰台区中小学心理健康保障力度的具体措施。民进丰台区工委领导班子成员对区委、区政府高度重视和办理部门的工作给予肯定，对办理工作表示满意，同时围绕完善多部门联动机制等问题提出意见和建议。

（丰鉴编）

【打造营商环境“丰台样板”、助推经济高质量发展建议督办】 9月28日，韩如泉对区政协2022年度重点提案——民革丰台区工委提出的《关于打造营商环境“丰台样板”、助推经济高质量发展的建议》进行督办。民革丰台区工委领导班子成员，承办单位区发展改革委、区委组织部、区科技信息化局、区财政局、区人力资源和社会保障局、区城市管理委、区市场监管局、区金融办、区政务服务局相关负责人，区委办公室、区委统战部和区政协提案委员会相关负责人参加会议。承办单位负责人针对提案提出的建议，从全面落实全市营商环境改革工作要求、大力提升全区政务服务水平、着力优化企业获得感、推进丰台区人才建设和公共服务建设等方面介绍丰台区营商环境建设进展情况，提出工作设想和具体措施。民革丰台区工委领导班子成员对区委、区政府高度重视和办理部门的工作给予肯定，对办理工作表示满意，同时围绕促进部门“物理模块”联动形成“化学反应”、加强事中管理和事后监管等问题提出意见和建议。

（丰鉴编）

【全区道路居住停车破解矛盾挖潜增效建议督办】 10月26日，连宇对区政协2022年度重点提案——九三学社丰台区工委提出的《关于丰台区道路居住停车破解矛盾挖潜增效的建议》进行督办。九三学社丰台区工委领导班子成员，承办单位区城市管理委、区交通支队、区房管局、区规自分局相关负责人，区委办公室、区委统战部和区政协提案委员会相关负责人参加会议。承办单位负责人针对提案提出的建议，从居住区停车资源挖潜、立体停车设施建设、错时共享停车、道路停车改革等方面介绍全区相关工作的进展情况，并提出工作设想和具体措施。九三学社丰台区工委领导班子成员对区委、区政府高度重视和办理部门的工作给予充分肯定，对办理工作表示满意，同时围绕错时共享、资源挖潜、收费机制、违章处罚等问题提出意见和建议。

（丰鉴编）

【优化行业监管办法、提升养老服务质量建议督办】 10月31日，姜东升对区政协2022年度重点提案——农工党丰台区工委提出的《关于优化行业监管办法、提升养老服务质量的建议》进行督办。农工党丰台区工委领导班子成员，承办单位区民政局负责人，区委办公室、区委统战部和区政协提案委员会相关负责人参加会议。承办单位负责人针对提案建议，围绕制定相关政策、建立养老服务部门联席会议制度、实现全方位监管、畅通投诉渠道等方面介绍全区养老服务工作的情况，并提出工作设想。农工党丰台区工委领导班子成员对区委、区政府高度重视和办理部门的工作给予充分肯定，对办理工作表示满意，同时围绕完善多部门联席会议机制、加强综合监管与行业监管相结合等问题提出意见和建议。

（丰鉴编）

调研与视察

【概况】 2022年，区政协调研走访指导政协委员工作站建设、中国医师协会、北京动力源科技股份有限公司、北京京桥热电有限责任公司、旭阳集团、中国证券投资基金业协会、北京市第二中级人民法院、中国航天科工飞航技术研究院、北京丽泽国际学校等。督导检查丰台区新冠疫情工作各项情况。向区委、区政府报送调研报告、视察报告、社情民意信息专报231份。

（张树波）

【农业农村工作调研】 2022年，市区政协协同履职，就“聚焦共同富裕目标，多措并举促进农民增收”议题，共同开展调研协商。3月30日，市政协副主席林抚生带领市政协农业和农村委员会一行到丰台区调研，有关负责人为全体委员作履职辅导报告，各专门委员会和综合部门指导支持，60名驻区市政协委员聚焦丰台发展携手履职。李岚、连宇参加调研。

（张树波）

【“双减”云端调研】 4月22日，区政协“优化资源配置，提升教育质量，做好‘双减’后半篇文章”议程性常委会议题专题调研组组织开展“云端”调研考察活动。调研组成员线上全程参加在丰台八中举办“双减”背景下丰台课程整体育人创新实践研讨会。部分教育界别委员现场参加调研，形成《优化资源配置，提升教育质量，做好“双减”后半篇文章——丰台区政协议政性常委会议题调研报告》。

（张树波）

【议政性常委会协商议题专题调研】 9月19日，区政协组织部分政协常委、委员围绕“加强住宅小区物业管理规范化建设，提升社会治理效能”议政性常委会协商议题开展专题调研。委员们实地考察方庄街道芳群园三区9号院和成寿寺街道晶城秀府小区，调研社区党组织、业委会、物业公司在物业管理中发挥作用情况进行座谈交流。区房管局局长、区委社会工委民政局副局长介绍丰台区落实《北京市物业管理条例》主要做法、成效、存在问题、原因分析及破题思路和下一步工作措施。方庄街道、成寿寺街道主管领导结合各自实际工作情况，就如何发挥党建引领，进一步提升物业服务水平进行交流发言。政协常委、委员们表示，小区治理一直是基层社会治理矛盾集中、纠纷频发的领域，加强小区物业管理规范化建设

是解决基层治理难题的重要抓手，也是推动物业管理实现共建共治共享的重要举措。区政协副主席连宇参加调研。（张树波）

专门委员会工作

【概况】2022年，区政协设置9个专门委员会，分别为经济科技委员会、文史资料委员会、教文卫体委员会、学习委员会、人口资源环境和建设委员会、农业和农村委员会、社会法制委员会、民族宗教和港澳台侨委员会、提案委员会。优化各委员会办事机构队伍结构，结合重点工作强化实践锻炼。（张树波）

【经济科技委员会】2022年，区政协经济科技委员会研究制定"聚焦数字金融新蓝海，提升数字金融论坛影响力，打造丽泽数字金融科技示范园"协商议政工作方案，组织各民主党派、工商联、知联会、新联会成立调研组，确定5个调研方向。整合政协委员、专家学者、企业家资源，聚焦金融、科技、文化、商务四大重点产业，组织开展"政协圆桌下午茶"活动。邀请区政协委员、中国邮政储蓄银行北京分行党委委员、副行长、工会主席李红，以《金融发展对区域经济发展的影响》为题，作线上专题学习报告。围绕"南苑森林湿地公园项目有关资金投入及使用情况"，组织开展线上财政专项资金使用情况民主监督，引导委员建诤言、谋良策。推进委员工作站建设，工商联界工作站从政策法规宣传、收集社情民意、开展协商监督、优化营商环境、促进企业交流等方面开展工作；丰台区职业与成人教育集团工作站发挥政协委员作用，结合学习型城市建设任务，着力打造服务市民的丽泽云学堂服务平台；科协界工作站精心组织"悦动书屋"读书活动，分享心得体会；无党派界别委员工作站与丰台区知联会融合、联动，开展常态化读书、学习活动。围绕区域经济发展做好社情民意信息工作，汇总19篇具有建设性意见建议报区委决策参考。（张树波）

【文史资料委员会】2022年，区政协文史资料委员会研究起草《政协北京市丰台区委员会关于加强和改进新时代文史资料工作的实施方案》，为区政协文史工作开展提供制度保障。成立区政协文史资料协作组，制定《丰台区政协文史资料协作组工作暂行办法》，深化与协作单位联系。对2022年涉及文史资料、教文卫体工作58件专委会、界别、委员提案进行综合分析，形成提案分析报告。面向全体政协委员、党派团体征集"我所亲历、亲见、亲闻的北京奥运会、冬奥会"文史资料，采取广泛通知、重点约稿方式，征集稿件12篇。（张树波）

3月1日，区政协领导带队到常鸿律师事务所调研指导政协委员工作站建设（区政协　供图）

【学习委员会】2022年，区政协学习委员会发挥政协专题报告会、委员培训班、暑期学习班和《委员学习》专刊作用，引导委员自觉学习，编辑推送《委员学习》专刊22期。区政协、区委统战部共同举办2022年暑期学习班暨委员读书班。组建4个中共党员委员活动组，有效推进党组织对中共党员委员全覆盖、学习全覆盖，促进委员学习与履职相结合。围绕"不忘初心、牢记使命"开展党史学习教育活动，把学习"四史"与学习统一战线史和人民政协史相结合，同时重点开展学习中共二十大会议精神系列活动。做好市政协学习委员会到区融媒体中心、丽泽商务区调研新媒体发展活动的协调服务保障工作。全年开展中共二十大精神宣传宣讲活动10余次、国家政策法规宣传活动30余次。（张树波）

【教文卫体委员会】2022年，围绕"优化资源配置，提升教育质量，做好'双减'后半篇文章"议政性常委会议题，组织委员开展线上线下调研活动，召开调研座谈研讨会，在此基础上，召开议政性常委会，听取意见、深入协商、提出建议，向区委提交《优化资源配置，提升教育质量，做好"双减"后半篇文章——丰台区政协议政性常委会议题调研报告》。围绕"完善制度机制，加强中小学教师队伍建设"协商恳谈会议题，组织委员深入部分中小学了解实际情况、进行座谈交流，召开协商恳谈会，形成专项报告。围绕2021年开展"充分利用独特历史文化优势，推进卢沟桥—宛平城—长辛店文化片区建设"协商恳谈会议题意见建议落实情况，进行跟踪了解，推动相关问题解决和有关工作取得新进展。组建十一届区政协教育民主监督小组，对丰台区2022年义务教育阶段入学派位入学计算机分配开展专项民主监督。整理报送社情民意信息60篇，市政协采用1篇，区政协《委员话发展》刊登12篇，领导批示1篇。新筹建教育界委员工作站（分站）2个、医药卫生界委员工作站1个、文化艺术体育界委员工作站1个、卓然青年成长促进发展中心委员工作站1个、“委员工作站”5个。组织教育界别委员开展“委员与教育同行”活动，参加“双减”背景下丰台课程整体育人创新实践研讨会，观摩“北京十八中项目学习课例展示”活动，观看“丰台区深化素养导向的课程教学研究与实践学术年会”现场直播；号召医疗卫生界委员积极投身新冠疫情防控，来自北京天坛医院、电力医院、丰台医院等医疗机构的医药卫生界别委员，全力以赴投入新冠疫情防控工作，56人次和1支团体以各种形式参与新冠疫情防控工作；组织文化界别委员参加文化、科技、卫生“三下乡”活动；举办“政协讲坛”集中学习活动。（张树波）

【人口资源环境和建设委员会】2022年，区政协人口资源环境和建设委员会在原有中都科技大厦、首科大厦委员工作站基础上，建立未来名流委员工作站，工作站分别结合自身优势和特点组织开展活动。围绕“创卫”“创城”“创森”和创建“基本无违法建设区”工作，组织委员到方庄街道、东铁营街道和社区围绕“七创”开展环境建设的民主监督。围绕“聚焦市政基础设施建设，有效提升河西地区综合承载力”召开协商恳谈会；围绕“加强住宅小区物业管理规范化建设，提升社会治理效能”议题召开议政性常委会。两次会议经过梳理汇总形成向区委作专题汇报，得到区主要领导批示。全年完成社情民意信息收集与编辑工作33篇，委员话发展采用3篇。（张树波）

【农业和农村委员会】2022年，区政协农业和农村委员会农业界别以草桥村为站点，建立农业界别委员工作站，组织界别委员在北宫镇中华名枣园以“悦享丰收季·喜迎二十大”为主题开展读书分享活动。林抚生带领市政协农业和农村委员会一行到丰台区调研，围绕“聚焦共同富裕目标，多措并举促进农民增收”召开座谈，进行实地考察。李岚、连宇参加调研。（张树波）

【社会法制委员会】2022年，区政协社会法制委员会围绕“加快发展社区养老就餐服务、满足居家养老需求”开展专题调研，报告得到区委书记王少峰批示。围绕《北京市数字经济促进条例》立法协商调研，形成38条委员建议报告上报市政协。法治民主监督小组围绕“行政诉讼与行政复议标准协调衔接”，与区法院、区司法局主要负责人一起进行协商式监督。以“联合律师楼委员工作站”为依托，联合社会福利与社会保障界别，制作普法短视频43条，以线上形式，送法到社区，共同开展法治基层行活动。与“餐饮住宿服务行业委员工作站”“联合律师楼委员工作站”“共青团、青联界别委员工作站”一起，结合工作站自身特长和专业特色，服务于行业、地区百姓，做好协调关系、化解矛盾、凝心聚力。（张树波）

【民族宗教和港澳台侨委员会】2022年，区政协民族宗教和港澳台侨委员会全面贯彻党的民族宗教政策，加强同少数民族人士、宗教界人士的沟通、交流和走访，先后3次由主管副主席带队走访宗教场所丰台清真寺、基督教丰台堂、长辛店天主教堂、道教大王庙，沟通交流情况。伊斯兰斋月期间，看望把斋中的伊斯兰宗教代表人士。走访委员20余人次，了解委员及委员企业情况，帮助委员解决实际问题。组建民族宗教政策落实情况民主监督小组，围绕“长辛店基督教堂规划与建设推进工作”召开专题民主协商会，为区委、区政府在长辛店基督堂规划与建设以及长辛店古镇建设规划相协调提供决策依据。联合民宗界别，邀请中央民族大学游斌教授围绕“宗教中国化与中华优秀传统文化”开展在线专题讲座；邀请民宗办主任马士有以“宗教知识”为专题作专题辅导。（张树波）

【提案委员会】2022年，区委主要领导阅批党派提案和办理情况报告，领衔办理党派重点提案，参加数字金融领域议政会，推动重点提案办理协商与区政协重点协商议题有机融合。区政府主要领导部署提案工作，分管副区长领衔办理重点提案，将提案办理工作纳入年度督查计划和效能建设考核。区政协党组召开政协提案工作交流会，主席、副主席牵头督办重点提案。制作《委员对话一把手 提案办理面对面》全媒体节目，围绕老旧小区供暖管线改造等提案开展办理协商，打造“台前协商、台上展示、台下落实”议事协商品牌。制作短视频《一篇提案的产生》，在《丰台时报》刊载有代表性党派、委员提案13篇。收到提案295件，遴选优秀提案52件，审查立案235件，均已办复。（张树波）

中国共产党丰台区纪律检查委员会
丰台区监察委员会

综　述

【学习宣传贯彻中共二十大精神】2022年，区纪委区监委坚持把学习宣传贯彻中共二十大精神作为首要政治任务，组织纪检监察系统干部收看中共二十大开幕会直播，利用“廉洁丰台”微信公众号跟踪宣传大会精神、报道学习动态，在委机关设置专题宣传栏，发放相关学习读物，部署推动机关党组织、各派驻组、各街镇纪工委开展专题学习。（周剑洋）

10月16日，区纪委区监委机关干部收看中共二十大开幕会直播　（李承橙　摄）

【全面从严治党】2022年初，区纪委区监委协助区委制定全面从严治党年度任务安排，定期汇报党风廉政建设形势，提供街镇党（工）委书记点评会问题清单，督促抓好区委书记点评会、全市全面从严治党（党建）工作考核和政治生态分析研判、基层党建述职评议考核等问题整改。一体推进全面从严治党（党建）工作考核和政治生态分析研判，协调区领导对16个问题突出单位现场检查，对15个排名靠后单位主要领导开展约谈。监督检查处级单位领导班子民主生活会开展情况。全区纪检监察组织主动约谈被监督单位领导班子成员、重点岗位人员1257人次；报请或会同党委（党组）召开党风廉政建设专题会议127次；参加被监督单位民主生活会、专题组织生活会116次；提供各类廉政意见13765人次，提出暂缓使用44人次。（周剑洋）

【纪检监察体制改革】2022年，区纪委区监委深化纪检监察体制改革，强化协助引导推动功能，会同区司法机关探索公益诉讼协作事宜，与区审计机关建立7项协作配合机制，推动纪检监察监督与司法监督、审计监督贯通融合。梳理系统规范性文件，废止18件，宣布失效2件，予以修改18件。定期收集、分析、通报、上报监督检查、审查调查相关情况，对积压问题线索加大清理力度，完善问题线索处置、初步核实及立案工作流程，审查调查措施使用和办案安全等制度，规范全区监督检查、审查调查协作配合事项办理程序，提升纪检监察权力运行质效。（周剑洋）

【纪检监察队伍建设】2022年，区纪委区监委健全完善常委会工作规则、书记专题会议事规则，制定抓党建工作责任清单，抓好全面从严治党任务落实，履行意识形态工作责任制，执行向市纪委市监委和区委请示报告工作制度，召开常委会64次，向市纪委、区委分别请示报告191次、28次。动员干部参加冬残奥会开幕式、献血活动，组织35轮2001人次下沉社区助力抗疫。抓好干部培训，组织开展模拟练兵活动，编印学习资料900余册，安排184人次参加各级业务培训。信访室获“北京市先进纪检监察组织”称号，4人获“北京市优秀纪检监察干部”称号。加大严管严治、自我净化力度，核查系统干部问题线索，诫勉1人，批评教育1人。（周剑洋）

【市委巡视监督】7月29日至9月27日，北京市委第二巡视组对丰台区纪委区监委机关开展巡视监督，区纪委区监委做好服务保障工作，动员各部门、基层纪检监察组织帮助查找问题，并向市委巡视组汇报，提供有关资料、说明有关情况。巡视组于12月6日反馈巡视意见，区纪委区监委根据意见研究部署、统筹推进整改工作。（周剑洋）

重要会议

【区纪委十三届二次全会】2月17日，中共丰台区纪委十三届二次全会召开。全会以习近平新时代中国特色社会主义思想为指导，深入贯彻落实中共十九大和十九届历次全会精神，贯彻落实十九届中央纪委六次全会、市纪委十二届七次全会和区委十三届二次全会工作要求，回顾2021年纪检监察工作，部署2022年工作任务。审议通过蒋达峰代表区纪委常委会所作《服务保障大局，推动高质量发展，以实际行动迎接党的二十大胜利召开》工作报告。（周剑洋）

【区纪委常委会会议】2022年，区纪委常委会会议召开154次。会议传达中央、市委、市纪委和区委重大决策、重要会议精神，研究区纪委区监委《关于建立健全区委巡察机构与区纪委区监委有关部门协作配合机制的任务分解方案（审议稿)》《区纪委常委会2022年工作要点》《区纪委十三届二次全会工作报告》《丰台区纪委区监委2022年政治监督工作重点任务清单》《丰台区纪委区监委落实全面从严治党主体责任2022年任务安排》《区纪委区监委关于贯彻落实〈北京市“接诉即办”工作条例〉的实施方案》《市反腐倡廉建设领导小组办公室对丰台区2021年全面从严治党(党建)工作考核暨政治生态分析研判反馈意见的整改方案》《关于落实市委第二巡视组对丰台区纪委区监委机关巡视反馈意见的整改方案》等议题154个。（周剑洋）

反腐倡廉宣传教育

【概况】2022年，区纪检监察组织开展廉政教育，加强全面从严治党、党风廉政建设和反腐败工作形势任务等方面的宣传教育，推进廉洁文化建设，营造崇廉拒腐氛围。（周剑洋）

【警示教育宣传】2022年，全区纪检监察组织指导推动警示教育进街入村，曝光4名严重违纪违法人员被查信息。制作《直白的权钱交易》警示教育片，讲述区市场监督管理局某科长从初入岗位的兢兢业业，到步入领导岗后利欲熏心，利用自己处在营业执照办理卡口的现实权力，大搞权钱交易，严重侵害企业合法利益，践踏市场公平竞争原则违纪违法问题。编发《丰台区党员干部警示案例汇编》，选取全区近年来查处的20类52个违纪违法案件，涉及六大纪律、违反中央八项规定精神以及公职人员违法和职务犯罪等方面，介绍各个案件的基本情况，剖析案例产生的主客观原因，阐述案例对坚定不移全面从严治党启示借鉴意义，立足于用真实“身边事”教育“身边人”。（周剑洋）

【全区警示教育大会】12月30日，全区召开“以案为鉴、以案促改”警示教育大会。区委书记王少峰出席会议并讲话，区委副书记、区长初军威主持会议，区委常委、区纪委书记、区监委主任蒋达峰传达全市警示教育大会主要精神。会议根据查处典型案例和日常监督、巡察监督、审计监督发现的违反政治纪律和政治规矩、部分领域腐败问题高发频发、违反中央八项规定精神、维护群众利益不力等7个方面突出问题情况，剖析全区全面从严治党突出问题。王少峰结合查处的典型案例和日常监督、巡察监督，从党性锤炼不够、初心使命弱化、纪法观念淡漠、监管机制缺位、管党治党责任压得不实5个方面深入剖析党员干部违纪违法问题根源，对典型案例逐一点名通报。强调要以案为鉴，以案促改，推动全面从严治党不断向纵深发展，重点抓好加强政治建设、提高监督效能、强化正风肃纪、精准惩治腐败、强化责任担当5个方面工作。35名处、科级干部和村级“一把手”受到诫勉、党纪政务处分。（周剑洋）

作风建设

【概况】2022年，区纪检监察组织坚持严字当头、一严到底，坚持落实中央八项规定及其实施细则精神，纠“四风”、树新风，严惩群众身边不正之风，以钉钉子精神打好作风建设攻坚战持久战。（周剑洋）

【“四风”纠治】2022年，全区纪检监察组织对“四风”问题坚持用好问题线索督办、查处情况月度报告、重要节点廉洁提醒、通报曝光等制度，完善与财政、审计、税务等部门联动机制强化动态监控，运用信息化手段深挖电子红包、私车公养、“不吃公款吃老板”等隐形变异问题，整治违规配备使用公车、违规收送礼品礼金、违规发放津补贴或福利、违规吃喝等突出问题。开展作风建设专题调研，对反复出现、普遍发生的作风顽疾提出意见建议。查处违反中央八项规定精神问题11起，给予党纪政务处分13人，通报典型案例7起。（周剑洋）

【腐败和不正之风整治】2022年，全区纪检监察组织深化“接诉即办”监督，制定贯彻落实“接诉即办”工作条例方案，明确监督重点，细化职责分工，核查上级交办工单1021件，主动抽查工单6700件，发现问题491个，约谈提醒、批评教育275人次。开展大学生就业创业、低保问题数据核查整改、根治欠薪等专项监督，帮助35名困难家庭高校毕业生实现就业，核查低保问题数据537条，批评教育7人，涉及追缴补贴资金12.2万元，监督推动3262件欠薪案件办理，帮助663名群众追发劳动报酬2063万余元。核查马草河上3座“断桥”背后不正之风和腐败问题，跟进监督后续整改工作。（周剑洋）

监督检查

【概况】2022年，区纪委区监委坚持把监督作为基本职责，注重发挥监督保障执行、促进完善发展作用，聚焦统筹新冠疫情防控和经济社会发展，统筹发展和安全以及“三要”要求，推进政治监督具体化、精准化、常态化。（周剑洋）

【新冠疫情常态化防控监督】2022年，区纪委区监委抓好新冠疫情防控监督，坚持“两个至上”，坚持“督帮一体”，因时因势完善方案、调整策略，建立实施日调度、日研判、日分析、日报告机制，推动全区冷链行业、大型农贸市场健全防控体系；聚焦群众就医购药、重症患者救治跟进监督，选派力量进驻区防控机构、新发地市场抵近监督，开展监督检查21568批次，督促整改问题1762个。（周剑洋）

【经济社会发展监督】2022年，区纪委区监委围绕“五子”联动和疏解整治促提升专项行动重点任务、“三个一百”重点工程，聚焦南中轴地区、新发地市场转型升级，以及重点功能区和丰台站站城一体建设、“七创”联动、“服贸会成果落地”等开展监督，推动重大工程、重点项目、重要任务实施。抓好冬（残）奥会、中共二十大服务保障监督，针对政治安全、市场供应、社会稳定、环境治理等方面开展监督1104批次，发现问题263个，督促履责156次。（周剑洋）

【安全生产监督】 2022年，区纪委区监委开展大棚房问题“回头看”及百日专项整治行动监督，发现问题6个，提醒谈话17人。加强自建房、燃气、电动车等安全专项整治监督，核查北宫镇爆燃事故责任问题。完成第二轮北京市生态环境保护督察督办问责工作，对督察整改不到位、不及时，作风不严等情况，集体约谈49人，个别约谈15人，发出工作督促函、监察建议书各1份。（周剑洋）

审查调查

【概况】 2022年，区纪委区监委坚持严的主基调不动摇，始终保持惩治腐败高压态势，受理检举控告类信访举报784件次，处置问题线索957件，立案122件122人，留置23人（其中丰台区4人），公检法等机关移送纪检监察机关线索立案35件，全年结案121件，给予党纪政务处分98人，经立案审查调查后未给予处分、只给予组织措施4人，涉嫌职务犯罪移送检察机关18人。（周剑洋）

【腐败问题审查】 2022年，区纪委区监委办理市监委指定管辖案件，深挖彻查政法、国资、粮食购销、开发区等领域腐败问题。深化市场监管、医疗卫生、农村等领域腐败治理，查处利用市场行政审批“卡口”权力、大搞权钱交易问题1人，集中惩治医疗卫生机构靠药吃药问题，留置村干部2人以及相关涉案人员1人。配合开展公职人员违规经商办企业、兼职取酬专项整治，立案4件4人，给予党纪政务处分3人。推动规自领域整改专项工作，全程监督“基本无违法建设区”创建工作，集中约谈进展缓慢街镇领导，立案查处涉违法建设问题党员干部9人，查处王佐镇推进宅基地建设审批缓慢、监管不力，以及相关亡人事故责任问题。坚持行贿受贿一起查，开展行贿人信息库建设，录入103名行贿人信息。（周剑洋）

【调查处理】 2022年，区纪委区监委深化以案促改促建促治，向问题突出领域、单位制发纪检监察建议书29份，督促完善权力运行监督制约机制，推动分钟寺村土地开发项目化解债务风险、周庄子村土地开发项目实施。全区纪检监察组织运用监督执纪“四种形态”批评教育帮助和处理1163人次，第一、二、三、四种形态分别占比91%、4%、1%、4%。（周剑洋）

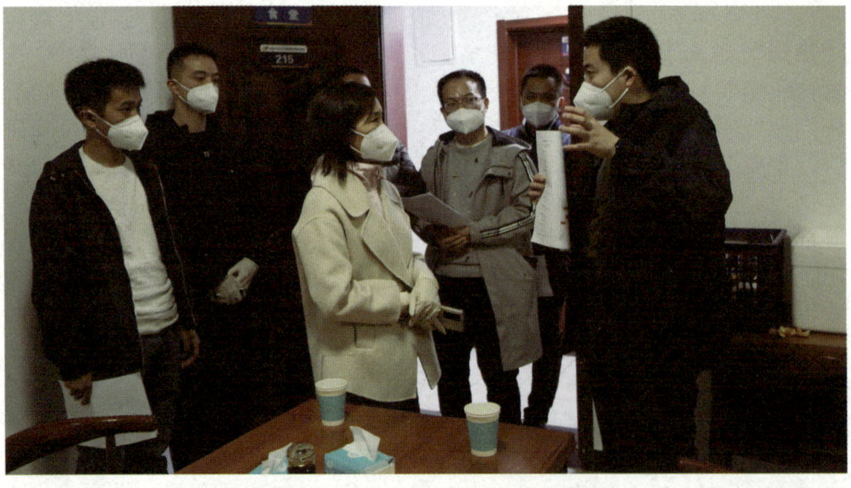

10月3日，区纪委区监委新发地监督专班讨论监督有关事项（李承橙 摄）

巡察监督

【概况】 2022年，区委巡察机构坚守政治巡察定位，谋划和推进巡察工作，坚持问题导向，发现和找准问题，突出巡察监督实效，严肃反馈问题，做好问题情况通报，强化巡察整改和成果运用，使巡察利剑不蒙尘、震慑作用常在。（周剑洋）

【巡察工作】 2022年，区委制定十三届巡察工作规划，确保对象全覆盖、内容贴实际、制度更健全、方式可操作。建立区委巡察机构与区纪委区监委有关部门协作配合机制，研究探索与区财政局、区审计局、区统计局、区信访办、区规自分局等单位协作路径，采取“板块轮动”方式统筹推进每轮巡察工作，“模块化”配备力量，“业务+专题”式组织培训，提升巡察监督质效。完成两轮巡察，对群团组织在内的12家处级单位、6个街道和121个社区村党组织进行“政治体检”，发现问题323个，移交线索4件。（周剑洋）

【巡察问题整改】 2022年，区委强化巡察整改和成果运用，将十二届区委巡察发现的问题全部纳入十三届区委巡察监督重点；将综合派驻纪检监察组列为巡察监督对象，制定相关指导意见，压实巡察整改主体责任、监督责任。建立巡察发现问题情况通报机制，向全区各单位印发第1轮巡察发现共性问题和典型问题，推动未巡察单位党组织自查自纠、先查先改。（周剑洋）

民主党派　工商联

中国国民党革命委员会北京市丰台区工作委员会

【概况】 中国国民党革命委员会北京市丰台区工作委员会（简称民革丰台区工委）下设专门工作委员会8个。有基层支部7个，在册民革党员350人。民革党员中有北京市人大代表1人、市政协委员2人、区人大代表5人、区政协委员23人。2022年，民革丰台区工委围绕民革市委和中共丰台区委中心工作，积极践行“四新三好”（四新：多党合作要有“新气象”，思想共识要有“新提高”，履职尽责要有“新作为”，参政党要有“新面貌”；三好：各民主党派和无党派人士要做中国共产党的“好参谋、好帮手、好同事”）要求，以“履职能力建设年”为抓手，开展各项社会服务，进行爱满“蒲公英行动计划”“法律+N”援助等，提出人大建议4件，提交区政协党派提案1篇，个人提案32篇。获民革中央宣传工作先进集体。（康冬花）

【思想政治建设】 2022年，民革丰台区工委制定学习宣传贯彻中共二十大精神实施方案。召开区工委委员（扩大）会暨班子学习会。组织全区党员收听收看中共二十大开幕会，举办支部专题学习会、新老党员座谈会。组织党员开展线上学习活动，向全体党员推送16集大型电视专题片《领航》，向区工委委员推送中央电视台中共二十大报告解读系列节目《奋斗新的伟业——新征程上党旗飘扬》。围绕北京冬奥会、全国两会、全民族抗战爆发85周年纪念日、民革十四大等重大事件、重要会议、重要节点，开展学习宣传活动。开展“赏邮票学党史”主题讲座，举行“喜迎中共二十大庆华诞颂祖国”和“栉风沐雨辞旧岁 踔厉奋发踏新程”主题云端朗诵会。开展“学习宣传贯彻中共二十大精神，推动全面贯彻实施宪法”宪法宣传周主题学习宣传活动，每天向全体党员推送中国民主法制出版社录制的法治公开课。积极践行“人人都是宣传员”“动动手指宣传民革”，制定宣传计划，规范宣传稿件撰写要求，明确宣传资料采集供给责任和及时性要求，其中28篇被市委采用报道。（康冬花）

【组织建设】 2022年，民革丰台区工委发展党员12人（包含高层次人才1人）。其中，党员当选新一届市政协委员2人，党员当选新一届市人大代表1人。加强对区工委承担市委换届工作任务的组织落实，传达学习民革中央、市委换届选举工作文件、会议精神。按照规范化、制度化、程序化要求，由各支部推荐并通过选举程序，选举12名党员代表出席民革市委十四次党代会。响应民革中央和市委号召，结合示范支部创建活动，打造由区工委领导指导、一支部实施管理“民革党员之家”，经民革市委验收通过正式挂牌。党员之家承接支部年度工作总结会、支委民主生活会等会议，组织时政学习，开展“共读一本好书”“火红的旗帜火热的心——庆祝中国共产党成立100周年云端诗歌朗诵”活动录制、区工委联合民革北京市委会祖统委举办“共话祖国统一大业”主题读书会等活动。（康冬花）

【参政议政】 2022年，民革丰台区工委提出人大建议4件，提交区政协党派提案1篇，个人提案32篇，比上年增长36%。内容涉及经济建设、农业农村、社会法治、生态环境、新冠疫情防控、医药卫生、文化体育、基层治理、教育发展等多个领域。民革丰台区工委获区政协2022年度优秀提案集体表彰。（康冬花）

【社会服务】 2022年，民革丰台区工委开展“蒲公英行动计划”，对蒲公英学校开展助学献爱心帮扶新项目，每月一次爱心行动，鼓励基层支部和党员积极参与，实现专项计划经常化。联合大兴区工委开展学校西围墙建设捐资，向学校捐赠新能源汽车并协助办理“通行证”，解决学校蔬菜食品采购难题，师生以投票方式为受助货车命名“火热之心”。实施“薪火相传——将军学校助学计划”，根据佟麟阁学校和赵登禹学校2所将军学校特点，展现民革特色，传承红色基因，推动培养时代新人、开展历史资料征集等工作。助力各学校暑期夏令营活动，捐赠“世界公园北奥探梦戏水嘉年华”门票。开展“法律+N”援助，区工委社会服务法律爱心小组聚焦

6月，民革北京市丰台区工委对口支援看丹街道物资 （民革丰台区工委 供图）

社会法制重点领域，由法律法务工作党员及志愿者党员参与设立区工委法律服务中心。以法治教育进课堂、校园霸凌和未成年人保护家校预防以及法律咨询等作为切入点，推动社会服务工作向法制领域专业化专门化拓展。在丰台区退役军人事务管理局开展刑事法律教育专题讲座活动。开展迎冬奥主题视频制作，由民革党员担任活动总策划和摄影摄像，7个支部18名党员代表作为舞者，组织“冬奥唱起来·一起向未来”主题视频制作。

（康冬花）

中国民主同盟北京市丰台区工作委员会

【概况】2022年，中国民主同盟北京市丰台区工作委员会（简称民盟丰台区工委）下设专门工作委员会5个。有基层支部17个。有盟员545人。盟员中有市人大代表2人、市政协委员1人、区人大代表10人、区政协委员22人。2022年，民盟丰台区工委围绕民盟市委和中共丰台区委中心工作，发挥参政议政作用。发展盟员20人。召开主委会8次、全委会2次。（韩　亮）

【思想政治建设】2022年，民盟丰台区工委召开工委扩大会，组织盟员学习中共二十大会议精神。开展“矢志不渝跟党走、携手奋进新时代”政治交接主题教育活动。组织盟员赴中国人民抗日战争纪念馆、没有共产党就没有新中国纪念馆、北京市档案馆进行参观学习。举行统战理论课题研讨会，承接民盟市委统战理论研究课题《新时代加强民盟基层组织建设有效路径研究》《从民盟80年、北京市民盟组织75年奋斗历程看多党合作事业发展前景》，分别获民盟市委2022年度统战理论研究成果二等奖和优秀奖。（韩　亮）

【组织建设】2022年，在市委换届中，民盟丰台区工委主委史卫东当选民盟北京市第十三届委员会常委，高广颖、赵欢当选民盟北京市委委员；民盟市委新一届各专门委员会中，19名丰台盟员被任命为11个专委会的主任、副主任、秘书长。张雪梅当选北京市第十六届人大常委会委员，李有毅当选北京市人大代表，郑小丹担任新一届北京市政协委员。新发展盟员20人。新建成“盟员之家”4个。（韩　亮）

【参政议政】2022年，民盟丰台区工委承接民盟中央《关于促进我国无人机产业发展的研究》课题，调研成果为民盟中央起草高层政策建议信提供重要参考，相关建议获中央领导批示。参加中共丰台区委、区政府、区政协组织的政党协商、政协协商。完成《丰台区统筹河东河西协调发展的思路和对策》《丽泽数字金融科技示范园建设思路研究》《扎实推进“双减”政策，促进丰台基础教育高质量发展》等调研报告。全年报送信息112篇，其中49篇被民盟市委采用，12篇被全国政协、民盟中央、北京市政协采用。民盟丰台区工委获民盟市委反映社情民意信息先进集体，6人获先进个人。（韩　亮）

【社会服务】2022年，民盟丰台区工委开展捐赠、义诊、助残、扶老助幼、法律咨询等公益活动。4人赴内蒙古、青海等地进行医疗和教育帮扶。医务支部30余名盟员支援社区核酸采集。组织盟员参与社区志愿服务工作，捐款50万元和各种物资助力新冠疫情防控。（韩　亮）

【庆冬奥健身活动】3月12日，民盟丰台区工委在北宫国家森林公园举行以“虎虎生威庆冬奥·踔厉奋发向未来”为主题的健步走、八段锦和简易太极拳健身活动，以实际行动庆祝北京冬奥会和冬残奥会的成功举办，助力民盟北京市委发起“健康迎冬奥·一起向未来”健步活动。民盟北京市委会原秘书长、民盟北京市委会体育发展委员会主任赵雅君，民盟丰台区工委主委史卫东参加活动。民盟北京市委会体育发展委员会副主任兼秘书长、民盟丰台区工委文化支部副主委王天明带领大家学习健身八段锦和办公室简化太极拳，并将八段锦中对缓解人体肩颈酸痛、调理脾胃、理通三焦、增强心肺功能的动作要领进行详细的示范讲解。民盟北京市委会体育发展委员会副主任杨京，民盟丰台区工委副主委赵欢、秘书长韩亮，民盟丰台区工委委员、支部主委及各支部盟员50余人参加本次活动。（韩　亮）

中国民主建国会北京市丰台区工作委员会

【概况】中国民主建国会北京市丰台区工作委员会（简称民建丰台区工委），下设工作委员会16个，专门委员会9个。有基层支部16个，会员777人。会员中有全国政协委员1人、市人大代表2人、市政协委员5人、区人大代表13人（其中区人大常委会副主任1人、常委1人）、区政协委员24人（其中区政协常委3人）。有会员777人，平均年龄约49.9岁，经济界人士以及相关专家学者560人，占比72%。2022年，民建丰台区工委在民建市委和中共丰台区委的领导下，以迎接和学习贯彻中共二十大精神为主线，扎实开展“矢志不渝跟党走、携手奋进新时代”政治交接主题教育工作，带领会员深入学习贯彻中共二十大精神，加强自身建设，履行参政党职能。（杜永娜）

【思想政治建设】2022年，民建丰台区工委以深入学习贯彻中共二十大精神为主线，以“矢志不渝跟党走、携手奋进新时代”政治交接主题教育为主要内容，加强思想政治引领，引导广大会员增强“四个意识”、坚定“四个自信”、做到“两个维护”。专门成立“矢志不渝跟党走，携手奋进新时代”政治交接主题教育工作领导小组，制定工作方案和工作任务表。组织会员参观“奋进新时代”主题成就展，发动会员参与迎接和庆祝中共二十大召开相关活动。各支部、专委会累计开展学习活动20余次，会员累计报送心得体会40余篇。带领区工委领导班子、委员和骨干会员等开展集体学习5次，发布理论学习资料80余期。引导会员积极参与民建北京市委、区委统战部征稿活动，报送“共话百年统战”等理论文章3篇。举办“喜庆中共二十大 共绘同心圆”书画笔会，微信公众号增设主题教育学习专栏，累计发布统战理论、民建会史、先贤事迹等文章46篇；累计向市委会网站、微信公众号发布活动类稿件78篇，其中被民建中央网站采用稿件20篇，市委会微信公众号采用稿件8篇。（杜永娜）

【组织建设】2022年，民建丰台区工委以学习好、宣传好、贯彻好“三个文件”精神为主线，以“四新三好”工程为统领，健全专委会工作机制，成立9个专门委员会和工作委员会，修改和完善专门委员会工作通则。贯彻落实民建中央、民建北京市委关于加强“会员之家”建设要求，以“会员之家”建设促进基层组织在各区之间以及京津冀范围内的联动共建，推进思想政治引领、组织建设强化和履职能力提升。已经建立“会员之家”的支部联合其他支部开展组织活动，分享组织工作经验；与街道、社区中共党支部开展结对共建工作，在街镇社区开展新冠疫情防控工作。强化入会前会章会史教育和多党合作理论学习，提升新发展会员的整体素质，班子、委员、支部主委严格落实会友谈话工作，通过思想交流和理论宣传，对会友进行全方位引导，进一步增进双方了解、纯洁入会动机。鼓励、引导新会员通过列席区工委重要会议、参与重要活动组织、参加重点课题调研等方式，帮助新会员尽快了解会务工作和基层组织的运行。发展新会员21人，均为本科以上学历，其中硕士以上学历10人，中高级职称6人。（杜永娜）

【参政议政】2022年，民建丰台区工委开展调查研究。组织开展各类重点调研课题15个，其中报送民建中央7篇、民建北京市委14篇，2篇调研报告转化为民建区工委大会提案。利用工作群，及时传递党和国家重大政策措施、各级信息征集要点，提供选题建议。定期发布《社情民意信息工作简报》，展示支部和会员信息工作成绩。结合议政调研、政协提案，将调查研究阶段性成果以信息形式及时报送166篇。其中，获北京市主要领导批示1篇，全国政协采用2篇、民建中央采用6篇，北京市政协采用3篇、民建北京市委采用12篇。区工委领导牵头组建工作小组，参与和保障民建市委专项民主监督工作的开展，累计11名会员作为专家组成员围绕南中轴地区高质量发展参与调研座谈。（杜永娜）

10月30日至12月31日，民建北京市丰台区工委举办“共绘同心圆 礼赞新时代”“喜庆二十大”主题书画笔会（民建丰台区工委 供图）

【社会服务】2022年，民建丰台区工委围绕门头沟“8+1”（指北京市委统战部和8个民主党派北京市委）对口帮扶、“一老一小”等服务品牌开展社会服务工作。民建丰台区委社服委、综合五、文化及铁匠营支部发挥“名誉户主”作用，组织开展门头沟房良村对口帮扶活动，通过收购农产品、送医问诊、文化扶贫等形式巩固房良村脱低成果。（杜永娜）

【书香民建】12月，民建丰台区工委为深入学习贯彻习近平总书记关于弘扬中华优秀传统文化重要论述，落实民建中央指示精神，引导会员多读书、读好书、善读书，努力建设“书香民建”，民建北京市委会丰台区工作委员会（简称区工委）参与举办“妙笔生花看丰台·书香奋进新时代·团结读书会”品读经典活动，与各基层组织主委、专委会主任和会员们，共同品读《论语》。（杜永娜）

中国民主促进会北京市丰台区工作委员会

【概况】中国民主促进会北京市丰台区工作委员会（简称民进丰台区工委）有支部17个、会员484人。其中，女会员289人、男会员195人，平均年龄58.6岁。新增会员14人。会员中有全国政协委员1人、市人大代表1人、市政协委员2人、区人大代表4人、区政协委员18人。2022年，民进丰台区工委召开民进十三大会议，围绕丰台区主要工作调研考

察，积极献策，《关于尽早规划在南中轴线及延长线建设多类型博物馆的建议》获市领导批示。（秦　屹）

【思想政治建设】2022年，民进丰台区工委带领会员深入学习中共二十大精神，深入学习贯彻中共北京市第十三次代表大会精神，制定《民进丰台区工委深入学习宣传中国共产党北京市第十三次代表大会精神实施方案》，明确工作重点和学习安排。立足工作实际，坚持正确的政治方向、舆论导向和价值取向，按照新时代中国特色社会主义意识形态工作的要求，组织会员开展政治学习，特别是做好新发展会员培训教育；推进理论学习规范化，结合实际，每月进行一次学习。（秦　屹）

【组织建设】2022年，民进丰台区工委按照市委会换届工作文件精神要求，推选出民进北京市十三大代表15人。7月14日至15日，十三大会议完成各项议程。大会审议通过主委庞丽娟《奋楫笃行践初心　踔厉致远担使命》报告。加强宣传"北京民进"微信公众号中内容，及时将内容转发到副主委群、工委委员群、支部主任群、新会员群及积极分子群，组织学习。（秦　屹）

【参政议政】2022年，民进丰台区工委围绕区域重点功能区建设发展、优化营商环境、加强新冠疫情防控等事关区域改革发展稳定的重要问题和涉及人民群众切身利益的热点难点问题建言献策。组建参政议政工作群，搭建议政网络平台，构建"主委领衔、分管副主委组织、骨干会员牵头执笔，广大会员积极响应"工作机制。做到"资料共享、问题共商、建言共议"动员、组织会员深入重点功能区，就规划引领建设、优化营商环境、创新驱动发展等方面工作开展协商交流，重点围绕"聚焦市政基础设施建设，有效提升河西地区综合承载力""进一步优化营商环境，推动民营经济健康发展""借鉴国际国内经验、打造丽泽数字金融产业聚集区"等议题，开展协商议政工作，形成调研成果。组织会员主动承接民进市委参政议政调研和相关会议组织安排等工作任务，响应区政协和区委统战部各项工作要求，汇总市、区有关参政议政各项工作，蒲黄榆支部，经济支部提出选题《"双减"如何"负负得正"助推首都教育高质量发展》；桥南支部提出选题《关于我国儿童自闭症问题的现状及对策》。调动基层支部和人大代表、政协委员、骨干会员积极性，报送社情民意信息。《呼吁开放学生核酸检测绿色通道》建议得到区里采纳。《关于完善养育照护教育体系和推动儿童友好社区发展的相关建议》被民进中央《民进信息》2022年第1209期采用。组织年轻会员参加北京市政协系统2022年社情民意信息工作会（线上）学习。（赵慧言）

【社会服务】1月8日，民进丰台区工委响应民进市委号召，组织多位书法家、画家，以及书法爱好者共同书写1800多个"福"字寄给金沙、新疆和田三中、内蒙古自治区兴安盟扎赉特旗音德尔第三中学、河北涞水明义乡南北庄小学的学生们。组织去康助护养院送福慰问，开展"安龙农产品走进民进——我为消费助农下一单"活动。（赵慧言）

中国农工民主党丰台区工作委员会

【概况】中国农工民主党北京市丰台区工作委员会（简称农工党丰台区工委）有支部12个，党员460人。其中，有市人大代表2人、市政协委员1人、区人大代表3人、区政协委员18人、农工党北京市委委员4人。2022年，农工党丰台区工委积极参政议政，撰写调研报告《关于老龄人力资源开发的建议》，召开金中都相关课题座谈会，围绕"丰台农工、凝心聚力、爱老助老、服务社会"开展各项活动。（张　庚）

【思想政治建设】2022年，农工党丰台区工委参加农工党北京市委开展思想政治学习6次，分别为："矢志不渝跟党走、携手奋进新时代"政治交接主题教育动员部署会、第二期新语大讲堂《民主党派的初心使命与历史道路》、第三期新语大讲堂《关于碳达峰碳中和路径与政策的思考》、第八期《新好时政漫谈》活动、第四期新语大讲堂《认真学习中共二十大精神，建设人与自然和谐共生的美丽中国》、第二期农工党北京市委会领导班子成员宣讲中共二十大精神活动。参加丰台区委统战部组织学习活动4次，分别为：丰台统一战线系统学习宣传和贯彻落实中共北京市第十三次代表大会精神动员部署会、"风华正茂同心讲台"专题活动、2022年暑期学习班暨委员读书班、第十届"同心杯"丰台区统战系统羽毛球友谊赛。农工党丰台区工委组织党员开展思想政治学习会3次，分别为：学习贯彻落实中共北京市第十三次代表大会及农工党北京市委第十四次全体代表大会会议精神学习会、习近平总书记在中央统战工作会议上的重要讲话精神学习会、关于新时代民主党派的基本职能专题讲座学习会。（张　庚）

【组织建设】2022年，农工党丰台区工委发展新党员12人，青年工作委员会1人。建成丰台区第2个"农工党党员之家"，位于党员企业北京诺亚阳光公司。开展区工委党员读书系列活动。（张　庚）

【参政议政】3月2日，农工党第十三届北京市委委员、农工党北京市委会老龄工作委员会主任、传媒支部党员梁红秋撰写《关于老龄人力资源开发的建议》社情民意信息被农工党中央《信息专报》采用，上报全国政协。7月18日，农工党丰台区工委召开"金中都城遗址公园建设与凉水河水系文化资源整合"课题座谈会。区文化和旅游局、区园林局、丽泽管委会、莲花池公园管理处分别就历史遗迹、文化起源、绿化现状及未来规划等方面作出发言，并提出意见建议。农工党党员、首都经济贸易大学副教授李青淼针对“金中都城遗址公园建设与凉水河水系文化资源整合”课题与各委办局进行交流探讨，提出要通过金中都城遗址公园建设与凉水河水系文化资源整合进一步推进丰台文化资源的保护与利用，带动历史遗存与丰台的融合发展，促进生态文化与现代城市和谐共生。（张　庚）

【社会服务】 1月16日，“农工党丰台区工委2022年社会服务工作培训会与年度工作座谈会”在线上举办，全区12个支部分管社会服务工作的主委、副主委及骨干分子26人参会。入会党员围绕“丰台农工、凝心聚力、爱老助老、服务社会”主题，提出区工委2022年社服工作的五大重点。6月24日，联合宛平街道举办“2022年环境与健康宣传周——线上健康知识讲座”，结合中西医文化，开展线上互动交流和健康咨询，各支部主委、委员、党员以及宛平街道工会、居民等100余人参与此次活动。（张　庚）

【第二个“农工党党员之家”建成】 8月24日，农工党丰台区工委在党员企业北京诺亚阳光公司举行“农工党党员之家”揭牌仪式暨“书香农工”阅读倡议活动。农工党北京市委专职副主委江欣，中共丰台区委常委、统战部部长郭晓一出席并讲话，共同为“农工党党员之家”揭牌，标志着丰台区工委第2个“农工党党员之家”建成。农工党北京市委秘书长张琴琴出席活动。活动由农工党丰台区工委主委韩秀娟主持，并介绍农工党丰台区工委概况和党员之家筹备及后续使用规划情况。揭牌仪式上举行“书香农工”阅读倡议活动，农工党党员代表宣读“书香农工”阅读倡议书。农工党北京市委组织处处长、二级巡视员范琦，丰台区委统战部副部长崔兵，农工党丰台区工委领导班子成员、党员代表及市农工委有关工作人员参加活动。（张　庚）

中国致公党北京市丰台区工作委员会

【概况】 中国致公党北京市丰台区工作委员会（简称致公党丰台区工委）有支部4个，党员141人，发展新党员13人。分别分布在政府机关、经济、科技、法律、卫生及教育等领域，具有“侨、海”关系党员占82%。党员中，有全国政协委员2人、北京市政协委员2人（其中政协常委1人）、区人大代表3人（其中人大常委会委员1人）、区政协委员16人（其中区政协常委2人）、区侨联常委1人、区青联常委1人、新阶层组织理事1人。2022年，致公党丰台区工委提出人大建议3件、政协提案15件，提交社情民意信息31篇。（宋　煜）

【政治思想建设】 2022年，致公党丰台区工委推进“书香支部”建设，为各支部购买配发中共《二十大报告》《平语近人》等学习辅导书籍，组织党员结合工作实际进行讨论交流。各支部开展各项配合活动，一支部联合四支部坚持开展世界读书日“读好书分享感悟”活动，三支部在南苑街道阅读空间组织开展“弘扬传承中华传统文化”系列活动，四支部举办“闻香品茗话阅读”活动，同时在线上排演“继承书香传统·共创京致阅读”情景剧。四支部主委徐建娟被致公党中央表彰为宣传思想工作先进个人。组织全区党员以视频形式集体收听收看中共二十大开幕会，撰写提交心得体会19篇。邀请专家作专题辅导讲座，详细解读中共二十大精神，开展国情教育。主委廖春迎参加全国政协、致公党北京市委相关学习活动并做发言，感想体会被“北京致公”微信公众号采用。（宋　煜）

【组织建设】 2022年，致公党丰台区工委把提升党员发展质量列入重要议事日程，严格标准和程序。对入党积极分子逐个进行原始资料核实和面对面的座谈交流，与所在单位沟通协调，全面掌握积极分子真实情况。在以原有规章制度的基础上，对组织发展、参政议政、信息宣传和办公室相关工作进一步规范完善，在各项活动中强化考勤和绩效考核，便于对党员参与党派及统战系统各项活动的情况进行直观评价。推荐5名党员参加致公党北京市第十次代表大会。主委廖春迎和副主委毛颖梅分别当选致公党北京

10月7日，由农工党丰台区工委和北京美丽乡村联合会主办“振兴美丽乡村 百医进百村”公益行系列活动在丰台区南苑村举行（农工党丰台区工委　供图）

市第十届委员会常务委员和委员。组织致公党丰台区工委干部和党员参加市委组织中青年骨干政治培训、新党员培训和区委统战部组织暑期培训。推荐周书江增补为丰台区政协委员。主动教育和引导致公党骨干党员和新党员，参与课题调研，指导撰写调研报告。（宋　煜）

【参政议政】 2022年，致公党丰台区工委课题《整合丰台体育和文旅资源，打造具有鲜明区域特色的体育赛事，为丰台区经济发展添活力》为区委统战部年度课题，《纵深推进“两区”建设，吸引丰台区外资加速聚集》为区政协大会发言。《建设“双奥之城”，高质量打造首都特色体育赛事活动》获批市委课题。区政协和区委统战部围绕“聚焦数字金融新蓝海，提升数字金融论坛影响力，打造丽泽数字金融科技示范园”组织议政会调研，形成区议政会发言《发挥政策和科研优势，推动金融科技产业发展》。对北京市法院、丰台区法院和区司法局开展调研，形成《进一步优化法治化营商环境》协商建议。全年提交社情民意信息31篇，其中23篇被市、区两级采用。《关于优化集中隔离医学观察点检查督导相关事项的建议》得到市委领导批示。《关于加强医学院校附属医院建设的建议》被全国政协、致公党中央、市政协采用，《关于促进体教深度融合的建议》《后奥运时期促进体育赛事行业民营企业发展的建议》被致公党中央采用，《谨防社区工作人员防护意识不足带来的感染风险》被致公党中央、中共北京市委、市政协采用，《关于统一医用口罩挂耳带焊接面的建议》被致公党中央、市政协采用。在区政协十七届二次会议和区人大十七届三次会议中，提出人大建议3件，政协提案15件。在区政协年度通报表彰中，致公党丰台区工委获得2022年度优秀提案集体，李蕊、徐建娟、刘宏被评为年度优秀委员，毛颖梅被评为优秀信息委员。（宋　煜）

【社会服务】 2022年，致公党丰台区工委通过组织捐赠物资、开展辅导讲座、深入抗疫一线等形式，积极履行社会责任。购置医用外科口罩、次氯酸钠消毒液、医用防护服、N95口罩等抗疫物资，并募捐抗疫资金1.3万元。（宋　煜）

九三学社北京市丰台区工作委员会

【概况】 九三学社北京市丰台区工作委员会（简称九三学社丰台区工委）有16个支社，社员503人。其中，社中央委员1人，社市委常委2人。市人大代表3人，市政协委员1人，区人大常委会副主任1人、区人大代表5人，区政协常委1人，区政协委员17人，市级特约人员1人。全国三八红旗手1人，北京市师德标兵3人。2022年，九三学社丰台区工委成立区工委首届专委会，完成九三学社丰台区工委成立二十周年庆祝大会筹备工作，举办“学党史、讲文化、促发展”主题活动。（韩如泉　郑成保）

【政治思想建设】 1月20日，九三学社丰台区工委、九三学社中央和九三学社学苑出版社支社联合举办“学党史、讲文化、促发展”主题活动。8月27日，举办暑期培训班。全国政协委员、社中央委员许进作《学社史 跟党走》，中央社院统战理论教研部主任王小鸿作《坚持好发展好完善好中国新型政党制度——学习中央统战工作会议精神》，社中央参政党理论研究中心副主任朱良作《以科学态度参与民主实践》专题报告。培训班上，九三学社丰台区工委宣布专委会、青委会（第二届）成立并颁发任命书。并向获得社市委成立70周年表彰4个先进集体支社颁发奖牌。10月16日，组织社员观看中共二十大开幕会。会后，以视频会议形式召开主任会议，对习近平总书记在中共二十大开幕会上重要讲话进行认真学习。11月21日，丰台医药卫生支社组织社员开展学习宣传贯彻中共二十大精神视频网络会议。10月24日，九三学社北京市交通委员会支社委员、北京特希达交通勘察设计院常务副院长纪国睦带领设计院技术骨干与九三学社北京建筑大学支社副主委索智教授团队进行交流学习。

（韩如泉　郑成保）

【组织建设】 2022年，九三学社丰台区工委发展社员20名，社员总人数503人。其中，有支社16个、基层组织“社员之家”2个。8月，经九三学社北京市丰台区第五届委员会第十二次主任委员会会议决定，成立医药卫生、城建科技、经济金融、文化艺术4个专门委员会，并各选举1人为专委会秘书长。8月27日，在九三学社丰台区工委暑期培训班上，九三学社丰台区工委宣布第二届青委会成立并颁发任命书。（韩如泉　郑成保）

【参政议政】 9月8日，首都医科大学支社社员李丹代表九三学社丰台区工委参加丰台区政党协商课题进展汇报。9月28日，九三学社丰台区工委收到中共北京市委统战部的感谢信，九三学社丰台区工委首都医科大学支社李丹撰写的信息被中央统战部信息刊物《零讯》采用，并得到国家领导人的批示。9月19日，九三学社丰台区工委副主任温建东带领课题组赴中国邮政储蓄银行进行数字货币调研。11月4日，九三学社丰台区工委副主任邹迎代表区工委参加区政协、中共丰台区委统战部召开“聚焦数字金融新蓝海 提升数字金融论坛影响力 打造丽泽数字金融科技示范园”议政会，中共丰台区委书记王少峰出席。11月9日，九三学社丰台区工委副主任邹迎代表区工委参加中共丰台区委书记王少峰出席的市人大代表丰台团人选名单中九三学社人选候选人名单的签字仪式。11月26日，北京市第十六届人民代表大会代表选举产生，九三学社丰台区工委当选3人。（韩如泉　郑成保）

8月23日至24日，九三学社北京市丰台区工委举办2022年暑期培训班　（九三学社丰台区工委　供图）

【社会服务】 2022年，九三学社丰台区工委通过多方渠道开展社会服务工作。3月4日，与香港“全港社区抗疫连线”共同发起“同舟共济 一齐撑落去”活动，并发布《倡议书》，呼吁社会各界同心抗疫，帮助香港基层困难群体渡过新冠疫情难关。筹集到包括检测及医疗用品、防护装备、清洁及消毒用品以及各类生活必需品在内价值超过2亿元抗疫物资发往香港。丰台科技园区支社社员、国卫星通董事长关超派遣10名志愿者支援丰台区疾控中心。5月27日，前往六里桥街道办事处慰问，为六里桥街道一线抗疫工作人员捐赠防疫物资和防暑降温物品。九三之光书画社社长柏溪、秘书长许洪涛创作赠送抗疫书画作品。（韩如泉 郑成保）

【“中国共产党与中国戏曲发展”专题学习】 1月20日，九三学社中央机关中共支部和九三学社学苑出版社支社联合举办“学党史、讲文化、促发展”主题活动。九三学社中央机关中共支部书记周群英，学苑出版社社长、支社主委洪文雄参加活动。中国戏曲学院教授、科研与研究生工作处处长、九三学社丰台区工委副主任吴新苗应邀作“中国共产党与中国戏曲发展”专题讲座。吴新苗从毛泽东《在延安文艺座谈会上的讲话》谈起，介绍不同历史阶段中国共产党与戏曲事业发展的关系，诞生于古代社会的传统戏曲艺术在中国共产党引导与扶持下，推陈出新、百花齐放，成为当代中国文化重要构成部分。进而阐释中国共产党对传统文化的政策方针，强调传统文化在当代创新性发展与创造性转换的重要意义。与会人员围绕报告进行讨论。

（韩如泉　郑成保）

北京市丰台区工商业联合会

【概况】 北京市丰台区工商业联合会（简称区工商联）是中国共产党领导中国工商界组成的团体和商会组织。2022年，区工商联累计直属会员1651家，团体商（协）会员25个。区工商联楼宇孵化器企业招商引资工作会召开，上报招商引资信息11条，完成招商企业落地3家，注册资金2500万元。（李丹月）

【非公党建】 2022年，区工商联党组书记带头，班子成员每人确定1个会员单位党支部作为联系点，调研指导联系点工作10次，帮助解决问题3件。开展党支部工作手册展评、“三会一课”、党史学习教育、组织生活、谈心谈话等活动，按照《党支部工作条例》要求，对党建工作开展情况进行逐一“点验”。严格党员发展程序。其中，预备党员转正17人，发展新党员3人。建立健全党支部按期换届提醒督促机制，指导3家党支部完成换届。

（李丹月）

【参政议政】 2022年，区工商联走访会员企业50余次，召开企业座谈会5次，参与企业60余家。发挥民营经济人士代表人士智慧，完成区政协议政协商工作任务，形成《丽泽数字金融科技示范园建设思路研究》《加大科技创新力度，推动丰台区高新即使企业提质增量》调研报告。（李丹月）

【全区民营企业摸底调研】 2022年，区工商联组织对全区民营企业开展调研。8月24日，召开丰台区民营企业发展情况调研工作部署会，协同区属各职能部门，摸清丰台区民营企业基本情况及底数，了解其发展现状、存在问题及新冠疫情冲击下民营企业经营的难点痛点和意见建议，形成《丰台区民营企业基本情况调查》《丰台区民营企业受新冠疫情影响生产经营情况调查》专题调研报告。（李丹月）

【民营经济人士培训教育】2022年，区工商联组织会员参加中央、市、区级重大会议精神宣讲及政策推介讲座20余人次。向市工商联推荐第十五次代表大会参会代表21人。其中，当选副主席2人，当选常委1人，当选执委13人。完成市光彩会第五次会员代表大会人选推荐工作，协助团区委完成市青年榜样人选推荐1人。向区委统战部推荐新的社会阶层人士15人。（李丹月）

【民营经济法律服务】2022年，区工商联与中小企业合作发展中心签订战略合作协议，共同建立丰台区民营企业经济纠纷调解服务合作机制。双方在法治宣传、调解员培训和经济纠纷案件调解等方面开展合作，构建民营企业纠纷多元化解机制，促进丰台区民营企业产权保护社会化服务体系建设，为民营企业健康发展服务。发挥民营企业产权保护工作站作用，开设热线为企业提供法律服务。（李丹月）

【商会建设】2022年，区工商联对近年来街道（镇）商会建设情况进行研究，形成成果《街镇商会组织建设探索与研究》。成立咨询委员会，进一步发挥好到届副主席、副会长智库作用。修订完善主席会长、执委班子、青年企业家委员会和咨询委员会相关制度，确定区属相关部门特邀执委人选，建立制度健全、运作规范、作用明显工作体系。全区现有商会14家。（李丹月）

【民营企业人才培育】2022年，区工商联与区人力资源和社会保障局、退役军人事务局共同开展“退役军人及随军家属专场”专场招聘会暨直播带“岗”活动，21家企业参加，提供岗位97类、542个。开展劳动就业补贴政策讲座，近千人在线观看。与中大英才联合举办劳动关系风险讲座，40余家企业参加学习。与区人力资源和社会保障局、区残联、区商联会开展政策云宣讲活动，从背景、现状、具体要求等5个方面对残疾人就业进行系统、全面讲解，在线观看人数总计260人。（李丹月）

【民营经济社会服务】2022年，区工商联引导民企履行社会责任。联合区生态环境局、宛平街道办事处及部分会员企业召开光彩公益事业座谈会，组织会员企业为街道养老院捐赠防疫和生活物资。（李丹月）

【助力民营经济纾困】2022年，区工商联发布《致全区民营企业的倡议书》，引导民营企业坚定信心，众志成城，共克时艰。组织会员企业参与政策解读讲座，第一时间将纾困政策送达企业，惠及企业700余家。联合职能部门开展政策宣讲、直播带“岗”、“春雨润苗”、中小企业银企互动沙龙等活动，惠及企业200余家，提供工作岗位542个、融资贷款2.72亿元。（李丹月）

【民营经济助力乡村振兴】2022年，区工商联按照市、区两级对扶贫协作和支援工作的相关部署，开展对口帮扶乡村振兴暨“万企兴万村”工作，为区结对帮扶县内蒙古自治区兴安盟扎赉特旗9个自然村捐赠善款8万元，参与2个自然村消费帮扶涉及资金2万元。（李丹月）

【区工商联（商会）十一届一次主席会长班子会】1月11日，区工商联（商会）第十一届一次主席会长班子会议召开，新一届区工商联主席部春海带领班子成员参观城市轨道交通列车通信与运行控制国家工程实验室，对城市轨道交通发展历程进行详细介绍，并对2022年区工商联重点工作进行研讨。新一届区工商联（商会）27名主席会长参加会议。（李丹月）

【民营经济统战工作联席会】10月14日，全区民营经济统战工作联席会召开，31家联席会成员单位主管领导参加，区委常委、统战部部长郭晓一出席。会议传达中央、北京市委统战工作会议精神和北京市工商联第十五次会员代表大会精神。成员单位代表汇报本系统2022年民营经济统战工作情况及下一步工作思路。会议要求各成员单位从政治高度深刻认识做好民营经济统战工作的重要性、紧迫性。切实履行职责，发挥联席会作用，促进“两个健康”（促进非公有制经济健康发展和非公有制经济人士健康成长）。（李丹月）

人民团体

北京市丰台区总工会

【概况】 北京市丰台区总工会（简称区总工会）有工会组织2404个、覆盖单位18574家、工会会员310541人。2022年，区总工会党组调研基层工会6个，现场解决问题4个，检视问题3项，均已立行立改。对足额缴纳工会经费并符合市小微企业税收减免政策企业，全额返还工会经费，惠及企业470家。在市总工会2021年度经审工作规范化建设评价工作中被评为一档单位，位列全市第二。全年工会税务代收经费1.6亿余元。支持北京花乡花木集团开展地景艺术节，花乡花木集团获全市首家行业“首都工匠学院”授牌。丰台企业获评全国示范性劳模和工匠人才创新工作室1家，获评市级示范性职工创新工作室2家、市级职工创新工作室2家，2家试点企业获评市级职工创新工作室和名师带徒荣誉。全区41家企业获丰台区2021年度“和谐劳动关系先进单位”称号，465家企业成为“双百双规范”达标单位，5家企业成为2021年度北京市“培育助推和谐劳动关系共同行动”验收合格企业，10人获2021年度“北京市金牌劳动关系协调员”称号。（孙　霏）

【基层工会建设】 2022年，区总工会常态化开展企业信息分析核准，采取工作人员“包片”、兼职工会副主席下企业宣讲等方式，推进建会工作。累计开展职工沟通会562场，百人以上企业新建会11家，会员25人以上单独基层工会新增77家，超额完成市总建会工作任务，年度新增会员13371人。实施开展《区总工会领导干部联系基层工作方案》《区总工会区级工会加强年工作方案》，确保工会干部直接联系和服务职工得到机制保障。完成60名工会专职社会工作者招录工作，调动网、微、端、屏等各类资源，开展无接触线上沟通会。（孙　霏）

【劳动竞赛】 2022年，区总工会围绕市总素质办工作重点和职工学习需求开展劳动和技能竞赛。加强对职工群众创新创优意识的引领，搭建技能大赛、公益大讲堂、读书沙龙、职业技能“四位一体”培训平台。开展以“喜迎二十大 建功大健康”、“弘扬三种精神 做时代追梦人”（“三种精神”指劳模精神、劳动精神、工匠精神）“阅读促发展 建功新时代”、“榜样同行 阅读共享”等主题的劳动竞赛、素养讲堂、职工读书活动22场，辖区保安员、消防员、医护人员、教师和社区干部800余人次参加。（孙　霏）

【技能比武】 2022年，区总工会弘扬“三种精神”，发挥技能比武在高技能人才培养、选拔和激励方面作用，引领职工以赛促训、以赛促学，学好技能、用好技能。联合基层工会开展以“艺术自然相拥 环保匠心传承”为主题的绿化环保花艺师技能比武暨第五届地景艺术节活动，将地景艺术自然景观相结合，利用生态环保材料，呈现地景之美。邀请花艺师、园艺师、园林设计师、建筑师、雕塑师、高等院校相关专业导师、学生等在内的100余名专业人员参加。（孙　霏）

【劳模（工匠）关爱服务】 2022年，丰台区获全国五一劳动奖章1人、全国工人先锋号1家，首都劳动奖状3家、首都劳动奖章14人、北京市工人先锋号6个，2022年首都劳动奖章评选中产业工人占比80%。丰台区组织召开年度全国、首都劳动奖和工人先锋号获得者表彰大会，在《丰台报》、“北京丰台”App等融媒体平台对劳模（工匠）事迹进行宣传。支付各级劳模慰问金82.8万元，对劳模企业拨付新冠疫情慰问金21万元。（孙　霏）

【职工思想政治引领】 2022年，区总工会开展多途径多形式交流学习，开设和完善区总工会微信公众号“我心向党”“学习二十大”专栏内容，向全区工会系统传递党的先进理论和重要新闻。制定工会系统学习贯彻党的二十大精神工作方案，邀请党的二十大代表以“劳动创造幸福 党的二十大精神分享”为主题，对党的二十大精神进行宣讲活动，380余人参加。（孙　霏）

【职工群众文化设施建设】 2022年，区总工会申请资金对丰台工人俱乐部操场进行升级改造。全年新建职工之家18家、暖心驿站122个、心理减压室4家、母婴关爱室35家、职工书屋11家，累计投入资金366万元。截至2022年底，全区有职工之家727家、暖心驿站1948家、服务站25家、职工书屋185家、母婴关爱室282

8月2日，丰台区2022年全国、首都劳动奖和工人先锋号获得者表彰座谈会举行
（区总工会　供图）

家、心理减压室21家，形成街道（镇）园区全覆盖、重点区域无遗漏、随时随地有服务的文化阵地建设模式。（孙　霏）

【和谐劳动关系创建】2022年，区总工会采取共同建设管理体系、共同开展专项活动、共同解决难点问题“三步走”战略，对接区人力资源社会保障局、区司法局、区信访办、区工商联，联合开展职工维权工作。探索将法律援助工作站直接设置在区人力资源社会保障局执法队，第一时间提供专业法律支持。全区获“全国和谐劳动关系创建示范企业”1家、培育市级和谐劳动关系单位9家、建设和谐劳动关系站点12家，工资专项集体合同签订1514份、覆盖企业数8221家。全区集体合同、工资专项合同、建会企事业单位职代会制度建制率均在90%以上。（孙　霏）

【职工权益维护】2022年，区总工会在街道（镇）（行业工会）与区劳动人事争议仲裁院资源共享，设立基层劳动争议调解室27个。在辖区规模以上企业设立劳动争议调解室（点）。通过“人民法院调解平台”受理区法院委托调解案件，实现案件信息的网上流转，人民调解在3个工作日完成在线受理、15日内办结。处置预警平台风险案件20件、接收法律咨询625件、受理劳动争议案件626件、受理工会法律援助案件101件、接受区法院指派的劳动争议调解案件近100个，对25家企业免费开展法治体检服务，维护职工各项权益。（孙　霏）

【工会普惠服务】2022年，全区各级工会“两节”（元旦、春节）送温暖投入资金858.33万元，夏季送清凉投入资金486.48万元，慰问覆盖全区各街镇、园区、企业、困难职工。通过开展走访慰问、职工观影、“两癌”筛查（宫颈癌、乳腺癌）健康体检等活动，服务女职工近1万人。投入资金96万元为全区新就业形态劳动者开展免费体检活动，服务1200人。为5家基层单位配发价值50万元健身器材，提高一线职工健康素养。为3000名职工开展有针对性的团体心理健康培训辅导，同时设立心理热线进行一对一服务。区互助保障已形成多险种保障互相结合、付费险、附赠险彼此补充的全面保险服务体系，完成投续保148682份，合计投保金额达1055.2万元，赔付总计580.94万元，开展互助互济保障979人，核报约90万元。为6名大病职工及时送上温暖救助金11.3万余元。全区在档困难职工剩余2户。（孙　霏）

3月9日，区总工会“三八”节期间慰问集美女员工　（区总工会　供图）

【产业工人队伍建设改革】2022年，区总工会坚持“党建带工建促产改”，成立以区委副书记任组长，区委组织部、区人力资源社会保障局、区工商联、区国资委、区总工会为成员单位的丰台区推进产业工人队伍建设改革协调领导小组，构建党委统一领导、工会牵头抓总、部门各司其职、试点企业协同发力的工作格局。开展各种业务培训，提高技能水平，提升工会服务质量。提升产业工人政治地位、经济地位、社会地位以及切实维护产业工人合法权益。（孙　霏）

【工会社会服务】2022年，区总工会组织工会会员先后为北京冬奥会、冬残奥会，全国两会、中共二十大安保等重点工作开展志愿服务活动1800余场次，参加志愿者3万人次，服务群众20万人次，投入资金160万元。妥善做好“12351”职工服务热线和“12345”“接诉即办”工作，主动“未诉先办”，接收受理“12351”热线派单201件，响应率、解决率、满意率均为100%。（孙　霏）

【对口支援】2022年，区总工会转发区商务局、区支援合作办《关于积极采购丰台区支援合作地区产品巩固脱贫攻坚成果的倡议书》，参加“京彩西品”消费帮扶助农增收集中行动，动员各级基层工会优先购买内蒙古自治区赤峰市林西县、兴安盟扎赉特旗，青海省玉树藏族自治州治多县及湖北省十堰市张湾区农副产品，助力全区结对地区脱贫人口持续增收。（孙　霏）

中国共产主义青年团北京市丰台区委员会

【概况】中国共产主义青年团北京市丰台区委员会（简称团区委）下辖北京市丰台区志愿服务指导中心（北京市丰台区青少年服务中心）（事业单位）。全区下设团委54个、团工委37个、团总支57个、团支部2175个，团员总数19906人。有团干部3375人，其中专职167人、兼职3208人。2022年，团区委自觉提高政治站位，强化责任担当，坚持以习近平新时代中国特色社会主义思想为指导，不断加强团的引领力、组织力、服务力和大局贡献度，带领广大团员青年在服务区域发展大局中建功立业。协助党和政府管理青年事务，指导并组织实施青少年思想政治教育、理论宣传、文化体育等活动，培养、推荐、选拔各级各类优秀青少年。积极探索新时期团组织面临新问题，撰写相关调研报告，更好地指导基层团的工作。及时反映全区青少年思想状况，积极做好未成年人保护工作，指导全区青年志愿者工作开展。开展“我为丰台献一策”活动，征集来自政府机关、企事业单位、社会团体、高校提交的选题192件。参加第六届中国青年志愿服务项目大赛，参赛成绩（金奖数）位居全市各区、各系统第一名。（张　洁）

【团组织建设】2022年，全区社会领域新建团组织432家，完成率110%，位居十六区前列。重点推动行业建团，成立丰台区健身操舞行业团工委，覆盖健身操、舞蹈等行业新兴青年群体，进一步延伸建团工作触角；积极对接区内多家从事青少年工作的社会组织，成立北京市丰台区青少年社会工作团工委，通过行业团工委牵动资源整合，实现资源共享，更好地发挥青少年社会组织联系服务青少年作用，团结引领青少年投身地区发展。深化三方建团新模式，成立全市首家消防救援支队政府专职消防队伍流动团总支，建立健全人力资源公司团工委——消防救援支队流动团总支——基层队站流动团支部三级组织架构，扩大联系服务范围。（张　洁）

【青少年思想政治引领】2022年，丰台区制定《丰台区青年马克思主义者培养工程实施方案》，从区内社区村、企业、社会组织、教育系统等各领域选拔44名学员参与区级青马工程，推荐1名社区党委书记参与市级青马工程。团区委组织丰台共青团学习宣传贯彻中共二十大精神青年宣讲活动，成立由团区委委员、团代表、青联委员、青马工程学院（员）、青年榜样、基层团干部等773人组成的丰台区学习宣传贯彻中共二十大精神青年宣讲团，下设6支讲师队伍，围绕5个方向设计宣讲内容，形成“六队五讲”宣讲体系，通过开展示范宣讲、广泛宣讲、基层宣讲，加强中共二十大精神的青年化阐释，讲好讲透讲活中共二十大精神。开展“宣贯二十大青马学员说”，组织青马工程学员学习研讨、广泛宣讲，征集11个“青马学员说”微宣讲视频作品，不断强化“青马工程”为党育人的政治功能。区青联以视频会议形式召开六届五次常委（扩大）会议暨全体会议，传达学习中共二十大和中共二十届一中全会精神，引导广大青联委员坚定不移听党话、跟党走。（张　洁）

【智慧团建】2022年，县域共青团基层组织改革试点工作收官，持续推动改革向基层延伸，推进全面从严治团向纵深发展。加强“一专一站两联”（拓展团的专门委员会建设，打通县域团代表联络站建设，建立团的委员会成员联系团代表、团代表联系团员青年的“两联”工作机制）建设，274名团代表进入团代表联络站，成立思想引领工作委员会、团的建设工作委员会、青年联系和服务工作委员会3个分专委员会，为委员、代表发挥作用，履职尽责搭建平台。抓好基层团组织规范化建设，100%完成专题组织生活会、团员教育评议、对标定级、学社衔接等工作，着力夯实团基层组织基础。强化团员发展和教育管理，严格入团标准程序，100%完成1689名团员发展工作，完成216名团员档案整改工作。履行全团带队职责，建设7个校外少先队实践基地，全区26个街镇、39个社区村建立校外少工委和少先队组织，有力推动少先队社会化。持续开展2022年度党建带团建、队建全面从严治党考核工作，47家机关事业单位纳入考核，推动4个方面18项具体工作落地见效；全区所有街道（镇）均建立青年工作联席会议制度并召开会议，研究落实区域内青年工作。线上举办2022年度丰台区团干部培训班，丰台共青团直属二级团组织负责人及青少年事务社工86人参加培训。（张　洁）

【青年志愿服务】2022年，团区委组织开展2022年志愿服务项目大赛，征集申报项目133个，经评审推荐22个项目入围首都志愿服务项目大赛，获1金1银5铜。11月，丰台区北京联合大学特殊教育学院志愿服务团队“吾声有声”手语推广志愿服务项目、汽车博物馆绿丝带志愿服务队“托起星星的梦想 点亮璀璨的人生”志愿服务项目获金奖，参评第六届中国青年志愿服务项目大赛获金奖，区参赛成绩（金奖数）位居全市各区、各系统第一名。“托起星星的梦想 点亮璀璨的人生”志愿服务项目：据统计，全国有近1200万个心智障碍者家庭，其中北京约有20万个，超过2000户心智障碍者家庭位于丰台区。项目致力于为心智障碍青少年儿童提供更多参与社会实践和融入社会的机会，进而帮助服务对象顺利走上社会就业岗位。项目首创由心智障碍者家庭组成志愿服务队，融入北京汽车博物馆原有志愿团队中的组织形式。心智障碍者在志愿服务岗位上得到锻炼，责任感和担当意识显著增强，精神面貌发生变化，心智障碍家庭成员负担和心理压力明显减轻。项目累计开展服务247次、参与志愿者860人次、服务对象辐射1.75万人、志愿服务总时长4620小时、招募35岁以下青年志愿者223人。项目受到中央广播电视总台、新华网、人民网、北京电视台等多家媒体报道。“吾声有声”手语推广志愿服务项目：全国共有

2054万名听力障碍人士迫切需要社会提供更多的手语服务支持，北京联合大学特殊教育学院于2017年成立以听力障碍大学生为主要力量的手语者有力量志愿服务队，努力满足在京高校大学生手语学习需求。2017年至2022年，手语推广志愿者持续为在京高校大学生提供专业化手语推广志愿服务，项目开设的手语公益课堂每年走进在京高校数十次、授课100余课时，团队公众号每年发布公益手语教学视频100余篇。手语志愿者人均服务10次以上。（张　洁）

【社区青年汇建设】2022年，丰台社区青年汇发挥平台优势，引导青年、凝聚青年、服务青年，设置46家社区青年汇，其中市级店1家。完成思想引导、学习培训、志愿公益、文体健康、创城创卫、新冠疫情防控等各类活动2515场，开展项目88个。新增可联系青少年8943人，其中开展红色剧本杀、丰鹊爱桥——交友联谊、菊花节志愿服务、服贸会志愿服务等特色活动覆盖青少年近10万人。4月至12月，社区青年汇定期组织召开"'青年议事会'用青春智慧为社区治理赋能"系列活动，为社区青年提供交流平台，议事内容包含文明养宠、治理城市"牛皮癣"、文明出行、垃圾减量、垃圾分类、文明停车等，累计开展活动197场，吸引近9000名青年参与议事。（张　洁）

【青年线上交友活动】2022年，团区委组织"丰青缘"青年线上交友活动，通过线上剧本杀和一周情侣打卡方式，为800余名机关事业单位单身青年搭建交流平台，引导陌生青年打开心扉，解决个人情感需求。在全区社区青年汇集中开展"人圆月下，情满中秋"主题活动30余场，服务青年600余人次。（张　洁）

【困境青少年帮扶】2022年，团区委启动"丰青关爱·筑梦远航"精准帮扶项目，分类别、分年龄定制帮扶礼包，为275户困境青少年家庭送去学习生活用品，入户走访11名特困青少年家庭，按照"一户一册一方案"工作原则，针对性满足青少年成长发展需求。开展"携手抗疫·丰青同行"活动，号召青联委员捐款捐物，为33名困境青少年捐赠食品礼包，为1名特困青少年提供2000元助学金。开展2022年"丰台青联助学金"项目，130余名青联委员累计捐款26万余元，为内蒙古自治区赤峰市林西县80名学习环境不佳、家庭困难的贫困青少年提供8万元帮扶资金，为青海省玉树藏族自治州治多县吉尕小学50名贫困学生捐赠10万元助学金。（张　洁）

【少先队工作】2022年，全区有少先队基层组织132个，少先队员70556人，其中2022年新接收少先队员11093人。有辅导员2243人，其中专职辅导员81人。8月17日，北京丰台二中卢沟桥学校24名少先队员在天安门广场人民英雄纪念碑前站立首都少年先锋岗。为落实北京市《关于进一步加强首都少先队校内建设和校外实践的实施方案》文件精神，区少工委部署各校少工委，结合学校实际情况，充分利用校内课后服务时间，结合实际开展少先队教育服务活动，开展课后"红领巾学堂"。（杨晓靖）

【网约车小哥加油站成立】1月12日，团区委在南苑街道"小憩·港湾"党群服务中心举行网约车司机"小哥加油站"成立仪式，发布丰台共青团网约车司机服务包。来自滴滴公司近20名网约车司机代表参加仪式，活动覆盖网约车青年群体1000余人。团区委依托"小哥加油站"，打造网约车司机学习培训、休闲交流、物资配备平台，通过实施"青春导师计划"，组织开展"读书角"、选树先进典型等活动。11月，团区委为小哥送上冬季行车"保暖三件套"200套，在"双11"走访时送上团市委慰问物资套装。（张　洁）

【青少年权益维护】4月，团区委启动党建引领青少年群体"未诉先办"工作机制调研，协调区城指中心，对2021年1月1日至2022年8月1日热线工单进行筛选，筛出涉及青少年成长发展相关诉求63979条，通过对反映问题进行归类分析、阶段性特征分析，形成《丰台区党建引领青少年群体"未诉先办"工作机制研究》调研报告。（张　洁）

【青年就业创业服务】4月18日，团区委获2021年度全国大学生"返家乡"社会实践活动表扬单位（2021年团区委依托"返家乡"平台，发布大学生社会实践项目50余个，吸引120余所高校近千名大学生报名，组织超过500名大学生参与志愿服务、社区服务、文化宣传、政务实践等社会实践）。7月至8月，团区委启动2022年暑期大学生"返家乡"社会实践活动，联系动员全区30余个委办局、街道（镇）及企事业单位提供75个社会实践岗位，涉及政务实践、社区服务、乡村振兴、文化宣传、公益服务等领域，吸引来自193所高校621名京籍在读学生、在京就读学生报名参与，186名大学生通过用人单位面试，进入岗位实习。其间，团区委召开暑期大学生"返家乡"社会实践座谈会3次，为学生搭建交流探讨平台。依托大学生暑期"返家乡"社会实践工作，结合团中央"一起云支教，携手创未来"专项活动，团区委启动暑期云托管专项活动，来自30余所高校的66名京籍大学生为66名乡村地区及快递外卖小哥子女提供一对一暑期云托管。大学生结合自身专业与特长，根据孩子性格、学习情况、兴趣爱好等特点进行备课，累计上线40门课程、120课时。依托社区青年汇阵地，46家社区青年汇累计组织552名青少年线上参与学习。开启"云游北京"项目聚焦"推动乡村青少年成长"，

7名来自天津科技大学外国语学院京籍学子组成“大手拉小手乡村振兴齐携手”实践团，为小朋友们策划“‘云游北京’系列视频”活动，线上录制天安门、中国科学技术馆、天坛、奥林匹克公园、故宫、北京天文馆等地游览讲解小视频。8月26日，团区委召开2022年丰台区暑期大学生“返家乡”社会实践活动总结表彰大会暨座谈会，会上宣布丰台区第一批11个大学生“返家乡”社会实践基地，并对29名优秀返家乡大学生进行表扬。（张　洁）

【“团团伴考”活动】 6月23日，团区委启动“团团伴考”帮扶活动，为50名备战中考的困境青少年送去书籍、文具、生活用品、防疫用品等备考礼盒。邀请9名专业心理咨询师，为中考学生开通心理咨询专门通道，针对考前焦虑、情绪紧张等负面情绪制定应对方法，帮助中考学生缓解学习压力。（张　洁）

【农夫市集】 7月2日，团区委邀请北京有机农夫市集绿主张项目负责人线上授课，通过分享真实案例，鼓励青少年维护食品安全、支持乡村发展。课程倡导社区支持型农业，促进城乡更好连结。活动号召青少年牢固树立绿色发展理念，以绿色发展引领乡村振兴，以青年力量谱写振兴之歌。1000余名青少年线上参与活动。（张　洁）

【共青团北京市丰台区第十三次代表大会】 7月29日，中国共产主义青年团北京市丰台区第十三次代表大会胜利召开。大会听取和审议共青团北京市丰台区第十二届委员会工作报告，选举产生共青团北京市丰台区第十三届委员会。区委书记王少峰、团市委副书记张庆武出席大会并讲话，区委副书记、区长初军威，区人大常委会主任高峰，区政协主席李岚，区委副书记底志欣以及区委常委、副区长崔旭龙和来自全区各战线、各领域、各行业235名团代表出席开幕式。7月29日，共青团北京市丰台区第十三届委员会第一次全体会议召开，选举产生共青团北京市丰台区第十三届常务委员会委员、书记、副书记。张传力当选丰台团区委书记，谢雯菁、李九龙、黄敏慧、韩青、肖双、常彪当选丰台团区委副书记。（张　洁）

【“为新时代首都发展贡献青春力量”青春宣讲会】 8月9日，北京市“为新时代首都发展贡献青春力量”青春宣讲会在长辛店街道举办。北京团市委宣传部部长乔学慧、丰台团区委书记张传力出席宣讲会，丰台区第十三次团代会代表、团员青年约50人参加宣讲会。（张　洁）

【社区青年阵地喜迎中共二十大】 10月，“学习二十大 永远跟党走 共绘大美丰台百米长卷”展览在丰台少年宫南北两厅开展，46家社区青年汇组织大中小学生、社区青年、快递外

10月，团区委在丰台少年宫举办“学习二十大 永远跟党走 共绘大美丰台百米长卷”展览　（团区委　供图）

卖小哥等近千名青少年共绘“最美丰台百米长卷”献礼新时代，收集作品500余件，助力广大青少年在发现丰台之美过程中，感受丰台10年来日新月异的发展。（张　洁）

【河湖科考志愿活动】10月，团区委联合北京环境科学学会、北京教育学院丰台分院共同策划，在永定河沿岸举办河湖科考志愿活动举办。25名中小学生志愿者在生态专家带领下，体验水体检测环节和流程，了解河流水质状况，考察河流周边生物多样性。由首都医科大学国际部13名留学生组成的留学生“当班河长”志愿服务队在右安门街道正式成立，国际留学生志愿者沿着巡河路线清理凉水河岸垃圾，用实际行动倡导环保理念。（张　洁）

【新发地市场“新农人”志愿服务队】11月4日，新发地市场“新农人”志愿服务队成立，丰台区委副书记底志欣、副区长高崇耀出席，团区委书记张传力主持成立仪式。仪式上，底志欣为“新农人”志愿服务队授旗，高崇耀为6名获评首批新发地市场志愿服务之星称号的志愿者颁发表彰证书。（张　洁）

北京市丰台区妇女联合会

【概况】北京市丰台区妇女联合会（简称区妇联）负责组织开展、指导妇联系统的宣传教育工作、指导党政机关、科教文卫妇委会、企业女职工委员会工作、妇女维权工作。下设丰台区妇女儿童社会服务中心。有街镇妇联26个，社区村妇联组织406个。2022年，区妇联重点规范各单位妇委会建设，督导50家单位妇委会换届选举工作，27家完成换届选举工作（5家届期未满除外），2家因单位合并等原因撤销。加强走访调研，将专兼职副主席分为3组，全覆盖联系调研全区各街镇妇联、党政机关及事业单位妇委会。推荐17户被选为“首都最美家庭”、1户被选为“全国最美家庭”、1户被选为“全国五好家庭”。（李　震）

【妇女组织建设】2022年，区妇联督导50家单位妇委会换届选举工作。截至2022年底，27家完成换届选举工作。5家妇委会届期未满，2家因单位合并等原因已撤销。以换届为契机，先后对区50个委办局妇委会、26个镇街妇联和社会组织优秀妇女人才进行摸底，产生218名各行各业优秀妇女人才。（李　震）

【妇女思想政治引领】2022年，区妇联开展“巾帼心向党 喜迎二十大”演讲活动、“我奋斗 家国美”短视频征集活动，组织妇女群众参观“奋进新时代”展览。邀请中共十二大代表等优秀女性开展最美巾帼宣讲。征集歌颂党、歌颂祖国、歌颂人民美好生活为主题的手工艺作品，线上展出巧娘作品300余幅。运用新媒体平台强化思想引领，提升群众工作能力。“丰台女性”微信公众号发布微信154期，信息560条，总阅读人数10万余人，总阅读次数15万余次，其中160条信息被《人民日报》《光明日报》《中国妇女报》等媒体转载宣传。（李　震）

【巾帼建功行动】2022年，区妇联团结动员全区广大妇女跟党奋进新征程、巾帼建功新时代。组织专兼职妇联干部、女企业家等群体召开座谈会，分层分类汇总健康、发展、维权、家庭、基层和特殊等6个方面需求，为精准服务打基础。织密服务网络，整合各行各业一线女劳动者资源，打通服务妇女和家庭“最后一公里”。加强家庭家教家风建设，发布《丰台区家庭教育工作指导服务平台建设方案》，建立区、街镇、社区村三级家庭教育工作指导服务平台。开展先进评选表彰活动，获评全国巾帼文明岗2个、全国巾帼建功标兵1人、市妇女儿童工作先进集体4个及先进个人9人、“首都最美巾帼奋斗者”2人、“北京市最美妇联执委”及提名奖3人。（李　震）

【执委领办项目升级2.0版】2022年，区妇联总结前期执委领办经验，主动摸索工作方法，形成“领”动自身、“领”动家庭、“领”动组织、“领”动行业、“领”动妇女、“领”动社会以及“办”关爱帮扶、心理疏导、维权普法、健康守护、社会治理、创新创业的“六领六办”工作法，建立推动执委作用发挥的执委“领＋办”2.0版。收集执委“领＋办”典型案例156项，促进执委成为妇联工作和妇女事业的引领者、实践者、推动者。（李　震）

【家庭家教家风建设】2022年，区妇联联合相关单位组织开展2022年寻找“丰台最美家庭”活动，围绕助力北京冬奥会、冬残奥会，新冠疫情防控、创卫创城，评选100户“丰台最美家庭”。邀请“最美家庭”以面对面宣讲、录制宣传片方式讲述家庭故事，推动家庭家教家风建设融入基层治理格局和文明城区创建活动。开展“榜样·传承·幸福”为主题“妈妈讲学比”系列活动，推荐优秀妈妈典型23人、推出妈妈讲堂105期，提升全区妇女德智体美劳多领域素养，引领妇女岗位建功。贯彻落实《家庭教育促进法》，向广大家庭发出倡议，把依法带娃纳入家庭教育、家风建设中。编制《丰台区关于指导推进家庭教育的五年规划（2021—2025年）》。将“家庭家教家风建设”纳入区委党校主题班课程。以线上线下相结合的方式开展寒假儿童关爱服务活动，发布家长学校大讲堂11期，组织观看“家家幸福安康”“亲子阅读”微视频等，全区参与关爱服务活动志愿者806人，结对帮扶孤儿、留守儿童和困境儿童156人，受益家长和儿童13078人，活动场次423场。建立家庭工作联席会议制度，联合区委宣传部等多部门印发《〈关于丰台区进一步加强家庭家教家风建设的实施方案〉任务分工》，定期召开会议推进家庭家教家风工作，形成部门联动工作机制。打造北京汽车博物馆等6个家庭家教家风建设基地。制定《丰台区家庭教育工作指导平台建设方案》，形成“114N-FT”模式，建立区、街道（镇）、社区（村）三级家庭教育工作指导服务平台，加强全区家庭教育工作指导标准化、制度化和体系化建设。（李　震）

【妇女儿童权益维护】2022年，全区妇女维权工作启动多部门联防联动机制，落实妇女儿童侵权案的发现报告机制、关爱服务机制、舆情应对机制、妇女儿童侵权案件工作督查制度。通过加强与区检察院合作，促进区检察院启动支持起诉，争取司法救助金，开展对弱势妇女司法救助。通过强化与区法院等多部门联系，加强信息数据互通共享。通过争取女企业家参与，开展弱势妇女儿童帮扶。调整三级妇联维权队伍和成员，组建调解团467个、调解员1840人；成立婚姻家庭纠纷调解委员会29个、调解员121人，开展“以案释法”妇女维权线上培训3次，提高妇联维权队伍能力。在时代风帆楼宇党建服务中心建设婚姻家庭纠纷调解委员会和妇女儿童维权工作站，促进在楼宇党建中加强开展合法维护妇女权益工作。全年区妇联信访室接案件91件、舆情件1件、市区两级交办“12345”热线2件，结案率100%。以国家宪法日、北京冬奥会倒计时等节点为契机，以三八维权宣传月为重点，开展主题宣传活动、普法讲座等，向妇女群众宣传法律法规、释法解惑。全区各级妇联开展法治宣传活动500余场、普法讲座128场，发放宣传资料2.6万余件，接待咨询400余人，受益群众18万余人。（李　震）

【妇女创业就业服务】2022年，区妇联加强妇字号基地建设，通过基地项目促进农村妇女就业，提高科技劳动技能，为6家妇字号基地争取市级项目，发放资金120万元。开展对6家妇字号基地项目中期绩效评估工作。积极发动妇女参加“创业北京”创业创新大赛。与区人力资源和社会保障局合作开展春风行动，组织区级线上招聘会5场，参会企业63家，提供岗位2534个。（李　震）

【妇女儿童关爱帮扶】2022年，区妇联持续实施“春蕾计划——梦想未来”北京行动，动员各界爱心力量，为困境女童奉献爱心，汇集捐款10余万元。多角度资助服务女童，重点资助贫困女童41人，第一年发放助学金2.98万元。联动社会公益服务机构资源，开展安全教育培训和社会实践活动48场，受益1000余人。引导动员社会协同，通过健康讲座、女性健康体检、儿童早期生长发育筛查及评估等系列活动，把“关心家庭幸福 关爱妇儿健康”理念落到实处。（李　震）

【妇女手工技能培训】2022年，区妇联开展手工技能培训课程52期。在总结以往授课经验的基础上，挖掘和创新课程内容，提供150余种“菜单式”服务课程。培训内容涵盖手工课程、养生篆香、榫卯结构DIY、时令养生茶等生活内容，提升妇女综合素质。开展基层传统手工文化进万家系列活动，为各街镇送去零钱包制作和扎染2种培训课程78期，惠及1820人次。（李　震）

【妇女儿童工作规划任务落实】2022年，区妇联根据“十四五”规划职责任务，将成员单位调整为35家，完善政府主导、妇儿工委协调、相关部门分工负责、社会各界广泛参与妇女儿童工作机制。制定区妇女儿童规划目标任务及统计监测指标体系。关注重难点指标，宣传和推进婚检工作，前往婚检、孕检一站式服务大厅进行调研，婚检率78.5%，孕前检查覆盖率99.15%。加强社区家长学校建设，明确工作要求，加强对家长学校规范化建设指导。为全区社区（村）家长学校统一制作标牌，建立家长学校活动的档案材料模板。（李　震）

【国际妇女节纪念活动】3月7日，区妇联开展“三八”国际妇女节纪念活动，组织区内各界妇女在丽泽SOHO召开主题座谈会。开展手工技能培训8场，提供“菜单式”服务，提升全区妇女能力素质。走访慰问环卫女职工、巾帼志愿者，以及卫生健康、经济、生态环境、司法等多领域10余家单位1000余名女职工。（李　震）

3月8日，区妇联走访慰问区妇幼保健院　（区妇联　供图）

北京市丰台区科学技术协会

【概况】北京市丰台区科学技术协会（简称区科协）是中共北京市丰

台区委领导并接受北京市科协业务指导的人民团体，是丰台区科学技术工作者的群众组织。2022年，区科协开展学术交流、普及科学技术知识、开展青少年科技教育活动等，为科技工作者、区域创新驱动发展争取市级资金60万元，支持基层科技、科普项目9个。联合区教委开展青少年科技活动，全区师生在各项科技大赛中取得佳绩。开展每月一主题科普宣传海报进社区宣传栏活动。融入北京市全民科学素质行动规划纲要实施方案、全国科技工作者日、全国科普日等主题元素，向大众传播科学知识，弘扬科学精神。围绕宣传节能减排、保护生态环境、保障安全健康等内容，编印《科学辟谣榜手册》。统筹区域航天科普资源，打造航天特色科普品牌活动，举办第二届丰台区航天科普嘉年华活动。通过“丰台少年二号卫星”课题组师生分享科学探索体会与收获、航天百年征程故事展览等展览项目30多个，弘扬科学家精神、航天精神，倡导科学方法，营造讲航天、爱航天、学航天社会氛围。利用区域花卉资源优势，协调区园林绿化局、世界花卉大观园在全国科普日期间首次举办花卉科普嘉年华活动，突出特色品牌。获2022年全国科普日优秀活动、2022年北京市全国科普日（第十二届北京科学嘉年华）优秀组织单位、第十六届北京青年优秀科技论文征集组织优秀单位、2022年北京市“加油小达人”青少年科学素质竞赛答题主题活动优秀组织单位、北京市控烟示范单位等奖项。区内有各类科协组织302个。其中，园区科协1个，街镇科协26个，区属学协会5个，驻区和区属企业科协28个，社区科普协会205个，科普场馆和科普基地37个。全年新增企业科协5个。成立丰台区科技志愿服务总队、专家科技志愿服务分队等队伍，科普志愿者登记注册人数728人。推动区内首都医科大学、首都经贸大学、北京电子科技学院成立高校科协。（丁洪波）

【科技之家建设】2022年，区科协建立网上科技工作者之家，加强与全区各委办局、驻区央企国企、民营科技企业等科技工作者日常交流，分享各类服务企业创新、服务科技人才的通知、活动、信息，畅通政府与科技工作者交流渠道。全区科技工作者微信群成员累计200多人。通过“互联网+科技人员”方式，累计与350余家中央、军队驻区科研院所、高校、医院、科技企业和区属科技、科普、科教单位科技人员建立日常沟通交流渠道。（丁洪波）

【青少年科技教育】2022年，区科协联合区教委开展青少年科技活动，通过区赛选拔，参加北京市第四十一届青少年科技创新大赛项目111个。在中小学生科技创新项目、科技实践活动、教师创新成果、科幻画等竞赛中，获得奖项79个。其中，一等奖4项、二等奖31项、三等奖42项，丰台二中学生项目获北京工业大学青少年科技创新奖。北京教育学院附属丰台实验学校老师鲍建中获得“十佳科技辅导员”。全市14所优秀学校参加北京青少年科学调查体验活动，丰台区云岗中学、航天中学、东铁匠营第二中学等学校获一等奖16项、二等奖38项、三等奖77项，教师优秀科技教育实践活动报告获奖4项、优秀学生小组获奖127项。在第八届全国青年科普创新实验暨作品大赛（北京赛区）中，北京十二中获二等奖1项，北京十中、北京教育学院附属丰台实验学校获三等奖9项。引导东高地青少年科技馆申报北京科学家精神教育基地，成为全区弘扬科学家精神强化价值引领的科普阵地。组织丰台二中、北京十八中、云岗中学申报科学家精神进校园讲座活动。（丁洪波）

【科技创新创业服务】2022年，区科协做好项目搭桥，推荐6家企业参加北京优秀青年工程师创新工作室项目申报、7家企业参加市科创项目申报、17家企业参加市科协金桥工程项目申报。9月8日，北京市“千人进千企”专项行动启动仪式暨市科协、区政府战略合作协议签约仪式在丰台举办，院士专家服务中心揭牌，4家驻区企业分别与来自中国科学院半导体研究所、北京科技大学、中国石油大学（北京）、北京工业大学的专家进行“千人进千企”意向性签约。（丁洪波）

【院士专家服务中心建设】2022年，区科协加强院士专家工作站管理，全区累计有9家企业建立院士专家工作站。首次成立以主管区长为组长、区科协、区科学技术和信息化局、中关村科技园区丰台园主要领导为副组长的院士专家服务中心，规范对接市科协专家资源，做好专家服务企业工作。制定《丰台区院士专家服务中心管理办法》，明确成员单位分工。区科协主动服务驻区企业，为企业申报院士专家工作站出谋划策，首都航天机械公司、北方车辆集团公司、明达海洋工程公司参与2022年申报工作。

（丁洪波）

【科技专家建言献策】2022年，区科协发挥团结联系科技工作者职能优势，利用区政协科协界别、区科协委员单位的联络机制，组织专家针对全区经济发展重点、难点问题，进行调研座谈，引导专家发挥专长，建言献策，重点围绕数字经济如何带动区域高质量发展、如何运用国家轨道交通产业政策促进丰台经济发展问题开展调研，提出《借数字经济东风，推动政府和企业管理创新》《加速与实体经济结合，推动丰台智慧城市发展》《合理划分政府和市场在数字经济发展中的角色定位》《完善产业链，做强丰台轨道交通产业》《科学布局，让枢纽经济成为丰台发展的加速器》《扬长避短，发掘轨道交通优势，推动丰台经济腾飞》6篇建议，在《丰台全民科学素质行动专刊》开设“建言献策”和“专家看丰台”专栏，服务区委、区政府决策。（丁洪波）

【全民科学素质建设】 2022年，区科协履行全民科学素质纲要办公室“上传下达，协调指导”职责，协调成员单位携手参与科学素质建设工作。《丰台区全民科学素质行动规划纲要实施方案（2021—2025年）》实施。丰台区召开2022年全民科学素质建设工作大会，部署年度工作，落实纲要任务，协办品牌活动，推动“大科普”工作开展，相关活动宣传报道被北京科学嘉年华专题采纳8篇。组织参与全区科学素质竞答、青少年科学素质竞答、京津冀科学素质竞答、全国农民科学素质竞答活动15万人次。（丁洪波）

【科普支持与宣传】 2022年，区科协继续实施科普益民惠农项目建设，投入经费510万元资助社区村、公园、学校、医院、科普场馆等31家基层单位兴建科普设施，开展科普活动。委托《北京科技报》开展每月一主题科普宣传海报进社区宣传栏活动。围绕宣传节能减排、保护生态环境、保障安全健康等主要内容，编印《科学辟谣榜手册》3.2万册，发放给社区群众。为全区街道（镇）科协、社区村、素质办成员单位、科协委员每季度推送《全民科学素质专刊》。（丁洪波）

【送科技下乡】 1月13日，区科协以满足群众实际需要为主旨，到北宫镇红山郡社区给基层单位送去科普资料和物品2000余份，包括以“知荣辱、讲科学、反邪教、护平安”为主题年历画1000份、窗花200份、环保袋300个、防疫口罩300个，《“科学”流言榜手册》《科学健身18法》、有趣科学系列青少年图书300本。（丁洪波）

【航天科普嘉年华】 4月22日，以“航天点亮梦想 共筑科技高地”为主题2022年丰台区科普嘉年华活动在东高地青少年科技馆启动。活动由区科协、区教委、东高地街道主办，包含青少年科学探索访谈、科普讲座、航天科普专题展览等一系列围绕航天科技公众喜闻乐见科普活动。中国科学院院士、中国航天科技集团有限公司第一研究院首席总工程师、丰台区科协主席姜杰出席启动式。200多名民众参加活动。（丁洪波）

【“全国科普日”活动】 9月15日，2022年丰台区“全国科普日”暨花卉科普嘉年华活动在世界花卉大观园举行，活动以“喜迎二十大，科普向未来”为主题，以弘扬科学精神、普及科学知识、传播科学思想为主旨，充分发挥丰台区花卉资源优势，打造花卉科普特色品牌活动，结合医疗健康科普、公共安全科普、前沿科技体验、文明实践体验、创客体验、插花讲座、无线电知识宣传等互动展项33项。活动由区科协、区科学技术和信息化局、区园林绿化局、玉泉营街道主办，北京科学教育馆协会、世界花卉大观园承办，中国园林博物馆、北京植物园协办。全区26个街道（镇）科普工作负责人和社区科普骨干参与活动，并接受科普基地赠票。9月15日开始，全区25家科学素质成员单位和26个街道（镇）在街道（镇）、社区（村）、学校、医院、公园开展为期一周的科普活动。活动采取主会场与分会场、线上与线下、点与面结合的方式，通过线上科普竞答、弘扬科学家精神讲座、科普巡展进校园、进社区、进公园，青少年科技竞赛、社区科普讲座等活动，面向全区群众，广泛开展“多阵地、多战线、广覆盖、齐参与”系列科普活动，累计50余场。同时以科学素质成员单位为主要力量，推进丰台区科普联合行动，动员和组织政府机构、学会、科技场馆、科技企业、学校、科研机构面向社会公众开展线上线下科普联合行动。（丁洪波）

9月15日，区科协开展全国科普日活动现场（区科协 供图）

【科普益民惠农项目工作培训】 9月26日，区科协举办2022年科普益民惠农项目工作培训。来自街道（镇）、社区（村）、学校、医院、公园、科普基地等61家单位70多人分2批参加培训。培训对《丰台区科普益民惠农项目资金管理办法》规定进行讲解，对填写项目申报书需要注意事项进行详细说明，针对申报项目过程中遇到问题、疑惑，进行面对面辅导，答疑解惑。11月7日至9日，区科协组织专家对2023年丰台区59项科普益民惠农项目进行评审。（丁洪波）

北京市丰台区归国华侨联合会

【概况】 北京市丰台区归国华侨联

合会（简称区侨联）是中国共产党领导由归侨、侨眷组成的人民团体，是党和政府联系广大归侨、侨眷和海外侨胞的桥梁和纽带。2022年，区侨联为第七届委员会，有委员31人。其中，常委14人、主席1人、兼职副主席5人、秘书长1人。下设街道侨联组织10个，分别为方庄、右安门、丰台、东高地、云岗、南苑、新村、东铁匠营、西罗园、大红门等街道侨联；系统侨联组织1个，为教育系统侨联；社区侨联组织1个，为怡海社区侨联。2022年，区侨联认真开展调查研究，组织归侨、侨眷、侨界委员及海外侨胞亲属学习党和政府侨务政策，开展爱国主义和社会主义教育，积极参与协商、推荐人大代表和政协委员中归侨、侨眷的人选工作，做好区域性侨务工作，指导街道侨联组织做好基层侨联工作，联合院校、协会等做好海外华裔青少年工作。（李昭仪）

【基层侨联组织建设】2022年，区侨联加强一品一貌特色“侨之家”建设，打造“侨之家”品牌。9月7日至23日，在全区12个基层侨联举办“侨心向党喜迎二十大，汇聚侨力奋进新时代”“侨之家”活动，组织归侨侨眷学习《习近平谈治国理政》第四卷和中央统战工作会议精神，聘请专业社工组织向基层侨联提供自选活动菜单开展手工制作，发挥基层侨联“侨之家”主体性。东高地街道侨联“侨之家”被评为中国侨联2021—2022年度全国侨联系统“侨胞之家”典型选树单位。（李昭仪）

【调查研究】2022年，区侨联引导侨资侨智侨力参与“一带一路”建设，联合区委党校开展《发挥侨联优势 搭建海内外经贸服务平台的研究》课题研究并撰写调研报告，获2022年北京市侨联系统优秀调研课题成果三等奖。（李昭仪）

【参政议政】2022年，侨界人大、政协委员建言献策，围绕中心工作，立足基层，倾听广大侨界群众呼声，提交提案、建议、社情民意12件，涉及道路交通、中小学教育等方面。1人被评为丰台区政协2022年度优秀委员。（李昭仪）

【依法维护侨益】2022年，区侨联联合“吹哨报到”共建单位，开展“4·15”全民国家安全教育日普法宣传活动，宣传《中华人民共和国宪法》《中华人民共和国国家安全法》《中华人民共和国归侨侨眷权益保护法》及其他涉侨法律法规，提高侨界群众法治意识。参与“京津冀侨法宣传月暨首都侨界志愿服务月”活动，扩大侨联志愿服务队规模。培育和发展涉侨纠纷调解力量，建立调解员队伍，依法、公正、高效化解涉侨纠纷，促进矛盾纠纷源头化解。在辖区内律师事务所设立“为侨法律服务站”，免费为归侨侨眷提供法律咨询服务，依法维护侨益。（李昭仪）

【为侨服务】2022年，区侨联摸排辖区侨界空巢老人信息，参与“京侨空巢陪伴”计划，为28户家庭申领小度在家智能陪伴产品并上门安装调试，切实温暖侨心。坚持“送温暖、献爱心”活动，重点节日期间走访慰问侨界困难人员、侨界空巢老人及侨界代表人士。（李昭仪）

【服务涉侨企业】2022年，区侨联对接区政务服务中心和玉泉营街道办事处，协调陕西中侨实业集团公司落户丰台事宜。集团公司在丰台区成立京津冀总部，注册成立“中侨创智实业（北京）有限公司”及“北京华高科新科技有限公司”2家企业，注册资金1亿元。区侨联组织辖区侨企参加北京市侨联助企纾困解难工作调研会，参与市委统战部、市侨联和丰台区委统战部各类助企纾困调查问卷，进一步了解企业对纾困政策运用情况及成果和企业纾困需求，帮扶企业渡过难关、稳定发展。（李昭仪）

【教育系统第三次侨界代表大会】1月11日，区教育系统第三次侨界代表大会召开。区委统战部副部长、区侨联主席洪鑫，区委教工委书记，区委教工委副书记，区侨联秘书长、教育系统36名归侨、侨眷和归国留学人员代表参加。会议听取第二届侨联主席游向红代表丰台教育系统侨联第二届委员会做工作报告。选举产生教育系统侨联第三届委员会。新当选侨联主席张云翼代表新一届侨联委员做发言。（李昭仪）

【区第七次归侨侨眷代表大会】3月11日，区第七次归侨侨眷代表大会召开，选举产生丰台区侨联第七届委员会委员、常委、主席、副主席、秘书长。新一届委员分布广泛，具有一定代表性，涵盖丽泽、科技园区、卫生系统、教育系统等多个领域；综合素质较高，研究生以上学历占比58%；年龄结构合理，平均年龄45.8岁。10月13日，召开丰台区侨联七届二次全委会，改选产生新任主席。12月26日，举办丰台区侨联第七届委员会委员培训班。（李昭仪）

【北京网上夏令营丰台营】6月21日至30日，区侨联承办“亲情中华为你讲故事”“北京情思·双奥之城”2022年北京网上夏令营丰台营。24名来自美国西雅图的海外华裔青少年在线上齐聚一堂，云游圆明园、老舍茶馆等北京历史文化古迹，云上参观北京丰台站和丽泽金融商务区等网红打卡地，饱览《三字经》、成语寓言、“二十四节气”等中华传统文化的魅力，亲身参与制作兔爷、粽子、京剧脸谱等手工艺品。（李昭仪）

【首都侨界群众书画展】8月30日，“翰墨丹青·喜迎二十大”首都侨界群众书画展在丰台区怡海老年大学开展。市侨联主席荣洋，市侨联党组织成员、副主席兼秘书长李登新，市侨联二级巡视员刘峰，市华侨服务中心主任孙济民，区委常

6月28日，区侨联承办线上“亲情中华　为你讲故事”“北京情思·双奥之城”2022年北京网上夏令营丰台营直播课
（区侨联　供图）

委、统战部部长郭晓一，区委统战部副部长、区侨联负责人丁志艳参加。画展展出120余幅首都侨界群众作品，呈现出在中国共产党的领导下“侨之家”人民群众艺术生活，展示首都侨界群众艺术才华与修养。
（李昭仪）

北京市丰台区青年联合会

【概况】 北京市丰台区青年联合会（简称丰台青联），参照北京市青年联合会界别设置，结合丰台区文化特色和优先发展方向，丰台青联第六届委员会设公共管理政法部队界别、经济界别、金融界别、文化体育界别、科学技术界别、教育卫生界别、新闻出版与传媒界别、党派民宗侨界别、社会组织和社会中介界别、技能人才界别，10个界别委员309人。2022年，制定实施《丰台共青团迎接和学习宣传贯彻党的二十大精神工作方案》《丰台共青团学习宣传贯彻庆祝建团100周年大会精神工作方案》，组织开展学习中共二十大精神系列活动。强化青联委员思想政治引领，成立青联委员中共二十大精神讲师团，加强中共二十大精神青年化阐释，通过青联委员自身社会影响力，形成从委员自学到委员讲学，最后共同提升的学习氛围。
（米子箭）

【社会服务】 2022年，丰台青联继续开展“丰台青联助学”公益品牌行动，组织青联委员开展线上募捐活动，筹募善款26万元，向内蒙古自治区林西县建档立卡贫困青少年捐赠助学金8万元；参与“我在北京有个家”项目，捐赠资金10万元。成立“丰台青联疫情防控青年突击队”，总计服务时长超2万小时，累计捐款捐物价值200万元。
（米子箭）

【参与区域经济建设】 2022年，丰台青联充分发挥经济、金融、科技等界别作用，强化内引外联，围绕主导产业、新兴产业，积极招商引资，助力丰台区“1511”（即培育引进10家上市公司、50家高质量外资企业、100家高成长企业、100家区域贡献超千万的规模企业）产业发展提质工程，引进规模税源企业2家。协调市区资源，为青年提供政策宣传、技能培训等服务。
（米子箭）

法 治

政法委与综治

【概况】 2022年，中共北京市丰台区委政法委员会（简称区委政法委）落实《中国共产党政法工作条例》和市委实施办法，做好防风险、保安全、护稳定、促发展各项工作，履行维护国家政治安全、社会安定、人民安宁责任，推动丰台政法工作高质量发展。坚持维稳第一责任，完成党的二十大，北京冬奥会、冬残奥会，全国两会等重大活动、重要会议维稳安保任务。（安 点）

【风险隐患排查评估】 2022年，区委政法委按照“不评估、不上会，不评估、不决策”原则，积极组织、协调和指导各责任主体单位开展社会稳定风险评估备案63件，制定、落实矛盾化解措施，降低风险等级，确保决策项目顺利推进。（安 点）

【政法宣传】 2022年，区委政法委累计向长安网及《人民日报》《北京日报》《丰台报》等各类媒体、杂志投稿400余篇。其中，《正义之光》《勇闯少年谷》《把爱留给春天》3部作品在第六届平安中国“三微”（微电影、微视频、微动漫与MV）活动中获奖；《用心用情打造“熟人社区”》等17篇稿件被《长安》杂志、长安网采用；300余篇稿件分别被《人民日报》、《北京日报》、北京政法网等中央及市级以上媒体平台发布。开展线上、线下法治宣传、法律培训、法律咨询、法治专题讲座等活动300余场次，发放宣传材料4万余份。提供法律服务，展示丰台政法系统在政法工作中的有益探索和实践经验。（安 点）

【养老诈骗打击整治】 2022年，区委政法委按照全国、全市打击整治养老诈骗专项行动部署要求，在宣传发动、线索办理、依法打击、追赃挽损、行业整治过程中坚持高起点站位、高标准运作、高质量落实，开展宣传活动230场次，帮助老年人提高法治意识和识骗防骗能力；快核快办线索，接收1149条线索均已全部办结；依法严厉打击，及时追赃挽损，破案91起，抓获犯罪嫌疑人120人，破案率全市排名第4；深化行业整改，动态隐患实时清零。（安 点）

【市域社会治理现代化试点】 2022年，区委政法委稳步推进市域社会治理现代化试点。以防范化解政治安全、社会治安、重大矛盾、公共安全、网络安全五类风险为目标，全面开展市域分解任务自查自评。以科技信息化促市域社会治理现代化，搭建视频图像数据资源共享平台，实现26个街镇、5个委办局专业监控探头视频图像数据资源共享；实现重点公共区域视频监控覆盖率、联网率100%；建立城市信息模型社会治理工作平台，将“人、地、物、事、组织”等社会治理基本要素数字化、标准化，为实现“社情全掌握、服务全方位”打牢基础。及时总结区域特色经验做法，《用好党委领导“妙笔”，推动社会治理“生花”》典型经验在全国第九次市域社会治理工作交流会上作现场大会发言。（安 点）

【平安铁路建设】 2022年，区委政法委增设70台监控设备，发挥专职护路队员作用，完成京广高铁九子河沿线赵辛店村段、北京货运中心、丰沙线宛平段、京原线大灰场等260余处隐患整治，拆除违法建设20余万平方米；整合辖区铁路沿线已拆除区域，会同区园林绿化局、区发展改革委、区财政局和相关属地，对12条铁路沿线近17万平方米地块进行绿化，建设铁路沿线安全绿色景观廊道。（安 点）

【城乡接合部地区综合整治】 2022年，区委政法委落实“拓功能、抓转型、强治理”要求，建立平安丰台建设领导小组综合整治指挥部，搭建工作机制，明确“区平安办、委办局、街镇属地”三级工作模式和职责任务。19家牵头单位围绕辖区各类安全隐患，开展13个波次集中攻坚行动，全面摸排、整治突出隐患问题8900余处。（安 点）

【重点工作服务保障】 2022年，区委政法委组织召开种子管理站库房合同纠纷、绿山谷公司执行等案件会商会31件52次，关注大案要案36件，对18件公安部交办的重点信访案件审核评查，及时会商研提依法办案和防范涉稳风险的意见措施。（安 点）

【政法工作会】 3月11日，区委政法委召开2022年丰台区委政法工作会议，传达学习贯彻落实习近平总书记关于政法工作重要指示精神及中央、市委政法工作会议精神，区委政法委、区法院、区检察院、区公安分局、区司法局、区信访办等单位参加会议。（安 点）

法治政府建设

【概况】 2022年，全区统筹推进依法行政工作，制定《丰台区法治政府建设实施方案（2021—2025年）》《2022年度丰台区依法行政考评细则》等文件。开展法治政府建设示范项目创建，《打造基层综合行政执法规范化建设“丰台样本”》被中央依法治国办评为“全国法治政府建设示范项目”。加强各类文件及合同合法性审核工作，在教育、卫生、农村、发展改革、生态环境以及城市管理等领域审核各类文件及合同120余件。区政府制定7份行政规范性文件均向市政府履行备案手续。修订《北京市丰台区重大行政决策暂行规定》，严格履行重大行政决策程序，制定《丰台区重大行政决策目录》。贯彻落实市推进依法行政工作领导小组年度工作要求，研究丰台区依法行政工作特点，编写《丰台区2022年推进法治政府建设工作要点》。（胡 萱）

【行政执法监督】 2022年，区司法局对新修订《中华人民共和国行政处罚法》释义开展培训，提升执法队伍理论素养和业务水平。通过自查自评和集中核查相结合方式，对44个执法部门86本案卷进行评查及质量抽验，审查认定各类扣分问题68项，督促各单位严格整改。开展执法改革专项调研，对10家重点单位进行为期2天的专项巡查调研活动，对重点执法领域的重难点问题进行沟通交流。组织全区26个街镇30余家委办局170余名执法人员，召开执法协调小组2022年第一次扩大会议，对工作要点和行政执法类考评指标进行详细说明。（胡 萱）

【行政复议应诉】 2022年，全区行政复议职责由区政府集中统一行使，区司法局接待来访来电9000余人次，收案1072件，案件量比上年增长333%。实质性化解行政争议260件，占年度案件的24.7%。其中，申请人自愿撤回复议申请260件、维持原具体行政行为422件、驳回47件、撤销43件、确认违法22件、责令履责18件。办理以区政府为被告的一审行政诉讼案件206件，二审案件72件，涉及行政复议、信息公开、公房管理、村务公开、强制拆除房屋等类型。办理区政府为被申请人的行政复议案件65件。办理区政府为被申请人的检察院监督案件2件。落实区人民法院司法建议书1件。（胡 萱）

【合法性审查】 2022年，区司法局加大规范性文件合法性审查力度，对违法减损公民、法人和其他组织合法权益或增加其义务的行政规范性文件等文件加大审查力度，按月在丰台区政府网站上主动公示《行政规范性文件目录》。审核以区政府或区政府办名义制发行政规范性文件10件，以区属各部门、街镇制发行政规范性文件18件。扎实做好规范性文件备案工作，从形式上确保规范性文件备案材料齐全，从内容上对文件合法性问题进行兜底审查。主动向区人大常委会备案规范性文件，向区人大常委会备案以区政府或区政府办名义制发规范性文件10件。健全规范性文件管理机制，组织开展对《丰台区规范性文件管理办法》修订工作，从文件起草、合法性审核、审议决定和公布等方面进一步明确规范规范性文件制定全过程，修订后经第二十五次区政府常务会审议通过，并以区政府办名义印发全区。（胡 萱）

【规范依法决策程序】 2022年，区司法局落实《重大行政决策程序暂行条例》，履行重大行政决策合法性审查程序，接受人大监督，执行公众参与、专家论证、风险评估、合法性审查等必经程序。健全完善决策机制。8月，组织开展《丰台区重大行政决策程序规定》修订工作，进一步健全重大行政决策程序制度，经第二十七次区政府常务会审议通过后，以区政府名义印发全区。9月，区政府对各单位提报的各项拟由区政府决策的涉及社会公共利益的重大决策事项进行梳理，筛选出具有全局性、影响广泛的决策，形成《2022年北京市丰台区重大行政决策事项目录》，并在区政府网站公示。（胡 萱）

3月17日，区司法局开展全区"强化执法能力、严格规范执法、提升执法效能"丰台行动暨组织贯彻落实《行政处罚法》有关内容学习专项业务培训（区司法局 供图）

【法治政府建设示范项目】 2022年，区司法局开展法治政府建设示范项目创建，示范项目精品——《打造基层综合行政执法规范化建设"丰台样本"》作为北京市4个项目代表之一，参加全国法治政府建设示范项目评审。11月底，中央依法治国办公布《关于第二批全国法治政府建设示范地区和项目名单的公示》，丰台区示范项目被评为"全国法治政府建设示范项目"。（胡 萱）

【依法行政考评】 7月，区司法局推进各成员单位完成年度市级依法行政考核任务，多次组织各成员单位核实本单位任务完成进度。在市级依法行政考核中成绩为99.9分。依据市级考核指标编写《2022年度丰台区依法行政考评细则》，为年底组织开展依法行政考核工作统一标准。（胡 萱）

【送法进军营】 8月17日，区司法局联合北京谦君律师事务所走进丰台第十二离职干部休养所，与所内离休老首长和官兵共同举办"情系老干部、普法暖兵心"法治宣讲活动。丰台区律师普法讲师团律师武丽君，针对离休老人经常遇到赡养、遗产、邻里、交通安全等问题，通过真实案例解析《中华人民共和国民法典》相关法律规定。活动发放法律贴身服务口袋书、民法典问题

解析等普法宣传品，并在现场进行法律咨询服务。（胡　萱）

公　安

【概况】 北京市公安局丰台分局（简称区公安分局）是区委、区政府和北京市公安局领导下的职能部门。2022年，区公安分局以北京冬奥会、冬残奥会以及中共二十大安保为主线，推进各项安保警卫工作，完成警卫勤务384批次。深化“美丽丰警”品牌效应，利用“两微一端”（微博、微信及新闻客户端）宣传平台刊发各类原创作品246篇。查处违规养犬行为1469起，收容救治流浪犬1586只。受理出入境证件14479件，发证4753件，办理居住证和登记卡34.8万张、港澳台居住证96张。新登记流动人口、出租房屋数比上年分别上升100.2%、129.6%，社区可防性案件比上年下降52.4%。群众安全感指数99.06%。54个集体和1422名个人获记功奖励。（李战文）

【“110”接处警工作】 2022年，区公安分局接报“110”警情25.8万起，比上年上升9.8%。刑事类警情2352件、治安类警情4910件，比上年分别下降25.5%、10.3%。纵深推进系列平安行动，百案刑拘值比上年上升2.8%，新发命案连续12年100%侦破。破案4448起，比上年下降25.5%，刑事、治安警情比上年分别下降15.9%、17.8%。在夏季治安整治“百日行动”“千车夜查夜巡”等专项行动中，刑事、治安类警情比上年分别下降15.9%、17.8%。破获涉众型经济犯罪14起，追赃挽损4.6亿元；破获养老型诈骗案件140余起，全市考核排名第一。推进“治安洼地”源头治理，打掉“黄赌”窝点246个，抓获扰序、“盗非”嫌疑人218人。（李战文）

【打击犯罪】 2022年，区公安分局持续加大犯罪打击力度。专案侦破中央、公安部督办“环航世纪控股集团诈骗犯罪”等涉众经济犯罪14起，追赃挽损4.62亿元。强化涉奥违法犯罪专项打击，中央宣传部在冬奥知识产权保护专场发布会上对区公安分局破获的全市首例制售假冒冬奥特许商品案作专案介绍。依托视频系统破获刑事案件134起、治安案件224起；刑事拘留145人、行政拘留277人。（李战文）

【监所管理】 2022年，丰台区看守所在保证监所安全前提下，优化规模收押“三步法”（第一步提前介入，精准谋划；第二步关口前置，精心组织；第三步风险管控，精细管理）。全年规模收押10次。（李战文）

【防范打击电信诈骗】 2022年，区公安分局为遏制电信诈骗案件高发态势，以“阻断诈骗电话”为目标，建立分局、派出所联动的反电诈精准劝阻体系。累计处置涉诈预警信息810万余条，拨打劝阻电话时长24万个小时，从源头上阻止1万余名群众被骗，避免群众经济损失近40亿元。（李战文）

【重点单位安全保卫】 2022年，区公安分局推进“平安铁路”建设，推进辖区铁路沿线安保警卫、消隐促建（消除铁路安全隐患，促进平安铁路建设）、创无创卫等工作，全年保障铁路重要警卫勤务384起。投入警力2.2万人次，完成涉北京冬奥会、冬残奥会场所驻场看护、观众安检集散等29项安保任务和19项专项勤务。破获全市首例制售假冒冬奥特许商品案。中共二十大期间，完成警卫勤务197起。（李战文）

【危爆物品专项整治】 2022年，区公安分局以“查违规、查隐患、查人物技防、查制度记录落实”为重点，督促危爆物品单位从严落实企业主体安全责任，确保措施落实到位、制度执行到位。围绕“五区五场”（“五区”是指猎区、林区、牧区、湖区、矿区；“五场”是指建材化工场、机械五金加工场、小商品批发市场、集贸市场、快递物流市场。）开展危险物品查缴大清整，严打非法生产、运输、销售、购买、存储危险品行为。检查危险品从业单位2282家次，摸排检查销售刀具场所674家次，下架封存各类刀具218把，收缴枪支33支、仿真枪55支，各类子弹3277发，处理涉案人员50人，批评教育34人。（李战文）

【治安重点地区安全隐患治理】 2022年，区公安分局依托区委政法委平安建设平台，深化“镇街吹哨，部门报道”机制，研究确立“每周突出一类治理主题，明确一个政府部门，牵动全区行政执法力量，联合开展规模化清整”治理策略。7月起，先后组织开展12个波次重点地区安全隐患集中整治，累计出动民警6700余人，区市场监管、城管、交通、消防及属地街道等力量5900余人，关停无照店铺141家，整改电动自行车室内充电、堵塞逃生通道等消防隐患1455件，清理非正规液化气罐389个、可燃物295吨、拆除违法建设149万平方米。（李战文）

【户政便民服务】 2022年，区公安分局审批外地进京户口2543件，退回补充修改材料348件，终止审批10件，打印准迁证2533份，跨省通办2318件，办理疑难户口6件，答复信访38件，实行告知承诺制613件，为群众加急办理32件。通过电话或线上答复群众咨询及派出所疑难户口请示1000余人次。办理军人身份证1300人、边境通行证1027人、委办局户口5511人。（李战文）

【户口迁移“跨省通办”】 2022年，人口管理大队按照《国务院办公厅关于扩大政务服务“跨省通办”范围进一步提升服务效能的意见》《关于对〈北京市深化政务服务“跨省通办”实施方案〉征求意见的紧急通知》部署要求，办理夫妻投靠、老人投靠子女、子女投靠父母户口迁移实行“跨省通办”业务。全年跨省通办2318件。（李战文）

【“盗非”专项打击】2022年，区公安分局“打盗非专班”（“盗非”指盗窃非机动车）依托夏季治安打整“百日行动”，建立并推行盗非警情100%回访机制，梳理近三年盗非嫌疑人信息，构建“丰台公安分局盗非专项打击数据库”，对其中多次盗窃前科人员重点关注、纳入视线，从盗、收、销、买4个环节入手，牵动全局抓获盗非嫌疑人261人，比上年上升13.5%；全局盗非类警情2244件，比上年下降39.2%。（李战文）

【“平安医院”创建】2022年，区公安分局深入落实“平安医院”创建工作，依托二级以上医院院警室，严把内部安全、隐患排查、打防管控及矛盾化解“四道关口”，畅通派出所和院方信息互通渠道，梳理院区警情、重点人员、矛盾纠纷、不稳定因素，及时发现并妥善处置各类医患矛盾纠纷74起；定期开展医院内部安全隐患大排查，检查发现并整改各类问题隐患42件。（李战文）

【反诈预警防范】2022年，区公安分局以“阻断诈骗电话”为目标，在全市率先建立分局、派出所联动的反电诈精准劝阻体系，累计处置涉诈预警信息810万余条，拨打劝阻电话时长24万个小时，阻止上万名群众被骗，避免群众损失资金40亿元，工作效果被中央、北京市多家媒体广泛报道。反诈预警劝阻信息化系统获北京市公安局“智慧执法创新应用挑战赛”二等奖。（李战文）

【打击破坏野生动物违法行动】2022年，区公安分局森林公安大队立案侦查野生动物刑事案件5起，刑拘4人，查获玳瑁、大穿山甲、印度穿山甲等国家一级保护野生动物及其制品9只（件），查获猞猁、黑熊、棕熊、红肋绣眼鸟等国家二级保护野生动物及其制品8只（件），查获“三有”（有重要生态、科学、社会价值）保护动物6只，粘网、诱捕笼等猎捕工具7件（套），涉案价值55万余元；救助野生动物49只。（李战文）

【公安科技信息化建设】2022年，区公安分局推进视频系统实战大练兵、指挥联动一体化工作，抓好视频巡控、视频指挥、视频打现等措施，发挥视频系统在打击整治、预知预警、可视指挥、扁平调度等方面优势，确保视频警务效能显著提升，依托视频系统破获刑事案件134起、治安案件224起；刑事拘留145人、行政拘留277人。（李战文）

【“北京交通”App融合执法】2022年，区公安分局组织1167人注册“北京交通”App开展融合执法，累计处理交通违法1.2万起、交通事故1085起，疏导交通6998次，处理非道路类交通案事件3396起。组织制定《指挥处指挥调度科警种融合执法规范处置流程》《区公安分局110与122“两台合一”接处警业务流程》和流程示意图，对日常状态、一般警情和突发情况3种指挥调度流程进行规范，明确指挥调度人员职责，完善接处警工作。（李战文）

【智慧平安小区建设】2022年，区公安分局梳理出警情、立案高发的200处点位，完成智慧平安小区建设工作，并搭建区级应用平台。（李战文）

【警务督察】2022年，区公安分局推动“三不”（不敢腐、不能腐、不想腐一体化推进）一体建设，严格落实“三个百分之百”和“一案双查”（在查办案件过程中，既查党员领导干部的违纪问题，又查执纪过程中是否存在违规违纪行为）要求，核查举报违纪违法线索157件，立案审查调查民警18起18人。精准运用监督执纪“四种形态”，畅通“信访电网”四位一体举报体系，警情投诉率降至0.78%，群众投诉解决率、满意率均保持79%以上。（李战文）

【公安投诉处理】2022年，区公安分局接有效投诉2034件，百警情投诉率0.78%，比上年下降0.1个百分点；办理投诉核查494件，其中查实问题105件，查实率21.3%，比上年上升7.5个百分点。下发《公安督察通知书》16份、《公安督察提示单》32份。（李战文）

【减诉中心成立】1月，区公安分局成立减诉中心，专门负责“接诉即办”及受立案监督。其中，筛查警情26万余件，发现疑似违规处置警情11400余件，经办案单位复核后整改受理3950余件，市公安局认定红线24件，比上年下降27.2%。（李战文）

【反恐教官进校园】9月8日，丰台区反恐办联合区教委、区卫健委、丰台街道、内保大队、丰台镇派出所等单位在北京市丰台区第五小学礼堂，通过现场授课及视频直播相结合方式，开展针对丰台第五小学教育集团下所有校区师生的反恐应急培训演练活动。其间，反特巡支队教官团在学校礼堂向学校师生讲解方案预案、快速撤离、处置原则等突发事件处置流程；同时对处突装备种类、使用技巧进行详细讲解，对应急处置进行安全培训互动。在学校操场分别由支队999医护人员、支队教官，围绕紧急救护，外伤包扎及安保应急处突盾牌、警棍、战术配合等方面对学校保安人员及集团6个校区安保班长和保卫干部进行培训。有5100余名教职工、学生、学校安保人员参加，发放反恐宣传品200余份。（李战文）

检　察

【概况】 2022年，丰台区检察院（简称区检察院）坚持以习近平新时代中国特色社会主义思想为指导，深入贯彻习近平法治思想，全面学习贯彻中共十九大及历次全会、中共二十大精神，认真落实市委、区委工作部署和上级院工作要求，统筹抓好新冠疫情防控和检察履职，服务和保障区域经济社会高质量发展。受理刑事、民事、行政、公益诉讼“四大检察”案件7480件，办结6853件。（马　韶）

【刑事检察】 2022年，区检察院办理审查逮捕案件1924件2826人，审查起诉案件1239件1556人；批准逮捕572件772人，提起公诉879件1131人。起诉盗窃、诈骗、抢夺等多发性侵财犯罪397件448人。办理煽动滋事、网络政治谣言、“黑截访”等案件52件71人。对38名涉北京冬奥犯罪嫌疑人依法提起公诉。办理涉疫案件29件45人。对市级督办“1·14”专案恶势力犯罪集团30余人提起公诉。受理经济犯罪案件420件995人。起诉利用网络实施诈骗、赌博等犯罪142人，比上年增长21.36%。（马　韶）

【民事检察】 2022年，区检察院受理民事监督案件889件，发出再审检察建议5份，比上年上升40%。就社会关注“天价”殡葬费案件成立专案组，支持起诉6件、和解23件，促使殡葬服务公司退还费用25万元。注重科技赋能监督，开展《中华人民共和国民法典》规范适用类案监督，入选“最高检贯彻落实民法典典型案例”。顾某法律监督案获评“2022年度全国检察机关民事检察优秀法律文书”。（马　韶）

【行政检察】 2022年，区检察院受理行政案件291件，比上年上升134.68%，发出检察建议72份，采纳率100%。开展“依法护航民生民利”专项活动，就申请强制执行程序违法等行为，向区属7家行政单位制发类案检察建议，相关单位做出整改，得到区领导肯定。（马　韶）

【公益诉讼检察】 2022年，区检察院立案办理公益诉讼案件182件。其中，民事公益诉讼立案157件，行政公益诉讼立案25件。深化落实“检察＋河长”制工作要求，就永定河（丰台段）管理保护范围内违法违规问题制发检察建议，助力拆除7000余平方米的违法建设。针对被告人禁渔期在禁渔区非法捕鱼、破坏渔业资源和水生态平衡的行为，协议允许其以购买并放生特定鱼苗形式，承担因非法捕捞对生态环境造成损害责任。（马　韶）

【未成年人检察】 2022年，区检察院落实未成年人保护法和预防未成年人犯罪法，严惩侵害未成年人犯罪30件32人，对15名未成年被害人进行经济救助或心理救助。坚持依法惩治与精准帮教相结合，对6名未成年犯罪嫌疑人作出附条件不起诉并考察帮教，对23人实施法律援助。完善家庭教育指导机制，针对未成年人监护不当、监护缺失等问题，制发《科学育儿倡议书》《督促监护令》等文书18份。推进检校共建，会同区教委签订《关于推进法治校园建设的合作框架协议》，压实11名法治副校长履职责任，为法治校园建设贡献力量。办理娱乐场所违规接待未成年人、网络App缺少青少年模式等公益诉讼案件5件。办理全市首例未成年被监管人艾滋病感染防治管理刑事执行检察案件，被市检察院评为典型案例。（马　韶）

【知识产权保护】 2022年，区检察院服务创新驱动发展，成立知识产权检察办公室，以专业办案团队强化专业司法保护，起诉侵犯知识产权被告人13人，办理全国首例侵犯北京冬奥会吉祥物形象作品案、丁某某等人侵犯茅台注册商标白酒案，李某某销售假冒注册商标的商品案和罗某某假冒注册商标案，获评“北京市检察机关知识产权保护十大典型案例”。（马　韶）

【检察监督】 2022年，区检察院监督公安机关立案44件；针对信用卡诈骗、不捕不诉开展专项撤案监督，监督撤案129件；办理孙某某伪造身份证件侦查活动监督案，获评“全国检察机关十大优秀侦查活动监督案例”。开展减刑、假释、暂予监外执行专项监督、职务犯罪案件财产刑执行专项检察，纠正执行不规范问题。加强法院裁判文书审查，同步实质性审查各类文书1032份。开展“依法护航民生民利”专项活动，就申请强制执行程序违法等行为，向区属7家行政单位制发类案检察建议。开展羁押必要性审查179人，审查后变更强制措施或释放33人，诉前羁押率下降至46.2%。（马　韶）

【检务公开】 2022年，区检察院自觉接受人大监督，坚持年初全面报告年度工作和年中报告专项工作，邀请88名市、区两级人大代表视察检察工作、参加检察活动，走访代表69人次，代表提出意见建议办结回复率100%。自觉接受民主监督，认真办理政协委员提案，广泛征求意见，及时改进工作。邀请政协委员参与重要会议、专题座谈、检察活动，让民主监督更直接更深入。自觉接受社会监督，公开各类法律文书155份，依托新媒体平台发布检察信息近千条，常态化开展检察开放日活动4次。聘任18名行政机关专业人员兼任检察官助理，增强检察专业化办案能力。（马　韶）

【检务服务】 2022年，区检察院认真落实“接诉即办”工作要求，接待处理来信、来访、来电2162件次，处理“12345”市民热线108件，均做到7日内程序回复，办理情况答复率100%，信访总量比上年下降16%。坚持和发展“枫桥经验”，落实领导带头接访和包案制度，受理6件申诉案件全部由领导包案，切实把矛盾纠纷化解在基层。常态化开展检察听证，全年组织案件听证53件，加强听证员人才库建设，吸纳医学、财务、教育等跨学科专门人才参与听证，以公开促公信。（马 韶）

【检察改革创新】 2022年，区检察院与区公安分局会签《加强检警合作 维护区域国家政治安全和社会稳定的工作机制》，加强安全稳定共管共治协作配合，推动构建区域新安全格局。主办“非法提供网络删帖服务的刑事责任探究”线上研讨会，发挥专家学者“外脑”在办理新型疑难复杂网络案件中作用。服务企业发展，制定服务保障丽泽金融商务区、中关村科技园区（丰台园）发展意见等文件，联合区相关单位走访企业、把脉问需。启动民营小微企业签署合规承诺书的企业合规新形式，助力企业纾困发展。加强与区监察委员会协作配合，建立联席会议制度，完善与监察机关的高效衔接机制。（马 韶）

【“检教共建”合作协议会签仪式】 9月1日，区检察院参加北京市第十八中学开学典礼，并会同区教委举行《关于推进法治校园建设的合作框架协议》会签仪式。活动中，区检察院与区教委签订协议，正式建立区检察机关和教育系统关于推进法治校园建设的有效衔接机制，明确检察机关和区教委协助学校建立完善校园安全防控机制、督促区属相关单位履行强制报告义务等方面职责，并就检教双方定期召开联系会议、会商研判、信息共享及案件通报等内容达成一致。区检察院向区教委和北京市第十八中学赠送强制报告制度宣传海报300份。第一检察部为初一新生上法治课：“莫让‘网’事不堪回首。”课程围绕什么是网络犯罪、网络犯罪危害、网络打赏、追星打榜充值等贴近未成年人生活为主题，提醒同学们预防网络犯罪，引导同学们树立正确的网络观，掌握自护方法。（马 韶）

法 院

【概况】 2022年，丰台区人民法院（简称区法院）收案58987件，结案60596件，均排名全市法院第4；结收比103.3%，比上年提高17.21个百分点；均衡结案度、长期未结案清理率等重点指标排名全市法院前列，实现收案量下降、未结案下降、结收比提升、审判质效稳步提高“两降一升一提高”态势。被最高人民法院评为“全国优秀法院”。（高 睿）

【刑事审判】 2022年，区法院审结各类刑事案件1203件，判处罪犯1585人。审结“全市首例侵害袁隆平院士名誉、荣誉公益诉讼案”。审结常态化扫黑除恶后“全区首例涉恶案”，从重处罚“隔空”猥亵未成年人等挑战法律和伦理底线犯罪。审结的“全国首例侵犯北京冬奥会吉祥物形象著作权案”被中央宣传部作为典型案件发布。（高 睿）

【民商事审判】 2022年，区法院审结民商事案件35873件；审理就业、住房等涉民生案件23093件。专案专办妥善处置“双减”案件824件，获区“双减”专班致信感谢。审结

3月23日，区法院举办新任法官宪法宣誓仪式 （区法院 供图）

“为限制民事行为能力妇女指定监护人案”获评“北京市依法维护妇女儿童合法权益典型案例”。审结“养老院内智残青年推伤老人案”“楼道堆物排除妨害案”等案件，被中央电视台报道。3篇典型案例入选最高人民法院《裁判文书释法说理实务指引》，为全国司法裁判提供参考。（高　睿）

【行政审判】 2022年，区法院审结行政案件880件，获评“北京法院行政审判信息工作先进单位”。审结全市首例“汽车排放标准鉴定大标的处罚案”等新类型案件，行政机关负责人出庭参审47次，促进全面依法治区。参加“欠缴道路停车费申请法院强制执行”等专家论证会，面向行政机关开展法治教育，提升依法行政能力。（高　睿）

【案件执行】 2022年，区法院执结案件22640件，执行到位49.76亿元。及时发还被骗老年人“养老钱”370万余元、农民工工资1077万余元，涉民生案件执行到位5912万余元，守护群众“钱袋子”安全。构建新型速执模式，新收案款发还用时比上年缩短10%，首执案件结案用时比上年缩短17%。跨越7个省市、21个区县开展异地专项执行，调查谈话、交付法拍房等108件次。（高　睿）

【多元解纷】 2022年，区法院将基层治理与行业治理相融合，与市银保监会等35家行业调解组织建立诉调对接机制，创新“1+2+N”（“1”是丰台法院、“2”是两家行业性专业性调解组织，“N”是N家金融机构代表）金融纠纷联动联治模式，巩固“工会＋法院”“仲裁＋法院”诉调对接成果，诉前化解各类矛盾纠纷5975件。（高　睿）

【诉源治理】 2022年，区法院对全区高发纠纷先行治理、重点治理，全年物业供暖类纠纷成诉量比上年下降28%，医疗类纠纷调解平均用时缩短30%以上，侵害商标权类纠纷成诉量比上年下降10%。（张　茜）

【诉讼服务体系建设】 2022年，区法院打造“一站式”诉调对接中心，构建“1+1+7”（院机关＋诉调对接中心+7个人民法庭）全区诉讼服务联动网，在全市首创“一窗通办”机制，让群众诉求一站办好、一次办成，工作经验入选最高人民法院“两个确立”主题教育“为群众办实事示范法院”创建活动专刊，在全市法院“微创新”案例评选中获评“最佳示范案例”。（高　睿）

【法治化营商环境优化】 2022年，区法院出台院领导点对点联系乡镇街道方案，院党组带队走访全区26个街镇，走访“轨道交通”“航空航天”两大千亿级产业集群代表性企业23家，持续优化司法“服务包”。打造司法服务“两区”建设2.0体系，出台“1+4”（1个临时党支部＋4个专班）制度规范，发布“暖企惠民十二条”，出台“助力高精尖产业发展十四条”，服务增强区域优势产业核心竞争力。（高　睿）

【审判管理和监督体系完善】 2022年，区法院升级“人力资源系数管理法”3.0版，整合提升“院、庭、团队、个人”四级管理效能，实现“收、分、结、督”一体发力。构建“四维”随机分案工作体系，以院庭两级随机分案为支撑，以事前、事中、事后三级监督为驱动，以案件分配公示为补充，确保分案规范、司法高效。深化案件质量评查工作格局，优化评查力量，吸纳5名三级高级法官作为评查专员，在全市法院创新开展诉前调解案件评查，切实发挥“以评促改、以评促提”作用。（高　睿）

【司法体制配套改革】 2022年，区法院加强院庭长组织化、公开化监管，出台类案及关联案件检索办法，明确合议庭意见分歧较大等6类案件，必须进行类案检索、类案报告，完善法官会议、审委会统一裁判尺度功能，推动法律统一适用。深化规范案件合议制改革，制定18类案件、280项合议要素清单，建立合议全程录音录像机制，对疑难复杂、新类型案件合议全程录音录像，确保高效、规范、有序。开展审级职能定位改革，聚焦基层法院准确查明事实、实质化解纠纷职能定位，出台《审级职能定位改革试点实施方案》，审结下沉案件29件。（高　睿）

【人民法庭建设】 2022年，区法院着力打造“枫桥式”人民法庭，加快推进方庄、右安门、王佐等法庭建设，持续深化以“巡回审判点”“法治空间站”“多元解纷网”为代表人民法庭治理模式，让

4月26日，区法院举行“月说新案”新闻发布会（区法院　供图）

大部分矛盾纠纷在群众家门口就地解决。（张　茜）

【城市建设水平依法提升】2022年，区法院审结“疏整促”案件407件，保障大红门服装商贸城等4家市场按计划闭市，获市场综治专班致信感谢。深化服务“创无”五项机制，全面参与辖区“创无”图斑推进会，稳妥推进100余件涉“创无”案件处置工作，审理案件获评“北京法院‘疏整促’优秀案例”。（高　睿）

【养老诈骗整治】2022年，区法院依法审理养老诈骗犯罪案件10件94人。召开涉养老诈骗案件集中宣判会，依法公开宣判涉养老诈骗3案，以诈骗罪判处29名被告人有期徒刑11年至8个月不等，并处罚金人民币11万元至1万元不等的刑罚。创新“一核双翼多支点”追赃挽损机制帮助被害人追回经济损失。打击养老诈骗工作被《中国日报》《北京日报》《北京青年报》《新京报》及丰台融媒体等多家媒体报道。（高　睿）

【人民法院调解平台“三进”工作】2022年，全区26个街道（镇）、176个社区村、202家基层调解组织入驻人民法院调解平台。健全“12368”双接工作机制，联系法官10万余次，响应“吹哨”331个，满意率100%。8月，区法院联合区司法局举办“12368”“一号响应”诉源治理工作专题培训会，区司法局、全区26个街镇及丽泽管委会相关负责人及专职调解员等112人参加。会议从“12368”新型诉源治理工作机制、“12368”诉源治理专线实施路径、“12368”庭室包片联系街镇“纳入平安丰台考核体系”等方面出发，详细介绍“12368”“一号响应”机制运行情况，并开展相关培训。（高　睿　张　茜）

【最高人民法院院长批示司法大数据报告】2022年，区法院联合司法大数据研究院对“妇女权益保护”民生热点问题进行数字体检，形成《司法大数据视角反映党的十八大以来妇女权益保护研究（2013.1—2021.12）》司法大数据决策参考，分析相关案件特征，提出具体对策建议，被最高人民法院主要领导批示肯定。深入调研“司法服务‘两区’建设”情况，形成《人民法院依托司法审判职能为北京“两区”建设提供司法服务和保障的司法大数据分析报告（2020.9—2022.8）》，配套升级区法院司法服务“两区”建设2.0体系，转化信息被区委信息、市高院信息采用。获得2022年全国法院“数助决策”专题示范应用一等奖。（高　睿）

【重点调研课题中标】2022年，区法院《习近平法治思想引领人民法院党建与社会治理深度融合路径研究》中标中国法学会部级法学研究课题，该课题深度调研习近平法治思想引领党建与社会治理深度融合的现状、问题及原因，提出相应对策建议，得到评委肯定。区法院《首都法院完善统一法律适用标准工作机制研究》入选北京市法学会2022年市级法学研究重点课题，该课题立足首都法院统一法律适用工作实践，系统深入分析统一法律适用面临的堵点难点，总结有益经验并研提对策建议，入选十大重点调研课题。（高　睿）

【首份“诉前调书”字号民事调解书出具】1月，南苑法庭出具首份“诉前调书”字号民事调解书。“诉前调书”字号是依据《最高人民法院关于诉前调解申请司法确认和出具调解书案件不纳入民事案件司法统计的通知》，自2022年1月1日开始启用案号形式，是区人民法院认真总结诉源治理有益经验，将矛盾纠纷化解于诉前新举措。（张　茜）

【《民间借贷纠纷案件审判实务》出版】1月，区法院出版《民间借贷纠纷案件审判实务》一书。该书聚焦民间借贷纠纷案件审判热点难点问题，全面归纳总结司法实践经验，充分体现丰台法官、干警理论水平和裁判艺术，由知识产权出版社正式出版。（张　茜）

【侵权责任界定研讨会】3月18日，花乡人民法庭召开线上“违反职业伦理的亲密行为之侵权责任界定”专家研讨会，邀请北京大学、中国人民大学专家学者，北京市第二中级人民法院、北京市金融法院、北京市西城区人民法院专家法官参加会议。丰台区妇联领导出席会议。与会教授学者围绕会议主体，从国内外相关立法规定、社会现状、规范流程、妇女权益保护、侵权行为的比较法研究等方面进行论述，与会专家法官从侵权行为构成要件、因果关系认定、典型案例示范引导等角度阐述观点，并结合自身审判经验提出建设性意见。（张　茜）

【身边榜样事迹宣讲】3月24日，区法院举办“追寻丰法荣光致敬身边榜样”身边榜样发布暨事迹宣讲活动。区委常委、区委政法委书记，市高院政治部组宣处处长，区委宣传部副部长，区委政法委政治部主任莅临指导。区法院授予10名干警“身边榜样”奖项，授予11名干警“身边榜样提名奖”。4名榜样围绕青春力量话担当、不忘初心再启航、无声守护谱华章和砥砺奋进攀新峰等主题进行宣讲。（张　茜）

【中法法律与司法交流周主题研讨会】5月17日，区法院第九期中法法律与司法交流周“致力于更亲民、更高效的司法：亲民司法”主题中法研讨会在线举办。中法双方20余名代表参会。会议由法国国家司法官学校官员、司法官多萝希·梅尔西主持。区法院特邀调解员曲中玉作为全国唯一受邀调解员参会，并以《人民调解为人民、排忧解纷化干戈》为题作主题发言。（张　茜）

3 月 24 日，区法院召开追寻丰法荣光　致敬身边榜样丰台法院身边榜样发布暨事迹宣讲活动　（区法院　供图）

【"断卡"行动法律适用问题研讨会】 7 月 13 日，区法院与区公安分局、区检察院联合召开"丰台区公检法机关推进'断卡'行动法律适用问题研讨会"。公检法机关分别介绍本单位办理电信诈骗案件相关情况、采取的打击措施及办案中遇到困境和法律适用问题，重点对达到犯罪程度支付结算金额和流水金额、主观明知认定、证据标准、行为定性、量刑依据、涉案资金处理及源头打击等实务问题深入研讨交流并达成初步共识。（张　茜）

【首份《家庭教育令》发出】 7 月 29 日，王佐法庭在一起离婚案件审理过程中，针对被告不正确履行监护职责情况，依法向其发出《家庭教育令》，敦促其全面履行家庭教育及监护职责。区法院依托家庭教育指导团队，对个案有针对性地开展家庭教育指导，依法纠正不正确实施家庭教育侵害未成年人合法权益的行为。该案是区法院以民事裁定书形式发出的首份《家庭教育令》。（张　茜）

【金融案件诉源治理工作座谈会】 8 月 30 日，区法院召开深入推进金融案件诉源治理工作座谈会。北京市金融消费纠纷人民调解委员会，北京秉正银行业消费者权益保护促进中心，建设银行、农业银行、邮储银行、民生银行信用卡中心、宁波银行、北汽集团等 6 家金融机构代表参会。与会代表围绕金融案件诉前化解亮点机制、源头风控及诉前化解的难点和堵点问题座谈交流。（张　茜）

【诉调对接中心启用】 11 月 7 日，区法院诉调对接中心正式启用。诉调对接中心设置立案登记、诉讼服务、诉源治理、特色调解、速裁审判等"一站式"服务功能，总面积 10057.96 平方米，可为当事人提供多元解纷、登记立案、分调裁审、审判执行辅助、涉诉信访等全方位诉讼服务，实现"一站式"多元解纷、"一站式"智慧诉讼服务。（张　茜）

【侵害袁隆平院士名誉、荣誉公益诉讼案】 2021 年 5 月 22 日袁隆平院士逝世当日，被告人刘某某通过个人微信公众号发布诋毁袁隆平院士文章并被转载，阅读次数达 7 万余

11 月 7 日，区法院诉调对接中心正式启用　（区法院　供图）

次，严重损害袁隆平院士名誉、荣誉，伤害袁隆平院士亲人及中国人民感情，造成社会影响恶劣。区法院经审理认为，袁隆平院士为国家、民族和人民作出巨大贡献，属于被社会普遍公认已故英雄模范人物，其名誉、荣誉应当纳入侵害英雄烈士名誉、荣誉罪保护对象。被告人行为侵害英雄烈士名誉、荣誉，严重违背社会主义核心价值观，损害社会公共利益，情节严重，已构成侵害英雄烈士名誉、荣誉罪，依法对其判处有期徒刑1年，并责令其在国家级媒体公开赔礼道歉、消除影响。该案系全市首例侵害袁隆平院士名誉、荣誉刑事附带民事公益诉讼案件。 （高 睿）

【侵犯北京冬奥会吉祥物形象著作权案】 2021年11月至12月，任某未经北京冬奥组委会授权许可，以营利为目的，在河北省保定市容城县自行制作吉祥物形象玩偶，后通过网店销售至北京市丰台区等地，非法经营数额计人民币6万余元。2022年1月，区法院经审理认为，被告人任某以营利为目的，未经冬奥组委会许可，复制发行冬奥组委会享有著作权的吉祥物形象，情节严重，其行为已构成侵犯著作权罪，鉴于其如实供述犯罪事实，自愿认罪认罚，依法对其从轻处罚，判处有期徒刑1年，并处罚金4万元，违法所得追缴没收，涉案物品没收销毁。该案系全市首例侵犯2022年北京冬奥会、冬残奥会吉祥物形象作品著作权案，案件后被中央宣传部作为典型案件发布。 （高 睿）

司法行政

【概况】 丰台区司法局（简称区司法局）下设3个事业单位，分别为北京市丰台区法律援助中心、北京市丰台区社区矫正中心和北京市首佳公证处。2022年，区司法局全面贯彻落实党的二十大精神，深入学习贯彻习近平法治思想，深入落实中央全面依法治国、市委全面依法治市决策部署，围绕中心，服务大局，以精心构建法治保障体系、全面助力经济社会发展为主线，强化统筹，推进创新，突出重点，务求实效。行政执法规范化建设持续增强，矛盾争议化解更加高效，公共法律服务体系不断完善，为综合整治和重点工程解难题、抢进度、化矛盾，提供有力法制保障，有效发挥法治建设对丰台区经济社会高质量发展的引领、规范和保障作用。报送的“法治政府建设示范项目”，被司法部评为“全国法治政府建设示范项目”。 （胡 萱）

【全面依法治区】 2022年，区司法局全面学习贯彻习近平法治思想，向各相关单位制发《深化学习宣传研究阐释贯彻落实习近平法治思想工作台账》。以区委依法治区委员会印发《中共北京市丰台区委全面依法治区委员会2022年工作要点》，区委依法治区办印发《丰台区法治政府建设实施方案（2021—2025年）》《丰台区关于开展法治政府建设示范区创建工作方案（2022—2023年）》，统筹推进法治丰台建设。适时对委员会、委员会各小组成员名单进行调整，夯实法治建设组织基础。制发《关于报送党政主要负责人履行推进法治建设第一责任人职责清单和法治工作重要决定备案的通知》《中共北京市丰台区委全面依法治区委员会办公室重点任务督察工作暂行办法》，切实加强和规范全面依法治区督察工作。加强街镇基层法治力量建设，开展对随意抽调、借调司法所人员情况自查清理，制发《中共丰台区委全面依法治区委员会办公室关于推动解决全区基础法治建设的工作基础薄弱问题的通知》《丰台区贯彻落实〈关于进一步加强市县法治建设的意见〉任务分工方案》。区长在第二十次区政府常务会上围绕“认真学习习近平法治思想，扎实推进丰台法治政府建设”进行会前讲法。制发通知对党政负责人讲法提出要求。打造丰台品牌，组织开展2022年度依法行政专题研讨班，线上培训总时长24学时，全区各委办局、街镇300余人参加培训。 （胡 萱）

【普法宣传】 2022年，区司法局建立月度普法宣传工作机制，提高普法精准度，扩大普法宣传覆盖面；开展为期100个工作日“双百普法进万家”线上学法竞答活动；开展北京市“民主法治示范社区”申报工作，其中15个社区命名为“北京市民主法治示范社区”，助推基层治理法治化进程；在全区开展乡村“法律明白人”培训考核上岗工作；召开中共北京市丰台区委全面依法治区委员会守法普法协调小组第四次会议暨普法责任制单位履职报告评议会；在全区维修更换法治宣传栏83个；制作《丰小宣说法之国家安全》《丰小宣说法之十一个坚持》《丰小宣说法之反有组织犯罪法》普法动漫3部；“丰台普法”微信公众平台合计发送内容263期、763条。采用普法需求问卷、满意度调查等方式，让百姓参与到普法工作效能评估中，实现法治工作人民检阅；开展“12·4”国家宪法日宪法宣传周活动。 （胡 萱）

【律师行业管理】 2022年，区司法局办理律师行政审批、备案业务1700项，办理行政投诉27起、行政处罚4起、执法检查227次。辖区有律所274家、律师1735人。做好律师行业党建工作，全区律师中有党员522人。 （胡 萱）

【公证管理】 2022年，首佳公证处办理公证事项7562件。其中，国内业务4852件，涉外业务2656件，涉港澳公证54件；免费办理遗嘱公证58件。区司法局开展公证机构执法检查12次，检查涉及公证员11人，公证员执法检查69人次。开展公证案卷抽查2次，抽查公证案卷100本。全区13家司法鉴定机构办理司法鉴定案件23476件。其中，法医类案件10880件、物证类案件10748件、声像资料鉴定

1848件。（胡　萱）

【法律援助】2022年，丰台区法律援助中心受理法律援助案件1021件。其中，民事案件635件，刑事案件386件；接待来访来电7.4万余人次，挽回各类经济损失980余万元。收到锦旗8面、感谢信4封。（胡　萱）

【人民调解】2022年，全区各街镇、社区村、行专调委会，区法院诉前调委会调解纠纷4530件。收取各街镇、社区村及行专调委会调解协议书2344份。在2022年度组织宣传人民调解工作中受到中华全国人民调解员协会通报表扬。（胡　萱）

【公共法律服务专项维权活动】2022年，区司法局开展多次公共法律服务专项维权活动，包括妇女、维护残疾人合法权益、关爱未成年人，军人军属、退役军人，助老敬老，公共法律服务专项维权活动，举办宣传活动500余场，参与人数1.5万人次，现场发放宣传单、宣传品1.57万份。（胡　萱）

【社区矫正】2022年，区级、街镇级社区矫正委员会全部成立，分别制定议事规则，保障两级矫委会职能作用发挥。加强与区公、检、法及26个街镇沟通，及时组织召开座谈及会商研判，形成管控合力。严格依法做好矫正调查评估、接收宣告、限制出境报备、外出管理、执行地变更、考核奖惩、解除矫正等管理工作，强化日常监管，落实各项防控措施。开展实地督查，重点检查对政策是否熟知、是否明确责任人员。开展“喜迎冬奥会　守法塑新生”“喜迎二十大　矫正启新程”等主题教育，组织社区矫正对象参加教育，促进社区矫正对象学法知法，尊法守法。每周通过“北京社矫”App、“丰台区社区矫正”微信公众号发布教育信息，增强社区矫正对象法律意识和身份意识，累计发布线上教育信息239条。开展帮扶救助，对生活困难的社区矫正对象进行走访，鼓励他们乐观面对生活困难，积极生活。（胡　萱）

【司法鉴定全面评查】3月17日，区司法局完成对全区10家鉴定机构，169名司法鉴定人全面评查工作，涉及3大类别、10个分领域项目，先后组织现场评查33次，查处司法鉴定机构登记业务范围与执业分类规定不一致25项，对3家司法鉴定机构下发整改通知。（胡　萱）

【行政处罚案卷评查工作】9月15日至16日，区司法局组织开展2022年度行政处罚案卷评查及质量抽验工作。抽取全区44个执法部门86本案卷，审查认定各类扣分问题68项，质量抽验合格率97%。针对评查发现问题，区司法局要求各执法部门严格整改，全面规范行政执法程序，切实提高行政执法能力和案卷制作水平。（胡　萱）

【丰台区创无工作法律问题培训会】10月18日，区司法局在深入调查各街镇开展违建拆除工作中遇到法律难题基础上，线上组织26个街镇召开丰台区创无工作法律问题培训会。以案说法，结合违建拆除法律适用问题以及经典案例，深入讲解违建认定、职责划分、在施违建拆除、行政赔偿等内容。（胡　萱）

【“12·4”国家宪法日宪法宣传周活动】11月10日，区委守法普法协调小组发布《关于在全区开展2022年“12·4”国家宪法日暨宪法宣传周系列宣传活动的通知》，正式启动2022年北京市丰台区“12·4”国家宪法日暨宪法宣传周系列宣传。12月4日至9日，制作宪法宣传新闻发布、年度“学法明星”视频访谈、普法人物主题宣讲和宪法主题法治文艺节目等主题微视频，在丰台有线和“丰台普法”双媒体同步播出，全面开启系列宣传。结合“法律十进”（法律进机关、进乡村、进社区、进学校、进企业、进单位、进商务楼宇、进交通枢纽、进景区、进军营），落实各普法责任制单位职责，开展宪法主题知识竞答、宪法晨读、宪法进万家、法治课堂等主题活动，全区开展宪法宣传活动146场。通过现场咨询、专题讲座、展板展示、互动活动等形式加强宪法宣传。利用丰台融媒体、地铁电视、公交电视、楼宇电视等媒体集中播放宪法公益宣传片，广泛开展相关宣传及活动报道。（胡　萱）

劳动人事争议仲裁

【概况】2022年，丰台区劳动人事争议仲裁院（简称丰台劳动仲裁院）加快推进街镇基层调解组织建设，发挥人民调解委员会作用。全面发放仲裁建议书，对用人单位进行规范指导，预防和下降争议。设置专门法律咨询窗口，为办事群众提供法律及政策咨询服务。创新办案方式，全面实行案件繁简分流和要素式办案，通过简易程序审理案件7974起，占结案总数的84.88%。开展“非接触，快办理”办案模式，推行“线上庭审”。受理劳动争议案件10092件，比上年增长28.02%。其中，集体争议317起，比上年增长67.72%，涉及职工1555人，比上年增长62.49%。在受理劳动争议案件中，按争议原因分，劳动报酬争议5418起，比上年增长26.62%，占53.68%；经济补偿、赔偿争议1977起，比上年增长43.05%，占19.58%；保险福利争议241起，比上年增长22.34%，占2.38%；劳动合同争议（含确认劳动关系、确认劳动合同和订立/履行/变更劳动合同）1971起，比上年增长49.32%，占19.53%；其他争议案件（含劳动保护、竞业限制、服务期和其他争议）485起，比上年下降31.21%，占4.8%。结案9887起，结案率为97.97%，其中调解6002件，调解率为60.71%。受理人事争议案件8件，比上年增长166.67%，办结8件，其中调解4件。（刘　悦）

【创新办案方式】2022年，丰台劳动仲裁院全面实行案件繁简分流和要素式办案，简案快审，提高工作效率。推行“线上庭审”。加大终局裁决力度，细化终局范围、统一终局原则，采用终局与非终局分开裁决的方式及时保障劳动者基本权益。利用庭前、庭后5分钟提高调解率。庭前5分钟仲裁员和书记员提前到庭，核实身份的同时，了解双方对于案件调解意向，针对有调解意愿当事人组织庭前调解。庭后5分钟利用当事人阅卷签字时间组织庭后调解，提高调解率。（刘 悦）

【优化办案流程】2022年，丰台劳动仲裁院编制《劳动人事争议活动指引》，对原《劳动人事争议仲裁风险告知书》内容进行梳理和完善，增加《劳动人事争议仲裁主要程序流程图》《常见问题解答》《相关部门办公地址及咨询电话》等内容，关注办事群众参与仲裁活动体验感。通过开展“院庭长走流程”专项活动，分阶段梳理仲裁活动各个环节，形成《丰台区仲裁业务和服务规范》，进一步优化仲裁活动流程。（刘 悦）

【街镇基层调解组织建设推进】2022年，丰台劳动仲裁院加强“和谐劳动工作站”建设，通过试点“仲裁联系人”制度，对街镇调解组织、辖区用人单位实施“一对一”精准指导，延伸仲裁服务到基层。通过线上培训方式向辖区26个街镇讲解调解组织建设要求及案件补贴办法等工作，并逐个进行指导。截至年底，已完成17个街镇调解组织的规范化建设。9月起，陆续向具备条件的街镇派发案件并进行业务指导。截至年底，11个街镇顺利调解成功劳动争议案件139件。（刘 悦）

【“仲裁大讲堂”“仲裁小课堂”宣传活动】2022年，丰台劳动仲裁院开展“仲裁大讲堂”“仲裁小课堂”等多种形式比武练兵和法治宣传活动。“仲裁大讲堂”是让仲裁员上讲台，结合法学专业背景深入研究某一法学专业领域课题，为全院工作人员上一课，促进仲裁员开阔视野、巩固法理知识，扎实法律素养，提升办案能力。“仲裁小课堂”是录制规范用工方面情景剧小视频，利用微信公众号进行推送，通过典型案例分析讲解，对用工单位和劳动者进行正面引导，进一步维护辖区内劳动关系和谐稳定。（刘 悦）

军　事

区人武部

【概况】2022年，北京市丰台区人民武装部（简称区人武部）深入学习贯彻习近平强军思想和军委、陆军决策指示精神，以习近平考察北京卫戍区重要讲话精神为根本指导，着眼实现强军目标、铸牢忠诚之魂，聚焦练兵备战，从严整纲肃纪，加强党的建设。围绕全区地理位置和“四区一枢纽”（即首都高品质生活服务供给的重要保障区、首都商务新区、科技创新和金融服务的融合发展区、历史文化和绿色生态引领的新型城镇化发展区、高水平对外综合交通枢纽）功能定位，调整民兵布局，拓宽民兵组织编组渠道，组建民兵专业分队，开展战备应急训练。（付言师）

【思想政治建设】2022年，区人武部以迎接和学习宣传贯彻党的二十大为主线，抓好理论学习和政治教育。党委每月制定中心组理论学习计划，将上级规定、本级计划、辅助材料有机结合，为部机关和区基层各单位订阅报刊。坚持书记上党课制度，党委书记分别为全部人员上党课3次。采取正面教育与反面警示相结合方式，筑牢全员思想防线，确保党的二十大期间安全稳定。按照北京卫戍区政治工作指示要求，建立集理论学习、政治教育、党内生活于一体大教育格局，每月结合理论学习、党团活动时间将形势政策、安全保密、法纪警示、心理健康等内容有机融合，一次教育解决多个问题。（付言师）

【民兵调整改革】2022年，区人武部落实民兵编组模式“四个拓展”（由户籍地向工作地拓展、由属地向行业拓展、由传统产业向高新技术产业拓展、由国有企业向新兴经济体拓展），树立“把基干民兵编精干，把普通民兵编扎实”整组标准。围绕丰台区地理位置和“四区一枢纽”功能定位，聚焦重大活动安保执勤任务，突出功能区域、交通枢纽、重要目标等主要方向，形成以保卫要域为首要、支援作战行动为核心、遂行多样化任务为重点，一体联动、相互支援的基干民兵布局。把民兵组织触角延伸到人员相对密集科技人才相对集中的科研院所、非公有制企业、高新技术园区，拓宽民兵组织编组渠道，采取“属地编、区域编、行业编”等编组模式进行编组；按照“三个坚持”发展管用力量；坚持实战急需，巩固国有企业阵地，大力发展地方有潜力、部队有短板、打仗离不开的新型力量，在航天一院、航天三院、北方车辆厂分别组建专业分队。坚持平时应急，贯彻“一队多用、一专多能”要求，形成编组相对独立、任务各有侧重、行动相互支援的应急力量体系，为平时遂行反恐维稳、抢险救灾、治安联防、专业救援等非战争军事行动提供有力支撑。健全和落实军地双重领导、党委议军会、双向兼职和述职考评等制度7项；基层民兵营连重点规范民兵请销假、教育管理、外出登记统计、汇报工作、归队等制度6项，利用制度建设民兵组织，管理民兵组织，规范民兵组织。（代国林）

【应急战备训练】2022年，区人武部针对民兵队伍中存在打仗意识弱化、整组训练走过场、动员准备大而化之等问题，利用培训、专题会议、民兵整组集合点验、民兵集中训练等时机，突出加强国防教育和形势战备教育。在北京卫戍区统一安排下，组织防汛、防火、防爆弹投掷、救护、无人机操作等专业14名民兵参加北京市民兵比武，1人获得防爆弹投掷项目第5名。累计完成包括应急、防化救援、伪装遮障、防空分队基地化轮训，按照大纲要求完成所有训练科目。开展首长机关军事训练，完成55个军事训练科目。北京冬奥会、冬残奥会，党的二十大期间，组织辖区民兵开展总计41天安保执勤工作，担负辖区内重要目标执守任务。（代国林）

【组织建设】2022年，区人武部以习近平主席考察北京卫戍区重要讲话精神为根本指导，深入学习贯彻党的二十大会议精神，不断提高政治判断力、政治领悟力、政治执行力。组织学习《军队党的建设条例》《军队政治工作条例》《军队党委（支部）工作条例》。坚持大项活动开展、重大问题决策、大项经费开支必须经党委会研究，由一班人集体研究决定。从落实“三会一课”（“三会”是定期召开支部党员大会、支委会、党小组会；“一课”是按时上好党课）、民主评议党员等基本制度严起，从学党章、上党课、过党日、交党费等基本制度抓起，推动管党治党从严从实从硬；部领导带头落实双重组织生活，自觉置于组织监督和纪律约束之下。坚决贯彻落实“抓从严”（北京卫戍区机关提出的口号——铸忠诚尽职责抓从严）指示要求，坚持“三不”（不敢腐、不能腐、不想腐）一体推进，推动正风肃纪反腐向纵深挺进。坚持正面教育与反面警示相结合，严格落实党委纪委书记上党课制度，定期组织学习上级纪委问题通报，解决思想根源问题。在抓实练兵备战、解决历史遗留问题、完成卫戍区督办等工作中，党委严格执行组织纪律，集体研究决定重大事项，严格落实“十个严禁”“五条禁令”，确保各个环节公正公开。（付言师）

【国防动员】7月，区委常委议军会议召开，分析全区党管武装工作形势，研究部署支持国防建设、服务驻区部队、落实拥军优属政策等各项举措。区人武部协调召开党管武装会，传达学习北京市党管武装工作会议精神，表彰先进典型。出台《关于提高和完善丰台区征兵政策实施办法》，提出“精准动员”理念，由各街镇武装部专武干部和社区工作人员采取逐门逐户上门宣传方式，对所有适龄青年发放《致适龄青年的一封信》，并收取回执。9月，协调北京西站，采取张贴征兵宣传海报、横幅，设置征兵宣传易

拉宝，完善新兵转运站台和周边人员密集区域的政治环境布置，完成年度兵员征集任务。（代国林）

人民防空

【概况】 2022年，丰台区人民防空办公室（简称区人防办）编制完成《“十四五”时期丰台区人民防空建设发展规划》，完成人防工程“多规合一”标准审查。全区违规住人人防工程实现动态清零，完成人防工程年度日常维护工作，积极进行人民防空宣传教育工作。（程鑫华）

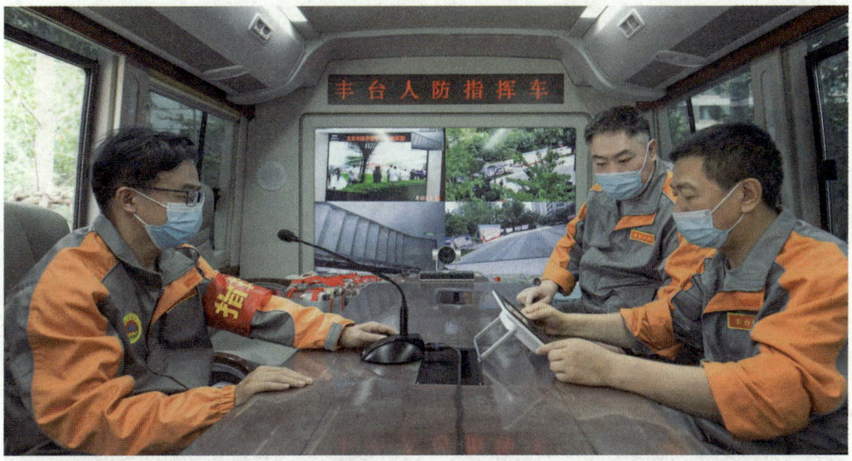

9月17日，防空警报试鸣，区人防办信息中心在得秀社区开展现场通信保障

（杨秋生 摄）

【人防军事斗争应急准备】 2022年，区人防办修订《丰台区人民防空袭方案》，分别报送区人武部、区政府常务会审定。完成园博大酒店入口疏散地域建设工作。对全区警报器和警报器分中心进行全面巡检和维护保养。组织参加日常通信训练36次，新型指挥车操作培训13次，参加京津冀人防跨区协同通信演练2次。完成北京冬奥会、冬残奥会，全国两会，国庆节及党的二十大等重点时期24小时应急通信值守和日常通信保障。（程鑫华）

【第二十二个全民国防教育日暨警报试鸣主题宣传活动】 9月17日，在第二十二个全民国防教育日，区人防办在北宫镇得秀社区组织开展以“开启时代新征程、爱国强军谱新篇”为主题的全民国防教育日暨警报试鸣主题宣传活动。10时00分至10时23分，根据市防空警报试鸣领导小组警报试鸣指令，丰台区五环路以外按照预先警报、空袭警报、解除警报顺序依次响彻区域上空。10时预先警报响起，社区居民迅速切断水、电、气，关闭门窗，向楼下预定集结点疏散，楼门长清点人数，向居委会主任汇报人数情况。10时10分空袭警报响起，社区居民在社区居委会工作人员协助下，有序进入人防工程；待全部人员进入后，关闭防护门，开启通风设备。10时20分解除警报响起，开启人防工程防护密闭门，社区居民在社区居委会工作人员协助下，有序撤离人防掩蔽工程，到地面集合。随后组织社区居民开展应急知识技能体验活动，设置宣传展板进行人防知识技能的宣教和普及，介绍人防指挥车，讲解手摇报警器和电声报警器使用方法，邀请居民摇响警报器，进行试听。现场发放《人防法律法规知识问答》读本、《人民防空知识》折页和宣传资料等。（程鑫华）

【行政许可】 2022年，区人防办完成人防工程“多规合一”标准审查。做好小瓦窑旧村改造项目、中关村科技园区丰台园建设项目和北京丽泽金融商务区城市航站楼综合交通枢纽一体化工程等重大项目建设保障工作。为49家企业提供前期人防工程图纸审核服务80余次。批准人防工程使用许可428处，人防工程现场质量监督65次，质量监督登记39处，独立出具人防工程质量监督报告7处。组织召开《北京市丰台区人民防空袭方案》专家评审会，并通过专家评审。（程鑫华）

【人防工程管理】 2022年，区人防办完成“三进一建”（进社区、进企业、进工程、建档案）巡检工作，全区违规住人人防工程实现动态清零。完成5处“疏解整治促提升”专项行动年度工作任务。向社会提供1583个人防车位。开展人防工程使用证专项整治行动，发放《人防工程安全检查通知书》，协助区房管中心出具《人防工程使用费催缴通知书》。核查认定各类图斑，完成审核率100%。制定防汛预案、方案，抓好防汛物资准备工作，进行人防工程防汛应急拉动演练。开展“安全生产月”活动，宣传防火、防汛、危险化学品和燃气等安全知识，发放各类宣传资料1000余份。开展安全生产“百日行动”，制定下发《丰台区人防工程安全生产大检查工作方案》，深入各目标单位检查排查，对发现的重大隐患和突出问题现场办公、集中整改，完成“地下空间安全生产专项整治三年行动”攻坚收官任务。（程鑫华）

【“接诉即办”】 2022年，区人防办“接诉即办”接到市级平台工单791件，其中属于人防问题64件，占比8%；区级平台工单85件，其中属于人防问题53件。（程鑫华）

【人防工程维护维修】 2022年，区人防办完成全区人防工程年度日常维护工作，对人防工程内部设备设施进行维护保养，解决工程内部垃圾、积水等问题。完成人防工程电路改造16处、人防工程的渗漏水处理78处、防护盖板维修工作88处。（程鑫华）

9月7日，区人防办主持召开《北京市丰台区人民防空袭方案》专家评审会
（马明亮　摄）

【依法行政】2022年，区人防办出台《丰台区人民防空办公室法治宣传教育的第八个五年规划（2021—2025年）实施方案》。严格落实“三项制度”，依法依规开展执法公示工作。组织具有执法资格人员参加全区行政执法“岗位建功”培训，整合组建3个执法组，率先在全市人防系统内开展联合执法。完成合同审核40件、行政复议1件、规范性文件梳理4个。信息公开92件，其中依申请公开46件。（程鑫华）

【宣传教育】3月1日，是国际民防日，区人防办在中关村科技园区丰台园万达广场开展“民防和灾害转移安置人口管理包括志愿者的作用和疫情管控”主题宣传活动，发放宣传资料和宣传品各100余件。5月12日，开展“5·12”防灾减灾日宣传活动，在微信公众号推出《一图读懂北京市人民防空条例》并开展线上答题活动，参与人数达700余人。发布微博285条，微信公众号59条。开展多种形式“安全生产月”活动，发放各类宣传资料1000余份。开展全民国防教育日宣传活动，完成中央广播电视总台及北京电视台现场活动录制工作。在4个街道、50个社区建设防空和防灾减灾规范化社区。新接收人防志愿者858人。大力推动人防进学校宣传工作，为全区48所中学制作并发放人防知识学习光盘，组织开展全校师生防空袭疏散演练。

（程鑫华）

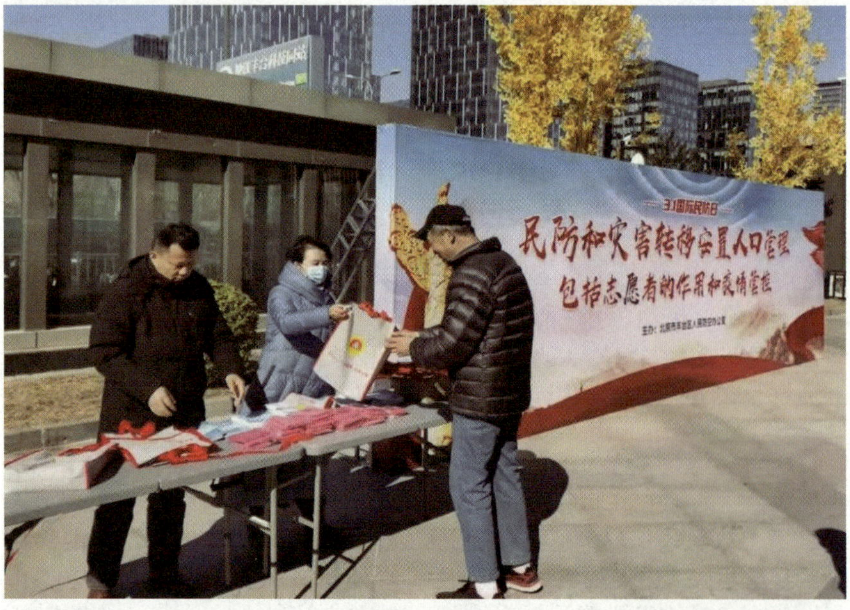

3月1日，区人防办在中关村科技园区丰台园万达广场开展“民防和灾害转移安置人口管理包括志愿者的作用和疫情管控”主题宣传活动
（韩　可　摄）

退役军人事务

【概况】2022年，丰台区退役军人事务局（简称区退役军人事务局）完成权益维护、安置就业、优抚褒扬、双拥共建、服务体系、军休服务保障等各项工作。退役军人事务部官网刊登报送稿件1篇，“北京市退役军人事务局”微信公众号采用报送信息46条，《军休之友》刊登报送稿件278篇。在《北京日报》客户端、北京电视台、新华网、《丰台报》刊登报送稿件47次，在《丰台报》《劳动午报》刊出专版3次。“区退役军人事务局”微信公众号发布信息229条。联合区委宣传部、区融媒体中心，“八一”期间在丰台有线电视首推“双拥影院”，播放红色经典影片；制作退役军人徐崇伟等5名先进典型短视频，在《丰台报》刊登报道陈荣超等6名退役军人先进事迹，向市级部门推荐康丽雯等16名榜样人物。中央电视台国防军事频道《老兵你好》栏目专访陈荣超夫妇，徐崇伟提名2022年度“北京榜样·最美退役军人”，军休干部芦继兵被评为北京市首批“老兵宣讲员”。（高素丽）

【退役军人服务站体系建设】2022年，区退役军人事务局以退役军人服务站示范创建为标准，优化26个街镇、411个社区（村）服务体系建设。梳理退役军人系统对外服务事项28项，制发办理指南宣传折页2.3万份，为退役军人在家门口办理业务提供便利。组建区、街镇、社区（村）三级首都老兵志愿

8月1日，区退役军人事务局举办“喜迎二十大　永远跟党走”“强国复兴有我”书画、诗词、摄影作品展　　（区退役军人事务局　供图）

服务队，助力社区治理、矛盾排查调处。组织参加志愿活动5000余人次，涌现出曾远征、周艳荣、孙楠等一批志愿先进典型，退役军人事务部及首都之窗等平台相继进行宣传报道。　　（高素丽）

【优待抚恤】 2022年，区退役军人事务局累计发放各类优抚资金约2亿元，推进建档立卡及优待证办理，办理率81.38%，排名城六区第一。节日期间，累计投入约1100万元走访慰问立功受奖军人、军休干部、功臣模范退役军人和生活困难退役军人等1.5万余人。　　（高素丽）

【褒扬纪念】 2022年，区退役军人事务局投入12.61万元对解放战争十八烈士墓墓碑主体基座进行维修；对赵登禹将军墓采取加装金属护栏、配置密码锁等措施。制发烈士褒扬纪念法律法规十问十答宣传折页3000份，实地走访核查全区7处烈士纪念设施占地面积、服务保障、祭扫接待、烈士墓位置、烈士生平简介等情况，同时对422名烈士英名录数据逐一核对，更新烈士褒扬管理信息系统。　　（高素丽）

【军休服务管理】 2022年，区退役军人事务局组织开展“喜迎二十大　永远跟党走”首届军休文化节系列活动、“庆祝建军95周年”诗词、书画、摄影展。围绕“我为军休干部办实事”，在21个军休所设立“助老打车暖心车站”，开展军休老旧小区改造、加装电梯和13个军休所无障碍设施等改造工作，改善军休小区居住环境。　　（高素丽）

【清明祭扫】 3月，区退役军人事务局制定清明烈士祭扫工作方案，部署清明祭扫中新冠疫情防控、安全事故防控、社会面防控工作，做好出入京祭扫烈士子女服务保障工作。清明节前后，区退役军人事务局、区检察院、区公安分局等单位300余人参加全区7处烈士纪念设施清明祭扫现场活动，各街镇就近组织党员、干部、群众开展清明祭扫活动。开展“2022·奋进·网上祭英烈”活动，通过政府门户网站及网络新媒体发出倡议，倡导人民群众依托中华英烈网、“北京烈士纪念设施电子地图”广泛参与网上祭扫。　　（高素丽）

【退役军人及随军家属线上招聘会】 3月23日至25日，区退役军人事务局联合丰台区人力资源和社会保障局（简称区人力资源和社会保障局）举办“丰台区退役军人及随军家属线上专场招聘会”。11家企业参加，提供岗位22个。线上参与活动浏览达2696人次，达成意向40余人。　　（高素丽）

【丰台区退役军人创业创新大赛】 5月17日，“创业丰台2022”丰台区退役军人创业创新大赛在丰台区退役军人创新创业基地通过线上方式成功举办。大赛以“戎归京城、创业丰台”为主题，由市退役军人事务局指导，区退役军人事务局主办，区退役军人服务中心、区退役军人创新创业基地、北京斯坦福科技孵化器有限公司承办，24家退役

9月30日，丰台区举行2022年主题祭扫活动　　（区退役军人事务局　供图）

军人企业参赛，6名参赛选手获得创业基金17万元。其中，《企业级开源隐私计算》获一等奖，《穿越军》《无码化配置平台》获二等奖，《靶向补体创新药》《新型干细胞药物》《军事模拟仿真系统》获三等奖，《卫星太阳电池组件高密度串联布贴设备》《本地生活服务业共享平台》《弹性体与人工智能》分获“年度创新潜力奖”“年度创业人气奖”“年度最具投资价值奖”。 （高素丽）

【军休服务星级评定】 8月19日，北京市军休安置事务中心召开北京市军休干部服务管理机构星级评定工作总结暨授牌大会，丰台区28个参评军休所全部上星。其中，军休八所、军休十一所、军休十六所、军休九所、军休三所、军休三十二所6个军休所被评为“五星级军队离休退休干部服务管理机构”；军休五所等17个军休所被评为“四星级军队离休退休干部服务管理机构”，军休二十三所等5个军休所被评为“三星级军队离休退休干部服务管理机构”。 （高素丽）

【市退役军人事务局到区调研】 8月23日至25日，北京市退役军人事务局二级巡视员程诗华及拥军优抚处处长杨树旺一行到丰台区开展“蹲点抓落实”调研工作，并与区主管领导召开专题座谈会，赴宛平城红色教育基地、北京丰台站和丰台区退役军人创新创业基地了解丰台区在国防双拥教育基地、拥军支前保障、“三后”（后路、后院、后代）问题解决、社会化拥军等方面情况，走访丰台街道退役军人服务站及游泳场北路社区退役军人服务站，重点调研退役军人优待证办理情况，对丰台区双拥共建、退役军人就业创业、服务保障体系等方面工作给予肯定。 （高素丽）

【军休干部新式离退休证换发】 9月1日，丰台区举行军休干部新式离退休证颁发仪式。退役军人事务部、军委政治工作部、北京卫戍区、市退役军人事务局、市军休安置事务中心等有关领导出席仪式。全区在北京市率先完成军休干部换发新式离退休证工作，数量位列全市第二。 （高素丽）

【“创业丰台”创业训练营】 9月，区退役军人事务局联合区人力资源和社会保障局举办“创业丰台”创业训练营活动，通过线上线下相结合方式，面向区内中小创业企业、历届“创业丰台”和退役军人创新创业大赛参赛项目，邀请业内专家，分别就股权架构设计、投融资路演、市场渠道建设、创业战略选择、品牌推广等创业者关注维度进行深度分享。 （高素丽）

【烈士公祭活动】 9月30日，丰台区隆重举行“9·30”烈士纪念日公祭活动，在二七烈士墓前举行第九次烈士公祭活动。区领导及党政机关干部代表、部队官兵代表、学生代表、退役军人代表、群众代表等200余人参加活动。活动现场，全体人员共唱国歌，向烈士默哀，向烈士敬献花篮，表达缅怀和敬意。 （高素丽）

【退役军人创新创业“专家号”】 10月28日，由区退役军人事务局、区人力资源和社会保障局主办，区退役军人创新创业基地、石榴中心、北京斯坦福科技孵化器有限公司承办，推出退役军人创新创业“专家号”活动。特邀创业导师、投资人、专家亲临现场，结合企业个性化特点“问诊把脉”，对参加丰台区2020—2022年退役军人创新创业大赛15个退役军人创业项目，进行一对一辅导，提升创业企业抗风险能力，助力稳步发展。 （高素丽）

【退役军人创业者联盟创业沙龙】 11月16日，区退役军人事务局推出丰台区退役军人创业者联盟首期创业沙龙交流活动，通过线上方式进行。活动邀请退役军人创新创业大赛参赛项目、北京市及丰台区退役军人创业企业、随军家属创业企业代表60余人参加。穿越军董事长兼CEO吕付国、北京慧银投资总经理陈颖结合自身创业经历和实际案例，对国内市场创业现状与趋势进行分析，为现场退役军人解困答疑、交流创业心得。 （高素丽）

【退役军人及随军家属直播带岗】 12月29日，区退役军人事务局、区人力资源和社会保障局整合多方资源，共同推出区退役军人及随军家属专场招聘会直播带岗。活动通过“丰台人社”微信公众号平台进

5月17日，区退役军人事务局举办“创业丰台2022”丰台区退役军人创业创新大赛
（区退役军人事务局 供图）

行全程直播。直播过程中，通过与求职者互动，提供岗位解读、政策解答、职业指导等就业服务，线上浏览量达千余人次。参与直播活动的6家企业主要面向退役军人及随军家属进行招聘，提供就业岗位400余个。（高素丽）

双拥共建

【概况】2022年，丰台区双拥工作委员会更名为丰台区双拥工作领导小组（简称区双拥工作领导小组），在机构机制完善、拥军服务落实、共建活动开展、“三后”问题保障上开展各项工作。制定印发《北京市丰台区双拥工作领导小组成员单位工作职责》《北京市丰台区双拥工作领导小组规则》《区领导联系驻区部队制度》《军地互提需求·互办实事“双清单”制度》《丰台区“党建引领·军地共建”活动方案》等重要文件。联合区教委政策保障军人子女义务教育阶段入学，为随军家属发放自谋职业扶助金，提供社区工作者岗位，为54个立功军人家庭送去立功喜报。（高素丽）

【“七创”联动】2022年，区双拥工作领导小组将全国双拥模范城创建工作列入全区重点工作，纳入“七创”［“创建国家森林城市”“创建国家卫生区”“创建全国文明城区”“创建全国双拥模范城”“创建无疫社区（村）”“创建基本无违法建设区”“创建‘两山’实践创新基地”］联动，合力推动全国双拥模范城“八连冠”创建。按照《丰台区争创全国双拥模范城“七连冠”量化管理动态考评责任分工（任务分解表）》，细化分解85条考评内容及201项考核标准，明确成员单位任务分工，分层分类开展委办局、街镇和驻区部队培训，有序推进迎检筹备工作。（高素丽）

【全市首家部队营院社区卫生服务站】2022年，北京卫戍区丰台第十二离职干部休养所区内老干部及家属存在医疗保障、生活服务等方面需求，通过“军地互办实事双清单”机制，协调相关单位展开专题研讨，探索由干休所提供房屋场地，区卫健委组织医务团队、提供设施设备、落实人员编制、接通医保网络军地共建新形式，正式揭牌杜家坎卫生服务站，实现“共商、共建、共享”，解决院内人员的医疗保障和健康服务。（高素丽）

【拥军优属】2022年，全区接收多名安置军转干部，进公务员比例48%。为军人子女办理入学、转学，为随军家属解决就业，向优抚对象发放慰问金、优抚金，为随军家属发放自谋职业扶助金。协助驻区部队完成军事管理区和军事禁区划定申请。与区退役军人事务局配合，分2次开展送立功受奖喜报上门活动，先后为16户立功受奖军人家庭上门送喜报，并赠送慰问品。“八一”前后，会同区退役军人事务局协调区四套班子走访慰问驻区部队。（付言师）

【双拥工作领导小组会】3月31日，全区召开区双拥工作领导小组会议和区委退役军人事务工作领导小组会议，各成员单位、各街镇主要领导分别在主会场和视频分会场参会。会议传达2022年首都军政座谈会精神，研究谋划2022年双拥工作，完善成员单位职责和任务清单，结合工作实际调整成员单位。（高素丽）

【军营体验日】4月20日，区双拥工作领导小组办公室联合驻区部队、各街镇退役军人服务站围绕“传承红色基因，担当强军重任”共同开展“军营体验日·服务站工作人员进军营”活动。各街镇退役军人服务站工作人员走进部队，参观红色历史长廊，聆听军旅战斗故事，体验军营生活，增强为军服务意识，更好投入双拥共建、服务退役军人“最后一公里”工作当中。（高素丽）

【走访调研部队】4月，区双拥工作领导小组深入驻区部队开展调研，与解放军总医院第五医学中心等驻区部队，围绕建立健全常态化双拥共建机制进行交流。（高素丽）

【“八一”走访慰问】八一建军节前夕，区四套班子全体领导分6组集体走访，由过去走访慰问基层部队转为普遍走访慰问驻区部队，向部队官兵致以节日问候，赠送慰问品，开展座谈交流。驻区部队表示要继续关心支持丰台建设发展，加强军地共建，汇聚“七创”联动工作合力。（高素丽）

【全市首家双拥影院】8月1日，区双拥工作领导小组在丰台有线首推“双拥影院”，用好驻区部队优势资源，协调解放军文化艺术中心影视部（八一电影制片厂）引进《冰血长津湖》《2019阅兵盛典》《英雄虎胆》3部红色经典影片，联合区融媒体中心利用暑期推出双拥影院，在歌华有线数字803频道、宛平城内进行公益播放，增强爱国情怀，实现军地文化资源互通共融。（高素丽）

【党建引领军地共建】9月28日，区双拥工作领导小组召开争创全国双拥模范城“八连冠”工作推进会暨“党建引领·军地共建”签约仪式。本着“职能相近，合作共赢”原则，21家区双拥成员单位与有关驻区部队签订共建协议；本着“属地对接、共谋发展”原则，26个街镇与属地驻区部队签订共建协议。（高素丽）

【新老兵接转任务】9月，丰台区首次同时承载北京西站、北京南站、北京丰台站3站新老兵接待转运工作任务。顺利保障春秋两季新老兵接待转运任务，其中北京丰台站首次承接新老兵接待转运任务，承载5%左右转运量。（高素丽）

北京丽泽金融商务区

规划与建设

【概况】北京丽泽金融商务区（简称丽泽金融商务区）是“国家级智慧城市试点”“北京信息化基础设施提升综合示范区”“北京法定数字货币试验区”“北京市绿色生态示范区”“北京市服务贸易示范基地”和“北京市服务业扩大开放综合试点示范园区”，重点发展数字金融、普惠金融、产业金融、绿色金融等。园区规划范围总用地8.09平方千米，核心区总用地2.81平方千米，用地功能包括商务办公、多功能混合以及配套居住等。核心区新建地上建筑规模546万平方米，以丽泽路为界，分为南、北两区。2022年，丽泽金融商务区有市级重点项目1个，为丽泽开创金润项目；区重点工程建设项目9个（含开创金润项目），其中3个为市政基础设施项目，分别为丽泽城市航站楼综合体项目、北区市政道路、南区地下空间一体化；绿化项目1个，为滨水文化公园一期；产业项目5个，分别为开创金润项目、京能天泰大厦、湖南投资大厦、国金大厦，F-22、F-23地块F3其他类多功能用地项目。固定资产投资任务20.6亿元，实现全口径全社会固定资产投资约26亿元，建安投资约11.3亿元，比上年增长8%。《丽泽金融商务区规划综合实施方案》取得市政府批复并原则同意。《“十四五”时期丽泽金融商务区发展建设规划》编制完成正式发布。地铁16号线全线贯通，丽泽城市航站楼综合交通枢纽一体化项目主体开工，丽泽国际金融城项目启动建设，D01项目实现供地。国家金融信息大厦实现封顶，通用时代中心项目竣工入驻。南区道路全部建成。丽泽云客厅展现丽泽新风貌。18个楼宇完成通信接入，打造5G智慧型商务区。丽泽平安金融中心获世界高层建筑与都市人居学会颁发的室内空间奖，丽泽天街获“2021—2022年‘夜京城’融合消费打卡地”称号。

（刘玉洁　南　楠）

【丽泽规划综合实施方案获批】2022年，丽泽金融商务区规划综合实施方案市政府批复并原则同意。丽泽金融商务区按照批复方案加快推进规划落地。规划对标国际成熟商务区使用模式，定制多元产业空间确定“一心、三带、多点”整体空间结构。

（刘玉洁）

【丽泽“十四五”规划印发】5月6日，《“十四五”时期丽泽金融商务区发展建设规划》印发。该规划在对“十三五”时期丽泽金融商务区建设成就及不足进行总结回顾、对“十四五”时期丽泽金融商务区面临的机遇和挑战进行分析基础上，提出发展战略思路及目标，并从产业发展、规划建设、商务区管理等方面制定出多项重点任务和保障措施。

（刘玉洁）

【园区道路建设】2022年，园区凤凰嘴街（西站南路—西三环南路路段）全部建成开通，道路全长1472.48米，红线宽度30米，是贯穿丽泽金融商务区南区的城市次干路，可缓解北京西站南路与丽泽路交通拥堵点。西站南路南延段（金中都南街—南三环路路段）开通，道路全长1200米，“三上三下”6条机动车道，为城市中心区南北向重要交通通道，可从北京西站南广场出发沿西站南路直达南三环，缓解北京西站周边和西三环南路交通拥堵状况。

（童智慧）

【园区供电建设】2022年，园区南区D26地块220千伏输变电工程及丽泽智能电网调控指挥中心项目取得施工许可证并开工建设。220千伏输变电工程总建筑面积11025.23平方米，地上1层247.7平方米、地下3层10777.53平方米，安装4台180兆伏安变压器。丽泽智能电网调控指挥中心项目由丽泽智能电网调控指挥中心大楼及物资库组成，总建筑面积29077.67平方米，地上12层18420.58平方米、地下3层10657.09平方米，投运后满足丽泽金融商务区新增负荷接入需求，提高地区电网可靠性、安全性以及电能质量，满足商务区内高品质用电需求。

（童智慧　刘玉洁）

【北区地下项目建设】1月14日，丽泽金融商务区北区地下基础设施及综合开发配套项目取得由区发展改革委核发的项目建议书批复。12月30日，北区地下基础设施及综合配套项目取得由区住建委核发的施工准备函，正式入场施工。项目位于丽泽金融商务区北区，总用地面积13.7公顷，地下总建筑规模约50万平方米。建设内容主要包括市政综合管廊、公共人行城市通廊、公共地下车行连通道、轨道交通设施、

4月13日，丽泽金融商务区景观照明提升工程正式亮灯　（原梓峰　摄）

能源站、变电站、地下停车库、地下商业、机房及其他配套设施等。项目建设是落实北京市地下空间开发利用规划，提高土地使用效率，实现丽泽金融商务区功能定位的需要，对未来丽泽城市航站楼和丽泽金融商务区轨道交通人流、车流集散及外部大市政完善具有重要作用。（刘玉洁　李嘉鸿）

【景观照明提升工程】 4月13日，丽泽金融商务区景观照明提升工程正式亮灯，平安幸福中心、丽泽SOHO、远洋锐中心、通用时代大厦等重点楼宇登场。照明提升工作秉持整体点亮、重点打造理念，以现有楼体的照明体系为底色，确保整体区域亮化效果。亮化范围为丽泽南区核心区1.5平方千米，涉及28个楼宇，以丽泽路沿线为重点区域，通过城市界面的灯光演绎效果，表达科技金融、生态人文、振奋人心等多元主题，展现丽泽风采。平日以楼宇内透光为主，节假日期间开启景观照明，灯光运行按照北京市相关夜景照明规定执行。（南　楠）

【湖南投资大厦主体结构封顶】 8月5日，湖南投资大厦项目完成酒店结构封顶；9月15日，完成办公楼结构封顶，主体结构全部封顶。湖南投资大厦项目是湖南湘投控股集团有限公司和湖南省国际工程咨询公司在北京投资建设首个项目，由酒店、办公及相关配套等组成，总建筑面积40257.2平方米。办公楼部分建成后，可释放16243.7平方米产业空间，引进金融科技头部企业入驻；酒店部分建成后，可进一步完善丽泽金融商务区商业配套，满足入驻企业商旅接待需求，助推打造丽泽国际消费体验区。（童智慧）

【D-01地块完成交易】 9月6日，园区D-01地块B4综合性商业金融服务业用地供地工作完成，由北京福榕置业有限公司竞得并实现土地交付。地块建设用地面积12629.879平方米，建筑控制规模8万平方米，拟打造高端写字楼和高品质酒店。（刘玉洁）

【国家金融信息大厦项目】 9月7日，国家金融信息大厦项目投资正式纳统。纳统数据显示，项目计划投资35.5亿元，已完成投资18亿元，年度完成约12亿元（含土地费10亿元）。项目为中央在北京重点项目，位于丽泽金融商务区南区E02地块，北临丽泽路、西临卫强路、南至骆驼湾南路。总建筑规模22.75万平方米，其中地上建筑面积约15万平方米，建筑高度200米，是新华社重点项目。11月25日，国家金融信息大厦项目核心筒结构（西塔）封顶。项目总建筑面积22.75万平方米，地上39层、地下5层。项目为新华社所属重点文化和金融信息企业——中国经济信息社、中国财富传媒集团、新华网、中国图片社总部办公场所。（刘玉洁　童智慧）

【通用时代中心竣工精装修】 9月19日，园区通用时代中心B座、C座正式取得精装修《工程竣工验收备案表》。项目位于园区核心区内E08、E09地块，北至骆驼湾南路、南至凤凰嘴北路、西临E07代征城市绿地地块、东至骆驼湾东路。中心总面积317372.5平方米，地上由2座主塔和2座副塔组成。项目承接园区核心办公区外溢客群，吸纳高附加值服务业，是丽泽金融商务区总部型办公超高层物业新标杆。（童智慧）

【丽泽城市航站楼项目】 9月26日，《丽泽城市航站楼综合交通枢纽一体化项目地下空间总体设计方案》获批。工程位于园区北区FT00-0609-006及FT00-0609-0065地块。项目一体化实施范围约7.7公顷，建筑规模约24万平方米，包含城市航站楼、接驳与公共服务、轨道交通丽金线车站、综合开发配套等4部分功能。项目总投资524606万元，已取得项目建议书批复和施工准备函。（刘玉洁　李嘉鸿）

金融科技创新示范区建设

【概况】 2022年，丰台区按照“丽泽数字金融示范区建设行动计划”实施路径，依托数字金融产业优势，以及丽泽定制化、园林式、创新型、合作发展理念，助推数字金融产业聚集、科技创新和场景落地，已入驻企业包含银行、证券公司、保险公司、财务公司等金融机构以及国家数字金融技术检测中心，丽泽金融商务区数字货币技术和应用生态圈逐步形成，丰台“金融＋科技”产业发展初具规模。截至年底，中国物流集团、

9月19日，通用时代中心完成竣工验收。图为楼宇外景　（樊　洋　摄）

伦交所路孚特信息服务公司、建信金科、中广移动网络等218家优质企业实现入驻，飞天云动成为港股“元宇宙第一股”。举办2022年数字金融论坛，成立数字金融创新发展联盟，发布“丽泽数币一卡通”，营造交易活跃的数字人民币生态体系。完成“1511”（即丰台区2023年“1511”产业发展提质工程实施方案）产业发展提质工程任务。研究撰写《丽泽金融商务区高质量发展三年行动方案》，明确未来三年“1335总体战略”（即围绕1大使命、实现3个增长、3个活跃，制定5大策略）。围绕丽泽金融商务区“四新”（即新金融、新科技、新服务、新基建）产业体系和“6552”细分赛道（“6”即6条新金融赛道：银行金融科技、保险金融科技、资管金融科技、第三方支付、普惠小微金融、供应链金融；第一个“5”即5条新科技赛道：人工智能赛道、大数据赛道、区块链赛道、物联网赛道和安全技术赛道；第二个“5”即5条新服务赛道：审计会计赛道、信用评级赛道、管理咨询赛道、法律服务赛道和人力资源赛道；“2”即2条新基建赛道：数字人民币赛道和通信服务赛道），调研丽泽金融商务区重点金融企业诉求，开展政策会诊，形成“六单”（即政策清单、空间资源清单、目标企业清单、企业诉求清单、政策建议清单、政策及项目收获清单）。（南　楠）

【北京法定数字货币试验区建设】 2022年，北京法定数字货币试验区（丽泽金融商务区）建设工作是北京市“两区”建设重要工程。在中国人民银行数字货币研究所、中国人民银行营业管理部、北京市地方金融监督管理局等部门指导下，中国邮储银行作为数字人民币运营机构，与丰台区人民政府“研发建设、运营支撑、市场拓展”三线并行，围绕智慧园区写字楼宇应用和零售交易、公共服务等场景，以“一卡多应用”助推“数币+”实践，面向丽泽金融商务区入驻企业员工，推出“丽泽数币一卡通”硬件钱包。在业内首创持卡用户刷卡，即可完成每日写字楼宇进入的健康宝登记、闸机通行、电梯搭乘、办公签到、食堂用餐等环节“一卡通行”便捷服务，提高工作效率。同时，中国邮储银行按照“全面推进、全域覆盖、全力投入”原则，推动“国家法定数字货币试验区（丽泽金融商务区）”数字人民币场景建设，持卡用户可享受在丽泽数字人民币商圈“一卡通付”优惠便利。“丽泽数币一卡通”在丽泽金融商务区挂牌“北京法定数字货币试验区”1周年时推出，是数字人民币在丽泽全域试点应用领域的创新成果，是业内首张“金融+工作+生活”数字人民币硬件钱包，是全面实践数字人民币在“北京法定数字货币试验区（丽泽金融商务区）”全域应用的举措。（丰鉴编）

【第十一届领航中国年会】 12月26日至30日，由金融界杂志主办，北京丽泽商务区管委会（简称丽泽商务区管委会）协办的第十一届领航中国年会在丽泽金融商务区召开。年会以“重建信心，向新而行”为主题，为后疫情时代的投资群体、公司机构、资本市场、社会经济探寻突围方向，重建未来信心；围绕全球经济走势、金融行业创新发展、上市公司数字化转型、“双碳”目标前行路径等话题展开探讨。北京市地方金融监督管理局、丰台区人民政府相关领导以及来自金融机构、实体企业、学界相关的百余名嘉宾参会。（南　楠）

【数字货币开发与推广】 中国人民银行数字货币研究所（简称数研所）是中国人民银行直属专门从事数字货币的技术开发及推广应用的事业单位，是具体推进数字人民币工作的金融基础设施单位。主要职能是根据央行整体战略部署，承担国家数字货币和金融科技的研究开发、标准规划等。2017年5月入驻丽泽金融商务区开展研发。数研所推进数字人民币试点应用和场景建设，先后选择15个省（市）部分地区开展数字人民币试点，并综合评估确定10家指定运营机构；数字人民币双层运营架构等顶层设计已通过全方位测试，其可行性和可靠性得到有效验证。数字人民币在批发零售、餐饮文旅、教育医疗、公共服务等领域形成大批涵盖线上线下、可复制可推广的应用模式。截至2022年8月31日，试点地区累计交易笔数3.6亿笔、金额1000.4亿元，支持数字人民币商户门店数量超过560万个。2022年，各试点地区政府围绕“促进消费”“抗击新冠疫情”“低碳出行”等主题累计开展近30次数字人民币消费红包活动，各商业机构开展多次市场化推广活动。在北京冬奥会、冬残奥会上，数字人民币作为中国金融科技发展的重要成果亮相，满足场馆内观众移动支付需求。以数字人民币结算的碳普惠平台、绿色骑行活动，为实施“双碳”目标提供新抓手。多地电子政务服务平台开通数字人民币支付服务，支持线上线下渠道办理各类公共事业缴费，利用数字人民币发放退税资金、医保月结款专项资金、困难群众帮扶资金、专精特新企业扶持资金等。丰台区在办公场所、人才引进、科技研发等方面均支持数研所。2021年9月，在中国人民银行与北京市政府支持下，中国人民银行数字货币研究所、中国金币集团有限公司、北京丽泽金融商务区控股有限公司共同设立北京国家数字金融技术检测中心有限公司（简称中心）。中心注册资本400万元，主要承担全国范围内数字人民币相关软硬件检测职能，是国内唯一一家专业从事数字人民币系统及关联系统的功能、性能、安全测评，以及相关技术产品检测中心，也是中国人民银行认可的唯一一家国家级数字人民币测评机构。年内，数研所和北京国家数字金融技术检测中心实体入驻丽泽金融商务区办公，带动建信金科、金证金科、恒宝东方数科、同盾科技等领军金融

科技公司及数字货币上下游产业集聚丽泽。（南　楠）

服务与管理

【概况】2022年，园区实现全口径税收56.7亿元，比上年增长15.5%，区级税收18.86亿元，比上年增长20%。完成“两区”项目有效入库34个，新增注册资本达244.66亿元，超出既定目标70亿元的249%。累计有企业高管、商务白领、科技人才、创业新贵四大产业主体人群约6万人在此工作生活。丽泽商务区管委会实施园区开发建设、服务，企业和人才引进，协调开展园区公共服务、成果宣传、创新文化建设。园区内北京第五实验学校、北京丽泽国际学校开学。园区交通优化，设置路侧免费临时停车位280余个，开放地面临时停车场5处、车位723个。丽泽商圈形成以丽泽龙湖天街为核心，丽泽SOHO、平安幸福汇、远洋锐中心、平安金融中心等楼宇底商为点的配套商业供给体系。联合区级相关单位为驻区企业单位配租公租房、配套共有产权房。根据丽泽商务区高端精英人才居住需求，为入驻企业协调购房绿色通道。为中国物流集团、教育出版集团、中华财险、橄榄木投资（北京）有限公司、中广电移动网络有限公司协调解决7名子女入学问题。在商务区内开通免费地铁接驳班车。北京丽泽商务区管委会获全国“人民满意的公务员集体”称号。（南　楠）

【绿色生态示范区建设】2022年，园区内丽泽运动休闲公园二期实现进场施工，丽泽滨水文化公园二、三期方案通过市园林绿化局专家评审会，二期园林景观部分取得概算批复。金中都城遗址公园概念性设计方案完成。园区累计实现开放绿地56.8公顷，首个“园林式金融商务区”初具规模。协助区生态环境局完成“绿水青山就是金山银山”实践创新基地申报工作，丽泽金融商务区作为典型性示范案例入围。3月，获“首都全民义务植树先进单位”称号。（李嘉鸿　南　楠）

【园区配套商业体系建设】2022年，丽泽金融商务区作为国际消费体验区和市级重点商圈，丽泽商务区管委会围绕丽泽商圈“数字消费前沿阵地、商务消费集聚中心、时尚消费风向地标”功能定位，以龙湖丽泽天街为核心，沿骆驼湾街，以平安幸福汇、丽泽SOHO、远洋锐中心、平安金融中心等楼宇底商为点，形成“一核、一带、三区、多点”功能布局，丽泽商圈规模效应初步显现，形成以丽泽龙湖天街为核心，丽泽SOHO、平安幸福汇、远洋锐中心、平安金融中心等楼宇底商为点，丽泽天地、居然之家丽泽店、新光界为延伸的配套商业供给体系。9月30日，丽泽天地购物中心开业，总建筑面积16.78万平方米，商业面积8.22万平方米，打造商务、生活、微旅一站式数智化城市综合体。（南　楠）

【园区教育资源扩容】2022年，位于丽泽金融商务区的北京第五实验学校、北京丽泽国际学校正式招生。北京第五实验学校由北京十二中联合总校承办，是市教委直属的集小学、初中、高中一体化全日制公立学校，一校两址，分别位于丽泽金融商务区和丰台区中关村科技园区。丽泽校区有初一年级4个班，有18名教师，9月开学有160名学生。北京丽泽国际学校是《北京市国际学校发展三年行动计划（2019—2021年）》规划项目，是列入《2022年丰台区政府工作报告重点任务分工方案》折子工程，学校由北京十二中联合总校受丰台区教委委托承办。以国家课程为基础，在高中学段开设融合国际课程，包含美国AP课程、加拿大OSSD课程和英国A-Level课程；核心课程科目包括语言与文学、数学与计算机、人文与社会、科学与技术、艺术与运动。学校开设升学指导、生涯规划和自我管理等课程。学校成立专家委员会，有成员10人，均来自清华大学、北京大学、北京师范大学、美国詹尼森公立高中、加拿大罗斯德公学、英国森塔姆学院的专家。学校建筑面积34291.47平方米，有高一年级2个班，有23名教师，计划招生120名，9月开学有45名学生。设计师生比例为1∶5，中外籍教师比例为3∶1。（丰鉴编　杨晓靖）

【“巡游定制公交”服务】2022年，丽泽商务区管委会与北京公交集团共同推出“巡游定制公交”服务，按照“定站不定线，按需派车”原则，采用线上预约、线下核销方式，为商务区内市民提供“准实时、可预约”全时段、多场景定制化公交出行服务。交通高峰时段，即法定工作日7:30至9:30、17:00至20:00，采取线上预约、智能匹配、快速抵达的出行方案，满足商务人士通勤需求，缓解丽泽地区地铁接驳出行痛点。（南　楠）

【人才住房保障】2022年，丽泽商务区管委会整合园区周边房产资源，为企业提供人才公寓324套。其中，为中国人民银行数字货币研究所、北京国家数字金融技术检测中心、中国南水北调集团有限公司、中华联合保险集团股份有限公司、中国通信服务股份有限公司等重点企业，配租亚林西融寓佑安公租房288套、夏家胡同公租房36套。累计配租公租房615套、配售共有产权房81套。根据丽泽商务区高端精英人才居住需求，启动为入驻企业协调购房绿色通道。（南　楠）

【暑期儿童爱心托管】7月18日至8月26日，北京丽泽金融街教育科技有限公司（简称“丽泽金融街教育公司”）发挥教育品牌影响力及资源优势，面向驻区单位审计署举办暑期爱心托管活动，主要为6～12岁年龄段儿童提供托管服务。服务分4期进行，内容包括体育锻炼、

艺术课程以及作业辅导等，累计托管儿童120人次。（南　楠）

【免费地铁接驳班车开通】12月26日，丽泽金融商务区免费地铁接驳班车正式投入运营，为在商务区工作及周边人群提供免费的接驳车服务。丽泽地铁接驳班车运行时间为工作日早7:00至9:30、晚17:00至19:30 2个通勤高峰时段，以地铁房山线东管头南站B出口为始、终点，围绕东管头南地铁站—运动休闲公园站—晋商联合大厦站—中华保险站—丽泽商务区站—平安金融中心A站—青海金融大厦站—东管头南地铁站8个站点环线运行，各站点均可上下车，每个站点约10分钟/班次。（南　楠）

交流与合作

【概况】2022年，丰台区人民政府与园区企业中国物流集团有限公司签订战略合作框架协议，为企业提供支持。“首都各界青年走进‘两区’系列活动之丰台行”座谈会在丽泽金融商务区召开。组织菲律宾、泰国、沙特、肯尼亚、马来西亚、柬埔寨、越南等27个国家40名外国记者走进丰台丽泽，近距离感受丰台经济高质量发展、产业转型升级、轨道交通建设等方面的新发展和成就。（南　楠）

【首都各界青年走进“两区”系列活动之丰台行座谈会】3月29日，“首都各界青年走进‘两区’系列活动之丰台行”座谈会在丽泽金融商务区召开。丽泽商务区管委会介绍丽泽金融商务区整体情况，包括区位、交通、生态、政策、配套、空间等方面的优势；引用《易经》阐述“丽泽”名称的文化脉络，结合丰台区和丽泽金融商务区整体优势鼓励投资丽泽、投资丰台、投资未来。各界青年走进丽泽天街和丽泽SOHO，同工作人员进行现场考察交流，并为丽泽金融商务区持续优化营商环境、推动区域经济高质量发展献计献策。（南　楠）

【战略合作框架协议签订】2022年，丰台区人民政府与园区企业中国物流集团有限公司签订《丰台区政府与中国物流集团有限公司战略合作框架协议》。根据协议内容，丰台区在建设自有办公用房、企业扶持奖励、人才引进等方面给予企业支持。中国物流集团作为专业综合物流服务方案提供者和全球供应链组织者落户丽泽，发挥央企骨干作用，在实现企业高质量发展的同时，更好助力区域经济高质量发展。（南　楠）

园区入驻企业

【概况】2022年，丽泽金融商务区已累计吸引入驻企业982家。其中，金融企业462家，新兴金融企业435家，占金融企业的94%；科技类企业244家。全年引进企业218家。其中，金融企业42家、科技企业83家。代表企业有北京数政青云科技有限公司、北京青云慧力信息系统有限公司、依文（北京）国际手工艺创意文化中心有限公司。（康冕钧）

【华电海外投资公司】1月，华电海外投资有限公司（简称华电海投）落户丽泽金融商务区。华电海投是中国华电集团有限公司全资子公司，于2022年1月在北京注册成立，其前身是2006年6月在香港成立的中国华电香港有限公司。作为华电集团国际业务的主力军，公司主营业务涵盖投资与资产管理，技术咨询与服务，货物与技术进出口，电力项目建设等方面。（康冕钧）

【东方金诚信用公司】1月29日，东方金诚信用管理（北京）有限公司（简称东方金诚信用）落户丽泽金融商务区。东方金诚信用总部位于北京，实际控制人为中国东方资产管理股份有限公司，注册资本金1000万元，是国内最早涉及金融领域违约数据研究的机构，其开发的Loss Metrics数据库是国内领先的LGD（违约损失率）研究数据库，凭借线上线下融合特有违约数据、超强大数据处理和建模能力、广泛尽职调查网络和专业信用评估技术，面向金融机构等不同企业提供征信、投后信用管理、绿色金融、信用风险管理、不良资产价值分析等综合服务。（康冕钧）

【中铁融资担保公司】3月23日，中铁融资担保有限公司（简称中铁担保）落户丽泽金融商务区。中铁担保是中国物流集团有限公司子公司，注册资本及实收资本2亿元。中铁担保具有融资担保机构经营许可证，主营业务包括贷款担保、票据承兑担保、贸易融资担保、项目

12月26日，丽泽金融商务区免费地铁接驳班车正式投入运营（李　声　摄）

融资担保、信用证担保、债券担保及其他融资性担保业务。（康冕钧）

【中国电气进出口公司】 3月24日，中国电气进出口有限公司（简称中国电气进出口）入驻丽泽金融商务区。中国电气进出口成立于1981年，注册资本金实缴6000万元，是集工程承包、技术咨询、金融服务于一体国际贸易综合服务商，在铁路电气化与信号系统、火力和水力发电、电网建设和输变电方面具有明显专业优势，在伊朗、乌兹别克斯坦、柬埔寨等国设有独资或合资机构。以“CUEC”“VELOX”“EBEC”为自有知识产权商标产品，在欧洲、非洲、美洲、东南亚和中东享有较高声誉。（康冕钧）

【通用国际控股公司】 5月5日，通用技术集团国际控股有限公司（简称通用技术国际）落户丽泽金融商务区。通用技术国际是通用技术集团整合旗下深耕工程服务领域中技公司、中机公司、通用咨询筹建成立的产业子集团，聚力打造工程服务业务一体化经营和管控平台。通用技术国际的成立，使3家公司形成集中优势，加快业务重组，统筹经营资源，优化产业布局，激活发展潜能，提高经营活力，重点在海外基础设施投资及运营、国际产能合作、国内节能和绿色发展业务、全过程工程咨询、招标和集采业务、车辆分销等业务上发力，加速向具有全球竞争力的工程综合服务商转型。（康冕钧）

【中国物流集团】 6月，中国物流集团有限公司（简称中国物流集团）入驻丽泽金融商务区。中国物流集团注册资本300亿元，是国务院国资委直接监管的股权多元化综合物流类中央企业集团，由原中国铁路物资集团有限公司与中国诚通控股集团有限公司物流板块的中国物资储运集团、港中旅华贸国际物流股份有限公司、中国物流股份有限公司、中国包装有限责任公司4家企业为基础整合而成。中国物流集团下属公司中国物流股份有限公司、中铁融资担保有限公司前期已落户丽泽。（康冕钧）

【中核碳资产公司】 8月，中核碳资产经营有限公司（简称中核碳资产）落户丽泽金融商务区。中核碳资产是中国核工业集团有限公司为贯彻落实碳达峰、碳中和目标而统一搭建的碳资产管理专业化平台，以打造“中核集团碳资产运营商、中核集团碳金融服务商、中国专业碳技术经纪商、中国绿色核能标准制定商”为功能定位，助力丰台区打造碳资产管理能力，促进绿色金融推动丰台区双碳经济发展。（康冕钧）

【金证金融科技公司】 8月，金证金融科技（北京）有限公司（简称金证科技）落户丽泽金融商务区。金证科技由上市公司深圳市金证科技股份有限公司全资发起设立，是国内领军的金融科技全领域服务商，主营业务为面向金融行业的软件业务、系统集成、系统维护与技术服务，践行“金融科技与数字经济双循环”发展战略，业务全面覆盖“一行两会、三所一司”为首的大金融及相关领域，成为交易所、证券、基金、银行、信托、保险等机构整体解决方案服务商。（康冕钧）

【路孚特】 9月14日，英国路孚特交易服务有限公司北京代表处（简称路特孚）落户丽泽金融商务区。路孚特是伦敦证券交易所集团（LSEG）旗下公司，也是全球最大金融市场数据和基础设施提供商之一。路孚特主要支持全球金融市场参与者，为超过190个国家4万多家机构提供数据支持、新闻资讯和数据研究分析，以推动交易、投资、财富管理、监管合规、市场数据管理、企业风险和打击金融犯罪。路孚特信息服务（中国）有限公司北京分公司前期已落户丽泽。（康冕钧）

【金融界及子公司】 10月，金融界旗下财富软件（北京）有限公司、财富网络科技（北京）有限公司、北京富华创新科技发展有限责任公司落户丽泽金融商务区。财富软件（北京）有限公司、财富网络科技（北京）有限公司是台港澳法人独资企业，是金融界母公司中国金融在线有限公司的全资子公司。中国金融在线有限公司在美国纳斯达克证券交易所挂牌上市，是中国唯一一家在美国上市的财经类互联网公司。北京富华创新科技发展有限责任公司实际运营与管理金融界网站。金融界网站成立于1999年8月，是中国金融在线（NASDAQ：JRJC）旗下成员之一，是以证券交易为核心的互联网综合理财平台。（康冕钧）

中关村科技园区丰台园

综　述

【园区建设】2022年，中关村科技园丰台园（简称丰台园）规划总面积17.63平方千米，累计实际征用土地面积5.45平方千米，累计土地开发施工面积4.45平方千米，累计土地开发完工面积4.7平方千米。累计招商项目企业个数14718个，比上年降低6.3%。累计招商项目总投资44913542万元，比上年增长7.36%。（丰鉴编）

【企业经营活动】2022年，丰台园投产企业2288个，比上年增长23.2%。工业总产值2707735万元，比上年降低7%。新产品产值972267万元，比上年降低25.2%。总收入75688743万元，比上年增长3.5%。技术收入8201705万元，比上年增长15.2%。产品销售收入7985413万元，比上年降低29.9%。商品销售收入20043981万元，比上年增长13.7%。出口总额1274554万元，比上年降低6%。利润总额5822784万元，比上年增长17%。实缴税费总额1578732万元，比上年降低2.9%。（丰鉴编）

【人力资源】2022年年末，丰台园有从业人员204572人，比上年增长4.7%。有留学归国人员2654人，比上年增长11.5%。有中高级管理人员21676人，比上年增长7.08%。有在岗长期职工185011人。其中，博士及以上1340人，留学归国人员102人；硕士17787人，留学归国人员2148人；大学102880人，大专45128人，中专及以下17876人。有高级技师1012人、技师1388人，高级技能人员4716人、中级技能人员6181人、初级技能人员4440人。（丰鉴编）

【招商引资】2022年，丰台园新引进注册资金500万元以上企业753家，注册资本金合计236亿元，高精尖占比76%。其中，5000万元以上规模企业103家，亿元以上规模企业51家，国高新、专精特新、瞪羚企业等高科技及规模以上企业183家。落地企业中主导产业进一步集聚，产业链条更加完善；数字经济企业落地提速，助力园区产业升级转型；企业科技含量凸显，创新活力释放。7月15日，在丰台创新中心举行北京丰台独角兽企业座谈会暨签约仪式，7家独角兽及潜在独角兽企业签订《战略合作协议》，第一批落户北京看丹独角兽创新基地。傲林科技有限公司、北京小明智铁科技有限公司等企业及各界媒体30余人参会，7月29日，在丰台园博数字经济产业园举行北京园博数字经济产业园入园企业座谈会暨签约仪式，8家数字经济创新企业签订《战略合作协议》，成为首批落户北京园博数字经济产业园企业。海鑫科金股份有限公司、金橙子股份有限公司等企业及各界媒体30余人参加座谈会。北京园博数字经济产业园是以数字经济产业为主导的集聚空间，规划总面积约134万平方米，项目按照数字创新、城市活力、生态低碳理念规划数字科技企业群落近70万平方米，居住空间22万平方米、商业配套33万平方米，满足数字经济产城共融发展需要。（张红莉）

【助企纾困】2022年，丰台园开展针对性助企纾困服务，落实市、区关于中小微企业税费减免政策及租金减免工作。搭建融资服务平台，探索形成“保险+银行+科技”应收账款创新融资模式，获浙商银行“北京中关村丰台科技园区信用险集群项目”2亿元资金授信，组织近百家企业与中国银行等10余家机构对接，缓解企业融资问题。（张红莉）

轨道交通产业

【概况】轨道交通是丰台园特色主导产业，涵盖从科技研发、规划设计、工程建设、装备研制到运营维护全产业链条。丰台园拥有轨道交通企业180余家。其中，总收入亿级以上54家、十亿级以上22家、百亿级以上4家。收入从2015年开始连续突破千亿元。丰台作为北京市发展轨道交通产业主要承载区，形成以中关村丰台园为核心轨道交通产业聚集区，已成为全国重要的轨道交通产业发展基地。2022年，北京轨道交通产业创新中心获市级批复组建，新增市级企业技术中心9家，总量计83家；丰台轨道交通联合基金资助项目经费1222.8万元，资助项目27项，其中重点研究专题项目6项、前沿项目21项。北京全路通通信信号研究设计院集团有限公司、通号城市轨道交通技术有限公司、中铁工程设计咨询集团有限公司、交控科技股份有限公司、国铁新材（北京）科技有限公司获2021年度城市轨道交通科技进步奖一等奖。（张红莉）

【《“十四五”丰台区轨道交通产业发展规划印》发】2月21日，《“十四五”时期丰台区轨道交通产业发展规划》（简称《规划》）正式印发。《规划》提出打造产业聚集发展高地、打造产业关键技术体系、打造资源要素聚集平台、提升专业服务能力、提升空间承载能力、提升国际影响力等六大方面重点任务。其远景目标为2035年，丰台轨道交通产业发展实现重大飞跃，成为全国轨道交通产业发展的示范区、全球知名的轨道交通产业发展高地，具体体现为：科技创新能力显著增强，关键核心技术取得重大突破，技术影响力进一步提升；产业链条实现自主可控，通信信号和工程建设等环节优势更加突出，设计研发和运营维护等链条前后两端明显提升；轨道交通企业加速聚集，产业规模进一步壮大，大中小企业融通发展的体系更加完善；国际创新资源更加丰富，跨国交流明显增多，“引进来”和“走出去”取得明显成效。（张红莉）

【中关村—西南交大轨道企业开放日】3月16日，丰台园联合西南交通大学北京校友会、北京中关村轨道交通产业发展有限公司开展“中关村—西南交大轨道交通创新中心”企业开放日活动。邀请交铁检验认证中心（成都）有限公司（JRCC）、北京奥威通科技有限公司等轨道交通企业参加，通过实地参观和座谈交流，了解园区发展环境及产业现状，搭建政府和企业沟通交流平台。（张红莉）

【列车控制技术方向工程研究中心揭牌】 3月18日，列车自主运行智能控制铁路行业工程研究中心揭牌仪式暨第一次技术委员会会议在中国通号研究设计院集团召开。工程研究中心由中国通号研究设计院集团牵头，联合北京交通大学、中南大学、同济大学、中国交通运输协会等高校、企业和社会团体共同组建。作为产学研深度融合的创新平台，着力构建中国铁路列车自主运行智能控制系统技术体系和标准体系，攻克列车自主运行系统安全、智能控制关键技术和区域轨道交通协同控制等技术难题，建设安全控制专用低延时、高安全、高可靠和互操作行业基础平台，研制具备世界领先水平国家铁路列车自主运行智能控制系统及成套装备，实现快速成果转化和批量产业应用，建立中国铁路行业完备先进列车控制系统全产业链。（张红莉）

【创建轨道交通科技产业创新中心】 3月，丰台园与西南交通大学科学技术发展研究院、西南（唐山）交通大学北京校友会签署产业合作协议，共同建设“中关村·西南交通大学轨道交通科技产业创新中心”。合作以“校地企联动、聚焦项目、突出创新、服务产业、共建共享”为原则，发挥丰台园空间、产业优势和西南交大在轨道交通领域科研成果转化能力和人才优势，以及西南交大北京校友会企业资源、行业赋能优势，在技术服务、技术孵化等方面开展全方位、多层次交流与合作。（张红莉）

【中关村轨道交通产业项目投资路演活动】 11月3日，丰台园管委会、中关村·西南交通大学轨道交通产业科技创新中心联合举办“满天星计划”——中关村轨道交通产业项目投资路演系列活动。活动由轨道交通行业甲方、产业投资机构、金融服务机构、企业代表等60余人通过线上线下相结合方式参加。首期“满天星计划”活动有3家企业参与路演，分别是北京洞微科技发展有限公司、北京京投信安科技发展有限公司、罗维智联（北京）科技有限公司。丰台园把科技和金融有效结合作为推动轨道交通产业长远发展的重要手段，与行业高校院所、重点企业开展合作，推出系列投融资路演活动，促进轨道交通企业在丰台落地发展。（张红莉）

【园区企业参建印尼雅万高铁】 11月16日，国家主席习近平在巴厘岛同印度尼西亚总统佐科共同视频观摩雅万高铁试验运行。园区企业中国铁路工程集团有限公司（简称中国中铁）及下属中铁电气化局、中国铁路通信信号股份有限公司（简称中国通号）等作为雅万高铁项目主要参建单位，全力保障雅万高铁试验运行取得成功。雅万高铁连接印尼首都雅加达和第四大城市万隆，线路全长142千米，是两国务实合作和共建“一带一路”标志性项目，也是中国高铁全系统、全要素、全产业链在海外落地典型工程、东南亚第一条时速350千米高铁。中国中铁承担部分铁路站房和隧道线路工程，采用自主研发生产、具有自主知识产权CRTS Ⅲ型板式无砟轨道。中铁电气化局承担全线电力牵引供电工程，使用自主研发生产“统一技术参数、统一并简化装备结构形式、统一并减少零部件种类，提高关键零部件服役性能”接触网装备。中国通号承担全线通信、信号及信息系统集成工程，推广公司自主研发CTCS-3级列控系统。（张红莉）

【轨道交通联合基金立项】 11月17日，北京市自然科学基金委员会办公室公布2022年度北京市自然科学基金—丰台轨道交通前沿研究联合基金项目27项。其中，重点研究专题项目6项、前沿项目21项。围绕城市轨道交通智能化、绿色化和可靠性领域，布局“城轨列车高精度定位”“虚拟编组故障感知与容错”和“光伏接入牵引供电系统”等17个方向，丰台轨道交通联合基金接收来自北京交通大学、北京工业大学、北京建筑大学等32所高校提交116项项目申请。经专家评审，2022年度丰台联合基金资助项目27项，资助总经费1222.8万元。资助重点项目重点围绕“城市轨道交通流动空间绿色低碳等级评价、超大规模轨道交通线网客流车流耦合仿真效率优化、光伏接入轨道交通牵引供电系统潮流优化及稳定性机理”等方面开展应用基础研究；建议资助前沿项目围绕“基于计算机视觉的列车在途障碍物检测关键技术、面向地铁乘客轨迹信息处理的用户数据隐私保护方法”等领域进行前沿探索，有望为轨道交通相关领域研究及行业发展提供重要理论和技术支撑。（张红莉）

【园区企业参建国内首条永磁磁浮轨道交通工程】 2022年，国内首条永磁磁浮轨道交通工程试验线——“红轨”在江西赣州兴国县竣工。中铁高新工业承担土建施工和车辆研制，中国通号承担通信信号系统研制。线路长度约800米，均为钢构高架线，列车采用2辆编组，载客能力为定员88人，最高设计运行速度80千米/小时。“红轨”由稀土永磁悬浮系统、直线电机牵引驱动系统、智能定位与通信信号系统、运行控制与安全保障系统、轨道支撑与牵引供电系统、车辆装备系统6大部分组成，实现永磁磁浮技术和轨道交通技术的结合，成为我国拥有自主知识产权的新制式轨道交通系统。（张红莉）

【中关村轨道交通国际创新创业大赛】5月26日至12月23日，“2022中关村轨道交通国际创新创业大赛”举办。本次大赛有来自北京、上海、山东等19个省市自治区、香港特别行政区以及美国、荷兰等地区128个项目报名参赛，经过北京、上海、成都、深圳、青岛5大赛区选拔，18个优秀项目进入总决赛，最终评出创新组一等奖、二等奖、三等奖各1名，企业组一等奖1名、二等奖2名、三等奖3名，以及最具投资价值奖TOP10、最具技术创新奖TOP10、最具市场前景奖TOP10三类单项奖。其中，清华大学电磁行星齿轮团队“电磁行星齿轮技术研发及产业化项目”获创新组一等奖，北京全路通信信号研究设计院集团有限公司团队“铁路信号基础装备智能综合运维平台研究项目”获企业组一等奖。企业、投资机构、科研单位和新闻媒体等400余人通过线上线下方式参加活动。（张红莉）

航天航空产业

【概况】丰台园依托密集航空航天科技资源，聚集元六鸿远、海丰通航、米波通信等为代表的航空航天企业近120家，产业链覆盖火箭、卫星、无人机等门类，是国家航空航天重要科研生产基地，在全国航空航天产业方面具有相当影响力。航天科技集团、航天科工集团、中国兵器工业集团、中国船舶集团、电子科技集团名下有近40家企业入驻，军民两用技术交易活跃。产业覆盖航天航空及地面兵器、电子信息、智能装备、工程建设等领域，产业链覆盖导弹、火箭、卫星、无人机等方面，相关技术产品涉及国家多项航天项目。集群内拥有国家工程研究中心1家（北京戎鲁机械产品再制造技术有限公司——机械产品再制造国家工程研究中心）；市级工程实验室1家（中船海丰航空科技有限公司）；市级工程技术研究中心2家（北京谊安医疗系统股份有限公司、北京航天希尔测试技术有限公司）；市级企业技术中心13家（航天斯达、东方通司、元六鸿远、中航天建设集团、航天希尔、航天科工惯性、航天凯恩、中安网脉、航天三发、中船海丰、军懋国兴、航天数维、航天科工智能机器人）；院士专家工作站2家［戎鲁再制造——中国工程院院士徐滨士“国外再制造关键技术研究现状及发展趋势调研”、中国航天建设集团——中国工程院院士马克俭“绿色建筑及其工业化、智慧城市等方面的基础前沿研究和关键技术（产品）开发和应用”］。2022年，丰台园举办首届中关村商业航天大会，完成航天新长征医疗器械、航天氢能项目落地；协调解决ECMO项目产业化过程中遇到的困难问题，助力航天新长征医疗器械公司研发的辉昇–I型ECMO首例临床应用成功。（张红莉）

【首届中关村商业航天大会】4月24日，第一届中关村商业航天大会暨2022年“中国航天日”主题活动以线上线下相结合方式在丰台举办。活动由中国航天基金会、北京市科委、中关村管理委员会、北京市经济和信息化局、丰台区人民政府指导，中关村领创商业航天产业发展联盟主办，丰台区科学技术和信息化局、中关村科技园区丰台园管理委员会承办。大会主题为“创新引领发展、融合共创未来”，来自全国各相关领域的院士、专家、企业代表围绕全球商业航天领域前沿理念、创新成果、发展模式和应用趋势以报告、会议、视频连线等形式进行探讨和交流。（张红莉）

【航天航空关键技术交流与应用研讨会】10月25日，航天航空领域关键技术交流与应用研讨会在北京举办。本次研讨会由中关村知识产权促进中心、丰台区科学技术和信息化局、丰台园管委会、丰台区工商业联合会共同主办，北京市中小企业公共服务平台、丰台园产业促进中心、丰台区高新技术企业协会支持指导，北京八月瓜科技有限公司、北京八月瓜知识产权代理有限公司、北京丰台科技园投资控股有限公司、北京看丹独角兽科技产业发展有限公司、北京看丹独角兽创新基地联合承办。研讨会旨在聚焦“两区”建设，提升丰台园区航天航空领域知识产权综合实力，引导央企央院央所的原始创新能力和产业组织能力与区域经济相结合，形成优质项目资源供给、对接、落地长效机制，助力打造具有全球影响力“航天航空创新城”。创客总部/创客共赢基金创始合伙人、北创投（远京基金）合伙人以及中展基金、顺禧基金等投资机构，航天科工、北航等高校院所专家，金泰众和、国卫星通、埃洛克航空、中星时代等企业嘉宾参与研讨。（张红莉）

【“睿宸杯”卫星遥感大数据创新应用大赛】10月28日，由中国科学院空天信息创新研究院、北京航空航天大学宇航学院、中关村睿宸卫星创新应用研究院联合主办，国家国防科技工业局重大专项工程中心、生态环境部卫星环境应用中心、国家发展和改革委员会国家地理空间信息中心、北京市经济和信息化局、中国遥感应用协会指导的第一届“睿宸杯”卫星遥感大数据创新应用大赛决赛在丰台闭幕。大赛以“加速卫星遥感大数据创新应用，助推数字经济快速发展”为主题，得到社会各界关注与认可，汇集来自全国多所高校、科研院所、知名企业的参赛队伍，通过线上、线下相结合形式开展。参赛作品涉及生态环境、农业农村、国土资源、水利、海洋与气象灾害等多个专业领域。专家们根据竞选团队作品内容、创新性、实施可行性、行业价值、现场表现等多维度进行评审，最终评选出优胜团队9个。（张红莉）

【辉昇–I型ECMO首例临床应用成功】2022年，由中国运载火箭技术研究院北京精密机电控制设备研究所所属航天新长征医疗器械

（北京）有限公司研制的辉昇–I型ECMO首例临床应用成功。该技术由火箭伺服机构采用航天技术转化而成，是中国航天技术应用于高端医疗领域一项重要成果。产品具有完全自主知识产权、技术自主可控、总体性能和指标达到国际同类产品水平，部分指标更优。（张红莉）

创新创业

【概况】2022年，丰台园内596家规模以上高新技术企业总收入6383.9亿元，比上年增长4.5%。研发费用135.5亿元，比上年增长5.6%。特色产业轨道交通和航天航空总收入2317.7亿元，占园区总收入的36.3%。高端产业功能区效益地均产出率、劳均产出率分别为362.1亿元/平方千米、354.5万元/人。丰台园持续构建创新生态，举办第四届增材制造创新应用大赛进行路演终评、“创客北京2022”创新创业大赛等重大赛事活动30余项，活跃区域创新创业氛围，引导金融机构投资对接，促进企业科技创新及技术转化。（张红莉）

【参与千人进千企专项行动】9月8日，北京市“千人进千企”专项行动启动仪式暨北京市科学技术协会、北京市丰台区人民政府战略合作协议签约仪式举办。丰台园专家代表和企业代表分别发言。园区企业北京凯普林光电科技股份有限公司、北京六合伟业科技股份有限公司、北京泷涛环境科技有限公司、北京元六鸿远电子科技股份有限公司四家公司分别与来自中国科学院半导体研究所、北京科技大学、中国石油大学（北京）、北京工业大学专家进行“千人进千企”意向性签约。（张红莉）

【第四届增材制造创新应用大赛路演终评】1月13日至14日，由北京市丰台区科学技术和信息化局、中关村科技园区丰台园管理委员会、北京市丰台区科学技术协会、北京市绿色产业发展促进会主办、北京丰台科技园建设发展有限公司、北京丰科世纪孵化器中关村丰台园3D打印数字维创中心承办的第四届增材制造创新应用大赛进行路演终评。中关村新兴领域专题赛作为分赛场，以“挖掘需求、技术响应、精准匹配、服务企业”为核心，注重技术创新和产业化应用，项目涵盖3D打印材料、工艺装备、设备关键部件、增材制造云服务平台等，拓展3D打印在新消费和数字经济方向的应用场景。活动结合线上直播，邀请专家、投资机构、媒体代表、企业代表等150余人参会。大赛经多次征集海选，50个项目进入初评，经线上评审打分排名，前20强项目晋级路演终评。（张红莉）

【第三届国家自然科学基金优秀成果北京对接会】1月19日，第三届国家自然科学基金优秀成果北京对接会在北京交控大厦召开。活动由国家自然科学基金委员会计划与政策局和北京市自然科学基金委员会主办，北京市自然科学基金委员会办公室、丰台区科学技术与信息化局、中关村科技园区丰台园管理委员会、交控科技股份有限公司、北京中关村轨道交通产业发展有限公司共同承办，采用线上、线下相结合方式开展。国家自然科学基金优秀项目成果团队成员，企业、孵化

1月13日至14日，第四届增材制造创新应用大赛路演终评在丰台园举办（丰台园 供图）

器、投资机构代表等40余人参加线下会议，30余家企业、投资机构等以视频方式参加会议。活动面向电子信息和智慧交通领域，遴选14项优秀项目成果参会路演。对接会搭建国家自然科学基金优秀成果与北京市产业发展之间桥梁，加快基础研究成果落地转化。（张红莉）

【中关村“火花”活动——智能制造专场】 5月30日，“创响中国”中关村“火花”活动——智能制造专场（中国科学院自动化所站）在线上举办。活动由北京市科委、中关村管委会和丰台园管委会指导，中关村技术经理人协会、中国科学院自动化研究所主办，丰台园产业促进中心、北京八月瓜科技有限公司联合承办。活动以中国科学院自动化所智能制造技术为核心的高科技项目为主，从矿山无人化整体解决方案到3D陶瓷打印机采用数字光处理技术，中国科学院自动化所从不同应用领域进行专业项目路演，遴选出4个优秀研究成果，面向投资机构、技术转移服务机构、企业进行推介，以加速科技成果转化落地。线上投资机构、企业代表近200人参会。（张红莉）

开发建设

【概况】 2022年，丰台园推进自持项目建设，丰台创新中心35、36地块进行收尾，启动竣工验收。开展丰台园东区一期城市更新，为后续空间探索实施路径。推进丰台园东区三期土地出让，3宗研发用地完成协议出让公示。规划建设园区西区，打造具有国际影响力的数字经济产业园样板，形成产业数字化转型升级高地，6022地块先导示范项目开工。（张红莉）

【园区“十四五”发展建设规划实施】 2月21日，《“十四五”时期中关村科技园区丰台园发展建设规划》开始实施，回顾“十三五”时期丰台园发展情况，提出丰台园“十四五”时期5大主要任务：做大做强优势产业集群，培育高质量发展新动能；加大创新资源汇聚力度，植厚创新创业生态沃土；深化对外开放对内协同，提升园区综合发展能级；优化全域产业空间布局，大力激发创新创业活力；“两区”建设激发开放活力，营造国际一流营商环境，包含18个具体内容。（张红莉）

【中国华电氢能技术研究中心揭牌】 4月3日，中国华电氢能技术研究中心在丰台园揭牌成立。中心是在华电集团聚焦绿色低碳转型发展、构建以新能源为主体新型电力系统背景下，结合氢能业务在技术创新、政策研究、工程应用转化和数字化智能化方面需要而成立的专业研究机构。由华电科工直接管理，初步设置氢能政策及经济研究所、可再生能源制氢研究所、燃料电池开发与应用技术研究所、氢混燃机技术研究所、高效储氢技术研究所、氢能业务大数据中心6个机构，重点围绕氢能产业政策与动态研究，氢能材料、装备及系统开发，氢能应用技术研究以及数字化、智能化等方面开展研究工作。（张红莉）

4月3日，中国华电氢能技术研究中心揭牌仪式在丰台园举行（丰台园　供图）

【栋能魔王运动空间启用】 9月，丰台园栋能魔王运动空间正式启用。栋能魔王运动空间原为北京科丰热力供应中心储煤用房，占地8000平方米，煤改气供暖后一直闲置。丰台园为满足区域内人群体育健身需求，经实地考察，改造储煤用房为运动空间，包含综合球馆区、配套用房区、室外停车区等。其中综合球馆区面积约4000平方米，是丰台园最大的运动健身场馆。项目在改造过程中践行低碳理念，减少原有煤仓拆除量，采用耐久、可重复使用的环保绿色建材，降低空调能耗，屋顶布局太阳能光伏发电系统，降低城市用电负荷量，运用智能化管理监测技术，整体降低建筑设备耗能，实现最大限度低碳环保，是丰台城市有机更新的一个范例。（张红莉）

【园博数字经济产业园首期项目开工】 10月26日，北京园博数字经济产业园创新中心项目举行开工奠基仪式。产业园位于丰台科技园区西区I，是住建部批复首个“绿色生态示范城区”长辛店生态城重要组成部分，遵循“绿色生态”“零碳园区”建设理念，规划总面积约134万平方米。整个项目按照数字创新、城市活力、生态低碳理念，规划近70万平方米数字科技企业群落，鼓励包括下一代互联网、数字金融、智能制造、数字能源、数字出行、数字医疗、6G未来网络等数字经济企业落户发展。创新中心是园博数字产业园先导启动项目，纳入市区重点工程计划以及北京市“3个100”重点工程，是推动丰台河西地区高质量发展重点产业项目。（张红莉）

交流合作

【概况】2022年，丰台园以企业需求为导向，对接机构、协会、行业主管部门开展专业化交流合作。联合西南交通大学北京校友会开展“中关村—西南交大轨道交通创新中心”企业开放日活动，邀请独角兽企业代表、专家学者分享独角兽企业培育理念、趋势和案例，就人才培训、企业孵化等主题开展各项交流活动。（张红莉）

【企业融通系列活动】2022年，“创融 创智 创享”企业融通系列活动在丰台园创新大厦路演咖啡厅拉开序幕。活动由中国技术创业协会指导，北京富丰实业发展有限公司和企业市场融通工作委员会主办。北京富丰高科技发展集团被授予企业市场融通委员会副主任委员单位，北京市神舟力行人力资源管理有限公司及其他5家企业被授予常务委员单位。“创融 创智 创享”活动，搭建专家和企业家沟通平台，围绕孵化器专业领域发展和解题进行探讨，分享经验。丰台园富丰集团及所属实业公司与中国技术创业协会加强合作，为企业提供政策解读和经验分享，提升区域营商环境。

（张红莉）

【独角兽企业发展论坛】4月29日，2022中关村论坛系列活动——“独角兽企业发展论坛”在线上举行。活动在中关村论坛执行委员会办公室、丰台区人民政府指导下，由中关村丰台园承办，北京中关村优联网产业促进会、北京看丹独角兽科技产业发展有限公司、华夏幸福创新中心、北京斯坦福科技孵化器有限公司、北京中关村国际会展运营管理有限公司共同举办。论坛以线上方式汇聚全球范围独角兽企业代表、专家学者、服务机构，主题演讲分享全球各国在独角兽企业培育的最新理念和技术趋势，交流独角兽企业培育方面的案例，及对丰台独角兽创新基地生态建设的介绍。活动邀请美国、德国、法国、西班牙和荷兰等国家机构和专家线上听会。（张红莉）

【人力资源主题沙龙活动】11月1日，丰台园举办园区HR主题沙龙活动，丰台园交控科技、凯普林等多家企业参会。活动对2022年“丰泽计划”申报领域、申报程序及服务保障等内容进行解读，介绍2022年秋季校园招聘开展情况，鼓励企业推荐优秀人才，共建园区人才队伍。丰台园用好博士后科研工作站、“企联会”等载体平台，加强园区人才交流沟通，创新发展，破解人才难题，为企业搭建交流平台。

（张红莉）

科技成果

【概况】2022年，丰台园拥有国家级企业技术中心9家，国家工程研究中心3家，国家工程技术研究中心1家，国家工程实验室1家，北京市企业技术中心91家，北京市工程技术研究中心12家，北京市工程实验室7家，北京市工程研究中心1家。超过200家企业科技项目获国家、北京、中关村及区级项目立项支持。国高新、院士专家工作站、国家科技进步奖、国家级孵化器、北京市科学技术奖、北京市工程技术研究中心总数等多项创新指标位居示范区前列。（张红莉）

【北京铁道所地坑式架车机重大装备成功应用】2022年，北京铁道工程机电技术研究所有限公司的地坑式架车机成功应用。该装备由北京铁道所自主研发，应用于埃及斋月十日城项目和武汉地铁7号线野芷湖地铁项目。主要核心技术产品为DDT型动车16编组弯臂式地坑同步架车机和DDT-1型动车组地坑式同步架车机。（张红莉）

【英诺特试剂盒获欧盟CE认证】2022年，丰台园企业北京英诺特生物技术股份有限公司自主研发猴痘病毒抗原检测试剂盒（胶体金法）、猴痘病毒核酸检测试剂盒（PCR荧光探针法），取得欧盟CE（欧洲合格评定）认证。2款试剂盒可在欧盟地区及认可欧盟CE认证的国家或地区销售，为猴痘病毒感染防控及诊治提供检测依据。（张红莉）

【丰台园企业入围北京信用领跑行动名单】2022年，北京市企业创新信用领跑行动组委会根据《北京市企业创新信用领跑行动2021工作方案》要求，对2021年北京市信用领跑企业名单和2021年北京市信用领

11月1日，丰台园举办“全面学习贯彻党的二十大精神　集聚人才资源共创学习型园区”HR主题沙龙活动
（丰台园　供图）

跑园区名单进行公示。丰台园北京六合伟业科技股份有限公司、北京英诺特生物技术股份有限公司等15家企业和华夏幸福创新中心、赛欧孵化中心2个园区入围2021年度信用领跑行动名单。活动是在北京市经济和信息化局、北京市科学技术委员会、中关村科技园区管理委员会、中国人民银行营业管理部的指导和支持下，由中关村企业信用促进会联合中关村发展集团、中国人民银行中关村支行、北京市中小企业服务平台共同发起，全面提升中小微企业信用意识和信用管理应用水平的信用培育计划，旨在持续提升企业信用意识，规范企业信用管理、打造企业信用品牌，全面赋能诚信企业创新与高质量发展。

（张红莉）

【57家企业入选北京专精特新“小巨人”名单】 2月，北京市经济和信息化局发布2021年度第二批拟认定北京市专精特新“小巨人”企业名单，丰台园北京天拓四方科技有限公司、阳光凯讯（北京）科技有限公司等57家企业入选。（张红莉）

【新增2家市级企业技术中心】 3月，北京市经济和信息化局发布2021年度第三批北京市企业技术中心通过资格核查企业名单，丰台园北京博宇通达科技有限公司和北京国网富达科技发展有限责任公司2家企业入选。（张红莉）

【获科技创业孵化贡献奖】 5月17日，中国技术创业协会发布《2021年度“中国技术创业协会科技创业贡献奖”评审结果的公告》。中关村科技园区丰台园产业促进中心（原为中关村科技园区丰台园科技创业服务中心）获“2021年度科技创业孵化贡献奖”，表彰其在科技创业孵化领域起到创新引领作用和突出业绩。（张红莉）

【43家企业入选北京专精特新名单】 5月19日，北京市经济和信息化局发布《关于对2022年度第三批北京市专精特新中小企业名单进行公告的通知》，丰台园北京奥科瑞检测技术开发有限公司、航天宏康智能科技（北京）有限公司等43家企业入选。（张红莉）

【谊安医疗入选优秀国产医疗设备目录】 5月25日，中国医学装备协会发布《关于第八批优秀国产医疗设备产品遴选结果公示的函》，北京谊安医疗系统股份有限公司申报的11个产品上榜。公司是国内麻醉和呼吸医疗设备研发制造企业，产品覆盖2大业务板块：麻醉和手术室解决方案，产品包含麻醉机、手术灯、手术床、吊塔、麻醉监护、输液泵、升温毯、无痛胃肠镜以及数字化手术室解决方案；机械通气和呼吸病管理，产品包含呼吸机、呼吸监护、制氧机、高流量氧疗、睡眠呼吸机以及数字化ICU解决方案等。公司通过推出具有市场竞争力和发展潜力的医疗设备，助力“进口替代”。（张红莉）

【中景橙石获科技产业化促进会创新奖】 7月6日，中国科技产业化促进会公布第三届科学技术奖励获奖项目，北京中景橙石科技股份有限公司的“现浇生态艺术混凝土硬质景观”获得科技创新奖二等奖。公司专注低碳与个性化的硬质景观技术，是相关国家标准图集和国家技术标准参编单位，拥有11项发明专利，围绕海绵城市、低碳城市、城市更新等领域，是生态艺术混凝土细分行业引领企业。（张红莉）

【优必爱入选中国潜力独角兽TOP100】 9月21日，中国大数据网发布2022年第一期《中国潜力独角兽—雏鹏企业TOP100》，丰台园企业优必爱信息技术（北京）有限公司入选。《中国潜力独角兽—雏鹏企业TOP100》是中国科技新闻学会大数据与科技传播专业委员会以中国大数据网为平台，依托旗下“中国大数据网产业创新力实验室”“数字经济研究实验室”“商业大数据实验室”大数据模型和行研分析队伍，联合北京大数据协会和北京应用统计学会专家学者，建立国内首套基于企业大数据量化分析形成的潜力独角兽企业评价标准模型。基于评价模型梳理全国范围100家科技类潜力独角兽企业名单。（张红莉）

【获国家知识产权示范企业称号】 9月23日，国家知识产权局对2022年度国家知识产权优势企业和示范企业评定结果进行公示，丰台园企业北京全路通信信号研究设计院集团有限公司、交控科技股份有限公司2家企业获“国家知识产权示范企业”称号，中化环境控股有限公司、通号通信信息集团有限公司和国信优易数据股份有限公司3家企业获“国家知识产权优势企业”称号。（张红莉）

【24家企业入选国家专精特新“小巨人”】 9月28日，北京市经济和信息化局发布《关于对第四批国家级专精特新“小巨人”企业和通过复核的第一批国家级专精特新“小巨人”企业名单进行公告的通知》，丰台园24家企业入选。阳光凯讯（北京）科技有限公司、北京澳丰源科技有限公司等23家企业入选第四批国家级专精特新“小巨人”企业，北京凯普林光电科技股份有限公司通过第一批国家级专精特新“小巨人”企业复核。（张红莉）

【7家企业入选第一批市级企业技术中心创建名单】 10月18日，北京市经济和信息化局公示2022年度第一批市级企业技术中心创建名单，丰台园企业中铁电气化局集团第一工程有限公司、中钞特种防伪科技有限公司等7家企业入选。丰台园累计有86家企业获国家和市级企业技术中心称号。（张红莉）

【“星空”系统获IDC中国未来企业大奖】 10月26日至27日，第七届IDC中国数字化转型年度盛典在北京举行。丰台园中铁电气化局研发“高速铁路4C视觉智能分析系统”创新成果获2022 IDC中国未来企业大奖未来运营领军者中国区卓越奖。中铁电气化局2017年开始立项，使用人工智能技术帮助判断高铁接触网存在问题。因高铁供电维管都是在夜间高铁停运期间进行，故系统命名为“星空”，寓意向接触网上的“繁星”致敬。系统使高铁接触网的故障隐患检测改变为“智能识别＋人工复核”形式，发现有效隐患数量提升超过10倍，分析效率提升超过20倍，在包括京沪高铁在内的30余条高铁线路上应用，总分析里程超过5万千米。国际数据公司（IDC）是信息技术、电信行业和消费科技市场咨询、顾问和活动服务专业提供商，对技术发展趋势和业务营销机会分析被称为IT行业的风向标，IDC未来企业大奖是中国IT行业权威奖项之一。

（张红莉）

【中景橙石项目入选《2022企业气候行动案例集》】 11月11日，《2022企业气候行动案例集》在第二十七届联合国气候变化大会（COP27）发布。丰台园企业北京中景橙石科技股份有限公司“北京环球影城实施的生态艺术混凝土低碳项目”入选，成为27个企业创新减排项目之一。公司研发生态艺术混凝土地面在北京环球影城实施硬质景观工程中占生态艺术混凝土工程量70%以上。项目以低碳、耐用及个性化优势，既达到设计师要求艺术呈现，又满足50年不大修耐久要求，与传统石材铺装相比，单位温室气体排放量可减少33%。

（张红莉）

【银河互联网电视获第二届Media AIAC一等奖】 11月16日，国家广播电视总局公布第二届广播电视和网络视听人工智能应用创新大赛（MediaAIAC）评选结果。丰台园企业银河互联网电视有限公司“银河互联网电视大数据智能实时推荐系统”获得智能推荐技术应用类一等奖。创新大赛持续8个月，评选虚拟数字人、深度合成、视频修复、智能推荐和深度伪造鉴别等5个赛道，全国100多家广播电视机构及互联网视听播出平台参加评比。“银河互联网电视大数据智能实时推荐系统”经中央广播电视总台推荐，最终获奖。（张红莉）

【“增材制造与激光制造”重点专项立项】 11月18日，科技部“十四五”国家重点研发计划“增材制造与激光制造”重点专项立项通过公示。丰台园企业凯普林董事长陈晓华作为项目负责人牵头申报“制造用高性能高功率皮秒激光器”项目获科技部立项资助。项目联合中国科学院空天信息创新研究院、苏州中辉激光科技、中国科学院半导体研究所、宝山钢铁、杭州拓致光电科技等优势单位合作开展研究。研究目标瞄准千瓦级超快激光器技术研究及产业化，在拟定研究路线中，按照高功率皮秒激光器研制、产业化及应用划分多个课题，研究内容包括从核心器件研制、多项关键技术集成到批量加工应用。（张红莉）

【泛华集团入选中欧碳中和创新合作示范项目】 12月10日至11日，绿色可持续发展大会（2022）暨中欧可持续发展高层论坛在江苏举行。丰台园企业泛华集团与北京建筑大学合作“中欧零碳建筑科技国际合作平台及示范项目”入选中欧碳中和创新合作示范项目，成为首批入选的28个项目之一。泛华集团以城市发展、城市建设、城市投资运营和海外发展4大业务板块为主，在国内外拥有大量城市系统投资发展建设的实践案例，是为城市提供系统解决方案的投资运营商和建设服务商，是国家智慧城市产业要素聚集专项试点企业。（张红莉）

【鸿远电子获北京制造业企业100强】 12月22日，北京企业联合会、北京市企业家协会发布北京企业100强榜单及《北京企业100强发展报告》。丰台园企业北京元六鸿远电子科技股份有限公司获2022北京制造业企业100强（第49名）、2022北京高精尖企业100强（第34名）。北京元六鸿远电子科技股份有限公司以瓷介电容器、滤波器等电子元器件的技术研发、产品生产和销售为主营业务，是北京市专精特新“小巨人”企业，拥有博士后科研工作站、北京市企业技术中心、CNAS（中国国家认可认证监管委员会）认可实验室及多个联合实验室，拥有专利成果百余项，产品主要应用于航天、航空、电子信息、兵器、船舶等高可靠领域，以及5G通信、轨道交通、医疗电子等民用高端领域。（张红莉）

【优必爱获评“2021年GEI中国潜在独角兽企业”】 12月23日，由长城战略咨询、苏州工业园区管委会共同主办“2022中国潜在独角兽企业报告发布会”线上发布《2022中国潜在独角兽企业研究报告》。丰台园企业优必爱信息技术（北京）有限公司获评“2021年GEI（长城战略咨询）中国潜在独角兽企业”。优必爱是一家以数据和AI技术驱动汽车服务数字化创新的科技公司，以网联数据驱动为核心切入点，提供从平台搭建、算法模型构建，到商业化运营的多维全景服务。

（张红莉）

园区投融资

【概况】 2022年，丰台园新增科创板上市企业北京英诺特生物技术股份有限公司、北京金橙子科技股份有限公司，梳理对接50余家意向上市企业，持续跟踪培育。联合西南交大轨道交通产业科技创新中心等单位，开展满天星计划系列活动，促进企业项目与资金、产业链上下游资源对接。联合丰台区金融服务办公室共同举办股权融资路演活动，梳理企业融资难题，拓展股权融资新途径。搭建融资服务平台，探索形成“保险+银行+科技”应收账款创新融资模式。北京慧拓无限科技有限公司助力母公司中科慧拓完成3亿元C轮融资。（张红莉）

【英诺特生物首次公开募股发行过会】2月16日，科创板上市委员会审议通过北京英诺特生物技术股份有限公司首发申请，企业拟融资12亿元。北京英诺特生物技术股份有限公司成立于2006年，是专注于POCT（即时检验）快速诊断产品研发、生产和销售的高科技生物医药企业。生物产品覆盖优生优育及性病系列、呼吸道病毒系列、消化道病毒系列、传染病系列等多个检测领域。（张红莉）

【“保险+银行+科技”融资新模式】4月，丰台园企业重药康阳先锋（北京）生物医药有限公司通过丰台园“保险+银行+科技”融资新模式，获得银行批复取得贷款，有效缓解资金压力，为丰台园通过“保险+银行+科技”融资新模式落地“首单”。丰台园通过政府搭建平台，发挥银行、保险经纪、保险公司、科技平台等各方的专业优势，降低企业融资成本，提升企业融资效率的同时扩大企业销售模式与抗风险能力。（张红莉）

【金橙子科技首次公开募股首发过会】5月25日，科创板上市委员会审议通过北京金橙子科技股份有限公司首发申请。北京金橙子科技股份有限公司成立于2004年，是专注于光束传输与控制产品的研发、生产及销售的高新技术企业，为不同激光加工场景提供综合解决方案和技术服务。（张红莉）

【股权融资路演活动】9月2日，联合丰台区金融服务办公室共同举办股权融资路演活动。北京久译科技有限公司、特瓦特能源科技有限公司等7家企业，中金资本、北京科创基金等14家投行参加，分别来自人工智能、新能源、生物医药、航空航天等领域。（张红莉）

服务管理

【概况】2022年，丰台园完善企业服务与管理，联合相关部门召开政策宣讲会，协助企业进行政策申报兑现。加大重点企业走访力度，解决企业各项诉求。联合企业开展座谈交流，促进企业共谋高质量发展。（张红莉）

【重点企业人才政策线上宣讲会】7月14日，丰台园邀请区人力资源和社会保障工作人员，面向园区重点企业举办线上人才政策宣讲会，以帮助企业了解北京市人才引进等各项政策，提高企业人才竞争力，促进企业更好更快发展。会上介绍人力资源政策的整体情况，解读北京市人才引进、北京市留学人员引进、博士后工作站申报与资助政策等，通过答疑互动，解答企业在人才引进过程遇到的实际问题和困难。（张红莉）

【企业联合会座谈交流活动】7月18日，丰台园企业联合会座谈交流活动举办。交流会以“助力企业高质量发展，建设更具活力丰台园”为主题，由丰台园管委会、丰台园企业联合会联合交控科技股份有限公司共同举办。活动中，企联会成员参观轨道交通运行控制系统国家工程研究中心和文化区，沉浸式体验中西方交融的文化之旅，邀请第三代德鲁克学者、克莱蒙特大学德鲁克管理学院张曼姿博士以《在VUCA时代寻找企业方向》为题展开深度讲解。丰台园企联会成立以来，不断搭建交流平台，对接优势资源，为会员企业做好服务，助力企业高质量发展。（张红莉）

【社保政策进园区座谈会】9月27日，丰台园党群服务中心联合区人力资源和社会保障局社保中心举办“进园区、送政策，解难题、送服务”园区企业座谈会，搭建政企对话平台，助力企业经营发展。依文服饰、海格神舟等10余家企业参会。丰台社保中心负责人就企业关注的参保登记、信息变更、退休待遇申领等问题进行解答，详细告知咨询途径，确保政策宣传到位、服务保障到位、问题解决到位。会后，紧扣企业需求，为企业量身定制“服务包”，现场发放社保政策书籍、政策文件、业务经办流程等50余册。（张红莉）

【区委党校分校揭牌】9月29日，中共北京市丰台区委党校中关村丰台园分校揭牌仪式在中关村丰台园党群服务中心举行。园区党员干部教育培训工作可获得更多机会、分享更好培训资源，接受更高水平知识传输。仪式结束后，党校丰台园分校举办开班第一课，特邀海淀区

7月18日，中关村丰台园企业联合会在丰台园开展座谈交流活动（丰台园 供图）

9月27日，丰台园党群服务中心联合区人力资源和社会保障局社保中心举办"进园区、送政策、解难题、送服务"园区座谈会（丰台园 供图）

海淀街道红帆党群工作站站长陈海玲从数字赋能、理论武装、教育管理、典型榜样、红色阵地等方面分享"红帆"系列党建工作品牌及主要做法，与园区各党群服务中心负责人互动交流。课堂采取"线上+线下"直播方式，园区30余名"两新"领域党务专职工作者参加。

（张红莉）

【新增3家博士后工作站企业分站】11月24日，北京市人力资源和社会保障局公布2022年批准设立的博士后科研工作站。丰台园3家博士后科研工作站企业分站获批成立，分别为龙铁纵横（北京）轨道交通科技股份有限公司、北京鼎兴达信息科技股份有限公司、北京蒂本斯工程技术有限公司。（张红莉）

2021年度"北京市科学技术进步奖"园区企业一览表

表7

序号	等次	企业名称	项目名称	获奖编号
1	一等	中铁工程设计咨询集团有限公司	京张高铁复杂敏感环境地下站隧智能化建造关键技术与应用	2021–J11–1–01
2	二等	北京海鑫科金高科技股份有限公司	基于深度学习的高速度智能指纹识别技术及应用	2021–J02–2–13
3		北京当升材料科技股份有限公司	多品单品复合高密度低产气高镍多元正极材料开发与产业化	2021–J03–2–01
4		北京全路通信信号研究设计院集团有限公司	轨道交通列控系统安全检测与数字化仿真技术研究与应用	2021–J11–2–09
5		通号城市轨道交通技术有限公司	北京谊安医疗系统股份有限公司 高性能无创与有创一体化治疗型呼吸机的研发及应用	2021–J25–2–03

经济管理

宏观经济调控

【概况】 2022 年，丰台区发展和改革委员会（简称区发展改革委）统筹全区经济社会发展，围绕市委“妙笔生花看丰台”指示要求，统筹推进新冠疫情防控和经济社会发展，确保经济平稳运行。实现地区生产总值 2061.8 亿元，比上年增长 1%。居民人均可支配收入 74365 元，比上年增长 3%。居民人均消费支出 44516 元，比上年增长 2.7%。一般公共财政预算收入 137.6 亿元，比上年下降 5.2%。一般公共预算支出 278.7 亿元（含中央及市专项转移支付），比上年增长 6.1%。社会消费品零售额 1328.8 亿元，比上年下降 6.3%。进出口总额 197.7 亿美元，比上年下降 5.1%。实现全社会固定资产投资 656.2 亿元。（刘建华）

【区域高质量发展规划】 2022 年，区发展改革委制定《丰台区加快实施倍增计划追赶行动推进高质量发展实施意见（2023—2025 年）》《关于实施发展伙伴合作共建丰台的意见》。按照“倍增计划”，到 2025 年，丰台区综合经济实力和财力显著提高，经济社会高质量、高速度、高能级发展态势初步显现，成为引领北京城市南部地区发展的增长极。到 2030 年，生产、生活、生态服务品质和量级迈入世界一流行列，中关村丰台园、丽泽金融商务区等园区成为站在全球创新科技前沿、集聚世界高端产业集群、汇聚国际一流资源要素的产业功能区，形成多个千亿级产业集群，成为彰显首都流量经济、平台经济、服务经济活力的高品质国际化典范城区。“发展伙伴计划”目标实现合作发展“十百千”计划，即在新兴金融、高端商务、智能制造、数字经济、智能建造、商用密码、综合能源管理、新材料、智慧医疗、都市智慧农业十大高精尖领域，吸纳 100 家链长单位，1000 家发展伙伴，实现发展伙伴经济效益快速提升，初步形成全员参与、合作共赢经济发展新格局。

（刘建华）

【复工复产推进】 2022 年，区发展改革委统筹全区新冠疫情防控和经济发展，加快推进复工复产。对进口非冷链货品 274 家企业进行上账管理，检查生产经营场所 48 万余家次，发现问题 1 万余个，全部完成整改。制发《复工复产领域疫情防控政策明白纸》《生产经营单位法人疫情防控责任明白纸》，对放大器场所实施分类管控网格化管理。加强市属国企场所防控，采用联合督导、典型案例通报等方式，督促企业落实主体责任。根据新冠疫情发展不同阶段开展政策落实情况、复工到岗和城市活跃度情况监测。建立并完善“白名单”企业工作机制，对 173 家国家、市、区级“白名单”企业进行闭环生产指导，分类支持 63 家重点企业、20 个重点项目达产稳产。制定《关联疫情时企业生产闭环管理明白纸》，指导企业带风险运行。围绕重点保障企业（项目）及复工到岗提升等情况进行专题调度和走访，协调解决企业诉求和问题。传达部署“乙类乙管”“国十条”“京六条”“京十条”等新冠疫情防控政策，加强衔接落实，确保企业“应复尽复”，快速达产，加快恢复正常生产秩序。（孙庆霞）

【经济高质量发展推动】 2022 年，区委财经办制定实施年度国民经济社会发展计划，每季度向区人大常委会报告进展情况。制定印发年度、半年、季度经济社会重点指标任务分解方案，将指标任务分解到部门和属地，凝聚各方力量形成工作合力。逐季部署“短平快”举措和长效措施 211 项，做好督办落实。完善区领导、部门多层级统筹调度机制，坚持周调度、日会商，推动人民币存贷款余额增长、企业统计门类优化、交易市场上规纳统“三件大事”，以指标、任务、项目、企业“四个清单”为抓手，召开调度会 100 余次，推动经济企稳回升。

（杨晓茜）

【城南行动计划落实】 2022 年，丰台区城南行动计划 18 项年度重点任务基本完成。北京丰台站交通枢纽、北京大学附属小学丰台学校改扩建工程等 63 个项目全部开复工，实现投资 283 亿元，完成年度任务的 103%。其中，北京园博数字经济产业园创新中心、北京丰台站站城一体化片区整体提升等 20 个项目于 2022 年开工，北京十二中丽泽校区高中分校投入使用，16 号线（丰台段）开通运营，京能天泰大厦、丰台区七里庄 B-10 地块综合商业楼等项目完工。（葛铭霞）

【河西专项行动计划落实】 2022 年，区发展改革委制订河西专项行动计划年度重点任务清单和重点项目清单。重点任务清单 6 类 42 项具体任务，重点项目清单涉及基础设施、生态环境、公共服务、棚户区改造、产业提升 5 个方面 36 个项目。全部项目完成投资约 63 亿元，完成年度任务的 103%。（葛铭霞）

【固定资产投资】 2022 年，区发展改革委重点提升投资质量，调整投资结构，发挥固定资产投资对高质量发展的关键支撑作用。实现全社会固定资产投资 656.2 亿元，总量居城六区第三、全市第五。建安投资 253.5 亿元，总量居城六区第三、全市第七。编制年度重点工程计划，安排 146 个重点建设项目、78 个推进前期工作项目，完成固定资产投资 477.9 亿元，支撑全区投资的 72.8%。设备购置投资完成 37 亿元，比上年增长 171.3%。（张慧杰）

【重大项目投资】 2022 年，区发展改革委制定政府投资计划，保障政府建设资金 44.7 亿元。其中落实市级资金 22 亿元，涉及 33 个项目；下达区级财政建设资金 22.7 亿元，涉及北京丰台站周边配套道路工程等 96 个项目，其中安排丽泽土地出让金 3.9 亿元。争取市级重大投资项目前期谋划资金 2000 万元，强化丰台区重大投资项目谋划储备工作，夯实“谋划一批、储备一批、

建设一批”项目储备和滚动接续机制。（杜雨薇）

【服务包企业服务事项 100% 办结】2022 年，区发展改革委为区 946 家有“服务包”企业分别配备一个服务管家。中关村丰台园、丽泽金融商务区企业由对应管委会负责，功能区外的企业、区级企业由行业主管部门负责，街镇级企业由属地街镇负责。走访“服务包”企业 1045 家，其中局级领导走访 210 家，为“服务包”企业提供服务事项 1750 项，办结率 100%。（赵宇轩）

【全国营商环境创新试点城市建设】2022 年，区发展改革委落实营商环境 5.0 版改革，助力北京市完成全国营商环境创新试点城市建设，牵头完成全区营商环境改革任务 103 项。新增 76 个实行告知承诺制审批事项，核发全市首个告知承诺制社会投资项目建设工程规划许可证。实现“证照分离”改革全覆盖，开设“证照联办”服务专窗，为物美成寿寺路店办理全市首家超市（便利店）领域“证照联办”业务。提升项目审批效率，大红门一期 A 区棚户区改造项目实现“拿地即开工”。推出丰台区“微蓝 +”税务品牌，提升企业办税体验。实现不动产登记信息及地籍图可视化查询，试点上线区级企业用户空间，实现企业档案实时查询、证照随时调用、政策精准推送，为企业提供个性化、精准化、主动化、智能化专属政务服务。提升监管效能，构建“6+4”一体化综合监管体系，打造覆盖全链条、全周期综合监管模式，试点施工扬尘工地监管和物业管理服务机构监管 2 个监管场景。试点推行“亮码经营”，企业通过主动亮码展示证照信息，实现“以码代照”。探索推进“审管联动”国家试点，区级综窗受理审批系统接入 6 类企业信用数据，加强审批与监管部门联动。（李　阳）

【公共资源交易平台服务】2022 年，区公共资源交易平台为辖区交易各方主体招投标提供“一站式”聚合服务。建设工程项目发布招标公告 67 项次，开标 61 项次，评标 117 项次，涉及投资规模约 90.6 亿元。发布政府各类采购项目的招标、更正、中标等公告 184 项次，开标 62 项次，评标 62 项次，涉及投资规模约 2.5 亿元。区发展改革委推动政府集中采购项目逐步实现电子化开评标，提高政府采购便利化水平。完成政府采购项目 4 项，其中公开招标 1 项。组织项目评标 4 次，受理项目采购预算金额 1714 万元，中标金额 1673.5 万元，节约资金 40.5 万元，资金节约率 2.36%。

（李木兰　王树占）

【明确生态文明建设年度工作要点】2022 年，区发展改革委发挥区委生态文明建设委员会推动形成绿色发展方式和生活方式工作小组牵头作用，制订印发工作小组年度工作要点，重点围绕提高绿色低碳循环发展水平、加快重点区域绿色发展、加快推动形成绿色生活方式、健全生态文明制度体系 4 个方面安排 12 项年度重点任务，协调推进具体工作落到实处。（曲鑫竹）

国有资产监管

【概况】2022 年，区所属国有及国有控股企业 99 家，比上年减少 4 家。监管企业账面资产总额 1005.1 亿元，比上年增长 5.33%；负债总额 819.4 亿元，比上年增长 6.17%；所有者权益总额 185.6 亿元，比上年增长 1.78%；年末合计固有资产总量 180.7 亿元，比上年增长 1.8%。企业实现营业收入 20.5 亿元，比上年上升 11.51%；盈亏相抵后实现利润总额 2756.5 万元，较上年减少 2979.5 万元，下降 51.94%。企业平均资产负债率 81.53%，比上年增长 0.65 个百分点。国有资本保值增值率 99.88%。企业平均从业人员 3266 人，年末平均职工人数 2678 人，职工人均工资 144826.8 元，比上年增长 5.16%。（云志胤）

【国有企业改革】2022 年丰台区人民政府国有资产监督管理委员会（简称区国资委）推进全民所有制企业公司制改革收尾工作，完成 350 户国有企业公司制改制任务。完成丰发展公司划转工作，与区财政局、区市场监管局、丰发展公司召开专题研究会，建立协调工作机制，完成股东变更网申工作，将出资人变更为区国资委。根据监管企业实际，有针对性拟定工资总额调查问卷及数据采集表，对监管企业的财务数据和工资数据进行配比分析、数据清洁。开展重点企业调研访谈工作，研究起草《丰台区国资委监管企业工资总额管理办法》，建立健全与企业经济效益和劳动生产率挂钩的工资决定机制。（云志胤）

【国有企业监管】2022 年，区国资委组织开展监管企业经营性房屋摸底工作，印发《关于做好丰台区国资委监管企业房屋租赁情况统计工作》通知，形成区国资委监管企业楼宇、大院等资产台账。优化企业负责人经营业绩考核指标体系，提高考核分配管理水平。增加全员劳动生产率和上缴税费指标，引导企业提高人员产出效率和企业对社会贡献度。对部分企业开展 2021 年度财务决算数据真实准确性专项审计，确保考核结果的精准性。制发《关于进一步加强对被托管企业监督管理的意见》，明确托管企业和被托管企业责任，为托管企业管理提供制度保障。推进低效资产处置提升，梳理优筑地下停车场相关情况，为罚没财产接收工作提供参考。

（云志胤）

【重点工作落实】2022 年，区国资委推进落实“1511”（即培育引进 10 家上市公司、50 家高质量外资企业、100 家高成长企业、100 家区域贡献超千万规模企业）工程，引进规模税源企业 10 家，外商投资企业 1 家，提前完成年度招商引资任务。

审批国资公司为丰房公司、丰科建公司提供融资担保，帮助企业解决资金短缺问题。组建北京丰台三联永丰文化艺术有限公司，助力文化丰台建设。指导花乡中部组团成立平台公司，加快花乡中部组团项目实施。印发《关于规范区属国有企业房屋出租管理工作的指导意见》，为区国资监管机构制定本系统国有企业房屋出租管理工作实施细则奠定基础。（云志胤）

【一级监管企业重点项目建设】2022年，丰开集团推进长辛店老镇西区经济适用住房（长馨园）项目、五里店京周路沿线棚户区改造项目、宛平城及周边环境整治项目、河西地区教育高质量发展项目，实施分钟寺土地一级开发。综投集团完成丰台站改建工程35.08万平方米征地拆迁，落实征地拆迁投资73亿元，拉动区域建设投资141亿元，开展丰台站“站城一体化”项目拆迁、丰台站周边配套市政工程征地拆迁任务，推进市政道路建设、水环境治理、园林绿化和停车资源等基础设施建设。丰贸公司为718家企业减免租金9776万元，实现惠企纾困政策落地见效；落实“创无”工作要求，拆除12处网点约40000平方米图斑建筑，完成3处约533平方米非在账违建点位的清拆工作；完成10处便民商业网点建设。国资公司中心探索融资新渠道，为区重点项目建设提供资金支持0.3亿元，担保支持17.5亿元。保障房公司完成侨禧名苑（槐新一期B组团项目）977套房屋隔离设施改造工作；做好人才公租房配租和保障工作，为行政事业单位人才配租房源1508套；推进老旧小区综合整治和共有产权住房项目。南森公司实施南苑森林湿地公园先行启动区城市森林片区和森林湿地片区绿化建设，实现总面积99.53公顷集中连片；开展耕地保护空间置换土地复垦项目，完成冬小麦抢种抢收和玉米夏播工作。文旅集团以惠民理念打造方庄文化艺术中心，参与建设运营全国首批5G+8K户外超高清大屏。丰发展公司深度参与大红门地区市场疏解腾退工作，与中发展集团旗下公司联合打造南中轴国际文化科技园；初步构建“母基金＋直投基金＋产业投资”于一体的产业投资体系，对外投资5.25亿元，实现反向投资额44亿元，基金返投吸引7家高新企业落户丰台。（云志胤）

财 政

【概况】2022年，丰台区一般公共预算总收入3292880万元。其中，区级一般公共预算收入1376021万元，完成调整预算的94.1%，比上年下降5.2%；上级补助收入959268万元；预算稳定调节基金调入137972万元；政府债券转贷收入27850万元；调入资金211555万元；上年结余资金111870万元；中央及市专项转移支付收入468344万元。区级一般公共预算收入中增值税302000万元，比上年下降22.3%，企业所得税217000万元，比上年下降6.4%，房产税206000万元，比上年增长6.2%，城市维护建设税79000万元，比上年下降8.3%。一般公共预算总支出3292880万元。其中，区级一般公共预算支出2359305万元（不含中央及市专项转移支付），完成调整预算的102.5%，比上年增长6.1%；上解上级支出171412万元；补充预算稳定调节基金164912万元；年终结余128907万元；中央及市专项转移支付支出427931万元；中央及市专项转移支付结余40413万元。加强财政管理与监督，开展中央直达资金下达情况常态化监督检查，开展预决算公开情况专项检查，对新冠疫情防控资金使用情况开展专项监督检查。落实国家大规模增值税留抵退税政策要求，集中为近1万户次企业办理退税。加强财源建设与对企“服务包”机制衔接，结合各项助企纾困政策主动协调解决企业诉求，增强企业驻区发展信心。建立政府债务全过程管理机制，合理申请新增债券额度，化解存量债务，确保债务规模与财政可承受能力、项目实际需求相匹配。深入全成本预算绩效管理改革成本绩效管理范围拓展至街镇。优化政府采购营商环境，扩大“互联网＋政府采购”广度和深度。（纪　晨）

【预决算公开情况专项检查】2022年，丰台区财政局（简称区财政局）首次将二级预算单位预决算公开专项检查纳入年度财政监督检查计划。对全区306家预算单位（一级103家、二级203家）2020年决算、2021年预算公开情况开展网上重点检查。检查内容为预决算公开的及时性、完整性、细化程度、公开方式，发现页面缺少目录、缺少绩效管理情况说明等主要问题。区财政局将问题反馈到预算单位，督促立行立改，已全部整改完毕。（纪　晨）

【政府性基金预算执行情况】2022年，政府性基金预算总收入12273101万元。其中，区级政府性基金预算收入2648029万元，上年结余资金45732万元，调入资金446197万元，政府债券转贷收入9036835万元，中央及市专项转移支付收入96307万元。政府性基金预算总支出12273101万元，其中区级政府性基金预算支出2867563万元，上解上级支出2068631万元，调出资金130000万元，债务还本支出7110600万元，中央及市专项转移支付支出89489万元，中央及市专项转移支付结余6818万元。（纪　晨）

【国有资本经营预算执行情况】2022年，国有资本经营预算总收入3211万元。其中，区级国有资本经营预算收入2782万元；上年结余资金429万元。国有资本经营预算总支出3211万元。其中，区级国有资本经营预算支出1669万元；调出到一般公共预算715万元；结转下年使用827万元。（纪　晨）

【政府债务管控】2022年，丰台区申请政府债券9064685万元。其中，新增债券315500万元，再融资债券8749185万元。区政府债务余额13021910万元。其中，一般债务1457915万元，专项债务11563995万元。（纪　晨）

【民生投入】2022年，全区用于社会保障和就业、教育、卫生健康支出分别为697000万元、512000万元、232000万元，合计占一般公共预算支出的51.7%。（丰鉴编）

【公共财政发展规划制发】2022年，区财政局制发《"十四五"时期丰台区公共财政发展规划》（简称《规划》）、解读方案及《一图读懂"十四五"时期丰台区公共财政发展规划》。《规划》从收支规模稳步提升、夯实预算管理基础、助力保障改善民生、提升城市治理水平及优化财政管理方式等5个方面总结"十三五"时期丰台区财政改革和发展主要成绩，指出"十四五"时期财政改革发展面临三大机遇和三大挑战，明确"十四五"时期财政改革和发展主要任务是优化首都中心城区功能，提升城市品质；统筹财政资源，构建"高精尖"经济体系；围绕"七有""五性"，提升民生保障能力；创新投融资方式，发挥财政效用；深化财政改革，完善现代财政制度；加强党的领导，保障规范落实。（李旭梁）

【南中轴地区升级转型资金保障】2022年，丰台区加快推进南中轴生态文化发展轴建设，区财政局拨付市财政资金17亿元，支持大红门一期棚改项目启动，为南中轴地区先期启动博物馆群一期、TOD（以公共交通为导向的城市空间开发模式）综合配套服务区、北木南厂、窑窝村、活力绿心等地块土地整理工作提供资金保障。（李旭梁）

【助力"两区"建设】2022年，区财政局为中关村科技园区丰台园管委会和北京丽泽金融商务区管委会提供资金147.5万元。根据《促进"两区"重点园区（组团）发展提升专项行动方案》要求，进行"两区"建设相关课题研究，推动园区高质量发展。形成2个项目成果，编写园区"发展建设三年行动方案"和"产业招商行动方案"。（李旭梁）

【财政专户保值增值】2022年，区代管资金财政专户按照保值增值方案运作提升利率，利息收益增长，同等资金量利息收益净增长率168%。征地超转资金实现收支两条线管理，大额保障资金沉淀在代管资金财政专户，其中70%资金转存定期存款保值增值，剩余30%资金转存协议存款灵活取用，向代理银行争取最优存款利率，提高财政资金效益。（李旭梁）

【财源建设】2022年，财源专班对"企业标签"清单库进行数据分析，开展企业引进服务，培育引进高成长企业164家，规模税源企业52家。依托"丰九条""高新八条"等发展政策措施，新增注册资本5000万元以上企业221家，注册资本630亿元，比上年上升36%。开展企业走访服务，市财政局推送预警走访企业17批285家。（李旭梁）

【全市首批财政改革试点单位】3月29日，财政部印发《〈财政总预算会计制度〉改革试点方案》，选择6个省市开展试点工作，北京市是试点省市之一。丰台区成为北京市财政局选取2个试点区县之一。按照工作部署，区财政局参加财政部举办《财政总会计制度（模拟板）》网络培训班，对新制度总体情况、具体内容、核算系统业务处理规范和政府会计基本准则进行初步了解，为后期开展改革工作奠定基础。（李旭梁）

税　务

【概况】2022年，丰台区完成税费收入4421000万元，比上年下降6.1%。税务登记13899万户，其中正常户12147万户。网上受理注销业务8390户次，网上办理率96.88%。办理"接诉即办"1887件，保持"三率"（响应率、解决率、满意率）100%，市、区两级"接诉即办"月均受理量较上年同期下降，诉求综合满意率99.52%。丰台区税务局（简称区税务局）落实区财源建设专班工作职责，配合做好北京市领导走访"服务包"企业等重点工作。配合落实"丰九条"，搭建财源信息安全共享平台。打造特色分析产品，完成区级分析工作绩效指标。形成分析成果18篇，获得区领导批示10次。（尹佳奇）

【减税降费】2022年，区税务局落实新组合式税费支持政策，促进涉及10个税种、2项附加费等在内的政策红利持续释放，推进退税减税政策落地见效。（尹佳奇）

【纳税服务】2022年，区税务局创立"微蓝+"服务品牌，设立"税费服务流动站"，开辟服务专区。聚焦纳税人、缴费人办事难点问题，设立"办税专家号"，协调特事特办、容缺受理、涉外服务等涉税事项，提供个性化服务，形成"加渠道、减流程、乘热情、除顾虑"服务机制，实现组合式税费支持政策"一站式"答疑、"一窗式"受理。（尹佳奇）

【智慧税务】2022年，区税务局聚焦"小切口+微动作"，在"智慧电话"批量拨打冠名语音和短信基础上，增加实名座机"一对一"定向沟通服务，结合落实新的组合式税费支持政策、全电发票受票扩围试点等工作各个环节，打造智慧北京税务生态链，提升精准监管能力。助力个人股权转让线上云辅导系统在全市范围内推广。创新特色品牌，优化税收营商环境，向14万家企业推送"致纳税人缴费人的一封信"，宣传惠企利民税收政策及优化营商环境动态举措，广泛征求意见建议，以推送红利账单形式，让企业“一键了解”已享受政策优惠情况。升级税费服务“专享管家”计划，实现纳税人即时扫码，税务管家即刻响应的精准服务，完成767家重点企业的问需工作，问需率达100%。（尹佳奇）

2022年丰台区税务局派出机构一览表

表8

序号	派出机构名称	管辖范围	办公地址
1	第一税务所	负责所辖区域内的税收、社会保险费和有关非税收入的直接征收和服务工作	区政务服务中心办公区：南苑路7号
		负责非京籍个人购车个人所得税复核、非京籍个人购房个人所得税复核、个人购买通州住房个人所得税复核、无线电频率占用费代收、防空地下室易地建设费代收、城市基础设施建设费代收等工作	六里桥办公区：西三环南路一号北京市政务服务中心1层B岛（或六里桥西南角北京市政务服务中心1层B岛）
		负责车辆购置税的征收和服务工作	方庄办公区：方庄芳群园4区23号楼-7
2	第二税务所	负责区级重点税源企业和区直机关事业单位税收、社会保险费、有关非税收入的集中管理和风险应对等工作；负责辖区内大企业税收个性化服务和管理工作；负责组织、协调、指导、考核辖区内大企业税收服务和管理工作	丰台创新中心9号楼二层
3	第三税务所	负责所辖区域内不动产交易所涉及的税收征收管理工作	区政务服务中心办公区：南苑路7号
4	第四税务所	负责所辖区域内个体工商户的税收、社会保险费、有关非税收入的征收管理及其风险应对工作	中关村科技园区丰台园海鹰路5号
5	第五税务所	负责所辖区域内高新技术企业的税收、社会保险费和有关非税收入的基础事项管理及其风险应对工作	丰台创新中心9号楼二层
6	南苑税务所	负责南苑街道、大红门街道、和义街道、东高地街道区域内的税收、社会保险费和有关非税收入的基础事项管理及其风险应对工作	嘉园路星河苑1号院5号楼
7	东铁匠营税务所	负责东铁匠营街道、石榴庄街道区域内的税收、社会保险费和有关非税收入的基础事项管理及其风险应对工作	东铁匠营顺四条甲20号
8	方庄税务所	负责方庄街道、成寿寺街道区域内的税收、社会保险费和有关非税收入的基础事项管理及其风险应对工作	方庄芳群园4区23号楼-7
9	六里桥税务所	负责六里桥街道、丰台街道区域内的税收、社会保险费和有关非税收入的基础事项管理及其风险应对工作	西四环南路36号
10	丽泽税务所	负责丽泽金融商务区区域内的税收、社会保险费和有关非税收入的基础事项管理及其风险应对工作	嘉园路星河苑1号院5号楼
11	卢沟桥税务所	负责卢沟桥街道、五里店街道、青塔街道区域内的税收、社会保险费和有关非税收入的基础事项管理及其风险应对工作	西四环南路36号

续表 8

序号	派出机构名称	管辖范围	办公地址
12	玉泉营税务所	负责玉泉营街道区域内的税收、社会保险费和有关非税收入的基础事项管理及其风险应对工作	纪通东路 78 号
13	花乡税务所	负责花乡街道区域内的税收、社会保险费和有关非税收入的基础事项管理及其风险应对工作	纪通东路 78 号
14	看丹税务所	负责看丹街道区域内的税收、社会保险费和有关非税收入的基础事项管理及其风险应对工作	外环西路 8 号
15	马家堡税务所	负责马家堡街道、西罗园街道区域内的税收、社会保险费和有关非税收入的基础事项管理及其风险应对工作	嘉园路星河苑 1 号院 5 号楼
16	新村税务所	负责新村街道区域内的税收、社会保险费和有关非税收入的基础事项管理及其风险应对工作	中关村科技园区丰台园海鹰路 5 号
17	右安门税务所	负责右安门街道、太平桥街道区域内的税收、社会保险费和有关非税收入的基础事项管理及其风险应对工作	西四环南路 36 号
18	长辛店税务所	负责长辛店街道、云岗街道、宛平街道、王佐镇、北宫镇区域内的税收、社会保险费和有关非税收入的基础事项管理及其风险应对工作	长辛店杜家坎南路 6 号

审　计

【概况】 2022 年，丰台区审计局（简称区审计局）组织完成丰台区 2021 年度本级预算执行和决算草案审计。完成审计项目及相关工作 45 个。其中，审计（调查）项目 38 个，其他工作 7 个。出具审计（调查）报告、结果报告等 128 份。查出主要问题金额 22.19 亿元。其中，违规金额 0.13 亿元，管理不规范金额 22.06 亿元；审计处理处罚金额 0.13 亿元，主要为应上缴财政资金；审计发现非金额计量问题 102 个；移送司法机关、纪检监察机关和有关部门处理事项 3 件，移送处理金额 4.14 万元；审计促进整改落实有关问题资金 7.06 亿元；审计提出建议 148 条，被采纳 142 条；推动被审计单位制定整改措施 235 项；促进被审计单位建立、健全规章制度 64 项；提交审计信息 203 篇，被采用 254 篇次。向社会发布《关于丰台区 2021 年度本级预算执行和其他财政收支情况的审计工作报告》及解读、《丰台区一级预算单位 2021 年度预算执行和决算草案审计结果》及解读。联合印发《关于区纪委区监委与区委审计委员会办公室、区审计局加强协作配合的工作机制》，建立完善审计监督与纪检监察监督贯通协作，推动形成多部门监督合力。区国有企业国有资产管理情况审计项目被评为北京市审计机关优秀审计项目一等奖、全国地方审计机关优秀审计项目三等奖。

（张　坤　郭昱恒　李怡格）

【政策落实情况跟踪审计】 2022 年，区审计局落实季度重大政策跟踪审计，开展稳经济一揽子政策措施落实情况、中央直达资金拨付使用及惠企利民情况、贯彻落实过“紧日子”要求情况、优化营商环境及清理拖欠民营企业中小企业账款情况等跟踪审计 12 个，推动党中央重大决策贯彻落实。聚焦信息化建设等重点项目，推动区委重要决策部署落地实施，促进地区高质量发展。

（郭昱恒）

【财政审计】 2022 年，区审计局深化大数据审计工作模式，开展全区 75 家一级预算单位预算执行和决算草案数据分析审计，总体资金量 230 多亿元，重点对区市场监督管理局等 5 家机构改革后新成立单位预算执行情况开展现场审计工作。审计查出问题金额 11.96 亿元，主要为预决算编制不科学、不准确，预算执行不严格，财政资金使用效益不高和内部管理不规范等问题。截至年底已督促被审计单位对审计查出问题整改到位。（郭昱恒）

【民生项目审计】 2022 年，区审计局践行以人民为中心的发展思想，兜牢民生底线，对公共卫生应急管理体系建设等 2 个项目开展审计，审计资金量 157233.11 万元，审计发现问题金额 1134 万元，主要为公共卫生应急管理相关政策落实不足、市三年行动计划中未完成部分任务、建设程序管理不规范、部分指标和任务要求未完成、合同管理不规范、固定资产管理不到位等问题。截至年底，督促被审计单位对审计查出问题推进整改。（郭昱恒）

【经济责任审计】 2022年，区审计局完成14家区级党政工作部门、国有企事业单位17名领导经济责任审计。加强经济责任审计与领导干部自然资源资产离任（任中）审计结合，对1名领导干部同步开展自然资源资产离任审计。发挥区经济责任审计工作联席会议统筹协调作用，出台《丰台区经济责任审计结果运用办法》《丰台区审计局经济责任审计结果反馈会操作规程（试行）》，进一步强化审计结果运用。审计查出问题金额6.02亿元，主要在落实上级政策部署、完成目标任务方面有待加强；单位重要发展规划和政策措施制定不完善、执行不到位；重大经济事项决策制度不完善，执行效果不佳；财政资金使用效益不高；财务管理水平有待提高；对下属单位监管有待加强等问题。截至年底，督促被审计单位对审计查出问题推进整改。（郭昱恒）

【固定资产投资审计】 2022年，区审计局围绕区域重要项目推进工作，开展档案馆新馆建设跟踪审计和4个河道治理工程竣工决算审计，重点关注项目建设程序和管理、项目资金使用及工程投资、工程结算复核、资产交付使用、概算执行、决算报表编制等情况。开展拆违资金使用情况专项审计调查，保障资金使用安全，提高使用效益。审计查出问题金额1928.86万元，主要为工程过程管理不规范、工程结算中认价（量）不准确、竣工决算工作不规范等问题。截至年底，督促被审计单位对审计查出问题推进整改。（郭昱恒）

【国有企业审计】 2022年，区审计局立足区委、区政府当前国企改革发展重点难点，以推动国有企业高质量发展、国有资产保值增值为目标，对城市建设综合开发集团开展财务收支审计，统筹经济责任审计项目。对丰台区发展投资有限公司领导开展经济责任审计，推动企业贯彻落实国资国企改革政策措施，防范化解重大风险隐患。审计查出问题金额3.83亿元，主要为内部控制制度不健全、执行不严格；未有效行使股东及集团管控的职权，对子公司监督管理较弱；财务管理不规范；固定资产和公务用车管理不规范；落实上级政策部署、完成目标任务方面有待加强；本单位重要发展规划和政策措施制定不完善、执行不到位等问题。截至年底，督促被审计单位对审计查出问题推进整改。（郭昱恒）

【自然资源与生态环境审计】 2022年，区审计局聚焦绿色发展和生态文明建设，组织开展林木（树木）伐移专项审计和区生态环境局领导自然资源资产离任（任中）审计，促进自然资源保护相关政策的落实和管理体制机制不断完善，提高资金管理使用的规范性和使用效益，助力推动建设绿色美丽丰台。审计查出问题金额795.89万元，主要为林木伐移工作管理不到位；本单位重要发展规划和政策措施制定不完善、执行不到位；重大经济事项的决策制度不完善；执行效果不佳；财政资金使用效益不高；财务管理水平有待提高等问题。截至年底，督促被审计单位对审计查出问题推进整改。（郭昱恒）

【内审监督与指导】 2022年，区审计局加强对内部审计工作的指导监督，推进《北京市内部审计规定》贯彻落实。统筹内部审计力量，指导区卫健委等3家单位完成对下属单位预算执行情况内部审计，推动各单位制定出台内部审计制度，实现政府审计和内部审计监督合力。（郭昱恒）

【审计法治化建设】 2022年，区审计局一体化推进法治建设重点工作与全局重点任务，集中开展会前学法4次，增强法治思维，保障依法依规开展审计工作。推动落实“谁执法谁普法”责任，向被审计单位和社会公众普及宣传宪法和审计法规，增强法治意识。（张　坤）

【审计整改】 2022年，区审计局落实《关于进一步加强审计整改工作的意见》，优化整改工作运行机制，提高审计整改的质效。组织召开区政府审计整改工作专题会，一体推进中央、市级、区级3个层面预算执行审计查出问题的整改工作，按立行立改、分阶段整改和持续整改分类推进落实。年度本级预算执行和其他财政收支审计查出问题立行立改类和分阶段整改类问题整改完成率100%，持续整改事项明确整改措施有序推进。（郭昱恒）

统　计

【概况】 2022年，丰台区统计局（简称区统计局）围绕市、区重点任务和统计中心工作，履行统计调查、统计报告、统计监督职责，推动统计工作发展，为区域经济社会发展提供统计服务保障。对区经济和社会发展运行情况进行监测，撰写统计分析报告324篇，发布《丰台区2021年国民经济和社会发展统计公报》。（赵国红）

【经济运行监测分析】 2022年，区统计局对主要经济指标进行监测，围绕经济增长支撑指标对重点行业、代表性企业持续跟踪监测，通过专题会商、企业走访调研等方式了解重点指标及行业变动。动态维护14.6万余家基本单位名录，新增规模以上企业485家，完成3144家企业年定报单位和1966家规模以下企业17.5万余张报表收审。深化市区联动和部门协同，在趋势研判、重点企业情况等方面加强交流，提升对经济指标的预判预警能力。组织

召开经济形势座谈会12次，开展重点企业跟踪监测160家，完成经济形势分析报告12篇。（王　莉）

【重点领域统计监测】2022年，区统计局依托丽泽统计所、科技园区统计所强化重点功能区监测，开展企业需求调查，建立丽泽金融商务区监测指标体系。专题研究新发地、二手车市场商户纳统工作，利用新发地网格化管理，采取“部门+市场+网格”模式，实现11家商户纳统上规，二手车中介服务升级为经销商实现上规。围绕工业、金融、科技、商务、文化等产业开展定期监测分析，服务行业主管部门。建立区级国际消费中心城市建设监测指标体系，形成季度报告4篇，获得区领导批示。优化完善“七有”“五性”监测评价，月度报送监测报告，对“接诉即办”相关领域进行专题分析。开展群众安全感、垃圾分类、营商环境等9项民意调查，形成专题报告。完成各类分析324篇，获领导批示33篇。

（王　莉）

【统计管理】2022年，区统计局修订《丰台区统计质量全过程管理办法》，全流程管理数据生产审核，定期通报统计数据质量。综合运用执法检查、数据核查等方式检验数据质量，依据发现问题形成专题报告，发送业务科所及各街镇，提升数据审核能力。通过小班面培、腾讯会议等培训方式提升源头数据质量，加强对统计调查对象的服务和指导，开展各类企业培训30余场。制定《丰台区企业电子台账试点工作方案》，选取58家企业开展试点工作，提高企业原始数据规范化。制订《2022年丰台区街镇统计巡查工作方案》，实现对全区26个街镇统计巡查全覆盖，提出整改意见，督促街镇强化统计意识、夯实统计基础、提升数据质量。（王　莉）

【统计监督】2022年，区统计局印发《丰台区关于防范和惩治统计造假弄虚作假责任制规定》，将相关工作纳入区政府年度绩效考评。与区委组织部、区委党校共同建立“统计进党校”常态化机制，举办丰台区领导干部统计知识专题培训班，在全区“倍增追赶、跨越发展，推动高质量发展能力提升专题培训班”进行专题授课，增强依法统计意识。强化统计造假责任，围绕违规干预、数据质量隐患、执法过罚不当等风险点，采取自查和互查相结合方式对48个部门、26个街镇开展统计造假不收手不收敛问题专项纠治工作，未发现相关问题。推进统计信用体系建设和统计法治宣传，新评选13家统计诚信示范企业并进行授牌，深入花乡、六里桥等街镇开展普法宣传。加大统计执法检查力度，完成行政执法检查766起，其中查处统计违法行为36起，实现迟报统计资料违法行为动态清零。（王　莉）

【统计巡查】2022年，区统计局面向区划调整后新成立的10个街镇开展统计巡查工作。巡查中重点检查统计法律法规贯彻执行情况和国家统计督察整改情况、《街道、乡镇统计工作规范》《丰台区统计质量全过程管理办法》落实情况、统计基础工作情况、统计标准和统计调查制度执行情况、参加统计业务会议和培训情况、年定报数据质量和统计服务情况等内容。（王　莉）

【统计专项调查】2022年，区统计局完成北京市城乡居民垃圾分类意识及现状调查、北京市居民民生实事项目线索调查、北京市中小微企业生产经营状况调查、北京市优化营商环境条例执行效果调查和北京市小微企业减税政策落实情况调查5项调查任务；完成制造业小规模纳税人和留抵退税政策调研、餐饮业企业融资调研、制造业缓税政策延长四个月政策调研、中小微企业招工难调研等6项调研任务。规范提供部门调查服务，反映社情民意，为部门决策提供可靠参考依据。受区政法委委托，开展2022年群众安全感调查4期，调查居民18140人，定期反馈街乡镇调查中收集的群众意见建议8000余条，对存在问题进行逐级梳理，形成全区总报告4篇，分街镇报告104篇；受区创建国家卫生区办公室委托，继续开展2022年区创建国家卫生区群众满意率调查，调查涵盖区域内常住居民、出租车司机和景区景点游客等，调查样本2400份。发挥专业优势，主动服务党政决策，围绕全区发展重点热点问题，自主开展丽泽金融商务区企业情况及需求调查和2022年丰台区居民消费情况调查，形成调查报告2篇。（赵国红）

【统计信息和分析】2022年，区统计局围绕全区重点工作，不断拓展统计信息工作的广度和深度，进一步加强政府信息公开力度，全年被采用各类信息147篇。其中，国家统计局内网采用16篇，市统计局内网采用110篇，《中国信息报》采用6篇，“中国信息报”微信公众号采用2篇，“北京统计”微信公众号采用13篇。全年完成各类统计分析报告324篇。其中，专特刊及重点分析71篇，统计报告等其他分析50篇，市统计局内网经济信息157篇，区普刊46篇；在61篇重点分析中，获区领导批示33篇，区委、区政府领导专题调度会采用11篇。不断增强统计服务意识，全年接待各类咨询201次，提供数据186万笔。

（赵国红）

工业管理

【概况】2022年，丰台区规模以上工业企业实现工业总产值305.1亿元，比上年下降8.5%。电力、热力生产和供应业下降0.3%，非金属矿物制品业下降3.6%，铁路、船舶、航空航天和其他运输设备制造业下降26.7%，计算机、通信和其他电子设备制造业增长10%。规模以上工业企业实现销售产值315.3亿元，比上年下降5.3%。其中，内销产值304.3亿元，下降5.9%；出口交货值11亿元，增长12.1%。规模以上工业企业实现利润总额33.8亿元，比上年下降29.2%。计算机、通信和其他电子设备制造业实现利润10亿元，比上年下降9.9%；电力、热力生产和供应业实现利润5.4亿元，比上年增长11.8%；印刷和记录媒介复制业实现利润5.3亿元，比上年增长21.1%；农副食品加工业实现利润4.1亿元，比上年增长13.4%；专用设备制造业实现利润3.9亿元，比上年下降56.2%。

（丰鉴编）

【新增规模以上工业企业】2022年，丰台区科学技术和信息化局（简称区科学技术和信息化局）建立潜力上规和拟转工企业台账，"一对一"开展跟踪服务。会同区统计局推动科技服务业转工业（"科转工"）、批发零售业转工业（"批转工"）企业转统，北京天威国网电气成套设备有限公司、北京中星时代科技有限公司等6家企业"批转工"，北京实力源科技开发有限责任公司、北京羽爱服装有限公司2家企业"科转工"。（任汝洁）

【工业企业管理】2022年，区科学技术和信息化局推动北京谊安医疗系统股份有限公司、中船海神医疗科技有限公司、北京三兴汽车有限公司3家重点工业企业纳入国家级重点保供"白名单"，北京四环科宝制药股份有限公司、北京艾森绿宝油脂有限公司、北京金隅红树林环保技术有限责任公司3家企业纳入市级"白名单"，27家企业纳入区级"白名单"。指导企业按照"企自为战"原则，制定并动态完善闭环管理工作方案，提高企业抵御新冠疫情影响能力。组织"白名单"工业企业进行线上产融对接，通过国家产融合作平台为产业链供应链重点企业提供专项优惠金融支持。为北京榆构有限公司、依文服饰股份有限公司等22家企业办理物资运输通行证667份，服务1200余辆车，保障企业物资物流运输，减少新冠疫情对产业链供应链等重要生产经营环节的影响。（任汝洁）

【企业绿色智能发展】2022年，区科学技术和信息化局完成3家一般制造业企业（北京诚信铁强金属结构加工厂、北京筑城伟业建筑材料有限公司、立方数科股份有限公司）疏解退出，利用腾退空间完成3个高精尖项目［北京博进创科技发展有限公司、北京昊元安通科技发展有限公司、卡瑞济（北京）生命科技有限公司］引培落地和提质，超额完成市级任务。（魏金鑫）

【为企服务】2022年，区科学技术和信息化局协调河北省三河市推动北京当升材料科技股份有限公司产能恢复，实现产值比上年增长48%；为北京昊创瑞通电气设备股份有限公司、中国运载火箭技术研究院等重点企业协调解决子女入学问题；将北京榆构有限公司、北京澳丰源科技有限公司、北京汇力智能科技有限公司纳入纾困企业名单，通过对接浙商银行，为北京汇力智能科技有限公司获得700万元贷款。牵头依文集团服务工作，制定《依文集团服务工作方案》，督促各单位推进服务事项尽快落实；帮助依文服饰股份有限公司、北京谊安医疗系统股份有限公司等防疫物资生产企业开拓市场。为10家重点保障企业发放抗原试剂盒3.64万个。

（任汝洁）

市场监督管理

市场主体监管

【概况】2022年，丰台区市场监督管理局（简称区市场监管局）优化市场秩序环境，高标准推进民生领域"铁拳"行动、"治乱除害五大战役"、涉企违规收费专项整治、教育培训机构收费、殡葬行业价格监管等专项执法行动，严惩不正当竞争、虚假违法广告、假冒伪劣等扰乱市场秩序行为。查办"铁拳"相关案件2596件，罚没款735万余元。向社会集中曝光典型案例3批次15件。完善事中事后监管体系，发挥区事中事后监管联席办统筹协调作用。依托"慧眼监管"系统"两库+监测模型"，建立线上线下一体化协同监管机制。全区有市场主体182420户，存续市场主体数量居全市第四，企业数量居全市第三。其中内资企业180985户、外资企业1435户、个体工商户34317户、代表机构43户。新增市场主体16081户（其中新设内资企业14420户、新设外资企业144户、新设个体工商户1517户），代表机构2户。办理一般程序案件12378件、罚没款3303.8万元。有私营企业133772户，私营个体经济协会分会26个，培育非公党建示范点46个，其中市级示范点2个。区市场监管局获评"北京市'接诉即办'工作先进集体"，综合执法大队被评为"北京2022年冬奥会和冬残奥会奥林匹克标志知识产权保护突出贡献集体"。区私营个体经济协会被中国个体劳动者协会评为"全国先进集体"，1户个体工商户被评为全国先进个体工商户。465篇政务信息新闻稿件在中央电视台、北京电视台、《北京日报》、新华网、《中国市场监管报》等媒体报道刊发。（白莹莹）

【个体经营者豁免登记】2022年，区市场监管局对销售农副产品、日常生活用品，或者个人利用自身技能从事依法无须取得许可便民劳务活动的个体经营者，特别是在新冠疫情期间从事群众基本生活保障的零售业个体经营者，依法予以豁免登记。（白莹莹）

【"个转企"工作】2022年，区市场监管局推动"个转企"登记"一件事一次办"，实现个体工商户申请转变为企业事项即时办结，引导更多有发展潜力个体工商户转型升级为企业，其中181户个体工商户转型升级为企业。（白莹莹）

【金融服务】2022年，区市场监管局与中国邮政储蓄银行合作，为320户私营企业、个体工商户提供金融服务，提供贷款金额10.87亿元；与区担保公司合作，为307户提供贷款金额27.03亿元。（林　晨）

【营商环境优化】2022年，区市场监管局落实营商环境5.0版改革任务，开设“证照联办”服务专窗，全面升级“一照多址”服务，丰富“一网通办”集成服务功能，优化“一照多址”线上查询方式。推进“助企纾困”政策落地，推动歇业制度，贯彻落实《促进个体工商户发展条例》，开展信用修复和信用豁免，开通优化营商环境主题宣讲云服务，扩大政策知晓度和覆盖面，激发市场主体活力。落实公平竞争审查制度，统一开放、竞争有序的市场体系进一步形成。（白莹莹）

【公平竞争审查制度落实】2022年，区市场监管局推动公平竞争政策先行先试，落实完善重大政策措施会审、投诉举报受理回应、公平竞争审查抽查机制，丰台区公平竞争审查工作质量考核结果位居全市前列。（白莹莹）

【监管体系完善】2022年，区市场监管局健全以“双随机、一公开”监管为基本手段、以重点监管为补充、以信用监管为基础新型监管机制，推动“6+4”一体化综合监管体系2个场景试点在丰台落地，分别是由区住建委牵头实施创新加强施工扬尘工地监管和由区房管局牵头实施的创新加强物业管理服务机构监管2项工作。（白莹莹）

【平台经济主体监管】2022年，区市场监管局依托“慧眼监管”系统“两库+监测模型”，牵头建设“互联网平台经济协同治理与企业服务平台”，实现重点任务快速精准排查。与阿里本地生活（饿了么）签订《推进平台经济高质量发展、高水平治理合作协议》。建立适用于平台经济领域企业信用风险分类分级标准化指标体系，推进平台经济主体标准化、精准化监管。（白莹莹）

【合同示范文本推广】2022年，丰台区推广《北京市体育健身行业预付费服务合同》《北京市成人体育培训服务合同》《北京市零售、餐饮、居民服务业单用途预付卡服务合同》《北京市养老服务合同（养老机构版）》《北京市商业办公房屋租赁合同》《北京市前期物业服务合同》《北京市物业服务合同》等合同示范文本。（白莹莹）

【广告监管】2022年，丰台区在传统媒介推行监测专岗季度自查制，收取媒介721份，广告监测总量11506条次，涉嫌违法量71条次。完善监测手段，通过测试运行第三方监测平台，提高对电视、网络、传统媒介广告监测的技术手段，采集各类广告监测数据10585383条次。（白莹莹）

【无证无照经营治理】2022年，区市场监管局上账31处无证无照经营计划治理任务，按照“三个一批”（“查处关停”一批，“引导办照”一批，“规范管理”一批）标准治理，结合“接诉即办”、重大活动保障等工作。4月底100%完成计划任务工作并实现动态清零。（白莹莹）

【“双随机、一公开”监管】2022年，区市场监管局发挥区级“双随机、一公开”监管工作联席会作用，强化跨部门联合抽查协同调度，统筹27家单位完成2939户次企业检查。依托风险分类分级结果合理确定、动态调整抽查比例和频次，实施差异化监管。（白莹莹）

【“接诉即办”办理】2022年，区市场监管局办理“接诉即办”工单52999件，解决率95.49%，满意率96.8%，全年综合得分96.62分。制定“接诉即办”风险诉求办理机制，科级以上领导干部带头办单，推进“每月一题”，提高为群众办实事、解难题工作能力和水平。“‘接诉即办’运行机制”被作为“标准化规范”在全市的市场监管所执行。（白莹莹）

【普法宣传】2022年，区市场监管局推进普法依法治理工作，制发年度普法依法治理工作要点以及各项专题宣传活动方案，加强普法工作部署统筹。围绕“3·15”“4·26”等时间节点，开展主题普法宣传活动。依托丰帆普法讲师团，开展新《行政处罚法》实施一周年、宪法日等云端普法活动。参与全国、全系统法治动漫微视频作品征集活动。组织拍摄法治微视频《追时间的人》《法治零距离》。（白莹莹）

2022年丰台区市场监督管理所一览表

表9

序号	名称	地址
1	丰台街道所	北大地文体路甲3号院5号楼
2	新村街道所	造甲街110号永乐文智园A2楼市场监督管理所
3	太平桥街道所	华源一里甲1号

续表 9

序号	名称	地址
4	六里桥街道所	望园东里 28 号二层
5	青塔街道所	西四环中路 128 号
6	卢沟桥街道所	大井 1 号院（卢沟桥路北侧）
7	五里店街道所	丰台镇东安街三条六号区政府南院
8	看丹街道所	科技园区外环西路 8 号（看丹街道行政服务中心一层 5、6 号窗口）
9	玉泉营街道所	黄土岗甲一号
10	花乡街道所	郭公庄中街 18 号院 6 号楼
11	宛平街道所	垂虹街 7 号宛平街道办事处二层
12	南苑街道所	南苑东路甲 2 号
13	大红门街道所	南苑路建欣苑小区二里 8 号楼底商
14	西罗园街道所	西罗园北路 14 号
15	马家堡街道所	嘉园一里 12 号楼一层
16	右安门街道所	右外大街 185 号
17	东铁匠营街道所	蒲黄榆二里甲十八号楼东铁匠营市场所
18	方庄街道所	方庄芳星园三区甲 20 号楼一层
19	成寿寺街道所	方庄南路南口方于路 58 号院
20	石榴庄街道所	石榴庄西街 234 号
21	和义街道所	和义西里和义文化产业园 B 座一层西侧
22	东高地街道所	东高地斜街 2 号第二开关厂（东高地一小北侧 100 米路东）
23	长辛店街道所	长辛店街道东山坡二里 21 号院内坡上
24	云岗街道所	云岗西路甲 14 号
25	北宫镇所	长辛店镇大灰厂东路 3 号
26	王佐镇所	王佐镇南宫 8 号院 6 号楼东南角
27	科技园区所	华夏幸福创新中心 9 号楼一层
28	丽泽所	金泽西路 8 号 20 层 2036 室
29	西站所	莲花池东路 114-2
30	新发地所	新发地市场惠农门南侧 30 米

质量技术监督管理

【概况】 2022 年，区市场监管局开展质量技术“一站式”服务，建立深化首席质量官制度，鼓励辖区企事业单位、社会团体参与标准国际化，提升辖区企事业单位竞争软实力。严格特种设备和产品质量安全监管。完成安全生产三年专项整治任务并持续巩固整治成果。对“黑气瓶”保持零容忍高压态势，做到来源可查、去向可追。区市场监管局指导北京花乡花木集团国家农业标准化示范区项目通过预验收。全国首个《花卉交易服务规范》地方标准落地丰台。丰台区 2021 年质量工作考核 90.83 分，结果评定为 A 级。 （白莹莹）

【市首个卫生健康领域地方标准出台】2022年，丰台区以“互联网+老年健康”服务为重点，创制标准24项，其中2项成为北京市地方标准，《社区卫生服务机构老年健康教育服务规范》是全市首个区级标准上升为卫生健康领域地方标准典范。（白莹莹）

【特种设备安全监管】2022年，区市场监管局开展燃气安全“百日行动”，完成燃气相关特种设备隐患排查治理。完成安全生产三年专项整治任务，巩固整治成果。开展460台高风险电梯综合整治，完成2021年度168项特种设备检验质量抽查问题整改，特种设备超期未检率控制在0.3%以下。（白莹莹）

【产品质量监管】2022年，区市场监管局开展电线电缆、烟花爆竹、燃气器具、儿童用品、车用油品、重点工业产品等专项整治工作，完成350组产品抽检任务，收到不合格产品报告21份，移转至标称生产者、销售者属地市场监管所依法处理。（白莹莹）

【计量监管】2022年，区市场监管局抓好重点领域、重点行业计量督查，加强能源计量基础建设，筑牢民生安全计量底线。开展能效水效标识产品符合性抽检17批次，合格率100%；限制商品过度包装抽检40批次，合格率87.5%；定量包装商品抽检25批次，合格率100%。自主研发的科研成果“一种计量检定用的数字心电图机一体式测试适配器”获国家级实用新型专利。（白莹莹）

食品药品安全管理

【概况】2022年，区市场监管局加强食品药品安全综合治理，开展“守底线、查隐患、保安全”、药品安全专项整治、“线上净网线下清源”等专项行动，全面排查食品药品安全风险隐患。实现“互联网+明厨亮灶”阳光餐饮工程全覆盖。开展“两品一械”（药品、化妆品和医疗器械）不良反应监测工作。区市场监管局获评2021年度北京市药品不良反应监测工作先进单位。（白莹莹）

【食品药品抽检】2022年，区食药安委办发挥统筹协调作用，落实食品药品安全党政同责。开展食品监督抽检6600批次，合格率98.5%；“两品一械”抽检489批次，合格率99.6%。（白莹莹）

【药品安全专项整治】2022年，区药品安全专项整治查办大案要案6起，罚没款993万余元，“两品一械”案件194起。大案要案数全市排名第一，罚没款金额全市排名第二，案件总数全市排名第三，获得市药品安全专项整治工作领导小组通报表扬。（白莹莹）

2月14日，区市场监管局在物美超市东高地点开展元宵抽检（梁忠涛 摄）

【食品安全宣传】2022年，丰台区开展“共创食安新发展 共享美好新生活”主题食品安全宣传周系列活动，组织“检验检测为食品安全保驾护航‘公众开放日’”活动、志愿者科普宣传讲师团“六进”等宣传活动，利用媒体平台、机关微信公众号等各大网络载体宣传食品安全知识，开展系列宣传活动189场，线上线下宣传受众20余万人次。（白莹莹）

【食品经营许可咨询服务改革】2022年，食品经营许可咨询服务改革在丰台区进行试点，将食品经营许可（餐饮环节）、小餐饮店许可等事项纳入“咨询服务”改革服务范围。“e窗通”平台自动弹出提供“咨询服务”提示说明，提供线下申请渠道，市场监管局可预先审查装修图或提前查看现场，提前介入参与规划，企业可申请“咨询服务”提前查看现场，在现场获得专业指导意见。关键项目一次性通过率提高，避免返工情况发生，帮助企业降低合规成本。（白莹莹）

【不良反应监测】2022年，丰台区以抗疫用药用械为监测重点，建立预警机制，密切关注是否发生与新冠疫情相关药品、医疗器械不良反应信息，完善国家药品不良反应监测系统、器械不良事件监测系统和化妆品不良反应监测系统用户信息。“两品一械”不良反应监测收集评价报告2655份。（白莹莹）

价格管理

【概况】2022年，丰台区深化多部门协同联动价格调控工作机制，监测生活必需品价格，做好北京冬奥会和冬残奥会住宿、餐饮价格监测工作。治理价格违法行为，整治涉企违规收费，开展保供稳价工作。市价格监测中心对丰台区价格监测报告制度执行情况、信息报送情况、专项工作完成情况、价格预警、应急监测开展情况及价格监测基础建设情况开展质量考核。区发展改革委被评为2022年度北京市价格监测工作先进单位。（王 巍）

【殡葬服务行业价格治理】2022年，

区市场监管局针对“天价殡葬”情况，联合卫健、民政等行业主管部门对辖区医疗机构和从事殡仪服务的相关主体开展行政约谈，督促医疗机构加强和规范外包服务经营管理。锚定殡葬服务行业存在的突出问题，实行精准整治、全覆盖检查。对5家医院太平间收费涉嫌不执行政府定价收取冷冻存尸费、火化费等违法行为立案调查，罚没款255.6万元。（白莹莹）

【涉企违规收费整治】2022年，区市场监管局紧扣“营商环境优化提升”，整治涉企违规收费，确保各项降费惠企政策落地落实。加强工作统筹协调，建立工作协调联络机制，与区城管委、区水务局等部门建立有效沟通渠道，研究会商解决涉企收费治理重点难点问题。责令9家存在电费降价政策传导不到位的相关主体清退多收费用615万元，惠及相关主体988户。对3家在供电过程中加价收取不合理费用的主体立案调查，其中对北京搜厚物业管理有限公司丽泽分公司违规向终端用户加价收取电费、以电力改造服务费的名义向终端用户收取增容费用的违法行为，处罚款257万余元。（白莹莹）

【保供稳价监测检查】2022年，区市场监管局聚焦批发和零售2个环节，开展保供稳价工作。以“稳民心、稳预期”为目标，采用行政告诫和行政处罚等多种手段，开展蔬菜、肉、蛋等基本民生商品价格监测检查。针对商超、市场、药店等不同行业、不同经营模式市场主体，制发《价格行为提醒告诫书》，开展“线下+线上”约谈，指导企业合规经营，公开发布价格违法典型案例14件。（白莹莹）

知识产权保护

【概况】2022年，丰台区有专利授权16756件。其中，发明4439件、实用新型11297件、外观设计1020件。有效注册商标存量197677件，比上年增长11%。丰台商标受理窗口业务范围24项（含质押），受理商标注册申请645件，送达电子文书4232件，发放电子商标注册证365件。持续完善知识产权政策、管理和服务体系，提升知识产权质量，优化知识产权环境，强化知识产权意识，注重知识产权人才培养，推进知识产权各项工作，有效发挥知识产权助推区域创新发展的重要作用。丰台区入选首批国家知识产权强市建设试点城市。新设立市级工作站及商标品牌指导站各1家，全区公共服务机构网点拥有量在全市排名第三。完成“两区”建设任务，申报北京市知识产权保险试点19家，获批北京市知识产权试点单位37家、示范单位7家。依托知识产权宣传周、微信公众号“知产e客厅”板块、“丰企通”企业服务活动等开展知识产权政策宣传培训，支持企业研发创新。专利转化项目、专利服务支持项目和知识产权软课题项目支持企业15家次。以侵犯奥林匹克标志专用权为重点商品，加大打击侵犯知识产权和制售假冒伪劣商品工作力度，办结商标侵权案件190件，罚没款546.19万元。（白莹莹）

【知识产权公共服务】2022年，区市场监管局（区知识产权局）鼓励辖区企业积极申报北京市知识产权保险试点，参保企业增至19家。推进知识产权公共服务“一网通办”，为53家企业完成北京市知识产权试点示范企业申报，获批北京市知识产权试点单位37家，获得北京市知识产权示范单位7家。支持5家企业申报北京市发明专利奖。（白莹莹）

【知识产权价值转化】2022年，区市场监管局（区知识产权局）开展专利转化项目、专利服务支持项目和知识产权软课题项目，支持企业15家次，其中专利转化项目9个、专利服务支持项目3个，知识产权软课题项目3个，支持资金合计500万元。（白莹莹）

【入选首批国家知识产权强市建设试点城市】2022年，经自主申报、北京市知识产权局推荐、材料审查及专家评审等程序，最终全国72个城市（区）获评，北京市仅3个区入选，丰台区位列其中，试点时限自2022年7月至2025年6月。（白莹莹）

【新增公共服务机构网点】2022年，区市场监管局（区知识产权局）指导首科创融科技孵化有限公司和企联众创工作站分别申请设立市级工作站及商标品牌指导站。全区累计拥有知识产权工作站7家、商标品牌指导站3家。（白莹莹）

【知识产权“全链条”保护】2022年，区市场监管局（区知识产权局）主动筛查侵犯奥林匹克标志专用权的互联网违法线索，办理涉奥案件11件，其中2件入选北京市十大奥标侵权案件。组织开展服贸会知识产权专项保护行动，发挥电子商务领域执法协作机制作用，加强对涉及知识产权商品和服务的网络监管力度。对专利代理机构执业行为、专利代理师执业行为、分支机构以及疏于管理造成严重后果及擅自开展专利代理业务行为开展检查。启动丰台区知识产权代理规范月，推进“互联网+知识产权”监管模式，以监管促发展，优化行业发展环境，为全面提升知识产权治理能力提供有力支撑。（白莹莹）

【开放知识产权信息服务资源】2022年，区市场监管局（区知识产权局）为中关村科技园区丰台园TISC孵化器以及创新载体开展知识产权政策及专利信息培训6期，累计培训650人次。利用专利数据库为丰台园区企业提供免费、基础检索服务160次，专利导航、专利挖掘、专利布局、专利预警等专业、高级服务2次，助推中小企业发展，提升知识产权综合运用能力。为北京谊安医疗系统股份有限公司、中国通号城市轨道交通技术有限公司、北京吉视汇通科技有限责任公司等9家企业发放智慧芽数据库账号，指导企业使用数据库进行专利信息检索和分析，支持企业研发创新。（白莹莹）

【世界知识产权日宣传活动举行】4月20日，区市场监管局（区知识产权局）开展知识产权“云宣传”周活动。活动围绕“全面开启知识产权强国建设新征程 争创国家知识产权强市建设试点城市”主题，开辟“走进知识产权工作站”“知识产权+”“知识产权优质企业展”“知识产权精彩回顾”等多元化线上宣传模块，通过微信公众号定期更新“知产e客厅”，推出“云上·大咖聊知产”“知识产权白皮书”“云启动·知识产权代理规范月”“丰台区知识产权线上宣传平台”等活动，全面解读北京市知识产权政策要点。邀请国家知识产权局资深专家为企业普及知识产权相关知识及知识产权补贴政策，70家企业的70余名工作人员参加培训。（白莹莹）

【2021年丰台知识产权发展白皮书发布】4月20日，2021年《丰台区知识产权发展状况研究》白皮书发布。全区发明专利授权量和拥有量，分别较上年同期增长28.96%和24.59%；每万人口发明专利拥有量80.89件，为全国平均水平的近3.97倍；区域有效注册商标存量达176096件，同比增长约11.81%；文创、科技、金融和教育等类别商标占比也呈逐渐提高趋势，品牌发展态势良好；轨道交通装备产业2021年专利申请量全市排名第二，申请量占全市的30.57%，2021年新增专利授权量全市排名第一，创新价值持续提升，助力持续加大区域经济发展动能。（白莹莹）

2022年丰台区知识产权工作站一览表

表10

序号	名称	成立时间	地址
1	竹海知识产权工作站	2020年	榴乡路88号石榴中心2号楼6层
2	国家数字出版基地知识产权公共服务工作站	2019年	榆树庄1号院
3	首科大厦工作站	2021年	西三环南路14号院首科大厦A座6层
4	京辰瑞达工作站	2019年	五里店北里一区4号楼京辰瑞达大厦
5	赛欧工作站	2009年	中核路1号院1号楼
6	企联众创工作站	2019年	总部基地16区19号楼10层
7	二七厂1897科创城工作站	2021年	长辛店杨公庄1号，N16

消费者权益保护

【概况】2022年，丰台区消费者协会（简称区消协）依托消费环境建设联席会，联合公安、民政等部门承办关于保护老年群体权益、有效治理“职业打假”等区政协提案，加快消费维权社会共治进程。开展《北京市单用途预付卡管理条例》宣贯，保护百姓合法权益。坚持未成年人消费维权宣传教育，丰台彩虹消费维权服务队“培育消费维权小雏鹰”项目获北京市2022年“团建百强”项目。区消协围绕中消协“共促消费公平”年度主题，引导“科技向善”，实现更深层次消费公平；强化特殊群体保护，实现更大范围消费公平；践行绿色低碳消费，实现更加可持续消费公平。坚持维权主张，加大消费公平救济力度，强化消费教育，加强宣传引导，壮大消费公平监督力量。对区15家开展诚信承诺活动企业进行日常督导检查。推进消费投诉便利化，畅通在线投诉渠道，加强投诉数据统计分析和舆情监测。通过“96315”系统受理消费者投诉3500件，解决3374件，解决率96.4%，挽回经济损失117.6万余元。（马彩莲）

【放心消费创建工作】2022年，区消协推进放心消费创建工作，扩大创建活动影响面和覆盖面，强化创建效果检查，提高创建工作实效。加强对市消协“96315”系统在区内宣传和推广，提高消费者投诉维权渠道的扩展和畅通。开展消协系统“诚信服务承诺单位”评比活动，推动落实消费环节和赔偿环节赔偿先付制度和消费争议快速和解机制，提高消费环境安全度、经营者诚信度和消费者满意度。（马彩莲）

【消费纠纷解决效能提升】2022年，区消协以市场消费环境建设联席会议为平台，发挥各职能部门在解决消费环境突出问题上联动优势。加强与区法院、区人民调解委员会沟通协作，使消费纠纷调解更加顺畅与便利。增强对街镇政府相关部门，尤其是社区、居委会相关工作人员培训，为“小事不出社区、大事不出街镇”提供支撑。（马彩莲）

【消费诚信建设】2022年，区消协强化落实企业主体责任，以营造安全放心消费环境为目标，推动辖区消费环境改善。结合消费维权主题年活动，深化“丰台彩虹315”消费维权服务特色品牌，推动指导更多优质企业参与到诚信服务承诺活动中，建立重点行业公平对待消费者自律公约。提高企业诚信经营水平和责任主体意识，加强企业自觉开展保护消费者权益工作积极性。以“区域消费环境评价体系”建设工作为契机，优化市场消费环境工作效能，增强市场监管系统在消保维权领域的社会凝聚力和公信力。（马彩莲）

【消费者维权宣传】2022年，区消协紧扣“共促消费公平”主题年活动，拓展宣传渠道、创新宣传手段，提高宣传传播力、影响力和公信力。在商业聚集区悬挂宣传横幅，在社区电梯间张贴宣传海报，在商超播放消费维权宣传片和彩虹维权系列广播，制作发布微信H5［指在智能手机可以播放Flash的移动端上呈现的，可以达到Flash效果（如各种动画，互动）的，用于广告、营销的，具有酷炫效果的网页］、短视频等宣传材料，提高消费者权益保护工作公众知晓率和参与度。结合消费维权形势，调整宣传方向，宣传受众向老年人、残疾人等群体倾斜，宣传内容向网络游戏、校外培训等维权热点领域倾斜。加强消费维权志愿者队伍建设，让消费者能够更好地参与到消费维权工作中。（马彩莲）

民营经济管理

【概况】2022年，丰台区印发《关于继续加大中小微企业帮扶力度加快困难企业恢复发展的若干措施》《丰台区关于北京市积极应对疫情影响助企纾困若干措施的落实指引》《丰台区统筹疫情防控和稳定经济增长实施方案》，针对民营企业、个体工商户提出系列助困措施，推动民营经济发展。梳理面向民间资本推介重点项目，吸引民间资本投资丰台。成立首家民营企业楼宇新联会，增强民营经济活力。开展“民营企业服务月”和“民营企业招聘月”活动，解决企业诉求，为企业填补用工缺口。截至年底存续民营经济147176户，其中有个体工商户34317户。（丰鉴编）

【“民营企业服务月”活动】2022年，丰台区开展“民营企业服务月”活动。开展“人社局长进民企”调研活动4次，走进依文服饰、振兴华龙等企业了解生产经营、招工用工情况，直接解决企业诉求6项；发动就业服务专员上门服务民营企业300余家，收集招工需求企业188家，解答政策咨询90余次。参加“就业在北京”直播大会，区局领导邀请7家民营企业代表共同参与，通过对话访谈方式讲解社保缴费标准、稳岗补贴政策等，近5.6万人次通过就业在北京、北京广播电视台等7家新媒体平台参与。分行业、分领域、分人群搭建公共就业服务站点，提供“人才集市”、主播体验式“探企带岗”、现场职业测评等“花式”招聘服务，联合区退役军人事务局、区工商联等开展招聘活动15场，164家民营企业提供就业岗位4万余个，为企业填补用工缺口2200个。（丰鉴编）

【检察机关服务民营经济发展】2022年，区检察院强化服务保障理念、细化服务保障措施，把激发民营经济主体活力政策导向转化为检察监督办案价值取向，一体推进法治营商环境和法治民企建设，使“法治元素”成为民营企业“发展要素”。贯彻落实“服务民营经济11项检察政策”，制订实施“服务保障丽泽金融商务区发展17条意见”，探索研究“服务保障中关村科技园区丰台园发展的意见”。落实对企业负责人实行少捕慎诉慎押刑事司法政策，开展羁押必要性审查，针对犯罪嫌疑人主观认罪态度、退赃退赔情况，形成多项评价指标，提升审查科学性；慎用查封、扣押、冻结等强制措施，保障企业日常经营活动，做好涉企刑事诉讼“挂案”清理，促进“丰九条”等产业政策落地。组建网络检察办公室、金融检察办公室、知识产权检察办公室，强化专业司法保护，严肃惩治各类涉众型、跨区域金融犯罪案件，为民营企业发展创造公正有序营商环境。全年受理经济犯罪案件400余件，挽损金额9200余万元。推进知识产权检察综合履职，办结全国首例侵犯北京冬奥会吉祥物形象作品案。开展7个老字号品牌涉诉问题分析研究，形成追赃挽损、反向“行刑衔接”、公益诉讼线索移送等工作规范深化涉案企业合规改革，关注民营小微企业，灵活探索合规监管方式，降低合规整改成本。落实全市营商环境5.0版改革方案，开展联系走访企业工作，发挥与丽泽金融商务区共建职能，联合区金融办前往中国融资担保业协会、中车财务有限公司调研座谈，会同区直有关部门深化涉案企业合规改革，营造安商惠企法治化营商环境。牵头构建区域维护金融秩序合作平台，强化与区金融办沟通协作，加大互联网平台反垄断、反不正当竞争领域检察监督力度，调研新科技、新业态发展可能引发的资本市场风险，落实修订后即将实施的《中华人民共和国反垄断法》，为民营经济高质量发展提供保障。不断延伸检察服务职能，通过检察建议、检企共建助力企业治理，针对涉案企业问题，依法向部分民营企业制发检察建议，清除犯罪隐患。结合案件办理工作，前往楼宇企业开展廉洁从业、合规经营等专题普法宣讲，助力企业有效防范法律风险。创新宣传方式，制作多部普法微视频、微

动漫，开展“3·15”消费者权益保护日、“4·26”知识产权日宣传活动，“治罪”与“治理”共同发力。（丰鉴编）

【“民营企业招聘月”专项服务活动】2022年，区人力资源和社会保障局对辖区178家专精特新企业、7家就业新形态企业、50余家重点用工企业，开展电话摸排，了解企业用人需求、提供毕业生、失业人员、退役军人等重点群体就业岗位、灵活用工岗位5600余个，向重点企业宣传援企稳岗政策，指导合理合法用工。发挥就业服务专员作用，摸清辖区重点群体就业需求，加强与区公共就业服务部门岗位融合，利用线上招聘、直播带岗等方式搭建线上招聘平台，推进岗位信息下沉到社区（村）。活动期间，组织线上招聘9次，带岗直播1次，147家用工企业参与活动，线上2200人次参与互动。结合专项服务活动，推进“易起找工作”系列职业指导直播活动，邀请专精特新企业——卡斯柯信号（北京）有限公司资深HR到直播间，以《专精特新企业HR带您改简历》为主题，分享撰写简历注意事项、现场进行简历修改实操，直播期间453人次在线互动。（丰鉴编）

【首家民营企业楼宇新联会成立】1月17日，太平桥街道首科大厦新的社会阶层人士联谊会成立大会在首科大厦6层创融云巢成功举办，是丰台区成立首家民营企业楼宇新联会。会议审议通过《首科大厦新的社会阶层人士联谊会章程》，选举产生新联会第一届领导班子成员。首科大厦统战工作品牌“首科创融同心汇”、首科大厦新的社会阶层人士联谊会相继揭牌。区委统战部相关负责人对首科大厦坚持党建引领统战工作，注重发挥市级新阶层人士统战工作实践创新基地示范作用，打造“首科创融同心汇”统战工作品牌等工作给予肯定，并就新联会作用有效发挥提出要求。首科大厦新联会由大厦内民营企业和外商投资企业管理技术人员、中介组织和社会组织从业人员、自由职业人员、新媒体从业人员中的代表人士自愿组成，是非营利社会组织。有会员30人，职业横跨科技文创领域等多个行业。（丰鉴编）

【帮扶中小微企业发展措施印发】5月17日，区发展改革委印发《关于继续加大中小微企业帮扶力度加快困难企业恢复发展的若干措施》（简称《措施》）。《措施》提出实施增值税期末留抵退税、落实减税降费政策、加大租金减免政策支持、实施阶段性社保优惠政策、降低企业新冠疫情防控成本、提高中小微企业获取信贷便利性、实施餐饮业纾困扶持措施、实施零售业纾困扶持措施、实施旅游业纾困扶持措施、加大援企稳岗支持、建立稳定产业链供应链协调机制、加强中小微企业日常监测12项措施帮扶中小微企业渡过难关、恢复发展。（丰鉴编）

【民营经济纾困措施】6月13日，区人民政府印发《丰台区统筹疫情防控和稳定经济增长实施方案》（简称《方案》），针对中小微企业、个体工商户纾困提出系列保障措施。《方案》明确，对科技创新型困难中小微企业及其他受新冠疫情影响生产经营困难的中小微企业，按照国家社会保险费缓缴政策及扩围要求，扩大享受范围，缓缴期间免收滞纳金；对在京注册或在京纳税并承租丰台区各级机关事业单位和区属国有企业国有房屋的服务业小微企业和个体工商户减免6个月房屋租金；对承租非国有房屋的科技型孵化器为中小微企业和个体工商户减免房租的，经确认按照减免租金总额的50%给予补贴，其中市级承担20%、区级承担30%；鼓励非国有房屋业主或经营管理主体减免中小微企业和个体工商户房租；对受新冠疫情影响未能及时缴费的小微企业和个体工商户用水、用电、用气“欠费不停供”，缓缴期间免收滞纳金；鼓励金融机构对中小微企业和个体工商户实施延期还本付息，简化申请手续、支持网上办理；加大中小微企业融资担保支持力度；开展中小企业账款清欠专项行动，无分歧欠款发现一起清偿一起，严禁政府投资项目新增拖欠；加大公共采购倾斜力度，降低中小企业参与门槛，将政府采购货物服务面向小微企业价格扣除比例提高。（丰鉴编）

【落实市政策助力中小微企业发展】12月8日，区发展改革委发布《丰台区关于北京市积极应对疫情影响助企纾困若干措施的落实指引》，其中针对中小微企业和民间资本给予纾困措施。全面落实系列税收优惠政策。自9月1日起，对于已享受延缓缴纳税费50%制造业中型企业和延缓缴纳税费100%制造业小微企业，其已缓缴税费的缓缴期限届满后继续延长4个月。持续开展防范和化解拖欠中小企业账款专项行动。加强中小企业投诉线索的核实办理，建立欠款台账，加快欠款清偿。严格落实大型企业拖欠中小企业账款公示制度，落实逾期未支付中小企业账款强制披露制度，将拖欠信息列入政府信息主动公开范围。对设备购置与更新改造给予贷款贴息支持。研究制定全市设备购置与更新改造贷款贴息政策，对符合条件项目给予2.5个百分点贴息、期限2年，引导银行发放设备购置与更新改造贷款300亿元，重点支持市场化的社会投资特别是民间投资项目，引导资金要素投向科技创新、先进制造业与现代服务业融合发展等重点领域和关键环节。对小微企业贷款实施延期还本付息政策。对于2022年第四季度到期、却因新冠疫情影响暂时遇困的小微企业贷款（含个体工商户和小微企业主经营性贷款），鼓励银行业金融机构与借款人按市场化原则共同协商延期还本付息，延期贷款正常计息，免收罚息。还本付息日期原则上最长可延至2023年6月30日。（丰鉴编）

【向民间资本推介重点项目】 12月，丰台区梳理面向民间资本推介重点项目，向社会公开推介。推介项目14个，总投资90.4亿元，居于全市前列。从行业领域分布看，推介突出“五子”联动［第一“子”，建设国际科技创新中心；第二“子”，“两区”建设，即国家服务业扩大开放综合示范区建设和中国（北京）自由贸易试验区建设；第三“子”，数字经济；第四“子”，以供给侧结构性改革引领和创造新需求；第五“子”，深入推动以疏解北京非首都功能为“牛鼻子”京津冀协同发展］，扩大生产性投资，推动民间资本投向丰台区现代服务业、科技服务业、新型基础设施等领域。

（丰鉴编）

投资促进

【概况】 2022年，丰台区投资促进服务中心（简称区投促中心）聚焦“高精尖”产业体系构建，持续推进“1511”产业发展提质工程，坚持强化统筹、创新方式、目标导向、招大育强，推动投资促进工作取得新成效。促成中国物流集团、南水北调集团、大唐碳资产、中移系统集成、通用健康、中国通服、中化石油、中化化肥、中望数字、中注税协、中煤环保等企业项目落地。新设立注册资本5000万元以上规模企业401家，注册资本1239亿元，比上年增长42%。（赵　婧）

【产业发展提质工程】 2022年，区投促中心牵头落实“1511”产业发展提质工程，培育引进上市企业6家，高质量外资企业51家，高成长性企业122家。引进规模税源企业116家。其中，一级央企1家，二级及以下央企子公司42家，世界500强子公司13家。（赵　婧）

【健全招商机制】 2022年，丰台区构建“1+6+N”体系，即以“1511”工程为核心，实施任务清、目标清、资源清、政策清、渠道清、服务清“六清”工作模式，发挥功能区、行业主管部门、属地街镇、政务服务部门、区属国企、中介机构等多方参与“N”支招商队伍作用。区投促中心关注产业发展动态和经济政策新变化，编撰《重点企业与政策动态周报》37期。分批次召开街镇、区委办局、国企工作推进会，协助街镇、国企、部门明确目标任务，掌握服务企业渠道方法，提升重点税源企业服务水平。（赵　婧）

【楼宇资源调查】 2022年，区投促中心开展辖区内市属国企、民营企业等空间资源摸底调查，详细掌握空间信息，对入驻企业基本情况再梳理再细化。对重点商务楼宇开展运行动态监测，发布数据报告11期。走访调研精图16号、10号线创意公园等楼宇、园区项目50家次，审核农村集体项目111个；陪同80余家重点企业考察选址百余次，为奥鹏教育、央视网、最高法等10家单位一对一制定选址方案。（赵　婧）

【招商渠道拓展】 2022年，区投促中心深化市场化招商，引入高能级机构开展招商合作，聘请80余家中介机构成为“招商合作伙伴”。完善中介奖励机制，2021年以来中介机构提供招商项目线索105个，落地项目62家，实现留区税收3100万元。走访北京总部企业协会、中国国际商会、中欧商会、中国香港（地区）商会、北京金融科技企业联盟、中国开发性金融促进会、普华永道、德勤、毕马威等机构，对接资源、推介环境，扩大招商“朋友圈”。（赵　婧）

【“投资丰台地图”小程序更新】 2022年，区投促中心整合更新“投资丰台地图”小程序，从功能、内容、操作等多方面充实内容，增加更多优质楼宇空间资源上线，搭建项目对接资源库，扩大“丰台投资地图”使用范围覆盖面，增加互动黏性，发挥数字化招商新动能。（赵　婧）

【“丰企通”企业服务活动举办】 2022年，区投促中心联合各部门举办“丰企通”企业服务活动7期，解读惠企政策，开展特色化签约、论坛等活动，提振企业在丰台投资发展信心。（赵　婧）

【投资丰台宣传推介活动】 2022年，区投促中心优选高端公关策划机构，以国际化视野立体包装展现丰台区产业形象，推出“高质量发展‘丰’华正茂、‘丰’企云涌、‘丰’行天下、乘‘丰’起航”系列主题宣传。推出“每周一星”企业推介活动，展示驻区重点企业风采，助力产业资源对接、互融共通，共同发展。“投资丰台”微信公众号推送44期、200余篇，浏览量16万人次。《年贡献超百亿 丰台区楼宇经济发展焕发新活力》《起步即提速 丰台产业发展取得开门红》《丰台携二十四个重点项目亮相第二十五届京港会 总投资额达1500亿》等多篇原创文章被人民网、央广网、千龙网、京报网等数十家知名媒体转发百余次。（赵　婧）

【参加国际服务贸易交易会】 9月1日，2022中国（北京）国际服务贸易交易会“北京日”暨“投资北京”峰会活动举办。丰台区签约落地项目包括中国铁路通信信号集团有限公司联合中国铁路通信信号股份有限公司投资设立通号集团财务有限公司、华电集团投资设立海外投资及资产运营总部项目、全球跨境支付公司TTMFS设立中国总部项目、银山集团投资设立北京阿特迈德医院项目，现场总签约额91亿元。丰台产业高质量发展最新成果通过服贸会平台面向全球客商进行推介，“妙笔生花看丰台”规划蓝图加速落地。（赵　婧）

【参加第二十五届京港洽谈会】 12月14日，第二十五届北京·香港经济合作研讨洽谈会在北京召开，丰台区携24个重点项目参与洽谈会，总投资额1500亿元。现场签约的香港中建致远投资建设国际商贸中心项目计划于2023年开工建设，作为中建国际下属的投资公司，将为项目提供港资支持约30亿元人民币。（赵　婧）

信用体系建设

【概况】2022年，根据国家信息中心发布《北京市区域信用环境状况监测月报》，9月丰台区综合信用指数为74.41，排名全市第一。市、区社会信用体系建设联席会议办公室负责统筹组织，区科学技术和信息化局牵头全面推进全区社会信用体系建设工作。平台数据完成“1+2”信用平台网站验收工作，基本实现“双公示”数据7个工作日内上网全量公示，上报率、及时率和合格率均达100%，数据质量位列全市第一。（张　驰）

【信用监管机制】2022年，丰台区在事前、事中、事后3个阶段采用不同措施进行信用监管。事前：全面推进272项告知承诺及其他信用承诺书签署工作，归集各类市场主体信用承诺及履约践诺情况信息60794条，并通过“信用丰台”网站公开48925条；在区政务服务大厅开展市场主体准入前诚信教育，完善行业领域公共信用信息查询使用制度，核查企业、个人信用状况，形成“守信激励、失信惩戒”良好氛围。事中：区市场监管局等行业监管部门按照市市场监督管理局文件要求在20余个领域开展分级分类监管，落实“风险+信用”监管工作，根据企业信用状况实施差别化监管措施。事后：将436家重点关注对象名单和4627家失信企业名单推送至相关单位依法审查，推动失信主体退出名单，在“信用丰台”网站上建立重整企业信用修复查询“一口人”机制，召开公益性信用修复培训会，并为全区500余家企业进行信用修复初审。（张　驰）

【政务诚信建设】2022年，丰台区在政府采购、政府和社会资本合作、招标投标、招商引资、重点职业人群5个重点领域开展政务诚信建设工作，建立完善区信用主管部门与区法院工作协调机制，畅通政府失信投诉举报渠道，开展信用工作考评，建立常态化街镇政务诚信监测机制，推进政务失信专项整治等相关工作。全区内无政府失信被执行人，已完成全区“双公示”提示月报和城市信用状况监测指标报送情况简报11期。（张　驰）

【信用信息共享应用模式】2022年，丰台区依托“一平台”（区信用信息共享平台）“两门户”（“信用丰台”和政务应用服务门户）实现区内公共信用信息归集共享，归集52个区级部门8123个行政管理事项信息7万余条、信用承诺信息8万余条等，保障信息安全和主体权益。实现市区两级平台互联互通，推进各类公共信用信息全量归集和共享应用，对接市场主体信用信息7400余万条，水电气信息680万条，累计向市级平台推送行政许可数据30519条，行政处罚数据28626条，基本实现“双公示”数据7个工作日内上网全量公示，合格率100%。（张　驰）

【信用贷款惠民便企应用】2022年，丰台区引导42家金融机构和20841家企业实名注册“信易贷”平台，累计撮合信用贷款37.81亿元；开展“银税互动”等相关工作，累计撮合贷款达1000余亿元。按照信用应用“北京经验”，联合区卫生健康委上线“信用+医疗”创新应用进程。联合区政务服务局探索“信易+审批”应用，将企业信用信息嵌入审批流程，向区政务服务综窗系统对接7类信用信息720余万条，累计调用20余万次。区房管局依托全区物业企业信用信息管理系统，为1130个住宅类小区建立物业行业信用档案，设置“五维一度”计分排名体系（依据居民投诉件量、监管部门调查结果等有效信息，对物业企业进行评分排名，生成业内类、设备设施维护类、环境卫生类、投诉反馈、社区共建“五维雷达图”和群众满意度“星级评分表”，为管理决策提供数据支持），累计对70余家信用评价高、群众反馈好物业企业进行宣传推广等。（张　驰）

【多领域诚信宣传】2022年，丰台区召开5类社会信用体系建设专题培训，提升一线人员信用工作水平。邀请百余家企业参与2022年北京市企业创新信用领跑行动，44家企业获得“2022年北京市信用领跑企业”称号，2个园区获得“2022年信用领跑园区”称号。全区开展“诚信建设万里行”“信用六进”（进机关、进窗口、进校园、进企业、进街镇、进场所）等系列宣传教育活动200余次，提升受众诚信意识，共建“诚信丰台”。（张　驰）

【信用示范城区建设】2022年，丰台区报名参加国家第四批社会信用体系建设示范区和全国信用平台网站观摩评选活动，编制《丰台区关于参评第四批社会信用体系建设示范区的自评估报告》和区信用平台网站观摩参评材料等，积累经验，为丰台评选社会信用体系建设示范区奠定基础。（张　驰）

金融业

金融服务

【概况】 2022年，丰台区有金融机构7000余家，金融业实现全口径税收59亿元，比上年增长19.17%；实现留区税收13.87亿元，比上年增长10.14%；实现增加值326.2亿元，比上年增长6.9%，占全区比重的15.8%，拉动经济增长1个百分点，是拉动经济增长的第一大支柱产业。全区规模以上金融业法人单位111家，累计实现收入477.9亿元，比上年减少10.3%。有持牌法人机构44家，包括证券类公司8家、保险类公司26家、财务公司5家、期货类公司1家、登记结算类机构2家、金融资产管理类1家、信用评级类1家。有银行机构387家。其中，中国邮政储蓄银行股份有限公司北京分行、中国农业发展银行北京分行、新华人寿保险股份有限公司北京分公司等重点持牌分支机构12家，银行支行62家。有证券机构41家，保险机构45家，保险中介308家。有融资担保公司5家，已开业小额贷款公司9家，开业典当公司42家，辖区内丽泽金融商务区是新兴金融产业集聚区、首都金融改革试验区，发展现代金融商务新业态，承接金融街、北京商务中心区配套辐射，是"北京法定数字货币试验区"，国启资产管理公司、华电海外投资、中核碳资产经营公司、中铁资本、新兴际华资本控股、中国物流集团资产管理公司、中铁融担公司等央企金融板块企业，华泰财险北分、通号财务等重点金融机构完成落户，银河证券税务关系迁入。金证金科、恒宝股份、楚天龙、德生科技、南天信息等一批上市公司旗下金融科技公司入驻。中国邮政储蓄银行股份有限公司北京分行预付式消费信用监管和服务平台项目、中国银河证券股份有限公司证券行业数字人民币应用场景创新试点项目获第二届首都金融创新激励项目金融创新成果一等奖。拨付财政资金支持中国人民银行数字货币研究所发展。联合人行营管部、市金融监管局、中关村科技园区丰台园管委会、区科信局等部门，开展银企对接会3场、股权融资路演1场、银行产品宣介活动4场，帮助企业获批授信约0.29亿元。（朱晓宇　吴玄）

【规范地方金融机构发展】 2022年，丰台区金融服务办公室（简称区金融办）对辖区8家小贷公司、4家融担公司（含分支机构）、1家交易场所、32家典当行（含分支机构）、7家融资租赁公司52家地方金融机构开展现场检查工作，督促企业整改，规范企业发展，防控地方金融机构风险。（朱晓宇）

【企业上市挂牌】 2022年，区金融办推动区内企业北京英诺特生物技术股份有限公司、北京金橙子科技股份有限公司在上交所科创板上市。丰台区境内A股上市企业累计31家（沪深主板20家、创业板5家、科创板4家、北交所2家），排名全市第四；新三板挂牌企业40家，排名全市第七。（路　媛）

【重点企业服务】 2022年，区金融办协助值得买、英诺特、金橙子、掌中飞天等8家重点企业，对接区内、外及外省相关部门，加快办理环保、安全生产、消防等相关合规证明23次，助力企业上市挂牌和再融资等工作开展。（路　媛）

【协助兑现上市补贴政策】 2022年，区金融办协助中铁特货、英诺特、金橙子等12家企业申报上市挂牌补贴计2800万元。其中，涉及市级上市补贴600万元，区级上市挂牌补贴2200万元。（路　媛）

【金融纾困工作开展】 2022年，区金融办联合区内相关单位梳理汇总融资需求企业名单，借助市级"纾困直通车"机制，将企业纳入各银行北京分行支持名录，上报企业140余家，累计获批贷款4.6亿元，排名全市第三。（路　媛）

【通号财务成立】 2022年，经中国银保监会批准，通号集团财务有限公司（简称通号财务）在中关村科技园丰台园正式成立。通号财务注册资本20亿元人民币，由中国铁路通信信号集团有限公司和中国铁路通信信号股份有限公司共同发起设立，主要为通号集团及集团成员提供财务服务，提高资金使用效率，经营范围包括办理成员单位之间内部转账结算及相应的结算、吸收成员单位存款、对成员单位办理贷款、协助成员单位实现交易款项的收付、办理成员单位之间委托贷款等，是丰台区第5家持牌财务公司。（朱晓宇）

【国启资产入驻丽泽】 2022年，国启资产管理有限公司在丽泽注册成立。公司注册资本1亿元，是由国家开发投资集团、中国电信集团、中国机械工业集团3家央企联合发起设立的资产管理公司，服务于央企国企改革战略，按照市场化、法治化、专业化的原则开展央企资产管理和处置业务，优化国有经济布局和结构调整。（朱晓宇）

【中核碳资产设立】 2022年，中核碳资产经营有限公司（简称中核碳资产）在丽泽成立。中核碳资产是中国核工业集团旗下主营碳资产、碳减排、碳转化、碳捕捉、碳封存技术研发、环保咨询服务等业务的重点金融板块，公司注册资本1亿元，由中国核工业集团资本控股有限公司、中国核能电力股份有限公司、新华水力发电有限公司共同发起设立，旨在围绕中核集团全产业链统筹开展碳资产开发、核算、管理和交易服务，面向系统内外双向推广低碳、零碳和负碳技术，助力集团打造原创技术策源地和产业链链长，同时联合其他国内核电运营商，牵头推动核电纳入国家核证自愿减排交易体系，奠定中国核电绿色能源新标准，为核电出口争夺国际话语权，是加快丽泽央企金融板块集聚区建设重要举措。（朱晓宇）

【金证金科在丽泽设立】 2022年，金证金融科技（北京）有限公司在丽泽金融商务区正式设立，注册资本3亿元，是由上市公司深圳市金证科技股份有限公司全资发起设立的金融科技公司，开展区块链及多方安全计算、保险行业资管科技和保险科技、数字人民币结算支付等方面业务，深度参与丽泽金融科技创新示范区建设，打造数字金融体系。（朱晓宇）

【楚天龙科技成立】 2022年，北京楚天龙数字技术有限公司在丽泽成立，注册资本1亿元，由上市公司楚天龙股份（简称"楚天龙"）全资发起设立。楚天龙是智能卡行业技术的引领者之一，是中国移动、中国联通、中国电信等120家集团及省级电信运营商供卡商，其研制的金融社保卡在全国市场占有率40%以上。北京楚天龙数字技术有限公司整合在京研发中心，开展数字安全产品以及数字人民币相关产品、技术研发及试点推广等工作，与中国人民银行数字货币研究所、国有大型银行等开展合作，共建数字人民币智能交互式综合体验场馆等，支持丽泽金融科技创新示范区建设。（朱晓宇）

【金融安全宣传】 2022年，区金融办通过丰台有线、微博、微信公众号等线上渠道发声，投放防范非法集资宣传教育系列视频、海报和宣传资料，加强宣传频次和力度。借助真实案例、典型案例，以案说法、以案释法，将专业知识转化为喜闻乐见的语言和形式，拉近宣传距离、创新宣传方式，提升互动性和参与感。线下组织集中宣传活动129场，惠及群众9万余人次。线上点击量、播放量10万余次。（任婉莹）

【国家安全日宣传活动】 4月15日，丰台花园开展国家安全日宣传活动。区金融办在活动现场开设展台，向群众宣传非法集资的主要特征、作案手段和防范技巧，阐明非法集资表现形式及危害，引导群众正确看待风险、理性表达诉求、依法维护权益。（任婉莹）

【参展2022服贸会金融服务专题展】 9月1日至5日，丰台区联合中国人民银行数字货币研究所、大型商业银行、华为、蚂蚁、腾讯、京东等多家金融机构、金融科技企业，围绕"聚焦数字金融新蓝海，打造数字金融示范区"主题，在服贸会北京首钢园区8号馆"数字金融示范区展区"设置超过1100平方米大型展区。展会上，丰台区推出无人驾驶数字人民币支付体验车，数字人民币生态城市3D（三维）模型，依托数字人民币硬件钱包的物

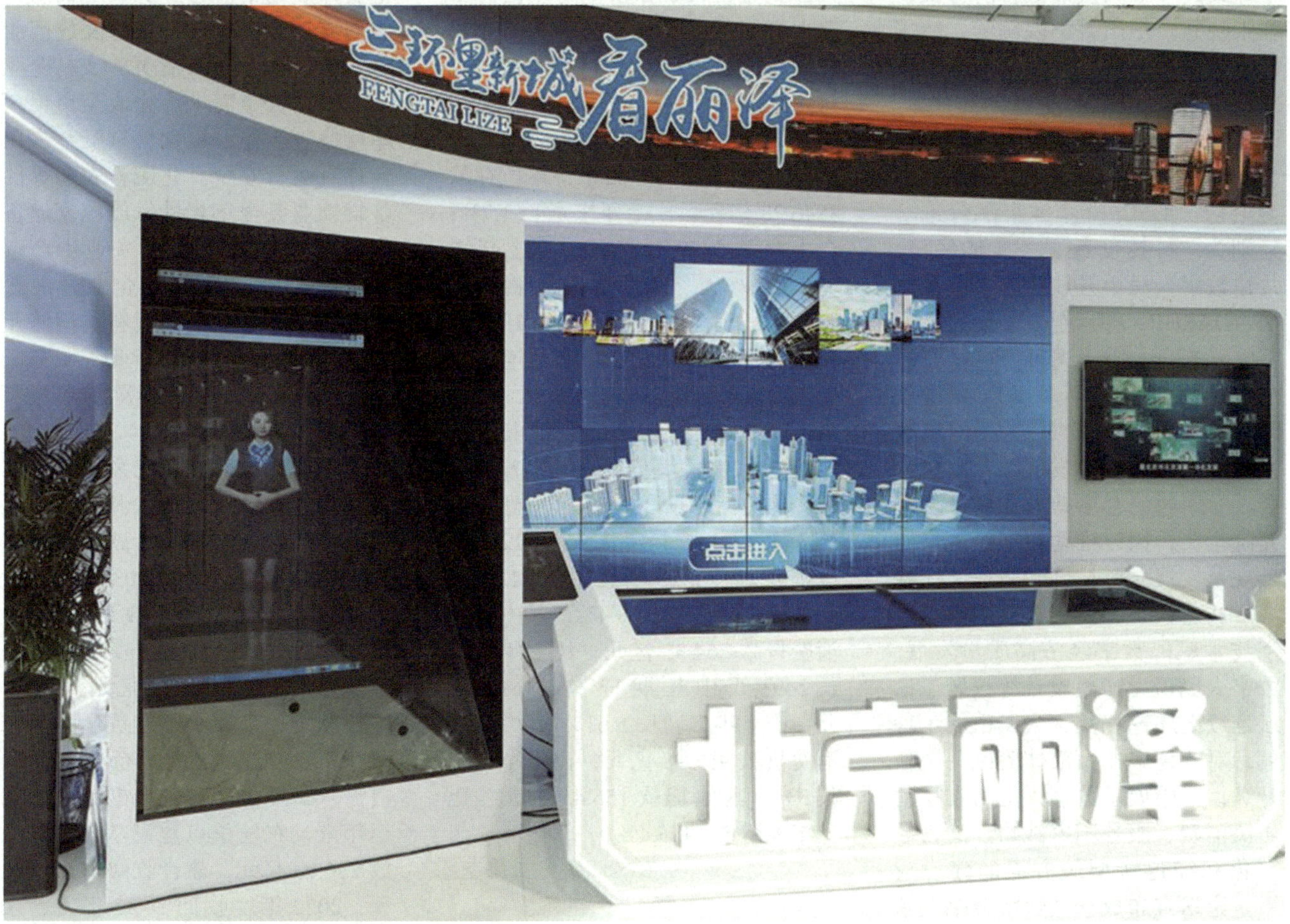

9月1日至5日，2022服贸会金融服务专题展丰台展区　　（区金融办　供图）

联网融合支付产品及智慧学生证、老年证硬件钱包等代表性数字人民币应用场景，VR（虚拟现实）数字展厅、高科技互动装备、区块链技术等数字金融创新成果。首次推出运用全息人像复刻技术打造的丽泽金融商务区数字讲解人，展示丰台区数字金融发展成果及丽泽金融商务区发展优势。展会接待参观人数超5万人次，受到央广网、人民网、《北京日报》等40余家媒体关注报道。（朱晓宇）

【中国（北京）数字金融论坛举办】9月8日，丰台区联合北京市地方金融监督管理局、中国人民银行数字货币研究所、中国邮政储蓄银行共同在丽泽金融商务区举办2022中国（北京）数字金融论坛，博鳌亚洲论坛副理事长周小川，全国政协常委、民革中央副主席、北京市委主委、北京市政协副主席王红等出席并致辞，中国人民银行前行长助理张晓慧，中国科学院院士、清华大学高等研究院“杨振宁讲座”教授王小云等30余名专家学者参加。论坛以“汇聚创新力量：规范与开放”为主题，以“主论坛+4个平行论坛”形式进行。4个平行论坛分别为“科技创新服务实体经济，共建数字人民币开放生态”圆桌论坛、DASHING协议发布会暨“数字技术赋能数字经济高质量发展”圆桌论坛、“数字人民币无障碍设计”课题及产品发布会、“推动数字经济高质量规范发展”专家讨论会。专家讨论会由博鳌亚洲论坛研究院牵头，探讨推动数字经济高质量规范发展、科技创新服务实体经济、共建数字人民币开放生态、数字技术赋能数字经济高质量发展、数字人民币无障碍设计等议题。论坛延续上届论坛数字人民币展示特色，对“数字人民币体验区”全新升级，集中展示数字人民币在拉动居民消费、服务国家战略、助力数字化和绿色转型等方面的建设成果。论坛宣布成立“数字金融创新发展联盟”，首批20余家金融机构和企业加入；发布数字人民币智能合约等研发成果；启动“丽泽数币一卡通”，释放数字金融领域发展信号。（朱晓宇）

【数字人民币代发工资项目落地】12月15日，在区金融办、区国资委、区文旅局等部门支持下，丰台文旅集团推进数字人民币应用试点工作，成功实现北京市区级国有企业首笔数字人民币代发工资。丰台文旅集团在联合中国银行丰台支行搭建北京市首个结合数字人民币景区综合支付结算平台“爱上丰台”App后，以数字人民币代发工资为锚点，在数字人民币应用试点方面开展再次探索。（丰鉴编）

银行业

【概况】2022年，全区有银行机构387家。其中，有政策性银行2家，商业银行376家。商业银行中有大型银行216家，股份制商业银行77家，城市商业银行28家，农村商业银行55家。年末，银行机构人民币存款余额9676.49亿元，比上年末增长8.8%。其中，单位存款3846.28亿元，比上年末增长1.7%；个人存款5229.81亿元，比上年末增长17.8%。个人存款中储蓄存款4272.4亿元，比上年末增长19.8%；其他存款600.4亿元，比上年末减少11.2%。银行机构人民币贷款余额6759.58亿元，比上年末增长8.8%。其中，境内贷款6757.15亿元，比上年末增长8.8%；境外贷款2.43亿元，比上年末减少12.6%。境内贷款中，短期贷款2084.47亿元，比上年末增长8.4%，其中个人消费贷款264.35亿元，比上年末增长249%；中长期贷款4516.24亿元，比上年末增长5.6%，其中个人消费贷款957.98亿元，比上年末增长3%；其他贷款156.45亿元，比上年末增长1425.4%。（路 媛 王海堃）

【农发行北京分行】2022年，中国农业发展银行北京分行（简称农发行北京分行）有支行（部）13个。总资产783.92亿元，比年初增加148.34亿元。年末各项贷款余额618.07亿元，比年初净增116.24亿元，增长23.16%，贷款余额创历史新高。负债总额799.09亿元，比年初增加160.3亿元，其中各项存款余额140.87亿元，比年初增加20.2亿元。各项收入27.7亿元，同比增长2.61亿元。FTP利润（Funds Transfer Pricing，指商业银行内部资金定向转移带来的利润）–10.84亿元，同比减少11.02亿元。政策性粮油信贷业务，年末粮棉油贷款余额220.83亿元，贷款日均余额241.09亿元。做好中央和地方粮油政策性信贷资金供应工作，全年累计发放贷款54亿元，支持推陈储新，确保国家粮食战略目标实施。拓展粮油市场化信贷业务，全年累计发放信贷资金55.33亿元，支持企业开展购销业务。加大对棉纺企业的支持力度，全年累计发放产业化龙头企业贷款21亿元，支持企业棉花采购资金需求。完成全市粮食库存检查工作，粮食信贷资金占用合理且运行安全。化肥、农药等储备贷款业务全年累计发放国家储备化肥贷款16.16亿元、农业生产资料贷款15亿元，支持企业开展化肥、农药等农业生产资料购销储业务。政策性中长期信贷业务服务区域发展战略，围绕京津冀协同发展、北京市总体规划和服务“四个中心”功能定位建设，支持北京城乡一体化发展。聚焦棚改、水利、生态等薄弱环节，合规提供金融服务。城乡一体化贷款净增12.03亿元，改善人居环境贷款净增放6.82亿元，水利建设贷款净增1.17亿元，生态环境建设贷款净增5.1亿元。年末，中长期贷款余额95.5亿元，较年初减少11.19亿元。满足企业多元融资需求，提供全方位金融服务。截至年末，农发重点建设基金累计投放236.93亿元，累计收回106.69亿元，2022年度收回14.13亿元，余130.24亿元，实现投资收益1.1亿元。全年累计办理票据交易309亿元，年末转贴现资产余额127亿元。国际业务坚持服务主责主业，重点支持大豆、棉花、化肥等农业相关贸易，本外币协同营销，推进跨境金融服务。全年办理国际结算业务80笔，金额1.69亿美元，同比减幅88.16%。办理贸易融资业务10笔，金额3447.93万美元，品种为减免保证金开证业务，贸易融资业务量较上年增加1774.67万美元，增幅106.06%。扶贫贷款业务以东西部扶贫协作、“万企帮万村”为平台，服务脱贫攻坚，全年累计发放扶贫贷款30.63亿元，年末扶贫贷款余额49.53亿元。支持农业农村现代化，聚焦服务乡村振兴，促进林业、种养殖业和农村流通体系建设、支持农业科技创新和涉农小微企业发展，累计发放贷款210.03亿元。年末，农村流通体系建设贷款余额195.68亿元，农村土地流转及规模经营贷款余额18.48亿元、产业化龙头企业贷款余额12.63亿元，农业生产资料贷款余额31.29亿元，农业科技贷款余额11.83亿元，农业小企业贷款余额1.02亿元。

（赵敏岑）

【工行丰台支行】2022年，中国工商银行股份有限公司北京丰台支行（简称工行丰台支行）下辖27家物理网点、4家离行式自助银行。实现拨备前利润16.48亿元，实现中间业务收入4.16亿元。本外币全部存款余额1009.95亿元，比上年增加50.62亿元。人民币全部存款时点余额992.84亿元，比上年增加53.46亿元。人民币全部存款日均余额943.38亿元，比上年增加61.35亿元，其中人民币储蓄存款时点余额735.74亿元，比上年增加108.16亿元；人民币储蓄存款日均余额673.1亿元，比上年增加69.81亿元。人民币各项贷款时点余额411.07亿元，比上年增加24.21亿元，其中法人贷款余额369.42亿元，比上年增加21.86亿元；个人贷款余额41.1亿元，比上年增加1.81亿元。人民币各项贷款日均余额421.84亿元，比上年增加51.38亿元，其中法人贷款日均余额381.96亿元，比上年增加52.68亿元，实现普惠贷款比上年增加4.9亿元。

（许　阳）

【工行方庄支行】2022年，中国工商银行股份有限公司北京方庄支行（简称工行方庄支行）下辖营业网点18家。实现拨备前利润14.98亿元，实现中间业务收入7.09亿元。人民币全部存款规模717亿元，其中储蓄存款规模564亿元，对公存款规模153亿元。人民币全部存款时点较2022年初增加123.26亿元，日均较年初增加72.24亿元。储蓄存款较年初增加83.66亿元，对公存款较年初增加39.59亿元。人民币各项贷款规模412亿元，其中个人贷款规模188亿元，法人贷款规模224亿元。人民币各项贷款时点较年初增加35.05亿元，日均较年初增加39.42亿元，个人贷款较年初增加16亿元，法人贷款较年初增加19.15亿元，普惠贷款较年初增加4.37亿元。

（孙　迪）

【农行丰台支行】2022年，中国农业银行股份有限公司北京丰台支行（简称农行丰台支行）下辖二级支行17家、储蓄所1家。实现营业收入9.72亿元、年纳税额0.54亿元。本外币各项存款余额452.2亿元，本外币各项贷款余额221.4亿元。年末实现本外币个人核心存款日均余额245.5亿元、个人贷款日均余额68.3亿元；投放住房贷款12.2亿元、网捷贷2.1亿元。向实体经济投放贷款179亿元，服务专精特新“小巨人”企业14家。践行农行“绿色金融”发展战略，投放绿色信贷18.8亿元。加大普惠贷款投放力度，普惠贷款余额10.4亿元，有贷户437户。推动多个人寿资本保证金项目落地丰台区，金额2.2亿元；成功营销驻区企业资产支持专项计划，实现区内新增托管规模64亿元；为区内政府单位及企业提供综合化金融服务；上线丰台区首家“信用医疗”项目，实现区内信用管理应用历史性突破。实现银行卡消费额212.1亿元、掌上银行月活客户数20.4万户，新增智慧校园、智慧党费、智慧食堂和薪资管家等场景40户，带动互联网场景高频客户数1.7万户；推进数字货币应用，个人数字人民币钱包用户8.8万户，企业数字人民币钱包6900余户。

（董　肖）

【中国银行丰台支行】2022年，中国银行股份有限公司北京丰台支行（简称中国银行丰台支行）辖属15家经营性网点支行，分布于丰台区、海淀区、东城区和朝阳区。实现营业收入11.1亿元，比上年增长4.6%；实现中间业务收入2.2亿元，比上年增长21.6%。本外币各项存款日均余额843.6亿元，比上年增长137.8亿元。本外币贷款时点余额525.39亿元，比上年新增47.35亿元。普惠金融贷款余额28亿元，比上年新增6.7亿元。

（刘玉中）

【建行丰台支行】2022年，中国建设银行股份有限公司北京丰台支行（简称建行丰台支行）下设营业网点15个。实现账面利润12.04亿元；贡献全口径税收4.29亿元，比上年增长10%。实现中间业务收入1.82亿元。本外币全口径存款时点余额728.94亿元，全口径日均存款688.34亿元；本外币各项全口径贷款余额623.15亿元。普惠贷款余额28.19亿元，较年初新增4.11亿元。实现发放绿色信贷1.13亿元。对公涉农贷款余额2.07亿元，较年初正增1.55亿元；农户贷款户数134户，较年初新增94户。完成股债联动签约31户。其中，“小巨人”企业4户，北京市专精特新企业18户，其他科创企业9户，专精特新资质以上企业占比60%。对公数字人民币账户开立1389户，累计开立7119户；个人数字人民币账户开立27812户，累计开立92463户。建行生活平台上架商户门店104户，其中在政府消费季活动期间上架79户，建行生活发卡2782张，实现核券19111张，C端（个人用户端）注册7802户。落地南中轴国际文化科技园城市更新住房租赁精品标杆项目，收持回迁房住房租赁项目房源110间，获得丰台区发展住房租赁市场专项资金监管代理银行资格。（金梦伊）

【建行东大街支行】2022年，中国建设银行股份有限公司北京东大街支行（简称建行东大街支行）从“以个人业务为主要特色的城区行”发展为“综合化中等规模城区行”，拥有15家网点。本外币全口径存款日均余额346.68亿元，各项贷款余额112.01亿元。加大对民营经济、中小微企业等融资支持力度，普惠贷款规模快速上量，普惠金融贷款余额32.19亿元。通过建行生活平台，打造消费生态圈，承接全市和区内消费券发放。（梁　松）

【建行铁道支行】2022年，中国建设银行股份有限公司北京铁道专业支行（简称建行铁道支行）下设营业网点15个。实现拨备前利润14亿元。实现本外币中间业务收入3.44亿元。本外币各项存款余额826.25亿元，比上年增加275.6亿元。其中本外币企业存款时点余额384.85亿元，比年初新增202.2亿元；本外币个人存款时点余额252.86亿元，比年初新增36.05亿元。本外币各项贷款余额1670.52亿元，比上年增加234.17亿元。其中，公司贷款余额1612.61亿元，个人贷款余额57.92亿元。普惠金融贷款余额57.31亿元，较年初新增17.03亿元，新增额及计划完成率均分行排名第一；普惠金融贷款授信客户3502户，较年初新增1557户，新增额及计划完成率均分行排名第一。（王少飞）

【建行城建支行】2022年，中国建设银行股份有限公司北京城市建设开发专业支行（简称建行城建支行）下设营业网点12个。实现账面利润8.61亿元。实现中间业务收入2.1亿元。本外币全口径存款时点余额524.76亿元；一般性存款时点余额465.35亿元。本外币各项贷款时点余额417.52亿元；五级分类不良贷款余额0.98亿元，不良率0.26%。个人住房贷款发放26亿元，回收贷款17.06亿元，新增贷款7亿元，计划完成率280%。签约个贷合作协议27份。普惠金融8项指标贷款余额48.51亿元。贷款客户户数1704户。“建行惠懂你”App授信客户总数1097户。抵押快贷业务新增投放554笔17.04亿元，贷款余额39.96亿元。小微快贷等新模式贷款余额43.18亿元，分行排名第二。对公涉农贷款余额5.41亿元，计划完成率1784.67%。“住房租赁+城市更新”资金赋能贷款投放20.75亿元；支持保租房户数4户；支持保障性租赁住房4881套。实现分行首笔老旧小区改造贷款、分行首个支持非物质文化遗产改造项目、发行全国银行间首笔住房租赁类REITs（房地产投资信托）产品；支持落地北京市“回天计划”，打造昌平回龙观至天通苑地区唯一新增商业综合体；实现住房租赁基金首批重点项目落地。与首开集团完成公募基础设施REITs战略合作协议签约。成功落地总行房地产基金。完成股债联动落地15笔。为东城区“禄米仓”新视听文创园区发放更新改造贷款约0.29亿元，为该园区挂牌建行“创业者港湾”，实现“科创+城市更新”融合创新的发展新模式。完成绿色信贷年度指标任务，绿色信贷余额82.43亿元，完成年度计划的218.86%。实现分行“绿色信贷+绿色低碳建筑+绿色监理”创新模式首个全流程和首个绿色建筑三星级项目落地。助力首开集团养老驿站完善设施建设，提供智荟屏解决方案。为首开寸草养老办理流贷资金贷款0.1亿元。为首开寸草、万科随园养老开立结算账户、办理POS（销售终端）。建行生活C端个人注册用户新增46525户；上架平台商户300户；成功上线丽泽天街和合生广场两大商圈。与市卫生健康委进行合作，与辖区4家医院签订“银医通”合作协议，成为医院上线智能结算服务设备。（李庚瑶）

【邮储银行北京分行】2022年，中国邮政储蓄银行北京分行（简称邮储银行北京分行）内设一级部门24个、二级部门9个，直属单位（运营中心）1家，分行营业部1家。下辖一级支行20家（9家城区支行，10家郊区支行,1家经开区支行），营业网点564个，其中银行自营网点141个、市邮政公司代理网点423个。总资产规模4412.81亿元。各项存款余额3334.1亿元，较年初增长8.33%。各项贷款余额2050.63亿元，较年初增长0.12%。（郝　静）

保险业

【概况】全区有保险机构45家，包括集团1家、产险26家、人身险17家、再保险1家。有保险中介308家，包括保险专业代理公司9家、保险经纪公司10家、保险兼业代理机构289家。保险业大类单位43家。其中，保险中介31家、财产保险9家、人身保险1家、再保险1家、保险监管服务1家。2022年资产总计983亿元。（路　媛）

【新华保险北京分公司】2022年，新华人寿保险股份有限公司北京分公司（简称新华保险北京分公司）实现规模保费收入105.67亿元，比上年下降6.2%。其中，新契约保费收入20.82亿元，比上年下降28.15%，续期保费收入84.85亿元，比上年增长1.4%。个人业务规模保费88.26亿元，比上年下降0.93%；银代业务保费规模12.4亿元，比上年下降32.54%。承保企业客户2193家、保额0.76万亿元，涉及定期寿险、津贴、意外、医疗等领域。为北京市失独家庭提供“暖心计划”保障，承保保费26768万元，承保人95976人次，支付各项保险金20457万元，受益人64540人次。承保湖北、湖南、云南、四川、内蒙古、湖北、山西等7个省部分地区中国乡村儿童大病医保项目，覆盖近30万名乡村儿童，承保保费6453万元，理赔4353万元，理赔7903人次。（朱晓宇）

【中华保险】中华联合保险集团股份有限公司（简称中华保险）是全国唯一一家以“中华”冠名国有控股保险公司，注册资本金153.1亿元，总资产逾1000亿元，营业网点超2900个。集团公司旗下设有中华联合财产保险股份有限公司、中华联合人寿保险股份有限公司、万联电子商务股份有限公司、农联中鑫科技股份有限公司。其中，财险公司保费规模位居国内财险市场第五，农险保费规模位居国内第二。2022年，中华保险实现原保费收入668.33亿元，保费增速9.89%。其中财险公司保费收入603.19亿元，保费增速8.38%；寿险公司实现保费收入65.14亿元，比上年增长26.15%。推进降本增效，实现合并净利润7.52亿元，比上年增长58.38%。集团总资产1005.95亿元，首次突破千亿大关，较年初增长11.19%。净资产204.2亿元，较年初增长2.21%。注重护航实体经济发展，提供各类风险保障382.2万亿元，支付赔款396亿元，服务中小微企业，为超12万家企业提供4.1万亿元风险保障。服务乡村振兴，为1783万户农户提供4806亿元风险保障，支付农险赔款102.1亿元，受益农户659万户次。与农业农村部联合推进“农业保险+信贷直通车”试点，服务区域扩大至10个省区市，协助授信超3亿元。推进服务健康中国战略，中华财险政策性意外和健康保险业务覆盖全国27个省160个地市，累计覆盖人群超过1.6亿人，长期护理保险覆盖10个省近2000万名失能失智人群。意外险平台在山东试点上线，“车+意”平台在杭州试点上线，实现关键业务流程平台化、线上化和自动化。（朱晓宇）

证券业

【概况】2022年，全区有证券机构41家。截至年末，境内A股上市公司31家。其中，沪深主板20家，科创板4家，创业板5家，北交所2家。有新三板挂牌企业40家。其中，创新层企业12家，基础层企业28家。上市挂牌企业全年新增直接融资94.43亿元，增长率60.45%。（路　媛）

【中国银河证券】中国银河证券股份有限公司（简称“中国银河证券”）是“A+H”上市（指同时在A股市场和港股市场上市）全国性综合类证券公司，拥有证券市场业务全牌照，为个人、企业、政府和机构提供财富管理、投资银行、投资管理、国际业务等金融服务。拥有5家子公司、37家分公司、487家营业部，分布在全国31个省、自治区、直辖市，国际业务网络覆盖中国香港、新加坡、马来西亚、泰国、印度尼西亚等国家和地区，在新加坡和马来西亚市场份额排名前三，是“一带一路”布局领先、亚洲网络最广阔的投资银行。2022年，中国银河证券实现营业收入336.42亿元，净利润77.61亿元，总资产6252.16亿元，所有者权益1026.13亿元，员工人数13165人。拥有各类型业务客户1423万余户，客户托管证券总市值人民币3.9万亿元，客户存款保证金账户余额人民币797.78亿元。（王　畅）

非银行金融机构

【概况】丰台区有融资担保公司5家，注册资本8.5亿元，在保余额约57.99亿元。已开业小额贷款公司9家，注册资本13.9亿元，贷款余额约8.22亿元。开业典当公司42家，注册资本约11.92亿元，典当余额约9.4亿元，总额47.78亿元。（吴　玄）

【北京诚信佳融资担保有限公司】北京诚信佳融资担保有限公司是丰台区唯一的政府性担保机构，于2003年底注册成立，致力于为区中小企业提供融资担保服务。公司注册资本3亿元。其中，区国资集团出资2.5亿元、区综投集团出资0.5亿元。累计为中小微企业提供融资担保服务超过1600户次，融资担保额近120亿元。2022年，公司净资产4.32亿元。全年服务担保企业307户，担保额度27.03亿元，比上年增长10%，其中小微企业282户，户数占比92%，担保额度23.6亿元。截至年底，公司在保余额25.4亿元。资本金放大倍数8.5倍，净资产放大倍数6.26倍。（张孟如）

农　业

综　述

【农业产值】 2022年，全区实现农林牧渔业总产值1.76亿元，比上年增长5.9%。其中，林业产值1.51亿元，比上年增长9.5%；农业产值0.24亿元，比上年下降12.3%。农林牧渔专业及辅助性活动产值116.8万元，与上年持平。（肖成军）

【田长制】 2022年，区农业农村局落实区、街镇、村三级田长责任体系，发挥“田长制”联席会议机制和三级田长巡田机制作用，落实严格的耕地和永久基本农田保护制度，440公顷永久基本农田及其储备区全部落图落地；落实农业设施“三级”巡查制度，持续开展设施巡查工作，防止“大棚房”问题反弹。（刘凯丽）

【动物防疫】 2022年，辖区内无规模化畜禽养殖场，散养畜禽完成清退。辖区有实验动物养殖单位2家、观赏动物园20家、马属动物养殖户23家、动物诊疗结构67家、兽医师153人。在做好重大动物疫病风险监测的同时，做好狂犬病免疫工作，登记免疫犬只25312只，未发生犬狂犬病及人感染病例。（鲍文玉）

【农产品质量安全】 2022年，全区农产品质量安全检测合格率100%，未发生重大农产品质量安全事故。全区有无公害认定企业7家，认证面积81.93公顷，认证产品59个；有农业标准化备案基地8家，其中市优级标准化基地4家。全区绿色有机农产品认证产量257.1吨。（刘凯丽）

【区高标准农田建设规划印发】 8月29日，区农业农村局编制《丰台区高标准农田建设规划（2021—2030年）》（简称《规划》）正式印发。《规划》明确，规划基期年为2020年，规划期为2021—2030年。《规划》立足丰台区实际，提出开展农田基础设施建设、土壤改良和培肥、农田灌排和节水、农田生态环境保护、农田长效管护5大工程；2024年和2026年实施高标准农田建设项目各1个；明确新建和改造提升高标准农田300公顷、农田基础配套设施更趋完善、农田综合生产能力不断提高的建设目标。（刘凯丽　丰鉴编）

粮菜生产

【概况】 2022年，市级下达粮食播种面积113.33公顷（包含大豆20公顷），产量400吨粮菜生产任务，丰台区粮食播种面积182.05公顷，完成率160.6%，产量664.8吨，完成率166.2%。（刘凯丽）

【粮食生产】 2022年，全区粮食播种面积182.05公顷，完成率160.6%；产量664.8吨，完成率166.2%。其中，玉米144.35公顷，产量569.9吨；大豆25.36公顷，产量34.4吨；水稻12公顷，产量60吨；红薯0.33公顷，产量0.5吨。（刘凯丽）

【蔬菜生产】 2022年，全区蔬菜播种面积174.87公顷，比上年增长5.8%，完成全年目标任务的104.9%；蔬菜产量4434.8吨，比上年增长8.0%，完成全年目标任务的103.1%。（刘凯丽）

【惠农补贴发放】 2022年，区农业农村局开展实际种粮农民一次性补贴、玉米良种更换补贴、小麦一次性补贴、耕地地力保护补贴等惠农补贴发放，调动农业生产主体种植积极性，落实粮菜生产任务。种粮农民一次性补贴分3批下达，第一轮补贴标准10元/亩，申报1805亩，拨付18050元；第二轮5元/亩，申报1742亩，拨付8710元；第三轮5元/亩，申报787亩，拨付3935元。玉米良种更换补贴标准50元/亩，申报面积1138亩，拨付56900元。小麦一次性补贴标准100元/亩，申报70亩，拨付7000元。耕地地力保护补贴300元/亩，申报3210.5亩，拨付96.32万元。（刘凯丽）

【粮菜生产调度】 2022年，区农业农村局将粮菜生产目标拆分后分街镇下达，定期开展农业生产调度工作，包括春耕春播调度、三夏调度、三秋调度和冬小麦播种及出苗情况调度等，压实粮菜生产任务，保障粮食安全。（刘凯丽）

花卉产业

【概况】 2022年，以现代化鲜花交易及现代花卉服务为核心的园艺综合体——北京花卉交易中心落户丰台，全国首个销地鲜花拍卖中心启动。北京迎春年宵花展开幕，满足京城市民购花需求。北京花乡花木集团有限公司（简称北京花乡花木集团）年经营收入超5亿元，其国家农业标准化示范区项目通过预验收，辐射带动花卉企业、苗圃等开展标准化生产，产值增加1000万元。全国首个《花卉交易服务规范》地方标准落地丰台，推动京津冀地区花卉产业高质量发展。（丰鉴编）

【花卉节展活动】 2022年，丰台区举办北宫踏青节、彩叶节，王佐镇怪村油菜花节、向日葵文化节，长辛店大枣评级大赛，莲花池荷花节、水仙艺术雕刻展、草桥年宵花组合盆栽展、花卉大观园菊花擂台赛、周末百姓大舞台、摄影比赛等各类生态文化活动31项907场次，传播园林生态文化。结合“七创”［即创建全国文明城区、国家卫生区、国家森林城市、全国双拥模范城、“两山”实践创新基地、基本无违法建设区、无疫社区（村）］宣传阵地，继续开展创森（创建国家森林城市）主题宣传活动，举办花果文化节和地景文化节等活动，通过花艺阳台、邻里花园、百园地图打卡等活动，打造创森百日公益行动，让百姓感受森林城市的美好。（谢乾瑾）

【花卉从业人员】 2022年，全区有

花卉工作人员970人。其中，管理人员80人、专业技术人员94人、工人796人。采用租赁方式进行花卉绿植种养、销售、物流配送的从业人员超过3000人。（谢乾瑾）

【北京花乡花木集团】北京花乡花木集团成立于1982年，隶属于北京草桥实业总公司，是一家具备生态园林与花卉园艺2条完整产业链融合发展的综合性集团公司。是国家高新技术企业，具有园林绿化施工壹级等多项设计施工资质，实现生态园林产业从规划设计、施工管理到智慧养护、运行服务的一站式经营模式。集团还专注于城市更新、生态修复、水污染治理、低碳公园、湿地营建、绿废处理等生态环保类工程领域，聚焦花卉科技、数字、文化和生态，是集成研发、生产、交易、旅游、服务一条龙花卉产业链，共获国家科学技术进步奖、全国科技创新企业、全国绿化先进集体、全国巾帼建功先进集体等多项荣誉。2022年，北京花乡花木集团获实用新型专利8项，经营收入超5亿元。被全国绿化委员会、人力资源和社会保障部、国家林业和草原局授予“全国绿化先进集体”称号，被北京市妇联授予“首都巾帼现代农业科技示范基地”。员工于长青获全国五一劳动奖章。（黄　南）

【北京冬奥会、冬残奥会鲜花保障】2022年，北京花乡花木集团被北京冬奥会和冬残奥会运行保障指挥部授予商业服务保障单位，提供鲜花服务保障。根据北京冬奥会筹备进度和需求，成立集团冬奥会鲜花保障工作小组，服务、保障冬奥会鲜花供应，在张家口村、北京村、延庆村3个冬奥村和冬残奥村，设立鲜花服务站，提供6500束鲜花，完成保障任务。（黄　南）

【花木科研创新】2022年，北京花乡花卉科技研究所按照北京花乡花木集团“十四五”期间的科研战略发展方针，开展品种种质创新、标准化生产、商业化推广等方面工作。完成3项百合新品种国际登录，2项农业农村部百合新品种权，自主研发获得商业化宿根新品种2个，发布《植物生态修复工程绿色施工技术规范》《白蜡属植物种质资源圃建设和管理技术规范》《生态节约型宿根植物容器播种繁育技术规程》《松属植物修剪造型技术规范》4项团体标准。（黄　南）

【花木职业技能等级认定资质获批】2022年，北京花乡花木集团获得北京市园林绿化工、林木种苗工2个工种5个等级，插花花艺师3个等级职业技能等级认定资质。旗下北京市金匠人职业技能培训丰台学校设立园林绿化工、插花花艺师、花卉栽培工、林木种苗工等多个专业方向，办学规模300人，多次组织承办园林绿化行业金剪子、环保花艺师等赛事与培训，为首都园林绿化行业培养技能人才。（黄　南）

【市级课题完成验收】2022年，由北京市科委、北京市园林绿化局支持，北京花乡花木集团、北京市花木公司、中国农业大学共同参与的北京花卉质量标准研究与现代化交易体系创新项目完成并验收。课题以规范北京花卉交易流通过程，健全北京花卉交易服务体系，提升北京花卉产业服务水平为目的，开展以质量控制为核心花卉实时供应链管理系统、北京花卉交易服务体系标准化建立与可视化展示以及北京花卉质量标准与现代化交易体系的示范研究。课题建立以质量控制为核心的花卉实时供应链管理平台、主要花卉可视化质量标准体系、主要花卉区域性产品集配中心展示示范平台，发布《花卉交易服务规范》地方标准，搭建“北京花卉”产业链数字平台，建设花卉交易标准可视化应用场景。实现花卉交易流通过程中花卉产品质量的实时追溯、监测和控制，重塑供应链环节产品标准及供应模式，在标准化供应基础上，采用数字化和信息化手段建立可展示的标准化市场交易体系，探索适宜北京市花卉交易服务的标准化等级评定模块，建立花卉交易服务业大数据基础平台。（黄　南）

【北京花卉交易中心开业】1月15日，北京花卉交易中心开业，占地约8000平方米。交易中心分为园艺厅和鲜花厅，内设鲜花拍卖中心、花卉数据中心、鲜花展销区、休闲园艺体验区、精品花囿区、电商服务区等，可提供标准化产品、数字化交易、情景式体验，是以现代化鲜花交易中心及现代花卉服务为核心的园艺综合体。北京花卉交易中心搭建的北京花卉产业链数字平台，是服务于全国花卉流通交易的标准化交易平台，创新完善“质量标准、商品溯源、花卉指数、实时数据、服务规范”等功能，为商品交易提供规范化服务保障和标准化、高品质的花卉商品。截至年末，平台交易总额近700万元。（黄　南）

【北京迎春年宵花展举办】1月15日至1月31日，北京迎春年宵花展在北京花卉交易中心举办。北京花卉交易中心、北京花乡花卉创意园、北京花乡花卉嘉年华等展销区备货蝴蝶兰、水仙、红掌、君子兰、仙客来等年宵花盆栽200余万盆，百合、玫瑰、鹤望兰、帝王花、马醉木等鲜切花50余万支，以满足京城市民购花需求。此届年宵花展创新销售和服务模式，依托北京花卉产业链数字平台开展云观展、直播推介、全民互动，实现线上线下相结合，共同宣传花卉文化；通过数字化、标准化管理，提升花卉交易空间运营环境，为消费者提供优质便捷的年宵花购买服务。（黄　南）

【《花卉交易服务规范》通过审定】3月30日，由北京花乡花木集团作为主要起草单位和编制单位，全国首个专门服务花卉行业交易的地方标准——《花卉交易服务规范》通过专家组审定。该标准在保证入市花卉质量要求基础上，对现场交易

1月，市民在北京迎春年宵花展上选购鲜花　（冯　超　摄）

的导购咨询、产品定制、支付结算、物流配送等环节进行规范，对场外服务、培训服务和线上服务内容进行规定，对服务管理方面信息展示、货架期、组织、人员、安全等方面提出具体要求，并规定服务评价与改进的具体办法。（黄　南）

【获示范性劳模和工匠创新工作室称号】 4月8日，北京花乡花木集团"花卉新品种研究推广技术支撑创新工作室"获"全国农林水利气象系统示范性劳模和工匠创新工作室"称号。该工作室组建于2016年，传承花乡花卉传统文化，发扬花乡花卉技艺，将花卉科技创新与市场应用相结合，重点研究推广花卉新品种和新技术，为花卉产业标准化和一体化提供科技支撑。历经5年引种试种，筛选出100多种乡土地被植物，构建"成本低+观赏性强+耐寒耐旱"多年生拟自然生态植物群落，获中国风景园林学会科学技术奖金奖，并完成拟自然耐阴植物群落等3个国家级发明专利的申请授权。（黄　南）

【全国首个销地鲜花拍卖中心启动】 8月19日，北京花卉交易中心——销地鲜花拍卖中心启动，是全国首个销地鲜花拍卖中心。拍卖中心提供花卉交易服务、供应链服务、大数据服务、配套服务、金融服务，京津冀及周边省市的花卉可在中心搭乘拍卖交易进入全国供应，客户可在北京购买到供销两地新鲜花卉，降低物流成本，减少运输时间，保证花卉的新鲜度。（黄　南）

【科创成果亮相园林绿化科技周】 8月20日，北京花乡花木集团以"小种苗大生态、小树枝大制作、小盆栽大平台"为主题，将企业科技创新成果呈现在"绿色科技多彩生活"北京园林绿化科技周活动上。集团传播"生态循环、绿色环保"理念，利用废弃的园林植物材料，通过艺术化设计及技术创新，对园林绿化废弃枝叶进行筛选、处理、制作，成为更具社会价值、文化价值和生态价值的地景艺术小品，实现"变废为宝"。"地景艺术小品的研发与示范应用"项目获市科学技术进步奖三等奖。展示百合、报春苣苔等中国特色植物的育种研发成果，百合"小海星""甜心"获国家新品种权，5个百合新品种、3个报春苣苔新品种获国际植物新品种登录。（黄　南）

【生态节约型宿根植物生产标准化示范区通过验收】 10月28日，由北京花乡花木集团承建"国家生态节约型宿根植物生产标准化示范区"项目通过北京市市场监督管理局验收考核，成为全国首个节约型景观宿根植物群落样板区。示范区构建并实施从品种研发、生产种植、管理维护到推广应用的全流程标准体系；创新"校企联合+标准化生产+人才培养+成果落地"联动发展标准化模式，以标准化促进科技成果转化落地，推动标准化与科技创新互动发展；创建生态节约型宿根植物及群落组合标准化种植模式，可节约综合成本63%，已推广应用于全市街道、社区及公园景观绿化；提升宿根植物生产集约化、标准化水平，推动北京市生态节约型宿根植物的规模化生产与应用。

（黄　南）

【首都工匠学院落户】 10月28日，市级“首都工匠学院”建设试点的第四家、全市首个行业“首都工匠学院”落户北京花乡花木集团。首都工匠学院以服务首都园林绿化行业为宗旨，依托集团产业资源，加强技术引进、设备引进和人才交流，搭建产、学、研、用一体化合作交流平台，打造特色精品培训课程，弘扬工匠精神，加强造林绿化从业人员、城市绿地施工人员专业技能和生态理念，为参与培训企业职工取得技能等级证书开辟通道。

（黄　南）

【有害生物临床诊断示范项目完成验收】 11月15日，由北京花乡花木集团承接的北京市园林绿化局花卉有害生物临床诊断示范建设项目完成验收。项目建立花卉品种资源圃与绿色防控示范区，其中温室示范区1000平方米，室外栽培示范区2000平方米。选取全市花卉典型种植区域10个，开展花卉有害生物专项调查，编制完成花卉有害生物专项调查报告，制作花卉有害生物标本20套，编制完成《花卉有害生物诊断与绿色防控技术手册》。完成花卉科普活动4次，面向社会开展花卉病虫害防治技术咨询55次。

（黄　南）

【双学双比示范基地项目完成验收】 11月24日，由北京花乡花木集团承接的区妇联双学双比示范基地——《百合组织培养标准化生产体系建立》项目完成验收。项目以观赏性和经济价值高的百合新品种为目标，构建配套组培繁育和推广应用的产业技术体系，利用组培生产核心技术，建立适用于北京地区园林绿化的景观百合组培生产标准化体系，实现自育百合新品种组培苗规模化、标准化繁殖，对实现百合生产国产化，推动自主知识产权百合品种在园林绿化中大规模应用，有助于北京种植业结构调整和产业升级。

（黄　南）

休闲观光农业

【概况】 2022年，丰台区共有农业观光园20个，占地342.98公顷，采摘产量35235千克，高峰期从业人员1087人，其中本地从业人员759人。接待人数164.1万人次，比上年下降22.5%；实现总收入1.7亿元，比上年增长5.9%。

（刘艳艳）

【产业发展】 2022年，丰台区整合区域资源，凝聚产业力量，打造休闲农业精品线路、支持休闲农业园区提质增效，打造特色化、差异化、多主题、品牌化的休闲农业聚集区，提升区休闲农业经营品质及辐射带动能力。制定《2022年丰台区休闲农业“十百千万”畅游行动实施方案》，完成12个项目建设，加强定期调度及监管指导。派出休闲农业专家辅导团开展实地辅导，组织开展2期实地研学活动。加强休闲农业品牌宣传推介，打造“西山永定”丰台段休闲农业精品线路，组织休闲农业经营主体参加北京市“京华乡韵”各项评比，花卉大观园梅花花神伴手礼获“十大北京休闲农业伴手礼”，南宫直播达人获2022年“十大北京市乡村直播带货达人”，世界花卉大观园、绿野仙踪郊野乐园获“十大京郊休闲农业打卡地”，向阳花公社获“十大学农教育和农事体验园”。指导南宫农耕文化体验园入选全国第一批60家农耕文化实践营地。支持举办农民丰收节系列活动4场。开展农业文化遗产普查和监测工作，掌握农业文化遗产保护传承和发展现状。形成2022年休闲农业“十百千万”畅游行动任务“挂图作战”列表，推进相关工作，确保工作实效。

（刘艳艳）

【全市首家航天园艺驿站落户】 2022年，全市首家以航天为主题的园艺驿站落户丰台。航天园艺驿站总占地面积1000多平方米，由3座温室组成，其中阳光玻璃温室拥有科普教室、慢享阅读区、综合活动区、园艺体验区、芳香植物体验区、温室展厅等。室外区域建有花境、有氧休闲区、免费停车场等配套设施。驿站为园艺爱好者搭建发声和交流平台，宣传航天文化精神，实现航天主题和园林融合，开展插花艺术体验、多肉造景、标本制作、花卉养护、病虫害防治知识讲座等惠民活动。除该航天园艺驿站外，丰台区还打造石榴庄园艺驿站、芳星园一区园艺驿站、丰台花园园艺驿站、万芳亭园艺驿站、花乡园艺驿站、太平桥艺道园艺驿站。

（丰鉴编）

【南宫农耕文化体验园入选全国首批农耕文化实践营地】 2022年，南宫农耕文化体验园入选由农业农村部办公厅、共青团中央办公厅、全国少工委办公室联合公布的首批农耕文化实践营地推荐名单。南宫农耕文化体验园成立于1993年9月，占地面积20公顷，有日光温室棚18个、连体玻璃棚4个、花卉温室棚8个，有温室种植、陆地种植，是集农业观光、休闲、采摘体验、亲子郊野休闲、儿童拓展、农事体验、农作物科普教育、畜牧动物观赏等于一体休闲农业观光基地。体验园是国家农业标准化示范区、北京市首批学农劳动教育实践基地，可满足中小学生学农劳动教育实践活动需求。

（丰鉴编）

【休闲农业专家诊断辅导】 7月21日至22日，丰台区组织开展区休闲农业专家诊断辅导工作，北京观光休闲农业行业协会副会长荣振环、北京市农林科学院正高级工程师李俊共同参加。其间，实地走访郭庄子农时荟农趣乐园、麦秀农场、绿野仙踪郊野乐园等园区，对休闲农业园区进行问题诊断，了解园区经营现状、优势和困惑，分析园区经营问题，提出合理有效的解决办法。

（丰鉴编）

【休闲农业工作推进会】 7月22日，丰台区召开2022年休闲农业工作推进会。会议部署2022年丰台区休闲农业“十百千万”畅游行动重点工作、推进重点项目实施、指导2023年休闲农业项目库建立；解答指导畅通休闲农业辅导渠道、破解园区产业提质增效中的难点与问题。北京市休闲农业协会、休闲农业专家辅导团专家、涉农街镇及休闲农业园区负责人参会。（丰鉴编）

种　业

【概况】 2022年，全区持证种子企业91家，种子企业销售额近1亿元。研发性投入1000余万元，占全区种子企业总体收入的10%。拥有北京市唯一一家种子专业市场——新发地种业市场，建有国家级农作物品种展示评价基地，是北京建设“种业之都”重要组成部分。

（刘凯丽）

【玉米、大豆新品种安全评价展示】 2022年，区农业农村局依托国家农作物品种展示评价基地，落实玉米、大豆新品种安全评价展示工作，玉米、大豆安全评价品种53个。依据参试玉米组设定评价标准，玉米评价工作筛选出优势品种6个。

（刘凯丽）

【旱稻直播节水示范展示种植】 2022年，区农业农村局为打造粳稻系列种植示范基地，依托国家农作物品种展示评价基地，开展旱稻直播水管技术试验示范展示工作，示范品种为国家粳稻中心品种“天隆优619”，示范面积0.2公顷。旱稻直播试验是北京地区首例。该技术较传统水田模式可节水三分之一以上，能降低生产成本和劳动强度，是稻米生产节本增效发展新路径。

（刘凯丽）

【农作物种子质量抽查】 2022年，区农产品质量安全检验检测站（区种子质量监督检验站）对69家种子企业农作物种子进行抽查，抽取样品83份送至市级检测站，抽查全部合格，完成春、秋季农作物种子市场质量抽查工作。（刘凯丽）

【花卉种质资源】 2022年，全区花卉累计引种或采集920余个。莲花池公园致力于荷花培育，园内荷花品种300多种，自主知识产权的荷花有19个，睡莲池3个。花乡花木集团自主新品种18个，紫菀4个，百合10个，薄荷1个，其他类3个；国家新品种权2项，国际品种登录6项。（谢乾瑾）

【种业大会蔬菜品种展示】 9月29日至10月15日，第三十届中国北京种业大会蔬菜品种展示观摩活动在区王佐镇国家农作物品种展示评价基地举行，参加代表350余人，展示蔬菜品种150个，其中具有自主产权蔬菜品种40余个。种业大会通过现场观摩，为首都种业发展，优势品种成果转化搭建平台，引导企业重视品种权保护、合法合规转让和品种权使用，为蔬菜种植户提供“看禾选种”平台，促进新品种推广应用。（刘凯丽）

农业产业化经营

【概况】 2022年，丰台区以北京新发地农产品批发市场、北京京丰岳各庄农副产品批发市场中心等龙头企业带动农业产业化发展，延长农业产业化链条，带动农民增收，形成以蔬菜、果品批发为主，粮油、禽蛋、肉类、水产、调料、副食等农副产品批发为辅的综合批发交易格局。（刘艳艳）

【农业龙头企业】 丰台区有农业产业化龙头企业2家。其中，国家级1家，市级1家。国家级龙头企业为北京新发地农产品批发市场，成立于1988年，是北京交易规模最大的农产品专业批发市场，占地面积112公顷，入驻规模经营企业近千家，已形成以蔬菜、果品批发为龙头，粮油、禽蛋、肉类、水产、调料、副食等农副产品综合批发交易的格局。2022年市场各类农副产品总交易量1326万吨，总交易额1026亿元，占有首都80%以上的农产品市场份额，是北京市“菜篮子”工程的龙头企业和全国重要的农产品集散地。市级龙头企业为北京京丰岳各庄农副产品批发市场中心，始建于1986年，是京城西南地区经营规模较大，配套服务体系完善，经营品种全面的农副产品物流配送交易中心，占地面积5.2公顷，经营蔬菜、水果、水产、海鲜、肉类、禽蛋、调料、粮油、豆制品、熟食、服装、办公用品、酒店用品、日用百货等百余种商品，主要服务北京市各大宾馆、饭店、机关、团体、部队等，配送量占丰台区的93%，北京市的42%。2022年交易额73.73亿元，交易量41.3万吨。

（刘艳艳　丰鉴编）

【农业项目建设】 2022年，区农业农村局争取市级政策、资金支持，获批设施农业以奖代补项目，落地于云岗街道张家坟村农业设施园区。该项目主要致力于实现农业设施内环境的智能控制、自动灌溉等功能，提升农业生产智能化水平。

（刘凯丽）

商贸服务业

商业贸易

【概况】2022年，全区实现社会消费品零售额1328.8亿元，比上年下降6.3%，其中限额以上批发零售和住宿餐饮企业实现网上零售额425.2亿元，增长3.3%。在限额以上批发和零售业中，汽车类实现零售额115.5亿元，比上年下降20.9%；日用品类实现零售额43.7亿元，增长92.6%；中西药品类实现零售额23.5亿元，比上年增长12.9%。冬奥特许商品实现销售额超20亿元。租赁与商务服务业收入增速，超额完成年度任务，升级农批和专业市场，生活必需品市场货足价稳。打造2022丰台汽车消费节、第十三届丰台购物嘉年华和丰韵年味节三大主题活动；以“智趣生活节”和“数智惠享节”活动为驱动，促进区域智能消费提质扩容，推进数字人民币试点应用。结合暑期特色，推出亲子嘉年华、丰台夜生活节和丰夜光影秀，点亮夜经济。联动区域活力中心，开展融合消费地标征集评选等活动，打造具有丰台特色的消费名片，推动国际消费中心城市培育建设。（王　旭）

【国际消费中心城市培育建设】2022年，区商务局加快构建“2+4+N”（“2”即北京城市副中心、河北雄安新区。“4”即曹妃甸协同发展示范区、新机场临空经济区、张承生态功能区、天津滨海新区等四大战略合作功能区。“N”即一批高水平协同创新平台和专业化产业合作平台。）空间版图，围绕以任务、项目、政策、企业、消费季活动“五个清单”，全面推进消费品牌矩阵培育、数字消费创新引领、文旅消费潜力释放、体育消费质量提升、教育医疗能级提升、现代流通体系优化、消费需求引导释放、消费环境品质塑造“八大行动”。丽泽×首都商务新区被纳入全市4个国际消费体验区之一。升级商圈焕发活力，印发4个重点商圈“一圈一策”工作方案并推动实施。全区实现社会消费品零售额1328.8亿元，增速居城六区第二。（王　旭）

【便民消费点建设】2022年，区商务局引进万达红旗体验中心、森林象亲子餐厅等49家北京首店。丽泽天地、平安幸福汇开业，银泰百货大红门店、资和信百货、凯德mall完成提升改造，丽泽泰舍书局成为新晋网红打卡地，三联书店落地方庄街道。新建便民商业网点40个，继续保持基本便民服务社区全覆盖，便利性水平位居全市第四。（王　旭）

【升级农批和专业市场方案编制完成】2022年，区商务局按照市、区领导要求，明确新发地批发市场转型升级目标及市场功能定位，结合区域规划综合实施方案编制工作，联合市商务局研究提出新发地市场转型升级工作初步方案。（王　旭）

【生活必需品市场供应保障】2022年，区商务局聚焦“人、车、货、场”四要素，指导新发地、岳各庄批发市场完善应急保供方案。加强货源组织，制定4条紧急货源调运措施；畅通物资运输，组织固定商户办理重点物资通行证，实现“应办尽办”。新冠疫情期间，新发地日均蔬菜上市量1.74万吨，水果日均上市量0.84万吨，均高于市级考核目标值。（王　旭）

【零售供应保障】2022年，区商务局指导协调物美、首航、家乐福、盒马等企业，拓宽供货渠道，日常供应量基础上增加2—3倍货源供应，确保货源充足。引导美团买菜、叮咚买菜等生鲜电商平台提升外卖运力，增加“预约购买”服务，引导消费者预约、错峰下单。组织64辆蔬菜直通车服务94个小区，指导连锁超市门店设立64家自提点，保障生活必需品供应“最后一公里”。发挥“白名单”机制优势，组织36家保供企业及10家快递企业上报“白名单”，加大人员的统筹力度，为白名单企业累计发放抗原11.7万份。（王　旭）

【落实粮食安全区长责任制】2022年，区商务局推进粮食安全责任制考核，完成各项任务指标，在市级考核中获城六区第一。制定《丰台区粮食安全责任制实施方案》，进一步压紧压实丰台区粮食安全责任。落实2154.4吨区级储备粮存储、轮转以及管理机制，保障区级储备粮安全。（王　旭）

【为群众办实事】2022年，区商务局办理市、区政协提案22件，满意率100%。在区政府网站公开发布信息214条，通过“区商务局”微信公众号发布信息447篇。“吹哨报到”24次，协调相关部门全部圆满解决；连续10个月“接诉即办”“三率”成绩均为100%，在月均考评30件以下部门中排名前列。（王　旭）

【安全生产管理】2022年，区商务局督导检查商业经营单位3801家次，出动督导检查人员7000余人次。组织开展线上安全生产专题培训5场，参会企业近1600家。开展人员密集场所消防安全、燃气安全、电动自行车充电安全、隐患排查等专项活动，加强全区商务行业企业安全防范意识，提高安全技能。局安全生产督查检查队获北京市“2022年应急先锋集体”称号。（王　旭）

【参与服贸会】2022年，区商务局深度参与服贸会，金融服务、文旅服务专题展充分展示数字金融和文化旅游发展成就；4个重大项目在“北京日”现场签约，总签额约达91亿元。（王　旭）

【2022丰台消费季】3月1日，2022丰台消费季与北京消费季同步启动。消费季持续至12月31日，覆盖百姓衣食住行多个领域、融合多种消

费业态100余项特色主题活动，贯穿丰台区2022促消费活动中。2022丰台消费季依托区域资源禀赋，注重线上线下融合发力，创新消费模式，挖掘消费热点，释放新消费活力，由“3+7+22+N”框架组成，包括发布3大消费攻略，开启7大主题板块，打造22个丰台消费季标志性活动，同时调动市场主体力量，联动相关协会、企业等开展N场主题促消费活动，释放区域消费活力。（王　旭）

电子商务

【概况】2022年，全区电子商务交易总额达到1133亿元，增长率12.53%，电子商务企业营收总额约603亿元，增长率5.32%，电子商务企业缴税总额9.6亿元，增长率4.68%，跨境电子商务交易额5.6亿元，增长率153.39%。新发地农产品、花乡花卉、服装服饰、花乡汽车交易市场等传统产业加快电子商务应用步伐，新发地直播基地入选首批“北京市特色直播电商基地”名单。（王　旭）

【数字消费基础设施建设】2022年，全区建成5G宏基站4171个，丽泽金融商务区、中关村丰台园、南中轴丰台段、丰台火车站等重点区域实现5G网络覆盖；丽泽天街、依文集团陆续开展AR探店，值得买科技、交控科技等企业开放线上消费内容社区，计6万人次探店，促成交易额约4亿元；北京园博园、世界花卉大观园、世界公园、丽泽天街、花乡奥莱、方庄购物中心等场所开放数字人民币消费场景。（王　旭）

【电商知识服务平台打造】2022年，丰台区结合区域内企业发展情况，加强对数字消费领域企业的培育扶持。引进亿邦动力企业，面向全行业提供电商知识服务平台，通过开展深度报道和提供研究报告等知识产品，助力企业准确把握行业定位，推动创新增长。打造高端电商社群——马蹄社，通过游学课、专题课、私董会等方式，帮助企业创始人及高管突破认知瓶颈、聚焦战略落地。会员企业之间通过社群逐步建立起商业连接，实现共创增长。马蹄社会员已达600余人。（王　旭）

【“遇见丰台·众汇京彩”数字消费专场发布会】10月25日，“遇见丰台·众汇京彩”丰台企业数字消费专场发布会在丰台创新中心召开。值得买科技、依文集团、亿邦动力3家数字消费代表型企业向媒体记者和消费者展示数字消费领域最新成果。通过C端对消费者引导，以及B端对品牌商、各类机构数据服务，提高消费者决策效率和乐趣，同时为品牌提供决策参考。（王　旭）

对外经贸

【概况】2022年，全区进出口总额197.7亿美元，比上年下降5.1%。其中，进口142.3亿美元，下降8.3%；出口55.4亿美元，增长4.4%。（王　旭）

【外贸政策创新】2022年，区商务局围绕金融、科技、轨道交通、航空航天等重点领域，会同区金融办、

3月1日，丰台消费季与北京消费季同步启动　（区商务局　供图）

区科信局、中关村科技园区丰台园管委会展深入调研，形成“两区”研究报告4个。会同相关部门研究形成丽泽金融商务区、中关村科技园区丰台园高质量发展三年行动方案，打造开放发展新高地。开展离岸贸易开放和创新路径研究，成功推进丰台区纳入市级“离岸贸易创新发展集聚区”政策。（王　旭）

【外资外贸】 2022年，区商务局落实“1511”产业发展提质工作，牵头做好外资招引工作，培育引进外资企业51家。完成实际利用外资1.8亿美元，比上年增长34%；完成出口额371亿元，比上年增长8%，出口额居全市第五，增速居城六区第三。（王　旭）

【创新案例】 2022年，区商务局协调区相关部门总结形成9个制度创新实践案例，其中“‘丝路学堂’打造职业教育服务‘一带一路’新标杆”作为北京市“两区”建设创新实践案例在服贸会“北京日”活动期间发布。（王　旭）

【跨国公司高质量发展论坛】 9月5日，区商务局在首钢园组织召开跨国公司高质量发展论坛暨丰台区开放合作推介会，国务院发展研究中心副主任隆国强，市政协党组副书记、副主席张家明出席并讲话，福特、拜耳等70余家跨国公司共商发展。联合联合国工业发展组织和中国国际进口博览局在丽泽举办中国汽车市场展望及外资车企发展国际研讨会，商务部副部长盛秋平出席活动并致辞，丰田、捷豹路虎等国际知名车企建言献策。（王　旭）

9月5日，跨国公司高质量发展论坛暨丰台区开发合作推介会举办

（区委宣传部　供图）

烟草专卖与管理

【概况】 2022年，丰台区烟草专卖局（北京市丰台烟草公司）（简称丰台烟草）办理各类涉烟违法案件70起，查获违法卷烟470.72万支。查处“双五”案件12起，查处违法卷烟87.19万支。物流寄递环节查获案件19起，查获违法卷烟143.24万支。刑拘3人，批捕1人，判刑3人。辖区零售户3205户，年度新办许可证539个（其中电子烟91个），比上年（712个）下降24.3%。注销230户，收回51户。处理投诉、举报、咨询工单539件。销售卷烟75208箱，比上年增长1.26%；单箱销售额39007元，比上年增长7.28%；实现税利6.18亿元，比上年增长7.61%。发出首张电子烟零售许可证，加强雪茄烟终端分类建设，开展涉案物品管理专项调研、虚假材料排查清理、违法违规生产销售“军”字号卷烟专项清治。（仲　将）

【破获“1·13”制假案】 1月13日，市公安局环食药旅总队、区公安分局环食药旅中队及属地派出所抽调警力10余人，烟草部门30余人，出动车辆10余辆，分成3个抓捕组，对2个仓储地、1个团伙聚集场所实施统一收网清缴行动，抓获犯罪嫌疑人4人，刑拘3人，逮捕1人，查获卷烟59.86万支，案值71.45万元。（孙　佳）

【工商协同品牌培育专题会召开】 3月4日，中烟实业与丰台烟草开展工商协同品牌培育专题交流座谈，中烟实业主要领导、市场营销部主要负责人、下属部分工业企业驻京代表，丰台烟草主要负责人、分管领导和业务骨干参加座谈。丰台烟草就经济运行、终端建设等工作进行简要汇报，着重通报重点品牌及主销规格在辖区内的发展现状。中烟实业介绍企业整体发展规划及工作目标。双方就品牌培育、工作协同等方面问题进行研讨并达成共识。（杨丽君）

【涉烟普法宣传】 3月15日，丰台烟草联合区市场监管局在万达广场和银泰百货设立宣传台，摆放普法展板，发放法律法规知识手册，向过往群众宣传烟草专卖相关法律法规，向消费者讲解卷烟辨假、防假、识假技巧及假冒伪劣卷烟危害，引导消费者自觉抵制假冒伪劣卷烟。4月，开展辖区寄递环节涉烟法治宣传工作，派专人实地深入物流寄递环节涉烟类零售经营场所，张贴宣传材料，向寄递从业人员及卷烟零售户宣传依法依规经营要求，进行警示教育，拓宽对辖区物流寄递环节法治宣传覆盖面，促进提升其规范管理意识和能力。（赵　璠）

【查办向未成年人售烟案】 3月23日，丰台烟草通过“12345”热线获取辖区商户向未成年人售烟线索，经调查取证、现场指认、查取监控，认定零售户在未查验任何身份证件情况下向未成年人销售卷烟的违法事实，依法对该零售户进行罚款处罚与教育。（张　鸽）

【"蓝剑2022·平安烟草"专项行动】5月31日，丰台区按照《北京市烟草专卖局 北京市公安局"蓝剑2022·平安烟草"专项行动实施方案》要求，完成为期5个月的"蓝剑2022·平安烟草"专项行动，查获案件36起，查获违法卷烟327.42万支，涉案金额323.59万元。（孙 佳）

【"空壳户"排查】7月21日，丰台烟草开展"空壳户"清理整治工作，筛查同IP订货零售户，开展实地走访，与配送、访销部门进行信息沟通，及时发现异常情况。提醒终止经营的零售户做好许可证注销，防范违规代订风险。（马 超）

【打击涉烟违法犯罪专项行动】10月14日，丰台烟草完成为期一个月打击涉烟违法犯罪专项行动。专项行动落实《打击涉烟违法犯罪专项行动方案》要求，与区环食药旅中队合作，查获案件16起，其中"双五"案件3起。查获总烟量64.75万支。其中，假私卷烟34.44万支，真品卷烟30.31万支。（孙 佳）

住宿餐饮业

【概况】2022年，丰台区住宿餐饮服务行业协会（简称协会）配合区政府各有关部门开展新冠疫情防控、数据调研等工作，组织会员企业开展专业培训、业务交流，搭建服务平台，充分发挥协会的桥梁纽带作用，完成年度工作任务。（李明浩）

【光盘行动】2022年，协会在区委宣传部、区商务局、区市场监管局的指导下，持续开展光盘行动。在餐饮企业、单位食堂等重点场所进行宣传引导，营造文明用餐、浪费可耻、节约为荣的氛围，让"光盘行动"成为全社会的行动自觉。

（李明浩）

【丰台消费季美食节系列活动】4月至12月，协会推出二十四节气丰味特辑，组织200家次餐饮企业推出时令菜，围绕节气时令美食，挖掘传统美食，弘扬传统美食文化。8月，举办第九届"丰"味烟火夜暨餐饮品牌云推介，涵盖：蒙餐、京菜、小吃、老字号、西餐、徽菜、粤菜、川菜等丰台舌尖美食，以宣传区内特色餐饮为主线，打造"丰"味品牌，营造全区上下联动的消费环境和氛围。（李明浩）

【行会政协委员工作站成立】10月20日，北京市丰台区餐饮住宿服务行业协会政协委员工作站成立。拓宽行业热点、难点问题反映渠道。协会在推动居家养老助餐工作、餐饮纾困及全面恢复等方面提出建议。（李明浩）

维修服务业

【概况】2022年，丰台区维修服务行业协会有会员单位42家，按经济性质划分，有限责任公司37家，占会员总数的88%；个体工商户5家，占会员总数的12%。从业人员186人。（梁生荣）

【开修锁行业自律活动】2022年，协会开展《开修锁服务规范》行业自律活动，对参加社区维修服务锁具修理工进行服务规范网上培训，提高职业道德水平、自律能力和法治观念，基本实现锁具修理服务上门全区覆盖，会员单位未发生消费者投诉案例。（梁生荣）

【技术交流】2022年，协会组织会员单位锁具修理工进行网上技术交流2次，组织中央空调清洗消毒与新风系统安装网上技术交流2次，提高行业内技术人员对新产品的技术水平和维修能力。（梁生荣）

【社区维修服务】2022年，协会继续开展社区维修"一刻钟服务"工作，用"五统一"模式（统一电话或网上预约接活派单，维修单位就近服务；统一技术人员培训上岗；统一工装胸卡；统一质量标准和收费标准；统一受理解决投诉）上门服务5000人次，维修各类物品5000件，免费为孤寡老人、特困群体维修服务12户，投诉率为零，基本做到"一刻钟"内到位上门维修，特殊情况经预约按时上门维修。

（梁生荣）

【会员服务】2022年，为会员单位提供空调清洗消毒专业资质认证，向会员提供工商、税务、经营、技术等多方面咨询服务80多次。

（梁生荣）

快递服务

【概况】2022年，北京市南区邮政管理局（简称南区邮政管理局）强化与丰台区商务、市场、交通运输等部门沟通协作，坚持新冠疫情常态联动、信息共享，做好行业寄递服务保障工作。全年累计有400家快递企业、7000多名快递从业人员。（南区邮政管理局）

【快递末端网点整治行动动员部署会】4月20日，南区邮政管理局在丰台区万泽龙快递园区小哥之家召开快递企业许可及末端网点备案整治行动动员部署会，EMS、顺丰、京东等10多家主要品牌快递企业相关负责人参加会议。会议印发并解读南区邮政管理局《快递末端网点备案专项整治行动工作方案》，重点对快递末端网点备案进行培训，全面摸排快递末端网点底数，对新增末端网点进行备案，建立健全末端网点备案台账；对不再经营但仍然拥有备案的实际经营地址和负责人等事项发生变更但未及时履行备案变更手续、备案过期但仍经营快递业务的网点，及时办理末端网点备案撤销、变更。（南区邮政管理局）

【邮政普遍服务监督】4月22日，南区邮政管理局为持续提升辖区邮政普遍服务水平，开展普遍服务监督专项工作，梳理辖区邮政局所台账，开展辖区新开办邮政局所达标检查，督导快递企业新冠疫情常态防控工作，对进口国际邮件处理场所进行检查，宣传贯彻《进口非冷链货品的常态化新冠疫情防控指引（第三版）》。（南区邮政管理局）

【安全生产和禁毒宣传专题培训】6月22日，南区邮政管理局组织开展“安全生产月”和“禁毒宣传日”专题培训，辖区邮政分公司、13家快递企业及180余家网点负责人参加培训。全体参训人员学习习近平总书记关于安全生产工作的重要指示批示；结合全国安全生产事故，逐条讲解安全生产“十五条”措施；通报辖区企业发生的安全生产事故及检查中发现的安全隐患，传达市邮政管理局关于开展全民禁毒宣传月的工作部署，播放禁毒主题宣传片。（南区邮政管理局）

【寄递安全专项检查】8月，南区邮政管理局联合丰台区、大兴区、房山区公安部门开展寄递安全专项检查，进入辖区邮政、顺丰、京东、中通、韵达、圆通、极兔等品牌快递企业，通过调阅监控、现场询问和查阅资料等方式，重点检查企业“收寄验视、实名收寄、过机安检”三项制度（收寄验视制度、实名收寄制度、过机安检制度）落实情况以及新冠疫情常态防控各项制度落实情况，检查网点14处，出动检查人员61人次。（南区邮政管理局）

【“邮来已久、绿动未来”主题宣传活动】10月26日，北京南区邮政管理局组织开展“邮来已久、绿动未来”主题宣传活动。指导企业落实生态环保，严格执行包装物统一采购，优先采用可降解塑料包装袋、编织袋，合理采用包装材料和包装方式，完善包装物回收机制，企业开展主题培训，实现一线员工生态环保培训全覆盖；引导消费者践行绿色用邮理念，指导企业通过在经营处理场所张贴海报、悬挂横幅、发放宣传材料、现场讲解等方式，宣传快递绿色包装，劝导消费者采用绿色包装、适度包装，普及绿色用邮知识，营造绿色氛围；加大生态普法力度，结合业务旺季期间执法检查，强化行业生态环保工作督促指导，通过“送法上门”形式，向企业宣讲行业生态环保法律法规，以执法促普法。

（南区邮政管理局）

【保通保畅安全生产调度会】12月27日，南区邮政管理局召开保通保畅和安全生产调度会，辖区邮政企业、13家主要品牌快递企业及200余家网点负责人参加会议。会议集体学习《生命重于泰山》电视专题片中习近平总书记关于安全生产重要论述，通报工作形势和检查发现问题，要求各快递企业进一步统筹抓好保通保畅、安全生产、服务质量等各项工作。各快递企业加强供需对接、运力储备、统筹调度，满足市民寄递服务需求；推进风险隐患治理，强化自查检查，突出重点区域安全管控，做好节假日期间安全防范；建立工作机制，提高应对能力，充实应急处置力量，维护末端服务稳定；采取多种形式关心关爱快递小哥，保障合法权益，对各类投诉申诉问题及时妥善处置，做好相应政策措施宣传解释。

（南区邮政管理局）

房地产业

房屋征收与补偿

【概况】 2022年，丰台区推进东铁营棚改项目居民安置，基本完成小屯西路棚改项目居民回迁安置。审定五里店、万泉寺村等棚改项目实施方案，青塔村、张家坟B区、大红门一期A区等棚改项目取得立项手续，辛庄Ⅱ区棚改项目取得征地批复。纪家庙、东河沿村、大红门一期A区棚改项目实现入市交易。张家坟B区、大康鞋城东侧、万泉寺村棚改项目实现净地。完成棚户区改造1071户，完成年度任务的107%。蒲黄榆一里、四里危改项目1117户，完成签约1108户。东铁营棚户区改造项目启动13、15、16 3个地块，涉及居民346户，实现签约303户，签约率87.57%。分钟寺桥西北侧回迁安置房项目涉及居民687户，完成全部房屋拆除任务。大红门一期B区棚户区改造项目启动征收，完成两轮入户，完成方案草案及法定程序“三公开”。（何雪峰）

【征拆项目补偿办法制定】 2022年，区住建委牵头制定《丰台区国有土地上非住宅房屋征收与补偿实施意见》《丰台区集体土地上非住宅房屋搬迁补偿实施意见》，进一步规范区域内非住宅房屋征收补偿，维护公共利益，严控项目成本。（何雪峰）

【地铁16号线榆树庄停车场项目完成搬迁】 2022年，地铁16号线榆树庄停车场红线范围内地上物搬迁工作全部完成，拆除房屋29万平方米，移交施工用地33.5万平方米，完成市级重点保障项目任务。榆树庄停车场是北京地铁16号线剩余段关键节点工程，区政府多次组织推进会和协调会，研究解决重点问题。该项目直接带动市级向丰台区完成投资40余亿元。（何雪峰）

【小屯西路棚户区改造项目征收结案】 2022年，小屯西路棚户区改造项目规划总用地面积12.59万平方米。其中，规划建设用地面积9.54万平方米，代征道路用地1.53万平方米，代征绿化用地1.51万平方米。项目于2014年4月被纳入《北京市2014年棚户区改造和环境整治项目计划》，2017年8月启动，2021年9月完成所有房屋拆除工作，2022年3月丰台区出具《关于小屯西路棚户区改造项目房屋征收结案意见》，成为丰台区第一个征收结案项目。（刘元魁）

【蒲黄榆一里和四里危改项目】 2022年，蒲黄榆一里、四里危改项目完成预签约，完成率99.02%。累计完成清理滞留户420户，清理土地面积约18万平方米。根据项目资金、异地安置房源、回迁设计方案等情况，对异地安置、回迁安置、货币安置居民以“分步走”方式有序推进工作。4月22日，启动异地安置居民交房工作；11月15日，回迁居民开始交房。340户异地安置居民中，319户完成交房、选房、入住；696户回迁居民中，628户完成交房、结算；72户货币安置居民中，5户完成结算。（王 震）

【东铁营棚户区改造项目】 2022年，全区启动东铁营棚户区改造和环境整治项目，搬迁面积约9347.71平方米。完成非住宅北京建机资产经营有限公司（红龙宾馆）、北京安利达托运服务有限责任公司搬迁工作，搬迁面积约3878.88平方米。（李 丽）

【分钟寺回迁安置房项目】 2022年，分钟寺桥西北侧地区回迁安置房项目完成签约拆除，部分地块用于建设方庄城市公园，建设面积5.34公顷，设有近6000平方米绿地、2块篮球场、1块足球场，惠及方庄地区周边15万居民。（鲍华为）

房地产开发经营

【概况】 2022年，丰台区房地产开发投资比上年下降18.7%。其中，住宅投资下降25.4%；办公楼投资增长6.5%；商业营业用房投资下降60.4%。全区商品房施工面积1316.8万平方米，比上年下降6.2%。其中，本年新开工面积162.7万平方米，比上年下降9.1%。商品房竣工面积140.6万平方米，比上年下降37%。房地产业地区生产总值为203.7亿元，比上年下降10.3%。全区居民人均住房建筑面积30.93平方米，比上年增加0.41平方米。（杨兰军）

【商品房供地】 2022年，丰台区完成商品住宅供应用地约40公顷，实现成交额约369亿元，收回项目成本约291亿元，实现政府收益约78亿元，完成率98%，供应量比上年增长17%，政府收益比上年增长89%。完成商服用地供应约8公顷，完成率160%；租赁住房用地约30公顷，完成率91%。（孟 联）

【商品房销售】 2022年，区房管局优化营商环境，多措并举助力区域经济发展，全区商品房销售面积约80万平方米，销售金额423亿元。（肖 雯）

【商品房预售许可证办理】 2022年，区房管局推出一次性告知、一条龙服务、一站式办结“三个一”服务，坚持即来即办、特事特办，预售许可审批时限由2个工作日缩短至1个工作日。开展“容缺受理”，为企业减少时间。新楼盘入市提速，其中一批次纪家庙华润北京瑞府取证用时100天，三批次大红门中海和瑞叁号院取证用时68天，刷新丰台区集中供地预售办理最快纪录。办理18个预售许可证。（肖 雯）

【存量房交易】 2022年，区房管局通过“先办、帮办、代办、即时办、上门办”多措并举办理存量房交易业务6149件，监管存量房交易资金4429.1万元，接听咨询电话9712人次，现场咨询引导22000人次，延时服务571小时，上门服务5次，

收到群众表扬信 90 封。（王　静）

房屋租赁与中介服务

【概况】 2022 年，丰台区经纪机构成交总量 27411 套，平均成交租金 82 元 /（平方米·月）。全区工商注册房地产经纪机构及住房租赁企业 1866 家，已备案企业 787 家。（丰鉴编）

【房地产租赁经营】 2022 年，全区房屋交易成交量下降，成交租金增长。全区经纪机构成交总量 27411 套，比上年下降 14.1%，平均成交租金 82 元 /（平方米·月），租金比上年增长 4.14%。一季度成交量 6853 套，比上年下降 10.15%；二季度成交量 6445 套、比上年下降 24.02%；三季度成交量 8672 套、比上年下降 1.11%；四季度成交量 5441 套，比上年下降 22.63%。全区租赁企业租赁成交总量 22717 套，其中整租成交 10463 套，比上年增长 0.4%；平均成交租金 92 元 /（平方米·月），比上年下降 5.17%；分租成交 12254 套，比上年下降 14.09%；平均成交租金 2725 元 / 间，比上年下降 1.17%。（杨兰军）

【房地产中介服务管理】 2022 年，全区工商注册房地产经纪机构及住房租赁企业 1866 家，已备案企业 787 家。其中，房地产经纪机构 324 家、分支 321 家、住房租赁企业 142 家。受理经纪机构备案申请 40 家，经纪机构变更业务 14 家，注销 12 家，分支变更 173 家，注销 16 家。非居住房屋出租合同备案 63 处。（杨兰军）

【群租房整治】 2022 年，区房管局抓好普通地下室综合整治，做好违规住人防反弹、控新增，实现“动态清零”。整治群租房 643 处，完成任务量的 107.17%，疏解人口 1261 人。完成 23 处“无群租房社区”创建。推动《北京市住房租赁条例》落地实施，组织全区各相关机关单位、企业、社区干部，分 3 个层面对条例进行讲解和宣贯。（肖　雯）

11 月 25 日，区房管局约谈房屋中介　（区房管局　供图）

房屋管理

【概况】 2022 年，丰台区房屋管理局（简称区房管局）推进老旧小区改造，提前完成老楼加装电梯工作任务，为 10137 户家庭提供居住保障。抓实城镇房屋领域安全管理工作，实现全区城镇房屋安全度汛、“不塌房，不死人”目标。（肖　雯）

【不动产登记】 2022 年，全区累计受理各类登记业务 109620 件，位居全市第二。其中，网办业务量占比 43.4%。全程网办占网办业务量的 75.8%。发放权利证书和证明 80633 件，其中自助打证 30560 本，占比 37.9%。收缴登记费 9533505 元。受理信息查询 113066 卷次，实现档案数字化 96542 卷，完成二期系统数据装载工作。受理 529 件权籍调查及 74 件权属审查业务。区房管局进一步简化优化不动产登记流程：简化非公证继承查验手续，开展新类型全程网办业务，创新完成系统集成窗口建设，梳理帮办服务各项措施。促进新建商品房网签备案和预告登记同步办理服务政策落地，10 月完成全市首例业务。推动抵押登记延伸至政府性融资担保公司政策落地，11 月完成丰台区首例业务。（王丹丹）

【房屋办证遗留问题处理】 2022 年，市规划自然资源委丰台分局按照“证缴分离、无错优先”原则推进解决历史房产证办理遗留问题，将居民办证和督促开发单位履职分开，为农民回迁项目税费缴纳问题解套，满足回迁群体办证需求。下沉社区乡镇，开展政策解答和集中办理服务，打通 21 个项目、15004 套房屋办证通道，发证 3705 个，发证率 24.69%。（王丹丹）

【直管公房管理和房改售房备案】 2022 年，区房管局坚持部门联动，治理直管公房违规转租转借，入户

2022年，丰台区简化优化不动产登记流程，建设系统集成窗口。图为集成窗口正在办理业务　（区房管局　供图）

检查7994户，坚持“动态清零”。为140家房改售房单位完成房屋备案3106套。审核公有住房专项维修资金8件，涉及资金876.24万元。（王　静）

【老旧小区改造】2022年，区房管局坚持“治、建、管”结合统筹推进老旧小区改造，完成168栋楼改造，面积85.63万平方米，惠及居民13144户。其中芳星园二区老旧小区综合整治项目改造建筑规模约8.57万平方米，涉及7栋楼900户居民。芳星园二区于2019年纳入丰台区老旧小区改造项目。（金　鑫）

2022年，兆丰园小区北区楼宇完成电梯加装前后对比（左图为加装电梯前，右图为加装电梯后）　（区房管局　供图）

2022年，芳星园二区改造前后对比（左图为改造前楼体，右图为改造后楼体）（区房管局　供图）

【自建房整治】2022年，区房管局与多部门协同推进“自建房安全专项整治、村民自建出租房消防安全综合治理、城乡结合部重点村综合整治”工作，对排查存在安全隐患的房屋，指导属地落实管控措施。对存在严重安全隐患的93处经营性自建房，督促产权人停止使用，及时解危。严重和一般安全隐患经营性自建房管控率均为100%。（肖　雯）

【房屋安全管理】2022年，区房管局针对自建房安全专项整治、城镇房屋防汛、物业管理区域安全生产、群租房整治、老旧小区改造施工安全和地下空间治理，开展安全生产隐患排查专项行动，出动检查人员2018人次，巡查5682处。开展线上安全生产专项培训，覆盖各街道（镇）、行业企业3000余人。（肖　雯）

物业管理

【概况】2022年，丰台区有物业管理区域987个。物业业委会（物管会）组建率97.1%；物业服务覆盖率98.4%；党组织覆盖率96.7%。推进条件成熟物管会向业委会转换，有18个小区实现物管会向业委会转换。全区有物业企业296家。其中，国有企业45家，占比15.2%；民营企业219家，占比74%；集体经济企业32家，占比10.8%。全区实施规范化物业管理的小区682个，占比69.1%；实施准物业管理或专项服务的小区289个，占比29.3%；无物业管理小区16个，占比1.6%。丰台区物业管理工作在物业“三率”高位运行、失管小区引入物业逐步推进基础上，重点实施物业服务和业主组织规范化建设，开展物业管理突出问题治理。区房管局召开2022年度物业行业党委会议，制定《区物业服务行业党委工作规则》《区物业服务行业党委议事决策制度》，建立起行业党委工作、议事规则和制度机制。在物业“三率”提前完成基础上，着力开展业主自治组织规范运行工作，制定《物业管理规范化建设指引》《业委会、物管会工作和物业服务规范化建设示范文本》，从制度上破解基层治理难题。（柳彦宁）

【《北京市物业管理条例》落实】2022年，丰台区将贯彻《北京市物业管理条例》纳入全区干部教育培训，举办多期党建引领基层社会治理培训班，选派“治理书记”驻社区（村）蹲点攻坚、集中破题，为基层治理提供组织保证和干部人才支撑。出台《城乡社区协商议事厅和楼门院（村组）治理示范点建设工作方案》，开展社区“领头雁”协商议事能力提升主题实践活动，培育议事协商能力强的社区工作者。面向街道（镇）社区干部、业委会（物管会）委员、物业员工、楼门院长、网格员等物业管理多元主体，开展“百名小教员”“物业管理云培训”“片区联训”等培训70余次。区房管局组织全区物业企业开展“贯彻落实党的二十大精神、‘五社’联动促进社区发展”等系列培训，分3批面向全区街道（镇）、社区（村）工作人员、物业企业负责人、业委会（物管会）委员开展培训50余次，参与30000余人次，引导各方依法依规开展物业管理和社区会理，引导物业服务主动纳入社区防控体系。（柳彦宁）

【无物业小区治理】2022年，区房管局推进在全区开展未成立业主自治组织小区、无物业管理小区“双清零”工作。探索建立失管小区服务管理长效机制，提高物业服务覆盖，全区有物业管理区域987个，物业服务覆盖率98.4%。按照丰台区《失管小区引入物业管理工作实施方案》，通过“两年补、三年奖”方式，在老旧小区引入物业服务，以“先尝后买”“政府奖补”方式逐步提升物业管理水平，完成右安门街道玉林里小区玉林里50、51、52号楼引入物业管理工作，实施资金奖补139万元。全区累计补贴24个

小区1176万元。（柳彦宁）

保障房建设

【概况】2022年，丰台区政策性住房实现开工11582套，实现竣工10837套，分别完成年度任务的193%、120.4%。协调卢沟桥城北路6号临时用4个项目完成5614套应急隔离房源改造。依据新发布《北京市保障性租赁住房建设导则（试行）》，梳理非居住建筑改建租赁住房工作流程，形成以结构安全底线、消防安全底线、室内环境安全底线加企业自主承诺“3+1丰台模式”，完成郭公庄中街18号院5号楼保租房改建。有序完成共有产权房申购、配售，做好中低收入家庭住房保障，主动对接中关村科技园区丰台园管委会、北京丽泽金融商务区管委会等归集部门及全区重点企业，为人才提供优质住房保障和支持。全区住房保障支出193139万元，增长速度2.4%。全区限价房投资5418万元，施工面积133600平方米；公租（廉租）房投资12570万元，施工面积162310平方米；定向安置房投资794827万元，施工面积607972平方米，经济适用房投资7518万元，施工面积127708平方米。（黄　佳）

【东管头村集体租赁住房项目开工】7月，东管头村集体租赁住房项目开工。项目位于西三环南路丰益桥西侧，为集体土地租赁住房项目。东至永福东路，南至恒福北街，西至永福路，北至丰管路。项目规划总建筑面积8.52万平方米，可提供房源1118套，地下2层、地上（最高）15层，框架剪力墙结构，工程总造价约80026万元。项目建设主体为北京东方鑫岳房地产开发有限公司，施工单位为中航天建设工程集团有限公司，设计单位为中国建筑设计研究院有限公司，监理单位为北京中景恒基工程管理有限公司。（任明哲）

【郭庄子、小屯村集体土地租赁住房项目开工】12月，郭庄子、小屯村集体土地租赁住房项目开工。项目位于卢沟桥街道郭庄子、小屯村，为丰台区卢沟桥街道郭庄子、小屯村集体土地租赁住房项目。东至规划道路及规划住宅用地，南至京港澳高速公路北侧规划绿地，西至春风雅筑项目用地，北至双林南路。项目规划总建筑面积11.3万平方米，可提供房源1722套，地下2层、地上11层，框架剪力墙结构，工程总造价50813万元。项目建设主体为北京隆福恒基房地产开发有限公司，施工单位为中建交通建设集团有限公司，设计单位为中国建筑设计研究院有限公司，监理单位为北京华厦工程项目管理有限责任公司。（任明哲）

【周庄子村旧村改造项目二期开工】3月，城乡一体化项目周庄子村旧村改造二期ZZZ-06等地块（配建“共有产权住房”）项目开工。项目位于丰台街道周庄子村，为共有产权住房项目。东至七里庄中街，南至七里庄路，西至规划丰台站北路，北至现状住宅小区。规划总建筑面积5.28万平方米，可提供房源319套，地下4层、地上27层，框架剪力墙结构，工程总造价65600万元。项目建设主体为北京懋源新鸿房地产开发有限公司，施工单位为中外建华诚工程技术集团有限公司，设计单位为北京新纪元建筑工程设计有限公司，监理单位为北京方恒基业工程咨询有限公司。（任明哲）

【卢沟桥南里4、5、6号地块棚改定向安置房项目竣工】8月，卢沟桥南里4、5、6号地块棚改定向安置房项目竣工。东至晓月中街，南至白菊电器保障房用地，西至五环路，北至现状第二机床厂。项目规划总建筑面积63万平方米，可提供房源3893套，地下4层、地上18至28层，框架剪力墙结构，工程总造价约670000万元。项目于2017年9月开工，建设主体为北京京城置地有限公司，施工单位为北京住总第四开发建设有限公司、北京城建亚泰建设集团有限公司，设计单位为北京弘都城市规划建筑设计院、北京住宅建筑设计研究院有限公司，监理单位为北京诺士诚国际工程项目管理有限公司、北京同发建设工程监理有限责任公司。

交通　邮政　通信

道路管理

【概况】 2022年，丰台区有城市道路7184条、总长度1743.1千米、总面积2761.6万平方米。其中，市管道路127条、总长度292.47千米、总面积1088.68万平方米；区管道路339条、总长度318.52千米、总面积726.39万平方米；全区有其他产权道路6718条，总长度1132.58千米、总面积946.54万平方米。北京丰台火车站正式运营，完成拆迁腾退约98万平方米，周边配套市政设施全部竣工投用。地铁16号线南段开通运营，丽泽城市航站楼综合交通枢纽一体化项目主体开工。丽金线、地铁1号线支线、11号线、19号线二期等4条线路纳入全市轨道交通第三期建设规划。河西地区云岗路西延、芦井路等道路启动建设。通久路等5条主次干路建设加快。完成区管道路中10处疏堵改造工程，2个重点区域以及5所学校、3所医院周边的交通综合治理工作。新建及更换路名牌559块；公共停车场年审换证481个，新增、变更经营性公共停车场84处、新增停车位1.35万个。 （赵俊奇）

【丰台站通车保障】 2022年，北京丰台站成立丰台火车站专班，抓住征地拆迁、周边腾退、施工进场、开通接驳等重点环节和关键问题，开通前完成配套市政工程腾退拆迁面积约98万平方米（占总用地面积的93%）。四合庄西路等周边11条道路建成通车，开通北京丰台站周边11条公交线路，总长18.48千米，满足丰台站正式开通后旅客交通需求。 （于春羿　赵俊奇）

【绿色出行环境改善】 2022年，区城管委巩固慢行系统治理成果，完成345条道路慢行综合指数调查，居全市第二。实施汽博诺德地区慢行系统示范区提升工程，保障出行路权和安全。新开通公交线路7条，优化调整线路20余条，解决有路无车问题，方便居民出行。加强共享单车减量化管理，全区共享单车数量严格控制在8万辆以内。 （赵俊奇）

【交通设施修缮维护及路名牌安装】 2022年，区城管委调度设施维护单位，日均派出4个班组16人、巡查车辆4辆，在全区区域道路巡查，发现问题及时处理；对有路无名的道路进行路名牌安装，完成新建、更换、补装路名牌559块。 （赵俊奇）

【10处道路疏堵工程完工】 2022年，区城管委完成交通疏堵改造工程10处，包括四环路（外环）怡丰桥出口、看丹路、富丰园西路、富丰园东路、角门路、马家堡路、镇岗塔路、东安街头条、西安街、长兴路与大灰厂东路交叉口。 （赵俊奇）

【非现场执法设施增设】 2022年，区城管委完成增设非现场执法设备34套，分别为成寿寺路2套，顺八条2套，宋庄路2套，成寿寺北街1套，蒲黄榆一街1套，马家堡路2套，马家堡东路辅路1套，西红门南一街1套，嘉则路1套，北京西站南侧辅路1套，西三条1套，东安街头条1套，西安街1套，小屯西路2套，小屯路1套，大成路1套，看丹路2套，富丰园东路1套，周口店路3套，陈庄大街1套，飞航路3套，东王佐北路1套，丰管路、庄维路2套。 （赵俊奇）

【学校周边道路交通设施提升改造】 2022年，区城管委对北京市第十八中学左安门分校、蒲黄榆第一幼儿园、丰台二中初中部、高娃钢琴幼儿园、北京市教育科学研究院丰台实验小学等5所学校周边的道路，采取交通标志标线及附属设施提升改造措施，进行交通综合治理。 （赵俊奇）

【机动车公共停车场管理】 2022年，全区开展481个公共停车场年审换证工作，其中新增、变更经营性公共停车场84处、新增停车位近1.35万个。根据市交通委《关于推进本市停车设施有偿错时共享的指导意见》，坚持“有偿使用、共享利用、严格执法、社会共治”原则，统筹考虑周边停车需求，完成47处公共停车场开展错时共享停车，进一步缓解部分小区停车难问题。 （赵俊奇）

【道路停车服务】 2022年，全区完成186条道路15132个道路停车位停车服务，服务车次5982万次；累计为17341辆符合条件居民车辆办理居住认证；完成44条道路4474个停车位施划，实施收费管理。 （赵俊奇）

【共享单车停放秩序规范】 2022年，区城管委完成全区轨道站点出入口电子围栏蓝牙监测管理，覆盖率达到50%；合理规划施划共享单车停放区7591处。其中，划定黄框4159处、白框3432处。 （赵俊奇）

【交通秩序维护联合执法】 2022年，区城管委协调市交通委执法七大队、丰台运输管理分局、丰台公安分局、丰台交通支队、区城管执法局、相关属地街道（镇）等单位，加强交通行业执法工作，累计出动“黑车”治理执法力量12538人次5678车次，检查各类运输车辆6870起，查扣“黑巡游”（未取得巡游出租汽车经营许可，擅自从事巡游出租汽车经营活动）26辆、黑长途客车7辆、包车客运2辆、站外上客4起。 （赵俊奇）

【地铁线路安全隐患消除】 2022年，区城管委保障地铁线路运行，会同区内相关单位、轨道运营公司、京港地铁、京投公司和相关街道（镇）多次召开协调会议，现场查看，通力协作配合，消除地铁线路安全隐患19处，保障地铁正常运营。 （赵俊奇）

【丰台站公交线路优化调整】 2022

年，区城管委加大与市公交集团沟通力度，优化调整公交线路，方便居民出行。为保障丰台火车站接驳，新开专149路、丽泽商务区接驳房山线北延，优化调整专4路、49路等公交线路5条。（赵俊奇）

【道口安全隐患排查】 2022年，区城管委定期对辖区内存在潜在安全隐患的6处铁路监护道口进行排查，每周至少组织视频检查和现场巡查6次以上，重大活动及节假日加大巡查力度，累计检查铁路监护道口300余次。（赵俊奇）

【个体出租车管理】 2022年，全区有个体出租车辆100辆、驾驶员116人、更新车辆31辆，办理驾驶员退出8人、上岗6人。接到个体出租投诉件20件，按投诉内容划分，分别为不正确使用计价器2件、拒载2件、服务不规范14件、违规收费2件，均处理完毕。接乘客寻物电话4次，及时帮助乘客联系出租司机，寻回丢失物品。（赵俊奇）

【中考转运保障】 6月23日至26日，区城管委牵头制定并部署中考考生转运保障方案。按照丰台区考点专班要求，调备200辆巡游出租车，设立保障车队驻点1处，调度30辆应急车辆24小时在岗备勤。中考期间累计执行转运任务353车次（集中转运331车次、备勤点应急调度22车次），完成176名考生及7名陪考家长转运工作，完成转运保障工作。（赵俊奇）

【地铁16号线（丰台段）站点开通】 12月31日，地铁16号线南段（玉渊潭东门—榆树庄）通车运营。该段全长14.2千米，设10座车站。在丽泽金融商务区设丽泽商务区站、东管头南站。因一体化规划等原因，丽泽商务区站暂缓开通。（童智慧）

运输管理

【概况】 北京市交通委员会丰台运输管理分局（简称区运输管理分局）。2022年，全区有交通运输企业1918户、营运车（船）27764辆（艘）、从业人员24934人，六里桥、新发地、赵公口3个省际客运站，负责北京南站、北京丰台站和大兴国际机场“两站一场”接续运输保障工作。辖区地面公交企业1户，所辖车队23个，配备运力2895部。公交枢纽2个，公交场站96个。出租企业25户，出租驾驶员6725人。汽车租赁备案企业60户，车辆1887辆，从业人员262人。省际客运经营企业4户，车辆118辆，从业人员157人。旅游客运经营企业11户，车辆342辆，从业人员312人。省际客运站3家，车辆271辆，从业人员278人。货运企业1305户，营运车辆8761辆，其中危货运输企业10户、危货运输车辆166辆。机动车维修企业483户，从业人员6289人。运营游船企业1户，运营游船10条（艘），从业人员4人。汽车驾驶员培训学校9所，从业人员380人。受理各行业行政许可、备案服务事项17078件，其中货运行业事项办理数量13358件，占总办理数量的78.2%。新增行业企业67户，新增车辆1492辆。出动执法人员3395人次、检查1634户次、检查车辆2155辆，采取行政措施225起。完成2023年度跨省市公路运输客运证核发。

（周露露 肖 湘 马文杰）

【进口冷链运输企业防控检查】 1月12日，区运输管理分局对辖区进口冷链运输企业开展新冠疫情常态化防控专项检查，查阅车辆消毒记录、人员信息台账、货物信息记录、新冠疫情常态化防控预案等资料。针对检查中发现的问题，责令企业限期改正，开展全员新冠疫情常态化防控专题培训，完善防疫预案和台账要素，开展以“货物检测阳性应急处置”为主题桌面应急演练。（李卫安）

【道路交通事故涉事企业整改】 2月，辖区北京珂利新运输有限公司涉及1起行车亡人事故。区运输管理分局联合丰台交通支队约谈涉事企业法人代表，检查企业从业人员教育培训、车辆检测维护等各项安全管理制度落实情况，进行《中华人民共和国道路交通安全法》等法律法规宣传教育，推进企业迅速开展安全隐患排查，持续跟进促整改。（李卫安）

【丰台火车站开通接续保障】 6月20日零时，北京丰台火车站正式开通运营，区运输管理分局成立保障专班，在火车站开通首周对出租车调度站、东落客平台及临时公交站台进行巡查，做好现场点位值守、秩序维护、问题收集等工作。出动工作人员70余人次，对客流流时、流向和流量进行摸排，对发现的交通运营相关问题进行记录，解答群众现场咨询500余次。（张 妍）

【驾培机构夜训场所现场勘验】 7月，区运输管理分局鼓励有条件驾培机构开展机动车夜间驾驶培训业务，并对开展夜间培训业务驾培机构训练场地的安全防护、灯光设施设备、教练教学等情况进行专项检查。（李 豪）

【“北京榜样·京城的哥”表彰】 7月21日，区运输管理分局根据2021年“北京榜样·京城的哥”表彰决定，对辖区北方出租、北创出租、万泉寺出租获得称号的14名驾驶员进行表彰。北京榜样·京城的哥”文明品牌是“北京榜样”主题活动子品牌，从2020年开始启动，每年度命名一批。2021年度“北京榜样·京城的哥”为该奖项第二次评选，全市100名的哥的姐获奖。（田 亮）

【联合约谈非法道路客运售票平台】 2022年，区运输管理分局发现“同程旅行”App中存在因新冠疫情停运省际客运班线售票信息，扰乱本市客运市场秩序。9月30日，联合

7 月 21 日，区运输管理分局为“北京榜样 · 京城的哥”颁奖（区运输管理分局　供图）

市交通执法总队十五支队及市公交保卫总队对同程旅行控股有限公司相关业务部门负责人进行约谈，同程旅行立即下架现有违规道路客运信息，学习道路客运行业相关政策法规，强化信息审查发布机制，查验合规性，确保平台不出现非法客运信息。（刘　峥）

【道路客运车辆排查整治】2022 年重要会议期间，区运输管理分局对辖区道路客运行业 11 家旅游企业、4 家省际客运企业 439 辆车进行逐车排查。对发现北京万泉寺出租汽车有限公司车辆多次未报备运营情况，核查整改，约谈企业负责人，查清车辆未报备运营原因并对车辆未报备运营管理问题进行处理。辖区内其他企业无未报备运营情况。（梁利宁）

【宣传纪录片《光》发布】2022 年，区运输管理分局策划制作北京南站党员车队常态轮值保障机制运行一周年宣传纪录片《光》，在多个平台发布推出。《光》以北京南站常态轮值保障为主题，呈现北京南站党员车队参与常态轮值的保障事迹，展示党员车队队员们持续坚守与默默付出，诠释党建引领聚合力思想，反映区运输管理分局架平台、优服务，以机制“无形之线”串联保障合力的新发展格局。（张　妍）

【安全应急演练】2022 年，区运输管理分局组织辖区企业开展 2022 年度安全应急演练工作，指导企业制订应急演练工作方案，督促企业针对应急演练中发现的问题认真分析、及时整改提高，确保取得实效。累计组织企业开展较大规模应急演练 43 次。（白时倩）

【运政业务预约办理】2022 年，丰台区实现运政业务预约办理，企业可通过“丰台政务中心”微信公众号“丰政通”在线预约办理相关业务。驻区政务服务大厅后台按照每周一日计划，定期开展运政业务网办推广日活动。工作人员变身网办小助手，为办事人员现场演示操作，一对一指导网上办理业务，解决企业和群众在办理运政业务网办过程中存在的问题。（任会京）

【运输行业普法宣传】2022 年，区运输管理分局拓宽普法宣传阵地，与区融媒体中心建立长效法治宣传合作机制，累计在北京丰台、《北京日报》、《人民日报》客户端等融媒体平台刊发“执法为民”工作动态 18 期，累计阅读量突破 5 万人次。（费秋实）

【冬奥交通保障企业服务监管】2022 年，区运输管理分局组织辖区道路客运企业提供闭环内保障车辆 356 辆、驾驶员 498 人。对辖区 2 家从事冬奥会食品物资运输保障任务企业进行入户检查，现场检查车辆消杀与人员防护情况，督促企业全面排查治理新冠疫情常态化防控和安全风险隐患，完成冬奥物资运输保障任务。（梁利宁　李卫安）

8 月 19 日，区运输管理分局开展运政业务网办推广日活动现场

（区运输管理分局　供图）

【机动车维修行业备案】2022年，区运输管理分局梳理辖区机动车维修行业企业经营现状，重点汇总备案范围与实际不相符、企业拆迁不经营等情况，督促企业严格按照规定进行备案。全区31家企业办理终止经营备案；对于已拆迁或无法联系上的企业，通过现场拍照核实，其中60家企业在系统上登记企业状态异常。 （郝 丹）

【外埠长期不进站车辆清理】2022年，区运输管理分局完成对外埠省际客运企业进京经营班线、车辆备案数据整理及长期不进站车辆清理工作。对1410辆外埠长期不进站车辆备案数据注销；对2辆存在非法揽客、站外甩客等违规情形车辆移送处理。 （张 妍）

7月22日，区运输管理分局组织开展北京丰台站换乘方式宣传活动

（区运输管理分局 供图）

【丰台站出租应急车队保障演练】7月22日，区运输管理分局组织北京丰台站“丰聚力”出租汽车应急保障车队中8家骨干企业开展应急保障演练活动。协调丰台站P1停车场80个车位作为保障车队临时集结驻车区，将参与保障的车辆分为2批，适时启动保障指令，大幅缩减旅客等候出租车的时间，缓解出租车调度站旅客疏散压力。 （刘 峥）

【火车站换乘方式宣传活动】7月至8月暑运期间，区运输管理分局在北京南站、北京丰台站组织开展换乘方式宣传活动。活动以发放抵达换乘接驳宣传扇形式，向过往旅客详细介绍抵离火车站交通空间布局及运营脉络，解决群众不熟悉换乘接驳方式和运营时间、公共交通运行线路等问题，培育群众绿色出行习惯，化解场站出租车供需矛盾。活动发放宣传扇1000余把，宣传覆盖旅客2000余人。 （张 妍）

【基层站所开放日活动】7月，区运输管理分局到辖区机动车维修企业开展“以开放促政企沟通 以共建促行业发展”为主题的基层站所开放日活动。工作人员实地考察企业业务接待室、维修车间，了解企业经营生产现状，与企业主要负责人、售后负责人等就行业监管、“接诉即办”、新冠疫情常态化防控相关内容开展座谈交流。 （郝 丹）

【包车报备联合整治】8月11日，区运输管理分局联合市交通运输综合执法总队七支队开展第一次包车运营未报备专项整治工作。通过北京市包车客运管理系统，实时对执法七支队在路检路查中发现车辆报备情况进行核实，与技术研发人员保持联络畅通，解决执法七支队在路检路查过程中信息不畅问题。 （刘 影）

【交通行业安全整治“百日行动”】8月1日至10月31日，区运输管理分局开展交通行业安全整治“百日行动”，对辖区交通运输行业安全生产工作短板和突出问题开展全覆盖检查，综合运用“四不两直”“双随机”等方式，对燃气安全、消防、防汛应急、反恐维稳、新冠疫情常态化防控等重点领域环节检查提醒到位。创新隐患排查治理方法，能立即整改的隐患要立即整改，不能立即整改要制定整改方案，限时整改，确保“不留死角、不留盲区”。 （白时倩）

【省际客运站消防隐患排查整治专项行动】11月18日，区运输管理分局以“互查找隐患，整改保安全”为主题，组织辖区各省际客运站开展消防隐患排查整治专项行动。检查过程中，各客运站安全工作负责人员以相互检查方式，对消防安全责任制落实、消防隐患排查整治、消防设施配置、消防工作记录归档等情况进行检查，促使客运站工作人员进一步了解行业管理部门执法检查流程和检查内容，提高消防工作水平。 （马兆炜）

【大兴国际机场网约车运输保障工作会】11月23日，区运输管理分局联合市交通运输综合执法总队十二支队、大兴国际机场公共区管理部共同召开大兴国际机场网约车运输保障工作会，要求丰台区各网约车公司加大对注册司机的监管力度和违规惩罚力度，杜绝出现切单、非法营运等行为，提醒司机严格落实乘客扫码、车辆消毒和通风等各项新冠疫情常态化防控措施。首中停

车管理有限公司严格做好进场扫码、核酸查验等新冠疫情常态化防控措施，加强停车楼内部巡视巡查力度和频次，及时纠正场内人员不当行为。（何　阳）

【邮政快递行业保通保畅督查检查】12 月 14 日至 23 日，受新冠疫情影响，辖区快递网点出现快递派送不及时等问题，区运输管理分局成立工作专班，划设 3 个工作检查组，对全区邮政快递网点开展多轮次督导检查工作。掌握辖区邮政快递行业运转情况、新冠疫情常态化防控情况，重点关注停摆网点、快递积压严重网点等情况，协调快递网点反馈的各类急难问题，及时上报。经过近 10 天工作，辖区快递网点基本恢复正常运营。（李卫安）

交通执法

【概况】2022 年，丰台交通支队完成北京冬奥会、冬残奥会，全国两会、十九届六中全会、党的二十大，中央领导考察、植树、抵离京等一系列勤务，实现“零差错、零失误”目标。全区发生道路交通死亡事故 59 起，死亡 63 人。支队制定包括节假日、重点时期、重大活动、应急处突、维护疏导等各类方案 67 套。依托大数据警务深度研判分析，发布警情分析简报 61 篇，上报各类情报信息 1000 余条。（许佳欣）

【交通安全监管执法】2022 年，丰台交通支队“一区一警”安监民警、专业小分队派驻民警加强对月交通违法超标、发生亡人事故、严重交通违法突出隐患单位安监执法力度，落实限期整改、约谈曝光、停车整顿和罚款处罚措施。走访检查 4818 家单位，约谈单位负责人 1791 人次；对 1526 家单位发放《责令限期改正通知书》，对 866 家单位采取禁驶措施，对 53 家单位予以罚款处罚。（许佳欣）

【高风险交通企业隐患整治】2022 年，丰台交通支队对照公安部高风险企业名单，精准治理辖区高风险企业。通过约谈、限改、停驶、罚款等安监执法措施，监督企业限期完成车辆检验、报废，暂停或调整违法突出、责任事故、新入职等重点驾驶人运营岗位，并在“交警 12123”App 中重新备案工作，实现 291 家高风险企业整治转化。（许佳欣）

【道路交通安全隐患动态排查治理】2022 年，丰台交通支队每月组织属地街道（镇）开展 1 次道路交通安全隐患治理，累计排查治理路树遮挡，交通设施缺失、损坏等隐患 180 多处，治理市级挂账道路隐患 5 处。在存在交通安全隐患的丰葆路加装减速震荡线 108 米；对大瓦窑环岛全部车道线、人行横道、车道箭头等标线进行复划，增设大货车右转危险区、路口进出停让标线、地面警示文字、柔性隔离桩，设立右转盲区和事故多发路段提示牌 15 面，完善更新环岛宣传标语。（许佳欣）

【“靓丽平安路”交通安全系列主题活动】2022 年，丰台交通支队开展“靓丽平安路”交通安全系列主题活动，倡导为自行车加装发光和反光装置，探索北方冬季农村地区交通安全工作新模式，组织 11 处交通文明示范路口交警、协管员和劝导员，为 2000 余辆自行车免费安装发光和反光安全装置，号召哈啰单车、美团单车、青桔单车等企业为所属车辆装备安全装置；在京港澳高速、五环路、丰台北路、岳各庄东路、泥洼路等路段安装反光道钉 8000 多个，粘贴反光贴 6000 余张，安装发光交通提示牌 160 余面。（许佳欣）

【春运交通安全宣传】1 月 27 日“春运”启动当天，丰台交通支队在六里桥长途客运站设立主站点，开展“春运”交通安全宣传“高潮日”活动，设计制作“春运”交通安全宣传品和材料，重点宣传酒驾、超员、超速等违法危害，提示广大驾驶员和旅客系好安全带，做到遵守交通法规，文明安全出行。编写交通安全测试题与旅客互动，增强宣传活动的趣味性和实际效果。设置宣传点 7 处，发放宣传材料和宣传品 8 种 1200 余份，群众扫码答题 110 余人。（许佳欣）

【交通安全宣传】2022 年，丰台交通支队邀请中国交通广播、北京电视台、《北京日报》、搜狐网等媒体记者深入一线，开展新闻宣传活动。借助丰台区融媒体中心渠道，多角度发声。累计在各大媒体刊载新闻 270 余条。发动属地街道（镇）交通安全组织力量，到辖区党政机

3 月 3 日，丰台交通支队为右安门街道开阳里三区居民安装自行车反光车贴

（丰台交通支队　供图）

关、单位、企业、学校、工地、社区、村等，开展交通安全宣传“七进”工作；开展“一盔一带、安全常在”“抵制酒驾、珍爱生命”“礼让斑马线”“美丽乡村行”等系列主题宣传活动，组织各类宣传活动220场次，发放宣传材料3.1万余份，营造文明交通氛围。以卢沟桥“河西地区”为试点，以王佐镇、北宫镇2个涉农镇为重点，调研农村地区交通组织状况和掣肘农村交通安全不利因素，开展针对初高中学生、农民、城镇职工等不同受众群体交通安全宣传教育。 （许佳欣）

【增设交通事故“远程易处理”专席】 2022年，丰台交通支队在小屯西路增设9个远程事故易处理专席和4个卢沟桥大队远程事故易处理专席，开展专门培训和前置指导。10月1日起，14个远程事故易处理专席全时段运行。小屯西路驻地远程事故易处理分中心接事故报警14263起，处理事故12639起，处置成功率88.6%，缓解路面执勤民警处警压力，确保安保期间管界内道路事故交通现场快清快处。

（许佳欣）

【交通优化整治】 2022年，丰台交通支队对新发地地区、天坛医院周边开展区域交通治理。先后在新发地西侧5个门区设置市场专用通道；在天坛医院南门设置落客区等；协调市、区交通委开展23处点位拥堵改造；对361所校园周边开展交通安全设施排查整改；推进北京丰台站重点工程，调整8处路口交通组织。 （许佳欣）

驻区火车站点

北京西站

【概况】 北京西站地区管理办公室（简称西站办）是北京市重点站区管理委员会的内设机构，下设北京西站地区执法大队和北京西站地区事务分中心，负责北京西站日常管理和服务。2022年，西站办围绕新冠疫情常态化防控、重大活动保障、安全生产等开展各项工作。发送旅客1278.91万人次。其中，春运期间发送旅客432.95万人、暑运期间发送旅客400万人次。完善工作流程，有效解决难点问题。“接诉即办”工单323件，投诉量比上年下降54.6%，响应率100%、解决率99%、满意率99.6%。推荐“北京榜样”先进典型3人、“首都精神文明建设奖”先进典型1人、“北京市‘接诉即办’先进个人”1人。开展榜样模范先进事迹学习宣传，组织选树防疫先锋24人、爱岗敬业先锋8人，为站区工作推动提供坚强保障和强有力的示范作用。（祁亚如）

【交通公共设施与服务】 2022年，西站办推动公共厕所升级改造，完成环境提升和智能化改造；建立占压隐患专业巡查机制，完善燃气切改工程方案并推进开展；加强停车场系统治理，推进“人车握手”措施，补强人车引导标识，实现车辆和乘客在车位上候车候客，方便旅客定位辨识，缩短换乘时间；开展“僵尸”自行车专项清理行动；开展节能行动，调整供电设备运行模式，对地区39部电梯、照明系统等进行供电线路改造，碳排放购买量比上年减少31.4%。针对站区漏水问题，聘请专业单位研究方案，将突出区域治理纳入2023年计划；针对市容环境管理不精细问题，发挥环建办和城管执法网格化作用，坚持每周督查督办，提升站区环境治理水平；针对东西冷却塔占压燃气管线、汇融大厦雨水方沟隐患、铁路三合一违法建设等问题，加大推进力度，汇融大厦雨水方沟汛期已完成治理，铁路“三合一”场所拆除，燃气管线整改年底完成。完成导向标识优化工作，更新标识104幅，更换交通线路图13处。

（祁亚如）

【交通秩序管控】 2022年，北京西站地区开展“两打一清”联勤联动综合执法、“清风畅夏、百日整治”专项执法等活动。与西城区、丰台区、海淀区建立联系，对接3区建立平安建设、应急、防汛等工作机制。加强与铁路联动，制定各重点时期和重大活动保障方案并严格实施，完成地区春运、北京冬奥会、冬残奥会、全国两会、清明节、“五一”、端午节、中秋节、国庆节、党的二十大服务保障等各项保障任务。治理黑车难题，推出“人盯+车巡+监控”勤务模式，与各停车场签订《禁止停放非法扰序车辆承诺书》，查扣“黑巡游”16辆、“黑网约”87辆、“黑客运”1辆，出租车违法行为25辆，网约车他驾1辆，立案127起，行政处罚金额184.72万元。 （祁亚如）

【交通安全生产】 2022年，成立北京西站地区防火委，召开2022年度安全生产和消防工作部署会暨“春运、双奥、两会”安全保障动员部署会，开展“护航冬奥安全生产及消防安全百日攻坚十大专项行动”。组织地区执法单位针对安全生产、消防安全、燃气安全、施工工地、仓储库房、电动车安全使用、微型消防站及“一警六员”兼职队伍等专项开展联合检查及督改12次，更新企业及相关隐患台账，约谈部分单位负责人、对各类隐患零容忍，净化社会面消防安全环境，夯实消防安全基础，保障西站地区安全生产。 （祁亚如）

【文明志愿服务】 2022年，西站办制定志愿服务常态化专项应急预案，完善重大活动、重点时期志愿服务机制，完成北京冬奥会、冬残奥会期间地区志愿服务保障工作。开展文明出行、文明健康生活宣传和专项行动，动员站区单位参与站区“文明花开满城芳”文明城区创建主题志愿服务活动和党的二十大服务保障工作，推进文明城区创建和站区治理融合，利用站区公益广告宣传阵地向过往市民旅客宣传“文明西站 魅力西站”。 （祁亚如）

【夜间摆渡车开通】 2月11日起，西站办开通夜间摆渡车，运行时间段集中在夜间23时至次日凌晨1时。分为3条线路：北广场调度站→西便门公交站→长椿街路口西公交站→宣武医院公交站；北广场中裕酒店前→公主坟地铁站东北口→航天桥南公交站；南广场调度站→六里桥北里→公主坟桥南30路夜班公交站。（祁亚如）

北京南站

【概况】 北京南站地区管理办公室（简称南站办）是北京市重点站区管委会的内设机构，下设北京南站地区执法大队和北京南站地区事务分中心，负责北京南站地区日常管理和服务工作。2022年，南站办抓地区秩序管控、运力保障、应急管理等，做好重点时期服务保障，提升站区治理效能。与属地街道、铁路、交通、公安等单位交流沟通，平安建设、创卫、应急管理、安全生产、防汛等工作被纳入丰台区相关机构成员单位，协调丰台区气象局在站区建立温雨自动监测站。巩固"我为群众办实事"实践活动成果，"接诉即办"办结"12345"工单519件（含退单），投诉量比上年下降59.5%，响应率100%、解决率100%、满意率100%。发送旅客1182.32万人次。其中，春运期间发送旅客135.95万人、暑运期间发送旅客459.79万人次。（王志玉）

【交通服务保障】 2022年，南站办修订完善《北京南站重点时期运力保障方案》，在重大节假日期间协调丰台区运管部门，实现地铁4号线常态化延时，优化保点运营和党员服务车队轮值保障机制。成立南站地区运力保障工作群，及时推送列车及旅客到发数据、通报列车晚点信息和突发情况。组织人员专项治理南站地区停车场秩序，制定《北京南站地下停车场整治专班工作方案》《北京南站地区重点时期停车场专项保障工作方案》，调整网约车候客区点位，完善导引标识，优化行车流线，开放应急出口。（王志玉）

【便民服务】 2022年，南站办优化站区基本设施设置，更新安装匝道道路警示柱410个；立体停车楼392个车位全部对公众开放；依托志愿服务协会志愿者力量，人员密集区域设立志愿服务岗6个，梳理群众咨询问题重点，对志愿者进行上岗前一对一培训，暑运期间上岗志愿者81人次，国庆期间上岗志愿者104人次，总服务时长728小时，服务旅客3870人。发动党员干部充实志愿者队伍，利用主题党日活动等方式，在学雷锋日、创城创卫、文明出行等关键节点开展站区巡查、交通指引、帮扶等志愿服务活动。（王志玉）

【交通秩序管控】 2022年，南站办推动南站地区"黑出租"非法营运整治，统筹推动拆违和安全消隐工作，优化南站地下停车场功能，整改消除南站地区安全隐患39项，腾空违建5处、拆除违建面积520.06平方米。（王志玉）

【交通秩序专项执法】 2022年，南站办采取"城管+公安+N"模式，开展非法运营等秩序整治专项联合执法行动，扩大打击范围，加密巡查频次，摸排重点车辆，建立动态台账，提升市民旅客平安出行体验，查处各类违法车辆239辆次，处罚金1472641.48元；开展站区隐患排查治理58次，排查隐患问题10起，督促各单位加大安全生产检查频次力度，掌握安全隐患底数，形成并固化"安全人员每日巡查、专业机构定期排查、执法部门重点联查、站办部门整改督查"4步检查模式。（王志玉）

【南站党员车队工作室建设】 2022年，区运输管理分局推进北京南站党员车队工作室建设，打造共产党员车队轮值保障工作机制，采取"党员在前，协调联动，轮流负责，分组保障"工作模式；全面整合现有阵地资源，开放南站调度指挥办公室、党员车队工作室、会商室等为参与南站保障司机、车队管理人员提供现场指挥调度、临时休憩场所；多次组织党员车队代表召开座谈交流，共商建立南站党员车队工作室临时党支部等相关事宜。（张　妍）

北京丰台站

【概况】 北京丰台站是北京最早火

3月4日，南站办开展助力冬奥志愿服务活动　（南站办　供图）

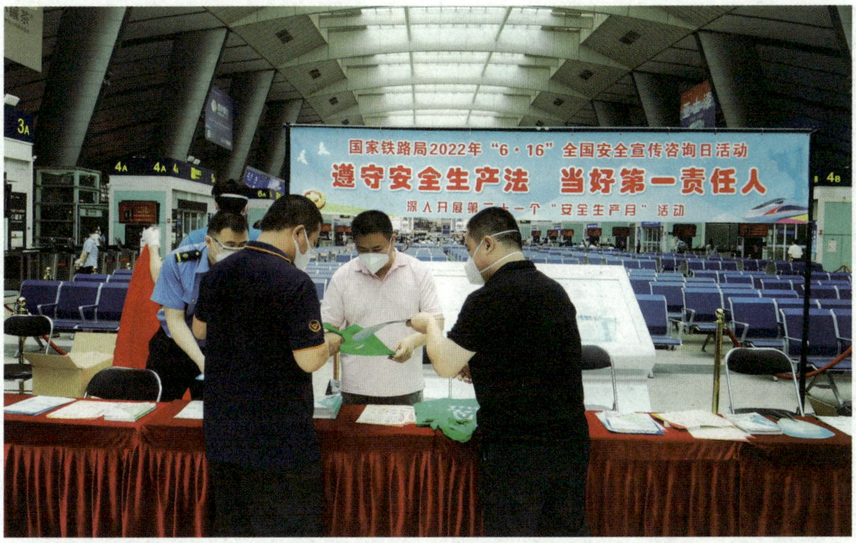

6 月 16 日，北京南站开展国家铁路局 2022 年"6·16"全国安全宣传咨询日活动

（南站办　供图）

车站，始建于 1895 年，曾服务老京张铁路、京广铁路、京沪铁路等多条线路。北京丰台站地区管理办公室（简称丰台站办）是北京市重点站区管理委员会内设机构，于 2021 年 11 月成立，设置 4 个科、1 个北京丰台站地区执法大队和 1 个北京丰台站地区事务分中心，工作职责是负责北京丰台站地区的日常管理和服务工作。2022 年 6 月 20 日，北京丰台站正式开通运营，至年末发送旅客 234.89 万人次，暑运期间发送旅客 135.9 万人次。"接诉即办"办结"12345"工单 190 件（含退单），响应率 100%、解决率 100%、满意率 99.47%。丰台站办结合"建设期＋运营期"特点，加强与铁路、地铁、属地政府等单位会商，重点跟进"轨道上的京津冀"（建设北京、天津、河北铁路联通线）、"站城一体化"［站城一体发展理念源于日本，是公共交通导向发展（TOD）的一种模式，主张发展轨道交通，通过把办公、居住、城市服务等功能安排在车站步行可达范围内，减少日常生活和经济活动步行距离，从而实现轨道交通与城市房地产协同开发的价值最大化］、"四网融合"（在现有电信网、计算机网互联网和广播电视网有线电视网的三网融合基础上加入电网，即四网融合）及"四全车站"（全效动力、全时活力、全景魅力、全民友好车站）等。对接市交通委、北京重大办，及时跟进站区重点工程建设进度，包括南北综合交通枢纽功能优化项目、周边道路开通节点等信息，就服务设施设置、出站旅客流线设计、换乘接续路径等方面实地调研，提出针对性研究方案，避免客流交织、降低新冠疫情常态化防控风险。深化与丰台区合作治理，谋划联通雄安"钟摆式"城际通勤，协同推动融合发展控规落地。（张秀琳）

【丰台站正式开通运营】 6 月 20 日，丰台站改名"北京丰台站"，正式开通运营。改建后的北京丰台站是亚洲最大铁路客运枢纽站，承担京广高铁、京石城际、京九客专以及丰沙、京原、京沪线及市郊铁路的始发终到作业。站房建筑面积约 40 万平方米，每小时最高可容纳 14000 人同时候车，是国内首座采用高铁、普铁双层车场重叠设计车站。设有站场规模为 17 台 32 线。其中，高架高速场设 6 台 12 线，地面普速场设 11 台 20 线，形成"顶层高铁、地面普铁、地下地铁"立体交通模式。

【丰台站交通枢纽】 2022 年，北京丰台站交通枢纽由南枢纽和北枢纽 2 部分构成，分别位于丰台站站房南北两侧。项目规划用地面积约 9.34 公顷，总建筑面积 20.8 万平方米，规模仅次于城市副中心交通枢纽，成为北京在建规模第二大综合交通枢纽。丰台站周边配套道路工程实施 12 项，总长 21 千米，包括主干路 3 条（科怡路、丰草河北路、桥安西路），次干路 2 条（万华街、东货场路），支路 5 条（万华北街、丰帆西路、丰帆路、丰帆东路、纵五路），匝道 2 条（东、西立交匝道），均由丰台区负责协调推进，并委托公联公司建设，工程于 2019 年开工。（张秀琳）

【联席会议机制】 2022 年，丰台站办明确联席会议机制，确认各方属地、主体、监管、统筹责任并推动落地，调动站区各单位，及时有效解决"建设＋运营"期各类重点难点问题，健全优化路地交通衔接匹配、重点时期服务保障、客流研判应对、信息共享发布、联合执法打击等协同联动机制。（张秀琳）

【应急指挥工作体系】 2022 年，丰台站办强化指挥中心功能，加强站区常态业务统筹部署与应急处置联合指挥。加强推进应急管理"一案三制"体系建设，修订完善各类规章制度及应急预案，加强站区预案与铁路预案的匹配衔接。加强与属地部门沟通，发动地区单位自觉成立专兼职安全员、消防队伍、应急救援队伍等群防群治力量，常态化开展各类应急演练，提升应急处置能力。统筹路地消防部门合作衔接，强化消防安全实体化管理，推动站区小型消防站建设，开展"一警六员"实操实训，提升站区消防安全水平。动态补充完善各类应急物资，提升物质保障。坚持党建引领，进一步发挥"接诉即办"工作专班作用，聚焦群众反映强烈"痒点、痛点、难点"问题，定期开展业务培训，分析研判疑难工单，不断推动诉求办理从"一诉一办"向"主动治理、未诉先办"转变。（张秀琳）

6月20日，丰台站正式开通运营　　（丰台站办　供图）

【交通综合保障】 2022年，丰台站办配合市交通委和丰台区推进南、北综合交通枢纽建设和周边路网建设，提前做好对应接驳保障调整准备，及时优化人车进出站流线。加强与运管、地铁、公交等部门沟通交流，逐步摸清常态运转下站区交通接驳规律和接驳承载能力。固化站区运力接续服务保障机制，科学配置优化接驳区域，协调优化站区公交运行线路，探索通过市场化激励机制增加出租车车辆供给，较大限度挖掘站区出租车、网约车、公交车及摆渡车运力潜能，完善站区运力保障。（张秀琳）

【站区秩序管控】 2022年，丰台站办开展铁路沿线安全环境治理，维护铁路运行安全。推动站区反恐工作体系建设，结合反恐专项预案，组织开展反恐演练、推演。深化联勤联动工作机制，加强跨部门、跨区域、跨体系行政执法协同和非现场执法，完善整治方案，开展整治行动，严查倒票、招揽、出租车违章、非法营运等各类违法行为。整合执法资源和社会资源，发挥好专业执法力量，健全保安、保洁、志愿者等群防群治队伍建设，形成专群结合的城市“共治”合力。开展站区流动人口管理服务工作，组织日常巡查排查，引导流浪乞讨、生活无着落人员前往属地救助站接受救助。（张秀琳）

【丰台站文化品牌建设】 2022年，丰台站办发挥站区宣传阵地和枢纽媒介优势，对接跟进“博物馆之城”“网红打卡地”等文化品牌，结合丰台区和北京丰台站的空间和时间特色，与北京铁路局宣传部门、丰台区委宣传部、丰台区文旅局等调研、实地勘踏，以群众喜闻乐见、接地气形式打造万华街精品文化街。（张秀琳）

丰台西站

【概况】 2022年，北京枢纽生产布局调整后，丰台西站设有职能机构8个；生产机构15个，分别为一场车间、二场车间、三场车间、五场车间、调度车间、货检车间、南信号车间、后勤车间、设备车间、信息化车间、双桥站、大红门站、百子湾站、安全生产调度指挥中心、经营开发部；辅助性生产机构2个，分别为高铁乘务室、设备维修站。丰台西站是路网性编组站，为特等站，是全路重要咽喉枢纽、主要车辆集散地和山西、内蒙古等地煤外运重要通道，其中丰西编组站站场布局为三级八场纵列式，双桥编组站为二级三场外包式编组站。管内车站衔接京哈、京承、京沪、京广、丰沙、丰双6条干线，另辖星双、百星、百东、大李部分线路和军供联线、大南线等6条支线；管内丰台西站、双桥站均设自动化驼峰调车设备；管内配置调车机17台。其中，丰台西站12台、双桥站3台、百子湾站1台、大红门1台。车站管辖正线：京哈线通州（不含）—北京东站（不含）3.47千米；京广线长辛店（不含）—丰台站（不含）3.75千米；京沪线黄土坡线路所（不含）—丰台站（不含）1.87千米；京承线通州西站（不含）—双桥站1.8千米；丰双线丰台西站—双桥站35.55千米。站内有货检设备货车超偏载检测装置7台、货车超限检测及装载状态高清数字监视装置25套；机械动力设备18台。（谢鑫鑫）

【设备管辖】 2022年，丰台西站管辖丰台西、双桥2个编组站，南信号、小葆台、大红门、小红门、百子湾、南苑6个中间站，西道口、田家洼2个线路所，计8个车站2个线路所。其中，特等站1个、一等站3个、四等站2个、五等站1个。（谢鑫鑫）

【生产与经营】 2022年，丰台西站全站日均办理出入车30043车。其中，有调16095车、无调13782车，中转时间6.1小时、停站时间29.0小时，日均装53车、卸164车，货物发送量273249吨。（谢鑫鑫）

【违法占地整治】 2022年，丰台西站围绕北京铁路局集团公司地亩管理年度重点工作任务，借助北京市“平安铁路”建设、“疏整促”“消隐促建”工程，加强铁路用地管理。完成违法占地清理整治，召开专题会议10余次，动员组织相关人员2300余人次，机具车辆500余台次，拆除清理大红门站、五场外勤、一场车间等处周边违法建筑约51500平方米，收回铁路用地64500余平方米。拆除大红门西货五周边违建房屋8000余平方米，收回铁路

用地21000余平方米，为北京货运中心大红门货场标准化建设提供强支撑。（谢鑫鑫）

邮 政

【概况】 中国邮政集团有限公司北京市丰台区分公司（简称区分公司）是中国邮政集团有限公司北京市分公司（市分公司）下属城区分公司。区分公司位于方庄蒲芳路22号。承担丰台区邮政通信服务职责，主要经营函件、包裹、集邮、报刊订阅和零售、汇款、商函制作、邮送广告、电子商务、“三农”服务以及速递物流、金融类等代办业务。服务面积306平方千米，服务人口约202.5万人。2022年，区分公司下辖10个邮政支局、45个邮政所、23个揽投网点，有商投道段379条、普投道段205条、邮运专用车辆132辆，实现总收入37951万元，利润比上年增加5522万元。参与“走进森林城市 绽放社区之美”——创森与融媒体百日公益行动，在“邻里花园”设立绿邮筒，开展明信片寄语活动，倡导和宣传“共担环保责任、共享生态家园、共建森林城市”理念。（刘 然）

【绿色邮政建设】 2022年，区分公司推进绿色包装应用和包装材料循环再利用，所辖网点全面推广应用45毫米以下“瘦身胶带”，邮件电子面单覆盖率达到95%以上，设置包装废弃物回收装置布放网点54个，回收复用瓦楞纸箱9万个；开展绿色邮政理念志愿服务关爱行动近20次，覆盖社会受众1200人。（刘 然）

【邮政特色文化品牌传播】 2022年，区分公司开展“赏邮票 学党史”“赏邮票 话冬奥”“赏邮票 学报告”系列活动，与丰台区长辛店小学、中国运载火箭技术研究院、中国航天科工飞航技术研究院、中车北京二七机车有限公司等学校、单位和丰台区47个社区互联互动，累计开展巡展宣讲活动54场，面向百姓开展线上集邮文化知识讲座，得到巡讲单位和党员群众一致好评。（刘 然）

【乡村振兴发展战略落实】 2022年，区分公司帮助解决农产品“销售难”问题，通过“邮乐+社群”“网点+社区”“零售+团购”模式，打开销售渠道；推出京郊蔬果、蔬菜基地“实地采摘+直播”活动，开展乡村振兴农产品带货直播60余场，助力农户实现农产品销售1993万元。（刘 然）

9月8日，方庄购物中心开展“赏邮票 学党史”主题宣讲活动 （区分公司 供图）

10月，党的二十大邮政通信安全服务保障任务现场 （区分公司 供图）

【京津冀生鲜寄递直通车打通】 2022年，区分公司与“新发地直播基地”合作，累计将15.74万份生鲜产品由“源头”直接送至京津冀市民餐桌，实现北京当日达、津冀次日达，推动区域便民商业服务功能提速度、增特色，是推进首都邮政惠农合作项目新的尝试。（刘 然）

【身份证换证业务寄递便民服务】 2022年，区分公司与属地公安局人口管理总队合作，与辖区内34个派出所建立联系，推进身份证换证业务寄递便民服务，身份证换证业务邮寄量53152件，寄递转化率25.3%。（刘 然）

【代投自提网络建设】 2022年，区分公司印发《深入推进邮政代投自提网络建设和应用工作实施方案》，利用区域内邮政网点资源和社会平台扩大自提覆盖面，发展邮政自提点，构建“邮政自提点+社会自提点+智能包裹柜”相结合自提网络。自建“京邮驿站”，探索自提网络建设，建设京邮驿站10个，完成全区90%以上代投网点开发绑定，包裹自提率43%。（刘 然）

【邮政通信服务质量提升】 2022

年，丰台邮政落实《邮政普遍服务标准》《邮政营业系列标准》《邮政投递服务规范》等规章制度，加强邮政营业及投递人员培训，提高营投人员服务质量意识。开展普遍服务提质达标及窗口服务大提升专项整治活动，采取现场检查、实寄测试和调阅视频监控方式，对区域内网点服务标准落实情况进行检查督导，推动营业网点服务和效能全面提升。强化投递业务质量管控，从收、分、运、投4个方面全面规范投递作业流程，全面提升各环节时限保障能力。重视用户诉求，从源头对各平台工单、投诉率、理赔及时等重点指标实时监控，立足数据分析，建立日监控、周通报、月考核及落后班组质询制度，全面把控服务指标。全年未发生被市邮政管理局处罚情况，受理“11185”平台转办工单3001件，其中“12345”市民服务热线工单71件，及时响应率、用户满意率、有效解决率均100%，24小时办结率100%。

（刘　然）

【《壬寅年》特种邮票首发】 1月5日，区分公司与方庄街道办事处在时代life购物中心举办《壬寅年》特种邮票首发仪式，《壬寅年》生肖邮票1套2枚，分别为：国运昌隆、虎蕴吉祥，全套面值2.4元。全年发售19680枚。（刘　然）

【全国两会与党的二十大保障】 3月2日至17日，区分公司首次承接全国两会线上销售邮寄保障服务任务。公司成立全国两会服务先锋队临时支部委员会，抽调62名各岗位骨干和党团员组成服务专班，编制“两会”邮品寄递服务工作实施方案，明确各环节工作细节和责任衔接。区分公司全国两会邮品寄递项目服务小组完成全市所有涉会邮品寄递邮件信息接收、邮品封装、配货、收寄、运输、主动客服工作，累计处理线上下单邮件8369件。10月，抽调23名服务人员进驻大成路九号临时邮局，为600余人次提供邮品销售和寄递现场服务，完成党的二十大邮政通信安全服务保障工作。（刘　然）

【“中国航天日——‘黑金’系列（三）纪念套封”首发】 4月24日，在第七个“中国航天日”，区分公司携手中国航天三院310所航科传媒，在龙徽1910文化创意产业园内星航学舍联合举办“中国航天日——‘黑金’系列（三）纪念套封”首发式。纪念封套邮品包含“东风一号”“红旗二号”“鹰击一号”3枚系列纪念封和1枚“神剑扬威”徽章。纪念封采用黑金主色调。徽章主元素从上至下分别为发射状态下“鹰击一号”“红旗二号”“东风一号”导弹，整体为盾牌造型，象征抵御和防护；红色准星元素体现导弹一触即发、一发必中的精准特征。全套面值78元，全年发售13000册。（刘　然）

【丰台站纪念封、纪念戳首发】 6月20日，区分公司为纪念北京丰台站建成开通，发行高铁移动主题邮局系列产品之“北京丰台站开通运营”纪念封和纪念戳各1枚。在丰台区10个支局售卖，销售采取线上“BSC群接龙+丰台微店”方式预售。全套面值5元，全年发售2665枚。（刘　然）

【助居民提供代开药服务】 6月，为解决疫情防控期间用药需求，区分公司长辛店支局9名年轻党员组成志愿服务团队，配合张郭庄社区工作者，以楼栋包片形式为居民提供代开药服务240余份，药品种类120余种，覆盖周边4家医院。（刘　然）

【高校毕业生包裹寄递服务】 7月，区分公司为首都经济贸易大学提供毕业生包裹收寄服务，制定《首经贸大学毕业季包裹寄递服务执行方案》《首经贸大学毕业季包裹寄递服务收寄流程》，涵盖新冠疫情常态化防控措施安排、包裹收寄业务全流程介绍等内容，建立集“封装打包”“包裹移位”“缓冲区包裹收寄”“邮件转运”于一体的“无接触式”毕业生包裹收寄服务。累计收寄毕业生包裹快递8250件，服务大学毕业生4000余人。（刘　然）

通　信

通信建设

【概况】 丰台区通信管理办公室（简称通管办）负责加快推进5G网络建设，提速降费，优化北京营商环境。2022年，全区围绕“341”网络攻坚行动（“3”即“三区”，指丽泽金融商务区、北京园博数字经济产业园区、首都商务新区三个重点功能区域；“4”即“四环”，指北京市区内二环路、三环路、四环路、五环路4条重要环路中涉及丰台的重点路段；“1”即“百点”，指初步挑选的丰台区122个重点区域的5G基站），推动5G网络建设重点由“广覆盖”向“精准覆盖”转变，建设完成室外基站122个。夯实丰台区5G基础设施建设联席会机制，创立5G联席办公室统筹通信行业规范建设备案工作流程。完成全国两会开幕式重要通信和服务保障工作；完成丰台区槐房智能语音对话系统建设，投入使用；完成强降雨等特殊天气通信保障工作。

（杨柏松）

【5G通信基础设施专项规划通过评审】 2022年，市规划和自然资源委员会丰台分局组织开展研讨5G通信基础设施专项规划，正式通过项目评审，在丰台区5G专项规划编制完成后，依托多规合一审批平台，将通信基础设施纳入限制性条件与项目规划审批有效衔接。

（杨柏松）

【5G通信基站涉河行政许可办理】 2022年，区水务局下发《关于在区属河道管理和保护范围内建设5G通信基站办理涉河行政许可有关事

宜的通知》，支持区属河道管理和保护范围内建设5G通信基站涉河行政许可办理工作。（杨柏松）

【农村地区信号塔类管理】 2022年，区农业农村局推进涉及农村地区信号塔类新建和租赁项目规范管理，研究制定农村集体土地涉及信号塔租赁项目的租赁价格参考标准、租赁周期、租赁需满足条件。召开农村集体资产监督联席会，审议通过下发会议纪要执行。（杨柏松）

【区属绿地5G基站设置管理】 2022年，通管办会同区园林绿化局研究制定《关于5G基站城市基础设施在区属绿地内设置管理办法》，有序开放绿地资源，持续推进5G任务开工建设。区城管委支持5G建设任务占用区属城市道路的建设许可。区公园管理中心所辖6处区属公园，南苑万亩湿地公园、园博园、丽泽商务区管委、丰台科技园管委、南中轴地区办、航天一院、航天三院等重点区域均已建立常态化对接机制。（杨柏松）

【群众诉求受理】 2022年，通管办开展解决群众诉求工作，累计受理"12345"热线群众诉求173件。其中，投诉电磁辐射85件，占比49%；手机网络信号弱31件，占比18%；宽带服务26件，占比15%；其他31件（手机套餐问题、电信诈骗等），占比18%。20件分别转由区相关部分解决、18件转属地街道（镇）、27件转其他相关运营商、31件转行业相关主管部门协调处置、42件不纳入考核。通管办负责协调处置24件，及时响应率、用户满意率、有效解决率均为100%。（杨柏松）

【5G基础设施建设联席会议】 9月20日，全区召开2022年度5G基础设施建设联席会议。区园林绿化局、区城管委、丽泽金融管委会、丰台科技园管委会、北京园博园管理处、南苑森林湿地公园建设管理公司、铁塔公司、联通公司、移动公司、电信公司等运营商及丰台区主要街道（镇）领导参加现场会。会议就5G基础设施建设内容，从统筹推进通信基础设施建设，逐步规范通信基础设施建设流程，推动公共基础设施资源共享、实现资源共建共享、坚决打击违规私建乱建等现象，加大通信基础设施保护力度等方面进行部署。（杨柏松）

中国移动北京公司城区二分公司

【概况】 中国移动北京公司城区二分公司（简称城区二分公司）负责丰台区、东城区及西城区个人、家庭、集客市场服务的整体执行、属地网格运营管理和责任经营；承担属地政府及客户、网络资源、基站选址及业主关系的协调、维系；承担属地网络建设及维护的支撑工作。公司包含经营网格12个，覆盖经分网格40个。2022年，城区二分公司5G基站实现丰台区、重点高速室外5G连续覆盖，交通枢纽、会展中心、三甲医院室内5G精品覆盖。（赵新峰）

【5G覆盖】 2022内，丰台区5G宏蜂窝超过3000站、5G微蜂窝超过800站；丰台区家庭宽带累计覆盖1100余个小区，覆盖家庭用户90余万户。（赵新峰）

中国联合网络通信有限公司北京市分公司

【概况】 中国联合网络通信有限公司北京市分公司三区分公司（简称三区分公司）下辖的丰台营销服务中心、丰台南营销服务中心、新发地营销服务中心、卢沟桥营销服务中心、长辛店营销服务中心、科技园营销服务中心、云岗营销服务中心为丰台区服务。2022年，联通丰台地区完成北京冬奥会、冬残奥会，全国两会、党的二十大等重要会议保障工作，开通专线160条，普话保障154部。与中国电信共建共享开工5G站点697个、累计开通站点2777个。从2018年起，配合丰台站改建项目，三区分公司管线玉泉营支撑网格全程保障车站所有重点通信线路不中断，完成丰台站改建项目的通信保障工作。（路　帝）

【光网络升级建设】 2022年，千兆光网络建设开通10GPON端口7008个，累计10GPON端口达到1.63万个，可满足约868个小区、52.16万户千兆网络需求。开展宽带无条件受理工程，对覆盖死角进行补点，发起补点工程2892个，解决3000余户宽带业务需求。（路　帝）

【"接诉即办"服务】 1月，联通北京市分公司与太平桥街道办事处就"接诉即办"工作进行深入探讨，并发挥大数据和"互联网+服务"优势，为街道"接诉即办"工作持续提供保障。（路　帝）

中国电信股份有限公司北京分公司

【概况】 中国电信股份有限公司北京西区分公司（简称西区分公司）为中国电信北京公司下设分公司，主要为丰台区提供服务。2022年，西区分公司聚焦建设网络强国和数字中国、维护网信安全建设，推进"云改数转"战略，坚持"低碳电信、绿色发展"理念，节能减排，实现绿色共享。做好企业新冠疫情常态化防控，配合属地政府，提供智慧化防疫防控服务。（宋　昆）

【重要活动通信保障】 2022年，西区分公司完成党的二十大等通信重保工作。按照重保要求统一部署，提前做好清网排障、预案及应急方案制定、重保及备用线路开通测试、重保人员安排调度，配合应急演练等。（宋　昆）

【适老助残服务】 2022年，西区

分公司贯彻“我为群众办实事”服务理念，在15个营业厅打造营业厅“爱心翼站”，10000号“尊长专席”，解决老年人、残障人士通信服务方面困难。（宋　昆）

【5G基站建设】2022年，丰台区域内累计开通4G基站1941个，开通5G基站1816个。5G网络质量提升，5G用户满意度平均值同城领先，领先值3.0分。（宋　昆）

2022年中国移动北京公司城区二分公司下辖营业厅一览表

表11

序号	名称	地址
1	角门营业厅	马家堡路120号二层
2	蒲芳路营业厅	方庄蒲芳路1号
3	芳古园营业厅	方庄芳古园一区29号楼底商
4	赵公口营业厅	赵公口20号楼1幢
5	杜家坎营业厅	杜家坎南路1-7号A座门面A-15-1
6	草桥营业厅	草桥欣园二区9号楼B座一层铺位号131号商铺
7	富丰路营业厅	富丰路2号星火科技大厦
8	南四环西路总部基地营业厅	南四环西路188号五区11号楼
9	东高地营业厅	南大红门路15号
10	石榴园营业厅	石榴园北里34号楼2-3单元113号
11	岳各庄南桥营业厅	西四环南路19号
12	正阳桥北营业厅	西四环南路88号
13	嘉园营业厅	南三环西路16号2号楼1层106号
14	万年花城营业厅	万芳园一区19号楼1层商业04

2022年北京联通三区分公司丰台区营业厅一览表

表12

序号	营业厅名称	地址
1	万年花城营业厅	万芳园一区19号楼底商5号
2	丰台营业厅	西四环南路73号
3	新发地营业厅	花乡黄陈路新发地电话局
4	丰台南营业厅	怡海花园西门内联通营业厅
5	长辛店营业厅	东山坡三里77号
6	卢沟桥营业厅	晓月中路25号
7	新村营业厅	三环新城8号院7号楼底商
8	云岗营业厅	云岗北区西里金角综合楼一层西侧

2022 中国电信北京西区分公司丰台区营业厅一览表

表 13

序号	营业厅名称	地址（以营业执照地址为准）
1	马家堡营业厅	马家堡西路 15 号 107
2	宋家庄营业厅	宋家庄路 26 号院 10 号楼 1 层 107
3	光彩营业厅	石榴庄西街 232 号 2 幢 1 号
4	刘家窑营业厅	南三环东路 23 号 1 号楼 1 至 2 层餐厅 09
5	木樨园桥营业厅	南木樨园 94 号
6	大成路营业厅	大成南里三区 2 号楼 −1 至 1 层 107
7	科丰桥营业厅	南四环西路 188 号二区 10 号楼 1 层
8	四路通营业厅	西罗园北路 12 号
9	东高地营业厅	东高地斜街 13 号二层
10	丰台南路营业厅	丰台南路银地家园 4 号楼 1 号
11	成寿寺营业厅	成寿寺路 1 号 105 号
12	方庄营业厅	方庄芳城园一区 16 号楼
13	洋桥营业厅	马家堡东路 106 号 3 号楼商业 101
14	首经贸北路营业厅	芳菲路与首经贸北路交叉口
15	丰体时代营业厅	丰体南路 3 号 01 层商业 103A

旅游业

综　述

【旅游资源】 丰台区文化和旅游局，简称（区文化和旅游局）。截至2022年年底，全区有A级及以上旅游景区14家。其中，国家AAAA级旅游景区9处、国家AAA级旅游景区2处，国家AA级旅游景区3处；有星级酒店20家。其中，五星级酒店1家、四星级酒店7家、三星级8家、二星级4家；有北京市网红打卡地10处、北京市旅游休闲街区2条；北京市文旅科普体验资源点5个，北京市文化旅游体验基地6家，第五批北京中医药文化旅游示范基地1家，北京市红色旅游景区（点）6家，北京市森林康养旅游示范基地1家，北京市工业旅游示范点1家。全年旅游收入140亿元，接待游客1090.4万人次。（孙晶晶）

【旅游服务设施建设及服务】 2022年，全区旅游景区设施完备。有游客服务中心13座；标识标牌面积3149平方米，人行步道占地54853平方米，观景平台和休息亭占地13500平方米，无障碍坡道全长1126米；设置休息座椅1646个（套、组），垃圾桶1855个，提供轮椅82个；建有厕所121座，其中配备家庭卫生间的16座，厕位数量1836个。市文旅局下拨丰台区专项资金124万元，用于全区旅游厕所提升改造。完成4处旅游景区8座厕所提升改造，分别为北京世界花卉大观园1座、北京世界公园1座、北京华旅欢乐水魔方嬉水乐园4座、青龙湖公园2座，均通过市文旅局验收。（丰鉴编）

【6处景点入围市红色旅游景区名单】 11月19日，丰台区有中国人民抗日战争纪念馆、卢沟桥景区（含宛平城）、北京汽车博物馆、长辛店二七纪念馆、长辛店二七烈士墓、二七厂1897科创城6处景点入围北京市红色旅游景区景点名单。（施宇龙）

【5项旅游商品获市级奖项】 12月2日，2022“北京礼物”旅游商品及文创产品大赛榜单揭晓，丰台区5项参赛旅游商品获奖。其中，北京汽车博物馆馆藏车同款红旗车模入围“倍儿北京”榜单，同款徽章套装入围“文博+公园+非遗”主题TOP20榜单；李秀敏个人作品平安北京和谐盛世、北京航天益能科技有限公司HQ-17AE导弹发射车榫卯产品2件入围“强国复兴红色”主题TOP20榜单；电子工业出版社有限公司《打开中国冰雪》入围“双奥之城”文旅体融合主题TOP20榜单。（施宇龙）

【2家单位获评市文化旅游体验基地】 12月14日，市文旅局线上举办2022北京市文化旅游体验基地发布活动，公布新一批16家北京市文化旅游体验基地名单，并进行云上授牌，北京世界花卉大观园花卉生态文化体验基地、南宫世界地热博览园科普体验基地上榜。北京世界花卉大观园拥有主题特色花园，分别为凡尔赛花园、德国式花园、水花园、荷兰式花园、日本式花园、中国园林、俄罗斯城堡花园、奥地利风情园、福娃乐园；特色花卉园，分别为玫瑰园、牡丹园、郁金香园以及花卉展销园，开展一米菜园、花卉种植等体验活动。南宫世界地热博览园中有多种花草树木，以一级绿化模式分布，为全国首家普及地热知识的地热科普展览中心、具有观光采摘功能的温室公园、具有观光休闲功能的养殖垂钓中心、北京市首家村办公园南宫苑，每年以“绿色环保”“科普教育”为主题，联手北京市科协举办“走进科普的春天”系列科普活动项目。（孙晶晶）

2022年丰台区旅游等级饭店一览表

表14

编号	名称	地址	星级
1	北京西国贸大酒店	丰管路16号院8号楼	5
2	北京辰茂南粤苑宾馆	南三环西路86号	4
3	北京中成天坛假日酒店	定安东里1号	4
4	北京好特热温泉酒店	群星路9号芳星园二区12号楼	4
5	北京大方饭店	西客站南广场东	4
6	北京江西大酒店	东铁匠营横一条8号	4
7	北京商务会馆	右安门外1号	4
8	北京万方苑商务酒店	南三环西路4号院1号楼	4
9	京铁大酒店	广莲路13号	3
10	北京华夏明珠宾馆	莲花池东路120-1号	3
11	北京燕岭宾馆	槐树岭4号院	3

续表 14

编号	名 称	地址	星级
12	北京弘利苑大厦	六里桥甲一号	3
13	北京侨园饭店	开阳路 6 号	3
14	北京国润商务酒店	丰台路 188 号	3
15	北京华苑饭店	南苑路 111 号	3
16	北京冠京饭店	丰北路 79 号	3
17	北京海兴大酒店	南苑路 166 号	2
18	北京京华饭店	南三环中路南里 68 号	2
19	北京长征宾馆	南大红门路 1 号	2
20	北京京西南宫宾馆	福宫路 1 号	2
21	北京园博大酒店	射击场路 15 号	未评星级（规模以上）
22	北京东方安颐国际酒店	王佐镇文林北街 2 号	未评星级（规模以上）
23	北京新青海喜来登酒店	西营街 8 号院 1 号楼	未评星级（规模以上）
24	北京南宫温泉度假酒店	王佐镇福宫路 39 号	未评星级（规模以上）
25	北京厦航嘉年华酒店	丰台区丽泽路 300 号首创龙湖北京丽泽天街 F1	未评星级（规模以上）

2022 年丰台区 A 级以上旅游景区（点）一览表

表 15

编号	名称	地址	等级
1	北京世界公园	丰葆路 158 号	AAAA
2	北京南宫旅游景区	王佐镇南宫南路 1 号	AAAA
3	世界地热博览园	王佐镇南宫南路 1 号	AAAA
	南宫温泉水世界	福宫路 39 号	
4	北宫国家森林公园	大灰厂东路 55 号	AAAA
5	北京世界花卉大观园	南四环中路 235 号	AAAA
6	中国人民抗日战争纪念馆	卢沟桥宛平城内街 101 号	AAAA
7	北京汽车博物馆	南四环西路 126 号	AAAA
8	北京园博园	射击场路 15 号	AAAA
9	中国园林博物馆	射击场路 15 号	AAAA
10	北京青龙湖公园	王佐镇怪村西约 200 米	AAA
11	中国人民抗日战争纪念雕塑园	卢沟桥城南街 77 号	AAA
12	万芳亭公园	南三环西路 3 号	AA
13	北京莲花池公园	西三环中路 38 号	AA
14	丰台花园	西四环南路 60 号	AA

文化旅游活动

【概况】 2022 年，区文化和旅游局利用重要时间节点推出系列活动，结合北京冬奥会、冬残奥会，推出“元旦游丰台”“正月游丰台”系列活动；在十一国庆节前后推出金秋文化旅游季系列活动，整合京津冀三地文化资源，联合举办“中国戏曲文化周”。（孙晶晶）

【“正月游丰台”文旅系列活动】 2 月 1 日至 28 日，区文化和旅游局推出以“圆梦庆冬奥 正月游丰台”为主题文旅系列活动，北京世界公园、南宫旅游景区、世界花卉大观园等

6处景区（点）推出元宵花灯、冰雪游玩、民俗表演、室内花卉等内容和活动。活动期间，通过电视新闻、门户网站、广播电台、市区相关新媒体、媒体平台等多种渠道开展宣传报道12次，传播量达438万余人次。（施宇龙）

【区文旅集团与抗战馆签订合作协议】3月28日，北京丰台文化旅游集团有限公司（简称区文旅集团）与中国人民抗日战争纪念馆签订战略合作协议。双方充分发挥各自优势，借助"企业+文游+市场运营"模式，在文创产品开发、创新、整合等方面开展合作，提升双方整体实力，实现共赢发展。（丰鉴编）

【参展2022服贸会文旅服务专题展】9月1日至9月5日，区文化和旅游局联合区文创中心共同参展2022中国国际服务贸易交易会文旅服务专题展，重点展示卢沟桥、宛平城等特色文旅资源，怪村太平鼓、米粮屯高跷等特色非遗项目，以及"一轴一带三区十景"文旅空间结构。展会期间，累计发放宣传资料4000余份，开展业务交流、咨询3200余人次；组织区文旅集团、北京世界花卉大观园、二七厂1897科创城3家企业现场路演推介及洽商交流，其中北京世界花卉大观园与17家企业达成初步合作意向。

（施宇龙）

【"卢沟晓月"中秋文化节】9月21日，"卢沟晓月"中秋文化活动在位于丰台区的北京园博园举办。活动由区委宣传部、区文联共同举办，活动以"月圆京城·情系中华"为主题，通过戏曲、诗词、歌舞等形式展现团圆和美、奋发进取的家国情怀。（丰鉴编）

【《缘梦·夜游体验记》项目发布】9月22日，在"遇见丰台·发现京彩"丰台企业创新成果专场发布会上，区文旅集团发布《缘梦·夜游体验记》项目。项目应用于北京世界花卉大观园，是创新文旅夜经济的成果之一。项目聚焦"三智一网"（智慧光艺、智慧文旅、智慧城域和HAO数字孪生融合网络平台的豪尔赛智慧）服务生态系统在城市更新、城市数字化转型、创新文旅夜经济等领域中的应用成果，通过打造兼具"夜文化属性"和"夜经济特色"网红"夜"态新风尚，创新文旅夜经济发展新动能，有效促进商旅文体进一步融合，助力"夜经济"、点亮"夜京城"。通过运用超媒体、多维交互等新型智能手段，结合夜食、夜购、夜体验等丰富夜间业态，依托"智慧+"，将超媒体、3D MAppING、裸眼3D、智能交互、结构光视觉等数字技术及国内领先声、光、像和数字感应装置等高科技手段无缝接入景观，依托世界花卉大观园独特自然景观，构建与游客交互的沉浸式夜游模式。

（孙晶晶）

【"2022丰台金秋文化旅游季"系列活动】9月24日至10月30日，区文化和旅游局与北京世界花卉大观园、北京世界公园、北京南宫旅游景区等13家文旅企事业单位推出"2022丰台金秋文化旅游季"系列活动。活动以"活力丰台 多彩金秋"为主题，涵盖北京世界花卉大观园第十三届菊花擂台赛、北京世界公园2022金秋国际旅游风情季、魏各庄丰收采摘节、丰台区文化馆周末场演出、丰台区图书馆"书香丰台"全民阅读活动等4大板块14项内容。其中，在北京世界公园开展非遗进景区系列展演活动，集中展示飞叉、变脸、打花棍等非遗项目。结合旅游季活动，为游客推荐4条秋季旅游线路，分别为缤纷游园之旅——北京世界花卉大观园—北京世界公园—紫谷伊甸园、秋赏丰台之旅——北京园博园—北宫国家森林公园—北京千灵山公园、田园乡村之旅——北京南宫旅游景区—绿野仙踪郊野乐园—洛平精品采摘园、文化体验之旅——丰台区图书馆（大红门馆）—北京汽车博物馆。活动期间，通过电视新闻、门户网站、广播电台、媒体平台等多种渠道开展宣传报道35次，传播量达950万余人次。（施宇龙）

【第六届戏曲文化周】11月4日至10日，第六届中国戏曲文化周主场活动在丰台区北京园博园举办。此届中国戏曲文化周在形式、空间以及传播方式等方面拓展，以演出、论坛、展览、游戏、市集、装置艺术等形式开展活动。活动周通过"园林中的戏曲""剧场里的戏曲""网络上的戏曲"3个板块活动，搭建舞台，突破时间、空间阻隔，吸引更多受众。在北京园博园、中国园林博物馆及吉祥戏院、正乙祠古戏楼、长安大戏院、中山公园音乐堂等专业剧场上演京剧、评剧、昆曲、北京曲剧、河北梆子的经典曲目和中国戏曲学院优秀教学成果展演、"群英荟萃·星曜争辉"专场晚会等。11月4日至6日，第六届戏曲文化周戏曲学术论坛活动举办，分为1个主论坛、3个分论坛，由国家京剧院以及北京京剧院、中国评剧院、北方昆曲剧院等各院团负责人及来自中国戏曲学院、中国艺术研究院、中央戏剧学院等活跃在戏曲管理、创作、理论一线的专家学者、创作人员等通过线上线下结合的方式展开讨论。活动周的组成部分——中国戏曲票友大赛采取线上线下相结合方式，设置京剧、评剧、河北梆子、保定老调等剧种，活动地域扩展至唐山、保定等地区。其间，北京园博园同时举办展览、游戏、市集、装置艺术等活动为游客服务。（丰鉴编）

【"元旦游丰台"文旅系列活动】12月30日，区文化和旅游局推出"元旦游丰台"文旅系列活动，涵盖北京世界公园、北京世界花卉大观园、南宫旅游景区、北京欢乐水魔方嬉水乐园、北京汽车博物馆等7家文旅企业，开展冰雪、温泉、文博展览等活动。（施宇龙）

旅游开发

【概况】 2022年，区文化和旅游局发布丰台文旅骑行线路，举办线上线下大型旅游咨询服务3场次，参与人数113.33万人次。其中，线上直播在发现新丰台官方微博、“北京丰台”App、“北京丰台”官方微博、今日头条“北京丰台”等平台同步播出，观看量113.1万人次；线下接待游客2300余人，发放宣传材料及旅游纪念品3100余份。梳理保留区内精品旅游咨询站3家，为游客提供日常旅游咨询服务。（施宇龙　方　晓）

【旅游咨询进社区系列活动】 2022年，区文化和旅游局采用旅游安全知识大讲堂及现场旅游咨询相结合方式，在15个社区举办讲座15场，为居民普及《中华人民共和国旅游法》及旅游出行相关注意事项，解答居民在旅游出行中的困惑，从源头减少投诉发生。向居民发放普及宣传材料及纪念品9900余份，提供现场旅游咨询服务，5203人参与。（方　晓）

【自主开发传统园林文化研学课程】 2022年，中国园林博物馆依托馆内瓷韵、传统建筑彩画主题展、固定展览陈列体系等自有园林特色展教资源，以传统园林文化为课程内容设计背景，开发“传统文化”“自然科普”“生态文明”3类研学系列课程，包括园林植物宏观及微观探索、秘密花园生态文明展示等10个主题系列，并向北京市中小学生大课堂、全国中小学生研学实践教育基地、北京市民族宗教事务委员会等教育机构报送推广。（孙　萌）

【园博馆自媒体科教传播体系搭建】 2022年，园博馆在新冠疫情闭馆期间坚持展览教育宣传不停顿，结合博物馆“收藏、展示、研究、教育、园林”5项基本职能，在“园博馆”微信公众号设置“赏景、观展、品珍、社教、听苑、万卷、说园”7大基础栏目，让观众线上浏览并点击学习。园博馆在微信、微博、北京号等平台推送图文信息1100篇条，累计阅读量440余万人次。园博馆与北京科协自媒体平台、北京博物馆学会社教专委会、北京市教育学会社会大课堂专业委员会等文博行业知名自媒体领域建立常态信息传播机制。（孙　萌）

【“越山跨湖 丰景骑行”文旅骑行线路推出】 10月28日，区文化和旅游局推出“越山跨湖 丰景骑行”文旅骑行线路。线路起点为南宫世界地热博览园，终点为北京千灵山公园，全长约24千米，串联南宫民族温泉养生园、佃起金岗农业园、北京青龙湖公园、绿野仙踪郊野乐园等王佐镇域内健康养生、农业观光、自然休闲、亲子娱乐等特色文旅资源。（施宇龙）

2022年，中国园林博物馆自主设计的室内花坛“瓷上园林”　（园博馆　供图）

旅游监督管理

【概况】 2022年，丰台区在各旅游景区景点利用展板、宣传条幅等多种形式普及旅游文明礼仪知识。加强对旅游经营单位以及导游领队、讲解员等从业人员工作指导，贯彻实施《旅行社出境旅游服务规范》国家标准、《旅行社行前说明服务规范》《导游领队引导文明旅游规范》《文明旅游示范单位要求与评价》等行业标准和《旅游景区文明引导工作指南》，推动文明旅游工作常态化制度化规范化。强化旅游秩序管理，加强技术监控和人员巡查，及早发现、及早提醒、及早纠正旅游不文明行为。投放宣传海报4000余份，搭建文明景观小品13处，劝阻不文明行为102次。（孙　权）

【旅行社管理】 2022年，全区有从事旅游业企业718家，旅行社425家。其中，一般社366家、出境社51家、外资社分社1家。有旅行社分社38家。全年完成6家旅行社分社、服务网点备案。（丰鉴编）

【游客投诉办结率99.8%】 2022年，区文化和旅游局利用“接诉即办”平台，发挥“12345”市民服务热线作用，接诉后第一时间处置并采取约谈、警告、现场监督检查等方式，要求企业依法依规开展经营活动。接收涉旅游投诉6420件，其中受理6337件（其他83件被投诉主体非本区管辖）、办结6326件。酒店住宿业类投诉5888件，占93%，涉及信息登记、预定退款、服务质量、安全隐患等；旅行社类投诉145件，占2%，涉及合同纠纷、新冠疫情退款、未执行约定行程等。（孙　权）

【行业安全生产检查】 2022年，区文化和旅游局启动丰台区文化和旅游企业安全动态监管体系建设。委托第三方专业机构开展文化和旅游行业、文博单位动态安全风险分级管理体系构建，加强行业经营单位安全生产主体责任落实。安全生产督查检查队完成45家文化艺术培训机构、45处文物单位、625家重点酒店住宿业安全检查工作，发现问题隐患3125项，全部立行立改。同步推进区划调整后辖区各经营单位台账更新工作。（孙　权）

【城市安全风险评估工作】2022年，区文化和旅游局根据《北京市城市安全风险评估三年工作方案（2021—2023年）》要求，委托第三方专业机构，完成全区142家文化和旅游行业、文博单位城市安全风险评估工作。完成填报风险源计460条，主要分布在旅行社、社会旅馆等。其中，低风险410条、一般风险50条，无重大、较大等风险源。（孙　权）

【节假日旅游安全保障】2022年，区文化和旅游局发挥丰台区假日旅游工作领导小组工作机制，区假日办统筹调度成员单位，落实2022年元旦、春节、清明、“五一”、端午、中秋、国庆期间假日旅游市场服务保障工作任务。各属地街道（镇）加强景区外围社会面管控和巡查检查、各行业监管（管理）部门开展节前安全隐患排查治理、文旅经营单位落实好假日旅游安全生产主体责任。组织巡查检查7665次，发现隐患并要求整改438项。（孙　权）

【非法“老年旅游团”发车点排查】8月，区文化市场执法大队会同市文化执法总队及交通、公安等执法部门对区域内三环路段开展执法检查，重点排查打击非法“老年旅游团”发车点。出动执法人员28人次，检查老年旅游团队10余个。涉及出京旅游、养老看房、推销保险、郊区采摘等多种养老活动，交通执法部门现场暂扣4辆非法营运车辆，对涉事旅行社及相关责任人存在的旅游违法违规行为进行立案查处。（刘亚佳）

景区景点

【概况】2022年，丰台区有A级及以上旅游景区13家，其中国家AAAA级旅游景区9处、国家AAA级旅游景区2处，国家AA级旅游景区3处。各景区景点接待游客人数均比上年下降。为满足游客需要，积极开展线上各类特色活动。（丰鉴编）

【4家A级旅游景区通过评定复核】2022年，区文化和旅游局召开A级旅游景区工作部署会，对A级旅游景区评定复核工作进行部署，并对《国家旅游景区质量等级办法》进行讲解。复核依据《国家旅游景区质量等级划分与评定》标准，采取实地查看、听取汇报和资料审查等形式，重点对景区游客中心、游览讲解系统、游览服务设施、停车场、旅游厕所、企业经营管理等方面进行检查。对复核达不到等级景区标准，严格按照《国家旅游景区质量等级管理办法》相关规定坚决予以摘牌处理。经专家组现场检查、评估，南宫旅游景区、青龙湖公园、北京园博园、中国园林博物馆A级景区市级复核全部审核通过。（孙　权）

【旅游景区安全度汛】2022年，区文化和旅游局牵头做好全区旅游景区防汛准备工作，确保防汛责任制、预案、物资、队伍、避险措施、隐患排查工作落实到位。加强辖区2家地质灾害类景区（千灵山景区、北宫国家森林公园）和7家涉水景区（北京世界公园、北京世界花卉大观园、北京园博园、莲花池公园、丰台花园、青龙湖公园、欢乐水魔方）防汛工作督导检查。及时发布工作提示，根据预警响应关闭景区，确保旅游突发事件和投诉事件零发生。（孙　权）

【抗战文物展获“全国十大精品陈列”特别奖】3月，由中国人民抗日战争纪念馆主办“中流砥柱——中国共产党抗战文物展”闭幕。5月1日，该展获第十九届（2021年度）全国博物馆十大陈列展览精品推介活动特别奖。展览分为“勇担历史重任誓为民族先锋”“秉持民族大义坚持团结抗战”“制定胜敌方略引领抗战方向”“开辟敌后战场开展人民战争”“推进伟大工程夺取抗战胜利”5个部分，精选抗战文物500余件（套）、珍贵历史图片80余幅，辅以相关文字、地图、图表、景观以及多媒体展示手段进行展览。（董照宝）

【园林博物馆成为网红打卡地】12月12日，园林博物馆获评新晋网红打卡地。园博馆是国家AAAA级旅游景区，主要由展厅、室内展园和室外展区构成。其中展厅包括中国古代园林厅、中国近现代园林厅2个基本陈列，世界名园博览厅、中国园林文化厅、中国造园技艺厅和园林互动体验厅4个专题陈列。室内展园撷取南方园林菁华，建有畅园、余荫山房、片石山房3处园林景观。室外展区按地形特点分别由塔影别苑、染霞山房、半亩轩榭3处北方园林组成，形成园内有馆、馆内有园的独特风貌。全馆展示各类植物200余种、山石10余类，体现中国传统园林多样性。馆内收藏有陶器、瓷器、木器、古籍等16类藏品，所属年代跨度大，较为完整地展示中国园林发展脉络。馆内设有秘密花园园林生态体验区、科学创意实验室、公众教育中心、园林创艺工坊4处教学专区，同时面向园林行业高校开设“入学第一课”，是多所高等院校教学实践基地。（孙　萌）

中国人民抗日战争纪念馆

【概况】2022年，中国人民抗日战争纪念馆（简称抗战馆）接待游客48万人次，比上年减少20%。策划“烽火印记——北京抗日战争主题片区特展”专题展览。组织人员摸排北京抗战主题片区遗址遗迹和纪念设施整体情况。携手相关单位举办“抗战时期美术作品展”“中韩共同抗战”

“烽火印记——北京抗日战争主题片区特展”前言部分　（抗战馆　供图）

及“红色雕塑展”。联合台湾抗日志士亲属协进会召开“纪念台湾光复77周年学术座谈会”。策划举办“清明节的铭记”、纪念抗战胜利、“铭记历史 勿忘九一八”、“烈士纪念日”等主题活动。启动“红色基因库”试点建设。“烽火印记——抗战云课堂”项目获评2021年度北京地区博物馆优秀教育活动。抗战馆入选全市首批打造铸牢中华民族共同体意识教育实践基地计划博物馆名单，成为市团校教育实践基地。1人获“致敬国家丰碑”——全国红色故事讲解员大赛专业组全国总决赛金奖。（董照宝）

【北京抗日战争主题片区建设】2022年，抗战馆精选全市35处代表性点位编写“走访抗战遗址遗迹系列报道”。摸排确定重要抗战纪念设施和遗址遗迹165处，走访120余处，获得照片11389张、视频3322分钟。（董照宝）

【中国共产党与抗战文艺展全国巡展】5月25日至7月10日，抗战馆2022年首个全国巡展“为抗战呐喊——中国共产党与抗战文艺”在广州起义纪念馆展出。展览以纪念毛泽东在延安文艺座谈会上讲话80周年为题，分为“抗日民主根据地的文艺机构及出版的刊物”“抗日民主根据地的戏剧、电影和摄影”“抗日民主根据地的抗战歌曲”“抗日民主根据地的诗歌、小说、散文和报告文学”“抗日民主根据地的美术作品”“倡导和推动文艺界的抗战”“中国共产党领导的粤港抗战文艺”7个部分。（董照宝）

【北京抗日战争主题片区特展】7月7日至10月31日，“烽火印记——北京抗日战争主题片区特展”在抗战馆开展，展示北京抗日战争主题片区重点纪念设施和遗址遗迹160多处，展出精品照片200张、珍贵文物50件（套）。展会由市委宣传部，市委党史研究室、市地方志办和市退役军人事务局共同主办，抗战馆联合北京18家抗战类纪念馆承办。分为“全民族抗战爆发纪念地核心展示区”“抗战纪念设施重要展示区”“抗战遗存重要展示区”3部分。（董照宝）

【《卢沟桥事变史料全编》出版发行座谈会举行】7月29日，《卢沟桥事变史料全编》（简称《全编》）出版发行座谈会在抗战馆举行。来自中国社会科学院、中央党史和文献研究院、北京大学、北京师范大学、首都师范大学、中华书局、抗战馆等单位的专家学者20余人参会。《全编》中文史料由中国社会科学院近代史研究所近代史史料学研究室编纂，起讫时间为1933年3月热河事变至1937年7月底平津沦陷，主要收录4方面史料：台北“国史馆”部分重要档案；民国时期出版的相关史料集；卢沟桥事变时期国内主要报刊的相关报道和言论；私人日记。日方史料收集工作由北京大学团队承担，资料来源主要为日本防卫厅（现防卫省）战史部、日本外交史料馆、日本国立公文书馆及日本国会图书馆、国际日本文化研究中心，以及其各大学图书馆和相关研究机构收藏，亚洲历史资料研究中心网站，以及各类非卖品文献、旧报刊资料、人物专辑等。《全编》借鉴国内外史料著作的编排经验，保持史料原貌。所选资料均为影印原件，增加中文标题，注明出处，并作内容简介，辅之以提要评点，以方便读者阅读与利用。该书由中华书局出版，全套8册800万字，梳理研究界动态，发掘整理中日两方史料，由专家学者历时近十年编纂完成。（董照宝）

【北京抗战片区第一次联席会】9月2日，北京抗日战争主题片区第一次联席会议召开，市委宣传部，市委党史研究室、市地方志办，市退役军人事务局，市文物局有关领导和专家及主题片区16家纪念场馆相关工作人员参加。（董照宝）

中国园林博物馆

【概况】2022年，中国园林博物馆（简称园博馆）线上线下接待游客24.3万人次，比上年增加37.2%。推出多场传统园林文化+高质量线上科普宣传，累计观看4372万人次，超过上年观看量的122.8%。完成3处文保空间建设，中国工程院院士、风景园林学家汪菊渊、陈俊愉、孟兆祯相关学术资料入藏。临展“窗——园林的眼睛”入选北京市十大优秀展览第二名，临展“物上山水”跻身中博热搜榜“十大热搜展览”第四名，并入选文博行业100个热门展览。获首批“2021—2025年全国科普教育基地”“红领巾爱首都”北京市少先队校外实践教育基地，“首都学雷锋志愿服务”最佳志愿服务项目等称号。牵头的科研项目获科技进步奖一等奖，申报国家专利1项。“民国时期北京公园开放及演进特征研究”开题。（孙　萌）

【传统建筑彩画技艺展】4月6日至

2022 年，园博馆举办昭昭文心——孟兆祯院士学术成就展　　（园博馆　供图）

8 月 6 日，园博馆举办锦色——传统建筑彩画技艺展。展览分为“构图端庄 等级分明”“纹饰唯美 祈福纳祥”“画栋流丹 工艺精湛”“非遗保护 传承发展”4 个主题，通过 200 余件展品展示宋、元、明、清建筑彩画构图、纹饰、色彩、演变、技艺、保护等，向公众普及中国传统建筑彩画艺术。其间，接待观众 3.4 万余人次，发布微信 54 篇、微博 31 条、北京号 48 篇、短视频 2 部，完成相关直播 26 场，媒体报道 2 次，线上播放量约 630 万人次。　（孙　萌）

【孟兆祯院士学术成就展】 5 月 18 日至 10 月 30 日，园博馆举办昭昭文心——孟兆祯院士学术成就展。展览分为“沃土幼篁 严谨治学”“传道授业 桃李天下”“守正创新 学术大成”“科学精神 家国情怀”4 部分。通过 212 件 / 套展品，展示孟兆祯在教书育人、园林设计、科学研究、文化传承、服务社会等方面成就。其间，接待观众 1.6 万余人次，发布微信 56 篇、微博 42 条、北京号 47 篇、短视频 3 部，完成相关直播 7 场，相关媒体报道 1 次，线上播放量约 420 万人次。　（孙　萌）

【物上山水展】 9 月 30 日至 12 月 25 日，园博馆举办物上山水展。展览由园博馆与沈阳故宫博物院主办，北京市颐和园管理处、古陶文明博物馆、北京古琴文化研究会协办。分“山水·源”“山水·观”“山水·融”“山水·承”4 部分，展出 100 余件（套）山水主题文物和当代艺术品，展示中国山水文化起源、发展、融合与传承。　（孙　萌）

【走进青藏高原展】 11 月 16 日至 12 月 31 日，园博馆举办极境·走进青藏高原展。展览由园博馆、第二次青藏科考队、中国科学院青藏高原研究所主办，中国地图出版社、北京林业大学博物馆协办，通过矿化石标本、科考仪器、成果书籍、高原动物标本等 50 余件（套）展品，从“认识青藏高原”“青藏高原科考”“青藏高原保护”3 部分，系统展示青藏高原的地质演化、生态环境、科学考察、保护发展，是世界首次对青藏高原及青藏高原科考进行全面系统展示。　（孙　萌）

北京汽车博物馆

【概况】 2022 年，北京汽车博物馆（北京市丰台区规划展览馆）（简称汽博馆）开放运行 205 天，接待观众 28.12 万人次。举办丰台区南囿秋风——美术创作优秀作品展、少年儿童美术展等专题临展 5 场，开展各类科普活动 78 场，组织承接文化活动 8 场。打造特色文创 IP，推出以节日特点及汽车文化为主题“我们的节日”系列文创消费活动，“汽车梦”系列文创获 2022 年北京科普文化创意设计大赛二等奖。累计获全国科普教育基地、第六届中国青年志愿服务项目大赛金奖等国家级荣誉 2 项、北京市荣誉 14 项、丰台区荣誉 1 项、行业荣誉 6 项。参加 2022 服贸会文旅服务专题展，展出“汽车梦”“藏品车拼装积木”等专题。　（王佳乐）

【藏品征集】 2022 年，汽博馆征集文献类、杂项类藏品 33 件（套）。接收原中共中央政治局常委、国务院原副总理李岚清捐赠“赠北京汽车博物馆并贺建馆十周年”印章、中国第一辆重型汽车诞生五十周年纪念牌等中国汽车工业发展相关历史见证物。拜访汽车媒体人蓝河并建立长期捐赠及交流关系，接收蓝河捐赠“广汽菲克广州分公司新工厂落成典礼 jeep 自由侠下线仪式六年”“车道”“车记”“大国汽车”“中国汽车梦”等文献资料。截至年末，

5 月 18 日，汽博馆讲解员向观众介绍信息科技先驱手迹展览　　（汽博馆　供图）

汽博馆藏品总数10479件（套）。其中，文物藏品50件（套），包含一级文物3件（套），二级文物13件（套），三级文物18件（套）。全年新增藏品207件（套）。（王佳乐）

【全媒体宣传】2022年，汽博馆运营自媒体平台23个，微信粉丝量24.1万人，微博粉丝量45.6万人。编辑并推送信息1023篇次，累计发布6156篇次，发布视频42条，累计阅读总量7000万人次；开展媒体直播活动，累计观看量293.2万人次，与百度输入法合作推出“馆藏车科普键盘”“四季汽博”等系列主题输入法键盘皮肤，累计下载量6.6万次。围绕“喜迎二十大 科普向未来”，举办全国科普日特别直播活动，观看量36.4万次。国庆节期间，围绕“市民在博物馆度假期”主题开展活动，得到北京卫视及新华社深度报道，阅读量突破120万人次。（王佳乐）

【信息科技先驱手迹展览】5月18日至12月31日，汽博馆以线上直播方式展出“车驰电掣——信息科技先驱手迹”。展览由汽博馆联合清华大学科学博物馆（筹）主办、西元收藏协办，梳理中国200多年信息科技发展史，采取线性空间的时间轴演进方式，聚焦信息革命中重要里程碑事件和关键性人物，同时增加推动汽车工业发展中重要人物。展览分为从摩尔斯到卢米埃尔兄弟、香农时代2部分；展出书籍，信札、便条、名片等珍贵手迹藏品60余件，电脑、电视、电话等辅助展品10余件。展览于“5·18”国际博物馆日以线上直播方式与观众“云见面”，累计观看量29.2万人次。（王佳乐）

【汽车科普内容指南研究项目通过结项验收】11月17日，汽博馆汽车科普内容指南研究项目经全国科普标准化委员会专家评审，通过结项验收。项目由汽博馆与清华大学、中国汽车工程学会、合肥通用机械研究院有限公司共同研究，按“分众化”“多元化”等原则，从汽车科普受众、内容、形式等维度，广泛开展调研并基于行业需求及发展现状研究制定。（汽博馆）

卢沟桥文化旅游景区

【概况】2022年，卢沟桥文化旅游景区被授予北京市唯一京台民间交流实践基地。全年接待游客约16万人次，旅游收入约239万元。卢沟桥历史博物馆进行整体提升改造，宛平城城墙上31处大中型弹坑进行保护性修缮。举办“京台迎中秋诗会”。完成北京冬奥会开闭幕式人员集散远端丰台集结点、“纪念全民族抗战爆发85周年”国家级纪念活动、“第三十六届醒狮杯”越野跑活动等重大活动服务保障工作。1人获2022年北京冬奥会、冬残奥会北京市先进个人称号。（闫 焕 焦文娥）

【历史文化宣传】2022年，卢沟桥文化发展中心接待各界媒体20余家。配合北京电视台8K频道完成采访录制《北京古建卢沟桥》。接受中国新闻社关于中国四大古桥东西问栏目采访。配合完成京华丹心“三大革命主题片区/红色记忆”专题栏目作品征集，制作《抗日英雄营长金振中》视频。配合中央电视台《地理中国》栏目拍摄卢沟桥—宛平城等特色民俗，配合《国家记忆》栏目拍摄5集纪录片《七七事变》，配合中国人民解放军新闻传播中心拍摄大型纪录片《铸造雄狮向复兴》，配合抗战馆拍摄“北京市抗战遗址遗迹”——《卢沟桥》《宛平城》《雕塑园》。（焦文娥）

【文物保护规划编制】2022年，卢沟桥文化发展中心编制《卢沟桥（宛平城）文物保护规划（2020—2035年）》。规划突出保护文物与传承文化融合发展、带动区域经济社会发展2个核心。定位以永定河、卢沟桥为主的历史文化特色，包括卢沟古渡、卢沟晓月等文化；以卢沟桥、宛平城为主的抗战文化特色2大主题。形成中华民族精神纪念地、国际和平交流承载地、爱国主义教育示范地、公众纪念活动举办地、首都文化旅游目的地5个目标。（石 磊）

北京园博园

【概况】2022年，北京园博园接待中外游客100万人次，在线上举办“园博云科普”系列活动，线下开展二十四节气、生态修复、传统工艺、爱国主义教育等科普文化活动、公益讲座20余场。完成第六届中国戏曲文化周、第十届北京国际风筝节、北京市第十六届运动会等重大活动服务保障任务。（李 媛）

【特色景观打造】2022年，北京园博园打造鹰山桃花谷，构建“灼灼桃花十里”景色。举办桃花节，以品桃花、赏桃花、享桃花为主线，举办桃花谷市集、桃花寻宝、桃花餐饮售卖、网红打卡、汉服桃花妆游园、古风交友和桃林摄影大赛等活动。举办风物市集，以中式园林为场景，佐以中式灯笼、竹子、蒲扇、书法等元素，展现时令特色、传统文化特色。建造追星迹360°球幕。项目占地900平方米，内设直径26米地球球幕、直径15米火星球幕、直径3米月球景观和星空舱，配合声光电，使游客身临其境体验外太空之旅。（李 媛）

【公共服务水平提升】2022年，北京园博园实施无障碍卫生间专项治理14处，增设宣传标识90处，集中清洁展园60余次，完成花岛、郑州园等多个展园改造提升，做好高峰期路侧停车保障。全年受理“12345”游客诉求239件，综合平均得分95.7分。（李 媛）

北京世界公园

【概况】2022年，北京世界公园入园游客35万人次；总收入3189万元，比上年下降29%。建立健全防控防爆安全方案、预案，定期进行防控防爆安全演练，定期监测公园各类安全保障设施。全年开展安全生产大检查专项行动8次。（李　岩）

【戏水嘉年华】7月8日至8月20日，北京世界公园举办“2022北京世界公园·北奥探梦——戏水嘉年华”暑期游园活动。活动由北京世界公园、北京北奥集团有限责任公司、北京恒时体育文化发展有限公司共同主办，是一项集冬奥文化传播、休闲娱乐于一体的夏日亲子特色体验活动。活动期间，推出欢乐戏水、野奢露营、环球演艺、珊瑚岛乐园、美食盛宴、世界风情演艺荟萃等文化体验活动。其中，戏水乐园占地7200平方米，有7个大项和5个小项的戏水设施；野奢露营推出包含露营+美食、露营+live show音乐会、露营+体育等内容；“世界风情演艺荟萃”由多位中外演员组成“戏水风情大巡游”，为游客呈现“一天一世界 一步一风情”特色演出。（李　岩）

【北京冬奥会和冬残奥会火炬公益展示活动】8月8日，全民健身日冬奥火炬接力跑“北京2022年冬奥会和冬残奥会火炬公益展示”启动仪式在北京世界公园举行。活动以“全民健身日，一起向未来”为主题，通过面向大众冬奥火炬展示、火炬接力跑等活动，弘扬冬奥文化、体育精神，号召全民参与运动，倡导健康生活方式。由北奥集团所提供的北京冬奥会和冬残奥会火炬“飞扬”放置于北京世界公园游客中心进行长期公益展示，以冬奥遗产促进文体产业转型升级。（李　岩）

北京世界花卉大观园

【概况】2022年，北京世界花卉大观园（简称世界花卉大观园）接待游客51.32万人次，比上年下降25%；总收入2231.8万元，比上年下降13%。完善科普基础设施，扩充多媒体形式传播植物知识，更新园区内植物科普介绍标牌，增加趣味互动式植物科普牌和知识类科普牌。制作园区游客温室自导式科普图文创作1套，开发在线科普课程2套。累计在各类平台发布内容1030条、阅读量377.6万人次。粉丝总量126494人，比上年增长18.91%。通过总体国家安全观·生态安全主题公园和全国科普教育基地认定。“一米菜园”项目获2022年度“首都未成年人思想道德建设创新案例”提名。（史芳斌）

【“花”文化品牌活动】2022年，世界花卉大观园举办百花仙乡汉服名园第二届花朝汉服文化节、第四届北京牡丹文化节、2022郁金香文化节、第三届荷花摄影比赛、2022女神节系列活动、2022新优花卉品种展、2022菊花文化节等，公园自有品牌知名度进一步提升。（史芳斌）

【儿童乐园设施扩建】2022年，世界花卉大观园投入145万元，完成巴哩啵哩儿童乐园二期扩建。扩建后儿童游乐区总面积6000平方米，设备总数50组，涵盖滑梯、魔网、蹦床、沙坑、音乐、攀爬、亲子、网红8大类型。（史芳斌）

【推出系列IP产品】2022年，世界花卉大观园拓展丰富IP产品，推出梅花花神IP、植物IP形象和一系列文创衍生品，包括文创雪糕、订制口罩、花神IP帆布包等产品。通过花神IP形象，塑造差异化文旅体验，弘扬草桥悠久花卉文化，消费收入74.87万元。（史芳斌）

【科普服务活动】2022年，世界花卉大观园组织科普课程主题12个、研发课程38个，组织线上线下活动175场，其中线下65场、线上110场，3026人次参与。接待合作客户讲解、参与对接各类媒体直播、视频拍摄10次，丰富课程类型，尝试植物、鸟、昆虫等内容。个性化开展游客服务，推出大型团体体验课、精品小班课、游客随到随上体验课、趣味游戏闯关互动课、公益开放课等。结合园区花卉文化活动，开发组织菊花科普系列活动。协助完成北京惠民消费季、巨人教育学校、中铁世纪传媒3个项目团体科普课活动，完成科普讲解43次。申报“农耕文化实践营地”，参与由农业农村办公厅、共青团中央办公厅、全国少工委办公室组织开展“首都红领巾农耕实践活动”项目。与绿色校园合作推进种植课的操作实践，持续助力丰台二中看丹校区种植品质提升项目。（史芳斌）

【植物引种及种植】2022年，世界花卉大观园收集保存玉兰品种资源，引种种植北京驯化品种6个；与西安植物园签订引种合作协议，引种品种13个，进行定向培养；引进观赏草品种17个；引种月季品种16个，其中藤本月季4个、生态景观月季12个；丰富园区水生植物景观，引种荷花品种13个、睡莲品种4个。对园区重点植物牡丹、芍药、海棠、萱草等进行物候观测并进行性状记录。（史芳斌）

【景观设置】2022年，世界花卉大观园完成早春园区引种补植规划与种植。布置完成“4·15”生态安全主题公园揭牌仪式，完成牡丹文化节舞台小景布置，配合京台插花比赛完成插花馆展厅景观设计与布置。规划设计菊花擂台赛展厅，完成精品花卉厅魔法师空气凤梨装置、蔬菜瓜果园京剧脸谱空气凤梨装置设计与布置。（史芳斌）

【市首家“总体国家安全观生态安全主题公园”揭牌开放】4月15日第七个“全民国家安全教育日”，北京市首家“总体国家安全观生态安全主题公园”在北京世界花卉大观园揭牌开放。公园通过“生态安全”主题自然科普长廊、现场教学基地、生物多样性摄影展等多种形式，向游客宣传生态安全以及保护生态环境知识。（史芳斌）

生态环境

综　述

【“两山”实践基地创建完成】 2022年，丰台区完成“两山”实践创新基地创建。成立由区委、区政府主要领导牵头的区“绿水青山就是金山银山”实践创新基地工作专班，印发实施《丰台区“绿水青山就是金山银山”实践创新基地建设实施方案（2021—2025年）》，明确101项重点任务，探索出“北宫镇紧抓园博园建设，化环保压力为绿色发展机遇”“依托‘创森’建设南苑森林湿地公园，着力提升南苑地区综合功能和品质”“王佐镇开展矿山生态修复，带动‘农文旅’产业融合发展”“宛平街道厚植生态底色用活卢沟桥金字招牌，探索‘红＋绿’特色旅游模式”“丽泽打造园林式全球新兴金融商务区，走出绿色低碳高质量发展新路径”“槐房再生水厂再现‘一亩泉’景观，为市政灰色基础设施提供绿色发展样板”“中华名枣园酸枣变‘金’果，实现生态保护与产业发展良性互动”7个“两山”转化成果。统筹推进创建工作，协调将“两山”创建纳入全区“七创联动”[七创即创建全国文明城区、国家卫生区、国家森林城市、全国双拥模范城、“两山”实践创新基地、基本无违法建设区、无疫社区（村）]，通过生态环境部验收核查。11月19日，丰台区被生态环境部授予“绿水青山就是金山银山”实践创新基地称号，是获此称号的全国首个超大城市中心城区，也是北京市首个成功创建“两山”实践基地的非生态涵养区，实现“生态进城”。（孙　楠）

【生物多样性调查】 2022年，区生态环境局持续推进生物多样性保护状况初步调查，摸清区域生态本底。开展水生态环境和生物多样性保护现状初步调查，累计监测到鱼类等水生动植物433种。国家二级重点保护野生动物棉凫首次现身丰台，清洁河流指示物种宽鳍鱲、马口鱼陆续重现，生态系统完整性、多样性不断丰富。（孙　楠）

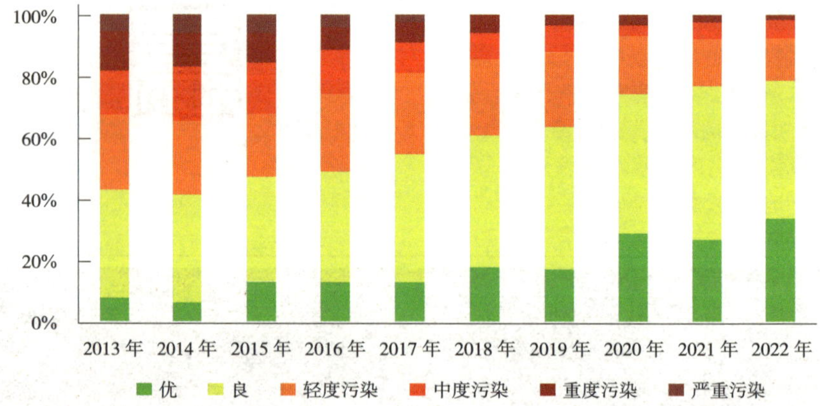

2013—2022年丰台区空气质量级别天数占比分布（区生态环境局　供图）

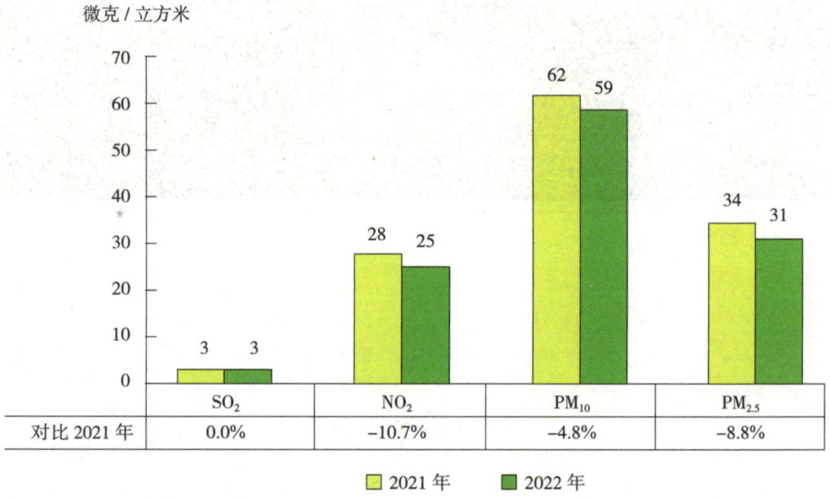

2022年丰台区4项污染物平均浓度及同期对比图（区生态环境局　供图）

【生态环境保护规划印发】 1月24日，《丰台区“十四五”时期生态环境保护规划》（简称《规划》）印发实施。《规划》分别从加快形成绿色低碳发展新格局、深入打好污染防治攻坚战、优化生态空间格局和品质、防范和降低生态环境风险、推进生态环境治理体系和治理能力现代化以及保障措施等方面对“十四五”时期丰台区生态环境保护工作进行谋划，到2025年，全区生态文明水平明显提升，绿色生产生活方式普遍推广，碳排放稳中有降，碳中和迈出坚实步伐，生态环境质量持续改善，环境安全得到有效保障，现代化治理体系和治理能力更加完善，绿色发展取得新突破。（丰鉴编）

【生态文明与环境保护专题培训班】 8月3日至5日，区生态环境局和区委组织部联合举办区2022年生态文明与环境保护专题培训班。区委宣传部、区委政法委、区发展改革委等40家区委生态文明委成员单位主管领导，以及各镇政府、街道办事处主管领导和科室负责人等100余人参加培训。培训内容为市第十三次党代会精神解读、“两山”基地创建、生态环保督察、扬尘精细化管控、“接诉即办”、新《中华人民共和国环境噪声防治法》解读和深入打好污染防治攻坚战等。（孙　楠）

环境质量

【概况】 2022年，丰台区重点加强大气环境保护工作，4项污染物保持持续改善趋势，优良天数和重污染天数实现“优增劣减”。全区碳排放总量持续得到有效控制。地表水国、市考断面优良水体比例 100%；镇级集中式饮用水水源水质稳定达标；地下水水质总体稳定，地下水水位同比回升约 3 米。重点建设用地安全利用得到有效保障，污染地块安全利用率 100%。生态环境质量指数连续 7 年稳步提升。完成北京冬奥会、冬残奥会和党的二十大空气质量服务保障工作，实现“冬奥蓝”，赛事期间细颗粒物（$PM_{2.5}$）平均浓度同比下降 54.1%，重污染天数同比减少 80%。（孙　楠）

【大气环境质量】 2022 年，丰台区细颗粒物（$PM_{2.5}$）浓度 31 微克 / 立方米，比上年下降 8.8%，实现持续改善；可吸入颗粒物（PM_{10}）、二氧化氮（NO_2）、二氧化硫（SO_2）分别为 59 微克 / 立方米、25 微克 / 立方米、3 微克 / 立方米，分别比上年下降 4.8%、10.7% 和与上年持平。（孙　楠）

【水环境质量】 2022 年，丰台区国家地表水考核断面达到或优于Ⅲ类水体比例达 100%，7 个市级地表水考核断面全面消除劣Ⅴ类。根据水精细化点位测算，好于Ⅲ类河长占比 66.08%，比上年上升 2.83%；劣Ⅴ类河长占比 1.79%，比上年下降 6.92%。地下水国、市考点位实现总体稳定，辖区镇级集中式饮用水水源水质稳定达标。全区调查到浮游植物 116 种、浮游动物 165 种、底栖动物 99 种、大型水生植物 23 种、鱼类 30 种，其中适宜在清洁水体中生活的黑鳍鳈等 4 种鱼类首次被发现，辖区河流生境逐步向好。（孙　楠）

【声环境质量】 2022 年，全区区域环境昼间噪声均值为 52.2 分贝，比上年下降 1.2 分贝；道路交通环境昼间噪声 68.7 分贝，与上年持平。（孙　楠）

【土壤环境质量】 2022 年，全区加强土壤污染源头防控。建设用地实行风险防控，重点建设用地安全利用得到有效保障，安全利用率动态达到 100%。农用地实施分类管理，所有耕地现状均为优先保护类，无受污染耕地。未利用地实行严格保护，制定执法巡查工作方案，防控未利用地土壤污染。全区土壤环境质量保持良好。（孙　楠）

污染治理

【概况】 2022 年，丰台区进一步坚持生态优先、绿色发展，协同治理，推进污染防治攻坚。印发《丰台区深入打好污染防治攻坚战 2022 年行动计划》，组织召开区委生态文明委会议 2 次，专项调度污染防治攻坚战 8 次，研究议题 34 项，推动解决大气、水、土污染防治等重难点问题。统筹用好市级污染防治专项转移支付资金约 2 亿元，支持全区生态环境建设及污染防治项目建设。统筹推进山水林田湖草系统治理，保障水资源安全底线。完成区污染防治攻坚战成效考核自查自评和绩效考评工作，丰台区在北京市 2021 年度污染防治成效考核评定中为“优秀”。（孙　楠）

【蓝天保卫战】 2022 年，区生态环境局、区城管委、区交通支队建立河西地区重型车综合整治长效机制，河西两街、两镇 TSP（粗颗粒物）防治排名明显提升。加强挥发性有机物（VOCs）治理，2 家企业参加市级“绿色诊断”。实施夏季夜间装卸油和错峰加油政策。印发实施“煤改电”清洁取暖设备维修保障工作方案，持续巩固“无煤化”成果。推进多源数据融合项目应用，利用大气精细化管理支撑平台深化分析预警，实现精准治污、科学治污。优良天数达 290 天，比上年增加 4 天；重污染天数由上年的 10 天减少至 4 天。（孙　楠）

【碧水保卫战】 2022 年，丰台区“三水”（水资源保护、水环境治理、水生态修复）融治统筹推进。建成全市首个区级水生态实验室，推进地下水污染防治试验区建设，完成地下水研究中心一期施工建设。强化水资源保护，完善地表水考核评价办法，加强饮用水保护，开展全区农村饮用水水源地环境状况调查评估，实现水源地“一源一档”动态管理。深化水环境治理，开展水精细化管理，推动整治排口 23 个，动态清理问题排口。推进水生态保护与修复；摸清水生态家底，开展 2022 年水生态状况调查评估。（孙　楠）

【净土保卫战】 2022 年，丰台区统筹农用地、建设用地、未利用地“三地”齐抓共管。开展疑似污染地块场地调查项目，对全区 36 家重点行业企业关停腾退原址用地土壤污染状况进行初步调查，摸清土壤现状和污染分布情况并动态更新疑似污染地块台账。推进超筛选值地块详细调查及老旧厂房改造土壤污染状况调查工作；联合规自部门组织召开 10 个地块土壤污染状况调查报告专家评审会，确保无受污染后再开发利用。加强暂不开发利用和污染地块管理，督促高立庄油库项目开展修复，首钢—耐地块制定风险管控工作方案，久敬庄路南侧棚户改造项目地块完成修复和效果评估并移出污染地块名录。印发《丰台区农田灌溉用水水质管理机制》，完成全年 35 眼农田灌溉水井水质监测工作，水质均达标。（孙　楠）

【噪声污染防治】 3 月 22 日，区委生态文明建设委员会办公室印发《丰台区环境噪声污染防治工作方案（2021—2025 年）》，明确部门分工，压实噪声防治主体责任。组织开展区声环境功能区划现状调查评估工作。聚焦“每月一题”工作，做好“接诉即办”“每月一题”噪声扰民问题治理工作。（孙　楠）

生态环境监管

【概况】2022年，丰台区保持攻坚态势，系统推进各项重点工作，压实生态文明建设责任，持续加大生态保护力度，强化监管服务。开展区生态环境分区管控细化工作，完成细化技术方案。开展“三线一单”（生态保护红线、环境质量底线、资源利用上线和生态环境准入清单）成果研究和生态环境现状与历史变化趋势分析，识别区域生态环境关键问题和重点区域。开展“三线”研究，提出环境质量底线和资源利用上线目标，推动水环境、大气环境减排潜力测算，划定“三线”管控分区。利用“大数据”分析方法开展重点区域专题分析20次，加密走航16次，现场帮扶属地9次；开展联合执法98次，发现问题485家，移送属地督办问题23家，行政处罚20家，处罚金额84万元，对发现问题实现“动态清零”。建立以排污许可制为核心的固定污染源监管制度体系，健全完善排污许可联审核查、质量抽查、动态管理、监管联动和信息公开等5项机制，提高排污许可证核发质量。组织开展环境质量、污染源执法和信访等监测，取得各项监测数据2.4万余条，不断提升生态环境监测能力。区生态环境局被生态环境部授予“夏季监督帮扶工作表现突出集体”荣誉，是北京市唯一一家受表彰单位；获北京市生态环境统计技术竞赛岗位建功活动集体一等奖。区生态环境综合执法大队连续2年在全市各区污染防治攻坚战综合执法排名全市第一位。（孙　楠）

【大气环境质量监测】2022年，丰台区细颗粒物（$PM_{2.5}$）和其他主要污染物，均达到国家环境空气质量二级标准。优良天数290天，比上年增加4天；空气重污染天数4天，比上年减少6天（扣除沙尘日后重污染天数为3天，比上年减少2天）。开展每月对小屯子站和云岗子站等10个点位降尘监测工作，降尘量平均浓度为3.6吨/平方千米·月（扣除沙尘污染）。（杨红伟）

【水环境质量监测】2022年，区生态环境局完成2个市级地表水评价监测断面、64个区级考核评价水质监测断面和9个跨乡镇（地区）界补偿断面的全年监测和评价工作。完成区7条黑臭水体4月至6月每月一次监测工作，监测结果显示，7条黑臭水体水质均达标。完成区5个乡镇级地下饮用水水源地、2个地下水环境质量监测点位每季度一次的监测工作。监测结果显示，7个地下水源地均达到地下水Ⅲ类水质类别。（杨红伟）

【声环境质量监测】2022年，区生态环境局完成区昼间噪声普查202个点位的监测工作，出具有效数据1414个。该次噪声普查覆盖区域网格环境监测面积313平方千米，道路交通累计长度121.1千米。噪声普查结果显示：全年昼间交通噪声68.7dB（A），稳定达标；市级建成区区域网格昼间环境噪声52.2dB（A），较上年下降1.2分贝（A）；区级建成区区域网格昼间环境噪声52.4dB（A），较上年上升1.1dB（A）。功能区环境噪声自动监测3个点位，分别为区生态环境局（1类区）、万泉寺北路16号（2类区）、南苑路（4a类区）。全年功能区环境噪声，1类区昼间达标率65.9%，夜间达标率8.6%；2类区昼间达标率80.4%，夜间达标率77.8%；4a类区昼间达标率94.8%，夜间达标率10.3%。（杨红伟）

【土壤环境质量监测】2022年，区生态环境局完成市控土壤环境质量监测网中的2个土壤监测点采样监测工作。完成区4家乡镇级集中式饮用水水源地周边土壤、7家污水处理厂周边土壤监测工作。监测结果显示，年内土壤监测结果数值均低于《土壤环境质量 农用地土壤污染管控标准（试行）》（GB 15618—2018）和《土壤环境质量建设用地土壤污染风险管控标准（试行）》（GB 36600—2018）中风险筛选值限值要求。（杨红伟）

【农村环境质量监测】2022年，区生态环境局完成1家日处理能力20吨及以上的农村生活污水处理设施水质上、下半年各一次监测工作，监测结果显示，该农村生活污水处理设施水质达标排放。完成35眼农田灌溉水井16个项目水质监测工作，监测结果显示，35眼农田灌溉水井水质污染监测指标均达标。（杨红伟）

【碳排放单位管理】2022年，区生态环境局对2家纳入全国碳市场企业开展执法检查，46家重点碳排放单位按时完成年度履约。组织碳排放企业参加国家和北京市培训，分别组织辖区76家碳排放企业参加北京碳市场培训会2场，组织火电发电企业参加全国碳市场培训会3场。（孙　楠）

【扬尘污染管控】2022年，区生态环境局组织制定重点区域强化扬尘污染管控联合执法监督工作方案，持续开展扬尘管控督查检查，累计移交7个批次217个扬尘问题，反馈立案处罚48起，罚款70.7万元。（丰鉴编）

【生态环境执法】2022年，区生态环境局持续强化环境执法监管。与房山区签订生态环境联合执法协议，构建联防联控联治体系。办理“替代修复”方式生态环境损害赔偿案件6件。深化综合执法改革，建立网格化监管体系，加强“双源”（固定式污染源和移动式污染源）融合，强化非现场监管模式。出动执法人员3万人次，检查各类污染源14595家，立案处罚195起，罚款477.7万元。其中，检查重型柴油车6.7万辆，处罚4426辆、114万余元。查封扣押33起，移送行政案件1起，移送刑事案件1起，拘留3人。（孙　楠）

【行政审批】2022年，区生态环境局按照北京市“两区”建设和《北京市2022年政务服务领先行动计划》部署及区政府要求，将辐射安全许可证纳入北京市电子证照清单，实现办理政务事项业务减免相关材料，支撑“刷脸办事”，高频应用场景无证照原件快速办理提高办事的便利性。对18个深度符合网办要求政务事项调整为全程网办，实现互联网收件、互联网预审、互联网受理、互联网办理、互联网结果信息反馈。落实《优化营商条例》关于“减时限、减材料、减环节、减跑动”工作要求，开展“局科长走流程”，实行“一套材料、一表填报、一窗受理”和“同步评估、同步审批、统一反馈”，建设项目环境影响报告书（表）审批时限压缩50%。完成建设项目环评审批45项，办理新申请辐射安全许可证33件，延续37件，变更28件，重新申领21件，注销14件。放射源备案326件839枚。累计发放和登记排污许可发证336家。（孙　楠）

【市第二轮第四批生态环境保护督察】8月30日至9月28日，北京市第四批第二生态环境保护督察组进驻丰台区，对全区开展为期1个月生态环境保护督察工作。经区委生态文明委第二次会议审议，成立区配合市第二生态环境保护督察服务保障工作领导小组，区委书记、区长任双组长，区委、区政府相关领导任副组长，印发实施《丰台区配合第二轮市级生态环境保护督察服务保障工作方案》；区配合督察领导小组办公室抽调相关部门骨干力量组成综合组、资料组、信访组、联络组、宣传舆论组、督办问责组、后勤组、安保组8个专项工作组，统筹组织区相关部门和各街镇做好服务保障和边督边改工作。督察组对13个区级部门和单位开展走访问询，累计调阅资料5批1582件，下沉街镇22个，现场检查点位226个；下发督办单8件、现场检查交办问题88件，均交办相关单位解决；交办群众信访件117件，截至年末，丰台区办结66件，其余51件正在推进。（孙　楠）

自然资源保护

【概况】2022年，丰台区注重自然资源保护，完成1处矿山生态修复治理项目，开展湿地动态监测和调查，对小微湿地进行修复。完成耕地复垦工作，新增耕地4.79公顷。注重水资源保护，对建设项目开展水文和水土保持检查，加大污水处理力度，污水处理量同比上升10.3%。（丰鉴编）

【矿山生态修复治理】2022年，全区实施1处矿山生态修复治理项目，为北宫镇大灰厂村石灰岩矿A区治理项目，修复治理面积约4.3公顷。（李向成）

【湿地资源保护】2022年，区园林绿化局开展湿地动态监测和调查，监测样地20个，面积10.67余公顷。开展湿地生态系统监测，对南苑森林湿地公园、永定河湿地、莲花池公园、北宫国家森林公园4个区典型湿地进行湿地生态系统监测。完成王佐镇泉湖驿站小微湿地修复7000余平方米。结合北京湿地日、世界湿地日、《中华人民共和国湿地保护法》实施等时间节点，开展湿地保护宣传活动，提升群众对湿地保护了解认知和保护意识。（窦　洁）

【南森公园耕地复垦】2022年，南苑森林湿地公园建设管理有限公司（简称南森公司）实施南苑森林湿地公园先行启动区耕地保护空间置换土地复垦项目，通过市规划自然资源委现场验收，实际新增耕地4.79公顷。完成耕地上冬小麦和夏玉米抢种抢收工作。（杨　波）

【水环境保护】2022年，丰草河、马草河、旱河补水3000万立方米，形成优美河湖景观。区水务局检查污水处理厂站202站次，各厂站全年处理水量2747.52万吨，污水处理量同比上升10.3%，随着河西再生水厂二期项目进入商业运行阶段，通过优化配置、量化考核，污水处理率得到提升，农村水环境得到改善。北京市水环境监测中心丰台分中心接收采样任务141次，出动人员450余人次，完成565个样品监测，形成监测数据7102个，为全区水环境监测提供科学依据。对建设项目开展水文和水土保持检查380次，出动人员760人次。办理水土保持补偿费征收事项28件。其中，免缴办理12件、征缴办理16件，征缴水土保持补偿费36.53万元。完成水利部、市级疑似图斑任务核查68个。（朱曦妍）

节能减排

【概况】2022年，丰台区坚持实施绿色发展战略，推动发展方式和生活方式绿色转型。把节能和提高能效作为支撑高质量发展、推动源头减排重要抓手，与市级部门对接好能源消费总量和强度“双控”总体目标。通过“互联网+监管”方式，对区7家固定投资项目节能审查意见落实情况进行监督检查；对55家区级重点用能单位的能源利用报告报送情况、报告内容审核情况、能源管理负责人备案情况、使用国家明令淘汰用能设备情况、无偿向本单位职工提供能源或者对能源消费实行包费制情况进行监察。（方玉滨）

【节水型社会建设】2022年，全区严控生产生活用水效率，开展节水型社会建设。区水务局将生产生活计划用水新水指标19091万立方米，逐级分解至街镇、社区（村）和用水户法人。全区新水用量16079万立方米，完成年度用水总量控制工作目标。按照《丰台区两田一园高效节水奖励办法实施细则》（“两田一园”指粮田、菜田、果园），使全区“两田一园”用水户自觉做好农业节水工作。按照《北京市2022年节水行动实施方案》，开展“节水五杜绝”“光瓶行动”“世界水日”“中国水周”和全国城市节约用水宣传周、节水工作进校园等专项活动。推广高效节水型器具，免费为居民家庭换装节水型花洒2万套。建成节水型载体255个，换装节水宣传橱窗版面244块，拍摄公益视频3部，征集节水活动照片100张、活动视频5部，制作节水海报2000张，节水标识5000个，评选出“节水先进家庭”260户。完成3800户非居民用水单位的户表关系梳理信息采集，绑定水表18761块。

（朱曦妍）

【污染减排】 2022年，区生态环境局统筹落实污染减排计划。推进老旧机动车淘汰管理减排和挥发性有机物“一厂一策”治理工作，实施北京星航机电有限公司挥发性有机物“一厂一策”深度治理工程减排、北京北方华德尼奥普兰客车股份有限公司和北京意诚信通有限公司结构减排措施，北京星航机电有限公司完成喷漆厂房废气处理系统升级改造，实现主要污染物排放总量持续下降。（孙 楠）

【双碳课题研究】 2022年，区发展改革委启动《丰台区实现“双碳”目标路径和产业发展机会》课题研究工作。课题组通过调研对区典型住宅、商业区、工业园区、工厂以及农村进行走访，了解区各群体和各产业对可再生能源需求，当地可再生资源利用情况、资源潜力及其发展受阻因素，搜集分析有关数据，提出实现“双碳”目标路径。

（方玉滨）

【气候变化应对】 3月22日，区委生态文明委印发大气及气候变化工作小组2022年工作要点，首次将应对气候变化工作纳入污染防治攻坚战年度工作计划，推进重点措施落实。开展“丰台区碳达峰碳中和路径规划研究”，夯实辖区温室气体排放清单，编制区减污降碳协同增效工作报告，探索研究减污降碳协同增效发展路径。强化低碳试点示范，组织召开全区低碳试点工作推进会，联合相关部门收集全区先进低碳示范项目。推进丽泽金融商务区碳中和方案制定。（孙 楠）

【节能宣传周】 6月，为深入开展节能宣传，提高行为节能意识，区发展改革委采用线上线下等多种方式，组织节能宣传周活动，开展有奖节能环保知识问答及竞赛、节能低碳环保主题教育等活动，累计印刷发放活动海报1400余份。（方玉滨）

【碳达峰碳中和工作领导小组成立】 8月15日，丰台区设立区碳达峰碳中和工作领导小组，制定工作规则、研究工作路径及方案，将节能工作、能源管理、新能源管理工作纳入“双碳”工作框架，推动能源、新能源管理，推进能源结构转型和绿色能源发展，促进“双碳”目标实现。

（方玉滨）

城乡规划与建设

综　述

【规划编制】 2022年，全区规划编制完成北京城市总体规划首次五年评估。落实“三区三线”（“三区”即农业空间、生态空间、城镇空间3种类型国土空间；“三线”即分别对应在农业空间、生态空间、城镇空间划定的耕地和永久基本农田保护线、生态保护红线、城镇开发边界3条控制线）划定成果，修改完善分区规划。大红门、南苑森林湿地公园、五里店等地区街区控规正式获批，长辛店老镇地区街区控规通过市级联审，分钟寺、东铁匠营等地区街区控规形成初步方案，新发地等地区街区控规启动编制，宛平城地区功能定位和用地布局进一步优化。完成全区城市体检，促进城市健康发展。（邓琳琳）

【规划核验】 2022年，市规划自然资源委丰台分局办理房建类项目规划验收57件，核定建筑规模约331万平方米，含住房10465套，其中核验丰台区郭公庄车辆段一期公共租赁住房项目等政策性住房类项目约77.25万平方米，保障回迁安置房居民按时入住。核验北京冬奥会训练场馆约5.5万平方米；中央民族大学等教育类项目约21.6万平方米；方庄养老设施等养老项目约5.42万平方米。服务重点功能区发展建设，核验丽泽金融商务区商业、办公用房约2万平方米，科技园区高新技术产业及配套用房约40.5万平方米。（李　佼）

【土地储备开发】 2022年，丰台区在施土地一级开发项目33个。其中，河东地区项目27个，河西地区项目6个。已基本完成开发项目11个，正常推进项目16个，推进缓慢项目6个。33个一级开发项目总用地面积约2175公顷，累计已供应土地面积约749公顷，在施土地面积合计约1426公顷，其中建设用地面积约411公顷，代征地面积约1015公顷。（王笑颖）

【集体土地面积】 2022年，全区集体土地面积132.12平方千米，占总面积（305.56平方千米）的43.24%，其中农用地62.63平方千米。农用地中，耕地499.35公顷，其中永久基本农田400公顷，永久基本农田储备区40公顷，主要分布于河西地区，涉农（有耕地）街镇包括王佐镇、北宫镇、长辛店街道、云岗街道、南苑街道、宛平街道、花乡街道。（杨旭彤　刘凯丽）

【矿产资源管理与利用】 2022年，丰台区主要矿产包括地热、矿泉水、冶金用白云岩、制灰用灰岩、水泥配料用页岩、建筑用砂、砖瓦用黏土，无新增矿产地和新查明重要矿产资源储量。开发利用矿种有地热资源1种，全区有持证矿产资源勘查、开采单位11家，其中地热开采单位10家、地热勘查单位1家。持证单位中，有5家开展开采工作，主要用于供暖、洗浴、温泉入户。（林亚森）

【建筑企业】 2022年，全区具有资质等级总承包和专业承包建筑业企业完成总产值2768.1亿元，比上年增长0.1%。其中，在北京地区完成产值544.3亿元，比上年下降2.1%；在外省完成产值2223.8亿元，比上年增长0.6%。（周宏斌）

南中轴地区建设

【概况】 2022年，南中轴地区建设办公室（简称南中轴建设办）按照“同步规划，同步实施”的指导思想编制工作实施方案，以服务保障首都核心功能为首要任务，围绕国家礼仪、国际交往、文化展示交流等功能，推进博物馆群一期等重大功能性节点项目落地布局，引领带动地区功能加快转型升级。以标杆项目为引领示范，聚焦片区载体改造升级、产业引进培育、城市功能重塑等，加强城市更新模式创新探索，加快培育片区发展新动能，着力打造首都城市更新样板区、示范区。（宋　丽）

【规划设计】 2022年，南中轴建设办组织中国城市规划设计研究院牵头完成大红门地区博物馆群及配套服务区规划设计方案，明确“三馆一院一序厅”总体布局。协调市规自委编制完成《大红门博物馆群及周边地区规划综合实施方案》，明确博物馆群一期、TOD配套服务区、活力绿心、北木南厂等片区的规划设计条件，提出资金平衡方案和实施时序安排。（宋　丽）

【土地整理】 2022年，南中轴建设办统筹协调大红门一期B区棚户区改造项目暨博物馆群一期等片区土地整理工作。开展联合整治18次、组织20人以上政策宣讲和集中接访6次、走访入户1000余次。大红门一期棚改项目涉及住宅总户数661户，完成签约540户，签约率81.69%。协调区住房城乡建设委等部门加快征收程序，完成非宅签约10处。（宋　丽）

【市场转型方案编制】 2022年，南中轴建设办专项梳理规划保留11处疏解腾退楼宇，形成一楼一册基础底册，明确楼宇转型意愿、升级方向和计划安排。统筹指导4家保留楼宇完成转型方案编制。（宋　丽）

【南中轴国际文化科技园产业升级】 2022年，南中轴建设办推动南中轴国际文化科技园改造升级，协调解决手续办理、方案设计报批等园区建设过程中重点难点问题。12月30日，园区一期正式开园，52家企业落地。其中，包括国家级专精特新“小巨人”2家，国家高新技术企业16家。优化产业发展环境，3家高成长企业完成培养、1家税源企业落地。（宋　丽）

【项目建设】 9月8日，中央芭蕾舞团业务用房扩建项目实现开工建设。9月23日，大红门一期棚改项目A区（北木南厂）首期两宗用地成交，可收回成本约72.36亿元，实现土地政府收益约15.44亿元。9月30日，久敬庄路南侧棚户区改造安置房项目取得施工许可证，建设工程按期启动。（宋　丽）

城乡规划

【概况】2022年，北京市规划和自然资源委员会丰台分局（简称市规划自然资源委丰台分局）推进重点区域控规编制全覆盖，开展专项规划研究，建立总责任规划师和区级责任规划师专班制度，推进历史建筑挂牌、点亮凉水河等民生项目。采取挂图作战、管家式帮办服务措施，推进重点项目规划审批，加快释放建设用地空间，实现30天“受理即发证”供地审批服务。（邓琳琳）

【建设项目规划管理】2022年，市规划自然资源委丰台分局推动大红门地区、南苑森林湿地公园地区、卢沟桥五里店地区3个已批街区控规批后公开工作；推动北京丰台站地区街区控规通过市委城工委审议；长辛店老镇地区街区控规完成市级部门联审；分钟寺地区、东铁匠营地区、宛平城地区及河西西一区街区控规形成初步成果。（赵景如）

【区级城市体检研究】2022年，市规划自然资源委丰台分局建立“区级+街乡”联动年度体检工作机制，组织开展2021年度丰台区城市体检研究。经征求部门意见、组织专家咨询论证，系统评估分区规划实施成效，识别潜在问题，探索问题转化为后续工作任务，形成体检报告、重点地区和重点专题研究深度体检专篇及评估指标表、区责任规划师街道体检报告等体检评估成果。（高　岱）

【区级责任规划师工作机制建立】2022年，市规划自然资源委丰台分局健全《丰台区责任规划师组织方案（试行）》等责任规划师相关工作制度，形成总责任规划师总体统筹、单元责任规划师协同发力、社区规划志愿者共建共治“1+23+N”责任规划师体系。加强任务清单工作计划管理和人才队伍建设，定期组织“蜂糖会”（丰台区以沙龙形式为责任规划师组织的交流活动），搭建责任规划师交流平台。区级责任规划师专班带领“小蜜丰”（丰台区责任规划师团队名称）明确全区26个街镇3568个管理网格边界，形成“一图五册”（“一图”指街道和社区网格图；“五册”指社区居住人员册、服务设施册、机构册、工作人员册、风险册）成果。责任规划师全程参与“创无”（创建基本无违法建设区）工作，协助属地完成8.8万宗图斑、1959万平方米违建图斑的甄别认定，参与违建精细治理方案与拆后利用方案研究。（邵文卓）

【“三区三线”成果启用】2022年，市规划自然资源委丰台分局按照永久基本农田、生态保护红线和城镇开发边界三条线不交叉、不重叠、不冲突的原则，形成丰台区“三区三线”划定成果。在丰台行政辖区约305.56平方千米范围内，划定4.4平方千米耕地和永久基本农田、22.86平方千米生态保护红线和171.25平方千米城镇开发边界。10月14日，丰台区“三区三线”成果正式启用。（蒋　利）

【历史建筑挂牌保护】2022年，市规划自然资源委丰台分局成立丰台区历史建筑挂牌工作专班，组织开展对已公布的39座历史建筑挂牌保护工作。制定工作方案、召开工作会议、制作标志牌、联合相关单位现场踏勘选位，做好政策解释及宣传工作，会同相关单位完成28座历史建筑挂牌保护工作。（任　宏）

【首农集团用地统筹利用】2022年，市规划自然资源委丰台分局以全域用地统筹思路对接首农集团，开展首农集团在丰台区用地统筹利用研究。按照“留白增绿一批、升级改造一批、规划统筹一批、配套服务一批”原则，形成统筹实施初步方案，包含近远期实施项目，旨在一揽子解决首农在丰台的产业发展、用地腾退等问题，实现区企共赢。西南郊冷库作为第一批试点，综合考虑其区位、城市需求、城市风貌及保供等要求，将冷库功能外迁，跨街区统筹指标、整体算账，推进南苑森林湿地公园等重点地区规划实施、改善玉泉营区域整体环境。经与市规自委联合办公，组织多轮专题调度，形成初步方案。（江丽丽）

【“点靓凉水河”行动】2022年，市规划自然资源委丰台分局结合街区控规编制研究推进凉水河河岸沿线城市更新，发展沉浸式特色消费空间，构建水岸经济带、产业带、消费带。对接市级部门开展凉水河右安门段玉林南路的交通论证工作，探索规划优化路径。对接街道及意向主体，研究“国潮一条街”规划设计方案，结合街道公共空间项目推动规划设计方案编制和实施，整体打造13.14千米“浪漫骑行”路径，建设22千米滨河步道，构建5千米水上通航游线，推动南中轴段示范段、石榴庄段水上森林先期实施。（赵景如）

【田林空间优化专项研究】2022年，市规划自然资源委丰台分局组织完成丰台区田林空间优化引导实施专项研究规划编制工作，重点开展现状资源综合评估、划定永久基本农田集中连片区和林地空间优化引导区、研究规划实施政策机制等工作，为做好城乡建设用地减量、矿山治理生态修复、河流水系修复、复耕复垦、造林绿化等工作统筹推进提供支撑保障。（蒋　利）

【市政交通工程项目审批】2022年，市规划自然资源委丰台分局核发市政交通基础设施建设项目“多规合一”初审及协同意见67件，包括榆园110千伏输变电工程、柳村路天然气工程、军队安置住房北京小井统建项目热力工程、长辛店棚户区 E 地块安置房项目配套道路、榆树庄东路道路工程及市政管线综合等重点项目。核发各类市政交通基础设施建设项目许可证 76 件，其中建设工程规划许可证 64 件，含场站工程 2 件，建筑面积约 1.34 万平方米；道路工程 12 件，长度约 6.3 千米。审批管线工程 50 件，长度约 35.1 千米，包括丽泽桥积水治理工程、丽泽 220 千伏输变电工程、丰台医院提质改建项目供电工程等重点项目。建设项目选址意见书及用地预审 12 件，总用地规模约 2.92 公顷，包括云岗路西延道路工程、丽泽城市航站楼综合交通枢纽一体化工程、中央芭蕾舞团业务用房扩建项目周边规划道路工程等重点项目。（方　明）

【丽泽城市航站楼建设推进】2022 年，市规划自然资源委丰台分局推动航站楼枢纽一体化地下空间方案优化及手续办理。核发丽泽城市航站楼枢纽地下空间“多规合一”初审意见、选址意见书、协同意见，组织总体设计方案深化及初步设计专家预评审会，推进航站楼枢纽实质性建设。丽泽城市航站楼枢纽位于丰台区丽泽金融商务区北区，丽泽路以北、莲花河以西，建设用地面积 3.96 公顷，规划地上建筑规模 23.2 万平方米，地下建筑规模约 28.65 万平方米，包含航空、地铁车站、交通接驳以及综合开发配套功能。（方　明）

【审批流程优化】2022 年，市规划自然资源委丰台分局落实北京营商环境 5.0 版改革各项任务，推进规划许可告知承诺制工作，7 月 1 日核发全市首个告知承诺制建设工程规划许可证。实现“受理即发证”，对于申报材料符合受理条件，受理后即刻做出许可决定。实现网上申报、线上办理、电子发证、自行下载。实现首席代表签发制，进一步缩短审批时限。办理房建类规划许可 47 件，总建筑规模约 408.25 万平方米；办理选址意见书及划拨决定书 28 件，办理地名类行政许可及服务事项 13 件。实施集中供地项目建设工程规划许可告知承诺制办理制度，首日核发北京市首个集中供地项目告知承诺制建设工程规划许可证，用时 0.5 个工作日，从拿地到取得建设工程规划许可证用时 30 天。（周礼司）

【疏整促专项工作】2022 年，市规划自然资源委丰台分局牵头开展疏整促代征道路用地移交、临时建筑治理和中心城区疏解提质 3 项工作。纳入 2022 年疏整促台账的代征道路用地为 8 宗地，约 5.9 公顷，临时建筑治理 6 处，约 8365 平方米，完成全部销账工作。（李　佼）

【南中轴地区规划推进】2022 年，市规划自然资源委丰台分局完成大红门地区博物馆群及配套服务区规划设计方案征集，优胜方案获市委、市政府批复，形成《北京丰台大红门博物馆群及周边地区规划综合实施方案（一期）》初步方案。核发大红门一期棚户区改造项目“多规合一”协同平台初审意见，保障大红门博物馆群及周边地区工程实施，大红门一期棚户区改造项目 A 区先期入市地块取得规划许可手续实现开工。南中轴国际文化科技园实现存量建筑更新，更新后方案总建筑规模约 19.54 万平方米，其中地上建筑规模约 13.57 万平方米，改造后产业主导方向包括新一代互联网（元宇宙）、数字贸易与文化贸易、高端科技服务等。（刘冰玉）

自然资源管理

【概况】2022 年，市规划自然资源委丰台分局完成耕地保护空间落实任务，开展地灾排危除险，实现安全度汛。落实《北京市矿山生态修复“十四五”规划》和第二轮中央环保督察整改任务，实现“十四五”规划在账项目销账清零。开展丰台区“创无”图斑分类认定工作，图斑分类举证准确度取得全市同期创建区第一名。强化“接诉即办”全局“一号工程”意识，建立专题会商和内部考核机制。聚焦保障民生和解决历史问题，推进营商环境改革，优化规划用地审批，建立标准化和规范化国土执法监管体系。（邓琳琳）

【土地征收与开发整理】2022 年，市规划自然资源委丰台分局办理 3 个项目土地征收结案，总用地面积 59.07 公顷；办理集体土地占地项目用地手续 1 个，总用地面积 1.9 公顷。完成土地复垦项目立项 4 个，建设规模 23 公顷；完成新增耕地验收项目 3 个，新增耕地面积 18.21 公顷。（陈天宇）

【地理国情监测】2022 年，市规划自然资源委丰台分局完成全区域范围内地表覆盖、重要地理要素变化情况监测，形成现势性强、精度高、全覆盖的 2022 年全区地理国情信息数据库，主要包含地表自然和人文地理要素空间分布、生态资源、植被覆盖、交通体系、公共服务设施及房屋建筑等，涉及 8 个一级类、27 个二级类、10 个三级类内容，从而服务于耕地种植状况监测、生态保护修复效果评价、健全城市管理体制、创新城市治理方式，以及自然资源管理宏观分析等自然资源管理工作。（杨旭彤）

【国土变更调查】2022 年，市规划自然资源委丰台分局开展丰台区 2021 年度国土变更调查工作，收集各类专项数据进行整合，包括 2021 年度拆违腾退图斑 2160 块、拆除未尽图斑 1136 块、百万亩造林 176 块、减量地块 866 块、土地复垦 87 块。逐图斑分析提取疑似变化图斑 973 块，与国家下发的 910 块图斑合并去重后，提取 1668 块疑似变化图斑，全部图斑均开展外业实地调查和现场拍照举证，按时完成工作底图更新和数据库建设。与 2020 年现状数据相比，丰台区耕地面积增加88.68公顷，园地面积增加3.63公顷，林地增加63.61公顷，新增建设用地69.17公顷，建设用地减少211.13公顷，建设用地净减少141.46公顷。丰台区耕地保有量进一步增加，完成基本农田调整布划任务。（杨旭彤）

【2021年度国有自然资源资产管理情况专项报告编制完成】2022年，市规划自然资源委丰台分局编制完成《丰台区2021年度国有自然资源资产管理情况专项报告》及本领域子报告。截至2021年末，丰台区土地资源总量为30552.83公顷，其中国有土地总面积17340.77公顷，占全区总面积的56.76%。查明矿产资源储量并编入《北京市矿产资源储量表》固体矿产5种（冶金用白云岩、制灰用石灰岩、建筑用砂、水泥配料用页岩、砖瓦用黏土）、矿产地7处。水资源总量多年平均值11925万立方米。其中，多年平均地表水资源量5963万立方米，多年平均地下水资源量5962万立方米（扣除重复计算量）。森林资源面积8520.86公顷，无国有林场。湿地资源面积1473.8公顷，重点湿地3块，分别为永定河湿地、大宁水库湿地和莲花池公园湿地。（宋婉煜）

【土地划拨项目审批】2022年，市规划自然资源委丰台分局网上受理核发划拨决定书18件，涉及用地面积19.92公顷，建筑规模67.32万平方米。其中，居住用地7件，涉及用地面积13.12公顷，科教用地7件，涉及用地面积5.36公顷；公共设施用地3件，涉及用地面积0.67公顷；社会福利用地1件，涉及用地面积0.77公顷。（王艺茜）

【保障高精尖产业落地】2022年，市规划自然资源委丰台分局促进北京园博数字经济产业园创新中心项目实现开工建设，核发丰台园东三期1516-53、59地块“多规合一”协同平台初审意见。（刘冰玉）

【耕地保护空间划定】2022年，市规划自然资源委丰台分局完成全区440公顷耕地保护空间的优化调整，划定方案通过自然资源部批准。（陈天宇）

【城乡建设用地减量】2022年，市规划自然资源委丰台分局完成2021年减量图斑的验收和上报工作，全区完成减量腾退图斑318块，面积约1.61平方千米，实现1.2平方千米的净减量任务。开展2022年度城乡建设用地减量工作，完成1.54平方千米减量图斑平台上报工作。（郝一灿）

【开发区土地集约利用统计】2022年，市规划自然资源委丰台分局开展全区开发区土地集约利用监测统计，补充调查开发区依法审批范围和实际管理范围内各项信息和数据。2021年开发区内新增供地面积3.99公顷，新增建成用地面积3.92公顷。11月通过市规自委验收。（王艺茜）

【重点项目规划用地审批】2022年，市规划自然资源委丰台分局组织召开区长专题会1次、专家评审会20次，通过“多规合一”会商等形式研究审查建设项目80个，核发大红门棚改项目（一期）、槐新组团NY-011等7个项目“供地审核意见函”，涉及用地规模约31.62公顷，建筑规模约93.27万平方米，其中居住类项目用地占比64%、商服类项目用地占比36%。核发东铁营棚改、北京市十二中河西分校等35个项目初审意见，涉及用地规模约343.6公顷，建筑规模约402.13万平方米，其中棚改类项目用地占比80%。核发武警部队驻京单位三顷地南里周转房项目、北京园博数字经济产业园创新中心等38个项目会商意见，涉及用地规模约175.77公顷，建筑规模约329.98万平方米，其中保障性住房类项目建筑规模占比44%，批次供地类项目建筑规模占比36%。（刘冰玉）

【“一绿”地区城市化建设推进】2022年，市规划自然资源委丰台分局上报看丹村、榆树庄村、白盆窑村、纪家庙村和南苑村集体产业项目，通过市政府城乡接合部集体产业项目建设专题会审议，可释放集体产业总建设用地面积约23.4公顷，地上建筑规模约52.82万平方米，整体推进“一绿”地区城市化建设。其中小井村、新宫村、太平桥集体产业项目申报市政府城乡接合部集体产业项目，已通过区政府专题会议审议，可释放集体产业总建设用地面积约6.25公顷，地上建筑规模约19.42万平方米。（刘冰玉）

【土地开发利用巡查】2022年，市规划自然资源委丰台分局对全区224宗、799公顷土地开发利用情况开展巡查。其中，出让土地120宗、496公顷，划拨土地104宗、303公顷。落实开工和竣工申报、重点项目定期报送情况制度，加大监管力度，防止土地闲置，提高土地利用效率。落实开工、竣工申报50份，出具各项督促文书9份。（安　洁）

【行政执法】2022年，市规划自然资源委丰台分局开展执法检查4846次，立案204件，处罚72件，办结178件，立案率和办结率分别为100%和87%。依规处理投诉举报事项425件，对违法线索依法分类核实。上报677宗卫片图斑线索，准确率100%。（卢旭阳）

【“创无”分类认定】2022年，市规划自然资源委丰台分局推进“创无”分类认定工作，完成85386处、2043.9万平方米图斑分类认定，通过市级验收，图斑举证准确度位列全市创建区第一名。（庞鑫彤）

【行政复议诉讼】2022年，市规划自然资源委丰台分局办理行政复议和行政诉讼案件147件。其中，行政复议41件、行政诉讼案件106件。从类型看，涉及不动产登记类

49件，信息公开类38件，举报答复类13件，履职类5件，许可类5件，其他类5件。（张东琪）

【信息公开】2022年，市规划自然资源委丰台分局收到信息公开申请897件，制作答复告知书820件。其中，予以公开638件，不予以公开22件，无法提供151件，不予处理9件。涉及收费申请42件，收费39880元。（张东琪）

城乡建设

【概况】2022年，全区具有资质等级的总承包和专业承包建筑业企业完成总产值2768.1亿元，比上年增长0.1%。其中，在北京地区完成产值544.3亿元，比上年下降2.1%；在外省完成产值2223.8亿元，比上年增长0.6%。丰台区住房和城乡建设委员会（简称区住房城乡建设委）、丰台区建筑行业管理处贯彻落实区委区政府决策部署，推动城乡建设领域发展。全区固定资产投资399.7亿元，其中建安投资119.7亿元。建筑工程开复工453项，面积2249.33万平方米，建筑面积比上年增长2.16%，实现建筑业产值544亿元。具有资质等级总承包和专业承包建筑业企业完成总产值2768.1亿元，比上年增长0.1%。其中，在北京地区完成产值544.3亿元，比上年下降2.1%；在外省完成产值2223.8亿元，比上年增长0.6%。吸引北京润臻置业有限公司、北京建邦锦泰置业有限公司在丰台区注册成立，走访中铁建工集团等大型建筑企业21家，全年预估实现建筑业产值505.8亿元。推动2022年一、二、三批次供应7个商品住房项目实现开工建设。北京口腔医院迁建工程、丰台医院提质改建项目均已完成二次结构施工，开展外立面及内外装修。中央民族大学丰台校区第三组团于9月启用。

（周宏斌　孙　旭）

【审批服务优化】2022年，区住房城乡建设委聚焦重点功能区建设，优化流程、主动服务，实现行政审批（公共服务）事项全部全程网办，纳入电子档案存储。深化“双随机、一公开”和事中事后监管等改革措施，在丰台区建筑行业推广信用中国体系应用。保障中国国际出版交流中心等重点建设项目开工，核发施工许可证219项。保障国家冰雪运动训练科研基地等项目投入使用，牵头联合验收31项，办结竣工验收160项，办结竣工备案122项。加强对消防设施功能测试、系统功能联调联试指导，提升现场评定一次性合格率，办结消防验收174项。办理建筑企业资质审批类业务624项，房地产开发企业资质审核94件。规范配套设施移交监管，无偿移交教育设施、社区卫生服务站等60处、10.6万平方米。强化招标人主体责任，办理入场招标项目59个。（刘　斌　吴振荧）

【固定资产投资】2022年，区住房城乡建设委牵头完成全区固定资产投资任务452.3亿元，占全区完成额的68.9%，其中建安投资131.1亿元，占全区的51.7%。推动3个批次供应7个商品住房项目实现开工建设。（于丽萍　包蕾）

【城市更新项目实施】2022年，区住房城乡建设委落实丰台区城市更新实施项目清单和示范项目清单，协同区城市更新专项小组成员，推进示范项目落地。南中轴国际文化科技园项目一期开园。编制完成《大红门博物馆群及周边地区规划综合实施方案》初稿，博物馆群一期住宅搬迁完成79.2%，启动TOD地块前期研究。研究长辛店老镇有机更新项目产业定位和启动实施模式。九州通老旧厂房改造项目采取边更新改造边引培服务的运营方式，通过旧厂房改造拓展产业发展空间，税收贡献提高50%。确立完善“一办、一院、一平台、多伙伴”城市更新工作机制，搭建平台，梳理资源，研究城市更新实施方向和路径。（张巧梅）

【建筑节能管理】2022年，丰台区新开工装配式建筑项目34个，建筑面积约256.9万平方米，占新建建筑面积的53.8%。公共建筑节能绿色化改造项目4个、39万平方米，进入准备阶段。开展公共建筑能耗限额管理，加强混凝土搅拌站绿色生产管理，对全区搅拌站禁止违法新增产能的问题进行全面排查。开展混凝土生产质量专项检查，严格进行混凝土搅拌站生产质量监管。协助建筑业企业办理“北京市重点物资通行证”2069张。（段俊杰）

【轨道交通建设】2022年，区住房城乡建设委清退丰台火车站改建工程滞留户，红线范围内拆迁全部完成。地铁19号线一期、14号线景风门站出入口开通，推进新机场线北延建设。完成地铁16号线（南段）新增榆树庄北站搬迁腾退，地铁16号线南段开通试运营。

（鞠　平）

【行政执法】2022年，区住房城乡建设委树立依法行政执法理念，规范公正文明执法，加强执法业务培训。对重大行政执法案卷进行法制审核把关，7卷执法案卷获市区案卷评查优秀卷。做好征收拆迁、工程建设领域行政诉讼和复议案件应诉答辩，办理行政诉讼65件，行政复议26件。联合房管部门制定《北京市丰台区房管领域违法行为线索移交与执法协作办法》，开展行政检查2500次，实施行政处罚183件，处罚款约230万元。（孔祥瞩）

【施工质量监管】2022年，区住房城乡建设委组织开展“质量月活动”，引导全区工程质量争先创优，深化挥发性有机物（VOCs）专项治理行动。加强日常监督检查和专项检查，对关键部位、关键节点加强质量管控，落实工程项目结构实体样板制度。压实建设单位质量管理、质量保修首要责任，针对房屋渗漏、

裂缝、回填土下沉、外保温脱落等质量突出问题，强化住宅工程质量管理。（杨少华）

【施工安全监管】2022年，区住房城乡建设委编制印发《丰台区房屋建筑与市政基础设施及限额以下工程安全检查实用手册》，指导限额以下工程管理，实现工程管理平台“应上尽上”。构建“行业+属地”监管体系，加强房屋建筑和市政基础设施工程安全管理。采用政府购买服务方式对重大危险源开展专项检查，强化起重机械管理。组织“安全生产月”系列活动，开展放心工地、样板工地等评比，在市住房城乡建设委举办的安全生产知识大赛中获得团体三等奖。完成市级安全生产专项督察和问题整改工作。（王名臣）

【工程施工扬尘监管】2022年，区住房城乡建设委完善区住建、城管、生态环境、“交通+属地”“5+N”监管模式，牵头制定《丰台区建设工程施工扬尘监管联合交底验收工作实施方案》，完成18项次六方联合验收交底，执行“一业一单”等4项工作措施，提升施工现场污染防治管控水平。结合“创城”“创森”要求，整治施工围挡1.4万延米，提前完成206项“疏整促”施工围挡规范治理任务销账。推进“绿牌”工地评选，发挥标杆示范引领作用。（王　屹）

【建筑工程应急管理】2022年，区住房城乡建设委完善“1个服务保障办公室+7个应急检查组”工作机制，对全区在建工程项目开展应急检查9205项次，出动人员15121人次，检查点位16325个，发布各类预警82条。解决工程款纠纷及配合人保部门解决劳资纠纷58起，涉及工人4460人，金额约1.37亿元。（王　屹）

公用事业

供　电

【概况】2022年，国网北京丰台供电公司（简称丰台供电公司）负责101.59万客户供电服务工作。实现全年安全生产无事故目标，安全生产长周期5914天。完成售电量98.02亿千瓦时，比上年增长3.84%；接电容量55.77万千伏安。供电可靠率99.9954%，综合电压合格率99.998%。发布度夏风险预警9类22项，制定防范措施37条，平稳应对215.9万千瓦丰台电网最大负荷。为北京丰台站开通运营提供供电保障。深化“全方位、立体化”服务机制，与区发展改革委、区重大办等10个部门建立常态化工作对接机制。与大红门建设发展有限公司签订合作协议，靠前对接大红门地区发展用电需求。与区城市建设综合开发集团有限公司签订合作协议。获国家电网有限公司工人先锋号。（戢　伟）

【电网设施建设】2022年，丰台供电公司签订变电站站址投资划分协议1份，3座变电站选址落地。取得丽泽220千伏输变电工程与丽泽调控指挥中心项目开工证，取得榆园110千伏输变电工程及丰火220千伏站110千伏送出工程规划许可证、开工证。按期完成草六一、草

6月20日，丰台供电公司保障北京丰台站开通运营　（丰台供电公司　供图）

六二110千伏线路迁改入地工程投产任务。进行老旧小区电力设施改造，解决大负荷期间晓月苑小区停限电难题。首次联合区政府召开区电网规划建设推进会，将公司“十四五”期间13项输变电工程全部纳入区重大办重点工作调度管控体系。（戢　伟）

【棚改工程供电服务】2022年，丰台供电公司协同区住建委解决大康鞋城棚户区改造高基配电室迁改、长辛店E地块保障房外电源电力管井受京周路拓宽影响等涉电问题。推进长辛店镇张郭庄村棚户区改造、岳各庄棚改一期安置房项目、卢沟桥南里456地块安置房项目工程电力线迁改。万泉寺棚户区改造项目草六110千伏架空线迁改入地工程提前竣工。打造久敬庄路棚改安置房项目“投资到红线”典型案例，完成电力接入合作协议签订。（戢　伟）

【供电社会服务】2022年，丰台供电公司新建公共充电桩124台，投运上线83台，可满足99辆电动汽车同时充电需求。提供“三零”（零上门、零审批、零投资）服务4353户，涉及小微企业306家；打造非禁免批占掘路典型案例2项、联合报装案例1项；完成北京公司首个“网上国网”App“刷脸办电”居民报装业务。（戢　伟）

【电力经济专题研究】2022年，丰台供电公司编制《丰台区经济发展分析——“电力看经济”》《电力支撑推动丰台区数字经济发展》2个专题报告，为政府部门分析社会经济发展形势，研究建设数字经济提供参考。（戢　伟）

供　水

【概况】2022年，丰台区供水总量1.58亿立方米。其中，市政自来水供水1.31亿立方米、自备井供水0.27亿立方米。供水设施主要是北京市自来水集团郭公庄、第四、第七、长辛店水厂，王佐镇、北宫镇集中供水厂和大灰厂村庄供水站。（朱曦妍）

【供水安全管理】2022年，区水务局保证农村饮水安全，强化农村供水水质检测，完成全区集中供水厂出厂水每季度水质检测、公示和万人千吨供水厂源水每季度水质检测，检查农村地区水厂水站24个次，对发现问题立行立改。开展农村灌溉井排查与安全隐患处置工作，摸排农业自备井112眼，涉及12个村（社区）级单位，发现整改安全隐患8处。开展“安饮行动”专项整治及自建供水设施专项检查，现场检查24家单位73眼自备井。对全区12个街道“水黄”小区数据进行调研，完成6个“水黄”小区楼内供水管线改造，改造管线长度约9.2千米，惠及居民3491户。实现应急供水民生服务全覆盖，完成应急供水529车次；对鲁家山循环经济基地供水保障项目运行方进行监督考核12次，均合格，水质监测10次，全部达标，实现供水31万吨。（朱曦妍）

【地下水管理】2022年，区水务局推进取水计量体系建设，全区81个规模取水户249眼自备井取水远传计量均做到接入率100%、远传率和及时率不低于90%，其他取水户取水计量全覆盖，自备井水量和供水数据汇聚率100%。开展取用水管理专项整治行动整改提升、地下水地源热泵用户核查与整改、地下水管理专项排查整治工作，对取水口登记248家单位自备井信息进行复核、更新，对26家地下水地源热泵单位进行核查整改；对1375眼自备井进行全面排查，现场整改410眼，发放整改通知单39份，涉及自备井96眼。开展地下水压采治理工作，封存自备井9眼、封填4眼，完成7个单位（小区）自备井置换。（朱曦妍）

供　热

【概况】2022年，丰台区完成2022—2023年采暖季供热保障任务。区城市管理委承担全区居民供热“12345”统一接办任务，11月13日0时至2023年3月15日24时，接办供热投诉6949件。对投诉集中小区进行现场联合办件，开展“访民问暖”，对供热企业开展“四不两直”检查，确保供热平稳。区房管中心完成供暖收费3.28亿元，开展供热安全消隐专项工作和夏季“冬病夏治”供热专项检修工作，做好供暖服务。（孔琳　肖茜）

【供热保障】2022年，区城市管理委供热服务热线工作专班成立，首次承担全区所有供热投诉。截至年末，接办投诉5077件，比上年减少4149件，降幅44.97%。结合供热诉求情况，开展“访民问暖”220余次，对供热企业开展“四不两直”检查。结合“每月一题”重点解决正商名苑、晨新园、赵公口等小区供热矛盾。采暖季期间，开展供热约谈17次，涉及供热企业40家；检查供热单位173家，检查锅炉房472座次。（刘　洋）

【供暖服务】2022年，区房管中心完成供暖收费3.28亿元，供热市场拓展面积约10万平方米，应急接管革新南里、福利苑2处锅炉房。开展38项供热安全消隐专项工作，包括东大街东里、东大街西里、农校等3处锅炉房，晨新园、开阳里等2处换热站改造工程；更换5台新型超低氮燃气热水锅炉；永乐居、育芳园等6处老旧小区室外供热管网改造工程；长辛店棚户区E地块、丰台医院换热站等并网工程；63台不匹配高耗能水泵更新施工安装；南庭新苑、晓月苑真空脱气机实验项目；申报市发展改革委节能项目4项，经第三方评审节约能量477吨标煤。开展夏季“冬病夏治”供热专项检修工作，重点解决温度敏感户、需班组自行解决户、疑难

杂症户、户内铝塑管、穿墙管及解决局部不热等工作。（肖 茜）

供 气

【概况】 2022年，丰台区开展城镇燃气安全专项排查整治工作，建立燃气基础设施、用户等管理基础信息台账，消除燃气管线占压隐患和居民、非居民用户隐患，开展燃气居民用户安全型配件安装、液化石油气非居民用户替代、燃气老旧管线更新改造和老楼通气工作，确保全区燃气供应保障和设施运行安全。（孔 琳）

【燃气供应保障】 2022年，区城市管理委督促市燃气集团一、三、四分公司和市液化气公司制定安全型配件安装计划，累计完成液化气居民用户安全型配件安装44251户，天然气安全型配件安装80898户。对区11个液化气供应站、12个公交加气场站、7家燃气场站开展日常安全检查。完成花乡街道明春苑小区1700户老楼通气工作。组织全区对市级上账的燃气非居民用户隐患、天然气居民用户隐患、燃气管线占压隐患进行治理，分别完成治理1563处、1446户、275处。组织对577户液化气非居民用户开展管道天然气、电力等替代工作，划定禁用区，完成替代526户，完成率91.16%。（刘 洋 孔 琳）

【燃气老旧管线更新改造】 2022年，区城市管理委加强老旧管线排查，建立老旧管线台账，户内管线（立管）改造任务12061米，完成改造4552米；站箱改造任务53座，完成改造7座；闸井改造任务6座，完成改造2座。（孔 琳）

城乡管理

市政公用设施建设

【概况】2022年，丰台区城市管理委员会（简称区城市管理委）承担市区绩效任务、实事折子37项，全部完成。其中，市级实事项目7项、市级折子工程1项、区级实事项目5项、区级折子工程15项。办理区人大常委会代表建议、区政协委员提案95件，均按时办理。推进“街乡吹哨、部门报到”，响应属地吹哨报到336次。完成节假日景观照明保障工作，做好现有景观照明设施维护检查工作。做好电、气、热、充电桩行业城市运行保障，完成燃气隐患占压、老楼通气、非居替代、安全型配件安装等市级任务，推进全区60余项电力基础设施建设。完成2021—2022年采暖季供热保障工作。规范城区非施工围挡管理，完成254处非施工围挡治理任务。落实《区级自查违规户外广告台账》治理工作，督促属地街镇推进拆除违规户外广告。加大对三环路、四环路及主要联络线、重点大街、京港澳高速沿线等违规户外广告易发地段违规广告的检查。开展防范施工破坏地下管线工作，全年未发生此类事件。（把　帅）

【环境建设日常监督考核】2022年，区城市管理委制定《2022年丰台区市容环境卫生检查考评实施细则》。召开区城乡环境建设管理专项工作部署会。按照“四不两直”工作要求，区领导现场督导检查，区环境办汇总督导检查情况和全区环境建设总体推进情况。对在全区城乡环境建设年度考核中排名后三位的街镇约谈，解决环境管理监督长效机制问题。（李　宁　刘继祥）

【施工围挡整治】2022年，区城市管理委结合“疏解整治促提升”“创城”（创建全国文明城区）等工作，开展全区建筑工程围挡专项整治。修订《施工围挡治理核验标准》，明确围挡立面布设要求。按要求完成52处“创城”、65处“创森”（创建国家森林城市）工地施工围挡点位布设工作。9月初区“创城”迎检全要素演练实地检查测评中，施工围挡布设获得满分。（刘继祥）

【重大活动环境服务保障】2022年，区城市管理委开展“国家冰雪运动训练科研基地”北京冬奥会重点保障区域环境整治。党的二十大保障任务中，7支应急保障队伍每日巡检，形成环境秩序、交通秩序、市政应急保障统筹协调发挥合力，干部群众参与“四位一体”工作机制。对驻地及行车路线开展共享单车、停车秩序治理巡回检查，开启夜景照明设施18处，布设横幅16处。（刘继祥）

【区域环境治理】2022年，区城市管理委完成67条背街小巷精细化整治任务，玉皇庄路入选2022十大“北京最美街巷”。提升道路通行质量，修复破损路面50万平方米。提升重点项目道路交通环境，完成南苑森林湿地公园路面维修、交通标识标线施划。服务重点区域停车治理，提升丽泽商圈的交通环境。优化区域交通秩序方案，提升中央民族大学丰台校区周边环境。（刘彦梅　赵俊奇）

【丰台站周边环境整治提升】2022年，区城市管理委制定远景与近期相结合目标方案，设定北京丰台站周边市容环境、道路通行、交通秩序、铁路沿线综合整治一揽子工程，建立环境整治方案台账，高频调度，强化北京丰台站10余条辐射主要道路及联络线的服务保障工作。创建“畅、安、舒、美、绿”道路出行和环境面貌，统筹设置2处能够保障512个车位临时停车场及8500平方米的临时绿化景观。（刘彦梅　赵俊奇）

【背街小巷环境管理维护】2022年，区城市管理委加强协调联动推动精管善治，定期开展“党员志愿服务”“小手拉大手”等文明实践活动，发动在职党员、志愿者开展背街小巷卫生清扫、秩序维护、文明劝导等服务，做好维护类背街小巷日常管理维护136条。（李　宁）

【屋顶牌匾标识整治】2022年，区城市管理委推进全区集中清理建筑物屋顶牌匾标识整治工作专项行动，摸排上账96处、203块，要求各街镇、管委会做好规范整治工作，对环路、重点区域等进行督办，定期报送工作进展，6月底全部拆除完毕。（李洪英）

【公共服务设施二维码安装维护】2022年，区城市管理委完成区城市道路公共服务设施二维码建设，为133条大街上9330件公共设施张贴二维码。做好现有二维码巡检维修工作，维修脏污、缺失二维码215处，确保二维码设施完好。（李洪英）

【道路照明问题专项治理】2022年，区城市管理委对少灯、有路无灯路段全面排查，建立台账，纳入年度建设计划。完善全区路灯网，协助市路灯中心对全区缺灯少灯路段进行路灯补建，全年完成10条无灯道路补建，对少灯路段补装路灯160余盏。（李洪英）

【环卫基础设施优化】2022年，区城市管理委推进厨余垃圾处理厂扩容项目建设，推动渗沥液处理厂二期试运行。进一步优化垃圾分类设施，全区设置分类桶站7796组、分类驿站379处、可回收物中转站23处、大件和装修垃圾投放点各800余处，完成62座密闭式清洁站和214辆运输车辆计量称重改造。完成27座公厕修缮项目。（赵俐霞）

【垃圾分类】2022年，区城市管理委参照市级标准，调整区生活垃圾分类推进工作指挥部架构，完善调度会、自检会、约谈会、“四不两直”调研和现场会等专项会议形式。印发2022年生活垃圾分类工作任务目标，建立完善“日检查、周调度、月考核”督导检查机制，每周覆盖26个街镇开展检查。制定《丰台区生活垃圾分类考评指标方案（试行）》，检查26个街镇6240余处次小区、村；组织2673家非居民单位与区特许经营单位签订厨余垃圾收集运输服务合同，完成700余家机关、部队、学校、企业事业等单位集体食堂厨余垃圾定额核定工作；组织清运封管控区一般生活垃圾864车次、3287.42吨；全区分出家庭厨余垃圾129702.28吨，家庭厨余垃圾分出率保持在18%左右；日均处理生活垃圾2189.68吨，同比减少8.04%，分类减量效果凸显。组织完成41个生活垃圾分类示范小区（村）、9个生活垃圾分类示范商务楼宇创建工作，推动生活垃圾分类由“标杆式”向“标准式”转变。（赵俐霞）

【丰台站周边12条道路架空线入地】2022年，区城市管理委在中国联通、中国移动、中国电信等各管线单位协助下，开展北京丰台站周边道路架空线入地工作。完成万寿路南延、四合庄西路、站前“一横三纵”（万华北街、丰帆西路、丰帆路、丰帆东路）等12条道路架空线入地，共19千米。（雷先云）

【架空线梳理绑扎】2022年，区城市管理委针对西四环等道路沿线不具备做管道条件的架空线和街巷胡同需整治的架空线进行梳理绑扎。梳理绑扎道路52条、74.96千米，整理过街线缆676处、20千米，梳理绑扎背街小巷架空线41条、53千米。（雷先云）

【输油管线占压隐患动态清零】2022年，市、区、街及管线单位统筹协调，完成27处输油气管线占压隐患整治，实现输油气管线占压隐患动态清零。（雷先云）

【循环经济产业园垃圾填埋场封场】2月，区循环经济产业园垃圾填埋场开始实行封场，停止填埋作业，对残渣填埋场垃圾堆体表面、平台进行外观整形，实施渗沥液、沼气导排，实现填埋场全密闭管理。治理后，有效解决填埋异味扰民问题，丰台区提前实现生活垃圾“零填埋”目标。（杨　宽）

城管综合执法

【概况】2022年，丰台区城市管理综合行政执法局（简称区城管执法局）深化城管体制改革，提升服务、执法、管理水平，围绕服务保障北京冬奥会、冬残奥会，党的二十大等重大活动，抓好新冠疫情防控、拆违创无、环境整治等重点任务，实现“基本无违法建设区”创建目标。立案处罚9521起，罚款2032.68万元。检查“三类场所”（商务楼宇、商场超市、餐馆食堂）45.17万家次，发现并消除问题隐患1.74万起，公示问题单位1.46万家。区城管执法局被评为2021年度首都城市环境建设管理样板单位。（方雨濛）

【拆违控违】2022年，全区拆违腾地上账323.98万平方米，拆除270.11万平方米，销账240.12万平方米，腾退土地204.84公顷。区城管执法局拟制并以两办名义印发《丰台区创建基本无违建区工作推进方案》，成立由区委书记、区长任总指挥的创建工作指挥部，明确“一办十三组”各创建单位工作职责，建立联席会商、区级领导包片、每周例会、督查考察工作机制4项。实现“基本无违法建设区”创建目标。（方雨濛）

【占道经营整治】2022年，区城管执法局按照市、区两级“疏解整治促提升”专项行动部署安排，建立“日排名、周简报”“专题调度、现场督导”等机制，推进全区占道经营整治专项行动开展。接占道经营类违法行为投诉举报5428件，立案处罚2697起。（方雨濛）

【夜施噪声扰民专项治理】2022年，区城管执法局建立快速处置机制，成立夜间施工噪声扰民专项治理执法专班，每晚10时至次日早上6时，检查在建工地夜间施工情况，违法施工单位“第一次予以教育整改、第二次立案处罚、第三次顶格处罚”；利用视频巡查系统，实时查询工地噪声和扬尘，做到早发现、早制止；建立群众热点投诉重点工地台账，针对部分施工工地故意躲避检查行为，重点盯守、重点整改。接报夜间施工噪声扰民违法行为投诉16229件，各街镇立案处罚夜间施工扰民116起，罚款153.8万元。（方雨濛）

11月16日，区城管执法局联合相关部门检查丽泽天地内“三类场所”
（区城管执法局　供图）

【垃圾分类执法】2022年，区城管执法局开展“餐饮执法月”“商超执法月”“工地执法月”等专项执法行动，督导垃圾分类工作落实。开展生活垃圾分类投放检查7.17万家次，处罚3662起，处罚金额372.68万元。结合“城管执法进社区”，抓好社区垃圾分类，录入居民小区检查单13304条次，针对个人开展生活垃圾分类投放处罚3087起，处罚金额约24.23万元。（方雨濛）

【燃气安全专项执法】2022年，区城管执法局加大对燃气使用企业和燃气供应企业的检查力度，压实燃气供应企业安全供气主体责任，从源头减少液化石油气安全隐患。督导属地综合行政执法队开展“敲门行动”，对辖区液化石油气非居民用户开展全面检查、排查，督促非居民用户的经营者、管理者履行好自身责任。检查餐饮公服用户28284家次，责令改正895家，立案查处292家，罚款53.34万元，立案数比上年上升15.87%，罚款额比上年上升103.96%。（方雨濛）

【宣传培训】2022年，区城管执法局利用电视、报纸、广播、新媒体，发布城市管理新闻385篇。其中，中央级媒体发布23篇、市级媒体发布141篇、区级媒体发布44篇、新媒体发布177篇。开展社会宣传暨志愿服务活动439次。围绕年度开展的“三类场所”新冠疫情防控执法检查、垃圾分类专项执法、燃气安全专项整治、重要节日环境秩序保障等，突出区域特点，挖掘特色经验，收集、整理、报送各类信息405篇，被市城管执法局内网采用265篇、市委、市政府采用31篇。制订《丰台城管示范培训工作方案》，组织各类培训49次，2000余人次参与。（方雨濛）

【执法大数据平台建设】4月，区城管执法局完成区级城管执法大数据平台9平方米LED（发光二极管）高清显示屏、2排并列式操作台建设工程，26个综合执法队视频信号全部联通。开展与区公安部门和其他部门平台协调相关图像数据对接工作，推动视频图像共享，实现数据“接起来、融进去、连得上”。制订《综合执法大数据平台应用管理办法》《考核评价指标体系》，以信息化实时调度代替守点式监管、巡查式执法，提升执法效率。（方雨濛）

网格化管理

【概况】2022年，丰台区城市管理监督指挥中心（简称区城指中心）派遣协管员队伍下沉，指导各街镇开展巡查普查工作。推进网格化城市服务管理平台部件普查工作，完成普查90平方千米、50万个部件。区网格化城市管理系统发现问题176739件，处置“创卫”（创建国家卫生区）问题158869件，结案率98.88%。受理市“12345”热线诉求63.75万件，比上年增长63.5%。成立区“接诉即办”工作指挥部，建立定期通报、约谈提醒、奖惩激励等机制，通报街（道）镇职能科室、行业分管领导、社区村“三率”（响应率、解决率、满意率）成绩全区排名，约谈提醒处级、科级干部36人。（马　宁）

【社区“一图五册”编制】2022年，区城指中心开展社区“一图五册”（“一图”指街道和社区的网格图，“五册”指社区居住人员册、服务设施册、机构册、工作人员册、风险册）编制，由区社区防控组牵头，区城指中心联合区委组织部、市规划自然资源委丰台分局、区民政局、区农业农村局、区科技信息化局及26个街镇参与，11月完成编制工作。（马　宁）

【“接诉即办”工作】2022年，区城指中心出台《丰台区深化“接诉即办”改革推动主动治理未诉先办的实施意见》，强化各级党组（党委）和政府部门主体责任。建立健全成绩通报、约谈提醒、奖惩激励等工作机制，与长期诉求人建立服务工作群，推动诉求见面响应沟通，当面研究解决。围绕新冠疫情防控、“七创”［即创建全国文明城区、国家卫生区、国家森林城市、全国双拥模范城、“两山”实践创新基地、基本无违法建设区、无疫社区（村）］联动等工作，加强重点诉求办理反馈。全区群众诉求响应率、解决率、满意率平均成绩比上年分别提升1.84、9.23、5.87个百分点。每月与区委组织部沟通，撰写《社区村、街镇职能科室、各科室主管领导“接诉即办”成绩情况专报》2期。加强“接诉即办”工作宣传，利用“北京丰台”、《丰台时报》等媒体，宣传“接诉即办”工作中先进经验；向《向前一步》《接诉即办》等栏目提供“接诉即办”工作新闻线索；与区政协、区融媒体中心联合拍摄录制《委员对话一把手，提案办理面对面——“闻风而动，‘接诉即办’”》专题协商交流节目。（马　宁）

市容环卫

【概况】2022年，丰台区环境卫生服务中心（简称区环卫服务中心）完成1208条、2251.9万平方米道路清扫保洁及道路两侧建筑物、构筑物及地面张贴喷涂宣传品和散发非法宣传品的清除工作。机械化清扫保洁作业面积1301.7万平方米，道路洗地作业面积1301.7万平方米，道路冲刷作业面积1301.7万平方米，道路清扫保洁新工艺作业覆盖率95.91%。负责辖区91座过街天桥、21座地下通道、198座地铁站口和536.4万平方米绿地的保洁，管理232座密闭式清洁站、378座公厕。截至年末，清运消纳其他垃圾43.7万吨，清运粪便21.4万吨，清运渗沥液3664.94吨，无害化处理率100%。接受北京市环境卫生管理事务中心等部门3项检查1164次，合格1113次，综合合格率95.62%。其中，道路清扫保洁、小广告清除、机械化作业、行业检查775次，合格734次，合格率94.71%；密闭式清洁站检查158次，合格156次，合格率98.73%；公共卫生间检查231次，合格223次，合格率96.54%。（贺 祺）

【国家卫生区、全国文明城区创建】2022年，区环卫服务中心统筹推进创建国家卫生区、全国文明城区工作。将区环卫服务中心“双创”工作领导小组调整合并为创建工作领导小组，下设一办十组。开展线上线下调度会、推进会、协调会17场次；推行“六字防制法”“五清四治三规范”工作法，通过现场培训，国家级和市级视频会、经验做法推广会、以查代培等多种方式，将创建工作与日常工作融合，推进各项创建工作常态化管理。开展各种类型培训会31场次；开展丰环双创行动日“创建进行时，丰环齐行动”主题活动20期，出动52135人次，清理整治点位15754处、垃圾659.05吨。（贺 祺）

【道路清扫保洁】2022年，区环卫服务中心对责任范围内道路实施“洗、扫、冲、收”组合式道路清扫保洁新工艺，新工艺作业覆盖率95%以上；落实道路分级清扫保洁要求，重点道路每日机械冲洗2次以上。持续扩大再生水使用规模，辖区主干道基本实现每日再生水冲洗，日用水量5500余吨，超额完成市、区日均用水量5000吨任务指标。重点加强云岗、天元公园2个子站周边56条道路清扫保洁和洒水降尘力度，各作业工艺全天无缝衔接，减少道路扬尘污染。持续关注生态环境，未达到重污染预警级别采取内部管控措施强化污染天气应对，加大道路冲刷、机扫、降尘作业频次。（贺 祺）

【垃圾回收清运】2022年，区环卫服务中心开展垃圾分类及有害垃圾清运工作。规范其他垃圾有序进站，落实垃圾分类“倒逼”机制，加强垃圾分类收运管控力度，严禁混收混运。开展有害垃圾清运工作，核定有害垃圾成分，清运垃圾0.69吨。按照就近消纳、灵活调整原则制订《垃圾消纳外运分流方案》，清运垃圾84204车次、437047万吨。其中，外运清运垃圾53114车次、274310.44吨。（贺 祺）

【重大活动及特殊天气环卫保障】2022年，区环卫服务中心完成重大活动及各级领导调研视察期间环境卫生保障工作126次。开展扫雪铲冰作业7次，出动各岗位人员23880人次、各类车辆669车次，使用融雪剂4738吨。启动空气重污染预警3次，出动作业人员25004人次、作业车辆3077车次，用水量34964吨。（贺 祺）

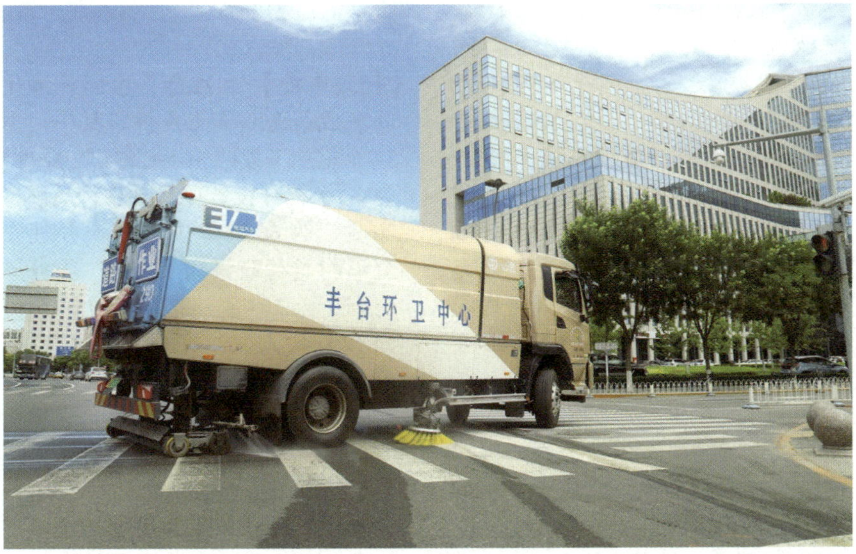

7月18日，区环卫服务中心作业车在北京市政务服务中心周边开展机械化作业道路清扫（区环卫服务中心 供图）

【“接诉即办”办理】2022年，区环卫服务中心落实《北京市“接诉即办”工作条例》，将“接诉即办”作为“一把手”工程推动。建立完善“日通报、周汇报、月分析、季考评”制度，层层压实主体责任。建立“高频点位库”“疑难问题库”“政策文件库”，加强数据应用，及时预判和化解，实现“冬病夏治”。打造“(1+1)×12”小队模式，即12个基层单位分别至少有1名主管“接诉即办”副职和1名联系员负责“接诉即办”工作。全年接诉总量2287件，承办1048件，响应率100%、解决率98.87%、满意率98.69%，综合成绩98.96分。获评北京市“接诉即办”工作先进集体。（贺 祺）

【环卫设施改造维护】2022年，区环卫服务中心提升改造公厕69座，维修垃圾收集及其他环卫设施30处。对88座密闭式清洁站除臭设备进行维保，更换不同规格型号过滤器、活性炭、滤料等，减少垃圾收集过程中臭气外溢带来的环境污染。完成电力报装、自来水接入、地面硬化及防水修补等61项应急维修工程，安装公厕新风除臭设备100套，完成东铁营所、大红门所等7家单位食堂灶具气改电工作。（贺 祺）

【8项技改项目通过评审】2022年，区环卫服务中心注重推动环卫科技发展，20吨电动水车改装后喷45度喷嘴、全自动灭蝇消毒除尘设备、车辆安全防护装置、小广告车升降侧喷系统、新型喷雾降尘、新型融雪剂撒播器、压缩车后斗消毒装置、大箱起升位置提醒装置8项技改项目通过单位技能创新评审。（贺 祺）

园林绿化

【概况】2022年，丰台区有森林面积8524.17公顷，森林覆盖率27.9%；湿地面积1003公顷，湿地保护率66.64%；绿地面积7775.27公顷，其中公园绿地面积2446.32公顷，城市绿化覆盖率47.85%。年内，丰台区园林绿化局（简称区园林绿化局）通过城市代征地绿化、小微绿地、留白增绿建设等项目建成公园绿地29处。花卉种植面积约3500平方米，主要种植盆栽花卉及花坛植物等；生产盆栽花卉1.2万盆，总产值36万元。全年未发生森林火灾。林业有害生物成灾率、测报准确率、无公害防治率、敏感地区美国白蛾等食叶害虫平均寄主叶片保存率均达标。城镇地区园林绿化植物未出现被林业有害生物吃光等现象，未出现因林业有害生物危害导致的大量黄叶、落叶或严重扰民现象。南苑森林湿地公园建设管理有限公司（简称南森公司）实施南苑森林湿地公园先行启动区城市森林片区和森林湿地片区绿化建设，实现总面积99.53公顷集中连片。开展耕地保护空间置换土地复垦项目。向区农业农村局申请小麦收割奖励补贴1.4万元。向区文旅局申请区级旅游发展补助资金约96万元，完成区文旅局预算评审。

（窦　洁　杨　波）

【林长制】2022年，全区建立林长制组织体系、管控体系、实施体系、监督体系，完善林长制网格划分工作。制定《丰台区街镇林长、社区（村）林长履职规范（试行）》，设计开发“丰台行”林长制小程序。建立林长制目标责任制、林长+检察长协同机制，区林长制考核评估机制在2个街镇开展试点。签发总林长令4次，区级林长巡林39次，各街镇林长巡林1037次，社区林长巡林12828次。在重点地块竖立林长制公示牌805个，开展专题宣传活动3次，发放宣传材料1000份。（窦　洁）

【新一轮百万亩造林工程】2022年，新一轮百万亩造林完成200.67公顷。2018—2022年，累计完成1073.33公顷，栽植各类苗木50万株，超额完成任务。（窦　洁）

【留白增绿建设】2022年，全区留白增绿完成建设21.69公顷，超额0.41公顷，战略留白完成建设32.25公顷，小微绿地19个地块11.17公顷完成主体建设。（窦　洁）

【国家森林城市创建】2022年，区园林绿化局分解国家森林城市创建任务中43个未达标项目为道路林带提升建设工程、河流绿化提升建设工程、科普系统建设工程、公园绿地建设工程4大类，均完工。8月1日起，北宫国家森林公园、园博园免费向公众开放，实现绿色惠民。加大创森（创建国家森林城市）宣传力度，依托花卉优势，通过花艺阳台、邻里花园、百园地图打卡等活动，打造创森百日公益行动。（窦　洁）

【代征绿地收缴】2022年，区园林绿化局完成国望府、葆台村回迁安置住宅，西三环南路16号项目，石榴庄村旧村改造项目C区S-41-1地块，石榴庄B地块绿化用地3，城乡一体化石榴庄村旧村改造项目（B区）S-21地块代征绿地收缴，总面积约77150.42平方米。（窦　洁）

【重大活动和节日景观布置】2022年，区园林绿化局完成纪念全民族抗战爆发85周年、党的二十大等重大活动和节日环境保障任务。在宛平城及其周边和联络线布置栅栏花槽5600个，地栽花卉5处2000余平方米，栽摆花卉约50万株。在区重要门户节点、交叉路口及桥区、环线以点、线、面相结合方式进行花坛花卉景观布置，完成点位布置28处，摆花4796平方米，栽植花卉6129平方米、立体花卉700平方米，摆插国旗2022面。（窦　洁）

【园林绿化资源管护】2022年，区园林绿化局做好958公顷城市公共绿地及区管14条河道258公顷河道绿地的养护管理。更新维修各类设施设备，做好绿地升级，升级特级绿地18块、一级绿地3块、二级绿地9块。监督指导全区山区生态林、郊野公园、平原生态林、平原造林、园博绿道、美丽乡村养护工作5800公顷、1998个地块，80多家养护单位，3000余名生态林管护员落实各季度养护措施。完成平原生态林林分结构调整19处，调整面积166.67公顷，完成村头片林任务建设3处，建设生物多样性保育小区3处，实施林下补植栓皮栎幼苗25000株。组织开展山区生态公益林健康经营任务68.12公顷，完成国家级公益林抚育任务33.33公顷。（窦　洁）

【野生动植物资源保护】2022年，区园林绿化局加大陆生野生动物疫源疫病监测和野生动物救助工作。防范野生动物疫病疫情发生，向市、区报送每日情况报告600余份；处理社会、市民各类陆生野生动物救助电话154个，接收受伤、受困及市民救助的候鸟等陆生野生动物150余只，新建区内野生动物救护站点1处。制定《丰台区2022—2025年野生植物保护工作计划》，公布《丰台区野生植物名录》，记录野生植物212种。（窦　洁）

【行政审批】2022年，区园林绿化局完成行政许可609件。其中，为37个重点工程办理行政许可104件、为13个社会投资项目办理行政许可20件、为66家单位和个人办理安全消隐类行政许可132件。服务单位和个人203家，接待企业群众咨询1200余人次。完成“多规合一”平台推送项目会商意见审核106件，其中初审会商意见审核73件，绿地率审核33件。签发《林草种子生产经营许可证》6份，专门经营不再分装包装种子备案1份；产地检疫苗木275万余株、98.98公顷，签发《产地检疫合格证》5份。（窦　洁）

3 月 13 日，区园林绿化局举办“绽放社区之美”创森宣传活动（区园林绿化局　供图）

【行政执法】 2022 年，区园林绿化局完成行政执法检查 3151 次。对 2 个在施工地及 3 个林产品公司进行“双随机”检查，全部合格。开展打击野生动物非法贸易的专项执法行动，针对高频问题点位联合区公安、城管等相关部门联合执法，开展执法检查 27 次，包括专项执法 13 次、联合执法 14 次。行政案件立案 24 件，其中野生动植物类案件 6 件、林木林地类案件 18 件。下达《行政处罚决定书》14 件，处罚金约 105 万元，其中野生动物类罚金约 7 万元、林木林地类罚金约 97 万元、林保种苗类罚金 1 万元；责令补种树木 35 株，责令恢复林业植被和生产条件 6 处；救助野生动物 13 只，没收野生动物及其制品 3 件；收回林地 371 平方米；林地补办手续 2453.19 平方米。（窦　洁）

【森林防火】 2022 年，全区实现森林防火期“零火情”。区园林绿化局对照区森防指挥部架构压实属地四方责任，抓好重要节点、重点区域进行燃放烟花爆竹、祭祀等违规用火行为检查；各单位加大防火巡查看护力量，出动检查人员 2000 余人次，车辆 400 余车次，巡查里程 3600 余千米。升级改造森林防火瞭望塔视频监控 8 座，新建无人值守防火塔 2 处。开展全区森林防火“百日行动”专项工作，做好林区输配电设施火灾隐患专项排查治理，全区野外火源治理和查处违规用火行动上账隐患 12 处，全部整改完成。（窦　洁）

【林木有害生物防控】 2022 年，区园林绿化局建立美国白蛾“8 小时”应急处置机制，各街镇开展拉网式巡查除治。出动查防人员 4.16 万人次，巡查里程 17.13 万千米，监测到美国白蛾成虫 8415 头、幼虫受害树木 3941 株。采取性信息素诱集、灯光诱杀、剪枝、树干围环等措施作业面积 10.61 万亩次，释放天敌昆虫 1.05 亿头、生物防治 340 公顷，出动车辆 7329 车次、地面喷药防治 35.35 万亩次，飞机喷药 45 架次、作业面积 6.75 万亩次。开展松林春秋季 2 次松材线虫病疫情普查约 906.67 公顷，发现枯死松树 1221 株，采样送检样本 260 个，未检测出松材线虫。（窦　洁）

【果品安全检测】 2022 年，区园林绿化局完成各类水果检测 158 个批次，全部合格；配合市级果品抽检检测 24 个批次，均符合食用标准。落实无公害生产质量标准，发放和使用合格证 1200 张。（窦　洁）

【公园管理与服务】 2022 年，全区行业注册公园 25 家，占地面积 1429.09 公顷。其中，收费公园及风景区 5 家、免费公园（包括 5 个郊野公园）20 家。有精品公园 11 个，市级重点公园 3 个，国家 AAAA 级旅游景区 5 个。区园林绿化局指导全区行业注册公园做好垃圾分类、文明游园、安全生产、游客服务保障等工作。推动全区公园绿地“减栏促融”，建立围栏台账，制订推进计划，在嘉囿公园进行试点。全区封闭管理、具备统计游客量条件公园 30 家，接待游客量 1357.6 万人次。（窦　洁）

【古树名木保护】 2022 年，区园林绿化局开展古树名木及生境（生境是指物种或物种群体赖以生存的生态环境）整体保护试点建设。完成古树生境保护小区 3 处，分别为南水北调办公区古国槐保护、造甲村古树组团生境保护、岱王庙古国槐保护；完成古树复壮 115 株；完成填水泥、钉钢板保护问题专项整改 18 株。（窦　洁）

【南苑森林湿地公园建设】 2022 年，南森公司负责建设南苑森林湿地公园先行启动区森林湿地片区、城市森林片区及槐房片区景观工程项目，其中森林湿地片区建设面积 59.73 公顷，完成总体工程量的 100%；城市森林片区建设面积 53.47 公顷，完成总体工程量的 80%，继续进行绿化用地整理、道路基层无机料铺设、卫生间放线等工作；槐房片区景观工程建设面积 35.07 公顷，完成总体工程量的 30%，继续进行绿化用地整理、路基碾压夯实等工作。截至年末，实现 99.53 公顷集中连片。（杨　波）

【“五一”期间部分片区开园】 2022 年，南森公司落实北京市委书记关于南苑森林湿地公园核心区 2022 年“五一”开园的指示精神，森林湿地片区启动建设期展示，“五一”期间，森林湿地片区和 B 地块累计接待游客约 1.8 万人次。（杨　波）

【“十四五”规划编制印发】 4 月 20 日，区园林绿化局编制印发

《“十四五”时期丰台区园林绿化发展规划》（简称《规划》）。《规划》以建设“首都绿色客厅、京南锦绣花城”为总体目标，规划到2025年，实现森林覆盖率28.4%、城市绿化覆盖率48.0%、人均公园绿地面积12.2平方米、公园绿地500米服务半径覆盖率90%，推动全区建立“一轴（绿色南中轴丰台段）、两带（永定河文化带和生态融合发展带）、四区（首都商务新区、丽泽金融商务区、中关村丰台园和丰台站片区、卢沟桥国家文化公园区）、多廊（多条道路和水系绿廊）、多园（多个公园节点）”绿色发展格局。（窦　洁）

2022年丰台区25家注册公园一览表

表16

序号	公园分类	公园名称	公园地址
1	局属公园	莲花池公园	丰台区西三环中路38号
2		万芳亭公园	丰台区南三环西路3号
3		丰台花园	丰台区西四环南路60号
4		南苑公园	丰台区南苑西路5号
5		长辛店二七公园	丰台区长辛店桥西花园南里甲一号
6		北宫国家森林公园	丰台区长辛店镇大灰厂东路55号
7	乡镇村办公园	北京千灵山公园有限公司	丰台区王佐镇西庄店村北
8		青龙湖公园	丰台区王佐镇怪村西
9		南宫世界地热博览园	丰台区王佐镇南宫南路1号
10		石榴庄公园	丰台区南苑乡石榴庄金桥西街南150米
11	企业管理	北京世界公园	丰台区花乡大葆台158号
12		北京世界花卉大观园	丰台区南四环中路235号
13	航天系统直管	云岗森林公园	丰台区云岗街道云岗森林公园
14		桃园公园	丰台区东高地街道万源南里小区桃园公园甲1号
15	政府直管	北京园博园	丰台区北宫镇射击场路15号
16	区委宣传部直管	中国人民抗日战争纪念雕塑园	丰台区卢沟桥城南街77号
17	看丹街道管理	丰台科技园区生态主题公园	丰台区科兴路1号
18	绿地公园	丰益公园	丰台区西三环南路丰益桥西北角
19		嘉河公园	丰台区南三环右安南桥西南侧绿地
20		怡馨公园	丰台区东高地红绿灯北侧，小龙河南侧
21	郊野公园	御康郊野公园	丰台区花乡六圈村丰葆路168号
22		海子郊野公园	丰台区花乡新发地村
23		高鑫郊野公园	丰台区花乡高立庄村
24		天元郊野公园	丰台区青塔西路
25		万丰郊野公园	丰台区京石路以北，万丰路以西

2022年丰台区郊野公园一览表

表17

名称	街镇	所在村	建成时间（年）
高鑫郊野公园	花乡街道	高立庄村	2009
海子郊野公园	花乡街道	新发地村	2009
御康郊野公园	看丹街道	六圈村	2009

续表 17

名称	街镇	所在村	建成时间（年）
看丹郊野公园	看丹街道	看丹村	2010
榆树庄郊野公园	看丹街道	榆树庄村	2012
万丰郊野公园	六里桥街道、青塔街道	靛厂、六里桥、岳各庄、小井	2008
天元郊野公园	卢沟桥街道	大井、小屯	2009
经仪郊野公园	卢沟桥街道	张仪、大瓦窑	2010
大瓦窑郊野公园	卢沟桥街道	大瓦窑村	2020
槐新郊野公园	南苑街道	槐房、新宫	2010
桃苑郊野公园	南苑街道、和义街道	大红门、槐房	2010
绿堤郊野公园	宛平街道	宛平地区河滩地	2009
晓月郊野公园	宛平街道	卢沟桥村	2010
北天堂郊野公园	宛平街道	北天堂村	2020

水　务

【概况】 2022年，丰台区水务局（简称区水务局）完成水务固定资产投资任务7.3亿元、建安投资任务5.1亿元。办理建议和提案17件、政府信息公开申请31件、主动公开56件、行政复议1件、行政诉讼3件、“吹哨报到”113件。编制完成2021年区水务环境提升领域项目前期谋划报告、36个街区区控规区域水影响评价报告、区河道水生态空间划定及管控规划。（朱曦妍）

【河长制】 2022年，区水务局完成区河长制治水责任制任务24项。区级河长14人，巡河61人次，巡河里程189千米；街镇级河长48人，巡河784人次，巡河里程1600千米；社区村级河长422人，巡河3.8万余人次，巡河里程约10.8万千米，各级河长巡河覆盖率100%，发现、处置涉河问题420余起。针对河道重难点问题，采取通报、移交、督办等方式推进解决，累计督办15件次，压紧压实各级河长责任。印发《北京市丰台区汛期暑期防溺水专项行动方案》，开展河湖滨水空间涉水风险排查，建立风险点位台账，设置警示牌及救生设施285套，加强文明游河湖宣教引导，对不文明行为加大执法、处罚力度，营造亲水、近水、爱水、护水氛围。开展历史遗留涉河建设问题清理整治工作，推进7处房屋、设施拆除，做到新增问题动态清零。（朱曦妍）

【水政执法】 2022年，区水务局开展执法巡查8315次，办理水事违法案件226件，结案226件。其中，一般处罚案件92件（做出处罚案件43件、不予处罚案件49件）、简易案件134件；发出92份限期责令改正通知书，收缴罚款及滞纳金68.34万元；触发行政处罚职权253项。开展联合执法51次，办理区检察院建议函1件、移交案件16件，全部依法查处。对区商业联合会70余家会员单位、全区300余家物业公司1000余人进行涉水法律法规宣传培训，对各街镇50余人进行水行政执法培训，发放涉水法律法规、物业管理涉水法律法规800余册。（朱曦妍）

【水资源管理】 2022年，区水务局落实最严格水资源管理制度，万元地区生产总值用水量7.79立方米，较上年下降4.17%。开展全区取水许可集中延续，同步对全区范围内地下水用水户存在超许可水量、未安装计量设施、水源热泵井无取水许可证等问题进行集中整改和补办。通过增强河道生态补水、生态环境用水等措施，加大再生水使用力度。全区地下水位较上年同期回升2.84米。实施水环境监测物联网感知系统项目，在小龙河、丰草河、九子河、蟒牛河、葆李沟、马草河、九子河等河道建设水位监测站点15处、流量监测站点13处、视频监控站点48处、气象站1处，建设完成水环境监测物联网监管平台。（朱曦妍）

【排水管理】 2022年，区水务局对163千米区属供排水管线运行、安全和新冠疫情防控等工作情况进行检查及考核126次。完成管线巡查4200千米，疏通污水管道约8千米，清掏检查井（含农村污水管线检查井）131座，更换井盖52个，修复检查井43座，汛前汛后对962座检查井冲洗和喷漆养护等，保障公共服务设施平稳运行。（朱曦妍）

【水利工程建设与管理】 2022年，丰台区重新开工建设河西再生水厂配套管线京周路段3千米项目。完成郭公庄水厂及管网工程收尾和汛后防洪排涝重点水务工程全过程审计。中心城区雨洪利用一期工程竣工验收，永定河平原南段综合治理与生态修复工程、南水北调大宁水库外电源工程进入施工阶段。完成小清河北支沟（京原铁路—北宫路）河道治理工程、区芦花路铁路桥积水治理工程和丰草河（一标段）分部工程及单位工程验收工作。小井桥、丽泽桥、京港澳南岗洼沿线积水治理工程均完成主体工程建设，其中丽泽桥和京港澳南岗洼沿线积水治理工程完成分部工程验收。丰草河（二标段）年初完成剩余部分收尾工作。启动丰台区佃起河污水截污工程。（朱曦妍）

【海绵城市建设】 2022年，区水务局编制年度海绵城市建设实施方案，依托区内项目道路23条、公园绿地18座、建筑小区（含老旧小区）31个、雨水管网及泵站4座，通过前期设计优化、中期设施核验、终期评估，完成建成区28%面积达到70%雨水就地消纳的年度任务。通过课题研究，有针对性地对老城区现有设施进行优化改造，以屋顶调蓄和管线调蓄的方式减小径流，推进海绵城市建设。（朱曦妍）

【政务服务】 2022年，区水务局办理信访7件、“接诉即办”236件。完成水影响评价审批29件，其中报告书18件，登记表备案11件。水土保持设施验收备案30个。派驻区政务大厅首席代表及驻厅人员，完成区级涉水审批事项的委托受理和授权审批，实现涉水审批事项“受理、审批、办结一站式服务”。取水许可电子证照全面应用，办结区级涉水审批服务事项277件。（朱曦妍）

【《丰台区“点靓凉水河”行动规划设计方案》完成】 2022年，区水务局完成《丰台区“点靓凉水河”行动规划设计方案》（简称《方案》）。《方案》以“执青绿妙笔，依凉水生花”为目标，坚持以人民为中心营城理念，以“回归城市生活”为导向，突破传统治水方法，探索滨水空间利用新范式，将背水发展转变为向水而荣，打开滨水城市界面、拓展城市发展空间。在设计上，以滨水蓝绿空间为基础，聚焦沿线重点功能区，统筹河道周边市政交通、绿地景观、慢行系统等方面规划要求，打造“一廊、五区、多景”（“一廊”指整体的水域河道；“五区”指金融商务区段、活力社区区段、枢纽门户区段、文化博览区段、生态休闲区段；“多景”指多个景观）整体空间格局，以水为纽带，聚焦水安全、水质量、水生态，打造生态健康之河，构筑历史文化、特色景观体系，将完善11千米滨水景观，构建无障碍滨水跑道22千米、浪漫骑行“13·14”千米，整合优化慢行体系，实现局部通航，最终形成完整城市水生态网络系统。（朱曦妍）

“一廊五区多景”

“点靓凉水河”行动“一廊、五区、多景”规划图（区水务局 供图）

【水库移民后期扶持】 2022年，区水务局核定登记水库移民农业人口385人、农转非人口349人，发放移民扶持资金42.64万元。（朱曦妍）

【区水务发展规划印发】 1月30日，丰台区印发《“十四五”时期丰台区水务发展规划》（简称《规划》）。《规划》明确“十四五”时期，区水务规划重点任务主要包括节水型社会建设、城乡安全供水、污水处理与再生水利用、水环境治理与生态修复、防洪排涝和水务管理等6个方面。提出到2025年实现水务基础设施体系更加完善；供水安全保障水平明显提升；防洪排涝能力稳步提高；水生态环境持续改善；水务公共服务水平不断提升；不断满足人民群众对水务工作新要求、新期盼的近期目标。到2035年实现节水达到国际先进水平，城乡供水更加安全高效，城乡污水实现全处理，水生态健康水平全面提高，形成独具区域特色城市水景观体系；建成与城乡发展相适应高标准防洪排涝工程体系，建成区海绵城市面积占比达80%以上；水务治理体系和治理能力基本实现现代化，与首都高品质生活宜居示范城区、彰显新发展理念的绿色生态花园城区、具有国际先进水平首都商务新区相匹配的现代水务综合保障体系全面建成的远景目标。（丰鉴编）

城乡融合发展

综　述

【农民艺术节暨丰收节】 2022 年，以“乡情京韵颂盛世，凝心聚力促振兴”为主题的区第三十三届北京农民艺术节暨丰台农民丰收节在王佐镇怪村太平广场启动。此届农民艺术节开展“乡村大舞台”专场展演，京歌“丰景如画”，以长辛店二七纪念馆为主题创作“北方的红星”，卢沟谣“永定河，出西山，碧水环绕北京湾”，休闲农业体验区·体味丰收秋韵活动，近距离看戏·沉浸式观演活动，享文化盛宴·文艺演出系列活动等 7 大主题活动。艺术节上有怪村太平鼓表演，设立非遗文化展示区和绿水青山入画来·美丽乡村展新颜活动和创城宣传接地气·乡土乡情创文明 2 个展览活动。艺术节在魏各庄绿平种植园、绿野仙踪郊野乐园、怪村都市农业体验园、世界花卉大观园、郭庄子农时荟农趣乐园等休闲农业体验园互动展示特色文创产品，让市民体验丰台区乡村游精品线路；在区文化馆推出“农民专场”，让农民群众近距离感受戏剧的魅力，增强农民群众文化获得感、幸福感；开展文艺演出进乡村系列演出，展现乡村魅力新生活。丰收节活动主场所在地在王佐镇，青龙湖公园、千灵山公园、南宫农耕文化体验园、怪村都市农业体验园、魏各庄洛平精品采摘园、西庄店绿野仙踪郊野乐园、向阳花公社、佃起水稻文化农业园、西王佐农业园等，为市民提供集农业观光、休闲采摘、文化体验、农业产业化经营等于一体的游览去处。（李雅荣　刘艳艳）

【人口就业】 2022 年，全区城市化建设地区农村登记失业人口 2565 人，实现就业 1834 人，其中城市化建设地区农村就业困难人员 1457 人，城市化建设地区农村困难人员实现就业 1000 人，城市化建设地区登记失业率 1.69%，比上年上升 0.58 个百分点。（赵宁宁）

【新型农民培养】 2022 年，全区培养新型农民 1206 人。其中，职业技能培训 303 人，特种作业和特种设备培训 418 人，农村中层管理人员培训 485 人。（刘　帅）

【农村工作会】 4 月 24 日，丰台区召开 2022 年农村工作会，全面总结 2021 年“三农”工作，提出 2022 年要坚守粮食安全底线和耕地保护红线；统筹推进城市化城镇化建设；以乡村产业振兴带动农民增收致富；深化改革激发乡村振兴活力；稳步推进乡村建设；加强和改进乡村治理；加强党对“三农”工作全面领导的目标要求和重点任务。（丰鉴编）

9 月 23 日，王佐镇怪村农民在稻田敲响太平鼓欢庆丰收节　（贺　勇　摄）

【新型农民培养方案印发】 6 月 27 日，区农业农村局印发《2022 年新型农民培养工作方案》（简称《方案》），旨在提升农民综合素质，转变农民就业观念，提高农民职业技能和就业能力，增加农民收入。《方案》明确对区农村劳动力进行职业技能培训、特种作业和特种设备培训和专题培训（农村中层管理人员），完成年度培养新型农民 1150 人目标任务，并提出确保培训安全、提高教学质量、规范资金使用、加大宣传力度的工作要求。（丰鉴编）

农村改革

【概况】 2022 年，丰台区设置 24 个街道、2 个镇，农村地区由原来的三乡两镇格局变为 19 个涉农街道加北宫镇与王佐镇。其中，有 17 个街道下辖 42 个村，2 个街道（西罗园街道、石榴庄街道）下辖 2 个撤村后的村集体经济组织，2 镇下辖 14 个村。全区有 56 个行政村。（蔡昱恒）

【街镇管村体制机制】 2022 年，全区各村（含已撤村的村集体经济组织）明确由街镇领导、管理和指导，通过街镇“三定”规定明确赋予街镇相关职能，总体运行平稳。原河东三乡（卢沟桥乡、花乡、南苑乡）乡级集体经济组织由原乡党委书记所在的街道领导和管理；原河西两镇（长辛店镇、王佐镇）以及宛平乡镇集体经济组织管理模式保持不变。（蔡昱恒）

【村地区管】 2022 年，区农业农村局落实区农村集体资产监管联席会议制度，对镇、村集体利用集体土地和房屋进行租赁的处置事项，履行村提议、街镇审核、区审议程序，联审把关使用用途、产业业态、集体收益等情况。提出土地和房屋租赁指导价格建议，指导属地党委政府结合辖区实际情况，合理设置递增机制并建立动态调整机制。明确对手续不齐和无手续项目的处置原则，统筹算好“规划账、治理账、民生账”，按要求实施备案管理或区级联审。全年召开联席会7次，区级部门联审项目73个，会前联审通报项目38个，联席会议审议通过项目35个，实施街镇审核区级备案项目625个。涉及总建筑规模72.2万平方米、土地面积79.93公顷，为村集体带来年收益6.96亿元，税收2532万元。联席会审议续租项目平均年租金增长连续三年超过20%。街镇、区两级审核通过合同1121份（其中区级审核通过100份，街镇审核通过1021份），累计签订合同845份；指导21宗农村集体经济组织资产出租项目在产权交易平台挂牌，其中成交12宗，成交金额1.12亿元，成交面积1.8万平方米。

（蔡昱恒　刘艳艳）

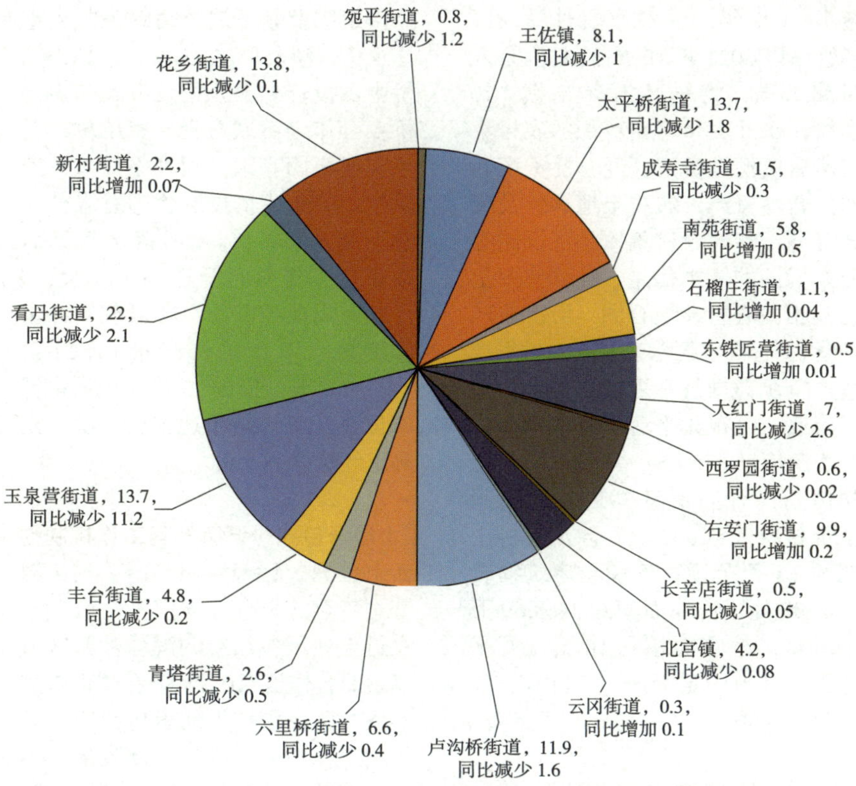

2022年，丰台区街道集体总收入同比情况图　（区经管站　供图）

农村集体经济

【概况】 2022年，丰台区有乡镇级集体经济组织6个、村集体经济组织70个，全资持有控制的乡、村级企业516家。区农村集体经济实现总收入131.6亿元，比上年减少22.1亿元，下降14.4%。其中主营业务收入104.6亿元，同比减少20亿元，下降16%。全区农村集体经济利润亏损15.1亿元，其中6个街镇集体（含下属企业）利润亏损0.5亿元，70个村集体（含下属企业）利润亏损14.6亿元。农村集体应交税费9.8亿元，比上年增加0.3亿元，增长3.5%。全区农民收入增速放缓，较上年回落2.7个百分点，但总体稳中有增。全区农民人均所得41836元，比上年增加1308元，增长3.2%。（赵星烨）

【农村集体资产运营】 2022年，全区农村集体资产总额1939.6亿元，比上年增加92.6亿元，增长5%，集体资产规模有所增大。其中，街镇级集体资产总额106.9亿元，比上年增加4.9亿元，增长4.8%，占全区农村资产的5.5%；村级集体资产总额1832.7亿元，比上年增加87.7亿元，增长5%，占全区农村资产的94.5%，在农村集体资产中占有绝对比重。全区农村集体负债总额1328.2亿元，比上年增加35.5亿元，增长2.7%。其中，街镇级负债总额59.3亿元，比上年增加3.1亿元，增长5.5%；村级负债总额1268.9亿元，比上年增加32.4亿元，增长2.6%。全区农村集体所有者权益611.4亿元，比上年增加57.1亿元，增长10.3%。其中，街镇级集体所有者权益47.6亿元，比上年增加1.7亿元，增长3.8%；村级集体所有者权益563.8亿元，比上年增加55.4亿元，增长10.9%。

（赵星烨）

【农村劳动力就业】 2022年，全区农村劳动力总数67559人，比上年减少2484人。就业劳动力62448人，就业率92.4%，比上年增长0.2个百分点。就业劳动力中，在本地就业有43701人，占就业劳动力的70%，街镇内从业仍是农村劳动力就业主要途径。（赵星烨）

【涉地合同联合预审】 2022年，区经管站按照北京市“村地区管”和《丰台区农村集体涉地经济合同管理办法（试行）》要求，从合法合规、规划用途、条款规范、价款合理、对方资质、违约责任6方面开展区、街镇两级合同联合预审工作。截至年底，区级联审59份，街镇联审526份，签订合同310份。

（胡为华）

【规范集体资产产权交易】 2022年，区经管站指导推动25宗集体资产处置项目在北京农交所产权交易平台公开挂牌交易。成交项目18宗，涉及资产面积4.86万平方米，成交合同总金额5.28亿元，成交金额位列北京市第二位。（安玉婷）

【农村涉地合同和集体资产资源核

查】2022年，区农业农村局、区经管站以2021年12月31日为录入时间节点，将全区21个街镇、70个村，76个集体经济组织的农村集体所有资源性资产、经营性资产和非经营性资产，农村土地承包及流转合同，涉地农村集体经济合同等资产资源的基本信息、经营使用信息及相关农村涉地合同、历次流转（转租）合同主要信息录入农村集体资产资源数据管理可视化平台。截至年底，可视化平台系统中录入资产资源信息6789条，手续材料信息5410份，合同信息3917份，决策审批材料信息932份。涉及农村土地约1.1万公顷；房屋、建筑物资产2398处，占地面积约2488.69万平方米，建筑面积约1613.62万平方米；其他固定资产（农机具、设施等）1466项。（蔡昱恒）

【农村集体经济组织管理】2022年，区农业农村局印制《丰台区集体经济组织管理文件汇编》《丰台区集体经济组织监管管理办法文件汇编》，持续加强和规范街道对农村集体经济组织监督管理。印发《关于进一步加强农村集体征地补偿费使用管理工作的补充规定》《关于进一步规范农村集体经济组织投资行为的实施意见》《丰台区农村征地补偿费管理工作导引》等文件，强化对农村重点资金使用的监督管理，维护农村集体经济组织及其成员合法权益，促进农村集体经济健康发展。（蔡昱恒）

【财务规范化专项检查】7月18日至29日，区经管站组织全区村级集体经济组织开展农村集体财务规范化自查。8月8日至31日对7个街镇11个村进行现场检查座谈，形成检查工作报告。针对财务管理中存在的问题提出进一步规范要求，下发《关于进一步加强农村财务规范化工作的通知》。（王进忠）

【年度财务收支审计】8月至11月底，区经管站组织开展街镇级集体经济组织及其下属公司财务收支审计工作，涉及单位23家，包括卢沟桥中都投资有限公司及下属和卢沟桥乡合作经济联合社9家单位，花乡实业集团有限公司及下属共6家单位，中苑盛世投资管理有限公司及下属8家单位。8月区经管站启动审计工作并召开进场工作会，9月底完成现场审计，11月底审计工作完成。审计总资产量141.21亿元。出具审计报告23份，到被审计单位召开审计结果通报会4次，出具审计建议书4份。（安　欢）

【土地承包纠纷调解仲裁工作机制创新】9月，区经管站与门头沟区经管站签订《丰台区与门头沟区关于农村土地承包纠纷调解仲裁跨区域建设的合作框架协议》，在全市首家实现2区在农村土地承包纠纷调解仲裁工作中的跨区域创新发展。通过仲裁员资源共享与互聘等方式，统一组成专业仲裁队伍，统一选派仲裁员，开展2区仲裁工作，从而实现信息资源共享、仲裁员资源共享。（胡为华）

农村城市化

【概况】2022年，全区19个涉农街镇中，有15个涉农街道（含宛平街道）及下属37个行政村位于永定河以东，属一道绿化隔离地区规划范围。5个涉农街镇（含宛平街道）及下属19个行政村位于永定河以西，属二道绿化隔离地区规划范围。宛平街道横跨一绿二绿，其中卢沟桥村属于一绿地区，永合庄、北天堂两村属二绿地区。完成市级美丽乡村建设创建任务，农村城市化建设稳步推进。统筹推进城市化城镇化建设，通过旧村改造和新村建设、重点村城市化、棚户区改造及城市化建设统筹试点等系列政策和路径，加快一绿地区城市化建设进程。探索二绿地区新型城镇化发展路径，整体构建“乡域—街道—街区”三级统筹编制单元。（白　健）

【一道绿隔建设】2022年，丰台区通过旧村改造和新村建设、重点村城市化、棚户区改造及城市化建设统筹试点等系列政策和路径，加快一绿地区城市化建设进程，涉及行政村37个。大红门和南苑森林湿地公园、五里店地区街区控规获批；东铁匠营地区、分钟寺地区及宛平城地区形成控规阶段性成果；卢沟桥街道、丰台站等地区街区控规编制启动。东铁营、五里店、南苑村、榆树庄及万泉寺5个棚改项目规划指标稳定，南苑村A区、B区，羊坊棚改等项目实现征地拆迁，羊坊、看丹、榆树庄、分钟寺、南苑、造甲村棚改回迁房建设有序实施。大井新村三期、纪家庙村棚改、亚林西一级开发、造甲村北地块等6个项目入市供应。草桥、张仪、东管头、西局一、右安门、小屯—郭庄子等村的集租房项目及卢沟桥、樊家村、榆树庄、大瓦窑、小瓦窑等村劳动力安置产业项目实现投资落地。（白　健）

【二道绿隔建设】2022年，丰台区二绿地区涉及19个行政村，有5个项目（10个村）纳入棚改处于实施过程中，有1个项目（太子峪村）拟纳入全市棚改计划。北宫镇6个行政村中，除大灰厂村外，4个村列入棚户区改造项目均在途实施，太子峪村拟纳入全市棚改计划项目加快启动实施。云岗街道张家坟村纳入棚户区改造项目并在途实施。王佐镇8个行政村中，南宫、佃起、西王佐、庄户4个村依靠村集体自身经济发展实施旧村改造。长辛店街道长辛店村、赵辛店村城市化实施路径处在探索中，并加快编制街区控规。河西地区控规开展前期研究，初步明确规划研究范围，制订按照原河东三乡乡域范围推进控规全覆盖工作方案。整体构建“乡域—街道—街区”三级统筹编制单元，制订控规推进工作方案。长辛店老镇地区控规编制工作形成相关成果报市级审查。核发张家坟B区棚改项目土地整理条件，推动辛庄Ⅱ区，张郭庄棚改A区、

B区，东河沿棚改A区项目征地拆迁，张郭庄、张家坟、辛庄回迁房建设落地。推进东河沿村B区、张家坟村以及辛庄村棚改等经营性用地入市，张郭庄、太子峪集租房投资建设。 （白 健）

【美丽乡村建设】 2022年，丰台区完成市级美丽乡村建设创建任务。建立月检查、月调度、月通报工作机制，压实属地责任。强化督导检查，聘请第三方每月开展现场检查，督促属地限时整改；建立党建引领包村联系工作制度。抽调区农业农村局机关干部，以委局副处级领导包片、机关实职科长包村原则，组成专门力量，对农村地区人居环境整治工作实行包村管理，开展日常检查指导。区农业农村局指导属地落实街镇级人居环境长效管护机制，动态更新各村基础设施台账，完善各村基础设施管护责任清单，牵头完成年度农村地区绿化养护、道路保洁、公厕管护、户厕管护、污水处理、路灯养护、垃圾运输和分类等8项基础设施运维管护资金需求统计，申请拨付农村地区运维经费近1.5亿元。 （朱 锡）

【整建制农转非及撤村建居】 2月，大红门街道果园村完成撤村工作。截至年底，全区累计完成整建制农转居村庄25个，撤村建居（并居）的村庄14个。 （蔡昱恒）

【农村人居环境整治提升方案印发】 8月29日，丰台区印发《丰台区"十四五"时期提升农村人居环境建设美丽乡村行动方案》（简称《方案》），是农村人居环境整治提升五年行动总体方案。《方案》明确，推进农村厕所革命，农村住户卫生户厕覆盖率保持在99%以上，三类及以上公厕比例保持在99%以上。加强农村生活污水治理，完成第三个治污三年行动方案，接续制定实施第四个治污三年行动方案。提升农村垃圾治理水平，实施《北京市生活垃圾管理条例》，健全完善农村生活垃圾收运处置体系，推进农村生活垃圾源头分类减量。推动村容村貌整体提升，完善有制度、有标准、有队伍、有经费、有监督的农村人居环境长效管护机制。持续开展村庄清洁行动，推动环境整治向农户庭院、村庄周边延伸。 （朱 锡）

乡村社会治理

【概况】 2022年，丰台区加强农村基层基础工作，建立健全党委领导、政府负责、社会协同、公众参与、法治保障、科技支撑的现代乡村社会治理体制，健全党组织领导自治、法治、德治相结合的乡村治理体系，构建共建共治共享的社会治理格局。统筹推进农村地区新冠疫情防控，着力培养"三农"工作队伍。宛平街道办事处，卢沟桥街道大瓦窑村、南苑街道南苑村、看丹街道六圈村获"北京市农村工作（2017—2021年）先进集体"称号；区农业农村局村镇建设科科长、一级主任科员白健获"北京市农村工作（2017—2021年）先进个人"中"乡村振兴创新典型"称号。 （刘 帅 白 健）

【村级权力规范化运行】 2022年，丰台区强化街镇党（工）委审核把关，加强部门联动，细化工作措施，建立健全常态化督查机制，定期对"四议一审两公开""三务公开"［四议，指村党组织提议、村三套班子会商议、村党员大会审议、村民（股东）代表会议决议；一审，指乡镇（地区）审核；两公开，指决议公开、实施结果公开；"三务公开"即党务、村务、财务公开］落实情况开展街镇自查、区级抽查，遇到问题及时反馈、立即整改，推动工作落实，保障农村党员群众民主权利，推进村级权力规范运行。 （刘 帅）

【农村学法用法示范户培育】 2022年，丰台区开展农村学法用法示范户培育工作。涉农街镇结合区农村"法律明白人"等情况，对照示范户认定标准，采用自下而上方式，组织示范户遴选、认定工作，将农村学法用法示范户名单报送区农业农村局。区农业农村局组织农村学法用法示范户开展法治培训。区农业综合行政执法大队将农村学法用法示范户培育工作作为落实"谁执法谁普法"普法责任制具体举措，制定"结对子"人员分工方案和年度培育指导方案。对农村学法用法示范户，颁发农业农村部统一规定样式标志牌，对经认定示范户登记造册，向市农业农村局备案。对应当撤销示范户称号，经报市农业农村局审核后，由各涉农街镇及时予以撤销并收回标志牌。全年有41个村50户学法用法示范户，超额完成当年任务。 （李雅荣）

【培育学法用法示范户方案印发】 6月21日，区农业农村局和区司法局联合印发《丰台区培育农村学法用法示范户工作方案》（简称《方案》）。《方案》明确农村学法用法示范户认定标准，开展有针对性学法用法培训、执法机构与示范户"结对子"活动、农村学法用法示范户认定和加强对示范户跟踪调研和监测评估工作，实现培育农村学法用法示范户工作从2021年起，用5年时间覆盖到全区每个行政村，到2022年底实现50%行政村有学法用法示范户，2023年底实现70%，2024年底实现90%，到2025年底实现每个行政村都有学法用法示范户，2035年力争每个行政村的学法用法示范户数量和效果都符合法治工作要求的目标任务。 （丰鉴编）

应急管理

综 述

【电动自行车充电管控】 2022年，丰台区成立电动自行车集中充电设施建设专项行动工作专班。丰台区应急管理局（简称区应急局）会同相关单位制定《丰台区电动自行车全链条管控工作方案》，以丰台区安全生产委员会办公室（简称区安委办）名义印发各单位实施。全区新建电动自行车充电接口36892个，完成市级下达总任务量的115.29%；已建充电设施的小区院落1542个，实现全区小区、院落全覆盖；在5个街道的7个小区试点安装电动自行车"一车一池一码"应用试点，全方位探索电动自行车电池入户充电的管控难题。（安　东）

【隐患治理系统新覆盖项目超额完成】 2022年，区应急局完成清单编制项目300家，涉及餐饮、零售、机械、营业性医疗机构、加油站等行业。完成系统应用覆盖项目9915家，完成市下达任务的395.75%；系统月平均使用率98.7%，超额完成系统使用率不低于90%的任务目标。（王新悦）

【先进典型选树】 3月，区应急委向各成员单位印发关于参加"应急先锋·北京榜样"先进典型推选宣传活动的通知，利用"区应急局"微信公众号平台进行宣传动员。经征集汇总，报送26名个人和24个集体参与评选活动。其中，有3人获评应急先锋周榜人物、1人获评应急先锋月榜人物、1人获评应急先锋年榜人物，2家集体获评"应急先锋号"、2家集体获评"青年安全生产示范岗"。（董金玲）

【执法业务培训】 4月20日，区应急管理综合执法队组织执法业务培训。培训会上，针对上年新修订安全生产法，以《国务院安委会制定部署的十五条硬措施》《中华人民共和国行政处罚法》《中华人民共和国安全生产法》3个纵向板块切入，从执法原则、新增解读和新旧对比3个横向维度分析梳理行政处罚相关法律法规，提升执法人员专业知识和履职能力。30余人参加培训。（王　新）

【灾害普查宣传】 4月，区应急局普查办以家庭减灾能力调查为契机，开展自然灾害综合风险普查宣传工作。涉及19个街镇28个社区（行政村）近1400户居民，通过现场走访、填写调查问卷、扫描二维码等多种方式完成调查任务。向全区制发工作简报10期；向市普查办报送工作信息和宣传报道30条，被采纳4条、推送国普办采纳5条，信息报送量及采纳量在北京市排名前三名。（王　雪）

【参与线上防灾减灾科普宣传】 5月12日，区应急局组织各街镇以线上方式参与2022年北京市云上"5·12"防灾减灾日活动，通过灾区模拟体验、应急科普宣传、自救互救培训、应急物资装备展示4种模式向民众宣传防灾减灾科普知识。70余人参加活动。（董金玲）

【应急志愿服务活动】 7月19日，市、区应急局联合主办的应急志愿服务活动在区银座和谐广场开展。市红箭救援队、蓝天救援队等多支应急志愿者队伍，银座和谐广场工作人员和附近居民100余人参与活动。活动设置气道异物梗阻、AED（自动体外除颤器）使用、心肺复苏、结绳教学、酒驾体验、止血包扎、积极心理学引导体验等多个教学体验场景，全程进行双平台线上直播，活动使参与者学习到应急安全常识和技巧，宣传应急志愿服务理念。（董金玲）

【区突发事件总体应急预案印发】 8月8日，丰台区制发《北京市丰台区突发事件总体应急预案》（简称《预案》）。《预案》进一步突出"党委领导、政府主导，部门联动、条块结合，专业处置、社会参与"工作格局。明确区应急委组织指挥区突发事件日常应对工作，统一指挥处置一般及以下级别自然灾害、事故灾难事件，设立20个区专项指挥部。明确区主要面临风险类型总计46种，确定各类风险事件的牵头应对部门为事件处置主责部门。明确分级响应指挥机制和应急保障体系、应急预案管理等重要内容。（丰鉴编）

【安全生产专题培训】 8月12日，区安委办开展各街镇主要领导、分

7月19日，市、区应急局联合主办的应急志愿服务活动在丰台区银座和谐广场举行（董金玲　摄）

管领导、安委办主任等领导干部安全生产专题培训。培训会邀请市应急局，区住建委、消防救援支队、城管委专家授课，围绕“新北京市安全生产条例解读”“党政领导干部安全生产责任制解读”“安全生产十五条措施解读”“消防安全及事故防范（火灾、电动自行车等）”“液化石油气安全使用、管理主要事项”等内容进行学习研讨。各街镇、管委会120余人参加培训。（窦爱国）

【风险普查宣传作品获一等奖】 10月9日，区应急局完成全国风险普查宣传活动4类参选作品的撰写和报送，分别为《全力以赴严控质量——丰台区高效开展第一次全国自然灾害综合风险普查工作》《我们的征途是森林——丰台区森林火灾风险普查工作侧记》（文章类），《丰台区第一次全国自然灾害综合风险普查公益宣传片》（视频动画类），《丰台区第一次全国自然灾害综合风险普查公益宣传海报》（平面设计类），《科普灾害风险普查之公共服务设施调查》（新媒体类）。上报作品同期刊登于北京市风险普查官方网站、区人民政府官方网站应急局板块、《丰台报》和“区应急局”微信公众号。文章类作品《我们的征途是森林——丰台区森林火灾风险普查工作侧记》在全国自然灾害综合风险普查领导小组办公室评选中获评文章类一等奖，为北京市唯一获奖的区级单位。（王　雪）

安全生产监督管理

【概况】 2022年，区应急局编制年度安全生产监督检查计划和部门联合双随机工作计划，将危化、工业和三年内发生过亡人事故企业纳入重点单位，实现年度内检查全覆盖。针对危化和工业领域各开展一次部门联合抽查。完成执法检查3523家次，人均检查125.82家次；立案处罚54起，处罚金额84.68万元；移动终端使用率99.32%；发起部门联合抽查2次。开展安全生产“走过场”专项整治，创建综合减灾示范社区与安全社区，开展注册企业风险评估。申请危险化学品经营许可证行政许可76家。其中，首次申请4家、延期申请56家、变更申请16家；注销危险化学品经营许可证3家；完成危险化学品生产经营单位事故应急预案备案68家；危险化学品重大危险源备案2家。第二、三类非药品类易制毒化学品经营备案2项。督促2家危化品进口企业完善企业信息，均通过市应急局审核。完成危险化学品综合服务系统区级核查工作，核查区级进口企业3家，完成率100%。开展危险化学品安全风险集中治理，先后组织开展大型油气储存基地安全风险管控、气体经营企业安全专项整治、油气长输管道安全风险专项治理、严格危化品许可现场审核、推动降氨改造、完善“消地联合”督促重大危险源企业落实主体责任、安全风险分级管控和隐患排查治理双重预防机制建设、危险化学品重点企业安全审计、实验室危险化学品安全专项治理、瓶装工业气体追溯管理信息系统建设、化学品登记系统升级改造等多项工作任务。对危险化学品经营企业立案24起，行政处罚984479.48元。

（王金泉　陈　伟　肖　勇）

【安全发展示范城市创建】 2022年，丰台区完成城市安全发展创建各项重点任务，包括河西地区有限空间普查、燃气隐患排查、储能电站风险评估、科技园区风险评估、事故警示宣传片拍摄等。在全区开展燃气安全、自建房出租屋安全、电动自行车安全、有限空间安全等专项安全宣传，通过市安委办组织的安全发展城市创建评审。（王新悦）

【安全生产督察“回头看”】 2022年，区安委办组织开展安全生产督察“回头看”工作，对2021年区委、区政府安全生产督察发现隐患（问题）整改情况进行核查。核查发现，15家企事业单位未全部完成整改。区安委办针对上述情况，向相关属地和部门印发督办通知，核查发现隐患（问题）均整改完毕。

（王新悦）

【安全生产专项整治三年行动】 2022年，丰台区审核年度确认挂账安全生产隐患1200项，动态销账率100%；三年行动区级目标任务清单完成239条，2022年度完成率100%。挂账隐患抽查核查合格率100%。各街镇、相关部门检查单位24721家，督导问题22143个，行政处罚1350起，责令停产整顿139起，罚款2207.63万元，约谈警示4741次，联合惩戒9次。（王新悦）

【企业安全生产风险评估】 2022年，丰台区已注册13006家企业中有12943家完成安全生产风险评估，占已注册企业的99.5%。其中，小微企业11789家，占总数的91.08%；非小微企业1154家，占总数的8.92%。评估出风险源28640条。其中，重大风险源5条，占0.01%；较大风险源211条，占0.74%；一般风险源5940条，占20.74%；低风险源22484条，占78.51%。（陈　浩）

【重大危险源降氨改造】 2022年，区应急局督促北京西南郊食品冷冻有限公司、北京市北水嘉伦水产品市场有限责任公司分别投入4500多万元、2600多万元启动制冷系统降氨改造项目，实现液氨保有量降到5吨以下，降低安全风险等级。（肖　勇）

【安全生产“走过场”专项整治】 1月17日，区安委办印发《关于开展安全生产培训“走过场”专项整治工作的通知》，集中开展专项整治。截至3月17日，检查各类生产经营单位2464家，形成2499项检查记录；发现978家生产经营单位存在未制定本单位安全生产培训计划，未按计划实施培训，特种作业人员无证上岗或持假证上岗，高危行业生产经营单位主要负责人、安全生产管

理人员未经应急局对其安全生产知识和管理能力考核合格，未如实记录安全生产教育和培训情况等问题1014项。（窦爱国）

【“安全文化建设示范企业”创建】2月2日，区应急局印发关于开展安全文化建设示范企业工作的通知，要求各单位推荐辖区内符合条件的企业或集团参与创建。向市应急局报送需复评企业（北京卢南污水运营有限责任公司）复评材料，入选安全建设示范企业。区应急局推选5家企业参与创建工作，其中云岗街道北京航天三发高科技集团参与北京市应急局的现场评审考核工作。（董金玲）

【安全责任险推广】3月17日，区安委办制定印发《丰台区安全生产委员会办公室关于2022年安责险制度推行工作有关事项的通知》，并专门组织召开丰台区安责险推广动员部署会。完成参保企业5635家；举办宣导会310场，超额完成年度任务；宣传走访覆盖企业10324家，任务达成率104.59%。（安东）

【危化品许可现场审核部署会】4月1日，区应急局组织召开危险化学品安全生产行政许可现场核查工作部署会，丰台区25家危化企业参加。会议对《北京市危险化学品企业安全生产行政许可现场核查工作指引（试行）》进行解读，要求各危化企业依照现场审核检查表中的项目开展逐项自查。各危化企业许可证有效期届满前3个月上报申请材料。区应急局协调5名专家，从6个方面开展危险化学品企业现场核查工作，并确保评价报告内容真实合规。（李建国）

【油气长输管道安全风险治理】4月12日，区安委办印发《丰台区油气长输管道安全风险专项治理工作实施方案》，明确工作目标、范围、任务和要求，各油气长输管道企业进行全覆盖自查。对新产生2处管道外部隐患，区安委办、区城管委、卢沟桥街道多次召集现场会，商讨解决方案。截至年底，涉及国家管网集团北京管道有限公司北京输油气分公司较大隐患已消除，涉及中国石化销售股份有限公司北京石油分公司的腐蚀防护系统有效性不足一般隐患整改完毕。各油气长输管道企业按照标准，对全区高风险区域进行全面识别，形成高风险区域清单，逐一进行安全风险评估并制定完善“一区一案”。（李志）

【重大危险源企业交叉检查】5月16日，区应急局根据北京市通知要求对重大危险源企业进行二次交叉检查。第一次交叉检查过程中，企业自查隐患67项、交叉执法检查发现隐患41项，立案处罚1起，罚款5000元，媒体曝光1起。第二次交叉检查中，企业自查隐患38项，交叉执法检查发现隐患20项，截至5月30日，隐患均已整改完毕。（肖勇）

【瓶装工业气体企业管理】6月1日，区应急局召开工业气体工作部署会，区12家经营瓶装工业气体危化企业参加。截至年底，2家票据企业消减工业气体经营项目，1家注销危险化学品经营许可证，1家充装企业完成信息系统建设、信息标签加装、流向信息采集和用户信息关联，1家带储存企业完成信息建设和标签加装，7家票据企业在全市追溯管理平台完善员工、客户信息。（肖勇）

【油气储存企业风险管控】6月13日，区应急局在上年中国石化销售有限公司北京长辛店石油库试点基础上，推进中国石化销售有限公司北京长辛店石油库和北京中油潞安石油销售有限公司开展安全风险分级管控和隐患排查治理双重预防机制建设，2家油气储存企业均完成建设。组织专家对2家油气储存企业开展双重预防机制数字化建设运行效果评估工作，其中中油潞安98分、长辛店油库102分，成绩均为优秀。6月28日，区应急局制订《丰台区落实大型油气储存基地安全风险管控措施落实清单》，长辛店油库全部配备并有效投用“雷电预警系统，紧急切断系统，视频监控系统，气体检测系统”。根据“一库一策”问题落实情况，部署开展专项整治工作，除“油库2万立方米采用铝浮盘”正在整改外，其他问题隐患均整改完毕。（肖勇 王森）

【“安全生产月”活动】6月16日，丰台区举办2022年“安全生产月”线上活动启动仪式暨“安全宣传咨询日”活动。安全生产月主题为“遵守安全生产法，当好第一责任人”。会议传达全国安全月活动启动仪式会议精神，重点部署区安全生产月活动方案。会上开设安全生产“大讲堂”活动，邀请中国安全生产协会专家胡家庆开展《构建风险管控隐患治理双重预防机制》安全宣讲活动。安全月围绕主题，通过党政“一把手”带头讲安全、企业第一责任人协同推进，确保活动取得实效。做好新冠疫情防控常态化安全生产工作，从突出抓好电动自行车充电设施建设及全链条管控工作、突出抓好城镇燃气安全隐患大排查整治工作、突出抓好自建房安全隐患治理工作、突出抓好以案释法警示教育宣传工作、突出抓好汛期防灾减灾各项工作5个方面有序推进安全生产工作。（董金玲）

【减灾示范社区与安全社区创建】6月，丰台区开展综合减灾示范社区与安全社区建设工作。向市应急局报送107家社区参与北京市综合减灾示范社区创建，60家社区参与北京市综合减灾示范社区复评。11月，市应急局公布命名名单，丰台区有27家社区被命名为北京市综合减灾示范社区、42家社区通过北京市综合减灾示范社区复评。（董金玲）

【危化品重点企业安全审计检查】7月2日，区应急局部署开展区危险化学品重点企业安全审计工作。委托第三方安全评价机构，对2家油库及2家工业气体企业安全基础管理、设施设备安全、电器仪表使用维护、设计与总图、消防与应急管理等方面进行全面检查，发现问题145项，督促企业落实整改。（肖 勇）

【安全生产督察整改】7月18日至8月1日，市委、市政府安全生产第一督察组对全区安全生产工作开展驻地督察。督察发现，丰台区安全生产工作存在6个方面30项问题和41项114条隐患，共提出4个方面17条建议。区安委办起草《丰台区对中共北京市委北京市政府安全生产第一督察组督察反馈意见的整改方案》，细化任务分工，明确整改时限。截至年底，问题和隐患均整改完毕，工作建议纳入2023年重点工作任务进行研究解决和贯彻落实。（王新悦）

【涉危实验室专项治理】9月15日，区安全生产委员会制定印发《丰台区实验室危险化学品安全专项治理工作方案》，对工作进行全面部署。区应急局会同街镇及相关部门对全区173家涉危实验室进行全面排查。聘请第三方服务机构，对中关村科技园丰台园43家实验室开展基础调查和隐患排查工作，编制风险评估报告和隐患清单，排查出安全隐患320项。（肖 勇）

【气体经营企业安全专项整治】11月11日，区应急局部署开展气体经营企业安全专项整治工作。15日至20日隐患自查阶段，2家气体经营企业发现问题隐患36项；区应急局组织专家对2家工业企业开展指导服务，发现隐患40项。12月，组织专家完成隐患整改验收工作。（王 淼）

防汛救灾

【概况】2022年，丰台区编制《丰台区水务局水旱灾害防御应急预案》《山洪灾害防御预案》《丰台区水务局城市内涝积水抢险应急预案》《丰台区水务局防汛物资管理办法》，以各河道所为重点，以“三个责任人”为基础，逐级落实防汛责任制。汛期内，各镇（街道）级河长巡河245人次，村级河长巡河12332人次。开展“清管行动”，清掏雨水管涵3438千米，雨水口、雨水箅子和雨水检查井71552处、入河口130处。入汛后区水务局出动9849余人次参与降雨巡查应对工作，按照“定点+机动”模式，加强应急排水单元调度，对14处固定重点部位及降雨期间临时出现积滞水位置出动应急排水单元224部次，排除积滞水30处。检查、考核10座雨水泵站144站次，完成设备设施的日常保养及维修工作。区水务局疏通管线4520米，清掏污水井112眼，更换井盖9眼，出动车辆139车次、人员655人次；完成污水转运7730车次，出动人员3460人次；巡查区内4个批发市场365次，出动人员1825人次；完成应急抢修工程6处。区人民政府防汛指挥部办公室（简称区防汛办）会同区气象局编制《新建气象站选址工作方案》，为区内12个未建立气象站街镇建设“二要素”气象服务站。主汛期前，区政府投资200万元在全区37个重点积水点位增设40个“雪亮摄像头”，全部接入区应急指挥中心正常使用；汛期，区防汛办2000余人次值班值守，积水点位参与抢险值守人员5000余人次，未发生突出灾情、险情；汛后，区防汛办会同区科信局创建“丰台区应急防汛”系统（即丰台区积水风险电子地图），实现区内积水点位视频信息及临近气象站定点读取。（朱曦妍 田耀星）

【防汛物资箱配备】2022年，区防汛办会同区城管委、区园林绿化局及相关属地，提前在羊坊桥、丰益桥、丰西铁路桥等重点道路易积滞水点位放置防汛物资箱，箱内配置救生衣、救生圈、安全绳、破窗锤等应急物资，保证重点积水点位防汛物资就近取用。多次为各专项分指、防汛成员单位、街镇下发塑料布、防汛沙袋、锥桶、清淤钩等防汛物资，保障各级单位防汛物资

7月21日，区防汛办与中铁北京局、重点站区管委会北京丰台站办联合调研丰台火车站防汛隐患整改情况 （王旭东 摄）

需求。（田耀星）

【北京丰台站度汛保障】 6月20日，北京丰台站正式开通运行。为做好丰台站安全度汛保障工作，区防汛办协调市防汛办为站区免费安装1座“六要素”气象服务站。区防汛办多次会同区水务局、丰台街道、新村街道等单位与丰台站办召开“丰台火车站安全度汛工作部署会”，分析研判站区在建深基坑、待建工程及地下空间存在的防汛风险隐患。要求各建设单位和运营保障单位落实防汛责任，采取工作措施消除防汛隐患，避免汛期出现严重积水情况以及发生因汛伤人、亡人和影响站内安全运营的情况。入汛后，区防汛办协调市排水集团四分公司、区防汛抢险大队提前在站内4处在建深基坑风险点位布控，确保站区防汛应急抽排工作。（田耀星）

防震减灾

【概况】 2022年，丰台区地震局（简称区地震局）落实北京市防震抗震领导小组会议精神，抓好年度区级防震减灾任务分工落实，完成各项工作任务。被北京市地震局评为年度“防震减灾综合考核先进单位”。全区建有地震监测台站25个。其中，前兆监测台站8个，分综合台、形变台和流体台3大类；强震动监测台站19个，包括2个前兆与强震动综合台。向区应急指挥中心报送震情信息11次，完成重大活动和节日期间的地震安全保障工作，执行24小时应急值守和领导带班制度，落实震情速报、应急处置和信息报送工作要求。开展北京冬奥会期间地震风险评估，编制《北京市丰台区2022年北京冬奥会和冬残奥会期间地震风险评估与控制工作方案》《2022年北京市丰台区冬奥会和冬残奥会地震灾害专项风险评估报告》。壮大防震减灾基层队伍，完成各行业房屋设施抗震加固信息采集录入工作。推进应急避难场所建设，制定修订区地震应急预案。开展地震监测设施及地震观测环境保护行政执法检查12次，未发现破坏地震监测设施及危害地震观测环境行为。安装地震预警终端3处，分别在区少年宫、成寿寺小学和东高地科技馆。组织开展防震减灾科普知识宣教活动6场，向社会各界发放防震减灾科普书籍及宣传品8000余份。（曹悦宇　陈超）

11月10日，区地震局工作人员为东高地科技馆安装地震预警信息终端（张　璐　摄）

【地震前兆资料处理】 2022年，地震前兆资料9个测项，区地震局对测项数据进行入库监控和分析处理，及时落实各类异常。主要涉及地壳形变、地下流体两大学科及气象三要素、降水量辅助观测。观测方式采用数字化和模拟观测，数字化观测数据通过网络自动传输至区地震局前兆数据库保存，模拟观测数据通过地震行业专网上报市地震局。（张　璐）

【地震趋势会商】 2022年，区地震局开展地震趋势周会商52次，结合地震前兆数据及地震目录资料，分析地震前兆异常及地震趋势变化，提出会商意见上报市地震局。6月和11月，区地震局分析对比丰台区及周边台站、地震局各项前兆观测手段的数据变化，收集整理大量资料及图件，编写完成报告，参加市地震局地震趋势会商会。（张　璐）

【房屋设施抗震加固信息采集】 2022年，区地震局收集各行业房屋设施加固工程信息81条，数据录入全国房屋设施抗震设防信息采集和管理平台并通过审核。（陈　超）

【地震系统应急预案修订完成】 2022年，区地震局牵头落实地震系统应急预案修订工作。联合区应急局、三方公司多次召开研讨会，结合实际逐项推敲完善，保证预案可行性、科学性。经过2次征求意见修订后，以区应急委文件印发全区贯彻落实。（陈　超）

【应急避难场所建设】 2022年，区地震局联合区应急局共同推进应急避难场所建设。完成对怡心公园地震应急避难场所的升级改造，完善场所设施，更新标志标识；新建纪家庙公园、万丰公园、和义文化园、吕村公园、青塔街心公园、庄户工业小区6处应急避难场所，并设置标志标识。（陈　超）

【防震减灾基层队伍建设】 2022年，

区地震局统计更新全区438名防震减灾助理员信息，建立“纵向到底、横向到边”覆盖26个镇街、412个社区（村）的防震减灾助理员队伍体系。开展线上防震减灾助理员业务培训，讲授防震减灾基本知识、北京地区地震灾害风险、地震灾害风险管理以及防震减灾科普工作。（陈　超）

【防震减灾科普宣传教育】2022年，区地震局以“5·12”全国防灾减灾日、“7·28”唐山大地震纪念日为契机，依托“安全生产月”等活动，发挥国家级防震减灾科普教育基地示范作用，开展系列宣传活动。在丰台有线电视台播放地震灾害风险防治宣传片《建造抗震的房子》30次；在“北京丰台”App（智能手机的第三方应用程序）开设防震减灾科普专栏，投放文稿33篇；为右安门街道、和义街道党群服务中心小哥之家配发展板、书籍等科普资料8000余份；在区级单位45个点位城市电视播出避震要点等科普知识图片；为丰台第五小学提供《防震避险常识》《地震波与地震预警》等微视频4部；为北京市第十中学新疆班提供展板12块、应急包60个、防震减灾科普图书及宣传资料800余份。组织由新疆班学生担任防震减灾科学传播师参加中国地震局举办的地震系统科普人员素质提升培训班；完成2所国家级防震减灾科普示范学校中期评估和4所市级防震减灾科普示范学校复核工作。国家级防震减灾科普教育基地组织区中小学生创客大赛。（陈　超）

地质灾害防治

【概况】2022年，丰台区以地质灾害低易发区为主，小部分区域为中易发区，集中在河西王佐镇、北宫镇北部的浅山丘陵地带。全区有突发地质灾害隐患点44处。其中，崩塌36处、滑坡5处、泥石流3处，险户1户6人。全年未发生地质灾害，未出现地质灾害造成人员伤亡或财产损失。发布地质灾害气象风险预警7期。其中，蓝色预警6期、黄色预警1期。（林亚森）

【值守巡查】2022年，市规划自然资源委丰台分局组织做好汛期24小时值班值守，领导在岗带班。督促属地和群测群防员持续落实地质灾害防治责任，做好雨前排查、雨中巡查、雨后核查及日常巡查，保障汛期地质安全，保障春节、五一、十一等重要节日及北京冬奥会、冬残奥会，全国两会、党的二十大等重大活动期间地质安全。组织开展隐患巡查约400人次。（林亚森）

【地灾隐患治理】2022年，市规划自然资源委丰台分局组织开展全区突发地质灾害隐患点工程治理、工程维护工作。北宫镇新增山区乡村道路沿线地质灾害隐患点治理工程、王佐镇新增山区乡村道路沿线地质灾害隐患点治理工程、千灵山页岩矿地质灾害隐患工程维护项目实现开工，涉及隐患点11处，位于北宫镇和王佐镇，其中10处威胁对象为道路、1处威胁对象为其他。（林亚森）

【地灾风险普查和调查】2022年，市规划自然资源委丰台分局开展全国第一次自然灾害综合风险普查工作，完成地质灾害致灾体调查与评估、重点地质灾害隐患排查。配合区应急局完成减灾资源、历史灾害灾情等应急系统调查，配合市规自委完成区地质灾害风险评估和区划。根据调查，全区划分为风险性评价等级高区重点防治区、风险性评价等级中区次重点防治区和风险性等级低区的一般防治区3个级别。（林亚森）

【2处地灾隐患点销账】2022年，辛庄南沟村不稳定斜坡隐患点、大灰厂村灰石厂北100米崩塌隐患点2处突发地质灾害隐患点威胁对象消除，完成销账。（林亚森）

【地质灾害防范水平提升】2022年，市规划自然资源委丰台分局组织相关委办局、镇村景区开展地质灾害防范培训。依托“5·12”全国防灾减灾日，联合涉地灾的镇、景区开展地质灾害防范宣传，增强防灾、避险能力。编制《丰台区突发地质灾害隐患点台账》《丰台区2022年度地质灾害防治工作方案》《丰台区地质灾害防治一点一预案》《分局2022年汛期地质灾害防治应急预案》《突发地质灾害村级避险明白卡》，更新《丰台区地质灾害防汛专项分指挥部通讯录》《丰台区地质灾害防治群测群防体系通讯录》。（林亚森）

应急救援

【概况】2022年，区应急局优化三级应急指挥体系，完善区委办值班室、区政府办值班室和区应急办三办定期会商、24小时联动、重要时期密切协作机制。区应急办接报处置积水、火灾等突出情况1578起，均按要求进行处置，无后续影响。印发《值班快报》365期、《值班快报（专刊）》57期、《突出情况报告单》676份，发送短信96万条，向市应急办报送《丰台区值班信息》5期。区政府被评为北京市“2022年度应急值守工作先进单位”，区应急办获“2022年北京市第二届应急演练竞赛（区级）二等奖”。区园林绿化局、西罗园街道办事处、和义街道办事处被评为北京市“2022年度应急值守工作先进基层单位”，4人获北京市“2022年度应急值守工作先进个人”称号。（张淑华）

【应急指挥体系优化】2022年，丰台区调整区应急委、属地应急委和各专项指挥部组成人员、职责分工，优化区、街镇、社区（村）三级应急指挥体系。将北京西站管理办公室、北京南站管理办公室、丰台站管理联合办公室3个重点站区管理机构纳入区应急委成员单位，印发涉及3个重点站区突发事件综合应

急预案，压实全区应急管理责任体系和预案建设体系。（丰鉴编）

【应急值班检查】2022年，区应急局通过查班点名以练代训形式，重点检查值班人员在岗在位、设备操作及对值班要点掌握情况。区应急指挥中心通过视频系统调度单位5592家次，对198家次单位进行提示，按时到位率96.6%；通过电话抽查单位3295家次，对9家次单位进行提示，准确应答率99.7%；通过800兆电台抽查单位10146家次，对52家次单位进行提示，到位率99.4%。（张淑华）

【应急单兵系统建设】2022年，区应急办组织单兵终端系统培训。走访全区26个街镇和2个园区管委，采用“上门服务，远程指导”等方式，对全部单兵账号进行辅导、测试、联通，区单兵覆盖率100%。将市、区两级应急单兵系统纳入“日常练兵”工作，对未按要求完成抽查联通的单位进行通报，将抽查结果纳入年底安全生产考核。在超高层建筑消防救援综合应急演练中，依托市区应急单兵系统，实现市—区—属地三级互联互通，为演练过程中指挥决策、可视化调度提供科技信息化支撑，推进应急管理信息化发展。（张淑华）

【应急志愿者队伍建设】2022年，丰台区在“志愿北京”平台注册27支街镇（管委会）应急志愿服务大队、4支应急志愿社会组织队伍，平台应急志愿者人数937人。区应急局邀请北京市应急志愿服务总队专家对26个街道2个管委会56名应急志愿者骨干进行检伤分类实操、医疗急救培训、隐患排查及风险辨识等8个模块培训，现场考核合格率100%。（董金玲）

【应急救援队伍普查】8月至10月，区应急办开展2022年应急救援队伍普查工作，摸清辖区内市、区专业应急救援队伍、基层应急救援队伍及社会应急救援力量底数，建立区应急救援队伍基础台账。全区有9支专业应急救援队伍1470余人、2支社会应急救援力量400余人、31支基层应急救援队伍870余人。（窦爱国）

【超高层建筑综合应急演练】9月20日，区应急办联合区消防救援支队组织开展2022年区超高层建筑消防救援综合应急演练，配合属地进行先期处置，做好到达现场各方力量的接引工作，为突发事件现场提供保障。区委宣传部、区公安分局、区交通支队、区卫健委、丽泽商务区管委会、区环卫中心、区融媒体中心、北京搜厚物业管理有限公司等10家单位参演，出动人员100人、设备50台（套）。此次演练主要针对超高层建筑火灾事故处置特点，力争在处置过程中组织严密、果断决策、科学施救，将灾害事故的损失和影响控制到最低限度。（张淑华）

8月17日，区应急局在北京商务会馆开展应急志愿服务大队骨干培训（董金玲 摄）

消防救援

【概况】2022年，丰台区消防救援支队（简称区消防救援支队）接处警3748起。其中，火灾扑救543起，同比下降23.8%；抢险救援1118起；社会救助2087起。检查单位13298家，查改火灾隐患20392处，下发责令改正通知书10612份，临时查封491家，比上年上升2.3%；责令“三停”148家，比上年上升29.8%；罚款2037.15万元，比上年上升9.1%。（胡　君　王可柔）

【消防勤务】2022年，区消防救援支队根据北京冬奥会和党的二十大等重大消防安保任务，分别制定组织指挥体系，搭建由各个工作组、前沿指挥部、突击队组成的指挥架构，科学部署人员、车辆前置备勤；完善与属地、公安等单位的联勤联动机制，发动三级网格力量巡查检查，提前对远端集结点、服务保障单位进行消防安全检查；挑选优秀防灭火力量，进驻辖区两处住地，实现重大会议、赛事和火炬接力期间的安全，完成北京冬奥会、党的二十大等消防安保工作，重点时段、区域实现“零火情”。（胡　君　王可柔）

【重点环节管控】2022年，区消防救援支队指导属地上账村民自建出租房屋3066栋，出租房屋31150间，摸排包括无物业管理小区、老旧小区及城乡结合部、“六小”场所及单位等58处存在突出隐患问题风险点位，推动周围消防设施充足、应急处置力量强的单位开展“结对子”帮扶管控；建立《高风险场所检查台账》《高风险单位场所突出隐患问题台账》，对5家市级、11家区级挂账隐患单位逐一下发告知书，向16个属地下发专项工作通知；针对区级挂账重点村大红门街道“时马邓后海”地区特点，成立10至15户为一组联防组，制作800个“五严禁三落实”责任公示牌，张贴在出租房屋门口；组建20辆电动摩托车、30人“轻骑兵”队伍，对3462户居民开展逐一入户提示。 （胡 君 王可柔）

【消防隐患消除专项行动】 2022年，区消防救援支队与区级7个部门联动，开展地下空间专项整治工作。联合查处辖区8处群租房、地下空间集中区域；开展“南中轴地区专项治理”专项行动，与总队下发11期指令单统筹推进；明确仓储物流专项行动15个检查重点，以日常巡查、夜间检查、属地核查等形式开展3轮次大兵团式集中检查，指导永合庄、北天堂村等5个仓储物流场所集中区域，实施微型消防站前置备勤、联勤联调，对17个存在突出隐患仓储物流场所开展约谈；开展废品回收场所专项治理工作，将其纳入区安全生产整治“百日行动”工作，由区领导统筹推进，联合区城管委、区公安分局、区市场监管局等单位开展督导检查，对14家场所实施关停、取缔，将2家场所纳入清拆计划，实现“双捆绑、双运行、双统筹”治理机制。

（胡 君 王可柔）

【基层自防自救力量建设全覆盖】 2022年，区消防救援支队落实市政府重要民生实事“社区（村）自防自救力量建设100%全覆盖”工作要求，组织辖区微型消防站和志愿消防队在市消防安全自防自救力量建设管理平台开展注册登记工作，2104个站队完成注册登记。其中，重点单位微型消防站1167个，部分重点单位根据需要设立2个或多个微型消防站，覆盖率120.06%；社区自防自救力量702个，部分社区根据需要成立2个或多个自防自救力量，覆盖率114.15%；村级自防自救力量73个，部分村根据需要成立2个或多个自防自救力量，覆盖率128.07%，实现100%覆盖。为全区微型站配备442部“直联式”联勤联动电台，每日不定时开展电台呼点。调派微型消防站参与警情处置479起，火灾发生后“专业力量到场前10分钟至15分钟无人处置”问题得到缓解。 （胡 君 王可柔）

【消防宣传培训】 2022年，区消防救援支队建立“3+3”工作机制（即区政府、区消防救援支队、消防救援大队3级发动；消防救援大队、消防救援站、考核达标人员3类考核验收人群），采取“周调度、月通报”制度推进培训考核工作。完成“一警六员”［即社区公安民警和中央在京单位执勤武警；各街道、乡镇政府、村（居）委会基层工作人员；安全生产巡查员；物业服务企业职员；保安员；消防安全重点单位及餐饮、娱乐等火灾高风险场所职员；微型消防站、义务消防队和社会志愿力量等多种形式消防队员］达标考核50101人次。打造支队级新媒体中心，利用微博、微信公众号、头条、抖音、快手等官方账号发布信息2800余条，阅读量360余万次，播放量480余万次，央视上稿量排总队前五名；协助总队完成中科协消防主题科普视频，在各网络平台观看量过亿次；全区在全民消防学习平台实际注册177304人，注册任务完成进度125.3%。

（胡 君 王可柔）

【火灾扑救】 6月25日9时25分，长辛店杜家坎44号院14号楼5单元502室发生火灾，区消防救援支队调派1个消防站2个小型站6车25人赶赴现场处置。9时46分明火被扑灭，过火面积5平方米，救助疏散被困群众4人。9月24日19时39分，王佐镇燕西华府A区10号楼3单元过道发生火灾，区消防救援支队调派支队全勤指挥部、1个消防站及1个小型站6车25人到场处置。19时59分明火被扑灭，过火面积2平方米，现场疏散群众7人，搜救出被困人员1人。

（胡 君 王可柔）

科 技

综　述

【科学研究和技术服务效益】 2022年，全区规模以上科学研究和技术服务业单位累计实现收入680.6亿元，比上年下降0.3%。其中研究和实验发展、科技推广和应用增长快，受工程技术和设计服务类企业业务量减少影响，专业技术服务小幅下降。研究和实验发展增速最快，全区加大创新研发力度，研究和实验发展业全年累计实现收入34.1亿元，占全区科学研究和技术服务业收入的5%，比上年增长20.1%；科技推广和应用服务业务量增加，全年累计实现收入186.6亿元，占全区科学研究和技术服务收入的27.4%，比上年增长11.5%；专业技术服务全年累计实现收入459.9亿元，占全区科学研究和技术服务业收入的67.6%，占比最大。大型工程技术和设计服务类企业收入比上年下降5.5%。全区规模以上科学研究和技术服务业单位318家。

（丰鉴编）

【研究和试验发展活动】 2022年，全区有研究与试验发展活动单位241家，比上年增加53家；人员15027人，比上年增加7188人，增长91.7%；经费内部支出429340万元，比上年增长29.6%；信息传输、软件和信息技术服务业支出97789万元，比上年增长59%。（丰鉴编）

【专利申请】 2022年，全区专利申请8603件，比上年增长24%。有效发明专利8633件，比上年增长26.7%。 （丰鉴编）

【科技协会及学会】 2022年，全区有科技协会6个，开展国内学术会议1次，举办科普宣讲活动30次，青少年科普活动受众35000人次，主办科技报纸1种，提供决策咨询报告12篇。青少年科技竞赛举办5次，科技竞赛获奖750项。

（丰鉴编）

【技术合同和专利】 2022年，全区技术合同成交2297项，比上年下降26.5%；成交总额316亿元，比上年下降161%；技术交易额153.8亿元，比上年下降166%；实现成交761项，比上年下降157%；实现成交总额30亿元，比上年下降166%。 （丰鉴编）

【16项成果获市科学技术奖】 11月9日，北京市发布2021年度科学技术奖励决定，全市获奖成果191个。其中，首都医科大学、中铁工程设计咨询集团有限公司、北京航天计量测试技术研究所、北京当升材料科技股份有限公司、北京海鑫科金高科技股份有限公司、北京海鑫高科指纹技术有限公司、北京谊安医疗系统股份有限公司、航天材料及工艺研究所、首都医科大学附属北京天坛医院、北京中医药大学东方医院、首都医科大学附属北京佑安医院、交控科技股份有限公司、北京全路通信信号研究设计院集团有限公司、通号城市轨道交通技术有限公司、中国建筑一局（集团）有限公司、中国运载火箭技术研究院承担的16项科技成果获奖。

（贾月云）

科技管理

【概况】 2022年，全区大中型重点企业研究开发费用49.7亿元，同比增长8.3%。4个项目被列入北京市国际创新中心建设项目。新引进高企262家，新认定高企406家。全区有国家高新技术企业保有量1944家，比上年增长17.75%，位列全市前三。根据全区促进高精尖产业发展扶持政策，对新引进新认定558家国高新企业兑现资金1.674亿元，支持企业纳统率近100%。完成科技成果信息汇交项目55项。年度国家认定、备案孵化机构数量72个，国家级科技企业孵化器总量位居北京市第二位，国家备案众创空间总量位居北京市第三位。全区支持科技型孵化器以及入驻的中小微企业和个体工商户稳定发展，开展承租非国有房屋科技型孵化器房租减免补贴政策兑现工作。区政府印发《“十四五”时期丰台区高精尖产业发展规划》，对构建高精尖产业新体系，优化产业空间格局、重点任务和保障措施进行规定。 （崔　颖）

【国际科技创新中心建设】 2022年，全区广泛征集2023年北京国际科技创新中心建设重点项目，其中5个项目入选《北京国际科技创新中心建设重点任务2023年工作方案（征求意见稿）》。重点关注全区入选2022年北京国际科技创新中心建设重点项目4个，定期向北京推进科技创新中心建设办公室秘书处报送相关信息、跟进项目实施进展情况。开展全区国际科技创新中心建设现状分析、顶层设计，梳理年度重点任务、重点项目清单，开展跟踪服务及培育工作，形成《丰台区国际科技创新中心建设现状分析报告》《丰台区国际科技创新中心建设重点任务/项目策划》《丰台区加快推进国际科技创新中心建设方案》。

（贾月云）

【科技人才管理】 2022年，区科学技术和信息化局完成2019年度和2020年科技新星计划14个项目结题验收，通过专家评审会评审；其他5个项目因新冠疫情影响，延期结题。根据《丰台区实施“丰泽计划”引才聚才暂行办法》，对推荐入选首批“丰泽计划”28人（团队），完成奖励资金拨付。 （祝佳欣）

【高成长企业引进培育】 2022年，全区引进培育高成长性企业122家，主要涉及科技推广和应用服务业91家，占比74.6%；软件和信息技术服务业13家，占比10.6%。其中，首次引入潜在独角兽企业1家（傲林科技有限公司），国家级“小巨人”企业1家［航天宏康智能科技（北京）有限公司］，瞪羚企业9家，专精特新企业17家，高新技术企业103家。 （崔　颖）

【孵化器纾困政策】2022年，全区落实北京市统筹新冠疫情防控和稳定经济增长实施方案中承租非国有房屋科技型孵化器租金减免补贴条款，发布《关于开展丰台区承租非国有房屋科技型孵化器房租减免补贴政策兑现的通知》，支持全区科技型孵化器以及入驻的中小微企业和个体工商户稳定发展。为14家科技型孵化器补贴房租减免金额980.84万元，惠及中小微企业401家（包括国家高新技术企业57家、专精特新中小企业7家，市级专精特新“小巨人”企业3家），减免面积57308.27平方米，减免天数31444天。走访永同昌孵化器、永乐孵化器等孵化机构，实地考察和座谈，了解孵化机构自身和入孵、入驻企业发展情况，介绍政府扶持政策，促进孵化机构高质量发展。在富丰、永乐、中都、首科、赛欧、京辰瑞达等孵化机构进行“高新八条”政策宣讲，现场解答企业提问，助力孵化机构提升孵化能力，促进入驻企业高质量发展。（崔　颖）

【支持高新技术企业发展措施发布】7月22日，区科学技术和信息化局在丰台科创中心举办以“遇见丰台·发现京彩”为主题的2022丰台区支持高新技术企业发展的若干措施主题发布会，发布《丰台区支持高新技术企业发展的若干措施》（简称高新八条），并揭牌成立北京市丰台区高新技术企业协会。高新八条包括培育高新技术企业、助力高新技术企业“升规升强”、支持高新技术企业科技创新、引导社会力量加强高新技术企业培育服务、深化高新技术企业评审认定服务、搭建高新技术企业综合服务平台、加强信息化支撑和监督管理。（崔　颖）

【区高新技术企业协会成立】8月30日，区高新技术企业协会第一届第一次会员大会、第一届第一次理事会及监事会召开。协会发挥高新技术企业服务窗口、示范辐射作用，推动各行业内部资源共享和跨界合作，促进高精尖领域技术向产业化、商业化、国际化发展，打造会员行业专委会，构建高精尖产业生态体系，推动大中小企业融通发展，架起政府和企业沟通桥梁，助力科技企业发展。会员企业包括8大领域产业。（丰鉴编）

【第十中学入选“小平科技创新实验室”建设学校】9月15日，共青团中央公布2022年度“小平科技创新实验室”示范学校名单，北京市第十中学入选，成为区“申报示范”类“小平科技创新实验室”建设学校。北京市有5所学校入选，分别为清华大学附属中学、北京市第十二中学、北京市第101中学、北京市第十中学、北京工业大学附属中学。第十中学古生物化石实验室是在区科学技术和信息化局、中国科学院古脊椎动物与古人类研究所、中国古动物馆的支持下建设完成，是国内首家以学生挖掘和修复化石为主题的校园实验室，拥有空气压缩机、万向排气罩、气动雕刻笔、3D打印机等专业设备设施，是全区科学探索实验室。（贾月云）

科技创新

【概况】2022年，丰台区有高精尖产业规模以上法人单位693家，比上年增加101家，实现收入1933.3亿元。引入优质企业10家，实现钢铁侠、京宇复瑞等独角兽企业落地；2家企业纳入市级产业链龙头企业名录、17家企业获得市级高精尖资金首次“升规破亿”奖励，合计970万元。累计在科技型中小企业评价系统中注册企业2170家，其中当年新增注册企业894家；当年参加评审的科技型中小企业1228家，高新技术企业741家；取得入库编号企业1207家。全区聚焦高精尖产业发展、数字经济、科技创新升级、智慧城市建设，引导驻区科研单位、企业主动开展相关领域研究，全区有科技服务业规模以上单位318家，实现营业收入680.64亿元，有软件和信息服务业规上企业175家，同期增加22家，营收较上年同期增收187亿元，规模持续壮大。（贾月云）

【专精特新企业】2022年，全区累计培育市级专精特新中小企业344家，比上年增长178%。培育市级专精特新“小巨人”企业76家；国家级专精特新“小巨人”企业35家，比上年增长3.3倍。国信优易、六合伟业、凯普林光电、英视睿达4家企业获国家专精特新中小企业高质量发展奖补资金，项目资金累计789万元。（王宏伟）

【孵化机构建设】2022年，全区有各类孵化机构数量72家。其中，孵化器27家、众创空间45家，包含11家国家级科技企业孵化器、10家市级科技企业孵化器；国家级众创空间13家，北京市级众创空间18家。开展2021年培育创新创业生态支持政策兑现，对34家区级孵化机构支持资金1064万元。按照市级标杆孵化器发展目标，吸引取得市科委、中关村管委会支持的引领类标杆孵化器建设项目企业——北京青禾谷仓硬科技孵化器有限公司落户。丰台区众创空间首科医谷获得培育类标杆孵化器支持。（崔　颖）

【高精尖产业发展扶持政策实施】2022年，丰台区修订促进高精尖产业发展扶持政策（简称丰九条）实施细则，提前兑现“丰九条”高企政策，在全市率先实现高企政策“达标即享”。对新引进、新认定558家国高新企业兑现资金1.674亿元。开展2021年培育创新创业生态支持政策兑现，对34家区级孵化机构支持1064万元。（崔　颖）

【《“十四五”高精尖产业发展规划》印发】2月16日，《“十四五”时期丰台区高精尖产业发展规划》印发。“十四五”时期，丰台大力培育科技领域发展优势，提升科技产业创新力，构建“2231”高精尖产业结构，即做强轨道交通、航空航天2大主导产业“双轮驱动”，壮大科技服务业、新一代信息技术2大潜力产业创新赋能，培育智能制造、医药健康、新材料3个新兴产业，布局一批未来前沿产业，将高精尖产业打造成为全区产业发展新引擎，推动区域经济高质量发展。

（丰鉴编）

【获评国家级科技企业孵化器优秀（A类）】 12月26日，科技部火炬中心发布《科技部火炬中心关于公布国家级科技企业孵化器2021年度评价结果的通知》，北京首科创融科技孵化器有限公司和京卫惟科生物科技孵化（北京）有限公司在2021年度国家级科技企业孵化器评价工作中被评为优秀（A类），丰台区在全市优秀（A类）孵化器中排名第三。

（崔 颖）

科学普及

【概况】 2022年，丰台区坚持“大科普”理念，探索馆校融合、大众科普、创新创意体裁，实施展、教、赛、创结合教育、传播融合形式，实现以科普支撑科技自立自强，助力创新人才培养。区科学技术和信息化局与区域科普资源单位力量共建、协作、融合，扩大“美丽丰台科普行”“科普大篷车”等主题特色科普传播品牌效应。发挥直属事业单位科普阵地作用，利用寒、暑假期，联合区域内科普基地、各大院所开展学生科普体验周活动。组织主办第二十八届丰台科技活动周活动，开展区第二届科普大篷车巡展，主办三期美丽丰台科普行畅游活动。举办线上区小学生天文知识竞赛活动。全区7家单位获北京市科普基地命名、4家单位获国家级科普基地命名。区科学技术和信息化局获2021年北京市科学技术普及工作先进集体称号。

（贾月云）

【“科普大篷车”巡展】 2022年，全区开展“科普大篷车”巡展活动，设置科普活动点12个，涉及街道社区（村）5个、学校5所、企业2家。科普主题聚焦生物多样性保护、“双碳”目标、科学防疫等类别，采用大众喜闻乐见“听、看、猜、学、玩”模式传播科学信息等巡展活动，进行科学普及。除常规宣传展览外，设表演、观影、游戏体验、集章打卡等特色活动。特别设计“绿色丰台环游记之真人飞行棋”“科普快板表演”“放飞‘生态鸽’”等环节，集科学性、趣味性、知识性于一体，使“科普+体验”巡展模式再升级，给民众带来更真实参与感。巡展期间，制作发布大篷车活动主题宣传片1部、垃圾分类科普动画片1部、新冠疫情防控系列短视频5部、制作活动现场短视频10部，活动整体总结视频1部、新闻媒体稿件7篇。现场参与群众超5000人次，辐射周边居民近万人。

（贾月云）

8月19日，全区“科普大篷车”巡展活动在北京世界公园举办

（区科学技术和信息化局 供图）

【“美丽丰台科普行”活动】 2022年，区科学技术和信息化局主办美丽丰台科普行畅游活动，整合全区科普资源、激发辖区内各级基地科普活力、发挥各科普基地展示教育功能，将科普和旅行相结合，将特色科普资源相串联，使公众能够在旅行中学习科学、自然及人文知识。9月9日，第一期美丽丰台科普行畅游活动在中国园林博物馆和世界种子科技展示中心举行。9月17日，第二期活动在世界花卉大观园举办，进行花卉科普活动。9月29日，第三期活动在丰台体育科研所和区妇幼保健院新发地分院分别举办。科普性活动推出科普畅游护照，全景舆图、VR趣游等多个栏目，通过活动累计发放科普惠民基地免费门票1.1万张。全年浏览量530万次，公众关注人数11843人，开设科普线路畅游5条，制作畅游视频5条、推送新闻稿5篇，发布或转发科普文章40余篇。

（贾月云）

【第二十八届丰台科技活动周举办】 8月19日至27日，区科学技术和信息化局、区委宣传部、区科协联合主办的第二十八届丰台科技活动周举办。科技周活动以“走进科技 你我同行”为主题，加入“科普大篷车”形式，通过“线上展览+线下活动”方式开展系列科普活动，启动式现场包含二十八届科技周权威发布、“2022年丰台区科

8月19日，第二十八届丰台科技活动周在中都科技大厦举行启动仪式

（区科学技术和信息化局　供图）

普基地”授牌、“丰台区高新技术企业孵化服务基地”授牌、启动仪式、畅游丰台科技成果线上展、“科普大篷车”互动连线、《科学技术进步法》宣讲解读等活动。组织举办科技成果展示和科普教育活动60余场，普及科学知识、传播科学思想。有32家媒体发布报道，媒体总浏览量达500余万次，另有3家纸媒刊登新闻、门户网站在首页和热点版块、点位进行推荐，浏览量27.3万次。（贾月云）

【小学生天文知识竞赛举办】 11月29日至12月13日，区科学技术和信息化局举办2022年（第十三届）小学生天文知识竞赛。活动采取线上方式进行。全区小学生天文知识竞赛已经连续举办12年，全区92所中小学在内，来自全国3000名天文爱好者参与，访问量超10万人次，评选出一等奖20人、二等奖50人、三等奖100人、优秀辅导教师30人。（刘美玲）

科技交流与成果转化

【概况】 2022年，丰台区服务全区科研院所和企业，举办市级科技成果转化路演活动。协调区域科研院所、龙头企业、专业孵化机构研发、测试、中小试科技平台成果转化对接，获得市级资金支持。服务全区规模以上科学研究和技术服务业单位累计实现收入680.6亿元，比上年下降0.3%。和区市场监督管理局、区教委联系，协助监督校外培训机构，制订《区科信局非学科类培训机构检查方案》《区科信局关于落实“双减”政策，推进区域教育教学质量提升的工作处理方案》。推介企业参与2022年中国国际服务贸易交易会，发布构建科技创新全链条服务“生态”体系，促进海内外科技成果在国内交流转化。（丰鉴编）

【成果转化宣讲对接】 2022年，区科学技术和信息化局根据全区域产业特点和企业需求，对接北京科技成果转化服务中心资源，举办“北京市科技成果转化统筹协调与服务平台系列路演活动——丰台区成果转化政策专场”2次，邀请北京科技成果转化中心专家详细解读“2022年推动高质量科技成果转化项目”政策，邀请北京技术市场管理办公室、北京高技术创业服务中心专家详解技术合同登记税收优惠、高新技术企业认定中的知识产权等企业关注问题。来自全区科技企业的负责人、产业园区、孵化器等机构负责人近400人参加活动。（崔　颖）

【成果转化获市级支持】 2022年，区科学技术和信息化局配合市科委、中关村管委会做好概念验证平台建设与布局工作，挖掘区域科研院所、龙头企业、专业孵化机构研发、测试、中小试科技平台，掌握7家机构搭建概念验证平台意向，进行一对一政策解读。邀请市科委、中关村管委会成果转化处专家走访首都医科大学及交控科技股份有限公司2家概念认证平台指导平台建设。其中，首都医科大学取得北京市概念验证平台建设项目支持资金1000万元。3个项目取得中关村开放实验室成果转化概念验证项目支持、1个项目取得推动高质量科技成果转化项目、1个项目取得技术转移机构建设项目、1个项目取得技术转移机构市场化聘用技术经理人项目支持，实现市级“1+5”资金政策支持成果转化类项目全覆盖。（崔　颖）

【校外培训机构监督服务】 2022年，全区对843家校外培训机构属性摸排。其中，市科委、市教委转621家，区市场监管局反馈222家。经排查，市科委、市教委转属于科技类培训机构28家；区市场监管局反馈中除体育、文化艺术类外，科技类机构与市科委、市教委提供机构一致。开展银行预付费监管，纳入市科技类培训机构监管单位10家，其中纳入预收费试点单位2家。对28家培训机构资质、从业人员证件和人数、培训教材、新冠疫情防控落实情况等进行审查监督。按照规章制度，配合区教委开展联合检查，制订《区科信局非学科类培训机构检查方案》《区科信局关于落实“双减”政策，推进区域教育教学质量提升的工作处理方案》。（贾月云）

【“一带一路”生态环境政策模拟与预测实验室座谈会】 7月18日，生态环境部对外合作与交流中心和北京云庐科技有限公司（简称云庐科技）共同举办“一带一路”生态环境政策模拟与预测实验室专家座谈会举行。云庐科技是丰台区杰出高科技企业。研讨会旨在结合“一带一路”生态环保大数据服务平台已有工作基础及三年行动计划（2022—2024）中有关实验室建设内容，探讨实验室建设可行性及在能源转型中各行业大数据应用前景，通过运用大数据、互联网、云计算、人工智能等信息化技术手段，提升面向“一带一路”生态环境模拟与预测能力。（贾月云）

【构建科技创新全链条服务“生态”体系】 9月6日，在2022年中国国际服务贸易交易会北京市专精特新成果发布专场，丰台区构建科技创新全链条服务“生态”体系发布。科技创新全链条服务“生态”体系是一个面向国内、国际智能开放的全球性科技创新大数据平台。平台核心为“创新大脑”。“创新大脑”是发挥基于人工智能技术的“机器大脑”，为政府、企业及科研机构等提供快速多元化的科技创新服务，以创新赋能创新。科技创新服务内容涵盖研发前信息检索、情报分析、竞品分析、专利导航，研发过程中知识产权申请保护、管理运营服务，研发后的技术交易转移、成果转化分析、项目产业化落地及技术尽职调查等深度服务，还可帮助创新主体提供科技咨询、政策咨询、高新技术企业认定、项目投融资等高端服务，形成从“技术”到“市场”及“产业”全周期科技服务生态价值链。经测算，平台全流程服务可有效降低40%研发成本，缩短60%研发时间，研发效率最高可提升3倍以上。该体系作为商务部发布的国家服务业扩大开放综合示范区10个“最佳实践案例”之一，入选向全国复制推广“最佳实践案例”。“创新大脑”累计惠及包括中国科学院、大唐环境等5000多家单位。年均促成100余项国内外技术成果交易转化，平台线上比对海选出好技术、好项目，线下开展“百家院校科技成果走基层”“百名海外名校博士创业中国行”等活动，促进海内外科技成果在国内交流转化。（贾月云）

【丰台企业创新成果专场发布会】 9月22日，全区启动企业创新成果专场发布会，主动服务驻区科技企业。以数字经济赋能智慧城市建设为焦点，邀请5家数字经济公司开展企业及项目推介，邀请16个政府部门，16家科研院所、上下游大型企业、投融资机构、科技服务企业“面对面”开展沟通洽谈。（崔　颖）

【古典园林知识图谱构建和服务技术研究结题验收】 12月，中国园林博物馆承担的市科委课题“基于多源数据融合的古典园林知识图谱构建和服务技术研究及应用”完成结题验收工作。课题研究古典园林知识图谱的构建，提出基于古典园林知识图谱3D可视化展示导览的新方法，搭建基于古典园林知识的展示服务平台，实现古典园林线上线下超高清、VR/AR、同屏多窗、全景漫游、自助漫游、互动交互、知识检索和展示导览等应用功能。（孙萌）

【汽车风洞试验展项能力提升项目】 12月，汽博馆参与完成区科学和信息化局2021年度丰台区科普项目——“与风共舞——汽车风洞试验展项能力提升项目”。项目利用数字技术、信息技术、互动影像感应技术对原有工程技术展区与风共舞主题“风洞换影”展项进行全面升级，研发并形象展示风洞试验的科学原理、动态模型实验、流态观察实验以及相关科普知识，实现全新新媒体视觉、听觉、观览及多人互动式墙体体验，让科普内容展示形式生动有趣。（北京汽车博物馆）

11月1日，“与风共舞——汽车风洞试验展项能力提升项目”完成

（北京汽车博物馆　供图）

气象服务

【概况】 丰台区气象局（简称区气象局）负责全区气象监测、预报预警、决策气象服务、公共气象服务，重大活动和公共突发事件的气象保障服务；气象台站和气象设施建设运维和气象探测环境的保护评估工作；全区气候资源综合调查、区划和气象灾害风险评估；气象科研业务工作和气象科普宣传；开展气象科技服务。2022年，全区年度出现灾害性天气4次，分别为6月12日冰雹天气、6月30日至7月1日暴雨天气、7月27日至28日暴雨天

气、9月22日大风天气。区气象局发布预警信号139期。其中，发布暴雨预警信号13期、雷电预警信号27期、大风预警信号58期、冰雹预警信号1期、沙尘预警信号4期、暴雪预警信号3期、持续低温预警信号1期、道路结冰预警信号7期、寒潮预警信号4期、大雾预警信号11期、高温预警信号10期。举办气象灾害防御联席会1次，进行"5·12"防灾减灾科普宣传1次。开展气象灾害风险普查工作，完成危险性评估区划、风险评估区划。修订《北京市丰台区气象局强降水天气"叫应"服务标准和工作流程》，建立高影响天气与周边区域联合复盘机制。1人入选新时代高层次科技创新人才优秀青年人才、1人入围2022年北京市职工职业技能大赛观测员技能竞赛决赛；1人获北京市气象科普讲解大赛网络投票二等奖和优秀奖。3人与市气象局直属单位科技导师进行结对；业务团队在市气象局业务随机考试中平均成绩位居全市第四名，其中全市第一1次。（孙凤媛）

【街道（镇）气象站点全覆盖】2022年，全区新建区域自动气象站12个并完成业务准入，实现全区26个街道（镇）气象站点全覆盖。完成丰台国家气象观测站供电系统标准化改造，实现市电、UPS电源、应急发电机3路供电保障。完成气象探测环境评估和观测质量体系内审、评估及整改，不断提升气象监测的规范化、标准化水平。（孙凤媛）

【汛期气象服务】2022年，区气象局保障汛期气象服务，修订《强降水天气"叫应"服务标准和工作流程》，建立高影响天气与周边区域联合复盘机制，组织业务人员实地踏勘全区易积滞水点位14个，完成VIPS决策版丰台本地化应用，实现区应急指挥大厅实时查看气象数据，与水务分指实现数据资料共享。（孙凤媛）

【交通枢纽气象服务】2022年，区气象局对接北京西站、北京南站、北京丰台站服务需求，提供站区运行、铁路沿线气象预报预警280期。（孙凤媛）

【生态气象服务】2022年，区气象局加强生态气象服务，提供大气、水环境气象服务专报450期，为空气保障、水环境整治提供精细化气象预警和实况信息服务。（孙凤媛）

【旅游气象服务】2022年，区气象局加强旅游气象服务，在重点节假日期间滚动更新天气预报，及时推送预警信息，加强气候、气象条件分析，助力北京园博园申请AAAA级景区。（孙凤媛）

【重大活动气象服务】2022年，区气象局组织做好重大活动气象服务保障，完成纪念全民族抗战爆发85周年活动、第六届中国戏曲文化周、北京国际风筝邀请赛、北京卢沟桥醒狮越野跑、市运会等大型活动的气象服务。（孙凤媛）

【气象防灾减灾】2022年，区气象局完成气象灾害风险普查危险性评估区划、风险评估区划，形成图件成果72份、报告成果1份，分别向中国气象局、北京市普查办进行汇交。组织召开气象灾害防御联席会，进一步强化气象防灾减灾三级联防机制。加强气象防灾减灾科普知识普及，通过线上"云参观"、知识竞赛竞答、线上小课堂等方式开展科普宣传，利用新媒体平台开展常态化科普。获评2022年区级科普基地。（孙凤媛）

【气象科研】2022年，区气象局申报市气象局青年基金科技项目《丰台区暴雨天气成因及预警判别指标研究》、调研项目《关于丰台区境内铁路综合客运枢纽气象服务需求的调研》、软科学项目《新形势下北京市基层气象部门"双随机、一公开"联合监管实施研究》，并获立项。《关于丰台区境内铁路综合客运枢纽气象服务需求的调研》获评市气象部门优秀调研报告。（孙凤媛）

【气象社会管理】2022年，区气象局纳入丰台区"双随机、一公开"监管工作平台，开展行政执法检查201次，实现易燃易爆场所防雷安全执法检查全覆盖。开展属地各部门联合执法22次，应用"执法+专家"模式开展跨区域跨部门联合检查5次。开展防雷专项整治工作，未按要求办理设计审核企业68家单位全部提交审核材料，通过核准58家。未办理竣工验收企业75家，其中38家企业提交验收材料，通过核准28家。做好重大活动期间"禁飞"宣传及升放气球巡查工作。（孙凤媛）

驻区科研机构选介

中国运载火箭技术研究院

【概况】中国运载火箭技术研究院，又称中国航天科技集团有限公司第一研究院（简称火箭院）隶属于中国航天科技集团有限公司，成立于1957年11月16日，是中国航天事业发祥地，是中国历史最久、规模最大导弹武器和运载火箭研制、试验和生产基地。火箭院资产总额1664亿元，总占地面积779.2公顷，总建筑面积约350万平方米，建立以北京为中心，河北、天津、山西、山东、湖南、海南6个省（市）为主要支撑"1+6"重点区域布局。火箭院在职职工约3万人，拥有"国家最高科学技术奖"获得者2人，中国科学院院士6人，中国工程院院士3人，国家级专家46人，国家"万人计划"专家16人，全国技术能手73人，享受国务院政府特殊津贴专家138人。2022年，火箭院完成以载人空间站建造任务为代表的飞行试验和发射任务；完成北京冬奥会、冬残奥会保障任务。火箭院及院属七〇三所获北京冬奥会、冬残奥会突出贡献集体称号。员工李东、及红娟获全国五一劳动奖章。

实现营业收入720.28亿元，净利润54.8亿元。（康斯贝）

【参与北京冬奥会、冬残奥会】2月4日，北京2022年冬奥会开幕式在国家体育场举办，火箭院抓总承担并成功实施北京冬奥会、冬残奥会开闭幕式舞台、空中设施、地面显示系统等11项技术保障任务，用“火箭实力”助力“科技冬奥”，彰显航天品牌影响力和技术实力。（康斯贝）

【天舟四号货运飞船发射成功】5月10日1时56分，火箭院抓总研制的长征七号遥五运载火箭在海南文昌航天发射场点火升空，将天舟四号货运飞船送入预定轨道，发射任务取得成功，标志着2022年中国空间站建造正式启动。此次发射是中国长征系列运载火箭第420次发射。（康斯贝）

【神舟十四号载人飞船发射成功】6月5日10时44分，火箭院抓总研制的长征二号F遥十四运载火箭在酒泉卫星发射中心点火升空，将神舟十四号载人飞船送入预定轨道，发射任务取得成功。此次任务是中国空间站建造阶段首次载人发射任务，也是中国长征系列运载火箭第423次发射。（康斯贝）

【“问天”实验舱送入预定轨道】7月24日14时22分，火箭院抓总研制的长征五号B遥三运载火箭在海南文昌卫星发射中心点火升空，将中国空间站的首个实验舱——“问天”实验舱送入预定轨道，中国空间站建造关键之战取得成功。此次发射是中国长征系列运载火箭第428次发射。（康斯贝）

【可重复使用试验航天器发射成功】8月5日，火箭院抓总研制的长征二号F T4火箭在酒泉卫星发射中心成功发射一型可重复使用试验航天器，试验航天器按计划开展可重复使用和在轨服务技术验证，为和平利用太空提供重要支撑。（康斯贝）

【运载器重复使用飞行试验成功】8月26日，火箭院自主研制的升力式亚轨道运载器重复使用飞行试验取得成功，推动中国航天运输技术由一次性使用向重复使用跨越式发展。（康斯贝）

【梦天实验舱进入预定轨道】10月31日15点37分，火箭院抓总研制的长征五号B遥四运载火箭在海南文昌发射场点火升空，将空间站梦天实验舱送入预定轨道，发射任务取得成功，标志着中国空间站“T”字基本构型组装完成。这次任务是中国长征系列火箭第446次发射。（康斯贝）

【火箭院数十项展品亮相珠海航展】11月8日，为期6天的第十四届中国国际航空航天博览会在珠海国际航展中心开幕，火箭院数十项展品精彩亮相，主要覆盖宇航、防务、航天技术应用及服务产业3大展区；签订各类合作协议6项，签约金额超61亿元，签约项目涉及宇航和航天技术应用等多个领域，覆盖火箭发射服务、商业航天、能源利用等多个重大项目。（康斯贝）

【天舟五号货运飞船进入预定轨道】11月12日10时03分，火箭院抓总研制的长征七号遥六火箭在海南文昌发射场点火升空，将天舟五号货运飞船送入预定轨道，发射任务取得成功。此次发射是中国长征系列运载火箭第449次发射。（康斯贝）

【中国航天博物馆开馆】11月16日，中国航天博物馆开馆。中国航天博物馆展陈内容包括中国航天历史和精神、导弹武器、运载火箭、人造卫星、载人航天、深空探测、航天人物、未来展望、天问书苑、多功能厅10大板块，首次全系统展示中国航天全貌、全方位展示航天历史与成就，为公众提供感受航天技术及文化的平台。（康斯贝）

中国航天科工飞航技术研究院

【概况】中国航天科工集团有限公司下属的飞航技术研究院，又称中国航天科工集团第三研究院（简称航天三院），总部位于北京，创建于1961年。2022年，航天三院重大工程、重大专项获批立项，多个项目竞争获胜，重大体系项目立项实现群体突破。构建完善新时代科研生产管理体系，调整完善装备综合保障体系，项目实施、成本管控、质量管控和资源保障协同能力进一步提升，国际标准实现零的突破。3人入选国家级人才计划，3人获卓青基金立项支持，2人入选青年人才托举工程，3人获全国技术能手称号，建成三院第五个国家级技能大师工作室。1个单位获全国五一劳动奖状，2人获全国五一劳动奖章。（王元吉）

【空天装备】2022年，航天三院在新材料方面，把握航空和新材料产业发展机遇，完成中国商飞3架份C919大型客机批产交付，CR929宽体客机研制取得重大进展，完成6件CR929垂尾试验件和3件3.6米壁板研制交付。深化与航发商发合作，签订CJ1000A发动机声学进气道、CJ2000复材叶片研制合同，拓展无人机等领域市场份额，构筑多元化发展格局。国内首条自动化气瓶生产线具备批量生产能力，实现镇江产业园二期土建开工，有力保障后续批产能力建设。完成1000L级90MPa超大容积储氢气瓶研制，产品向高附加值阶段升级。气凝胶产品持续拓展比亚迪、北汽等新能源汽车领域市场，实现大批量销售供货。在动力产业方面，完成北京冬奥会跨域传递特种火炬研发及传递保障任务，在国际上首次实现机器人水下火炬传递。无人机通航动力领域新签合同突破1.5亿元，夯实细分市场领军地位。新研重油活塞发动机成功首飞，100千瓦电喷活塞发动机完成全国产化研制，涡轮混合电推进产品完成样机研制。三发公司连续三年实现高增长，入选北京市专精特新中小企业。苏州空天动力研究院完成机构组建、人员到位、质量体系认证等起步阶段工作，快速建成平谦智能制造中心批量生产和设计研发条件并承接型号批产任务。无人机方面，无人机产业基地1号厂房启用暨海鹰航空公司芜湖分公司揭牌，实现无人机产业基地落地芜湖，持续增强航天三院在长三角地区产业集聚效能。

（张 波 郝 明 乞 征）

【智能系统】 2022年，航天三院在惯控产业方面，培育跟进商业航天、无人装备等新兴市场，持续加强通用货架产品推广，与瑞士某公司、凌空天行、航空181厂等企业签订千万级合同，获得凌空天行公司“优秀供应商”称号。“高速铁路轨道几何参数高精度高动态监测关键技术与应用”项目获中国惯性技术学会一等奖。具备50套通用惯性系统、40套轨道检测系统、30套商业航天用伺服控制系统、120万只电力电子元器件的年生产能力。在油气装备方面，完成旋转导向系统集团专精特新年度重点任务；深化与川庆钻探合作，联合设立四川天石和创公司并注册；完成高温、高造斜、小尺寸旋转导向系统研制，核心技术指标比肩国际水平；创造国产系统单趟钻最高进尺记录；紧抓俄罗斯、白俄罗斯区域市场机遇，与海隆油服签订超3000万元产品合同，为后续国际市场开拓奠定基础。“新一代光磁融合管道智能内检测系统”通过中国机械工业联合会鉴定；管道检测装备取得MFL漏磁检测资质，实现从单一产品销售到工程服务的转型。在安检装备方面，中标商务部援外项目完成产品交付；中标镇江大路通用机场、深圳航空机场、北川机场安检设备项目；取得俄罗斯南萨哈林机场安检信息系统业绩突破；中标北京振兴计量测试研究所CT检测系统项目；研发智能安检消杀测温一体机并交付国网浙江电力公司；8358所中标郑州大学中医药智能化设备研发项目，实现自主研发的手持式光谱分析仪产品市场突破。线扫式光谱成像系统芯片技术及应用研究项目获得天津市军民融合重点项目立项批复。自主研发国内首台鼻饲营养管电磁定位设备，攻克多项关键核心技术，填补中国该领域技术空白，打破国外产品垄断。签订“海尔智家—航天海鹰智能光电技术联合实验室”合作协议，合力打造智能家电明星产品。

（王 昆 乞 征）

【先进制造】 2022年，航天三院提高在工程机械、新能源汽车、电力装备领域智能制造市场能力，新签千万级合同10项，全年累计新签合同突破6亿元。完成国内规模最大特高压专用设备自动化产线交付，完成智能咽拭子采集机器人等新产品研制并实现海关试用，完成液压单元自研电机研制和小批量生产，性能指标优于进口同类产品。完成思尔特增资引战及深圳智控产权转让，实现国有资产保值增值。核工业领域实现反应堆零件加工新领域拓展，获评中国核能行业协会3A供应商、中国核电工程有限公司5A供应商。思尔特获福建省未来独角兽企业、第六批福建省制造业单项冠军等称号。AGV产品进入航空发动机装配、港口物流新领域，市场空间得到拓展。智能仿生鱼核心技术已处于国内领跑地位，与海昌集团签订长期战略合作协议及销售合同，推进产业化进程。 （郝 明）

【信息技术】 2022年，航天三院所属304所入选工信部首批信创领域技术支撑单位，航盾单导系统获得公安部销售许可证，“互联网+名厨亮灶”示范项目入选武汉市首批数字经济服务资源池，联合国防科工局信息中心成立数字经济创新中心。MBSE工业软件完成公测版发布，首次中标核动力院项目，实现市场零的突破。发布国内首个城市级燃气安全监管平台，打造“城市生命线”样板工程；首次中标数字供销项目，赋能全国供销系统数字化转型；获批应急管理部“自然灾害防治九大工程”、科技部“揭榜挂帅”重点研发计划等国家级重大项目；联合国家铁路局安全技术中心、海尔集团、天津轨道集团设立行业研发机构。 （王 昆 滕晓燕）

【商业航天】 2022年，航天三院在卫星运营产业方面，即时遥感星座方案通过院士专家评审，与刘先林院士团队联合成立“即时遥感创新应用联合实验室”，共同开展关键技术攻关。与河南省工信厅签署框架协议，共同推进卫星应用产业发展。获批自然资源部“陆海统筹关键带国土空间规划与治理工程技术创新中心”，推动卫星技术附能国土空间规划与治理。“城市卫星大数据平台”获批工业和信息化部2022年大数据试点示范项目。超高速低真空管道磁浮交通系统方面，完成国内首次全尺寸超高航行试验，验证高动态超导磁体等8项关键技术，初步验证高速飞车系统总体方案的正确性和工作协调性。研制国内首套2MW级磁悬浮飞轮储能系统，与国家能源集团、国家电投集团所属单位达成示范应用合作意向。

（滕晓燕 乞 征）

冶金自动化研究设计院

【概况】 2022年，冶金自动化研究设计院有限公司（简称自动化院）一手抓发展，一手抓改革，以稳经营、保增长、促转型为目标，坚持稳中求进工作总基调，推进三大攻坚工程，完成改革攻坚各项任务。绿色化业务取得突破性进展，智能化业务获得成果，全面开启高质量发展新征程。围绕“十四五”科技规划，按照“战略引领、夯实基础、重点突破”工作指导方针，聚焦绿色化、智能化和“工程链+创新链”，实现研发投入5066万元。申请专利28项，其中发明专利19项、实用新型专利9项；获得授权专利19项，其中发明专利9项、实用新型10项；登记软件著作权22项；发表论文12篇。（孔　菲）

【“双碳”目标布局】2022年，自动化院围绕“双碳”目标，组建精益管控工程技术中心，聚焦冶金企业精益管控应用技术开发，实现相关技术工程转化突破，通过项目实施，精准掌握钢铁企业智能化需求，培养建设开发、实施、运维一体化人才队伍；成立电力电子技术中心，在能量变换领域提高市场竞争力，通过完成自主知识产权的交直交变流系统的差异化工程示范应用，树立样板工程，逐步开拓市场，将交直交变流设备的产品化、系列化，推进工程推广应用；成立“双碳”服务工程技术中心，推进“碳地图业务”市场开发、成果工程化交付落地，建立支撑低碳服务平台高效运行企业级数据平台系统以及先进区块链工业互联网平台。（孔　菲）

【绿色化智能化全产业链技术】2022年，自动化院围绕绿色化、智能化关键共性技术和全产业链工程技术，加强面向行业共性问题应用研究和关键核心技术攻关，通过共同承担国家及地方研发项目，与相关高校、企业、科研院所等共同开展广泛产学研合作。在科技规划落地，科研体系建设及科研平台整合、重大科研项目申请等方面取得显著成效。工业和信息化部工业互联网创新发展工程“面向冶金流程行业工业机理模型库项目”完成验收，总体达到国际先进水平，部分成果达国际领先水平。工业和信息化部建设智能制造标准试验验证公共服务平台5G新一代信息技术与钢铁行业融合项目将形成资源分享、任务协同的服务体系，为标准全生命周期提供“一站式”公共服务，实现数据与知识的平台化沉淀。工业互联网创新发展工程“工业互联网数字化转型促进中心项目”为自动化院开展钢铁行业工业数字化转型促进中心奠定基础。炼钢连铸智能调度系统入选钢铁行业智能制造解决方案。（孔　菲）

【科研人才培养】2022年，自动化院重视科研人才培养，年度在读硕士研究生49人、在读博士研究生5人、在站博士后1人；毕业硕士研究生16人。（孔　菲）

【新签项目】2022年，自动化院围绕市场需求实施新的市场营销策略，新签合同质量提升，内部协同加强。通过视频会议等方式开展项目技术和商务交流，最大限度减少外部环境对市场工作影响。新签广西翅冀钢铁有限公司型钢五线三电系统、秦皇岛佰工钢铁有限公司转炉三电系统、河北普阳钢铁有限公司100吨转炉三电系统、包钢集团设计研究院（有限公司）邯钢河钢邯钢老区退城整合项目棒材工程电气传动及自动化控制系统、合肥市益龙年产3.2万吨金属新材料项目生产线设备总承包服务合作协议等合同，在保持传统冶金工程项目优势基础上，开拓绿色化、智能化业务范围，提升工程项目盈利水平，加快发展。（孔　菲）

【军工市场开拓】2022年，自动化院加强军工市场开拓，重点聚焦军工产品生产线自动化、数字化、智能化升级改造，高效率军工产线设计与总包工程，重点关键产品产业链工程升级与维护保障等军工工程项目。（孔　菲）

【服务质量提高】2022年，自动化院提高服务质量，打造优质服务品牌，推进工程项目实施和验收。唐钢新区流程优化与智能化运行项目、泰山钢铁不锈钢产线5G+工业互联网平台项目按照时间节点全面推进，铁钢区段、钢铸区段、铸轧区段动态调度和一体化计划排程4个方面取得技术突破。赤峰中唐1450热连轧项目的调试投产工作顺利开展，项目实现稳定生产，通过全新工艺模型及数据平台融合使用，提升宽带生产线的产品指标及控制水平，打造国内宽带样板工程。中信泰富特钢集团湖北大冶特钢有限公司钢管厂热处理智能产线项目打造一条包括一级智能集控平台、智能装备、智能二级管理、质量过程管控、入炉计划、视频协同监管、智能移动管理的3D数字孪生产线，投运后，大冶特钢钢管热处理线成为国内首条全流程全域感知的钢管热处理产线，标志着自动化院在冶金智能化产线领域取得又一突破。项目被《世界金属导报》报道。针对普棒新工艺降合金改造的广东韶钢棒三线工艺装备升级改造项目调试完成，实现一线一室自动化集控，为普棒新工艺和长材控制一线一室打下坚实基础。青岛RD1850项目热试解决以往中国由于热等静压设备尺寸小无法处理大型锻件“卡脖子”难题。装材所与伺服所合作的618项目主要设备单机调试完成，填补中国国内履带全自动装配空白，效率大幅提高。金自天成的高速激光熔覆液压缸修复再制造项目完成，提高天成特种加工能力，打破激光熔覆厂家高价垄断局面，在零件修复再制造领域应用，在国产化备品备件设计制造过程中，将关键零件的防腐耐磨措施前置，增加关键部件的服役寿命。（孔　菲）

【学会学术交流】8月13日，中国自动化学会应用专业委员会筹备的2021中国自动化大会“冶金智能化”专题论坛在云南昆明召开。中国工程院院士、中国自动化学会副理事长、中南大学教授桂卫华作为专题论坛主席致辞。来自中国宝武、中国钢研、中冶京诚、首自信公司、北京科技大学的专家教授作《工业互联网与钢铁智慧制造》《知识图谱在钢铁智能制造中的应用研究》《基于5G技术的无人天车智能仓储系统的实践》等报告。“冶金智能化”

专题论坛为冶金行业搭建智能化成果高端学术交流平台，旨在推动智能科学技术和实体经济深度融合。11 月 23 日至 24 日，中国金属学会主办的第十三届中国钢铁年会在线上举行，中国金属学会冶金自动化分会举办“冶金自动化与人工智能分会场”，交流自动化与智能化新技术、新成果和新应用。分会场设置两个单元，安排包括宝信、中冶赛迪、浙江中控等行业知名企业的专家作《基于工业互联网的钢铁企业智慧物流架构研究与实践》《面向钢铁智能工厂无穷应用场景的迅捷应对能力建设与实践》《基于 supOS/i-OMC 架构的钢铁厂数字化解决方案》等 8 个特邀报告，并安排 7 个口头报告。分会场通过直播平台同步直播，高校科研人员、企业技术人员等计 7600 人次齐聚“云端”，参加交流。11 月 26 日，中国自动化学会应用专业委员会协助 2022 中国自动化大会举办的“工业控制国产自主化论坛”专题论坛以线上形式召开。自动化院副院长、中国自动化学会副秘书长、应用专业委员会秘书长孙彦广教授作为专题论坛主席致辞。论坛安排发电、石化、冶金等行业的前沿技术报告。有 200 余人次观看，为社会各界关心自动化、智能化的国产研发与应用水平提升的专家、学者提供学术交流平台。（孔 菲）

教　育

综　述

【教育经费投入】 2022年，丰台区教育支出51.2亿元，全年国家投入教育经费10.57亿元，全区教育总投入资金61.32亿元，中小学固定资产总值39.6亿元。　（丰鉴编）

【“双减”工作】 2022年，全区建立“双减”（即减轻义务教育阶段学生过重作业负担和校外培训负担）专班，统筹区教委、区文旅局、区体育局、区科信局、区市场监管局等参与的非学科校外培训机构治理协调推进机制，通过摸清底数、判断类别、实地检查、专项巡检等方式掌握市场变化，合理引导市场预期，依法严厉查处非学科类校外培训机构恶意涨价、违规开课等行为，初判教育部平台中丰台区439家机构行业管理归属。制定《丰台区学科类校外培训机构常态化监督管理工作方案》，强化“政府统筹、属地管理，突出重点、分类治理，问题导向、标本兼治”3项监管原则，将学科类培训机构监管纳入街镇网格化综合治理体系，形成线索举报和信息反馈机制。由区级专班牵头协调，街镇主责落实，楼宇党组织（物业组织）协同配合，开展联合执法打击违规办学行为，促进矛盾纠纷的化解，该治理模式作为试点城市北京的4个案例之一入选教育部“双减”工作优秀案例。全区累计开展校外培训机构检查500址次，在元旦、春节、国庆节等节假日及因新冠疫情暂停线下等重点时期，统筹各街镇检查培训机构4000余址次，出动检查人员7200余人次，公开通报违规机构10家。

（魏国华）

【课程改革】 2022年，全区推进课程品质提升，开展中小学干部课程领导力提升培训8次，6次跨学科、14次传统文化种子教师培训，组织专家对学校课程建设针对性指导10次，完成课程建设与原创资源评审总结与启动。落实“行走的思政课”，召开深化新时代思政课改革创新推进大会；编写完成3本思政实践活动手册并发布，组织开展思政课程一体化精品课例征集评选，开展“立足历史资源优势，构建区域行走的思政课程”课题实践研究活动6次。推进“五育并举”（德、智、体、美、劳全面发展的教育理念）融合育人劳动教育实施，落实“丰台区全面加强新时代中小学劳动教育的实施方案”，组织召开学校劳动教育研讨会2次。推广“双减”之下课程育人丰台经验，在市级以上范围分享区域经验，承办首都师范大学“振翅计划”，介绍丰台学校课程建设案例。

（丰鉴编）

【德育教育】 2022年，全区创新活动育人模式，开展“2022年全民国家安全教育日”普法宣传活动、“见字如面·对话冬奥”书信交流活动、“我心中的最美教师”征集评选活动、“学习新思想，做好接班人”系列主题教育活动，推动理想信念教育常态化制度化。开展“养成教育”专题教育活动案例评选工作，引导学生养成良好的学习生活习惯，55所学校参与此次活动，征集学校案例34份、教师案例308份。开展“奋斗成就梦想，喜迎党的二十大”主题活动。强化思政课建设，面向中小学继续开展思政课程一体化课例评选，3月召开丰台区“行走的思政课”交流研讨会，推进《丰台区全要素、贯通式、实践性思政课程工作方案》实施，对评选出第一届北京市第十八中学牵头的《人民军队永远跟党走》、丰台区第一小学牵头的《永远跟党走——弘扬伟大的民族精神》等16组优秀课例进行表彰。9月面向大中小学开展第二届“丰台区思政课程一体化精品课例征集评选活动”。做好榜样引领，完成三好学生评选工作，2184名学生获区级称号、400名学生获市级称号；完成优秀班级评选，45个校级优秀班级获区级称号，20个校级优秀班级获市级称号。　（丰鉴编）

【法治教育】 2022年，区教委拟定丰台区教育系统八五普法规划、《丰台区教委法治宣传教育第八个五年规划重点任务分工》，加强青少年法治教育，围绕年度普法重点，以《中华人民共和国家庭教育促进法》正式实施，全民国家安全教育日、开学季等重要时间节点为契机，开展各类法治宣传活动。突出《中华人民共和国宪法》教育核心地位，自7月起，在全区范围内组织开展“学宪法讲宪法”系列活动，推荐6名选手参加市学宪法讲宪法知识竞赛及演讲比赛，扩大宪法宣传学习活动的覆盖面和影响力。贯彻落实《中小学法治副校长聘任与管理办法》，重新梳理各校法治工作主管领导及法治联络员名单及联系方式，摸清各校法治副校长情况底数，建立法治副校长配备情况台账，选取21所试点学校，与区法院对接开展法治副校长聘任工作，围绕未成年人保护、校园欺凌、交通安全等师生、家长关注涉法热点，开展“开学第一课”教育活动。与区法院联合开展法治进校园系列活动，开展法律实践课堂，提高青少年法治素养和水平。建立“院校联动”机制，区法院院长进学校，对中小学生进行法治教育。支持学校参加“模拟法庭”项目，利用法治副校长资源，在校开展模拟法庭，提升学生法治意识，锻炼学生综合能力。

（丰鉴编）

【学校建设】 2022年，全区构建教育共同体，调整现有教育集团办学布局，扩大5个以高中示范校为龙头的教育集团规模。全区有17个教育集团，涵盖学校88个、在河西地区（丰台区永定河以西地区）布局北京十二中分校、十一学校丰台小学分校等5所重点中小学、幼儿园，支持河西地区教育发展。北京教育学院丰台附属实验学校（高中部）建设项目和北京十二中联合总校丽泽国际学校项目完成验收，并分别实现办学。丰台区师范学校附属小学改扩建工程完工验收。长辛店铁路中学改扩建工程和北京十中晓月苑校区完工，进入竣工验收备案阶段。北京十中槐树岭校区建设工程、北京师范大学第四附属中学建设项目、北京教育学院丰台分院附属实验学校建设项目、北大附小丰台学校改扩建工程、北京十一学校中堂实验学校配套设施工程正在实施。北京教育学院丰台分院附属实验幼儿园项目、北京丰台区丰台第一小学丽泽分校项目（原周庄子配套教育用地项目）、西局三期配套教育（中关村三小丰台学校）新建项目、北京市十二中河西分校新建项目、十一学校丰台小学河西分校新建项目、丰台五幼河西分园新建项目、北京第五实验学校、北京丽泽金融商务区A02地块幼儿园项目、北京丽泽金融商务区菜户营地块幼儿园项目逐步推进前期选址、立项批复等工作。（丰鉴编）

【教育科研项目】 2022年，全区组织全国课题申报3项、北京市课题95项，批准立项校本2项，一般16项。组织申报第六届全国教育科学研究优秀成果工作，北京十二中获二等奖。组织申报2021年北京市基础教育教学成果奖，申报课题60项，向市里推荐18项，丰台教育分院高英、北京市第十二中李有毅、北京市第十八中管杰、郑剑春，丰台一幼获二等奖。全区757篇论文参与北京市基础教育科研优秀论文评奖，其中获一等奖66项、二等奖137项、三等奖167项。（丰鉴编）

【义务教育课后服务】 2022年，全区义务教育阶段107所学校全部开展课后服务，有8313名教师参与。其中，优秀教师占比33.9%，97.85%学生接受课后服务。每个学校根据学生学习和成长需求整体规划、系统设计课后服务内容，结合各自办学特色，统筹开展课业辅导、体育锻炼、综合素质拓展等课后育人活动。课业答疑、辅导打破班级、年级界限，发挥优秀教师的作用，帮助学生解决学科学习中存在的问题，同时面向学有余力的学生，拓展学习空间；开展体育锻炼时，落实学生每天1小时体育锻炼的要求，学生当天没有体育课的，要在课后服务时间段安排参加体育锻炼；综合素质拓展时，开展德育主题教育活动、学科讲座、劳动实践活动，通过艺术、科普活动以及娱乐游戏、拓展训练、社团、兴趣小组等激发学生的热情。（丰鉴编）

【校园安全教育】 2022年，区教委落实安全工作责任制，坚持每季度研究安全工作责任制，开展“安全生产百日攻坚”行动，对438所校（址）开展督查检查，发现隐患问题186项，整改销账率100%。（丰鉴编）

【体育教育】 2022年，区教委围绕北京市体育与健康考核评价改革，制定工作方案和实施细则，组织义务教育阶段学校参加培训学习，督促学校落实方案要求。组织完成学生体质健康测试及抽测和数据报送工作。落实体教融合，完善学生体育竞赛体系，组织举办区级校园足球、篮球，中小学田径运动会、定向越野比赛、空手道比赛等竞赛活动。鼓励支持学校体育特色发展，围绕全区教育强基工作，制定学校体育配套方案。规范体育中高考的组织工作，组织7066名八年级学生开展北京市义务教育体育与健康过程性考核统测工作。（丰鉴编）

【艺术教育】 2022年，区教委承接市教委“我和祖国一起成长”大型演出任务，组织开展第二十五届学生艺术节及市级展演活动。组织参加阳光艺术节市级展演及市级项目承办工作。组织中小学做好学校美育发展测评工作，撰写全区年度美育发展报告；指导学校做好艺术特色校、中华传统文化传承学校申报学习、准备工作。（丰鉴编）

【“接诉即办”工作机制】 2022年，全区教育系统受理市民服务热线“接诉即办”来件14575件。其中，受理11866件、回退2709件；上报申请不计入考评材料7909件、挂账2件。全部办结，响应率、解决率和满意率均为100%。主要涉及新冠疫情管理、民办机构管理、幼儿园和义务教育招生及教学管理、教育设施建设及配备、教师队伍建设、学校噪声扰民、食堂及营养餐质量等内容。（原家美）

教育管理

【概况】 2022年，北京市丰台区教育委员会（简称区教委）全面推进“四方责任”（在新冠疫情期间，全面落实属地、部门、单位、个人四方责任，建立全社会共同防控体系）落实。优化教育资源布局，北京第五实验学校、北京丽泽国际学校、丰台区建华学校等一批学校实现开学。调整现有教育集团办学布局，扩大5个以高中示范校为龙头的教育集团规模，发挥集团化办学辐射带动作用。在河西地区布局北京十二中分校、十一学校丰台小学分校等5所重点中小学、幼儿园，支持河西地区教育发展。巩固校外培训机构治理成果，做好学科类校外培训机构检查与日常管理工作，统筹协调非学科培训治理，完成市级重点民生实事项目2项、区级重点民生实事项目2项、区政府折子工程任务5项。全区教育投入总资金61.32亿元，中小学固定资产总值39.6亿元。区教委统筹抓好新冠疫情防控与教育教学，及时研判新冠疫情情况并调整教育教学安排，加强在线课程资源建设，开展巡课、教研和研讨交流活动。关注学生身心健康，开发针对不同年龄段学生心理调适课程，开展线上家访活动。完善育人模式，推进“全要素、贯通式、实践性”思政课程建设。确定76所区级家校共育课程实验校，面向8000余名家长开展家庭教育讲座，推出线上大讲堂28期。

（武卫华）

【接收4所小区配套幼儿园】 2022

年，区教委陆续接收4所小区配套幼儿园资料及装修改造项目。分别为金通阳光苑配套幼儿园1所、青龙湖二期翡翠西湖配套幼儿园1所、葛洲坝紫苑嘉园配套幼儿园1所、石榴庄地块金茂府配套幼儿园1所。（李业龙）

【义务教育学科类培训机构管理】 2022年，全区有面向义务教育学科类培训机构8家，分别为北京市丰台区新光明文化艺术培训学校、北京市丰台区桃李培训学校、北京市丰台区方志文化艺术培训学校、北京市丰台区创佳培训学校、北京市丰台区怡海新世纪培训学校、北京市丰台区华英培训学校、北京市丰台区精华培训学校、北京市丰台区新乐萌学科培训学校。全部登记为非营利性质，纳入资金监管计260万元。（魏国华）

【学生资助】 2022年，全区区属公办性质幼儿园及普惠性民办幼儿园就读的受助儿童均享受免交保教费政策。学前教育资助资金发放70余万元；全区内具有本市学籍义务教育阶段就读的受助学生义务教育资助资金发放1500余万元；全区根据国家有关规定批准设立普通高中学校就读的受助学生资助资金发放50余万元；全区根据国家有关规定批准、设立、实施全日制中等学历教育的各类职业学校就读的受助学生发放助学金23万余元。（徐文宇）

【区少年宫】 丰台区少年宫（简称区少年宫）是区教委直属、公益性质的现代化校外教育机构，分3址办学，分别为本部校区、西校区和东校区。3个校区总占地面积35813平方米、校舍建筑面积24266平方米、运动场地面积9082平方米。固定资产总值4816万元，教育经费投入7380万元。区少年宫内设部门16个，有干部教师158人，其中硕士研究生46人、大学本科102人；高级职称38人、中级职称57人；市级骨干学科骨干教师1人、区级学科带头人4人、区级骨干教师29人、区级新秀2人。2022年，本部有艺术专业教室及多功能厅、排练厅，东校区有丰年艺术楼，西校区有科技工作室、Rong未来艺术馆。3个校址有专业工作室120余间，专业项目90余个，兴趣小组2000个。每周为约1.3万人次青少年儿童提供艺术、科技、体育等专业全素养课程服务。打造北京市阳光少年艺术团及金帆书画院等高水平学生社团与特色工作室，有民乐团、西乐团、舞蹈团、合唱团、表演艺术团、音乐剧团等20余个“小星星”艺术团；机器人社团、编程社团、模型社团、微电影社团、跆拳道俱乐部等科技、体育社团；面塑工作室、版画工作室、动漫工作室、沙画工作室、陶艺工作室、“习养”教室等特色工作室。依托“教师发展工程”，建立健全骨干教师、学科带头人导师带教工作，打造专业教师团队，开发线上多媒体教学资源，推出“丰少公益云讲堂”，辐射受众4万余人。发布“RONG文化”——容情、融趣、荣创造的教育理念，面向青少年，打造少年宫生态圈，通过特色发展和示范带动，提升体育、艺术、科技教育育人水平。（张　巍）

【线上心理咨询服务】 1月21日至2月20日，区心理健康教育云平台在“携手抗疫、相约冬奥，我们一起过大年”主题活动背景下，面向全区中小学在校学生、教师和家长，提供覆盖整个寒假（包括春节假期）的心理咨询网络一对一服务。组建心理教研员、市区级心理骨干教师28人网络心理辅导团队，每天安排3人同时于18：00至21：00在线辅导，处置心理危机个案5个。寒假期间，区心理健康教育云平台为143人次提供咨询服务。（康菁菁）

【北京钱学森中学揭牌】 9月1日，北京钱学森中学举行主题为“青春献礼二十大，真善美新征程”的开学典礼暨北京钱学森中学揭牌仪式活动，原北京十二中钱学森学校正式更名为北京钱学森中学。学校位于丰台区东高地街道万源南里甲41号，周边有航天技术研究院，总建筑面积41264平方米，是北京十二中联合学校总校所属成员校之一，启用时定名为北京十二中钱学森学校。学校是全国唯一一所以“钱学森”冠名的完全中学，以传播钱学森精神和航天精神为己任，用钱学森大成智慧学思想整体设计规划课程建设，创新性实践与特色化培养相结合，创建活动平台，打造科技航天与人文素养相结合特色课程，在教育实践中探索创新人才培养模式。钱学森之子钱永刚担任学校荣誉校长。（周　洋）

【3所学校投入使用】 9月，北京丽泽国际学校、丰台区建华学校、星河城3所配套小学投入使用，共增加学位2560个。北京丽泽国际学校是全区首家国际学校，总用地面积约19462平方米，总建筑面积约34291平方米，建设地点位于菜户营，建设内容为教学楼和宿舍楼，规模为24班；建华学校总用地面积约18399平方米，总建筑面积约24709平方米，建设地点位于小屯西路，建设内容包括新建教学综合楼、文体综合楼、田径场、传达室等，规模为24班；星河城配套小学建设地点位于马家堡街道，总建筑面积约5125平方米，占地面积约12300平方米，建设内容包括新建教学综合楼、操场等，规模为16班。（李业龙）

师资队伍

【概况】 2022年，丰台区实施推进义务教育学段教师交流轮岗工作实施方案，2022年全职跨校交流教师计867人。在全区进行区级师德榜样、师德先锋选树活动。统筹全区学校编制管理，均衡校际教育资源，建立超编教师资源调配库，用于调剂缺编事业单位人员需求，全年为26所缺编学校借编110人；为基层学校135名临时聘用教师进行需求审批和备案审核，解决学科教师缺口问题。全区有教职工19087人，分别为幼儿园8210人、小学4698人、中学5797人、中等职业学校339人、特殊教育43人，其中专任教师13406人，包括正高级职称72人、高级职称580人、中级职称1325人（职称数据不含中等职业学校）。有北京市特级教师83人、北京市骨干教师148人、北京市学科教学带头人28人。27名教师通过市中小学正高级教师职称评审。各级各类骨干教师占专任教师总数30.48%。开设教师专业必须及选修培训课程244门，采用面授和网授相结合方式，培训干部教师16万人次。（任 玥）

【教师交流轮岗工作】 2022年，区教委牵头制定印发《丰台区推进义务教育学段教师交流轮岗工作实施方案（试行）》，对义务教育学段教师交流轮岗进行规定，全区主要采取3种方式开展教师交流轮岗，分别为全职交流、非全职交流、骨干教师全员带教。2022学年全职跨校交流教师计867人，占符合条件总人数的18%；通过跨校兼课、课后服务、在线辅导等形式非全职交流1129人，占符合条件总人数23.5%；全体正高、特级、学科带头人等骨干教师全员带教，区级骨干以上教师1485人，均参与带教工作，带动引领普通教师1600余人。（任 玥）

【中小学创新人才培养】 2022年，区教委加强学校内涵建设和特色发展，探索拔尖创新人才培养模式，构建小初高纵向衔接创新人才培养体系，推进高中育人方式改革，对接高校强基计划，强化学科竞赛工作。推进全区学科创新人才培养基地建设项目，继续实施“领航计划”。实施“翱翔计划”“雏鹰建言”项目，组织中学参与模拟“政协、人大、联合国大会”等活动，开展中小学创客教育。（丰鉴编）

【师德先锋选树】 2022年，区委教工委、区教委、区教育工会共同印发《丰台区师德榜样、丰台区师德先锋选树及事迹展示工作方案》，经校级展示，工会协作片组评审，区级公示等环节，最终选树区级师德榜样60人、全区师德先锋341人，覆盖各学段各单位，引导广大教职工以师德先进人物为榜样，弘扬高尚师德师风，强化教师队伍建设。（王云鹏）

【教育信息化技能与应用评优】 3月至10月，北京教育学院丰台分院信息中心开展2022年度全区教育信息化技能与应用评优活动。活动面向中小学学生征集数字创作类作品、计算思维类、智能机器人类学生作品462件；面向中小幼教师征集教师课件、微课、融合创新应用教学案例、教育技术创新论文、e师杯创新实践课例、基础教育精品课1195件。依据作品评审指标，通过专家团队评审，评出区级奖项：学生作品264件、教师作品632件、优秀组织单位16个。市级活动总计获奖212件，其中中学生作品117件、教师作品95件。国家级教育信息化交流展示活动总计获奖110件，其中中学生作品37件、教师作品73件。（韩 佳）

【劳动教育实践研讨会暨课程领导力培训】 11月30日，2022年度全区劳动教育实践研讨会暨区课程领导力培训活动举办。学校代表从劳动教育课程体系构建、特色劳动教育课程打造、国家课程有机融合、项目式学习推动劳动教育创新实践、校内劳动基地的建设与实践等维度进行案例分享。首都师范大学教师、教育学院和北京教科院课程教材发展研究中心相关工作人员进行点评指导。丰台分院综合实践学部教研员，全区各学校劳动教育主管领导，课程负责人，劳动学科、通用技术学科教师和相关开展劳动教育的教师300余人线上参会。（王志强）

【体艺劳学科线上教学经验交流】 12月1日，“居家学习也要多姿多彩——2022年丰台区中小学体育、艺术、劳动教育线上教学经验交流会”召开，活动采取“线上＋线下”相结合方式，线上直播参与超12万人。全区各中小学教学干部和体育、艺术、劳动学科教师近2000人线上参加会议。会议分析总结全区已有线上教学经验，提出问题与建议，促进各学校落实新课程标准，全面推进五育并举，充分发挥体育、美育、劳动教育的育人功能，保障线上教学期间体育、艺术、劳动教育课程开足开齐，确保线上教学质量。（杨俐嘉）

学前教育

【概 况】 2022年，全区有幼儿园147所（其中：教育部门办园27所、其他部门办园5所、地方企业办园4所、事业单位办园1所、部队办园13所、集体办园25所、民办园72所）。新建幼儿园1所。开设教学班1675个，入园14085人，离园12688人，在园45939人；教职工8210人，其中专任教师3765人。区教委提升学前普及普惠水平，推动首经贸大学附属幼儿园开园，完成怡海幼儿园等3所民办幼儿园和6处社区办园点实施普惠性收费，增加普惠性学前学位1560个。区域学前教育普惠性幼儿园覆盖率始终保持在90%以上。向部门办园及社区办园点累计拨付市级生均补贴1.82亿元，向办园点拨付区级生均补贴1890余万元；向14所幼儿园下发中央经费416万元，支持幼儿园排除安全隐患；为3所幼儿园申请扩班玩教具经费，支持园所扩大招生规模。科学推进幼小衔接、托班试点研究，全面开展基础薄弱园、社区办园点帮扶工作。北京市幼儿园办园质量督导评估结果均为合格。（陈雅宁 武卫华）

【托班试点】 2022年，区教委依托部门办园，建立托班试点3处，分

别为北京航天华盛幼儿园、中国人民解放军海军航空兵部幼儿园和中国人民解放军总医院第五医学中心幼儿园。（丰鉴编）

【首都经济贸易大学附属幼儿园开园】 10月28日，丰台区第一所由高校举办的公办性质幼儿园——首都经济贸易大学附属幼儿园举行开园仪式。幼儿园位于丰台区芳菲路78号院2号楼（首经贸大学东侧），总占地面积3900平方米、建筑面积3630平方米。办学规模为9个班、270个学位。在满足首经贸工会会员二代子女托幼需求基础上，面向符合入园条件的属地对口社区（紫苑嘉园）业主二代子女招生，招生年龄范围为符合入学标准3至6岁幼儿。（杨玉朝）

【幼儿园教师能力提升工程2.0培训】 7月至12月，北京教育学院丰台分院教师发展中心以线上线下相结合方式开展信息技术应用能力提升工程2.0培训。发展中心组织279名区级培训团队和幼儿园信息化管理团队学员完成40学时专项培训，开展区域活动437个，提交成果627个，观看课程4164节；组织幼儿园3677名教师完成50学时全员培训，提交成果7376个，观看课程102052节。形成“一划两案”优秀案例10个，较好“一划两案”案例24个；优秀融合创新应用教学案例77个；区级评选出优秀组织实施典型案例7个，教师信息技术与教育教学深度融合的优秀创新实践案例22个。（刘勇霞）

中小学教育

【概况】 2022年，全区有小学70所（其中：教育部门办校65所、民办校5所），初级中学11所（教育部门办校10所、民办校1所），完全中学12所（教育部门办校11所、民办校1所），高级中学4所（民办校4所），九年一贯制学校15所（教育部门办校12所、其他部门办校1所、民办校2所），十二年一贯制学校7所（教育部门办校5所、民办校2所）。教学班3007个（小学2019个、初中666个、普通高中322个），小学招生12067人、初中招生6856人、普通高中招生3955人；小学毕业8569人、初中毕业5849人、普通高中毕业2463人；在校小学生68750人、初中生20992人、普通高中生10415人。初中入学率、巩固率、毕业率均为100%。中小学教师合格率100%。中小学（公办）总占地面积2209036.74万平方米，总建筑面积1514977.23万平方米。中小学（公办）纸质图书藏书4129813万册。全年中小学教育经费投入29.96亿元。设立教育集群8个，教育集团17个。区教委研究起草《丰台区基础教育“强基工程”实施方案》及专项工作方案，对基础教育改革进行整体谋划。实施项目化学习区级教改实验项目，13个领航实验学校参加首批研究与实践，组织开展“项目学习展示月”，对阶段性成果进行总结。组织2批69所项目学校稳步实施义务教育学校品质提升工程，开展第三批24所项目学校申报工作。制定高中多样化发展改革方案，通过市级论证，实施年度普通高中高品质示范学校、品牌特色学校建设项目，促进高中内涵式发展。落实“双减”要求，继续实施课堂教学评价和作业设计研究，组织作业案例和作业设计征集与评选活动，评选出优秀作业案例419个。获“建团100周年北京市五四红旗团委”“第六届北京市中小学新任教师‘启航杯’教学展示活动优秀组织奖”“北京职业教育质量年度报告优秀单位”等；获“2022年冬奥会和冬残奥会‘共赢未来’中外青少年人文交流活动优秀组织奖”“第十一届‘兰亭杯’北京中小学生书法大赛优秀组织奖”“北京市中小学社会大课堂2022年博物馆教育研讨活动优秀组织单位”。（陈雅宁　武卫华）

【丰台区高考录取】 2022年，全区有参加高考考生2719人。其中，统考考生2706人、单考考生3人、小语种考生10人（在外区考试）。安排考点13个。全区普通高等学校招生录取考生2690人。其中，本科2090人、专科600人。（张　峰）

【初中学业水平考试及中招】 2022年，中招报名学生5946人，参加初三学考学生5818人，其中有升学资格考生5596人。安排考点20个；参加初二学考学生7195人，安排考点17个。截至8月底，录取考生5300人，其中普通高中合计录取3638人（示范高中录取1626人、一般高中录取2012人），占录取总人数的68.64%；各职技类学校录取1662人，占录取总人数的31.36%。（侯　健）

【普通高中学业水平合格性考试】 1月，第一次高中学考合格考报考人数3845人，计16803科次，安排考点7个（常规6个、备用1个），计583场次；9月，第二次高中学考合格考延期至21到23日举行，报考人数4347人，计15748科次，安排考点19个（常规18个、备用1个），计634场次。（侯　健）

【义务教育阶段入学】 2022年，全区坚持义务教育阶段免试就近入学原则，不断完善义务教育入学办法，稳步推进多校划片为主的入学方式，小学入学全面实行“六年一个学位”。同时通过新增优质教育资源招生、定向跨片区招生、优化集团+集群贯通培养招生等方式，满足适龄儿童少年入学需求。入学面审改为线上审核，与学校共同完成线上审核12000余人次。全区接收12172名适龄儿童入小学。其中，本市户籍儿童9252人，占总人数的76.01%；非本市户籍儿童2920人，占总人数的23.99%。接收7080名小学毕业生入初中（含第五实验学校）。其中，本市户籍5828人，占总人数的82.32%；非本市户籍1252人，占总人数的

10 月 26 日，全区“新时代好少年”先进典型发布活动举行　（区教委　供图）

17.68%。（严　华）

【小学分科教育推进】 2022 年，全区小学中高年级全部实行分科教学。全区校两级建立作业监控机制，完成暑期作业备案及自查、抽查工作。召开教育教学干部交流会，从线上教学的教学规范，到期末的乐考、特殊学生管理、课后服务、新课标落实等多角度进行交流研讨。

（丰鉴编）

【依法治校达标创建】 2022 年，区教委结合《北京市中小学校依法治校基本标准》，按照“学校自查+区级抽验”相结合方式，组织全区各中小学校开展依法治校基本标准自查自评，103 所学校完成达标创建工作，达标率 100%。（丰鉴编）

【心理健康教育】 2022 年，区教委组织开展多种形式心理健康服务，为 8 所学校 1200 余名初高三学生做备考心理讲座和小组辅导。为中小学教师提供 10 场、1000 人次心理专题讲座与团体辅导。开展网络心理教育，通过沙燕心理网“认识自我、学会学习、人际交往、情绪调适、生涯规划”等栏目，定期更新文章，方便学生和家长阅读学习，点击量 5 万余次。（丰鉴编）

【家校协同教育】 2022 年，全区出台《丰台区中小学家庭教育指导师队伍建设方案》，建立丰台区家校共育课程实验校 76 所。组建“丰台区中小学家庭教育指导师队伍”，开展《家校共育课程》使用经验征集，征集学校经验总结 19 份、教师案例 216 份、家长案例 128 份、学生故事 98 份，制作“与孩子共成长”家庭教育微讲座，发布 10 期，阅读量 8.9 万人次。（丰鉴编）

【中小学科技教育示范学校评审认定】 2022 年，区教委组织完成市中小学科技教育示范学校申报评审认定工作，北京市第十二中学、北京市第十八中学、北京市丰台区东高地第三小学等 23 所学校被评为丰台区中小学科技教育示范学校。

（丰鉴编）

【中小学德育干部宣讲活动】 1 月 5 日至 7 日，全区中小学通过线上方式开展主题为“完善一体化德育方案，提高德育工作实效性”德育干部宣讲活动。全区中小学近 120 名德育干部参加宣讲和观摩活动。学校一体化德育体系实施方案在全方位梳理、总结、反思学校德育工作实施情况基础上，整体构建学校一体化德育工作体系，突出可操作性和可借鉴性，并形成学校德育工作特色亮点。（简作军）

【区首届“5·25”心理板报评选活动】 5 月 23 日，北京教育学院丰台分院心理教研室主办的全区首届“5·25”心理板报征集与评选活动结束。活动征集面向全区小学四年级、初一年级、高一年级开展，历经各校组织推荐，学校初评，区复评、终评，154 部中小学生心

12 月 9 日，“丰台少年二号暨少年梦想二号”成功发射，丰台区 10 所中学 31 名学生参与课题研究　（区教委　供图）

理板报作品分获特、一、二、三等奖。（卢元娟）

【“新时代好少年”先进典型发布活动】 10月26日，“争做丰台新时代好少年”——2022年全区“新时代好少年”先进典型发布活动在北京教育学院丰台分院举行。获评2021年首都“新时代好少年”、2022年“新时代好少年”学生代表以及教师代表参加。活动另设分会场，各中小学主管领导、德育干部、团队干部、宣传干部等相关人员线上观看。首都“新时代好少年”代表长辛店第一小学六2中队王子钊、北京市第十八中学团委书记曹盼作发言。此次活动全区推选近100名好少年候选人，相关成员单位组成评审组，最终有20名候选人当选“丰台区新时代好少年”，20名提名“丰台区新时代好少年”。活动现场同时启动2022年“丰台区新时代好少年”先进典型巡展活动。

（李晓季）

【“请党放心强国有我”中学生辩论赛】 11月12日至12月17日，区教委“请党放心强国有我”2022年全区第四届中学生辩论赛开赛。辩论赛辩题聚焦“北京老城区改造、自媒体商业化运作”等热点话题，旨在以辩题为指引，加强思想引领，以赛促学，增进和提升学生国家认同、国际理解、人文积淀、理性思维、批判质疑、勇于探究等方面能力。11月12日、13日以线上形式正式开赛，全区21所初中校、10所高中校参加，累计开展40多场辩论，参赛辩手300余人。北京市第十二中学、北京市第十八中学、中国教育科学研究院丰台实验学校分别获得高中组冠、亚、季军。在初中组三甲中，北京钱学森中学斩获冠军，北京市第十二中学获亚军，北京市丰台第八中学（北大地校区）、北京市赵登禹学校并列季军。首师大附属丽泽中学等4所学校参赛队伍获优秀辩论队奖，丰台二中等8所学校参赛队伍获最佳风采奖，丰台区外国语学校等9所参赛学校队伍获最佳组织奖。东铁营一中马紫君、首师大附属云岗中学童闽荣等60名同学获优秀辩手称号，北京教育学院附属丰台实验学校刘涵、中国教育科学研究院丰台实验学校邵智佳等11名同学获最佳辩手称号。北京钱学森中学关琦、北京市第十二中学李彩云等13名教师分别获得冠亚季军指导教师奖，北京市第十中学陈佳怡等8名教师获得优秀指导教师奖，北京市丰台区外国语学校郭子璠等26名教师获得指导教师奖。（李晓季）

【“丰台少年二号”科普卫星成功发射】 12月9日14点35分2秒，“丰台少年二号暨少年梦想二号”科普卫星（代号CAS-5A）搭载捷龙三号遥一运载火箭在位于黄海海域的海上发射平台上发射升空，724秒后卫星顺利从运载火箭分离进入预定轨道；数分钟后，东南亚和澳大利亚的业余无线电爱好者接收到卫星信标信号和遥测信号，并通过卫星无线电转发器进行双向无线电通信，“丰台少年二号暨少年梦想二号”卫星发射成功。2016年11月10日，中国第一颗由中学生参与研制的科普卫星——“丰台少年一号暨少年梦想一号”卫星已在酒泉卫星发射基地搭载长征11号运载火箭成功发射升空。“二号卫星”无线电通信功能更加强大，增加太空摄影、图像传递发送、实验搭载等多项功能，技术要求更高。（毛　峰）

2022年丰台区小学一览表

表18

序号	学校名称	校长	邮政编码	学校地址
一、教育部门				
1	北京市丰台区东高地第一小学	沈静洁	100076	东高地斜街1号
2	北京市丰台区东高地第二小学	陈丽颖	100076	东高地万源东里75栋
3	北京市丰台区东高地第三小学	陈翠敏	100076	东高地梅源小区内
4	北京市丰台区东高地第四小学	徐艳红	100076	东高地万源南路2号
5	北京市丰台区五爱屯小学	杨　静	100076	南苑西宏苑小区6号楼
6	北京市丰台区槐房小学	辛　洁	100076	槐房村335号
7	北京市丰台区南苑镇第一小学	—	—	—
8	北京市第十八中学附属实验小学	王志清	100078	方庄芳星园二区9号楼
9	北京市丰台区东铁匠营第一小学	徐　绯	100075	蒲黄榆路胡村1号

续表 18

序号	学校名称	校长	邮政编码	学校地址
10	北京市丰台区芳城园小学	陈 立	100078	方庄芳城园二区 1 号
11	北京市丰台区芳古园小学	刘爱华	100078	芳古园一区 19 号楼
12	北京市丰台区蒲黄榆第一小学	张小军	100075	蒲黄榆西里 3 号楼
13	北京市丰台区成寿寺小学	吴新升	100078	成安路 16 号
14	北京市丰台区芳星园第二小学	张光彦	100078	芳星园三区 21 号
15	北京市丰台区芳群园小学	王君霞	100078	方庄芳群园一区 14 号
16	北京教育科学研究院丰台实验小学	祁 红	100079	顺八条 8 号院二区 3 号楼
17	北京市丰台区大红门第一小学	闫卫华	100075	大红门西前街 24 号
18	北京十一学校丰台小学	曹 君	100079	石榴庄南里 2 号
19	北京市丰台区东罗园小学	王艳荣	100075	马公庄 5 号楼
20	北京市丰台区时光小学	余 芳	100079	石榴园北里 20 号楼
21	北京市丰台区东铁匠营第二小学	许 芳	100079	北铁营 259 号
22	北京市丰台区西罗园小学	王芃芃	100068	海户西里 12 号
23	北京市丰台区草桥小学	林艳玲	100067	草桥欣园四区
24	北京市丰台区角门小学	张会军	100068	角门东里甲 30 号
25	北京市丰台区西罗园第六小学	房建国	100068	西罗园南里 9 号楼
26	北京市丰台区西马金润小学	赵秀云	100068	西马场南里二区 25 号
27	首都医科大学附属小学	张悦峰	100069	右安门外东二条 51 号
28	北京市丰台区艺术实验小学	刘 洪	100069	右安门外翠林小区三里 4 号楼
29	北京市丰台区西罗园第五小学	黄书亮	100077	西罗园三区 16 号楼
30	北京市丰台区玉林小学	梁秀桥	100069	右安门外玉林里 18 号
31	北京教育学院丰台分院实验小学	郑海生	100055	莲花池南里 15 号
32	北京朝阳芳草地国际学校丽泽分校	张 健	100073	丽泽路 1 号院 4 号楼
33	北京市丰台区太平桥第二小学	杨国梅	100073	太平桥 8 号
34	北京市丰台区靛厂小学	李德华	100039	卢沟桥乡靛厂村甲 300 号
35	北京市丰台区丰台第一小学	王艳红	100071	东安街 1 号
36	北京市丰台区丰台第五小学	李 磊	100071	西四环南路 78 号
37	北京市丰台区师范学校附属小学	李艳红	100071	文体路 30 号
38	北京市丰台区丰体时代小学	张拥军	100166	丰体南路 1 号院 10 号楼
39	北京市丰台区丰台第七小学校	王 莉	100071	丰台东大街东里 10 号
40	北京市丰台区小井小学	孙向东	100161	小井村 338 号
41	北京市丰台区丰台第二中学附属实验小学	何石明	100166	小屯西路兴景路 300 号

续表 18

序号	学校名称	校长	邮政编码	学校地址
42	北京市第十二中学附属实验小学	司学娟	100166	丰仪路 3 号院
43	北京市丰台区卢沟桥第一小学	李　静	100165	卢沟桥城内街 155 号
44	北京市丰台区卢沟桥第二小学	张利民	100165	卢沟桥南里 32 号
45	北京市丰台区长安新城小学	张　波	100141	大成南里一区 11 楼
46	北京市丰台区丰台第八小学	赵艳蓉	100070	韩庄子二里 8 号楼
47	北京市丰台区丰台第五小学万柳分校	曹　洁	100070	万柳园小区 10 号楼
48	首都经济贸易大学附属小学	张晓红	100070	南大元 290 号
49	北京小学丰台万年花城分校	王　强	100070	万年花城万芳园二区 4 号楼
50	北京市丰台区丰台第二小学	刘海莉	100070	丰台南路 107 号
51	北京市丰台区纪家庙小学	王　红	100070	于家胡同 59 号
52	北京铁路分局北京铁路职工子弟第十一小学	杨凤娥	100070	葆台村 140 号
53	北京市丰台区新发地小学	徐学敏	100160	天伦锦城 12 号楼
54	北京市丰台第八中学附属小学	李　宏	100070	富锦嘉园三区 12 号
55	北京市丰台区黄土岗小学	李　静	100070	后黄土岗 3 号
56	北京市丰台区丰台第二中学附属看丹小学	单巍巍	100070	建新路 36 号
57	北京市丰台区阳春小学	刘　彤	100070	羊坊村 111 号
58	北京市丰台区四合庄小学	张　颖	100070	花乡育仁里 2 号院
59	北京市丰台区长辛店第一小学	吴亚民	100072	长辛店大街 145 号
60	北京市丰台区长辛店第七小学	李旭红	100072	长辛店陈庄大街 4 号
61	北京市丰台区丰台第一小学长辛店分校	陈宝忠	100072	长辛店张郭庄南路 3 号
62	北京市丰台区扶轮小学	孙少红	100072	长辛店崔村一里 7 号
63	北京市丰台区长辛店中心小学	李军玲	100072	槐树岭 5 号院
64	首都师范大学附属云岗小学	张德江	100074	云岗北区西里 7 号
65	北京市丰台区王佐小学	张德江	100074	王佐镇云岗新村 78 号
二、民办				
66	北京市丰台区康华小学	—	—	—
67	北京市蓝天丰苑学校	—	—	—
68	北京市丰台区铎应小学	白秀英	100075	光彩路 67 号院
69	北京市丰台区怡海小学	刘志国	100070	南四环西路 129 号富泽园 9 号楼
70	北京市丰台区晓月苑小学	李建忠	100165	卢沟桥南里晓月苑一里 14 号楼

2022年丰台区中学一览表

表19

序号	学校名称	校长	邮政编码	学校地址
一、教育部门和集体办				
1	北京市丰台区南苑中学	刘爱丽	100076	南苑西路1号
2	北京市丰台区东铁匠营第二中学	王新燕	100079	石榴园北里4号
3	北京市佟麟阁学校	蒋 玫	100075	大红门路60号
4	北京市丰台区和义学校	王海燕	100076	南苑北里三区12号
5	北京教育科学研究院丰台学校	张广利	100076	西红门南二街201号院1号楼
6	北京市航天中学	柳学袖	100076	万源北路3号
7	北京十一学校丰台中学	刘 笑	100079	石榴街四街1号
8	北京市芳星园中学	王瑛琨	100078	方庄芳城园三区10号
9	北京市第十八中学左安门分校	李金栋	100164	四方景园五区9号楼
10	北京四中璞瑅学校	丁 岚	100078	方庄紫芳园六区7号
11	北京市丰台区东铁匠营第一中学	丁建军	100075	永外蒲黄榆十二巷3号
12	北京市第十八中学	管 杰	100078	方庄芳星园二区11号楼
13	北京市右安门外国语学校	冯 雪	100069	右安门外玉林东里三区19号
14	北京市西罗园学校	王朝欣	100077	西罗园二区21号楼
15	北京市第十二中学南站学校	殷国庆	100077	洋桥北里5号
16	北京市赵登禹学校	徐 唯	100067	马家堡嘉园一里17号
17	北京师范大学实验中学丰台学校	蔡晓东	100069	北京市右安门外翠林小区二里22号
18	北京市丰台区卢沟桥中学	何石明	100165	晓月中路垂虹街2号
19	北京十一学校中堂实验学校	刘艳萍	100161	梅市口路2号院
20	北京教育学院附属丰台实验学校	郝玉伟	100141	大成南里四区24号
21	北京市丰台区太平桥学校	李 艳	100073	西客站南路27号
22	北京市丰台区丰台第二中学	何石明	100071	丰台镇东安街头条3号
23	北京市大成学校	徐朝辉	100141	青塔小区C区
24	北京市丰台区外国语学校	刘忠毅	100068	海户路10号院
25	北京市第十二中学	蒋炎富	100071	益泽路15号
26	北京市丰台第八中学	李 宏	100071	北大地一里16号
27	北京市首都师范大学附属丽泽中学	张曙光	100071	丰台路66号
28	中国教育科学研究院丰台实验学校	李晨辉	100071	程庄路90号
29	北京市丰台区黄土岗中学	冯 明	100160	黄土岗后街87号
30	北京教育学院丰台分院附属学校	单鸾娇	100070	三环新城丰桥路6号院
31	首都经济贸易大学附属中学	李智勇	100070	新华街2号
32	北京市丰台区长辛店学校	刘凤林	100072	朱家坟一里44号
33	北京市第十中学	曲兆军	100072	长辛店南关东里1号
34	北京市丰台区长辛店第一中学	高云虎	100072	长辛店扶轮胡同45号
35	首都师范大学附属云岗中学	张进兵	100074	云岗北区东里1号

续表 19

序号	学校名称	校 长	邮政编码	学校地址
36	中央民族大学附属中学丰台实验学校	蒙兰凤	100074	王佐镇西王佐村 25 号
37	中国人民大学附属中学丰台学校	汤步斌	100074	王佐镇民族苑路 9 号
38	北京第五实验学校	李有毅	100073	孟家桥南街 3 号院
二、其他部门				
39	北京市第十二中学体育分校	张　炳	100071	文体路 32 号
三、民办				
40	北京市丰台区怡海中学	杨　梅	100070	怡海路 3 号
41	北京市丰台区建华学校	杨　媛	100036	丰台区小屯路 102 号
42	北京市丰台区新北赋学校	李伟杨	100160	明春苑
43	北京丽泽国际学校	李有毅	100073	孟家桥南街 3 号院
44	北京市中桥外国语学校	张　磊	100068	草桥东路 26 号
45	北京市丰台区振华民生学校	—	—	—
46	北京市圣云中学	—	—	—
47	北京市第十二中学高中分校	—	—	—
48	北京市丰华中学	—	—	—
49	北京市明德中学	—	—	—

职业教育

【概况】 2022 年，全区有中等职业学校 5 所，分别为北京市丰台区职业教育中心学校、北京新桥外国语高中学校、北京市丰台区汽车维修职业学校、北京八一艺术学校、北京市文化艺术职业学校；毕业 493 人（不含成人中专）、招生 716 人（不含成人中专）、在校生 1932 人（不含成人中专）；有教职工 339 人，其中专任教师 210 人。公办学校占地面积 103575 平方米、产权建筑面积 53889.3 平方米、图书馆藏书 108250 万册；数字终端 2158 台，包括学生终端 1671 台、教师终端 487 台。全年教育经费投入 13520.11 万元。北京市丰台区职业教育中心学校有教职工 311 人，其中专任教师 196 人；高级职称 96 人、中级职称 89 人；市骨干教师 2 人、市学科教学带头人 2 人；有芳古园、芳群园、成寿寺、洋桥、贾家花园、三营门、木樨园 7 个校区。全区支持职教中心校加快专业群建设与教育教学改革，13 个项目纳入特高校建设项目名单，在北京市职业教育教学成果奖评选中获特等奖 1 项、一等奖 8 项、二等奖 2 项。承办 2022 年中国国际服务贸易交易会教育论坛职业教育分论坛，稳步推进“丝路学堂”“丝路工匠”双品牌建设和中德国际职业课程教育项目。“丝路学堂”工作入选北京“两区”建设改革创新案例。（周秀艳）

【教育帮扶工作】 2022 年，丰台区职业教育中心学校被教育部遴选为国家乡村振兴重点帮扶县教育人才

6 月 23 日，第二届“丝路工匠”国际技能大赛（中国赛区）开幕，图为丰台职教中心学校学生正在进行咖啡技艺赛项比赛（丰台职教中心学校 供图）

6月13日，丰台职教中心学校学生参加第二届“京雄”职业院校学生技能大赛。图为电商线上比赛直播（丰台职教中心学校 供图）

“组团式”帮扶北京中职牵头校。6月13日，承办2022年第二届“京雄”职业院校学生技能大赛，京雄2地5所职业学校199名学生参赛；10月9日至11日，组织承办国家乡村振兴重点帮扶县教育人才“组团式”帮扶内蒙古5所中等职业学校办学质量调研交流会，以线下+线上相结合的方式分5个场次举行；11月4日，承办2022首届“京雄”职业院校教师教学能力大赛，京雄2地7所职业学校84名教师参赛；11月13日，组织启动国家乡村振兴重点帮扶县教育人才“组团式”帮扶项目——内蒙古、河北职业院校教师素养提升工程，2地职业院校280余名教学主管干部、专业带头人、骨干教师参加培训。

（周秀艳）

【师生共创冬奥文创产品】 1月，丰台区职业教育中心学校师生共创冬奥文创产品“六合同春”献礼冬奥京绣新品发布。为迎接北京第二十四届冬奥盛会，该校“京绣工坊”师生发挥非遗技艺优势，融合非遗文化和冬奥精神文化元素，将“如意纹”“缠枝纹”“海水江崖纹”“荷花纹”“菊花纹”“祥云纹”6种中华传统纹样与速滑、雪橇、花样滑冰、单板滑雪、冰壶、高山滑雪6种冬奥项目图案进行完美结合，设计创作并发布京绣作品“六合同春”献礼冬奥。（周秀艳）

【职教教师教学能力比赛】 6月6日，全区职教教师教学能力比赛开赛。北京教育科学研究院姜丽萍以《教师教学能力提升再思考》为题，从比赛方案解读、教学误区与不足、教师能力提升建议进行精彩解读。6月17日，教研室精选4支获奖团队教师代表进行经验分享。7月2日，进行全区职教教师教学能力比赛，幼儿保育、非遗、语文、电子商务4支参赛队依次出场解读教学实施报告、讲解教学设计。专家评委从研读标准、材料选择、精神状态、片段设计、课程思政、课程整体认知、教学设计、作品特色等多个环节对参赛教师进行现场指导。最终2支代表队在北京市教学能力比赛中获得一等奖，1支代表队在全国教学能力比赛中获得二等奖。（王 恩）

【服贸会教育论坛职业教育专题研讨】 9月2日，由北京市教育委员会主办，区教委与丰台区职业与成人教育集团共同承办的“2022年中国国际服务贸易交易会教育论坛职业教育专题研讨”在北京园博园举办。论坛以“成就世界的职业教育——产业变革·数字赋能·技创未来”为主题，分主题报告、专题访谈、成果发布3个环节。国内外职业教育专家、学者和产教融合企业、知名校长80人线下参会，北京职业院校5000余人线上聆听。会上发布产教融合、国际合作等方面6项职教创新发展成果，丰台区职业与成人教育集团参与国际合作“工程师学院输出”项目——“中泰北京宴餐饮艺术与管理中心”成立，社会服务项目——乡村主播职业技能培训课程发布，产教融合“模式创新”项目——“数字非遗”校企合作项目启动，“时尚非遗”产业学院揭牌。（陶慧贤）

继续教育

【概况】 2022年，丰台区有职工大学1所（北京市丰台区职工大学）、市民终身学习示范基地2个，市民终身教育服务中心35个。区教委继续推行、宣传终身学习年，开展社区授课15次，培训学员6726人次。评选出第十三批区级首都市民学习之星13人。北京市丰台区职工大学（丰台社区学院）在望园东里23号办学。学院总占地面积8971平方米，职工书屋建筑面积64平方米，藏书29478册；有计算机275台；固定资产总值2968.4689万元，全面教育经费投入1648.57万元，其中财政性资金1648.57万元、信息化经费投入3.6万元；有多媒体教室26个，信息化设备资产总值240万元；网络信息点数22个，校园网出口总带宽210Mbps，电子邮件系统用户数3个，上网课程数207门，数字资源量4500GB；设专业教学团队6个，开设专业20个、课程143门；有教职工60人，其中专任教师23人，高级职称14人；各层次学历教育招生160人、毕业384人、在校生1000人。非学历继续教育方面，完成丽泽大讲堂4场，累计线上观众501097人次；为17个街道、2个镇1532名社区工作者开展社区工作者培训课15次，累计参加培训6726人次。累计完成考试组考培训5976人次。老年大学招收学员500人，开设大健康、生活艺术类、声乐类、书画类等课程18门、教学班28个，授课教师19人，参与线上学习1858人次。（陶玉侠）

【参加首都市民学习之星评选活动】 3月至7月，全区开展第十三批首都市民学习之星评选，经过全区各单位内部评选和网上申报等程序，15人进入初级评选阶段。评审组特邀市级专家指导综合评审，全面分析参评材料。经过评审专家组打分、综合评议等程序，13人被评为“北京市丰台区第十三批首都市民学习之星”，并代表全区参加北京市第十三批首都市民学习之星评选。经北京市教委专家组审核批复，1人被评为“北京市第十三批首都市民学习之星”。（陶慧贤）

【丰台区第十八届全民终身学习活动周】 10月至12月，丰台区举办第十八届主题为“学习贯彻二十大，终身学习向未来”全民终身学习活动周活动。活动周由区教委主办、全区26个街镇具体组织实施，开展活动147场，约4.3万人次参与。活动内容为开展党的二十大精神宣讲，交流学习体会；充分利用多媒体技术和各类开放、数字化学习资源开展活动，建立服务基层百姓终身学习的社会资源共享机制；“智慧助老”推动共学养老、学养结合、智慧乐学的老年教育发展新模式，营造良好终身学习新气象，助推全区学习型城区建设。（陶慧贤）

民办教育

【概况】 2022年，全区经审批在办各类民办学校89校97址。其中，民办幼儿园68所76址，在园幼儿21832人；民办中小学7校7址，在校学生4352人。丰台区采取“综合施策，一校一案”方式，完成“公参民”学校规范和学校名称规范工作。做好民办学校“接诉即办”工作，建立对民办学校接诉工作每周通报制度、年检考核制度，对于重点线索采取校长园长、科室工作人员、科长三级管理全程督办，提高响应率、满意率、解决率。指导民办中小学、幼儿园落实新冠疫情防控主体责任，推进幼儿新型冠状病毒疫苗接种工作。在园幼儿20401名中19251名幼儿完成第二针接种，全程接种率94%。区教委民办教育科办理完成12所民办学校终止办学、33所民办学校名称变更、1所学校变更举办者、1所学校变更地址、1所民办幼儿园新设立事项。（苏媛媛）

【丰台区民办学校年检】 2022年，区教委民办教育科开展2021年度民办学校年检工作。90所民办学校提交年检申请，经区教委会议审议批准89所学校通过年检并延续办学许可证有效期。其中，合格69所、基本合格20所，不予年检1所，民办学校换发办学许可证81所。（苏媛媛）

【学科类校外培训机构工作部署暨集体约谈会】 1月7日，召开2022年丰台区学科类校外培训机构工作部署暨集体约谈会。区教委校外培训管理科主持，区“双减”专班、区教委民办科以及经区教委审批的8家培训机构法人、校长及相关负责人参会。会上，校外培训管理科通报元旦期间检查情况，进一步明确“双减”政策和常态化监管下学科类校外培训机构规范办学工作要求，并部署2022年工作。（苏媛媛）

特殊教育

【概况】 2022年，全区有特殊教育学校1所，为丰台区培智中心学校。开设教学班14个（小学阶段9个、初中阶段5个）。毕业33人（小学阶段26人、初中阶段7人）；招生40人（小学阶段15人、初中阶段25人）；在校生204人（小学阶段116人、初中阶段88人）。其中，言语残疾6人、肢体残疾8人、智力残疾117人、精神残疾32人、多重残疾41人。教职工43人，其中高级职称5人、中级职称18人。专任教师41人。学校占地面积9003.3平方米，校舍建筑面积7747.7平方米，运动场地面积1820平方米。图书馆（室）藏书3314册。固定资产总值1823.0973万元，全年教育经费投入2167.91万元。丰台区特殊教育学校继续围绕“共容、共熔、共融、共荣”办学理念，实现以学校发展带动学生发展，让残疾孩子真正享受公平教育的工作目标，开展跨区校际交流活动。学校作为丰台区自闭症基地，为区域内普校自闭症学生开展抽离式服务，进行评估康复训练；为家长开展支持服务，举办“孤独症及情绪行为问题学生家长家庭教育支持服务系列讲座”活动。根据学生需求，继续开展区内“送教上门”活动70余次。（李司琪）

【“家庭教育支持服务”系列活动】 2022年，丰台区自闭症基地面向区域内义务教育阶段患有孤独症及严重情绪行为问题儿童的家庭及相关学校融合教师启动“家庭教育支持服务”系列活动。活动以线上腾讯会议方式分2个阶段开展24期。活动在一定程度上帮助家庭了解并掌握切实可用家庭干预康复策略方法，进而实现家校合作，助力特殊儿童健康成长。全区近150名家长、教师参加。（李司琪）

【线上教学分享交流会】 7月12日，丰台区培智中心学校开展2022年春季学期线上教学分享交流活动。活动选取15名学科教师代表进行交流。代表依托“双减”政策，分别从教学出发点、教学内容的选择、线上教学的原则方法以及课前准备等方面，阐述提高线上课堂效率和学生学习所获的具体可行方法。各位代表注重教学方式创新，在教学中，把规范教研教学、关爱学生成长放在第一位，并坚持做严、做细、做实各项工作。（李司琪）

【趣味运动会】 9月30日，中国智协主办、丰台区培智中心学校承办，全区好家社会服务中心协办的“牵着蜗牛去散步快乐活动营”主题活动举办。运动会分为2部分，第1

部分由8个不同的趣味项目组成，学生分工合作、教师辅助共同完成；第2部分活动项目结合学生实际情况，开展特奥足球运动。全体师生150人左右参与。（李司琪）

普通高等教育

【概况】2022年，丰台区内有高等教育学校5所，分别为中央民族大学（丰台校区）、首都经济贸易大学、首都医科大学、北京电子科技学院、中国戏曲学院。其中，中央民族大学直属国家民族事务委员会，北京电子科技学院直属中共中央办公厅，首都经济贸易大学、首都医科大学、中国戏曲学院为市属院校。年内，各高校宣传贯彻党的二十大精神，落实树德育人根本任务，加强学科建设。（丰鉴编）

【“全国高校黄大年式教师团队”建设】2022年，首都经济贸易大学会计与财务管理教师团队、中央民族大学铸牢中华民族共同体意识创新团队、首都医科大学第一临床学院临床医学教师团队入选第二批“全国高校黄大年式教师团队”。

（丰鉴编）

【北京冬奥会、冬残奥会志愿服务】2022年，北京科技学院50名学生志愿者在冬奥公园和首钢园参加冬奥火炬传递志愿服务保障工作；92名学生志愿者在丰台区和石景山区开展北京冬奥会城市志愿服务426班次，累计服务时长1278小时；2名学生作为核心志愿者参与张家口冬残奥会相关场馆的服务保障工作。中央民族大学（简称中央民大）432名师生参加北京冬奥会、冬残奥会志愿服务。2月4日北京冬奥盛会开幕式上，中央民大56名同学代表56个民族作为国旗传递代表；7名同学作为代表团引导员；8名同学参与《致敬人民》环节；学校志愿服务团队承担北京（延庆）颁奖广场志愿者、国家体育场、北京西站城市志愿者以及火炬传递志愿者等任务。首都医科大学派出86名北京冬奥会志愿者，包括医疗协调员、医疗专业志愿者、新冠联络官（CLO）综合协调办公室志愿者、公共卫生（PHS）志愿者、港澳台通用志愿者等，服务于京张2地3个赛区、延庆冬奥村、北京冬奥村、奥组委总部等十余地，平均服务77天，累计服务时长31500小时。中国戏曲学院58名师生志愿者参与北京冬奥会、冬残奥会开闭幕式志愿服务。在北京冬奥会冬残奥会北京市·北京冬奥组委会总结表彰大会上，中央民大志愿服务团队，首医志愿服务保障团队、宣武医院等10个集体获“北京2022年冬奥会、冬残奥会北京市先进集体”，中央民大2名志愿者，首医包括学生、医师等31人获“北京冬奥会、冬残奥会北京市先进个人”。

（李 洋 周翊兰 陈飞飞 朱 天）

北京电子科技学院

【概况】2022年，北京电子科技学院统筹推进党的建设、业务建设、队伍建设和改革发展稳定各项工作，办学治校水平和人才培养质量不断提升，学院特色内涵建设取得新成就、迈上新台阶。学院设有校区1个，设置系、部6个。开设本科专业8个，覆盖学科门类2个；具有一级学科3个；一级学科博士点1个；一级学科硕士点1个、硕士专业学位授权类别2个。博士、硕士导师12人，硕士生导师40人。国家级一流本科专业建设点5个，北京市级一流本科专业建设点1个，北京高校高精尖学科1个。学校由中央办公厅主管，为理工类院校。拥有教室25间，均为网络多媒体教室。数字终端3341台。其中，学生终端1070台、教师终端2271台。数字资源量中电子图书99486册、电子期刊773034册、学位论文2955986册、音视频57330.5小时。高考北京地区提档线不限选考专业组610分、物理必考专业组618分。网址：http：//www.besti.edu.cn。

（李 洋）

【教育教学改革】2022年，北京电子科技学院抓好“三全育人”（即全员育人、全程育人、全方位育人）“五育并举”（德智体美劳全面发展）人才培养综合改革方案落实，修订实施新一轮本科生、研究生培养方案。着力推动课程教学改革，3个项目获批2022年北京高等教育“本科教学改革创新项目”立项，4门课程获评北京高校“优质本科课程”，3个教材课件获评北京高校“优质本科教材课件”，6门课程获评北京市课程思政示范项目。4个教师团队在北京高校教师教学创新大赛获奖，保密管理本科育人团队首次获评北京高校优秀本科育人团队。（李 洋）

【学科专业建设】2022年，北京电子科技学院通过国务院学位委员会组织的新增博士学位授予单位建设进展核查。推进博士学位授予单位和网络空间安全博士学位授权点建设，完成博士生培养方案制定、日常管理制度体系建设、导师队伍建设等工作，为开展博士研究生招生培养做好准备。加强一流专业建设，通信工程、计算机科学与技术2个本科专业获批新一轮国家级一流本科专业建设点，密码科学与技术专业获批省级一流本科专业建设点，初步形成国家级、省部级、校级一流专业有机衔接的建设体系。（李 洋）

【科研创新工作】2022年，北京电子科技学院加强科研制度体系建设，试点“揭榜挂帅”类科研项目，推进科研范式和组织模式创新，构建起依托科研任务、科研平台的人才培养机制。全年申报科研项目144项，获批立项115项，发表论文225篇，出版著作4部，发明专利7项，软件著作权6项，获省部级以上奖励5项。（李 洋）

【学生管理服务】2022年，北京电子科技学院每月组织召开“院领导与学生面对面”座谈会，现场回应学生关切。全年学生参加课外学术科技竞赛获得省部级三等奖以上奖励372人次，其中获得国家级奖励38人次。继续保持生源好、就业稳良好局面，本科录取重点率为100%。加强就业指导，总体毕业去向落实率97.3%。（李　洋）

【人才队伍建设】2022年，北京电子科技学院修订教职工年度考核办法，以及专业技术人员、管理和工勤人员年度考核实施细则、教职工请假销假办法等干部人事制度。开展师德师风专题教育，实施教师教书育人能力提升计划。招录应届博士和硕士研究生23人，解决教师职称职级晋升问题31人。专任教师中45岁以下占比55.92%，高级职称占比55.26%，获得博士学位者占比57.89%，师资结构进一步优化。（李　洋）

【办学条件改善】2022年，北京电子科技学院推进校园改扩建二期工程建设，完成南大门重建和南广场改造项目，校园环境进一步优化美化。推进校园网格化管理综合信息系统建设，精准掌握校内各个楼宇分区管理情况，提升内部管理信息化、数字化、精细化水平。提高图书档案以及餐饮、物业等后勤工作服务水平，改善师生员工工作学习生活条件。（李　洋）

【《无悔芳华》首演】4月26日，北京电子科技学院举办校史主题原创舞台剧《无悔芳华》首演。该剧以建校75周年北京电子科技学院光辉历程为主线，通过演绎校史中为党的事业矢志奋斗的真实感人故事，诠释“忠诚、笃学、严谨、守纪”校训精神，展现学子用青春浇灌无悔梦想、用生命捍卫红色信仰的本色和品格，坚定全院师生矢志不渝跟党走、投身党和人民伟大事业的信心与决心。（李　洋）

【首届“红星杯”大学生创新大赛举办】3月至4月，北京电子科技学院举办首届“红星杯”大学生创新大赛，旨在进一步深化本科教育教学改革和创新人才培养模式，设有网评初审、初赛路演和决赛环节，主题涵盖科技创新、未来产业、乡村振兴、文化创意、社会服务、学院特色等。3月29日，组织47个通过网评初审项目参加初赛路演，综合选拔12个项目进入决赛。4月29日举办决赛，12个项目依次介绍项目背景、核心功能、创新价值和应用前景等内容，由企业专家、技术专家和教育专家等7名校内外专家组成评审团，依照“互联网+大学生创新创业大赛”省赛和国赛评审标准，评选出一等奖1项、二等奖3项、三等奖5项、最佳单项奖3项。（李　洋）

【思政教师岗位练兵教学交流活动举办】5月6日，北京电子科技学院举办“苦练基本功 喜迎二十大”思政课教学岗位大练兵活动。6名年轻教师结合所授思政课现场进行教学展示，来自中国人民大学、北京航空航天大学、首都师范大学4名专家在点评中肯定北京电子科技学院思政课建设成效，对改进教学提出意见建议。北京电子科技学院领导班子全体成员全程观摩活动，召开现场会研究思政课改革创新相关问题。活动展示思政课改革创新的阶段性成果，为更好发挥思政课程在立德树人过程中的作用、提高教育教学水平提供有益经验。（李　洋）

【3个本科专业获评国家级和省级一流本科专业建设点】6月7日，教育部办公厅印发《关于公布2021年度国家级和省级一流本科专业建设点名单的通知》，确定北京电子科技学院通信工程、计算机科学与技术2个专业为新一轮国家级一流本科专业建设点，密码科学与技术专业为省级一流本科专业建设点。北京电子科技学院8个本科专业中，有国家级一流专业建设点5个、省级一流专业建设点1个。（李　洋）

【2022版本科和研究生培养方案制修订完成】7月，北京电子科技学院完成新版本科和研究生培养方案制修订工作。制修订工作坚持立德树人根本任务，进一步强化思政教育、通识教育、实践教学和创新教育，坚持产出导向，强化特色内涵建设，优化培养模式，着力构建适应行业需求的特色课程体系。除对现有8个本科专业和2个研究生专业培养方案作修订外，新制订网络空间安全学科博士研究生培养方案和公共管理（MPA）硕士研究生培养方案。在前期广泛调研、充分研讨、意见征集、专家论证的基础上，6月至7月，分别召开本科和研究生教学指导委员会会议，审定《本科专业人才培养方案》《研究生培养方案》，报院长办公会审议通过后正式印发实施。（李　洋）

【“苦练基本功 喜迎二十大”教师基本功大赛】5月至9月，北京电子科技学院举办“苦练基本功 喜迎二十大”教师基本功大赛。大赛聚焦教师教书育人职责使命，旨在以赛代练、以赛促教，不断提高学院教师教学能力和水平。4月至6月，以系部为单位举办初赛，选拔出18名教师进入决赛。9月19日至20日，举办教师基本功大赛决赛，决赛选手围绕教案评比和教学展示2个环节展开角逐，校内外专家从教案设计、语言表达、神态语调、PPT制作、板书展示等方面对参赛教师进一步改进教学能力和水平提出意见建议。范晓红、王玎（青年组）荣获一等奖，陈鑫、李冬冬、黄雨薇（青年组）、张莹（青年组）荣获二等奖，刘宇栋、李万玉、刘旭然、贾学义（青年组）、李天宇（青年组）荣获三等奖。（李　洋）

【学院章程修订】2月至9月，北京电子科技学院开展新一轮章程修订工作。章程修订工作以习近平新时代中国特色社会主义思想为指导，深入贯彻落实习近平总书记关于高等教育系列重要讲话精神和对学院建校70周年的重要批示精神，在维持2017版章程基本框架和章节不变的基础上，结合学院实际对具体条文进行修订。过程中，广泛征求业务指导单位以及师生员工、校内组织、校友的意见建议，形成《北京电子科技学院章程（送审稿）》，经9月22日院党委常委会审议通过后报教育部核准。（李　洋）

中央民族大学

【概况】2022年，中央民族大学（简称“中央民大”）丰台校区已交付使用面积89613.66平方米。设置学部1个、学院23个。开设本科专业67个，覆盖学科门类11个；一级学科博士点6个、二级学科博士点3个；一级学科硕士点27个、二级学科硕士点6个、硕士专业学位授权类别19个；博士后科研流动站5个。其中，博士后研究人员出站3人、进站18人、在站38人。博士生导师277人、硕士生导师761人（其中学术型硕士生导师606人，专业型硕士生导师663人）。“双一流”建设学科1个，国家级一流本科专业建设点32个，北京市级一流本科专业建设点11个，北京高校重点建设一流专业1个，北京高校高精尖学科3个。拥有教室330间，其中，网络多媒体教室193间。数字终端425台，其中学生终端165台、教师终端260台。数字资源量中电子图书2895512册、电子期刊664220册、学位论文9799382册、音视频58202.5小时。高考北京地区提档线不限选考专业组621分、历史必考专业组627分、物理必考专业组616分、物理/化学/生物专业组61分、中外合作办学602分。网址：www.muc.edu.cn。（周翊兰）

【中共二十大精神贯彻宣讲落实】2022年，中央民大深入学习宣传贯彻党的二十大精神，第一时间召开党委常委会、党委理论学习中心组学习会和党委全委会传达学习中共二十大精神；制定学校学习宣传贯彻实施方案，确定23项工作；成立宣讲团，组织党的二十大代表蒙曼等专家学者开展宣讲，在学校网站、微信等官方平台设置宣传专栏。学校相关做法被“国家民委”微信公众号、《人民日报》等多家媒体转载。学校外籍专家马克·力文被中央广播电视总台“二十大”特别专题节目宣传报道，其著作《唱响我的中国故事》在中共二十大媒体中心展示。对标落实国家民委新“三定”要求，聚焦铸牢中华民族共同体意识工作主线，优化学校职能部门和教学科研单位设置，成立中华民族共同体学院，选优配强各级领导班子。开展2022年校内巡察，深化政治监督谈话，巩固扩大巡视整改成果，纵深推进全面从严治党。学校党内政治监督工作有关做法被《中国纪检监察报》头条报道。（周翊兰）

【中华民族共同体意识主线铸牢工作】2022年，中央民大论证设立“中华民族共同体学”一级学科，申请设立一级学科博士学位授权点；撤销民族生态学、中国少数民族传统医学、民族法学、藏学、工业社会与管理5个自设二级学科博士学位点。减少单一民族语言、文学类课程，强化“五观”（马克思主义的国家观、民族观、历史观、宗教观和文化观）“五个认同”（认同伟大祖国、认同中华民族、认同中华文化、认同党、认同中国特色社会主义）教育。完成《铸牢中华民族共同体意识教育专题》校本讲义，纳入必修课程，开设“中华文化”公共必修课，成立“中华民族共同体建设”“中华文化”虚拟教研室，明确规定必须使用国家通用语言文字撰写研究生学位论文。举办“铸牢中华民族共同体意识”文献与古籍展、“向世界讲好中国民族团结故事”系列展览。学校博物馆入选北京市铸牢中华民族共同体意识教育实践基地。发表相关高水平论文157篇，其中《光明日报》9篇、《人民日报》4篇、《新华文摘》2篇，14篇资政报告获省部级及以上领导批示，2篇获习近平总书记批示；出版书籍《从“中华民族”到铸牢中华民族共同体意识》入选中央宣传部2022年主题出版重点出版物。（周翊兰）

【教育教学获奖】2022年，中央民大获北京市优秀教学成果奖一等奖5项、二等奖8项，创历史新高。获批2021年度国家级一流本科专业建设点10个，北京市建设点9个。获批教育部首批虚拟教研室建设试点3个，教学改革项目国家级5项、北京市级23项。入选教育部马工程教材建设1项、北京市课程思政项目6项、优质本科课程5项、优质本科教材课件项目4项、本科教学改革创新项目4项。计算机科学与技术专业通过国家工程教育专业认证。获全国大中专学生志愿者暑期“三下乡”优秀单位。（周翊兰）

【人才培养】2022年，中央民大面向学校招录选调生的省（区、市）由24个扩大至27个，2022届录用选调生356人，较上年增长6.3%，位居全国高校前列。生源质量结构进一步优化，2022年本科招生规模4868人，较上年增加1225人。硕士、博士新生中，“双一流”高校生源占比分别为38%、58%。人才强校战略深入推进，入选“万人计划”教学名师1人，“万人计划”青年拔尖人才2人，北京市教学名师1人、青年教学名师1人、优秀教师2人、优秀教育工作者1人。（周翊兰）

【国家级科研项目承担能力提升】2022年，中央民大获批国家社科基金项目42项，位列全国高校第十八位；国家自然科学基金年度项目25项，国家艺术基金项目10项，艺术学科首次获批国家社科基金艺术学重大项目；“光子系统工程软件教育部工程研究中心”获批教育部工程研究中心建设。对外合作交流不断深化，承办联合国人权理事会第五十一届云上边会，得到国际社会赞誉。与澳门城市大学合作办学项目正式获批。先后与国家大剧院、北京市中医药管理局、北京市文物局、文旅部非遗司等签署战略合作协议，社会服务能力提升。

（周翊兰）

【《中华民族交往交流交融史》编纂】 1月25日，中央民大《中华民族交往交流交融史》（简称“三交”史）编纂工作部署会召开，中央统战部副部长，国家民委党组书记、主任陈小江出席会议并讲话。“三交”史编纂工程是社会主义文化繁荣发展工程，纳入《中华人民共和国国民经济和社会发展第十四个五年规划和2035年远景目标纲要》；编纂“三交”史，是在国家层面为整个中华民族著史立传，是赓续盛世修史传统的重要文化工程。受中央统战部、国家民委委托，中央民大为“三交”史编纂工程实施的具体依托单位，学校成立《中华民族交往交流交融史》编纂工作办公室、中华民族交往交流交融史研究中心（挂靠历史文化学院），承担工程学术组织和服务保障工作。2月26日，学校党委书记张京泽应邀参加历史文化学院“三交”史编纂主题讨论会；2月28日，相关4个史学专题数据库在中央民大图书馆“数字资源”上线投入使用。（周翊兰）

【教育部虚拟教研室建设试点入选】 2月15日，教育部公布首批虚拟教研室建设试点名单，中央民大麻国庆教授领衔“民族学社会文化课程群虚拟教研室”、黄泰岩教授领衔“数字经济专业虚拟教研室”、李鸿宾教授领衔“中华民族共同体历史教育研究虚拟教研室”入选。虚拟教研室以现代信息技术为依托，探索建设新型基层教学组织，打造教师教学发展共同体和质量文化，重点推进创新教研形态、加强教学研究、共建优质资源等建设任务。

（周翊兰）

【春季学期线上教学】 2月28日开始，中央民大本（预）科学生开展春季学期在线教学。全校本（预）科教学课堂529个，其中106个如期开展新学期线上教学第一课，参与师生1300余人次，在线教学状况平稳有序。根据学校相关工作安排，综合教学工作计划，学校制订《中央民大2022年春季学期本（预）科教学工作方案》。学校2480门次课程利用各类线上教学平台如期开课，约占本学期应开课程总数的98%，参与在线学习学生达88000余人次。

（周翊兰）

【全国两会秘书处翻译组函谢乌云毕力格】 3月4日至11日，十三届全国人大五次会议、全国政协十三届五次会议在京召开，按照大会秘书处要求，中国民族语文翻译中心组建民族语文翻译组，用蒙古、藏、维吾尔、哈萨克、朝鲜、彝、壮等7种民族语文翻译《政府工作报告》《全国人民代表大会常务委员会工作报告》《政协全国委员会常务委员会工作报告》《中华人民共和国地方各级人民代表大会和地方各级人民委员会组织法》等大会主要文件以及同声传译工作。中央民大中国少数民族语言文学学院教师乌云毕力格参与相关民族语文翻译工作。大会闭幕后，全国两会秘书处翻译组向学校发来感谢函，感谢乌云毕力格执行两会秘书处各项要求，讲政治，讲原则，讲奉献，投入民族语文翻译工作中，为大会民族语文翻译工作做出努力。（周翊兰）

【《中华民族共同体研究》创刊】 3月，由国家民委主管、中央民大主办的《中华民族共同体研究》正式创刊。为首个面向国内外公开发行的、以中华民族共同体为研究对象的期刊。为大16开，双月刊，设有习近平总书记关于加强和改进民族工作的重要思想研究、中国特色解决民族问题的正确道路研究、中华民族共同体理论研究、中华民族历史研究、中华民族文化研究、铸牢中华民族共同体意识教育和实践研究、中华民族共有精神家园研究、各民族交往交流交融研究、各民族共同走向社会主义现代化研究、民族事务治理体系与治理能力现代化研究、世界民族与人类命运共同体研究等栏目。（周翊兰）

【习近平新时代中国特色社会主义思想研究基地获表彰】 3月，北京市习近平新时代中国特色社会主义思想研究中心民族大学研究基地获2021年度北京市习近平新时代中国特色社会主义思想研究中心“优秀研究基地”“优秀研究员”“优秀工作者”3个奖项。该研究基地2021年在“三报一刊”（《人民日报》、《光明日报》、《经济日报》、《求是》杂志）上发表署名理论文章21篇，其中重点文章5篇；在核心期刊上发表署名学术论文25篇；学术著作《新时代政治哲学逻辑》由人民出版社出版发行。（周翊兰）

【24门课程国家智慧教育平台上线】 3月28日，教育部举行国家智慧教育平台启动仪式，国家智慧教育平台正式上线运行，中央民大24门在线开放课程包括“唐史四讲”“影像中的人类学”“中国少数民族神话赏析”等上线国家高等教育智慧教育平台。课程由民族学与社会学学院、哲学与宗教学学院、中国少数民族语言文学学院、文学院、历史文化学院、教育学院、经济学院、外国语学院、音乐学院、舞蹈学院、美术学院、体育学院等学院建设。

（周翊兰）

【获第十七届“挑战杯”全国一等奖】 3月29日，中央民大参赛的学生团队作品《“屏幕扶贫”视角下远程直播教育技术的创新—扩散的现状调查》获第十七届“挑战杯”全国大学生课外学术科技作品竞赛一等奖。该团队由新闻与传播学院2018级的7名本科生组成。聚焦远程直播教育技术在中国乡土社会的创新—扩散现状及效果，以小见大展示西南地区在基础教育领域脱贫

攻坚所取得的成就，提出乡村振兴背景下远程直播教育未来发展的路线方案。（周翊兰）

【蒙曼首讲“中华文化”公开课】 4月8日，中央民大“中华文化”通识课首讲“共筑中华民族、共享复兴荣光”在学校知行堂和云端同步开课。教授蒙曼在课堂上，从凝聚核心与旋涡模式、大一统政权与民族整合、小中国到大中国3个角度旁征博引，讲述中华民族共同体形成的过程和要素，论证中华民族共同体是历史形成的。近千名学生选择该课程、2.6万人在线听课。

（周翊兰）

【与中国驻俄罗斯使馆教育处签署合作备忘录】 5月20日，中央民大校长郭广生与中国驻俄罗斯使馆教育处公使衔参赞曹士海举行工作视频会议，就促进中俄人文交流及教育领域务实合作进行交流会谈，并签署合作备忘录，通过交流合作有力推动中俄人文交流。（周翊兰）

【获评北京市重点建设马克思主义学院】 5月27日，中央民大马克思主义学院入选北京市委宣传部、市委教工委公布的第三批北京市重点建设马克思主义学院名单。马克思主义学院是学校独立设置的二级教学单位，拥有马克思主义基本原理、思想政治教育、马克思主义中国化研究、中国近现代史基本问题研究、马克思主义民族理论与政策等二级学科。其中，马克思主义理论学科2017年纳入中央民族大学“双一流”学科建设，2019年被评为“国家民委重点学科”。学院是“北京高校中国特色社会主义理论研究协同创新中心”，有教研中心（教研室）8个、科研平台7个。2013年牵头成立全国民族高校马克思主义学院院长联席会，是全国高校马克思主义理论研究会唯一分会。（周翊兰）

【第十五届“十佳”大学生评选】 7月5日，中央民大第十五届“请党放心 强国有我”“十佳大学生”评选活动举办。评选活动首次将研究生纳入评选范围，通过线上方式开展，20名候选人在线演讲。教育学院后慧宏等3名研究生及理学院王婷等7名本科生获第十五届中央民族大学“十佳大学生”称号，民族学与社会学学院吴鹏等10名同学获得“十佳大学生提名奖”。（周翊兰）

【国家民委主任到校调研】 7月7日，中央统战部副部长，国家民委主任、党组书记潘岳调研，分别到中央民大丰台校区了解新校区建设情况，到海淀校区与学校领导班子成员和专家学者就教材建设、学科建设、理论研究、中华民族交往交流交融史编纂等情况座谈交流。

（周翊兰）

4月8日，教授蒙曼首讲“中华文化”通识课——“共筑中华民族、共享复兴荣光”

（中央民大 供图）

【赴山西调研洽商】 7月15日至18日，中央民大党委常委、副校长王丽萍一行赴山西省就深化省校合作开展调研洽商并走访慰问校友。王丽萍与山西省直、大同市有关部门座谈。山西省是各民族交往交流交融的重要区域，历史底蕴深厚、文化资源丰富，省校双方在共建铸牢中华民族共同体意识研究教育培训基地、大学生就业创业、文物旅游资源的挖掘保护利用、智库共建和科研成果转化、红色教育和国情教育基地建设等方面有合作空间，可实现资源互通、优势互补，双方就如何推动多个领域合作方案的具体落地实施提出建议。

（周翊兰）

首都经济贸易大学

【概况】 2022年，首都经济贸易大学（简称首经贸）设有校区2个，设置院（系、部）20个。开设本科专业45个，覆盖学科门类10个；具有一级学科11个；一级学科博士点4个；一级学科硕士点7个、硕士专业学位授权类别18个；博士后科研流动站4个。硕士生导师494人，博士、硕士导师155人。国家级一流本科专业建设点25个，北京市级一流本科专业建设点14个，北京高校高精尖学科3个。学校由北京市教育委员会（省级教育部门）举办（学校举办者），为财经院校（办学性质）。拥有教室500间，其中网络多媒体教室395间。数字终端8526台，其中学生终端7276台、教师终端1250台。数字资源量中电子图书1194851册、电子期刊1386672册、学位论文10566419册、音视频72882.82小时。北京实验室1个，北京重点实验室1个。高考北京地区普通批提档线不限选考专业组01［会计学、会计学（注册会计师专门化）、财务管理、资产评估（评估师）、金融学（国际金融英文班）、金融学类、保险学（保险精算）、金融学（数据与计量分析）］564分；不限选考专业组02［公共管理类、工商管理类（工商学院）、工商管理类（劳经学院）、工商管理（国际会计）、工商管理（实验班）]544分；不限选考专业组03(新闻传播学类、法学类、外国语言文学类）553分；不限选考专业组04［经济学、经济学（实验班）、国际经济与贸易、财政学类（财政与税收）、劳动经济学、贸易经济］556分；选考物理专业组555分。成立首经贸大学生思想政治教育中心，设有思政主题墙、思政留声墙、思政照片墙，分别讲述中国共产党的历史、红色故事、北京冬奥志愿服务故事以及学校重大活动、主题教育等内容。2名教授获北京市优秀教师称号。1名获第十八届北京市高等学校教学名师奖，2名获第六届北京市高等学校青年教学名师奖。与中国钱币博物馆签署《首都经济贸易大学与中国钱币博物馆共建合作协议》，共建教学实践基地、学校红色金融教育基地。网址：www.cueb.edu.cn。（黄少卿）

【“三全育人”体制机制】 2022年，首经贸健全“三全育人”体制机制，制定《关于进一步落实立德树人根本任务，健全“三全育人”体制机制的实施意见》《关于推进专业思政建设的实施意见（2023—2025）》，发布“学习党的二十大奋进新征程打造行走在京华大地上的‘大思政课’行动计划”，校级特色大思政课“新时代首都发展”，推动中国特色社会主义“北京实践”进校园、进课堂；建设红色文化研究教育中心，制定《“红色经贸”建设方案》，依托学校经济学、管理学等优势学科打造“红色经贸”品牌；成立大学生思想政治教育中心，将红色资源融入日常思想政治教育。（黄少卿）

【课程思政建设】 2022年，首经贸在专业思政框架下建设课程思政，持续推进课程思政建设；根据专业组织课程思政，凝练财经高校办学特色，探索学科思政“红色经贸体系”，召开红色文化研究教育中心建设研讨会；课程思政教学研究中心组织课程思政教师工作坊系列讲座，开展课程思政教学设计和实践案例分享等交流活动；举办学校第二届课程思政教学设计大赛，实现教学单位全覆盖；开展学校《课程思政教育教学改革优秀论文集》征稿活动，与新华网共建“课程思政资源库平台”；出台学校《关于推进专业思政建设的实施意见》，按照人才培养内在逻辑，推动专业思政建设，深化课程思政建设；系统打造“3+2+3”课程思政资源库，以经济学、法学、会计学3个专业为试点，把专业思政建设经验推广到全校各个专业，各学院行政负责人和专业负责人主动站到学校立德树人一线，形成“一院一特色”课程思政建设成果。（黄少卿）

【高水平研究型大学建设】 2022年，首经贸以建成北京市属高水平研究型大学，全面建设“国内一流、国际知名”财经大学为战略目标，推动落实学院（部）“十四五”规划；召开学院学科专业建设推进会12场，就学科专业建设问题与学院逐一进行讨论和沟通，坚持内涵发展、特色发展和差异化发展，明确学院“十四五”时期学科专业建设的目标和关键指标，形成《首都经济贸易大学学院（部）学科专业建设目标和指标汇总》，作为考核学院规划实施情况的主要依据；启动对市属公办本科高校分类发展B类高校评估工作，撰写《首都经济贸易大学推进分类办学情况》总结分析近年来在推进分类发展、明确办学定位、提升办学实力等方面取得的工作进展，为评估工作做准备。（刘江霞　黄少卿）

【学科建设】 2022年，首经贸建立以绩效为杠杆的学科建设经费考评体系，加强应用经济学、工商管理、统计学3个北京市高精尖学科建设。完成4个北京高校重点建设一流专业中期验收工作，启动学校38个在招本科专业建设水平数据监测工程；获批国家级一流本科专业建设点7个，北京市一流本科专业建设点5个，一流本科专业建设点学生覆盖率超过90%。（黄少卿）

【服务“四个中心”“两区”建设】 2022年，首经贸与北京市贸促会签订合作框架协议，加强国际贸易产学研智库建设，策划开展项目研究；由CBD发展研究基地、国家税收法律研究基地等学校各级智库主动对接国家和首都重大需求开展研究，获北京市社会科学基金决策咨询项目立项8项，完成各类决策咨询报告32项，其中10项研究报告得到党和国家领导人肯定性批示，11项研究报告得到省部级领导肯定性批示或被省部级党政机关采纳；与美国亚利桑那大学合作办学项目正式签约实施，依托高层次国际化人才培养创新实践基地建设助力北京国际交往中心建设。（黄少卿）

【平安校园反诈中心获奖】 2月，首经贸《校警联动谋划设立校园反诈中心，齐抓共管建设更高水平平安校园》课题获2021年高校平安校园建设优秀成果研讨展示典型案例二等奖。该案例涉及平安校园反诈中心成立于2021年8月，是全国首家设立在高校的第四级反诈中心，运行4个反诈预警系统，分别履行宣教、预警、劝阻、处置4项职能。按照校警协同联动、师生全员参与的思路，平安校园反诈中心融合平安校园管理服务平台与电信反诈预警平台，建立反诈队伍3支，从单一的以宣传教育为主“防御策略”转变为主动干预“出击策略”。（黄少卿）

【入选全国党建工作样板支部培育创建单位】 3月11日，首经贸统计学院本科生党支部入选第三批全国党建工作样板支部培育创建单位。该支部近三年形成“教育有品牌、工作有平台、管理有约束、发展有方向”工作格局，在模范榜样人物

选树，北京高校红色“1+1”示范活动评选、中国青年志愿服务项目大赛等活动中取得成绩。（黄少卿）

【首个ESG团体标准发布】 4月16日，首经贸研制全国首个ESG团体标准《企业ESG披露指南》通过中国企业改革与发展研究会发布。标准明确企业ESG披露原则与指标体系，规范披露要求与应用，适用于不同类型、不同行业、不同规模的企业，可指导企业进行ESG治理实践和信息披露，也可作为企业自我评价和第三方评价的参考依据。中国质量万里行促进会会长、原国家质检总局总工程师刘兆彬在5月28日央视网直播“中国ESG论坛2022”对该标准做首次解读，全国政协经济委员会主任尚福林围绕中国特色ESG体系构建作主旨演讲，同时发布《中国ESG发展报告2021》《城市可持续发展能力评价研究》《上市公司ESG评价研究》。（黄少卿）

【第十七届“挑战杯”获全国一等奖】 4月，首经贸劳动经济学院“职业技能培训补贴策略与高质量就业——来自13个省份的经验证据”项目获第十七届“挑战杯”全国大学生课外学术科技作品竞赛一等奖，为学校首次获得荣誉。项目由劳动经济学院研究生白诗佳、付玉、王天纵、陈丽、何兴铭、孙伟航等负责，学院副教授李晓曼为指导教师，在全国13省市回收问卷超1万份，采用嵌套数据和多层线性模型检验等方法，重点探究中国“职业技能提升行动”开展期间，不同培训载体的培训补贴策略对劳动者高质量就业影响路径及改善空间，揭示补贴资金在微观主体间错配矛盾，在此基础上探索聚焦专账资金使用效率和培训过程激励的补贴政策优化路径。（黄少卿）

【任扶善教育基金成立】 5月4日，首经贸教育基金会名师基金项目“任扶善教育基金”以线上形式正式成立。该基金由学校教育基金会、劳动经济学院及部分校友联合发起，旨在弘扬名师精神，为中国劳动学科发展、教师队伍建设和劳动经济学子成长提供支持。学校退休教授任扶善带头捐资10万元，截至成立时基金募集捐款107万余元。（黄少卿）

【“青创北京”2022年“挑战杯”获奖】 5月，首经贸外国语学院推荐的《内画冰壶——让非遗之花在冬奥文化中绽放》在“青创北京”2022年“挑战杯”首都大学生创业计划竞赛获金奖、*See Better Kids* 等15项获银奖，金融学院推荐的《尬词AI化教育短视频生态平台》等25项获铜奖。首经贸400余支团队、2000余名本硕博学生参加赛事。赛事由北京团市委、北京市教委多部门联合主办，设置“一杯五赛”，“一杯”指主赛道，分为科技创新和未来产业、生态环保和可持续发展、文化创意和区域合作、乡村振兴和农业农村现代化、城市治理和社会服务5个主题；五大专项赛事分别为“青力冬奥”冬奥遗产转化专项赛、“青系四海”留学生专项赛、“青绘团史”文化创意专项赛、“青振京郊”乡村振兴专项赛和“青创副中心”副中心创业专项赛。（黄少卿）

【7个专业获批一流专业建设点】 6月，教育部公布2021年度国家级和省级一流本科专业建设点名单，首经贸经济统计学、保险学、商务英语、安全工程、劳动关系、行政管理、电子商务7个专业获批国家级一流专业建设点；投资学、法语、数学与应用数学、计算机科学与技术、土地资源管理5个专业获批北京市一流专业建设点。学校38个在招生本科专业中，25个为国家级一流专业建设点，14个为北京市一流专业建设点、4个为北京市重点建设一流专业，就读国家级、北京市级一流专业学生分别超过学校全部在招生专业就读学生的80%、90%。（黄少卿）

【红色财税百年印迹展举办】 9月8日，由首经贸和北京税务博物馆联合举办的红色财税百年印迹展暨专业思政建设推进会在北京税务博物馆举办。展览以“以史为鉴照丹心 开创未来谱新篇”为主题，立足首经贸“大思政”新格局，将服务党和国家事业发展与落实立德树人根本任务结合，落实学校“红色经贸”体系建设方案，挖掘专业课蕴含思想政治教育元素，以沉浸式方式展现百年来党的财税政策发展路径，在财政税务学院新生入学教育、教师党支部和学生党支部党史学习活动中发挥作用。（黄少卿）

【《新时代首都发展》开讲】 11月16日，首经贸“大思政课”《新时代首都发展》正式开讲。第一课由学校马克思主义学院党总支副书记、院长周宇宏主讲。以“擘画新时代首都发展宏伟蓝图”为主题，结合习近平总书记的北京足迹，讲述习近平总书记对新时代首都发展的战略谋划，介绍北京城市转型的实践经验。“新时代首都发展”课程由首经贸领导、北京市科委、北京市外办和北京市文物局等政府部门领导、校内外专家和思政课教师等组成的教学团队主讲，是面向首经贸本科生、研究生开设的通识教育选修课，包含课堂教学、“感受北京”现场体验课等教学环节，是学校学习宣传贯彻党的二十大精神，贯彻落实北京市第十三次党代会精神，推动党的创新理论进课堂的举措。（黄少卿）

首都医科大学

【概况】 2022年，首都医科大学（简称首医）设有校区5个，设置学院11个，研究中心1个，有临床医学院（20所为附属医院）22所、预防医学教学基地（北京市疾病预防控制中心）1个，有临床专科学院（学系）39个，临床诊疗与研究中心39个。开设本科专业24个、长学制专业3个，覆盖学科门类5个；具有一级学科14个；一级学科博士点8个、二级学科博士点46个、专业学位博士点3个；一级学科硕士点13个、二级学科硕士点64个、硕士专业学位授权类别10个；博士后科研流动站9个。其中，博士后研究人员出站62人、进站116人、在站304人。博士生导师1151人、硕士生导师1511人；中国科学院院士3人、工程院院士2人。国家级一流本科专业建设点13个，北京市级一流本科专业建设点11个，北京高校重点建设一流专业4个，北京高校高精尖学科3个。学校由北京市举办，为医药院校。拥有教室163间，其中网络多媒体教室163间。拥有数字终端9160台，学生终端3310台、教师终端5850台。数字资源中，电子图书129.6万册、电子期刊153.11万册、学位论文458.79万册、音视频158361.5小时。国家医学中心5个、国家临床医学研究中心6个；省部共建协同创新中心2个、北京高精尖创新中心2个、省部共建国家重点实验室培育基地1个、教育部重点实验室5个、工业和信息化部实验室1个、国家药监局实验室1个、北京实验室3个、北京市重点实验室54个；国家工程研究中心1个、国家工程技术研究中心1个、教育部工程研究中心4个。高考北京地区提档线不限选考专业组544分、物理必考专业组549分、物理化学必考专业组593分、物理/化学专业组562分、物理/化学/生物专业组559分。开设本科专业24个、长学制专业3个，覆盖学科门类5个；具有一级学科14个；一级学科博士点8个、二级学科博士点46个、专业学位博士点3个；一级学科硕士点13个、二级学科硕士点64个、硕士专业学位授权类别10个；博士后科研流动站9个。其中，博士后研究人员出站62人、进站116人、在站304人。招生4931人。其中，研究生2482人（博士生925人、硕士生1557人）、普通本专科生1757人（本科生1672人、专科生85人）、成人教育本科生692人。毕业生4222人。其中，研究生1682人（博士生511人、硕士生1171人）、普通本专科生1652人（本科生1326人、专科生326人）、成人教育本专科生888人（本科生863人、专科生25人）。在校生17028人。其中，研究生6699人（博士生2307人、硕士生4392人）、普通本专科生7829人（本科生6945人、专科生884人）、成人教育本科生2500人。留学生毕业113人、招生49人、在校生659人。6人入选“首都十大健康卫士”，7人获得“首都十大健康卫士”提名奖；2名医生和抗击新冠疫情国家流调专家队成员入选2022年“最美医生”；33名医生入选第五届“人民名医”榜单。

（王于英　陈飞飞）

【新校区规划建设】 2022年，首医推进新校区规划建设三大任务，落实市政府有关专题会议精神和市领导指示，新校区规划建设实现新的实质性进展。校本部建设方案已经获市政府常务会议讨论通过，校园规划方案已经获市政府同意，规划综合实施方案已完成编制并上报、进入多规合一初审。首都医学科学创新中心、研究型医院的项目建设内容已经获市政府常务会议原则同意，3个板块功能共享与统筹以及用地规模的研究已完成并上报。创新中心已完成登记注册。

（王于英　陈飞飞）

【学科和师资队伍建设】 2022年，首医临床医学、基础医学、口腔医学3个学科申报市教委优势学科冲顶项目。北京积水潭医院正式成为学校附属医院。启动临床营养学系、烧伤创伤学系组建工作。设立临床专科学院（系）培养基金开放课题10个重点项目和20个一般项目。整合相关临床诊疗资源，助推临床诊疗技术引领和临床研究创新。引进北京市高端人才2人，“双聘教授”1人。落实高水平人才队伍建设计划，获批教育部项目讲席教授1人、“海外优青”2人、北京项目5人；获批青年北京学者8人；75人入选北京市卫健委首次设立高层次卫生人才项目。获评北京市优秀教师和优秀教育工作者6人，北京市教学名师3人。继续完善首医青年学者绿色通道计划，完善滚动支持和退出机制。举办第三届国际青年学者论坛。　（王于英　陈飞飞）

【人才培养】 2022年，首医推进医学人才培养模式改革与实践，优化阶平班课程内涵，明确过程性考核与形成性评价相结合的考核评价体系、教材和书单，突出国际视野，培养发展潜能，生源质量提升。推进以“器官系统为基础，以疾病为核心”临床教学模式改革，建成临床中心24个、临床技能中心4个、临床教学中心4个。推进“5+3一体化”相关课程大纲修订和完善。与昌平国家实验室、北脑中心联合培养博士研究生。儿科学等4个专业、法学等5个专业分别入选国家级、省级一流本科专业建设点，学校一流本科专业建设点覆盖83%以上招生专业。5门课程获批市优质本科课程；新开设研究生课程21门，2门课程入选“奋进新时代”主题成就展；25门课程入选国家智慧教育公共服务平台、“学习强国”学习平台等线上学习平台。获批市优质教材4部。获批教育部虚拟仿真教研室2个、国家虚拟仿真实验教学创新联盟首批实验教学虚拟教研室1个，5个学院73个项目进驻学校虚拟仿真实验教学共享平台。获评北京市教育教学成果奖9项。生源质量稳中有升，北京本科普通批录取平均分600分，高出重点线82分；22个京外招生省份中有21个录取平均分高出分数线100分以上。博士研究生招生名额稳步提升。有效实施访企拓岗专项行动方案，“一生一策”加强精准就业帮扶，落实招生与就业联动机制，初次就业落实率研究生达到95.04%，高于上

年同期水平，本专科生与上年持平。（王于英 陈飞飞）

【科学研究及成果转化】2022 年，首医加强基础与临床研究深度融合，出台学校基础临床联合实验室管理办法，14 家附属医院申请建立 28 个“基础临床联合实验室”。获批“过敏性疾病诊疗技术与器械教育部工程中心”。获批国家自然科学基金项目 392 项，首次获批国家自然重大项目 1 项；获批科技部国家重点研发计划项目 22 项，科技创新 2030 计划项目 2 项；获批北京杰青 2 项。获批国家社会科学基金项目 4 项，教育部人文社科研究项目 4 项，市社会科学基金项目 8 项（其中重点 2 项），市教委人文社科计划重点项目 3 项。分类梳理学校有效专利及科技成果 416 项，跟踪推进转化工作。建立学校创新能力提升建设专项，评选出 28 个项目予以支持。（王于英 陈飞飞）

【国际国内交流合作】2022 年，首医与国外高水平大学签署协议 5 份。33 名师生通过学校推荐申报国家公派留学项目和教育部“春晖计划”。“新青年全球胜任力人才培养计划”立项。57 名学生参与由牛津、耶鲁等国际一流大学提供 17 项境外线上学习项目。持续推进与国内一流大学、高水平科研机构在学科建设、科学研究、人才培养等方面交流与合作。持续落实京青、京沈、京鄂等教育支援合作任务。开展消费帮扶，超额完成全年采购任务的 120%。持续发挥教育基金会奖教助学作用。（陈飞飞）

【儿童细胞瘤发病机制及干预策略研究】2022 年，首医附属北京儿童医院倪鑫教授牵头，与上海交通大学院士陈国强、上海交通大学教授潘秋辉、华中科技大学教授童强松以及清华大学教授林欣联合申报“儿童神经母细胞瘤和肝母细胞瘤发病机制及干预策略研究”项目获批立项，获批资助直接经费 1500 万元。该项目基于大量前期工作基础，以临床样本和细胞动物模型为主要研究对象开展综合性研究，旨在阐明儿童肿瘤发生演进机制，完善早筛早诊、精准治疗、疗效监测策略，建立贯穿儿童肿瘤诊疗的全流程管理体系，实现儿童肿瘤防治“关口前移”。该项目为首医首个牵头获批的国家自然科学基金重大项目，其实施将为儿童恶性实体肿瘤的有效预防、诊断和治疗提供重要基础，提升中国儿童恶性实体肿瘤综合防治水平。（陈飞飞）

【12 个学科进入 ESI 学科全球前 1%】2022 年，ESI 数据库公布最新数据显示，首医 12 个学科进入 ESI 学科全球前 1%，分别为临床医学、神经科学与行为学、药理学与毒理学、免疫学、生物学与生物化学、分子生物学与遗传学、社会科学总论、精神病学与心理学、微生物学、化学、环境与生态学、材料科学。其中，临床医学位列 ESI 学科前 1‰，神经科学与行为学、药理学和毒理学、免疫学、生物学与生物化学、分子生物学与遗传学位列 ESI 学科前 5‰。

（陈飞飞）

中国戏曲学院

【概况】2022 年，中国戏曲学院（大学）占地面积 54296.91 平方米，产权校舍建筑面积 98293.25 平方米、无非产权校舍建筑面积。图书馆建筑面积 4797.79 平方米。教育经费投入 40405.027 万元。其中，财政拨款 36541.691 万元，自筹经费 3863.336 万元。固定资产总值 84643.08 万元。其中，教学、科研仪器设备资产值 27793.1 万元，信息化设备资产值 4536.07 万元。拥有教室 271 间，其中网络多媒体教室 31 间。拥有图书 33.9102 万册，计算机 2470 台。网络信息点 6481 个，上网课程 6 门，电子邮件系统用户 2414 个，管理信息系统数据总量 45GB，数字资源量中电子图书 13.1 万册、电子期刊 8510 册、学位论文 210 万册、音视频 9 万小时。学校由北京市举办，为艺术院校。设有校区 2 个（含附中），设置系 7 个，开设本科专业 15 个，覆盖学科门类 3 个；具有一级学科 3 个；一级学科硕士点 3 个、硕士专业学位授权类别 3 个。“双一流”建设学科 3 个，国家级一流本科专业建设点 3 个，北京市级一流本科专业建设点 4 个，北京高校“重点建设一流专业”1 个。教职工 429 人。其中，专任教师 279 人，包括正高级 59 人、副高级 111 人；博士生导师 4 人、硕士生导师 95 人；青年北京学者 1 人，北京市高等学校教学名师 6 人、青年教学名师 3 人，北京市高层次创新创业人才支持计划领军人才 3 人、教学名师 3 人，中央宣传部“四个一批”人才 9 人，长城学者 8 人。学历教育学生中毕业生 710 人。其中，研究生 117 人，普通本科生 525 人，成人教育本专科生 68 人（本科生 60 人、专科生 8 人）。本科毕业生就业率 2.3%。招生 510 人。其中，硕士研究生 172 人，普通本科生 455 人，成人教育本专科生 78 人（本科生 75 人、专科生 3 人）。高考普通批次北京地区提档线 529 分。在校生 2672 人。其中，研究生 381 人，普通本科生 2087 人，成人教育本专科生 204 人（本科生 189 人、专科生 15 人）。留学生在校生 1 人。网址：www.nacta.edu.cn。（朱 天）

【全国戏曲教育现状摸底调查】2022 年，中国戏曲学院承担文化和旅游部部级社科研究项目“戏曲教育现状与发展对策研究”。项目组完成中国戏曲教育数据监测平台和全国戏曲教育现状与发展对策研究报告。调研报告将以数据平台为基础，建立长效监测机制，每年定期收集全国戏曲教育单位有关数据，动态了解戏曲教育发展态势，为国家制定戏曲教育扶持政策提供理论依据，为戏曲教育实践和理论研究提供数据基础。（朱 天）

【协办首届全国校园戏曲春节晚会】2022年，中国戏曲学院受中国教育电视台邀请，协办首届全国校园戏曲春节晚会，京剧系师生参与节目录制。京剧系教授张晶和研究生陈允雯演唱梅派经典剧目《凤还巢》《太真外传》；徐小刚指导排练、老师董鑫司鼓、京剧系本科生蒋骑泽主演武戏《雁荡山》；北京京剧院张凯、周美慧，天津京剧院万琳、闫文倩，北方昆曲剧院邵天帅，河南豫剧院三团刘雯卉，分别演唱京剧《苏武牧羊》《双阳公主》《四郎探母》、昆曲《长生殿》、豫剧《穆桂英挂帅》；京剧系京剧表演、京剧器乐及舞台监督专业同学参与节目录制；艺术实践处老师在录音、服装、化妆等方面给予支持。（朱　天）

【获2021年北京高校红色“1+1”活动三等奖】1月，中国戏曲学院新媒体艺术系党总支在“2021年北京高校红色‘1+1’活动评选”中获三等奖。活动由中共北京市委教育工作委员会主办，2021年4月启动，并于同年12月中旬进行总结展示。2020年至2021年期间，中国戏曲学院新媒体艺术系党总支在学院党委指导下，组织教师党支部和学生党支部部分党员，先后6次前往北京市怀柔区长哨营满族乡北湾村实施“引智帮扶”计划，2021年6月与北京市怀柔区生态环境局签署战略合作协议，开展“为人民画像”“绿水青山”主题墙绘等活动。新媒体师生发挥专业特长为北湾村创作作品100余幅，形成一批具有人民性代表艺术作品。（朱　天）

【数字动画作品《游春》获奖】1月21日，“2021RoboCom机器人开发者大赛”全国总决赛中，中国戏曲学院新媒体艺术系研究生动画团队创作的数字动画作品《游春》，在中国历代绘画大戏数字创意赛中获二等奖。作品选取唐代画家张萱《虢国夫人游春图》和《捣练图》为原始素材，借鉴部分宋元时期名家作品局部图像，以数字化工具为手段对古画进行创造性转化。背景音乐由学校音乐系研究生参与制作，使用唐代宫廷常用的乐器编钟、琵琶、笛、箫等，并与二胡、扬琴、古筝等传统民族乐器和打击乐结合，通过画面的视听语言重构呈现古人游春的意境。（朱　天）

【参与春节团拜会演出】1月30日，中共中央、国务院在人民大会堂举行2022年春节团拜会。在文艺演出环节，中国戏曲学院附中校长刘宇宸、音乐系主任谢振强携手国家京剧院、北京京剧院多位校友、艺术家，演出京剧《点赞》。作品为全面建成小康社会点赞，为党的百年征程点赞，为各行各业取得的成就点赞。学校艺术实践管理处赫文瑞受邀担任音响设计。（朱　天）

【参与2022年春节戏曲晚会】2月1日，中国戏曲学院200余名师生参与中央广播电视总台《2022年春节戏曲晚会》播出。晚会以“遇见你我身边的戏曲”为主旨，师生演出京剧《美猴王》、潮剧《陈三五娘》选段《观灯》《姹紫嫣红》、开场歌舞《风华正当时》、戏曲舞蹈《君子意》、越剧+黄梅戏《梁山伯与祝英台》、黄南藏戏《格桑花》等节目，并录制微电影《薪火》，讲述老中青少几代戏曲人勤学苦练、执着坚守、接续奋斗故事。（朱　天）

【《戏曲艺术当代发展路径研究》结项】6月，中国戏曲学院教授谢柏梁主持的国家社科基金艺术学重大项目《戏曲艺术当代发展路径研究》完成，经全国艺术规划领导小组办公室审批，通过结项验收。项目成果以18册专著，集合成550万字丛书呈现，包括：《党和国家戏曲政策与方针发展》《全国戏曲教育发展路径》《戏曲艺术进校园发展研究》《当代戏曲音乐发展路径研究》《当代戏曲文学发展路径研究》《当代戏曲导演制发展研究》《当代戏曲舞美发展研究》《当代戏曲绘画发展路径研究》《戏曲广播发展路径研究》《电视戏曲发展研究》《戏曲电视剧发展研究》《戏曲唱片与音像制品发展研究》《戏曲多媒体和互联网传播研究》《戏曲电影发展路径研究》《媒介时代的戏曲元素与中国电影》《大湾区粤剧电影发展研究》《中国戏曲移植西方经典剧目研究》《新中国戏曲对外传播路径研究》。该项目是首部对当代戏曲艺术发展的政策方针背景、戏曲艺术本体的编导音舞美、戏曲艺术变体的戏曲绘画、广播、音像制品、电视栏目与频道、电视剧、电影、网络传播，专业教学和戏曲进校园、海外传播和西戏中演的融汇进行18项分类研究和总体集成的大型研究丛书。18部专著集合中国戏曲学院、清华大学、北京大学和中国艺术研究院的团队，还有京外近10所高校科研人员成果。（朱　天）

【湘剧、花鼓戏教学实践基地教学成果汇报演出】7月14日至19日，中国戏曲学院2019级多剧种本科班湘剧、花鼓戏2个剧种方向23名学生在湖南戏曲演出中心进行本学期教学成果汇报演出。湖南省文化和旅游厅在政策、经费、师资等方面给予重视和保障，湖南省湘剧院、湖南省花鼓戏传承保护中心的艺术家教授指导23名学生。汇报中演出28出湘剧、花鼓戏经典剧目，其中有湘剧《三女抢板》《认女》等、花鼓戏《补锅》《刘海砍樵》等。（朱　天）

【教学实践基地线上签约仪式举行】7月15日，中国戏曲学院会同教学实践基地线上签约仪式举行。青海省，山西省临汾市等17家地方党委、政府部门、戏曲院团、院校的领导和专家参加签约仪式。贵州省黔剧院、江西省赣剧院、江西省艺术职业学院、云南省滇剧院、青海省演艺集团（青海平弦戏剧团）、青海省藏剧团、海南省文化艺术学校、甘肃省陇剧院、山西临汾蒲剧院、山西长治文化艺术学校10家院团、院校分别与学校签约。校地加强合作，贯通演、编、导、音、舞，融合教学、科研、实践、创作，建立全链条合作培养机制。签约的院团、院校当中，新增贵州黔剧、江西赣剧、海南琼剧、青海平弦、黄南藏戏、甘肃陇剧、山西蒲剧、上党梆子等多个列入国家级非物质文化遗产名录的剧种。（朱 天）

【藏戏传承研讨会】 7月20日，由中国戏曲学院、中国少数民族戏剧学会、青海省藏剧团共同举办的“藏戏传承与发展学术研讨会”在线上举行。24名专家学者作主旨发言。藏戏历史悠久，特色鲜明，被列入国家级非物质文化遗产名录和联合国教科文组织人类非物质文化遗产代表作名录，藏戏研究具有重要学术价值和意义。学者分别从文化学、传播学、生态学、戏剧人类学、藏戏的海外研究、研究方法、谱系化研究、藏戏批评、藏戏流派、人才培养、藏戏创作、历史沿革、剧团现状等不同角度各抒己见，提出对藏戏研究的意见和建议。（朱 天）

【文化艺术下乡】 10月27日至29日，中国戏曲学院舞台美术系研究生、本科生33人组成“乡村振兴”行动实践团队，在舞美系教师带领下，赴怀柔区九渡河镇四渡河村进行乡村振兴——文化艺术下乡“戏曲主题墙绘”设计，围绕四渡河村美化自然环境、宣传戏曲文化进行专业实践，完成3幅墙绘作品近40米。墙绘内容选自传统戏曲题材，致力弘扬国粹文化和民俗文化，塑造乡村精神家园。（朱 天）

【参与第六届中国戏曲文化周】 11月4日至10日，由文化和旅游部、北京市人民政府主办，文化和旅游部艺术司、中共北京市委宣传部、北京市文化和旅游局、北京市教育委员会、北京市文学艺术界联合会、中共北京市丰台区委、北京市丰台区人民政府承办的第六届中国戏曲文化周在北京园博园举行。中国戏曲学院表演系学生在开幕式表演青海平弦戏《绣河湟》、黄梅戏《女驸马》、藏戏《最美格桑花》、豫剧《花木兰》、潮剧《荔镜记》5个剧种的剧目，展现戏曲百花齐放，乡村振兴局面；在中国园林博物馆岭南园，“余音传戏”——青年学子著名传统戏剧唱段展示演出6个剧种9出经典剧目，分别为滇剧《别洞观景》、潮剧《荔镜记》《江姐》、豫剧《花木兰》《徐策跑城》《大登殿》、秦腔《祝福》、蒲剧《火焰驹》、藏戏《最美格桑花》等地方戏经典剧目。（朱 天）

【戏剧戏曲跨学科应用研究青年学者论坛举办】 12月3日，由中国戏曲学院联合英国奥斯特大学、美国宾汉顿大学共同举办的中外戏剧交流中心“2022年戏剧戏曲跨学科应用研究青年学者论坛”在ZOOM平台举办。论坛以新时期戏剧戏曲跨学科应用研究为主题，旨在凝聚多领域的教育新共识，探索面向未来的跨学科人才培养新路径，促进学科间交叉融合以及多元化创新发展。有10名来自中国戏曲学院、上海戏剧学院、北京语言大学、天津师范大学、英国奥斯特大学、美国宾汉顿大学、挪威西挪威应用科技大学、本乐戏剧教育等单位青年学者，围绕“戏剧戏曲+”分享不同研究视角下的思考成果和实践经验。（朱 天）

【西山永定河文化带戏曲非遗传承人高级研修班】 12月12日至12月31日，由中国戏曲学院承办，学院继续教育部具体组织实施授课的西山永定河文化带戏曲非遗传承人高级研修班正式开班，来自北京、天津、河北永定河流域的市、县、区戏曲非遗传承学员30余人参加。研修班由北京市文旅局落实文化和旅游部、教育部、人力资源和社会保障部“中国非物质文化遗产传承人群研修研习培训计划”，委托中国戏曲学院紧扣北京“一城三带”建设主题，围绕北京“四个中心”建设设计与开展的年度重点工作。2022年期以非遗启智、扶志扶贫为重点，提升学员文化自信，帮助戏曲传承人群增进对中华优秀传统文化、民族戏曲艺术的认识与思考。学员有国家级、省市级专业院团演员，全国主要戏曲院校骨干教师，国家级及市区级非遗传承人。上课方式以“线上+线下”相结合形式进行，线上理论课以教学为主，邀请北京、天津、山东、江西、福建等地专家、学者在线教学、“云”端授课；线下以实践课为主，中国戏曲学院、北京戏曲学院名师、教授亲临现场、示范教学。（朱 天）

【获第三十六届田汉戏剧奖理论奖】 12月26日，由上海戏剧学院、全国戏剧期刊联盟、田汉戏剧奖组委会和广东省艺术研究所联合主办的第三十六届田汉戏剧奖评选揭晓，中国戏曲学院学报《戏曲艺术》推荐4名教师获理论奖：冉常建《培养新时代创新型戏曲人才》和郝爽《基于语料库的美国媒体对京剧报道的批评话语分析》获一等奖，于建刚《对京剧传播的当代思考》获二等奖，李小红《灾民受福 德音孔昭——梅兰芳1934年开封义演事迹钩沉》获三等奖。田汉戏剧奖参评作品由全国20余家戏剧期刊社推荐，经评委会专家评审，评出理论、评论、剧本、剧目奖4类奖项，旨在推动当代戏曲理论与创作的繁荣发展，具有较高含金量，在全国戏剧界、学术界有着广泛影响和良好声誉。（朱 天）

教育督导

【概况】 2022年，丰台区人民政府教育督导室有专职督学28人，兼职督学121人。设中小学、幼儿园、职高、校外及特教督学责任区17个。全区将市区重点任务和教育教学热点难点问题纳入经常性督导和专项督导，主任督学下校3900余次，围绕校园安全、教育教学、“双减”工作、招生入学等内容，组织专兼职督学对全区中小幼开展13轮督导检查。完成北京市政府教育督导委员会办公室对区政府履行“双减”职责和学前“双普”工作专项督导检查迎检工作。（毕　卓）

【幼儿园全覆盖主题督导】 2022年，区教委、区政府教育督导室为进一步推进幼儿园从严从紧落实新冠疫情防控措施，加强幼儿园安全管理，全面落实《北京市中小学幼儿园平安校园建设标准》，科学做好幼小衔接工作，规范幼儿园办园行为，每月组织65名挂牌责任督学对全区幼儿园开展全覆盖主题督导。督导过程中，督学严格按照督导工作流程和规范，深入园所，查看班级环境布置、教材选用、保教工作规范，并视频监控检查校园封闭管理及新冠疫情防控工作落实情况，访谈教职员工，规范各岗位人员行为。

（王宏波）

【挂牌责任督学中小学专项督导】 10月10日至13日，区教委、区政府教育督导室为确保校园新冠疫情防控、校园安全、规范办学和“双减”等常规工作落实落细，组织挂牌责任督学对全区中小学140多个校址开展实地专项督导。挂牌责任督学严格执行督导标准，通过查阅资料、现场查看、访谈交流、巡视校园等方式，围绕3项内容18条进行精准督导。（孙卫刚）

【全区教育系统绩效评价工作】 3月至11月，区委教工委、区教委、区政府教育督导室开展丰台区教育系统绩效评价工作。评价对象为全区教办幼儿园、公办中小学、职业教育学校、校外教育单位和直属事业单位，评价内容根据对象不同，主要涵盖党的全面领导、学校治理、教育教学、教师队伍建设、办学成效、加分因素等方面。3月，依据《丰台区教育系统绩效评价方案（试行）》，经相关科室、部门研究制定，广泛征求意见，形成《丰台区教育系统绩效评价细则（2021—2022学年度）》；7月，完成评价对象自评工作；11月，根据各主责科室打分情况，完成结果汇总、认定、公示工作。丰台教育系统169所学校及单位参加此次绩效考核工作。（毕　卓）

【第四期中小学“督学小讲堂”】 9月至12月，全区中小学督学工作室组织“督学小讲堂”活动，研制《丰台区普通中小学校发展素质教育督导评估指标实施细则》，将53项三级指标细化为205项实施细则，将1000分进行精准分解，明确评估方式，方便学校落实反思改进，完善学校各项工作，提升学校办学水平。（孙卫刚）

文　化

综 述

【文化场馆设施】 2022年，全区有公共图书馆2个、档案馆1个、文化馆（站）22个、文化广场26个、各类群众文化团体1426个。全区26个街道（镇）建有街道（镇）级综合文化中心22个、社区（村）级综合文化室419个，全区公共文化设施覆盖率95%。区域内有中华书局、中国歌剧舞剧院等国（央）市区属文化类企事业单位30余家。中国戏曲学院、北京戏曲职业学院、北京京剧院等戏曲类演出院团类6家。区档案馆新馆建设加快。南中轴地区国家级文化设施中央芭蕾舞团业务用房项目开工建设，南中轴地区国市级博物馆群已选址。中国国际出版交流中心项目开工建设。深挖宛平城、长辛店红色文化资源，卢沟桥历史博物馆实施提升改造。 （丰鉴编）

【“结对子种文化”】 2022年，区文化和旅游局推动与国有文艺院团“结对子种文化”，与中国评剧院、北京京剧院签订“非遗共建 结对共享”框架协议。邀请中国评剧院、北京京剧院、北方昆曲剧院等国有文艺院团参与丰台区周末场演出，为辖区群众送去戏曲艺术精品。 （毕 砚）

【全国文化中心建设】 2022年，全区推进全国文化中心建设各项工作开展。参展2022年中国国际服务贸易交易会文旅服务专题展；以春节、元宵、清明、端午、中秋、重阳等传统节日为重点，举办各级各类文化活动1800余场次；举办中国戏曲文化周、“花开丰台”端午文化游园会等大型文化活动；服务保障纪念全民族抗战爆发85周年、抗战胜利77周年纪念活动；开展金中都历史文化内涵挖掘课题研究。支持区内文化产业园区参与北京市各项申报工作，3家企业获评版权保护示范基地，4家企业入选北京市文化产业园区。制定《关于深入推进新时代书香丰台建设的实施意见》，组织“悦享新时代 书香润丰台”2022年丰台区全民阅读推广活动，打造“书香丰台”全民阅读品牌。在第十二届“书香中国·北京阅读季”书香京城系列评选中，辖区一家庭获评“书香家庭”；宛平街道宛平城社区获评“书香社区”；视觉峰尚文化产业（北京）有限公司获评“书香企业”；富博洋、郭秀芝获评“金牌阅读推广人”；汇爱大厦公益阅读空间“无障碍公益阅读空间”建设案例获评全民阅读优秀案例。 （肖 双）

【文化营商环境优化】 2022年，丰台区委宣传部制定《北京市丰台区扶持实体书店发展实施细则》等一系列办法措施，开展实体书店扶持工作，辖域内10家实体书店获得区级扶持资金125万元。深化“放管服”（简政放权、放管结合、优化服务的简称，“放”即简政放权，降低准入门槛；“管”即创新监管，促进公平竞争；“服”即高效服务，营造便利环境）改革，参与“一业一证”改革（优化行业准入业务流程，将一个行业准入涉及的多张许可证整合为一张“行业综合许可证”，大幅压减审批环节和时限，简化审批手续，有效提升行政效能和办事效率，激发市场主体发展活力）工作。完成出版物零售单位行政审批事项561件、电影放映单位行政审批事项6件，完成出版物零售单位年检713家、印刷企业年检75家。 （肖 双）

【纪念全民族抗战爆发85周年活动】 7月7日，纪念全民族抗战爆发85周年活动在位于丰台区的抗日战争纪念馆举行。中共中央政治局常委、中央书记处书记王沪宁出席仪式并讲话。王沪宁等领导同各界群众代表一道向抗战英烈献花，并参观《烽火印记——北京抗日战争主题片区特展》。孙春兰、黄坤明、郝明金、张庆黎、苗华出席仪式。蔡奇主持仪式。中央党政军群有关部门和北京市有关负责领导，各民主党派中央、全国工商联负责人和无党派人士代表，在京参加过抗日战争的老战士老干部代表及抗战将领亲属代表、抗战烈士遗属代表，首都各界群众代表等约300人参加仪式。同日晚，全民族抗战爆发85周年首都各界群众纪念活动——“为了正义与和平”主题交响音乐会举办，并在北京卫视频道播出。 （董照宝）

公共文化

【概况】 2022年，全区公共文化设施网络建设完善。开展文化领域重大项目研究，储备一批区级文化设施项目；加快街道（镇）级项目储备，立项、落地和分类指导，按照“成熟一批、推动一批”原则，储备并持续推进11个街道（镇）23个社区（村）综合文化室建设（改造）项目；重点解决基层公共文化设施空白点、未达标等问题，完成花乡街道综合文化中心建设项目前期工作，东高地街道综合文化中心提升项目。全区有公共文化设施1953处，比上年增加331个；文化设施总面积325.4万平方米，比上年增加38.8万平方米；人均文化设施面积1.61平方米，比上年增加0.19平方米。 （毕 砚）

【图书馆服务】 2022年，丰台区图书馆服务到馆读者20.6343万人次、外借图书6.9196万册；开展线上线下阅读推广活动231场，参与人次56.1万余人；开展志愿服务活动196场，参与人次6200人，服务时长2.1万余小时，为街道分馆流转配送图书35000册（其中新书22000册）。建设区直机关图书角，位于丰台文体路2号区政府一楼大厅，提供各类书籍和期刊3500册。 （区图书馆）

【文化馆开展活动】 2022年，区文化馆开展以“喜迎二十大、奋进新征程”为主题，以“歌唱北京”“舞动北京”“艺韵北京”“戏聚北京”“影像北京”5个“北京”活动为引领，以“线上+线下”相结合形式服务全区百姓，开展首都市民系列文化活动2744场，完成周末场演出、相声乐苑、文化四进、星火工程文艺演出等活动和相声乐苑、音乐会、“我的丰台·我的家”群众合唱大赛直播活动，在线点击量77万人次，惠及观众总人次突破百万。 （区文化馆）

【文化数字化服务】 2022年，区文化馆利用“国家文化云”“北京数字文化馆”“北京丰台”“发现新丰台”“北京市丰台区文化馆”微信公众号、“北京市丰台区文化馆”视频号，引入智能活动预约小程序等，以组合拳方式搭建线上“文化桥”，发挥数字化服务在群众文化活动中的直播优势，以多媒体矩阵增强传播效果，完成相声乐苑、音乐会、“我的丰台 我的家”群众合唱大赛活动的直播，在线点击量总计77万人次。 （丰鉴编）

【图书馆分馆阅读活动调研】 2月8日至18日，区图书馆通过调查问卷形式，对各街道（镇）分馆进行2022年度街道（镇）图书分馆含部分社区（村）阅读活动需求调研，问卷中主要涉及各街道（镇）分馆开展阅读活动的基本情况、需求、意见和建议，形成调研报告。针对调研存在问题，通过定制式服务和选单式服务的方式，送阅读活动至各街道（镇）分馆，满足周边居民阅读需求。 （区图书馆）

【世界读书日阅读推广活动】 4月23日，在2022年“4·23”世界读书日期间，全区以“阅北京 读中国 向未来”为主题，联动驻区航天单位、汇爱书局、世界花卉大观园及区妇联、区残联、区政务中心、相关街道等单位，通过“主会场+分会场”“线上+线下”相结合形式，组织“悦享新时代 书香润丰台——系列2022年‘书香丰台’全民阅读推广活动”，举办年度阅读推广计划、开展主题讲座、阅读分享、新书推荐、亲子阅读、图书展销等读书活动7场次。 （区图书馆）

【文化志愿者线上培训】 7月12日、15日、19日、21日，区文化馆开展2022年全区文化志愿者线上培训。培训采取腾讯会议线上直播方式。培训内容包括《文化志愿者系统录入及操作流程》《文化志愿者基础知识理论》《志愿活动中的医疗急救、家庭医疗急救、防疫常识》等。通过学习，志愿者熟练掌握急救知识、防疫技巧，提升志愿者服务能力及线上操作流程，培训人数2400人次。 （王莎莎）

4月23日，丰台区启动世界读书日阅读推广活动 （区文化和旅游局 供图）

【基层公共文化服务绩效评估】 8月，区文化和旅游局部署2022年基层公共文化服务绩效评估工作，对评估相关指标任务和有关工作进行解读、培训，部署讲解总分馆制建设、非物质文化遗产等相关工作。区基层指导中心、区文化馆、区图书馆以及全区26个街道（镇）主管文化工作的领导、相关科室负责人80余人参会。会议以综合理论教学、实践案例分享、具体实操规范讲解结合，提升基层公共文化服务效能评估，落实公共文化服务制度化、规范化、均等化，为进一步做活做实基层公共文化服务工作，提高公共文化服务工作质效奠定基础。 （毕 砚）

【群众书画艺术培训班开班】 9月26日，由区文化馆主办的全民艺术普及活动——群众书画艺术培训班开班。培训班开设隶书、国画山水、国画花鸟3个班次，计72学时，培训持续至年底。培养学员90人，由区文化馆业务干部为广大学员进行免费授课，让广大学员共享群众文化艺术成果，丰富广大书画爱好者业余文化生活。 （王莎莎）

【艺术课堂线上展播】 10月，区文化馆艺术课堂线上展播活动上线，在“北京市丰台区文化馆”微信公众号分期开展线上展播，推出艺术课堂34期，内容涵盖书法、美术、舞蹈、戏曲、钢琴、艺术鉴赏等艺术门类，满足广大群众对艺术普及需求。 （丰鉴编）

群众文化

【概况】 2022年，丰台区连续举办第六届中国戏曲文化周。开展“我的丰台我的家”等系列文化活动1800场。开展冬奥主题展演80场次。丰台区利用冬奥文化广场，依托新时代文明实践中心等载体，围绕“冬奥唱起来，一起向未来”主题，“线上线下”相结合，组织开展形式多样的群众文化活动。群众系列文化活动紧扣“喜迎二十大 奋进新征程”主题，以“我的丰台 我的家”为主线，以“歌唱北京”“舞动北京”“艺韵北京”“戏聚北京”“影像北京”“阅读北京”6个“北京”活动为引领，广泛开展书画展览、舞蹈大赛、合唱大赛、专场音乐会、文化四进、农村文艺星火工程演出等活动，为地区居民提供文化服务，全年开展文化活动2744场，其中文化惠民活动409场、农村数字电影放映2335场。开展“线上艺术课堂展播”“周末场演出”“相声乐苑”“文化四进”“星火工程文艺演出”“全民艺术普及音乐会”“群众合唱大赛”“群众舞蹈大赛”等活动249场，线上艺术课堂培训、基层文艺骨干培训、志愿者培训等全民艺术普及培训160场，书法绘画专题展2场，创作原创文艺作品2部，以“线上+线下”相结合形式，惠及观众总人次突破百万，其中在线直播点击量77万人次。区文化馆被评为北京市第四届“全民艺术普及月”活动先进集体，“艺路向未来”——北京市丰台区文化馆全民艺术普及系列活动被评为典型示范项目。（孙晶晶）

2022年每周周末，区文化馆剧场开展“周末场演出” （区文化和旅游局 供图）

【“相声乐苑”演出】 2022年，区文化馆“相声乐苑”演出48场次，每周五19：30，以免费不免票形式在区文化馆上演。受众人群1.5万人次。节目汇聚业界优秀相声演员，为年轻演员提供展示才艺的舞台和空间，通过以老带新形式，传承中国传统艺术，发扬中国传统文化，已成为城南文化活动品牌。演出已连续进行到第十四年，是丰台区培育和打造的精品文化品牌，受到广大曲艺爱好者喜爱。自创建之始，坚持公益惠民，在重大节日、节庆时间节点，定向为老年人、残疾人朋友等群体赠送“爱心票”，共享文化均等权益。（王莎莎）

2022年每周五晚，区文化馆剧场开展“相声乐苑”演出 （区文化和旅游局 供图）

【“周末场演出”计划】 2022年，区文化馆剧场利用每周周末为广大百姓演出，安排演出剧目，采取“请进来”方式，携手驻京专业艺术院团开展，并为医务工作者、老年人、儿童、现役军人、残疾人、志愿者等群体开设专场，内容涵盖京剧、评剧、豫剧、河北梆子、北京曲剧、综艺演出、儿童剧等。全年演出108场次、受益群众约2万人次。（王莎莎）

【文艺原创作品】 2022年，区文化馆以第十九届“群星奖”为目标，开拓创新思路，从群众中汲取文化灵感，从辖区历史文化底蕴中发掘亮点，推动文艺作品创作，打磨戏剧类、音乐类原创作品，作品《苹果熟了》《京津冀》分别获北京市优秀原创作品戏剧类、音乐类一等奖，并代表北京市参加第十九届“群星奖”戏剧类、音乐类作品全国复赛。作品多次参与“相声乐苑”、主题音乐会、北京农民艺术节乡村大舞台、北京市群星奖优秀节目展、“运河情 江南韵——大运河民族音乐文化传承展示周”等巡演活动，受到观众喜爱。原创小品《苹果熟了》以古稀之年的北京知青为当年插队的革命老区延安推销苹果为线索，以女儿因担心母亲被骗而产生误会为素材，串联起延安精神、知青岁月、新农村产业发展，最终在女儿对母亲的理解中化解矛盾。原创音乐作品器乐重奏《京津冀》进入全国复赛评选，作品以京津冀协同发展战略为背景，选取3地特色音乐元素北京京剧、天津快板、河北首批国家非物质文化遗产项目河北吹

歌，以及3地其他音乐元素，与弦乐四重奏相融合，反映京津冀协同发展历史文脉、时代主题和壮丽前景。（毕　砚）

【新春惠民线上文化活动】 2022年，区文化和旅游局开展新春惠民系列主题线上文化活动18场次，点击量4300余人次。“牵手冬奥 活力丰台”主题综艺专场、“赏年画过大年”、“非遗贺新春”、“一起向未来”广场舞教学等线上主题活动，吸引居民通过“端”参与活动。（王莎莎）

【冬奥城市文化活动】 2月，区文化和旅游局在莲花池公园举办冬奥文化广场活动，以文体演出、运动体验、展览展示、赛事直播等多种形式，引导市民了解冬奥知识、关注冬奥赛事、体验冰雪运动、为奥运健儿加油喝彩。其间吸引游客3万余人次。累计出动工作、演职等服务保障人员5800余人次。举办群众文艺演出和群众体育展演53场，中心篷房冰雪运动体验8500余人次，非遗互动体验400余人次。（毕　砚）

【冬奥主题演出】 2至4月，区文化馆在丰台区冬奥文化广场累计进行41场文艺演出，演出曲目包括《一起向未来》《冰雪冬梦》《冬奥就在咱身边》等，涵盖歌曲、舞蹈、戏曲、曲艺等形式，通过文艺演出，传播奥运精神，展现全区群众参与冬奥、共享冬奥的浓郁氛围。（王莎莎）

【冬奥开幕式参与表演】 2月4日，区文化馆舞蹈队28人经过2个多月47次封闭排练，在第二十四届北京冬奥会开幕式上登场，参与完成“浓郁的中国新年氛围”“百姓在烟火味中过大年”“欢迎运动员入场”等开幕式群众演出任务，在暖场环节和演员返场环节表演8个舞段。（王莎莎）

【钢琴独奏和赏析音乐会】 8月13日，2022年全民艺术普及系列活动之跨越时空·奏响经典——青年钢琴家廖先冀钢琴独奏和赏析音乐会举办。音乐会由“艺路向未来”活动及廖先冀钢琴独奏和赏析音乐会2部分组成。音乐会是区文化馆携手艺术家奏响经典、以精品引领艺术普及，打造全民艺术普及品牌，推动公共文化服务高质量发展的一次尝试，活动在线观众点击量13万人次。（刘学忠）

【京台迎中秋诗会】 9月5日，由区委统战部（区台办）主办的京台迎中秋诗会在丰台区宛平城举办。活动通过视频连线、现场互动等“线上线下”相结合方式，200余名两岸基层民众“云端”聚首，共迎中秋佳节，共赏宛平秋景，共叙同胞亲情。诗会以“情满中秋两河缘 诗情画意一家亲”为主题，举行合唱、诗朗诵、古筝演奏、太极拳表演、书法创作、茶艺表演等节目。活动中并举行京台基层交流基地授牌仪式，北京市台办主任为丰台卢沟桥文化发展中心授牌。（丰鉴编）

2月，莲花池公园冬奥文化广场正在进行“一起向未来”舞蹈表演
（区文化和旅游局　供图）

【“我的丰台·我的家”合唱赛决赛】 9月7日，由区文化馆打造的“我的丰台·我的家”群众合唱大赛决赛举办，来自马家堡街道、云岗街道、北宫镇等17个单位500余名群众合唱爱好者同台角逐，方庄街道美娘女子合唱团、六里桥街道伟力金一女子合唱团获大赛一等奖。合唱大赛采用线上方式播出，在“国家公共文化”云平台、“北京市文化馆”视频号、“北京数字文化馆”微信公众号、“北京数字文化馆”云平台、“北京市文化馆”抖音号、“北京数字文化馆”快手号、“北京数字文化馆”微博号、“区文化馆”视频号同步进行直播，在线观看点击量达18万人次。大赛活动自8月初启动，全区各街道（镇）发动引导群众参加，组织合唱队伍，打造品牌曲目，经过初赛和复赛，12支合唱队晋级决赛。（刘学忠）

【“奋进新征程”群众书法绘画作品展】 10月15日至11月30日，由区文化馆牵头组织的“奋进新征程”丰台区群众书法绘画作品展在区文化中心大楼开展。展览以书画传情，致敬伟大祖国，礼赞伟大时代，全部作品为群众书画爱好者所绘。展览得到丰台区26个街道（镇）支持，征集书画作品400余件，精选200幅高水平、有特色作品进行集中展出。（刘学忠）

【“奋进新征程”主题音乐会】 10月30日，全区“奋进新征程”主题

10月30日，“奋进新征程”主题音乐会上，艺术家演奏原创音乐作品器乐重奏《京津冀》
（区文化和旅游局 供图）

音乐会举办。音乐会特邀中国人民大学艺术学院副院长齐悦、中国交响乐团首席重奏组钢琴家李玥、中国人民大学弦乐教研室主任王莹重奏组，以及青年歌唱家潘磊、同调室内乐团、北京悦城青年合唱团等艺术家团队演奏、演唱经典音乐作品和区文化馆原创音乐作品。音乐会将钢琴三重奏、钢琴独奏、民乐重奏、独唱、合唱等形式集于一体，选取红色经典音乐和原创歌曲等作品，搭建院校高水平艺术家、专业文艺院团、文化志愿者等文艺人才同台联袂演出平台，打造服务群众的品牌文化活动，开拓群众文化服务新形式，推动高雅艺术对群众文化活动的示范、引领作用，提升广大群众在文化上的获得感、幸福感。活动采用线上线下联动形式，在线观众点击量突破27万人次。

（刘学忠）

【中国戏曲文化周活动】 11月4日至10日，第六届中国戏曲文化周主场活动在位于丰台区北京园博园举办。活动由文化和旅游部、北京市人民政府主办，丰台区人民政府承办。活动围绕贯彻落实党的二十大精神，以“和合共美”为年度主题，在北京园博园、中国园林博物馆、长安大戏院、吉祥戏院等专业剧场以及中央民族大学（丰台校区）等场馆开展演出、论坛、展览、市集活动约400场，约4.5万人次观众线下参与，全网全媒总浏览量超过3亿人次。文化和旅游部副部长卢映川批示：“第六届戏曲文化周主题鲜明、内容丰富、形式新颖、组织有力、效果良好，望深入总结和发扬举办经验，促进中华优秀传统文化更好传承弘扬。”戏曲周主场活动结束后，戏曲周常态化活动启动，包括“品戏”市民观赏季、“传戏”行家传习班、“有戏”戏曲体验坊等活动，持续为群众提供优质戏曲文化节目。

（李　磊）

11月4日，第六届中国戏曲文化周主场活动在北京园博园开启　（区文创中心　供图）

文化创意产业

【概况】 2022年，丰台区文化创意产业促进中心（丰台区戏曲文化发展中心）（简称区文创中心）负责促进区域文化产业发展和区域戏曲文化传承、推广普及，组织开展戏曲主题活动，推进戏曲惠民工作，服务戏曲文化繁荣发展。全区文化及相关产业实现收入269.6亿元，比上年下降6.2%，规模以上文化产业单位227家，比上年增加17家。

（李　磊）

【产业政策引导扶持】 2022年，区文创中心坚持以丰台区“十四五”时期文化产业发展规划为引领，支持区内企业、园区等参与北京市版权保护示范单位、北京市版权保护示范园区（基地）申报工作，支持区内文化产业园区参与北京市级文化产业园区等申报工作。中华书局有限公司、央广传媒集团有限公司、北京三月雨文化传播有限责任公司3家企业获评“北京市版权保护示范单位”称号，北京石榴中心文化创意产业园、首科大厦文化创意产业园、京工时尚创新园、永乐

9月29日，第十届丰台惠民文化消费季启动仪式在北京世界花卉大观园启动
（区文创中心　供图）

文智园被认定为“2022年度北京市级文化产业园区”。协助中国广电网络股份有限公司申报入选“全国文化企业30强”。联动市文资中心举办“房租通”政策线上宣讲会丰台专场，跟进区内企业申报工作，130家企业获“房租通”政策支持，支持金额805.78万元。宣传并跟进区内文化企业“投贷奖”申报工作，20家企业获“投贷奖”政策支持。（李　磊）

【“丰台文创训练营”活动】 9月19日至23日，区文创中心举办2022丰台文创训练营。训练营以“文化赋能 转型提升”为主题，邀请文化领域知名专家学者、企业家导师授课，开设“文创产业与政策”“文创企业数字化转型”“如何打造爆款文化产品”等课程，以“线上授课+线下拓展”方式开展，为学员提供创业经验与创业实战指导，助力区内中小微文化企业发展。155名学员参加，培训为期5天，包含4天集中培训、1天园区实地教学及项目路演。（李　磊）

【中国国际服务贸易交易会参展】 9月1日至5日，丰台区以“妙笔生花 丰采无限”为主题参展2022年服贸会文旅服务专题，60余家企业集中亮相，区文创中心组织近20家企业现场参展，展陈内容包括百余件特色文创产品及多项文化科技融合项目，现场表演15场，累计吸引参展游客5万余人次。开展“丰台区文化企业及园区推介日”活动，推介“服务包”企业及其他区内重点文化企业，邀请60家企业注册“服贸会云上展厅”线上参展。展览多角度展示区域产业发展新成果，得到《人民日报》、人民网、新华网、央视新闻等近20家主流媒体进行报道，进一步提升区域文化产业影响力。（李　磊）

9月1日，2022年服贸会文旅服务专题丰台展区展陈布置　（区文创中心　供图）

【第十届惠民文化消费季】 9月29日至12月31日，由市国有资产管理中心、区委宣传部指导，区文创中心主办的第十届丰台惠民文化消费季举办。活动精心策划“丰・花”绽放、“丰・彩”迎春、“丰・阅”书香、“丰・惠”观影、“丰・创”市集5大板块，累计“线上+线下”相结合形式举办活动56场次，在满足市民多元化文化消费需求的同时，营造便捷、舒心、新颖文化消费氛围，扩大文化消费普惠面，助力丰台文明城区创建，提升丰台城市形象。（李　磊）

【2022丰台文化创意大赛】 10月21日至31日，区文创中心举办第六届北京文化创意大赛丰台分赛区暨2022丰台文化创意大赛。大赛于10月初发布项目征集公告，先后有70余个项目报名，项目类型涵盖数字出版、文科融合、数字创意、非遗及IP开发等多个类别。经过初赛、决赛的项目路演，9个项目在决赛中获奖。其中，CAMbolt智能拍摄机器人获丰台区文创大赛一等奖；北京文旅文创创新及供应链管理平台、微电影《棋局人生》获二等奖；穿越中国、“东方 十二”、新媒体娱乐营销获三等奖；“用中国的智慧，打造世界的乾合”获“年度

最具投资价值奖”；非遗文创手作馆获“年度创意潜力奖”；打造丰台巧娘丰台礼物品牌获“年度项目人气奖”。（李　磊）

文化遗产保护

【概况】2022年，全区有国家级文物保护单位4处，分别为卢沟桥（宛平城）、镇岗塔、金中都水关遗址、长辛店二七大罢工旧址，市级文物保护单位9处，分别为福生寺、丰台娘娘庙、南苑兵营司令部旧址、南岗洼桥、大葆台西汉墓遗址、丰台药王庙、莲花池、金中都城遗迹、赵登禹将军墓；区级文物保护单位18处；尚未核定级别文物82处。全区四批非物质文化遗产代表性项目中，国家级代表性项目4项，分别为京剧、评剧、怪村太平鼓、卢沟桥传说，有代表性传承人13人；市级代表性项目3项，分别为米粮屯高跷、西铁营花钹挎鼓、鸟笼制作技艺，代表性传承人11人。辖区内的南中轴路考古、金中都考古、新宫遗址考古属于具有代表性的北京2022年最新考古成果。（赵琨璞）

【域内考古】2022年，丰台新宫地区发现夏商周时期聚落遗址，由内外双重环壕围合而成。外环壕直径约150米，围合面积1.7万平方米。环壕以内发现有房址、灰坑等。外环壕东南侧为墓葬区，经过有意识规划。出土文物有陶鬲、陶甗和玉玦、金耳环、绿松石等。是一处以大坨头文化（相当于夏代晚期）为主体的环壕聚落，兼有早商和西周时期遗存。文化因素以本地土著文化为主，兼受中原地区和欧亚草原文化因素的影响。为北京地区首次发现该时期带环壕的聚落遗址，对研究早期北京具有重要意义。南中轴路发现明嘉靖三十二年（1553）（甚或更早）以来依次叠压的7条道路，明确南中轴路规制和工程做法，厘清明清以来南中轴路历史脉络。金中都考古发现丰富的隋唐、辽金、明清时期遗存，为研究北京城由唐幽州、辽南京、金中都、元大都到明清的变迁提供新材料，辽金时期道路、房址对研究辽南京、金中都城内街巷、里坊布局非常重要，出土大量遗物见证城内居民的生活状态和精神世界，是中华民族多元一体格局形成过程具体体现，是展示、实证中华文明史、北京地方史重要内容。（丰鉴编）

【西山永定河文化带建设】2022年，区文化和旅游局以北京市推进全国文化中心建设领导小组印发《2022年全国文化中心建设重点任务清单》为基础，推进区级西山永定河文化带建设3大方面6项具体工作任务，完成向市级相关单位征求《北京市丰台区长辛店老镇FT00-4011街区控制性详细规划（街区层面）（2020—2035年）》意见的工作；完成岱王庙山门及戏台修缮工程；实施卢沟桥历史博物馆整体提升改造工程，开展外部修缮工作；完成金中都城遗迹保护工程考古现场保护措施项目，持续开展安保服务工作，开展遗址公园概念性设计方案深化设计工作。（赵琨璞）

【《西山永定河文化带丰台段发展研究》课题】2022年，区文化和旅游局立足西山永定河文化带整体发展和全区城乡遗产保护传承以及地区高质量发展，摸清全区永定河文化带相关遗产资源家底，梳理文旅及相关产业发展基础，了解公共文化服务设施以及所在地城乡建设和民生条件，明晰问题挑战，提出西山永定河丰台段以永定河文化带资源体系为基础的平台化发展目标，开展统筹发展战略研究，提出解决现阶段单层次和散点式发展路径局限问题，探讨推动全区文化特色塑造、城市特色彰显及高质量发展创新发展路径，形成西山永定河文化带丰台段发展研究报告。（赵琨璞）

【全区三大文化板块建设】2022年，区文化和旅游局推进莲花池—金中都、南中轴—南苑、卢沟桥—宛平城—长辛店建设三大文化板块建设，开展文物保护工作14项，涉及文物本体修缮、日常保养维护、文物安技防检测维修等。推进丰台灶君庙抢修加固工程，大红门街道松梅禅林修缮工程，实施宛平城城墙、卢沟桥日常保养工程，实施卢沟桥结构安全实时监测项目，完成北宫镇二老庄村老爷庙修缮工程。（赵琨璞）

【宛平城—卢沟桥地区整治提升】2022年，区文化和旅游局持续推进宛平城—卢沟桥地区“疏解整治促提升”工作，根据《2021年宛平城—卢沟桥地区重点区域整治提升工作方案》，完成宛平文化广场改建提升工程和岱王庙山门、戏台修缮及周边环境整治工程，推进卢沟桥历史博物馆整体提升改造等工程。宛平文化广场改建提升工作包括改善文化广场设施环境和各类设备功能，整体提升文化广场服务大众的能力和效率，对广场及其周边环境整体进行改造提升。卢沟桥历史博物馆整体提升改造工程包括馆舍修缮提升、避雷设施改造、展陈提升改造3部分，改造后实现历史文化展示、公众教育服务、参观游览体验等功能，与中国人民抗日战争纪念馆和卢沟桥形成呼应，丰富拓展卢沟桥—宛平城地区人文价值和活力魅力。（肖新刚）

【“重修关帝庙碑”病害评估及修复试验项目】2022年，区文化和旅游局组织开展“重修关帝庙碑”病害评估及修复试验项目，完成包括现场病害勘测、数据采集、原材料性能评估测试及原工艺剖析、病害模拟试验及机理研究、病害治理试验等内容。（王　川）

2022 年丰台区不可移动文物一览表

表 20

<table>
<tr><th rowspan="2">级别</th><th rowspan="2">序号</th><th rowspan="2">名称</th><th rowspan="2">类型</th><th rowspan="2">年代</th><th rowspan="2">公布时间</th><th rowspan="2">管理使用单位</th><th rowspan="2">现地址</th><th>现属地</th></tr>
<tr><th>街道（镇）</th></tr>
<tr><td rowspan="11">全国重点文物保护单位</td><td>1</td><td>卢沟桥（宛平城）</td><td>古建筑</td><td>金代</td><td>1961 年 3 月</td><td>卢沟桥文化发展中心</td><td>卢沟桥城南街 77 号</td><td>宛平街道</td></tr>
<tr><td rowspan="7">2</td><td>长辛店二七大罢工旧址——长辛店工人俱乐部旧址</td><td rowspan="7">长辛店二七大罢工旧址，近现代重要史迹及代表性建筑</td><td>近代</td><td rowspan="8">2013 年 3 月</td><td>区文化委；长辛店街道办事处</td><td>长辛店街道大街 174 号</td><td>长辛店街道</td></tr>
<tr><td>长辛店二七大罢工旧址——劳动补习学校旧址</td><td>近代</td><td>北京二七轨道交通装备有限责任公司</td><td>长辛店街道长辛店大街祠堂口 1 号</td><td>长辛店街道</td></tr>
<tr><td>长辛店二七大罢工旧址——长辛店留法勤工俭学预备班旧址</td><td>近代</td><td>长辛店第一中学</td><td>长辛店街道陈庄社区德善里 18 号长辛店第一中学</td><td>长辛店街道</td></tr>
<tr><td>长辛店二七大罢工旧址——二七机车厂近代建筑遗存</td><td>近代</td><td>北京二七轨道交通装备有限责任公司</td><td>长辛店杨公庄 1 号二七机车厂内</td><td>长辛店街道</td></tr>
<tr><td>长辛店二七大罢工旧址——工人夜班通俗学校旧址</td><td>清代</td><td>长辛店第一小学</td><td>长辛店街道长辛店大街 145 号第一小学内</td><td>长辛店街道</td></tr>
<tr><td>长辛店二七大罢工旧址——警察局驻地旧址</td><td>明代</td><td>北京市公安局丰台分局长辛店派出所</td><td>长辛店街道长辛店大街 196 号长辛店派出所</td><td>长辛店街道</td></tr>
<tr><td>长辛店二七大罢工旧址——二七烈士墓</td><td>近代</td><td>长辛店公园管理处</td><td>长辛店街道玉皇庄社区长辛店西花园南里甲 1 号长辛店公园内</td><td>长辛店街道</td></tr>
<tr><td>3</td><td>镇岗塔</td><td>古建筑</td><td>金代</td><td>云岗街道张家坟村委会</td><td>云岗街道张家坟村</td><td>云岗街道</td></tr>
<tr><td>4</td><td>金中都水关遗址</td><td>古遗址</td><td>金代</td><td>2001 年 6 月</td><td>辽金城垣博物馆</td><td>亚林西居住区 9 号院 9 号楼</td><td>右安门街道办事处</td></tr>
<tr><td rowspan="3">北京市文物保护单位</td><td>1</td><td>福生寺</td><td>古建筑</td><td>明代</td><td>1999 年 3 月</td><td>北宫镇张郭庄村委会</td><td>北宫镇张郭庄村 349 号</td><td>北宫镇</td></tr>
<tr><td>2</td><td>丰台娘娘庙</td><td>古建筑</td><td>明代</td><td>2003 年 12 月</td><td>北宫镇大灰厂村委会</td><td>北宫镇大灰厂村</td><td>北宫镇</td></tr>
<tr><td>3</td><td>南苑兵营司令部旧址</td><td>近现代重要史迹及代表性建筑</td><td>民国</td><td>1990 年 2 月</td><td>中国联合航空有限公司保障部</td><td>机场社区</td><td>南苑街道</td></tr>
</table>

续表 20

级别	序号	名称	类型	年代	公布时间	管理使用单位	现地址	现属地街道（镇）
北京市文物保护单位	4	南岗洼桥	古建筑	清代	2001 年 7 月	王佐镇佃起村委会	王佐镇南岗洼村	王佐镇政府
	5	大葆台西汉墓遗址	古墓葬	汉代	1995 年 10 月	大葆台西汉墓博物馆	大葆台西汉墓博物馆	花乡街道
	6	丰台药王庙	古建筑	清代	2003 年 12 月	花乡看丹村委会	原址	看丹街道
	7	莲花池	古遗址	金代	1984 年 5 月	莲花池公园管理处	太平桥街道莲花池社区广外莲花池路 48 号莲花池公园	太平桥街道
	8	金中都城遗迹	古遗址	金代		三路居村（金鹏天润社区），万泉寺村，东管头村	太平桥街道凤凰嘴村 1 处，万泉寺村 1 处，高楼村 1 处	太平桥街道
	9	赵登禹将军墓	近现代重要史迹	近代		宛平街道办事处	宛平街道宛平社区东 500 米西道口	宛平街道
区级文物保护单位	1	老爷庙	古建筑	清代	1986 年 5 月	长辛店街道社区服务中心	长辛店街道长辛店大街 128 号	长辛店街道
	2	张辅张懋墓前石雕	石窟寺及石刻	明代	1984 年 5 月	长辛店镇长辛店村委会	长辛店街道连山岗生态公园内	长辛店街道
	3	密檐塔	古建筑	明代		王佐镇魏各庄村委会	王佐镇瓦窑村	王佐镇政府
	4	石五供	石窟寺及石刻	清代		王佐镇沙锅村村委会	王佐镇玉叶陵园	王佐镇政府
	5	王佐镇老爷庙	古建筑	清代	2003 年 2 月	王佐镇南宫村村委会	王佐镇南宫村长青路 103 号院 243 号	王佐镇政府
	6	极乐峰护国宝塔及佛洞群	其他	明代	2003 年 10 月	王佐镇千灵山公园	王佐镇西庄店村	王佐镇政府
	7	和尚塔	古建筑	清代	1984 年 5 月	北京市公安局警务保障部物资库	北宫镇东河沿村南射击场路 8 号	北宫镇
	8	万佛延寿寺铜观音像（含石碑）	其他	明代		丰台体育中心管理处	五里店街道大井社区西四环南路 55 号丰体中心院内	五里店街道
	9	草桥遗迹	古建筑	清代	2003 年 2 月	玉泉营街道草桥村委会	玉泉营街道草桥村北	玉泉营街道
	10	歙州阳宅	古建筑	明代	1986 年 5 月	北京金石庄源投资管理公司	石榴庄公园内	石榴庄街道

续表 20

级别	序号	名称	类型	年代	公布时间	管理使用单位	现地址	现属地
								街道（镇）
区级文物保护单位	11	大红门东门房	其它	清代	1984 年 5 月	北京丰顺祥旅馆	大红门街道大红门东后街 152 号	大红门街道
	12	中顶庙	古建筑	明代		西铁营村委会	亚林西居住区 9 号院 9 号楼	右安门街道办事处
	13	和隆武碑	石窟寺及石刻	清代	1999 年 3 月	卢沟桥街道小屯村新丰驾校	卢沟桥街道小屯村新丰驾校	卢沟桥街道
	14	傅子范墓	古墓葬	清代	1984 年 5 月	北京军区空军黄亭子招待所	和义街道久敬庄社区久敬庄 60 号北京军区空军黄亭子招待所内	和义街道
	15	达园寺	古建筑	清代	1999 年 3 月	玉泉营街道纪家庙村委会	玉泉营街道纪家庙村于家胡同 55 号	玉泉营街道
	16	清真寺	古建筑	清代	1984 年 5 月	长辛店街道清真寺民主管理委员会	长辛店街道长辛店大街 170 号	长辛店街道
	17	大王庙	古建筑	清代	2003 年 10 月	宛平街道办事处北天堂村委会	宛平街道老庄子乡北天堂村 245 号	宛平街道
	18	水志	古建筑	清代		宛平街道办事处宛平城社区	卢沟桥北东岸 500 米处	宛平街道
未定级不可移动文物	1	文字山碉堡	近现代重要史迹及代表性建筑	近代		宛平街道办事处宛平城东关社区	宛平街道宛平城社区东 500 米西道口	宛平街道
	2	雕塑园前碉堡	近现代重要史迹及代表性建筑	近代		宛平街道办事处宛平城社区	宛平街道宛平社区抗日战争雕塑园南	宛平街道
	3	内监官太监沐公之墓碑	石窟寺及石刻	明代		丰台区文物管理所	宛平街道城北社区卢沟桥城北街 88 号老文物所院内	宛平街道
	4	月牙堤	古建筑	近代		宛平街道办事处老庄子社区	宛平街道北天堂村西南卢沟桥大堤东侧土路	宛平街道
	5	减水坝	古建筑			宛平街道卢沟桥村	宛平街道卢沟桥村小清河桥下边	宛平街道
	6	卢沟桥西射击场路碉堡	近现代重要史迹及代表性建筑	近代		宛平街道卢沟桥村	宛平街道卢沟桥村西	宛平街道

续表 20

级别	序号	名称	类型	年代	公布时间	管理使用单位	现地址	现属地 街道（镇）
未定级不可移动文物	7	敕赐佑善祥重修碑	石窟寺及石刻	清代	2003 年 10 月	/	长辛店街道西峰寺社区 92 号	长辛店街道
	8	二老庄村老爷庙	古建筑	清代		云岗街道张家坟村委会	云岗街道张家坟村二老庄	云岗街道
	9	长辛店大街石碑	石窟寺及石刻			长辛店街道南墙缝社区	长辛店街道长辛店大街 345-1 号	长辛店街道
	10	王维珍碑	石窟寺及石刻	清代		北京北方车辆集团有限公司	长辛店街道朱家坟社区北方车辆厂内	长辛店街道
	11	长辛店永济桥	古遗址	清代		长辛店街道南墙缝社区	长辛店街道南关西路 7-3 号	长辛店街道
	12	蒋母崔氏墓志铭	石窟寺及石刻	清代		长辛店街道办事处	长辛店街道长辛店大街祠堂口	长辛店街道
	13	长辛店平汉铁路员工浴池	古建筑	近现代		北京中医药大学东方医院二七院区	长辛店街道陈庄大街	长辛店街道
	14	赵辛店碉堡（装工院内）				解放军装甲兵工程学院	长辛店街道赵辛店村解放军装甲兵工程学院西北墙外侧	长辛店街道
	15	朱家坟碉堡		近代		长辛店街道	长辛店街道赵辛店村解放军装甲兵工程学院宿舍外	长辛店街道
	16	长辛店碉堡				中国人民解放军陆军装甲兵学院	长辛店街道陆军装甲兵学院内	长辛店街道
	17	三官庙	古建筑			长辛店街道赵辛店村委会	长辛店街道赵辛店村北岗洼 192 号	长辛店街道
	18	普慈万安寺碑	石窟寺及石刻	明代		长辛店街道赵辛店村委会	长辛店街道赵辛店 781 号	长辛店街道
	19	连山岗石碑	石窟寺及石刻			长辛店街道长辛店村委会	长辛店街道连山岗生态公园内	长辛店街道
	20	杨公墓石刻	石窟寺及石刻			长辛店街道长辛店村委会	长辛店街道连山岗生态公园内	长辛店街道
	21	张公墓石刻	石窟寺及石刻	明代		长辛店街道长辛店村委会	长辛店街道	长辛店街道

续表 20

级别	序号	名称	类型	年代	公布时间	管理使用单位	现地址	现属地街道（镇）
未定级不可移动文物	22	御祭碑	石窟寺及石刻	清代	2003 年 10 月	长辛店街道	长辛店街道连山岗生态公园内	长辛店街道
	23	张公墓志铭	石窟寺及石刻	明代		长辛店街道长辛店村委会	长辛店街道杨家坟村	长辛店街道
	24	马氏墓志铭	石窟寺及石刻	明代		长辛店街道长辛店村委会	长辛店街道连山岗生态公园内	长辛店街道
	25	赵辛店村公主坟	古遗址			长辛店街道赵辛店村委会	长辛店街道赵辛店村	长辛店街道
	26	岱王庙	古建筑			丰台区房管中心长辛店分中心	宛平街道卢沟桥桥西街 5 号	宛平街道
	27	北天堂村石刻	石窟寺及石刻	明代		宛平街道办事处北天堂村委会	宛平街道老庄子乡北天堂村 245 号	宛平街道
	28	卢沟桥广场石刻	石窟寺及石刻			卢沟桥文化发展中心	卢沟桥历史博物馆内	宛平街道
	29	城北街墓志铭	石窟寺及石刻	清代		丰台区文物管理所	宛平街道城北社区卢沟桥城北街 88 号	宛平街道
	30	碑首（御赐）	石窟寺及石刻			宛平街道办事处老庄子社区	卢沟桥农场路 5 号后院	宛平街道
	31	万佛寺	古建筑			王佐镇怪村村委会	王佐镇怪村	王佐镇政府
	32	吉祥庙	古建筑			王佐镇怪村村委会	王佐镇怪村	王佐镇政府
	33	大富庄老爷庙	古建筑	清代		王佐镇魏各庄村委会	王佐镇大富庄村	王佐镇政府
	34	古刹海潮庵	古建筑			王佐镇沙锅村村委会	王佐镇沙锅村 405 号	王佐镇政府
	35	朝阳寺	古建筑			王佐镇沙锅村村委会	王佐镇沙锅村 107 号	王佐镇政府
	36	下庄村娘娘庙	古建筑			王佐镇沙锅村村委会	王佐镇下庄村 269 号院南侧	王佐镇政府
	37	华严庵	古建筑			王佐镇西庄店村委会	王佐镇羊圈头村北	王佐镇政府
	38	三圣神祠	古建筑			王佐镇西庄店村委会	王佐镇东王佐村	王佐镇政府
	39	桂峰香公寿塔碑	石窟寺及石刻	明代		/	王佐镇瓦窑村	王佐镇政府

续表 20

级别	序号	名称	类型	年代	公布时间	管理使用单位	现地址	现属地街道（镇）
未定级不可移动文物	40	创建关王庙记碑	石窟寺及石刻	明代	2003 年 10 月	王佐镇魏各庄村委会	王佐镇栗园村 86 号院东侧	王佐镇政府
	41	地界碑	石窟寺及石刻	清代		王佐镇千灵山公园	王佐镇西庄店村千灵山风景区	王佐镇政府
	42	重修观音禅寺碑	石窟寺及石刻	明代		王佐镇佃起村委会	王佐镇南岗洼村 222 号后面院内	王佐镇政府
	43	王佐镇西庄店村后甫营西庙	古建筑	清代		王佐镇西庄店村	王佐镇西庄店中心村后甫营村西	王佐镇政府
	44	八一射击场石碑	石窟寺及石刻	清代		中国人民解放军军事体育运动大队	北宫镇芦井社区八一射击场院内	北宫镇
	45	真武庙	古建筑	清代		北宫镇张郭庄村委会	北宫镇张郭庄村	北宫镇
	46	高庙	古建筑	明代		北宫镇大灰厂村委会	北宫镇大灰厂村 5 号东侧	北宫镇
	47	菩萨庙	古建筑			北宫镇太子峪村委会	北宫镇留霞峪村 148 号院北侧	北宫镇
	48	刘秉权墓	古墓葬	清代		北宫镇东河沿村委会	北宫镇大沟村	北宫镇
	49	李嗣兴碑	石窟寺及石刻	清代		北宫镇太子峪村委会	北宫镇太子峪村杨家坟后坟	北宫镇
	50	马慧裕碑	石窟寺及石刻	清代		北宫镇太子峪村委会	北宫镇留霞峪村	北宫镇
	51	南营村关帝庙	古建筑			北宫镇辛庄村委会	北宫镇南营村	北宫镇
	52	护国万行寺碑	石窟寺及石刻	明代		北宫镇辛庄村委会	北宫镇槐树岭社区	北宫镇
	53	大红门碉堡	古建筑			大红门街道远洋自然社区居委会	大红门街道远洋小区文化广场内	大红门街道
	54	松梅禅林	古建筑			大红门街道时村村委会	丰台区大红门街道马村 66 号院北侧	大红门街道
	55	程庄路碉堡	近现代重要史迹及代表性建筑	近现代	/	军委后勤保障部丰台程庄路 16 号院第一干休所	程庄路 16 号院第一干休所内	五里店街道

续表 20

级别	序号	名称	类型	年代	公布时间	管理使用单位	现地址	现属地街道（镇）
未定级不可移动文物	56	观音堂碑	石窟寺及石刻	近代	/	新发地村委会	新发地村潘家庙南	花乡街道
	57	七圣神祠碑	石窟寺及石刻			新发地村委会	新发地村潘家庙南	花乡街道
	58	重修古刹镇国寺碑	石窟寺及石刻			/	玉泉营街道草桥村	玉泉营街道
	59	灶君庙	古建筑			造甲村村委会	造甲村	新村街道
	60	刘家村药王庙	古建筑			造甲村村委会	造甲村	新村街道
	61	重修关帝庙碑	石窟寺及石刻			看丹村委会	原址	看丹街道
	62	榆树庄公园石刻	石窟寺及石刻	近代		榆树庄村委会	原址	看丹街道
	63	52分队第一飞机掩体				空军南苑中心雷达站	机场社区	南苑街道
	64	52分队第二飞机掩体				空军南苑中心雷达站	机场社区	南苑街道
	65	空司农场飞机掩体				空参南苑农副业基地	机场社区	南苑街道
	66	南苑乡关帝庙	古建筑			南苑街道槐房村委会	槐房村	南苑街道
	67	正阳门关帝庙碑	石窟寺及石刻	清代		/	槐房村	南苑街道
	68	正阳门关侯庙碑	石窟寺及石刻			南苑街道槐房村委会	槐房村	南苑街道
	69	昭忠祠	其他	近代		南苑街道南苑村委会	南苑村	南苑街道
	70	南苑村第一飞机掩体				南苑街道南苑村委会	南苑村	南苑街道
	71	南苑村第二飞机掩体				南苑街道南苑村委会	南苑村	南苑街道
	72	南苑村第三飞机掩体				南苑街道南苑村委会	南苑村	南苑街道
	73	飞机掩体配套设施一				南苑街道南苑村委会	南苑村	南苑街道
	74	飞机掩体配套设施二				南苑街道南苑村委会	南苑村	南苑街道
	75	马尔格尔古德碑	石窟寺及石刻	清代		太平桥街道万泉寺村委会	太平桥街道万泉寺村	太平桥街道
	76	万泉寺公园石刻	石窟寺及石刻			万泉寺村委会	鹅凤营甲2号	太平桥街道
	77	石狮	石窟寺及石刻	清代		卢沟桥解冻啊建委	卢沟桥街道建委	卢沟桥街道

续表 20

级别	序号	名称	类型	年代	公布时间	管理使用单位	现地址	现属地 街道（镇）
未定级不可移动文物	78	田各庄万古流芳碑	石窟寺及石刻	清代	/	卢沟桥街道大井村委会	卢沟桥街道大井村委会	卢沟桥街道
	79	皇清额苏之墓碑	石窟寺及石刻	清代		卢沟桥街道大井村委会	卢沟桥街道大井村委会	卢沟桥街道
	80	丰台火车站站房	近现代重要史迹及代表性建筑	清末		北京铁路总公司丰台西站	北京丰台火车站内	丰台街道
	81	七圣庙	古建筑			/		新村街道
	82	东方会馆	古建筑	近现代		北京富凯乔投资管理有限公司	北京富凯乔投资管理有限公司	卢沟桥街道

2022 年丰台区非物质文化遗产代表性项目一览表

表 21

序号	级别	项目名称	项目分类	名录批次	（原）申报单位	（原）所属街乡
1	国家级（4 项）	京剧	传统戏剧	国家级 第一批（1 项）	北京京剧院	西罗园街道办事处
2		评剧	传统戏剧	国家级 第二批（2 项）	中国评剧院有限责任公司	西罗园街道办事处
3		怪村太平鼓	传统舞蹈		王佐镇怪村村民委员会	王佐镇政府人民政府
4		卢沟桥传说	民间文学	国家级 第四批（1 项）	区文化馆	区文化馆
5	市级（3 项）	米粮屯高跷	传统舞蹈	市级 第一批（1 项）	王佐镇庄户村村民委员会	王佐镇政府人民政府
6		西铁营花钹挎鼓	传统舞蹈	市级 第三批（1 项）	北京西铁营投资管理公司	南苑乡人民政府
7		鸟笼制作技艺	传统技艺	市级 第五批（1 项）	东铁匠营街道办事处	东铁匠营街道办事处
8	区级（39 项）	海户屯秧歌	传统舞蹈	区级 第一批（8 项）	南苑乡人民政府	南苑乡人民政府
9		孟村旱船	传统舞蹈		花乡人民政府	花乡人民政府
10		万缘双石会	传统体育、游艺与杂技		南苑乡人民政府	南苑乡人民政府
11		三路居开路	传统体育、游艺与杂技		卢沟桥乡人民政府	卢沟桥乡人民政府
12		蹴球	传统体育、游艺与杂技		卢沟桥乡人民政府	卢沟桥乡人民政府
13		南营少林	传统体育、游艺与杂技		长辛店镇人民政府	长辛店镇人民政府

续表 21

序号	级别	项目名称	项目分类	名录批次	（原）申报单位	（原）所属街乡
14	区级（39 项）	路家皮影制作技艺	传统美术	区级第一批（8 项）	马家堡街道办事处	马家堡街道办事处
15		中医正骨术（杨德山）	传统医药		花乡人民政府	花乡人民政府
16		馨春开路会	传统体育、游艺与杂技	区级第二批（9 项）	南苑乡西铁营村村民委员会	南苑乡人民政府
17		查拳	传统体育、游艺与杂技		西罗园街道办事处	西罗园街道办事处
18		陈氏太极拳	传统体育、游艺与杂技		长辛店街道办事处	长辛店街道办事处
19		吴氏太极拳	传统体育、游艺与杂技		长辛店街道办事处	长辛店街道办事处
20		刘家村“同乐义善蜈蚣岭”五虎少林圣会	传统体育、游艺与杂技		花乡造甲村村民委员会	花乡人民政府
21		东管头村五虎少林会	传统体育、游艺与杂技		卢沟桥乡东管头村村民委员会	卢沟桥乡人民政府
22		北京泥人张泥瓦模技艺	传统美术		长辛店街道办事处	长辛店街道办事处
23		卢沟中秋节	民俗		区文化馆	区文化馆
24		管氏膏药制作技艺	传统医药		北京金圣方医学技术有限公司	北京金圣方医学技术有限公司
25		左安门外孙家场普善同乐五虎少林会	传统体育、游艺与杂技	区级第三批（9 项）	南苑乡东铁营村村民委员会	南苑乡人民政府
26		三皇炮捶拳	传统体育、游艺与杂技		南苑乡石榴庄村村民委员会	南苑乡人民政府
27		劈挂拳	传统体育、游艺与杂技		西罗园街道办事处	西罗园街道办事处
28		白猿通背拳	传统体育、游艺与杂技		马家堡街道办事处	马家堡街道办事处
29		五行通臂拳	传统体育、游艺与杂技		马家堡街道办事处	马家堡街道办事处
30		萧氏太极拳	传统体育、游艺与杂技		丰台街道办事处	丰台街道办事处
31		俊王德顺斋“焦圈、烧饼”制作技艺	传统技艺		丰台街道办事处	丰台街道办事处
32		南营太平鼓	传统舞蹈		长辛店镇人民政府	长辛店镇人民政府
33		京派内画鼻烟壶	传统美术		马家堡街道办事处	马家堡街道办事处
34		剪纸	传统美术	区级第四批（13 项）	新村街道办事处	新村街道办事处

续表 21

序号	级别	项目名称	项目分类	名录批次	（原）申报单位	（原）所属街乡
35	区级（39 项）	面塑	传统美术	区级第四批（13 项）	东铁匠营街道办事处	东铁匠营街道办事处
36		北京雕漆	传统美术		西罗园街道办事处	西罗园街道办事处
37		谢氏砭石疗法	传统医药		五运堂中医研究院	新村街道办事处
38		桂氏驳筋通络术	传统医药		丰台街道办事处	丰台街道办事处
39		大风车制作技艺	传统技艺		新村街道办事处	新村街道办事处
40		风筝制作技艺	传统技艺		方庄地区办事处	方庄地区办事处
41		景泰蓝制作技艺	传统技艺		北京张同禄珐琅文化艺术有限公司	北京张同禄珐琅文化艺术有限公司
42		北京评书	曲艺		北戏书馆	马家堡街道办事处
43		中幡（大红门）	传统体育、游艺与杂技		大红门街道办事处	大红门街道办事处
44		扔石锁（岳各庄）	传统体育、游艺与杂技		卢沟桥街道办事处	卢沟桥街道办事处
45		八闪翻	传统体育、游艺与杂技		北京泰横源投资管理有限公司	卢沟桥街道办事处
46		中幡（双庙）	传统体育、游艺与杂技		南苑乡石榴庄村村民委员会	南苑乡人民政府

文化市场管理

【概况】 2022 年，丰台区文化市场执法大队综合执法改革持续深化，执法办案能力进一步加强，综合执法队伍执法规范化、专业化、信息化水平提升，将文化和旅游产品及服务的内容管理、未成年人保护、知识产权保护等作为重要任务，围绕关键节点和重点领域，开展系列专项整治行动，维护各类文化市场秩序。围绕服务保障北京冬奥会、冬残奥会、全国两会、“七节”（即元旦、春节、清明节、劳动节、端午节、中秋节、国庆节）以及党的二十大等重点工作，完成执法检查量 4881 件。其中，“双随机”检查 1746 次，联合执法 21 次，查处各类违法行为为 87 家次，行政处罚 53 家次，罚款 16.4 万元，责令停业整顿 1 家次，吊销经营许可证件 1 家次，针对企业初次违法行为为做出不予行政处罚案件 18 件。在北京市文化市场执法总队及区司法局组织的案件评查工作中取得较好成绩。履行行政复议及行政诉讼职责，在复议及诉讼中未出现因执法程序及案件规范等问题败诉情况。加强对演出剧本、节目视频、演出人员审查审核，严把营业性演出活动准入审批，批准营业性演出事项 69 件，演出活动 604 场，审查演出人员 1516 人次，审核演出剧本 500 余个。设立歌舞娱乐场所经营单位 3 家，内资文艺表演团体 1 家，有线电视站、共用天线设计安装企业 1 家，艺术品经营单位 25 家。区文化市场执法大队获第三届北京市文化市场综合执法岗位练兵技能竞赛优秀组织奖。 （刘亚佳）

【普法宣传】 2022 年，区文化和旅游局在国家宪法日、法治宣传周、安全生产月、国家安全日、国家禁毒日、非遗日、节假日等重要节点开展法治宣传，结合市广播电视局、区司法局、区网信办、区公安分局、区重大环境办等部门年度普法宣传工作，对接区委宣传部和有关媒体，完成重要活动对外宣传发布工作。开展线上知识答题活动，推动行业形成“尊法学法守法用法”良好氛围。制作法治宣传小视频，研究文旅行业公益普法短视频项目制作方案，制作完成《“宪”给美好丰台》《“晓月”之城 守护青春》《丰台新说唱》普法短视频 3 部。 （刘亚佳）

【娱乐场所大检查】 2022 年，区文化和旅游局根据市文旅局《关于印发〈开展全市娱乐场所大检查的工作方案〉的通知》要求及丰台区新冠疫情防控工作领导小组工作部署，加强和规范娱乐场所新冠疫情防控和风险管控，由行政审批科牵头，于6月中旬组织开展全区娱乐场所大检查专项行动。全区属地街道（镇）及行政执法部门、行政监管部门累计出动执法检查人员2520人次，检查各类娱乐场所1279家次，累计覆盖率161%，发现并整改问题111个、涉及市场经营主体115家。（刘亚佳）

【文化企业政策帮扶】 2022年，区文化和旅游局加大对文旅行业政策保障和指导帮扶力度，创新在全市范围内率先推出“两减一增”优化营商环境新举措——娱乐场所公示环节前置。“两减”一是指缩减审批时间为10个工作日；一是指降减房屋租金、人员工资等开办成本；“一增”指娱乐场所审批时限压减后提前开业，营业收入相应同步增加。区文化和旅游局按照《打通深化“放管服”改革优化营商环境落地“最后一公里”行动方案》要求，联动相关部门，协同解决文旅企业在经营过程中遇到的困难问题。及时向文娱企业传达《北京市助企纾困政策汇总》《北京市“防疫情、稳经济，助力企业发展”政策汇总》《北京市统筹新冠疫情防控和稳定经济增长的实施方案》等政策，转发北京市文资中心“房租通”项目补贴申报通知，做好企业咨询服务，组织动员近200家文娱企业和艺培机构参加北京市文资中心举办“房租通”政策解读专场会，指导文化文娱企业及时分享普惠式政策红利。（刘亚佳）

【未成年人保护意识增强】 2022年，区文化和旅游局为全区依法设立265家文娱场所经营单位统一制作娱乐场所“未成年人禁入”警示标识牌，并指导规范悬挂，监督娱乐场所守法经营、规范经营，促进经营单位履行社会责任，强化未成年人保护意识。（刘亚佳）

【“剧本杀”场馆排查管理】 1月1日至3日，区文化市场执法大队对辖区“剧本杀”场馆进行全面排查，下架含有宣扬暴力恐怖和宗教极端思想相关内容“剧本杀”1套。7月开始，严格按照《关于加强剧本娱乐经营场所管理的通知》要求，会同相关部门对剧本娱乐经营场所开展摸底排查，督导企业根据通知要求进行全面自查自纠。组织开展专项执法检查，对在检查中发现问题，依照有关法律法规、标准规范和通知要求及时处置。（刘亚佳）

【出版物市场典型案例办结】 2月14日，区文化市场执法大队办结出版物市场典型案例1起：某网店在某宝网销售SWITCH游戏卡，现场无法提供所售游戏卡的进货单据，涉嫌未保存出版物发行进销货清单，执法人员现场抽取样品5种100张，实施查封扣押。后经查明，该单位违反《出版物市场管理规定》，构成未将出版物发行进销货清单等有关非财务票据至少保存两年的违法行为，被处以警告、罚款。（刘亚佳）

媒体传播

【概况】 2022年，丰台区融媒体中心（简称区融媒体中心）全面贯彻落实中央《关于加快推进媒体深度融合发展的意见》，认真贯彻落实市委、区委全会精神，突出迎接、宣传、学习贯彻党的二十大精神工作主线，加快推进媒体融合向纵深发展，大幅提升主流舆论引导能力、全媒矩阵聚合能力、融媒产品服务能力、融媒品牌创新能力、组织协同动员能力、综合保障服务能力，持续推动融媒深化改革、新址全面建设和高质量发展。（孙敬尧）

【发展成就宣传报道】 2022年，区融媒体中心发挥丰台融媒体矩阵平台新媒体账号12个、总用户量550万人传播优势，开展喜迎党的二十大融合报道，聚集全区生态环境、经济建设、社会发展等方面进行成就性报道。《丰台新闻》《丰台时报》推出“京彩十年‘丰’光无限”等系列报道，“北京丰台”两微一端策划推出“北京丰台——砥砺奋进担使命，踔厉奋发开新局”等专题报道。推出《高质量发展看丰台》《非凡十年看丰台》2部全区成就性宣传短视频。围绕全区中心工作，全方位展现全区“拓功能、抓转型、强治理”的工作作风，为“丰台工作上台阶”聚集强大力量，提供强大舆论支持。（孙敬尧）

【《丰台报》更名改版】 8月2日，《丰台报》更名为《丰台时报》，进行改版，8月起，由原先每周出版一次（星期五）改为每周出刊三次（星期一、星期三、星期五）。全年出刊92期。编辑部优化《丰台时报》版面设计，开辟《永定合声》《创新辞典》《抗疫辞典》《依文看中国》等专栏，专注内容质量，扩大优质内容产能，提升内容传播效果，重点体现媒体服务导向和深度融合要求，更好服务全区中心工作。全媒体内容生产提档升级，突出聚焦学习宣传贯彻党的二十大精神、“七创”、新冠疫情防控等重点工作，讲好丰台故事。（孙敬尧）

【广播电视】 2022年，BTV新闻频道丰台时段每天首播19：30—21：00时，重播次日7：30—9：00时，12：30—14：00时。803丰台数字频道首播每天19：30—23：46，重播次日6：30—19：30，播出新闻类节目有《丰台新闻》。推出全新新闻监督类节目《您说我办》，突出节目深度、原创报道，打造新闻监督和媒介治理新方式，发现丰台好人，讲好丰台故事。《您说我办》节目制作播出53期、1590分钟，报道问题553个，每期平均报道问题10个。节目结合“十乱”现象，聚焦百姓诉求，推动基层社会治理能力提升。（孙敬尧）

【融媒体中心建设】 2022年，区融媒体中心建强综合性枢纽融媒平台，探索构建资源集约、结构优化、协同高效的主流媒体平台融合传播矩阵。“北京丰台”微信公众号粉丝增长14万余人，用户量突破40万人，覆盖1962万多人，与上年同期阅读量相比提升8倍。“北京丰台”微博在全国政务排行榜外宣榜排名上升至29位；北京丰台官方发布“北京号”获得2022年度最具影响力奖。《记者带您实地探访北京丰台站》《相约北京 圆梦冬奥》作品分别获2022年度“学习强国”北京学习平台区级融媒体中心优秀作品二、三等奖。在新华社全国县融中心优秀案例发布会上，区融媒体中心获得优秀协作奖。提升融媒体创新创意创优质效，增强各个平台之间产品、技术及服务的协调性，促进技术、渠道、流量和传播优势叠加，区融媒体中心获得“国家广播电视总局2021年度广播电视公益广告传播机构类扶持项目单位”。北京市广播电视局向丰台区授予北京百乡千村新视听示范工程“北京视听小站”（丰台NO.001）。区融媒体中心获得2022年第一批北京市广播电视公益广告扶持项目三类播出机构。“云朗读”融媒体公益活动获2022年北京市广播电视媒体融合成长项目。制作公益广告《遇见戏曲 源远流长》《以戏观城》获2022年第一批北京市广播电视公益广告扶持项目电视类二等奖；《中国航天日：逐梦苍穹》《检察·正青春》节目分别获北京市广播电视创新创优节目和区级广播电视新闻优秀作品；为全区2家企业多功能智能轨道拍摄机器人、媒体融合元宇宙全息互动应用系统，争取到北京市广播电视局2022年媒体融合创新技术与服务应用扶持落地项目资金80万元，2项技术落地区融媒体中心新址。

（孙敬尧）

【北京冬奥会、冬残奥会宣传】2022年，区融媒体中心用丰台元素讲述北京冬奥故事，开展《相约北京 圆梦冬奥——2022我们准备好了》融媒体主题报道，制作双奥人物公益短视频，代表北京点位参与“相约北京——北京冬奥会开幕24小时全球直播”，中英文对外报道在海外媒体平台播发。动员社区新闻发声人分享自己“双奥”故事和难忘奥运记忆，制作“为冬奥发声·为新时代点赞”VLOG系列微视频50余条。丰台融媒宣传矩阵、新华网、新华社客户端等平台全面推送、发布，线上线下覆盖人群超7000万人。落实市广播电视局8K大屏落实示范点和8K电视进社区示范点工作要求，协助推进完成3块户外8K—LED大屏幕建设，如期在北京冬残奥会期间亮屏运行，并与城市电视达成合作，委托安全运维。

（孙敬尧）

【社区新闻发声人工作】2022年，丰台区探索推进社区新闻发声人“组织动员＋社会动员”双轮驱动。建立一支以党员干部、社区新闻发声人、骨干志愿者为主的楼门（网格）宣传队伍，形成“区—街道（镇）—社区（村）”扁平联动工作体系，覆盖全区26个街道（镇）400多个社区，激活8000余个社区居民微信群，覆盖全区200万常住居民，不断培育居民“共建共治共享”家园意识，提升基层治理水平。“社区新闻发声人项目”被北京市广播电视局评为新视听公共服务典型案例。动员社区居民参与基层宣传，联合区社区学院建设“丰台社区新闻发声人”培训基地，打造“丰台社区新闻发声人工作室”品牌，在10个街道建立“社区新闻发声人工作室”，组建专家团和讲师团，社区新闻发声人队伍达2000人。走好全媒体时代群众路线——丰台区探索建立“社区新闻发声人”工作机制被评为市委全面深化改革“微改革、微创新”典型案例。市委全面深化改革委员会办公室《北京改革情况交流》第16期（总第178期）刊发“微改革、微创新”基层经验进行交流和推广。（孙敬尧）

【大型融媒体直播报道】2022年，区融媒体中心推出《中国航天日：逐梦苍穹》大型融媒体直播报道，通过对中国运载火箭技术研究院、东高地航天中学、航天科普嘉年华等多个直播探访，结合演播室专访讲述一代代航天人接续奋斗，建设航天强国的生动事迹。直播集新闻性、知识性、趣味性于一身，在“北京丰台”客户端、新华网、新华网客户端首页重点推荐，全网总浏览量超2700万人次。（孙敬尧）

【品牌融媒体公益活动】2022年，区融媒体中心举行“走进森林城市 绽放社区之美”——创森＆融媒体百日公益行动。开展“为城市多一点绿 我们在行动”为主题的植绿、爱绿活动。立足“百姓生活＋”绽放社区之美，区域联动共同开展百日公益行动，通过共创、共建、共育、共治、共享社区花园，落实全区“七创”（即区卫健委“创卫”工作，区委宣传部关于“创城”工作，区退役军人事务局关于“创双拥”工作，区园林绿化局关于“创森”工作，区城管委、区城管执法局、区规自分局关于“创无违建”工作，区工会关于“创无疫情”工作，区生态环境局关于“创两山”工作）工作，在基层率先垂范，探索生态文明建设和社会基层治理双创新，完成10个社区邻里花园建设，制作“北京丰台创森记”系列短视频15部，浏览量800万＋。（孙敬尧）

【融媒体创新工作室揭牌成立】4月20日，区融媒体中心与区政务服务中心共同打造的融媒体创新工作室正式揭牌成立。双方创新合作方式，立足南中轴，以“北京丰台”微信公众号为主平台，打造“有事儿您说话——政务服务面对面”直播活动品牌，共享信息资源，为“媒体＋政务”创新模式赋能。“有事儿您说话”是区融媒体中心在微博、微信、客户端、丰台新闻、《丰台报》等多平台上集中打造的政民互动品牌栏目，聚焦辖区企业和群众关切的身边事、揪心事、烦心事、操心事，回应社会需求。（丰鉴编）

【《相约北京圆梦冬奥》获奖】5月，

在由中央宣传部新闻局、中央宣传部宣传舆情研究中心指导，“学习强国”学习平台主办的2022年全国县级融媒体中心优秀作品春赛中，区融媒体中心报送《相约北京 圆梦冬奥》获二等奖。为喜迎北京冬奥会，营造冬奥舆论宣传氛围，区融媒体中心以双奥之城“双奥记忆”为主题开展系列宣传活动，创作短视频《相约北京 圆梦冬奥》，“学习强国”学习平台、今日头条、百度、腾讯等网站广泛转载，线上线下覆盖1.2亿人次。其中，新华社客户端浏览量近800万；新华网首页置顶展示，新华网客户端浏览量超400万；“相约北京 圆梦冬奥”“说出你的双奥故事”双话题冲上微博热搜榜；腾讯视频单平台播放量超3000万次；两场线下同题直播浏览量近800万；在北京CBD世贸天阶、东直门来福士广场等7处核心商圈户外LED大屏和6000余个楼宇屏幕滚动播放7天，线下渠道覆盖人群超3000万。 （丰鉴编）

【歌华有线服务】 2022年，北京歌华有线电视网络股份有限公司丰台分公司为丰台区提供服务。丰台分公司助力建立“全国一网”统一运营体系，全面配合推进“有线+5G”融合发展，推动广播电视公共服务增效，服务用户体系，做好“接诉即办”向“未诉先办”转变。多名工作人员支援冬奥场馆（鸟巢主场馆和MMC主媒体中心），5人在闭环内工作，为北京冬奥会和冬残奥会举办做出贡献。稳步推进南苑街道用户转网工作，接收改造网覆盖14052户，累计完成入网2692户。全区所有新建小区项目全部按照光纤入户（FTTH）模式进行网络建设，设计开工8项8609户。对多个小区进行大范围网络筛查和现场核实、测试等，针对在管辖区域内信号质量和稳定性偏差53项工程进行CMC模式二次网络改造27708户，增加客户体验及感知管控体系，推进“智慧民生”建设工作。接收各类“接诉即办”派单306305件，其中“12345”市民服务热线工单553件，均妥善办结，响应率、解决率和满意率均为100%。“接诉即办”在市中心综合考核成绩中，全年7个月排名第一。协助六里桥街道组织“弘扬新时代精神、聚焦百姓身边事”主题大赛，邀请街道辖区群众以多种艺术形式来展现时代风貌。收到50人次、87件作品，涵盖摄影、书画、视频等。活动通过歌华有线电视平台，向全市人民展示参展作品。经专业评委逐一评选，4名参赛者获特等奖、8名参赛者获一等奖，部分获奖作品在六里桥街道办一层大厅展出至年底。 （蒋蕾蕾）

2022年丰台区歌华有线营业厅名单一览表

表22

序号	营业厅名称	地址
1	卢沟桥营业厅	小屯西路109号院6号楼1层107室
2	马家堡营业厅	角门18号枫竹苑二区1号楼103室
3	云岗营业厅	长云路2号院10号楼1层17
4	科技园营业厅	育仁南路1号院4号楼204号和205号
5	方庄营业厅	南三环方庄紫芳园六区四号楼106号

文联活动

【概况】 丰台区文学艺术界联合会（简称区文联）是区各文艺家协会联合的专业性群众团体，是北京市文联的团体会员，有舞蹈家、音乐家、作家、曲艺家、摄影家、戏剧家、书法家、美术家8个协会，负责所属文艺家协会的联络、协调、服务和管理；负责组织、开展文化艺术活动。8个协会有会员约3000人。2022年，区文联完成庆祝中共二十大召开精品展览展示活动。引导文艺工作者深入生活、扎根人民，开展“文艺轻骑兵”等各项活动。联系各文艺家协会，研究协会工作和艺术家宣传推介工作，加强对会员教育管理和正面引导，增强主流意识形态的吸引力和凝聚力，为各文艺家协会搭平台，拓展团结服务广度深度。在“丰台艺术家”微信公众号定期推送丰台原创文艺作品、文联资讯、文艺家信息等200余篇。制作推出刊物《卢沟月》4期，印制4000册，发放至全区各单位及群众，弘扬主旋律、传递正能量。 （孟宪勇）

【文艺志愿者服务】 2022年，区文联组织百名文艺志愿者成立文艺小分队，走进北京丰台站参与主题快闪。走进看丹街道、卢沟桥街道、长辛店街道、朱家坟社区开展讲座培训和笔会，写春联、送福字和美术作品500余幅。走访慰问冬奥工作者、奋战在新冠疫情防控一线的干部、社区工作者。重阳期间，组织文艺家，为看丹街道怡海养老照料中心的老人们送去30对“福”“寿”挂件，参与区老干部局举办的“喜迎二十大 庆祝重阳节”慰问演出。 （曹春艳）

1月20日，丰台文联艺术家走进朱家坟社区，开展现场书画笔会　（区文联　供图）

【“文艺贺新春、一起向未来”新春文艺演出】2月15日，区戏剧家协会、区音乐家协会、区曲艺家协会、区舞蹈家协会的多位艺术家带来线上文艺演出，“北京丰台”官方微博直播116万人次；博文13万人次；“丰台发布”快手4750人次；“丰台发布”抖音2400人次；北京时间39109人次。传播惠及133.6万余人次。（曹春艳）

【“南囿秋风”美术创作优秀作品展览】9月7日至12日，区文联在北京汽车博物馆举办“南囿秋风”美术创作优秀作品展览。展出37幅国画作品从不同角度再现“南囿秋风”的历史风貌，展示其深厚历史文化底蕴。（曹春艳）

【现代刻字艺术公益讲座】9月17日，区文联启动丰台区“现代刻字艺术”公益讲座线下培训。讲座于9月至11月每周六上午举办，内容包括现代刻字艺术基础理论、设计技法与创作流程等。活动入选北京市文联品牌活动引导项目。（曹春艳）

【喜迎中共二十大书法美术摄影作品展】9月23日至28日，区文联与区委宣传部联合主办的迎接中共二十大胜利召开书法美术摄影作品展览在北京汽车博物馆举办。展出170幅作品体现丰台区干部群众为实现“妙笔生花看丰台，拼搏奋斗见行动”生动图景。（曹春艳）

9月17日，丰台区现代刻字艺术公益讲座开讲　（区文联　供图）

【第二届“舞动丰台”优秀舞蹈展演】9月26日，第二届“舞动丰台”优秀舞蹈展演在区文化馆完成线下录制，于10月1日在“北京丰台”微信客户端线上首播推出。展演活动分7个篇章，收纳丰台区第二届舞蹈大赛14个获奖作品。（曹春艳）

【参加市第九届北京国际标准舞大赛】11月5日，第九届北京国标舞大赛丰台区预选赛选拔出34名选手在大赛决赛中取得成人组冠军5个、少儿组冠军2个。丰台区舞蹈家协会获优秀组织奖。（曹春艳）

档案工作

【概况】2022年，丰台区档案局（简称区档案局）印发《〈丰台区“十四五”时期档案事业发展规划〉任务分工方案》，推进《丰台区“十四五”时期档案事业发展规划》各项目标任务落实。推进实体档案馆与数字档案馆“两馆融建”，统筹抓好新冠疫情防控和“两馆一展两鉴定”等重点工作开展，完成《档案展览设计评。（于华　李雨欣）

【档案法治】2022年，区档案局印发《关于进一步加强档案安全工作的通知》，开展档案安全自查和排查。利用国际档案日进行档案法治宣传教育，订制440套存储有《中华人民共和国档案法》及其解读和宣传的片子移动数据盘，开展新修订《中华人民共和国档案法》的学习宣传贯彻，增强全区档案法治意识。（于　华）

【监督指导】2022年，区档案局加强重大活动、突发事件应对活动档案监管，制定新冠疫情防控档案工作实施方案，监督指导相关档案收集、整理、移交。监督指导全区党史学习教育活动档案按时向市、区档案馆移交。加强立档单位档案日常监管，对花乡街道、石榴庄街道、青塔街道、丰台发展投资有限公司开展一对一指导培训。审核通过区委编办、区工会、区法院、区地震局、区融媒体中心、区医保局、北京丽泽金融商务区管委会的保管期限表，逐步开展“三合一”制度（档案形成与收集、档案整理与归档、档案鉴定与销毁）试点。加强重大项目档案监管，对分解到丰台区的11项市重点建设项目档案进行在线登记指导。加强街道、镇档案监管，制定《丰台区镇档案工作办法实施细则》，提高镇档案工作规范化水平。（于 华）

【两馆融合建设】2022年，按照市区关于两馆融合建设要求，区档案局、区档案馆推动实体馆和数字档案馆建设。实时跟进并深度参与新馆建设工程，协同做好新馆内部装修设计，对大型设备设施、专业设备装具开展调研，项目进展总体顺利。依据《数字档案馆建设指南》《数字档案馆系统测试办法》，编制完成《丰台区数字档案馆建设项目设计方案》，先后通过局域网和政务网档案应用平台密码应用方案评审、技术立项评审。经区财政局投资评审，项目总金额为1706.82万元。筹备档案馆新馆固定展陈，形成《忆看丰台——丰台区情区史展》展览文本，完成展览设计方案。

（于华 李雨欣）

【资源建设】2022年，区档案馆根据机构改革情况及时调整档案接收范围，加大征集工作力度，发布《丰台区档案馆征集公告》，并印刷1600份宣传海报，推进档案宣传进农村、进社区。完成《档案捐赠协议》相关条款修订工作，多渠道征集档案。主动记录全区发展变迁，完成北京丰台站建设照片和视频整理，做好声像档案入库。推进档案进馆前质量鉴定，对试点单位文书、会计、声像等档案目录、实体档案、数字化副本进行验收抽查，及时发现问题限期整改。（李雨欣）

【开放审核】2022年，区档案馆持续推进档案开放审核工作，完成馆藏1987年至1990年114175件档案的开放审核工作，确定延期开放91362件，开放22813件。完成馆藏1991年至1995年80万页档案开放审核初审工作，录入数据1.4万余条。（李雨欣）

【利用服务】2022年，区档案馆做好新冠疫情防控下档案查阅利用服务，接待利用1404人次，出具证明1555份、各类影像数据5549页、调阅案卷1319卷、电话咨询1100人次。完成知青上山下乡、知青返程、知青子女入户3类民生档案目录上传、数字资源拷贝、系统调试工作，为正式开通知青档案跨馆利用做好前期准备。将开放档案目录上传到市数字档案馆开放档案查阅系统，为社会公众提供开放档案目录检索服务。（李雨欣）

【信息化建设】2022年，区档案局推进区数字档案馆建设，编制完成《丰台区数字档案馆建设项目设计方案》，先后通过局域网和政务网档案应用平台密码应用方案评审、技术立项评审。推进区属立档单位存量档案数字化，丰富档案数字资源。区档案馆完成全部馆藏数字资源本地备份，内容覆盖文书档案和照片档案数字化副本、声像档案音视频副本、档案机读目录等，综合备份容量22T（千兆字节）。参加市档案馆组织的第五轮重要档案异地备份工作。（于华 李雨欣）

【文化活动】2022年，区档案馆完善爱国主义教育基地工作，总结形成《品牌活动之“我的成长档案”系列特色活动介绍》《丰台区档案馆爱国主义教育基地基础资料介绍》等材料。积极开展“国际档案馆日活动”，推出招工和工作调动档案跨馆利用服务，组织全馆人员积极参与线上档案专题讲座、线上档案知识竞答，并向社区居民宣传档案文化。（李雨欣）

地方志工作

【概况】2022年，丰台区地方志办公室（简称区地方志办）自觉用习近平新时代中国特色社会主义思想武装头脑，学习市区党代会精神，增进史志业务能力，提高工作效率。围绕全区中心工作，聚焦主业，突出重点，发挥“存史、资政、育人”功能，进一步提高资政力，做好资料收集整理工作，为全面记录反映全区发展成就、发展亮点奠定基础。继续按照精品年鉴要求，调整优化《北京丰台年鉴》框架结构，增加航天、南苑等丰台特色内容。《北京市丰台区地名志》书稿复审、终审完成，并进入出版环节。（陈 亮）

【《北京丰台年鉴（2022）》出版】2022年，按照北京市地方志编纂委员会办公室要求、根据2021年丰台区行政区划调整和2021年全区发展实际情况，完成本卷年鉴编纂工作，记述丰台区2021年情况。卢大文任主编。该卷年鉴全书136万字，设特载、专文、大事记、区情概览、中共丰台区委、丰台区人民代表大会、丰台区人民政府、政协丰台区委员会、中共丰台纪委丰台区监委、民主党派、人民团体、法治、军事、中关村科技园丰台园、北京丽泽金融商务区、经济管理、农业农村、工业、商贸服务业、旅游业、城乡规划与建设、城乡管理、应急管理、生态环境、交通邮政、科技、教育、文化、卫生健康、体育、社会生活、街道镇、人物荣誉、附录、统计资料35个类目，下设240个分目、2280个条目，收录454幅图片、46张表格。该卷年鉴是《北京丰台年鉴》自创办以来连续出版第二十二卷，内文彩色印刷，配随文照片；发放实现全区各单位领导干部、相关部门、图书室、资料室、

阅览室、档案室、学校、社区（村）等全覆盖。（陈　亮）

【《北京市丰台区地名志》编纂】2022年，区地方志办《北京市丰台区地名志》编辑部按照丰台区地名志编委会要求，分别于1月、2月、4月分篇向全区各街道（镇）、相关委办局征集意见进行补充、完善。7月报区领导、专家各单位。11月底经区领导和编委会审核，形成终审稿，报出版社，进入出版环节。全书收录400余幅图、86张表、1800个词条。全书约91万字。（陈　亮）

【区大事记续写】2022年，区地方志办通过查找资料，继续编写2021年和2022年丰台区工作大事记，收集大事120条。全书约2.5万字。（陈　亮）

【地情资料收集整理】2022年，区地方志办利用一轮、二轮《北京丰台区志》成果，梳理行政区划调整后，丰台区24个街道、2个镇的相关资料9.8万字，包含各街道（镇）基本情况、沿革、社区（村）等。结合历史文献资料，整理丰台区近代历史人物40人，形成资料约2万字。（陈　亮）

【《丰台区支援帮扶资料汇编》座谈会】2月，区地方志办协调区发展改革委扶贫科、区融媒体中心就汇编框架、内容要素召开座谈会，讨论丰台区支援帮扶资料汇编框架内容和结构，就丰台区支援帮扶重点、难点进行沟通交流。（陈　亮）

【航天一院调研】4月26日，区地方志办一行至中国运载火箭技术研究院（简称航天一院）调研，就体现丰台特色，收录航天一院工作入年鉴进行交流。按照单位工作具体情况和年鉴体例要求，航天一院完成本年供稿任务，包含载人空间站建设飞行试验和发射任务、载人月球探测、空间站运营、下一代北斗导航等内容。（陈　亮）

【资政服务】4月，区地方志办为区应急局提供2020年、2021年丰台区相关资料，供市委、市政府安全生产督查组参考。5月，向区编办提供丰台区机构改革相关资料和内容。7月，向区委办提供搜集整理的宛平乡师相关资料。为区委、区政府研究室提供区情概况内容相关资料和意见。（陈　亮）

卫生健康

医疗卫生资源

【概况】2022年，丰台区有区属医疗机构20家［医院4家、专业公共卫生2家、社区卫生服务中心14家，不含妇幼和区精神病防治院（简称精防院）］。其中，区属三级医院2家（不含妇幼）、二级医院4家（含妇幼、精防院）。有医疗机构558家，年内新增医疗机构25家。有执业（助理）医师10214人、注册护士11151人。

（唐晓博　奚滕滕　艾　颖）

【医疗工作】2022年，全区医疗机构诊疗2110.2万人次。其中，门诊2020.9万人次、急诊84.7万人次、家庭卫生服务3.6万人次；健康检查98.1万人次；出院28.7万人次；住院病人手术11.2万人次。5家区属医院（不含精防院）全年门诊157.6万余人次，急诊21.4万余人次，入院2.8万余人次，出院2.8万余人次，病床使用率49.2%，平均住院9.8日（不含精神专科医院），住院手术7540人次。医护比1∶1.17（不含精防院）。（艾　颖）

【新增医疗机构】2022年，全区新登记注册医疗机构25家。其中，一级中医（综合）医院1家；社区卫生服务机构1家；独立设置互联网医院1家；急救中心1家；护理站1家；门诊部9家，包括口腔门诊部5家、中医门诊部1家、综合门诊部2家、医疗美容门诊部1家；医务室1家；医学检验实验室4家；核酸检测方舱6家。（姬小薇）

【医疗设施建设】2022年，全区医疗设施在建项目基建投资52152万元。北京口腔医院新址全面推进新址建设工程；持续推进丰台医院提质改建工程；加快丰台中西医二期工程立项批复进度；南苑医院转型为区内首家中医医院；铁营医院实施一院两址及装修改造工程；做好区心理卫生中心新址建设工作；区妇幼保健院正式通过三级妇幼专科医院市级专家评审。推进社区卫生服务中心选址新建工作，石榴庄街道社区卫生服务中心新址完成装修改造工程。形成全市领先的“智慧家医”服务新模式。社区卫生服务中心升级为“社区医院”。

（唐晓博　聂广俊）

【区域医联体建设】2022年，全区形成8个核心医院牵头88个综合医联体内合作关系，其中包含13家社会办医疗机构，实现全区二级及以上公立医疗机构和社区卫生服务中心全部纳入综合医联体。由基层医疗机构向公立二三级医院上转患者71848人，由公立二三级医院向下转诊患者30495人。（艾　颖）

【3家医疗机构名称变更】2022年，北京市丰台区精神病防治院变更名称为北京市丰台区心理卫生中心，第二名称为北京市丰台区精神卫生防治院；北京市丰台区长辛店镇社区卫生服务中心变更名称为北京市丰台区北宫镇社区卫生服务中心；北京市丰台区铁营社区卫生服务中心变更名称为北京市丰台区成寿寺街道社区卫生服务中心。（姬小薇）

【新建8个急救站】2022年，全区新建急救站8个，辖区规划29个急救站全部完成建设并通过市级验收，院前急救人员扩增至280余人。

（艾　颖）

2022年丰台区社区卫生服务中心一览表

表23

序号	机构名称	地址
1	青塔街道社区卫生服务中心	大成南里二区3号楼
2	新村社区卫生服务中心	首经贸北路8号院4号楼
3	宛平社区卫生服务中心	晓月苑清音街1号
4	马家堡社区卫生服务中心	马家堡嘉园二里14号
5	成寿寺街道社区卫生服务中心	横一条甲18号院3号楼
6	和义社区卫生服务中心	和义东里二区6号
7	右安门社区卫生服务中心	右安门外开阳里二街5号
8	西罗园社区卫生服务中心	西罗园一区26号楼
9	蒲黄榆社区卫生服务中心	蒲安西里16号
10	大红门社区卫生服务中心	石榴庄二街18号院
11	方庄社区卫生服务中心	方庄芳群园三区1号楼

续表 23

序号	机构名称	地址
12	北宫镇社区卫生服务中心	射击场路 23 号
13	王佐镇社区卫生服务中心	王佐镇西王佐 356 号
14	丰台社区卫生服务中心	永善里 1 号楼
15	花乡社区卫生服务中心	纪家庙路 168 号
16	卢沟桥国医社区卫生服务中心	西局南街 137 号
17	鑫福里社区卫生服务中心	永外鑫福里小区甲 6 号
18	云岗社区卫生服务中心	云岗南区西里 20 号楼
19	东高地社区卫生服务中心	东高地南平房 3 号
20	二七南社区卫生服务中心	长辛店街道崔村二里 18 号
21	朱家坟社区卫生服务中心	朱家坟四里 13 号

疾病预防控制

【概况】2022 年，丰台区疾病预防控制工作整体运行稳中向好，应急处置能力提升，公共卫生服务能力强化。疾病预防控制方面，以国家卫生区、艾滋病综合防治示范区、国家慢性病综合防控示范区、国家健康县区、国家应急示范区等示范区建设为抓手，沿袭创建过程中工作体系，强化政府主导，多部门合作工作模式，持续强化重大传染病综合防治、健康教育与健康促进工作，推进计划免疫、学校卫生、精神病防治等公共卫生工作开展。

（奚滕滕）

【传染病防治】2022 年，全区报告法定传染病 17 种 10101 例，报告死亡 22 例。其中，乙类传染病 12 种 4693 例，死亡 22 例；丙类传染病 5 种 5408 例。发病率排在前三位疾病分别是流行性感冒、新型冠状病毒感染、其他感染性腹泻病。

（奚滕滕）

【计划免疫和疫苗接种】2022 年，全区计划内疫苗计 11 种，户籍人口基础免疫计 87197 剂次，加强免疫计 82178 剂次；流动人口基础免疫计 49670 剂次，加强免疫计 37345 剂次。应急接种计疫苗 2 种，累计 36 剂次。计划外疫苗计 24 种，累计接种 369799 剂次。全区接种流感疫苗 177420 支，其中为 60 岁以上老年人接种 70457 支、为中小学生接种 71980 支、为其他人群接种 34983 支。免费疫苗接种 144286 支。其中，学生接种 71887 支、60 岁以上老年人接种 69388 支、保障人群接种 3011 支；自费疫苗接种 33134 支。其中，学生接种 93 支、60 岁以上老年人接种 1069 支，其他人群接种 31972 支。

（奚滕滕）

【慢病防治】2022 年，全区免费开展心血管病高危人群筛查、癌症早诊早治、脑卒中筛查等民生工程。完成心血管病高危人群长期随访 768 例、城市癌症早诊早治临床筛查 180 例、农村癌症筛查 180 例、肿瘤患者社区随访 5389 例。完成脑卒中院外筛查 931 例，完成率 50.32%；脑卒中院内综合干预 1177 例，完成率 69.24%。

（奚滕滕）

【结核病防治】2022 年，全区报告肺结核发病 514 例，报告发病率 25.49/10 万。登记管理肺结核 435 例，纳入社区管理 415 人，肺结核患者管理率 93.2%。比上年同期全区肺结核患者成功治疗率为 92.7%。

（奚滕滕）

【精神疾病防治】2022 年，全区有在册严重精神障碍患者 8425 人，报告患病率 4.172‰。患者规范管理率 95.73%；患者规律服药率 90.22%，其中精神分裂症服药率 90.17%；患者面访率 92.33%。免费服药政策惠及率 78.84%。监护人看护管理补贴累计申请 6801 人，申领率 87.92%。

（奚滕滕）

【新冠疫情防控组织体系】2022 年，丰台区成立区级防控工作领导小组，下设应急处置指挥部、办公室、医疗救治和防院感组、市场防疫工作组（进口冷链食品新冠疫情防控工作组）、社区防控组（农村防控组）、学校防控工作组、交通保障组、物资保障及保供稳价组、社会稳定组、复工复产防控组、社会福利机构防控组、爱国卫生运动工作组、指导组、监督组等。各自按照分工，有序开展各项工作。

（年鉴编）

【建立分级诊疗服务网络】2022 年，丰台区按照“健康监测、分类管理、抓住重点、上下联动、有效救治、兜住底线”原则，指定丰台中西医结合医院作为服务医院，依托综合医联体构建分级诊疗服务网络，在新冠重症救治中发挥重要作用。全区21家社区卫生服务中心发热筛查哨点规范运行，确保实现登记、筛查、报告、救治、转诊等功能，做好患者分类处置及管理。12月10日，发热哨点转变为发热门诊，筑牢新冠疫情防控网底，保障重点人员就医需求，做好居家人员医疗保障工作。（奚滕滕　艾　颖）

【疫苗安全管理】 2022年，全区疫苗冷链管理严格按照全过程、全天候、全覆盖的“三全建设”要求，采用自动温度监测系统，对储存疫苗的冷库、冰箱进行连续、动态温度监测。多次对疫苗接种现场督导，发现问题及时督促整改，及时有效解决问题，推广高效、安全的接种模式。开展AEFI（预防接种不良反应）病例监测，追踪并上报疫苗AEFI病例和医疗救治情况。全区累计接报AEFI95例，完成33例病例的调查诊断工作。（奚滕滕）

【16条新冠疫情防控具体措施】 2022年，丰台区推出16条新冠疫情防控具体措施，覆盖从预防、诊疗到服务保障等多个环节，在做好健康指引及预防方面，针对不同人群提出健康指导意见，依托线上新媒体平台持续推出科普类图文、视频；由专业机构公布食疗预防方和诊疗方供市民家庭、社会餐厅、单位食堂参考使用；倡导推广八段锦、五禽戏、六字诀、健康操；加快新冠疫苗接种等，切实提升群众预防新冠能力。在开展医疗服务保障方面，丰台区通过在园区、商务楼宇、大单位建立健康委员会、志愿服务队，配备智慧家医建立一对一或一对多健康服务群、指导建立家庭病房，建立药品预定服务，启用移动智慧治疗CT方舱和移动智慧中药药房提供24小时服务，组建发热诊疗小分队进驻社区村接诊送药，打造新冠阳性患者自我管理、自我康复“健康家园”，实现“居家式健康管理模式”等。在生活服务保障方面，通过进一步扩充网格志愿服务队，对全区有需求的困难群体送服务、送药上门，全力保障批发市场、农贸市场、商超设施正常保供。（奚滕滕）

【无疫社区创建】 2022年，丰台区在全区范围内开展无疫社区（村）创建活动，创建标准包括新冠疫情防控措施落实到位等7个方面内容20个指标，首批经评定的无疫社区（村）有周庄子村、丽泽景园社区、丰益花园社区、八一厂社区、靛厂村、小井村、丽湾社区、万润社区、刘孟家园社区、樊家村、草桥村、草桥欣园第一社区、草桥欣园第二社区、高立庄村、新发地村、天伦锦城社区、中海九浩苑社区、四合欣园社区、北大地西区社区、东安街头条19号院社区、大瓦窑村、郑常庄村、长安新城第二社区、翠林三里社区、西铁营社区、海户西里北社区、西罗园第四社区等54个社区（村）。（年鉴编）

1月23日，丰台区消毒处置北京首例奥密克戎株新冠病毒核酸阳性快递

（区创卫办　供图）

基层医疗卫生

【概况】 2022年，丰台区持续开展“智慧家医”工作，通过推广“一个创新”、强化“三个保障”、实施“五个智慧”，推动家庭医生签约服务高质量发展，提高“七有”“五性”水平。制定《丰台区社区卫生服务机构保障群众合理用药需求工作方案》，全区21家社区卫生服务中心均开展居民用药登记，满足居民用药需求。16家社区卫生服务中心对高血压、糖尿病、慢阻肺、骨质疏松、眼科等20种疾病在内29个专病特色科室进行申报。8家社区卫生服务中心分别与市区级三甲医院及专科医院联合申报慢阻肺、糖尿病、安宁疗护等多个专病培育基地。（吕媛媛）

【社区卫生】 2022年，全区有正常运营社区卫生服务机构158个。社区卫生服务中心21家，其中政府办14家、非政府办7家；社区卫生服务站137家，其中政府办60家、非政府办77家。全区社区卫生服务机构门诊880.07万人次、急诊161人次、出诊5975人次。家庭医生签约77.7万人，签约率38.56%。其中重点人群签约46.56万人，签约率98.72%。建立居民电子健康档案168.57万份，建档率83.66%。电子

健康档案使用率 64.51%。（吕媛媛）

【农村卫生】 2022 年，全区有村卫生室 14 个，其中正常营业 7 个，均为村办，覆盖率 100%，诊疗 35023 人次。有乡村医生 178 人，其中乡村医生 98 人、执业（助理）医师 80 人。选派 1 名医生参加 2022 年乡村医生骨干培训，组织 96 名医生参加 2022 年北京市乡村医生临床进修。组织做好乡村医生岗位培训理论考试，96 名医生考核合格。定期公开乡镇级集中式生活饮用水末梢水质状况，做好水污染防治工作，持续推进农村集中式生活饮用水安全状况信息公开。（吕媛媛）

【职业病检测】 2022 年，中国疾病预防控制中心“职业病及健康危害因素监测信息系统”显示，职业健康检查机构累计开展体检 135 户，接触人数 5394 人，检出职业禁忌证 41 人次，疑似 0 人。丰台区职业病网络报告 6 例。其中，无职业病 1 例，中暑 1 例、石棉所致肺癌 1 例、过敏性肺炎 1 例、煤工尘肺 1 例，噪声聋 1 例，除 1 例为无职业病外，其余为新发病例。报告疑似病例 1 例（疑似中暑）。（奚滕滕）

【卫生街镇全覆盖】 2022 年，全区 26 个街道（镇）申请卫生街镇创建并通过验收，正式获得北京市卫生街镇命名，其中王佐镇五次通过国家卫生乡镇复审。全区国家卫生乡镇占比 50%。（邓丽颖）

【智慧家医服务新模式】 2022 年，全区信息化建设以推进“智慧家医”服务模式为抓手，通过信息化赋能家庭医生签约服务，利用信息技术助力慢性病管理。全区 21 家社区卫生服务中心、72 个直属社区卫生服务站及 11 个独立法人社区卫生服务站均部署“身边家医”App 应用系统，实现在线签约、建档以及居民健康档案在线查询、就诊用药和检查检验结果查询。全区 21 家社区卫生服务中心均部署全科智能辅助诊断系统、智能慢性病管理系统。启动丰台区健康大脑慢性病大数据健康管理平台建设、“身边家医”App 适老化改造、10 家政府办社区卫生服务机构老年体检系统升级改造 3 项新建或改造项目，全力为“智慧家医”版本更新迭代打好基础。（周　楠）

老年健康

【概况】 2022 年，全区常住人口及户籍人口中 60 周岁及以上老年人口 50.7 万人，占 25.2%，其中 65 岁以上老年人口 35.8 万人，占 17.8%。65 岁及以上接受健康管理老年人 220370 人，管理率 62.78%。为符合条件居家养老老年人签订居家医养结合协议 1001 人，提供肌肉注射、管道护理、伤口护理、健康教育、心理咨询、健康管理等上门服务 8184 人次。（聂广俊）

【医养机构人员业务培训】 2022 年，丰台区选派医养结合机构 6 名医护人员参加全国老年医学人才培训，56 名医护人员参加全国医养结合人才能力提升培训，74 名从事老年康复的医养结合服务人员参加老年康复适宜技术培训班，以提升医养机构人员业务能力。（聂广俊）

【全国示范性老年友好型社区创建】 2022 年，丰台区推进全国示范性老年友好型社区创建工作，围绕创建标准、流程和要求，按照“社区申报—街道初核—区级复核与推荐—市级审核”程序开展，组织街道、镇，开展宣传动员、培训指导、遴选社区、自评申报等工作，经市级专家组现场审核打分，并通过验收。长辛店街道朱家坟南区社区获评“全国示范性老年友好型社区”。全区有全国示范性老年友好型社区 2 个，分别为玉泉营街道草桥村、长辛店街道朱家坟南区社区。

（聂广俊）

【老年友善医院创建】 2022 年，丰台社区卫生服务中心、大红门社区卫生服务中心、鑫福里社区卫生服务中心、二七南社区卫生服务中心、东高地社区卫生服务中心、卢沟桥国医社区卫生服务中心、朱家坟社区卫生服务中心 7 家社区卫生服务中心通过北京市老年健康服务规范化建设评审；北京天坛医院、大红门社区卫生服务中心、二七南社区卫生服务中心、丰台社区卫生服务中心、花乡社区卫生服务中心、北京新华卓越康复医院、北京丰台长城医院、北京市丰台区明颐宏医院、北京京中中西医结合医院、北京丰台建都中西医结合医院、北京汇安中西医结合医院、北京高博博仁医院、北京市木材厂职工医院、北京六一八厂医院 14 家医疗机构通过北京市老年友善医院创建评审。推进蒲黄榆社区卫生服务中心建设安宁疗护中心。（聂广俊）

【“孝顺之星”推荐命名活动】 2022 年，丰台区在全区开展“孝顺之星”推荐命名活动，挖掘在防控工作中表现出孝老爱亲情怀和仁心大爱医护人员中的孝老爱亲先进典型，评选出“孝顺之星”12 人。包括：丰台区中医医院孙光亚；蒲黄榆社区卫生服务中心王明辉、刘汝金；和义社区卫生服务中心徐苹、张雪；王佐镇社区卫生服务中心杨园园、龚鑫、王瑶；右安门社区卫生服务中心周怀锦、岳改英；大红门社区卫生服务中心陈亭宇；长辛店镇社区卫生服务中心胡志明。（聂广俊）

妇幼保健

【概况】 2022 年，丰台区推进辖区妇幼健康工作，丰台区妇幼保健院完成三级医院评定。严格按照北京市保障孕产妇安全筑基工作要求，加强助产机构产科质量管理，协调转会诊，开展质控督导、飞行检查，保障母婴安康。实现“婚前医学检查、孕前优生健康检查、婚姻登记、优生咨询指导”一站式服务，婚前医学检查率、孕前优生健康检查率

提高。婚孕检工作被纳入区级民生实事项目折子工程。（艾　颖）

【妇女保健】2022年，全区宫颈癌筛查4798人，诊断宫颈癌前病变7例，宫颈微小浸润癌0例，早诊率100%；乳腺癌筛查4863人，诊断乳腺导管上皮内癌变2例，乳腺癌0例，早诊率100%。全区孕产妇建册人数14676人、分娩孕产妇数11157人，助产机构剖宫产产妇数3890例，平均剖宫产率45.24%，其中分娩初产妇总数5743例，初产剖宫产产妇数2661例，初产剖宫产率46.33%。全区常住活产数11346人，孕产妇死亡人数0人。（艾　颖　伊慧敏）

【儿童保健】2022年，全区户籍活产6101例，比上年减少766例；新生儿死亡人数4人，死亡率0.35‰；婴儿死亡数7人，死亡率0.62‰；5岁以下儿童死亡数11人，死亡率0.97‰。围产期出生缺陷发生率21.89‰，主要出生缺陷病种为外耳其他畸形59例、先天性心脏病45例、肾积水17例。管理辖区0岁至6岁儿童97403人，儿童保健覆盖率99.22%；系统管理儿童96033人，系统管理率98.59%。营养不良与佝偻病发生率为0.61%；0岁至6岁儿童中单纯性肥胖儿童3567人，肥胖发生率3.69%。托幼园所在册儿童47389人，系统管理率99.94%。（艾　颖）

【生育服务】2022年，区妇幼保健院承担丰台区免费婚孕检查工作，提供婚孕前保健、增补叶酸、生育力评估、科学备孕指导、妊娠风险提示、转诊随访等健康服务，辖区婚前检查7760人，婚检率73.61%，检出疾病487人，疾病检出率6.25%；孕前优生健康检查6319人，覆盖率89.76%。其中，检出具有风险因素的3105人，评估风险因素人员占比49.14%。（艾　颖）

【独生子女家庭扶助】2022年，丰台区为独生子女家庭特别扶助对象开展“真情关怀　暖心行动”，发放慰问金438万元，投保住院护理险207.61万元，定制健康体检服务50万元。为计划生育家庭投保意外伤害保险27957户55.92万元。（伊慧敏）

【计生家庭奖励扶助工作】2022年，丰台区计划生育家庭奖励扶助金总计6725.75万元。其中，农村部分计划生育家庭奖励扶助10516人2208.36万元；独生子女家庭特别扶助5133人4517.39万元。独生子女父母一次性经济帮助171人171万元。加强人口出生监测，分批次更新全员人口信息库，全区上报妇幼出生数据10377条。已备案托育机构10家，其中市级示范托育机构6家。（伊慧敏）

【计生药具服务管理】2022年，丰台区卫生健康服务中心统筹安排配送各类药具至26个街道（镇）及4家直通车单位，发放口服药及外用药5359盒、避孕套117.8万只、宫内节育器335套。（丰台区卫生健康服务中心）

卫生监督

【概况】2022年，丰台区推进医疗机构建设发展，区妇幼保健院正式通过三级妇幼专科医院市级专家评审。强化社区卫生设施建设，推进社区卫生服务中心选址新建。设置社区智能药柜，实现家门口取药；依托京东健康，开展互联网诊疗，开具线上处方；设置家庭病床18908张，送药上门4387人次；为77.6万名居民提供家医签约服务，重点人群签约率达99.34%。完成全市规划要求29个急救站建设任务，院前急救呼叫满足率99%。全区实现卫生街镇全覆盖，王佐镇通过国家卫生乡镇验收。办理行政许可1296件。其中，公共场所1122件、生活饮用水120件、放射卫生52件、食品标准备案2件。（唐晓博　奚滕滕　艾　颖）

【学校卫生】2022年，区卫健委完成13所近视监测点3488名学生筛查工作，近视率56.3%，比上年上升0.22个百分点，比2020年上升0.45个百分点，比2019年下降1.35个百分点。其中，6岁儿童237人，近视率14.8%；小学生1503人，近视率34.9%；初中生755人，近视率77.7%；高中生739人，近视率86.6%；职高生254人，近视率69.7%。学校和托幼机构发生急性胃肠炎疫情59起，涉及病例498例；发生集中发热疫情14起，涉及病例106例。（奚滕滕）

【血液管理】2022年，全区设街头采血点5个、采血屋2个、采血车1辆、采血方舱2个。采血44780.8单位，其中全血43519.3单位、成分血1261.5单位；供血50924.5单位。区属医院用血总量3751.54单位，自体输血人数222人，用血总量477.04单位。（武少妹　艾　颖）

【监督检查】2022年，全区监督户数6583户，完成监督检查23788户次，监督覆盖率99.16%，合格率95.89%。行政处罚932起，罚没款1943873元。处罚无证行医16起，罚没款680717元。辖区内有公共场所3309处，监督检查10293户次，监督覆盖率98.64%，合格率93.19%。实施行政处罚627起，罚没款459201元。量化分级2398户，量化率82.83%。计划生育监督38户，开展监督检查78户次。食源性致病菌监测完成样品采样144件，食品中化学污染物及有害因素监测样品278件，食源性疾病监测样本360件。审批卫生许可证1542户。其中，新办677户、延续372户、变更198户、竣工验收22户、审查认可20户、校验136户、注销117户。（田　龙）

【爱国卫生运动与国家卫生区创建】2022年，丰台区统筹调度，推动创卫工作，丰台区卫生健康委（简称区卫健委）建立联创工作机制，召开调度会、专题会49次，现场调研17次。开展“两区两楼一小巷”“百日攻坚”“十乱”“六清”等专项整治行动。组织开展周末卫生日活动32次；各社区（村）党员、居民、志愿者累计23万人次参与，累计出动车辆4254车次；清理堆物堆料、小广告、卫生死角11.54万处，清理垃圾8177.04吨。（邓丽颖）

健康促进

【概况】 2022年，丰台区持续推进全国健康区建设工作，开展健康促进医院、机关、幼儿园、企业等健康支持性环境建设。开展健康素养提升活动，全区注册人数135618人，答题人数119193人，累计微信推送健康素养线上学习竞答相关信息200余条，微博推送相关信息100余条，注册人数居全市第一位。为掌握辖区居民健康素养水平，丰台区开展第五次丰台区居民健康素养监测，涉及5个街道10个社区，最终完成合格个人问卷680份，监测水平结果显示，全区健康素养水平达41.8%，健康素养水平稳步提升；完成第四批控烟示范单位创建工（84家，其中党政机关69家），全区党政机关控烟示范单位创建工作全覆盖，并全部通过。出台首个卫生健康领域地方标准。与内蒙古自治区扎赉特旗、林西县，青海省治多县建立结对协作关系。（邓丽颖）

【医养机构监管】 2022年，区卫健委依托全国医养结合机构信息管理系统，对辖区内24家医养结合机构服务实时监测，动态了解掌握医养结合服务情况。推荐9家符合条件医养结合机构参加市级医养结合远程协同服务，提升医养结合机构医疗服务能力。（聂广俊）

【健康帮扶协作地区】 2022年，区卫健委与内蒙古自治区扎赉特旗、林西县，青海省治多县共建立结对协作关系20个。向支援合作地区派驻医疗卫生技术人员45人次，接收支援合作地区52名医务人员来京进修学习。在内蒙古东西部协作地培训专业技术人才1173人次，参与当地新冠疫情防控工作。丰台区5家医疗机构与房山区18家社区卫生服务机构形成结对协作关系，向房山区派出专业技术人员58人次，完成业务培训、学术讲座等534人次。（武少姝）

【全市首个卫生健康领域地方标准出台】 3月，《社区卫生服务机构老年健康教育服务规范》（简称《规范》）项目通过北京市市场监督管理局立项审查，并列入《2022年北京市地方标准制修订项目计划（第二批）》。《规范》是全市首个由区级作为主起草单位上升为北京市地方标准，是“丰台经验”上升为北京做法成功典范。标准规定社区卫生服务机构老年健康教育服务基本要求、服务内容、服务形式及要求、服务流程、服务评价与改进等，为社区卫生服务机构为辖区内常住65周岁及以上老年人及其家属、监护人或照护者提供的老年健康教育服务活动，以及辖区内常住65周岁以上老年人及其家属、监护人或照护者提供老年健康教育服务提供标准支撑，进一步拓展服务内容、细化服务流程、优化服务形式、增加政策落实的可操作性，统一提升社区卫生服务机构老年健康教育，提高整体服务质量，满足老年人健康教育需求。（丰鉴编）

医政药政管理

【概况】 2022年，丰台区开展医疗质量提升工作。举办百场培训、学术交流等活动、核酸采样志愿者进行培训考核、开展院感防控相关培训、大规模核酸检测医疗废物管理培训、隔离点工作培训等。组织15家质控中心开展相关专业督导检查30余次，强化重点药品和短缺药品存量的监测和储备工作，配合保障医疗工作正常进行。（艾　颖　庞智欣）

【培训交流】 2022年，区卫健委根据行业热点，举办培训、学术交流活动，其中在全区进行组织护理质控中心对9768名核酸采样志愿者进行培训、考核，协助管理上岗志愿者；组织院感质控中心对全区医疗机构进行院感防控相关培训、大规模核酸检测医疗废物管理培训、隔离点工作培训等，培训会覆盖辖区医疗机构相关人员。（艾　颖）

【质控督导】 2022年，全区大力开展医疗质量提升工作，依托辖区15家专业质控中心推动医疗质量控制、改进与提升。组织15家质控中心开展相关专业督导检查30余次，主要包括：组织检验质控中心派出专家开展每月核酸检测机构月审核工作，加强对新冠病毒核酸检测医学检验实验室督导；组织药学质控中心对二级及以上医疗机构开展合理用药抽查督导，督促医院合理用药；组织康复质控中心对辖区二、三级医疗机构康复医学科建设情况开展督导，以便加强辖区康复医疗服务体系建设，提高丰台区康复医疗质量等。（艾　颖）

【重点药品和短缺药品存量监测与储备】 2022年，区卫健委强化重点药品和短缺药品存量监测和储备工作，配合保障医疗工作正常进行。每周对6家区属二级以上医疗机构、21家社区卫生服务中心进行重点药品监测工作。重点关注季节性流感等疾病相关药物存量的监测，加强临床药品监测和储备，保障医疗工作正常有序进行。（庞智欣）

中医工作

【概况】 2022年，丰台区有中医类医疗机构57家。其中，政府办三级医院2家，为丰台中西医结合医院和北京中医药大学东方医院，政府办二级医院1家，为丰台区中医医院；其他二级中医类医院4家。全区执业（助理）医师8748人，其中中医执业（助理）医师2607人，占执业医师总人数的30%。全年完成4家中医药健康文化体验馆建设。（聂广俊）

【建设4家中医药健康文化体验馆】 2022年，全区建成4家中医药健康文化体验馆建设，分别位于丰台中西医结合医院、丰台社区卫生服务中心、西罗园社区卫生服务中心和铁营社区卫生服务中心。体验馆集中西医检测、健康管理文化科普、互动体验于一体，为社区百姓提供科学、权威、综合、便捷的中医药健康生活指导服务。（聂广俊）

【社区中医诊疗】 2022年，全区21家社区卫生服务中心及下设社区服务卫生服务站均开设中医科。各级各类医疗机构中有355家开设中医科诊疗科目，占比63%。各类中医诊疗服务人口总计201.5万人次。（聂广俊）

8月18日，市爱卫办到丰台区对市级控烟示范街区试点建设进行调研（区创卫办　供图）

【中医药参与疫情防控】 2022年，全区开展风险人群中医预防投药工作，秋冬季以后，累计投药32万余人份，分别配送至街镇、社区卫生服务中心以及辖区各单位。丰台中西医结合医院作为区级定点收治医院开展一个方案、三条主线、五项举措“一三五”中西医结合医疗救治模式（一个方案指制定一个诊疗方案；三条主线指坚持患者分类集中救治、建立多学科协作机制、强化中西医结合；五项举措指开展中药防疫香囊、心理干预、传统养生功法、患者生活保障、患者出院康复），在新冠病区、发热门诊建立中西医双组长机制，对在院患者进行中西医结合诊疗。区卫生健康委根据新冠疫情防治工作实践，制订《疫情期间居家人员中医健康管理工作指引》（简称《指引》），在“健康丰台”微信公众号、“北京丰台”微信公众号、《丰台时报》发布。《指引》倡导居民通过8个模式——中药预防、代茶饮、食疗药膳、安神防疫香囊、艾灸、穴位按摩、中医导引健身、音乐治疗进行中医自我健康管理，提升免疫力，保持身体健康。（聂广俊）

体 育

全民健身

【概况】 2022年，区体育局筹办全区性传统体育赛事和市级品牌赛事，承办第十届北京国际风筝节、北京市第三十六届卢沟桥醒狮越野跑等活动。先后举办丰台区第八届“一起跳”广场健身操舞（海选）大赛、丰台区“承者风范”第七届武林万人争霸赛、棋类比赛、桥牌、足球、羽毛球、乒乓球等传统比赛9项，总计550余场次，受众人群20万人次。（赵艳涛）

【新建15处体育健身活动场所】 2022年，区体育局在丰台街道、长辛店街道、丽泽金融商务区运动休闲公园、南苑森林湿地公园等15处点位，新建足球、篮球、室外健身器材等体育健身活动场所，内容为篮球场、乒乓球场、室外健身器材。项目由各街道（镇）、园林部门申报，经区体育局、区规自分局、区园林绿化局、属地部门实地踏勘、土地利用审核2轮筛选，确定15处点位。其中，丰台街道2处、长辛店街道2处、南苑街道2处、成寿寺街道2处、石榴庄街道2处、花乡街道1处、王佐镇1处、丽泽金融商务区运动休闲公园1处、南苑森林湿地公园1处、康景城市休闲公园1处。（赵艳涛）

【区首个全民健身水上运动基地挂牌】 2022年，区体育局和区水务局落实北京持续推进河湖空间开放共享理念，推动全民健身水上运动的普及和推广，7月在晓月湖公园挂牌设立全区首个全民健身水上运动基地，先后举办市、区龙舟大赛，开展群众水上项目体验活动。（赵艳涛）

【区体育节羽毛球比赛】 7月29日，由区体育局、区社会体育管理中心主办，区羽毛球协会承办的丰台区全民健身体育节羽毛球比赛在丰台羽协综合训练馆举行，吸引34家单位300余名业余羽毛球爱好者参加。比赛设立男双、女双、混双3个项目，采用中国羽毛球协会最新审定《羽毛球竞赛规则》，先进行分组单循环赛，再进行第二阶段淘汰赛决出进入前8名选手，每场比赛均采用单局21分制。（赵艳涛）

【市运会群众组奖牌第一】 在8月9日至10月3日，北京市第十六届市运会上举办，丰台区派出292人参加所有群众组项目比赛，获得奖牌53枚。其中，金牌25枚、银牌15枚、铜牌13枚，奖牌数量位列全市16支参赛队伍第一。（赵艳涛）

7月29日，区全民健身体育节羽毛球比赛在丰台羽协综合训练馆举行
（区体育局　供图）

【京津冀校园足球夏令营邀请赛在丰台开赛】 8月9日至12日，“喜迎二十大 一起向未来”——第六届京津冀校园足球夏令营邀请赛于北京园博园公园足球场开赛，来自京津冀地区35支球队480名小球员参与角逐。邀请赛设置5个组别，分别为小学男、女甲组，小学男、女乙组、初中男子组。比赛结果为：甲组赛中，丰台女足甲一队获一等奖，中关村第三小学、丰台区王佐小学获二等奖，长安新城小学、保定森翔、贝体卓越、丰台女足二队、丰台实验学校、错位时空二队、错位时空一队获三等奖；乙组（男子）赛中，运河小学获一等奖，张家口市红旗楼小学、中关村第三小学、绿茵晨星二队获二等奖，团队之星、保定森翔、首经贸附小、瑞奥足球、保定实验、高新区小学、杰通足球、丰芒之星、西体赛达萌芽队、西体赛达、绿茵晨星一队、长辛店小学二队、长辛店小学一队、王佐小学获三等奖；乙组（女子）赛中，丰台女足乙一队获一等奖、王佐小学获二等奖，首经贸附小、丰台女足乙二队获三等奖。（赵艳涛）

【参与主办第三十六届卢沟桥醒狮越野跑】 9月6日，为纪念中国人民抗日战争暨世界反法西斯战争胜利77周年，由政协北京市委员会、北京市体育总会、丰台区人民政府联合主办的北京第三十六届卢沟桥醒狮越野跑活动启动仪式在中国人民抗日战争纪念馆举行。北京市政协副主席王宁致辞并宣布活动开幕，北京市政协副主席王红、燕瑛出席。为便于各界民宗参与，主办方通过“北京市体育总会”App开展“云上跑”活动，激励大家铭记历史、缅怀先烈、珍爱和平、开创未来。活动面向社会公开报名。9月6日至9月25日，参加人员需完成5次、每次不少于2千米的跑步，并通过“北京市体育总会”App的“星跑”功能在线打卡。每次打卡将在地图

8 月 9 日，第六届京津冀校园足球夏令营邀请赛现场　　（区体育局　供图）

上点亮一处抗战故事节点，同时激活对应图文介绍。（赵艳涛）

【参与主办第十届北京国际风筝节】9 月 11 日，由北京市体育局、北京市体育总会、北京市人民对外友好协会、丰台区人民政府主办，北京市体育总会秘书处、北京市风筝协会、丰台区体育局、丰台区社会体育管理中心、北京园博园管理中心承办的第十届北京国际风筝节国际风筝邀请赛暨京津冀风筝交流赛在北京园博园举行。赛事设置国际风筝线上邀请赛、京津冀风筝线上交流赛、京内线下交流赛和风筝制作放飞等内容。线上邀请赛、京津冀风筝线上交流赛参与线上活动评比；京内线下交流赛邀请 16 支京内队伍进行比赛；风筝制作放飞邀请驻京外籍人士参加。（赵艳涛）

【参与主办北京市龙舟大赛】9 月 17 日，由北京市社会体育管理中心和区体育局联合主办的 2022 年北京市龙舟大赛在丰台区卢沟桥晓月湖公园举行。赛事根据水域环境设男女混合龙舟 200 米直道竞速赛项目。来自北京市各区 23 支代表队近 400 名来自社区居民、机关干部、乡镇农民、企业职工、高校学生、国际友人等各界代表运动员参赛。经过预赛、决赛 2 轮比拼，北京市大兴区水上运动协会队获冠军，北京东城 TBT 队获亚军、北京东城 TBT 希爱沐吉龙舟队获季军。（赵艳涛）

【《丰台区全民健身实施计划（2021—2025 年）》】10 月 18 日，《丰台区全民健身实施计划（2021—2025 年）》（简称《全民建设实施计划》）印发。《全民建设实施计划》从加大体育场地设施供给、提高科学健身指导水平、完善体育健身组织网络、开展全民健身赛事活动、面向重点人群开展健身工程、推进全民健身融合发展、推动智慧全民健身体系、营造全民健身社会氛围、带动居民体育消费升级 9 个方面，介绍“十四五”时期 27 个重点任务。

（赵艳涛）

学校体育

【概况】2022 年，区教委坚持立德树人，以体育、美育、科技教育等活动为工作平台，强化五育并举实施与保障。按照市区教委工作要求，重点推进年度体育工作，落实学生每天一小时（课、两操、活动）阳光体育活动。学生参加课外体育活动人数比例达到 100%，学生体质健康水平合格率人数比例达 97% 以上；组织区级系列“阳光体育”特色赛事。4 月，举办以“请党放心，强国有我”为主题的丰台区校园足球联赛和篮球联赛。组队参加市级以上比赛。7 月，在第一届中国青少年足球联赛中，由 19 名小学生组成丰台女足获得 U13 女子组（北京赛区）冠军。7 月，成立丰台区校园足球队，代表北京市参加京津冀省际学生体育邀请赛足球初中男子组比赛；11 月，完成对全区中小学校开展落实学校体育工作条例专项评优，评选出“十佳”学校 10 所、“优秀”学校 15 所、“三优”教师 30 人（优秀体育工作者、优秀裁判员、优秀教练）。（李　源）

【初高中体育考试】2022 年，全区有 43 所初中校 5711 名初三考生，参加由各学校负责初三体育合格性考试，通过率为 100%。区教委学生发展中心组织 18 所高中校 2702 名

9 月 17 日，北京市龙舟大赛在晓月湖举办　　（区体育局　供图）

高三考生，参加高三体育合格性考试。全区百所中小学体育教师本着“安全、公开、公平、公正和透明”考试原则完成考务工作。（李　源）

【区中小学生篮球比赛】4月，由区教委主办的丰台区中小学生篮球比赛在丰体中心篮球场举行。比赛设有6个组别，分别为男子高中组、初中组、小学组；女子高中组、初中组、小学组。全区70多支男女篮球队参加。（李　源）

【初二年级体质健康统测工作】11月，区教委学生发展中心根据区教委专项考试委员会统一部署，组织协调各学校初二年级义务教育国家体质健康测试统测工作。现场测试在槐树岭中学进行，全区有考生6977人，完成测试5073人，其他未参加测试学生延期进行。（李　源）

竞技体育

【概况】2022年，区体育局调整工作思路，将常规训练模式转换为线上训练或者封闭集中训练的模式，组织体校和棒校参加上级单位继续教育培训36人（108人次）。参加由市级单位、市级单项协会组织的各类线上比赛，感受“互联网+体育”新型体育竞赛模式。（赵艳涛）

【参加全国青少年棒球锦标赛】2022年，全国青少年棒球锦标赛分U15组和U12组，丰台区派出中国教育科学研究院丰台实验学校3支队伍37名运动员参加比赛。8月16日至21日，U15组比赛在山东省威海市临港区全民健身中心举办，14支球队220余人参与。比赛分学校组和俱乐部组，8支学校队伍和6支俱乐部队伍经过35场比赛，产生冠军。中国教育科学研究院丰台实验学校U15组1队获冠军，中国教育科学研究院丰台实验学校U15组2队获亚军。8月12日至18日，U12组比赛在浙江省平湖市举办，运动员们经过63场对抗，产生冠亚军。因学校组队伍少，此次赛事学校组和俱乐部组混合比赛，分开排名。中国教育科学研究院丰台实验学校U12组获季军。（赵艳涛）

【丰台区速度滑冰比赛】7月30日，由区体育局主办，丰台区社会体育管理中心、北京冰星桑莱特体育科技有限公司承办的丰台区大众速度滑冰比赛在南宫国际冰上运动中心成功举办。比赛设200米追逐、40米绕标2个项目，80名丰台区滑冰爱好者，参加成年组、青年组、少年组的比赛。其中，40米绕标男子甲组冠军为华晔；40米绕标男子乙组冠军为张志成；40米绕标女子乙组冠军为徐艳玲；40米绕标青年组冠军为艾心智；40米绕标少年组冠军为邢诺一；200米追逐男子甲组冠军为刘刚；200米追逐男子乙组冠军为李雪峰；200米追逐女子乙组冠军为赵雪；200米追逐男子青年组冠军为艾心智；200米追逐少年组冠军为张辰睿。（赵艳涛）

【市运会竞技组金牌第六】8月9日至10月3日，北京市第十六届市运会举办，丰台区代表队报名参加23大项24个小项和3个表演项目（花样滑冰、滑板、攀岩），参赛人数894人（领导教练149人、运动员736人），获金牌47枚、银牌45枚、铜牌57枚，居全市金牌榜第六位。（赵艳涛）

冰雪运动

【概况】2022年，区体育局携手开创全民“奥运精神”发展体育新局面，带动更多市民参与冰雪运动、喜迎冬奥，成功举办第七届丰台区欢乐冰雪季系列活动，打造北京世界公园冰雪世界。莲花池冬奥文化广场将文化与体育结合，通过文体演出、运动体验、赛事直播等形式，完成演出任务。（赵艳涛）

【莲花池冬奥文化广场体育演出】2022年，区体育局完成莲花池冬奥文化广场体育演出任务，历时50天，组织647名演职人员，编排10套体育演出内容，计100个小节目，在莲花池公园组织体育展演50场。（赵艳涛）

【第七届丰台区欢乐冰雪季启动】1月8日，第七届丰台区欢乐冰雪季启动仪式在北京世界公园举行。北京北奥集团和北京世界公园共同围绕“世界公园‘北奥探梦’冰雪嘉年华”项目展开合作，将冰雪游园会及部分冰雪季活动植入北京世界公园景区。冰雪季活动期间，覆盖全区机关单位89家，街镇26个，参与总人数32万人次。（赵艳涛）

1月8日，第七届丰台区欢乐冰雪季启动仪式在北京世界公园举行（区体育局　供图）

体育管理服务

【概况】2022年，区体育局下辖事业单位5个，分别为北京市第十二中学体育分校、北京市丰台棒垒球运动学校、丰台区社会体育管理中心、丰台区体育科研所、丰台区体育中心管理处。全区有体育项目经营单位463家；全民健身器材13000余件；社会体育指导员9645人，其中，国家级100人、一级645人、二级1780人、三级7120人；独立法人社会团体23家。体育场地面积489万平方米，区人均2.42平方米。受理市民诉求1703件，诉求类型集中于预付式消费退费、新冠疫情类地下健身场所开放，响应率98%、解决率92%、满意率为89%。拓展健身场地，深挖背街小巷资源，将67条道路纳入户外骑行道、步行道体系，增加场地面积约60万平方米；开发水上运动项目，在晓月湖设立“丰台区全民健身水上运动基地”，增加场地面积约8万平方米。通过引入社会力量，对科丰煤库仓储用房、葆台188号四处仓库、丰台西路59号院、看丹杨树庄102号等7处老旧厂房、库房改造为体育场馆，新增场地面积5万平方米；完成南苑森林湿地公园、丽泽运动公园一期、康景城市公园、云岗三院运动场等18块场地新建维修，新增场地面积6.3万平方米。全区人均体育场地面积比上年增长19.8%，全市排名第十一名。完成2个单位“北京市全民健身示范街道”“北京市体育特色乡镇”创建。出动行政执法人员及专职安全员2326人次，检查体育经营单位1163家。完成15家体育经营单位三级达标工作。（赵艳涛）

【体育行业监管】2022年，区体育局出动行政执法人员及专职安全员2326人次，检查体育经营单位1163家。根据《北京市体育局关于对地下空间体育健身场所暂停开放的紧急通知》等要求，分别对全区地下体育运动项目经营单位及其他体育运动项目经营单位开展专项安全工作大检查。重点检查地下空间经营单位是否存在违规开放，其他经营单位是否落实75%预约限流等措施。完成12家高危险性体育项目经营单位（游泳）行政许可工作。向城市安全隐患治理三年行动工作系统上报隐患31条，其中已销账30条。（赵艳涛）

【运动员管理】2022年，丰台区注册夏季项目27个大项29个小项、运动员4362人；注册冬季项目6项、运动员535人。（赵艳涛）

【室外公共体育设施维护更新】2022年，区体育局根据《北京市全民健身条例》《北京市全民健身工程管理办法（修订）》相关要求，完成2014年及以前安装的80处全民健身工程器材更新，涉及全区23个街道（镇）的55个社区、村、公园。（赵艳涛）

【体育项目推进】2022年，区体育局推进槐房西路、亚林西体育用地项目工作，与区规自分局、区发展改革委、区财政局、南苑街道等部门及社会资本团队深入对接，完成体育综合体初步设计方案。推进总部基地煤库城市更新改造项目（栋能魔王运动空间），9月12日正式开馆，此馆打破传统运动场馆概念，是集体育、社交、文化、娱乐、赛事等功能于一身城市运动空间，是丰台区实施城市更新一个典范。（赵艳涛）

【反兴奋剂宣传】2022年，区体育局持续开展反兴奋剂宣传教育工作，组织北京市第十二中学体育学校，北京市丰台棒垒球学校运动员、教练员等80人次参加线上反兴奋剂宣传教育。组织夏季项目和冬季项目参赛教练员、运动员约1100人进行赛前线上答题考试。（赵艳涛）

【全民健身示范街道、特色乡镇创建】1月，区体育局对新村街道、北宫镇全民健身工作基本情况进行摸底，开展第一轮实地调研，拨付经费40万元。4月，对新村街道进行第二轮调研，召开业务指导会。6月，市体育局评估小组分别进行线上辅导，梳理指标，答疑解惑，对存在问题进行针对性的指导。9月至10月，区体育局进行区级检查指导，系统、全面的检查创建指标落实情况，提升创建单位全民健身示范引领成果。11月中旬，新村街道、北宫镇2个创建单位通过市体育局检查验收。12月19日，市体育局正式命名新村街道为“2022年北京市全民健身示范街道”、北宫镇为“2022年北京市体育特色乡镇”。（赵艳涛）

社会生活

人口家庭

【人口监测】 2022年，全区常住人口201.2万人，比上年减少0.3万人。其中，常住外来人口62.8万人，比上年减少0.8万人，占常住人口比重的31.2%，比上年下降0.4个百分点。在常住人口中，城镇人口199.9万人，占常住人口比重的99.35%。全区常住人口出生率5.47‰，死亡率6.81‰，自然增长率-1.34‰。丰台区卫生健康委员会（简称区卫生健康委）分批次更新全员人口信息库，处理上报妇幼出生数据10377条。

（伊慧敏　李战文）

【婚姻登记】 2022年，区民政局婚姻登记中心办理婚姻登记、档案查询、补领婚姻登记证等2.94万余件，执法合格率100%。其中，结婚登记7345件、离婚申请3926件、离婚登记3039件、补发结婚证1411件、补发离婚证469件、出具（无）婚姻登记记录证明29件、小客车指标婚姻状况核验5253件、档案查询8000余件。开展多样化婚姻家庭延伸服务，为4000余对新人举行免费颁证仪式；为行动不便的残疾人、危重病人、高龄老人等困难人群上门办理结婚登记及补领婚姻登记证10余次。2022年，区民政局完善婚姻家庭辅导服务，开展线下辅导450余件，利用微信平台开展线上“微课堂”24课（次），总参加人数超2.4万人；为当事人提供免费法律咨询服务400余件。8月4日七夕佳节，举办以“携手同心谋幸福，爱满京城铸和谐”为主题中华婚俗文化宣传暨集体颁证活动，宣传积极向上婚姻家庭文化。落实婚登、婚检一站式服务便民措施，宣传普及婚检的重要性及必要性，新婚婚检率达80%以上。

（王　庚）

【计生服务】 2022年，区卫生健康委计划生育家庭奖励与扶助总计6725.75万元，其中农村部分计划生育家庭奖励扶助10516人2208.36万元。为计划生育家庭投保意外伤害保险，共计27957户55.92万元。

（伊慧敏）

【生育支持措施落实】2022年，丰台区贯彻执行《关于进一步完善和落实积极生育支持措施的指导意见》，提高全区优生优育服务水平。位于丰台区的北京中医药大学东方医院被纳入全市具有辅助生殖资质的基本医疗保险定点医疗机构之一。丰台区人力资源和社会保障局为因生育三胎中断就业的女性提供再就业培训公共服务，鼓励用人单位制定有利于职工平衡工作和家庭关系的措施。

（丰鉴编）

8月4日，丰台区婚姻登记中心开展以“携手同心谋幸福，爱满京城铸和谐”为主题的中华婚俗文化宣传暨集体颁证活动　（区民政局　供图）

【托育服务】 2022年，区卫生健康委建立完善托育机构基础台账，全区已备案托育机构10家。开展托育机构整治，明确整改期限和目标。创建评选市级示范托育机构2家。

（伊慧敏）

【收养登记】 2022年，区民政局依法办理收养登记3件，解除收养1件。

（王　庚）

【殡葬服务】 2022年，区民政局开展殡仪服务突出问题专项整治工作，检查殡仪服务单位40家，包括医疗机构太平间14家、殡葬用品销售网点等殡仪服务中介26家，其中对右安门医院太平间承包经营单位未经批准开展殡仪服务业务进行处罚，没收违法所得5000元，罚款5000元。联合区市场监管局开展“双随机”（随机抽取检查对象、随机选派执法检查人员）执法检查工作，对25家销售殡葬用品医疗机构太平间和网点进行执法检查。做好清明节祭扫服务保障工作。3月18日至4月10日，丰台区5家公墓接待祭扫群众21.52万人、车辆6.42万辆。10个街镇完成4287座散坟治理工作。

（王　庚）

【人口出生与死亡】 2022年，辖区（户籍）出生6101人，出生率5.13‰；死亡13996人，死亡率11.78‰；人口自然增长率-6.64‰。因病死亡13570人，占死亡总人数的96.96%。死因前十位的为心脏病、恶性肿瘤、脑血管病、呼吸系统疾病、内分泌，营养和代谢疾病消化系统疾病、消化系统疾病、损伤中毒、神经系统疾病、泌尿生殖系统疾病和精神障碍。　（唐晓博）

居民收支

【概况】2022年，全区城乡居民人均可支配收入比上年增长3%，绝对量居全市第六位；人均消费支出比上年增长2.7%，绝对额居全市六位。2022年，全市居民消费价格比上年上涨1.8%。其中，消费品价格上涨2.8%，服务价格上涨0.7%。分类别看，交通通信类价格上涨5.0%，食品烟酒类价格上涨3.1%，生活用品及服务类价格上涨1.6%，其他用品及服务类价格上涨1.6%，医疗保健类价格上涨0.7%，教育文化娱乐类、居住类、衣着类价格均上涨0.6%。（王燕燕）

【居民收入】2022年，全区居民人均可支配收入74365元，比上年增加2195元，增长3%，增速较上年放缓5个百分点，增速低于全市0.2个百分点。其中，人均工资性收入44085元，比上年增加1403元，增长3.3%，工资性收入对可支配收入增长贡献率为63.9%；人均转移净收入18718元，比上年增加493元，增长2.7%，其中人均离退休金收入增长4.9%；人均财产净收入10699元，比上年增加284元，增长2.7%；人均经营净收入864元，比上年增加14元，增长1.7%。工资性收入和转移净收入占比84.5%。（王燕燕）

【居民消费支出】2022年，全区居民人均消费支出44516元，比上年增加1183元，增长2.7%，增速较上年放缓9.9个百分点。其中，人均食品烟酒支出9808元，比上年增加630元，增长6.9%；人均衣着支出2140元，比上年减少407元，下降16.0%；人均居住支出16314元，比上年增加1470元，增长9.9%；人均生活用品及服务支出2348元，比上年增加28元，增长1.2%；人均交通和通信支出4233元，比上年减少162元，下降3.7%；人均教育、文化和娱乐支出3354元，比上年减少609元，下降15.4%；人均医疗保健支出4922元，比上年增加111元，增长2.3%；人均其他用品和服务支出1397元，比上年增加122元，增长9.5%。（王燕燕）

【耐用消费品拥有量】2022年，全区每百户居民拥有移动电话233部，空调189台，彩色电视机121台，电冰箱和洗衣机均为101台，热水器100台，排油烟机95台，计算机83台，微波炉77台，家用汽车58辆。（王燕燕）

劳动就业

【概况】2022年，丰台区人力资源和社会保障局（简称区人力资源和社会保障局）突出稳就业保民生工作主线，依法管理人力资源市场，促进人力资源合理流动、有效配置。年末城镇登记失业率为3.67%，比上年末提高0.57个百分点。城镇登记失业人员就业率为65.57%，比上年末下降1.67个百分点。全年新增参保单位3367户，创业带动就业岗位13182个。（刘　悦）

【就业帮扶】2022年，区人力资源和社会保障局出台《丰台区关于进一步做好稳就业保就业工作若干措施》，推出保障重点群体就业、鼓励自主创业、强化技能人才队伍建设等3方面10条措施，成立5个就业工作专班，对26个街镇进行包片帮扶，形成178项《就业工作清单》。促进19673名城乡劳动力实现就业，城镇登记失业率3.67%。审批发放各类岗位补贴1.84亿元、灵活就业社保补贴3.6亿元、外出就业补助224.21万元。开展离校未就业高校毕业生服务攻坚行动，深化实名制登记和“一生一策”帮扶，拓宽高校毕业生就业渠道，加大就业见习力度，拓展就业见习单位29家，针对困难家庭和残疾毕业生，建立“一生一策”精准帮扶措施。促进5145名丰台户籍高校毕业生实现就业。北京生源高校毕业生就业率达到97%，困难家庭高校毕业生实现100%就业。（刘　悦）

【创业帮扶】2022年，区人力资源和社会保障局发放免费创业工位补贴154.4万元，提供免费创业工位291个，加大创业担保贷款支持力度，累计审核企业607家，发放贷款2.96亿元。举办“创业丰台2022”创新创业大赛，推荐15个项目晋级市级大赛，丰台区分赛区10个项目入围“创客北京2022”TOP150，包括“极高时钟精度计量MCU的研发项目”和“大推力振动台系统”等5个项目获得市级企业组等奖项。（刘　悦）

【人才引进服务】2022年，区人力资源和社会保障局按照“一园多址，功能叠加”思路，推进人力资源产业园建设；搭建产学研用合作平台，推进博士后工作站建设，累计设站企业25个，新设博士后工作站3家，在站博士后27人。打造“丰台区企业聚才引智之家”服务平台，为会员企业提供政策支持、实时信息交流和优质资源共享服务，吸纳区域综合贡献程度排名百强企业、高精尖产业领军企业以及成长性良好中小型企业加入，有会员企业81家。启动“慧聚英才 筑梦丰台”英才选聘计划，以线上校招、校企洽谈会、直播带岗及线下校招等形式，面向京内京外50余所重点高校延揽人才，提供近4000个招聘和实习岗位，为全区党政机关、区属事业单位、区属国有企业、驻区重点企业招揽人才。非京生源引进496人，高层次人才引进119人，留学生引进70人，新办北京市工作居住证3273个，取得积分落户资格271人。（刘　悦）

【事业单位人才保障】2022年，区人力资源和社会保障局开展事业单位管理岗选拔聘用工作，完成晋升备案140人。开展事业单位人员考核奖励，考核备案20350人。完成各类人员工资档案审核，严格审批各项津贴补贴发放工作。规范行政关系调转办理流程，办理事业单位工作人员调入、调出审批及划转手续1404人。按照为用而考，严谨施考的原则，开展全区事业单位招聘，公开招录232人、专项招录538人。落实市区两级属地化考试任务，组织实施考试13场，使用考场1911个，服务考生72949人次。推进县以下事业单位管理岗位职员等级晋升工作，制定《丰台区县以下事业单位管理岗位职员等级晋升制度实施方案》，指导各单位开展职员等级套转及晋升工作，套转1253人。推进事业单位改革有关工资待遇落实工作，指导涉改单位完成绩效工资实施方案制定。深化职称制度改革和"放管服"改革，完成中小学教师、卫生技术、盲人按摩等职称信息备案工作。推进面向非公办学校职称评审工作，其中76家非公办学校602名教师享受到职称改革制度红利。（刘　悦）

【劳动风险预警预判】2022年，区人力资源和社会保障局加强企业风险监测，按照"线上监测、线下摸排、联动处置"工作原则，建立辖区重点风险企业台账，制定《企业规模性裁减员联动响应工作方案》，稳妥处理企业经济性裁减员，受理裁员报备企业13家，涉及540人。开展"和谐同行"能力提升行动，推进和谐劳动关系站点建设，在时代风帆楼宇党群服务中心、中关村科技园丰台园和商联会建成和谐劳动关系站点12家。强化街镇属地劳动关系风险监测预警，开展裁减员、拖欠工资、欠缴社保费、不规范用工等企业风险摸排，从源头上做好劳动关系领域风险防范化解工作。（刘　悦）

【劳动者权益保障】2022年，区根治拖欠农民工工资工作协调小组落实街镇属地责任，加强劳动保障法律法规宣传，畅通网络平台等维权渠道，提升解答群众咨询效率，受理并办结市民热线诉求1.32万件。开展集中整治拖欠农民工工资问题专项行动，以工程建设领域、保安行业等欠薪问题易发多发的行业企业为重点，查处案件2.64万件，比上年上升113.68%；处理集体上访66起、突发事件120件。（刘　悦）

社会保障

【概况】2022年，全区参加基本养老、失业和工伤保险人数分别为115.7万人、81.7万人和74.8万人，分别比上年末增加4.5万人、2.8万人和1.8万人。参加职工基本医疗和生育保险人数分别为109.5万人和68.6万人。全区享受城市居民最低生活保障人数8944人，享受农村居民最低生活保障人数102人。区人力资源和社会保障局受理社保"接诉即办"案件1526件，解决率100%、满意率99.88%。审批退休11272人，为1049名职工进行劳动能力鉴定，做出工伤认定结论1335件、工伤康复治疗23人。开展新就业形态就业人员职业伤害保障试点工作，收到事故备案276件，做出职业伤害确认结论118件。为29万名企业退休（职）人员调整基本养老金待遇，人均每月增加202.6元，调整、补发金额3.54亿元；为220名工伤人员按照伤残等级调整伤残津贴待遇，为258名工亡人员亲属调增抚恤金待遇，补发金额85.08万元；为1.53万人调整福利养老金待遇，调整、补发金额386.15万元。区医保局落实北京市城镇职工个人账户定向使用和家庭共济工作要求，制定工作方案和应急处置预案，加强政策培训和舆情监测，保障辖区107万名城镇职工参保人员平稳过渡。天坛医院等9家定点医疗机构启动实际DRGs（Diagnosis Related Groups，按疾病诊断相关分组）付费，14家医疗机构开展模拟运行。（刘　悦）

【养老保险】2022年，全区参加基本养老保险单位数65796个，参加基本养老保险人数115.95万人，比上年末增加4.78万人。基本养老保险基金收入152.3亿元，基本养老保险基金支出92.57亿元。平均养老金发放金额4760.19元，按月享受待遇人数为30.58万人。（刘　悦）

【医疗保险】2022年，全区参加基本医疗保险单位数121837个，参加基本医疗保险人数1347034人，基本医疗保险基金收入755320.4万元，基本医疗保险基金支出412934.8万元。（王文言）

【工伤保险】2022年，全区参加工伤保险单位数66241个，参加工伤保险人数74.76万人，比上年末增

8月17日，区人力资源和社会保障局赴内蒙古自治区林西县开展"京蒙劳务协作"专项行动，通过完善协作机制、深化技能培训、创新招聘新模式"三位一体"的方式，持续深化"京蒙劳务协作"

（区人力资源和社会保障局　供图）

加 1.78 万人。工伤保险基金收入 3.01 亿元，工伤保险基金支出 3.58 亿元。（刘　悦）

【失业保险】2022 年，全区参加失业保险单位数 65235 个，参加失业保险人数 81.73 万人，比上年末增加 2.88 万人。领取失业保险金人数 126506 人次，失业保险基金收入 7.48 亿元，失业保险基金支出 7.35 亿元。（刘　悦）

【生育保险】2022 年，全区激活生育保险并缴费单位数 60268 个，人数 66.67 万人，生育保险基金支付 6501.8 万元。（王文言）

【医疗保障服务】2022 年，丰台区医疗保障局（简称区医保局）完善“区医保经办机构—街镇—社区（村）”三级医疗保障服务网络，提升医保基层队伍服务能力，推动 26 个街镇及 6 个试点社区（村）配齐医保专管员，编写《医保经办服务手册》，拓展医保自助服务终端机布点，采取基层服务日服务前移等手段，将试点社区医保服务可代收代办事项从 2 项增加至 4 项，3 个试点街镇可提供医保服务事项由原来 5 项增加至 8 项，加快街镇、社区（村）医保服务标准化、规范化、便利化步伐，打造丰台区“一刻钟医保服务圈”。开展“北京普惠健康保”服务试点，在天坛医院设立全市首个线下综合服务专窗，提供理赔咨询、报案指导等服务，直接触达投保人，提高理赔效率，累计服务 7200 余人次。累计办理基本医疗保险视同缴费年限认定 6368 件；实施医疗救助 10924 人次，减轻困难群众医疗负担 2119.26 万元。发布主动公开信息 352 条，政务新媒体发布信息 437 条，政务服务医保大厅为群众提供业务咨询 39948 人次，受理政府信息依申请公开案件 1 件。（冯雪婷）

【社保大厅服务改革】2022 年，区人力资源和社会保障局开展综窗经办服务改革，形成“一综三专”社保大厅格局。打造“一窗两帮办服务体系”，设立“社保帮办专家工作室”，推行“社保帮办专员”制度。推出“烦事找我，退休无忧”“社保直播小课堂”政策宣教直播，帮助参保人员政策看得懂，待遇算得清。“丰小宝”机器人现场咨询解答，设立二维码墙，通过手机扫描方式快速查看业务办理流程。打造“15 分钟社保服务圈”，通过社区、银行机构经办社保信息查询、养老保险领取资格认证等高频事项，实现社保业务就近办、自助办、便利办。（刘　悦）

【社保基金监管】2022 年，围绕基金监管标准化建设，开展“以案促改，防控风险”为主题的社保基金警示教育月活动；聘请第三方机构开展审计抽查，严格基金监督管理，推进基金监管工作进一步提升。强化与税务部门协调联动，加大社保稽核扩面力度，确保基金征缴顺利开展。截至年底，全区有参保单位 6.6 万户，比上年增长 4.92%。城镇基本养老保险、失业保险、工伤保险参保人数分别为 115.74 万人、81.7 万人、74.82 万人，比上年分别增长 4.49%、3.73%、2.58%。各类社会保险收缴 160.22 亿元，待遇支出 194.13 亿元，比上年分别增长 27.36%、26.62%。（刘　悦）

【医保基金监管】2022 年，区医保局与区卫生健康委、区市场监督管理局、公安分局等部门联动执法，对辖区 275 家定点医药机构开展现场检查，拒付追回违规费用 2100 余万元，曝光违规机构 41 家、违规个人 23 人，给予 4 家黄牌警示、1 家全市通报批评处理，向市执法总队移送线索 1 条，向司法机关移送欺诈骗保线索 1 条。对医保经办机构实施全覆盖监督检查，梳理包括科室职能、内控管理、基金使用、欺诈骗保举报案件的查处、培训约谈等重点工作在内 8 方面 26 条自查内容，实现基金监管业务自查自纠全覆盖。区医保基金监管“七大体系、九项机制”工作格局被国家医保局作为典型案例收录《中国医疗保障年鉴》，“某医院协助他人冒名就医骗取医保基金案”获评全国医保基金监管执法优秀案例。9 家医疗机构率先启动国家医疗保障疾病诊断相关分组（CHS-DRG）实际付费。与 61 家定点医疗机构 2726 名医师签订医保医师服务协议，加强临床一线医保管理，探索“从源头上管”基金监管模式。实行定点医药机构动态管理，将 101 家符合条件医疗机

4 月，区人力资源和社会保障局社保中心扩宽优化“掌上服务”平台功能，形成二维码（区人力资源和社会保障局　供图）

7月28日，区人力资源和社会保障局开展“工伤保险伴你同行”主题宣传日集中宣传活动，在丽泽商务区国家金融信息大厦工程项目工地举行（区人力资源和社会保障局　供图）

构和零售药店进入基本医疗保险定点，对11家不符合条件医药机构中止协议。对20家农村社区卫生服务站开展“双提升”（提升基层医疗卫生机构建设水平、提供基层医疗卫生机构骨干队伍能力）试点工作，打造“足不出村看名医”精品工程，累计派出80名医师下沉帮扶，接诊患者4500人次。（杜秀红）

【医保基金支出】 2022年，医保基金支出80亿元，保障群众就医1500余万人次。累计31个省、自治区参保人员在丰台区定点医药机构发生费用36.09亿元。实施大病保障4099人次，减轻群众大病负担5300余万元。（冯雪婷）

【异地退返知青门诊帮扶落地实施】 2022年，区医保局建立异地退返知青电子档案库、开发费用审批系统，完成门诊帮扶373人次，减轻医疗负担76.29万元。（高　歌）

【北京普惠健康保扩面增量】 2022年，区医保局建立政企联合推广机制，在天坛医院设立全市首个线下综合服务专窗，全额资助9751名社会救助对象投保，全区参加北京普惠健康保23.77万人，投保率18.19%。（高　歌）

【医用耗材挂网采购专项检查】 2022年，区医保局通过政策宣贯、数据分析、现场核对等方式，对医用耗材采购流程中关键环节实现全流程监控。抽查定点医疗机构22家，对高值耗材采购、入库、出库、医保结算、回款单据及款项进行逐一核对，通过对医用耗材采购情况全面体检，规范医用耗材采购与使用行为，控制医疗费用不合理增长。（杜秀红）

【医保跨省异地结算】 2022年，北京航天总医院、北京电力医院成为北京市首批开通门诊慢特病跨省异地直接结算定点医疗机构，为异地参保人员提供高血压、糖尿病、恶性肿瘤门诊治疗、慢性肾功能衰竭、器官移植抗排异治疗5个病种门诊慢特病跨省直接结算服务。区医保局利用区块链技术在全市率先实现“基本医疗保险异地就医特殊病种备案”和“参保人员转外就医备案”2项跨省就医备案事项全程网办。百姓阳光大药房（方庄店）、高远百康大药房五里店分店、高远百康广生堂光彩北路分店、高远百康广生堂六里桥分店、高远百康大药房有限公司、高远百康大药房丰管路分店6家定点药店开通跨省异地直接结算业务，已备案外省市参保人员可以在上述开通直接刷卡结算服务的定点零售药店刷卡使用个人账户购药。（潘诗霞）

【民生实事精品项目】 3月，区医保局协调辖区内东方医院、电力医院、航天总医院等15家医疗机构派出80名医师到20家农村社区站出诊帮扶，帮扶医师累计出诊近700人次，接诊患者4500人次，发生医疗费用近200万元。帮扶领域囊括中医治疗、中草药方剂、超声、CT影像、检验等，初步实现常见病、慢性病“就近看、放心看”。集成电力医院等三级综合医院、中医专科医院以及同仁堂优质医疗、医药资源，全方位提升农村站慢病管理、中医药健康服务、超声检验等诊疗水平，全链条搭建中药汤剂调配、煎煮、配送服务体系，让农村参保人不出村看中医名家、不出街道享受三甲医院慢病诊疗、不出家门就有快递送药上门。搭建心血管内科、消化内科、内镜检查科农村站直转三级医院绿色通道。帮扶专家利用休息时间，针对基层医疗常用内容，组织农村医务人员开展“慢病用药方案小课堂”“如何读懂心电图”等专题授课，手把手带培带教，逐步规范基层医疗行为，优化提升医疗服务理念，变“输血式”帮扶为“造血式”发展。通过三甲名医坐诊、拓展中医药健康服务，逐渐转变农村参保人员“有病找三级、就诊去外区”就医习惯，达到“基层基金基层用”效果。（冯雪婷）

【医保集中宣传月】 4月20日，“织密基金监管网 共筑医保防护线”集中宣传月活动在北京博爱医院正式启动。活动由区医保局会同区公安分局、区卫生健康委、区人力资源和社会保障局、区市场监管局、区税务局联合举办，定点医药机构代表、社会监督员代表在主会场参加活动，全区街镇便民服务中心、定点医药机构相关负责人在分会场参会。4月至5月宣传月期间，区医保局对《医疗保障基金使用监督管理条例》《医疗保障基金使用监督管理举报处理暂行办法》和《国家医保局公安部关于加强查处骗取医保基金案件行刑衔接工作的通知》等相关政策进行解读，通过通报医保领域典型案例，规范医务人员诊疗行为。区分“两定”机构（定点医疗机构和定点药店）、街镇、参保企业、参保群众等4类不同对象，编印发放《医保常见问题解答》《街镇医保业务服务指南》《参保单位医保业务服务指南》及《医保政策知识问答》等材料合计15.8万份。“丰台医保”微信公众号每个工作日发布一条打击欺诈骗保文章或视频，重点对打击欺诈骗保小课堂视频、“骗保”微电影、欺诈骗保举报欺诈骗保行为警示及典型案例等进行宣传。公布并加强宣传举报渠道，鼓励群众参与到医保基金监管工作中来。《丰台报》采访报道活动情况，“北京日报”App同步转发相关报道。（冯雪婷　王文言）

住房保障

【概况】2022年，全区政策性住房开工11582套，竣工10837套，分别完成年度任务的193%、120.4%。协调卢沟桥城北路6号临时隔离用房等4个项目完成5614套应急隔离房源改造。依据《北京市保障性租赁住房建设导则（试行）》，梳理非居住建筑改建租赁住房工作流程，形成以结构安全底线、消防安全底线、室内环境安全底线加企业自主承诺的“3+1丰台模式”，在全市率先完成丰台区郭公庄中街18号院5号楼保租房改建。（区住建委）

【配租配售】2022年，区房管局累计审核保障性家庭资格申请2573户。全市先行先试开展“直接配租”工作11轮次，累计配租家庭241户。开展“快速配租”工作，涉及房源578套，登记家庭1237户，累计配租家庭453户。开展晟泽嘉园共有产权住房项目配售工作，涉及房源391套，1万余户家庭参与登记，通过审核家庭5260户，平均选房率27%，高于全市平均水平。（黄　佳）

【大学毕业生专项配租】2022年，区住建委首次以线上形式开展面向毕业大学生的保租房专项配租工作，选取全市首个商办改建保障性租赁住房龙湖冠寓项目试点，搭建对接平台，缓解毕业生住房压力，涉及登记家庭约100户。（黄　佳）

【租金补贴】2022年，区房管局根据规定申请，对符合条件的公租房补贴家庭、市场租房补贴家庭及廉租房补贴家庭发放租金补贴1.13亿元，计61373户次。（黄　佳）

【公租房备案】2022年，全区公租房备案家庭17244户，通过公租房实物配租、市场租房补贴方式保障轮候家10960户，总体保障率65.44%，城六区排名第二，全市排名第七；其中，重点人群备案家庭7563户，保障5971户，保障率81.06%，城六区排名第一，全市排名第六。（黄　佳）

【住房公积金管理】2022年，北京住房公积金管理中心丰台管理部按照市委、市政府工作要求，做好政务服务延时服务，受理业务3800件次。贯彻落实《北京市“接诉即办”工作条例》，受理并解决“12345”热线诉求198件，以《住房公积金管理条例》为依据，切实维护职工合法权益，全年为325名职工追缴住房公积金，追缴金额498万元。（任　斌）

社会救助

【概况】2022年，全区有城乡低保对象（含困补）5208户，9046人，累计支出资金1.46亿元；城乡特困供养人员139人，累计支出资金492.17万元，低收入对象221户，429人，累计支出资金38.4万元；享受临时救助对象875户1785人次，支出资金317.23万元；享受教育救助65人，支出资金28.91万元；享受供暖救助4388户，累计支出资金614.32万元；累计支出征地超转资金3.36亿元。以上资金累计支出4.97亿元。城乡低保标准从家庭月人均1245元调整为1320元，城乡特困人员基本生活标准从月人均1755元调整为1980元。（王　庚）

【最低生活保障】2022年，全区享受城市最低生活保障人数8944人，享受农村最低生活保障人数102人。城市居民最低生活保障标准1320元，农村居民最低生活保障标准1320元，最低工资标准2320元。城市居民最低生活保障家庭5148户，8944人，城市居民最低生活保障金发放金额14414.95万元。农村居民最低生活保障家庭数60户，102人，农村居民最低生活保障金发放金额178.38万元。（王　庚）

【特困人员供养】2022年，全区有特困供养人员139人，其中城市特困供养人员123人，发放基本生活费和照料费427.33万元；农村特困供养人员16人，发放基本生活费和照料费64.85万元。区民政局依据《北京市最低生活保障和低收入家庭救助审核确认办法》和《北京市特困人员认定办法》深化“放管服”改革，优化审核确认程序，最低生活保障、低收入家庭救助和特困人员供养审核确认权限分别于11月、12月下放至街镇。（王　庚）

【流浪乞讨人员救助】2022年，区救助管理站接待并救助流浪乞讨人员1020人次，办理离站998人次。联合公安、城管等部门开展集中救助行动30余次，劝导流浪乞讨人员32人。在严寒天气、重大活动、重大节日等时段，联合公安、城管等部门组织开展集中救助活动，对全区街面进行全方位救助巡视。做好长期滞留人员日常照料工作，引进专业团队为救助管理站内长期滞留人员开展高标准、专业、细致

服务。（王　庚）

【医疗救助】2022年，全区医疗机构医疗救助10924人次，减轻困难群众医疗负担2119.26万元。其中，门诊和住院救助7103人次，救助金额988.64万元；重大疾病救助2626人次，救助金额808.74万元；生育救助5人次，救助金额1.55万元；住院押金减免和出院即时结算145人次，救助金额62.52万元；大额支出医疗救助1000人次，救助金额237.86万元；因病致贫家庭医疗救助24户45人，救助金额19.95万元。建立因病致贫家庭医疗救助联席会议机制，协同区民政局和申请家庭所在街镇，依据入户调查情况和经济核查报告，对申请家庭进行资格认定；依托医疗救助信息系统，开发因病致贫模块，实现经办平台一体化；对接市医保系统，嵌入智能运算，辅助经办人快速录单、精确核算；完善数据流转机制，畅通区、街镇双向传送通道，提高救助效率，降低因病致贫风险。（高　歌）

【慈善救助】2022年，区民政局开展基层慈善工作站试点建设，印发《丰台区街镇慈善工作站试点建设工作方案》《丰台区街镇慈善工作站试点建设实施细则（试行）》等文件，配套下拨给街道资金85万元，支持各街道慈善工作站试点建设工作。街镇慈善工作站是在街镇党（工）委和街道办事处的领导下，在区委社会工委、区民政局的指导下，整合辖区公益慈善资源建设集慈善捐赠、帮扶救助、志愿服务、活动开展、互助互济等功能于一体的基层慈善服务平台。建成花乡、方庄、石榴庄、看丹、玉泉营和东铁匠营6个街道慈善工作站，接受捐赠款15万余元、物资1904件，开展各类公益慈善活动和困难群众救助10余次。（王　庚）

【社会捐赠】2022年，区民政局接收价值84.33万元的捐赠物资，接收定向捐赠款2.1万元，全部按照捐赠意愿协调分配。11月2日至12月31日，组织开展丰台区“首善有我”社会主题捐赠活动。活动中接收捐赠款16.77万元，其中线上捐赠7.81万元，线下捐赠8.96元；接受捐赠全新衣物433件，八成新以上衣物及其他7133件，全部捐款汇入北京市慈善协会账号，物品拉运至市捐赠中心指定场所。对辖区困难群众进行临时捐赠救助，全年为和义街道、右安门街道、南苑街道、方庄街道7名居民发放捐赠救助金4.3万元。在六里桥、成寿寺、石榴庄、丰台、大红门、长辛店6个街道建设完成规范化捐赠站点12个。（王　庚）

【红十字会扶贫助困】2022年，区红十字会继续助推对口支援帮扶工作，开展对内蒙古自治区赤峰市林西县和兴安盟扎赉特旗的帮扶项目，拨付对口帮扶资金12.5万元，救助当地困难家庭125户。（朱莉华）

【红十字会募捐与人道救助】2022年，区红十字会累计接收募捐款物279万余元。其中，博爱捐款50万余元、防疫捐款14万余元、博爱物资14万余元、防疫物资190万余元。发放捐赠款物261万余元，其中分发新冠疫情防控款物204万余元；拨付博爱救助资金35万余元，救助困难家庭291户；拨付区体育局和区妇幼保健院10万元捐赠物资。（朱莉华）

社会福利

【概况】2022年，区民政局完善制度机制，推动基本民生保障体系不断完善，加大保障力度，推动基本养老服务质量提升，加强培育扶持，规范社会力量参与渠道坚持依法行政，下属7个事业单位，分别为丰台区民政局社会福利事业管理办公室、丰台区民政局婚姻登记事务中心、丰台区救助管理站（丰台区未成年人救助保护中心）、丰台区儿童福利院、丰台区困难群众救助服务指导中心、丰台区养老服务指导中心（丰台区社区服务中心）、丰台区老年福利中心。全区共有养老机构51家，养老服务驿站93家，社会组织489家，其中社团74家，民办非企业单位（组织）415家。（王　庚）

【残疾人福利】2022年，区民政局贯彻落实困难残疾人生活补贴和重度残疾人护理补贴政策，为54434人次发放困难残疾人生活补贴3106.51万元，为78953人次发放重度残疾人护理补贴1054.4万元；全年服务量3357人次，拨付运营补贴资金227.115万元，拨付2022年新冠疫情防控期间运营补贴64.125万元。认真落实“两项补贴”资格认定申请“跨省通办”及“全程网办”工作，推动以信息化手段提升残疾人政务服务效率和水平。（王　庚）

【儿童福利】2022年，区民政局调整困境儿童生活费标准，从2200元/人/月提高至2450元/人/月，为130余名困境儿童发放困境儿童生活费262.64万元，发放临时价格补贴1.26万元。为5名孤儿和7名事实无人抚养儿童发放助学金6.25万元，为散居孤儿及事实无人抚养儿童报销医疗费20人次4.09万元。依法办理收养登记3件，解除收养1件。投入26万余元开展“困境儿童家庭巡访探视项目”，巡视探访率100%。举办全区基层儿童工作队伍暨社区（村）儿童主任线上培训，400余名基层儿童工作者参加。（王　庚）

【老年福利】2022年，区民政局向65865人发放高龄津贴，发放金额12165.67万元。9月底，区老年综合服务中心建设完工。水、电、燃气全部接入，在室内空气质量检测、二次供水生活用水检测、消防及电气火灾检测、防雷检测均合格后，组织建设单位、设计单位、监理单位、施工单位、勘察单位开展验收，

并邀请住建部门进行指导，完成整改。（王　庚）

养老服务

【概况】 2022年，全区有养老床位11583张，每千名常住人口养老床位数5.79张，床位使用率52.16%，每万名老年人拥有养老护理员数67.84人。为5007名困难老年人发放补贴840.87万元、为27805名失能老年人发放补贴18389.95万元、为65865名高龄老年人发放补贴12165.67万元，合计约3.1亿元。发放养老机构护理员岗位奖励津贴11624人次、427.33万元。完成200张养老家庭照护床位建设。依托社区养老服务驿站和社会餐饮，建设并完成“疏解整治促提升”专项平台老年餐桌上账备案93家。东铁匠营、六里桥、西罗园、右安门、长辛店5个街道完成养老联合体试点建设工作。举办养老服务人才职业技能培训，为每个养老服务机构养老护理人才及社会工作者提供学习平台，促进以养老护理员为重点的养老服务人才队伍建设。（王　庚）

【养老机构建设】 2022年，全区新增养老机构6家、养老驿站17家，新增床位933张。有备案养老机构51家，其中三星级以上养老机构14家、二星级及以下21家。养老服务驿站93家，其中二星级驿站29家、一星级驿站21家。推进养老照料中心及社区养老服务驿站建设，实现机构集中养老床位、驿站临时托养床位、家庭照护床位“三张床”均衡布局、配比合理。鼓励扶持第三方机构参与养老联合体建设，选取优秀第三方机构加入试点运作及推广工作中，引导社会力量为辖区老年人提供高质服务。（王　庚）

【居家养老服务】 2022年，全区累计建设养老家庭照护床位693张，志愿互助服务队伍277支。指导各街镇建立养老服务联合体工作机制，26个街镇工作机制基本建立完成。（王　庚）

【医养结合发展】 2022年，区民政局通过养老机构星级评定和养老机构运营补贴方式，鼓励养老机构内设医疗机构、与医疗机构签约合作实现医养结合。22家养老机构内设医务室，31家养老机构均与辖区二、三级医院，各社区卫生服务机构签署医疗服务合作协议。（王　庚）

【养老助餐服务设施建设】 2022年，区民政局新备案养老助餐点30家。搭建区级养老助餐服务网络平台，采取养老助餐点备案制，实行统一台账管理，运用互联网新技术、新思维、新模式，推进数字化养老助餐服务，一方面为老年人提供就餐的便利性、多样性，另一方面为养老助餐工作进行数据统计与监管，保障养老助餐的安全性。（王　庚）

【“喘息服务”获评民政部优秀案例】 2022年，区民政局聚焦区内失能、失智老年人照护难点和家庭痛点，通过整合调度区域内养老机构、护理机构、养老服务企业等社会资源，在全市率先试点开展针对失能、失智老年人看护“喘息服务”项目，成为全市首个由政府买单开展“喘息服务”城区。被民政部评为“居家和社区养老服务改革试点工作优秀案例”。（王　庚）

残疾人事业

【概况】 丰台区残疾人联合会（简称区残联）下辖丰台区残疾人劳动就业服务所、丰台区残疾人综合活动中心、丰台区残疾人就业保障金征缴审核中心3个事业单位。辖区26个街道、镇均设立残联，411个社区（村）成立残疾人协会，有专职委员291人，形成三级组织工作网络。2022年，全区有持证残疾人47845人。完成残疾人证（卡）办理、残疾人康复服务、参加人就业和社会保障、残疾人文化体育、基层残疾人组织联络等工作。保障21家温馨家园、31个职康站、17家助残社会组织和1家残疾人托养机构的防疫工作。残疾人成年康复训练1.7万人次，康复专家进社区活动惠及千人。开展残疾人专场招聘会等就业服务，165人实现就业。26个街道（镇）残联完成换届工作。召开丰台区第八届主席团第一次会议。创建“一刻钟无障碍便民服务圈”13个，残疾人居家环境无障碍改造210户。残疾人需求调查和服务响应46190人。全区累计建立76支助残志愿者队伍，有志愿者21700人，年均开展助残服务10万人次。推出第三十二次全国助残日主题活动。市级以上载体刊发丰台区残疾人工作信息133篇，区残联网站、微信公众号推发信息203篇。区残联被中国助残志愿者协会评为全国首批“阳光助残志愿者服务基地”。（闫根旺）

【残疾人康复服务】 2022年，区残联实施市残疾预防行动计划，5家民办残疾儿童康复定点机构完成初审；315名残疾儿童享受康复补贴政策；成年康复训练1.7万人次；举办康复专家进社区1000多名残疾人及亲友受益；辅具申请10618人，辅具服务75141件；精残人免费服药7105人，享受监护人补贴6819人；区残疾人基本康复服务覆盖率达90%以上；3家机构被市残联评为助残社会组织品牌单位。

（闫根旺）

【残疾人就业服务】 2022年，全区实施残疾人就业三年行动，举办残疾人专场招聘会5次，165人实现就业；审核残疾人用人单位1895家、5414人按比例就业；对15名应届残疾人大学生提供就业服务，就业率100%；北京冬残奥会闭幕式献给志愿者手捧花出自丰台区残疾人之手；协助26名盲人医疗按摩人员在区医疗机构就业；开展全国残疾人按比例就业联网认证“跨省通办”工作。开展“促进残疾人就业，保障残疾人权益”为主题的职康作品展示活动，展现丰台区残疾人技能和劳动成果，营造关心关爱残疾人就业创业的社会氛围。

（闫根旺）

【残疾人职业技能培训】 2022年，全区举办残疾人职业培训33场，483名残疾人参加培训。77人参加市第十届残疾人技能大赛4大类14个项目比赛，获前三名奖项14个；在市残联喜迎二十大“拓新盛达杯”残疾人作品征集赛上，丰台区28件作品入选汇爱大厦参展。在2022年北京市残疾人就业服务机构工作人员职业指导竞赛中，丰台区2名残疾人工作者参赛并分获三等奖和风采奖，区残联获最佳队伍建设奖。（闫根旺）

【扶残助残活动】 2022年，区残联“两节”（元旦、春节）期间筹资579.8万元，走访慰问残疾人家庭6804户。1698名就业年龄段无业重度残疾人享受助残券政策；1931名残疾人享受到自主创业社会保险补贴、7名残疾人享受到自主创业补贴；慰问584户封管控区、居家隔离人员中有持证残疾儿童、重度残疾人和低收入残疾人的家庭。完善优化支援助残服务内容和流程，探索“互联网+志愿助残”服务模式，制定出台《关于进一步加强志愿助残工作的实施意见》。通过发挥区残工委、区、街道（镇）社区（村）残联组织、助残社会组织、温馨家园、职康站等志愿助残服务资源作用，开展就业扶残、送教助残、文化惠残、卫健暖残、司法帮残、无碍便残等助残服务，打造“邻里守望助残”“轮椅上的夜校”“孤独症儿童进大学”等助残志愿服务品牌，累计建助残志愿者队伍76支、志愿者2.17万人，开展助残服务约10万人次。（闫根旺）

【残疾人权益保护】 2022年，全区26个街道（镇）残联完成换届工作；为4344名肢体残疾人发放燃油补贴；专门协会开展活动34次，惠及残疾人1万余人；新办残疾人证1894人，转入转出243人，注销1733人，“跨省通办”65人，补办变更残疾证988人；处理残疾人信访83件，提供法律服务12件，举办残疾人线上法律讲堂50场；完成残疾人需求调查46190人，需求响应率100%；有配套助残设施移交区残联4处；创建“一刻钟无障碍便民服务圈”13个，残疾人居家环境无障碍改造210户。处理残疾人诉求107件。全区315名残疾儿童享受康复补助，义务教育安置残疾儿童54人。区培智学校建立残疾儿童学籍202人，送教上门15人。慰问残疾儿童460人，发放助学补贴53人。（闫根旺）

【残疾人文体活动】 2022年，区残联结合第三十二次全国助残日主题活动，推出温情“两米线”助残活动，区残联、专门协会、社会组织、温馨家园、职康站等采取多种形式，宣传服务残疾人到身边。参与市残联举办的“奋进新征程 喜迎二十大”残疾人传统文化作品展，全区累计提交绘画、摄影和书法作品55幅，其中21幅作品获优秀奖，在炎黄艺术馆展出。新村街道残疾人表演的小品节目《趣味杂谈》参与市残联举办的2022年第十一届北京社区（村）残疾人艺术汇演，获优秀原创作品奖，并通过云直播形式展演。举办第二届全区残疾人文艺展演，支持区肢协开展“书香文华杯”“爱我中华文化”文学作品线上诵读活动，2名残疾人入围“区金牌阅读推广人”侯选人。参加北京市第十一届残疾人运动会暨第三届“健康杯”残疾人群众体育大会，组队50人参加比赛，女子聋人篮球队获得金牌、男子聋人篮球队获得银牌，男子坐姿飞镖、女子T60级标枪、女子T60级800米3个项目均获得第一名；女子站姿乒乓球、坐姿桌上冰壶球、男子S15级100米自由泳、男子S15级50米自由泳获第二名；男子T60级400米、男子T60级800米、女子T60级跳远、女子组冰壶获第三名。选派听力组和智力组2支代表队参加“第六届中国残疾人冰雪运动季”暨北京市残疾人旱地冰壶城市挑战赛，分别取得第三名、第四名。（闫根旺）

【参与北京冬奥会】 2022年，丰台

8月31日，市残联举办残疾人艺术汇演，区残疾人文艺作品《趣味杂谈》参与展演

（区残联 供图）

区精神病防治院院长、北京市扶残助残先进个人李志武作为第十三号火炬手；丰台区残联第七届主席团委员、全国助残先进个人安钟岩作为第五十二号火炬手，参加北京冬奥组委会场地火炬传递。北京冬奥会、冬残奥会期间，西罗园街道第四社区专职委员李羿，作为闭环志愿者开展志愿服务，担任延庆赛区国家高山滑雪中心志愿者助理，典型事迹在中央电视台体育频道、北京卫视特别关注栏目报道。新村街道肢体残疾人、专职委员、区无障碍监督员、区残疾人旱地冰壶球队员赵辉参加北京冬残奥会开幕式表演国际残奥委会会徽展示。组织207人次现场观看北京冬残奥会开闭幕式和比赛。和义街道职康站残疾学员为北京冬残奥会闭幕式制作丝网花礼仪用花。（闫根旺）

11月4日，区残疾人文创作品亮相中国戏曲文化周（区残联 供图）

【全国爱耳日系列活动】3月2日，为第二十三个全国爱耳日，区残联和南苑街道联合在温馨家园康复科普工作站举办“康复专家进社区”暨爱耳日科普活动启动仪式。区康复医疗中心（铁营医院）康复专家采取现场线上线下同步授课形式，分别从耳朵功能结构、听力残疾预防、前庭康复知识等方面进行讲解，并现场开展义诊服务。（闫根旺）

【无障碍盲道专项整治】3月4日，区城管委组织召开无障碍盲道专项整治工作部署会，对丰台区无障碍盲道专项整治工作进行全面部署，启动丰台区无障碍盲道专项整治工作。区残联无障碍专班办就道路无障碍盲道铺设规范、非法占用问题及整改要求进行详细讲解。按照会议要求，各街镇排查本辖区内道路无障碍盲道，市公联公司、市绿基公司、恒大公司巡查做好所辖道路上账盲道治理。（闫根旺）

【区温馨家园康复科普工作站挂牌】1月18日，区温馨家园康复科普工作站挂牌仪式在和义街道温馨家园举行。工作站是推进残疾人康复服务进社区工作主要载体，定期为辖区残疾人提供康复评估、康复训练指导、居家康复服务及制定个性化康复方案等相关服务工作。工作站是丰台区铁营医院作为丰台区残疾人康复中心试点，在和义街道、南苑街道、马家堡街道3个温馨家园分设康复科普工作站，为康复专家进基层、服务残疾人搭建平台。（闫根旺）

【残疾预防系列公益活动启动】8月25日，为全国第六个残疾预防日，区残联联合多家单位在北京嘉禾妇儿医院开展“残疾预防，关注生命起点”公益系列活动启动仪式。活动分3个部分：举办残疾预防知识普及公益专家讲座进基层系列活动，开展“关爱母婴健康，产前筛查重点和新生儿疾病筛查科普”公益专家讲座、“残疾预防，从早期干预做起”公益专家讲座；开展优生优育女性健康筛查普惠活动；开展科学育儿及儿童早期生长发育健康公益科普云直播活动。（闫根旺）

【3家机构上榜北京助残社会组织成果展】9月27日，市残联发布北京助残社会组织品牌成果20个，丰台区3家机构上榜，分别为专业为16岁以上大龄心智障碍者提供喘息服务的北京金蜗牛心智障碍者家庭服务中心；专门针对2至8岁儿童开展个别化训练的北京馨翼教育中心；专门为精残、智残人员提供康养服务的北京丰台区温馨精康园。（闫根旺）

【残疾人文创作品参加中国戏曲文化周】11月4日至10日，在第六届中国戏曲文化周主场活动开展期间，区残联组织驻区职康机构100余件文创产品亮相国风市集，以“文创名片”形式，展现新时代丰台残疾人事业发展成果和残疾人积极向上、自强自立的精神风貌，累计现场售卖手作文创产品近80件。（闫根旺）

社区建设

【概况】2022年，中共丰台区委社会工作委员会（简称区委社会工委）落实市、区工作部署要求，坚守为民服务初心、践行执政为民使命，严格政策落实、注重工作创新、深化改革发展，社会建设和民政各项事业取得新成效。社会治理工作亮点“我爱我嘉”治理共同体、建立“智能民情图”“掌上四合院”、宛平街道“院儿长制”等基层治理特色继续发挥作用。加强行政区划管理，联合相邻8个兄弟区对界桩和其他标志物等进行联合检查，界线长度170余千米。采集26个街镇383个社区四至界线数据，消除基层社会治理责任盲区。（王 庚）

【社区党建】2022年，区委社会工委指导新建社区党组织成立和选举，14个街道新建社区党组织31个，逐一指导相关街道把关社区“两委”班子成员结构比例，适时组织开展选举工作；推进社区书记工作室规范化建设，全年新建市级示范点3个、区级示范点11个，实现26个街镇全覆盖。建立由53名优秀社区党组织书记组成全区优秀社区书记队伍库，通过社区书记工作室平台，组织开展党建引领社区治理工作经验交流；实施社区“领头雁”工程，组织协商议事能力提升主题实践活动，开展社区党组织书记、居委会主任培训，提升社区党组织书记、居委会主任议事协商、服务大局、引领基层治理的履职能力和本领。（王 庚）

【智慧平安小区建设】2022年，市财政专项拨款6471.61万元，通过联合区警务支援大队组织各派出所召开专题会议上报拟建设点位，结合区内各派出所实际情况，会同区指挥处、区刑侦支队，梳理出全区警情、立案高发的200个小区（村），开展智慧平安小区建设工作。截至年底，200处点位均已完成智慧平安小区建设工作，搭建区级应用平台。（李战文）

【重点地区清理整治】2022年，人口管理大队紧盯8处挂账城乡接合部地区以及重点地区，组织开展多波次“小兵团、小区域、小专项”集中清理整治行动，全面加强滚动清整力度，及时发现各类治安、消防隐患问题。组织开展清理整治行动1719次，累计检查出租房屋34.9万户、审查流动人口89.5万人；整改取缔“群租、日租、三合一场所”房屋461处，处理处罚违法出租房主1007人，罚款20.2万元；打击违法犯罪人员417人，整改各类安全隐患问题1005件。（李战文）

【刘安式社区示范岗创建】2022年，区人口管理大队会同政治处，开展第二批刘安式社区示范岗推选工作，由原来32个增至50个刘安式社区示范岗。通过开展“刘安式社区示范岗”，激发社区民警工作积极性，带动全局社区民警向刘安看齐工作目标。同时积极发挥穿警服副书记职责，催进社区民警把群众小事当做大事，急群众之所急，想群众之所想，构建共建、共治、共享的和谐社区新格局。（李战文）

【社区协商议事示范点建设】3月9日，区委社会工委、区民政局制定下发《关于做好2022年丰台区城乡社区协商议事厅和楼门院（村组）治理示范点建设的工作方案》，完成2个街镇协商试点建设和12个城乡社区协商议事厅（社区9个、村3个）建设、28个楼门院（村组）治理示范点（社区25个、村组3个）建设，推进社区治理工作向楼门院延伸。（王 庚）

社会组织管理

【概况】2022年，全区有社会组织489家。其中，社团74家，民营非企业单位（组织）415家。区民政局完成社会组织行政许可事项125项，行政执法合格率100%。对全区应检472家社会组织开展年度检查，参检社会组织373家，年检率79.3%。完成60家社会组织规范建设评估，评估率100%。制定《丰台区培育发展社区社会组织专项行动实施方案》。（王 庚）

【社会组织建设体系】2022年，区民政局开展社会组织建设体系项目，利用市建设专项资金195万元扶持14个社会组织服务项目。完成7个街道社区社会组织联合会成立登记工作。备案社区社会组织5201个，其中城市社区社会组织4576个，农村社区社会组织625个。打造“七彩家”丰台区社会组织发展服务中心，形成全区“1+7+N”社会组织孵化培育服务体系（即1个区级、7个街镇级、N个社区村级社会组织孵化基地），支持区、街镇、社区村三级通过制度保障、平台建设、项目运作等举措激活社会组织力量，推动各类社会组织在提供服务、扩大参与、培育文化、创新治理等方面发挥作用。（王 庚）

【社会组织领域专项整治行动】2022年，区民政局制定《2022年丰台区社会组织领域专项行动实施方案》，通过社会组织自查、行政执法检查完成社会团体分支（代表）机构专项整治行动及行业协会商会乱收费专项清理整治工作。持续开展“僵尸型”社会组织专项整治行动，积极引导无效、低效社会组织依法有序退出，完成6家社会组织注销登记。（王 庚）

红十字会事业

【概况】丰台区红十字会（简称区红十字会）是从事人道主义工作的社会团体，是中国红十字总会地方组织，接受北京市红十字会业务指导。2022年，全区有街道（镇）红十字会26个、红十字工作委员会3个、专业红十字志愿服务队5支。（朱莉华）

【组织体系建设】2022年，区红十字会召开第六届会员代表大会，选举产生新一届理事会和第一届监事会。召开第五届第八次理事会，会议选举薄澜任丰台区红十字会会长，会议报告并通过《2021年度工作报告》《2021年度财务收支报告》，部署召开第六次会员代表大会相关事宜。在全区5个社区开展社区博爱家园示范点建设工作，在博爱家园配置自动体外除颤设备等物资。（朱莉华）

【红十字会应急救护培训】2022年，

区红十字会完成4学时心肺复苏技能取证培训11187人，开展现场急救知识讲座66期，参加学习受益6920人。接收企业捐赠体外自动除颤器2台，分别安装在丰科万达广场和首创丽泽天街，开展对商场管理人员、商户和工作人员心肺复苏技能培训。加强应急救援队建设，与区消防救援支队合作，成立一支由50名消防骨干人员组成的丰台区红十字会应急救援队伍。与区融媒体中心合作开展急救知识宣传片宣传6期，12万余人线上观看。（朱莉华）

【献血捐髓】 2022年，区红十字会组织造血干细胞知识专题讲座和造血干细胞志愿者血样采集活动3期，招募造血干细胞采样志愿者71人。有6名志愿者配型成功并实施造血干细胞捐献，向造血干细胞捐献志愿者发放慰问金3万元。（朱莉华）

【红十字会暖冬行动】 12月10日，区红十字会启动“暖冬行动”，筹集宁神益气颗粒、中药防疫香囊、口罩等物资，人工分装成500个家庭“健康防疫包”，配发给看丹街道、卢沟桥街道低保、低收入群众。

（朱莉华）

民族宗教事务

【概况】 2022年，全区有少数民族55个，约8.4万人，人口较多的少数民族为满族、回族。全区现有道教、伊斯兰教、天主教、基督教4个宗教，有宗教团体3个，有宗教活动场所8个。区委、区政府分管领导分别调研全区宗教工作，先后召开宗教工作月度点评会7次和专题调度会3次。丰台区民族宗教事务办公室面向宗教界完成宗教中国化主题征文30篇，组织宗教界常态化开展经典教义教规中国特色挖掘、宣讲工作。（胡　玥）

【民族事务】 2022年，全区开展街镇民族工作三级网络、两级责任制社区层面的具体化、台账化，推动各个社区落实铸牢中华民族共同体意识教育实践中心建设，26个街镇做到“三交三融”工作“有阵地、有活动、有队伍”。打造中央音乐学院附中校园实践基地、依文集团“深山集市”宣传教育实践基地、中央民族大学理论研究类教育实践基地。中央音乐学院附中经国家民委评选，成为“第十批全国民族团结进步示范区示范单位”。全区申请举办国内首场“团结之光民族交响乐（内蒙古篇）”，与中央民族大学达成战略合作框架。（胡　玥）

【宗教场地建设】 2022年，全区完成长辛店基督教教产落政、东管头天主教教堂西侧场地拆除，协调长辛店天主教教产落政、东管头天主教教堂翻建事宜。（胡　玥）

精神文明建设

【概况】 2022年，丰台区制定《丰台区创建全国文明城区工作方案》，建立检查、通报、约谈等制度机制，统筹推进各项创城工作。开展“两区两楼一小巷”（老旧小区、平房区、筒子楼、简易楼、背街小巷）、“十乱六清”（“十乱”指乱贴乱画、乱泼乱倒、乱拉乱挂、乱搭乱建、乱停乱放，“六清”指天清地清、山清水清、人清政清）、“共创文明城 喜迎二十大”等系列专项整治，拆除违法建设270万平方米，清除堆物堆料、卫生死角、小广告3.74万处，打造创城“样板间”社区26个，覆盖辖区所有街镇。创新打造“共创丰台之美”群众性精神文明创建宣传活动品牌。举办丰台区首届“文明促进月”，组织“云端唱响文明之歌”等系列活动，活动覆盖人数17万人次，点赞数突破205万次。以“小手拉大手”为主题，征集全区83所中小学学生、幼儿园孩子创城绘画作品600余幅，获奖作品以1万张“饿了么”外卖送餐箱贴、1.3万份“青桔单车”宣传板等形式在全区范围内投放，组织1000万辆青桔单车录制播放文明交通提示语音，打造流动的“文明风景线”。试点开展以党史、抗战、戏曲为特色的主题文化街区建设工作，建成主题文化街区3条。

（区文促中心）

【创卫创城】 2022年，丰台区文明促进中心（简称区文促中心）继续落实三年行动方案，成立区创建国家卫生区、全国文明城区工作领导小组，由区委书记、区长挂帅，将创建工作纳入全区“一把手”工程。26个街镇建立双创组织机构和专班。每月召开工作调度会，将创城工作纳入街镇党工委书记点评会，聚焦突出问题，推进难点解决。区四套班子领导包片负责，对包片街镇开展检查，区分管领导每周调度、实地调研。围绕创建指标体系，成立11个专项工作组，发挥牵头主管单位职能，开展专项检查2万余次。由街道选派5名街道社区工作者，随队参与创城实地检查，通过顶岗培训，学干结合，在实地检查中深化指标理解，掌握指标要求。截至年底，丰台街道、大红门街道、东高地街道已完成轮训。

（区文促中心）

【百日环境整治】 4月至8月，全区开展百日环境整治，着力解决背街小巷、农贸市场提升任务，完成50条达标类、17条精制类背街小巷提升任务，对70余千米架空线集中梳理，消除安全隐患。区内56家在营市场全部上账，向责任人下发“明白纸”，形成层级有责、层级负责的责任体系。加强15051个停车位规范管理工作，对“12345”诉求集中120条道路完成停车治理方案设计，缓解居住区停车难问题。

（区文促中心）

【“创城”七大专项行动】 2022年，区文促中心在全区集中开展“共创文明城 喜迎二十大”七大专项行动，围绕“门前三包”、小区环境、背街小巷、交通路口、农（集）贸市场、新时代文明实践站、新冠疫情防控七类主题，重点聚焦私搭乱建、环境脏乱、堆物堆料、闯灯逆行、违章停车等不文明行为进行整治。加强宣传，提升社会主义核心价值观和新时代文明实践群众知晓率。（区文促中心）

【“创城”群众宣传工作】2022年，区文促中心向全区推送四类创城公益短信累计840余万条，覆盖辖区300余万人次；向26个街镇配送“创城”活动宣传品7.8万套，包括扇子、手袋、冰箱贴等。向驻区单位发放倡议书，督促沿街门店落实“门前三包”责任。制作创城宣传板4660余块，印制各类海报11万张、宣传折页5万余份，布设社会主义核心价值观景观小品61个。运用“北京丰台”“文明丰台”等新媒体每日开展“创城”宣传，每周三、五发布“创城”专题；在区域内1万辆青桔共享单车，通过开关锁时播报个性语音、App弹窗提示引导有序码放车辆，扩大创城影响力。制定丰台区创建全国文明城区环境布设“八大规范”，对社区宣传栏、生活服务广告张贴栏、窗户护栏挡板、集中晾晒区施划、停车位施划、建筑围挡公益广告、便民核酸点公益广告、LED显示屏出台统一设计视觉方案，规范宣传标语设置和公共场所引导标识。

（区文促中心）

【青年志愿服务】2022年，团区委组织开展创城创卫志愿服务、北京冬奥会、冬残奥会城市志愿服务、区“文明礼让月”交通文明志愿服务、永定河沿岸“小河长”生态志愿服务、第六届中国戏曲文化周志愿服务等。启动“3·5”学雷锋志愿服务主题推动日暨志愿服务月，发布包括文明引导、创卫爱卫、为老助残等12项重点志愿服务《丰台区2022年度志愿服务行动方案》。联合创城办、创卫办印发《“共创丰台之美·文明志愿有我”丰台区2022年创城创卫志愿服务系列活动方案》，围绕全区创城创卫等中心工作，广泛号召志愿者参与“垃圾分类”“周末卫生日”“文明礼让斑马线”等主题活动，700余支志愿服务队、5万余名志愿者到社区报到，参与垃圾分类桶前值守，累计志愿服务时长10余万小时，发布“文明交通”志愿服务项目157个，参与志愿者5500余人次。召开丰台区北京2022年冬奥会、冬残奥会城市志愿服务工作动员部署会，在北京冬奥会、冬残奥会期间，团区委在莲花池公园冬奥文化广场、北京西站、世界公园、丰台科技园万达广场等重点区域设置9个城市志愿服务站点，组织来自企业、高校、社会志愿服务组织1000余名志愿者开展文明宣传、环境清洁、交通指引、秩序维护、扶老助残等多元化志愿服务。6月20日，在北京丰台站开通运营首日，组织28名学雷锋志愿者在出租车落客区、临时公交站台、进站口、自动售票机等点位为旅客提供指路问路、信息咨询、秩序维护等志愿服务。8月，在丰台区“文明礼让月”期间，动员各街道（镇）志愿者、青少年志愿者、小爱志愿服务队在全区11个示范路口和14个重点路口开展“共创丰台之美·文明志愿有我”系列创城路口值守志愿服务，上岗志愿者4500余人次，志愿服务时长9000余小时。11月4日至10日，在第六届中国戏曲文化周期间，选派首都经济贸易大学50名青年大学生志愿者在北京园博园晋中园、北京园等沿途10个点位为游客引导指路，讲解活动内容和演出地点，为游人观众提供及时帮助，服务时长约1200小时。（张　洁）

2月，丰台冬奥城市志愿者在莲花池冬奥文化广场为市民发放冬奥知识宣传册

（团区委　供图）

【4人获首都见义勇为表彰】1月13日，根据《北京市民政局、北京市人力资源和社会保障局关于表彰第十三届“首都见义勇为权益保护先进单位及好市民”的决定》，丰台区4人获表彰。其中，王怡明获首都见义勇为好市民称号，王永强获首都见义勇为荣誉市民称号，赵永顺、孔浩亮群体获首都见义勇为模范群体称号。（丰鉴编）

街道 镇

右安门街道

【概况】 右安门街道位于丰台区中东部，东至北京南站与东城区永外街道相邻，南至玉泉营街道与西罗园街道相连，西至菜户营与太平桥街道接壤，北至护城河与西城区白纸坊街道、陶然亭街道隔河相望。办事处驻翠林三里23号楼。辖区面积4.2平方千米，下辖18个社区、2个建制村及1个集体经济组织。截至年底，辖区常住人口8万人、户籍人口20899户51021人、流动人口4.5万人；出生人口208人、死亡人口99人；有法人单位1347家，其中央属单位2家、市属及区属单位19家。有医疗机构15家，社区卫生服务中心1个，社区卫生服务站4个；有大学1所、中学3所、小学3所、幼儿园4所；有养老机构1个；有为民服务大厅1处，便民服务站20处，文化广场1处；途经辖区公交线路38条，地铁14号线、19号线贯穿其中。辖区绿化率30%。辖区经济发展主要以第二产业和第三产业为主。其中，批发和零售业约占34%、服务业约占30.4%、社会科学文化行业约占16.4%、住宿餐饮业约占15%。2022年，右安门街道完成北京冬奥会、冬残奥会，党的二十大等重大活动服务保障任务。组织完成花园宏达集体经济组织党总支换届选举工作，成立西铁营万达楼宇党群服务中心。引进百万元以上规模税源企业52家；完成73家单位年定报的催报、收审和验收工作；推进凉水河公共空间提升项目建设，打造“一水、两街、四核、多点”（“一水”指凉水河，拟在凉水河架设跨河景观桥，并实施景观桥亮化工程。“两街”指京开东路、福宜街，拟在开东路、福宜街铺设活力慢跑道及特色引导步道。“四核”指万达广场—佑安国际北侧绿地—辽金城垣博物馆区域、右安门外地铁一体化区域、规划体育场，拟通过商业设施改造、品牌项目引进、活力公园建设等打造活力、运动新地标，致力于人流聚集引爆点。“多点”指散布在“两街”上的昆仑中心、佑安中心、新时代等商业楼宇及临街商业，致力于闹中取静，打造现代时尚高品质商业）西铁营活力片区；落实城南行动计划（《推动城市南部地区高质量发展行动计划（2021—2025年）》），第三街区数字经济产业园（中关村科技园区丰台园）入驻企业22家；京印国际中心（原大康鞋城改造）作为北京市城市更新项目，获评“低碳金地标奖”，开始全面招商；辖区315部住宅电梯全部安装阻车系统，实现辖区社会面电动自行车零火情突破。在中央、市、区属媒体刊发新闻报道及《丰台政务》《丰台信息》刊登信息100余篇，街道微信公众号推送文章810篇，关注人数新增11211人，增长率329%。全年完成地区财政收入27856万元，比上年减少23.5%。右安门街道获“北京市控烟示范单位”和“北京市卫生街道”称号。（邓慧颖）

【平安建设】 2022年，右安门街道完成北京冬奥会、冬残奥会，党的二十大等重大活动服务保障任务。开展社会治理现代化试点工作，推进常态化扫黑除恶斗争，排查化解矛盾纠纷100余起，受理群众咨询500余件次。开展法律咨询、法治讲座等100余场次，受益群众6000余人次，解答法律咨询300余人次。发挥3000余名治安志愿者群防群治力量，排查各类矛盾隐患。开展反恐演练和打击电信网络诈骗违法犯罪宣传活动。组织电动自行车全链条管控专项行动，增设充电桩、充电柜接口1838个，完成率108.37%。开展自建房消防安全检查，治理隐患283处。清理楼道、楼梯间、安全出口等处可燃物224车约104吨。安全生产经营单位检查覆盖率100%，发现并整改隐患960处。（邓慧颖）

【环境治理】 2022年，右安门街道拆违腾地46处8353平方米，拆违销账率111.4%，全区排名第八。桥下和地下空间环境恢复、群租房整治、围挡整改完成率均100%，新发生违建、“开墙打洞”及“占道经营”实现动态清零。查处各类环境案件271件，处罚跨区非法倾倒建筑垃圾案件1例，处罚金额50万元。$PM_{2.5}$（细颗粒物）累计浓度30微克/立方米，全区排名第一；TSP（总悬浮颗粒物）累计浓度81微克/立方米，全区排名第三。“当班河长”巡河650人次。新建非机动车和机动车停车场3个，改造提升地铁14号线、19号线站区周边环境秩序。（邓慧颖）

【社区建设】 2022年，右安门街道开展楼门院治理示范点和社区议事

9月17日，右安门街道在亚林苑二社区举办“社区邻里节”活动（右安门街道 供图）

厅建设，2个示范楼门通过验收。开展第七届北京社会工作主题宣传活动和“社区邻里节”活动。街道社会心理服务中心在新冠疫情期间，进驻街道隔离酒店、康复驿站、健康监测点微信群，开展隔离及健康康复人员心理疏导。成立街道级社区社会组织联合会，统一管理、孵化和提升辖区313家社区社会组织。动态完善“一图五册”（“一图”指街道和社区的网格图，“五册”指社区居住人员册、服务设施册、机构册、工作人员册、风险册）基础台账，发挥2024名社区网格志愿者、1505名楼门长及20名家庭医生作用。（邓慧颖）

【为民办实事】 2022年，右安门街道落实“一窗受理、集成服务”改革，提供“早晚弹性办”“午间不休息”“周末不打烊”政务延时服务。落实援企稳岗政策，为360余家企业提供近300个就业岗位，898人实现失业再就业，零就业家庭动态清零。规范社区生活“一刻钟”便民服务圈建设，辖区有便民服务商业网点160家、蔬菜零售网点32家、便民蔬菜直通车5辆。发放低保金、医疗救助、临时救助、失能老年人护理补贴、残疾人“两项补贴”、重度精神病人监护补贴、残疾儿童少年康复补助等各类救助资金2300余万元。保障108户家庭取得公租房市级备案资格、75户家庭取得市场租房补贴备案资格，完成公租房家庭配租41户。（邓慧颖）

【“接诉即办”工作机制落实】 2022年，右安门街道压实“处级领导包片、科室包社区、社区包楼门”“三级包保”责任，坚持双派件联动机制，对接诉量大的社区、科室进行提前预警和督办跟踪。成立应急处置队，处级领导带队处置重、难、急件。主动治理辖区内物业管理不到位、设施老旧、私占公共空间等问题、“未诉先办”，实现源头减量。受理“12345”市民服务热线诉求25341件。其中直派件9935件，转派件15313件，领导信箱93件。诉求量排名前三类为新冠疫情防控19989件，占全年诉求的78.88%；住房1457件，占全年诉求的5.75%；城乡建设1009件，占全年诉求的3.98%。全年诉求响应率99.16%、解决率90.2%、满意率92.6%。（邓慧颖）

【为企服务】 2022年，右安门街道推动辖区9家商务楼宇经济发展，利用好“丰九条”政策，发挥“企业服务包”机制作用，优化营商环境，引进百万元以上规模税源企业52家。举办企业沟通会和职工沟通会，动态掌握企业信息，组织动员企业建会和职工入会。（邓慧颖）

【辖区住宅电梯阻车系统100%安装】 2022年，右安门街道开展清理电动自行车违规充电隐患治理，指导社区、物业摸排统计，逐一掌握辖区315部电梯点位，制定安装计划，指导物业完成第一批55部电梯阻车器安装；推动街道筹措资金49万元安装260部电梯阻车器。辖区315部住宅电梯全部完成阻车系统安装工作，并同期开展回查检查2470个电动自行车充电插口及有效使用情况，实现辖区社会面电动自行车零火情突破。依托宣传媒介，采取正面引导、负面警示等方式，发放宣传提示单2000余份、入户1万余户，整理电动自行车室内充电火灾案例15条，以315部住宅场所电梯为平台，宣传电动自行车“进楼入户”、“人车同屋”、违规充电的危险性。（邓慧颖）

2022年丰台区右安门街道社区居委会、村委会一览表

表24

序号	名称	地址
1	翠林一里社区居委会	翠林一里9号楼108室
2	翠林二里社区居委会	翠林二里社区10号楼前平房
3	翠林三里社区居委会	翠林三里甲2号
4	玉林里社区居委会	玉林里20号楼对面
5	玉林西里社区居委会	玉林里60号楼西侧平房
6	西铁营社区居委会	97号院北侧凉水河南岸
7	东滨河路社区居委会	右安门外东滨河路开阳桥西南角
8	东庄社区居委会	右安门外东庄小区幸福四巷
9	玉林东里一区社区居委会	玉林东里一区
10	玉林东里二区社区居委会	玉林东里二区13号楼对面平房
11	玉林东里三区社区居委会	右外大街西后街7号
12	永乐社区居委会	开阳里六区12号楼南侧
13	开阳里第一社区居委会	开阳里三街51号

续表 24

序号	名 称	地 址
14	开阳里第二社区居委会	右安门外开阳里三区 6 号楼
15	开阳里第三社区居委会	右外开阳里东巷西庄 1 号楼西侧
16	开阳里第四社区居委会	开阳里六区 3 号楼
17	亚林苑一社区居委会	西铁营西路 1 号院 7 号楼西侧
18	亚林苑二社区居委会	西铁营中路 3 号院亚林上苑 1 号楼 2 单元 1 层
19	西铁营村村委会	椑子井 168 号院西院
20	右安门村村委会	马家堡西路南甲一号

太平桥街道

【概况】 太平桥街道位于丰台区中北部，东与西城区接壤，东西南与丰台街道、六里桥街道、玉泉营街道、右安门街道交界，北与海淀区毗邻。办事处驻西三环南路甲 16 号。辖区北部与北京西站站区融合，南部与丽泽金融商务区融合。辖区面积 9.81 平方千米，下辖 17 个社区、4 个建制村，是典型的城乡结合部地区。截至年底，辖区有常住人口 9.9 万余人，户籍人口 9182 户 22368 人、流动人口 4.5 万人；出生人口 123 人、死亡人口 41 人；有法人单位 7331 家，其中央属单位 22 家、市属及区属单位 7309 家；有医疗卫生机构 13 家，其中医院 3 家、社区卫生服务站 10 家；有大学 1 所、中学 3 所、小学 4 所、幼儿园 9 所；有养老照料中心 1 家、养老驿站 6 家；有党群活动中心 3 个、地区文化活动中心 1 处，文化广场 1 处。途经辖区公交线路 50 条，地铁 7 号线、9 号线、14 号线贯穿其中，有北京西站等交通枢纽。辖区绿化率 33%。2022 年，太平桥街道成立经济合作专班和丽泽服务专班，走访、服务属地企业 123 次，解决各类诉求 27 件；引进北京爱尔眼科医院有限公司、中国安能集团置业有限公司等企业。全年完成地区财政收入 56024 万元，比上年减少 12.2%，完成总量街道（镇）排名第一。落实村“两委”和集体经济组织负责人备案管理制度，成立精图科工贸集团党支部。打造首科大厦政务服务站、国投财富广场“党建微课堂”等品牌，形成“一楼宇一特色”。2022 年，太平桥街道获“建团 100 周年北京市先进组织—北京市五四红旗团委”“北京市花园式社区”“北京市节水型单位”“北京市安全生产先进单位”称号。（夏冰清）

【平安建设】 2022 年，太平桥街道完成北京冬奥会、冬残奥会，全国两会，党的二十大等重大活动保障任务。开展电动自行车、建筑施工等重点行业领域巡查检查和专项治理，实现检查覆盖率 100%，安装电动自行车集中充电端口 2315 个，完成任务的 107%；清理整治违法群租房 45 处，超过年度任务的 112.5%。完成各类安全整治任务，未发生重大安全生产责任事故。开展排查矛盾纠纷 210 次，受理人民调解案件 52 起，涉案金额 420.88 万元，调解成功率 100%。组织社区矫正对象参加各类法治教育、集中教育 148 人次，无脱漏管现象。组织各社区村开展普法宣传 168 次，完成区“八五”普法各项考核验收任务。法制审核 42 件，代理行政诉讼案件、行政复议案件 2 件，完成年度依法行政各项考核工作。（夏冰清）

【环境治理】 2022 年，太平桥街道完成“创无”（创建基本无违法建设区）销斑任务，销账 1.12 万平方米，销账率全区排名第一；完成“疏整促”各项任务，实现新生违建、无证无照经营和“开墙打洞”、地下空间违规住人等动态清零。处理区城管委检查案件 1484 起、首都环境建设办案件 8 起。清理整治无主、偷倒等大件垃圾 110 余吨，修整破损墙面、坑洼路面 80 余处。推进“一微克”行动，$PM_{2.5}$ 累计浓度 30.6 微克 / 立方米，比上年下降 11%，全区排名第十；TSP 累计浓度 82.5 微克 / 立方米，比上年下降 12.8%，全区排名第六。推动创建马连道欣园、金都苑 2 个北京市生活垃圾分类示范小区、光大保险大厦 1 个北京市生活垃圾分类示范商务楼宇。（夏冰清）

【社区建设】 2022 年，太平桥街道完善丽新嘉园、丽新怡园 2 个“空白点”小区建设，推进新冠疫情防控等各项工作。探索平房大院精细化治理，建立太平桥平房区院长制。完成 58 名社区服务站人员服务协议管理工作，配合区民政局完成 24 名“两委一站”社区工作人员招录工作。指导 17 个社区完善落实议事协商机制，充实议事队伍，推进社区协商议事常态化，指导万泉寺东社区创建区级楼门院建设示范点、东管头社区创建区级开放式空间试点。（夏冰清）

【为民办实事】 2022 年，太平桥街道完成就业 593 人；完成农村劳动力参保 143 人，完成率 110%。推动农村养老中心与医疗卫生体系建设，万泉寺村养老照料中心增加床位60余张。辖区660余名老年人签约驿站，实现驿站上门提供居家养老服务。发放独生子女父母奖励、独生子女父母年老一次性奖励费12.2万元，一次性经济帮助6人6万元；独生子女家庭一次性奖励43人4.3万元。非京籍儿童入学资格审核79人。（夏冰清）

【“接诉即办”工作机制落实】 2022年，太平桥街道规范“接诉即办”流程，完善制定“接诉即办”攻坚方案、奖惩措施等4项制度；落实处级领导日调度、周汇报、月分析制度；针对疑难、重点案件，主要领导现场调度，入户协调办理；针对诉求集中、解决率低的部门、社区，开展联合督查检查。接收“12345”市民服务热线诉求28784件。其中直派诉求11093件，转派诉求17691件。接诉量排名前三案件类别为新冠疫情防控18274件，占全年诉求的63.1%；住房1778件，占全年诉求的6.2%；城乡建设1304件，占全年诉求的4.6%。全年诉求响应率96.13%，满意率78.93%，解决率62.71%。（夏冰清）

【创城创卫】 2022年，太平桥街道组建街道创城、创卫联动指挥部，成立创建办公室，建立“主要领导亲自抓，分管领导具体抓，各部门齐抓共管”工作模式。推行“条块结合”，在科室包社区（村）基础上，联合公安、城管、市场监管等职能部门，形成“1+1+1”包点模式。聚焦老旧小区、平房区、简易楼、背街小巷等问题集中薄弱点，坚持“每周一试点，每周一样板”，在太东里小区、菜户营甲86号院、太中里小区开展环境集中整治行动5轮次。整改完成问题1298个，整改率93%。（夏冰清）

【正能量传播】 2022年，太平桥街道举办2022年丰台区“我们的中国梦”文化进万家暨文化“四进”演出1场，组织星火文艺演出6场。围绕新冠疫情防控、创卫创城、“接诉即办”等中心工作，在中央、市区级媒体刊发文章124篇。组建205人社区新闻发声人队伍，让基层群众成为新时代传播正能量的“网红”，助力地区社会治理和文化建设。搭建“1+21+1”，［1个街道文明实践所、21个社区（村）文明实践站、1个首科大厦商务楼宇文明实践基地］活动平台，健全街道文明实践所站纵向组织架构。成立丰台区首家民营企业楼宇新联会首科大厦新联会，塑造“首科创融同心汇”统战工作品牌。（夏冰清）

【首家民营企业楼宇新联会成立】 1月17日，首科大厦新的社会阶层人士联谊会成立大会在创融云巢举办，是丰台区成立首家民营企业楼宇新联会。首科大厦新联会由大厦内民营企业和外商投资企业管理技术人员、中介组织和社会组织从业人员、自由职业人员、新媒体从业人员中的代表人士自愿组成，是具有统战性、专业性、联谊性的非营利社会组织。新联会有会员30人，职业横跨科技文创领域等多个行业。会议审议并通过《首科大厦新的社会阶层人士联谊会章程》，选举产生新联会第一届领导班子成员。首科大厦统战工作品牌“首科创融同心汇”揭牌。（夏冰清）

2022年丰台区太平桥街道社区居委会、村委会一览表

表25

序号	名称	地址
1	蓝调社区居委会	三路居路88号院3号楼5单元102号
2	菜户营社区居委会	菜户营88号院鹏润家园雅园西北角
3	太中里社区居委会	西客站南路甲3号
4	太南里社区居委会	太西里45号平房
5	三路居社区居委会	三路居101号院东侧平房
6	太平桥东里社区居委会	太平桥东里10号楼东北侧平房
7	太西里社区居委会	太平桥西里25号楼
8	万润社区居委会	万泉寺256号万润风景小区5号楼西侧底商
9	天伦北里社区居委会	天伦北里小区10号楼地下室
10	万泉寺社区居委会	万泉寺南里小区14号楼对面
11	精图社区居委会	西三环南路甲16号院
12	万泉寺东社区居委会	万泉寺北路16号院4号楼1层
13	东管头社区居委会	丽泽雅园东侧停车场灰色二层小楼
14	丽湾社区居委会	丽泽路1号院9号楼外南侧一层

续表 25

序号	名称	地址
15	首威社区居委会	华源四里 1 号楼底商 12026 室
16	莲花池社区居委会	水口子街
17	金鹏天润社区居委会	三路居孟家桥甲 1 号
18	太平桥村村委会	华源一里 8 号院太平桥村委会
19	万泉寺村村委会	万泉盛景园 9 号楼二楼
20	菜户营村村委会	菜户营东街 363 号（菜户营村委会）
21	马连道村村委会	欣园小区 7 号楼

西罗园街道

【概况】 西罗园街道位于丰台区东北部，东至永外大街中心线，南至南四环，西至右安南桥，北至马家堡铁路桥。辖区西北侧有北京南站站区。办事处驻洋桥北里 9 号楼。辖区面积 3.82 平方千米，下辖 24 个社区。截至年底，辖区有常住人口 11.8 万人、户籍人口 57102 户 64806 人、流动人口 2.36 万人；出生人口 216 人、死亡人口 95 人；有法人单位 4852 家，其中有直属部队单位的空军工程设计研究局 1 家央属单位，中国评剧院、北京京剧院等市属单位及区属单位 6 家，驻京外地办事机构 7 家；有医院 3 家、社区卫生服务中心 1 个、社区卫生服务站 8 个；有中小学校 7 所、职高 1 所、托幼园 18 所、少年宫 1 处；有养老院 1 所；驻辖区部队 1 个、消防救援站 1 个；有党群活动中心 1 个、地区文化活动中心 1 个，文化广场 1 处。中国评剧院、北京京剧院、北京曲剧团位于辖区内，中国评剧剧院剧场（全国地方戏演出中心）是集戏剧、歌舞、音乐、演出于一体的一所多功能文化场所。途经辖区公交线路 52 条，地铁 4 号线、10 号线、14 号线贯穿其中。辖区绿化率 47.85%。2022 年，西罗园街道完成社区建设、环境治理、垃圾分类等重点工作，落实“接诉即办”工作机制，解决新冠疫情防控、居民停车管理等问题，处理劳动督办件 43 起，讨回拖欠农民工工资 39.48 万元。在人民周刊网、《北京日报》等媒体刊登报道 146 篇；街道微信公众平台发布信息 547 条，微博平台发布和转发信息 141 条，回复处理舆情 16 件。引进北京交融国际化工有限公司、中化地国兴矿业投资股份有限公司等 5 家企业。全年完成地区财政收入 9822 万元，比上年减少 31.8%。10 月街道退出治理类乡镇。西罗园街道被评为“2021 年度劳动保障监察工作先进单位”，西罗园司法所获“2018—2022 年度北京市司法行政系统先进集体”称号。（单桂敏）

【平安建设】 2022 年，西罗园街道完成春节，全国两会，北京冬奥会、冬残奥会，党的二十大等重大节日和重要政治活动时期的安保维稳工作。开展反恐宣讲 7 次、演练 2 次，受众人群 2700 余人；118 部电梯加装电动自行车智能阻车系统；组织社区、自建房屋产权人完成隐患摸排建账及火灾风险评估，发现隐患 58 处，完成整改销账；治理地下室设备层 2 处、违法群租房 41 处，疏解 62 人；新建电动自行车集中充电场所 154 处，充电接口 2720 个。开展日常安全检查 2263 家次，移动终端执法检查率 100%，检查覆盖率 93.03%，发现隐患 2383 项，整改 2340 项，整改率 98.19%。会同保险机构组织召开事故预防专题宣传会 6 场，做好安责险推广工作。组织社区疑难复杂矛盾纠纷排查 62 件次，涉案金额 907250.6 元。开展公共法律服务专项维权活动，通过电话接入、网上咨询和村居律师现场解答咨询，解答群众咨询 870 余件次。审查行政执法案卷 9 件。

（单桂敏）

【环境治理】 2022 年，西罗园街道处理区城管委环境办和市容办下发各类环境卫生问题件 1503 件，处理首环办市级台账 66 件、自查发现各类环境卫生问题件 500 余件。开展周末大扫除活动，打扫卫生死角 1.2 万余处，清洁垃圾桶站 2000 余次，清理非法小广告 5000 余处，整治“门前三包”1500 余处次，规范共享单车 1600 余处。城乡环境建设管理综合考核成绩全区排名第三。拆除上账点位 85 处，其中涉及图斑违建点位 48 处；拆除并销账面积 2.62 万平方米；梳理图斑 369 处，办结 369 处，完成 2022 年“基本无违法建设区”创建工作，拆违腾地完成情况全区排名第三。当班河长巡河 1.2 万余次，清理河面漂浮物 60 余次、河岸垃圾 100 余次。开展有害生物打药普防 12 次，协调区防控办打药 4 次。发放海报 25 份、宣传册 200 余张，安装周氏啮小蜂 600 余个。发放“创森”（创建国家森林城市）宣传海报 3000 余份、宣传折页 1 万余份，制作宣传板 25 块，“创森”知晓率 100%。（单桂敏）

【社区建设】 2022 年，西罗园街道

出动294人次常态化检查辖区内宾馆酒店、文娱场所、体育经营场所、校外培训机构。拆分2个5000户以上大型社区，完成新建社区办公用房装修改造和办公设备设施政采工作。以怡然家园5号院为示范点，形成楼门院治理典型案例，打造楼门院治理品牌。推进洋桥北里社区、西罗园一区、西罗园四区、角门甲4号院、海户西里北社区、洋桥东里1、2、3号楼，马家堡路80、90号院，西马场北里19、20号楼和角门东里一社区的老旧小区完善类改造工作。9个小区完成监控系统升级改造；7个社区建设、改造电动自行车棚；完成洋桥村平房区消防水源改造。10个社区申请创建北京市综合减灾示范社区，4个社区通过验收。（单桂敏）

【为民办实事】2022年，西罗园街道开展“敬老月”重阳节等系列活动，为27名老年人家庭申请照护床位，完成956名老人申请失能评估攻坚行动。创建西罗园街道退役军人服务站，办理退役军人优待证。发放一次性独生子女费260人69550元，一次性经济帮助18人。受理新办各类残疾人证460张，发放残疾人燃油补贴363人94380元、困难残疾人家庭慰问金46户3.1万元；为68名残疾人申请助残用品；为210名残疾人开展法律服务讲座。享受低保救助409户654人，发放低保金89万元；低保医疗救助267人次，救助金额56万元，为5名无丧葬补助人员发放丧葬费2.5万元。办理90名异地安置退休人员生存认证，发放自采暖补贴214人19万余元。办理城乡居民基本养老保险参保466人；发放城乡居民养老保险423万元。为511名新生儿办理新参保手续；为466名无保障城乡居民办理基本养老保险。（单桂敏）

【“接诉即办”工作机制落实】2022年，西罗园街道受理“12345”市民热线诉求23393件。其中，直派9559件，转派13834件。诉求量排名前五类问题分别是新冠疫情防控类14209件，占全年诉求的60.74%；停车管理类931件，占全年诉求的3.98%；噪声污染类906件，占全年诉求的3.87%；小区配套设施834件，占全年诉求的3.57%；违法建设704件，占全年诉求的3.01%。接待群众来访7批50余人次，网上信访信息系统登记148件，按时限办结。处理“12345”劳动关系督办件43起，帮助农民工讨薪39.48万元。选取12个重点民生诉求作为街道的“每月一题”，把解决重点民生诉求列入各部门重要工作任务。全年“接诉即办”响应率95.52%、解决率60.41%、满意率64.33%。（单桂敏）

【垃圾分类】2022年，西罗园街道投入68万元用于社区桶站规范化设施建设和大件（装修）垃圾投放点提升改造。9个社区增设新桶站，4个社区新建大件垃圾暂存点和装修垃圾暂存点。上报角门东里二区社区（杏林园小区）及西马小区社区（蓝光云鼎小区）作为第一、二批垃圾分类示范小区，角门东里二区社区（杏林园小区）市里审批通过。印制垃圾桶分类标识2500张，制作并发放普法监督员马甲和工作证300套。购买家庭厨余垃圾桶2200个、垃圾袋2200包、宣传折叠包800个、扇子2500把。马家堡东里社区、角门东里三社区、福海棠华苑社区举办以垃圾分类为主题宣传活动多次在市级媒体平台发布。（单桂敏）

【就业服务】2022年，西罗园街道企业建档52家，完成率104%。采集就业空岗信息1610条，实现609名失业人员再就业，完成率110%；347名就业困难人员就业，完成率102%；职介推荐城乡劳动力就业180人；职业培训50人，办理求职登记550人。失业率控制在2.8%。（单桂敏）

【法律服务】2022年，西罗园街道完成重大行政执法决定法制审核案件3件，协调律师完成合同审核法律服务64件。提供在线法律咨询870余人次，开展反电诈宣传9次，打击养老诈骗宣传17次。举办法治讲座7次，代写法律文书5份，业务培训22个社区司法专干。完成街道政务公开全清单梳理公示，信息公开行政诉讼胜诉1例。（单桂敏）

【文体活动】2022年，西罗园街道开展以“共建和谐美好家园，喜迎党的二十大召开”为主题的第四届“社区邻里节”活动，组织体育健身、环境清洁、慰问老人、社区大讲堂等邻里节活动45场。指导社区举办各类文化活动51场。贯彻落实《全民健身条例》，举办体育活动43场，开展冬奥主题广场舞《一起向未来》宣传推广活动，吸引约300名群众参与。为鑫福里、福海棠华苑、花椒树、西罗园三区更新体育器材54件。（单桂敏）

【试点片区治理】2022年，西罗园街道将失管小区较为集中区域划定为试点片区，包含4个社区内2个大型平房区以及10栋居民楼，通过“先尝后买”方式，引进物业服务，为试片区居民提供基础服务。配备安保24小时值守，限制飞线充电、小贩使用燃气摆摊等火情隐患；对平房区人员进行摸底，杜绝在逃人员安全隐患及各类纠纷等问题；配备保洁人员，每日清扫清洁，缓解地面灰尘、猫狗便溺问题，助推垃圾分类精细化管理；提供工程维修服务，对平房区公共区域维修清理、为居民提供房屋修缮。（单桂敏）

【风华少年国学站暑期系列活动】8月15日至19日，街道团工委、社区青年汇举办风华少年国学站之“强国复兴有我”暑期系列活动。活动组织少年儿童面塑体验，邀请非遗传承人杨宇辰授课，弘扬面塑艺术，亲身感受非遗魅力；组织制作木质3D拼图，工作人员向参加活动少年儿童介绍传统建筑在中国传统文化中的地位和重要意义，并指导孩子们亲手将不同结构组合在一起，搭建建筑模型，通过手工体验，感受建筑结构，品味工匠精神；邀请少年儿童参与创城知识竞答、创城帆布袋涂鸦活动；组织少年儿童手工制作冰皮月饼，以传统文化之美，为学习传统文化、树立文化自信提供动力；制作航天飞机模型，让少年儿童传承中国航天精神，满足孩子们对航天知识的渴求。通过一系列文化体验，让少年儿童在感受生活、触碰文化的同时，加强新时代文明实践的思想建设，最终形成一支“讲文明、会宣传”新时代小楷模志愿服务队。（单桂敏）

2022 年丰台区西罗园街道社区居委会一览表

表 26

序号	名称	地址
1	西罗园一区社区居委会	西罗园一区 9 号楼西侧
2	西罗园二区社区居委会	西罗园二区 3 号楼东侧平房
3	西罗园三区社区居委会	西罗园第三社区中心花园东侧
4	西罗园四区社区居委会	西罗园四区 32 号楼南侧
5	西马场北里社区居委会	西马北 20 号楼北侧平房
6	角门东里一区社区居委会	角门东里小区 21 号楼西侧平房
7	角门东里二区社区居委会	角门东里角门小学南侧平房
8	海户西里南社区居委会	马家堡东路 71 号立业大厦 103 室
9	海户西里北社区居委会	洋桥海户西里 26 楼前居委会
10	洋桥东里社区居委会	洋桥东里 1 号楼南侧居委会
11	洋桥西里社区居委会	洋桥西里社区 15 号楼北侧小楼一层
12	洋桥北里社区居委会	西罗园幼儿园南侧
13	花椒树社区居委会	马家堡路 68 号院南侧平房
14	四路通社区居委会	洋桥北里 4 号楼西侧红色小楼
15	马家堡东里社区居委会	政洋家园 74 号
16	鑫福里社区居委会	马家堡东路 71 号立业大厦 103 室
17	洋桥村社区居委会	马家堡东路 71 号立业大厦 103 室
18	角门东里三社区居委会	临泓路 37 号院 8-4 底商
19	福海棠华苑社区居委会	马家堡东路 189 号院 11 号楼
20	西马小区社区居委会	马家堡东路三星庄园内 100 米
21	金润家园一社区居委会	西马金润家园一区 16 号楼 3 单元 101
22	金润家园二社区居委会	金润家园二区 14 号楼旁地下室
23	金润家园三社区居委会	马家堡东路 121 号院 7 号楼底商
24	怡然家园社区居委会	西马场路 6 号院 12 号楼底商 109 号

大红门街道

【概况】大红门街道位于丰台区东部，分布于北京南中轴线两侧。东至光彩路以西，南至南四环中路，西至马家堡东路以东，北至南三环中路。办事处驻大红门南里 11 号。辖区面积 6.02 平方千米，下辖 19 个社区、2 个建制村。截至年底，辖区有常住人口约 11 万人、户籍人口 25036 户约 5.9 万人、流动人口 21393 人；出生人口 424 人、死亡人口 101 人；有法人单位 1040 家，其中央属单位 4 家、市属单位 2 家、区属单位 3 家、其他单位 1031 家；有医疗卫生机构 13 家，其中医院 5 家、社区卫生服务中心 2 家、社区卫生服务站 6 家；有大学 1 所、中专 1 所、中学 2 所、小学 6 所、幼儿园 6 所；有养老机构 5 个；有为民服务大厅 2 个、党群活动中心 1 个、地区文化活动中心 1 个，有文化广场 1 处。有派出所 1 家，消防救援队 2 家。途经辖区公交线路 15

条，地铁8号线、10号线贯穿其中。辖区绿化率30%。有标志性建筑物丰台区政务服务中心、光彩体育馆等。2022年，大红门街道保障南中轴地区首都功能承载力提升，推进博物馆群一期用地腾退，完成签约率77%。实现北木南厂地块挂牌入市，首个国家级文化设施——中央芭蕾舞团业务用房项目开工建设。开展大型党支部拆分、支部委员补选，完成19个社区非公党支部换届选举工作。围绕“场所布局合理、基本设施配套、管理措施完善、整体功能优化”目标，打造“线下+线上”共享阅读区、党员群众活动区。全年实现地区财政收入13689万元，比上年减少35.9%。大红门街道被评为北京市2022年交通安全工作成绩突出单位。

（高元成）

【平安建设】 2022年，大红门街道完成60处群租房整治，开展地下空间巡查检查，地下空间违规住人动态清零；建成充电接口2426个，517部电梯安装阻车系统。检查各类场所5132家次，整改隐患3482项；联合大红门派出所在燕鑫海源加油站开展一次反恐演练。加强重点地区整治工作，建设“时马邓后海”地区出入口门禁设备，结合“时马邓后海”道路狭窄、电线杂乱、楼层较高的实际情况，建设消防水源。从北京市网络信息系统签收咨询事件293件。其中，国家级事项38件，市级事项69件，区级事项186件，全部办结。完成行政复议1件，行政应诉（含二审）4件，民事应诉（含二审）7件。

（高元成）

【环境治理】 2022年，大红门街道销账违法建设160处156543.54平方米，占地面积174118.71平方米；利用“街乡吹哨、部门报到”工作机制，联合市场监管所、综合行政执法队等部门开展“开墙打洞”摸排，实现动态清零；完成治理类街乡镇实施项目清单11项，推动市区清单中2021年实施的道路、绿化、水电设施改造、老旧小区整治提升等领域补短板项目；完成2个村庄环境整治任务；南苑路两侧背街小巷进行环境提升微改造，实现地面硬化2940平方米，污水管线改造1111米，更换井盖27个，新建雨水井30个、雨水口41个。

（高元成）

【社区建设】 2022年，大红门街道有物业管理区域54个、业主委员会2个、物业管理委员会48个，业委会（物管会）组建率92.6%。9月，南顶路社区南顶村小区完成物管会组建工作，业委会（物管会）组建率94.4%。2月18日，撤销果园村村民委员会，对接海户屯、远洋自然、建欣苑等8个社区，协调落实原果园村人员、商市场等管理权责，履行撤村相关程序，完成工作交接。建设完成社会心理服务中心，开展心理辅导活动和心理知识普及讲座，进行心理健康筛查。对照科室职责，解决住宅区漏水、管道堵塞等问题。

（高元成）

【为民办实事】 2022年，大红门街道发放低保金1207.48万元、生活困难补助金56万元、低收入家庭生活补贴15297.75元、特困供养人员生活费12.89万元；临时救助23户53人69514.21元；教育救助8人3.6万元；集中供暖救助256户486人38.06万元；清洁能源分户自采暖救助51户97人71980.2元；燃煤自采暖救助55户107人5.45万元。发放独生子女父母奖励费605人34270元、独生子女父母年老时一次性奖励费253人25.3万元、独生子女父母一次性经济帮助5人5万元。为136名特扶老人发放春节慰问金27.2万元。每月发放高龄津贴3067人48.02万元、失能护理补贴1598人86.74万元、失独老人养老服务补贴321户4.97万元。

（高元成）

【“接诉即办”工作机制落实】 2022年，大红门街道接诉“12345”热线工单33546件，比上年增加14792件。其中，市中心直派13636件，比上年增加984件；区中心转派19910件，比上年增加13808件。组织“吹哨报到”93件，涉及环境整治27件、违法建设24件、小区物业18件、城市规划13件。诉求量排名前三为公共安全类10491件，占全年诉求的31.3%；物业管理类3393件，占全年诉求的10.1%，全年诉求响应率97.36%、解决率94.57%、满意率94.75%。

（高元成）

【垃圾分类】 2022年，大红门街道采取横幅、海报、驻点发放宣传册、入户宣传、“桶边指导”等形式，开展垃圾分类宣传，印制温馨提示500余份，举行宣传活动60余场；创建完成京品小区、景蓝家园、建欣苑六里、裕隆园及电力家属院5个垃圾分类示范小区。（高元成）

【19个社区非公党支部换届选举完成】 2022年，大红门街道开展党支部标准化规范化建设，对12个社区党员人数超70人大型支部开展党支部拆分、支部委员补选等工作，强化支部政治建设，规范支部组织设置。完成19个社区非公党支部换届选举，19个社区非公联合党支部先后召开党员大会，有97名党员参加换届选举大会，新提名选举产生党支部书记6人，继续提名选举产生党支部书记13人。（高元成）

【助残服务】 2022年，大红门街道为28名16周岁以下残疾儿童发放康复训练补贴，平均补贴金额11439.11元；春节前夕，慰问363名困难残疾人家庭，慰问金额332.15万元；为持有“北京市机动轮椅车行驶证（IC卡）”下肢残疾人发放燃油补贴393人102180元。每月发放残疾人生活补贴273人14.58万元、发放残疾人护理补贴367人4.95万元；办理“残疾人自主创业”三险补贴178人。

（高元成）

【南中轴线地区建设】 2022年，大红门街道保障南中轴地区首都功能承载力提升，推进博物馆群一期用地腾退，完成签约率77%。加快大红门一期棚改项目实施，实现北木南厂地块挂牌入市，首个国家级文化设施——中央芭蕾舞团业务用房项目开工建设。以点带面加快地区转型升级，大红门服装商贸城转型为南中轴国际文化科技园，一期开园，中讯四方等39家国家级专精特新“小巨人”行业、国家高新技术企业实现落地。（高元成）

2022年丰台区大红门街道社区居委会、村委会一览表

表27

序号	名称	地址
1	西罗园南里社区居委会	西罗园南里2−3号楼之间平房
2	西罗园南里果园社区居委会	珠江骏景北区5号楼301室
3	西罗园南里华远社区居委会	西罗园华远小区1号楼7单元南侧中心广场半地下房屋
4	海户屯社区居委会	大红门海户屯13号楼东侧平房
5	木樨园南里社区居委会	南三环中路68号楼自然美大楼503室
6	东罗园社区居委会	东罗园2号楼西侧社区居委会
7	南顶村社区居委会	南顶村42号楼西侧二层小红楼一层
8	南顶路社区居委会	南顶路23号院南顶村4号楼平房
9	康泽园社区居委会	康泽园小区14−101
10	时村社区居委会	光彩路慧时欣园3A首层
11	光彩路社区居委会	赵公口小区17号楼208室
12	大红门东街社区居委会	大红门南里二轧钢宿舍院内锅炉房
13	苗圃东里社区居委会	铁路宿舍苗铁小区9号楼和10号楼之间南侧一排平房
14	西马场南里社区居委会	马家堡东路168号院海上海花园19号楼裙楼
15	苗圃西里社区居委会	苗圃西里15号楼7单元对面平房
16	建欣苑社区居委会	大红门建欣苑小区四里南院西侧
17	远洋自然社区居委会	马家堡东路108号院1号楼底商
18	彩虹城第二社区居委会	大红门总工会大院内平房
19	建欣苑东区社区居委会	建欣苑东区三里15号楼底商房屋
20	时村村村委会	光彩路甲15号
21	东罗园村村委会	永外东罗园54号东院

南苑街道

【概况】 南苑街道位于丰台区东南部。东至南大红门路，南至丰台区与大兴区界线，西至海子公园东墙，北至南四环中路。办事处驻槐房路66号院。辖区面积19平方千米，下辖17个社区、2个建制村。截至年底，辖区有常住人口8.4万人、户籍人口20804户44973人、流动人口约3万人；出生人口319人、死亡人口69人；有法人单位2018家，其中央属单位2家、市属和区属单位3家、其他单位2013家；有医疗卫生机构5家，其中医院1家、社区卫生服务站4家；有大中等专业学校1所、中学2所、小学4所、幼儿园9所；有养老机构5个；有为民服务大厅1个、党群活动中心2个、综合文化活动中心1个、社区文化活动室19个，有文化广场2处。途经辖区公交线路28条，地铁4号线、19号线、大兴线贯穿其中。辖区绿化率22.03%。有清真寺和基督教堂各1座。2022年，南苑街道完成北京冬奥会、冬残奥会，全国两会、党的二十大等重要时期服务保障工作，拆除违法建设46752平方米，推动南苑街道“接诉服务”平台、“南苑接诉通”小程序上线运行，解决辖区内重难点问题100余件。与中国人民大学、滴滴公司联合建立全国首家面向滴滴网约车

司机“党课研发基地”，建设“小憩·港湾党建直播间”。走访调研重点企业、异地纳税企业35次，为10家“服务包”企业协调解决行政审批、政策咨询等诉求43项。留区税收前三名企业为北京金天恒置业有限公司、北京中海鑫海房地产开发有限公司、北京悦恒置业有限公司。全年实现地区财政收入55510万元，比上年增加89%。南苑街道被评为“首都全民义务植树先进单位”。（王亚坤）

【平安建设】2022年，南苑街道完成北京冬奥会、冬残奥会，全国两会、党的二十大、市第十三次党代会服务保障工作。发动群防群治力量2万余人次，开展“红袖标”筑城行动。发放反恐等宣传材料2000余份、宣传品1000余份。开展安全生产大检查行动和燃气、建筑施工、有限空间作业、电动自行车等各类专项整治行动1500余次，检查生产经营单位2449家次，排查隐患566项，整改566项。安装独立式感烟报警器780个、电动自行车充电设施接口2148个，为60岁以上独居失能老年人配备灭火器材100套。整治违法群租房65处。接收市、区咨询事项550件次963人次。开展矛盾纠纷排查8次，排查重点矛盾纠纷8件。线上线下宣传普法讲座12场次，组建南苑街道劳动人事争议调解中心，办理劳动纠纷203件，涉及463人900余万元。（王亚坤）

【环境治理】2022年，南苑街道完成拆违创无违建工作任务，拆除面积46752平方米，拆除率202%；图斑分类1993处，完成1991处，完成率99%，全区排名第三。完成拆后复绿1.5万余平方米。整治无证无照经营单位5家。开展巡河1614人次4151.85千米。开展“创森”宣传和周末卫生日等活动，完成平原造林2.23公顷，“留白增绿”2.46公顷，“战略留白”4.13公顷，被评为“首都全民义务植树先进单位”。针对辖区环境污染问题，启动“吹哨报到”机制122次，组织联合执法、开展夜查行动200余次。（王亚坤）

【社区建设】2022年，南苑街道完成天悦佳苑社区、御槐园社区办公用房装修和开放空间建设，诚苑社区和翠海明苑社区办公用房新址装修工作。由街道和小区物业共同出资，完成飞腾家园小区实施道路改造提升。街道便民服务中心打造品牌社区政务服务站点。培养“全能社工”，17个社区村在全区率先完成政务服务标准化、规范化建设，开展“一窗受理”38项政务服务事项，打通政务服务“最后一公里”。全区首个开放式政务服务示范站点合顺家园社区，取消柜台式服务，转变为座谈方式，全能社工主动引导接待，在洽谈中了解居民诉求，为居民量身定制可申请的政务服务事项，做法被《北京您早》《都市晚高峰》等栏目报道。（王亚坤）

【为民办实事】2022年，南苑街道发放低保、低收入、城乡特困人员救助资金1615.7万元。接收安置成年孤儿1人。为3352名高龄、失能（残疾）及困难老年人核算养老服务补贴津贴1097.9万元。走访慰问80岁及以上重大疾病老年人125人。为234名城乡特困、低保、优抚对象及空巢老人申请办理意外保险。“首善有我”社会捐赠衣物1011件，捐款金额40831元。发放严重精神障碍患者监护补贴66.6万元。办理新申请保障房、市场租房、公租房补贴138户；保障房、市场租房及公租房补贴资格变更24户，终止47户。完成市场租金补贴新签、续签合同114户；廉租、公租、市场租金补贴家庭资格复审451户。完成保障性住房直接配租7批，核查并通知98户有特殊情况家庭进行选房登记。（王亚坤）

【垃圾分类】2022年，南苑街道规范垃圾桶站228处，撤桶并站减少52%，规范桶站建设达标率100%，生活垃圾分类驿站17座。成立生活垃圾专项小组，对辖区底商商户、槐房万达、大悦春风里开展生活垃圾分类检查。发现问题，现场立即责令整改，情节严重的，开具谈话通知书并立案处罚。红房子社区开展以“垃圾分家，给城市减负”为主题的垃圾分类宣传活动；“分”出美丽生活新画卷活动走进翠海明苑社区，通过趣味游戏、有奖问答、垃圾分类宣讲等形式宣传垃圾分类相关政策法规、知识和技巧。社区干部与志愿者发放分类指南和宣传手册1200余份。（王亚坤）

4月15日，街道开展垃圾分类宣传活动（南苑街道 供图）

【“接诉即办”工作机制落实】 2022年，南苑街道围绕“七有五性”，坚持主动治理、“接诉即办”。着眼于问题解决，协调联动、分类治理，持续推动主动治理。市民诉求处置中心组织日调度214次、周调度39次，推动解决辖区内重难点问题100余件。建设南苑街道“接诉服务”平台、“南苑接诉通”小程序上线运行，借助信息化平台，提升工作效率。接到“12345”市民服务热线诉求23633件，日常类案件12690件，诉求量前三的问题是规划设计类1100件，占9.12%，解决率23.38%，满意率37.24%；小区配套类983件，占8.15%，解决率66.01%，满意率70.45%；物业管理类895件，占7.42%，解决率74.46%，满意率81.95%。全年诉求响应率99.46%、解决率93.18%、满意率93.7%，综合得分94.49分，考评综合成绩全区排名第十六。

（王亚坤）

【就业服务】 2022年，南苑街道开展线下招聘会1场、线上专场招聘活动4场，直播带岗活动3场，提供岗位2000余个。失业人员实现就业532人，完成农村劳动力就业参保227人，超出指标50%。街道打造集“小憩·空间”一般指导、“职场·空间”专门指导、“心灵·空间”心理疏导为一体“三维空间”就业服务模式，为新就业形态劳动者提供全链条“一般指导+专门指导+心理疏导”就业服务模式。在第二届全国公共就业服务专项业务竞赛中，以第一名成绩获“全国十佳”称号，“三维空间”就业服务模式获全国优秀就业成果二等奖。

（王亚坤）

【全国首家网约车司机“党课研发基地”】 2022年，南苑街道持续深化新业态、新群体“属地+平台”党建模式，依托“小憩·港湾”党群服务中心，与中国人民大学、滴滴公司联合建立全国首家面向滴滴网约车司机“党课研发基地”，建设“小憩·港湾党建直播间”，开展线上党员教育，覆盖近40个滴滴网约车司机流动党支部、700余名党员。

（王亚坤）

【双拥共建】 8月1日，南苑街道走访慰问多支驻街部队官兵，与部队签订双拥共建协议书。为4名获得三等功现役军人及1名获得三等功义务兵家属送发立功喜报。走访慰问优抚人员并完成年度核查任务，发放供暖补助，为2名优抚人员报销医药费1.7万元。为伤残军人办理优待证、3名年满60周岁的农村籍退役士兵申办老年生活补助。为军工分3批次发放口罩、消毒液、洗手液等防疫物资。组织开展重阳节健步走等活动。

（王亚坤）

【文化活动】 2022年，南苑街道开展文化活动60场。组织百姓周末大舞台精品展演2场，放映电影42场，观看群众1000人次。组织文化“四进”演出1场、星火工程演出2场，受众1000余人次。开展书法及国画文化讲堂35次。组织特色线上活动，千人编中国结，为辖区居民送上福字及对联。

（王亚坤）

【三网融合】 2022年，南苑街道党工委创新打造以社区（村）治理网格为基础、党支部网格覆盖为核心、智慧网络平台为保障的三网融合党建引领基层治理工作模式，71个居民党支部实现全覆盖144个社区治理网格。组建1902人“苑苑”志愿者和楼门长，制定5类20项工作职责，建立志愿者—社区—街道三级办理机制，做到“力所能及小事不出楼门、小散急盼问题不出网格、重难点问题不出社区”。“三网融合”综合信息平台汇集辖区内人口台账、垃圾桶站、便民商超、放大器效应场所等15类17.8万条基础数据，实现社区治理一张图决策分析，提升创城创卫、应急处置、便民服务等重点工作的可预见性、精确性、高效性。“三网融合”党建工作模式被列为全市基层干部教育培训实践案例。

（王亚坤）

【企业服务】 2022年，南苑街道走访调研重点企业、异地纳税企业35次，为10家“服务包”企业协调解决行政审批、政策咨询等诉求43项。以“南囿秋风”人文环境为着力点，开展招商政策宣传，引进规模税源企业1家。完成留区税收任务5.6亿元，增速93%，在全区街镇排名第一。打造槐新商圈，在大悦春风里、槐房万达广场启动南苑品质消费节活动。以“苑苑暖心

9月8日，南苑品质消费季活动现场 （南苑街道 供图）

卡”为平台，与大悦春风里、槐房万达合作，为南苑地区8万多名居民提供优惠卡，消费节活动期间，2家商场人流量比平时分别增长26%和33%，营业额分别增长11%和31%。

（王亚坤）

2022年丰台区南苑街道社区居委会、村委会一览表

表28

序号	名称	地址
1	东新华社区居委会	南苑街道东长街12号东新华社区
2	红房子社区居委会	南苑街道五爱屯西街3号院红房子社区
3	西宏苑社区居委会	南苑五爱屯东街21号西宏苑社区
4	诚苑社区居委会	南苑街道诚苑南里2号楼地下室诚苑社区
5	槐房社区居委会	南苑槐房南里300号槐房社区
6	机场社区居委会	南苑警备东路六号三区机场社区
7	翠海明苑社区居委会	南苑街道翠海明苑北区1-4-102
8	南庭新苑南区社区居委会	槐房西路318号南庭新苑南区
9	南庭新苑北区社区居委会	槐房西路316号南庭新苑北区社区
10	阳光星苑社区居委会	南苑西红门路18号院
11	阳光星苑南区社区居委会	西红门南一街206号院公园懿府21号楼东侧2门
12	合顺家园社区居委会	南苑西路11号院合顺家园小区8号楼6单元
13	德鑫嘉园社区居委会	槐房南路御槐园北门西侧德鑫嘉园社区居委会
14	新宫社区居委会	新宫家园北区9号楼六层
15	京粮悦谷社区居委会	丽槐街2号院京粮悦谷家园南区1号楼
16	御槐园社区居委会	御槐园7号楼底商
17	天悦佳苑社区居委会	天悦名苑小区36号楼一层和四层
18	南苑村村委会	团和路北口10号
19	槐房村村委会	德鑫嘉园社区御槐园底商五号楼

东高地街道

【概况】东高地街道位于丰台区东南部。东南与大兴区接壤，西与南苑街道毗邻，北与和义街道相接。东高地街道是中国航天事业发祥地，是长征系列运载火箭的摇篮。地区以南大红门路为界，路东为居住区，路西为科研生产区。办事处驻东高地斜街2号。辖区面积约3.27平方千米，下辖12个社区。截至年底，辖区常住人口4.27万人、户籍人口15190户47440人、流动人口8481人；出生人口213人、死亡人口53人；有法人单位459家，其中有中国运载火箭技术研究院（航天一院）、航天六院11所、航天九院704所、772所、中国航空工业集团303所5家央属单位；有医疗卫生机构8家，其中综合性医院1家、社区卫生服务中心1家、社区卫生服务站6家；有中学2所、小学4所、幼儿园4所；有养老机构4个；有便民服务大厅1个、党群活动中心1个、街道综合文化中心1个，有文化广场1处，1所青少年科技馆。途经辖区公交线路8条，地铁8号线贯穿其中。辖区绿化率21.39%。2022年，东高地街道按照“疫情要防住、经济要稳住、发展要安全”总体要求，完成辖区航空航天大院大所等中央单位服务保障及民生保障等辖区各项经济社会发展工作。建立完善市企业“服务包”平台企业信息台账，组织召开辖区重点企业工作会。落实处级领导带队企业走访制度，建立任务清单推动解决，普及“丰九条”优惠政策及《丰台区支持高新技术企业发展的若干措施》等文件精神。组建合作发展办公室，扩大税源，按期完成规模税源企业注册任务。完成创城创卫、安全隐患排查治理、拆除违法建设以及大型社区拆分和两个社区新建等工作。实现地区财政收入19146万元，比上年增长12.8%。东高地街道侨联“侨之家”被评为全国侨联系统“侨胞之家”典型选树单位（2021—

2022年度）、万源东里社区共建联盟服务社获“首都最佳志愿服务组织”称号。（刘佩佩）

【平安建设】2022年，东高地街道完成北京冬奥会、冬残奥会，全国两会、党的二十大等时期、重大会议期间安保维稳工作，发动治安志愿者、企事业单位工作人员、沿街商户、环卫工人等群防群治力量15.6万余人次，参与社会面治安巡逻值守。发放反恐等宣传材料3000余份、宣传口袋4500余个。整治违法群租房5处，疏解11人。建设完成充电设施站点23处。开展安全生产大检查行动和燃气、建筑施工、有限空间作业、电动自行车等各类专项整治行动1400余次，检查生产经营单位2483家次，出动人员6950人次，排查隐患778项，整改760项，整改率97.6%。参与丰台区重点地区安全隐患集中整治行动13次。组织矛盾纠纷排查57次，线上线下宣传普法讲座3场次，接收社区服刑人员9人，解除矫正5人，无缝衔接帮教对象10人。各类法律援助、调解纠纷18件，重大行政执法案件审核2件。领导干部参与接访下访7批次，现场协调解决群众诉求。网上信息系统综合平台受理咨询55件次156人次。（王　贺）

【环境治理】2022年，东高地街道拆除违法建设4088.42平方米，整治施工围挡2处。实施西洼地社区环境提升二期项目，投资约50万元改造提升小区内道路、绿化、设施；实施东高地地铁站B口绿化提升项目，治理裸地。完成25部外挂电梯加装；粉刷翻新16栋筒子楼楼道内公共区域墙面，其中直接粉刷面积约2.1万平方米，修复墙面后粉刷面积约2500平方米；更换益丰园4号楼楼内自来水管线；完成垃圾楼水、电改造工程，推动垃圾楼主体移交；开展“清管行动”，清理各类雨水管线26.5千米，清掏雨箅子近2000处；清理卫生死角634处，清除蚊蝇孳生地533处，组织专业人员防制消杀绿化带、地下管井、公园绿地、垃圾桶站等公共区域病媒生物10轮次，处理管井193处，集中整治1100余个楼门洞内墙面、台阶小广告。（李　智）

【社区建设】2022年，东高地街道完成东高地社区拆分和2个社区新建工作。完成梅源社区、三角地第二社区服务用房维修；东高地社区、三角地第一社区、西洼地社区办公及服务用房功能拆分。开展社区工作者“清单式学习＋小组实践”能力培养，建设社区“议事厅”。推进社会工作队伍培训，开展社区干部“全科式”、社区“小导师”培养及社会工作者职业水平考试考前培训及继续教育培训等。新成立社区社会组织30个，街道共有社区社会组织148个。完成街道级社会心理服务中心建设，开展心理服务活动15场；通过推进万源东里楼门文化建设项目及三角地第一社区议事厅示范点项目，推进楼门院和议事厅示范点建设。（张星星）

【为民办实事】2022年，东高地街道公租房补贴新申请25户、复核88户，保障房新申请54户，市场租房补贴新申请52户，保障房及市场租房补贴复核357户、变更83户。复核廉租房家庭93户，通过37户，未通过56户。接待劳动者政策咨询62人次，受理投诉举报拖欠工资案件27件，涉及劳动者70余人，讨薪19.8万余元。发放高龄老人津贴68011人次908.82万元、失能老人护理补贴15894人次1016.08万元、养老服务补贴1737人次22.75万元，失能老人评估315人；为95名困难老年人投保意外伤害保险；发放精神障碍患者监护补贴41.42万元；审核发放重度残疾人护理补贴3119人次41.86万元、残疾人生活补贴1425人次102.94万元。为5名肢体残疾人申请市实事项目康复服务、3名肢体残疾人申请成人康复训练、18名残疾人申请辅具评估，组织线上康复知识培训3场；为89名残疾人办理社会保险补贴，为42名困难残疾人发放家庭居家服务券、为7名残疾儿童发放六一儿童节慰问金，协助5名残疾人与企业签订劳动合同；“两节”走访残疾人276户，发放慰问金22.45万元。（马原野）

【“接诉即办”工作机制落实】2022年，东高地街道承办“12345”市民服务热线接件6651件。其中，直派工单3751件，区转工单2900件。2次市直派成绩进入全市前100名，3次区转派成绩位列全区前三名。明确处理工单各时间节点，制定不纳入考评“三级签字”制度。工单承办数量较上年增长约50%，市民诉求处置中心实现10分钟快速响应重点涉疫类诉求，通过电话、微信、OA（办公自动化）提示各承办社区、科室，督促尽快处理回复。回访涉疫类工单办理效果，确保工单解决、满意落实到位。诉求量排名前三是小区配套问题330件，占全年诉求的4.96%；房屋修缮问题329件，占全年诉求的4.95%；物业服务不规范问题320件，占全年诉求的4.81%。街道全年诉求响应率99.2%、解决率96.51%、满意率96.41%。（张海滨）

【三级网格员消防培训】10月14日，东高地街道平安建设办公室联合丰台消防支队驻区消防监督员及大红门消防站四营门小站在万源广场组织开展东高地街道消防安全三级网格员消防培训。培训过程中，驻区消防监督员详细讲解消防网格员需具备的业务知识及家庭防火知识，现场演示灭火器的操作要领；四营门小站副站长现场教学，实操演示消防栓的使用方法，指导参训人员动作要领。各社区网格员、辖区重点企业、物业单位安保负责人等60余人参加培训。（王　贺）

【物业管理】2022年，东高地街道将物业管理纳入社区协商范围。组织开展辖区业委会及物管会“业务提升培训会”8场。指导菊源北里小区业委会选聘新物业公司。完成15个住宅小区物业合同备案，督促物业规范化公开服务信息。召开季度物业联席会议，解决公维基金申请使用、物业费纠纷等问题。完成物业“三率”系统和物业管理区域落点落图系统日常数据信息更新维护，界定各小区四至范围。依据《东高地街道住宅项目物业服务常态化考核评价办法》，实行物业常态考核。（张星星）

【社会救助】2022年，东高地街道完成低保新申请5户9人、变更391户731人、终止15户25人，低收入家庭新申请4户10人、变更20户52人、终止1户2人；开展临时救助17人次50090.35元，医疗救助291人次77.65万元，大额救助30人次95139.13元，集中供暖救助115人次15.65万元，清洁能源采暖救助18人次23639.55元，新生救助2人次8700元；接收成年孤儿2人。开展“真情关怀暖心行动”，为67人发放慰问金13.4万元，红十字救助10户困难家庭1.2万元，291户计划生育家庭投保意外伤害保险；发放独生子女父母奖励费6.1万元、一次性经济帮助金4万元，发放独生子女费454人25475元。（马原野）

【文体活动】2022年，东高地街道开展线上线下演出、比赛、讲座、朗诵、手工制作等形式文体活动60余场，其中“周末百姓大舞台”3场，“百姓周末大舞台”专场1场，“文化四进”演出1场，插花活动、手工景泰蓝制作活动各1场。组织参加丰台区2022年“我的丰台·我的家”群众合唱大赛。开展2022年丰台区“快乐健身直通车”健身指导进基层活动；完成万源西里社区小广场全民健身路径工程器材更新37件。（张星星）

【文明实践站建设】2022年，东高地街道加强新时代文明实践站建设，对照丰台区实地考察19项指标标准，完成10个社区新时代文明实践站改造升级，统筹规划东高地南、北2个新社区党建与精神文明建设；成立东高地街道创建工作专班，制定周创建工作提示，开展主要领导“一周三巡”工作，一线检查、一线解决创建点位难题。整合发掘志愿服务资源，与航天一院等央企单位共同举办“共创文明城 喜迎二十大 街院共建 美丽家园 幸福高地”环境整治行动；打造“红领巾”志愿服务队品牌项目，以万源东里社区为试点，组织12个社区成立红领巾志愿服务队，发挥“小手拉大手”带动作用；发挥楼宇党群服务中心党建引领作用，组织外卖小哥成立

9月24日，东高地街道在万源广场举行“共创文明城 喜迎二十大 街院共建 美丽家园 幸福高地”环境整治行动（东高地街道 供图）

"骑士"志愿服务队，113名"骑士"志愿者发挥新就业群体力量，助力街道创卫创城工作。（徐　畅）

【航天园艺驿站成立】9月2日，航天园艺驿站在东高地街道揭牌成立。航天园艺驿站是中央和国家机关单位中首个成功申办、唯一一家具有中国航天特色的园艺驿站，也是目前北京市最大社区服务园艺驿站。驿站占地1000余平方米，采用"1+N+无穷"空间布局形式，其中"1"指驿站主空间，"N"指驿站创新空间、科普教室等样板空间，"无穷"指带动群众一起参与打造更多精彩空间，以贴心护航为周边居民带来丰富多彩、保障有力的园艺体验，是全面构建火箭院特色服务保障新体系、做好航天服务保障又一项有力举措，旨在为周边居民尤其是航天人打通生态惠民"最后一公里。"（李　想）

【社区新闻发声人】2022年，东高地街道社区新闻发声人队伍以"发现身边好榜样，讲述社区暖故事，传递社会正能量"为3大主要任务，以政策宣传、新闻通讯、阅报评报、媒体应对、舆论引导、百姓宣讲为6大工作职责，以"讲好党的故事、讲好航天故事、讲好社区故事、讲好百姓故事、讲好民生故事"为5大目标，"将镜头对准社区，把话筒交给百姓"，拍摄《居家过节 端午安康》等防疫系列视频，其中《文明居家"静"下来》宣传视频，被"学习强国"学习平台、"北京丰台"微信公众号等多家媒体转载。（徐　畅）

2022年丰台区东高地街道社区居委会一览表

表29

序号	名称	地址
1	东高地社区居委会	东高地50栋东侧平房小院
2	东高地南社区居委会	东高地斜街13号东高地邮局东侧
3	东高地北社区居委会	东高地40栋东侧小白楼一层
4	三角地第一社区居委会	东高地三角地37栋西侧平房
5	三角地第二社区居委会	东高地益丰园小区1号楼东侧
6	西洼地社区居委会	东高地街道西洼地3号楼西侧
7	六营门社区居委会	东高地六营门社区9栋西侧平房
8	万源东里社区居委会	东高地万源东里54栋北侧平房
9	万源西里社区居委会	东高地万源西里50栋西侧
10	万源南里社区居委会	东高地街道万源南里社区33栋东南侧
11	梅源社区居委会	东高地梅源社区1号楼南侧
12	东营房社区居委会	东高地桃源里12栋西侧

东铁匠营街道

【概况】东铁匠营街道位于丰台区东部。东至方庄南路；南至顺八条路；西至木樨园桥，毗连南中轴；北至玉蜓桥与东城区接壤，毗邻大红门街道、方庄地区、石榴庄街道和成寿寺街道。新中国成立后北京市建立的第一批街道，是北京市在丰台区的老工业基地，具有鲜明经济时代特征。办事处驻蒲安东里9号楼。辖区面积3.1平方千米，下辖22个社区、1个建制村。截至年底，辖区有常住人口9.58万人、户籍人口47639户91727人、流动人口37733人；出生人口341人、死亡人口425人；有法人单位5250家，其中中央属单位2家、市属单位北京联合大学特殊教育学院、同仁堂等4家、驻京办4家，其他单位5240家；有医疗卫生机构19家，其中综合性医院8家、社区卫生服务中心1家、社区卫生服务站2家、医务室8家；有中学1所、小学5所、幼儿园9所；有养老机构8个；有为民服务大厅2个；有楼宇党建服务站1个；途经辖区公交线路40条，地铁5号线贯穿其中。辖区绿化率25%。2022年，东铁匠营街道完成北京冬奥会、冬残奥会，全国两会，党的二十大期间安保维稳工作，组织发动群防群治力量5万余人次参与社会面防控、公共安全保障、应急值守等工作。推进城市更新，构建"一带五桥"（即沿南三环将木樨园桥、赵公口桥、刘家窑桥、东铁营桥、方庄桥有机衔接）街区更新生态系统，推动棚户区改造和危改项目，推进"老旧小区+交通道路+市民休闲区域"综合整治；依托街道发展合作办公室，与税务所、市场所、统计所等职能部门配合，加强商务楼宇工作站建设，搭建服务企业平台，安富大厦建立税务服务流动工作室，为邻近243家民营企业提供长效服务。新注册北京华景致晟科技有限公司、北京博科智铭科技有限公司等5家企业，实现地区财政收入13862万元，比上年减少18.5%。东铁匠营街道被首都城市环境建设管理委员会评为“首都城市环境建设管理样板单位”。（王伯旭）

【平安建设】 2022年，东铁匠营街道完成北京冬奥会、冬残奥会，全国两会、党的二十大期间安保维稳工作，组织发动群防群治力量5万余人次参与社会面防控、公共安全保障、应急值守等工作。召开联席工作例会6次，传达市、区委常态化扫黑除恶斗争工作精神，研究分析辖区常态化扫黑除恶斗争工作形势。开展反恐应急演练2次，组织社区、村每月至少开展反恐宣传一次，反诈宣传20余次。网上系统受理和接访群众咨询事项416件、网上诉求216件，咨询事项和网上诉求均完成。召开各类协调会20次。排查矛盾纠纷115起，开展线上线下法律讲座13场，受众355人次。开展普法、反诈、非法集资、防火安全、交通安全、禁毒、征兵等各类宣传60余次，发放各类宣传品2万余份。（王伯旭）

【环境治理】 2022年，东铁匠营街道拆除违建1万平方米、销账1.03万平方米。与综合行政执法队配合拆除新生违建16处550平方米，封堵“开墙打洞”14处。完成治理施工围挡15处、城市道路桥下空间5处、“揭网见绿”2.17公顷。开展广告牌匾、私装地锁等专项整治行动50余次，拆除违规牌匾200余块，拆除私装地锁400余个；推动5条背街小巷整治提升；638家单位落实“门前四包”责任制。修剪、砍伐危死树200余棵，处理应急倒伏事件30余起，树木病虫害防治6平方千米。完成雨污混接改造1处；集中开展清管行动9次，疏通地下污水管线12处，疏通、修缮雨水箅子110余处。街道、社区（村）两级河长巡查934次。垃圾分类政策措施宣传8万余户次，开展宣传活动300余次，市级媒体报道3次。（王伯旭）

【社区建设】 2022年，东铁匠营街道推进手拉手玩具城物管会等业委会、物管会成立，推动老旧小区、无物业小区的物业引进工作，实现辖区内无物业公司小区及无业委会、无物管会小区数“双清零”。解决蒲黄榆路失管小区治理难题，物业费收缴率100%。处理万事吉业委会更改物业合同、违法收取停车费、违法使用印章事宜情况。协调化解业主矛盾，探索京明窗帘城楼宇物管会成立。横七条路第二社区等4个大型社区拆分为8个社区，新建社区完成“两委”选举工作。推进北京市楼门院治理示范点、社区服务空间开放式建设、老旧小区服务管理建设项目。（王伯旭）

【为民办实事】 2022年，东铁匠营街道组织开展工资支付大检查、清理整顿人力资源市场秩序、根治欠薪夏季专项执法行动、根治欠薪冬季专项执法行动专项检查4次，处理劳动纠纷32件，涉及务工人员84人，工资金额21.5万余元。接收失业人员1818人次，实现就业1136人，新建档案94人。办理退役军人优待证，报销优抚人员医药费。慰问重点优抚对象和困难退役军人6人次，发放困难补贴金额4000元。完成优抚对象年度核查任务。新申请公租房95户、市场租金补贴48户、公租补贴36户；保障性住房变更199户、终止213户。（王伯旭）

【“接诉即办”工作机制落实】 2022年，东铁匠营街道受理“12345”市民服务热线20582件。其中，直派诉求9872件，占47.96%；区转诉求10710件，占52.04%。直派解决率97.44%，满意率98.61%；区转解决率96.77%，满意率96.86%。深化党建引领，发挥社区党组织的战斗堡垒作用，形成社区居委会、物业企业、业主委员会和居民多方参与的社区共建、共治、共享治理体系，提高辖区居民幸福感、满意度。（王伯旭）

【老旧小区改造】 2022年，东铁匠营街道开展老旧小区改造工作，拆除横三条15号院、横七条40号楼等一批老旧小区公共区域私搭乱建，释放停车空间和居民休闲活动空间。2个老旧失管小区引入停车管理。蒲黄榆一里、四里危改项目户数1117户，签约1108户，签约率99.19%。完成老旧小区改造施工项目7个，上下水管改造1961户。（王伯旭）

【社会救助】 2022年，东铁匠营街道审批通过新申请低保21户50人、低收入5户9人，临时救助42人次，其中新冠疫情救助12人次。协调医疗机构和养老机构救助流浪人员2人。新申请困难残疾人生活补贴22人、重度残疾人护理补贴20人。发放残疾儿童康复补贴13人18万元；发放独生子女父母年老时一次性奖励费338人3.38万元，为6名独生子女意外死亡家庭发放帮扶补贴金额6万元，审核独生子女父母奖励费727笔，金额41650元。暖心行动帮助158人，金额31.6万元。东铁匠营街道慈善工作站与北京市慈善义工联合会建立合作关系，慈善互助基金总规模20万元，开展“首善有我”社会捐款1次。组织捐款15.17万元，慰问困难党员20人次、新中国成立前老党员2人、市优秀党员1人。（王伯旭）

【安全隐患排查整治】 2022年，东铁匠营街道出具安全生产检查记录单2755家次，督促整改隐患2493项，责令整改文书下达率52.09%。发放并张贴安全生产宣传材料3万余张，安全生产责任书600余份，

9月，木樨园第一社区开展“共建和谐美好家园，喜迎党的二十大召开”主题活动

（东铁匠营街道 供图）

全民消防平台培训4275人。开展6场宣导会，向企业推广安责险；推动组建4个社区微型消防站；为780户60岁以上老人家庭免费安装更换燃气报警器；摸排电动自行车1.28万余辆，安装充电设施3774个；清理可燃物15车100余吨。在国庆节及党的二十大期间，监督检查单位750余家，发现整改隐患40处，停产停业5家，行政处罚64家次，处罚金额17.27万元。开展13波次重点地区安全隐患集中整治，检查辖区企业、小区500余家，排查流动人口5000余人，消除安全隐患100余处。（王伯旭）

【多元智慧养老协同模式搭建】 2022年，东铁匠营街道搭建“1236N+X”多元智慧养老协同模式（1：由街道党工委书记任组长、民生保障办公室、市民活动中心、综合行政执法队、市场所组成的一个统筹小组；2：2套智能信息管理平台，分别是远程会诊和老年画像；3：3社联动社区治理模式；6：6项为老关爱服务，分别是歇脚、聊天、喝水、解内急、防走失、助老包；N+X：助力多元协同，由多个服务商和志愿者组成）。直接服务约500人次，间接服务400人次，签订相关服务协议41份，采集为老服务需求调研问卷278份，服务效果和满意度100%。（王伯旭）

【“喜迎党的二十大召开”主题活动】 2022年，东铁匠营街道组织开展一系列“喜迎党的二十大召开”主题活动。4月，开展普法宣传活动，通过设立咨询台、悬挂横幅、张贴海报、摆放展板和分发宣传资料等形式，向企业职工宣传国家安全法律法规及相关知识，发放各类宣传资料200余份，同时指导各社区同步开展普法宣传活动，利用辖区各单位、门店电子显示屏播放国家安全宣传标语；借助社区微信群等平台向广大市民推送普法宣传资料；组织21名社区矫正人员学习法律法规和典型案例，强化警示教育。9月，组织23个社区村同步开展以“共建和谐美好家园，喜迎党的二十大召开”为主题的北京市第四届社区邻里节活动，活动融入创城创卫、垃圾分类、民生服务等元素，设置儿童涂鸦、趣味运动、绿植兑换、健康义诊、科普宣传等活动项目，为党的二十大召开营造氛围。（王伯旭）

【“五桥”建设】 2022年，东铁匠营街道推动公共空间一体化治理，构建“一带五桥、两点多片区”新思路。沿南三环将木樨园桥、赵公口桥、刘家窑桥、东铁营桥、方庄桥有机衔接，构建街区更新生态系统。木樨园桥作为南中轴丰台段规划建设起点，多路径盘活木樨园世贸大厦、连发窗帘城空间资源；赵公口桥附近设计打造同仁文化步道公园，提升街道文化底蕴；刘家窑桥的全国首家“纺织非遗创新转化基地”授牌松雷集团“何所有”，推动纺织非遗产业化、市场化发展；东铁营桥将老旧锁厂“腾笼换鸟”转型引进为希尔顿欢朋庭院式酒店；方庄桥泊寓商圈，推出适合年轻人主题租赁房、云中图书馆、轰趴区和健身房，优化城市空间，打造集商业、文化于一体的年轻化活力社区，营造和谐宜居的南城街坊新生活氛围，凸显“桥桥有亮点，发展多元化”街区活力。（王伯旭）

2022年丰台区东铁匠营街道社区居委会、村委会一览表

表30

序号	名称	地址
1	蒲黄榆第一社区居委会	蒲黄榆三里4号楼2-102
2	蒲黄榆第二社区居委会	蒲黄榆四里13号楼101室

续表 30

序号	名称	地址
3	蒲黄榆第三社区居委会	蒲黄榆五巷 1 号楼对面平房
4	蒲安里第一社区居委会	刘家窑北里 15-4-103
5	蒲安里第二社区居委会	蒲安东里 8 号楼 107 室
6	木樨园第一社区居委会	东木樨园 11 号楼北侧
7	木樨园第二社区居委会	南三环中路 67 号院玩具城东墙外
8	东木樨园社区居委会	东木樨园 3 号楼地下室
9	定安东里社区居委会	定安东里 13 号楼北侧
10	刘家窑第一社区居委会	刘家窑南里 14 号楼西侧平房
11	刘家窑第二社区居委会	刘家窑东里 9 号楼楼下北侧平房
12	刘家窑第三社区居委会	南三环中路 15 号院
13	同仁园社区居委会	南三环中路 20 号院后门西侧临 1 号
14	贾家花园社区居委会	建邦华府一号楼 103
15	嘉顺园社区居委会	横五条二号院南侧
16	横七条路第一社区居委会	横七条 11 号院 3 号楼 3 门 103
17	横七条路第二社区居委会	顺四条 16 号院 2 号楼地下室
18	横七条路第三社区居委会	横七条 44 号院平房
19	宋庄路第一社区居委会	横一条 17 号楼前
20	宋庄路第二社区居委会	广顺园北侧红楼
21	宋庄路第三社区居委会	宋庄路元熙华府小区 2 门 101
22	南方庄社区居委会	南方庄世纪星小区 6 号楼 102
23	东铁营村村委会	行者居酒店

六里桥街道

【概况】 六里桥街道位于丰台区北部。东至西三环南路，南至丰台北路，西至西四环南路与青塔街道东相邻，北至丰台区与海淀区相邻。办事处驻西四环南路 40 号。辖区面积 8.5 平方千米，下辖 15 个社区、3 个建制村。截至年底，辖区有常住人口 9.5 万余人、户籍人口 2.3 万余户 5.1 万余人、流动人口 3.4 万余人；出生人口 278 人、死亡人口 267 人；有法人单位 6430 家，有中建一局、法律出版社、首汽腾达、北京排水集团、北京市公交集团、中国建设银行丰台区支行、望园大厦等规模以上企业 203 家，其中央属单位 24 家、市区属单位 28 家；有医疗卫生机构 11 家，其中综合性医院 1 家、社区卫生服务中心 1 家、社区卫生服务站 9 家；有中学 1 所、小学 5 所、幼儿园 9 所；有养老机构 3 个；有为民服务大厅 1 个、党群活动中心 4 个，有文化广场 1 处；有解放军文化艺术中心影视部、海军装备研究院等 7 个驻区部队。途经辖区公交线路 18 条，有三环、京港澳高速等城市主环路、六里桥客运站等交通枢纽，地铁 9 号线、10 号线、14 号线贯穿辖区。辖区绿化率 42.6%。2022 年，六里桥街道集中解决辖区内居民高频共性诉求，开展“接诉即办”等重点工作 239 次，上报报告 118 篇，约谈 10 人次，提醒谈话 8 人次，督促整改问题 110 个；成立“两新”组织党支部 2 个；制定街道级实事项目 9 项，公开政务信息 160 条，专项督查督办 402 件，43 篇实用信息和经验做法被《丰台组工》《丰台信息》《丰台政务》刊发，431 条外宣信息被区级以上报刊和新闻媒体采用；推进 3 个村、1 个村企与扎赉特旗签订结对协议，帮扶 12 万元，参与乡村振兴，落实各项帮扶任务；成立街道合作发展办公室，宣传丰台区产业规划、产业发展、营商环境等经济发展政策，新引进区外企业 2 家，走访区内经营、区外注册企业 28 家，打造新财源增长点。全年实现地区财政收入 50524 万元，居丰台区第三位，比上年减少 40256 万元，同比下降 44.34%。7 月退出治理类街镇行列，成为丰台区首个退出街道；2022 年，六里桥街道获北京市街道乡镇劳动保障监察工作先进单位、北京市控烟示范单位、北

京市民主法治示范社区、北京市丰台区征兵工作先进单位等多项市级及以上奖励。（杨捷薇）

【平安建设】2022年，六里桥街道在党的二十大、春节、北京冬奥会、全国两会、市党代会等重点时段及新冠疫情防控期间，发动群防群治力量10万余人，组织民兵进行24小时执勤。检查生产经营单位3171家次，覆盖率100%。抓好烟花爆竹安全管理工作，排查督促整改隐患126项，清理易燃可燃物74车370吨。建成电动自行车集中充电口3704个，实现社区全覆盖。进行社会面消防安全宣传，签署责任书91份、居民倡议书7520份。街道联合北京银座和谐广场，开展消防反恐应急演习。完成20家小微企业标准化创建工作，定期开展安全隐患排查。开展安全生产月地下空间专项检查，对平房区开展安全隐患联合摸排8次。联合公安等部门开展反电诈宣传12次，配合区打非办摸排非法集资5次，发放宣传品5000份。开展矛盾纠纷排查9次，召开协调会21次，处级领导督办19件次，群众咨询272件次786人次，事项受理率100%、按时办结率100%。开展法治宣传活动266场次，受益群众8000余人次。（张恒熠）

【环境治理】2022年，六里桥街道开展“疏解整治促提升”专项行动，摸排整治35处群租房，恢复1860平方米地下空间原貌。完成辖区铁路沿线“留白增绿”2处4600平方米。拆除违法建设6.11万平方米，完成年初拆违任务104.8%，新生违建零增长。开展美国白蛾防治洒药3轮200余次，修剪无物业管理小区树木、道路未移交无主树木100余棵。河长巡河2150千米。吸纳“小巷管家”24人，巡访6238小时，解决各类问题428个。招募垃圾分类与背街小巷环境卫生志愿者200人，开展城市志愿者服务22866小时，街道机关办公楼、2个商务楼宇及2个小区分别被评为市级垃圾分类示范点位。完成小块裸地治理3900平方米。（张恒熠）

【社区建设】2022年，六里桥街道推进新建社区玉璞家园筹建及社区用房装修进程，开展选举前期入户、摸排等准备工作；建立爱国卫生组织机构1200个，持续开展主题爱国卫生月活动。辖区94家机关企事业单位、351家餐饮单位开展“光盘行动”“公筷行动”等群众实践活动。宣传推广《首都市民卫生健康公约》，5000余人参与健康公约线上答题，完成健康家庭申报240余户，新增健康社区1个。完成文明城区创建实地测评问题整改任务244项。建设街道级社区心理服务中心和社区工作服务中心，为辖区居民提供心理咨询与辅导；联合检查社区办园点5所，引导社区办园点规范办园。（张恒熠）

【为民办实事】2022年，六里桥街道集中解决高频共性诉求，完成居民楼体维修、设施改造等民生实事项目20项。7月，退出治理类街镇行列，成为丰台区首个退出街道。城镇登记失业人员指标完成率103%，全区排名第六，农村劳动力就业参保249人，全区排名第四，帮助365人实现市灵活就业、33人实现区灵活就业。重点监察辖区建筑施工企业、劳务派遣企业单位劳动用工。核发低保金811户次1289人次166.25万元。退伍军人优待证申领约4000人，办结率98%，全区排名第一。开展关爱儿童服务活动18场、妇女法律知识培训4场。（张恒熠）

【“接诉即办”工作机制落实】2022年，六里桥街道建立日调度、周点评、月约谈三会模式，形成“未诉先办、一诉多办、办时见面、办后总结”工作闭环深化主动治理，用好“每月一题”，集中解决高频共性诉求，不断提高三率水平。受理“12345”市民服务热线28098件。其中，新冠疫情防控类14194件，占全年诉求的50.52%；城乡建设类2402件，占全年诉求的8.55%；住房类2373件，占全年诉求的8.45%；物业管理1877件，占全年诉求的6.68%；环境保护类943件，占全年诉求的3.36%。直派平均解决率97.35%，平均得分97.19分，位于全区第五位。群众满意率82.7%。（张恒熠）

【税源建设】2022年，六里桥街道成立街道合作发展办公室，宣传丰台区产业规划、产业发展、营商环境

9月29日，六里桥街道在银座和谐广场组织消防演习（六里桥街道 供图）

等经济发展政策，组织企业“专科会诊”“专家问诊”活动，惠及重点楼宇9座、企业60余家，解决企业疑难问题30余项。9月30日丽泽天地购物中心开业，截至年底，实现营业金额8000余万元，为辖区增添商业综合体新地标。新引进区外企业2家，走访区内经营、区外注册企业28家，打造新财源增长点，在第一、第二季度财源建设考评中分别位列全区第四名、第二名。（张恒熠）

【文体活动】 2022年，六里桥街道围绕党的二十大召开，举办百姓周末大舞台、文化四进、星火工程、街道金秋趣味运动会等系列活动。组织开展剪纸6场、掐丝珐琅活动6场；开展系列文明实践活动576场，正向发布信息1187篇；购买2580册图书丰富社区文化站馆藏，投入66.5万元促进文体队伍发展。开展摄影书画手工展评、职工健步走等活动，参与3000余人次；组织民族团结进步活动18场；开展“美好生活讲师团”宣讲活动18场，六里桥村、靛厂村、小井村完成乡村振兴类课题宣讲3场。（张恒熠）

【润园小区积分制实现多元治理】 2022年，小井村润园小区制定乡村治理积分制实施方案，推出积分制奖惩办法、积分制评分标准，由专门评议组进行考核监督，运用积分制实现多元治理、共建共享。积分具体划分为基础分、加分、减分3类，孝老爱亲、自觉维护环境卫生、垃圾分类、践行志愿活动、行好事等行为都会纳入积分事项，通过累积积分，村民可到指定超市兑换小礼品。通过推广实施乡村治理积分制，村民创城意识与参与创城的积极性得到提高，形成人人参与的良好氛围，为创建文明城区、促进乡村振兴和平建设全面发展打下基础。（张恒熠）

2022年丰台区六里桥街道社区居委会、村委会一览表

表31

序号	名称	地址
1	丰台路口社区居委会	望园西里17号楼北门
2	望园社区居委会	望园东里三号平房
3	六里桥南里社区居委会	小井294号（天云五金建材院内）
4	六里桥北里社区居委会	莲怡园东路与吴家场路交叉口
5	八一厂社区居委会	六里桥北里甲1号八一厂院内3号楼西侧
6	六里桥社区居委会	六里桥北里甲15号
7	莲怡园社区居委会	莲怡园一区5号楼西侧二层红楼
8	莲香园社区居委会	莲宝路2号院盛今大厦1楼
9	金家村第一社区居委会	西四环中路326号东易日盛B座625室
10	金家村第二社区居委会	金家村一号院内平房
11	京铁家园社区居委会	京铁家园2区8号楼2层
12	保利益丰社区居委会	西局西路58号院保利百合底商58-73
13	科兴佳园社区居委会	靛厂路26号院15号楼二层
14	西局欣园社区居委会	西局欣园社区南区8号
15	西局玉园社区居委会	西局玉园北区物业楼一层
16	靛厂村村委会	靛厂村乙400号
17	小井村村委会	小井村558号
18	六里桥村村委会	广安路280号院1号楼底商

丰台街道

【概况】 丰台街道位于丰台区中部，是区委、区政府所在地。东至西三环南路、造甲街与新村街道、丽泽管委相邻，南至丰台南路与新村街道毗邻，西至西四环中路与五里店街道、看丹街道相邻，北至丰台北路与六里桥街道相邻。办事处驻兴隆中街8号。辖区总面积5.5平方千米，下辖17个社区、1个建制村。截至年底，辖区有常住人口8.42万人、户籍人口46037户9.9万人、流动人口3万人、外籍人口73人；出生人口462人、死亡人口153人；有法人单位3000余家，其中央属单位4家、市属单位1家；有医疗卫生机构18家，其中医院10家、社

区卫生服务中心1家、社区卫生服务站6家、体检中心1家；有中学4所、小学5所、幼儿园12所；有养老机构11个，其中养老驿站8家、敬老院3个；有200平方米为民服务大厅、1000平方米地区文化中心，文化广场19处。途经辖区公交线路54条，地铁9号线、10号线、14号线贯穿其中。小区绿化率30%。2022年，丰台街道完成9个机关党组织换届选举，2个社区进行党支部拆分；成立“丰台街道8小时指挥部”和临时党委，建立18个临时党支部；推动完成西国贸楼宇党群服务中心建设验收工作，建立金唐中心楼宇党总支，新建规上企业、纳税重点企业党组织6个；完成绿地改造提升、监控摄像改造、电动车车棚改造等81个项目。街道成立合作发展办公室，走访重点企业25家，为“服务包”企业解决诉求18件。完成天佑京铁工程管理有限公司落户辖区工作。保障丰台区城乡一体化周庄子村旧村改造项目和东管头集租房项目开工。指导西国贸逐步完成业态更新，将原有汽配城约11万平方米，逐步向商业写字楼及酒店服务产业调整。实现地区财政收入30600万元，比上年减少9.2%，征收房产税91.62万元，比上年减少31.4%。经中央精神文明建设指导委员会复查，丰台街道办事处继续保留全国文明单位称号。（陈　洋）

【平安建设】2022年，丰台街道完成北京冬奥会、冬残奥会，全国两会，党的二十大等重点时期和重点会议期间安保维稳工作，发动治安志愿者、企事业单位工作人员、沿街商户、环卫工人等群防群治力量12万余人次，参与社会面治安巡逻值守。发放反恐宣传材料3000余份、宣传口袋5000余个。推进疏解整治促提升专项行动，整治违法群租房33处，疏解52人。建设完成充电设施站点67处、充电接口1877个。开展安全生产大检查行动和燃气、建筑施工、有限空间作业、电动自行车等各类专项整治行动1400余次，检查生产经营单位11044家次，出动人员14840人次，排查隐患2851项，整改2747项，整改率96.3%。组织矛盾纠纷排查154次，线上线下宣传普法讲座18场次，各类法律援助、调解纠纷13件，重大行政执法案件审核5件。领导干部参与接访下访76批次，现场协调解决群众诉求。推进网上信息系统综合平台的完善和应用，受理咨询829件次1199人次。（陈　洋）

【环境治理】2022年，丰台街道处罚施工现场和泄漏遗洒类73起，罚款金额26.1万元；街巷长日常巡查1184次、处置案件200件，$PM_{2.5}$累计浓度31.7微克/立方米、TSP累计浓度88.8微克/立方米。区级生活垃圾检查考核排名第二。泥洼路6号院、30号院通过市级示范小区评选，7个小区被评为市级垃圾分类示范小区。发动2万余人次参与周末大扫除活动，清理面积20万平方米、卫生死角6336处、堆物堆料720余吨。河长巡河1856人次2498千米。开展“清管行动”，清理雨水管线32千米、雨水箅子2958个、雨水井867个。开展枯死树砍伐种植工作，应急处理因大风刮断刮倒树木、大雨冲倒树木10起；完成平原生态林及平原造林7个地块养护监督管理工作。老旧小区加装电梯3部。投入220余万元，完成粉刷和改造提升新华街、丰管路、恒联平房区北侧围墙、新华街一里8号楼底商和前泥洼小区南侧8栋楼体外立面工程。完成周庄子绿地整改，拆除绿地违法建设1万平方米。（陈　洋）

【社区建设】2022年，永善、北大街北里等7个社区（村）建立社会工作服务站点，完成服务案例35个；备案269个社区社会组织，成立丰台街道社区社会组织联合会；建成游泳场北路社区基层议事协商示范点、丰益花园社区楼门院治理示范点、丰管路社区垃圾分类社区动员发动试点；开展36场第四届社区邻里节活动，完成游泳场北路二层市民活动室装修、社区屋顶防水改造、永善社区劝导队之家改造工程；建设新北社区休闲长廊，完成东大街等7个社区晾衣杆、丰益花园社区及大桥南街等多处监控摄像头安装工程。更换丰台花园羽毛球场地塑胶地面、丰益花园篮球架、东大街西里体育健身器材。完成4个业主委员会换届，建立7个小区物业管理委员会；备案审核住宅小区物业服务项目35个。推进“创建国家卫生区”和“创建全国文明城区”活动，街道、社区建立爱国卫生组织1029家。（陈　洋）

【为民办实事】2022年，丰台街道推行“一网一门一次”改革，采取一门集中进驻、“一窗”式+代收代办服务模式，实现政务服务“就近办、家门口办”，开设“服务中央单位和驻区部队”窗口。退休档案接收2027份、转出234份、移交第三方15799份；城乡基本医疗保险管理人员16132人次。辖区退役军人在册8706人，办理建档立卡及档案维护等信息录入7392人，发放优待证4209张。落实大病和困难人群基本医疗救助待遇，残疾人服务7300人（次），各类住房服务10769次，精神病防治患者每季度服务323人（次）。发放高龄津贴84.89万元，为老服务71159人（次）。走访慰问327户22.95万元。发放各类社会救助1013.49万元。其中，发放临时救助32.87万元，医疗救助136.41万元。验收统计报表1300余份，完成2022年人口抽样调查、住户样本轮换调查、劳动力调查、就业失业调查、名录库核实录入工作。完成91名非京籍儿童入学资格审核。（陈　洋）

【“接诉即办”工作机制落实】2022年，丰台街道完善“接诉即办”工作“一把手”责任制度、监督检查制度、案卷督办制度、网格考核制度、处级领导调度制度（每日及每周）、月度总结分析整改制度、回访抽查制度及《丰台街道“接诉即办”

考核办法》等，打造诉求中心“联络专班”工作机制，实行分片包干制度。创建“丰街移动办公室”工作机制。以街道党工委为统领，将领导信访接待处、科室服务办事厅、社区书记工作室搬到居民面前、搬到问题现场，依托“家园议事会”“小院议事厅”做到主动治理向前一步。“12345”热线接诉案卷26277件，新冠疫情防控问题13139件，占案卷量的50%；住房问题2890件，占案卷量的11%；城乡建设问题2102件，占案卷量的8%；物业管理问题1577件，占案卷量的6%；环境保护问题1051件，占案卷量的4%。全年“接诉即办”响应率99.92%，解决率93.34%，满意率93.89%。在丰台区26个街镇中排第六名。（陈 洋）

【垃圾分类主题宣传月活动】8月，丰台街道开展为期一个月垃圾分类主题宣传月活动，活动结合新时代文明实践工作，利用周末党员回社区报到、学生暑期、创城、创卫等活动契机，以小区楼门微信群、出入口、活动广场等为发力点，发送（放）垃圾分类知识、宣传页，举办“小手拉大手”、有奖竞答活动、入户敲门行动，开展垃圾分类宣传活动，助力联创工作。垃圾分类主题宣传月活动期间在职党员报到394人，参加活动473人次。（陈 洋）

2022年丰台区丰台街道社区居委会、村委会一览表

表32

序号	名称	地址
1	北大街北里社区居委会	近园路北大街北里
2	东大街西里社区居委会	东大街西里平房1号
3	北大街社区居委会	北大街南里10号楼南侧平房
4	东幸福街社区居委会	东幸福街社区院内平房
5	永善社区居委会	电报局街3号楼前平房
6	正阳北里社区居委会	正阳北里小区同盛里7号楼北侧
7	东大街东里社区居委会	东大街东里6号楼前平房
8	东大街社区居委会	游泳场北路9号院写字楼1层东侧
9	前泥洼社区居委会	丰管路前泥洼小区一区4号楼
10	向阳社区居委会	新华街三里9号楼
11	建国街社区居委会	新华街一里1号
12	新华街北社区居委会	新华街一里1号
13	新华街南社区居委会	新华街一里1号
14	丰益花园社区居委会	丰管路3号院西管头车站路北
15	丰管路社区居委会	丰管路社区居委会
16	游泳场北路社区居委会	游泳场北路41号北楼2层
17	丽泽景园社区居委会	益泽路1号院丽泽景园6号楼一层东侧
18	周庄子村村委会	周庄子家园9号楼

新村街道

【概况】新村街道位于丰台区中部。东至纪家庙路与玉泉营街道相邻，南至南四环西路与看丹街道相邻，西至造甲街、科怡路与看丹街道相邻，北至京广铁路与丰台街道相邻。办事处驻新村四里25号。辖区面积5.95平方千米，下辖18个社区、1个建制村。截至年底，辖区有常住人口112573人、户籍人口20087户50585人、流动人口45289人；出生人口360人、死亡人口77人；有法人单位8000余家，其中央属单位5家、地方单位14家；有医疗卫生机构11家，其中综合性医院5家、社区卫生服务中心1家、社区卫生服务站5家；有大学1所、专科院校2所、中学4所、小学5所、幼儿园14所；有养老机构3个；有为民服务大厅1个、党群活动中心1个、地区文化活动中心1个，文化广场1处。途经辖区公交线路20余条，地铁9号线、10号线、16号线以及房山线贯穿其中。有物业管理小区43个，物管会32个、业委会10个，业委会物管会组建率97.7%。辖区绿化率20.23%。2022年，新村街道完成2家楼宇党群服务中心（站）建设，指导3家企业成立党支部筹备工作委员会；开展“以案为鉴、以案促改”警示教育，综合运用“四种形态”51人次，其中批评教育3人次，责令检查6人次，出具监察建议书1份，协助解决拖欠工资、新冠疫情、舆情、信访件30余件；成立北京丰台站工作专班，围绕搬迁腾退、秩序整治、环境提升，完成各项任务，保障北京丰台站顺利通车。完成丰台东路15个点位综合整治，拆除违法建设1950平方米，完成丰台东路等周边7条道路约3万平方米裸地绿化。实现地区财政收入51031万元，比上年减少25.5%。2022年，新村街道获得“2018—2022年度北京市司法行政系统先进集体”“北京市五四红旗团支部”称号。（王静怡）

【平安建设】2022年，新村街道在全国两会、服贸会，党的二十大等重点时期发动治安志愿者、企事业单位工作人员、沿街商户、环卫工人等群防群治力量13万余人次，参与社会面治安巡逻值守。安全生产检查单位5012家次，整改安全隐患1079处。完成20家小微企业安全生产标准化达标创建工作，完成安责险宣导会6场次，宣导企业857家次。隐患排查信息系统推广140家次，联合市应急局开展应急第一响应100人次。签订地下空间安全管理责任书280份，约谈地下空间承租人、产权人7次。接待群众来电咨询300余人次，办理网上咨询59件次62人次，加快推进解决群众诉求。张贴禁停告知书1万余张，清拖无牌车和违规乱停车辆64辆，劝离无牌车100余辆。每月组织社会单位召开交通安全培训会，开展“一盔一带”等社会宣传活动30余次，发放宣传材料1300余份。协助解决拖欠工资、新冠疫情等相关事件30余件。（王静怡）

【环境治理】2022年，新村街道完成68条背街小巷“一扫二保”（即早上清扫，上、下午巡回保洁），清运无主垃圾、堆物堆料937车。清运医疗垃圾95.49吨。开展排查辖区施工围挡，核销上账问题点位23处。拆除违法建设5.6平方米，完成率104.8%，全区排名第六。检查施工工地1600余次，处罚13起，罚款金额26.5万元。联合渣土站、交通队，查扣违规运输渣土车34辆，处罚29起，罚款金额5.8万元。$PM_{2.5}$累计浓度33.2微克/立方米，TSP累计浓度87.2微克/立方米，全区排名同比上升25名。（王静怡）

【社区建设】2022年，新村街道指导社区开展议事协商会议300余次，指导刘孟家园社区申报开放型服务社区示范点、桥梁厂第二社区申报议事协商示范楼门示范点。创建街道级社会心理服务中心和街道级社会工作服务中心，开展个案心理测评、心理知识讲座。建立物管会4个，备案项目30个。上报黑榜物业4个、红榜物业7个。加强日常巡查5个社区办园点，幼儿园普惠率96.39%。开展常态化监管检查巡查46家校外培训机构，完成育芳园社区第一办园点停止办学幼儿分流工作。维护街道辖区企业统计名录库，录入260家新企业基本信息，完成93家企业基本情况核查与修改。完成鸿业兴园便民“微商业街”改造，建设鸿业兴园便民网点。组织开展为期八期社区工作者心理培训，培训覆盖19个社区村和“两新”组织党务工作人员266人次，培训通过书法、插花、绘画、茶艺、助眠等形式化解社区工作者压力。（王静怡）

【为民办实事】2022年，新村街道完成医保报销657人次2965423.39元，城镇居民医疗保险新参保478人，新发社保卡523张，补换卡2125张。社会化退休人员档案及关系接收1726人、转出4786人，办理延缴手续及无档案人员参保17人。发放丧葬补贴8人4万元。建立社区政务规范服务站19个，其中政务服务示范站3个；建立社区退役军人服务站19个，其中退役军人示范服务站8个，慰问困难退役军人5人，发放退役军人优待证；新设立“服务中央单位和驻京部队”窗口1个。督查验收12个公厕、2个养老机构、6个社区卫生服务中心无障碍建设，完成精品街、示范“一刻钟服务圈”以及辖区“七小门店”建账与上账172处，改造及销账519个元素。开展健康讲座224次，发放慢性病防控相关宣传材

9月23日，新村街道组织社区工作者开展书法活动，减轻社工心理压力

（新村街道 供图）

料 1.58 万余份，新建成健康社区 1 个（鸿业兴园社区）。办理生育登记服务单 226 份、流动人口生育联系单 541 份，政府投保计划生育家庭意外保险 650 份。建设提升便民服务网点 2 家，有基本便民商业网点 628 家，网点连锁率 40.86%。完成非京籍儿童入学审核 472 人次，审核通过 183 人。（王静怡）

【“接诉即办”工作机制落实】 2022 年，新村街道完善《新村街道“接诉即办”工作办法》《新村街道派件目录》《新村街道办件基本流程及要点》《新村街道每月一题》等文件，提升“接诉即办”工作规范化、制度化水平、操作可行化。运用“吹哨报到”机制 86 次，推进解决辖区房屋漏雨、电梯老化、房产证等问题，问题解决率 79.07%。受理市“12345”热线交办诉求 24556 件，比上年减少 6829 件，投诉总量比上年下降 38.52%。响应率 99.96%，解决率 94.66%，满意率 94.93%，其中解决率和满意率分别较上年提升 12.85% 和 8.55%，在全区 26 个街镇中排名第七，连续 17 个月在全市考核中诉求量未进入前十名。9 月，街道正式退出治理类街乡镇市级督导。（王静怡）

【垃圾分类】 2022 年，新村街道规范建设可回收物中转站 1 个、生活垃圾分类驿站 19 个、分类桶站 278 组、居住小区装修垃圾投放点 46 处、大件垃圾投放点 44 处。检查生活垃圾分类 1588 家次，不合格 86 家，立案 34 起，罚款金额 17.3 万元。刘孟家园被评为北京市第一批垃圾分类示范小区。（王静怡）

【消防安全】 2022 年，新村街道为 780 名 60 岁以上老人申请安装独立式烟感报警器，为空巢、高龄、独居老人购置 50 套灭火毯等消防器材，为造甲村平房区配置干粉灭火器 300 具、水袋 30 条、水枪 10 套。组织开展“全民消防大培训”活动，线上注册并参加培训 13181 人。街道有电动自行车充电接口 2720 个，增建 1232 个，为芳菲路等 11 个社区安装充电车棚 15 个。开展村民自建出租房消防安全综合整治工作，清理居民院内、公共区域可燃物 4 吨，违规停放电动自行车 81 辆，违规、无证的液化石油气瓶 34 个；打通消防通道 1 条。开展“应急知识进万家（安全月）”“119”消防宣传月和各类应急演练等活动，发放各类传单、海报 2.5 万余份。（王静怡）

【老旧小区改造】 2022 年，新村街道完成北京丰台站南广场拆迁腾退工作。开展育菲园东里，育芳园东里、育芳园甲一号院，新村二、三里平房区域，造甲南里 7、8、9、12 号楼管线维修工作，解决老旧小区排水问题。改造育芳园小区 30 号楼北侧，万芳路北口东侧区域闲置地块，推进建立优筑口袋公园。推进 21 年老旧小区刘家村 200 号楼、造甲街 1 号楼改造，开展葛村西里 1 号楼环境提升工程。（王静怡）

【就业服务】 2022 年，新村街道举办线上线下招聘会 3 次，发放宣传材料 100 余份。就业完成率 65.6%，失业率控制在 1.76%，农村劳动力就业参保指标完成 23 人，采集空岗信息 2509 件，职业指导 476 人，城乡劳动力推荐 288 人。为 5 家单位申请岗位补贴 1.8 万元，办理外出就业补贴 4 人 1.1 万元。（王静怡）

【助残服务】 2022 年，新村街道完成残疾人就业 35 人，慰问残疾人家庭 392 户，残疾人城乡居民养老保险补贴政策审核 86 人，办理城镇残疾人个体保险补贴 214 人，申请困难残疾人助学补助 4 人，16 岁以下残疾儿童康复补助 21 人。（王静怡）

【文体活动】 2022 年，新村街道更换全民健身器材 28 件，组织基层文体团队参加区级羽毛球比赛、“一起跳”健身操大赛、“健康丰台人”素质大赛、丰台区合唱大赛、棋类大赛等活动，完成北京市全民健身示范街道创建。开展群众文化活动 35 场。其中，民俗文化 12 场、创意生活 12 场、绿植制作 3 场、科学小实验 3 场、“情满新村 爱在社区”中秋月饼制作主题活动 5 场。推动综合文化中心和图书馆硬件设施设备建设，开展文化活动 48 场、公益性培训 24 场、线上活动 12 场、特殊人群活动 10 场、专场文艺演出 8 场，梳理各类制度 21 套、文化队伍 14 支、品牌队伍 2 支，完成综合文化效能考核工作。（王静怡）

【税源建设】 2022 年，新村街道成

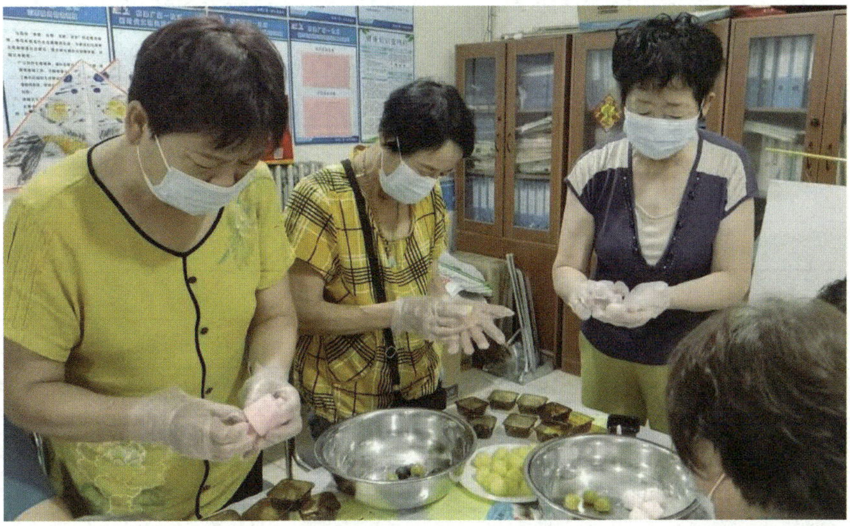

9 月 7 日，三环新城第三社区组织居民开展“情满新村 爱在社区”中秋制作月饼主题活动
（新村街道 供图）

立倍增追赶合作发展领导小组、合作发展办公室（专班），设置2个“重点领域专攻组”、4个“倍增追赶工作专班”，实行“2+4”工作模式。辖区企业8928家。其中，区级税收100万元以上企业32家，规模以上企业88家，“服务包”企业8家。引进北京亿商联动、龙天新化科技、润亚建设有限公司。建立会商机制，定期组织召开辖区经济发展座谈会，建立永乐文智园、人才大厦、天坛生活广场、融达国际、西宸广场重点楼宇园区、企业合作共建联系制度。协调新村税务所在永乐文智园建立税费流动站进行“现场办公”，宣传税务知识，开展税费培训，提升园区企业服务便利度，实现“就近可办”，形成企业税务服务新模式。（王静怡）

【“侨之家”喜迎二十大系列活动】

9月22日上午，“侨心向党喜迎二十大·汇聚侨力奋进新时代”系列活动在“侨之家·怡海社区”举行。怡海花园社区作为北京市首个“侨之家”社区，是基层侨联组织建设样本，是侨联主动参与社会治理典范。“侨心向党喜迎二十大·汇聚侨力奋进新时代”系列活动是2022年“侨之家”重要活动之一。活动中，丰台区侨联党支部向怡海社区侨联赠送《习近平谈治国理政》第四卷，怡海社区侨联向丰台区侨联回赠《中华人民共和国史稿》；组织学习《中央统战工作会议精神》、《习近平谈治国理政》第四卷（节选）；活动最后，进行制作剪纸活动，感受非遗文化的魅力，并激发对中华传统文化的热爱。（王静怡）

【“司法护航 助企发展”主题活动】

9月20日，永乐文智园党群服务中心和北京永乐颐康投资管理有限公司联合北京市第四中级人民法院（北京铁路运输中级人民法院）机关党委、团委共同开展“司法护航 助企发展”主题活动。来自北京市四中院和永乐文智园“两新”组织员工60余人参加活动。北京市第四中级人民法院青年干警参观永乐文智园，了解永乐文智园改造背景、功能、运营及入驻企业经营情况。活动中，立案庭向企业员工进行《民法典，“典”亮美好生活》《扫黑除恶始终在路上》授课，通过发生在身边经典案例，讲授相关法律知识。（王静怡）

2022年丰台区新村街道社区居委会、村委会一览表

表33

序号	名称	地址
1	芳菲路社区居委会	芳菲路88号院3-2-102
2	鸿业兴园社区居委会	鸿业兴园二区2号楼一层西侧
3	桥梁厂第二社区居委会	新村二里5号楼北侧院内
4	桥梁厂第一社区居委会	葛村西里12号楼北侧平房
5	三环新城第二社区居委会	丰桥路8号院甲14号底商
6	三环新城第三社区居委会	丰桥路三环新城8号院3号楼甲2-58
7	三环新城第一社区居委会	丰桥路8号院14号楼外底商1单元36号
8	首经贸中街社区居委会	首经贸中街1号院1号楼底商
9	万年花城第二社区居委会	樊羊路15号院10号楼一层
10	万年花城第一社区居委会	万芳园一区2号楼3单元一层
11	怡海花园社区居委会	怡海路2号5幢1层2-1室
12	优筑社区居委会	樊家村甲4号院枫泽园小区6号楼底商8号
13	育芳园社区居委会	育芳园商业街底商
14	造甲村社区居委会	造甲村90号
15	造甲南里社区居委会	造甲南里20号院3号楼底商
16	鸿业兴园南社区居委会	鸿业兴园一区1号楼104
17	刘孟家园社区居委会	康辛路19号院11号楼
18	育菲园社区居委会	育菲园东里15号楼16号楼之间
19	樊家村村委会	新村三里甲8号

长辛店街道

【概况】 长辛店街道地处丰台区西南部。东至永定河右堤路，与宛平街道相邻；南接房山区长阳镇和丰台区王佐镇；西至蟒牛河，与云岗街道相连；北到长兴路，与北宫镇接壤。办事处驻公路街甲12号。辖区面积15平方千米，下辖18个社区、2个建制村。截至年底，辖区有常住人口6.34万人、户籍人口23655户52969人、流动人口3279人；出生人口154人、死亡人口508人；有法人单位3537家，其中有中国中车集团北京二七机车有限公司、北京北方车辆集团有限公司、中国通号集团北京二七通信工厂有限公司央属单位3家，市属单位2家，区属单位1家；有综合性医院2家、社区卫生服务中心2家、社区卫生服务站5家；有中学3所、小学3所、幼儿园6所；有养老机构4个；有为民服务大厅1个、党群活动中心1个、地区文化活动中心1个，有文化广场11处。有驻军部队4支；有国家级重点文物保护单位7处，区级重点保护文物2处；途经辖区公交线路10余条。绿化率22.19%。2022年，长辛店街道成立中体奥园社区党总支，选举产生第一届党总支委员。整改朱北、中奥嘉园、长辛店村等社区（村）创城问题210个，自查自纠类似问题8680个。开展“2021北京榜样·最美丰台人”“丰台好人”主题活动，东山坡郭慧上榜。在招商办和财源建设工作专班基础上，成立合作发展办公室，制定《长辛店街道合作发展办公室工作办法》。组织辖区14家重点企业开展优化营商环境座谈会，制定企业走访服务工作方案，因地制宜开展走访，统筹做好稳企留税工作，成功挽留2家企业，梳理18家重点税源企业财源信息，2家商务楼宇覆盖企业142家，其中重点税源企业45家。高新技术企业北京中联勘工程技术有限责任公司获北京市专精特新“小巨人”企业认定。全年实现地区财政收入5149万元，比上年减少28.4%。2022年，长辛店街道城乡管理办公室被评为“2022年冬奥会、冬残奥会北京市先进集体”，朱家坟南区社区入选“全国示范性老年友好型社区”。

（杨　志）

【平安建设】 2022年，长辛店街道完成全国两会、党的二十大等重点时期维稳安保任务，推进“智慧社区治理系统”“平安社区”建设，安装智慧社区治理系统门禁54处，建设社会治安综合防控体系，完成20家小微企业安全生产标准化创建，安责险推广走访企业771家。检查单位2529家次，开具责令整改通知单899张，整改隐患1153处，整改率100%。重点监管企业隐患排查治理信息系统推广应用120家，安装独立式感烟报警器805个，全民消防培训8319人，完成率101.08%，建设消防科普教育基地。完成重大行政执法案件法制审核及行政规范性文件审核备案，建立重大案件审核和集体讨论制度。

（杨　志）

【环境治理】 2022年，长辛店街道修复道路2820平方米，铺装道路12916平方米，粉饰城市立面3089平方米，增设停车位76个，修建围墙及护栏545米，新建雨污水管线4166米，户内上下水管线更换187户。打通二七机车厂东门停车场，制定区域道路单循环方案，缓解杨公庄拥堵问题。完成二七纪念馆白蚁防治及庭院改造提升，提高二七纪念馆建筑安全及观览效果，保障“9·30”烈士纪念日、国家公祭日、党建纪念日等重大活动周边环境安全。招募“小巷管家”80人，组织培训150人次，“小巷管家”巡访300小时，完成环境治理背街小巷985条763869平方米，处理各类事件65件。玉皇庄路获评“2022年度北京市十大最美街巷”。（杨　志）

【社区建设】 2022年，中体奥园社区获区民政局正式批复建立，10月9日完成居委会选举。长辛店街道完成光明里社区开放式空间改造项目；建成东南街社区议事协商厅示范点，推进社区协商向小区、楼门、村组延伸；指导杜家坎44号院小区物管会召开物管会会议4次，发布公告15份，推动引入物业。开展爱国卫生工作，创建成为北京市卫生街道。朱南社区获评全国示范性老年友好型社区。在基层文化建设“六个十”［即十个示范性社区（村）文化室、十个示范性文化广场、十个优秀原创作品、十个优秀品牌文化活动、十个优秀文化团队、十个优秀传统文化项目］示范项目中，朱家坟南区社区综合文化室和崔村二里社区综合文化室被评为“示范性社区文化室”、二七文化广场被评为“示范性文化广场”、歌曲《半条棉被暖人心》被评为优秀原创作品、“老尹讲古镇”被评为优秀品牌文化活动。

（杨　志）

【为民办实事】 2022年，长辛店街道建设玉皇庄养老驿站，升级改造东南街、陈庄、建设里养老驿站，覆盖居家养老“15分钟社区服务圈”，驿站提供服务18万次，基本养老服务对象签约1221人次，发放各类惠老补贴81万元。发放低保救助金1129万元，为特困人员发放生活费55万元，医疗救助1211人次180万元；为生活困难残疾人发放生活补贴84.04万元，为重度残疾人发放护理补贴24.82万元；受理住房保障业务938户，有保障性住房资格家庭922户。

（杨　志）

【“接诉即办”工作机制落实】 2022年，长辛店街道推行“接诉即办”“1357”工作法（即一天研判、三天回访、五天再访、七天结案），将无规律即时回访变更为3日、5日回访及6日办结。制定《长辛店街道“接诉即办”奖励工作方案》，落实丰台区“接诉即办”工作争优评先、奖惩共施工作。针对易反复案件多发问题，建立易反复问题台账，严格推行派件3、5、7日重点提醒、全程督查联系、到期预警提示、长期巡查关注等机制，运用过程管理方式，降低该类案件发生率。街道“12345”市民服务热线受理群众诉求13242件，办结13242件，办结率100%，诉求量排名前五问题是核酸检测1754件，占全年诉求量的13.25%；健康宝1363件，占全年诉求量的10.29%；小区配套706件，占全年诉求量的5.33%；社区村日常防控511件，占全年诉求量的3.86%；违法建设482件，占全年诉求量的3.64%。“接诉即办”综合得分95.2分，响应率97.7%、解决率95.7%、满意率95.3%，全区26个街镇中排名第九。（杨 志）

7月15日，长辛店街道组织入党积极分子到二七纪念馆参观学习（长辛店街道 供图）

【垃圾分类】 2022年，长辛店街道按照《长辛店街道垃圾分类实施方案》，开展垃圾分类进社区活动90余场次，物业小区签订生活垃圾清运合同，签约率100%，悬挂宣传展板、入户宣传2200余次，推动“冬奥有我、扮靓京城”垃圾分类知识宣传。垃圾宣传工作经验被市级电视台采访宣传。（杨 志）

【学好“家门口”党史活动】 2022年，长辛店街道开展学好“家门口”党史活动，完成党的二十大服务保障和学习宣传，二七纪念馆等“2+6”（2即长辛店二七纪念馆、留法勤工俭学预备班旧址；6即劳动补习学校旧址、二七惨案长辛店旧址、工人夜班通俗学校旧址、二七机车厂近代建筑遗存、长辛店二七烈士墓、长辛店工人俱乐部旧址）革命旧址教育基地接待参观2.2万人次。传承好“家门口”精神，组织新时代文明实践活动46次，276个网格志愿服务分队参与1.6万人次。（杨 志）

【文明实践活动】 2022年，长辛店街道新时代文明实践所、各社区（村）新时代文明实践站以“十九届六中全会精神宣讲”“冬奥有我文明同行”“学雷锋志愿服务”“同做健康卫士，阻击疫情侵袭”“强国复兴有我”等为主题，成立丰台好人志愿服务队，开展新时代文明实践推动日活动220余场，培育和践行社会主义核心价值观。开展美好生活讲师团宣讲16场，组织“2021北京榜样·最美丰台人”“丰台好人”主题活动，东山坡郭慧上榜。定期巡查维护宣传栏、电子屏、微信公众号等宣传阵地、公共空间艺术品。微信公众号推送1338条，原创227条，微博推送1291条，阅读量188万人次。街道相关信息在全国、市、区媒体刊登282篇。（杨 志）

【文体活动】 2022年，长辛店街道举办文化活动175场，服务居民1万余人次，举办“周末百姓大舞台”演出12场，开展群众性体育活动52场，为社区村安装全民健身路径4套、棋苑1套，更新健身器材5处，更换健身宣传海报21处，安装室内外乒乓球台10台。完成改造朱北社区篮球场，更换二七篮球场2个篮板和4个篮筐。长辛店街道毽球队被北京市星级团队评定为四星级团队。（杨 志）

【北京冬奥会环境保障】 2022年，中车北京二七机车有限公司老旧厂房改建为国家冰雪训练科研基地，街道承担训练基地周边环境保障任务。国家冰雪训练科研基地作为涉冬奥场馆，街道关注周边环境清洁，组织相关力量处置场馆周边社区居民反馈的问题，推动辖区环境治理迈向精细化、体系化，营造辖区单位、居民共同参与冬奥、建功冬奥的氛围。通过“吹哨”协调市区相关部门，推动项目的落地实施。聚焦冬奥项目开展8个老旧失管小区14栋楼的污水管线、路面、架空线缆和11条背街小巷精细化整治提升工作，铺设道路46402平方米，修缮污水管线789米，架空线入地2.5千米，粉刷墙里面31142平方米，确保冬奥训练场馆周边整治项目达到各方“广泛参与、共治共享”理念。开展共享单车规范停放、志愿者服务等系列主题活动。街道城乡管理办公室被中共北京市委、北京市人民政府、北京冬奥组委联合表彰为2022年冬奥会、冬残奥会北京市先进集体。（杨 志）

【朱家坟南区社区入选全国示范性老年友好型社区】 2022年，长辛店街道贯彻落实习近平总书记关于老龄工作的重要指示精神，推进社区敬老爱老工作，根据朱家坟南区社区老龄人口多特点，按照提升社区服务水平，探索建立老年友好型社区工作模式和长效机制。社区通过宣传栏、微信公众号、宣讲活动等为老年人树立“莫道桑榆晚、为霞尚满天”的老龄观，在社区内开展“孝”文化宣传活动，评选“最美家庭”、文明楼门、推荐孝星，开展老年人权益讲座，社区定期开展“小手拉大手”“老年人运动会”等趣味活动，增强不同代际文化融合和社会认同。社区党委把支部建立在网格上，19个网格党支部建立起社区老年人台账，掌握老年人底数、建立需求和资源清单，为老年人开展共性和个性化服务，提高老年人的参与率和获得感。通过家庭医生签约服务、建设养老驿站、设立社区心理咨询室、举办法律咨询进社区活动，为老年人提供贴心暖心的个性化服务。社区完成1200余平方米开放式服务空间改造，开展老年协会、书画社、编织社、舞蹈社团等团队活动，举行社区社会治理出谋划策座谈会。10月，朱家坟南区社区被国家卫生健康委、全国老龄办评选为全国示范性老年友好型社区。 （杨 志）

2022年丰台区长辛店街道社区居委会、村委会一览表

表34

序号	名称	地址
1	玉皇庄社区居委会	玉皇庄社区6号楼前平房
2	陈庄社区居委会	长辛店花园北里甲14号
3	东南街社区居委会	长辛店福康里2号
4	崔村二里社区居委会	长辛店崔村一里7号扶轮小学西侧
5	建设里社区居委会	长辛店崔村一里15号平房
6	光明里社区居委会	长辛店胜利里甲12号
7	南墙缝社区居委会	长辛店西后街120号
8	合成公社区居委会	长辛店东山坡三里58号
9	西峰寺社区居委会	长辛店西峰寺北上坎69号
10	东山坡社区居委会	长辛店卢西嘉园13号楼
11	北关社区居委会	长辛店街道教堂胡同29号
12	朱家坟南区社区居委会	长辛店街道朱家坟二里八楼北侧
13	赵辛店社区居委会	长辛店乡赵辛店村929号
14	北岗洼社区居委会	长辛店乡北岗洼村203号
15	朱家坟北区社区居委会	长辛店朱家坟五里一号院
16	长馨园社区居委会	安康路2号院2号楼底商
17	中奥嘉园社区居委会	连兴街1号院2楼1单元103号
18	中体奥园社区居委会	长兴路12号院1区1号楼
19	长辛店村村委会	长辛店杜家坎南路甲17号
20	赵辛店村村委会	赵辛店村919号

云岗街道

【概况】 云岗街道位于丰台区西南部。东与长辛店街道为邻，西南与王佐镇相连，北与北宫镇接壤。办事处驻云岗北区西里4号。辖区面积10.23平方千米，下辖12个社区、1个建制村。截至年底，辖区常住人口5万人、户籍人口16579户36761人、流动人口8985人；出生人口305人；其中规模以上法人单位20家，有航天科工集团第三研究院、航天科技集团十一院、航天六院101所央属单位3家、北京京丰燃气热电有限公司市属单位1家；有医疗卫生机构5家，其中综合性医院1家、社区卫生服务中心1家、社区卫生服务站3家；有航天三院教育中心、中学1所、小学1所、幼儿园4所、青少年科技站1个；有养老机构5个；党群活动中心1个、地区文化活动中心1个，文化广场1处。途经辖区公交线路13条。绿化率25.23%。2022年，云岗街道完成新冠疫情防控、创卫创城、垃圾分类、公共设施修缮、志愿者队伍保障等工作。推进“强国复兴有我”等主题宣传教育活动。与《北京日报》“党报进社区”项目组合作，开展线上微党课云宣讲10期。推进

"伙伴计划"，服务辖区重点企业20余家，四川天石和创科技有限公司北京公司落户云岗，为航天十一院协调解决重点项目临设实验基地建设，引入加拿大华裔农业种植科学家，成立北京中植汉枫生物科技有限公司。打造航天人才家园，解决青年职工就近住房需求。上门宣传军品纳税最新政策，服务拓展税源。实现地区财政收入17021万元，比上年增长35.7%，全区增速排名第四。2022年，云岗街道市民诉求处置中心获得"北京市工人先锋号"称号，北里社区被评为"特色职工志愿服务队伍"。（高俊伟）

【平安建设】2022年，云岗街道完成全国两会、党的二十大等重点时期维稳安保任务。制定《2022年云岗街道安全生产重点工作任务》；完成13家小微企业标准化创建工作；企业安责险AB库台账宣导覆盖率80%；为老旧小区加配灭火器164个，更换497个；"119"消防宣传月组织宣传活动15场，发放宣传品4800余份，发放烟感报警器780个；封闭小区安装充电桩48个，平房院落、独立院落、自然院落等安装充电桩9个；安装充电口1764个。开展经营性自建房风险隐患排查，建立自建房台账167个、经营性自建房台账67个。联合综合执法中心开展交通整治行动40余次，治理乱停乱放车辆10余次；收到上级转办件81件次，受理群众咨询76件102人次，组织社会面矛盾纠纷大排查3次，网上办理受理率100%，受理满意率100%，按时办结率100%；开展社区矫正对象风险隐患排查及社会矛盾纠纷排查1020人次，集体教育43人次，个别教育988人次，实地走访矫正对象家庭63次，实地走访矫正对象所在社区72次，开展社区矫正隐患排查整治专项行动走访30人次。劳动巡查用人单位1086人次，涉及人数3126人次。春节和国庆节前期，慰问保安、建筑、环卫等行业留守务工人员320人。（高俊伟）

【环境治理】2022年，云岗街道拆除违法建设64.5万平方米，拆违任务销账率113.6%，全区位列第一。更新"门前三包"责任牌407家，4家医院、4所学校、5所幼儿园、3家事业单位纳入管理台账。处理环境案件962起。清理堆物堆料、垃圾约50吨，治理街巷91条，地下车库、自行车棚50余处。围绕14类大气污染源，开展日常巡查检查工地、复垦耕地、裸地、餐饮单位、汽修等污染源500余次，夜查100余次，处级领导带队检查100余次。完成第二轮市级生态环保督察迎检工作，督促各类施工工地落实扬尘管控措施。开展道路深度治理及小块裸地治理项目，协调环卫所加大清扫和洒水降尘力度，完成道路两侧绿化和路牙苫盖、硬化工作。（王　华）

【社区建设】2022年，云岗街道统筹资金40万元为各社区更换办公设备设施。完成街道心理服务示范站点、北里社区航天三院三部活动站社区之家示范点、田城社区议事协商楼门院示范点建设。开展北京市第四届社区邻里节嘉年华活动，以"共建和谐美好家园、喜迎党的二十大召开"为主题，组织各社区开展社区邻里节活动26场。完成街道残联第八次代表大会，云岗温馨家园为辖区残疾人和居民提供各项服务3500余人次。开展2022年健康提素行动，获得全区第二名。收到创卫整改台账1638条，整改1591条，整改率97%。街道3名社工入选"最美社工"。（高俊伟）

【为民办实事】2022年，云岗街道受理审核公共租赁住房新申请家庭106户、市场租房补贴家庭15户、公共租赁住房租金补贴家庭7户，审核并发放廉租与公租及市场租房3种租金补贴194万元，受理变更家庭60户，开展资格复核与复查420余户家庭，380户家庭符合资格、26户家庭放弃资格、14户家庭进行变更。签约服务554名老人，建设家庭床位20张。为93名90岁以上老人入户送诊。向1名失独老人提供一次性经济帮助1万元。128人享受困难残疾人生活补贴，较上年新增8人、撤销11人，发放补贴金额91.43万元；174人享受困难残疾人护理补贴，较上年新增6人、撤销7人，发放补贴金额27.66万元。（高俊伟）

【"接诉即办"工作机制落实】2022年，云岗街道受理"12345"市民服务热线诉求6689件。其中，直派3802件，转派2887件。日常诉求类3836件，占全年诉求量的57.35%；新冠疫情类诉求2744件，占全年诉求量的40.02%；垃圾分类诉求109件，占全年诉求量的1.63%。"接诉即办"平均得分97.1分，考评总量2280件，在丰台区26个街镇中排名第二。"直派"考评量1429件，综合排名全区第六，平均得分97.15分；"转派"考评量851件，综合排名全区第一，平均得分97.02分。办结施工扰民、道路维修、修剪树木等有关城乡建设类诉求409件，响应率99.51%，解决率97.73%，满意率95.8%。"吹哨"6次，协调解决施工扰民、油烟异味、道路坑洼等问题。利用"街巷吹哨 部门报到"机制，会同区水务局、区生态环境局、排水集团多次开展现场核查辖区污水直排问题，治理159厂、云岗路、北区、云西路平房等8处污水直排问题。（高俊伟）

【社会救助】2022年，云岗街道有城市最低生活保障人员93户146人，较上年新增7户12人，撤销6户10人。发放低保救助金239.63万元。临时救助18户27人，发放临时救助金额5万元。低收入家庭1户，发放低收入救助金2200元；特困救助供养人员2户2人，发放特困供养救助金6.84万元；低保边缘困难人员150户，发放4.5万元救助物资。为18人发放丧葬抚恤金280万元；为优抚对象报销药费30

人次5万余元；医疗救助低保对象244人次45万余元，大额医疗救助39人次4.4万元；发放困境儿童生活费6人16.7万元。走访慰问计划生育特扶家庭38户55人，发放慰问金11万元。（高俊伟）

【文体活动】 2022年，云岗街道开展以庆祝北京冬奥会、冬残奥会召开、喜迎党的二十大等为主题的群众文化体育活动，通过线上线下相结合方式，开展《一起向未来》舞蹈培训展示活动，“传承非遗，遇见传统节日”系列文化活动，优秀群众文体团队评选，暑期冰雪体验营，公共文化系列课程书法班、乐理班等群众性文体活动158场。委托北京市文物建筑保护设计所对镇岗塔进行勘察，编制修缮设计方案，申报2023年文物修缮项目。（高俊伟）

【正能量宣传】 2022年，云岗街道发放社会主义核心价值观、公益广告等宣传海报1508张，宣传折页3万余张，开展新时代文明实践主题活动，航天单位职工获“全国五好家庭”“中国好人”等称号，登上“北京榜样”周榜、月榜、年榜。《人民日报》以《接续攻关，为航天器护冷暖》为题报道街道榜样人物航天三院张昊事迹，并在“文明北京”“北京榜样”微信公众号进行报道。（高俊伟）

二老庄村老爷庙修缮前后对比 （云岗街道 供图）

【老爷庙修缮项目】 8月至12月，云岗街道开展修缮二老庄村老爷庙工作。工程在不扰动整体结构前提下，将歪闪构件恢复到原来状态，完成现状整修及少数局部支顶更换糟朽木构件，拆除近代添加无价值部分，并有依据地恢复原始装修形制，最大程度保存文物历史信息，恢复文物风貌。二老庄村老爷庙为丰台区普查登记文物，作为历史建筑物，是当地村民的集体记忆，也是棚改后新张家坟村的城市记忆，修缮后的二老庄村老爷庙作为村史馆使用。（王 静）

2022年丰台区云岗街道社区居委会、村委会一览表

表35

序号	名称	地址
1	翠园社区居委会	云岗翠园小区10号楼西侧
2	珠光嘉园社区居委会	长云路2号院20号楼二层
3	镇岗南里社区居委会	镇岗南里22楼东侧
4	朱家坟西山坡社区居委会	张家坟东里5号楼西侧
5	北区社区居委会	云岗北区西里甲3号
6	北里社区居委会	云岗北里11楼前
7	南一社区居委会	南区东里14楼东侧
8	南二社区居委会	云岗南区东里23号院
9	田城社区居委会	东王佐北路5号院7楼201
10	珠光逸景社区居委会	太柏西路1号院2号楼2层
11	张家坟社区居委会	长云路2号院20号楼物业二层
12	云西路社区居委会	云岗西路9号院3号楼东侧
13	张家坟村村委会	太柏西路1号院2号楼1层

方庄街道

【概况】 方庄街道位于丰台区东部。东起分钟寺桥，南起南三环辅路，西至蒲黄榆路，北至南二环辅路。办事处驻芳群园三区2号楼。辖区面积3.14平方千米，下辖17个社区。截至年底，辖区有常住人口78841人、户籍人口21335户

45770人、流动人口194人；出生人口126人、死亡人口209人；有法人单位3700家，其中央属单位8家、市属和区属单位36家、其他单位3656家。有医疗卫生机构13家，其中医院2家、口腔诊所5家、社区卫生服务中心1家、社区卫生服务站5家；有技校2所、中学4所、小学6所、幼儿园11所；有养老机构6个，其中养老驿站4家、康养社区1家、老年公寓1家；有为民服务大厅1个、党群活动中心17个、地区文化活动中心17个，有文化广场1处。途经辖区公交线路26条，地铁5号线、14号线贯穿其中。绿化率7.82%。2022年，方庄街道完成北京冬奥会、冬残奥会，全国两会，党的二十大等各项重大活动保障工作，新冠疫情防控，拆违控违，推进老旧小区改造，为民办实事等各项工作。组建合作发展办公室，凝聚招商引资、企业服务的合力，实现央企新兴际华三家二级子公司及新三板上市公司哇棒移动传媒、优质税源企业凯弘达科技、鸿农国际贸易等落地发展。设立企业414家，跨区迁入企业11家。新增注册资金50万元以上企业330家，1000万元（含）以上63家。开展“服务包管家式”服务驻区重点企业、新引进企业39家，解决企业诉求72件，包含申请企业公租房、办理工作居住证、协助兑现税收返还奖励、协助申请国高新专项奖励等事项。全年实现地区财政收入1.94亿元，同比增长38.57%，代征房产税210.83万元。（姜　琪）

【平安建设】2022年，方庄街道完成北京冬奥会、冬残奥会，全国两会、党的二十大等各项重大活动保障工作，发动2850余名群防群治力量参与党的二十大安保维稳，组织完成28处制高点看护任务。开展反恐防暴、反诈骗、禁毒、预防煤气中毒和铁路护路等工作宣传，发放宣传材料2600余份、宣传口袋2000余个，发放宣传页1500余份，法宣品1000余份。开展火灾风险隐患排查整治149次，发现并整改安全隐患992个，建设电动车充电车棚（桩）16处、充电柜30处、充电接口616个，安装电梯阻车器392部。为60岁以上老年人安装独立式感烟报警器780个。排查矛盾纠纷380人次。开展安全生产检查1837家次，整改安全隐患847条。上账一般隐患13处，全部完成整改。持续推进安全生产专项整治三年行动，组织开展危险化学品、餐饮单位和安全检查等专项行动12个，摸排企业1000余家，完成223个隐患排查整治。领导接访下访80余次，110余人。重点领域、突出问题排查4次，排查问题26个，建立台账并逐一化解。网上信息系统平台受理咨询82件，及时受理率、按期答复率及群众满意率均100%。（姜　琪）

【环境治理】2022年，方庄街道拆除违法建设16处932.85平方米，销账率103.65%；治理桥下空间8处、群租房1处、施工围挡5处、“揭网见绿”1处，建设提升基本便民服务网点1处，全部完成指标任务并销账；清理占道经营和无证无照经营，新生违建、散乱污企业动态清零；完成“基本无违法建设区”创建工作，纳入“创建底图”图斑193处34549.36平方米，全部办结或销账，办结率位居全区第一。完成整改环境系统下派案件，$PM_{2.5}$累计浓度31.3微克/立方米、TSP累计浓度84.8微克/立方米，比上年上升89位。打造市级背街小巷示范街2条，河长巡河3063人次5765千米。（姜　琪）

【社区建设】2022年，方庄街道组织开展“掌上四合院2.0”优化提升搭建，做好超大型社区拆分，组建方庄心理服务中心和方庄社会工作服务中心，完成芳城园一区第一社区服务空间开放式建设，落实芳古园二区社区楼门院、芳城东里社区议事厅建设，开展北京市第四届社区邻里节、社会工作主题宣传活动，5名社工入围丰台区“最美社工”。培育建设社区社会组织，完成社区“两委一站”规范建设。芳群园三区9号院实现物管会向业委会转化。完成840户人口抽样调查，外来人口动态监测，劳动力调查、就业失业调查及辖区120家规上企业报表审验等工作。举办方庄街道第十四届文化体育节，其中20个节目代表方庄参与北京电视台《多彩社区行》节目录制。（姜　琪）

【为民办实事】2022年，方庄街道推荐就业人员224人，在册灵活就业人员1220人。新申请灵活就业366人，办理个人求职登记557人，企业空岗信息采集2439个。有社会化管理退休人员11199人，新增892人，减少159人，开展重阳节慰问、抗疫志愿者慰问771人次，使用社会化退休专项经费20.9万元。为191人办理清洁能源自采暖补贴申请手续，发放补贴18.7万元。接待遗属待遇咨询148人次，申报遗属待遇申领信息维护55人次。变更定点医疗机构1390人次，补换各类社会保障卡5989张，手工报销医疗费用463人次，报销金额137.7万元。完成残疾人“两项补贴”受理及初审核对工作，办理残疾人生活补贴3人、护理补贴7人。建成养老驿站4家，为1300名困难老人匹配责任片区驿站服务。成立方庄慈善工作站和劳动人事争议调解中心，建设基层公益服务平台。方庄便民服务中心被北京市人保局授予集体“记大功”奖励。（姜　琪）

【“接诉即办”工作机制落实】2022年，方庄街道受理“12345”市民服务热线交办诉求19731件，同比增长99.73%。其中，直派11408件，区转8323件。新冠疫情相关诉求10536件，占全年接件量的53.4%；物业管理服务不到位不规范相关诉求2424件，占全年接件量的12.29%；房屋修缮、设施设备维修、申请房屋改造相关诉求1999件，占全年接件量的10.13%。制定《方庄街道关于提升“接诉即办”工作措施》，明确职责分工，建立问题清单，提前预判先手解决；推进“未诉先办”“主动治理”，依托方庄街道“掌上四合院”程序，健全分析研判、包片指导、督导考核、点评约谈等机制，围绕新冠疫情防控、老旧小区改造、环境整治等集中诉求和高频共性问题，解决群众急难愁盼。全年“接诉即办”响应率98.58%，解决率96.14%，满意率95.29%。综合成绩全区排名第十一。（姜 琪）

【老旧小区改造】 2022年，方庄街道完成3个社区9栋居民楼1152户10.62万平方米改造。协调解决芳古园一二社区4号楼水泵噪声扰民、城三社区路面雨水井堵塞、城一社区屋面漏雨、中心花园塑胶地面破损、绿植补栽、庭院灯线路故障等问题72件，解决遗留问题85件。推动老旧电梯更新改造，引导实现产权方、物业、居民自主协商、共同决定，通过26万元政府补贴推动方庄物业自筹经费200余万元维修更换14部电梯。（姜 琪）

【社会救助】 2022年，方庄街道服务保障辖区低保、低收入、因病致贫、特困退养和特困家庭138户225人；临时救助15户、医疗救助173人次，发放救助资金26.3万元。低保低收入家庭新申请5户、撤销13户、迁入1户、复审317户次。采暖清洁能源救助6户，救助金额7743元；采暖集中供暖低保救助79户，救助金额10.57万元；采暖集中供暖低收入救助7户，救助金额4200元。医疗基础救助103人次，救助金额33.44万元。大额医疗救助9人次，救助金额19626.12元。（姜 琪）

【文体活动】 2022年，方庄街道加强监管培训机构和各级文化室79家，开展巡查304次。推动基本公共服务设施标准化、均等化，为社区和公园更换幼儿滑梯、乒乓球台、健身器材41处。推进方庄文化艺术中心建设，建设京南首家网红书店。开展线上超轻黏土手工制作活动、皮艺和扎染手工技能培训活动，组织“福虎迎春送吉祥”作品展、公益培训班、“扮靓生活创文明城区，喜迎二十大”作品展、“秋韵满华夏 庆祝二十大”读书驿站线上读诗等活动。（姜 琪）

【助力创卫创城】 2022年，方庄街道创卫、创城工作合力推进，利用“方庄生活”微信公众号、“活力方庄”小程序、方庄“掌上四合院”楼门微信群等宣传相关工作，设计个性化健康宣传海报，开展垃圾分类入户宣讲、趣味竞猜等主题活动，发动辖区4000余名党员带动2万多户家庭参与各项创建活动。推进街道环境整治百日攻坚行动，解决环境脏乱差、私搭乱建严重、垃圾清运不及时、路面破损严重、车辆乱停乱放等突出问题1400余项。打造市级背街小巷示范街2条。开展“周末卫生日”活动，发动党员志愿者8630人次，清理卫生死角3560处、小广告3200余处，清理垃圾400余车，规范乱停乱放共享单车1216处，加装社会主义核心价值观景观小品8处、“八大规范”硬质广告牌132块，发放社会主义核心价值观宣传海报2万余张。迎接3次区级地毯式全覆盖创卫督导检查、2次区级模拟评估和1次市级评估；获“北京市卫生街道”称号，建成区级健康社区10个、市级健康社区1个。（姜 琪）

7月20日，方庄街道组织辖区妇女开展线上超轻黏土手工制作活动（方庄街道 供图）

【掌上四合院2.0】 2022年，方庄街道推进“掌上四合院”优化提升。方庄街道试点推进居民微信群优化提升工作，在“掌上四合院”全覆盖基础上，由中科晨晓（北京）科技有限公司负责，结合企业微信平台，开展“掌上四合院2.0”优化提升搭建工作，完成223个楼门微信群转变企业微信群、入户信息整合。通过组织活动、走访服务等线下互动交流的各种机会，吸引居民“入住”微信群，让高楼变成“掌上四合院”，70%方庄市民进入所居住楼栋的微信群，2万余人时时在线。“掌上四合院2.0”在居民微信群作用发挥、管理优化、使用便捷、数据统计、民意征集、“未诉先办”上下功夫，确保居民微信群在新冠疫情防控、新冠疫苗接种、“接诉即办”、物业管理、垃圾分类等街道重点工作中发挥作用，实现与区域党员群众大规模、扁平化、零距离、全天候的沟通联系服务渠道。（姜 琪）

2022 年丰台区方庄街道社区居委会一览表

表 36

序号	名称	地址
1	芳古园一区第一社区居委会	芳古园一区 23 号楼 105 室
2	芳古园一区第二社区居委会	芳古园一区 3 号楼 3 单元 101、102
3	芳古园二区居委会	芳古园二区 13 号楼 201 号
4	芳城园一区第一社区居委会	芳城园一区 4 号楼底商
5	芳城园一区第二社区居委会	芳城园一区 13 号楼
6	芳城园二区社区居委会	芳城园二区 6−106
7	芳城园三区社区居委会	芳城园三区 16 号楼对面
8	芳群园一区社区居委会	芳群园一区 13−1−103
9	芳群园二区社区居委会	芳群园二区 5−1−103
10	芳群园三区社区居委会	群三区甲 12 号楼
11	芳群园四区社区居委会	芳群园四区 6 号楼 103
12	芳星园一区社区居委会	芳星园一区 4−104
13	芳星园二区社区居委会	芳星园二区 15−201、19−101
14	芳星园三区社区居委会	芳星园三区 26−4−101
15	芳城东里社区居委会	芳城东里 6 号楼 5 门 101 室
16	紫芳园社区居委会	紫芳园三区 4 号楼 1−2 层
17	紫芳南里社区居委会	紫芳园璞瑅 1 号 203 室

宛平街道

【概况】 宛平街道位于丰台区中西部。东与看丹街道、卢沟桥街道交界、毗邻丰台科技园区，南与大兴区高家堡村接壤，西与房山区大宁村、长辛店街道、北宫镇交界，北与石景山区衙门口村毗邻。办事处驻垂虹街 7 号。辖区面积 22.78 平方千米，下辖 11 个社区、3 个建制村。截至年底，辖区有常住人口 4.9 万人、户籍人口 9701 户 19793 人、农业人口 1653 户 3190 人、流动人口 28606 人；出生人口 167 人、死亡人口 169 人；居民主要分布在高速路以南的楼房区和东关楼房区，农民集中居住于卢沟桥西、北天堂村、永合庄村，人口分布不均衡，73% 以上人口居住在晓月苑地区。有法人单位 2549 家，其中央属单位 1 家、市属单位 2 家、区属单位 2 家；有医疗卫生机构 1 家、社区卫生服务中心 1 家、社区卫生服务站 1 家；有中学 1 所、小学 3 所、幼儿园 6 所；有养老机构 3 名；有为民服务大厅 1 个、党群活动中心 1 个、地区文化活动中心 2 个，有文化广场 1 处。途经辖区公交线路 20 余条。辖区绿化率 52.88%。辖区内有宛平湖、晓月湖、绿堤公园等生态旅游资源，是西山—永定河文化带重要组成部分，也是永定河绿色生态发展带丰台段核心区域。宛平城、卢沟桥、赵登禹墓、抗日战争纪念馆和雕塑园，是国家重大纪念活动承载地和重要爱国主义教育基地。2022 年，宛平街道完成纪念全民族抗战爆发 85 周年活动和抗日战争胜利纪念日等重大活动保障，为北京冬奥会闭幕式、冬残奥会开幕式、冬残奥会观赛以及中秋卢沟赏月活动提供组织保障。全年实现地区财政收入 2504 万元，比上年减少 32%。宛平街道办事处获评北京市农村工作（2017—2021 年）先进集体、北京市征兵工作先进单位、2022 年度丰台区“接诉即办”考评激励奖励单位；街道团工委获评《同心共筑宛平红——宛平城抗战纪念重大活动保障》2022 年北京市“团建百强”项目；街道政务服务中心获评 2022 年街镇政务服务中心示范大厅。（王黎丹）

【平安建设】 2022 年，宛平街道发动 1540 名治安志愿者及环卫工人、快递小哥、临街商铺店面、治保力量等 800 余人参与社会面巡查，完成全国两会、党的二十大等重大活动期间安保工作。检查 989 家企业 2413 次，发现整改隐患 988 项。开展安责险宣导会 16 次，覆盖企业 242 家，续投保 189 家。对 36 家企业进行城市安全风险评估；完成24家小微企业安全生产标准化达标创建的评审和复审。借助“安全生产月”行动，组织800余家企业开展安全培训、应急演练、安全知识考试等活动，覆盖员工3000余人次。开展交通安全宣传教育40余场，一区一警交通安全征求意见会、培训会10余场。张贴临牌电动车更换正式牌照提示标167张、海报39张。开展“畅行安全路幸福奔小康”活动5次、“一盔一带 安全常在”活动3次，组织禁止酒驾、“一老一小”安全防护、礼让斑马线等宣传12次，张贴宣传海报16次，检查单位116次。整治违法乱停车9起12辆，清理“僵尸”车3辆。开展“百千万宣教工程”进社区、进学校活动12次，张贴宣传海报500张，发放宣传资料6000余份，受众人群5万人。法律援助专项维权服务20余次。公益法律服务社区（村）覆盖率100%，开展法治讲座、法律咨询等一系列法律服务活动，受众1400余人次。（王黎丹）

【环境治理】2022年，宛平街道发动群众参与创卫、创城，督促辖区商户做好“门前三包”，30家单位4000余人次参与创建活动。配合做好第二轮市级生态环保督察迎检，推进区域环境整治和永定河生态修复。拆除违法建设30.02万平方米，销账面积28万平方米，拆除量及销账量均位于全区前列，“创无”（创建基本无违法建设区）图斑总面积140.2万平方米，办结123万平方米，办结率87.7%。协调区城管开展2条背街小巷精细化环境整治工程；推动老旧小区完善类项目改造工程，更换上下水管512户。$PM_{2.5}$累计浓度31.2微克/立方米、TSP累计浓度88.3微克/立方米。（王黎丹）

【社区建设】2022年，宛平街道举办主题为“共建和谐美好家园，喜迎党的二十大召开”的第四届社区邻里节，加强社会心理服务体系建设，建设宛平街道社会心理服务中心。完善网格化管理服务，推动“一图五册两群一书”工作落地。成立北京市丰台区宛平街道社区社会组织联合会，其中注册会员50个。按照《关于做好2022年丰台区基层议事协商和楼门院（村组）治理示范点建设的工作方案》要求，建立沸城社区晓月七里1号楼为示范楼门。组织居民参与线上“迎冬奥、一起向未来”广场舞比赛；开展丰台区百姓周末大舞台演出2场、丰台区农村“文艺演出星火工程”演出6场、2022年丰台区“我们的中国梦”文化进万家暨四进演出活动1场，放映数字电影40场，受众人数2000余人。（王黎丹）

【为民办实事】2022年，宛平街道发放独生子女父母年老时一次性奖励费15.3万元；开展2022年老年健康宣传周活动，200余名老年人参加活动；协调5家养老机构与263名失能失智老年人签订上门服务协议；服务享受补贴老年人85人、失能失智老年人482人、80岁高龄老年人935人，发放“三项补贴资金”460万余元。发放精神病监护人补贴37.8万元；春节期间，慰问贫困残疾人家庭167户，发放慰问金14.25万元；街道自筹资金走访60户残疾人，发放1.8万元的慰问品。开展“我为群众办实事”主题实践活动，推进晓月苑电改工程，解决辖区居民20余年用电问题；推进实施宛平城解危（二期）工作，汛期做好城内危房居民转移安置；对接区财政局等相关部门，完成宛平文化广场提升；做好辖区静态停车日常管理，研究建设晓月苑八里新能源停车场；完成区第十七届人大代表补选工作。（王黎丹）

【“接诉即办”工作机制落实】2022年，宛平街道建立主要领导每日调度机制，主要领导每天针对诉求进行滚动式调度，所有办诉部门现场办诉，所有诉求有一件、办一件、解决一件、满意一件，设置前置解决率指标，每日进行初始成绩公布和排名，成绩排名靠后办诉部门需提交情况说明，并限期整改。受理“12345”市民服务热线9558件，其中直派诉求3386件，占35.43%；区转诉求6172件，占64.57%。直派解决率95.96%、满意率95.98%；区转解决率90.79%、满意率93.16%。接诉量排名前三问题中公共卫生问题5664件，占全年接诉量的59.26%；配套设施问题771件，占全年接诉量的8.07%；针对村、居委会人员及工作投诉问题482件，占全年接诉量的5.04%。（宋 越）

【消防隐患排查治理】2022年，宛平街道全民消防学习平台注册8230人，完成率100%。安装电梯阻车器120部，完成率55.6%。摸排上账500平方米以上的厂房库房40家，开展丰台西站周边职工宿舍及出租大院等15处院落清整消隐行动，检查消防安全重点单位36家，村民自建出租房248家，仓储库房21家，危爆品场所4处，集贸市场2处，物业小区3处，发现隐患191处，全部督促落实整改。摸排上账有限空间作业企业35家，有限空间口3154个，张贴有限空间口统一警示标示。印发《北京市村民自建出租房防火安全公约》《夏季家庭用电安全提示》《村民自建出租房屋“四清三停四建设”工作标准》《电动自行车充电设施安全注意事项》《燃气安全九提示》5个专题海报1700余份，印发《北京市租房条例》《北京市消防条例》《北京市“三合一”综合整治工作》宣传手册2500余份，覆盖1万余人次。（王黎丹）

【宣传阵地建设】2022年，“宛平街道办事处”微信公众号有粉丝3354人，新增粉丝1075人，发布推送文章441篇，月均推送37篇，公众号点击量11万余次。发放宣传折页，建设景观小品、硬质公益广告，宣传社会主义核心价值观和精神文明创建，印制首都市民文明公约、丰台区社区居民文明公约2000余张，社会主义核心价值观2.5万份，致辖区单位倡议书2000张；小区入口设置硬质首都市民文明公约、丰台区社区居民公约、关注未成年人公益广告50套；新增大型景观小品8处，京港澳沿线辅路设置户外公益广告牌25处，空置宣传栏补充公益广告6处，更新褪色破损公益广告24处；晓月中路文化墙墙体粉刷修整1500平方米；大瓦窑环岛设置335平方米控违宣传公益广告。（王黎丹）

【抗战爆发85周年纪念活动服务保障】 2022年，宛平街道完成纪念全民族抗战爆发85周年活动服务保障。部署活动期间的安保、消防保障等重点工作，沿用干部包片机制，安排25名胡同长全天蹲点值守，提前摸底宛平城内院落数量及周边情况，通过街长—片儿长—巷长—院儿长层层发动、共同参与，实现群防群治、联防联控。重点点位加强志愿者及安保值守力量，设立2个临时观察点。（王黎丹）

【抗战英杰纪念展】 10月18日至12月31日，为传承弘扬伟大的抗战精神，学习和宣传中国共产党在抗战期间组织领导战斗的光辉历史，宛平街道推出“抗战英杰纪念展”主题展览，运用陈列展览语言，回顾历史背景、讲述英雄事迹、传承抗战精神。展览重点展示卢沟桥事变中英勇抵抗、以身殉国的佟麟阁、赵登禹将军，用生命保卫卢沟铁桥的中共地下党员沈忠明，还有在谈判中不卑不亢、据理力争的宛平县长王冷斋等9名抗战英杰的英勇事迹，诠释天下兴亡、匹夫有责的爱国情怀和视死如归、宁死不屈的民族气节。展览吸引街道居民和各级党员干部50余人参观。（王黎丹）

【非遗手工制作活动】 9月9日，宛平街道组织“两新”组织党员，快递小哥，辖区党员、群众等，在宛平党群服务中心开展“喜迎中秋送关爱，情暖小哥绘民俗——宛平街道迎中秋”非遗手工制作活动。活动由专业非遗手工传承人讲解兔爷来历、制作步骤，并带领大家共同制作老北京传统的非遗手工艺品兔爷。快递小哥们在活动中了解中秋习俗和兔爷来历，也感受中秋的乐趣，体会中秋文化，慰藉思乡之情。（王黎丹）

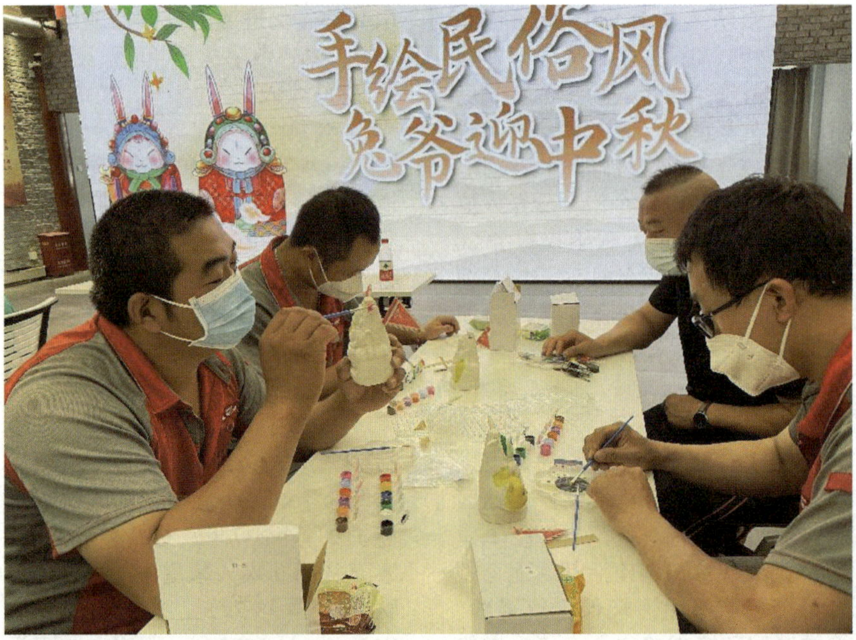

9月9日，宛平街道在党群活动中心组织“两新”组织党员、快递小哥、辖区党员、群众等进行非遗手工制作（宛平街道 供图）

2022年丰台区宛平街道社区居委会、村委会一览表

表37

序号	名称	地址
1	宛平城社区居委会	卢沟桥城内街64号
2	宛平城东关社区居委会	宛平街道卢沟桥北里2号楼
3	城北社区居委会	卢沟桥小郭庄西路甲1号
4	城南社区居委会	晓月东路路东（交警楼东侧）
5	城南第二社区居委会	垂虹街7号对面
6	景园社区居委会	晓月中路20号院5号楼
7	晓月苑社区居委会	晓月东路游泳馆东侧
8	晓月苑第二社区居委会	晓月苑五里1号楼底商1-2层

续表 37

序号	名称	地址
9	沸城社区居委会	晓月苑八里 2 号楼底商 5 号
10	老庄子社区居委会	北天堂 88 号
11	新城社区居委会	卢沟桥南里晓月中路 24 号（晓月二里西侧）一层
12	北天堂村村委会	北天堂村 8 号
13	永合庄村村委会	永合庄 8 号
14	卢沟桥村村委会	卢沟桥桥西街 333 号

马家堡街道

【概况】 马家堡街道位于丰台区东南部。东至马家堡路与西罗园街道相邻，南至南四环路与南苑街道相邻，西与玉泉营街道相邻，北至南三环路与右安门街道相邻。办事处驻地嘉园路 17 号楼。辖区面积 4.16 平方千米，下辖 17 个社区。截至年底，辖区有常住人口 10.8 万人、户籍人口 23666 户 8.1 万人、流动人口 3 万余人；出生人口 403 人、死亡人口 94 人；有法人单位 6176 家，其中央属单位 2 家、市属单位 4 家、区属单位 9 家；有医疗卫生机构 13 家，其中医院 8 家、社区卫生服务中心 1 家、社区卫生服务站 4 家；有职业学校 1 所、中学 1 所、小学 2 所、幼儿园 12 所；有养老院 1 个、养老照料中心 1 个、社区养老服务驿站 3 个；有为民服务大厅 1 个、党群活动中心 6 个、地区文化活动中心 1 个，有文化广场 1 处。途经辖区公交线路 22 条，地铁 4 号线、10 号线贯穿其中。辖区绿化率 42.58%。2022 年，马家堡街道完成 24 个党支部换届选举，打造“智慧家医工作室”和“e 企服务”自助服务区。完成新冠疫情防控、社区建设、垃圾分类、为民办实事等各项重点工作，开展各类文化体育活动 32 次，街道被评为“全民艺术普及先进单位”。走访异地纳税企业 30 余家，挽留企业 26 家，新增财源企业 2 家（1 家为央企），超额完成区“1511”（即培育引进 10 家上市公司、50 家高质量外资企业、100 家高成长企业、100 家区域贡献超千万的规模企业）工程指标，代征代缴房产税约 594.46 万元；凯德 mall 西侧道路交通秩序整治纳入区城管委“2023 年丰台区交通疏堵改造项目”。凯德 mall 投入 900 万元完成室内升级改造，成为北京首家绿色有氧购物中心，凯德 mall 大峡谷营业额 3.2 亿。全年实现地区财政收入 20177 万元，比上年减少 11.3%。2022 年，马家堡街道获得“2018—2022 年度北京市司法行政系统先进集体”“北京市安全社区”称号。 （王　萌）

【平安建设】 2022 年，马家堡街道做好北京冬奥会、冬残奥会，全国两会，党的二十大等重大活动、重要会议期间安保维稳、民兵执勤和守桥护路工作。组织反恐演练 4 次，开展防止金融、电信诈骗及养老诈骗宣传。整治群租房 103 处，完成任务的 172%。完成 35 处智慧小区改造和 50 家企业标准化创建任务，城市风险云系统更新 20 家，整改隐患 1367 处。动态监管施工工地 67 家，摸排经营性自建房 58 处，配备微型消防站 1 处。健全消防隐患防御体系，发放各类宣传品 10 万份，加装独立烟感报警器 780 个，消除消防隐患 2100 余个。安装电动自行车充电桩、充电柜、换电柜 3670 个，实现 75 个小区覆盖率和完成率双百指标。解决角门 9 号院、角门路千百家段、公益西桥东北角交通堵塞问题。构建 4 个区块 8 个方阵 33 支队伍分工负责应急工作格局；处级领导包案，定期约访、下访、回访重大事项、复杂疑难问题和重复问题等事项，通过“吹哨报到”化解积案。受理群众咨询 13 件，接待群众关心事项 68 批 63 件，受理网上咨询事项 83 件，平均办结率 96.8%。 （王　萌）

【环境治理】 2022 年，马家堡街道拆除违法建设 22 处 1966 平方米，新生违建动态清零。实现 12 处 613.36 平方米“创无”（创建基本无违法建设区）图斑一处一方案，全区第一个完成年度“创无”拆除任务；“揭网见绿”销账 5 处 12.6 万平方米；开展居住小区绿地管护问题专项整治和“森林城市”种植活动，植树 44 株，种花 1100 株，清理绿地 5400 平方米；围防病虫树木 3868 株，砍伐危险树木 12 棵，巡林 864 人次、巡河 12115 人次。协调处置马草河 122 号排口排污问题，推进马家堡南街 39 号院污水错接混接雨水管线治理工作。TSP 和 $PM_{2.5}$ 累计浓度脱离全市后 30 名，区排名提高。北京市生态环境保护督察件全部办结，查处各类违法行为 375 起，罚款金额 41.31 万元。启动角门北路、北甲地路背街小巷整治行动，铺设嘉园三里停车场便道，修补枫竹苑北路主路、道路破损 30 余处。制定创城创卫联合工作方案，在街角绿地设置景观小品，发布创城、创卫信息 231 篇，每月更新健康教育宣传栏。更换“门前四包”公示牌，定期组织“周末清洁日”活动，开展环境十乱和病媒生物防制

检查“七小”门店、大型商超等重点区域，问题台账办结率全区排名第一。（王　萌）

【社区建设】2022年，马家堡街道完成新建北甲地居委会选址装修工作；嘉园一里社区完成7、8号楼楼门（院）示范点工作，清理堆物堆料，制作楼内指示牌；指导16个社区完成“一图五册”绘制，完善基础管理措施；协同街道社区社会组织联合会，完成社区之家工作。创建垃圾分类示范单位1个、示范楼宇2个，新增示范小区4个，16个社区全覆盖；生活垃圾分类工作全区综合排名第一，非居民厨余垃圾清运合同签订率100%。指导业委会解决和园居更换物业、玺萌公馆小区安装电动车充电桩等问题。（王　萌）

【为民办实事】2022年，马家堡街道完成嘉园一里社区、嘉园二里社区、星河苑1号院社区养老驿站和马家堡街道养老照料中心的建设工作。帮助失业人员实现再就业447人，推动“4050”和“零就业家庭”等就业困难人员318人实现灵活就业，完成率124.7%；采集空岗信息3040个；鼓励127人实现自主创业，推动创业带动196人实现就业。开展“不忘初心，战疫有我”主题慰问196人。“两节”走访慰问1055户，发放各类社会救助金、社会保障金2847.7万元，惠及困难群体47625人次，办理保障性住房服务116户。服务残障人士1868人次，走访残疾人家庭360户，完成家庭无障碍改造14户，改造提升星河苑社区“一刻钟无障碍服务圈”。新建超市1家、蔬菜零售1家，有便民网点204处。纠正违法用工行为7起，督促补签劳动合同510份、补办社会保险登记手续30家，追缴拖欠工资约40万元，劳动投诉举报案件办结率100%。开展计生服务1900人次，代征代缴房产税约594.46万元。（王　萌）

【“接诉即办”工作机制落实】2022年，马家堡街道贯彻落实《北京市“接诉即办”工作条例》要求，开展“全员办件月”“扫楼入户”“新规新政培训月”等活动，加大日报告、三级调度、月分析工作机制，优化案件办理流程，完善督查督办，解决群众急难愁盼问题。“吹哨报到”84次，受理“12345”群众服务热线诉求24578件，其中考核类案件19809件，日常诉求9099件，新冠疫情诉求15479件。考核类案件中直派10215件，区转9594件，月均接件2048件，日均接件67件。有效回访19809件，响应率99.52%，解决率67.42%，满意率84.66%。直派案件响应率99.57%，解决率68.14%，满意率84.96%。区转派案件响应率99.47%，解决率66.66%，满意率84.33%。（王　萌）

【正能量宣传】2022年，马家堡街道在北京电视台、《北京日报》、《北京青年报》等多家市级重点媒体刊发稿件94篇，检查整改户外宣传阵地，处置网络舆情16件。策划市级媒体防疫宣传报道，“幸福马家堡”微信公众号推送727篇，印制张贴各类防疫宣传品27.5万份，做好防疫引导工作。街道新时代文明实践站每月开展推动日活动，推荐“丰台好人”“北京榜样”等。（王　萌）

【时代风帆党建新领域建设】2022年，马家堡街道建立楼宇“接诉即办”大数据信息处理平台，开展楼宇“三率”评比，推动“企业吹哨、部门报到”机制与“接诉即办”工作深度融合，对接区、街职能部门为企服务，解决楼宇企业诉求1535件；与区法院党建联动，设立楼宇“7日调解室”，建立“巡回司法确认点”，探索“党群巡回法庭”，完善楼宇一站式、多元化纠纷解决和诉讼服务体系，为企业及员工提供法律服务；依托“双楼长”工作机制、应急处置队伍，成立“一总七分”楼宇健康委员会和志愿服务队，设立“智慧家医工作站”，开展“悦读书屋”“午美时光”“体能加油站”等特色文体活动，打造健康、和谐、团结的办公环境；联合首经贸大学开设“马克思主义读书会”精品课程，与市监狱局共建廉洁教育现场教学点，丰富党员教育形式。成立楼宇商会、新联会等社团组织，开展“京台携手，筑梦青创”等统战特色活动，凝聚新的社会阶层人士；成立联合执法监管组，统筹城管、市场监管、公安等部门力量，缩减上门检查次数。打造“e企服务”自助服务区，配备政务服务自助终端，提高办事效率，助力企业发展。（王　萌）

2022年丰台区马家堡街道社区居委会一览表

表38

序号	名称	地址
1	嘉园一里社区居委会	嘉园一里11号楼西侧平房
2	嘉园二里社区居委会	嘉园二里4号楼与11号楼之间平房
3	嘉园三里社区居委会	嘉园三里小公园南侧居委会
4	西里第一社区居委会	马家堡西里31号楼北侧平房
5	西里第二社区居委会	马家堡南街39号院办公楼一楼

续表 38

序号	名称	地址
6	西里第三社区居委会	马家堡西里 7 号楼 1 门 101
7	双晨社区居委会	角门西里 1 号楼西侧平房
8	角门东里西社区居委会	角门东里 75 号楼旁平房
9	晨宇社区居委会	马家堡路一轻技校北侧
10	欣汇社区居委会	角门 13 号院 6 号楼 20 门 001，002
11	富卓苑社区居委会	富卓苑小区北侧平房
12	玉安园社区居委会	北甲地路 6 号院 8 号楼 3 层
13	城南嘉园社区居委会	城南嘉园益城园甲 8 号
14	枫竹苑社区居委会	枫竹苑北路 9 号楼（工商银行上）三楼
15	星河苑社区居委会	星河苑小区北侧平房
16	镇国寺社区居委会	镇国寺北街 4 号院 10 号楼一层
17	北甲地社区居委会	北甲地路 6 号院 8 号楼 2 层北段

和义街道

【概况】 和义街道位于丰台区东南部。东与大兴区旧宫镇树桥村、朝阳区小红门乡毗邻，东南与东高地街道相邻，西南与南苑街道接壤，北与大红门街道为邻。办事处驻南苑北里 1 区 2 号楼。辖区面积 6.78 平方千米，下辖 11 个社区。截至年底，辖区有常住人口 4.8 万人、户籍人口 9705 户 22831 人、流动人口 20313 人；出生人口 141 人、死亡人口 37 人。有法人单位 1472 家，其中市属单位 1 家；有医疗卫生机构 4 家，其中社区卫生服务中心 1 家、社区卫生服务站 3 家；有中学 1 所、小学 2 所、幼儿园 5 所；有养老机构 2 个；有政务服务大厅 1 个、党群活动中心 3 个、地区文化活动中心 1 处，有文化广场 3 处，有公共图书馆（室）11 个，温馨家园 1 个，社区服务站 11 个，文化体育活动室 10 处。途经辖区公交线路 12 条，有 6 条城市道路，地铁 8 号线贯穿其中。辖区绿化率 69%。实现地区财政收入 2322 万元，比上年增长 47.7%。2022 年，和义街道完成新冠疫情防控、垃圾分类、社区建设、服务民生等重点工作。开展南苑湿地森林公园和义片区周边环境整治。服务通久路二期、油毡厂安置房、市民政局养老产业的手续办理、工程建设，解决涉通久路二期滞留户帮拆。和义东里三、四、五区 35 栋楼 15 万平方米老旧小区完善类改造项目进入工程验收阶段。推动南中轴路和义段、和义地铁站周边、若干拆迁滞留平房区整治提升项目。“小哥之家”经验做法《融入 融合 融洽 将快递小哥纳入城市基层党建格局》作为全市唯一新业态、新就业群体党建优秀案例获评全国“2022 年度百个两新党建创新案例”，和义街道被评为应急值守工作先进基层单位。（曹冰冰）

【平安建设】 2022 年，和义街道完成北京冬奥会、冬残奥会，党的二十大、全国两会、服贸会等重要会议活动期间安全保障工作。安装独立式烟感报警器 780 个；开放消防科普教育基地建设 1 个；推进微型消防站、志愿消防队等自防自救力量建设，建设住宅小区自救力量队伍 10 支。建设安装电动车集中充电口 1196 个，安装电梯阻车系统 23 部。开展安全生产整治“百日行动”，检查生产经营单位 2800 余家次，整改隐患 787 处，开展消防安全夜查 70 余次，销账 18 处，整改率 100%。检查有限空间作业单位 117 家次，发现、整改隐患 104 处。完成群租房整治 20 处。开展防汛应急演练 4 次，发布预警 16 次，汛期巡查 360 余人。开展专题法治宣传活动 26 场次，发放法治宣传材料 1 万余份。化解久敬庄物业擅自动用维修基金纠纷。召开协调会 4 次，推动南苑北里、和义东里房产证办理历史遗留问题。街道 12 个人民调解委员会开展重点矛盾纠纷排查 580 次，调处民间纠纷 67 件，调解成功 64 件，纠纷调解成功率 95%；化解各类违反劳动法规事件 60 余起，调解率 100%。（曹冰冰）

【环境治理】 2022 年，和义街道整治施工围挡 15 处、桥下空间 10 处、雨污管线错接混接治理 1 处；“揭网见绿”点位 9 处，面积 4.57 公顷；整治群租房 20 处；新建生活性便民服务网点 2 处。拆除并销账五金机电城、现代出租车大院、佳乐驾校办公房等 219 处约 7.39 万平方米违法建设。开发“创卫台账”App，整改问题台账 1382 条，整改率 97.5%。加强 71 条背街小巷环境管理。处置办结网格案卷、检查吧案件、首环办督办案件1200余件。立案查处各类违法行为314起，罚款金额99.58万元。推进生活垃圾分类，组织各社区策划“喜迎二十大·花卉扮靓家园”“有害换有爱”等兑换活动。“吹哨”30余次，联合区交通支队、区生态环境局检查监测施工工地扬尘、餐饮油烟、汽修企业VOCs（挥发性有机化合物）排放、汽车尾气排放，做好问题督查整改。$PM_{2.5}$平均浓度33.6微克/立方米，比上年降低7.9%；TSP平均浓度86.7微克/立方米，比上年降低13.3%。对小龙河支沟污水管线进行改造，解决小微水体问题，小龙河红星公社宿舍断面平均水质达到Ⅳ类以上。（曹冰冰）

【社区建设】2022年，和义街道召开社区新冠疫情防控、环境卫生、市政设施、物业管理、便民服务等居民生活重点难点问题协商会80余次。完成备案社区社会组织143支，开展入户技巧培训、情绪梳理等个性化指导104次；指导社区社会组织开展活动100余场，受益1500人次。成立和义街道社会工作服务中心，选定东里第一社区、东里第二社区、东里第三社区、西里第一社区作为和义街道社区社会工作服务站。为困境青少年、困境老人、低保家庭等群体服务120人次。开展心理健康知识宣传活动、团体辅导、社区工作者心理健康测评活动31场，服务1600人次，电话接待心理咨询30人次，建立社区居民社会心理监测报告500份。坚持物业管理月例会，破解小区物业管理难题，推动和义西里小区更换物业工作，德茂物业撤出后推动应急物业接管，指导西里小区业委会按程序引入正规物业。（曹冰冰）

【为民办实事】2022年，和义街道开展线上招聘会3场，提供岗位2584个，为279名登记失业人员推荐就业岗位，推荐城乡劳动力就业161人。提供300人次以上家政服务、老年餐桌、代购代办、助浴等居家养老服务，组织文体活动、慰问、祝福寄语等14次。开展临时救助35户次，对接红十字救助困难家庭11户，办理医疗救助701人次，发放养老助残卡3193张。（曹冰冰）

【“接诉即办”工作机制落实】2022年，和义街道坚持党建引领，从“接诉即办”和民生实事两头发力，全天候响应居民诉求，采取专项资金、专员负责等措施，强化工作保障，解决好群众急难愁盼问题。完成和义西里三区2200平方米楼顶防水、和义东里太阳城路污水管线改造、为东三社区30余处住宅楼房加装改造楼体外保温层、西里二区污水管道塌陷维修、充电桩安装等“微项目”。受理“12345”市民服务热线诉求14910件，接件数量前三问题分别是新冠疫情防控类、小区配套类和物业服务类。其中，新冠疫情防控类6373件，占全年接诉量的42.77%；小区配套问题1067件，占全年接诉量的7.16%；物业服务不规范问题846件，占全年接诉量的5.68%。解决率、满意率96%以上，成绩居全区前列。（曹冰冰）

【垃圾分类】2022年，和义街道持续推进生活垃圾分类，建立督导调度机制，每月由主管领导召开垃圾分类工作例会，督促物业公司落实主体责任，动态清理。环境督导员每日对各社区开展环境问题巡察，发现问题要求责任单位立行立改，及时反馈。提高精细管理水平，督促各物业公司增加小区分拣投入，提高分类准确率，聘请北京昊天昊城市环境管理集团对5个无物业管理小区和10个无物业管理平房区进行垃圾分类管理，确保辖区垃圾分类全覆盖。开展宣传引导，持续发起“‘和’我‘义’起垃圾分类”主题系列宣传，组织各社区策划“喜迎二十大·花卉扮靓家园”可回收物兑换绿植、“有害换有爱”有害垃圾兑换日用品、“以物换礼、快乐环保”小旧家电回收等活动，引导居民参与垃圾分类，从“要我分”提升至“我会分”和“自觉分”。年度考核位于全区第六。（曹冰冰）

【文体活动】2022年，和义街道发扬地区“和”文化，为居民提供线上文化活动12场，开展文艺演出60余场次。组织周末大舞台演出20场，文化读书活动16场。创建全

12月31日，苹东市集（和义店）开展迎新年活动　（和义街道　供图）

民健身示范街道，更新健身器材47件，优化体育团队45支，组织体育活动50余场。以“喜迎二十大、科普向未来”为主题，组织开展2022年度“全国科普日”活动，暑期举办10余场。（曹冰冰）

【服务企业】 2022年，和义街道制定《2022年度和义街道联系走访企业工作方案》，做实处级领导包片服务重点企业机制，统筹惠企政策、政治荣誉等，协助辖区企业开展核酸检测，推荐提名和义街道万泽龙快递流动党支部支部书记为党的二十大代表人选，服务天兵科技、兰亭数字等高科技企业，解决企业诉求30余项。新注册企业188家，其中规模以上服务企业2家，引进苹东市集（和义店），打造新业态。支持首农集团建设首农发展科技创新园区，追踪首农集团蛋白肉科技创新项目。对接航天一院、依文集团、理想汽车，争取高品质资源落地。（曹冰冰）

【获评全国“两新”党建创新案例】 2022年，“小哥之家”党群服务中心位于中心城区内规模最大快递集中分拣点万泽龙快递园区内，是和义街道发挥快递企业聚集优势打造的服务快递小哥党建阵地，提供充电饮水、落脚休息、沟通交流、文娱休闲、团建活动等便利服务，覆盖园区内包括顺丰、京东、德邦等快递企业7家、快递网点17个，快递小哥等从业人员470余人。以“快乐融和，递增情义”为理念，立足“融入群体，建立情感线；融合资源，打造服务站；融洽和谐，当好领路人”工作法，通过健全组织，完善机制，整合服务，使“小哥之家”真正成为快递企业和员工团结引领的阵地、放松休闲的家园、纾难解困的平台。（曹冰冰）

2022年丰台区和义街道社区居委会一览表

表39

序号	名称	地址
1	南苑北里第一社区居委会	南苑北里一区11号楼南侧
2	南苑北里第二社区居委会	南苑北里三区6号楼东侧
3	和义东里第一社区居委会	和义东里三区1号楼南侧平房
4	和义东里第二社区居委会	酒厂中路18号
5	和义东里第三社区居委会	和义东里五区10号楼南侧平房
6	和义西里第一社区居委会	和义西里北街8号
7	和义西里第二社区居委会	和义西里四区2号楼东南侧
8	和义西里第三社区居委会	和义西里四区2号楼东南侧
9	久敬庄社区居委会	久敬佳园小区一区6号楼西侧平房
10	大红门锦苑一社区居委会	大红门锦苑小区B7公建楼2层
11	大红门锦苑二社区居委会	大红门锦苑小区B公建楼2层

卢沟桥街道

【概况】 卢沟桥街道位于丰台区中北部。东起西四环辅路，南起卢沟桥路，西至张仪村路，北至莲石东路辅路，与海淀区、石景山区以及丰台区宛平街道、青塔街道、五里店街道、六里桥街道接壤。办事处驻西四环南路40号。辖区面积13.07平方千米，下辖14个社区、6个建制村。截至年底，辖区有常住人口7.69万人、户籍人口9074户27223人、流动人口37190人；出生人口157人、死亡人口125人；有法人单位167家，其中央属单位1家、市属单位3家、区属单位1家、其他单位162家；有医疗卫生机构8家，其中医院1家、社区卫生服务站7家；有中学1所、小学2所、幼儿园12所；有养老机构5个；有为民服务大厅1个、党群活动中心9个、地区文化活动中心8个，有文化广场17处。途经辖区公交线路26条，地铁14号线贯穿其中。辖区绿化率20%。2022年，卢沟桥街道完成重大活动、重要会议敏感时间点、节假日期间安保维稳工作。开展“我为群众办实事”实践活动，完成社区、村重点民生项目清单76项。完成企业各类备案及证明业务163件，其中设立企业54家，引入区外企业8家；新增注册资金50万元以上企业31家，1000万元（含）以上3家。大井新村三期、小瓦窑旧村改造土地一级开发项目落地，完成入市交易，小瓦窑村成为街道第一个基本完成城市化任务的村；小瓦窑村产业园、大瓦窑村还建绿隔产业项目加快推进实施；推进张仪村、郭庄子、小屯村集租房项目建设。完成税收45467万元，比上年增长57%，全区排名第二。组织开展“喜迎二十大，同新永向党”“文明先行·创城助力”引领治理激活力DIY（自己动手制作）环保购物袋制作、“同‘新’向党·礼赞中国”摄影书画展、参观“奋进新时代”主题成就展、“品味书香·阅动两新”、畅谈初心谈感受、“走访企业·结对帮扶”精准服务送温暖等系列活动。辖区北京丰仪家园物业管理有限公司被评为“北京市生活垃圾分类示范小区”、大瓦窑村被评为“北京市农村工作（2017—2021年）先进集体（村）”和“北京市首批无疫社区（村）”。

（任向阳）

【平安建设】 2022年，卢沟桥街道在重大活动、重要会议时间、节假日期间，发动治安志愿者1974人，参与社区矫正与安保维稳工作。开展燃气、危险化学品、电动自行车、交通、火灾防控等专项安全检查，检查生产经营单位1136家次，下达责令整改通知书936份，整改安全隐患1854处；建设电动自行车充电设施2029个；整治隔断房和群租房4处，“开墙打洞”和地下空间违规住人实现动态清零。组织开展“守住钱袋子·护好幸福家”主题宣传活动2次，悬挂横幅20余条，张贴防范非法集资海报500张，直接受教群众5000余人。开展禁毒和打击养老诈骗宣传活动10场。组织2022年灾害信息员线上培训，38名灾害信息员完成年度线上培训和考试。受理区转问题线索6件，提醒谈话24人次，主动约谈40人次。

（任向阳）

【环境治理】 2022年，卢沟桥街道整改创卫问题1496条、创城点位266处。“创无”（创建基本无违法建设区）工作完成83.7万平方米，办结率95.87%。新增村庄林木面积12.39公顷，改造提升老旧林地5.37公顷。落实创“两山”实践创新基地任务，强化燃煤管控，巩固“无煤化”成果。开展天元子站周边生态环境治理。$PM_{2.5}$累计浓度30.7微克/立方米，市倒排名第一〇五，区倒排名第十六；TSP累计浓度86.1微克/立方米，市倒排名第93，区倒排名第七。（任向阳）

【社区建设】 2022年，卢沟桥街道推广“1+3+X”小区治理体系，完善以社区、村党组织为核心，以居委会、业委会（物管会）和物业服务企业为“三驾马车”，吸纳驻区单位、私营企业、党员代表、居民代表等多元化主体的小区自治模式，推进基层治理创新发展，做到“三率”全覆盖。打造假日万恒社区为北京市开放式服务空间、美域家园社区为国际化社区示范点，形成“一站多区、一区多能”社区服务空间格局。摸排梳理出社区管理空白点9个，其中申报区政府4个，批复纳入和成立3个，其余空白点小区均指定由邻近社区代管事务。指导和监督辖区内业主大会、业主委员会成立及开展活动，协调处理纠纷。

（任向阳）

【为民办实事】 2022年，卢沟桥街道为23户重度失能老年人家庭申请“居家床位建设补贴”服务；完成残疾人“两项补贴”申请发放工作，55人申请困难残疾人生活补助、135人申请重度残疾人护理补贴；完成失业再就业556人，就业率72.3%，采集空岗信息2100个，办理求职登记662人。接收退休人员档案576份，转出120份，有档案2879份，移交第三方集中管理2623份。为216名60岁以上优抚、低保、独居老人参保意外伤害保险，办理3项补贴津贴184人次，复核31人次。

（任向阳）

【“接诉即办”工作机制落实】 2022年，卢沟桥街道主要领导调度召开专题调度会研判疑难问题，班子成员承担问题办理分管职责，纪工委全程参与加强督导，“吹哨”解决新建小区开发商遗留问题等难点24次。建立“高站位、早发现、速响应、细解决、重研判、治源头”6步工作法，坚持“双派件、双考核、挂牌督办”机制，受理“12345”市民服务热线诉求7479件，直派成绩同比提高5.94分，转派成绩同比提高15.36分，全市直派排名比上年上升67名。全区综合成绩排名第五，比上年提升17位。接诉量排名前三施工管理问题1356件，占全年接诉量的12.72%；小区配套设施问题1020件，占全年接诉量的9.57%；物业服务问题747件，占全年接诉量的7.01%。全年“接诉即办”响应率99.42%、解决率96.5%、满意率96.42%。（任向阳）

【文明实践活动】 2022年，发挥新时代文明实践所、站阵地作用，围绕“喜迎二十大”“北京榜样”“丰台好人”等活动，开展“美好生活讲师团”宣讲、“周末百姓大舞台”“星火工程”文艺演出36场。开展学习雷锋日、垃圾分类、新冠疫情防控、党史学习教育等各类主题志愿服务活动120余场。卢沟桥街道刊发报道77篇次，微信公众号推送抗击新冠疫情报道182条。

（任向阳）

【小瓦窑村产业园主体结构封顶】 6月18日，卢沟桥街道小瓦窑产业园项目主体结构完成封顶。产业园北邻吴家村路，西侧为张仪村东三路，南侧为张仪村东一路，东邻北京首钢机电有限公司，属于绿隔产业还建项目，由华润置地和北京电建（北京洺润置业）联合竞得，在XWY-12地块无偿还建给小瓦窑村集体经济组织，建设用地面积28100平方米，总建筑面积184152.6平方米，其中地上110995平方米、地下73157.6平方米。项目集商业、酒店、办公于一体，其中商业68856.46平方米、酒店31345.51平方米、办公27698.13平方米。

（任向阳）

2022 年丰台区卢沟桥街道社区居委会、村委会一览表

表 40

序号	名称	地址
1	同馨家园社区居委会	小屯西路 96 号院 19 号楼
2	假日风景社区居委会	小屯西路 109 号院 3 号楼 2 层
3	假日万恒社区居委会	大瓦窑北路 2 号院 2 号楼 2 层
4	建邦枫景社区居委会	双林东路 105 号院建邦枫景小区 1 号楼 1 单元 1 层
5	小瓦窑西里社区居委会	张仪村路 4 号院 2 号楼北侧
6	康馨家园北区社区居委会	康馨家园北区 6 号楼 101
7	大瓦窑社区	大瓦窑村 305 号（原大瓦窑水站院内）
8	康馨家园南区社区居委会	康馨家园南区 4 号楼 106
9	小屯社区居委会	小屯路 106 号
10	丰泽家园社区居委会	大瓦窑中路 16 号院
11	美域家园社区居委会	美域家园南区 3 号楼 2 层
12	兆丰园社区居委会	吴家村路金弘写字楼 B 口 2 层
13	莲玉嘉园社区居委会	莲玉嘉园 13 号地下一层
14	春风雅筑社区居委会	春风雅筑 3 号楼 3 单元整个一层
15	小瓦窑村村委会	吴家村路 9 号
16	郭庄子村村委会	郭庄子村 364 号
17	大瓦窑村村委会	大瓦窑村甲 1 号
18	小屯村村委会	小屯路 149 号
19	张仪村村委会	张仪村 86 号
20	大井村村委会	田各庄 318 号

花乡街道

【概况】 花乡街道位于丰台区中南部。东至南苑街道办事处界线，南至大兴区区界线，西至宛平街道办事处界线、马草河西侧，北至马草河北侧、中海九号苑社区东侧规划路、六圈南路以及草桥村、黄土岗村南边界。办事处驻郭公庄中街 18 号院 6 号楼。辖区面积 19.91 平方千米，下辖 6 个社区、5 个建制村、8 个工作组。截至年底，辖区常住人口 31680 户 68975 人、户籍人口 9587 户 21398 人（农业户籍人口 10529 人）；出生人口 185 人、死亡人口 158 人；有法人单位 9541 家，其中市属单位 4 家；有医疗卫生机构 11 家，其中医院 2 家、社区卫生服务站 9 家；有十二年一贯制学校 1 所、小学 4 所、幼儿园 6 所；有养老机构 5 个；党群活动中心 1 个；途经辖区公交线路 16 条，地铁 9 号线、房山线贯穿其中。辖区绿化率 57.98%。2022 年，花乡街道推进羊坊村棚改项目建设，定期研究调度、推动解决葆台村一级开发项目中“世界名园”“大兴飞地”等难点。审核上报出租项目 13 个，审核通过合同份数 30 份。聘请事务所完成村及所属企业 62 家单位 2021 年资产清查。街道领导联系走访企业 46 家，办结服务诉求 28 项。落实助企纾困各项政策措施，优化营商环境，引进企业 354 家，其中注册资金 1000 万元以上的企业 48 家。打造世界公园冰雪嘉年华、戏水嘉年华等区域特色消费品牌，推动羊坊村花卉文化产业、葆台村都市休闲产业、郭公庄村楼宇经济产业。全年实现地区财政收入 24394 万元，比上年减少 40.4%。花乡街道获“北京市卫生街道”“北京市禁毒示范街道”称号。 （李　莉）

【平安建设】 2022 年，花乡街道深化常态化扫黑除恶、法治宣传、信访调解等各项工作，动员社会力量 3000 余人参与群防群治。完善各项企业台账，签订三合一责任书 8800 余张，下发海报 2000 余张。安全生产检查整改隐患 598 条；清理整治违法群租房 28 处，整治完成率 100%，疏解流动人口 73 人。落实安全生产“党政同责，一岗双责”规定，加强智慧平安小区建设，开展电动车领域消防安全专项整治，检查小区、村 100 处，发现并整改

隐患186处；安装电梯阻车器630余套；执法检查私拉乱接、飞线充电、电动车进楼停放及充电现象，劝阻、制止违规充电400余次、清理进楼电动车198辆。建成微型消防站16个，开展各类消防安全培训演练10次。完成11个社区村、20余个物业公司自防自救平台建设工作。群众安全感满意度98.41%，在全区排名第十四。（李　莉）

【环境治理】2022年，花乡街道推进“创无”（创建基本无违法建设区）工作，拆除新发地二手车市场、花乡国际建材城、京南单身公寓等违法建设29.62万平方米，销账率95.83%，腾退土地18.06万平方米。绿化造林20.7公顷，其中平原造林10.6公顷，“战略留白”10.1公顷。$PM_{2.5}$平均浓度31微克/立方米，比上年下降13.3%；TSP平均浓度86微克/立方米，比上年下降10.3%。新建垃圾分类驿站6个，建成新发地可回收物中转站，规范葆台中转站，更新垃圾桶1000个，组织垃圾分类宣传2次。督促整改环保问题12件，处罚扬尘问题12起，罚款金额63万元。办结市政设施损坏、违法停车、违规户外广告、架空线缆坠落、路面破损、垃圾桶周边不洁、店外经营等市首都环境办派件78件，明察暗访环境检查系统案件1035件、环境卫生系统案件506件。（李　莉）

【社区建设】2022年，花乡街道起草编写《新建和调整社区规划方案》，申请新建春风和院和诺德逸府2个社区、调整银地第二和天伦锦城2个社区。成立春逸和臻御府2个工作组，启动并完成康润南里、康润东里、康润西里、郭公庄北街、郭公庄南街和郭公庄中街6个新建社区办公用房装修工作。推进花乡街道社区社会组织联合会成立和三乐花园社区创建国际化社区项目。深入物业调研座谈，组织业委会、物管会专题培训，约谈首开方庄、恒丰顺达、万科物业等物业企业4次。推进街道综合文化中心建设，完成设计、预算编制、财政预算评审、资金申请等工作。（李　莉）

【为民办实事】2022年，花乡街道辖区城镇登记失业率1.29%，城镇登记失业人员就业率69.05%。申请享受市区灵活就业社会保险补贴411人，补贴金额544万元。完成2535名享受城乡居民养老待遇人员和856名享受无保障待遇人员的生存认证、待遇停发和多支追缴工作，完成1043名社会化退休人员管理服务。完成7368名参保人员手工报销、社保卡服务、变更定点医疗机构等经办服务工作，补换社会保障卡2810张，手工报销医疗费用153人次81万余元，医疗基础救助98人次，救助金额21万余元。为26户37名社会救助对象、894名残疾人、250名严重精神障碍患者、8名困境儿童、38名乡村医生发放补贴。建立街道、社区（村）退役军人服务站11个，为退役军人办理优待证。完成10个社区村政务服务站规范化标准化建设。组建街道养老联合体，新建养老照料中心1个，社区养老驿站3个，医养结合的养老院1个，完成基本养老服务签约106人，签约率100%。接收并审核非京籍幼升小申报材料216人，终审通过并获得公办学校入学资格183人，报送申请民办学校22人，受理并审核通过转学申请5人。（李　莉）

【“接诉即办”工作机制落实】2022年，花乡街道受理“12345”群众服务热线诉求31586件。其中，直派件13268件，区转件18318件，日均86件。解决明春苑社区燃气改造问题、福慧路开通问题及郭公庄北街、中街、南街开通路侧停车问题。坚持日调度月分析制度，主管领导每日闭环调度未办结及回访含否案件，推进诉求解决；主要领导定期听取“接诉即办”工作汇报，开展每月分析点评各承办单位热线接办工作，做到接派件、办件、考核3个环节全程管理。“吹哨”60余次，解决群众身边事。街道2022年诉求量排名前三问题为新冠疫情防控类、住房类、物业管理类，分别占全年诉求量的61.08%、6.73%、4.17%；响应率96.66%、解决率52.36%、满意率63.11%。（李　莉）

【区委党校花乡街道分校揭牌成立】2022年，中共北京市丰台区委党校花乡街道分校揭牌成立，打通党员干部教育培训“最后一公里”，提高党员干部思想政治水平、基层治理能力，培养造就一支适应新时代首都发展和丰台高质量发展的干部队伍。10月14日，区委党校花乡分校“第一课”开讲，党工委书记

10月14日，区委党校花乡街道分校“第一课”开讲　　（花乡街道　供图）

就中国共产党创办党校的历史与习近平总书记关于党校办学治校系列重要指示精神进行授课，50余人听讲。（李　莉）

【劳动监察】2022年，花乡街道开展劳动保障日常巡查1678户次，施工地巡检147户次，规范企业49家，辖区1314家企业、5119家市场商户、4家建筑施工项目总包企业和9家分包企业纳入“两网化”信息平台，实行动态管理。协调解决劳动争议210起，涉工资金额945.5万元。（李　莉）

【正能量宣传】2022年，花乡街道核实处置舆情80余条。聚焦为民办实事、新发地保供稳价、新冠疫情防控、学习贯彻党的二十大精神等开展正面宣传，在《北京日报》、北京电视台等各类媒体发布报道250余篇（条）次，“北京花乡”微信公众号推送200余期700余条消息。完成创城测评体系指标月度材料申报工作，张贴发放各类宣传海报1万余张，新增硬质公益广告50余块，增设多处景观小品和文化宣传墙。开展“共享文明丰台 创建从我做起”等各类新时代文明实践活动。（李　莉）

【社区社会组织联合会成立】9月26日，花乡街道社区社会组织联合会成立，发挥枢纽作用，联合辖区11个社区、村中备案109个社区社会组织，建立社区资源、居民需求与社区社会组织的常态化对接机制，通过公益创投、社区社会组织孵化等方式，拓展社区社会组织服务领域，参与城乡社区治理，在垃圾分类、物业管理提升、“接诉即办”等社区治理中发挥作用。（李　莉）

2022年丰台区花乡街道社区居委会、村委会一览表

表41

序号	名称	地址
1	天伦锦城社区居委会	天伦锦城小区16号楼5单元101室
2	郭公庄幸福家园社区居委会	郭公庄幸福家园1号院4号楼
3	银地社区居委会	银地家园小区银地西路4号
4	银地第二社区居委会	银地西路15号院燕保银地小区内4号楼
5	明春苑社区居委会	明春东园3号
6	三乐花园社区居委会	郭公庄中街20号院新方向家园8号楼1层
7	新发地村村委会	新发地宏业投资中心（村委会院内）
8	羊坊村村委会	羊坊村808号（村委会院内）
9	葆台村村委会	葆台农工商联合公司院内
10	高立庄村村委会	高立庄南路9号院18号楼1层
11	郭公庄村村委会	郭公庄村526号

成寿寺街道

【概况】成寿寺街道位于丰台区东部。东部、南部与朝阳区相邻；西至横一条路，与东铁匠营街道和石榴庄街道分界，北至江西大厦南侧路、南三环与东铁匠营街道、方庄街道相邻。办事处第一办公区位于南方庄乙56号，第二办公区位于方于路58号院。辖区面积3.3平方千米，下辖7个社区、1个建制村、1个集体经济组织。截至年底，辖区有常住人口3.3万人、户籍人口10047户2.2万人、流动人口约2.2万人；出生人口129人、死亡人口41人；有法人单位5835家，其中央属单位3家、市属单位7家，规上企业64家、商务楼宇7座，1万平方米以上楼宇4座；有医疗卫生机构9家，其中医院2家、社区卫生服务中心1家、社区卫生服务站2家，口腔门诊部4家；有中学1所、小学1所、幼儿园3所；有养老机构2个；有为民服务大厅1个、党群活动中心1个。途经辖区公交线路11条，地铁10号线贯穿其中。辖区绿化率20%。2022年，成寿寺街道出动民兵、群防群治力量，完成北京冬奥会、冬残奥会，全国两会和党的二十大等重点时期和重要活动政治保障任务。落实“接诉即办”工作机制，推进超大型社区拆分、新冠疫情防控等年度重点工作。制定倍增追赶合作发展工作方案，落实区“1511”（即培育引进10家上市公司、50家高质量外资企业、100家高成长企业、100家区域贡献超千万的规模企业）产业发展提质工程和发展伙伴计划。引进优质品牌企业，推动方庄南路两侧商业“换挡提质”，形成特色街区、主题楼宇。试点建设“一刻钟便民生活圈”，围绕新业广场、方庄南路餐饮一条街，打造“一点一线”特色商业聚集。引导老旧楼宇、商业项目改造，促进楼宇提质增效。协调解决企业困难，做好协税护税工作，争取企业税收落户。新业广场实现全面升级，引进住范儿超级家居MALL。发挥分钟寺项目街道工作专班作用，推进分钟寺新国贸项目建设。全年实现地区财政收入41232万元，比上年增加3.3%。四方景园第二社区被评为“北京市民主法治示范社区”。街道获“双百普法讲堂进万家”主题法治宣传活动2022年度优秀组织奖。（史　蕾）

【平安建设】2022年，成寿寺街道出动民兵、群防群治力量2.5万人次，完成北京冬奥会、冬残奥会，全国两会和党的二十大等重点时期和重要活动的政治保障任务。整治排查村民自建房、地下空间160余处、群租房整治50处，实现隐患动态清零。2个社区完成安全示范社区复核。开展安全检查2400余次，发现隐患300余处，整改率99%。新建电动自行车充电口950个，成仪路社区安馨家苑小区成为“AI智能电动车管理系统”全区试点。获得“双百普法讲堂进万家”主题法治宣传活动2022年度“优秀组织奖”，社区矫正工作方式作为典型被全区矫正干警借鉴，四方景园第二社区被评为“北京市民主法治示范社区”。推进东铁营回迁房、分中寺家世界、地铁10号线群体诉求解决，办理群众咨询事项244件次。（史　蕾）

【环境治理】2022年，成寿寺街道完成“疏整促”专项行动年度任务，“创无”（创建基本无违法建设区）销账率108%，解决于家坟11号院老旧小区违法建设等历史遗留问题。开展“每天下社区”和“周末大扫除”活动，动员党组织、辖区单位、党员干部参与身边环境治理。$PM_{2.5}$浓度为30微克/立方米，TSP浓度为83.9微克/立方米。处理首环办检查督办件19件，区环境办检查案件764件，完成北京市第二轮环保督察，是全区唯一没有信访举报督办件的街道。清理小广告、横幅610处，以问题整改推动农村人居环境持续改善，整改率排名全区第一。（史　蕾）

【社区建设】2022年，成寿寺街道推进成仪路社区、成寿寺社区2个超大型社区拆分工作，完成瑞成街社区和方南家园社区创建。辖区有7个社区1个村，建立48个责任网格，划分23个平房区网格，搭建一网统管智能管理平台；完成成寿寺社区开放式空间试点创建工作；推进四方景园社区楼门院治理示范点和议事厅示范点建设；成立社会工作服务中心和心理服务中心，开展个案服务30例，心理健康宣传和服务10场。推动苇子坑1号院外院引进物业企业，实现辖区物业管理全覆盖。美好家园等5个小区被评为“北京市垃圾分类示范小区”，晶城秀府、四方景园进入北京市垃圾分类示范小区参选范围。（史　蕾）

【为民办实事】2022年，成寿寺街道完成就业、医疗、社会救助等基础民生保障工作，为低保、特困、残疾人、精神障碍患者等特殊群体发放113.6万元保障补贴。办理生育登记247人次，完成住房保障资格初审、复核、变更、终止324户。方南家园社区养老驿站作为街道首家养老驿站投入运营，实现动态签约100%。智慧家医工作室挂牌成立，提供老年餐服务378人次，健康理疗312人次，开展100余人次问诊、开药等便民服务。完成劳动用工日常检查巡查360家次，发现并督促整改问题，登记失业人员就业率111.55%，连续两年获得全区第一。（史　蕾）

【“接诉即办”工作机制落实】2022年，成寿寺街道“12345”市民服务热线受理诉求15702件，日平均接收处置43件，位列前三诉求是新冠疫情防控类6946件，占全年诉求量的44.24%；城乡建设类1084件，占全年诉求量的6.9%；住房类1065件，占全年诉求量的6.78%。通过日调度、周通报、月会商、科社村联动、处级科级干部办件等工作机制，逐件分析解剖重点诉求件，环节跟进，帮扶指导；党工委会每周专题研究，集中力量推动重难点问题的解决；以“每月一题”为抓手，与主动治理、“未诉先办”、协调“吹哨”融合，党政主要领导带头办件，处级、科级干部每周办件，落实与诉求人“见面”工作要求，入户解决群众诉求，实现最快1.5小时办结，解决小区治理、物业管理等集中突出问题。全年街道“接诉即办”响应率99.64%，解决率96.06%，满意率95.76%，“直派”三率平均综合成绩为96.38%。（史　蕾）

【主题活动开展】2022年，党的二十大召开期间，街道组织开展“迎国庆 庆重阳 喜迎二十大”主题

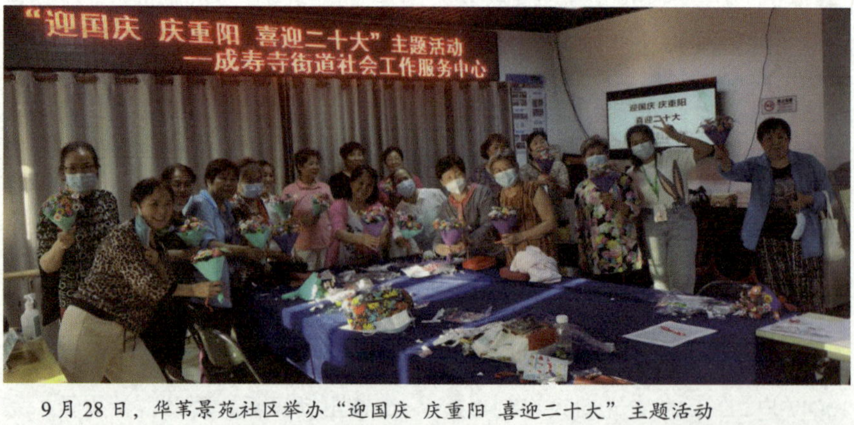

9月28日，华苇景苑社区举办“迎国庆 庆重阳 喜迎二十大”主题活动

（成寿寺街道　供图）

系列活动。华苇景苑社区通过组织开展纽扣花制作活动，送上对祖国的祝福；成仪路社区组织开展“欢喜迎国庆 巧手做糕点”活动，辖区30多名60岁以上老人在社区新时代文明实践站制作百余块糕点，送至颐海园养老院，与老人们一起分享国庆、甜蜜和欢乐。（史 蕾）

【街区控规落实】2022年，成寿寺街道推进0518、0519街区控规编制，邀请责任规划师实地考察，会同区规自分局深化《分钟寺剩余地块规划综合实施方案》。完善集体经济组织成员腾退安置政策，确定集体土地腾退补偿办法，梳理居民腾退安置政策及具体情况，完成1家国有企业、14户非集体经济组织成员住宅房屋签约。完成E15、E16、E18回迁楼选房2058户3746套，交房2401套。分钟寺项目整体推进情况获区领导批示。（史 蕾）

【金角银边打造】9月，成寿寺街道利用拆违腾退空间，在方庄南路与东铁匠营大街交叉口西北角，建成2000余平方米方庄南路口袋公园。地块原有违法建设500余平方米，于2021年5月拆除，通过整合周边废弃空地，聘请专业第三方公司开展现场调研，在多次征求居民意见基础上，确定公园设计方案。项目于4月开工建设，9月建成投入使用，提高成寿寺区域人均公园绿地面积和公园绿地服务半径覆盖率，满足周边居民休闲需求。打造金角银边的做法得到区领导批示，并向全区推广。（史 蕾）

2022年丰台区成寿寺街道社区居委会、村委会一览表

表42

序号	名称	地址
1	成寿寺社区居委会	横一条甲18号院2号楼
2	成仪路社区居委会	南窑39号中铁建置业有限公司院外
3	四方景园社区居委会	四方景园五区1号楼东侧207、208号
4	四方景园第二社区居委会	四方景园五区一号楼201
5	华苇景苑社区居委会	成安路7号方庄公馆3层
6	方南家园社区居委会	方庄南路18号院14号
7	瑞成街社区居委会	兴东南大厦2层西侧
8	分中寺村村委会	分中寺275号

石榴庄街道

【概况】石榴庄街道位于丰台区东南部。东至与成寿寺街道界线、丰台区与朝阳区界线，南至南四环中路，西至光彩路，北至石榴园北里北侧、顺八条。办事处驻石榴庄西街234号。辖区面积3.3平方千米，下辖15个社区、1个集体经济组织。截至年底，辖区有常住人口47940人、户籍人口14864户31844人、流动人口31560人；出生人口239人、死亡人口51人；有法人单位4611家，其中央属单位2家、市属单位5家、区属单位4604家；有医疗卫生机构9家，其中医院2家、社区卫生服务中心1家、社区卫生服务站6家；有中学2所、小学4所、幼儿园11所；有养老机构5家；有500平方米为民服务大厅1个、党群活动中心2个、地区文化活动中心2家，有文化广场7处。途经辖区公交线路31条，地铁5号线、10号线、亦庄线3线交会。辖区绿化率11%。2022年，石榴庄街道推行“以企引企、以地聚企”招商模式，聚焦辖区重点企业和重点商务楼宇资源优势，依托“石榴市集”活动进行宣传推介，开展招商引资政策宣传9次，引进注册资金1000万元以上企业23家。加强重点企业服务保障，成立街道合作发展专班，开展惠企服务，协调解决企业诉求41项，开展企业联系走访服务21次，外迁意向企业挽留服务11次。444家纳税企业实现区级税收1.03亿元，比上年减少29.2%。（康晓燕）

【平安建设】2022年，石榴庄街道在北京冬奥会、冬残奥会，服贸会，党的二十大期间，日均发动2500余人参与安全巡查、夜间巡逻和视频巡控等志愿服务工作。接待来访群众22批次23人次，信访总量216件，办结率98%。办理行政复议和行政诉讼3起，审核重大行政事项41件、各类合同213件，开展“法律十进”“以案释法”普法活动12次，成立全市首个由党政主要领导任双主任的依法治街委员会。规范管理社区矫正人员、帮教人员、社区戒毒人员113人。明确公共安全中高风险点65个，建立分级管控措施。出动3500余人次，查处堆物堆料150余车，清查黑作坊2次，清查流动人口7000余人次，消除各类消防隐患630余处。新建电动自行车充电接口876个，有充电设施113处、充电接口2881个，覆盖率

100%。集中开展西街平房区安全隐患治理，新建室外消防井6处、电动自行车充电接口92个，增设监控摄像头和独立式烟感报警器。组建应急抢险分队2支，防守风险隐患点位46处，实现安全度汛。全年未发生有影响的安全生产和消防安全事故。（康晓燕）

【环境治理】2022年，石榴庄街道拆除违法建设2.6万平方米，治理桥下空间8处、施工围挡7处、“揭网见绿”3处、无证无照1处、雨污混接1处、占压燃气管线1处。聘用专业保洁队伍开展清理维护背街小巷、无主垃圾，强化店外经营、堆物堆料、违规牌匾等巡查检查和执法力度，城乡环境建设管理考核成绩位列全区第二位。完成第二轮北京市生态环保督察迎检工作，按期办结4个市级交办件、2个区级交办件、9个信访件。做好在施工地、拆违现场、装修工程以及监测子站的规范管理和环境治理，$PM_{2.5}$累计深度33.1微克/立方米，TSP累计浓度81.5微克/立方米，位列全区第三位。完成5个生活垃圾分类桶站升级改造、4个生活垃圾示范小区创建工作。贯彻落实病虫害诉求件及舆情件8小时处置机制，治理美国白蛾虫害点位55处。宋家庄一区6号楼、石榴园北里坡上区域通过拆除违建、整治环境等治理项目，腾出空间新建充电车棚、打造健身广场、施划停车区域，打造出居民身边的小微空间，获得市级主要媒体报道。石榴园中街路口党建广场完成建设。（康晓燕）

【社区建设】2022年，石榴庄街道做实党建引领物业管理，建立定期调度工作制度以及问题单位约谈制度，推进物业管理融入社区治理。5个业委会、18个物管会，联合物业单位参与社区工作，政馨园三区4、7号楼前增设100余辆电动自行车停放区域。推广鑫兆雅园居民议事协商平台建设经验，强化多元主体参与社区治理工作模式。划分117个社区网格，建立“一图、五册、两群、一书”（“一图”为网格图；“五册”为居住人员册、服务设施册、机构册、工作人员册、风险册；“两群”为工作人员群、网格服务群；“一书”为重要情况报告书），将新冠疫情防控、矛盾调解、环境整治等工作嵌入网格开展。（康晓燕）

【为民办实事】2022年，石榴庄街道增设便民商业网点1处、蔬菜直销车2辆、“老年餐桌”2处。协调处置讨薪案件42起，帮助185人追讨薪金131万元。服务社会化退休人员7106人，城乡居民养老和无保障人员1689人，城乡居民基本医疗3240人，灵活就业1029人。为248户253人发放社会救助363万元，为213户236人提供医疗、教育、供暖等专项救助71万元。发放养老服务补贴、失能护理补贴、高龄老人津贴11150人次323万元。通过线上、线下平台联动和“一窗办理”“一网通办”工作机制，完成新冠疫情期间政务服务办理，完成15个社区政务服务站点规范化、标准化建设。非京籍幼升小线下联审以及小学转学审核通过101人。（康晓燕）

【“接诉即办”工作机制落实】2022年，石榴庄街道完善“接诉即办”工作机制，制定响应标准、回复标准、退单标准、考核办法等系列工作规范，落实“见面办”“提级办”“日调度”“双派双考”等工作制度，推动解决重点诉求1000余件。搭建居民议事协商平台，发动社区党员、楼门长参与诉求办理。办理“12345”市民服务热线诉求21238件，比上年增长75.5%。其中，日常诉求7501件，占全年诉求量的35.3%；新冠疫情相关诉求13775件，占全年诉求量的64.7%。日常诉求中，住房类和物业管理类占全年诉求量的31%。全年“接诉即办”响应率99.7%、解决率93.15%、满意率93.89%，解决率、满意率比上年分别提高6.33%和0.89%。（康晓燕）

【拥军服务】2022年，石榴庄街道建设退役军人服务站，组织辖区16个退役军人服务站在职退役军人座谈会、“首都老兵”重温入伍誓词、优待卡发放仪式等活动20余场，完成退役军人信息采集、建档立卡，常态化走访慰问获得特殊荣誉和生活困难老兵，建立“一对一”就业帮扶机制，为退役军人提供就业渠道推荐、定向技能培训、政策法规咨询等，帮助2名退役军人实现再就业。（康晓燕）

6月，宋家庄一区6号楼公共空间“微更新”（石榴庄街道　供图）

【创城创卫】2022年，石榴庄街道组建创城创卫工作专班，完成200余处创城问题点位、900余条创卫检查问题整改落实。开展周末卫生日活动11次，对4个居民小区环境卫生展开集中整治，发动机关社区干部、党员、志愿者5200人次，清理卫生死角450处，清理各类散在积水点683处，清洁垃圾桶站85处，清理堆物堆料大件垃圾57吨，清理小广告521处。开展控烟检查80余次，罚款金额1.3万元。（康晓燕）

9月23日，红狮家园社区举办"共建和谐美好家园 喜迎党的'二十大'召开"社区邻里节活动（石榴庄街道　供图）

【宣传宣讲】 2022年，石榴庄街道坚持正面宣传舆论引导，在市区级以上媒体刊登新闻76篇，印制各类宣传海报1万余张，新建公益广告景观小品3处。组织15个社区开展党的先进理论进基层、"美好生活讲师团""百姓宣讲团"宣讲活动，围绕党的二十大等最新理论成果，由包片领导、党组织书记、专业讲师进行理论宣讲。（康晓燕）

【社区邻里节】 9月23日，石榴庄街道红狮家园社区举办"共建和谐美好家园 喜迎党的'二十大'召开"邻里节百人健步走活动，250名社区居民参加活动。活动现场大红门社区卫生服务中心开展以"高血压义诊及健康宣教活动"为主题的义诊活动，为社区居民提供高血压疾病预防与护理、高血压基础知识普及等健康指导，免费为社区居民测量血压，并提供日常生活中的健康指导意见。（康晓燕）

【中华慈善日主题活动】 9月3日，石榴庄街道举办"携手做慈善，传播真善美"中华慈善日主题活动。主题活动分室内、室外2部分。室内部分，作为新成立的北京市慈善义工联合会"社区服务专业委员会"挂牌，并将石榴庄街道综合文化中心作为"慈善义工之家"对外开放。同时成立石榴庄街道、东铁匠营街道2个慈善工作站。室外部分，设在丰台区宋家庄社区小广场，由北京市慈善义工联合会下属各专业委员会为广大社区居民进行法律、心理、医疗、理发、《慈善法》宣传等惠民慈善服务活动，石榴庄街道宋家庄、政馨家园、红狮家园、鑫兆雅园4个社区组织30名志愿者参加活动。（康晓燕）

2022年丰台区石榴庄街道社区居委会一览表

表43

序号	名称	地址
1	石榴园北里第一社区居委会	石榴园北里16号楼2门101室、石榴园北里8号楼4门101室
2	石榴园北里第二社区居委会	石榴园北里21号楼5单元对面平房
3	石榴园南里第一社区居委会	石榴园南里13号楼2门101
4	石榴园南里第二社区居委会	石榴园南里1号楼1层14号
5	石榴庄东街社区居委会	怡和世家5号楼南侧平房
6	彩虹城社区居委会	光彩路66号院一区西门
7	世华水岸社区居委会	光彩路72号院外2号综合楼
8	石榴庄东街第二社区居委会	榴乡路84号院榴景秀苑27号楼东侧
9	顶秀欣园社区居委会	石榴庄南里1号院6号楼110—111号
10	政馨家园社区居委会	政馨园二区1号楼3单元106号
11	红狮家园社区居委会	红狮家园5号楼1门103
12	宋家庄社区居委会	顺八条8号院二区2号楼108、109、111
13	鑫兆雅园社区居委会	宋家庄26号院10号楼2层办公区

续表 42

序号	名称	地址
14	双石一社区居委会	金桥东街 6 号院
15	双石二社区居委会	顶秀金瑞小区 2 号楼 1 层

玉泉营街道

【概况】 玉泉营街道位于丰台区中部。北至铁路联络线，东至新村街道东边界，南至草桥村、黄土岗村南边界，西至马草河西侧、芳菲路、樊家村路、纪家庙村西边界、西三环南路，北至铁路联络线。办事处驻黄土岗甲 1 号。辖区面积约 10.4 平方千米，下辖 8 个社区、3 个建制村。截至年底，辖区有常住人口 77144 人、户籍人口 10183 户 27200 人（其中农村户籍 3197 户）、流动人口 44944 人；出生人口 159 人、死亡人口 52 人；有法人单位 13334 家，其中市区属单位 7 家、其他单位 13327 家；有医疗卫生机构 7 家，其中医院 3 家、社区卫生服务站 4 家；小学 4 所、幼儿园 10 所；有养老机构 4 个；有政务服务中心 1 个、党群活动中心 2 个、地区文化活动中心 4 个，有文化广场 1 处。途经辖区公交线路 50 条，地铁 10 号、19 号线、大兴机场线贯穿辖区。辖区绿化率 48.3%。原花乡集体经济组织党组织（花乡实业集团）由玉泉营街道党工委全面领导，乡集体经济组织由玉泉营街道办事处指导、监督。2022 年，花乡中部组团项目一期规划指标通过市规自委审批；草桥集租房项目完成主体结构封顶，二次结构完成 97%；纪家庙村 JJM-007 等地块项目取得施工许可。助推 2 个“活力中心”建设。花乡奥莱村制定完成花乡奥莱区域活力中心建设工作总体方案，完成环境提升、品牌升级、活动提升和园外绿化、美化、亮化。花乡花木集团和昆明国际花卉中心联合打造北京花卉交易中心 -KIFA 北京分中心投入运营。引进优质纳税企业北京丰台铁路有限责任公司及北京润瑧置业有限公司入驻。北京润瑧置业有限公司 2022 年入库税额 7500 万元。工商注册审核企业 511 家，其中注册资金 5000 万元以上企业 17 家，1 亿元以上企业 6 家。税源调查组实地走访企业 1200 余户，涉及税额 1.7 亿元。召开资管会 9 期，审议议题 63 项，座谈 8 次。梳理完成花乡实业集团及 3 个村级集体经济组织下属 81 个企业台账及 901 项集体资产资源可视化平台的数据上报。开展农村征地补偿费专储账户动态管理，完成年度村级财务预算的编制、汇总、备案和上报。全年实现地区财政收入 30199 万元，比上年减少 9.1%。玉泉营街道司法所获“2018—2022 年度北京市司法行政系统先进集体”称号。（张　迪）

【平安建设】 2022 年，玉泉营街道完成北京冬奥会、冬残奥会，全国两会、党的二十大等重点时期、重点会议期间安保维稳工作，开展安全生产整治“百日行动”，检查企业 322 家次，发现隐患 238 项，整改 212 项。群租房整治巡查 216 处次，发现整改问题 5 处。开展电动自行车领域消防安全专项整治行动。取缔非法改装点 5 处；整改居民飞线充电 126 起、电瓶家中充电 18 起。新建电动自行车充电桩接口 420 个、充电柜接口 960 个、换电柜接口 36 个。开展消防安全夜查单位 437 家，发现并督查整改隐患 525 处。开展建筑领域 2022 年“疏整促”施工围挡专项治理工作，规范施工围挡设置，推进建筑施工围挡设置管理工作常态化、标准化、规范化。对 14 个任务点位进行实地踏勘拍照后记账，规范提升 10 处，拆除 4 处，全部完成整改。组织矛盾纠纷排查 31 次，领导干部参与 60 批次，现场协调解决群众诉求。网上信息系统综合平台受理咨询 879 件次 1074 人次。（张　迪）

【环境治理】 2022 年，玉泉营街道结合“创无”（创建基本无违法建设区）拆违一张图工作要求，完成上账违法建设面积 33 万平方米，上账率 103%；拆除违法建设约 31.8 万平方米。拆除“疫情放大器”场所违法建设 8 万余平方米，其中拆除西南郊地区冷库违法建设 1.6 万平方米，疏解西南郊地区冷库冷链从业商户 900 余家，从业人员 4000 余人；拆除巴庄子 124 号院、139 号院 9 家酒店和公寓、6 家 4S 店、1 家办公楼，面积 6.6 万平方米，疏解流动人口 5000 余人。拆除铁路沿线违法建设 8 万余平方米，包括拆除具有严重消防安全隐患的 111 文化产业园 7.6 万平方米。拆除宝隆大厦顶层的违法建设。163 条背街小巷严格每日“一扫二保”（一次清扫、两次巡保）。$PM_{2.5}$ 年均浓度 33.5 微克 / 立方米、TSP 年均浓度 84.2 微克 / 立方米。接到区生态环境局移交整改 3 批次 7 处扬尘污染问题，全部办结。组织协调各社区、村，开展病媒生物防制、市容环境卫生、生态环境、重点场所卫生、健康教育和健康促进等工作。清理社区、单位路边、绿化带、工地、平房区的废弃轮胎、积水型容器、废弃物、散在垃圾和宠物粪便，开展翻盆倒罐，及时更换或倾倒花瓶、水瓶存水，清除房前屋后、遮雨用塑料布等积水，消除蚊、蝇孳生地，开展辖区病媒生物预防控制活动。（张　迪）

【社区建设】 2022 年，玉泉营街道成立玉泉营街道社区社会组织联合会，吸纳会员 50 个，覆盖街道所有社区。开展社区社会组织咨询活动6次，为12个社区社会组织普及社区社会组织规范发展常识，开展社区社会组织培育活动3次。7月，与唯询心理签订服务协议，授权唯询心理作为玉泉营街道社会心理服务中心，为街道居民提供身心健康服务。居民通过“清澈玉泉”微信公众号使用相关线上服务，公众号用户500余人，进行团体活动1场、心理测评400余人次、身心健康直播9场、提供线上个案咨询服务5人次。组织、动员社工参加“最美社工”、“全科式”社区“小导师”和“为心解忧”减压项目。（张　迪）

【为民办实事】2022年，玉泉营街道城镇登记失业率1.98%，城镇登记失业人员就业率69.51%。农村劳动力参加城镇职工保险186人，完成率103%。办理个人求职登记578人，完成率105%。企业空岗信息采集1331个，完成率111%。完成3009名享受城乡居民养老待遇人员和851名享受无保障待遇人员的生存认证、待遇停止和多支追缴工作。服务农村无档劳动力自愿缴纳社会保险185人，办理延期54人、退休37人。做好6197名城乡医疗参保人员，以及2973名享受社会化退休、市区灵活就业、农村劳动力参保等各类人员的手工报销、社保卡服务、变更定点医疗机构等经办服务工作。变更定点医疗机构1588人次，补换各类社会保障卡1839张，手工报销医疗费用155人次，报销金额90万元。办理残疾人生活补贴14人、护理补贴11人。（张　迪）

【“接诉即办”工作机制落实】2022年，玉泉营街道依托“吹哨报到”机制，提升承办单位办件能力。接办“12345”市民服务热线诉求24045件。日常诉求中城乡建设类1266件，占16.09%，主要诉求是施工扰民和违法建设等；住房管理类诉求1213件，占15.41%，主要是产权证问题、小区配套和房屋修缮等问题；公共安全及服务类诉求1201件，占15.26%，主要是公共区域保洁、占用消防通道、堆物堆料等问题；物业管理类诉求1008件，占12.81%，主要是物业管理不规范、小区停车等问题；环境问题903件，占11.48%，主要诉求是噪声扰民和街头游商等问题；交通管理类596件，占7.6%，主要诉求是违章停车和停车秩序差等问题。全年“接诉即办”响应率100%，解决率54.94%，满意率65.79%。（张　迪）

【社会救助】2022年，玉泉营街道新申请低保低收入家庭6户，撤销3户，迁入1户，复审59户；临时救助金发放15户次，救助金额33369.4元；采暖救助发放51户，救助金额73987.26元；医疗基础救助109人次，救助金额256939.84元；大额医疗救助27人次，救助金额49154.83元。（张　迪）

【新时代文明实践活动】2022年，玉泉营街道设有新时代文明实践所1个，新时代文明实践站10个，区级新时代文明实践基地1个，新时代文明实践志愿者队伍18支，开展各类新时代文明实践活动。各社区、村开展理论政策宣讲、教育服务、文化服务、科技科普、健康健身等6大类活动400余场次，打通宣传群众、教育群众、关心群众、服务群众的“最后一公里”。开展“十九届六中全会精神宣讲”活动，线上收看中共中央党校唐爱军教授宣讲，组织党史党建有奖知识问答等活动。街道新时代文明实践所、草桥村文明实践站、花卉大观园实践基地共同开展的“学雷锋文明共建暖人心”主题志愿服务活动，宣传社会主义核心价值观、垃圾分类、文明旅游、关爱未成年人等价值理念。助力全国文明城区、国家卫生区创建，开展“文明丰台·你我共建”、“绿色家园齐守护”、清洁家园防蚊灭蝇、健康讲堂、“垃圾分类齐步走”等各类新时代文明实践活动200余次。开展模范人物宣传选树、学雷锋志愿服务等活动。（张　迪）

【全国文明城市创建】2022年，玉泉营街道成立创建全国文明城区领导小组，建立包片领导“周巡查”“包责任”制度，实现环境、交通综合治理与创城工作有机结合。配合首都文明办、区创城办等各级

4月15日，玉泉营街道在世界花卉大观园举行创城宣传活动　（玉泉营街道　供图）

单位开展实地考察和问卷调查，抓好问题整改，围绕实地测评检查通报、《您说我办》、《每日快报》等问题100余项，逐个对接相关科室及问题单位，督促整改落实，全部整改完毕并形成36份整改报告上报区创城办。向区委宣传部、区创城办、区农委、区社工委、区文促中心等单位提供报送网报材料5份、活动图片40幅。街道联合各职能部门，开展创城联合执法督导检查和综合整治。发放创城宣传品5000余份，印制宣传折页3000余张、发放宣传海报3000余张，吸纳志愿者、双报到党员、退休干部等基层力量建立300余人“文明引导员”队伍，开展主题推动日系列活动。通过敲门行动、致居（村）民一封信、调查问卷、有奖答题等形式，提高辖区村、居民对创城工作知晓率、参与度和满意率。（张　迪）

【万柳西园社区养老服务驿站开业】9月27日，玉泉营街道万柳西园社区养老服务驿站揭牌开业，30余人参加揭牌仪式。驿站配备心电图仪器、血压仪、血糖仪、全身按摩椅等设施。根据不同功能分区设置前台接待处、健康指导室、心理慰藉室、康复理疗区、助餐服务区和文化娱乐区，满足老年人多样需求。驿站发挥常驻社区、贴近居民、响应快速优势，结合社区及周边老年人的服务需求开展巡视探访、个人清洁、养老顾问、健康监测、文化娱乐等基本养老服务，以及助餐、助浴、助洁等普惠型养老服务。万柳西园社区在驿站设置养老助餐点，通过微信群、电话等方式订餐，可以提供营养配餐、上门送餐等“定制”服务。在驿站“菜单”中设置居家服务、康复护理等多领域、全流程的专业化服务，破解高龄独居老人日间照料和长期护理难题。（张　迪）

【北京首个花卉拍卖中心成立】8月19日，北京花卉交易中心—昆明花拍中心北京分中心启动仪式在北京举行。北京花卉交易中心—昆明花拍中心北京分中心位于北京市丰台区草桥村，是依托昆明国际花卉拍卖交易中心有限公司的产业链优质资源和北京花乡花木集团有限公司区域花卉产业优势联合打造。作为现代花卉服务为核心的园艺综合体，承载区域花卉产业活力中心和国际消费中心城市建设需求，包含花卉产业数据中心、辐射华北地区的“销地”鲜花拍卖中心、休闲园艺体验区、精品花圃展示区、鲜花（进口）展销区、花植潮玩区、灵动水族区、电商运营区等，致力于提供标准化产品、数字化管理、情景式体验、一站式购物、“5S”服务为一体全产业链服务，以智能化大数据为依托、以花卉交易数据为核心，打造“产业链”“供应链”“价值链”三链融合可持续发展复合花卉生态圈，构建多元化的花卉消费体验模式。共享昆明花拍中心的花卉交易服务、供应链服务、大数据服务、配套服务、金融保险服务、标准现代化花卉产业园服务。同时，京津冀及周边省市的花卉都可在分中心搭乘拍卖交易进入全国供应。同时，北京花卉交易中心搭建北京花卉产业链平台，是服务于京津冀乃至全国花卉流通交易的标准化交易平台，平台创新完善“质量标准、商品溯源、花卉指数、实时数据、防疫管控、服务规范”等几大特色功能。推行“1品3码”，为商品交易提供规范化的服务保障，为消费者提供标准化、高品质花卉商品。（丁　汇）

2022年丰台区玉泉营街道社区居委会、村委会一览表

表44

序号	名称	地址
1	草桥欣园第一社区居委会	草桥欣园三区11号楼草桥欣园社区服务站
2	草桥欣园第二社区居委会	草桥欣园三区11号楼草桥欣园社区服务站
3	纪家庙社区居委会	纪通东路78号院纪家庙社区服务中心
4	青秀城社区居委会	马家楼一号院23号楼底商青秀城社区服务站
5	万柳园社区居委会	万柳园小区1号楼
6	万柳西园社区居委会	宝隆大厦1-103
7	风格与林社区居委会	风格与林苑甲9号楼阳光大厦301
8	草桥社区居委会	草桥东路28号院11号楼6单元底商
9	黄土岗村村委会	南四环西路61号
10	草桥村村委会	南三环路玉泉营立交桥东南侧118号
11	纪家庙村村委会	郑王坟村8号

看丹街道

【概况】看丹街道位于丰台区中部。东邻新村街道、玉泉营街道，南临花乡街道，西邻宛平街道，北邻五里店街道、丰台街道。办事处驻外环西路8号。辖区面积约14.5平方千米，下辖14个社区、2个社区筹备组、3个建制村、2个集体经济组织。截至年底，辖区有常住人口约9.6万人、户籍人口2.25万户5.6万人、流动人口3.6万人；出生人口878人、死亡人口467人；有法人单位11239家，其中央属单位8家、市属单位82家、区属单位11149家。有医疗卫生机构13家，其中医院3家、社区卫生服务中心1家、社区卫生服务站9家；有大学1所、中学3所、小学5所、幼儿园7所；有养老机构8个；有为民服务大厅1个、党群活动中心1个、地区文化活动中心1个，有文化广场1处。途经辖区公交线路41条，地铁9号线、16号线、房山线贯穿其中。辖区人均公园绿地面积14.48平方米。2022年，看丹街道成立街道合作发展办公室，整合专业部门资源，宣传“丰九条”“独角兽八条”等优惠政策，走访企业300余家次。辖区企业9098家，新注册100万元以上企业358家，其中500万元以上企业155家。聚焦城市化发展主线，加快推进覆盖看丹村、榆树庄村2个棚改地区3个编制单元的街区控规编制，逐步实施涉及看丹村、榆树庄村、白盆窑村39万平方米产业项目建设，推进四合庄51号地块商业金融用地项目室内机电设备安装及室外管线施工工作。推进重点工程地上物腾退工作，保障北京丰台站“一段两所”工程建设和地铁16号线4个站点年底建成通车。推进看丹、榆树庄2个村71.8万平方米回迁房建设，榆树庄回迁房完工，看丹回迁房一标段完成主体结构封顶。结合北京丰台站周边环境整治项目，开启南开地地区208户平房院落腾退工作，拆除公房130户，解决南开地地区平房院落房屋老旧、无物业管理等历史遗留问题。完善集体资产管理各项制度，聚焦规划编制、项目审批、落地实施等重点环节，召开资管会9次，审议议题53个。深化国数·榆慧、榆宿与北京交通大学战略合作。六圈村引进宜得利家居（北京首店）等一批优质企业入驻，寻求新经济增长点。全年实现地区财政收入27724万元，比上年增加7.9%。2022年，看丹街道被评为北京市安全宣传“五进”工作最佳实践活动单位、中海九浩苑社区获“北京市生活垃圾分类示范小区”称号。（刘晓璐）

【平安建设】2022年，看丹街道注册治安志愿者2629人，完成社会面重点点位值守和监管，发动治安志愿者5万余人次进行社区治安巡逻。日常接访137批次；组织信访人见面沟通会15次。调解案件49件，其中书面调解47件，口头2件。检查生产安全事故隐患，检查单位1747家，发现隐患948项，立即整改89项，限期整改859项，完成整改877项。有电动自行车充电口3497个，新安装2051个。发放宣传手册9000份、电梯警示贴2000张、电动自行车警示贴3000张、各类消防宣传海报8000余张。为60岁以上户籍老年人家庭安装独立感烟报警装置780个。为平房区60岁以上老人配备干粉灭火器500个。整治群租房26处。为819户液化石油气居民用户及天然气居民用户安装安全型配件。开展自建房安全专项整治，排查914处，其中排查经营性自建房573处，针对存在一般隐患房屋27处，督促相关产权人落实房屋安全主体责任并开展整改工作。（刘晓璐）

【环境治理】2022年，看丹街道销账及办结违法建设2911处，建设面积822226.91平方米，占地面积611209.16平方米。处理销账区城管委环境办下发的市容环境卫生项目275件，市城管委首环办下发各类环境检查案件68件，区城管委环境办下发各类环境检查案件810件，全部完成整改销账。更新门前四包责任牌，落实巡检机制，登记纳入市级台账535家。检查督导第三方公司完成152条193985平方米背街小巷清扫保洁工作，通过市、区两级检查考核。开展环境整治百日攻坚行动，整治3次创卫迎检反馈问题1400余条，整改《您说我办》曝光问题11件。完成平原造林任务1.31公顷，“战略留白”4.92公顷，“揭网见绿”销账125处。水环境质量状况区级考核断面评价结果为Ⅲ类。接收专用停车场报送材料14份，提交路侧停车居住认证申请材料22份。（刘晓璐）

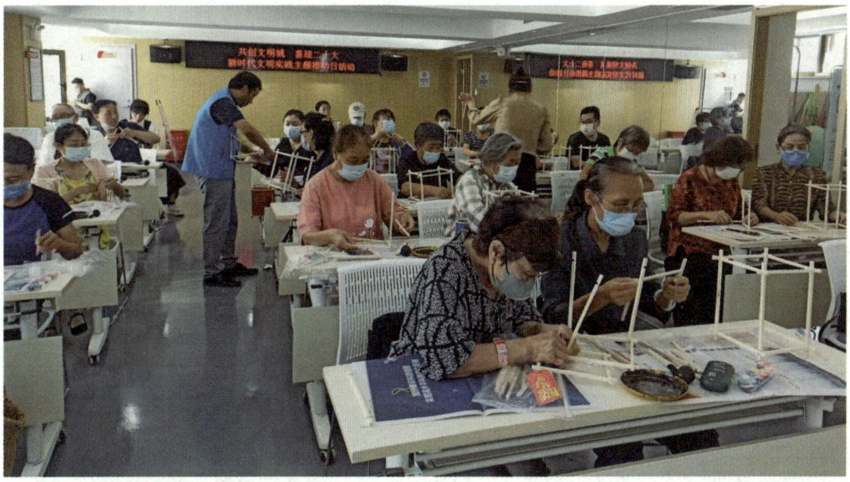

9月20日，看丹街道开展新时代文明实践“共创文明城 喜迎二十大”传统非遗木作活动
（看丹街道　供图）

【社区建设】2022年，看丹街道探索社区党建“网格化”，整合共建单位、小区物业等多种资源参与，推动党的组织体系与基层治理体系深度融合，推行治安维稳、便民服务、物业管理等事项一揽子兜底。动态掌握社区户籍人口、常住人口、流动人口底数，统筹党建活动经费、社区公益金、办公经费。召开2021—2022年新招聘社区工作者入职培训会，围绕加强工作纪律、加强学习、服从安排3个方面进行授课。（刘晓璐）

【为民办实事】2022年，看丹街道办理各项政务业务25763件；办理城乡低收入家庭救助70人次，发放救助资金26万元；照料特困人员生活40人次，发放生活照料费11.72万元；解决3名残疾人就业问题，建成慈善工作站1家、养老驿站1家、卫生服务站1家、劳动人事调解中心1个、以中海御鑫阁为中心“一刻钟无障碍便民服务圈”1个。开展道路修缮、树木修剪、门禁安装、灭火器配备等系列为民办实事项目200余项，破解看丹村周转费发放、五圈南路交通管理、富锦嘉园出行难等系列历史遗留问题4项。启用街道图书分馆，加强日常巡查检查，做好“双减”工作，提高4所社区办园点规范办园能力。完成与内蒙古自治区巴彦扎拉嘎乡结对帮扶任务。（刘晓璐）

【“接诉即办”工作机制落实】2022年，看丹街道研究制定“接诉即办”工作流程规范、日调度、周分析、月点评等办法规则18项，落实处级领导包片指导机制，发挥“每月一题”“吹哨报到”机制功效，协调职能部门推进历史遗留问题解决进程，化解一批交通管理、噪声扰民、物业服务、消防安全等方面诉求。受理“12345”市民服务热线24660件。其中，日常类诉求12528件，占全年诉求量的50.8%。月均诉求量2055件；按诉求类型分类，排名前五类的是新冠疫情防控类11477件，占全年诉求量的46.54%；住房类2023件，占全年诉求量的8.2%；城乡建设类1786件，占全年诉求量的7.24%；物业管理类1141件，占全年诉求量的4.63%；环境保护类889件，占全年诉求量的3.61%。全年“接诉即办”响应率92.87%、解决率69.27%、满意率74.55%，解决率和满意率分别提高11.12%和13.48%。（刘晓璐）

【垃圾分类】2022年，看丹街道完成区里部署216家非居民厨余垃圾产生单位信息审核、登记、提交、收费工作。聘请第三方开展18个小区5755户垃圾分类日常运维工作，建成天兴家园和四合欣园垃圾分类驿站，建设垃圾分类驿站16个，有垃圾分类示范小区6个。开展“珍爱地球 维护绿色家园 垃圾分类我们一起来”活动，倡导绿色健康生活方式，强化垃圾分类知识宣传。结合五一劳动节、世界地球日、儿童节、世界环境日等节日，开展“垃圾分类从我做起，邻里互助共建家园”为主题的社区邻里节之垃圾分类活动，组织各社区、村开展“共创卫生区，喜迎二十大”为主题的垃圾分类宣传活动和周末卫生日活动。（刘晓璐）

【传统非遗木作活动】9月20日，看丹街道新时代文明实践所在党群服务中心多功能厅，组织辖区党员群众开展“共创文明城 喜迎二十大”传统非遗木作活动。北京文旺阁木作博物馆馆长王文旺讲述中国民间传统文化，指导制作木质灯笼，并在灯笼上绘制、拓印图案。此次传统非遗木作活动让辖区党员群众感受传统文化的魅力，迎接党的二十大召开。（刘晓璐）

【文明实践活动】2022年，看丹街道开展线上线下文明实践活动600余场。推荐评选“北京榜样”“丰台好人”。其中，霍书叶、杨冠利、张杰上榜“丰台好人”11月月度榜单，霍书叶入围北京市第四季度中国好人候选人。完成18个新时代文明实践站所整改。做好“喜迎二十大 奋进新征程”“学习贯彻党的二十大精神”等主题报道。推进《看丹街道党工委2022年理论学习中心组学习计划》。开展“美好生活讲师团”宣讲11场，组建看丹街道百姓宣讲团，完成宣讲视频录制、发布。组建看丹街道社区新闻发声人队伍，建立健全台账，走好全媒体时代群众路线。开展“文明礼让月”文明交通引导志愿活动，机关及社区干部、新时代文明实践志愿者3000余人次参加活动。（刘晓璐）

【中海养老驿站成立】12月25日，丰台中海九浩苑社区养老服务驿站（简称中海养老驿站）挂牌成立，位于丰台区六圈路御鑫阁2号楼，编制人员4人，有床位24张。中海养老驿站整合利用闲置养老资源，补齐社区养老短板，为辖区内老龄群体提供助浴、助餐、心理慰藉等服务，有2名老人入住。（刘晓璐）

2022年丰台区看丹街道社区居委会、村委会一览表

表45

序号	名称	地址
1	天兴家园社区居委会	白盆窑天兴家园南区二号楼四单元底商
2	四合欣园社区居委会	育仁南路2号院1号楼

续表 45

序号	名称	地址
3	看丹社区居委会	看丹科技健康产业园内二层
4	富丰园社区居委会	富丰园小区 9 号楼后面平房
5	育仁里社区居委会	花乡桥南育仁里小区 6 号楼东北侧二层楼房
6	电力机社区居委会	丰西北里 14 号楼 1 门 1 号
7	丰西社区居委会	丰西北里危改小区综合楼二层（丰西北里新 4 号楼南侧）
8	科学城第一社区居委会	丰台区科学城宝隆公寓旁二层小红楼
9	科学城第二社区居委会	恒富街 2 号东侧小白楼
10	韩庄子第一社区居委会	韩庄子东里 3 号楼南侧对面平房
11	韩庄子第二社区居委会	韩庄子四里 1 号楼北侧平房
12	中海九浩苑社区居委会	六圈路 2 号院 2 号楼东侧底商 C4 对面
13	富锦嘉园社区居委会	富锦嘉园二区九号楼三层
14	南开西里社区居委会	南开西里 20 号楼东侧小广场
15	看丹村村委会	看丹科技健康产业园内二层
16	榆树庄村村委会	看丹街道丰西北里 92 号院
17	六圈村村委会	丰葆路东侧

五里店街道

【概况】 五里店街道位于丰台区中部。东至西四环南路，南至京广铁路，西至京港澳高速，北至卢沟桥路。办事处驻五里店 270 号。辖区面积 5.88 平方千米，下辖 16 个社区。截至年底，辖区有常住人口 37012 户 74635 人、户籍人口 31215 户 43044 人、流动人口 6973 人；出生人口 483 人、死亡人口 401 人；有法人单位 2810 家，其中有中国航天建设集团有限公司等央属单位 6 家、北京外运陆运有限公司等市属单位 8 家、区属单位 25 家；有医院 1 家、社区卫生服务站 4 家；有中学 3 所、小学 4 所、幼儿园 8 所；有养老机构 1 个；有 500 平方米为民服务大厅 1 个、党群服务中心 2 个、综合文化室 16 个，有文化广场 14 处。途经辖区公交线路 33 条，地铁 14 号线贯穿其中。辖区绿化率 26%。有万佛延寿寺铜观音像（含石碑）和程庄路碉堡 2 处文物。2022 年，五里店街道完成重点时期安全维稳、新冠疫情防护、协税护税、招商引资、企业走访、企业服务包平台诉求处理等工作。核实整理辖区企业 2073 家，新注册企业 76 家，其中包括规模以上企业 51 家。联系走访重点企业 96 家，纳入丰台区企业服务包重点企业 10 家，办理企业诉求事项 40 余件。实现区级财政收入 9751 万元，比上年减少 20.6%。完成代征租房房产税代开发票 377 份，收到税金 46.41 万元。2022 年五里店街道获“北京市安全社区”称号；被北京市爱国卫生运动委员会办公室评为“北京市控烟示范单位”；被评为北京市安全宣传“五进”暨“安全生产月”活动优秀组织单位。（陈宝艳）

【平安建设】 2022 年，五里店街道动员底商 348 家，出动“红袖标”、文明引导员等 6.7 万人次，完成重要会议活动、重点节日期间安全保障任务；对辖区四环路沿线、大井地铁站等点位部署安保巡逻力量，优化治安志愿岗 34 处，新建社区警务站 2 处；对平房大院、老旧小区、公路铁路下桥梁涵洞等重点部位开展安全整治 13 轮次。组织安全、综合执法、市场、消防多部门对平房大院、商超市场、酒店仓库等重点领域巡检夜查 20 余次；建成充电桩 76 处、充电口 2621 个，安装电梯阻车器 222 台、家庭烟感报警装置 780 个；出动检查力量 4841 人次，巡查重点点位 1538 处、生产经营单位 1747 家次，发现整改隐患 1132 项，整改率 100%；企业检查覆盖率 100%，责改文书下达完成率 100%，隐患核销完成率 100%；三年行动监督检查记录完成 1810 条，隐患挂账单位 48 家，整改销账完成率 100%；完成安责险推广宣讲活动 8 场，覆盖单位 495 家，完成率 104%；发放和签订交通安全主体责任告知书 105 份，开具交通安全监督检查工作记录单 90 余份。组织法宣法援活动 110 余场，调解案件 220 余件。接待 80 余人次，办理事项 60 件，及时受理率 100%，按时办结率 100%，群众参评满意率 95% 以上。

（彭　博）

【环境治理】 2022年，五里店街道安装生活服务广告张贴栏，更新制作宣传栏、户外展板290处。开展社区“周末清洁日”活动30余次，清理卫生死角1500余处、各类垃圾30余吨。整改创城、创卫问题台账1000余条。开展病媒生物防制，排查处置鼠洞、蚊蝇孳生地。为59个小区设置垃圾分类桶站297处、建成垃圾分类驿站16个、新建垃圾中转站1座、可回收物交投点44个，实现厨余垃圾专业清运全覆盖。深化“一微克”行动，动态更新14类污染源台账，建立大气环境质量监测站点2个。开展不间断执法检查扬尘、噪声、污水等污染源，立案处罚工地50余起。核查“煤改电”住户277户，巩固“无煤化”成果。排查监管雨、污水口2010个，清理专用雨箅子1397处、治理雨污错接5处，巡河1143千米。 （付 玮）

【社区建设】 2022年，五里店街道组织参加“最美社工”评选活动，其中3名社工入围丰台区“最美社工”前50名；开展北京市第四届社区邻里节活动33场，参与4000人次。完成230个社区社会组织备案，新建社区社会组织38个，建设完成社区社会组织联合会，启动老兵志愿服务队两年培育计划方案。悬挂社区居委会工作制度32块。组织社区、业委会、物管会人员专业化培训6次，推进失管小区引进物业工作，实现物业服务覆盖率100%。完成75家调查单位统计年报表、73家月报表审核验收，664户人口抽样调查工作。 （谢子玉）

【为民办实事】 2022年，五里店街道落实低保、优抚、残疾、老龄、妇幼计生、专项救助等民生保障资金1800万余元，救助帮扶各类人员4万余人次。推进3家养老餐桌和1家便民服务网点建设。监察劳动用工单位1000家。办理退役军人优待证3649个。失业人员再就业945人。为405人办理城镇居民医疗保险新参保手续，为13人办理城乡居民养老保险新参保手续，受理415人医疗救助申请，发放救助金73.91万元。完成非京籍儿童入学初审登记94人，为91名非本市户籍儿童办理在丰台区就读手续。 （李志平）

【“接诉即办”工作机制落实】 2022年，五里店街道实施“日调度、周督导、月点评”及“双派件、双督导、双回访”工作机制，班子成员针对分管部门、包片社区、带班调度的诉求案卷落实“一岗三责”，形成一把手抓总、班子成员抓督、部门负责人抓落实的联动传导机制。研究“接诉即办”每月一题，通过“未诉先办”、主动治理解决居民难点问题。街道承办“12345”市民服务热线案卷13829件。其中，市直派案卷5298件，区转派案卷8531件。全年“接诉即办”响应率100%，解决率63.77%，满意率83.57%。直派案卷考核成绩8次进入全市100名、5次位列全区第一；直派、区转综合成绩5次位列全区前五。直派成绩位列全区第一；直派、区转综合成绩位列全区第十。 （王成生）

【正能量宣传】 2022年，五里店街道“美好生活讲师团”宣讲授课14次；录制“强国复兴有我”百姓宣讲视频；处理网络舆情8件。开办街道微信公众号，发布稿件91篇。推举“北京榜样”17人。推动全国文明城区创建工作，制作户外展板114处，更新建筑外围挡及主次干路宣传展板45处。进行模拟入户问卷2次、模拟实地检查1次，为17个文明实践所站统一配置实践站制度、成果展示板等7类物料，开展各类文明实践活动。 （赵 越）

【组织群团活动】 2022年，五里店街道新办理工会会员100余人，新增独立建会企业2家；组织咖啡制作活动2场、职工读书会1场。开展主题团日活动80余场次；组织观看直播云团课2次。召开区域青年联席会1次；新建社会领域团支部15个。开展“青年在行动，防疫有我”志愿服务活动30场、周末清洁日志愿服务活动20余场、学雷锋志愿服务活动20场、社区治理活动30场。帮扶困境青少年50余人次。开展妇女维权法律知识线上培训6场次，40人参加培训。携手区妇联开展宣传活动4场、电子屏宣传3次，发放活动材料、礼品270余份。开展线下“打击防范拐卖妇女儿童”、禁毒宣传活动1场次，线上宣传15场次，受众人数3000人。召开五里店街道妇联第一届第二次执委会会议，

8月6日，五里店街道举办2022年“羽你相约”全民健身羽毛球友谊赛
（五里店街道 供图）

选举产生丰台区第十四次妇女代表大会代表。组织儿童之家负责人参加线上培训2次。（赵　越）

【文体活动】2022年，五里店街道举办文化活动40余场，惠及群众约4000人。其中街道获得“强国复兴有我——2022年‘我的丰台·我的家’”群众合唱大赛优秀组织奖，4支舞蹈队在丰台区“我的丰台·我的家”群众舞蹈大赛中获得决赛优秀奖。组织各类体育赛事活动，做好体育健身知识宣传、培训，举办2022年“羽你相约”全民健身羽毛球友谊赛、2022年“快乐健身直通车”培训、制作体育宣传展板4期，推进全民健身工作。（谢子玉）

【疏解整治】2022年，五里店街道开展环境秩序联合执法30余次，立案处罚无证无照、垃圾分类、施工扬尘、渣土运输、露天烧烤等违规行为300余起约50万元。治理群租房30处，完成366.67%。拆除违法建设2万平方米，完成任务率106%；办结图斑641处48.6万平方米。以五里店南里老旧小区、2处平房区为治理突破口，清理涉及7个社区“私搭乱建”“圈地种菜”290处2600余平方米，推动历史遗留问题解决。完成丰台医院、五里店275号棚改施工围挡整治和丰北桥等5处桥下空间整治，5处5052平方米裸露地块实现“揭网见绿”。做好127条背街小巷卫生保洁和老旧危墙修缮，推进9个老旧小区完善类改造。（陈宝艳）

【彩虹北社区服务空间开放式建设】2022年，五里店街道坚持“办公空间最小化、服务空间最大化”原则，将彩虹北社区纳入丰台区社区服务空间开放式建设项目示范点，设置咨询服务区、居民活动区、宣传展示区、特色服务区、社区办公区和议事协商区6大功能区，依托6大功能区的空间设置，增设、优化和提升服务各年龄阶段居民的项目，发挥社区服务站服务平台作用，推行“综合窗口”模式，实行“一口受理”、预约办理、为行动不便居民上门办理。推进社区弹性工作制，推行一岗多能、打造全能社工，全时段响应居民服务需求，提升社区服务品质。（陈宝艳）

【社区协商议事厅示范点建设】2022年，五里店街道将北大地西区社区纳入社区议事厅建设示范点，议事厅成员由社区“两委”成员、物业管理公司、社区党支部书记、居民代表等组成，将多方力量凝聚到社区，倡导居民自家事“大家议，大家管”，汇总分析议事厅成员收集上来问题，形成需求清单、问题清单、办理清单，通过民主协商、共商共建、合力落实，推动居民急难愁盼问题的解决，实现各方互利共赢。召开议事协商会议31次，解决阳台漏雨、施工噪声扰民、屋顶防水破损等22件问题。（陈宝艳）

2022年丰台区五里店街道社区居委会一览表

表46

序号	名称	地址
1	63号院社区居委会	西四环南路63号院内
2	北大地西区社区居委会	北大地三里8号楼前平房
3	北大地16号院社区居委会	北大地三里北大地16号院
4	东安街头条社区居委会	东安街头条15号楼东侧平房
5	东安街社区居委会	福顺里小区4号楼北侧平房
6	东安街头条19号院社区居委会	丰体南路8号院东南角
7	彩虹北社区居委会	彩虹嘉园北区11号楼
8	程庄路16号社区居委会	程庄路16号院大门南侧
9	彩虹南社区居委会	程庄路20号院2号楼
10	五里店第一社区居委会	五里店外贸2号楼东北角二层楼
11	五里店第二社区居委会	五里店南里小区17号楼
12	丰西路社区居委会	丰台西路41号院内平房
13	油泵厂社区居委会	北油小区9号楼和10号楼之间东平房
14	大井社区居委会	大井266号
15	丰体时代花园社区居委会	丰体南路1号院3-212、201号
16	和风四季社区居委会	程庄南里8号楼西侧

青塔街道

【概况】 青塔街道位于丰台区北部。东至西四环中路、水衙沟路与六里桥街道接壤，南至京港澳高速、万绿园小区与卢沟桥街道、六里桥街道交界，西至青塔西路、小屯路与卢沟桥街道相连，北至莲石东路与海淀区万寿路街道相邻。办事处驻蔚园24号楼。辖区面积约4平方千米，下辖12个社区、2个建制村。截至年底，辖区有常住人口39876人、户籍人口16309户37559人、流动人口36346人；出生人口210人、死亡人口156人；有法人单位2677家，其中中国水产科学研究院、渔业工程研究所、中国电子系统技术有限公司和国家税务总局驻北京特派员办事处4家央属单位；解放军总医院第五医学中心、网络信息研究所、军用标准研究中心、中国人民武装警察部队北京市总队执勤第六支队和郑常庄十五干休所5家驻京部队（团级以上）；1家外埠驻京联络处；北京金隅资产经营管理有限责任公司、北京大成房地产开发有限责任公司、北京北汽出租汽车集团有限责任公司、北京市保障性住房建设投资中心、北京公联京胜石化有限公司和北京市公联公路联络线有限责任公司6家市属国企。有社区卫生服务中心1家、社区卫生服务站5家（含独立法人站2家）；有中学3所、小学3所、幼儿园12所；养老驿站1家；有245平方米政务服务大厅、2000平方米地区文化中心，有文化广场1处；途经辖区公交线路34条，西四环路、青塔西路和小屯路3条干道贯通南北，大成路、梅市口路2条干路横贯东西。辖区绿化率35.89%。2022年，完成新冠疫情防控、民生保障、环境治理、创城创卫等重点工作。实现区级财政收入7613万元，比上年减少31.1%，完成代征租房房产税及个人所得税210.38万元。（王盈雪）

【平安建设】 2022年，青塔街道完成北京冬奥会、冬残奥会，全国两会、市党代会期间和党的二十大期间安全保障工作。动员治安志愿者、党员干部、商户、“红袖标”等各类群防群治力量约14万人次，打造全新“青塔红袖标”品牌。党的二十大期间，每日对驻地周边开展晨巡夜查，出动600余人次，检查企业150余家次，核查居民住户800余人，核查流动人口200余人。立案处罚各类违法形态380起，罚款金额620620元。取缔无照经营、占道经营行为821起。拆除违法建设196处，拆除私搭乱建68处，清理堆物堆料44起。对4957家次商户开展执法检查，发现问题915起，公示186家次，对存在问题要求商户现场进行整改。处理市、区环境台账206个涉及点位243个。发放包括电动自行车、燃气安全等内容的消防宣传品9000余份，发送提示短信2万余条。安装独立感烟报警器780个。针对电动自行车乱停放、乱充电现象，开展夜查50余次，监督检查单位、住户3922家次，查处入户充电、飞线充电电动自行车49辆，违规停放331辆，入户宣传2243家，安装电动自行车充电端口1458个，为岳各庄村碾子坟补充安装充电接口280余个。整治群租房16处，疏解人口32人。办理信访件事项272件，解答法律咨询40余件，提供法律服务543人次、法律援助6件，举办法治讲座6场，调解案件89件，处理行政复议案件2件、行政诉讼案件5件。（陈　琦）

【环境治理】 2022年，青塔街道做好青塔村棚改“拔钉子”工作，拆除青塔村111个院落。拆除违法建设28161平方米，腾退土地2.2公顷（2.2万平方米）。改造和修复郑常庄308号院4栋楼架空线、照明设施、破损道路。街道社区级河长巡河1314.88千米，出动1600人次清扫保洁清扫背街小巷56条，解决问题点位257处，清理卫生死角、堆物堆料460余车，处理市环境组下发首环办台账问题97条、区城管委环境组下发检查台账问题2150条、城指中心下达网格件79条。处理第二轮北京市环保督察案件12件。区创卫办下发台账1654条，整改1532条，整改率92%，排名全区第十二。党的二十大期间，清洗、粉饰建筑物外立面7处800平方米，维修路面25平方米，拆除标语横幅5条，治理公共服务设施50处，规范梳理架空线2处，清除废旧杆体50根，规范治理围挡5处20米，拆除围栏护栏15米，清理堆物堆料和垃圾789处62吨，清理非法小广告254个，引导、码放和清运共享单车400辆。（吴　琼）

【社区建设】 2022年，青塔街道推进街道、社区示范点建设工作，建立青塔街道社会心理服务中心和社会工作服务中心，通过微信群、视频号等平台为社区工作者、辖区居民开展心理压力疏导培训，创建长安新城第一社区协商议事厅示范点，完成郑常庄村、长安新城第一社区2个楼门治理示范点工作；开展5000户以上超大型社区岳各庄社区以及民岳家园社区拆分调整工作；组织物业服务企业负责人、业委会（物管会）成员进行培训，宣传解读相关政策；围绕2022年北京冬奥会、冬残奥会服务保障总目标，将岳各庄村作为冬奥社区，营造奥运主题氛围，奥运冰雪运动以文化活动形式融入百姓生活；组织开展“喜迎二十大、周末百姓大舞台”、农村“文艺演出星火工程”等活动；完成6所中小学校、13所幼儿园及17所校外培训机构“双减”专项工作。（马玉洁）

【为民办实事】 2022年，青塔街道推进芳园养老照料中心项目，建设并运营养老驿站1个，覆盖率25%；选址2个，为阅园一区底商和青塔东里社区。完成失能老人服务认领248人。家庭床位签约服务45人，新增床位21张；完成老龄、超转、地退、遗属、独生子女家庭、困境儿童、残疾人“两项补贴”、失能补贴、养老等服务对象数据更新及补贴发放。召开青塔街道残疾人联合会第一次代表大会，选举产生残联第一届执行理事会主席、理事长。完成2022年“一刻钟无障碍便民服务圈”申报创建工作。开展整治欠薪专项行动，检查418次，办理讨薪案件93起，涉及人数315人，讨薪354.4万元。（毕启元）

【“接诉即办”工作机制落实】2022年，青塔街道组织召开街道案件协调调度会议130余次、全街道社区（村）“接诉即办”工作推进会10余次。制定青塔街道《“接诉即办”专项经费支出和报销管理办法》，处理诉求25177件，其中日常诉求12159件，与上年相比，小区配套、物业服务不规范、噪声污染、施工管理、消防安全、公共区域环境秩序、房屋修缮、违法建设、停车管理、小区停车秩序管理的诉求量大幅上升。建立诉求处置管理微信小程序“青诉通”，实现掌上办公、实时掌握案件办理进度、实时跟踪案件办理过程、实时了解承办单位“三率”情况；改造升级街道系统模块功能，新增高频重点人查询、退件情况统计、驳回情况统计等新模块，为承办单位办件提供依据；运用信息化手段，探索主动治理“未诉先办”治理方法。受理“12345”市民服务热线诉求31443件，日均86件，直派案件13812件，转派案件17631件，响应率99.57%，满意率93.51%，解决率95.18%。其中，住房管理类3157件，占全年诉求量的10.76%；物业管理类1895件，占全年诉求量的6.46%；城乡建设类1390件，占全年诉求量的4.74%；环境保护类1204件，占全年诉求量的4.11%。（黄智锻）

9月，青塔街道珠江紫台社区居民用废旧自行车搭建“红船”凉亭景观

（青塔街道 供图）

【文明实践活动】2022年，青塔街道开展社会主义核心价值观教育，统一制作下发社会主义核心价值观、关爱未成年人等各类海报、折页3万余张、宣传品5000余份，规范新时代文明实践所站建设，开展“文明创建，志愿同行”“喜迎二十大”“文明养犬，从我做起”等系列主题新时代文明实践活动17个，开展志愿服务活动80余场，线上文明实践活动8场，选送“北京榜样”“丰台好人”12人。坚守宣传主阵地，聚焦重点工作和重要时间节点，发布各类宣传报道203篇次。（王盈雪）

【政务服务】2022年，青塔街道便民服务中心有业务事项明细211项。服务大厅办理群众业务102975人次。其中，咨询及受理业务19132件，后台审批办理83843件，日均办件量413件。完成区级档案改革，以节日慰问、举办书画展、摄影展等活动，丰富辖区7000多名社会化退休人员生活。完成大厅硬件设施更新升级，建设多功能母婴室、药箱、雨伞等便民设施；完善无障碍服务，提供手语翻译器、助听器、放大镜、手写板、盲文版业务申请表单、无障碍卫生间等无障碍设施。（张 蕾）

【珠江紫台社区旧车变景观】9月，青塔街道珠江紫台社区先行先试，和物业公司、居民代表一起结合小区实际情况和基础条件，摸索出解决闲置自行车、“僵尸”车乱停放的公益项目方案，向居民回收废旧自行车，改造建设景观小品。收集废旧自行车50余辆，经专业设计师进行景观设计，参照五星红旗颜色分别喷涂上红色和黄色，象征着伟大富强的国家。由居民亲手进行喷涂上色和景观搭建，50余辆喷涂好的自行车依序环绕在社区景观凉亭“红船”周围，象征承载着人民信仰的党，在国家前进的浪潮中乘风破浪。社区组织报到党员、居民群众、志愿者参加志愿服务、宣传公益环保，用身边艺术改善环境。（王盈雪）

2022年丰台区青塔街道社区居委会、村委会一览表

表47

序号	名称	地址
1	青塔西里社区居委会	青塔中街44号院3号楼1层
2	岳各庄社区居委会	西四环中路112号阅园一区5号楼底商

续表 47

序号	名称	地址
3	长安新城第一社区居委会	大成南里一区 13 号楼 1 层 104、105
4	蔚园社区居委会	大成里蔚园社区 12 号楼东侧平房
5	秀园社区居委会	大成里芳园 6 号楼西侧平房
6	民岳家园社区居委会	梅市口路 12 号院
7	芳园社区居委会	大成里青塔街心公园南侧
8	珠江紫台社区居委会	青塔西路 58 号院珠江峰景小区 60 号底商二层
9	青塔东里社区居委会	青塔东里 7 号院 16 至 17 号楼西平房
10	春园社区居委会	大成里春园 9 号楼北侧
11	长安新城第二社区居委会	大成南里三区 1 号配套综合楼
12	汇锦苑社区居委会	小屯路甲 2 号院 6 号楼
13	郑常庄村村委会	大成南里二区三号楼 A 座 3 层
14	岳各庄村村委会	岳各庄村 301 号

北宫镇

【概况】 北宫镇位于丰台区西北部。东与宛平街道相接，南与长辛店街道、云岗街道相邻，西北隔山与门头沟区相邻，西南与王佐镇相接，北接永定河与石景山区相望。镇政府驻杜家坎南路 8 号。辖区面积 44.13 平方千米，下辖 10 个社区、6 个建制村。截至年底，辖区有常住人口 5.6 万人、户籍人口 17007 户 3.7 万人、流动人口 2.1 万人；出生人口 171 人、死亡人口 66 人；有法人单位 2196 家，其中央属单位 4 家、其他单位 2192 家；有医疗卫生机构 10 家，其中医院 2 家、社区卫生服务中心 1 家、社区卫生服务站 7 家；有小学 2 所、幼儿园 6 所、托幼机构 1 家；有养老机构 4 个；有党群活动中心 2 个、党群服务站 1 个。途经辖区公交线路 21 条，地铁 14 号线贯穿张郭庄、园博园。森林覆盖率 45.04%。2022 年，北宫镇宣传落实“丰九条”，引入企业 158 家，注册资本过亿企业 2 家。优化营商环境，制定《2022 年度领导干部联系走访企业工作方案》，服务走访重点企业 56 家。赴内蒙古自治区扎赉特旗开展对口协作，向受援地捐助 60 万元。加强农村三资管理，落实“村地区管”要求，指导集体经济组织完成涉地经济项目 11 项，为集体经济增收 2000 余万元。加强合同备案审查，审核合同 21 份。全年实现地区财政收入 18776 万元，比上年减少 28%。装甲兵工程学院社区被命名为“北京市民主法治示范社区”、张郭庄村被命名为第九批“全国民主法治示范村”、北宫镇被授予“北京市体育特色乡镇”称号。 （王　祺）

【平安建设】 2022 年，北宫镇发动 8.1 万志愿者参与群防群治，完成重要活动、重大会议服务保障；发动 5.5 万名志愿者参与群防群治，抓好

9 月 15 日，北宫镇在中华名枣园举办“喜迎二十大 奋进新征程”2022 年百姓大舞台文化惠民演出活动 （北宫镇　供图）

社会面防控工作。开展13轮集中安全整治专项行动，检查点位1574家次，整改安全隐患840处。开展电动车消防安全隐患排查，清理违规停放电动车1969辆。安装电动自行车充电口1997个。落实老旧小区“七治理一加装”整治工作，安装独立式感烟报警器780个。围绕燃气、工地、村民自建房、出租大院等重点领域检查点位1347家次，整治群租房6处，整改隐患669处。走访社区矫正对象和安置帮教对象100余次。矛盾纠纷排查1074次，受理群众咨询事项111件次，接待群众70人次，按期办结率96%。开展“八五”普法专题培训，邀请区人民法院行政厅法官对拆除违法建设相关问题、人民法院立案厅法官对物业管理相关问题、长辛店法庭法官于“12·4”国家宪法日对军婚相关问题进行讲解。全镇参加学习100余人次。制定《北宫镇学法讲法工作办法》，线上线下普法讲座12场次，制作调解协议书1件，重大行政执法案件审核18件。（王　祺）

【环境治理】 2022年，北宫镇开展无违法建设区创建工作，拆除违法建设30.2万平方米。以“周末大扫除”活动为抓手，开展爱国卫生运动，国家卫生乡镇创建通过区级评审。推进生态文明建设，提升扬尘及裸地管理水平，落实各项减排措施。遏制耕地“非农化”，防止“非粮化”，种植农作物120万平方米。河长巡河3158千米。整治17条小微水体，封堵排污口3处。落实林地保护责任，建立镇村两级林长制责任体系，巡林414次。推进“创森”（创建国家森林城市）工作，完成绿化造林338666.67平方米。打造以中华名枣为特色的休闲农业科普教育基地。（王　祺）

【社区建设】 2022年，北宫镇组建北宫物业联盟，出台“一个考评办法两个管理细则”，督促激励物业企业提高服务水平，指导业委会、物管会规范履职。强化基层组织政权建设架构，收到村民提出村务公开申请8件，全部答复。北宫镇改善全民健身组织网络建设和场地设施配置，组织开展各类群众赛事和休闲活动，指导居民科学健身，注重基层全民健身工作规范化建设、精细化管理和精准化服务，经市级专家验收评审，北宫镇被授予“北京市体育特色乡镇”称号。（王　祺）

【为民办实事】 2022年，北宫镇完成重要民生实事项目20项，备案停车场9个、车位1651个，新建养老驿站2家。发放各类社会补助救助资金300余万元。完成1568名退役军人建档维护，办理退役军人优待证1687张。审核通过49名非京籍适龄儿童入学申请。落实“双减”政策，取缔1家“黑托管班”。申报东河沿村村办普惠幼儿园。（王　祺）

【“接诉即办”工作机制落实】 2022年，北宫镇坚持“民有所呼、我有所应”，健全“接诉即办”考评办法，实行“日调度、周通报、月考核、年表彰”工作机制，明确案卷派单原则。实行“科长面对面”办件，针对一次办理不满意案件，指派全镇科级干部23人轮流加强办理，实行积分排名，将排名结果作为干部提拔和考核评优的重要依据。派发“科长加强件”358件，加强件解决率提升62个百分点、满意率提升75个百分点。“12345”市民服务热线受理诉求22850件，日平均接收处置63件，物业管理类1328件，占全年诉求量的5.8%；施工管理类981件，占全年诉求量的4.29%。全年“接诉即办”响应率99.9%，解决率98.39%，满意率98.19%，位于全市第五十名，市直派成绩6次进入全市前100名，综合成绩位列全区第一。（王　祺）

【推进城市化项目建设】 2022年，北宫镇东河沿棚改项目B区0011地块实现入市交易，交易额24.4亿。辛庄村上市地块实现“场干地净”。推动张郭庄、太子峪、东河沿村集租房项目进展。槐树岭地区污水管线（张郭庄标段）完工，解决辖区部队及周边小区的排污难题。推动镇域交通路网建设，4条次干路进场施工。（王　祺）

【宅基地建房一户一“码”监管】 4月，北宫镇在全区率先推出宅基

4月，北宫镇推出宅基地建房一户一“码”监管制度，通过扫码查询房屋的批准书号等信息
（北宫镇　供图）

地建房一户一“码”监管制度，为审批通过在建房屋“一对一”建档立卡赋码，制作出在建农房专属“身份码”，就近安装公示。“身份码”上有建房户姓名，房屋面积、层数、高度等基本信息。宅基地建房一户一“码”监管制度的推出，开启北宫镇宅基地建房数字监管新模式，“新”主要体现在建房信息“码上查”、施工和巡查状态“码上录”、农房违建“码上报”。通过3道“码”上管逐一解决房屋信息难查询、巡查过程难留痕、群众举报难衔接等问题。监管后台可以根据需要及时增设功能入口，不断升级监管力度和服务水平。一户一“码”监管制度实行以来，镇内未竣工7处在建房屋全部挂“码”，责令未按审批建房停工并整改1起。 （王　祺）

2022年丰台区北宫镇社区居委会、村委会一览表

表48

序号	名称	地址
1	槐树岭社区居委会	槐树岭4号院38栋平房东侧
2	二七车辆厂社区居委会	张郭庄南路12号
3	张郭庄社区居委会	张郭庄沙锅村12号
4	芦井社区居委会	万兴路3号院14号楼
5	杜家坎社区居委会	大灰厂东路3号北整长欣院内
6	得秀社区居委会	得秀南街2号院9号楼
7	大灰厂社区居委会	大灰厂路88号
8	红山郡社区居委会	鑫博西路4号院红山郡小区2号
9	东河沿村村委会	东河沿村芦井1号
10	辛庄村村委会	辛庄大灰厂东路12号
11	大灰厂村村委会	大灰厂村462号
12	张郭庄村村委会	张郭庄村8号
13	太子峪村村委会	太子峪村10号
14	李家峪村村委会	李家峪村365号

王佐镇

【概况】 王佐镇位于丰台区河西地区。东部与云岗街道、长辛店镇交界，南部、西部与房山区相连，北部毗邻门头沟区。镇政府驻长青路99号。辖区面积62.5平方千米，下辖8个建制村、4个社区。截至年底，辖区有常住人口6.0万人，户籍人口13859户34782人、其中农业户籍人口10878户20963人，流动人口33748人；出生人口373人、死亡人口114人；有法人单位3091家，其中央属单位1家（中央民族大学丰台校区）；有医疗卫生机构10家，其中社区卫生服务中心1家、社区卫生服务站6家、卫生室3家；有中学2所、小学3所、幼儿园14所；有养老机构2个；有为民服务大厅13个，其中镇政务服务大厅1个、村社区政务服务站12个，有党群活动中心1个、文化活动中心1处，有文化广场4处。途经辖区公交线路14条。辖区绿化率63%。有南宫五洲植物乐园、民族温泉养生园、温泉水世界和青龙湖公园、千灵山等景区景点。2022年，王佐镇完成北京冬奥会、全国两会、国庆节、党的二十大等重大节日和重点时期服务保障。挖掘和发挥1533.33公顷农用地的资源潜力和生产生态双重功能，打造南宫农耕文化体验园、怪村都市农业体验园、魏各庄洛平精品采摘园、西庄店绿野仙踪郊野乐园、佃起水稻文化农业园、西王佐农业园等一批集农业观光、休闲采摘、文化体验、农业产业化经营等为一体的多功能休闲农业园区，形成“一村一品一镇一业”发展格局，打造“山水灵动、清泉温润、林田错落、乡村秀美”生态休闲旅游小镇，构建“山水林田湖草美 绿水青山入画卷”生态发展实践路径。制定《王佐镇重点财源企业名录》，宣传“丰九条”政策，新增各类企业148家，其中注册资本超过1000万元5家。优化营商环境，掌握企业发展诉求，为企业提供精准服务。开展支农惠农项目，强化“三资”监管水平，推动村级集体经济发展。推进“乡村振

兴”，实施休闲农业“十百千万”畅游行动，打造南宫世界地热博览园、绿野仙踪郊野乐园等特色项目7个，其中绿野仙踪郊野乐园和向阳花公社上榜“十大京郊打卡地”“十大农事体验园”。推进《王佐镇全域旅游规划编制》工作，培育佃起水稻、南宫农耕等集农业观光、休闲采摘、文化体验于一体的现代农业基地，打造“休闲农业+乡村旅游”新产业新业态。建立全域旅游近期及中远期项目库，推动南宫活力中心项目，优化旅游产品供给，构建全域旅游格局。实现地区财政收入19257万元，比上年减少47.3%。王佐镇获“2022年冬奥会、冬残奥会北京市先进集体”“2021年度先进民兵基层单位”称号和“凤凰杯”2022北京美丽乡村健康跑微视频大赛优秀奖。（何雅静）

【平安建设】2022年，王佐镇完成北京冬奥会、全国两会、国庆节、党的二十大等重大节日和重点时期服务保障。加强企业安全生产宣传教育和培训，开展天然气、工地、村民自建房等重点领域、重点环节的安全隐患排查整治，开展安全生产重点村整治13波次，推动消防、交通、食品安全等隐患排查治理1710处，安全生产、消防考核全区排名第一。开展自建出租房屋、电动自行车专项治理，建设电动自行车充电设施1978个。开展燃气安全“百日行动”，维护安全稳定区域形势。安装独立式烟感报警器780个，开放消防科普教育基地1个，全民消防学习平台注册8338人，排查整改各类安全隐患552处。推动领导干部大接访，化解积压事件2起。加强村（社区）应急避难场所规范化建设，配备对讲器材，实现与微型消防站实时联动，提升基层防灾减灾、自防自救能力。落实烟花爆竹全面禁放，加强重点时期安保维稳，推动国家安全、常态化扫黑除恶、反恐反分裂等工作常态化。

（何雅静）

【环境治理】2022年，王佐镇拆除违法建设32万平方米，销账26.43万平方米，腾退土地36万平方米，拆除率及销账率全区排名第一。拆除施工围挡23处，疏解一般制造业、整治无证无照经营、治理临时建筑等量化任务完成率100%。推进“两山”创建工作，首批完成新型集体林场注册，开展千灵山矿山修复项目，森林覆盖率95%，千灵山创建为“两山”实践创新基地之一。创建国家森林城市，开展新一轮百万亩造林28.53公顷，“留白增绿”6293.33平方米、“战略留白”19200平方米，完成84.55公顷疏整促“揭网见绿”任务。$PM_{2.5}$累计浓度29微克/立方米，同比改善率16.9%，排名全区第二。推进清洁能源采暖“无煤化”管理，排查和动态监管全镇14类污染源。开展环保类检查1200余次。完成第二轮市级环保督察点位巡查和问题整改17处。（何雅静）

【社区建设】2022年，王佐镇打造坚持和发展新时代“枫桥经验”王佐实践。探索“物业报到”治理模式社区实践，深化村民自治，完善多元主体共治的基层治理格局。细化网格管理，强化“一图五册”（“一图”指街道和社区的网格图，“五册”指社区居住人员册、服务设施册、机构册、工作人员册、风险册）和智能民情图融合运用。建立由党员干部、监督员为主体“网格发现群”。完善社区治理体系，绘制社区四至，推进优化社区规模，推进拟新建和调整社区的筹备工作。建立治理示范点台账，推进镇级协商议事厅治理示范点和翡翠山社区楼门院治理示范点建设，畅通群众诉求、征集民意新途径，解决停车、雨水倒灌等问题。做好村务公开和村民履职申请，推进村务公开常态长效化。推动心理服务中心建设，构建社会治理的新格局。新建养老服务驿站1个、幼儿园1所，建设沙锅村、怪村村级卫生室，开设便民服务网点，推进健康社区建设。推进社区办园点全部转普，实现无证学科类培训机构清零。（何雅静）

【为民办实事】2022年，王佐镇拓宽创业就业渠道，实现失业人员再就业377人。12个村（社区）实现提供养老、就业等一窗通办38项，打造西王佐、西庄店2个区级示范站点。完成低保金调标及社会救助复审，低保、低收入家庭111户198人，发放医疗救助、临时救助、教育、采暖等各项社会救助98万元。开展慈善捐赠和走访慰问，完成超转人员补贴调标和自采暖补贴发放。开展残疾家庭无障碍改造和“一刻钟无障碍便民服务圈”建设，依托温馨家园和职康站做好残疾人康复服务。为1502户家庭投保“计划生育家庭意外伤害保险”，发放困难老年人养老服务补贴、失能老年人护理补贴、高龄老年人津贴等19211人次522.44万元。（何雅静）

【“接诉即办”工作机制落实】2022年，王佐镇出台“每月一题”制度，落实“五步”（“接诉即办”、未诉先办、无诉征办、未办见面、未办成册）闭环。升级“未诉先办”，聚焦主动治理、服务前置，短时间内难以解决的合理诉求，纳入民生实事项目推动“未办成册”，完善“久诉未决”清单，先后办实侯家峪东侧道路坑洼、煤改电维保等民生实事。运用“吹哨报到”机制，协调涉及宅基地、雨污水排放、充电桩、噪声扰民等民生问题14件。办理各种诉求18227件，月均1519件，比上年增长38.26%，全区综合排名第十三。群众集中反映问题新冠疫情防控6581件，占问题总量的39.12%；农村管理1873件，占问题总量的11.13%；城乡建设1161件，占问题总量的6.9%；住房976件，占问题总量的5.8%；公共服务808件，占问题总量的4.8%；物业管理628件，占问题总量的3.73%。2022年“接诉即办”响应率99.62%、解决率94.58%、满意率94.71%。（何雅静）

【城市化建设】2022年，王佐镇加强农村宅基地自建房审批、公示、现场核查、验收等环节的规范化管理。落实规自领域巡视、历年自然资源督察等整改任务，开展“大棚房回头看”问题等专项整治，建立健全拆除腾退后续管控利用机制，优化镇域空间布局。推进市级重点工程京良路西延项目，畅通进出中心城区的快速通道，完善互联互通、立体便携的交通网络体系。配合青龙湖核心区C北地块入市工作，助力土地一级开发的进程。推动南郊灌瓶厂、王佐法庭、河西第二水厂等项目地上物调查、前期手续批复、申报规划工程许可。（何雅静）

【对口支援】2022年，王佐镇将“绿野仙踪”等生态旅游发展模式及管理经验“移植”到对口支持的湖北省十堰市张湾区西沟乡，促进双方文旅产业共同繁荣发展。捐助青海省治多县治渠乡、扎河乡扶贫资金各10万元，支持当地畜牧业发展、基础设施建设等，巩固拓展脱贫攻坚成果。制定《王佐镇关于与长阳镇等4街镇结对共建“比学赶帮超”工作方案》。（何雅静）

【文体活动】2022年，王佐镇开展群众性冰雪运动，实施全民健身路径工程器材更新和科学健身指导，组织国民体质测试、国家体育锻炼标准测试、趣味运动会等体育休闲活动。举办百姓周末大舞台、星火工程文艺演出等。完成沙锅村古刹海潮庵、下庄村娘娘庙修缮项目，推进西王佐村三圣神祠、怪村万佛寺文物修缮。开展“乡村大舞台”活动，举办新型农民培训。（何雅静）

【优质稻早播早插示范种植成功】2022年，王佐镇打造“稻模式”，依托水资源丰富的地理优势，融合传统水稻种植理念，恢复可以追溯到清代水稻种植，在佃起村建成8.67公顷景观稻田，并投放稻田蟹和稻田鱼，打造种养结合的生态循环新模式。种植“稻田画”，利用四色水稻勾勒出“乡村振兴”“美丽王佐”字样和象征佃起村历史、人文、时尚元素的巨幅村徽，并建设12米观景平台和水美稻香、稻蟹相依的网红打卡地。发展“稻产业”，创新产业发展模式，契合水稻元素，开发稻田产业“周边”产品，在春耕时机开展亲子休闲的插秧项目，打造夏日创意画最佳观赏期，融合亲子戏水、捞蟹捕鱼，实现交互式、沉浸式、娱乐式的现代农耕体验，打响稻田文化品牌。（何雅静）

2022年丰台区王佐镇社区居委会、村委会一览表

表49

序号	名称	地址
1	南宫雅苑社区居委会	南宫雅苑7号楼
2	翡翠山社区居委会	长青路88号院60号楼三层
3	山语城社区居委会	云岗西路28号院山语城三区
4	南宫景苑社区居委会	南宫迎宾路33号院一区2号楼社区医院旁
5	南宫村村委会	长青路97号
6	庄户村村委会	贺照云甲1号
7	佃起村村委会	云岗路130号
8	西王佐村村委会	西王佐293号
9	魏各庄村村委会	鑫湖家园小区内
10	怪村村委会	刘太庄145号
11	沙锅村村委会	沙锅村28号
12	西庄店村村委会	西庄店村甲1号

人物　荣誉

先进集体

国家级（含系统）先进集体

2022 年度人民满意的公务员集体
北京丽泽金融商务区管理委员会

北京 2022 年冬奥会和冬残奥会服务保障贡献集体
北京市公安局丰台分局内保大队

全国绿化先进集体
丰台区王佐镇魏各庄村村民委员会
丰台区北京花乡花木集团有限公司

2022 年全国清理整顿人力资源市场秩序专项行动取得突出成绩单位
丰台区人力资源和社会保障局

第六届中国青年志愿服务项目大赛金奖
北京汽车博物馆

全国五四红旗团支部
丰台区疾病预防控制中心团支部

2022 年度全国优秀少先队集体
丰台区丰台第二中学附属实验小学尚品少先队大队

2022 年度妇女宣传舆论阵地建设优秀榜
丰台区妇女联合会

全国优秀公安基层单位
北京市公安局丰台分局警务支援大队网络侦查中队

全国优秀法院
丰台区人民法院

人民法院政治工作先进集体
丰台区人民法院政治部

科技创业孵化贡献奖
中关村科技园区丰台园产业促进中心

九三学社中央 2021—2022 年社会服务先进集体
九三学社北京市丰台区委员会

省部级先进集体

党的二十大特种设备服务保障工作贡献突出集体
丰台区市场监督管理局特种设备安全监察科

2022 年冬奥会、冬残奥会北京市先进集体
丰台区委统战部
丰台区文化和旅游局
丰台区王佐镇人民政府

北京 2022 年冬奥会和冬残奥会奥林匹克标志知识产权保护突出贡献集体
丰台区市场监督管理局综合执法大队、商标科

北京市安全生产先进单位
丰台区太平桥街道办事处

北京市统计系统先进集体
丰台区统计局综合统计科
丰台区统计局城建统计科

北京市知识产权系统先进集体
丰台区市场监督管理局

节约型机关
国家税务总局北京市丰台区税务局

北京市保密工作先进集体
丰台区委保密委员会办公室
丰台区纪委区监委办公室

2018—2022 年度北京市司法行政系统先进集体
丰台区丰台街道司法所
丰台区马家堡街道司法所
丰台区宛平街道司法所
丰台区新村街道司法所
丰台区玉泉营街道司法所

2022 年北京市工人先锋号
北京丽泽金融商务区管理委员会机关工会委员会
丰台区人民法院花乡人民法庭
丰台区云岗街道市民诉求处置中心
丰台区疾病预防控制中心传染病与地方病防治科
首都医科大学附属北京天坛医院脑胶质瘤精准诊疗创新团队
北京北方车辆集团有限公司总装公司

2022 年首都劳动奖状
丰台区消防救援支队
北京市第十八中学

首都全民义务植树先进单位
北京丽泽金融商务区管理委员会

首都最佳志愿服务组织
国家税务总局北京市丰台区税务局第三税务所

首都特色职工志愿服务队伍
国家税务总局北京市丰台区税务局第一税务所
国家税务总局北京市丰台区税务局第三税务所
丰台区云岗街道北里社区

建团100周年“北京市五四红旗团委”
丰台区直属机关团工委
丰台区团教工委
丰台区人民法院团委
丰台区太平桥街道团工委
中建交通建设集团有限公司团委

建团100周年“北京市五四红旗团支部”
国家税务总局北京市丰台区税务局第一税务所第二团支部
丰台区市场监督管理局机关第一团支部
丰台区新村街道三环新城第三社区团支部
北京市第十中学高中2020级1班团支部
丰台中西医结合医院第三团支部
华信保险经纪有限公司团支部

第六届中国青年志愿服务项目大赛北京赛区金牌
北京汽车博物馆

北京市三八红旗集体
北京市公安局丰台分局警务支援大队互联网巡控中心

北京市妇女儿童工作先进集体
丰台区人民检察院第一检察部
北京汽车博物馆（丰台区规划展览馆）妇委会
丰台区方庄街道办事处妇联
丰台区长辛店街道东山坡社区妇联

北京市先进纪检监察组织
丰台区纪委信访室

北京市先进法院
丰台区人民法院

北京市法院先进集体
丰台区人民法院立案庭（诉讼服务中心）、刑事审判庭

首都学雷锋志愿服务最佳志愿服务项目
丰台区市场监督管理局“培育消费维权小雏鹰”项目
丰台区玉泉营街道草桥村青年志愿者服务队“助力社会治理，青参与青成长”项目

北京市控烟示范单位
丰台区六里桥街道办事处
丰台区右安门街道办事处

北京市卫生街道
丰台区右安门街道办事处
丰台区花乡街道办事处

北京市扶残助残先进集体
国家税务总局北京市丰台区税务局社会保险费和非税收入科

致公党北京市委成立四十周年优秀集体
致公党北京市丰台区委员会第一支部

先进个人

国家级（含系统）先进个人

北京冬奥会、冬残奥会突出贡献个人
王紫儒（女） 北京市公安局丰台分局民警
曹　君（女） 北京市公安局丰台分局民警
郭　帅　丰台区北宫镇平安建设办公室副科长

全国五一劳动奖章
王　静（女，回族） 丰台区人民法院刑事审判庭副庭长

全国向上向善好青年
毕光熙　北京市公安局丰台分局副所长

2022年度全国优秀少先队辅导员
王　芳（女） 丰台区丰台第一小学少先队大队辅导员

2022年度全国优秀少先队员
刘婉怡（女） 北京市第十二中学少先队员

全国巾帼建功标兵
李　楠（女） 北京市公安局丰台分局法制支队探长，一级警长

第十三届全国五好家庭
张庆林家庭

全国最美家庭
王秀勉家庭

全国特级优秀人民警察
傅天雷　北京市公安局丰台分局民警

全国法院先进个人

王亚茹（女） 丰台区人民法院法官助理

致公党中央参政议政工作先进个人

王松灵 致公党第十五届中央委员会常务委员

致公党中央社会服务工作先进个人

王 峻 致公党北京市委员会文化委员会委员

致公党中央抗击新冠肺炎先进个人

宋 煜 致公党中央理论学习委员会委员，致公党北京市委员会理论研究委员会副主任，致公党北京市丰台区委员会副主任委员

九三学社全国组织工作先进个人

李 洁（女） 九三学社北京市丰台区委员会公共卫生支社

九三学社全国宣传思想工作先进个人

刘庆凯 九三学社北京市丰台区委员会首都医科大学支社

李 耕（女） 九三学社北京市丰台区委员会学苑出版社支社

省部级先进个人

北京市人民满意的公务员

代 静（女） 丰台区北宫镇经济发展办公室副科长

北京2022年冬奥会、冬残奥会北京市先进个人

郝 勇 丰台区委统战部办公室二级主任科员

马晓娟（女、回族） 丰台区纪委区监委三级主任科员

鲍 鲲（女） 丰台区委政法委副书记

孙 权 丰台区文化和旅游局安全科科长

史 军 北京市公安局丰台分局副中队长

赵 松 北京市公安局丰台分局所长

蔺际武 丰台区王佐镇副镇长

李 卫（女） 丰台区卢沟桥文化发展中心党组书记、主任

侯 斌 中国人民抗日战争纪念馆办公室七级职员

赵俊奇 丰台区城市管理委员会科长、一级主任科员

全国文物系统先进工作者

麻莉莉（女） 丰台区文化和旅游局文物管理所所长

全国科技管理系统先进工作者

崔 颖（女） 丰台区科技信息化局高新技术科科长

北京市统计系统先进个人

王 莉（女） 丰台区统计局科长

赵丽娟（女） 丰台区统计局副科长

北京市信访工作先进个人

李 虎 丰台区生态环境综合执法大队四级高级主办

胡 刚 丰台区生态环境综合执法大队一级主办

尹兆丽（女） 丰台区玉泉营街道信访办负责人

全国农村集体产权制度改革工作先进个人

唐解霞（女） 丰台区农业农村局一级主任科员

北京市优秀纪检监察干部

杨 蕊（女、回族） 丰台区纪委区监委党风政风监督室副主任

赵 杰 丰台区纪委区监委第二监督检查室主任

王 峰 丰台区纪委区监委第五综合派驻组副组长、一级主任科员

陈振海 丰台区王佐镇党委委员、纪委书记、派出监察办公室主任、三级调研员

北京市第七次全国人口普查先进个人

张 超 丰台区统计局科员

秀 锦（女） 丰台区统计局科员

刘 苏 丰台区统计局科员

李小伟（女） 丰台区统计局科员

杜 玺 丰台区东铁营街道社区建设办公室（统计所）科长、一级主任科员

高 明（女） 丰台区方庄街道社区办（统计所）所长

逄凤娈（女） 丰台区卢沟桥街道统计所所长

闫峭楚（女） 丰台区右安门街道社区建设办公室四级主任科员

孙文斌 丰台区北宫镇农业服务中心八级职员

2022年首都劳动奖章

李 燕（女） 丰台区委党校教研处教师，副教授

李旭东 国家税务总局北京市丰台区税务局第五税务所所长，政工师

李学兵 丰台区商务局商业服务科科长

王 波 丰台区市场监督管理局特种设备安全监察科科长，助理经济师、助理政工师

赵 菲（女） 丰台区房屋经营管理中心右安门外分中心物业部经理

吴 比 北京市公安局丰台分局南苑镇派出所视频巡控员

曹 群 丰台区大红门消防救援站消防员

陈刘飞 丰台区大红门消防救援站班长

张 颖（女） 丰台区卢沟桥社区卫生服务中心保健科科长，副主任医师

司学娟（女）　北京市第十二中学附属实验小学校长
李翠兰（女）　北京花乡实业集团有限公司总经理助理，人力资源管理师
徐红飞　北京北方车辆集团有限公司车工，高级技师

优秀骨干职工志愿者

戴玉红（女）　丰台区云岗街道朱家坟西山坡社区居委会社区党委书记、居委会主任、服务站站长、社区妇联主席

“中国好人榜”第三季度上榜人物

姜联东　航天六院 101 所职工

“2022 北京榜样”九月每周人物榜上榜人物

董国强　航天十一院职工

建团 100 周年“北京市优秀共青团干部”

孟天健　国家税务总局北京市丰台区税务局一级行政执法员
吕晓飞　丰台区生态环境局团支部书记
倪　爽（女）　丰台团区委组织部部长
杨　阳（满族）　北京市公安局丰台分局团委书记
孙　喆（女）　丰台区卢沟桥街道团工委书记
邹　筱（女）　丰台区西罗园街道团工委书记
杨永昌　丰台区马家堡街道时代风帆楼宇团支部副书记
赵　伟　丰台区花乡街道高立庄村村民委员会团支部书记
于　雪（女）　丰台区玉泉营街道草桥社区青年汇社会工作者
崔文静（女）　丰台区职业教育中心学校团委书记
杨　娜（女）　北京师范大学实验中学丰台学校团委书记兼大队辅导员

建团 100 周年“北京市优秀共青团员”

陈京博（女）　丰台区人力资源和社会保障局一级科员
李浩宇（女）　丰台区人民检察院检察官助理
但金鑫（女）　丰台区人民检察院行政见习
刘嘉诚　丰台区玉泉营街道草桥欣园第一社区居委会委员
郭子旋（女）　丰台区看丹街道中海九浩苑社区服务站工作人员
太正琪（女，朝鲜族）　丰台区宛平街道城南第二社区服务站工作人员
陈莹璐（女）　丰台区北宫镇得秀社区居委会委员
李雪彤（女）　丰台区蒲黄榆第二幼儿园二级教师
张亦驰　北京市第十二中学钱学森学校学生
刘成荣　北京德邦货运有限公司分部经理

2022“北京青年榜样”年度人物

王　静（女，回族）　丰台区人民法院刑事审判庭副庭长
沈艳婷（女）　北京首科创融科技孵化器有限公司董事长，首科大厦党总支书记、总经理
沙瑞欣（女，回族）　北京师范大学学生

北京市妇女儿童工作先进个人

李长虹（女）　国家税务总局北京市丰台区税务局机关党委副书记、妇委会副主任
李　明（女）　丰台区司法局法律援助中心四级主任科员
赵晨娟（女）　丰台区宛平街道办事处党群工作办公室副主任
戴玉红（女）　丰台区云岗街道朱家坟西山坡社区居委会社区党委书记、居委会主任、服务站站长、社区妇联主席
马　英（女）　丰台区马家堡街道西里第二社区居民委员会党支部书记、主任、妇联主席
王　科（女）　丰台区瑞丰社会服务中心副总干事
张永明（女）　丰台区妇幼保健计划生育服务中心（丰台区妇幼保健院）副院长、主任医师
陈　洁（女）　丰台区丰台第六幼儿园党支部书记、园长
曹明明（女）　丰台区意馨幼儿园园长、丰台区妇联执委

首都最美巾帼奋斗者

王　静（女，回族）　丰台区人民法院刑事审判庭副庭长
张玉平（女）　中国人民抗日战争纪念馆办公室主任
李文静（女）　中国航天科工三院 306 所第五技术部副主任

北京市最美妇联执委

朱　静（女）　丰台区大灰厂村委会妇联执委
陈　青（女）　中国航天博物馆副馆长

首都最美家庭

梁旭东家庭
张素卿家庭
王璟家庭
陈莎莎（女）家庭
韩晶（女）家庭
林映辰家庭
张芳（女）家庭
高擎家庭
李响家庭

雷静家庭
聂然（女）家庭
赵文一家庭
谭静琦家庭
成炜家庭
梁泽楠（女）家庭
董纪安家庭
刘杰家庭
郑娟（女）家庭

首都最美志愿者

杨雨杉　国家税务总局北京市丰台区税务局一级行政执法员

首都道德模范

李　蕊（女）　丰台区人民法院方庄法庭副庭长

第二届北京市“人道奖”先进个人

楚文胜　丰台区花乡街道民生保障办公室科员

全国卷烟打假工作先进个人

韩　湃　北京市公安局丰台分局探长

全国公安政治工作成绩突出个人

王振鹏　北京市公安局丰台分局科长

致公党北京市委成立四十周年优秀党员

廖春迎（女、壮族）　致公党中央法治建设委员会副主任，致公党北京市委员会常务委员、法治建设委员会主任，致公党北京市丰台区委员会主任委员
毛颖梅（女）　致公党北京市委员会妇女工作委员会副主任，致公党北京市丰台区委员会主任委员
宋　煜　致公党中央理论学习委员会委员，致公党北京市委员会理论研究委员会副主任，致公党北京市丰台区委员会副主任委员
王艳霞（女）　致公党北京市丰台区委员会党员
李　蕊（女）　致公党北京市丰台区委员会委员、第一支部主任委员
徐薇娜（女）　致公党北京市委员会妇女工作委员会副主任，致公党北京市丰台区委员会委员、第三支部主任委员
徐建娟（女）　致公党北京市委员会理论研究委员会，致公党北京市丰台区委员会第四支部主任委员
刘亚婷（女）　致公党北京市丰台区委员会委员、第一支部副主任委员
邓　岩　致公党北京市丰台区委员会委员、第二支部副主任委员
叶　曲（女）　致公党北京市委员会妇女工作委员会委员，致公党北京市丰台区委员会第二支部副主任委员
宁美芝（女）　致公党北京市委员会妇女工作委员会委员，致公党北京市丰台区委员会委员、第三支部副主任委员
刘　永　致公党北京市丰台区委员会党员
陈　妍（女、满族）　致公党北京市委员会法治委员会秘书长

军功荣誉（2022 年退役军人）

韩　林　2015 年二等功
王万龙　2010 年二等功

逝世人物

苏瑞铭　女，汉族，中共党员，1944 年 7 月出生，北京市房山区人。1964 年 9 月参加工作，1971 年 7 月加入中国共产党。历任长辛店第三小学教师、学校团支部书记，长辛店街道办事处团委副书记，长辛店街道办事处联社主任，丰台区妇女联合会副主任，丰台区街道办副主任，丰台区街道办主任，丰台区妇女联合会主任，丰台区总工会主席。曾为中国共产党北京市丰台区第七次代表大会代表，北京市丰台区第十一届人大代表。曾获全国妇联系统先进工作者、“全国三八红旗手”等称号。2005 年 2 月退休。2022 年 11 月因病在北京去世，享年 78 岁。

统计资料

丰台区2022年国民经济和社会发展统计公报

北京市丰台区统计局　国家统计局丰台调查队
北京市丰台区经济社会调查队

一、综合

经济发展：初步核算，全年实现地区生产总值2061.8亿元，按不变价格计算，比上年增长1.0%。其中，第一产业增加值0.8亿元，增长6.0%；第二产业增加值310.3亿元，下降6.3%；第三产业增加值1750.7亿元，增长2.4%。三次产业结构为0.04∶15.0∶84.9。按常住人口计算，全区人均地区生产总值为10.2万元，比上年增长2.1%。

2022年地区生产总值

表50

指标	绝对数（亿元）	比上年增长（%）
地区生产总值	2061.8	1.0
按产业分		
第一产业	0.8	6.0
第二产业	310.3	−6.3
第三产业	1750.7	2.4
按行业分		
农、林、牧、渔业	0.8	6.0
工业	120.5	−6.0
建筑业	190.6	−6.5
批发和零售业	166.3	0.3
交通运输、仓储和邮政业	69.0	7.5
住宿和餐饮业	27.9	−11.6
信息传输、软件和信息技术服务业	113.6	−1.7
金融业	326.2	6.9
房地产业	203.7	−10.3
租赁与商务服务业	189.7	8.8
科学研究和技术服务业	299.7	4.3
水利、环境和公共设施管理业	18.1	−3.3
居民服务、修理和其他服务业	20.4	−6.9
教育	74.4	1.5
卫生和社会工作	98.5	14.1

续表 50

指标	绝对数（亿元）	比上年增长（%）
文化、体育和娱乐业	35.4	0.6
公共管理、社会保障和社会组织	106.9	3.5

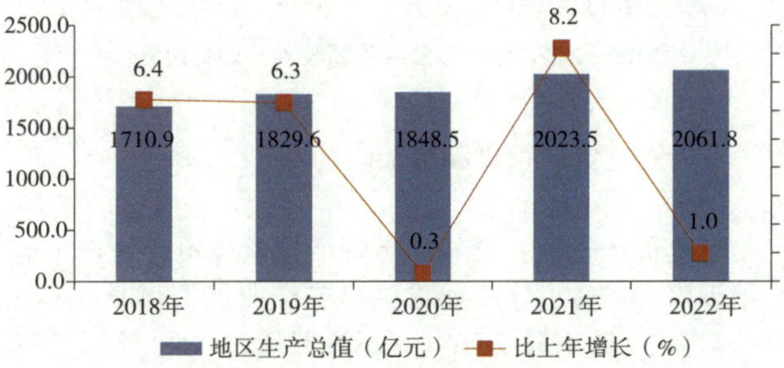

2018—2022 年地区生产总值及增长速度

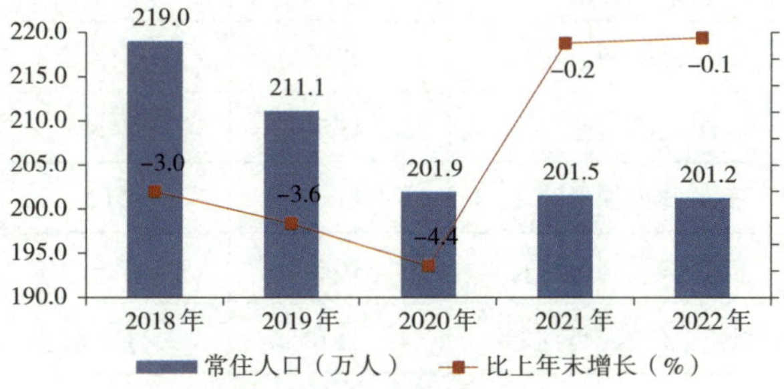

2018—2022 年常住人口及增长速度

人口：年末全区常住人口 201.2 万人，比上年末减少 0.3 万人。其中，常住外来人口 62.8 万人，比上年末减少 0.8 万人，占常住人口的比重为 31.2%，比上年末下降 0.4 个百分点。在常住人口中，城镇人口 199.9 万人，占常住人口的比重为 99.4%。全区常住人口出生率为 5.47‰，死亡率为 6.81‰，自然增长率为 −1.34‰。

2022 年年末常住人口及构成

表 51

指标	人数（万人）	比重（%）
常住人口	201.2	100.0
按城乡分		
城镇	199.9	99.4
乡村	1.3	0.6
按性别分		
男性	99.5	49.5
女性	101.7	50.5
按年龄组分		
0−14 岁	22.6	11.2
15−59 岁	127.9	63.6
60 岁及以上	50.7	25.2
其中：65 岁及以上	35.8	17.8

二、农业

全年实现农林牧渔业总产值 1.8 亿元，比上年增长 5.9%。其中，林业产值 1.5 亿元，增长 9.5%；农业产值 0.2 亿元，下降 12.3%。

全区 20 个农业观光园全年共接待 164.1 万人次，实现总收入 1.7 亿元，比上年增长 5.9%。

三、工业和建筑业

工业：全年规模以上工业企业实现工业总产值 305.1 亿元，比上年下降 8.5%。从主要行业看，电力、热力生产和供应业下降 0.3%，非金属矿物制品业下降 3.6%，铁路、船舶、航空航天和其他运输设备制造业下降 26.7%，计算机、通信和其他电子设备制造业增长 10%。

全年规模以上工业企业实现销售产值 315.3 亿元，比上年下降 5.3%。其中，内销产值 304.3 亿元，下降 5.9%；出口交货值 11 亿元，增长 12.1%。

2022 年规模以上工业总产值

表 52

指标	绝对数（亿元）	比上年增长（%）
工业总产值	305.1	−8.5
其中：现代制造业	123.3	−17.2
其中：高技术产业	69.3	−7.1
其中：非金属矿物制品业	51.2	−3.6

续表 52

电力、热力生产和供应业	46.8	−0.3
铁路、船舶、航空航天和其他运输设备制造业	33.5	−26.7
计算机、通信和其他电子设备制造业	30.7	10.0
专用设备制造业	25.2	−11.9
医药制造业	19.7	−21.4
农副食品加工业	17.3	−20.3
仪器仪表制造业	16.5	−8.9
印刷和记录媒介复制业	14.0	1.2
通用设备制造业	11.2	4.1

全年规模以上工业企业实现利润总额 33.8 亿元，比上年下降 29.2%。从主要行业利润实现情况看，计算机、通信和其他电子设备制造业实现利润 10 亿元，下降 9.9%；电力、热力生产和供应业实现利润 5.4 亿元，增长 11.8%；印刷和记录媒介复制业实现利润 5.3 亿元，增长 21.1%；农副食品加工业实现利润 4.1 亿元，增长 13.4%；专用设备制造业实现利润 3.9 亿元，下降 56.2%。

建筑业：全年具有资质等级的总承包和专业承包建筑业企业完成总产值 2768.1 亿元，比上年增长 0.1%。其中，在北京地区完成产值 544.3 亿元，下降 2.1%；在外省完成产值 2223.8 亿元，增长 0.6%。

四、财政金融

财政收支：全区完成一般公共预算收入 137.6 亿元，比上年下降 5.2%。其中，增值税 30.2 亿元，下降 22.3%；企业所得税 21.7 亿元，下降 6.4%；房产税 20.6 亿元，增长 6.2%；城市维护建设税 7.9 亿元，下降 8.3%。全区一般公共预算支出 278.7 亿元，比上年增长 6.1%。其中，用于社会保障和就业、教育、卫生健康的支出分别为 69.7 亿元、51.2 亿元和 23.2 亿元，合计占一般公共预算支出的 51.7%。

存贷款：年末全区金融机构人民币存款余额 9676.5 亿元，比上年末增长 8.8%。其中，储蓄存款 4272.4 亿元，增长 19.8%。贷款余额 6759.6 亿元，比上年末增长 8.8%。

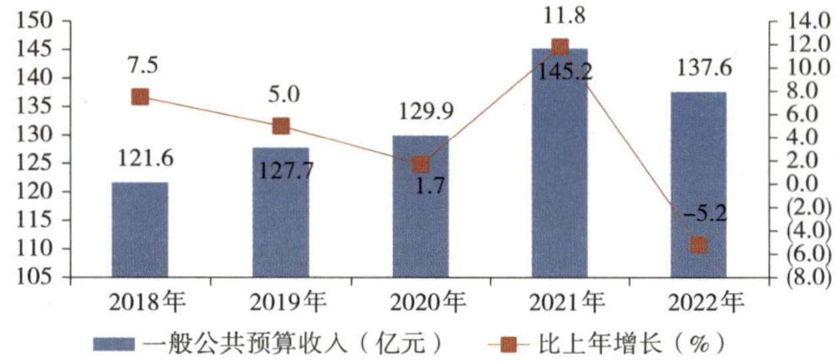

2018—2022 年一般公共预算收入及增长速度

五、固定资产投资和房地产开发

固定资产投资：全年固定资产投资（不含农户）比上年下降 20.2%。分产业看，第二产业投资增长 3.3%；第三产业投资下降 20.6%。分领域看，民间投资下降 15.6%；基础设施投资下降 25%。

房地产开发：全年房地产开发投资比上年下降 18.7%。其中，住宅投资下降 25.4%；办公楼投资增长 6.5%；商业营业用房投资下降 60.4%。

全区商品房施工面积 1316.8 万平方米，比上年下降 6.2%。其中，本年新开工面积 162.7 万平方米，下降 9.1%。全年商品房竣工面积 140.6 万平方米，下降 37%。

2022 年房地产开发和销售主要指标

表 53

指标	单位	绝对数	比上年增长（%）
商品房施工面积	万平方米	1316.8	−6.2
其中：住宅	万平方米	686.6	−5.4
其中：本年新开工	万平方米	162.7	−9.1
商品房竣工面积	万平方米	140.6	−37.0
其中：住宅	万平方米	72.5	−38.7
商品房销售面积	万平方米	91.8	−35.5
其中：住宅	万平方米	68.7	−36.8
商品房待售面积	万平方米	180.0	30.0
其中：住宅	万平方米	57.3	26.3

六、市场消费

全年实现社会消费品零售额 1328.8 亿元，比上年下降 6.3%，其中限额以上批发零售和住宿餐饮企业实现网上零售额 425.2 亿元，增长 3.3%。在限额以上批发和零售业中，汽车类实现零售额 115.5 亿元，比上年下降 20.9%；日用品类实现零售额 43.7 亿元，增长 92.6%；中西药品类实现零售额 23.5 亿元，增长 12.9%。

2022 年社会消费品零售额

表 54

指标	零售额（亿元）	比上年增长（%）
社会消费品零售额	1328.8	−6.3
按限额标准分		
限额以上	756.6	−5.9
限额以下	572.2	−6.8
按消费形态分		
商品零售	1247.6	−5.9
餐饮收入	81.2	−11.9

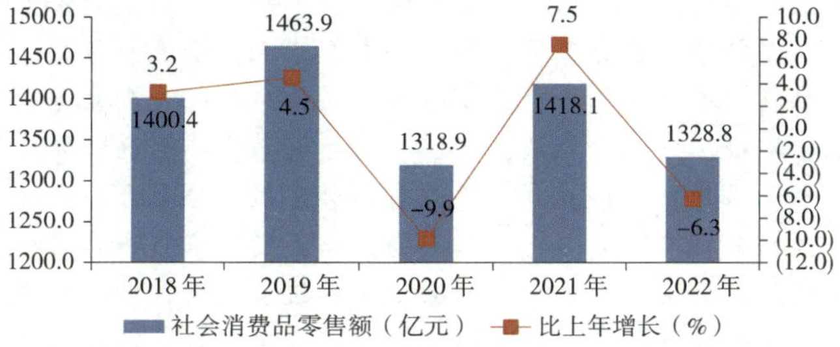

2018—2022 年社会消费品零售额及增长速度

七、对外经济

全年进出口总额 197.7 亿美元，比上年下降 5.1%。其中，进口 142.3 亿美元，下降 8.3%；出口 55.4 亿美元，增长 4.4%。

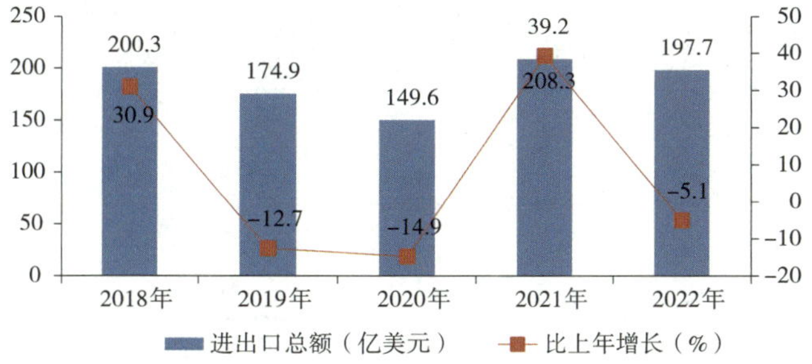

2018—2022 年进出口总额及增长速度

八、人民生活、就业和社会保障

人民生活：全年全区居民人均可支配收入 74365 元，比上年增长 3%。从收入构成看，全区居民人均工资性收入 44085 元，增长 3.3%；人均经营净收入 864 元，增长 1.7%；人均财产净收入 10699 元，增长 2.7%；人均转移净收入 18718 元，增长 2.7%。全区居民人均消费支出 44516 元，比上年增长 2.7%；恩格尔系数为 22.0%，比上年上升 0.8 个百分点。全区居民人均住房建筑面积 30.93 平方米，比上年增加 0.41 平方米。

就业：年末城镇登记失业率为 3.67%，比上年末提高 0.57 个百分点。城镇登记失业人员就业率 65.57%，比上年末下降 1.67 个百分点。

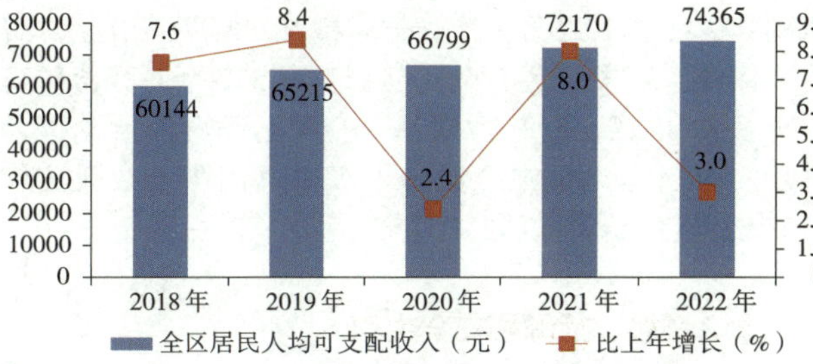

图 6　2018—2022 年全区居民人均可支配收入

社会保障：年末全区参加基本养老、失业和工伤保险人数分别为 115.7 万人、81.7 万人和 74.8 万人，分别比上年末增加 4.5 万人、2.8 万人和 1.8 万人。参加职工基本医疗和生育保险人数分别为 109.5 万人和 68.6 万人。

全区享受城市居民最低生活保障人数 8944 人，享受农村居民最低生活保障人数 102 人。

社会保障相关待遇标准

表 55　　　　单位：元 / 月

指标	2022 年	2021 年
城乡居民最低生活保障标准	1320	1245
职工最低工资标准	2320	2320

年末全区有各类提供住宿福利机构 52 家，床位 10572 张，在院人数 3603 人。

九、科技、教育、文化、卫生、体育

科技：全年专利授权量为 16756 件，比上年增长 15.5%。其中，发明专利授权量 4439 件，增长 26.5%。签订各类技术合同 2297 项，合同成交总额 316 亿元。

教育：全区普通高中招生 3955 人，在校生 10415 人，毕业生 2463 人。初中招生 6856 人，在校生 20992 人，毕业生 5849 人。小学招生 12067 人，在校生 68750 人，毕业生 8569 人。幼儿园入园幼儿 14085 人，在园幼儿 45939 人。职业教育招生 716 人，在校生 1932 人，毕业生 493 人。成人教育招生 804 人，在校生 1569 人，毕业生244人。

文化：年末全区有公共图书馆2个，馆藏图书135万册。档案馆1个，馆藏案卷14.6万卷件。文化馆（站）22个，文化广场26个，各类群众文化团体1390个。非物质文化遗产保护项目46项，其中国家级4项。

卫生：年末全区共有卫生机构563家，比上年末增加7家，其中医院81家。医疗机构共有床位13677张，比上年末增加509张，其中医院13148张。全区有卫生技术人员26253人，比上年末增加329人。其中，执业（助理）医师10177人，注册护士11112人。全区医疗机构共诊疗2110.2万人次，健康检查98.1万人次。

体育：年末全区有全民健身工程577个，社会体育指导员9645人。欢乐冰雪季、全民运动会等活动蓬勃开展。全区运动员在全国和市级体育比赛中共获奖牌213枚，其中金牌69枚。

十、环境、能源和安全生产

环境：全区有密闭式清洁站232座，城市道路日清扫保洁面积2252万平方米。全区细颗粒物（$PM_{2.5}$）和可吸入颗粒物（PM_{10}）年均浓度值分别为31微克/立方米和59微克/立方米，分别比上年下降8.8%和4.8%。二氧化硫和二氧化氮年均浓度值分别为3微克/立方米和25微克/立方米，分别与上年持平和下降10.7%。

全区城市绿化覆盖率达到47.85%，比上年提高0.42个百分点。人均公园绿地面积12.2平方米，比上年增加0.1平方米。

能源：全年能源消费总量440.78万吨标准煤，比上年下降0.2%。万元地区生产总值能耗标准煤0.2138吨，按不变价格计算，比上年下降1.16%。

安全生产：全年共发生道路交通死亡事故59起，比上年减少4起；死亡63人，减少1人。发生生产安全死亡事故6起，与上年持平；死亡6人，减少1人。发生火灾603起，比上年减少183起；死亡2人，减少7人。

公报注释：

1. 本公报中数据均为初步统计数。

2. 地区生产总值及各产业、各行业增加值绝对数按现价计算，增长速度按不变价格计算。

3. 规模以上工业企业是指年主营业务收入2000万元及以上的全部法人工业企业。

4. 限额以上批发和零售业单位是指年主营业务收入2000万元及以上的批发业和年主营业务收入500万元及以上的零售业单位，限额以上住宿和餐饮业单位是指年主营业务收入200万元及以上的住宿业和年主营业务收入200万元及以上的餐饮业单位。

5. 因四舍五入关系，本公报数据存在分项与合计不等情况。

资料来源：

本公报中财政数据来自丰台区财政局；进出口数据来自丰台区商务局；就业数据来自丰台区人力资源和社会保障局；社会保障数据来自丰台区人力资源和社会保障局、丰台区医疗保障局、丰台区民政局；专利数据来自丰台区知识产权局；技术合同数据来自丰台区科学技术和信息化局；教育数据来自丰台区教育委员会；文化数据来自丰台区文化和旅游局；档案数据来自丰台区档案局；卫生数据来自丰台区卫生健康委员会；体育数据来自丰台区体育局；环境卫生数据来自丰台区环境卫生服务中心；环境保护数据来自丰台区生态环境局；园林绿化数据来自丰台区园林绿化局；道路交通和生产安全数据来自丰台区应急管理局；火灾数据来自丰台区消防支队；其他数据来自丰台区统计局和国家统计局丰台调查队。

2022年丰台区居民家庭人均消费支出

表56　　单位：元

项目	2022年	2021年	增长速度（%）
人均消费支出	44516	43334	2.7
食品烟酒	9808	9178	6.9
衣着	2140	2547	−16
居住	16314	14844	9.9
生活用品及服务	2348	2320	1.2
交通和通信	4233	4395	−3.7
教育、文化和娱乐	3354	3962	−15.4
医疗保健	4922	4811	2.3
其他用品及服务	1397	1276	9.5

2022年丰台区养老保险情况表

表57

项目	单位	2022年
参加基本养老保险单位数	个	65796
参加基本养老保险人数	万人	116
基本养老保险基金收入	万元	1522961
基本养老保险基金支出	万元	1925735

2022年丰台区医疗保险情况表

表58

项目	单位	2022年
参加基本医疗保险单位数	个	121837
参加基本医疗保险人数	万人	108
基本医疗保险基金收入	万元	755320
基本医疗保险基金支出	万元	412935

2022年丰台区失业保险情况表

表59

项目	单位	2022年
参加失业保险单位数	个	65041
参加失业保险人数	万人	81.7
领取失业保险金人数	人次	126506
失业保险基金收入	万元	74814
失业保险基金支出	万元	73505

附录

丰台区组织机构及负责人

中共北京市丰台区委员会

书　记　徐贱云（5月免）　王少峰（5月任）
副书记　初军威　底志欣
常　委　徐贱云（5月免）　王少峰（5月任）
　　　　初军威　底志欣　蒋达峰　周新春　崔旭龙
　　　　田　涛　韩新星　张宏韬　刘永宗　郭晓一（女）

丰台区委工作机构负责人

区委办公室主任　赵春丽（女）
组织部部长　田　涛
宣传部部长　韩新星
统战部部长　郭晓一（女）
区编办主任　纪福平
区委区政府政策研究室主任　王　磊（9月任）
区网信办主任　孙永文（11月免）
　　　　　　　毛一箫（女，11月任）
区直机关工委书记　李振茹（2月免）　何岳飞（2月任）
区委老干部局局长　李海秋

中共北京市丰台区纪律检查委员会

书　记　蒋达峰
副书记　王祥进　李　振　张　涛
常　委　郭玥涵（女，11月免）　鲍书田（女）
　　　　陈志红（女）　王亚宁（女）　艾　丹（女）

北京市丰台区监察委员会

主　任　李正斌（5月免）　蒋达峰（12月任）
副主任　马若怡（女，2月免）　王祥进
　　　　李　振　张　涛（2月任）
委　员　穆　健（2月免）　陈志红（女，2月任）
　　　　王亚宁（女，2月任）　艾　丹（女，2月任）
　　　　张　静（女，2月任）　曹猛建（2月任）
　　　　张　涛（2月免）

丰台区第十七届人民代表大会常务委员会

主　任　高　峰
副主任　王建斌　张　婕（女）　李春滨　王振华
　　　　穆志军
委　员　王少军　王玉生　王晓轶（女，满族）　王继云
　　　　尹文君　曲　峰（女）　刘　兵（女）　刘治国
　　　　刘海东　安树伟　李广民　李有毅（女）
　　　　李会峰　李　江　李　军　李作麟　李明华
　　　　李俊辰　李　洁（女）　李　楠（女）　杨中春
　　　　吴　燕（女）　宋锁妮（女）　宋　煜
　　　　张永梅（女）　张金豹　张雪梅（女，回族）
　　　　陈志斌　赵鹏飞　钟媛媛（女，畲族）
　　　　姜琳娜（女）　钱嘉晖（女）　黄秋莉（女，满族）
　　　　常　青　麻永怀　巢仰云　韩　伟　韩旭辉
　　　　程　博

丰台区人大工作机构负责人

办公室主任　刘治国
研究室主任　赵鹏飞
代表室主任　宋锁妮（女）
法制办主任　常　青
财经办主任　韩　伟（7月免）
教科文卫体办主任　张永梅（女）
城建环保办主任　刘海东
农村办主任　李广民

丰台区人大常委会各专门委员会负责人

法制委员会主任委员：常　青
财政经济委员会主任委员：韩　伟（7月免）
教育科技文化卫生体育委员会主任委员：张永梅（女）
城市建设环境保护委员会主任委员：刘海东
农村委员会主任委员：李广民
社会建设委员会主任委员：吴燕（女）

丰台区人民政府

区　长　初军威
副区长　周新春　崔旭龙　刘禹锡　高崇耀
高志庆　孔钢城　李宗荣　薄　澜（女）
　　　　赵岩林（挂职，9月任）

丰台区政府工作机构负责人

政府办公室党组书记、主任　王东波（2月任）
政务服务管理局党组书记　阎一平
　　　　　　　　　局长　刘　楣（3月任）
区国资委党委书记、主任　李大维（7月免）
　　　　　　　　　　　　高文娟（女，畲族，7月任）
区委区政府信访办公室
党组书记　王　凯（女，11月免）　齐　蕊（女，11月任）
主　　任　王　凯（女，12月免）　齐　蕊（女，12月任）
外事港澳事务办公室主任　沈　越（女，9月任）
区民政局党组书记、局长　杨　云（女，回族）
区委社会工作委员会书记　杨　云（女，回族）
区人力资源和社会保障局党组书记、局长　肖　敬（2月免）

曲 峰（女，2月任）
区投资促进服务中心党组书记、主任 时 祥
区商务局党组书记、局长 凌佩利（11月免）
许渊源（女，11月任）
区退役军人事务局党组书记、局长 刘淑钰（女）
区文化和旅游局党组书记 史文彬
局长 樊 维（女，8月免）
李世琪（12月任）
区卫生健康委党委书记、主任 刘婉莹（女）
区住房城乡建设委党组书记、主任 李国龙（7月免）
张晓光（7月任）
区城市管理委党组书记、主任 纪亚辉
区科学技术和信息化局党组书记、局长 刘博涵
区委教育工委书记 房书勇
区教委主任、区政府教育督导室主任 杨晓辉
区房管局党组书记、局长 张小玲（女）
区生态环境局党组书记 芮元鹏（7月免）
朱晓昕（女，7月任）
局长 芮元鹏（7月免）
朱晓昕（女，8月任）
市规划自然资源委丰台分局党组书记、局长
马林涛（2月任）
区园林绿化局党组书记、局长（绿化办主任） 刘立宏
区气象局党组书记、局长 冯永芳（女）
区水务局党组书记、局长 杨 杰（3月免）
赵长河（7月任）
区体育局党组书记 吕庆春
局长 李 伟
中关村科技园区丰台园工委书记 孙 睿
主任 崔旭龙
丽泽金融商务区工委书记、管委会主任 李国龙
区金融办党组书记 周勍诚
主任 游 海
区发展和改革委员会党组书记 戴伟明
主任 戴伟明（3月任）
区应急管理局党委书记、局长 王 峰
区统计局党组书记 赵 钢（11月免） 谢智刚（11月任）
局长 陈 丽（女，3月任）
区审计局党组书记、局长 刘月梅（女）
区财政局党组书记、局长 陈 燃
区市场监督管理局党组书记、局长 李广隆（3月免）
高 松（3月任）
区委农工委书记 陈 阳
区农业农村局局长 陈 阳
区税务局党委书记、局长 李云龙（10月免）
李龙江（10月任）
区医疗保障局党组书记 李晓明
党组副书记、局长 李云鸿
区民族宗教事务办公室党组书记、主任 马士有
区城市管理监督指挥中心党组书记、主任
姜东升（2月免）
杨建林（2月任）
南中轴地区建设办公室党组书记（兼任） 赵胜利
主任 庄 凯

政协北京市丰台区第十一届委员会

主 席 李 岚（女）
副主席 连 宇 冯晓光 姜东升 徐朝辉
樊 维（女） 韩如泉
秘书长 裴玉珍（女）
常务委员 马士有（回族） 马红民（女） 王卫军
王晓林（女） 王晓明 井书光 毛颖梅（女）
邓莉丽（女） 史卫东 刘少华
刘宝忠（回族） 刘建宾 许 翔（女）
苏 军 巫 达（彝族） 李 琼（女）
李云龙 李文强 李宏卫（女）
杨 云（女，回族） 杨晓辉 吴孝勇
邹 迎（女） 宋进辉 张文晨 张世平（女）
张京成 陈 亮 陈世福 周 然 周黎明
郑小丹（女） 郑爱利（女） 胡一元 郜春海
洪 鑫（朝鲜族） 姚新春（女）
娜木拉（女，鄂温克族） 贾 波（女）
贾运山 钱晓钧 徐 清（女） 高 音（女）
高广颖（女） 郭媛媛（女） 黄永军 符立伟
章 前 韩秀娟（女） 温建东 谢雯菁（女）
虞承波 解明珠（女） 蔺 熠 裴玉珍（女）
廖春迎（女，壮族） 薛 红（女）

区政协工作机构负责人

区政协办公室主任 张永金（9月免）
区政协研究室主任 杜彦奎
区政协专委会工作一室主任 解明珠（女，8月免）
区政协专委会工作二室主任 刘少华（11月免）
凌佩利（11月任）
区政协专委会工作三室主任 苏 军
区政协专委会工作四室主任 王卫军
区政协专委会工作五室主任 许 翔（女）
区政协专委会工作六室主任 文姜丽（女）

丰台区政协专门委员会负责人

经济科技委员会主任 刘少华（3月任）
文史资料委员会主任 杜彦奎（3月免）
解明珠（女，3月任）
教卫文体委员会主任 谢明珠（女，3月任）
学习委员会主任 文姜丽（女，3月任）

人口资源环境和建设委员会主任　苏　军（3 月任）
农业和农村委员会主任　苏　军（3 月任）
社会法制委员会主任　王卫军（3 月任）
民族宗教和港澳侨委员会主任　王卫军（3 月任）
提案委员会主任　许　翔（女，3 月任）

丰台区政法军事机构负责人

区委政法委书记　刘永宗（12 月任）
检察院检察长　李继征
法院院长　祖　鹏
区人民武装部政委　张宏韬
区人民防空办公室主任　刘　涛
区司法局党组书记、局长　廉　峰
公安分局政委　藏学民
　　分局长　刘禹锡
交通支队支队长　赵宏伟
　　政委　许春生
北京市交通委员会丰台运输管理分局局长　刘　辉
区消防救援支队支队长　戴俊寿
　　政委　李久义

丰台区各民主党派负责人

民革丰台区工委主委　樊　维（女）
民进丰台区工委主委　徐朝辉
民盟丰台区工委主委　史卫东
民建丰台区工委主委　张　婕（女）
农工民主党丰台区工委主委　韩秀娟（女）
九三学社丰台区工委主委　韩如泉
致公党丰台区工委主委　廖春迎（女）

丰台区社会团体负责人

区总工会主席　王振华
共青团北京市丰台区委员会书记　张传力
区妇女联合会主席　董明月（女，满族）
区工商联主席　田秀华（任期届满）
　　部春海（12 月当选）
　　党组书记　施晓义
区归国华侨联合会主席　洪　鑫（7 月免）
　　丁志艳（7 月任）
区红十字会会长　张　婕（女，3 月免）
　　薄　澜（女，3 月任）
　　党组书记、常务副会长　梁彦梅（女）
区文学艺术界联合会主席　刘怀广
区科学技术协会党组书记、常务副主席　刘建宾
区残疾人联合会主席
　　孔钢城（2021 年 11 月代管，4 月任）
　　党组书记、执行理事会理事长　赵　勇

丰台区事业单位负责人

区委党校校长　底志欣
常务副校长　管洪波（2 月免）　赵　勇（2 月任）
党史工作办公室（地方志办公室）主任　刘怀广（9 月免）
　　卢大文（9 月任）
机关事务管理服务中心党组书记、主任　白子荣
区档案馆馆长　王　野
区地震局党组书记、局长　李桂喜
区融媒体中心党组书记、主任　乔晓鹏
区环境卫生服务中心党组书记、主任　杨桂红（女）
区房屋经营管理中心党委书记、主任　张小玲（女）
区农村合作经济经营管理站党组书记、站长
　　卢大文（9 月免）
　　韩　晶（女，9 月任）
区房屋征收中心党组书记、主任　张晓光
区文化创意产业促进中心（戏曲文化发展中心）
　　党组书记、主任　吴　婧（女，3 月免）
　　龚　俊（女，3 月任）
国家统计局丰台调查队党组书记、队长　朱　南
北京汽车博物馆党组书记、馆长　杨　蕊
北京园博园管理中心主任　花伟军
卢沟桥文化旅游区办事处党组书记、主任　李　卫
世界花卉大观园党委书记、主任　王茂春

丰台区企业负责人

丰台区烟草专卖局（公司）党组书记、局长（经理）
　　夏建瓴
国网北京丰台供电公司党委书记　石　健
　　经理　董　毅
北京花乡花木集团有限公司董事长、总经理　林巧玲
　　党支部书记　刘文忠
丰贸投资经营管理有限公司
　　党委书记、董事长　张　达
　　总经理　孔媛媛（女，2 月免）　尚赛虎（3 月任）
丰台区国有资本运营管理有限公司
　　党总支书记、董事长　裴　红（女，12 月任）
　　党总支副书记、董事、总经理　刘江伟（12 月任）
丰台区综合投资集团有限公司
　　党委书记、董事长　胡新鹏（9 月任）
　　总经理　李晓兵（9 月任）
北京世界公园总经理　于　涛
邮政北京丰台区分公司经理兼党委书记　齐　震
丰台区城市建设综合开发集团有限公司
　　党委书记、董事长　朱　晖
　　总经理　郭俊山

北京南苑森林湿地公园建设管理有限公司
　党支部书记、董事长、法定代表人　王海英
　总经理　张东路

丰台区街道、镇负责人

大红门街道办事处
工委书记　赵胜利
主　　任　王东波（3月免）韩天顺（3月任）

东高地街道办事处
工委书记　孙绪勇（9月免）孙永文（11月任）
主　　任　孔媛媛（女，2月任）

东铁匠营街道办事处
工委书记　李雪松（7月免）　孟　丹（9月任）
主　　任　孟　丹(9月免)

方庄街道办事处
工委书记　邹　凌（8月免）　张晓东（9月任）
主　　任　石　磊（2月任）

丰台街道办事处
工委书记　肖　斌
主　　任　贾晓方（女，9月任）

和义街道办事处
工委书记　孙　晖
主　　任　武岩磊（3月任）

卢沟桥街道办事处
工委书记　李春生
主　　任　富汉生

马家堡街道办事处
工委书记　王　涛
主　　任　梁　晨（3月任）

南苑街道办事处
工委书记　张晓光（7月免）　李雪松（7月任）
主　　任　高建忠

太平桥街道办事处
工委书记　何岳飞（2月免）　芮元鹏（7月任）
主　　任　付国钢（7月免）　王　玥（9月任）

西罗园街道办事处
工委书记　李振国
主　　任　贾晓方（女，9月免）

新村街道办事处
工委书记　熊柏华
主　　任　任乃青（女，11月免）　丁文辉（11月任）

右安门街道办事处
工委书记　赵长河（7月免）　李斐然（女，11月任）
主　　任　李斐然（女，11月免）

长辛店街道办事处
工委书记　彭松涛（7月免）李忠（7月任）
主　　任　苏晓文

云岗街道办事处
工委书记　李　忠（7月免）　付国钢（7月任）
主　　任　洪　鑫（7月任）

宛平街道办事处
工委书记　杨　勇（3月任）
主　　任　杨　勇（3月免）鲍永刚（7月任）

花乡街道办事处
工委书记　高　松（3月免）　卢英博（3月任）
主　　任　马喜红

玉泉营街道办事处
工委书记　王世义
主　　任　金其俊

看丹街道办事处
工委书记　卢英博（3月免）　刘　建（9月任）
主　　任　刘建（9月免）蒋加强（11月任）

成寿寺街道办事处
工委书记　张晓东（9月免）　孙绪勇（9月任）
主　　任　闫道儒

石榴庄街道办事处
工委书记　杨建林（2月免）　王晓莉（女，7月任）
主　　任　王晓莉（女，7月免）　吕洪涛（7月任）

青塔街道办事处
工委书记　郭新占
主　　任　杜哲明

五里店街道办事处
工委书记　苏爱军
主　　任　杨彩霞（女）

六里桥街道办事处
工委书记　李　岩

主　　任　邓　旻（9 月免）　王润泽（11 月任）

北宫镇

党委书记　夏远峰（7 月任）

人大主席　王继云

镇　　长　夏远峰（11 月免）　邓　旻（11 月任）

王佐镇

党委书记　高文娟（女，9 月免）　彭松涛（9 月任）

人大主席　李　军

镇　　长　杨国强

中共北京市丰台区委主要文件目录

中共北京市丰台区委文件一览表

表 60

序号	文件名称	发文字号	印发日期
1	中共北京市丰台区委关于印发《分管区领导落实管党治党主体责任工作制度》的通知	京丰发〔2022〕2 号	2022.02.11
2	中共北京市丰台区委关于印发《区委常委会 2022 年工作要点》的通知	京丰发〔2022〕4 号	2022.03.04
3	中共北京市丰台区委关于印发《区委常委会 2022 年议题计划》的通知	京丰发〔2022〕5 号	2022.03.04
4	中共北京市丰台区委关于同意撤销中共北京市丰台区大红门街道果园村委员会的批复	京丰发〔2022〕8 号	2022.05.22
5	中共北京市丰台区委员会印发《中共北京市丰台区委员会关于安排区委常委会第一议题深入学习贯彻习近平新时代中国特色社会主义思想的制度》的通知	京丰发〔2022〕9 号	2022.06.23
6	中共北京市丰台区委关于区委常委调整分工的通知	京丰发〔2022〕12 号	2022.09.01
7	第十三届区委常委会工作规则	京丰发〔2022〕13 号	2022.09.07
8	中共北京市丰台区委北京市丰台区人民政府关于印发《北京市丰台区党政领导干部安全生产职责清单》的通知	京丰发〔2022〕14 号	2022.09.20
9	中共北京市丰台区委员会关于印发《丰台区党务公开工作实施办法（试行）》的通知	京丰发〔2022〕15 号	2022.10.22
10	中共北京市丰台区委关于成立北京市丰台区第十七届人民代表大会第二次会议临时党委的决定	京丰发〔2022〕19 号	2022.11.10
11	中共北京市丰台区委员会关于印发《丰台区推进各级公共卫生委员会建设工作的实施方案（试行）》的通知	京丰发〔2022〕20 号	2022.11.22

中共北京市丰台区委办公室文件一览表

表 61

序号	文件名称	发文字号	印发日期
1	中共北京市丰台区委办公室关于印发《区领导带队督查 2021 年全面从严治党（党建）工作方案》的通知	京丰办发〔2022〕1 号	2022.01.18
2	中共北京市丰台区委办公室北京市丰台区人民政府办公室关于印发《北京市丰台区城市更新行动计划（2021—2025 年）》的通知	京丰办发〔2022〕3 号	2022.03.03
3	中共北京市丰台区委办公室北京市丰台区人民政府办公室关于印发《北京市丰台区文明促进中心机构职能编制规定》的通知	京丰办发〔2022〕4 号	2022.03.08
4	中共北京市丰台区委办公室北京市丰台区人民政府办公室关于印发《丰台区创建“基本无违法建设区”工作推进方案》的通知	京丰办发〔2022〕5 号	2022.03.11
5	中共北京市丰台区委办公室北京市丰台区人民政府办公室关于丰台区 2021 年度考核工作综合评价结果的通报	京丰办发〔2022〕6 号	2022.03.23
6	中共北京市丰台区委办公室印发《关于落实市委“十四五”规划和二〇三五年远景目标建议的重要任务清单分工方案》的通知	京丰办发〔2022〕7 号	2022.04.11

续表 61

序号	文件名称	发文字号	印发日期
7	北京市丰台区委办公室印发《区委关于“十四五”规划和二〇三五年远景目标建议的重要任务清单》	京丰办发〔2022〕8 号	2022.04.11
8	中共北京市丰台区委办公室北京市丰台区人民政府办公室关于印发《〈北京市国民经济和社会发展第十四个五年规划和二〇三五年远景目标纲要〉涉及丰台区任务分工方案》及《〈北京市丰台区国民经济和社会发展第十个五年规划和二〇三五年远景目标纲要〉主要目标与任务分工方案》的通知	京丰办发〔2022〕9 号	2022.04.20
9	中共北京市丰台区委办公室关于印发《丰台区政协 2022 年协商工作计划》的通知	京丰办发〔2022〕10 号	2022.04.27
10	中共北京市丰台区委办公室关于印发《丰台区 2022 年政党协商计划》的通知	京丰办发〔2022〕11 号	2022.06.25
11	中共北京市丰台区委办公室北京市丰台区人民政府办公室印发《丰台区关于防范和惩治统计造假弄虚作假责任制规定》的通知	京丰办发〔2022〕13 号	2022.07.15
12	区委大事记（2021 年 9 月）	京丰办发〔2022〕14 号	2022.07.22
13	区委大事记（2021 年 10 月）	京丰办发〔2022〕15 号	2022.07.22
14	区委大事记（2021 年 11 月）	京丰办发〔2022〕16 号	2022.07.22
15	区委大事记（2021 年 12 月）	京丰办发〔2022〕17 号	2022.07.22
16	中共北京市丰台区委办公室印发《丰台区关于推动党史学习教育常态化长效化的实施方案》的通知	京丰办发〔2022〕18 号	2022.08.05
17	中共北京市丰台区委办公室关于印发《2022 年丰台区一体推进全面从严治党（党建）工作考核和政治生态分析研判工作方案》的通知	京丰办发〔2022〕20 号	2022.08.24
18	中共北京市丰台区委办公室印发《关于市反腐倡廉建设领导小组办公室对丰台区 2021 年全面从严治党（党建）工作考核暨政治生态分析研判反馈意见的整改方案》的通知	京丰办发〔2022〕21 号	2022.08.24
19	中共北京市丰台区委办公室印发《丰台区关于落实〈北京市领导干部治理能力提升三年行动计划（2022—2024 年）〉的措施》的通知	京丰办发〔2022〕22 号	2022.09.05
20	中共北京市丰台区委办公室北京市丰台区人民政府办公室关于印发《北京市丰台区城市管理指挥中心机构职能编制规定》的通知	京丰办发〔2022〕23 号	2022.09.06
21	中共北京市丰台区委办公室关于印发《丰台区全面推进三级党校建设实施方案》的通知	京丰办发〔2022〕24 号	2022.09.08
22	中共北京市丰台区委办公室北京市丰台区人民政府办公室关于印发《丰台区对中共北京市委北京市政府安全生产第一督察组督察反馈意见的整改方案》的通知	京丰办发〔2022〕28 号	2022.11.12
23	中共北京市丰台区委办公室 北京市丰台区人民政府办公室关于印发《丰台区安全生产督察方案（2022—2023 年）》的通知	京丰办发〔2022〕29 号	2022.11.20
24	中共北京市丰台区委办公室印发《关于加强和改进新时代丰台区政协工作的实施方案》的通知	京丰办发〔2022〕30 号	2022.11.23

丰台区人民政府主要文件目录

丰台区人民政府文件一览表

表 62

序号	公文标题	发文字号	印发日期
1	关于印发《2022 年区政府工作报告重点任务分工方案》的通知	丰政发〔2022〕1 号	2022.01.18

续表 62

序号	公文标题	发文字号	印发日期
2	关于印发《丰台区“十四五”时期生态环境保护规划》的通知	丰政发〔2022〕2号	2022.01.24
3	关于印发《丰台区“十四五”时期应急管理规划》的通知	丰政发〔2022〕3号	2022.01.28
4	关于印发《丰台区“绿水青山就是金山银山”实践创新基地建设工作方案》的通知	丰政发〔2022〕4号	2022.01.29
5	关于印发《“十四五”时期丰台区水务发展规划》的通知	丰政发〔2022〕5号	2022.01.30
6	关于印发《“十四五”时期丰台区高精尖产业发展规划》的通知	丰政发〔2022〕6号	2022.02.16
7	关于印发《“十四五”时期丰台区轨道交通产业发展规划》的通知	丰政发〔2022〕7号	2022.02.21
8	关于印发《“十四五”时期中关村科技园区丰台园发展建设规划》的通知	丰政发〔2022〕8号	2022.02.22
9	关于划定北京铁路枢纽丰台站改建项目线路安全保护区的通告	丰政发〔2022〕9号	2022.03.14
10	关于印发《“十四五”时期丽泽金融商务区发展建设规划》的通知	丰政发〔2022〕12号	2022.05.06
11	关于印发《丰台区政府投资建设项目管理办法（试行）》的通知	丰政发〔2022〕13号	2022.05.11
12	关于印发《丰台区统筹疫情防控和稳定经济增长实施方案》的通知	丰政发〔2022〕14号	2022.06.13
13	关于印发《“十四五”时期打造首都高品质生活服务供给重要保障区发展建设规划》的通知	丰政发〔2022〕15号	2022.07.04
14	关于印发《丰台区关于进一步做好稳就业保就业工作若干措施》的通知	丰政发〔2022〕16号	2022.07.07
15	关于印发《北京市丰台区突发事件总体应急预案》的通知	丰政发〔2022〕17号	2022.08.08
16	关于印发《北京市丰台区重大行政决策程序暂行规定》的通知	丰政发〔2022〕20号	2022.11.01

丰台区人民政府办公室文件一览表

表 63

序号	公文标题	发文字号	印发日期
1	关于印发《北京市丰台区数字经济创新发展三年行动计划（2021—2023年）》的通知	丰政办发〔2022〕1号	2022.01.14
2	关于区长副区长工作分工的通知	丰政办发〔2022〕2号	2022.01.18
3	关于印发《丰台区深入打好污染防治攻坚战2022年行动计划》的通知	丰政办发〔2022〕5号	2022.03.25
4	关于印发《丰台区2022年重要民生实事项目》的通知	丰政办发〔2022〕6号	2022.03.29
5	关于印发《丰台区2022年义务教育阶段入学工作实施意见》的通知	丰政办发〔2022〕8号	2022.04.30
6	关于印发《丰台区全民科学素质行动计划纲要实施方案（2021—2025年）》的通知	丰政办发〔2022〕9号	2022.05.12
7	关于对2处区级挂账火灾隐患销账的通知	丰政办发〔2022〕11号	2022.06.16
8	关于对16处存在重大火灾隐患单位实施挂牌督办的通知	丰政办发〔2022〕12号	2022.06.17
9	北京市丰台区人民政府办公室关于做好住户调查大样本轮换工作的通知	丰政办发〔2022〕14号	2022.07.12
10	关于印发《丰台区自建房安全专项整治实施方案》的通知	丰政办发〔2022〕15号	2022.07.23
11	关于印发《丰台区街镇跨界断面补偿、排名办法（试行）》的通知	丰政办发〔2022〕16号	2022.07.26
12	关于印发《2022年北京市丰台区人民政府重大行政决策事项目录》的通知	丰政办发〔2022〕18号	2022.09.23
13	关于印发《北京市丰台区行政规范性文件管理办法》的通知	丰政办发〔2022〕19号	2022.11.01
14	关于区长副区长工作分工的通知	丰政办发〔2022〕20号	2022.11.08
15	关于印发《丰台区关于全面实行行政许可事项清单管理的工作方案》的通知	丰政办发〔2022〕21号	2022.12.30

索引

说明：

（1）本索引以地名、机构名称、活动名称、事件（事物）名称或短语为主题词。主要选自本年鉴正文部分，特载、专文、大事记、区情概览、人物荣誉、统计资料、附录以及图片不在索引范围内。

（2）本索引按主题词汉语拼音字母顺序排列，主题词后面的数字和字母分别表示所在页码和分栏位置（abc 表示本页码左中右三栏）。

A

B

C

D

E

F

G

H

J

K

L

M

N

O

R

S

T

W

X

Y

Z

数字索引

字母索引